MEIGUO NONGYEFA HUIBIAN

美国农业法汇编

（上册）

农业部国际合作司　编译

中国农业出版社

图书在版编目（CIP）数据

美国农业法汇编：全 2 册/农业部国际合作司编译
.—北京：中国农业出版社，2014.10
ISBN 978-7-109-19403-8

Ⅰ.①美… Ⅱ.①农… Ⅲ.①农业法—汇编—美国
Ⅳ.①D971.224

中国版本图书馆 CIP 数据核字（2014）第 159190 号

中国农业出版社出版
（北京市朝阳区麦子店街 18 号楼）
（邮政编码 100125）
策划编辑 贾 彬 徐 晖
文字编辑 贾 彬 郑 君 刘晓婧

中国农业出版社印刷厂印刷 新华书店北京发行所发行
2014 年 10 月第 1 版 2014 年 10 月北京第 1 次印刷

开本：889mm×1194mm 1/16 总印张：116.5
总字数：3 580 千字
总定价：980.00 元（上、下册）
（凡本版图书出现印刷、装订错误，请向出版社发行部调换）

前　言

　　农业是各国国民经济重要的物质生产部门和基础产业，在社会经济生活中处于重要地位，起着重要作用。古今中外，不论经济制度、社会制度、传统习俗的差异，各国都采用法律手段对农业进行规范管理，保证农业的良性发展。

　　美国是世界上最发达的国家，也是世界上农业立法对农业保护最大的国家。美国第一部系统的农业法产生于1933年，称为《农业调整法》，是美国在经济大萧条时期重振经济、加强政府对农业有效干预的具体措施之一。1933年的农业立法初步缓解了农业困境，美国的农业立法开始紧紧围绕着"依法治农"、"依法促农"、"依法护农"的原则稳步发展，逐渐形成每隔5年左右时间，进行农业法修改的立法规律，保证"法"与农业发展现状相适应。经过80多年的发展，美国已形成以农业法为基础和中心，100多个重要法律为配套的一个比较完善的农业法律体系，使美国农业真正实现了法治。20世纪80年代以来，美国农业法已是一个独立的法律部门。在美国的农业法律变迁中，农业法的内容由早期单一农业保护法律政策体系逐渐转向以科技推广、食物安全、贸易促进、资源保护以及区域发展为中心的全面农业支持模式，既充分尊重市场运行机制的支撑作用，尊重农业生产发展的内在规律，又强调政府的功能与作用。

　　当前我国正处在现代农业发展的关键时期，系统研究美国农业法，学习和借鉴美国对农业的管理经验和支持保护措施，对于研究制定我国现代农业发展的法律制度和支持保护体系，加强农业法制建设，具有重要的现实意义。为此，我们筛选确定了近年来比较重要的10部美国农业法案进行翻译，形成了《美国农业法汇编》，供涉农行政管理部门和广大农业工作者参阅。

　　在翻译汇编过程中，我们尽可能力求内容准确、忠于原文，但由于工作量较大，翻译水平有限，难免存在一定的错漏或不妥之处。敬请读者提出宝贵意见，以便今后汇编时修改、补充和完善。对译文如有异议，请以原法律文本为准。

目　　录

上　　册

下　　册

2014 年农业法

美利坚合众国第 113 届国会第二次会议
2014 年 1 月 3 日星期五在华盛顿市召开

本法案旨在规范即日起至 2018 财政年度对于美国农业部农业和其他计划的改革与延续以及其他目的。

美利坚合众国国会参议院和众议院特此通过

第 1 条　简称；目录。

（a）简称。本法案名为《2014 年农业法》。

（b）目录。本法案的目录如下：

子篇 C　糖

子篇 D　乳　品

第 Ⅰ 部分　乳品生产者的利润保护计划

第 Ⅱ 部分　其他乳品相关条款废止或重新授权

第 Ⅲ 部分　乳制品捐赠计划

子篇 E　农业灾害援助补充计划

子篇 F　管理办法

第 II 篇　保　　育

子篇 A　保育保护区计划

子篇 B　保育管理工作计划

子篇 C　环境质量激励计划

第Ⅲ篇　贸　　易

子篇 A　《粮食促进和平法》

子篇 B　《1978 年农业贸易法》

子篇 C　其他农业贸易法

第Ⅳ篇　营　　养

子篇 A　补充性营养援助项目

第 7107 条　阿拉斯加原住民服务机构和夏威夷原住民服务机构教育补助。

第 7108 条　撤销人体营养干预和健康促进研究项目。

第 7109 条　撤销涉及医学和农业综合研究的试点研究项目。

第 7110 条　营养宣传教育项目。

第 7111 条　继续开展动物健康和疾病研究项目。

第 7112 条　用于包括塔斯基吉大学在内的 1890 年土地拨赠大学农业和粮食科学设施升级的补助。

第 7113 条　用于海岛地区土地拨赠机构农业和粮食科学设施和设备升级的经费。

第 7114 条　撤销国家研究和训练虚拟中心。

第 7115 条　服务于拉美裔的机构。

第 7116 条　针对拉美裔农业工人和青年设立的竞争性补助项目。

第 7117 条　为国际农业科学和教育项目提供竞争性补助。

第 7118 条　撤销研究设备补助。

第 7119 条　大学研究。

第 7120 条　推广服务。

第 7121 条　审计、报告、记账和管理规定。

第 7122 条　补充和轮种作物。

第 7123 条　为非土地拨赠农业大学机构提供的能力建设补助。

第 7124 条　水产业援助项目。

第 7125 条　牧场研究项目。

第 7126 条　涉及生物安全规划和反应的特别授权拨款。

第 7127 条　针对海岛地区拉美裔教育机构的远程教育和居民教学补助项目。

第 7128 条　匹配资金规定。

第 7129 条　将中央州立大学命名为 1890 机构。

子篇 B　《1990 年粮食、农业、保育和贸易法》

第 7201 条　最佳利用生物技术运用。

第 7202 条　综合管理系统。

第 7203 条　可持续性农业技术发展和转让项目。

第 7204 条　国家培训项目。

第 7205 条　国家基因资源项目。

第 7206 条　国家农业气象信息系统。

第 7207 条　撤销农村电子商务推广项目。

第 7208 条　农业基因组倡议项目。

第 7209 条　重要优先研究和推广倡议项目。

第 7210 条　废除营养管理研究和推广倡议项目。

第 7211 条　有机农业研究和推广倡议项目。

第 7212 条　废除农业生物能原料及节能研究和推广倡议项目。

第 7213 条　农场企业管理。

第 7214 条　卓越中心。

第 7215 条　废除红肉安全研究中心。

第 7216 条　残疾农场主辅助技术项目。

第 7217 条　国家农村信息中心交换所。

子篇 C 《1998 年农业研究、推广和教育改革法》

第 7301 条 农业部资助的农业研究、推广和教育宣传活动的重要性和成绩。

第 7302 条 综合研究、教育和推广竞争性补助项目。

第 7303 条 支持涉及禾谷镰刀菌或小麦印度腥黑粉病菌引发的小麦、黑小麦和大麦疾病的研究工作。

第 7304 条 废除牛副结核病控制项目。

第 7305 条 青年组织补助。

第 7306 条 特种作物研究倡议项目。

第 7307 条 (H7308)避免食用动物残留药物数据项目。

第 7308 条 撤销国家猪类研究中心。

第 7309 条 虫害防治管理政策办公室。

第 7310 条 林业产品进一步利用研究。

第 7311 条 撤销农业研究、推广和教育研究项目。

子篇 D 其他法律

第 7401 条 《关键农业材料法》。

第 7402 条 《1994 年教育土地拨赠平等地位法》。

第 7403 条 《研究设施法》。

第 7404 条 《竞争性、特殊和设施研究补助法》。

第 7405 条 《1978 年可再生资源推广法》。

第 7406 条 《1980 年国家水产法》。

第 7407 条 废除有关使用遥感数据的规定。

第 7408 条 废除《2002 年农业安全和农村投资法》有关报告的规定。

第 7409 条 新从业农场主和牧场主发展项目。

第 7410 条 《1985 年国家农业、研究、推广和教学政策法修订案》。

子篇 E 《2008 年粮食、保育和能源法》

第 I 部分 农业安全

第 7501 条 农业生物安全通信中心。

第 7502 条 帮助当地建设农业生物安全规划、准备和响应能力。

第 7503 条 农业对策研究和制定。

第 7504 条 农业生物安全补助项目。

第 II 部分 杂项规定

第 7511 条 改进的使用租赁机构试点项目。

第 7512 条 放牧地研究试验室。

第 7513 条 预算提交和经费提供。

第 7514 条 废除有关种子销售的规定。

第 7515 条 自然产品研究项目。

第Ⅸ篇　能　　源

第Ⅹ篇　园　　艺

第XI篇　农作物保险

第XII篇　杂　项

子篇A　牲　畜

第 2 条　农业部长的定义。

在本法案中，"部长"系指美国农业部长。

第 I 篇 商 品

子篇 A 废止与革新

第 I 部分 废 止

第 1101 条 直接补贴废止。

《2008 年粮食、保育和能源法》第 1103 和第 1303 条（《美国法典》第 7 篇 8713, 8753）废止。

第 1102 条 反周期补贴废止。

（a）废止。《2008 年粮食、保育和能源法》第 1104 和第 1304 条（《美国法典》第 7 篇 8714, 8754）废止。

（b）继续适用于 2013 作物年度。对于农场上全部涵盖商品（定义见该法案第 1001 条（《美国法典》第 7 篇 8702））和花生，《2008 年粮食、保育和能源法》第 1104 和第 1304 条（《美国法典》第 7 篇 8714, 8754），按照本法案通过之日前一天的标准，继续适用于整个 2013 作物年度。

第 1103 条 平均作物收益选择计划废止。

（a）废止。《2008 年粮食、保育和能源法》第 1105 条（《美国法典》第 7 篇 8715）废止。

（b）继续适用于 2013 作物年度。对于农场上全部涵盖商品（定义见该法案第 1001 条（《美国法典》第 7 篇 8702））和花生，凡依据该法案第 1105 条在本法案通过之日前做出不可撤销选择的，《2008 年粮食、保育和能源法》第 1105 条（《美国法典》第 7 篇 8715），按照本法案通过之日前一天的标准，继续适用于整个 2013 作物年度。

第 II 部分 商品政策

第 1111 条 定义。

在本子篇和子篇 B 中：

（1）实际作物收益。"实际作物收益"系指，对于某一作物年度中的某一涵盖商品，部长依据第 1117 条（b）确定的数额。

（2）农业风险保险。"农业风险保险"系指依据第 1117 条提供的保险。

（3）农业风险保险担保。"农业风险保险担保"系指，对于某一作物年度中的某一涵盖商品，部长依据第 1117 条（c）确定的数额。

（4）基础面积。

（A）通则。"基础面积"系指，依据《2008 年粮食、保育和能源法》第 1101 和 1301 条（《美国法典》第 7 篇 8702, 8751）为农场上的涵盖商品确定的 2013 年 9 月 30 日时的实际面积，该法案第 1101、1108 和 1302 条（《美国法典》第 7 篇 8711, 8718, 8752）已做调整，处于本法案第 1112 条的重新分配、调整或者削减范围内。

（B）包含共通基础面积。"基础面积"中包含种植第 1114 条（b）中所述涵盖商品的所有共通基础面积。

（5）县保险。"县保险"系指选择依据第 1115 条（b）（1）在县的层面上收取的农业风险保险。

（6）涵盖商品。"涵盖商品"系指小麦、燕麦、大麦（其中包括用作干草和牧草的小麦、燕麦和大麦）、玉米、高粱、长粒稻米、中粒稻米、杂豆、大豆、其他油籽和花生。

（7）有效价格。"有效价格"系指，对于某一作物年度中的某一涵盖商品，部长依据第 1116 条（b）计算出的价格。计算目的在于判定是否需要为该作物年度提供价格损失保险补贴。

（8）特长绒棉。"特长绒棉"系指下列棉花：

（A）产自美洲长绒棉纯株亚种或者杂交亚种的棉花，或者部长指定的其他类似品种特长绒棉。部长指定的其他类似品种特长绒棉，其特性需优于美国高地棉，能够达到美国高地棉难以达到的各种最终使用要求，其产地为部长指定的水浇种棉区或者部长认为适宜种植该品种棉花的其他区域；和

（B）在辊式轧棉机上轧制的棉花，或者如果得到部长批准，也可以试验为目的，在其他型号轧棉机上轧制。

（9）共通基础面积。"共通基础面积"系指《2008 年粮食、保育和能源法》第 1001 条（《美国法典》第 7 篇 8702）为棉花确定的 2013 年 9 月 30 日时的实际基础面积数，该法案第 1101 条（《美国法典》第 7 篇 8711）已做调整，处于本法案第 1112 条的调整或者削减范围内。

（10）个人保险。"个人保险"系指选择依据第 1115 条（b）（2）在农场层面上收取的农业风险保险。

（11）中粒大米。"中粒稻米"中包括短粒稻米和温带日本稻米。

（12）其他油籽。"其他油籽"系指葵花籽、油菜籽、卡诺拉、红花籽、亚麻籽、芥菜籽、海甘蓝籽、芝麻籽或者部长指定的其他任何油籽。

（13）补贴面积。"补贴面积"系指，对于提供价格损失保险补贴和农业风险保险补贴，依据第 1114 条为农场确定的面积数。

（14）补贴收成。"补贴收成"，对于生产涵盖商品的农场：

（A）系指为依据《2008 年粮食、保育和能源法》第 1104 或 1304 条（《美国法典》第 7 篇 8714，8754）发放补贴而确定的 2013 年 9 月 30 日时的收成；或者

（B）系指依据本法案第 1113 条确定的收成。

（15）价格损失保险。"价格损失保险"系指依据第 1116 条提供的保险。

（16）生产者。

（A）通则。"生产者"系指拥有者、经营者、地主、佃户或者小佃农，他们承担着作物生产的风险，有权分取农场用于销售的部分作物，或者在作物生产出来后共享成果。

（B）杂交种子。判定杂交种子的种植者是否属于生产者时，部长应：

（ⅰ）不考虑杂交种子合同的存在；和

（ⅱ）确保计划的要求不会损害到种植者获得本篇所述补贴的能力。

（17）杂豆。"杂豆"系指干豌豆、小扁豆、小鹰嘴豆和大鹰嘴豆。

（18）参考价格。"参考价格"，对于作物年度中的涵盖商品，系指：

（A）小麦，每蒲式耳① 5.50 美元。

（B）玉米，每蒲式耳 3.70 美元。

（C）高粱，每蒲式耳 3.95 美元。

（D）大麦，每蒲式耳 4.95 美元。

（E）燕麦，每蒲式耳 2.40 美元。

（F）长粒稻米，每英担② 14.00 美元。

（G）中粒稻米，每英担 14.00 美元。

（H）大豆，每蒲式耳 8.40 美元。

（I）其他油籽，每英担 20.15 美元。

---

① 蒲式耳为非法定计量单位，1 蒲式耳＝35.236 02 升。

② 英担为非法定计量单位，1 英担＝45.359 237 千克。

（J）花生，每吨 535.00 美元。

（K）干豌豆，每英担 11.00 美元。

（L）小扁豆，每英担 19.97 美元。

（M）小鹰嘴豆，每英担 19.04 美元。

（N）大鹰嘴豆，每英担 21.54 美元。

（19）部长。"部长"系指美国农业部长。

（20）州。"州"系指：

（A）州；

（B）哥伦比亚特区；

（C）波多黎各自由邦；以及

（D）美国的其他所有领属地。

（21）温带日本稻米。"温带日本稻米"系指在美国西部高海拔地区或者高海拔温带地区凉爽气候条件下种植的稻米，具体由部长认定，目的在于：

（A）依据第 1112 条重新划分基础面积；

（B）依据第 1116 条（g）确定参考价格（遵照第 1116 条（g）要求）和依据第 1116 条确定有效价格；和

（C）依据第 1117 条确定实际作物收益和农业风险保险担保。

（22）过渡收成。"过渡收成"的定义同《联邦作物保险法》第 502 条（b）（《美国法典》第 7 篇 1502（b））中的定义。

（23）美国。"美国"，用于地理概念时，系指整个美国。

（24）美国升水系数。"美国升水系数"系指，在美国贷款明细表中，$1\frac{1}{8}$英寸①次上级（SM）高地棉与 $1\frac{3}{32}$英寸中等（M）高地棉之间升水的差价，超过国际上两种相应品质棉花升水差价的比率。

第 1112 条　基础面积。

（a）基础面积的保持或者一次性重新划分。

（1）要求选择。

（A）选择机会的告知。在本法案通过之日后的尽快时间内，部长应告知农场拥有者做出选择的机会，方式依本款规定：

（ⅰ）依据（2）规定，保持基础面积，其中包括所有共通基础面积；或者

（ⅱ）依据（3）规定，不保持基础面积，除共通基础面积外，重新划分基础面积。

（B）告知的内容。（A）所述的告知应包括下列内容：

（ⅰ）拥有者只有一次选择机会的信息。

（ⅱ）拥有者做出选择的必要方式和把选择结果告知部长的方式信息。

（ⅲ）为使选择结果自 2014 作物年度生效，拥有者务必把选择结果告知部长的最后期限信息。

（C）未能做出选择的影响。如果农场拥有者未能依据本节做出选择，或者未能按照（B）（ⅲ）要求把选择结果及时告知部长，那么依据第（2）项规定，应视拥有者选择了保持基础面积，其中包括共通基础面积。

（2）基础面积的保持。

（A）选择保持。为了将本部分适用于涵盖商品，部长应给予农场拥有者选择保持农场上各涵盖商

---

① 英寸为非法定计量单位，1 英寸＝0.025 4 米。

品全部基础面积的机会。

（B）共通基础面积的处理。共通基础面积自动保持。

（3）基础面积的重新划分。

（A）选择重新划分。为了将本部分适用于涵盖商品，部长应给予农场拥有者选择重新划分农场上涵盖商品全部基础面积的机会，把 2013 年 9 月 30 日时的基础面积在 2009 至 2012 作物年度该农场种植的涵盖商品中重新划分。

（B）重新划分的方式。基础面积在农场上涵盖商品中的重新划分应按照下列比例：

（ⅰ）下列面积的 4 年平均值：

（Ⅰ）2009—2012 作物年度中，农场上用于收获粮食、放牧、收干草、青贮饲料或者其他类似目的而种植各涵盖商品的面积；和

（Ⅱ）2009—2012 作物年度中，由于旱灾、洪灾或者其他自然灾害，或者部长认为超出生产者控制能力的其他原因，生产者无法种植上述涵盖商品的面积；与

（ⅱ）下列面积的 4 年平均值：

（Ⅰ）上述作物年度中，农场上用于收获粮食、放牧、收干草、青贮饲料或者其他类似目的而种植所有涵盖商品的面积；和

（Ⅱ）上述作物年度中，由于旱灾、洪灾或者其他自然灾害，或者部长认为超出生产者控制能力的其他原因，生产者无法种植涵盖商品的所有面积。

（C）共通基础面积的处理。共通基础面积自动保持，不得依据本项重新划分。

（D）平均值中包括全部 4 年。依据（B）为农场确定 4 年平均面积值时，部长不得把任何未种植涵盖商品的作物年度排除在外。

（E）多重种植或者无法种植的处理。依据（B）确定生产者 2009—2012 作物年度种植或者未能种植涵盖商品的农场面积时，如果种植或者无法种植的面积在同一作物年度被用于了其他涵盖商品（依据已有的双重种植实践而生产涵盖商品除外），那么拥有者有权选择用于确定 4 年平均值时该作物年度的商品，但不得把原先的商品和随后的商品都包括在内。

（F）限制。依据本项在涵盖商品中重新划分农场基础面积时，不得导致农场的基础面积总数（其中包括共通基础面积）超过 2013 年 9 月 30 日时的农场基础面积数。

（4）选择适用于所有涵盖商品。对于农场而言，依据本款做出的选择，或者依据（1）（C）被视为做出选择，应适用于农场上的所有涵盖商品。

（b）基础面积的调整。

（1）通则。凡出现下列情形时，不论依据（a）做出的选择结果如何，部长均应适当调整农场上涵盖商品的基础面积和该农场的共通基础面积：

（A）农场依据《1985 年粮食安全法》第 1231 条（《美国法典》第 16 篇 3831）签订的保育保护区合同到期或者主动解约。

（B）农田依据保育保护区合同获得的保险被部长解约。

（C）部长指定其他油籽后导致生产者拥有了合格油籽面积。这部分面积应同样被视为《2008 年粮食、保育和能源法》第 1101 条（a）（1）（D）（《美国法典》第 7 篇 7911（a）（1）（D））所述的合格油籽面积。

（2）保育保护区面积补贴的特别细则。在依据（A）和（B）首次对基础面积进行调整的作物年度中，对于农场上增加的面积，该农场的拥有者应选择接受价格损失保险或者农业风险赔保险或者还可依据保育保护区合同获得按比例分配的补贴，但不得二者兼得。

（c）防止超过基础面积。

（1）要求削减。不论依据（a）做出何种选择，如果包括共通基础面积在内的农场基础面积总数加上（2）所述面积超过了该农场的实际农田面积，那么部长应削减该农场一种或多种涵盖商品的基础面

积或者该农场的共通基础面积，使包括共通基础面积在内的基础面积总数加上（2）所述面积不会超过该农场的实际农田面积。

（2）其他面积。为解释（1），部长应包括下列面积：

（A）农场纳入《1985 年粮食安全法》第Ⅶ篇子篇 D 中第 1 章（《美国法典》第 16 篇 3830 及以下）所述保育保护区计划或者湿地保护区计划（或者后续计划）的全部面积。

（B）农场纳入联邦保育计划、以不生产任何农业商品方式换取补贴的全部面积。

（C）如果部长指定了其他油籽，则包括合格油籽面积。这部分面积应同样被视为（b）（1）（C）所述的合格油籽面积。

（3）面积的选择。部长应给予农场拥有者选择的机会，由其选择在哪些涵盖商品的基础面积或者农场的共通基础面积上，进行（1）所要求的削减。

（4）双重种植面积除外。适用（1）时，部长应依据其所做规定把双重种植除外。

（d）基础面积的削减。

（1）拥有者主动削减。

（A）通则。农场拥有者有权随时削减农场上任何涵盖商品的基础面积或者其农场共通基础面积。

（B）削减的影响。（A）所述的削减应是永久性的，且应符合部长规定的程序。

（2）部长要求的举措。

（A）通则。如果土地被分成几个部分用于住宅或者其他非农业用途，且面积很大、分割很密，难以恢复此前的农业用途，那么部长应按比例削减包括农场共通基础面积在内的基础面积，除非农场生产者能够证明该土地：

（ⅰ）仍然用于商业性农业生产；或者

（ⅱ）仍可能恢复到此前的农业用途。

（B）要求。部长应制定出确定（A）所述土地的程序。

第 1113 条 补贴收成。

（a）确定和宗旨。发放第 1116 条所述的价格损失保险补贴时，如果《2008 年粮食、保育和能源法》第 1102 条（《美国法典》第 7 篇 8712）没有为农场确定指定油籽的补贴收成，那么部长应依据本条拟定为农场确定指定油籽收成的办法。

（b）指定油籽的补贴收成。

（1）平均收成的确定。对于指定油籽，部长应确定 1998 至 2001 作物年度农场每英亩[①]指定油籽的平均收成，指定油籽种植面积为零的作物年度除外。

（2）补贴收成的调整。

（A）通则。农场指定油籽的补贴收成应等于下列二者的乘积：

（ⅰ）依据（1）为指定油籽确定的平均收成。

（ⅱ）指定油籽 1981 至 1985 作物年度的全国平均收成除以指定油籽 1998 至 2001 作物年度全国平均收成后得出的比率。

（B）没有全国平均收成的信息。如果没有指定油籽的全国平均收成信息，那么部长应使用其认为公平合理的信息来确定本条所述的全国平均收成。

（3）使用县平均收成。1998 至 2001 任一作物年度中，如果农场指定油籽的每英亩收成低于该县指定油籽收成的 75％，那么确定（1）所述的平均收成时，部长为该作物年度确定的平均收成应等同于该县收成的 75％。

（c）缺少补贴收成的影响。

---

① 英亩为非法定计量单位，1 英亩＝4.047×10³ 平方米。

（1）由部长确定。对于已确定基础面积的农场上的涵盖商品或者在共通基础面积上种植的涵盖商品，如果无法确定该涵盖商品的补贴收成，那么部长应依据（2）为该农场上的该涵盖商品确定适宜的补贴收成。

（2）利用类似地域的农场。按照（1）的要求为农场上涵盖商品确定适宜的补贴收成时，部长应参照适用于类似地域农场上该涵盖商品的农场计划补贴收成。在由部长或者生产者提出的诉讼中使用此类数据，不受其他任何法律条款约束。

（d）只有一次机会更新用于确定价格损失保险补贴的收成。

（1）选择更新。农场拥有者应有一次性机会，以一种涵盖商品对一种涵盖商品的方式更新补贴收成，用于计算该农场上各涵盖商品的价格损失保险补贴。更新的决定只能由农场拥有者做出。

（2）选择的时间。应遵照部长规定的时间和方式做出（1）所述的选择，方可自 2014 年作物年度起生效。

（3）更新收成的方法。如果农场生产者选择依据本款更新收成，那么该农场仅用于计算价格损失保险补贴的涵盖商品补贴收成，按照部长规定，应等同于该农场 2008 至 2012 作物年度涵盖商品每英亩平均收成的 90％，该涵盖商品种植面积为零的作物年度除外。

（4）使用县平均收成。2008 至 2012 任一作物年度中，如果农场涵盖商品的每英亩收成低于该县 2008 至 2012 作物年度涵盖商品收成的 75％，那么确定（3）所述的平均收成时，部长为该作物年度确定的收成应等同于该县 2008 至 2012 作物年度平均收成的 75％。

第 1114 条　补贴面积。

（a）补贴面积的确定。

（1）通则。依据第 1115 条（b）（1）选择县保险后，对于价格损失保险和农业风险保险，在（e）规定的范围内，农场上各涵盖商品的补贴面积应等同于该农场同一涵盖商品基础面积的 85％。

（2）个人保险的影响。依据第 1115 条（b）（2）选择个人保险后，对于农业风险保险，在（e）规定的范围内，农场的补贴面积应等同于该农场所有涵盖商品基础面积的 65％。

（b）共通基础面积的处理。

（1）通则。对于共通基础面积，价格损失保险补贴和农业风险保险补贴只发放给该作物年度种植有涵盖商品的共通基础面积。

（2）归属。对于含有共通基础面积的农场，适用（a）（1）（B）和（2）（B）时，农场上的共通基础面积以下列方式归属至涵盖商品：

（A）如果仅种植一种涵盖商品，而且全部种植面积超过农场上的共通基础面积，那么共通基础面积归属该涵盖商品，数量等同于共通基础面积的总数。

（B）如果种植多种涵盖商品，而且各涵盖商品的全部种植面积超过农场上的共通基础面积，那么共通基础面积按比例归属该农场上的每一种涵盖商品，分配比例为：

（ⅰ）农场上种植任一种涵盖商品的面积；除以

（ⅱ）农场上各涵盖商品的全部种植面积。

（C）如果农场上各涵盖商品的全部种植面积未超过该农场的共通基础面积，那么任一种涵盖商品的种植面积归属该涵盖商品。

（3）作为额外面积处理。如果共通基础面积种植有涵盖商品，或者种植涵盖商品的面积被归属至共通基础面积，那么共通基础面积属于农场上其他基础面积的额外部分。

（c）排除。依据（a）确定的补贴面积数不得包括该作物年度中随后种植的作物，因为同一块土地上的头茬作物已经具备获取价格损失保险补贴或者农业风险保险补贴的资格，除非依据部长规定，该县同意该作物一年双种。

（d）最低补贴面积的影响。

（1）禁止补贴。不论本篇中有何其他规定，如果部长认定农场基础面积为 10 英亩或者以下，那么该农场的生产者无权获取价格损失保险补贴或者农业风险保险补贴。

（2）排除。（1）不适用于下列生产者：

（A）社会上处于弱势的农民或者牧民（定义同《2003 年巩固农业和农村发展法》第 355 条（e）（《美国法典》第 7 篇 2003（e）））；或者

（B）依据部长定义，属于资源有限的农民或者牧民。

（e）种植水果和蔬菜的影响。：

（1）要求削减。如果农场基础面积上种植了水果、蔬菜（绿豆与杂豆除外）或者菰米，那么应以本款所述方式削减作物年度中该农场的补贴面积。

（2）价格损失保险和县保险。如果使用县保险计算价格损失保险补贴和农业风险保险补贴，那么依据（1）要求削减的面积等应同于种植（1）所述作物的基础面积超出基础面积 15% 的部分。

（3）个人保险。如果使用个人保险计算农业风险保险补贴，那么依据（1）要求削减的面积应等同于种植（1）所述作物的基础面积超出基础面积 35% 的部分。

（4）削减的例外。下列情况下，不必依据本款削减补贴面积：

（A）依据部长规定，种植涵盖作物或者（1）所述作物的目的完全在于保育，并不收获进行使用或者销售；或者

（B）依据部长规定，由于某地区长期历来双重种植涵盖商品和（1）所述的作物，所以在基础面积上进行双重种植。

第 1115 条 生产者选择。

（a）要求选择。2014 至 2018 作物年度，所有的农场拥有者均应做出一次性的不可更改的选择，以获取：

（1）第 1116 条中所述的价格损失保险，方式为各涵盖商品逐一进行；或者

（2）第 1117 条中所述的农业风险保险。

（b）保险选项。依据（a）进行选择时，如果同一农场的多名生产者依据该款第（2）项选择获取第 1117 条中所述的农业风险保险，那么这些生产者应一致选择是否接受农业风险保险补贴，依据：

（1）适用于各涵盖商品逐一进行的县保险；或者

（2）适用于农场上所有涵盖商品的个人保险。

（c）未能做出一致选择的影响。如果同一农场的全体生产者未能按照（a）对 2014 作物年度做出一致选择，那么：

（1）部长不得依据第 1116 或者第 1117 条为该农场发放 2014 作物年度的任何补贴；和

（2）应视该农场的这些生产者已经为 2015 至 2018 作物年度该农场所有涵盖商品选择了第 1116 条中所述的价格损失保险。

（d）选择县保险的影响。如果同一农场上的全体生产者依据（b）（1）为涵盖商品选择县保险，那么部长不得为该涵盖商品向该农场上的这些生产者发放第 1116 条中所述的价格损失保险补贴。

（e）选择个人保险的影响。如果同一农场上的全体生产者依据（b）（2）选择个人保险，那么除本条所述选择适用于该农场各生产者外，部长依据第 1117 条（b）（2）和（c）（3）进行计算时，还应考虑到该生产者在下列相同州内全部农场中的份额：

（1）该生产拥有利益的州；和

（2）已选择了个人保险的州。

（f）禁止改组。部长应确保农场生产者不得以躲避或者更改依据本条所做的选择为目的而改组农场。

第 1116 条 价格损失保险。

（a）价格损失保险补贴。如果同一农场上的全体生产者依据第 1115 条（a）选择接受价格损失保险，或者依据该条（c）（1）被视为做出了该条（c）（2）所述的选择，那么部长应以各涵盖商品逐一进行的方式向该农场的生产者发放价格损失保险补贴，前提条件是部长认为 2014 至 2018 任一作物年度：

（1）该作物年度中涵盖商品的有效价格；低于

（2）该作物年度中涵盖商品的参考价格。

（b）有效价格。涵盖商品在作物年度中的有效价格应高于：

（1）依据部长规定，生产者在 12 个月的销售年度中得到的该涵盖商品的全国平均销售价格；或者

（2）依据子篇 B，该涵盖商品在作物年度中获取销售援助贷款的全国平均贷款率。

（c）补贴率。补贴率等于下列二者之差：

（1）涵盖商品的参考价格；和

（2）依据（b）为该涵盖商品确定的有效价格。

（d）补贴金额。如果依据本条需要在 2014 至 2018 任一作物年度为涵盖商品发放价格损失保险补贴，那么在该作物年度中应发放给农场生产者的价格损失保险补贴等于下列三者的乘积：

（1）依据（c）为该涵盖商品确定的补贴率；

（2）该涵盖商品的补贴收成；和

（3）该涵盖商品的补贴面积。

（e）补贴的时间。如果部长依据本条确定需要为涵盖商品发放价格损失保险补贴，那么发放补贴的时间应始于 10 月 1 日，或者在该涵盖商品销售年度结束后尽快开始。

（f）大麦的有效价格。依据（b）确定大麦的有效价格时，部长应使用全大麦的价格。

（g）温带日本稻米的参考价格。部长应以第 1111 条（18）（F）和（G）中数额的 115％来确定温带日本稻米的参考价格，目的在于反应出价格升水。

第 1117 条 农业风险保险。

（a）农业风险保险补贴。如果同一农场上的全体生产者依据第 1115 条（a）选择接受农业风险保险，那么部长应向该农场的生产者发放农业风险保险补贴，前提条件是部长认为 2014 至 2018 任一作物年度：

（1）依据（b）为该作物年度确定的实际作物收益；低于

（2）依据（c）为该作物年度确定的农业风险保险担保。

（b）实际作物收益。

（1）县平均值。对于县平均值，一个县涵盖商品在作物年度内的实际作物收益等于下列二者的乘积：

（A）依据部长规定，该涵盖商品每种植一英亩的实际县平均收成；乘以

（B）下列二者相比的高值：

（ⅰ）依据部长规定，生产者在 12 个月的销售年度中得到的该涵盖商品的全国平均销售价格；或者

（ⅱ）依据子篇 B，该涵盖商品在作物年度中获取销售援助贷款的全国平均贷款率。

（2）个人保险。对于个人保险，农场生产者在作物年度内的实际作物收益应基于该生产者在全部农场中种植的所有涵盖商品的份额。全部农场系指已经选择个人保险且该生产者拥有利益的全部农场。实际作物收益由部长依据下列方法确定：

（A）对于各涵盖商品，下列二者的乘积：

（ⅰ）依据部长规定，此类农场上该涵盖商品的总产量；乘以

（ⅱ）下列二者相比的高值：

（Ⅰ）依据部长规定，生产者在 12 个月的销售年度中得到的该涵盖商品的全国平均销售价格；或者

（Ⅱ）依据子篇 B，该涵盖商品在作物年度中获取销售援助贷款的全国平均贷款率。

（B）依据（A），为此类农场所有涵盖商品确定的金额总和。

（C）（B）得出的金额除以此类农场所有涵盖商品的种植面积总数得出的商数。

（c）农业风险保险担保。

（1）通则。涵盖商品在作物年度中的农业风险保险担保应等同于基准收益的 86%。

（2）县保险的基准收益。对于县保险，基准收益为下列二者的乘积：

（A）在（4）规定的范围内，在最近 5 个作物年度中减去收成最高和最低的两个作物年度，部长由此确定的县历史平均收成；和

（B）在（5）规定的范围内，在最近 5 个作物年度中减去价格最高和最低的两个作物年度，生产者得到的 12 个月销售年度的全国平均销售价格。

（3）个人保险的基准收益。对于个人保险，农场生产者在作物年度内的基准收益应基于该生产者在全部农场中种植的所有涵盖商品的份额。全部农场系指已经选择个人保险且该生产者拥有利益的全部农场。基准收益由部长依据下列方法确定：

（A）对于最近 5 个作物年度中的各涵盖商品，下列二者的乘积：

（ⅰ）在（4）规定的范围内，部长确定的该类农场每种植一英亩涵盖商品的收成；乘以

（ⅱ）在（5）规定的范围内，生产者在 12 个月的销售年度中得到的全国平均销售价格。

（B）在最近 5 个作物年度中减去收益最高和最低的两个作物年度，依据（A）为各涵盖商品确定的平均收益值。

（C）2014 至 2018 各作物年度中，依据（B）为该类农场上所有涵盖商品确定的金额之和，然后再进行调整，以反映出该类农场种植各涵盖商品的总面积与该类农场种植所有涵盖商品的总面积之间的比例。

（4）收成状况。如果部长确定每种植一英亩涵盖商品的收成，或者最近 5 个作物年度中的任一作物年度每种植一英亩涵盖商品的县历史收成，低于部长确定的过渡收成的 70%，那么该作物年度中（2）（A）或者（3）（A）（ⅰ）中的数值应为过渡收成的 70%。

（5）参考价格。如果在最近 5 个作物年度中，生产者在任一 12 个月的销售年度中得到的全国平均销售价格低于该涵盖商品参考价格，那么部长应把参考价格用作（2）（B）或者（3）（A）（ⅱ）中的数值。

（d）补贴率。对于县保险或者农场的个人保险，涵盖商品的补贴率等于下列二者相比的数值低者：

（1）下列数值：

（A）依据（c）适用该作物年度的农业风险保险担保；超过

（B）依据（b）适用该作物年度的实际作物收益；或者

（2）依据（c）适用该作物年度的基准收益的 10%。

（e）补贴金额。如果 2014 至 2018 任一作物年度中需要发放农业风险保险补贴，那么该作物年度的农业风险保险补贴金额应为下列二者的乘积：

（1）依据（d）确定的补贴率；乘以

（2）依据第 1114 条确定的补贴面积。

（f）补贴的时间。如果部长确定需要为涵盖商品发放农业风险保险补贴，那么发放补贴的时间应始于 10 月 1 日，或者在该涵盖商品销售年度结束后尽快开始。

（g）部长的其他职责。发放农业风险保险过程中，部长应：

（1）在最大程度上利用所有的信息和分析，对在确定农业风险保险补贴过程中的异常现象进行核对；

（2）在最大程度上分别计算灌溉作物涵盖商品和非灌溉作物涵盖商品的实际作物收益与农业风险保险担保；

（3）对于个人保险，依据州、地区或者作物报告区中具有代表性农场的收成记录，为农场指定一个平均收成，前提条件是部长确定该农场种植面积太少，不足以计算出代表该农场的平均收成；和

（4）对于县保险，依据州、地区或者作物报告区中具有代表性农场的收成记录，为作物年度中每种植一英亩涵盖商品指定一个实际或者基准县收成，前提条件是：

（A）部长无法依据（b）（1）或者（c）（2）对该县在作物年度中每种植一英亩涵盖商品确定实际或者基准县收成；或者

（B）部长确定，依据（b）（1）或者（c）（2）确定的收成无法代表该县的平均收成。

第 1118 条　生产者同意。

（a）遵守相关要求。

（1）要求。农场生产者在获得依据本子篇发放给该农场的补贴之前，该生产者为了获取该补贴应在该作物年度期间同意：

（A）遵守《1985 年粮食安全法》第Ⅶ篇子篇 B（《美国法典》第 16 篇 3811 及以下）中有关保育的要求；

（B）遵守该法案第Ⅶ篇子篇 C（《美国法典》第 16 篇 3821 及以下）中有关湿地保护的要求；

（C）有效控制有害杂草，依据部长规定遵照有效的农业做法对土地进行维护；和

（D）依据部长规定，农场的所有基础面积仅用于农业或者保育目的，不得用于非农业的商贸、工业或者居住用途。

（2）遵守。部长有权颁布其认为必要的细则，以确保生产者遵守（1）规定的各项要求。

（3）修订。应受让人或者拥有者请求，部长可对本条规定的各项要求进行修订，前提条件是部长认为修订符合本款的目标。

（b）农场利益的转让或变更。

（1）终止。

（A）通则。除（2）另有规定外，如果农场生产者获取本标题所述补贴的利益发生转让（或者变更），那么将导致该种补贴的终止，除非土地受让人或者拥有者同意继续承担（a）规定的全部义务。

（B）有效日期。终止应于部长做出决定之日生效。

（2）例外。如果有权获得本子篇所述补贴的生产者死亡、丧失功能或者由于其他原因无法收取补贴，那么部长应依据其颁布的细则发放该补贴。

（c）报告种植面积。作为获取本子篇或者子篇 B 所述任何收益的条件，部长应要求农场生产者每年向其提交一份种植面积报告，报告农场上全部农田的情况。

（d）报告生产情况。作为获取个人保险农业风险保险补贴的额外条件，部长应要求农场生产者每年向其提交一份生产情况报告，报告下列相同州中所有农场种植所有涵盖商品的情况：

（1）该生产者拥有利益的州；和

（2）已选择个人保险的州。

（e）报告不准确的影响。本子篇或者子篇 B 中所述的各项收益，不得因农场生产者报告的种植面积或生产情况不准确而受到处罚，除非部长认为该农场生产者属于故意伪造种植面积或者生产情况报告。

（f）佃户和小佃农。实施本子篇时，部长应提供足够的保障措施，维护佃户和小佃农的利益。

（g）补贴的分配。部长应制定细则，把依据子篇发放的补贴在多名农场生产者中公平合理地进行分配。

第 1119 条　对于高地棉生产者的过渡性援助。

（a）适用范畴。

（1）宗旨。本条的宗旨在于为高地棉的生产者提供过渡性援助。原因在于《2008 年粮食、保育和

能源法》第 1103 条（《美国法典》第 7 篇 8713）废止后，第 1116 和第 1117 条不再适用于高地棉，而且《联邦农作物保险法》第 508B 条（《美国法典》第 7 篇 1508b）中要求的累积收入保护计划也由于本法案第 11017 条而推迟实施。

（2）2014 作物年度。对于高地棉的 2014 作物年度，部长应参照本条规定的期限和条件，向 2013 作物年度就存在棉花基础面积的农场的生产者提供过渡性援助。

（3）2015 作物年度。对于高地棉的 2015 作物年度，部长应参照本条规定的期限和条件，向下列农场的生产者提供过渡性援助：

（A）2013 作物年度就存在棉花基础面积的农场；和

（B）在农场所在的县中，《联邦农作物保险法》第 508B 条（《美国法典》第 7 篇 1508b）中要求的累积收入保护计划不适用于 2015 作物年度的高地棉生产者。

（b）过渡性援助比率。过渡性援助比率等于下列二者的乘积：

（1）美国农业部发布的世界农业供求预期报告中，用生产者在始于 2013 年 8 月 1 日的销售年度中的 2013 年 6 月 12 日的高地棉平均价格，减去生产者在始于 2013 年 8 月 1 日的销售年度中的 2013 年 8 月 1 日的高地棉平均价格。乘以

（2）高地棉的全国计划收成，即每英亩 597 磅①。

（c）过渡性援助金额的计算。依据本条在作物年度内为农场生产者发放过渡性援助时，金额等于下列三者的乘积：

（1）对于 2014 作物年度，（a）所述农场棉花基础面积的 60%；对于 2015 作物年度，（a）所述农场棉花基础面积的 36.5%，该面积依据第 1112 条（b）和（c）规定因保育措施而调整或削减；

（2）（b）规定的该作物年度的过渡性援助比率；和

（3）为落实《2008 年粮食、保育和能源法》第 1103 条（c）（3）（《美国法典》第 7 篇 8713（c）（3））而确定的该农场高地棉的补贴收成，除以高地棉的全国计划收成，即每英亩 597 磅。

（d）补贴的时间。部长依据本条发放各作物年度的过渡性援助补贴，不得早于收获高地棉所在日历年度的 10 月 1 日。

（e）补贴限额。《1985 年粮食安全法》第 1001 至第 1001C 条（《美国法典》第 7 篇 1308 至 1308C）对 2013 年 9 月 30 日时确定的标准，应适用于依据本条收取过渡性援助，方式与该条适用于《2008 年粮食、保育和能源法》第 1103 条（《美国法典》第 7 篇 8713）相同。

子篇 B　销售贷款

第 1201 条　贷款商品无追索权销售贷款的适用范畴。

（a）贷款商品的定义。在本子篇中，"贷款商品"系指小麦、玉米、高粱、大麦、燕麦、高地棉、特长绒棉、长粒稻米、中粒稻米、花生、大豆、其他油籽、定级羊毛、未定级羊毛、马海毛、蜂蜜、干豌豆、小扁豆、小鹰嘴豆和大鹰嘴豆。

（b）无追索权贷款的适用范畴。

（1）通则。对于各贷款商品的 2014 至 2018 任一作物年度，部长应向农场上生产贷款商品的生产者发放无追索权销售援助贷款。

（2）期限和条件。发放销售援助贷款的期限和条件由部长确定，贷款商品的贷款率由第 1202 条确定。

（c）合格的生产。无论农场生产者在农场上生产出多少数量的贷款商品，均有资格获得（b）中所述的销售援助贷款。

---

① 磅为非法定计量单位，1 磅＝0.453 6 千克。

（d）遵守保育和湿地的要求。作为获得（b）中所述销售援助贷款的条件，生产者应在贷款期限内遵守《1985 年粮食安全法》第Ⅶ篇子篇 B（《美国法典》第 16 篇 3811 及以下）中相关的保育要求和该法案第Ⅶ篇子篇 C（《美国法典》第 16 篇 3821 及以下）中相关的湿地保护要求。

（e）对于花生的特别细则。

（1）通则。本款仅适用于花生的生产者。

（2）接受贷款的选项。农场生产者可选择下列途径获得本条中所述的销售援助贷款和第 1205 条中所述的贷款差额补贴：

（A）指定的销售协会，或者部长批准的生产者销售合作社；或者

（B）农业部农场服务局。

（3）贷款花生的储存。对于依据本条享受销售援助贷款的花生，部长可批准个人或者实体予以储存。作为批准条件，该个人或者实体应同意：

（A）储存时不得存有歧视；和

（B）遵守部长规定的其他相关要求。部长所提要求的目的在于实现本条的宗旨，促进公平管理本章中的收益。

（4）储存、处理和相关开支。

（A）通则。对于依据本条享受贷款的花生，为确保得到妥善储存，依据部长规定，部长应支付花生处于贷款期间发生的处理和其他相关开支（储存开支除外）。

（B）赎回和罚没。部长应：

（ⅰ）要求偿还作为贷款担保物的花生依据（A）得到的处理和其他相关费用，条件是依据本条赎回贷款；和

（ⅱ）支付作为担保物的花生储存、处理和其他相关开支，条件是依据本条罚没作为担保物的花生。

（5）销售。对于依据本条享受贷款的花生，销售协会或者合作社可以进行销售，销售方式可符合消费需求，其中包括按种类和质量把花生分开销售。

（6）可补偿协议和管理费用的支付。部长有权实施可补偿协议或者对本款所述管理费用的支付做出规定，方式与对待其他商品完全一致。

第 1202 条　无追索权销售援助贷款的贷款率。

（a）通则。2014 至 2018 各作物年度，为贷款商品发放第 1201 条中所述销售援助贷款的贷款率如下：

（1）小麦，每蒲式耳 2.94 美元。

（2）玉米，每蒲式耳 1.95 美元。

（3）高粱，每蒲式耳 1.95 美元。

（4）大麦，每蒲式耳 1.95 美元。

（5）燕麦，每蒲式耳 1.39 美元。

（6）2014 至 2018 各作物年度中的基础质量高地棉，最近两个销售年度中调整后的世界通行价格的简单平均值，由部长确定并于 10 月 1 日在下次种植之前宣布，但既不得低于每磅 0.45 美元也不得高于每磅 0.52 美元。

（7）特长绒棉，每磅 0.7977 美元。

（8）长粒稻米，每英担 6.50 美元。

（9）中粒稻米，每英担 6.50 美元。

（10）大豆，每蒲式耳 5.00 美元。

（11）其他油籽，每英担 10.09 美元。具体油籽如下：

（A）葵花籽。

（B）油菜籽。

（C）卡诺拉。

（D）红花籽。

（E）亚麻籽。

（F）芥菜籽。

（G）海甘蓝籽。

（H）芝麻。

（I）部长指定的其他油籽。

（12）干豌豆，每英担 5.40 美元。

（13）小扁豆，每英担 11.28 美元。

（14）小鹰嘴豆，每英担 7.43 美元。

（15）大鹰嘴豆，每英担 11.28 美元。

（16）定级羊毛，每磅 1.15 美元。

（17）未定级羊毛，每磅 0.40 美元。

（18）马海毛，每磅 4.20 美元。

（19）蜂蜜，每磅 0.69 美元。

（20）花生，每吨 355 美元。

（b）其他油籽的单一县贷款率。对于（a）（11）中列举的每一种其他油籽，部长应为每个县确定单一的贷款率。

第 1203 条　贷款的期限。

（a）贷款的期限。对于每一种贷款商品，第 1201 条中所述销售援助贷款的期限均为 9 个月，起算日期为贷款发放月之后第一个月份的 1 号。

（b）禁止延期。部长无权延长任何贷款商品销售援助贷款的期限。

第 1204 条　贷款的偿还。

（a）通则。农场生产者偿还贷款商品（高地棉、长粒稻米、中粒稻米、特长绒花生和含糖商品以及其他每种葵花籽（榨油用葵花籽除外）除外）第 1201 条中所述的销售援助贷款时，部长应允许农场生产者以下列三者相比的低值偿还：

（1）依据第 1202 条为该商品确定的贷款率加上利息（利息依据《1996 年联邦农业促进与改革法》第 163 条（《美国法典》第 7 篇 7283）确定）；

（2）下列偿还率（依据部长规定）：

（A）依据该贷款商品此前 30 日内平均市场价格计算出的偿还率；和

（B）能够减少州与州之间、县与县之间销售贷款收益差额的偿还率；或者

（3）部长使用备选计算方法计算出的贷款商品偿还率，部长使用该计算方法的目的在于：

（A）尽可能减少潜在的贷款罚金；

（B）尽可能减少联邦政府的商品库存；

（C）尽可能减少联邦政府储存商品的开支；

（D）使产自美国的商品能够自由地、有竞争力地在国内外进行销售；和

（E）把州与州之间、县与县之间销售贷款收益的差额降到最低。

（b）高地棉、长粒稻米和中粒稻米的偿还率。农场生产者偿还高地棉、长粒稻米和中粒稻米第 1201 条中所述的销售援助贷款时，部长应允许农场生产者以下列二者相比的低值偿还：

（1）依据第 1202 条为该商品确定的贷款率加上利息（利息依据《1996 年联邦农业促进与改革法》

第 163 条（《美国法典》第 7 篇 7283）确定）；或者

（2）该商品的通行世界市场价格，具体由部长依据本章确定和调整。

（c）特长绒棉的偿还率。偿还特长绒棉的销售援助贷款时，偿还率为依据第 1202 条为该商品确定的贷款率加上利息（利息依据《1996 年联邦农业促进与改革法》第 163 条（《美国法典》第 7 篇 7283）确定）。

（d）通行的世界市场价格。为说明本条和第 1207 条，部长应以条例的形式规定：

（1）确定高地棉、长粒稻米和中粒稻米通行世界市场价格的计算方法；和

（2）部长定期公示这些通行世界市场价格的机制。

（e）高地棉、长粒稻米和中粒稻米通行世界市场价格的调整。

（1）稻米。依据（d）确定出长粒稻米和中粒稻米的通行世界市场价格后，应按照美国的质量和产地进行调整。

（2）棉花。依据（d）确定出高地棉的通行世界市场价格后：

（A）应按照美国的质量和产地进行调整，调整内容包括：

（ⅰ）下调，下调幅度与 $1\frac{3}{32}$ 英寸中等（M）质量以上高地棉的美国升水系数持平；和

（ⅱ）销售该商品的平均开支，其中包括平均的运输开支，具体数额由部长确定；和

（B）可在本法案通过之日至 2019 年 7 月 31 日期间进一步调整，前提条件是部长认为必需进行调整才能达到下列目的：

（ⅰ）尽可能减少潜在的贷款罚金；

（ⅱ）尽可能减少联邦政府的高地棉库存；

（ⅲ）确保产自美国的高地棉能够自由地、有竞争力地在国内外进行销售；和

（ⅳ）确保即期作物报价和远期作物报价之间的平稳过渡，只不过部长只有在下列情形下方可在销售年度 7 月 31 日之前使用远期作物报价：

（Ⅰ）没有足够的即期作物报价；和

（Ⅱ）远期报价是手头此类报价中最低的。

（3）追加调整的指导方针。进行本款中所述的调整时，部长应建立起确定和公示这些调整的机制，以避免对美国市场造成不必要的混乱。

（f）含糖商品和其他品种葵花籽的偿还率。农场生产者偿还含糖商品和其他每种葵花籽（榨油用葵花籽除外）第 1201 条中所述的销售援助贷款时，部长应允许农场生产者以下列二者相比的低值偿还：

（1）依据第 1202 条为该商品确定的贷款率加上利息（利息依据 1996 年《联邦农业促进与改革法》第 163 条（《美国法典》第 7 篇 7283）确定）；或者

（2）为榨油用葵花籽确定的偿还率。

（g）棉花储存费补贴。2014 至 2018 各作物年度，部长应发放棉花储存补贴，方式和补贴率与部长为 2006 作物年度发放棉花储存补贴一样，只不过补贴率下调 10%。

（h）花生的偿还率。农场生产者偿还花生第 1201 条中所述的销售援助贷款时，部长应允许农场生产者以下列二者相比的低值偿还：

（1）依据第 1202 条（a）（20）为花生确定的贷款率加上利息（利息依据 1996 年《联邦农业促进与改革法》第 163 条（《美国法典》第 7 篇 7283）确定）；或者

（2）部长确定的偿还率，其目的在于：

（A）尽可能减少潜在的贷款罚金；

（B）尽可能减少联邦政府的花生库存；

（C）尽可能减少联邦政府储存花生的开支；以及

（D）使产自美国的花生能够自由地、有竞争力地在国内外进行销售。

（i）临时调整偿还率的权限。

（1）调整的权限。如果严重干扰到销售、运输或者相关基础设施，那么部长有权修订贷款商品第1201条中所述销售援助贷款的偿还率。

（2）期限。（1）中对贷款商品销售援助贷款偿还率的调整，依据部长规定，分为短期和临时两种。

第 1205 条　贷款差额补贴。

（a）贷款差额补贴的适用范畴。

（1）通则。如果农场生产者有资格获得第1201条中所述的贷款商品销售援助贷款，但是同意放弃贷款商品的该种贷款，以此换取本条中所述的贷款差额补贴，那么除（d）另有规定外，部长应向该农场生产者发放贷款差额补贴。

（2）未修剪过的毛皮、干草和青贮饲料。

（A）销售援助贷款。在（B）规定的范围内，未修剪过的毛皮形式的未定级羊毛和贷款商品产生的干草和青贮饲料，不具备获得第1201条中所述销售援助贷款的资格。

（B）贷款差额补贴。如果农场生产者生产未修剪过的毛皮，利用贷款商品生产干草和青贮饲料，那么在2014至2018各作物年度，部长可向其发放本条中所述的贷款差额补贴。

（b）计算。贷款商品或者（a）（2）中所列举的商品，其贷款差额补贴为下列二者的乘积：

（1）依据（c）为该商品确定的补贴率；乘以

（2）合格生产者生产出的该商品数量，减去该生产者获得第1201条中所述销售援助贷款的商品生产数量。

（c）补贴率。

（1）通则。对于贷款商品，补贴率为下列二者的差额：

（A）依据第1202条为该贷款商品确定的贷款率；减去

（B）依据第1204条为该贷款商品确定的销售援助贷款偿还率。

（2）未修剪过的毛皮。对于未修剪过的毛皮，补贴率为下列二者的差额：

（A）依据第1202条为未定级羊毛确定的贷款率；减去

（B）依据第1204条为未定级羊毛确定的销售援助贷款偿还率。

（3）干草和青贮饲料。对于利用贷款商品生产出的干草或者青贮饲料，补贴率为下列二者的差额：

（A）依据第1202条为产生干草或者青贮饲料的贷款商品确定的贷款率；减去

（B）依据第1204条为该贷款商品确定的销售援助贷款偿还率。

（d）特长绒棉除外。本条不适用于特长绒棉。

（e）确定补贴率的有效日期。农场生产者生产出一定数量贷款商品或者（a）（2）中所列举的商品后，部长在确定向其发放本条中所述贷款差额补贴的金额时，应使用该农场生产者申请补贴当日的（c）中所述补贴率。

第 1206 条　替代贷款差额补贴发放给放牧面积的补贴。

（a）合格生产者。

（1）通则。2014至2018各作物年度，如果生产者因种植小麦、大麦或者燕麦而具备获得第1205条中所述贷款差额补贴的资格，但选择把种植小麦、大麦或者燕麦的面积用于畜禽放牧，那么部长应依据本条向该生产者发放补贴，前提条件是该生产者需与部长达成协议，不再出于放牧以外的其他目的而收割该片面积上的小麦、大麦或者燕麦。

（2）黑小麦面积上的放牧。2014至2018各作物年度，如果农场生产者选择把种植黑小麦的面积用于畜禽放牧，那么部长应依据本条向该生产者发放补贴，前提条件是该生产者需与部长达成协议，不再出于放牧以外的其他目的而收割该片面积上的黑小麦。

（b）补贴金额。

（1）通则。如果农场生产者属于（a）（1）中所述情形，那么依据本条所发放补贴的金额等于下列二者的乘积：

（A）依据第 1205 条（c），为达成协议当日农场所在县确定的贷款差额补贴率；乘以

（B）下列二者相乘得出的补贴数量：

（ⅰ）农场生产者选择放弃收割小麦、大麦或者燕麦改作放牧的面积的英亩数；乘以

（ⅱ）（Ⅰ）为该农场上该种贷款商品计算第 1115 章中所述价格损失保险时的补贴收成；

（Ⅱ）对于依据第 1116 条（a）选择农业风险保险的农场，如果未做选择，那么使用农场上该种贷款商品的其他补贴收成；或者

（Ⅲ）对于无法确定农场上贷款商品补贴收成的农场，使用部长依据第 1113 条（c）确定的适当收成。

（2）黑小麦面积上的放牧。如果农场生产者属于（a）（2）所述情形，那么依据本条所发放补贴的金额等于下列二者的乘积：

（A）依据第 1205 条（c），为达成协议当日农场所在县的小麦确定的贷款差额补贴率；乘以

（B）下列二者相乘得出的补贴数量：

（ⅰ）农场生产者选择放弃收割黑小麦改作放牧面积的英亩数；乘以

（ⅱ）（Ⅰ）为该农场小麦计算子篇 A 中所述价格损失保险时的补贴收成；

（Ⅱ）对于依据第 1116 条（a）选择农业风险保险的农场，如果未做选择，那么使用农场上小麦的补贴收成；或者

（Ⅲ）对于无法确定农场上小麦补贴收成的农场，使用部长依据第 1113 条（c）确定的适当收成。

（c）补贴的时间、方式和适用范畴。

（1）时间和方式。发放本条中所述补贴与发放第 1205 条中所述贷款差额补贴的时间和方式相同。

（2）适用范畴。

（A）通则。对于经本条批准的补贴，部长应确定发放的时间期限。

（B）特定商品。小麦、大麦和燕麦的发放时间期限应与本子篇授权部长为商品销售援助贷款确定的发放时间期限一致。

（d）禁止作物保险理赔或者未投保作物援助。2014 至 2018 作物年度，如果生产者与部长达成（a）中所述的协议，选择把种植小麦、大麦、燕麦或者黑小麦的面积用于放牧畜禽，并放弃收割这些作物，那么这些小麦、大麦、燕麦或者小黑麦就失去了获得理赔或者未投保作物援助的资格。《联邦农作物保险法》（《美国法典》第 7 篇 1501）中有理赔方面的规定，1996 年《联邦农业促进与改革法》第 196 条（《美国法典》第 7 篇 7333）中有未投保作物援助方面的规定。

第 1207 条　高地棉的特别销售贷款规定。

（a）特别进口配额。

（1）特别进口配额的定义。在本款中，"特别进口配额"系指，在规定有税率配额的情况下，无需按配额外税率缴税的进口数量。

（2）制定。

（A）通则。总统应依据本款规定，自 2014 年 8 月 1 日起实施一项进口配额计划。

（B）计划的要求。一旦部长判定并宣布最低价格的美国产 $1\frac{3}{32}$ 英寸中等（M）棉花从周五至下周四报给重要国际市场的平均报价连续 4 周时间超过通行的世界市场价格，那么应立即生效特别进口配额。

（3）数量。配额应等同于国内棉纺厂一周的棉花消耗量，以美国农业部拥有的最近 3 个有数据月份

的季节调整平均速率官方数据计算，或者没有足够数据时，使用部长估算的数据。

（4）适用。部长做出（2）所述公告之日后，不晚于 90 日内采购且不晚于 180 日内进入美国的高地棉，适用该配额。

（5）重叠。如果（2）有要求，那么确定的特别配额期可与任何已有的配额期重叠。但如果已经依据（b）确定了配额期，那么就不得再依据本款确定特别配额期。

（6）特惠关税的处理。特别进口配额内的数量应被视为下列法案中的配额内数量：

（A）《加勒比盆地经济复苏法》第 213 条（d）（《美国法典》第 19 篇 2703（d））；

（B）《安第斯贸易优惠法》第 204 条（《美国法典》第 19 篇 3203）；

（C）《1974 年贸易法》第 503 篇（d）（《美国法典》第 19 篇 2463（d））；和

（D）《协调关税明细表》总注释 3（a）（ⅳ）。

（7）限额。在任何销售年度中，在依据本款确定的特别进口配额下进入美国的棉花数量，不得超过国内棉纺厂 10 周的消耗量，以销售年度确定的首个特别进口配额前 3 个月的季节调整平均速率计算。

（b）高地棉有限的全球进口配额。

（1）定义。在本款中：

（A）需求。"需求"系指：

（ⅰ）在美国农业部有官方数据的最近 3 个月内，或者没有足够数据时使用部长的估算数据，国内棉纺厂棉花消耗的平均季节调整年度速率；和

（ⅱ）下列二者相比的高值：

（Ⅰ）在过去 6 个销售年度中，高地棉的平均出口数量；或者

（Ⅱ）在确定配额的销售年度中，高地棉的累积出口数量加上未交付的出口数量。

（B）有限的全球进口配额。"有限的全球进口配额"系指，在规定有税率配额的情况下，无需按配额外税率缴税的进口数量。

（C）供给。"供给"系指，使用农业部的最新官方数据：

（ⅰ）在确定配额的销售年度，年初时高地棉的转结数量（调整为以每包 480 磅计算）；

（ⅱ）当前农作物的生产数量；和

（ⅲ）该销售年度截至有数据的最近日期的进口数量。

（2）计划。总统应实施一项出口配额计划，该计划规定：一旦部长判定并宣布基础质量高地棉的平均价格在指定现货市场有一个月时间超过同品质棉花此前 36 个月平均价格的 130%，那么无论法律有何其他规定，应依据下列条件立即生效有限的全球进口配额：

（A）数量。配额的数量应等同于国内棉纺厂 21 天的高地棉消耗量，以农业部拥有官方数据的最近 3 个月季节调整平均速率计算，或者没有足够数据时以部长估算的速率计算。

（B）此前已有配额的数量。如果在此前 12 个月中已经依据本款确定过配额，那么随后依据本款确定的配额应少于（A）计算出的国内棉纺厂 21 天的高地棉消耗量，或者需要把供应的数量增加到需求的 130%。

（C）特惠关税的处理。有限的全球配额内的数量应被视为下列法案中的配额内数量：

（ⅰ）《加勒比盆地经济复苏法》第 213 条（d）（《美国法典》第 19 篇 2703（d））；

（ⅱ）《安第斯贸易优惠法》第 204 条（《美国法典》第 19 篇 3203）；

（ⅲ）《1974 年贸易法》第 503 条（d）（《美国法典》第 19 篇 2463（d））；和

（ⅳ）《协调关税明细表》总注释 3（a）（ⅳ）。

（D）配额进口的时间期限。依据本款确定配额后，从部长确定配额之日开始，在 90 天时间期限内，可在该配额下进口棉花。

（3）不允许重叠。不论（2）如何规定，确定配额期时不得与已有的配额期重叠，也不得与依据（a）确定的特别配额期重叠。

（c）给予高地棉用户的经济调整援助。

（1）通则。在（2）规定的范围内，部长应每月向高地棉用户提供经济调整援助。提供的形式为，无论高地棉的产地是哪里，只要在前一个月内记录使用了高地棉，则给予补贴。

（2）援助的价值。自 2013 年 8 月 1 日起，依据（1）提供的援助的价值为每磅 3 美分。

（3）允许的用途。本款所述的经济调整援助，应只发放给高地棉的国内用户，该用户应证明援助的用途仅限于购买、建造、安装、改造、发展、改装或者扩大土地、厂房、建筑物、设备、设施或者机械。

（4）审查或审计。如果部长认为对于实施本款内容确有必要，那么有权对本款所述的国内用户的记录进行审查或者审计。

（5）援助的不当使用。对国内用户的记录进行过审查或者审计后，如果部长认为本款所述的经济调整援助未用于（3）所述的目的，那么该国内用户应：

（A）依据部长规定，向部长偿还援助再加上利息；和

（B）在部长做出裁决后的一年时间内，失去获得本款所述援助的资格。

第 1208 条　特长绒棉的特别竞争条款。

（a）竞争力计划。无论法律有何其他规定，在本法案通过之日至 2019 年 7 月 31 日期间，部长应实施一项计划：

（1）保持并扩大美国产特长绒棉在国内的使用；

（2）促进美国产特长绒棉的出口；和

（3）确保美国产特长绒棉在世界市场上的竞争力。

（b）计划的补贴；启动。依据该计划，部长应向下列情形发放本条中所述的补贴：

（1）特长绒棉（调整至美国质量、产地以及影响此类棉花竞争力的其他因素）的最低价格竞争产品的世界市场价格，连续 4 周时间低于特长绒棉竞争产品的通行美国价格；和

（2）特长绒棉（调整至美国质量、产地以及影响此类棉花竞争力的其他因素）的最低价格竞争产品的世界市场价格，低于特长绒棉贷款率的 134％。

（c）合格获取补贴者。美国产特长绒棉的国内用户和美国产特长绒棉的出口商，与商品信贷公司签订合同参与本条中所述的计划后，部长应向其发放本条中所述的补贴。

（d）补贴的金额。本条中所述补贴金额的计算方法为，用连续 4 周时间的第 4 周（b）（1）中所述价格差额，乘以该连续 4 周时间后面一周国内用户有记录的购买数量或者出口商的出口数量。

第 1209 条　高水分谷物饲料和籽棉有追索权贷款的适用范畴。

（a）高水分谷物饲料。

（1）高水分状态的定义。在本款中，"高水分状态"系指玉米或者高粱的含水量高于商品信贷公司的标准。这一标准是部长依据第 1201 条为发放销售援助贷款制定的。

（2）有追索权贷款的适用范畴。2014 至 2018 各作物年度，部长应向下列农场生产者发放玉米和高粱的有追索权贷款：

（A）通常收获全部或者部分高水分状态的玉米或者高粱；

（B）提交：

（ⅰ）包括仓库、饲养场、饲料厂、酿酒厂或者部长批准的其他类似实体在内，规模企业出具的合格等级票；或者

（ⅱ）在没有规模企业能够出具合格等级票的地区，依据部长规定，提供现有或者储存作物的现场测量数据或者其他物理测量数据；

（C）证明该农场生产者是谷物饲料的拥有者，而且享受本款中所述贷款的部分收割自该农场，然后提供给饲养场、饲料厂、商业或者农业的高水分储存设施或者是高水分玉米和高粱用户的设施；和

（D）遵守部长为收割玉米或者高粱规定的最后期限，并且在部长规定的最后期限内申请本款中所述的贷款。

（3）购入谷物饲料获得贷款的资格。本款中所述的贷款，仅发放给生产者得到的玉米或者高粱，数量为下列二者的乘积：

（A）在该生产者的农场上，收获高水分状态玉米或者高粱的面积有多少英亩；乘以

（B）下列二者相比的低值：

（ⅰ）对于收获（A）中所述玉米或者高粱类似田地的玉米或者高粱，计算第 1115 条中所述价格损失保险时的补贴收成，或者依据第 1206 条（b）（1）（B）（ⅱ）（Ⅱ）或（Ⅲ）认定或者确定的补贴收成；或

（ⅱ）对于收获（A）中所述玉米或者高粱类似田地的玉米或者高粱，依据部长规定，玉米或者高粱的实际收成。

（b）可向籽棉发放有追索权贷款。2014 至 2018 各作物年度，只要生产者生产高地棉和特长绒棉，部长即应依据规定发放有追索权的籽棉贷款。

（c）偿还率。偿还本条中所述的有追索权贷款时，偿还率应为部长为该商品确定的贷款率加上利息（利息依据《1996 年联邦农业促进与改革法》第 163 条（《美国法典》第 7 篇 7283）确定）。

第 1210 条　贷款的调整。

（a）调整的权限。在（e）规定的范围内，部长有权根据等级、品种、质量、产地以及其他因素的不同，对所有贷款商品（棉花除外）的贷款率进行适当调整。

（b）调整的方式。进行（a）中所述的调整时，调整的方式应尽可能是使该商品的平均贷款水平接近于依据本子篇和子篇 C 中所确定的支持水平。

（c）以县为基础的调整。

（1）通则。部长可对各个县的作物生产者确定贷款率，最低贷款率为全国平均贷款率的 95%，条件是贷款率的调整不得导致支出费用的增加。

（2）禁令。本款中所述的调整，不得导致任一年度的全国平均贷款率上涨。

（d）棉花贷款率的调整。

（1）通则。部长有权根据质量因素的不同而对棉花的贷款率进行适当调整。

（2）调整的类型。依据（1）对贷款率所做的调整可包括：

（A）除使用现货市场的价格数据外，还使用非现货市场的价格数据，提高用于确定本款中所述质量调整的价格信息的准确性；

（B）调整纤维长度 33 及以上高地棉的依据马克隆的升水或者贴水，目的在于消除计算升水或者贴水时不必要的人为区分；和

（C）依据（3）进行磋商之后，部长认为适宜的其他调整。

（3）与私营部门的磋商。

（A）修订之前。依据本款规定对棉花的贷款率进行调整（包括对调整进行审核）时，部长应与美国棉花业的代表进行磋商。

（B）《联邦顾问委员会法》不适用。《联邦顾问委员会法》（《美国法典》第 5 篇相关内容）不适用于本款中所述的磋商。

（4）对于调整的审核。依据本款规定对高地棉进行质量调整的过程，部长有权进行审核，而且有权撤销或者修订依据（2）做出的调整，以此对高地棉贷款计划的管理做进一步调整。

（e）稻米。除非存在等级和质量（包括出米率）差别，否则部长不得对长粒稻米和中粒稻米的贷款率进行调整。

子篇 C 糖

第 1301 条 糖政策。

（a）延续目前计划和贷款率。

（1）甘蔗。《1996 年联邦农业促进与改革法》第 156 条（a）（《美国法典》第 7 篇 7272（a））做下列修订

（A）在（3）的末尾处增加"和"字；

（B）在（4）中，删除"2011 作物年度；和"改为"2011 至 2019 各作物年度。"；和

（C）删除（5）。

（2）甜菜。《1996 年联邦农业促进与改革法》第 156 条（b）（2）（《美国法典》第 7 篇 7272（b）(2)）进行修订，删除"2012"改为"2018"。

（3）有效期限。《1996 年联邦农业促进与改革法》第 156 条（i）（《美国法典》第 7 篇 7272（i））进行修订，删除"2012"改为"2018"。

（b）灵活的糖销售分配。

（1）糖评估。《1938 年农业调整法》第 359b 条（a）（1）（《美国法典》第 7 篇 1359bb（a）（1））进行修订，删除"2012"改为"2018"。

（2）有效期限。《1938 年农业调整法》第 359l 条（a）（《美国法典》第 7 篇 1359ll（a））进行修订，删除"2012"改为"2018"。

子篇 D 乳 品

第 Ⅰ 部分 乳品生产者的利润保护计划

第 1401 条 定义。

在本部分和第 Ⅲ 部分中：

（1）乳品生产的实际利润。"乳品生产的实际利润"系指依据第 1402 条计算出的全乳价格与平均饲料成本之间的差额。

（2）全乳价格。"全乳价格"系指通过乳品经营，把全乳销售至部长定义的美国的工厂和交易商，每一百磅牛奶的平均价格。

（3）平均饲料成本"平均饲料成本"系指在乳品经营中，每生产一百磅牛奶所用的平均饲料成本，使用下列三者的总和依据第 1402 条中的方法确定：

（A）每蒲式耳玉米的价格乘以 1.0728 得出的乘积。

（B）每吨大豆粉的价格乘以 0.00735 得出的乘积。

（C）每吨苜蓿干草的价格乘以 0.0137 得出的乘积。

（4）连续两个月期间。"连续两个月期间"系指 1 月和 2 月、3 月和 4 月、5 月和 6 月、7 月和 8 月、9 月和 10 月或者 11 月和 12 月的两个月期间。

（5）乳品经营。

（A）通则。"乳品经营"依据部长规定，系指一名或多名乳品生产者把生产和销售牛奶作为单一乳品经营，每位乳品生产者在其中：

（i）共同承担牛奶生产的风险；和

（ii）做出个人或者实体对乳品经营的贡献（其中包括土地、劳工、管理、设备或者资金），这些贡献至少与该个人或者实体在经营过程中的份额相匹配。

（B）其他所有权结构。部长应确定乳品经营的定义中涵盖的其他所有权结构。

（6）利润保护计划。"利润保护计划"系指第 1403 条中所要求的利润保护计划。

（7）利润保护计划补贴。"利润保护计划补贴"系指依据第 1406 条向利润保护计划的参与乳品经营发放的补贴。

（8）参与乳品经营。"参与乳品经营"系指依据第 1404 条注册参与到利润保护计划的乳品经营。

（9）历史产量。"历史产量"系指参与乳品经营首次注册参与到利润保护计划时，依据第 1405 条（a）或（b）为参与乳品经营确定的历史产量。

（10）部长。"部长"系指美国农业部长。

（11）美国。"美国"，用于地理概念时，系指 50 个州、哥伦比亚特区、美属萨摩亚、北马里亚纳、波多黎各自由邦、美属维京群岛和美国的其他所有领属地。

第 1402 条　平均饲料成本和乳品生产的实际利润的计算。

（a）平均饲料成本的计算。部长应使用下列数据计算每个月的全国平均饲料成本：

（1）玉米某个月的价格应为美国农民当月获得的玉米价格，以部长在每月农业价格报告中公布的数据为准。

（2）大豆粉某个月的价格应为大豆粉的伊利诺斯中间价，以部长在市场消息—每月大豆粉价格报告中公布的数据为准。

（3）苜蓿干草某个月的价格应为美国农民当月获得的苜蓿干草价格，以部长在每月农业价格报告中公布的数据为准。

（b）乳品生产的实际利润的计算。

（1）通则。为用于利润保护计划，部长应计算每连续两个月期间乳品生产的实利利润，计算方法为下列二者之差：

（A）依据（a）确定的该连续两个月期间的平均饲料成本；被减于

（B）该连续两个月期间的全乳价格。

（2）计算的时间。相应月份的整月价格出来之后，即应尽快进行本款中所需要的计算。

第 1403 条　为乳品生产者制定利润保护计划。

不晚于 2014 年 9 月 1 日，部长应为乳品生产者制定并实施一项利润保护计划。依据该计划，当乳品生产的实际利润低于利润保护补贴的门槛水平时，参与乳品经营将获得利润保护补贴。

第 1404 条　乳品经营参与到利润保护计划当中。

（a）具备资格。全美国的乳品经营均具备参与利润保护计划、获取利润保护补贴的资格。

（b）注册程序。

（1）通则。部长应详细说明参与乳品经营注册参与利润保护计划的方式和形式。

（2）多名生产者乳品经营的处理。如果参与乳品经营的乳品生产者不只一人，那么就参与利润保护计划而言，该参与乳品经营的全体乳品生产者应被视为从事一项乳品经营。

（3）生产者从事多项乳品经营的处理。如果一名乳品生产者从事两项或两项以上乳品经营，那么该生产者的各项乳品生产应分别注册参与到利润保护计划当中。

（c）年度管理费。

（1）要求的管理费。各参与乳品经营应：

（A）缴纳注册参与到利润保护计划的管理费；和

（B）依据第 1409 条规定，在利润保护计划期限内每年缴纳管理费。

（2）缴费金额。每项参与乳品经营的管理费为 100 美元。

（3）费用的使用。部长应把依据本款收取到的管理费用于支付利润保护计划实施过程中发生的管理开支。

（d）与畜禽毛利润计划之间的关系。一项乳品经营可参与到利润保护计划当中，也可参与到《联邦农作物保险法》（《美国法典》第 7 篇 1501 及以下）中所述的畜禽毛利润计划当中，但不得同时参与两项计划。

第 1405 条 参与乳品经营的历史产量。

（a）历史产量。

（1）通则。除（b）另有规定外，当乳品经营首次注册参与到利润保护计划当中时，该乳品经营在利润保护计划中的历史产量等同于该参与乳品经营在 2011、2012 或 2013 任一日历年度中最高的年度牛奶销量。

（2）调整。在随后的年度中，部长应调整依据（1）为参与乳品经营确定的历史产量，以反映出全国平均牛奶产量的增长。

（b）由新的乳品经营进行选择。对于经营时间不足一年的参与乳品经营，应选择下列方法之一供部长确定其历史产量：

（1）由该乳品经营进行几个月以来的实际牛奶销量推算出全年的销量。

（2）由部长公布的全国平均数据，依据该参与乳品经营的牲畜规模，估算出该参与乳品经营的实际牛奶销量。

（c）需要的信息。参与乳品经营参与到利润保护计划当中时，部长有权要求其提供相关信息以确定历史产量。参与乳品经营应遵照执行。

第 1406 条 利润保护补贴。

（a）保险水平门槛和保险比例。为获取连续两个月期间的利润保护补贴，参与乳品经营应每年选择：

（1）4.00 美元、4.50 美元、5.00 美元、5.50 美元、6.00 美元、6.50 美元、7.00 美元或者 7.50 美元等保险水平门槛；和

（2）保险比例，以 5％递增，从参与乳品经营历史产量的 25％到最高不超过 90％。

（b）补贴门槛。凡乳品生产的平均实际利润在连续两个月期间低于参与乳品经营选择的保险水平门槛时，参与乳品经营应获取利润保护补贴。

（c）利润保护补贴的金额。参与乳品经营的利润保护补贴的确定方法如下：

（1）部长计算出的金额，等同于该参与乳品经营选择的保险水平门槛超出连续两个月期间乳品生产的平均实际利润的金额。

（2）依据（1）得出的金额乘以：

（A）该参与乳品经营选择的保险比例；和

（B）该参与乳品经营的历史产量除以 6。

第 1407 条 利润保护计划的保费。

（a）为参与到利润保护计划当中，参与乳品经营应缴纳年度保费，等同于下列三者的乘积：

（1）该参与乳品经营依据第 1406 条（a）（2）选择的保险比例；

（2）该参与乳品经营的历史产量；和

（3）本条为所选保险水平确定的每英担牛奶的保费。

（b）对于前 4 百万磅产品，每英担的保费。

（1）通则。对于参与乳品经营历史产量中销售的前 4 000 000 磅牛奶，（2）中的图表列有各保险水

平每一百磅的保费。

（2）生产者保费。除（3）另有规定外，适用下列年度保费：

保险水平	每英担的保费
4.00 美元	无
4.50 美元	0.010 美元
5.00 美元	0.025 美元
5.50 美元	0.040 美元
6.00 美元	0.055 美元
6.50 美元	0.090 美元
7.00 美元	0.217 美元
7.50 美元	0.300 美元
8.00 美元	0.475 美元

（3）特别细则。对于 2014 和 2015 日历年度，（2）中图表为各保险水平（8.00 美元保险水平除外）确定的每英担的保费应削减 25％。

（c）超出 4 百万磅的产量每英担的保费。

（1）通则。对于参与乳品经营历史产量中销售的超出 4 000 000 磅的牛奶，（2）中的图表列有各保险水平每英担的保费。

（2）生产者保费。适用下列年度保费：

保险水平	每英担的保费
4.00 美元	无
4.50 美元	0.020 美元
5.00 美元	0.040 美元
5.50 美元	0.100 美元
6.00 美元	0.155 美元
6.50 美元	0.290 美元
7.00 美元	0.830 美元
7.50 美元	1.060 美元
8.00 美元	1.360 美元

（d）缴纳保费的时间。部长应规定一种以上的方法，由参与乳品经营缴纳本条中所要求的保费，在方式上最大程度提升参与乳品经营补贴的灵活性和计划的综合性。

（e）保费的约束力。

（1）新参与者按比例缴纳保费。日历年度开始后，如果有参与乳品经营首次注册参与该日历年度的利润保护计划，那么该参与乳品经营应按比例缴纳该日历年度的保费，依据为该参与乳品经营购买保险的时间长度占整个日历年度的比例。

（2）法律义务。日历年度中，参与到利润保护计划当中的参与乳品经营具有缴纳该日历年度相关保费的法律义务，除非部长依据其确定的期限和条件解除该义务，条件为参与乳品经营死亡、退休、永久退出参与乳品经营或者出现部长认为适宜的其他状况，目的在于确保该计划的有始有终。

第 1408 条　未缴纳管理费或者保费的影响。

（a）利益的损失。参与乳品经营，如果未依据第 1404 条缴纳年度管理费，或者未依据第 1407 条缴纳保费，那么：

（1）仍然具有缴纳管理费或者保费的原法律义务；和

（2）在全额缴纳管理费或者保费之前，无权获取利润保护补贴。

（b）强制执行。部长有权采取必要措施，收取参与利润保护计划的管理费和保费。

第 1409 条　　时间期限。

利润保护计划于 2018 年 12 月 31 日终止。

第 1410 条　　管理和执行。

（a）通则。部长应颁布管理条例，解决利润保护计划在实施过程中出现的管理和执行问题。

（b）重组。部长应颁布管理条例，禁止乳品生产者出于获取利润保护补贴的目的而对乳品经营进行重组。

（c）行政诉讼。依据《1985 年粮食安全法》第 1001 条（h）（《美国法典》第 7 篇 1308（h））和《农业部重组法》第 H 篇（《美国法典》第 7 篇 6991 及以下）的授权，部长应颁布管理条例，规范参与利润保护计划者认为部长所做决定不利于己并提出行政诉讼的行为。

（d）包括其他命令。《1996 年联邦农业促进与改革法》第 143 条（a）（2）（《美国法典》第 7 篇 7532（a）（2））进行修订，在末尾处增加一句话："（b）不适用于部长依据本款所获得的授权。"

第 Ⅱ 部分　　其他乳品相关条款废止或重新授权

第 1421 条　　乳制品价格支持计划废止。

《2008 年粮食、保育和能源法》第 1501 条（《美国法典》第 7 篇 8771）废止。

第 1422 条　　牛奶收入损失合同计划暂时延续但终将废止。

（a）牛奶收入损失合同计划暂时延续补贴。《2008 年粮食、保育和能源法》第 1506 条（《美国法典》第 7 篇 8773）做下列修订：

（1）在（a）中，在末尾处增加下面一条新的内容：

"（6）终止日期。'终止日期'系指下列中最早的日期：

（A）部长向国会证明《2014 年农业法》第 1403 条中所述利润保护计划可行之日。

"（B）2014 年 9 月 1 日。

"（2）在（c）（3）中：

（A）在（B）中，在"2013 年 8 月 31 日，"后增加："2014 年 2 月 1 日至终止日期之间，"；和

（B）在（C）中，删除"之后，"改为"至 2014 年 1 月 31 日止，"；

（3）在（d）中：

（A）在（2）中，删除"2013 年 9 月 1 日起的当月或随后各月"改为"2013 年 9 月 1 日至 2014 年 1 月 31 日止期间，"；

（B）把（3）重新编号为（4）；以及

（C）在（2）后面增加下面一条新的内容作为（3）：

"（3）最终调整权。2014 年 2 月 1 日至终止日期期间，如果该期间某个月的全国平均乳品饲料配给成本超过每一百磅 7.35 美元，那么（c）（2）（A）中规定的当月补贴率应提高全国平均乳品饲料配给成本超过每一百磅 7.35 美元部分的 45％。"

（4）在（e）（2）（A）中：

（A）在（ⅱ）中，在"2013 年 8 月 31 日，"后面增加："以及 2014 年 2 月 1 日至终止日期期

间，"；和

（B）在（ⅲ）中，删除"2013年9月1日起生效，"改为"2013年9月1日起至2014年1月31日止期间，"；

（5）在（g）中，删除"本法案通过当日90天后起至2013年9月30日止期间"改为"直至终止日期"；和

（6）在（h）（1）中，删除"2013年9月30日"改为"终止日期"。

（b）牛奶收入损失合同计划废止。

（1）废止。《2008年粮食、保育和能源法》第1506条（《美国法典》第7篇8773）于终止日期起废止。

（2）规定的终止日期。在（1）中，"终止日期"系指下列中最早的日期：

（A）部长向国会证明《2014年农业法》第1403条中所述利润保护计划可行之日。

（B）2014年9月1日。"

第1423条　乳品出口激励计划废止。

（a）废止。《1985年粮食安全法》第153条（《美国法典》第15篇713a‐14）废止。

（b）相应的修订。《2000年改革贸易制裁与促进出口法》第902篇（2）（《美国法典》第22篇7201（2））做下列修订：

（1）删除（D）；和

（2）把（E）和（F）分别重新编号为（D）和（E）。

第1424条　乳品促进定价计划延续。

《2008年粮食、保育和能源法》第1502条（e）（《美国法典》第7篇8772（e））做下列修订：

（1）在（1）中，删除"2012"改为"2018"；和

（2）在（2）中，删除"2015"改为"2021"。

第1425条　乳品补偿计划延续。

《公法》90—484第3条（《美国法典》第7篇4501）进行修订，删除"2012"改为"2018"。

第1426条　乳品促进和研究计划延续。

《1983年乳品生产稳定法》第113条（e）（2）（《美国法典》第7篇4504（e）（2））进行修订，删除"2012"改为"2018"。

第1427条　联邦牛奶销售令审查委员会废止。

《2008年粮食、保育和能源法》第1509条（《公法》110—246）废止。

第Ⅲ部分　乳制品捐赠计划

第1431条　乳制品捐赠计划。

（a）要求的计划；宗旨。不晚于部长向国会证明利润保护计划可行性之日后的120日内，部长应制定并实施一项乳制品捐赠计划，宗旨在于：

（1）解决参与乳品经营遇到的经营利润低的问题；和

（2）为低收入群体提供营养援助。

（b）计划的启动。凡遇连续两个月时间每英担牛奶的实际乳品生产利润为4.00美元或者以下，部长应宣布从第三个月开始启动乳制品捐赠计划并在当月中落实（c）中所述的措施。

（c）要求的计划措施。

（1）通则。依据（b）启动乳制品捐赠计划后，部长应立即以通行市场价格购入乳制品，直至达到（d）（1）中所述条件之一的时间为止。

（2）协商。为依据乳制品捐赠计划确定购买乳制品的种类和数量，部长应与为低收入人口提供食品的公共和私有非营利组织进行协商。

（d）计划措施的终止。

（1）终止的门槛。凡出现下列情形时，部长应停止乳制品捐赠计划中的措施，而且在（b）中所述条件再次出现之前不得再次重启计划措施：

（A）部长已经连续 3 个月依据乳制品捐赠计划购入乳制品，即使每英担牛奶的实际乳品生产利润仍为 4.00 美元或者以下。

（B）在前一个月中，乳品生产的实际利润已经超过每英担 4.00 美元。

（C）在前一个月中，乳品生产的实际利润为每英担 4.00 美元或者以下，但超过 3.00 美元，而且在该月中：

（ⅰ）切达奶酪在美国的价格超过世界价格 5%；或者

（ⅱ）脱脂纯牛奶在美国的价格超过脱脂奶粉世界价格 5%。

（D）在前一个月中，乳品生产的实际利润为每英担 3.00 美元或者以下，而且在该月中：

（ⅰ）切达奶酪在美国的价格超过世界价格 7%；或者

（ⅱ）脱脂纯牛奶在美国的价格超过脱脂奶粉世界价格 7%。

（2）确定。为落实本款内容，部长应确定切达奶酪和脱脂纯牛奶在美国的价格以及切达奶酪和脱脂奶粉的世界价格。

（e）所购乳制品的分发。

（1）通则。部长应把依据乳制品捐赠计划所购入的乳制品用于分发而非储存，分发的方式为分发给部长认定的低收入群体，促进上述乳制品的国内消费。

（2）通过公共或者私有非营利组织。依据乳制品捐赠计划收购乳制品之后，部长应通过公共或者私有非营利组织的服务进行分发。收到乳制品的公共或者私有非营利组织可将其转给其他的公共或者私有非营利组织，前提条件是后者同意利用这些乳制品向低收入群体提供营养援助，而且没有费用开支或者浪费。

（f）禁止产品的再次销售。公共或者私有非营利组织依据（e）收到乳制品之后，不得把乳制品卖回销售市场。

（g）使用商品信贷公司的资金。如第 1601 条（a）中所做规定，部长有权使用商品信贷公司的资金、设施和职权，实施乳制品捐赠计划并进行管理。

（h）有效期限。除（d）（1）中规定的终止条件外，乳制品捐赠计划应于 2018 年 12 月 31 日终止。

子篇 E 农业灾害援助补充计划

第 1501 条 农业灾害援助补充计划。

（a）定义。在本条中：

（1）合格的农场生产者。

（A）通则。"合格的农场生产者"系指（B）中描述的个人或者实体，依据部长规定，承担着与农业作物或者畜禽生产相关的生产风险和销售风险。

（B）描述。（A）中所指的个人或者实体为：

（ⅰ）美国公民；

（ⅱ）居住在美国的外国人；

（ⅲ）由美国公民组成的合伙公司；或者

（ⅳ）依据美国法律组建的公司、有限责任公司或者其他农场组织结构。

（2）农场饲养的鱼。"农场饲养的鱼"系指在人工操纵环境下繁育和喂养的水生物种。

（3）畜禽。"畜禽"中包括：

（A）牛（其中包括奶牛）；

（B）美洲野牛；

（C）家禽；

（D）羊；

（E）猪；

（F）马；和

（G）部长指定的其他畜禽。

（4）部长。"部长"系指美国农业部长。

（b）畜禽赔付补贴。

（1）补贴 2012 财政年度和随后各财政年度，如果合格的农场生产者由于下列原因导致畜禽死亡损失超过正常的死亡率，那么部长应从商品信贷公司的资金中划拨必要款项，用于发放赔付补贴：

（A）受到野生动物的袭击，其中包括狼和猛禽，条件是这些野生动物是联邦政府重新放归野外的，或者受联邦法律保护；或者

（B）部长认为在日历年度中发生恶劣天气，其中包括因为飓风、洪灾、疫病、野火、高温和极寒而造成损失。

（2）补贴率。依据（1）给予合格农场生产者的赔付补贴，依据部长规定，补贴率应相当于畜禽死亡前一日市场价值的 75%。

（3）因疫病而发放补贴的特别细则。部长应确保，依据（1）向合格生产者发放的补贴，不同于《动物卫生保护法》第 10407 条（d）（《美国法典》第 7 篇 8306（d））所补偿的畜禽损失。

（c）畜禽饲料灾害计划。

（1）定义。在本款中：

（A）涵盖畜禽。

（ⅰ）通则。除（ⅱ）另有规定外，"涵盖畜禽"系指合格畜禽生产者的下列畜禽，在确定发生旱灾或者火灾之前的 60 天内，该合格畜禽生产者：

（Ⅰ）拥有；

（Ⅱ）租赁；

（Ⅲ）购买；

（Ⅳ）签订购买合同；

（Ⅴ）属于签约养殖户；或者

（Ⅵ）在下列时间由于确定发生旱灾原因而出售或者处理：

（aa）目前的生产年度；或者

（bb）在（3）（B）（ⅱ）规定的范围内，目前生产年度之前的一至两个生产年度。

（ⅱ）排除。"涵盖畜禽"依据部长规定，不包括确定发生旱灾或者火灾后，作为该合格畜禽生产者正常业务经营的一部分而存在或者将要存在于饲养场的畜禽。

（B）旱灾监测。"旱灾监测"系指确定旱灾严重程度的系统，依据部长规定，把旱灾从非正常干旱到极其干旱分成若干等级。

（C）合格的畜禽生产者。

（ⅰ）通则。"合格的畜禽生产者"系指农场上的下列合格生产者：

（Ⅰ）涵盖畜禽的拥有者或者签约养殖户，为畜禽提供草场或者牧场，其中包括用现金租赁的草场或者牧场；

（Ⅱ）为涵盖畜禽提供草场或者牧场，其中包括用现金租赁的坐落于受旱灾影响的县的草场或者牧场；

（Ⅲ）证明放牧损失；和

（Ⅳ）达到依据本款确定的其他各项要求。

（ⅱ）排除。"合格的畜禽生产者"不包括租赁其他自然人所拥有的草场或者牧场的拥有者或者签约养殖户。

（D）正常载畜能力。"正常载畜能力"，对于一个县内各种类型的草场或者牧场而言，系指（3）（D）（ⅰ）中确定的正常载畜能力，即在没有旱灾或者火灾减少草场或者牧场产量的情况下，正常放牧季节能够为畜禽提供的条件。

（E）正常放牧期。"正常放牧期"，对于一个县而言，系指（3）（D）（ⅰ）中确定的该县在日历年度中正常的放牧期。

（2）计划。2012 财政年度和随后各财政年度，如果合格的畜禽生产者由于下列原因导致涵盖畜禽放牧损失，那么部长应从商品信贷公司的资金中划拨必要款项，对损失给予弥补：

（A）（3）中所述的旱灾情况；或者

（B）（4）中所述的火灾情况。

（3）对于旱灾情况损失的援助。

（A）合格的损失。

（ⅰ）通则。只有在下列土地上发生放牧损失，合格的畜禽生产方可获得本款中所述的援助：

（Ⅰ）有永久性植被覆盖的原始或者改进后的牧场；或者

（Ⅱ）专门为涵盖畜禽提供放牧条件而种植作物。

（ⅱ）排除。依据《1985 年粮食安全法》第Ⅶ篇子篇 D 第 1 章第 B 节（《美国法典》第 16 篇 3831 及以下）制定的保护保护区计划中用于收割干草或者放牧的土地遭受损失时，合格的畜禽生产者无权获得本款中所述的援助。

（B）每月补贴率。

（ⅰ）通则。除（ⅱ）另有规定外，本项中援助的每月补贴率，就旱灾而言，等于下列二者相比低值的 60%：

（Ⅰ）依据（C）确定的合格畜禽生产者拥有或者租赁全部涵盖畜禽的每月饲料成本；或者

（Ⅱ）以合格畜禽生产者合格牧场的正常载畜能力计算得出的每月饲料成本。

（ⅱ）部分补偿。在目前生产年度之前的一至两个生产年度中，由于旱灾出售或者处理涵盖畜禽的合格畜禽生产者，补贴率应为依据（ⅰ）计算出的补贴率的 80%。

（C）每月饲料成本。

（ⅰ）通则。每月饲料成本应等于下列三者的乘积：

（Ⅰ）30 天；

（Ⅱ）等同于饲料谷物的补贴数量，依据（ⅱ）确定；和

（Ⅲ）等同于玉米每磅价格的补贴率，依据（ⅲ）确定。

（ⅱ）饲料谷物为说明（ⅰ）（Ⅱ），饲料谷物应等同于：

（Ⅰ）对于成年肉牛而言，每天 15.7 磅玉米；或者

（Ⅱ）对于其他类型畜禽而言，由部长确定的数量，体现出为饲养该畜禽平均每天所需多少磅玉米。

（ⅲ）每磅玉米的价格。为说明（ⅰ）（Ⅲ），每磅玉米的价格应等于下列二者相除得出的商数：

（Ⅰ）下列二者相比的高值：

（aa）在计算灾害援助的年度中，3 月 1 日之前 12 个月内每蒲式耳玉米的全国平均价格；或者

（bb）在计算灾害援助的年度中，3 月 1 日之前 24 个月内每蒲式耳玉米的全国平均价格。除以

（Ⅱ）56。

（D）正常放牧期和旱灾监测程度。

（ⅰ）农场服务局县委员会确定。

（Ⅰ）通则。部长应为相关委员会所在县内的各类型牧场确定正常载畜能力和正常放牧期。

（Ⅱ）变更。除非州和县农场服务局委员会提出变更请求，否则不得变更依据（Ⅰ）为该县确定的正常载畜能力和正常放牧期。

（ⅱ）旱灾程度。

（Ⅰ）D2。如果美国旱灾监测确定一个县当中有任何一片区域在该县正常放牧期内至少连续8周遭受到D2（严重干旱）级别的旱灾，那么位于该县境内的牧场或者草场，其拥有者或租赁者且属于合格畜禽生产者的，均有资格获取本项中所述的援助，金额为1个月的补贴，依据（B）中确定的每月补贴率计算。

（2）D3。如果美国旱灾监测确定一个县当中有任何一片区域在该县正常放牧期内遭受到不低于D3（严重干旱）级别的旱灾，那么位于该县境内的牧场或者草场，其拥有者或租赁者且属于合格畜禽生产者的，均有资格获取本项中所述的援助：

（aa）金额为3个月的补贴，依据（B）中确定的每月补贴率计算；

（bb）如果该县在其正常放牧期内至少连续4周遭受到D3（严重干旱）级别的旱灾，或者在其正常放牧期内任何时间任何区域遭受到D4（极严重干旱）级别的旱灾，那么金额为4个月的补贴，依据（B）中确定的每月补贴率计算；或

（cc）如果该县在其正常放牧期内有任何区域至少连续4周遭受到D4（极严重干旱）级别的旱灾，那么金额为5个月的补贴，依据（B）中确定的每月补贴率计算。

（4）给予因公共管理土地发生火灾而造成损失的援助。

（A）通则。合格的畜禽生产者有权获得本项中所述的援助，前提条件为：

（ⅰ）在由联邦机构管理的牧场上发生放牧损失；和

（ⅱ）由于火灾原因，联邦机构禁止合格畜禽生产者放牧通常允许的畜禽。

（B）补贴率。本项中所述援助的补贴率应等同于每月饲料成本的50％，范围为（3）（C）中规定的合格畜禽生产者的畜禽总量。

（C）补贴期限。

（ⅰ）通则。在（ⅱ）规定的范围内，合格的畜禽生产者有资格获得本项中所述的援助，期限为：

（Ⅰ）联邦机构禁止合格畜禽生产者使用公共管理土地进行放牧之日起；和

（Ⅱ）联邦机构曾承诺允许合格畜禽生产者使用该土地的最后一天止。

（ⅱ）限制。合格的畜禽生产者依据本项获得的援助，用于补偿每年不超过180天内发生的损失。

（5）不得重复补贴。合格的畜禽生产者可选择依据（3）收取对旱灾损失的援助，或者依据（4）收取对火灾损失的援助，但依据部长规定，不得因相同损失而获取双重援助。

（d）对于畜禽、蜜蜂和农场养殖鱼类的紧急援助。

（1）通则。2012财政年度和随后各财政年度，如果发生（b）和（c）未涉及的灾害，例如役病（其中包括具环牛蜱热病）、恶劣气候以及暴风雪和野火等状况，给合格的畜禽、蜜蜂和农场养殖鱼类的生产者造成损失，那么部长应从商品信贷公司的资金中划拨不超过20 000 000美元，用于发放紧急援助。

（2）资金的使用。依据本款所划拨的资金，应用于减少因饲料或者用水短缺、疫病或者部长确定的其他因素而造成的损失。

（3）资金的使用范畴。依据本款所划拨的资金，应一直可用，花完为止。

（e）树木援助计划。

（1）定义。在本款中：

（A）合格的果农。"合格的果农"系指出于商业目的从树木上生产年度作物的自然人。

（B）自然灾害。"自然灾害"系指植物疫病、病虫害、旱灾、火灾、冻灾、洪灾、地震、雷电或者

部长确定的其他情形。

（C）树苗种植者。"树苗种植者"，依据部长规定，系指出于商业目的生产树苗、观赏植物、水果、干果或者圣诞树的种植者。

（D）树木。"树木"包括树木、灌木和藤类植物。

（2）具备资格。

（A）损失。在（B）规定的范围内，对于 2012 财政年度和随后各财政年度，部长应从商品信贷公司的资金中划拨必要款项，为下列人员提供援助：

（ⅰ）依据（3），援助合格的果农和树苗种植者，条件是他们出于商业目的而种植树木，却因自然灾害而造成损失；和

（ⅱ）依据（3）（B），援助合格的果农和树苗种植者，条件是他们在所种植的或者现有的树木上有过商业用途生产的历史，却因自然灾害而造成损失。

（B）限制。只有在恶劣气候或者相关情况造成合格果农或者树苗种植者的树木死亡率超过 15%（正常死亡率相比）时，该合格果农或者树苗种植者方可获得（A）中所述的援助。

（3）援助。在（4）规定的范围内，部长为合格果农或者树苗种植者因遭受（2）中所述损失而提供的援助应包括：

（A）（ⅰ）补偿受损失树木成本的 65%，条件是依据部长规定自然灾害造成树木死亡率超过 15%（与正常死亡率相比）；或者

（ⅱ）部长选择提供足够的树苗重建果园；和

（B）补偿剪枝、移栽或者其他成本的 50%，条件是依据部长规定自然灾害造成树木死亡率超过 15%（与正常死亡率相比），合格的果农或者树苗种植者为挽救存活树木或者平整土地准备重新种植。

（4）援助的限制。

（A）法人实体和自然人的定义。在本项中，"法人实体"和"自然人"的同义同《1985 年粮食安全法》第 1001 条（a）（《美国法典》第 7 篇 1308（a））中的定义。

（B）金额。一位自然人或者一家法人实体（合资公司或者普通合伙公司除外）依据本款直接或者间接获得的补贴金额总数每作物年度不得超过 125 000 美元或者等值树苗。

（C）面积。一位自然人或者一家法人实体可依据本款获得补贴的树木或者树苗面积不得超过 500 英亩。

（f）补贴限额。

（A）法人实体和自然人的定义。在本项中，"法人实体"和"自然人"的同义同《1985 年粮食安全法》第 1001 条（a）（《美国法典》第 7 篇 1308（a））中的定义。

（B）金额。一位自然人或者一家法人实体（合资公司或者普通合伙公司除外）依据本条直接或者间接获得的灾害援助补贴（依据（e）获得的补贴除外）金额总数每作物年度不得超过 125 000 美元。

（3）直接归属。《1985 年粮食安全法》第 1001 条（e）和（f）（《美国法典》第 7 篇 1308）或者后续有关直接归属的条款，应适用于依据本条所发放的援助。

子篇 F　管理办法

第 1601 条　管理办法通则。

（a）利用商品信贷公司。部长在实施本篇中所含条款时，应利用商品信贷公司的资金、设施和职权。

（b）部长的决定。部长依据本篇中所含条款而做出的决定，应是具有决定性的最终决定。

（c）条例。

（1）通则。除本款中另有规定外，部长和商品信贷公司应在不晚于本法案通过之日后的 90 日内，颁布实施本篇和本篇所做修订的必备条例。

（2）程序。颁布条例、颁布本篇和本篇所做修订以及第 11003、第 11017 条的管理办法时，不必顾及：

（A）《美国法典》第 5 篇第 553 条中有关告知和征求意见的规定；

（B）《美国法典》第 44 篇第 35 条（即《文书削减法》）；以及

（C）1971 年 7 月 24 日生效的《农业部长政策声明》（《联邦纪事》第 36 篇 13804），有关告知将制定条例和公众参与制定条例的部分；

（3）国会对行政机构制定条例的审查。执行本款法案时，部长应利用《美国法典》第 5 篇第 808 条中赋予的职权。

（d）遵守贸易协议方面的调整权。：

（1）需要的决定；调整。如果部长认为本篇的开支中，需要遵守《乌拉圭回合协议》（与《乌拉圭回合协议法》第 2 条（《美国法典》第 19 篇 3501）中的定义相同）许可的国内支持总水平部分有可能会超出任一报告期的许可上限，那么部长应尽最大可能调整该期间的开支金额，以确保该类支出不会超过许可的上限。

（2）告知国会。进行（1）中所述的调整前，部长应向众议院农业委员会或者参议院农业、营养和林业委员会提交报告，说明依据（1）所做的决定和准备调整的幅度。

第 1602 条　中止永久性价格支持权。

（a）《1938 年农业调整法》。2014 至 2018 作物年度，涵盖商品（定义见第 1111 条）、棉花和糖不适用于《1938 年农业调整法》中的下列条款；本法案通过之日至 2018 年 12 月 31 日，牛奶不适用于《1938 年农业调整法》中的下列条款：

（1）第 Ⅲ 篇子篇 B 第 Ⅱ 至第 Ⅴ 部分（《美国法典》第 7 篇 1326 及以下）。

（2）对于高地棉，第 3777 条（《美国法典》第 7 篇 1377）。

（3）第 Ⅲ 篇子篇 D（《美国法典》第 7 篇 1379a 及以下）。

（4）第 Ⅳ 篇（《美国法典》第 7 篇 1401 及以下）。

（b）《1949 年农业法》。2014 至 2018 作物年度，涵盖商品（定义见第 1111 条）、棉花和糖不适用于《1949 年农业法》中的下列条款；本法案通过之日至 2018 年 12 月 31 日，牛奶不适用于《1949 年农业法》中的下列条款：

（1）第 101 条（《美国法典》第 7 篇 1441）。

（2）第 103 条（a）（《美国法典》第 7 篇 1444（a））。

（3）第 105 条（《美国法典》第 7 篇 1444b）。

（4）第 107 条（《美国法典》第 7 篇 1445a）。

（5）第 110 条（《美国法典》第 7 篇 1445e）。

（6）第 112 条（《美国法典》第 7 篇 1445g）。

（7）第 115 条（《美国法典》第 7 篇 1445k）。

（8）第 201 条（《美国法典》第 7 篇 1446）。

（9）第 Ⅲ 篇（《美国法典》第 7 篇 1447 及以下）。

（10）第 Ⅳ 篇（《美国法典》第 7 篇 1421 及以下），第 404、412 和 416 条（《美国法典》第 7 篇 1424、1429 和 1431）除外。

（11）第 Ⅴ 篇（《美国法典》第 7 篇 1461 及以下）。

（12）第 Ⅵ 篇（《美国法典》第 7 篇 1471 及以下）。

（c）中止某些配额条款。1941 年 5 月 26 日批准的"关于《1938 年农业调整法》修正案中玉米和小麦销售配额的联合决议"（《美国法典》第 7 篇 1330 和 1340）不适用于 2014 至 2018 日历年度出于收获目的而种植的小麦作物。

第 1603 条　补贴限额。

（a）通则。《1985 年粮食安全法》第 1001 条（《美国法典》第 7 篇 1308）进行修订，删除（b）和（c）改为下列两款内容：

"（b）涵盖商品（花生除外）的补贴限额。一位自然人或者一家法人实体（合资企业或者普通合伙公司除外），在一个作物年度依据第 1116 和 1117 条直接或者间接获得的补贴以及依据《2014 年农业法》第 I 篇子篇 B 直接或者间接获得的销售贷款所得或者贷款差额补贴（花生除外）的总额不得超过125 000 美元。

"（c）花生的补贴限额。一位自然人或者一家法人实体（合资企业或者普通合伙公司除外），在一个作物年度依据第 1116 和 1117 条直接或者间接为花生获得的补贴以及依据 2014 年《农业法》第 I 篇子篇 B 直接或者间接为花生获得的销售贷款所得或者贷款差额补贴的总额不得超过 125,000 美元。"

（b）相应的修订。

（1）适用范畴的限制。《1985 年粮食安全法》第 1001 条（d）（《美国法典》第 7 篇 1308（d））进行修订，删除"《2008 年粮食、保育和能源法》第 I 篇中的销售援助贷款计划或者贷款差额补贴计划"改为"罚没作为《2014 年农业法》第 I 篇子篇 B 所发贷款的抵押物"。

（2）联邦机构和州与当地政府的处理。《1985 年粮食安全法》第 1001 条（f）（《美国法典》第 7 篇 1308（f））做下列修订：

（A）在（5）（A）中，删除"或者第 Ⅶ 篇"改为"，《2014 年农业法》第 I 篇，或者第 Ⅶ 篇"；以及

（B）在（6）（A）中，删除"或者第 Ⅶ 篇"改为"，《2014 年农业法》第 I 篇，或者第 Ⅶ 篇"。

（3）外国人不具备资格。《1985 年粮食安全法》第 1001C 条（a）（《美国法典》第 7 篇 1308 - 3（a））进行修订，在"2008"后面增加"《2014 年农业法》第 I 篇，"。

（c）适用。本条中所做修订自 2014 作物年度起适用。

第 1604 条　在积极个人管理方面做出突出贡献的细则。

（a）需要的条例。本法案通过之日后的 180 日内，部长应在告知和征求意见的基础上颁布条例：

（1）定义"在积极个人管理方面做出突出贡献"，以便说明《1985 年粮食安全法》第 1001A 条（《美国法典》第 7 篇 1308 - 1）；以及

（2）以在积极个人管理方面做出突出贡献为基础去满足 1985 年《粮食安全法》第 1001A 条（《美国法典》第 7 篇 1308 - 1）中积极从事农耕的要求的时候，部长可适当限制积极从事各种类型农耕经营的个人数量。

（b）考虑因素。制定（a）中所要求的条例时，部长应考虑：

（1）各种类型农场经营的规模、性质和管理要求；

（2）改进农场经营对积极个人管理产生的变化；以及

（3）依据（a）所制定的条例对于农场经营长期生存性造成不利影响的程度。

（c）家庭农场。部长不应把依据（a）制定的条例适用于个人或者完全由家庭成员（定义见《1985 年粮食安全法》第 1001 条（a）（2）（《美国法典》第 7 篇 1308（a）（2）））组成的实体。

（d）监督。依据（a）制定的条例中，应包括一项监督方案，对自然人或者实体遵守该条例的情况实施监督。

（e）削减文案工作。为节约联邦资源，防止不必要的方案负担，部长应确保因依据（a）而制定条例所产生的额外文案工作仅限于与该条例相关的自然人。

（f）与其他要求之间的关系。对于依据《1985 年粮食安全法》第 1001A 条（《美国法典》第 7 篇 1308 - 1）中所述要求而制定的其他条例，本条中的任何内容均不得视为授权部长直接或者间接对其进

行修改。

（g）有效日期。依据本条所颁布的条例中的各项要求，自 2015 作物年度起适用。

第 1605 条　调整后的毛收入限额。

（a）限额和涵盖收益。《1985 年粮食安全法》第 1001D 条（b）（《美国法典》第 7 篇 1308‑3a（b））做下列修订：

（1）在该款的开头部分中，删除"限额"改为"商品计划和保育计划的限额"；

（2）删除（1）和（2）改为下列两条新的内容：

"（1）限额。无论其他法律条款有何规定，如果一位自然人或者一家法人实体在一个作物、财政或者计划年度内获得的调整后平均非农业毛收入超过 900 000 美元，那么该自然人或者法人实体没有资格获得（2）中所述的任何收益。

"（2）涵盖收益。（1）适用于下列：

"（A）《2014 年农业法》第Ⅰ篇子篇 A 或 E 中所述的补贴或者收益。

"（B）《2014 年农业法》第Ⅰ篇子篇 B 中所述的销售贷款所得或者贷款差额补贴。

"（C）自 2015 财政年度起，《2014 年农业法》第Ⅱ篇、《2002 年农业安全与农村投资法》第Ⅱ篇、《2008 年粮食、保育和能源法》第Ⅱ篇或者《1985 年粮食安全法》第Ⅶ篇中所述的补贴或者收益。

"（D）《联邦作物保险法》第 524 条（b）（《美国法典》第 7 篇 1524（b））中所述的补贴或者收益。

"（E）《1996 年联邦农业促进与改革法》第 196 条中所述的补贴或者收益。"

（b）更新定义。《1985 年粮食安全法》第 1001D 条（a）（1）（《美国法典》第 7 篇 1308‑3a（a））修订为下列内容：

"（1）调整后的平均毛收入。在本条中，'调整后的平均毛收入'依据部长规定，系指自然人或者法人实体在最近一个完整纳税年度前 3 个纳税年度调整后毛收入的平均值或者可比值。"

（c）收入的确定。《1985 年粮食安全法》第 1001D 条（《美国法典》第 7 篇 1308‑3a）做下列修订：

（1）删除（c）；以及

（2）把（d）、（e）和（f）分别重新编号为（c）、（d）和（e）。

（d）相应的修订。《1985 年粮食安全法》第 1001D 条（《美国法典》第 7 篇 1308－3a）做下列修订：

（1）在（a）（2）中：

（A）删除"（A）或（B）"；以及

（B）删除"，调整后的平均毛农业收入和调整后的平均毛非农业收入"。

（2）在（a）（3）中，删除两处"，调整后的平均毛农业收入和调整后的平均毛非农业收入"

（3）在（依据（c）（2）重新编号后的）（c）中：

（A）在（1）中，删除两处"，调整后的平均毛农业收入和调整后的平均毛非农业收入"；以及

（B）在（2）中，删除"（b）的（1）（C）和（2）（B）"改为"（b）（2）"；以及

（4）在（依据（c）（2）重新编号后的）（d）中：

（A）删除"（b）的（1）（C）和（2）（B）"改为"（b）（2）"；以及

（B）删除"，调整后的平均毛农业收入和调整后的平均毛非农业收入"。

（e）有效期限。依据本条（c）（2）重新编号后的《1985 年粮食安全法》第 1001D 条（e）（《美国法典》第 7 篇 1308‑3a）废止。

（f）适用范围。《1985 年粮食安全法》第 1001 条（d）（《美国法典》第 7 篇 1308）进行修订，在末尾处的句号前增加"或者《2014 年农业法》第Ⅰ篇"。

（g）过渡。对于《1985 年粮食安全法》第 1001D 条（b）（1）（C）或者（2）（B）中所述的各项计划，《1985 年粮食安全法》第 1001D 条（《美国法典》第 7 篇 1308‑3a）在本法案通过之日前一天的效力应适用于 2013 作物、财政或者计划年度。

第 1606 条　地理上处于弱势的农民和牧民。

《2008 年粮食、保育和能源法》第 1621 条（d）（《美国法典》第 7 篇 8792（d））进行修订，删除"2009 至 2012 各财政年度"改为"2009 财政年度和随后各财政年度"。

第 1607 条　生产者对于差额的个人责任。

1996 年《联邦农业促进与改革法》第 164 条（《美国法典》第 7 篇 7284）进行修订，删除所有的"和 2008 年《粮食、保育和能源法》第 I 篇"改为"2008 年《粮食、保育和能源法》第 I 篇（《美国法典》第 7 篇 8702 以及下列等等）和 2014 年《农业法》第 I 篇"。

第 1608 条　防止已故个人获得农场商品计划的补贴。

（a）核对。每年至少两次，部长应核对所有直接或者间接获得本篇所述补贴的个人的社会保障号，以确定该人是否在世。

（b）排除。部长应防止向已故个人或者以其名义发放补贴，因为已故个人已没有资格获得补贴。

第 1609 条　技术订正。

（a）遗失标点。1938 年《农业调整法》第 359f 条（c）（1）（B）（《美国法典》第 7 篇 1359ff（c）（1）（B））进行修订，在末尾处增加一个句号。

（b）参照错误。：

（1）修订。2008 年《粮食、保育和能源法》第 1603 条（g）（公法 110 - 246）进行修订，在（2）至（6）中和由这些项所做的修订中，删除所有"1703（a）"改为"1603（a）"。

（2）有效日期。本款和由本款所做的修订，如果包括在 2008 年《粮食、保育和能源法》（公法 110 - 246）中，则有效。

（c）拨款条款继续适用。公法 108 - 7 第 A 部第 767 条（《美国法典》第 7 篇 7911 注释）做下列修订：

（1）删除"（a）"；

（2）删除"公法 107 - 171 第 1101 和第 1102 条"改为"2014 年《农业法》第 I 篇子篇 A"；以及

（3）删除"如第 1102 条"改为"如子篇"；以及

（4）删除（b）。

第 1610 条　废止。

（a）指导、控制和支持。《1994 年农业部改组法》第 272 条（《美国法典》第 7 篇 6992）进行修订，删除（c）改为下面一款新的内容：

"（c）指导、控制和支持。

"（1）指导和控制。

"（A）通则。除（2）另有规定外，主任只接受农业部长或者农业部副部长的指示和控制。

"（B）行政支持。该机构只接受部长办公室的行政支持（报销业务除外）。

"（C）禁止委托。部长赋予该机构的职权，部长仅可委托给农业部副部长或者该机构主任，不得委托给农业部任何其他官员或者雇员。

"（2）例外。农业部负责行政管理的助理部长拥有调查、执行和实施涉及竞争性岗位和就业等方面法律、行政命令或者条例相关条款的权力，其中包括主任的职位，而且这一权力可进一步委托给下属官员。"

（b）相应的修订。《1994 年农业部改组法》第 296 条（b）（《美国法典》第 7 篇 7014（b））做下列修订：

（1）在（1）前面的内容中，删除"影响——"改为"影响："；

（2）删除（1）至（7）中出现的所有不顶头的"职权"改为顶头的"职权"；

（3）删除（1）至（5）中末尾处的分号改为句号；

（4）在（6）（C）中，删除末尾处的"；或者"改为句号；以及

（5）在末尾处增加下面一条新的内容：

"（8）部长实施依据 2014 年《农业法》对本篇所做修订的职权。"

第 1611 条　补贴的分配。

（a）通则。《土壤保育和国内分配法》第 8 条（g）（《美国法典》第 16 条 590h（g））中涉及补贴分配的条款，应适用于依据本条发放的补贴。

（b）告知。进行分配或者获得分配的生产者，应按照部长要求的方式，把本条中所述分配的情况告知部长。

第 1612 条　收益的追踪。

本法案通过之日后，对于依据第Ⅰ篇和第Ⅱ篇以及由此所做修订直接或者间接发放给个人和实体的收益，部长可随即进行追踪。

第 1613 条　签署权。

（a）通则。实施本篇和第Ⅱ篇及这两篇所做的修订时，如果部长批准了一份文件，除非签署人系故意伪造证据或者签名，否则部长不应随后因为签署人缺少签署权而认定该文件不合格或者无效力。

（b）确认。

（1）通则。本条中任何条款均未禁止部长要求相关方对（a）中所述文件进行确认。

（2）无溯及力。由于未得到（1）中所述的确认而拒付收益不应溯及无过失的第三方生产者，前提条件是第三方生产者不是提交错误授权的主体且：

（A）依据部长此前对文件善意的批准；以及

（B）实质上遵守了全部的计划要求。

第 1614 条　实施。

（a）维持基础面积和补贴收成。《2008 年粮食、保育和能源法》第 1001 和第 1301 条（《美国法典》第 7 篇 8702、8751）为农场上各涵盖商品和高地棉确定的基础面积和补贴收成，经本法案第 1101、第 1102、第 1108 和第 1302 条（《美国法典》第 7 篇 8711、8712、8718、8752）调整后，部长应予以维持。

（b）简化。在实施本篇的过程中，部长应：

（1）通过简化和削减方案工作、表格以及其他管理要求，减轻生产者的管理负担与成本，其中包括使用作物报告与简化倡议，在一定程度上确保：

（A）生产者（或者生产者的代理人）能够通过电子途径（其中包括地理数据）或者常规途径向农业部报送信息；以及

（B）应生产者（或者生产者的代理人）请求，美国农业部能够通过电子途径及时地与生产者（或者代理人）分享公共土地数据、农场相关状况数据以及其他信息，而且无需生产者（或者代理人）承担费用；

（2）改进同农场服务局、风险管理局和自然资源保育服务局之间的协调、信息共享和管理工作；以及

（3）利用新技术，提升向生产者提供的计划的效率与效益。

（c）实施。

（1）通则。部长应为农场服务局划拨 100 000 000 美元用于实施本篇。

（2）追加资金。

（A）初次确定。如果在 2014 年 9 月 30 日之前部长告知众议院农业委员会和参议院农业、营养和林业委员会农场服务局在落实（b）（1）中各项要求方面已经取得重要进展，那么部长应于 2014 年 10 月 1 日向农场服务局划拨 10 000 000 美元用于实施本篇。依据本款划拨的资金属于第（1）项中所划拨资金的追加款。

（B）后续确定。如果在 2015 年 9 月 30 日之前部长告知众议院农业委员会和参议院农业、营养和林业委员会（b）（1）中的各项要求已经全部落实，而且上述委员会书面表示认可，那么在书面认可之日或者 2015 年 10 月 1 日相比较晚的那天，部长应向农场服务局划拨 10 000 000 美元用于实施本篇。依据本小项划拨的资金属于（1）和（A）中所划拨资金的追加款。

（3）生产者的培训。

（A）通则。从（1）所划拨的资金中，部长应划拨给州的推广服务站 3 000 000 美元，用于农民和牧民的培训。依据本篇中的子篇 A、D 和 E 以及《1996 年联邦农业促进与改革法》第 196 条（《美国法典》第 7 篇 7333），农民和牧民享有接受培训的权利。

（B）网上辅助决策系统。

（ⅰ）利用合格的大学。从（1）所划拨的资金中，部长应划拨 3 000 000 美元用于支持合格的大学（或者大学下属的组织），条件是这些合格的大学（或者大学下属的组织）能够体现地区的多样性和商品（其中包括乳品）的多样性，拥有与本法案所授权计划相关的专业知识，在农场风险管理计划方面具有开发辅助决策和生产者拓展倡议的经验，能够达到（ⅱ）中所确定的期限要求，能够开发网上辅助决策，帮助生产者理解（A）中的选项，培训生产者如何使用辅助决策系统。

（ⅱ）最终期限。在最大程度上，部长应：

（Ⅰ）在本法案通过之日后的 30 日内，依据（ⅰ）划拨资金；以及

（Ⅱ）在实施本篇中子篇 A 所要求的第一项内容后，在部长规定的合理时间期限内，要求在互联网上向生产者提供（ⅰ）中所述的系统。

（d）贷款的实施。

（1）通则。在依据《美国法典》第 2 篇 901（a）发布命令的作物年度中，部长应从商品信贷公司划拨必要资金，用于恢复该作物年度的支持、贷款或者援助。这些支持、贷款或者援助系本篇中子篇 B 或 C 或者子篇 B 或 C 所做修订要求的，依据第 1207 条（c）和第 1208 条中所提供的援助除外。

（2）偿还。在实施本款的过程中，部长应确保生产者偿还贷款时，依据子篇 B 或 C 中的偿还条款，偿还率为贷款率加上利息，偿还金额应包括依据（1）所发放的贷款，条件是本项不应影响或者减少依据子篇 B 或 C 提供并依据（1）补充的销售贷款所得、贷款差额补贴或者罚没收益。

第 1615 条　研究选项。

（a）通则。不论《商品信贷公司章程法》第 4 条（m）中有何规定，依据美国政府和巴西政府就技术援助和能力建设资金所签订的谅解备忘录，商品信贷公司拨付的资金，可用于开展与（b）中所述条件相一致的研究工作。研究工作需要符合（b）中所述的条件。

（b）条件。（a）授权开展的研究工作，必需与美国农业部下属的研究机构或者位于美国的大学、学院或者科研基金会合作进行。此类研究与合作应当依据（a）中所述各方的协议进行。

第Ⅱ篇　保　　育

子篇 A　保育保护区计划

第 2001 条　保育保护区计划延期和注册的要求。

（a）延期。《1985 年粮食安全法》第 1231 条（a）（《美国法典》第 16 篇 3831（a））进行修订，删

除"2012"改为"2018"。

（b）合格的土地。1985年《粮食安全法》第1231条（b）（《美国法典》第16篇3831（b））做下列修订：

（1）在（1）（B）中，删除"2008年《粮食、保育和能源法》通过之日"改为"2014年《农业法》通过之日"；

（2）删除（2），把（3）重新编号为（2）；

（3）在（4）的前面增加下面一条新的内容：

"（3）下列草场：

"（A）包含主要用于放牧的牧草地或者灌木林地（包括改良后的牧场和草地）；

"（B）位于长期以草场为主的区域之内；以及

"（C）能够为具有重大生态价值的动植物提供栖息地，前提条件是保持土地目前用途或者恢复至自然情况。"

（4）在（4）（C）中，删除"保护树木或者灌木的过滤带"改为"保护树木、灌木和草的过滤带或者滨水缓冲带"；和

（5）删除（5），改为下面一条新的内容：

"（5）未纳入保育保护区的那部分土地，属下列情形：

"（A）50％以上土地注册为缓冲带或者过滤带，或者75％以上土地注册为保育做法而非缓冲带或者过滤带；以及

"（B）剩余田地：

"（ⅰ）无法耕种；以及

"（ⅱ）以普通租金价格注册。"

（c）特定土地的种植状况。《1985年粮食安全法》第1231条（c）（《美国法典》第16篇3831（c））进行修订，删除"如果"后面直至句号的内容，改为"如果，在该作物年度内，该土地用于保育目的。"

（d）注册。《1985年粮食安全法》第1231条（d）（《美国法典》第16篇3831（d））修订为下列内容：

"（d）注册。

"（1）注册的最大面积。下列各年度中，部长有权维持保育保护区的面积为：

"（A）2014财政年度，不超过27 500 000英亩；

"（B）2015财政年度，不超过26 000 000英亩；

"（C）2016财政年度，不超过25 000 000英亩；

"（D）2017财政年度，不超过24 000 000英亩；以及

"（E）2018财政年度，不超过24 000 000英亩。

"（2）草场。

"（A）限额。为落实（1）中规定的限额，2014至2018财政年度中任一时间，该计划纳入（b）（3）中所述土地的面积不得超过2 000 000英亩。

"（B）优先。依据（A）纳入土地面积时，部长有权优先照顾保育保护区计划合同即将到期的土地。

"（C）注册的方法。依据（A）纳入土地面积时，部长应设置一个或者更多的分级时间，使合格土地的拥有者或者运营者能够连续地纳入该计划。"

（e）合同的有效期。《1985年粮食安全法》第1231条（e）（《美国法典》第16篇3831（e））进行修订，删除（2）和（3），改为下面一条新的内容：

"（2）对于某些土地的特别规定。如果依据本节而签订合同，把土地用于种植硬木树、防护带、防风林或者野生动物走廊，那么土地拥有者或经营者可以在（1）规定的范围内确定合同的有效期。"

（f）优先保育区域。《1985年粮食安全法》第1231条（f）（《美国法典》第16篇3831（f））做下列

修订：

（1）在（1）中，删除"切萨皮克湾、五大湖、长岛海峡以及其他流域"；

（2）在（2）中，删除"流域。——流域"改为"区域。——区域"；以及

（3）在（3）中，删除"流域的选定——"直至末尾处的句号，改为"区域的选定，前提条件是部长认为该区域不再对农业生产活动具有实际与重要的不利水质影响或者栖息地影响。"

第 2002 条　可耕种湿地计划。

（a）延续。《1985 年粮食安全法》第 1231B 条（a）（1）（《美国法典》第 16 篇 3831b（a）（1））做下列修订：

（1）删除"2012"改为"2018"；以及

（2）删除"一项计划"改为"一项可耕种湿地计划"。

（b）合格的面积。《1985 年粮食安全法》第 1231B 条（b）（1）（B）（《美国法典》第 16 篇 3831b（b）（1）（B））进行修订，删除"来自行间作物农业灌溉系统的径流"改为"来自行间作物农业生产的地表与地下径流"。

（c）面积的限额。《1985 年粮食安全法》第 1231B 条（c）（1）（B）（《美国法典》第 16 篇 3831b（c）（1）（B））进行修订，删除"1 000 000"改为"750 000"。

（d）文书修订。《1985 年粮食安全法》第 1231B 条（《美国法典》第 16 篇 3831b）做下列修订：

（1）删除开头部分，改为"可耕种湿地计划"；以及

（2）在（f）（2）中，删除"第 1234 条（c）（2）（B）"，改为"第 1234 条（d）（2）（A）（ⅱ）"。

第 2003 条　拥有者和经营者的职责。

（a）饲料收割、放牧或者商业用途的限制。《1985 年粮食安全法》第 1232 条（a）（8）（《美国法典》第 16 篇 3832（a）（8））进行修订，删除"除非"后面直至末尾处分号的内容，改为"除非第 1233 条（b）或（c）另有规定；"。

（b）保育方案的要求。《1985 年粮食安全法》第 1232 条（b）（《美国法典》第 16 篇 3832）修订为下列内容：

"（b）保育方案。（a）（1）所述方案中应规定：

"（1）拥有者或经营者在合同期限内应采取的保育措施和做法；以及

"（2）商业用途，如果有的话，在土地的合同期限内允许。"

（c）租赁补贴的削减。《1985 年粮食安全法》第 1232 条（《美国法典》第 16 篇 3832）进行修订，删除（d）。

第 2004 条　部长的职责。

《1985 年粮食安全法》第 1233 条（《美国法典》第 16 篇 3833）修订为下列内容：

"第 1233 条　部长的职责。

"（a）开支共担和租赁补贴。拥有者或经营者依据保育保护区计划签订合同后，作为合同的另一方，部长应：

"（1）承担实施合同中规定的保育措施和做法的部分开支，条件是部长认为开支共担是适宜的且符合公众利益；以及

"（2）在不超过合同期限的时间内，给予年度租赁补贴，其数额应足以补偿：

"（A）改造极易受侵蚀的农田，或者改造农场或者牧场上通常用于农业商品生产的其他合格土地，降低其使用程度；

"（B）不再使用拥有者或者经营者同意永久不再使用的历史基数；以及

"（C）为了多种自然资源保育收益，包括土壤、水、空气和野生生物收益，对草场进行开发和管理。

"（b）允许特定活动。依据保育保护区计划签订合同后，部长应允许在该地块从事某些特定活动或者用于商业目的，前提条件是那些活动或者使用符合部长批准的方案，而且包括：

"（1）为应对旱灾、洪灾或者其他紧急情况，在不削减租金的情况下从事饲料收割、放牧或者其他商业用途；

"（2）符合土壤、水质和野生动物栖息地（其中包括鸟类在主要产卵季节在该区域的栖息地）的保育，而且由于从事了经部长批准的活动，有节制的收割和用于其他商业目的（其中包括有节制地收割生物质），把相关活动区域的年度租金削减不少于25％，除非部长经与州技术委员会协调后，在允许那些活动时：

"（A）应制定适宜的植被管理要求；以及

"（B）应确定可从事上述活动的时间期限，频率至少要每5年一次，但不得超过每三年一次；

"（3）遵守当地有关鸟类产卵季节的相关限制，条件是经与州技术委员会协商，部长认为属于具有重要经济价值、急剧减少或者依据联邦或者州法律需要保护的鸟类，并为此把相关活动区域的年度租金削减不少于25％，允许的活动：

"（A）通过放牧对入侵性物种实施控制，每年一次；

"（B）常规放牧，除非部长经与州技术委员会协调后，在允许常规放牧时：

"（ⅰ）应制定适宜的植被管理要求和该地块适于继续常规放牧的载畜率；以及

"（ⅱ）应确定可从事常规放牧的时间期限，频率不超过每两年一次，考虑到下列地区差别：

"（Ⅰ）气候、土壤类型和自然资源；

"（Ⅱ）常规放牧活动间隙应要求多少年；以及

"（Ⅲ）在允许常规放牧的年份中，可允许从事常规放牧的频率；以及

"（C）安装风力涡轮机和相关设备，前提条件是部长在允许安装风力涡轮机的时候，应确定允许安装的数量和位置，考虑到：

"（ⅰ）该地块的位置、面积和其他物理特性；

"（ⅱ）该地块拥有多少濒危野生动物和野生动物栖息地；以及

"（ⅲ）本节中所述的保育保护区计划的宗旨；

"（4）在邻近缓冲区的土地上从事附属于农业生产的间歇性和季节性植被缓冲区使用做法，但此类得到允许的使用不得破坏永久性的植被层；以及

"（5）放牧新从业农民或者牧民的牲畜，租金不做任何削减，前提条件是此类放牧：

"（A）符合对土壤、水质和野生动物栖息地的保育；

"（B）遵守当地有关鸟类产卵季节的相关限制，条件是经与州技术委员会协商，部长认为属于具有重要经济价值、急剧减少或者依据联邦或者州法律需要保护的鸟类；以及

"（C）属于（3）（A）或（B）中所述的放牧。

"（c）草场上允许的行为。在第1231条（b）（3）中所述的合格土地上，部长应允许下列行为：

"（1）普通放牧行为，条件是放牧方式必需能够维持当地植被、牧草和灌木物种的生存。

"（2）收割干草，收割饲料，或者出于育种目的而收割作物，条件是必需遵守当地下列鸟类繁育期的规定，即具有重要经济价值的鸟类、数量急剧减少的鸟类或者联邦或者州法律予以保护的鸟类，具体鸟类由部长经与州技术委员会协商后确定。

"（3）防火行为，修复防火措施，修建防火隔离带。

"（4）放牧相关的活动，例如搭建护栏和给牲畜饮水。

"（d）资源保育用途。

"（1）通则。在本计划合同到期之日的前 1 年，部长应允许拥有者或经营者出于经济目的而进行保育和土地改良，以便有助于在合同到期之后继续维护对注册土地的保护。

"（2）保育方案。部长应要求实施（1）中所述行为的生产者或经营者拟定并实施一项保育方案。

"（3）禁止再次注册。依据（1）改良后的土地，自合同终止之日起，5 年内不得再次被纳入保育保护区计划。

"（4）削减补贴。实施了（1）中所述的行为后，部长应削减合同中的相应补贴，金额等同于该项活动的经济价值。"

第 2005 条　补贴。

（a）树林、防风林、防护带和野生动物走廊。《1985 年农业保护法》第 1234 条（b）（3）（A）修订为下列内容：

"（A）适用范畴。1990 年 11 月 28 日之后依据本节签订合同，用于种植硬木树林、防风林、防护带或者野生动物走廊的土地，适用于本条内容。"

（b）鼓励修剪。《1985 年农业保护法》第 1234 条做下列修订：

（1）在（b）中：

（A）在开头部分中，删除"联邦的比例"；以及

（B）在（3）（B）中：

（ⅰ）在（ⅰ）中，删除"或者修剪"；以及

（ⅱ）把（ⅱ）修订为下列内容：

"（ⅱ）期限。部长依据（ⅰ）发放补贴的时间期限为不少于 2 年但不超过 4 年，从种植树木或者灌木之日开始计算。"

（2）把（c）至（g）分别重新编号为（d）至（h）；以及

（3）在（b）的后面增加下列一款新的内容：

"（c）激励性补贴：

"（1）通则。部长有权向合格土地上的拥有者或经营者发放激励性补贴，其金额足以鼓励拥有者或经营者在合格土地上进行适当的修剪和采取其他措施，改善资源条件，促进林业管理，优化野生动物栖息地。

"（2）限额。（1）中所述的补贴，不得超过该拥有者或经营者进行修剪和采取其他措施总成本的 150％。"

（c）年度租赁补贴。《1985 年农业保护法》第 1234 条（d）（经（b）（2）重新编号后的）做下列修订：

（1）在（1）中，在两处"极易受侵蚀的农田"的后面均增加"或者其他的合格土地"；

（2）删除（2），改为下面一条新的内容：

"（2）确定的方法。

"（A）通则。对于依据本节所签合同向拥有者或经营者发放的租赁补贴，以下列方法确定其金额：

"（ⅰ）拥有者或经营者申请签订合同时，以部长规定的方式提出要约金额；或者

"（ⅱ）部长认为适宜的其他方法。

"（B）草场。对于具备第 1231 条（b）（3）所述资格的土地，部长应发放年度补贴，金额不超过合同土地放牧价值的 75％。"以及

（3）在（5）项中：

（A）在（A）中，删除"进行年度测量"改为"，次数不少于每年一次，进行测量"；

（B）在（B）中，删除"年度"；以及

（C）在末尾处增加下面一款新的内容：

"（C）使用。部长可使用（A）中所述测量的结果，以部长认为适宜的方法，确定本条中所述的租赁价格。"

（d）补贴的安排。《1985 年农业保护法》第 1234 条（e）（经（b）（2）重新编号后的）修订为下列内容：

"（e）补贴的安排。

"（1）通则。除本条中另有规定外，发放本节中所述的补贴，现金数额和时间安排均应遵照合同中约定的内容。

"（2）提前补贴。本节中所述的补贴，可以在确定绩效之前发放。"

（e）补贴的限制。《1985 年农业保护法》第 1234 条（g）（经（b）（2）重新编号后的）做下列修订：

（1）在（1）中，删除"，其中包括以商品形式发放的租赁补贴，"；

（2）删除（3）；以及

（3）把（4）重新编号为（2）。

第 2006 条 合同中的要求。

（a）由拥有者或经营早期终止。《1985 年农业保护法》第 1235 条（e）（《美国法典》第 16 篇 3835（e））做下列修订：

（1）在（1）（A）中：

（A）删除"部长"改为"在 2015 财政年度，部长"；以及

（B）删除"1995 年 1 月 1 日之前，"；

（2）在（2）中，删除（C）改为下列几款新的内容：

"（C）用于种植硬木树的土地。

"（D）野生动物栖息地，鸭子产卵栖息地，传粉昆虫栖息地，鸟类栖息地的缓冲区，野生动物觅食区，州的野生动物保护区，用于保护野生动物的浅水区，以及稀少和正在减少的栖息地。

"（E）可耕种的湿地和恢复后的湿地。

"（F）用于湿地改造的土地，控制侵蚀的土地，防洪的土地，长有降低盐分功能的植被的土地，防风带，拦蓄泥沙的土地。

"（G）位于联邦指定水源保护区内的土地。

"（H）保育保护区计划下地役权涉及的土地。

"（I）依据自然资源保育服务局的技术指导，位于常流河或者永久水域平均宽度内的土地。

"（J）纳入保育保护区提升计划的土地。"以及

（3）在（3）中，删除"拥有者或经营者递交（1）（C）中所要求的告知当日后 60 天"改为"经部长批准"。

（b）特定农民或者牧民的过渡选项《1985 年农业保护法》第 1235 条（f）（《美国法典》第 16 篇 3835（f））做下列修订：

（1）在（1）中：

（A）在（A）前面的内容中，删除"职责"以及后面直至"新从业的农民或者牧民，或者"，改为"过渡给相关的农民或者牧民。为了便于把合同中约定的土地从已退休的农民或者牧民过渡给新从业的农民或者牧民，对于经过同意的合同修订，已从业多年的农民或者牧民（定义见《1990 年粮食、农业、保育和贸易法》第 2501 条（e）（《美国法典》第 7 篇 2279（e）））或者"；

（B）在（A）（ⅰ）中，在"改进"的后面增加"，其中包括准备种植农业作物"；

（C）在（D）中，删除"农民或者牧民"改为"相关的农民或者牧民"；以及

（D）在（E）中，删除"第 1001A 条（b）（3）（B）"改为"第 1001 条"；以及

（2）在（2）中，删除"第 1231 条（h）（4）（B）中的要求"改为"第 1231 条（d）（2）（A）（Ⅱ）中的选项"。

（c）合同的最后一年。《1985 年粮食安全法》第 1235 条（《美国法典》第 16 篇 3835）进行修订，在末尾处增加下列两款新的内容：

"（g）合同的最后一年。部长不应把拥有者或经营者的下列行为视为违反保育保护区合同的期限或条件：

"（1）在合同终止前一年，把土地纳入保育管理工作计划；以及

"（2）完成上述注册之后，保育管理工作计划要求的措施与本节相一致。

"（h）纳入农业保育地役权计划的土地。依据本节签订的合同，如果合同中约定的土地被转让至子篇 H 中所述的农业保育地役权计划，那么部长有权终止或者修订该合同。"

第 2007 条　把合同中约定的土地改造为其他保育用途。

《1985 年粮食安全法》第 1235A 条（《美国法典》第 16 篇 3835a）废止。

第 2008 条　对现有合同的影响。

（a）通则。除（2）另有规定外，本子篇中所做的修订不应影响到美国农业部长在 2014 年《农业法》通过之前依据《1985 年粮食安全法》第Ⅶ篇子篇 D 第 1 章第 B 节（《美国法典》第 16 篇 3831 及以下）所签订合同的效力或期限以及依据该合同需要发放的补贴。

（b）现有合同的更新。部长应允许土地拥有者或经营者更新在《2014 年农业法》通过之前依据《1985 年粮食安全法》第Ⅶ篇子篇 D 第 1 章第 B 节（《美国法典》第 16 篇 3831 及以下）签订的合同，目的在于反映出经第 2004 章修订后，允许了依据《1985 年粮食安全法》第 1233 节（b）所签合同中约定的土地用于哪些活动和用途。

子篇 B　保育管理工作计划

第 2101 条　保育管理工作计划。

（a）现行计划的修订。《1985 年粮食安全法》第Ⅶ篇子篇 D 中的第 2 章第 B 节（《美国法典》第 16 篇 3838d 及以下）修订为下列内容：

"第 B 节　保育管理工作计划

"第 1238D 条　定义。

"在本节中：

"（1）农业经营。'农业经营'系指不论是否连片，所有的合格土地均：

"（A）在该生产者依据该计划签订合同的时候，处在生产者的有效控制之下；以及

"（B）通过设备、劳动、管理和生产或者耕作进行经营，在本质上有别于部长确定的其他农业经营。

"（2）保育行为。

"（A）通则。'保育行为'系指保育体系、工作或者管理措施。

"（B）内容包括。'保育行为'包括：

"（ⅰ）部长规定的结构性措施、植被措施和土地管理措施，其中包括农业排水管理体系；以及

"（ⅱ）为解决优先资源关切而必需进行的规划行为。

"（3）保育管理工作方案。'保育管理工作方案'系指下列方案：

"（A）确定和清查优先资源关切；

"（B）拟定基准数据和保育目标；

"（C）拟制将要实施、管理或者改进的保育行为；以及

"（D）包括对新的和现有的保育行为进行规划、落实和管理的安排和评估方案。

"（4）合格的土地。

"（A）通则。'合格的土地'系指：

"（ⅰ）生产农业商品、畜禽或者林业相关产品的私有土地或者部落土地；以及

"（ⅱ）与（ⅰ）中所述土地相关的土地，条件是通过该计划所签合同能够在该土地上解决优先资源关切。

"（B）包括。'合格的土地'中包括：

"（ⅰ）农田；

"（ⅱ）草场；

"（ⅲ）牧场；

"（ⅳ）草原；

"（ⅴ）非工业私有林地；以及

"（ⅵ）农业区域内部长规定的其他土地（其中包括已用作或可用作畜禽生产的种植作物的林地、沼泽和农业土地）。

"（5）优先资源关切。"优先资源关切"系指部长确定的下列自然资源关键或者问题：

"（A）在全国、州或者地方层面上被确定为州内一片区域的优先关切；

"（B）代表州内或者地区的重大关切；以及

"（C）通过实施本计划中的保育行为有可能成功解决的关切。

"（6）计划。'计划'系指依据本节而制定的保育管理工作计划。

"（7）管理工作门槛。'管理工作门槛'系指，为了保育和改进自然资源的质量与状况，部长认为管理工作需要达到的水平。

"第1238E条 保育管理工作计划。

"（a）制定和宗旨。2014至2018各财政年度，部长应实施一项保育管理工作计划，鼓励生产者以综合方式解决优先资源关切，改进和保育自然资源的质量与状况：

"（1）通过开展其他的保育行为；以及

"（2）通过对现有的保育行为加以改进、保持和管理。

"（c）排除。

"（1）纳入其他保育计划的土地。在（2）规定的范围内，下列土地（即使在合格土地的定义范围之内）不具备纳入本计划的资格：

"（A）纳入保育保护区计划的土地。除非

"（ⅰ）在该土地拟纳入该计划的财政年度末，其保育保护区合同将会到期；以及

"（ⅱ）在依据本节向申请人发放首笔保育保护区计划补贴之前，纳入该计划土地的补贴已经停止。

"（B）土地通过农业保育地役权计划纳入湿地保育地役权。

"（C）土地纳入保育安全计划。

"（2）转变为农田。在《2014年农业法》通过之日后用于作物生产的合格土地，尚未耕种的视为已经耕种，或者在该法案通过前的6年中至少有4年用于作物生产的，均不应成为本计划中所述补贴的基础，除非该土地未达到要求的原因系：

"（A）该土地此前已经被纳入保育保护区计划；

"（B）按照部长规定，已经通过长期作物轮作法对该土地进行了保护；

"（C）按照部长规定，该土地属于农场或者牧场有效经营所需的附带土地。

"第 1238F 条 管理工作合同。

"（a）合同要约的提交。要具备参与保育管理工作计划的资格，生产者应就下列农业经营活动向部长提交合同要约：

"（1）向部长充分证明在提出合同要约时，该生产者已经达到或者超过至少两项优先资源关切的管理工作门槛；以及

"（2）通过下列举措，至少在管理工作合同到期前达到或者超过至少一项其他优先资源关切的管理工作门槛：

"（A）落实和采取其他的保育行为；以及

"（B）在整个农业经营期间，对现有的保育行为加以改进、保持和管理，增加或者延续部长接受合同要约时的保育收益。

"（b）合同要约的评估。

"（1）申请的分级。对依据（a）所提交的合同要约进行评估时，部长应对申请划分等级，划分等级的依据为：

"（A）申请时对所有相关优先资源关切进行保育处理的水平；

"（B）所提保育行为有效提高保育绩效的程度；

"（C）提出将开展工作，在合同到期前达到或者超过管理工作门槛的优先资源关切的数量；

"（D）在多大程度上能够解决其他优先资源关切，以便在合同到期前达到或者超过管理工作门槛；

"（E）与其他类似的收益合同要约相比，在多大程度上能够以最少的开支达到合同约定的实际和预期保育收益；以及

"（F）从保育保护区计划转至农业生产时，在多大程度上能够解决优先资源关切。

"（2）禁止。部长不得因为申请人愿意接受低于有资格获得的补贴从而给予优先照顾。

"（3）其他标准。部长有权制定和使用其他标准，条件是部长认为只有这些标准才能够有效解决全国、州和地方的优先资源关切。

"（c）签订合同。确认生产者具备纳入（a）中所述计划的资格，且合同要约依据（b）中所述评估标准等级较高之后，部长应与生产者签订保育管理工作合同，把合同中约定的合格土地纳入该计划。

"（d）合同条款。

"（1）期限。每份保育管理工作合同的期限应为 5 年。

"（2）需要的条款。生产者签订的保育管理工作合同应：

"（A）注明，部长同意依据第 1238G 条（d）中所述的保育管理工作合同，每年发放给生产者的补贴金额；

"（B）要求生产者：

"（i）通过一项或多项保育行为，实施保育管理工作方案，实现该计划的宗旨；

"（ii）保留信息，并在部长提出要求的时候提交上来，以证明其遵守了保育管理工作方案以及该计划中的其他所有要求；以及

"（iii）在农业经营期间不得从事任何有违保育管理工作计划宗旨的行为；

"（C）允许在下列情况下对合格土地进行经济利用：

"（i）保持土地的农业性质；以及

"（ii）符合保育管理工作合同的保育宗旨；

"（D）包括这样一项条款：出现部长认为生产者无力控制的情况，包括灾害或者相关情形，生产者因此未能履行合同的，不应被视为违约；以及

"（E）包括这样一些条款：生产者能够有效控制土地期间，凡出现违反合同期限或条件时：

"（i）如果部长认为违约导致合同终止，那么：

"（I）生产者应失去依据合同获得补贴的所有权利；以及

"（II）生产应依据部长规定偿还其依据合同已经获得的全部或部分补贴，其中包括补贴的利息；或者

"（ii）如果部长认为违约不导致合同终止，那么生产者应偿还补贴，或者接受部长对补贴做出的适当调整；

"（F）包括与（3）和（4）相一致的条款；以及

"（G）包括部长认为实施该计划宗旨所不可或缺的其他任何条款。

"（3）合同土地上利益的变更。

"（A）通则。申请的时候，拟纳入该计划的合格土地应处于生产者控制之下。除（B）另有规定外，如果生产者对该计划合同中合格土地上拥有的利益发生变更，则应导致该土地的合同终止。

"（B）职责和权利的转移。下列情况不适用于（A）：

"（i）该计划合同中合格土地上的利益发生变更后，受让人应在合理的一段时间（具体由部长决定）内书面告知部长，合同约定的转让土地的所有权利已经转移至受让人，合同约定的所有职责已由受让人承担；

"（ii）受让人具备该计划所要求的资格；以及

"（iii）部长批准合同中所有职责和权利的转移。

"（4）合同的修订和终止。

"（A）自愿修订或终止。部长有权修订或终止与生产者签订的合同，前提条件是：

"（i）该生产者同意修订或终止；以及

"（ii）部长认为修订或终止符合公共利益。

"（B）非自愿终止。部长有权终止合同，前提条件是部长认为生产者违约。

"（5）偿还。如果合同被终止，那么部长依照该计划的宗旨，有权：

"（A）允许生产者保留依据合同已经获得的补贴；或者

"（B）要求偿还全部或者部分已经获得的补贴，并对违约赔偿金进行评估。

"（e）合同的续约。初始5年合同期限到期时，部长有权批准生产者将合同再延续5年时间，前提条件是该生产者：

"（1）证明其已经履行了初始合同中的条款；

"（2）同意在全部农业经营中，采取和延续部长规定的综合保育行为。以及

"（3）同意到合同期满前：

"（A）再达到至少两项对于农业经营的优先资源关切的管理工作门槛；或者

"（B）超过部长在初始合同中写明的两项现存优先资源关切的管理工作门槛。

"第1238G条　部长的职责。

"（a）通则。为实现保育管理工作计划所签合同的保育目标，部长应：

"（1）提供一次或多次分级机会，持续性向合格生产者提供参与本计划的机会，至少有一次划分等级是在每一财政年度的第一季度；

"（2）在一个州内具体流域或者其他地区或者区域内，确定不少于5项优先资源关切；以及

"（3）为（2）确定的各项优先资源关切拟定科学合理的管理工作门槛。

"（b）分配至州。部长应把总面积分配至州，由州把合格的土地纳入该计划，分配的依据为：

"（1）主要依据各州合格土地面积占全国合格土地面积的比例；以及

"（2）同时考虑到：

"（A）各州对农业生产中相关保育的需求程度；

"（B） 在该州实施该计划帮助生产者解决上述需求的有效性；以及

"（C） 依据部长规定，达到资金在地理上合理分配的其他因素。

"（c） 注册土地面积的限额。《2014 年农业法》通过之日至 2022 年 9 月 30 日之间，部长应尽最大可能：

"（1） 每财政年度新增 10 000 000 英亩土地纳入本计划；以及

"（2） 对该计划进行管理，达到全国平均每英亩补贴 18 美元，其中包括所有的财务援助、技术援助以及登记注册或者参与本计划的一切其他开支。

"（d） 保育管理工作补贴。

"（1） 补贴的适用范畴。部长应依据该计划发放年度补贴，以补偿生产者：

"（A） 落实和采取额外的保育行为；以及

"（B） 对部长接受合同要约时生产者业在农业经营中已开展的保育行为加以改进、保持和管理。

"（2） 补贴的金额。年度补贴的金额应由部长决定，尽最大可能以下列因素为依据：

"（A） 生产者因规划、设计、物资、落实、劳工、管理、维护或者培训而产生的费用。

"（B） 生产者放弃的收入。

"（C） 预期的保育收益。

"（D） 通过在农业经营过程中落实和采纳保育行为，将在多大程度上能够解决优先资源关切。

"（E） 申请时的管理工作水平与合同期限内维持的管理工作水平。

"（F） 在整个农业经营过程中，保育活动与所有优先资源关切相融合的程度。

"（G） 部长认为适宜的其他类似因素。

"（3） 排除。不向生产者发放本款中所述补贴的情况为：

"（A） 为饲养动物而设计、建造或者维护动物粪便存放或者处理设施或者运输装置；或者

"（B） 生产者在保育活动过程中没有产生费用或者没有放弃收入。

"（4） 补贴的发放。发放本款中所述的补贴时，部长应在最大程度上：

"（A） 对合同期限内的保育绩效进行评估，尽可能使生产者的收入等同于各财政年度的补贴；以及

"（B） 在每个财政年度的 10 月 1 日之后，尽快为上一财政年度的保育行为发放补贴。

"（e） 对于资源保育作物轮作的额外补贴。

"（1） 补贴的适用范畴。生产者如果在参与该计划时同意采纳或者改进资源保育作物轮作，在其合格土地实现有益的作物轮作，那么部长应向其发放额外补贴。

"（2） 有益的作物轮作。部长应判定作物轮作是否属于有益的作物轮作，是否具备获得（1）中所述额外补贴的资格，其依据为资源保育作物轮作是否旨在进行自然资源保育和是否能够给生产带来收益。

"（3） 具备资格。为具备获得（1）中所述补贴的资格，生产者应同意在合同期限内采取并维持有益的资源保育作物轮作。

"（4） 资源保育作物轮作。在本款中，'资源保育作物轮作'系指下列作物轮作：

"（A） 包括至少一种资源保育作物（具体由部长决定）；

"（B） 减轻侵蚀；

"（C） 提高土壤肥力和耕种力；

"（D） 打乱病虫害周期；以及

"（E） 在相关区域内，减少土壤水分的损耗或者降低对于灌溉的需求。

"（f） 补贴的限额。2014 至 2018 财政年度，不论一位自然人或者一家法人实体签有多少份合同，其依据合同直接或者间接获得本节中所述补贴的总额不得超过 200 000 美元，与印第安部落达成的资金安排除外。

"（g） 特种作物和有机产品生产者。部长应确保开展计划推广和技术援助活动，计划的各项指标适中，目的在于使特种作物和有机产品生产者能够参与到该计划当中。

"（h）与有机认证进行协调。部长应制定一套透明的办法，供生产者签订本节中所述的合同时，启动《1990 年有机食品生产法》（《美国法典》第 7 篇 6501 及以下）中所述的有机认证。

"（i）条例。部长应颁布条例：

"（1）注明类似其他细则，例如部长认为确保公平合理适用（f）中限额所需的细则；以及

"（2）使部长能够实施本计划。"

（b）对现有合同的影响。

（1）通则。对于美国农业部长在《2014 年农业法》通过前依据《1985 年粮食安全法》第Ⅶ篇子篇 D 第 2 章第 B 节（《美国法典》第 16 篇 3838d 及以下）签订的合同，本条中所做修订不应影响其效力、条款或者该合同要求发放的补贴。

（2）保育管理工作计划。依据（本篇第 2601 条（a）修订后的）《1985 年粮食安全法》第 1241 条（a）（4）（《美国法典》第 16 篇 3841（a）（4））拨付的资金，可用于管理或补贴已于 2009 至 2013 财政年度签订合同的计划参与者。

子篇 C　环境质量激励计划

第 2201 条　宗旨。

《1985 年粮食安全法》第 1240 条（《美国法典》第 16 篇 3839aa）做下列修订：

（1）在（3）中：

（A）在（A）中，删除末尾处的"和"字；

（B）把（B）重新编号为（C），在（C）末尾处的分号后面增加"和"字；以及

（C）在（A）的后面增加下面一款新的内容：

"（B）开发和改善野生动物栖息地；以及"；

（2）在（4）中，删除"；和"改为句号；以及

（3）删除（5）。

第 2202 条　定义。

《1985 年粮食安全法》第 1240A 条（《美国法典》第 16 篇 3839aa - 1）做下列修订：

（1）删除（2），把（3）至（6）分别重新编号为（2）至（5）；以及

（2）在（重新编号后的）（2）中，在"国家有机计划"的后面增加"依据《1990 年有机食品生产法》（《美国法典》第 7 篇 6501 及以下）制定的"。

第 2203 条　制定和管理。

《1985 年粮食安全法》第 1240B 条（《美国法典》第 16 篇 3839aa - 2）做下列修订：

（1）在（a）中，删除"2014"改为"2018"；

（2）在（b）中，删除（2）改为下面一项新的内容：

"（2）期限。该计划中所述合同的期限不应超过 10 年。"

（3）在（d）中：

（A）在（3）中，删除（A）至（G）改为下列内容：

"（A）土壤卫生；

"（B）改进水质和水量；

"（C）营养管理；

"（D）病虫害管理；

"（E）改善空气质量；

"（F）开发野生动物栖息地，其中包括传粉昆虫的栖息地；或者

"（G）入侵性物种管理。"；以及

（B）在（4）中：

（ⅰ）在（A）中，在（ⅰ）前面的内容中，在"或者新从业的家民或者牧民"前面增加"，从业已久的农民或者牧民（定义同《1990 年粮食、农业、保育和贸易法》第 2501 条（e）（《美国法典》第 7 篇 2279（e））），"；以及

（ⅱ）删除（B），改为下面一款新的内容：

"（B）提前补贴。

"（ⅰ）通则。依据（A）确定的金额，不超过 50％可提前发放，用于购买材料或者签订合同。

"（ⅱ）资金的返还。提前发放的款项，如果在得到款项起的 90 日内没有支出，那么应在部长确定的合理时间期限内返还该笔款项。"

（4）删除（f），改为下面一款新的内容：

"（f）资金的划分。

"（1）畜禽。2014 至 2018 各财政年度，依据本计划发放的补贴资金，至少 60％应用于畜禽生产方面的工作。

"（2）野生动物栖息地。2014 至 2018 各财政年度，依据本计划发放的补贴资金，至少 5％应用于改善（g）中所述野生动物栖息地方面的工作。"以及

（5）删除（g），改为下面一节新的内容：

"（g）野生动物栖息地激励计划。

"（1）通则。对于合格土地上的下列野生动物栖息地，部长应依据环境质量激励计划，对支持恢复、开发、保护和改善栖息地的保育工作发放补贴：

"（A）高地野生动物栖息地；

"（B）湿地野生动物栖息地；

"（C）濒危物种栖息地；

"（D）鱼类栖息地；

"（E）转角和其他不规则区域的栖息地；以及

"（F）部长确定的其他类型野生动物栖息地。

"（2）州技术委员会。确定实际工作是否具备获取（1）中所述补贴并依据（f）发放款项时，部长应与相关的州技术委员会进行协商，且不少于每年一次。"

第 2204 条　申请的评估。

《1985 年粮食安全法》第 1240C 条（b）（《美国法典》第 16 篇 3839aa - 3（b））做下列修订：

（1）在（1）中，删除"环境"改为"保育"；以及

（2）在（3）中，删除"第 1240 条（1）中所述环境质量激励计划的宗旨"改为"该计划的宗旨"。

第 2205 条　生产者的职责。

《1985 年粮食安全法》第 1240D 条（2）（《美国法典》第 16 篇 3839aa - 4（2））进行修订，删除"农场、牧场或者林地"改为"注册的"。

第 2206 条　补贴限额。

《1985 年粮食安全法》第 1240G 条（《美国法典》第 16 篇 3839aa - 7）修订为下列内容：

"第 1240G 条　补贴限额。

"2014 至 2018 财政年度，不论一位自然人或者一家法人实体依据本章签有多少份合同，其依据本

章所签合同直接或者间接获得本章中所述成本分担或者激励补贴的总额不得超过450 000美元。"

第2207条　保育创新津贴和补贴。

《1985年粮食安全法》第1240H条（《美国法典》第16篇3839aa-8）做下列修订：

（1）在（a）（2）中：

（A）在（C）中，删除"；和"改为分号；

（B）在（D）中，删除句号改为分号；以及

（C）在末尾处增加下面两小项新的内容：

"（E）促进农场保育研究和示范活动；以及

"（F）促进新技术或者创新保育做法的试验测试。"

（2）在（b）（2）中：

（A）删除"37 500 000美元"改为"25 000 000美元"；以及

（B）删除"2012"改为"2018"；以及

（3）在末尾处增加下面一款新的内容：

"（c）报告。不晚于2014年12月31日，随后每两年一次，部长应向参议院农业、营养和林业委员会和众议院农业委员会提交一份报告，汇报依据本条拨款项目的状况，其中包括：

"（1）拨付的资金；

"（2）项目结果；以及

"（3）把项目成果，例如新技术和创新方法，纳入部长实施的保育工作。"

第2208条　对现有合同的影响。

本子篇中所做的修订不应影响到美国农业部长在《2014年农业法》通过前依据《1985年粮食安全法》第Ⅶ篇子篇D第4章（《美国法典》第16篇3839aa及以下）所签订合同的效力或期限，或者依据该合同需要发放的补贴。

子篇D　农业保育地役权计划

第2301条　农业保育地役权计划。

（a）制定《1985年粮食安全法》第Ⅶ篇进行修订，在末尾处增加下列新内容：

"子篇H　农业保育地役权计划

"第1265条　制定和宗旨。

"（a）制订。部长应制订一项农业保育地役权计划，通过土地上的地役权或者其他利益，对合格的土地和自然资源进行保育。

"（b）宗旨。该计划的宗旨为：

"（1）把依据第1237条制订的湿地保育计划、依据第1238N条制订的草场保护区计划和依据第1238I条制订的农田保护计划的各项宗旨统合到一起，并且统筹协调三项计划的各项功能，以上述三条在《2014年农业法》通过之日前一天的效力执行。

"（2）在合格的土地上恢复、保护和改善湿地；

"（3）通过在合格的土地上限制非农业用途，对合格土地的农业用途、未来生存和相关保育价值实施保护；以及

"（4）通过在合格的土地进行恢复和保育，对其放牧用途和相关保育价值实施保护。

"**第 1265A 条 定义。**

"在本子篇中：

"（1）农业土地地役权。'农业土地地役权'系指合格土地上的下列地役权或者其他利益：

"（A）持有地役权的宗旨在于对该土地上的自然资源和农业本质实施保护；以及

"（B）在部长审批的农业土地地役权方案范围内，允许土地拥有者继续农业生产和用于相关用途。

"（2）合格的实体。'合格的实体'系指：

"（A）州、地方政府或者印第安部落（其中包括依据州法律设立的农田保护委员会或者土地资源委员会）下属的机构；或者

"（B）下列组织：

"（ⅰ）组建的目的以及组建以后的运营目的一直在于努力实现《1986 年国内税收法典》第 170 条（h）（4）（A）（ⅰ）、（ⅱ）、（ⅲ）或（ⅳ）中规定的保育宗旨；

"（ⅱ）该法典第 501 条（c）（3）中所述的组织，依据该法典第 501 条（a）免于征税；或者

"（ⅲ）下列条款中描述的：

"（Ⅰ）该法典第 509 条（a）（1）或（2）；或者

"（Ⅱ）该法典第 509 条（a）（3），并且处于该法典第 509 条（a）（2）中所述组织的控制之下。

"（3）合格的土地。'合格的土地'系指下列私有或者部落土地：

"（A）就农业土地地役权而言，农业土地，其中包括下列农场或者牧场上的土地：

"（ⅰ）即将收到来自合格实体准备购买农业土地地役权的要约；

"（ⅱ）（Ⅰ）拥有原始、独特或者其他种植性土壤；

"（Ⅱ）具有历史或者考古资源；

"（Ⅲ）在注册之后，通过土地恢复和保育，对放牧用途和相关保育价值实施保护；或者

"（Ⅳ）其保护将促使州或者地方政策更加符合该计划的宗旨；和

"（ⅲ）下列：

"（Ⅰ）农田；

"（Ⅱ）牧场；

"（Ⅲ）主要用于放牧的草场、杂草地或者灌木带；

"（Ⅳ）所在区域长期以来一直主要是草场、杂草地或者灌木带，并且能够为具有重大生态价值的动植物提供栖息场所；

"（Ⅴ）牧草地；或者

"（Ⅵ）非工业私有林地，有助于要约地块的经济生存或者作为缓冲林防止该类土地继续扩张；

"（B）就湿地保育地役权而言，一片湿地或者相关区域，其中包括：

"（ⅰ）耕种或者改造后的湿地，以及在功能上依赖于该片土地的相邻土地，前提条件是部长认为该土地：

"（Ⅰ）能够以节约成本的方式成功恢复；和

"（Ⅱ）部长经与内政部长在地方层面上的磋商，认为能够使野生动物收益和湿地功能与价值最大化；

"（ⅱ）在下列自然泛滥之前用于农业生产的农田或者草场：

"（Ⅰ）封闭的盆地湖泊和在功能上依赖于它的相邻土地，条件是州或者其他实体愿意提供地役权成本的 50％；

"（Ⅱ）壶穴和在功能上依赖于它的相邻土地。

"（ⅲ）下列耕种的湿地和相邻土地：

"（Ⅰ）纳入保育保护区计划的；

"（Ⅱ）部长认为具有最高湿地功能和价值的；以及

"（Ⅲ）退出保育保护区计划后很可能重新用于生产的；

"（ⅳ）受到地役权或者与地役权宗旨相同的其他方式保护的几片湿地之间的滨水连接区域；或者

"（ⅴ）其他湿地，其拥有者只具备这一种资格，前提条件是部长认为在湿地保护区地役权中纳入该湿地能够大大增加该地役权在功能上的价值；或者

"（C）就既非农业土地地役权也非湿地保护区地役权而言，与（A）或（B）中所述土地相连的其他土地，前提条件是部长认为其对于该计划中地役权的有效管理必不可缺。

"（4）计划。'计划'系指依据本子篇制定的农业保护地役权计划。

"（5）湿地保留地役权。"湿地保留地役权"系指合格土地保留的下列利益：

"（A）签订契约进行界定和描述；以及

"（B）规定：

"（ⅰ）部长持有的土地权利、名义和利益；以及

"（ⅱ）土地拥有者保留的土地权利、名义和利益。"

"第 1265B 条　农业土地地役权。

"（a）援助的适用范畴。部长应为下列事项提供便利或者资金：

"（1）合格实体购买合格土地的农业土地地役权；以及

"（2）用于依据农业土地地役权计划对自然资源实施保育的技术援助。

"（b）成本分担援助。

"（1）通则。对于购买农业土地地役权的合格实体，部长应提供成本分担援助，以此对合格土地上包括放牧用途在内的农业用途和相关保育价值实施保护。

"（2）援助的适用范畴。

"（A）联邦分担的份额。（4）所述的协议中应规定清楚联邦承担的份额，联邦承担的份额由部长确定，不得超过该农业土地地役权合理市场价值的 50％。该农业土地地役权的合理市场价值由部长通过下列方法确定：

"（ⅰ）美国专业评估执业统一准则；

"（ⅱ）全区域范围内的市场分析或者测算；或者

"（ⅲ）业界认可的其他方法。

"（B）非联邦分担的份额。

"（ⅰ）通则。依据协议，合格的实体应分担一部分份额，至少等同于部长分担的那部分份额。

"（ⅱ）贡献的来源。合格实体依据（ⅰ）所分担的份额中，可包含土地拥有者的慈善捐助或者合格的保育贡献（定义同《1986 年国内税收法典》第 170 条（h）），前提条件是该合格实体分担的现金资源至少等同于部长分担份额的 50％。

"（C）排除。

"（ⅰ）草场。对于部长认为具有特殊环保重要性的草场，部长最高可分担该农业土地地役权合理市场价值的 75％。

"（ⅱ）现金贡献。为说明（B）（ⅱ），对于具有特殊重要性的项目，部长可放弃要求合格实体分担现金贡献，条件是增加土地拥有者的个人捐献，补足部长放弃的部分，前提条件是捐献属于自愿而且该土地正在用于农业生产。

"（3）申请的评估和分级。

"（A）标准。部长应制定评估和分级的标准，使联邦依据该计划所做投资的收益最大化。

"（B）考虑因素。制定标准时，部长应重点支持：

"（ⅰ）保护该土地的农业用途和相关保育价值；以及

"（ⅱ）最大程度对用于农业用途的土地实施保护。

"（C）向下竞价。如果部长认为有两个或者更多提出成本分担援助的申请在实现该计划宗旨方面不相上下，那么部长不得完全因为某些申请的成本较低而给予优先照顾。

"（4）与合格的实体签订协议。

"（A）通则。部长应与合格的实体签订协议，写清楚允许该合格实体使用依据本条所提供的成本分担援助的期限和条件。

"（B）协议的长度。协议的期限应为：

"（ⅰ）对于依据（5）中所述程序得到认证的合格实体，至少 5 年时间；以及

"（ⅱ）对于其他所有的合格实体，至少 3 年时间但不得超过 5 年。

"（C）最低期限和条件。应允许合格的实体使用其自己对农业土地地役权规定的期限和条件，前提条件是部长认为该期限和条件：

"（ⅰ）符合该计划的宗旨；

"（ⅱ）地役权的保育宗旨能够有效实施；

"（ⅲ）其中包括部长执法的权利，如果地役权持有人未执行该地役权的期限，部长有权运用执法的权利。

"（ⅳ）把土地纳入下列农业土地地役权方案：

"（Ⅰ）提升该片土地的长期生存能力，达到购买地役权的宗旨；

"（Ⅱ）需要依据草场管理方案对草场实施管理；以及

"（Ⅲ）适当包含一项保育方案，依据部长的要求对极易受侵蚀的农田实施改造，降低使用密度；以及

"（Ⅴ）其中包括允许对非渗透层进行限制，条件是该限制符合农业行为。

"（D）合格项目的替换。协议应允许，在双方同意的情况下，对合格项目进行替换。

"（E）违约的后果。如果违反了本款所述协议中的期限或者条件，那么：

"（ⅰ）部长有权终止该协议；以及

"（ⅱ）部长有权要求该合格实体偿还其在该计划中获得的所有或者部分补贴，再加上部长认为适宜的补贴的利息。

"（5）合格实体的认证。

"（A）认证程序。部长应制定一套认证程序。通过该程序，部长有权：

"（ⅰ）对于达到既定标准的合格实体，直接予以认证；

"（ⅱ）与通过认证的合格实体签订长期协议；以及

"（ⅲ）同意在上述协议期间为购买农业土地地役权提供成本分担援助。

"（B）认证标准。为通过认证，合格的实体应向部长证明其至少在协议期间具有：

"（ⅰ）符合该计划宗旨的地役权管理方案；

"（ⅱ）监督和执行农业土地地役权的能力与资源；以及

"（ⅲ）策略和程序，目的在于确保：

"（Ⅰ）合格土地上农业土地地役权长期完好；

"（Ⅱ）及时完成上述地役权的购置；以及

"（Ⅲ）对该计划提供的资金的使用情况进行及时全面的评估并向部长报告。

"（C）审查与修改。

"（ⅰ）审查。对于依据（A）通过认证的合格实体，部长应每 3 年实施一次审查，以确保该实体能够达到（B）中规定的标准。

"（ⅱ）修改。如果部长认为通过认证的合格实体已经不能达到（B）中规定的标准，那么部长有权：

"（Ⅰ）允许该通过认证的合格实体在一定时间内，最少180天，采取必要措施以达到上述标准；以及

"（Ⅱ）取消该合格实体的认证，前提条件是该合格实体在规定时间内未能达到上述标准。

"（c）注册的方法。部长应通过下列方法对合格的土地进行注册：

"（1）永久地役权；或者

"（2）州相关法律允许地役权的最长期限。

"（d）技术援助。部长有权应请求提供技术援助，目的在于帮助：

"（1）遵守地役权的期限和条件；以及

"（2）实施农业土地地役权方案。

"第1265C条　湿地保护区地役权。

"（a）援助的适用范畴。部长应向合格土地的拥有者提供援助，通过下列方法帮助合格土地的拥有者恢复、保护和改善湿地：

"（1）湿地保护区地役权和相关湿地保护区地役权方案；以及

"（2）技术援助。

"（b）地役权。

"（1）注册方法。部长应通过下列方法注册合格的土地：

"（A）30年地役权；

"（B）永久地役权；

"（C）州相关法律允许范围内最长期限的地役权；或者

"（D）仅用于印第安部落的选项，30年合同。

"（2）限制。

"（A）不合格的土地。部长不得购买下列土地的地役权：

"（i）依据保育保护区计划用于植树的土地，部长认为能够更好实现本条宗旨的土地除外；以及

"（ii）耕种的湿地或者改造后的湿地，条件是湿地改造始于1985年12月23日以后。

"（B）拥有权的变更。此前24个月内变更过拥有权的土地，不具有湿地保护区地役权，除非：

"（i）新的拥有权系原拥有者死后通过遗嘱或者继承而得；

"（ii）（Ⅰ）由于该土地丧失赎回权而发生拥有权变更；以及

"（Ⅱ）在丧失赎回权之前，该土地拥有者依据州法律向抵押持有者实行了赎回的权利；或者

"（iii）部长认为购买该土地时曾保证购买的目的并不在于将其纳入该计划。

"（3）要约的评估和分级。

"（A）标准。部长应依据本条为土地拥有者提出的要约制定评估和分级标准，目的在于使联邦依据该计划所做投资的收益最大化。

"（B）考虑因素。对土地拥有者提出的要约进行评估时，部长应考虑：

"（i）获得湿地保护区地役权产生的保育收益，其中包括若该土地退出农业生产后可能产生的环境收益；

"（ii）各湿地保护区地役权的成本效益，使支出的每一美元的环境收益最大化；

"（iii）土地拥有者或者其他自然人是否提出在财务上分担该湿地保护区地役权的成本，即为联邦资金提供配套资金；以及

"（iv）部长认为落实该计划宗旨所需的其他因素。

"（C）优先。部长应以湿地保护区地役权对于保护和改善迁徙鸟类和其他野生动物栖息地的价值来优先购买湿地保护区地役权。

"（4）协议。为具备把合格土地通过湿地保护区地役权纳入该计划的资格，该土地的拥有者应与部

长签订协议：

"（A）把该土地的地役权转让给部长；

"（B）同意实施依据（f）为合格土地制定的湿地保护区地役权方案；

"（C）依据州的相关法律，拟制并签订反映地役权协议的契约；

"（D）提供由该土地安全利益持有人签署的同意该地役权的书面声明；

"（E）遵守该地役权以及其他相关协议的期限和条件；以及

"（F）把购买地役权的土地上的基础历史永久消除。

"（5）地役权的期限和条件。

"（A）通则。湿地保护区地役权应包括下列期限和条件：

"（ⅰ）允许：

"（Ⅰ）在该片土地上进行必要的维修、改造和检查，以维护已有的公共排水系统；以及

"（Ⅱ）拥有者控制公众进入该地役权区域，同时指定用于恢复、管理和地役权监督的路径；

"（ⅱ）禁止。

"（Ⅰ）改变该片土地上的野生动物栖息地和其他自然面貌，除非得到部长的明确授权；

"（Ⅱ）在该片土地上喷洒化学制剂或者割草，除非部长授权进行喷洒或者割草，或者具有以下必要性：

"（aa）履行联邦或者州有关控制有害杂草的法律；

"（bb）履行联邦或者州有关害虫处理的紧急计划；或者

"（cc）满足特殊野生动物物种的栖息地需求；

"（Ⅲ）在地役权土地相邻或者功能相关的土地上实施任何将改变、降低或者毁灭合格土地功能性价值的行为；以及

"（Ⅳ）进行部长认为有可能违背该计划宗旨的其他任何活动。

"（ⅲ）规定湿地功能建设和价值建设的效率与效益；以及

"（ⅳ）其中包括部长认为有助于实施该计划或者有利于管理的其他条款。

"（B）违约。违反湿地保护区地役权的期限或者条件，湿地保护区地役权应继续有效，部长有权要求拥有者偿还其在该计划中获取的全部或者部分补贴，再加上部长认为该补贴适宜的的利息。

"（C）相似用途。湿地保护区地役权的土地可被用于相似的经济用途，其中包括打猎、钓鱼、有节制的伐木或者定期放牧或者收割干草，前提条件是依据（f）为该片土地制定的湿地保护区地役权方案明确允许上述用途，并且有助于长期保护和改善湿地资源。

"（D）保留收割干草的权利。在湿地保护区地役权的期限和条件中，部长有权规定拥有者可以保留收割干草的权利，前提条件是：

"（ⅰ）部长认为保留和使用收割干草的权利：

"（Ⅰ）与地役权的土地并不矛盾；

"（Ⅱ）符合该土地的长期自然用途，有助于长期的保护和改善目标；以及

"（Ⅲ）符合依据（f）为该土地制定的湿地保护区地役权方案；以及

"（ⅱ）协议规定，依据部长规定按照干草的价值相应削减地役权补贴。

"（6）补偿。

"（A）确定。

"（ⅰ）永久地役权。依据该计划购买永久湿地保护区地役权后，部长应给予必要的补偿，以此鼓励纳入该计划，补偿的基础为下列三者中的最低值：

"（Ⅰ）部长通过美国专业评估执业统一准则或者全区域范围内的市场分析或测算，为该土地确定的合理市场价值；

"（Ⅱ）金额不能超出部长在条例中确定的各地上限；或者

"（Ⅲ）土地拥有者提出的要约。

"（ⅱ）其他。给予 30 年合同或者 30 年湿地保护区地役权的补偿，不得少于给予永久湿地保护区地役权的补偿的 50％，但不得高于 75％。

"（B）补偿的形式。给予湿地保护区地役权的补偿，应由部长以现金补贴的形式发放，金额依据（A）确定。

"（C）补贴时间表。

"（ⅰ）价值 500 000 美元或者以下的地役权。对于价值 500 000 美元或者以下的地役权，部长发放补贴的方式为不超过 10 次年度补贴。

"（ⅱ）价值 500 000 以上的地役权。对于价值 500 000 美元以上的地役权，部长发放补贴的方式为至少 5 次但不超过 10 次年度补贴；但是如果部长认为有助于实现该计划的宗旨，则有权一次性付清给予地役权的补偿。

"（c）地役权的恢复。

"（1）通则。依据（f）为合格土地制定的湿地保护区地役权方案中规定，拥有者应制定保育措施和做法，保护湿地功能和价值，其中包括必要的维护活动。在此过程中，部长应向拥有者提供财务援助。

"（2）补贴。部长应：

"（A）对于永久性湿地保护区地役权，补贴不少于部长确定的合格成本的 75％，但不得超过 100％；以及

"（B）对于 30 年合同或者 30 年湿地保护区地役权，补贴不少于部长确定的合格成本的 50％，但不得超过 75％。

"（d）技术援助。

"（1）通则。拥有者履行湿地保护区地役权期限和条件的过程中，部长应给予援助。

"（2）合同或者协议。部长可与私营实体签订一份或者多份合同，或者与州、非政府组织或者印第安部落签订一份或者多份协议，对湿地保护区地役权实施必要的恢复、改善或者维护，前提条件是部长认为该合同或者协议有助于实现该计划的宗旨。

"（e）湿地保护区改善选项。部长可与州（其中包括州内的政治或者行政分支机构）、非政府组织或者印第安部落签订一份或者多份协议，实施部长认为有助于实现该计划宗旨的特殊湿地保护区改善选项。

"（f）管理办法。

"（1）湿地保护区地役权方案。部长应为合格的土地制定湿地保护区地役权方案，其中包括恢复、保护、改善和维持该注册土地的必要措施和行为。

"（2）地役权管理的委托。

"（A）通则。部长依据本条具有的管理、监督和执行职责，部长有权委托给其他的联邦或者州机构，前提条件是这些机构具有适当的职权、专业知识和资源，足以履行委托的职责；或者委托给保育组织，前提条件是部长认为该组织具有类似的专业知识和资源。

"（B）限制。部长不得把本条中所述的监督或者执行职责委托给保育组织。

"（3）补贴。

"（A）补贴的时间。对于部长依据本条所产生的义务，部长应发放补贴：

"（ⅰ）对于（c）中所述的地役权恢复义务，在该义务发生后的尽快时间；以及

"（ⅱ）对于由部长发生的任何年度地役权补贴义务，在各日历年度的 10 月 1 日后的尽快时间。

"（B）给予其他人的补贴。如果有权享受本条中所述补贴的拥有者死亡、失去能力或者因其他原因无法获取补贴，或者由其他自然人或者实体继承并且完成了所要求的绩效，那么部长应发放补贴，依据部长颁布的条例并且无视其他法律条款，以部长认为公平合理的方式进行发放。

"（g）申请。本条中的相关条款同样适用于 30 年合同。

"第 1265D 条 管理办法。

"（a）合格的土地。部长不得把计划资金用于购买下列土地的地役权：

"（1）美国政府机构拥有的土地，为印第安部落托管的土地除外；

"（2）州拥有的土地，其中包括州的下属机构或者分支或者当地政府部门拥有的土地；

"（3）受地役权或者契约约束的土地，前提条件是部长认为该片土地上的地役权或者契约能够像纳入该计划一样提供保护；或者

"（4）由于场内或者场外状况，有可能影响该计划宗旨的土地，例如有害物质的风险，基础设施开发或者相邻土地的利用，等等。

"（b）优先。对该计划的申请进行评估时，部长有权优先照顾目前纳入在保育保护区计划当中但合同将于 1 年内到期的土地，并且：

"（1）对于农业土地地役权，属于将从长期地役权保护中受益的草场；以及

"（2）对于湿地保护区地役权，属于具有最高湿地功能和价值的湿地或者相关区域，而且属于在退出保育保护区计划后有可能返回农业生产的湿地或者相关区域。

"（c）顺从、交换、修订和终止。

"（1）通则。部长有权顺从、交换、修订或者终止其管理的土地上的任何利益或者部分利益，方式可以是直接的，也可以由商品信贷公司代理，前提条件是部长认为：

"（A）顺从、交换、修订或者终止土地上的利益符合联邦政府的利益；

"（B）顺从、交换、修订或者终止行为：

"（i）将解决重大的公众需求，且除此之外别无其他办法；或者

"（ii）上述行为有助于该计划的实际实施；以及

"（C）顺从、交换、修订或者终止行为将对美国产生相等的保育价值和相等或者更大的经济价值。

"（2）协商。在可能的情况下，部长应与拥有者和合格的实体共同协商，解决土地利益或者部分利益的顺从、交换、修改或者终止问题。

"（3）告知。采取（1）中所述的终止行为前，部长应至少提前 90 天把该行为书面告知众议院农业委员会和参议院农业、营养和林业委员会。

"（d）纳入其他计划的土地。

"（1）保育保护区计划。对于依据第 1231 条（a）签订的合同，部长有权终止或者进行修改，前提条件是合同中合格的土地转移至该计划。

"（2）其他。依据《2014 年农业法》第Ⅱ篇子篇 H 中的条款，在《2014 年农业法》通过之日前纳入湿地保护区计划、草场保护区计划或者农田保护计划的土地应被视为已纳入该计划。

"（e）遵守特定要求。部长不得向合格的实体或者合格土地的拥有者提供本子篇中所述的援助，除非该合格的实体或者拥有者同意，在提供援助的作物年度内：

"（1）遵守子篇 B 中的相关保育要求；以及

"（2）遵守子篇 C 中的相关湿地保护要求。"

（b）参照；计算。《1985 年粮食安全法》第 1244 条（《美国法典》第 16 篇 3844）做下列修订：

（1）在（c）中：

（A）在（1）中：

（i）在（A）的末尾处增加"和"字；

（ii）在（B）的末尾处删除"和"字；以及

（iii）删除（C）；

（B）把（2）重新编号为（3）；以及

（C）在（1）的后面增加下面一条新的内容：

"（2）依据子篇 H 制定的农业保育地役权计划；和"；以及

（2）在（f）中：

（A）在（1）中：

（i）在（A）中，删除"依据子篇 D 中第 1 章第 B 和第 C 节进行管理的计划"，改为"依据子篇 D 中第 1 章第 B 节制定的保育保护区计划和第 1265C 条中所述的湿地保护区地役权"；以及

（ii）在（B）中，删除"依据子篇 D 中第 1 章第 C 节中所要求的地役权"改为"第 1265C 条中所述的湿地保育地役权"；

（B）删除（4），改为下面一条新的内容：

"（4）排除。

"（A）防护带和防风林。（1）中规定的限制，不适用于子篇 D 中第 1 章第 B 节中所述地役权下的农田，该地役权的用途在于建设防护带和防风林。

"（B）潮湿土壤和饱和土壤。依据第 1265C 条把土地纳入湿地保护区地役权时，（1）中所述的限制应不适用于部长指定为 w 属的农田。在 IV 至 VIII 级能力的土地中，w 属的农田因为土壤饱和或者洪水泛滥而有着严格的限制。"

（C）在末尾处增加下面一项新的内容：

"（5）计算。计算（1）中所述的比例时，依据该条进行比例计算的所有面积均应包含在内，以 2014 年《农业法》通过之日前一天的效力为准，该日期过后依据（1）进行计算时仍然注册的土地也应包含在内。"

子篇 E　地区保育伙伴关系计划

第 2401 条　地区保育伙伴关系计划。

《1985 年粮食安全法》第 VII 篇进行修订，在依据第 2301 条增加的子篇 H 的后面，增加下面一部分新的内容：

"子篇 I　地区保育伙伴关系计划

"第 1271 条　制定和宗旨。

"（a）制定。部长应制定一项地区保育伙伴关系计划，通过下列方式在合格的土地上实施合格的行为：

"（1）与合格的伙伴签订伙伴关系协议；以及

"（2）与生产者签订合同。

"（b）宗旨。该计划的宗旨如下：

"（1）通过涵盖的各项计划，实现下列各项计划 2014 年《农业法》通过之日前一天时的宗旨和功能：

"（A）第 1240I 条中制定的农业用水改善计划。

"（B）第 1240Q 条中制定的切萨皮克湾流域计划。

"（C）第 1243 条中制定的合作保育伙伴关系倡议。

"（D）第 1240P 条中制定的旨在控制土壤侵蚀的大湖盆地计划。

"（2）在地区或者流域的范围内，推进保育和恢复工作，促进合格土地上土壤、水源、野生动物和其他资源的可持续利用。

"（3）鼓励合格的伙伴与生产者在下列领域开展合作：

"（A）达到或者避开国家、州和当地自然资源管理机构对于在合格土地上进行生产的要求；以及

"（B）实施项目，落实和保持合格的行为，在当地、地区、州或者多个州的范围内使多种农业或者非工作私有林业经营受益。

"第 1271A 条　定义。

"在本子篇中：

"（1）涵盖计划。'涵盖计划'系指下列计划：

"（A）农业保育地役权计划。

"（B）环境质量激励计划。

"（C）保护管理工作计划。

"（D）依据《2003 年健康森林恢复法》第 501 条（《美国法典》第 16 篇 6571）制定的健康森林保护区计划。

"（2）合格的行为。'合格的行为'系指涉及下列项目的行为：

"（A）水质恢复或者改善项目，其中包括营养管理和减少泥沙沉积。

"（B）水量保育、恢复或者改善项目，涉及地表水和地下水资源，其中包括：

"（i）把水浇地改造为生产用水较少的农业商品或者旱地种植；或者

"（ii）改进灌溉系统，提高灌溉效率。

"（C）减轻旱灾危害。

"（D）预防洪灾。

"（E）蓄水。

"（F）改善空气质量。

"（G）保育、恢复和改善栖息地。

"（H）控制侵蚀，减少泥沙沉积。

"（I）植树造林。

"（J）部长认为有助于实现保育收益的其他相关行为。

"（3）合格的土地。

"（A）通则。'合格的土地'系指：

"（i）种植农业商品、饲养畜禽或者生产林业相关产品的土地；以及

"（ii）与（i）中所述土地相关的土地。

"（B）包括。'合格的土地'包括：

"（i）农田；

"（ii）草场；

"（iii）牧场；

"（iv）草原；

"（v）非工业用途的私有林地；以及

"（vi）与农业生产相关的其他土地（其中包括湿地和滨水缓冲区），条件是在这些土地上可以依据该计划解决重大自然资源问题。

"（4）合格的伙伴。'合格的伙伴'系指下列：

"（A）农业或者造林生产者协会，或者其他的生产者组织。

"（B）州或者当地政府部门。

"（C）印第安部落。

"（D）农民合作社。

"（E）用水区、灌溉区、农村用水区或者协会，或者拥有为农业土地生产者给水权的其他组织。

"（F）市政水处理实体或者废水处理实体。

"（G）高等教育机构。

"（H）部长认为长期与农业土地生产者共同合作的组织或者实体，条件是其目的旨在解决：

"（i）当地涉及农业生产、野生动物栖息地开发或者非工业用途林地管理的保育优先；或者

"（ii）关键性的全流域土壤侵蚀、水质、减少泥沙沉积或者其他自然资源问题。

"（5）伙伴关系协议。"伙伴关系协议"系指部长与合格的伙伴依据第1271B条签订的协议。

"（6）计划。'计划'系指依据本子篇制定的地区保育伙伴关系计划。

"第1271B条 地区保育伙伴关系。

"（a）授权的伙伴关系协议。部长有权与合格的伙伴签订伙伴关系协议，通过实施项目，帮助生产者在合格的土地上开展合格的行为。

"（b）长度。每项伙伴关系协议的期限不得超过5年，为达到计划目标确需延期的，部长有权把协议期限延长最多12个月。

"（c）伙伴的职责。

"（1）通则。依据伙伴关系协议，合格的伙伴应：

"（A）界定项目规模，其中包括：

"（i）拟开展哪些合格的行为；

"（ii）有可能遭受影响的农业或者非工业私有林地经营；

"（iii）涉及到的地方、州、多个州或者其他地理区域；以及

"（iv）拟进行哪些规划、拓展、实施和评估。

"（B）联络生产者，培训生产者，争取他们参与到项目当中；

"（C）应生产者请求，代理参与项目的生产者申请第1271C条中所述的援助；

"（D）为部长提供的财务或者技术援助安排配套资金，促进项目目标的实现；

"（E）对项目的效果进行评估；以及

"（F）项目结束时，向部长报告项目结果和资金使用情况。

"（2）贡献。在依据（a）签订的协议中，项目总支出中的大部分应由合格的伙伴承担，具体由部长确定。

"（d）申请。

"（1）竞争的程序。部长应通过竞争程序，对希望参与伙伴关系计划的申请进行筛选，而且有权对具有相似保育宗旨的申请评估后进行分级。

"（2）使用的标准。在实施（1）中所述程序的过程中，部长应公开对申请进行评估的标准。

"（3）内容。呈交给部长的申请中应包括：

"（A）项目的规模，同（c）（1）（A）中的内容；

"（B）在实现项目目标的过程中，监测、评估和报告进展情况的方案；

"（C）项目所需的计划资源，其中包括拟用到哪些涵盖计划以及大概需要部长划拨多少资金；

"（D）共同实现项目目标的每一位合格合作伙伴，其中包括其作用、责任、能力和财务贡献；以及

"（E）部长认为充分评估、择优划拨该计划资金所需的其他所有必要因素。

"（4）优先照顾某些申请。部长有权优先照顾下列申请：

"（A）帮助生产者达到或者避开自然资源条例中规定的要求；

"（B）该协议包含该区域的生产者比例较高；

"（C）给予大量非联邦配套资金和技术资源，并且与当地、州或全国其他方面的努力相协调；

"（D）实用保育所占比例较大，能够解决保育优先或者地区、州或者全国的保育倡议；

"（E）提出新颖的保育方法，其中包括务实的绩效衡量方法；或者

"（F）满足其他对于实现该计划宗旨具有重要意义的要求，具体由部长确定。

"第 1271C 条　给予生产者的援助。

"（a）通则。部长应与生产者签订合同，为下列人员提供资金和技术援助：

"（1）与合格的伙伴一同参与项目的生产者；或者

"（2）符合第 1271B 条中所述项目规模的生产者，或者符合第 1271F 条中所述重点保育区域的生产者，条件是他们希望独立于合格的伙伴，独自在合格的土地上实施合格的行为。

"（b）期限和条件。

"（1）符合计划细则。

"（A）通则。除（B）和（2）另有规定外，部长应确保本章中所述合同的期限和条件符合各涵盖计划中的相关细则，例如第 1271B 条（d）（3）（C）有关申请的细则。

"（B）调整。

"（ⅰ）通则。部长有权对涵盖计划的细则进行调整，其中包括：

"（Ⅰ）涵盖计划的经营指南和要求，条件是部长认为能够简化申请和评估程序；以及

"（Ⅱ）能够更好地反映出当地独特状况和宗旨的条例细则或者条款，前提条件是部长认为这些调整对于实现涵盖计划的宗旨必不可缺。

"（ⅱ）限制。部长不得对法定的计划要求进行调整，其中包括法律在诉讼、补贴限额和遵守保育规定等方面的要求。

"（ⅲ）灌溉。对于尚未出于农业目的而大量使用灌溉的州，依据部长规定，部长不应依据此前的灌溉历史记录限制第 1271B 条或者本条中所述的资格。

"（2）备选资金安排。

"（A）通则。为了向（a）和第 1271F 条中所述的土地提供援助，部长有权与跨州水资源机构或者当局达成备选资金安排，前提条件是：

"（ⅰ）部长认为该备选资金安排能够实现该计划的目标；

"（ⅱ）该机构或者当局证明，对于个人生产者而言，本条对协议所规定的限制是无法超越的；以及

"（ⅲ）全部的参与生产者均满足相关的补贴资格条款。

"（B）条件。作为获取（A）中所述资金的条件，跨州水资源机构或者当局应同意：

"（ⅰ）向部长每年递交一份独立审计报告，说明本项中所述资金的使用情况；

"（ⅱ）提供一切必要数据，供部长公布有关本项中所述资金使用情况的报告；以及

"（ⅲ）不把依据（A）获得的资金用于行政管理，也不把该资金通过与其他实体签订合同的方式用于行政管理。

"（C）限制。部长依据本项签订的备选资金安排不得超过 20 项。

"（c）补贴。

"（1）通则。依据所涉涵盖计划的法律要求，部长有权向生产者发放补贴，金额由部长确定，等同于实现该计划宗旨所必需的额度。

"（2）给予特定生产者的补贴。部长有权向下列生产者发放 5 年期补贴：

"（A）参与这样一种计划的生产者，该计划旨在解决水量问题，而且规模庞大，足以促进由水浇地耕种向旱地耕种的转变；以及

"（B）参与这样一种计划的生产者，该计划旨在解决水质问题，而且规模庞大，足以促进保育做法和保育系统的推广，改善营养管理。

"（3）放弃的权力。为促进该计划的落实，部长有权放弃本法案第 1001D 条（b）（2）中对于参与生产者的限制，前提条件是部长认为要实现该计划的目标，则必需放弃上述限制。

"第 1271D 条　资金。

"（a）资金的划拨。部长应从商品信贷公司为 2014 至 2018 各财政年度划拨 100 000 000 美元，用于实施该计划。

"（b）资金的期限。（a）中所划拨的资金，应一直可用，用完为止。

"（c）追加的资金和面积。

"（1）通则。除（a）中所划拨的资金外，部长应预留 2014 至 2018 各财政年度为涵盖计划提供的资金和面积的 7％，目的在于确保实施该计划的过程中有其他资源可用。

"（2）未使用的资金和面积。依据（1）为某一财政年度某一涵盖计划预留的资金或面积，截至该财政年度 4 月 1 日未使用的，应当返还，仍然用于该涵盖计划。

"（d）资金的划分。（a）中为计划划拨的资金和面积，和（c）中为计划预留的资金和面积，部长应进行划分：

"（1）资金和面积的 25％用于这样的一些项目：这些项目系通过州内竞争程序确定的，州内竞争程序系由州保育专员负责管理，而且在通过州内竞争程序确定项目的过程中，征求了州技术委员会的意见，州技术委员会系依据子篇 G 而组建的；

"（2）资金和面积的 40％用于经全国性竞争程序后由部长确定的项目；以及

"（3）资金和面积的 35％用于第 1271F 条中指定的关键性保育区域。

"（e）管理花销的限额。为计划划拨或者预留的资金，均不得用于支付合格伙伴在行政管理方面的花销。

"第 1271E 条　管理办法。

"（a）公示除第 1271B 条（d）（2）中用于评估申请的标准外，对于经第 1271B 条（d）（1）中所述竞争程序挑选出来的项目，部长应公布各项目的相关信息。

"（b）报告。不晚于 2014 年 12 月 31 日，并且随后每两年一次，部长应向众议院农业委员会和参议院农业、营养和林业委员会提交一份报告，汇报利用计划资金开展的项目的状况，其中包括：

"（1）参与伙伴关系协议的合格伙伴和生产者的数量与类型；

"（2）获得援助的生产者的数量；

"（3）投入项目的资金总额，其中包括来自联邦与非联邦资源的资金；以及

"（4）第 1271C 条（b）（2）中所述资金的管理情况，其中包括：

"（A）部长已经实施了哪些监督机制；

"（B）部长通过何种程序解决计划参与者提出的诉讼；和

"（C）部长通过哪些途径对补贴发放情况进行核实。

"第 1271F 条　关键性保育区域。

"（a）通则。管理第 1271D 条（d）（3）中所述资金的过程中，部长应在本条所指定的关键性保育区域内，挑选伙伴关系协议和生产者合同的申请。

"（b）关键性保育区域的指定。

"（1）优先。指定本条中所述的关键性保育区域时，部长应依据下列标准，即该地理区域：

"（A）包括农业大州的数量多少；

"（B）已经包含在地区、州或者多个州协议或者方案之内的程度，条件是目标和工作方案已经确定并已得到联邦、州或者地区当局的批准；

"（C）将受益于水质改善的程度，其中包括受益于在具有地区、全国甚至国际重要性的广阔水域减少侵蚀、加强沉积控制和加强营养管理；

"（D）将受益于水量改善的程度，其中包括下列方面的改善：

"（ⅰ）地下水、地表水、地下蓄水层或者其他水资源；或者

"（ⅱ）促进蓄水和防洪所不可或缺的方面。或者

"（E）包含需要援助的生产者的数量多少，条件是生产者需要援助的目的在于达到或者避开自然资源条例中规定的要求，而这些要求有可能对在该区域内农业经营的经济规模产生负面影响。

"（2）到期。本条中指定的关键性保育区域应在 5 年后到期，需要进行重新指定，除非部长因认为某区域不再符合（1）中所述的条件而退出指定。

"（3）限制。部长依据本条把地理区域指定为关键性保育区域的数量不得超过 8 个。

"（c）管理办法。

"（1）通则。除（2）另有规定外，部长对本条中所有伙伴关系协议或者生产者合同进行管理的办法应符合该计划中的条款。

"（2）与现有行为的关系。部长应在最大程度上确保，在依据本条指定的关键性保育区域内实施的合格行为，与联邦和州的其他计划以及水质和水量战略相吻合。

"（3）额外的职权。对于（b）（1）（D）中所述的关键性保育区域，部长除有权使用《保护流域和预防洪灾法》第 14 条（《美国法典》第 16 篇 1012）中所赋予的职权外，还有权使用该法案（《美国法典》第 16 篇 1001 及以下）中所赋予的一切职权。"

子篇 F　其他保育计划

第 2501 条　私属放牧土地的保育。

《1985 年粮食安全法》第 1240M 条（e）（《美国法典》第 16 篇 3839bb（e））进行修订，删除"2012"改为"2018"。

第 2502 条　草根资源水保护项目。

《1985 年粮食安全法》第 1240O 条（b）（《美国法典》第 16 篇 3839bb‐2（b））修订为下列内容：

"（b）拨款。

"（1）授权拨款。兹授权为 2008 至 2018 各财政年度拨款 20 000 000 美元用于实施本条。

"（2）资金的适用范畴。除（1）中所述的拨款外，部长应从商品信贷公司的资金中再拿出 5 000 000 美元，一直可用，用尽为止。"

第 2503 条　自发性公众进入和栖息地激励计划。

（a）拨款《1985 年粮食安全法》第 1240R 条（f）（1）（《美国法典》第 16 篇 3839bb‐5（f）（1））进行修订：

（1）在开头部分中，删除"2009 至 2012 财政年度"改为"法定拨款"；以及

（2）在末尾处的句号前增加"并且 2014 至 2018 财政年度期间 40 000 000 美元"。

（b）报告计划的成效。不晚于本法案通过后两年时间内，美国农业部长应向众议院农业委员会和参议院农业、营养和林业委员会提交一份报告，对依据《1985 年粮食安全法》第 1240R 条（《美国法典》第 16 篇 3839bb‐5）制定的自发性公众进入和栖息地激励计划的成效进行评估，其中包括：

（1）明确各合作机构；

（2）明确各州纳入该计划的总面积；

（3）对提升合格土地的进入、改善野生动物栖息地和相关经济收益的程度进行评估；以及

（4）涉及该计划且对上述委员会有用的其他相关信息和数据。

第 2504 条　农业保育经验服务计划。

《1985 年粮食安全法》第 1252 条（c）（2）（《美国法典》第 16 篇 3851）修订为下列内容：

"（2）排除。用于实施保育保护区计划的资金不得用于实施农业保育经验服务计划。"

第 2505 条　小型流域复原计划。

（a）资金的适用范畴。《保护流域和预防洪灾法》第 14 条（h）（1）（《美国法典》第 16 篇 1012（h）（1））做下列修订：

（1）在（E）中，删除"；和"改为一个分号；

（2）在（F）中，删除句号改为一个分号；

（3）在（G）中，删除句号改为"；和"；以及

（4）在末尾处增加下面一款新的内容：

"（H）2014 财政年度 250 000 000 美元，一直可用，花完为止。"

（b）授权拨款。《保护区流域和预防洪灾法》第 14 条（h）（2）（E）（《美国法典》第 16 篇 1012（h）（2）（E））进行修订，删除"2012"改为"2018"。

第 2506 条　流域保护紧急计划。

《1978 年农业信贷法》第 403 条（《美国法典》第 16 篇 2203）做下列修订：

（1）删除"第 403 条　部长"改为下列内容：

"第 403 条　紧急措施。

"（a）通则。部长"；以及

（2）在末尾处增加下面一节新的内容：

"（b）泛滥平原的地役权。

"（1）修订和终止。依据本条由部长管辖的泛滥平原的地役权，如遇下列情况，部长有权修订或终止：

"（A）当前拥有者同意修订或终止；以及

"（B）部长认为修订或终止：

"（ⅰ）将解决紧迫的公众需求而且除此之外没有其他的可行办法；以及

"（ⅱ）符合公众的利益。

"（2）补偿。

"（A）终止。依据（1）终止地役权和相关协议后，作为补偿，部长应以其认为适宜的方式达成补偿安排。

"（B）修订。对于（1）中所述的修订：

"（ⅰ）作为修订条件，当前的拥有者应（以部长认为适宜的方式）达成补偿安排，承担修订开支；以及

"（ⅱ）部长应确保：

"（Ⅰ）该修订不会损害该地役权的泛滥平原所具有的功能和价值；

"（Ⅱ）若造成损害，则注册和恢复其他土地，更好地提供泛滥平原所具有的功能和价值，且不能对联邦政府造成额外开支；以及

"（Ⅲ）该修订将给美国带来同等或更大的环境和经济价值。"

第 2507 条　终端湖泊。

《2002 年农业安全与农村投资法》第 2507 条（《美国法典》第 43 篇 2211；《公法》107 - 171）修订

为下列内容：

"第 2507 条　给予终端湖泊的援助。

"（a）定义。在本条中：

"(1) 合格的土地。'合格的土地'系指下列私有农业土地（其中包括州因水法而拥有财产利益的土地）：

"（A）土地拥有者自愿同意卖给州；以及

"（B）下列：

"（ⅰ）（Ⅰ）不具备作为 1985 年《粮食安全法》第 H 篇中所述农业保育地役权计划确定的湿地保育地役权而注册；

"（Ⅱ）泛滥至：

"（aa）平均深度至少 6.5 英尺；或者

"（bb）该州认为超出州或者土地拥有者的控制能力；或者

"（Ⅲ）由于毗邻地方泛滥而无法用于农业目的（例如洪灾造成的农业土地岛屿）；

"（ⅱ）所在流域的水权可进行租赁或购买；以及

"（ⅲ）在最近 30 年中至少有 5 年被用于：

"（Ⅰ）生产作物或者干草；或者

"（Ⅱ）作为牲畜牧场。

"(2) 计划。'计划'系指本条中制定的自愿土地购买计划。

"(3) 终端湖泊。'终端湖泊'系指下列湖泊及其湖滨与流域资源：

"（A）被视为泛滥，因为该湖泊或者湖滨区域没有蓄水的天然水道，以至于该流域和周边土地经常泛滥；或者

"（B）被视为静止不动，因为该湖泊没有自然水道，包括水在内的关键性资源条件达不到湖泊、正常使用和水权的需求，长期依赖联邦援助方可解决。

"（b）援助。部长应：

"(1) 对于购买受（a）（3）（B）中所述终端湖泊影响的合格土地，发放（c）中所述的津贴；以及

"(2) 依据（e）（2）向内政部长提供资金，依据（d）向（a）（3）（B）中所述的终端湖泊提供援助。

"（c）购买土地的津贴。

"(1) 通则。如果州依据本款法案购买了合格的土地，那么部长应利用（e）（1）中所提供的资金，发放土地购置津贴。

"(2) 实施。

"（A）金额。每笔土地购置津贴应不超过下列二者相比的低值：

"（ⅰ）合格土地购置价格的 50%；或者

"（ⅱ）（Ⅰ）对于用于种植作物或者干草的合格土地，每英亩 400 美元；以及

"（Ⅱ）对于用作牧场的合格土地，每英亩 200 美元。

"（B）购置价格的确定。利用土地购置津贴购买合格土地的州，应在最大程度上确保该类土地的购置价格能够反映出所购合格土地上的留置权（如果有的话）的价值，其中包括地役权和矿产权。

"（C）需要成本分担。为具备获取土地购置津贴的资格，州应提供配套的非联邦资金，其中包括追加的非联邦资金，金额等同于（A）中所述金额的 50%。

"（D）条件。为获取土地购置津贴，州应同意：

"（ⅰ）确保购置的全部合格土地：

"（Ⅰ）转让至该州；以及

"（Ⅱ）转让时没有抵押或者其他扣押物；

"（ⅱ）永久保留合格土地的拥有权；

"（ⅲ）（使用所获津贴以外的其他资金）缴纳与购置本条中所述合格土地相关的全部费用，其中包括测量费和法律费用；以及

"（ⅳ）以保育目的保有合格的土地，具体由部长规定。

"（E）联邦收益的损失。利用本条中所述津贴购置的合格土地，不再具备获取其他联邦计划中任何收益的资格，其中包括：

"（ⅰ）《1985 年粮食安全法》第Ⅶ篇（《美国法典》第 16 篇 3801 及以下）中所述的收益；

"（ⅱ）《联邦农作物保险法》（《美国法典》第 7 篇 1501 及以下）中所述的收益；以及

"（ⅲ）《1985 年粮食安全法》第 1001D 条（b）（《美国法典》第 7 篇 1308 - 3a）中所述的收益。

"（F）禁止。合格的土地在被州购置之前的所有相关联邦权利或者收益，不得因为参与购置或者由于购置而转让至任何其他土地或者个人。

"（d）水援助。

"（1）通则。内政部长可通过农垦专员利用（e）（2）中所述的资金，对本款的实施进行管理并提供财务援助，向（a）（3）（B）中所述的终端湖泊提供水和援助，通过自愿的卖家或者参与者：

"（A）租水；

"（B）购置土地、附属于土地的水和相关利益；以及

"（C）对相关的鱼类、野生动物、植物和栖息地资源采取研究支持和保育行为。

"（2）排除。内政部长不得利用本节法案向犹他州大盐湖提供援助，也不得向被视为干涸的湖泊或者其他无法满足本条宗旨的湖泊提供援助，具体由内政部长界定。

"（3）过渡性条款。

"（A）通则。不论本条中有何其他规定，在《2014 年农业法》通过前依据（B）中所述法律条款而划拨的资金，应依据该法案通过之日前一天的法律（其中包括条例）条款继续可用。

"（B）所述法律。本条中所述的法律条款为：

"（ⅰ）《2002 年农业安全与农村投资法》第 2507 条（《美国法典》第 43 篇 2211 注释；公法 107 - 171）（按照 2014 年《农业法》通过之日前一天的效力）；

"（ⅱ）《2003 年能源与水开发拨款法》第 207 条（《公法》108 - 7）；

"（ⅲ）《2006 年能源与水开发拨款法》第 208 条（《公法》109 - 103）；以及

"（ⅳ）《2010 年能源与水开发以及相关机构拨款法》第 208 条（《公法》111 - 85）。

"（e）拨款。

"（1）授权拨款。兹为部长实施（c）拨款 25 000 000 美元，一直可用，用尽为止。

"（2）商品信贷公司。《2014 年农业法》通过后，部长应尽快从商品信贷公司的资金中向'农垦局——水和相关资源'帐户拨付 150 000 000 美元用于实施（d），一直可用，用尽为止。"

第 2508 条 土壤和水资源保育。

（a）国会政策和宗旨宣言。《1977 年土壤和水资源保育法》第 4 条（《美国法典》第 16 篇 2003）做下列修订：

（1）在（b）中，在各个"州"字的后面增加"和部落"；以及

（2）在（c）（2）中，在"州"字的后面增加"和部落"。

（b）对土壤、水和相关资源持续评估。《1977 年土壤和水资源保育法》第 5 条（《美国法典》第 16 篇 2004）做下列修订：

（1）在（a）（4）中，删除"和州"改为"，州和部落"；

（2）在（b）中，在各个"州"字的后面增加"，部落"；以及

（3）在（c）中：

（A）删除"州土壤"改为"州和部落土壤"以及

（B）删除"当地"改为"当地，部落，"。

（c）土壤和水保育计划。《1977 年土壤和水资源保育法》第 6 条（a）（《美国法典》第 16 篇 2005（a））做下列修订：

（1）在第一个"州"字的后面增加"，部落，"；

（2）在每一个"州"字的后面增加"，部落"；以及

（3）在"私有"的后面增加"，部落，"。

（d）利用现有信息和数据。《1977 年土壤和水资源保育法》第 9 条（《美国法典》第 16 篇 2008）进行修订，在"州"字的后面增加"，部落"。

子篇 G　拨款和管理

第 2601 条　拨款。

（a）通则。《1985 年粮食安全法》第 1241 条（《美国法典》第 16 篇 3841）进行修订，删除（a）改为下列内容：

"（a）年度拨款。2014 至 2018 各财政年度，部长均应利用商品信贷公司的资金、设施和权限，实施本篇中的下列计划（其中包括提供技术援助）：

"（1）子篇 D 第 1 章第 B 节中所述的保育保护区计划，在最大程度上包括：

"（A）为 2014 至 2018 财政年度期间拨款 10 000 000 美元，用于发放第 1234 条（c）中所述的补贴；以及

"（B）为 2014 至 2018 财政年度期间拨款 33 000 000 美元，用于实施第 1235 条（f），为依据合同把土地从已退休或者即将退休的拥有者和经营者转让至新从业的农民或者牧民和社会上处于弱势的农民或者牧民提供便利。

"（2）子篇 H 中所述的农业保育地役权计划，在最大程度上：

"（A）为 2014 财政年度拨款 400 000 000 美元；

"（B）为 2015 财政年度拨款 425 000 000 美元；

"（C）为 2016 财政年度拨款 450 000 000 美元；

"（D）为 2017 财政年度拨款 500 000 000 美元；以及

"（E）为 2018 财政年度拨款 250 000 000 美元。

"（3）子篇 D 第 2 章第 A 节中所述的保育安全计划，使用履行 2008 年 9 月 30 日前所签订合同的必要数额。

"（4）子篇 D 第 2 章第 B 节所述保育管理工作计划。

"（5）子篇 D 第 2 章所述环境质量激励计划，在最大程度上：

"（A）为 2014 财政年度拨款 1 350 000 000 美元；

"（B）为 2015 财政年度拨款 1 600 000 000 美元；

"（C）为 2016 财政年度拨款 1 650 000 000 美元；

"（D）为 2017 财政年度拨款 1 650 000 000 美元；以及

"（E）为 2018 财政年度拨款 1 750 000 000 美元。"

（b）资金的保障范畴。《1985 年粮食安全法》第 1241 条（1）（《美国法典》第 16 篇 3841）做下列修订：

（1）把（b）至（h）分别重新编号为（c）至（i）；

（2）在（a）的后面增加下面一款新的内容：

"（b）资金的适用范畴。（a）中为 2014 至 2018 财政年度拨款的资金，供部长用于实施该款中所述的各项计划，一直可用，花完为止。"；以及

（3）在（依据（1）重新编号后的）（d）中，删除"（b）"改为"（c）"。

第 2602 条 技术援助。

《1985 年粮食安全法》第 1241 条（《美国法典》第 16 篇 3841）进行修订，删除（依据第 2601 条（b）（1）重新编号后的）（c）改为下列内容：

"（c）技术援助。

"（1）适用范畴。财政年度中，为（a）中所述各项计划拨付给商品信贷公司的资金：

"（A）为有效实施计划而必需拨付的资金，可用于为这些计划提供技术援助；

"（B）应以部长确定的额度分摊至提供技术援助，但子篇 D 第 1 章第 B 节中所述的保育保护区计划的技术援助除外。

"（C）除有专项拨款的项目外，不得用于为（a）中所述的其他各项保育计划提供技术援助。

"（2）优先。

"（A）通则。实施《土壤保育和国内分配法》（《美国法典》第 16 篇 590a 及以下）中所述的技术援助时，对于因《2014 年农业法》第 2611 条所做修订为了初次落实本篇子篇 B 和子篇 C 中所提要求而需要部长技术援助的生产者，部长应给予优先照顾。

"（B）报告。不晚于《2014 年农业法》通过之日后的 270 日内，部长应向众议院农业委员会和参议院农业、营养和林业委员会提交一份报告，阐述《2014 年农业法》第 2611 条所做修订中的保育合规要求在何种程度上适用于并影响于特种作物种植者，其中包括全国性分析与测量，以便确定包括极易受侵蚀土地和湿地在内的特种作物耕种面积。

"（3）报告。不晚于 2014 年 12 月 31 日，部长应向众议院农业委员会和参议院农业、营养和林业委员会提交一份报告（在随后年度中进行必要的更新）：

"（A）详细说明在前一财政年度中技术援助所需的资金金额以及分配至（a）中所述各项计划的金额；以及

"（B）与提供技术援助有关的、对上述两个委员会有用的其他任何数据。

"（4）合规报告。不晚于每年 11 月 1 日，部长应向众议院农业委员会和参议院农业、营养和林业委员会提交一份报告，内容包括：

"（A）说明极易受侵蚀土地的保育请求和湿地合规决定请求正在得到及时处理的程度；

"（B）在前一财政年度中已完成的请求的总数；

"（C）记录在案的未完成的决定；以及

"（D）收到生产者请求后，超过 1 年时间仍未解决的请求的数量。"

第 2603 条 地区平等。

《1985 年粮食安全法》第 1241 条（《美国法典》第 16 篇 3841）进行修订，删除（依据第 2601 条（b）（1）重新编号后的）（e）改为下列内容：

"（e）地区平等。

"（1）公平分配。确定各财政年度的资金分配时，部长应考虑到各州的拨款情况和计划的需求，为子篇 D、子篇 H 和子篇 I 中所述的各项保育计划（子篇 D 第 1 章第 B 节所述的保育保护区计划除外）进行资金分配，确保依据历史上的拨款分配情况和各州使用情况进行公平分配。

"（2）最低比例。依据（1）确定具体的拨款分配时，部长应：

"（A）确保在各财政的每一季度，各州都有机会规定该州至少能够得到为上述各项保育计划所拨款项的 0.6%；以及

"（B）向做出上述规定的各州至少发放为上述各项保育计划所拨款项的 0.6％。"

第 2604 条　为向某些农民或者牧民从事保育提供技术援助而预留资金。

（依据第 2601 条（b）（1）重新编号后的）《1985 年粮食安全法》第 1241 条（h）（《美国法典》第 16 篇 3841）做下列修订：

（1）在（1）中，删除"2012"改为"2018"；以及

（2）在末尾处增加下面一条新的内容：

"（4）优先。提供（1）中所述的技术援助时，部长应优先照顾符合（1）（A）或（B）条件的从业多年的农民或者牧民（定义同《1990 年粮食、农业、保育和贸易法》第 2501 条（e）（《美国法典》第 7 篇 2279（e））。"

第 2605 条　计划注册和援助的年度报告。

（依据第 2601 条（b）（1）重新编号后的）《1985 年粮食安全法》第 1241 条（i）（《美国法典》第 16 篇 3841）做下列修订：

（1）在（1）中，删除"湿地保护区计划"改为"农业保育地役权计划"；

（2）删除（2）和（3），把（4）、（5）和（6）分别重新编号为（2）、（3）和（4）；

（3）在（依据上项重新编号后的）（3）中：

（A）删除"农业用水改善计划"改为"地区保育伙伴计划"；以及

（B）删除"第 1240I 条（g）"改为"第 1271C 条（c）（3）"；以及

（4）在末尾处增加下面两条新的内容：

"（5）依据保育管理工作计划发放的补贴。

"（6）部长依据第 1265B 条（b）（2）（C）规定的例外事项。"

第 2606 条　适用于所有保育计划的管理要求。

《1985 年粮食安全法》第 1244 条（《美国法典》第 16 篇 3844）做下列修订：

（1）在（a）（2）中，在末尾处增加下面一款新的内容：

"（E）从业多年的农民或者牧民（定义同《1990 年粮食、农业、保育和贸易法》第 2501 条（e）（《美国法典》第 7 篇 2279（e）））。"

（2）在（d）中，删除末尾处句号前面的"，H 和 I"；

（3）在（f）中：

（A）在（1）（B）中，删除"国家"改为"县"；以及

（B）在（3）中，删除"（c）（2）（B）或者（f）（4）"，改为"（d）（2）（A）（ii）或者（g）（2）"；

（4）在（h）（2）中，在"传粉昆虫"的后面增加"，其中包括，在最大程度上，使蜜蜂收益最大化的做法"；以及

（5）在末尾处增加下面几款新的内容：

"（j）提升管理效率与效益。本篇中所述保育计划的管理过程中，部长应在最大程度上：

"（1）理顺保育规划和项目资源，努力减少生产者的管理负担与成本；以及

"（2）采用新技术，提升效率和效益。

"（k）与其他补贴的关系。拥有者或经营者依据本篇获得的所有补贴，其中包括地役权补贴或者租赁补贴，均不得影响该拥有者或经营者依据下列法律有权获得的补贴总额，而只做为总额的额外部分：

"（1）本法案。

"（2）《1949 年农业法》（《美国法典》第 7 篇 1421 及以下）。

"（3）《2014 年农业法》。

"（4）（1）、（2）或（3）中所述法案的后续法案。

"（l）给予印第安部落的拨款。实施子篇 D 第 2 章第 B 节中所述的保育管理工作计划过程中，和实施子篇 D 第 4 章中所述的环境质量激励计划过程中，部长有权与印第安部落达成备选的资金安排，前提条件是部长认为这类安排能够达到该计划的目标，而且部落人数不会超过法律对于合同中个人生产者数量的限制。"

第 2607 条 州技术委员会的标准。

《1985 年粮食安全法》第 1261 条（b）（《美国法典》第 16 篇 3861（b））进行修订，删除"不晚于《2008 年粮食、保育和能源法》通过之日后的 180 日内，部长应制定"改为"部长应进行必要的评估与更新"。

第 2608 条 制定细则的职权。

《1985 年粮食安全法》第 Ⅶ 篇子篇 E（《美国法典》第 16 篇 3841 及以下）进行修订，在末尾处增加下面一条新的内容：

"第 1246 条 条例。

"（a）通则。部长应颁布为实施本篇中各项计划所需的必要条例，其中包括部长认为确保公正合理落实第 1244 条（f）中各项限制所需的必要条例。

"（b）制定细则的程序。颁布本篇中所述的条例和计划管理办法：

"（1）实施过程中不必顾及《美国法典》第 44 篇第 35 章（通称《文案削减法》）；以及

"（2）应作为暂行条例颁布执行，留有告知和征求意见的机会。

"（c）国会对机构制定细则情况进行审查。颁布本条中所述的条例时，部长应使用《美国法典》第 5 篇第 808 条中所赋予的职权。"

第 2609 条 减少湿地损失。

《1985 年粮食安全法》第 1222 条（k）（《美国法典》第 16 篇 3822（k））修订为下列内容：

"（k）为减轻损失而筑堤。

"（1）为减轻损失而筑堤计划。

"（A）通则。部长应在其职权范围内与第三方开展计划或者与第三方合作，为减轻损失而筑堤，帮助人们落实本条中的条款，同时减少湿地价值和功能等方面的损失。

"（B）拨款。为实施本项，部长应从商品信贷公司的资金中划拨 10 000 000 美元，一直可用，用尽为止。

"（2）适用性。（f）（2）（C）不适用于本款。

"（3）政策和标准。部长应制定适当的政策和标准，允许有意愿的自然人参与到本条或者其他法律中所述的为减轻损失而筑堤的工作当中，既满足本条的宗旨，又不需要部长全部或者部分持有堤岸的地役权。"

第 2610 条 草原鸡保育报告。

（a）通则。不晚于本法案通过之日后的 90 日内，美国农业部长应向众议院农业委员会和参议院农业、营养和林业委员会提交一份报告，说明对涉及草原鸡保育的各项工作（其中包括由部长管理的工作）进行评估和分析后得出的结果。涉及草原鸡保育的工作中包括保育保护区计划、环境质量激励计划、草原鸡倡议、鱼类和野生动物机构西部协会和草原鸡大牧场保育计划。

（b）内容。在本条所要求的报告中，部长至少应包括：

（1）在（a）中所述的涉及草原鸡保育的各项行为中，下列几方面得出的结论：

（A）该项行为给联邦政府造成的开支，对州政府和私营部门的影响；

（B）该项行为的保育效果；以及

（C）该项行为的成本效益；以及

（2）依据各自的成本效益，对（a）中所述的各项行为划分等级。

第 2611 条　用于作物保险的极易受侵蚀土地和湿地保育。

（a）极易受侵蚀土地计划中不具备资格的情况。

（1）通则。《1985 年粮食安全法》第 1211 条（a）（1）（《美国法典》第 16 篇 3811（a）（1））做下列修订：

（A）在（C）中，删除末尾处的"或者"；

（B）在（D）中，删除末尾处的"或者"；以及

（C）在末尾处增加下面一款新的内容：

"（E）依据《联邦农作物保险法》（《美国法典》第 7 篇 1501 及以下）由联邦作物保险公司为保单或者保险方案支付的任何保费，如遇自然人被认定在作物年度中实施了本款中所述的违规行为，那么本小项中所述的不具备资格应：

"（ⅰ）仅适用于包括所有行政诉讼在内最终判决违规之日后的再保险年度；以及

"（ⅱ）不适用于最终判决违规之日所在的或者以前的再保险年度；"。

（2）排除。《1985 年粮食安全法》第 1211 条（a）（2）（《美国法典》第 16 篇 3811（a）（2））做下列修订：

（A）在第一句中，删除"（2）如果，"改为下列内容：

"（2）因履行保育方案而具备资格。

"（A）通则。如果，"；

（B）在第二句中，删除"实施"改为下列内容：

"（B）尽量减少文案工作。实施"；以及

（C）在末尾处增加下面一小项新的内容：

"（C）作物保险。

"（ⅰ）开始合规的经营。如果完全由于《2014 年农业法》第 2611 条（a）所做修订的原因，自然人第一次受到第 1211 条的约束，那么不论第 1211 条（a）有何规定，只要生产农业商品的自然人，其土地系第 1211 条（a）（1）（E）中所述补贴的基础，在该补贴受第 1211 条约束之日起，有 5 年再保险时间，进行开发并落实得到批准的保育方案，以便具备获得上述补贴的资格。

"（ⅱ）曾违反过规定的现有经营。不论第 1211 条（a）有何规定，如果在部长判定某自然人违反了第 1211 条（a）后该自然人继续参与该计划，需要在《2014 年农业法》通过之日后的任何时间遵照执行但目前仍处于违反第 1211 条（a）状态，那么从第 1211 条（a）（1）（E）中所述补贴受第 1211 条约束之日起，该自然人拥有两年再保险时间，进行开发并落实得到批准的保育方案，以便具备获得上述补贴的资格。

"（ⅲ）相关再保险年度。依据本小项，因在作物年度中违反规定而不具备获取第 1211 条（a）（1）（E）中所述补贴资格的情况：

"（Ⅰ）仅适用于包括所有行政诉讼在内最终判决违规之日后的再保险年度；以及

"（Ⅱ）不适用于最终判决违规之日所在的或者以前的再保险年度。"

（3）作物保险保费援助。《1985 年粮食安全法》第 1213 条（d）（《美国法典》第 16 篇 3812a（d））进行修订，在末尾处增加下面一条新的内容：

"（4）作物保险保费援助。为了确定自然人是否具备获取第 1211 条（a）（1）（E）中所述补贴的资

格，部长应使用第 1221 条（c）（3）（E）中所述的程序，并且与认证程序相协调，避免重复或者不必要的文案工作。"

（b）湿地保育计划中不具备资格的情况。《1985 年粮食安全法》第 1221 条（《美国法典》第 16 篇 3821）做下列修订：

（1）把（c）、（d）和（e）分别重新编号为（d）、（e）和（f）；以及

（2）在（b）的后面增加下面一节新的内容：

"（c）不具备获取作物保险保费援助的资格。

"（1）要求。

"（A）通则。如果判定某人在作物年度中犯有（a）或（d）中所述的违规行为，那么依据本款规定，该自然人没有资格获取联邦作物保险公司依据《联邦农作物保险法》（《美国法典》第 7 篇 1501 及以下）为计划或者保单发放的保费补贴。

"（B）适用性。本款中所述的不具备资格应：

"（ⅰ）仅适用于做出违规最终判决之日后的再保险年度；以及

"（ⅱ）不适用于当前或者做出最终判决之日前的再保险年度。

"（2）形成。

"（A）通则。不论（1）中如何规定，不具备获取作物保险保费援助资格的情况应依据本项适用。

"（B）新形成的湿地。对于部长认为是在《2014 年农业法》通过之日后形成的湿地：

"（ⅰ）该自然人在随后再保险年度中没有资格获取作物保险保费补贴，除非部长认为适用于第 1222 条中所述的免除情况；或者

"（ⅱ）对于部长认为违规行为只影响到整个农场不足 5 英亩的情况，该自然人可依据部长规定缴纳减轻损害成本 150％的罚款，交给第 1240 条（f）中所述的湿地恢复基金，以此换取获得作物保险保费援助的资格。

"（C）以前形成的湿地。对于部长认为是在《2014 年农业法》通过之日前形成的湿地，不适用于本款中所述的不具备资格情况。

"（D）形成和新保单或者保险计划。如果在《2014 年农业法》通过之日后，自然人首次拥有农业商品的单独保单或者保险计划，那么：

"（ⅰ）不具备资格的情况仅适用于该自然人首次拥有保单或者保险计划之日后形成的湿地；以及

"（ⅱ）该自然人应采取部长认为适当的措施，及时地减少以前形成湿地的损失，不得超过两个再保险年度。

"（3）限制。：

"（A）需要减少损失。除本项中另有规定外，包括行政诉讼在内被最终判决犯有（d）中所述违规的自然人，依据部长规定，有一个再保险年度的时间，启动减少损失方案，弥补违规造成的损害。在此之后，该自然人依据本款规定，失去在随后再保险年度中获取联邦作物保险公司依据《联邦农作物保险法》（《美国法典》第 7 篇 1501 及以下）为保单或保险计划发放保费补贴的资格。

"（B）首次涉及的自然人。不论（1）中有何要求，如果完全由于《2014 年农业法》第 2611 条（b）所做修订的原因，自然人首次受到本款的约束，那么该自然人在被最终判决违规的再保险年度后拥有两个再保险年度时间，依据部长规定，采取措施弥补或者减少违规造成的损失。

"（C）善意。如果部长认为包括所有行政诉讼在内最终被判决违规的自然人，属于善意而非故意做出违反规定的行为，那么该自然人有两年再保险年度时间，依据部长规定，采取措施弥补或者减少违规造成的损失。

"（D）佃农救济。

"（ⅰ）通则，如果佃农依据本条被认定不具备获取补贴和其他收益的资格，那么部长可把不具备资格的情况仅限于该判决的农场，前提条件是部长认为：

"（Ⅰ）该佃农已做出善意的努力，争取达到本条的要求，其中包括利用部长提供的援助，为该农场制定合理的恢复或者减少损失方案；

"（Ⅱ）该农场的地主拒绝在该农场上执行方案；以及

"（Ⅲ）部长认为不执行规定不属于故意逃避的情况。

"（ⅱ）报告。部长应每年向众议院农业委员会和参议院农业、营养和林业委员会提交一份报告，汇报前 12 个月期间因受到本小项限制而被判不具备资格的情况。

"（E）合规的认证。

"（ⅰ）通则。本项法案通过后，自首个完整的再保险年度起，所有想要具备获取联邦作物保险公司依据《联邦农作物保险法》（《美国法典》第 7 篇 1501 及以下）为保单或者保险计划发放保费补贴资格的自然人，应依据部长规定提供认证，证明其执行了本条中规定的内容。

"（ⅱ）及时评估。部长应及时对自然人提供的认证进行评估，并且：

"（Ⅰ）在评估期间，正确提交认证的自然人应被认为具备资格；以及

"（Ⅱ）如果部长未能及时对认证进行评估，自然人却随后被发现违反了本条中的规定，那么该自然人不因该违规行为而失去资格。

"（ⅲ）合理分担。

"（Ⅰ）通则。如果自然人未能按要求告知部长，随后被发现违反了本条中的规定，那么部长应：

"（aa）确定该自然人对于保育违规后果所承担的合理金额；以及

"（bb）把该自然人分担的金额存入第 1241 条（f）中所述的基金。

"（Ⅱ）限制。分担部分不得超过联邦作物保险公司在依据本小项首次要求提交认证之日后被判决违规的年度中为保单或者保险计划发放的保费部分。

"（4）部长的职责。

"（A）通则。实施本款过程中，部长应利用现有的认证程序。

"（B）责任。通过农业部各机构，部长承担确定生产者是否具备获取作物保险保费补贴资格的责任。

"（C）限制。部长应确保代理人、保险商或者机构雇员或者承包商均不得承担生产者不具备资格的责任，否则即为错误解释、欺诈或者骗局。"

子篇 H　被替代计划职权和过渡性条款废止；技术性修订

第 2701 条　综合保育促进计划。

《1985 年粮食安全法》第 1230 条（《美国法典》第 16 篇 3830）废止。

第 2702 条　林业保育保护区应急计划。

（a）废止。除（b）另有规定外，《1985 年粮食安全法》第 1231A 条（《美国法典》第 16 篇 3831a）废止。

（b）过渡性条款。

（1）对现有合同与协议的影响。对于农业部长依据《1985 年粮食安全法》第 1231A 条（《美国法典》第 16 篇 3831a）在《2014 年农业法》通过之日前签订的所有合同或者协议，本条中所做的修订不得影响其效力或者期限，或者依据该合同或者协议需要发放的任何补贴。

（2）拨款。为继续执行（1）中所述的合同或者协议，部长有权使用实施《1985 年粮食安全法》第Ⅶ篇子篇 D 第 1 章第 B 节中所述保护保护区计划的拨款，使用适用于《2014 年农业法》通过之日前已有合同或者协议的法律和条例。

第 2703 条　湿地保育计划。

（a）废止。除（b）另有规定外，《1985 年粮食安全法》第Ⅶ篇子篇 D 第 1 章第 C 节（《美国法典》第 16 篇 3837 及以下）废止。

（b）过渡性条款。

（1）对现有合同、协议和地役权的影响。对于农业部长依据《1985 年粮食安全法》第Ⅶ篇子篇 D 第 1 章第 C 节（《美国法典》第 16 篇 3837 及以下）在《2014 年农业法》通过之日前签订的所有合同、协议或者地役权，本条中所做的修订不得影响其效力或者期限，或者依据该合同、协议或者地役权需要发放的任何补贴。

（2）拨款。

（A）使用前一年的资金。对于《2014 年农业法》通过之日前签订的合同、协议或者地役权（其中包括提供技术援助），只要没有修订并增加补贴金额，那么尽管《1985 年粮食安全法》第Ⅶ篇子篇 D 第 1 章第 C 节（《美国法典》第 16 篇 3837 及以下）废止，但是依据该回从商品信贷公司划拨用于 2009 至 2013 财政年度实施湿地保育计划的资金应继续用于执行（1）中所述的合同、协议或者地役权。

（B）其他。为继续执行（1）中所述的合同、协议和地役权，部长有权使用实施《1985 年粮食安全法》第Ⅶ篇子篇 H 中所述农业保育地役权计划的资金和第 2301 条追加的资金，并且使用《2014 年农业法》通过之日前一天适用于该合同、协议和地役权的相关法律和条例。

第 2704 条　农田保护计划和农场生存计划。

（a）废止。除（b）另有规定外，《1985 年粮食安全法》第Ⅶ篇子篇 D 第 2 章第 C 节（《美国法典》第 16 篇 3838h 及以下）废止。

（b）过渡性条款。

（1）对现有协议和地役权的影响。对于农业部长依据《1985 年粮食安全法》第Ⅶ篇子篇 D 第 2 章第 C 节（《美国法典》第 16 篇 3838h 及以下）在《2014 年农业法》通过之日前签订的所有协议或者地役权，本条中所做的修订均不得影响其效力或者期限，或者依据该协议或者地役权需要发放的任何补贴。

（2）拨款。

（A）使用前一年的资金。对于《2014 年农业法》通过之日前签订的合同、协议或者地役权（其中包括提供技术援助），只要没有修订并增加补贴金额，那么尽管《1985 年粮食安全法》第Ⅶ篇子篇 D 第 1 章第 C 节（《美国法典》第 16 篇 3837 及以下）废止，但是依据该节从商品信贷公司划拨用于 2009 至 2013 财政年度实施农田保护计划的资金应继续用于执行（1）中所述的合同、协议或者地役权。

（B）其他。（A）中所述的资金用尽之后，为继续执行（1）中所述的合同、协议和地役权，部长有权使用实施《1985 年粮食安全法》第Ⅶ篇子篇 H 中所述农业保育地役权计划的资金和第 2301 条追加的资金，并且使用《2014 年农业法》通过之日前一天适用于该合同、协议和地役权的相关法律和条例。

第 2705 条　草场保护区计划。

（a）废止。除（b）另有规定外，《1985 年粮食安全法》第Ⅶ篇子篇 D 第 2 章第 D 节（《美国法典》第 16 篇 3838n 及以下）废止。

（b）过渡性条款。

（1）对现有协议和地役权的影响。对于农业部长依据《1985 年粮食安全法》第Ⅶ篇子篇 D 第 2 章第 D 节（《美国法典》第 16 篇 3838h 及以下）在《2014 年农业法》通过之日前签订的所有合同、协议或者地役权，本条中所做的修订均不得影响其效力或者期限，或者依据该合同、协议或者地役权需要发放的任何补贴。

（2）拨款。

（A）使用前一年的资金。对于《2014 年农业法》通过之日前签订的合同、协议或者地役权（其中包括提供技术援助），只要没有修订并增加补贴金额，那么尽管《1985 年粮食安全法》第Ⅶ篇子篇 D 第 2 章第 D 节（《美国法典》第 16 篇 3838n 及以下）废止，但是依据该节从商品信贷公司划拨用于 2009 至 2013 财政年度实施草场保护区计划的资金应继续用于执行（1）中所述的合同、协议或者地役权。

（B）其他。为继续执行（1）中所述的合同、协议和地役权，部长有权使用实施《1985 年粮食安全法》第Ⅶ篇子篇 H 中所述农业保育地役权计划的资金和第 2301 条追加的资金，并且使用《2014 年农业法》通过之日前一天适用于该合同、协议和地役权的相关法律和条例。

第 2706 条　农业用水改进计划。

（a）废止。除（b）另有规定外，《1985 年粮食安全法》第 1240I 条（《美国法典》第 16 篇 3839aa - 9）废止。

（b）过渡性条款。

（1）对现有合同和协议的影响。对于农业部长依据《1985 年粮食安全法》第 1241I 条（《美国法典》第 16 篇 3839aa - 9）在《2014 年农业法》通过之日前签订的所有合同或者协议，本条中所做的修订均不得影响其效力或者期限，或者依据该合同或者协议需要发放的任何补贴。

（2）拨款。

（A）使用前一年的资金。对于《2014 年农业法》通过之日前签订的合同和协议（其中包括提供技术援助），尽管《1985 年粮食安全法》第 1240I 条（《美国法典》第 16 篇 3839aa - 9）废止，但是依据该条从商品信贷公司划拨用于 2009 至 2013 财政年度实施农业用水改进计划的资金应继续用于执行（1）中所述的合同和协议。

（B）其他。（A）中所述的资金用尽之后，为继续执行（1）中所述的合同和协议，部长有权使用实施《1985 年粮食安全法》第Ⅶ篇子篇 I 中所述地区保育伙伴计划的资金和第 2401 条追加的资金，并且使用《2014 年农业法》通过之日前一天适用于该合同和协议的相关法律和条例。

第 2707 条　野生动物栖息地激励计划。

（a）废止。除（b）另有规定外，《1985 年粮食安全法》第 1240N 条（《美国法典》第 16 篇 3839bb -1）废止。

（b）过渡性条款。

（1）对现有合同和协议的影响。对于农业部长依据《1985 年粮食安全法》第 1240N 条（《美国法典》第 16 篇 3839bb - 1）在《2014 年农业法》通过之日前签订的所有合同或者协议，本条中所做的修订均不得影响其效力或者期限，或者依据该合同或者协议需要发放的任何补贴。

（2）拨款。

（A）使用前一年的资金。对于《2014 年农业法》通过之日前签订的合同和协议（其中包括提供技术援助），尽管《1985 年粮食安全法》第 1240N 条（《美国法典》第 16 篇 3839bb - 1）废止，但是依据该条从商品信贷公司划拨用于 2009 至 2013 财政年度实施野生动物栖息地激励计划的资金应继续用于执行（1）中所述的合同和协议。

（B）其他。（A）中所述的资金用尽之后，为继续执行（1）所述的合同或者协议，部长有权使用实施《1985 年粮食安全法》第Ⅶ篇子篇 D 第 4 章中所述环境质量激励计划的资金，并且使用《2014 年农业法》通过之日前一天适用于该合同或者协议的相关法律和条例。

第 2708 条　大湖盆地计划。

《1985 年粮食安全法》第 1240P 条（《美国法典》第 16 篇 3839bb - 3）废止。

第 2709 条　切萨皮克湾流域计划。

（a）废止。除（b）另有规定外，《1985 年粮食安全法》第 1240Q 条（《美国法典》第 16 篇 3839bb-4）废止。

（b）过渡性条款。

（1）对现有合同、协议和地役权的影响。对于农业部长依据《1985 年粮食安全法》第 1240Q 条（《美国法典》第 16 篇 3839bb-4）在《2014 年农业法》通过之日前签订的所有合同、协议或者地役权，本条中所做的修订均不得影响其效力或者期限，或者依据该合同、协议或者地役权需要发放的任何补贴。

（2）拨款。

（A）使用前一年的资金。对于《2014 年农业法》通过之日前签订的合同、协议和地役权（其中包括提供技术援助），尽管《1985 年粮食安全法》第 1240Q 条废止（《美国法典》第 16 篇 3839bb-4）废止，但是依据该条从商品信贷公司划拨用于 2009 至 2013 财政年度实施切萨皮克湾流域计划的资金应继续用于执行（1）中所述的合同、协议和地役权。

（B）其他。为继续执行（1）中所述的合同、协议和地役权，部长有权使用实施《1985 年粮食安全法》第Ⅶ篇子篇Ⅰ中所述地区保育伙伴计划的资金和第 2401 条追加的资金，并且使用《2014 年农业法》通过之日前一天适用于该合同和协议的相关法律和条例。

第 2710 条　保育合作伙伴关系倡议。

（a）废止。除（b）另有规定外，《1985 年粮食安全法》第 1243 条（《美国法典》第 16 篇 3843）废止。

（b）过渡性条款。

（1）对现有合同和协议的影响。对于农业部长依据《1985 年粮食安全法》第 1243 条（《美国法典》第 16 篇 3843）在《2014 年农业法》通过之日前签订的所有合同或者协议，本条中所做的修订均不得影响其效力或者期限，或者依据该合同或者协议需要发放的任何补贴。

（2）拨款。

（A）使用前一年的资金。对于《2014 年农业法》通过之日前签订的合同和协议（其中包括提供技术援助），尽管《1985 年粮食安全法》第 1243 条（《美国法典》第 16 篇 3843）废止，但是依据该条从商品信贷公司划拨用于 2009 至 2013 财政年度实施保育合作伙伴计划的资金应继续用于执行（1）中所述的合同和协议。

（B）其他。（A）中所述的资金用尽之后，为继续执行（1）中所述的合同和协议，部长有权使用实施《1985 年粮食安全法》第Ⅶ篇子篇Ⅰ中所述地区保育伙伴关系计划的资金，并且使用《2014 年农业法》通过之日前一天适用于该合同和协议的相关法律和条例。

第 2711 条　环境地役权计划。

《1985 年粮食安全法》第Ⅶ篇子篇 D 第 3 章（《美国法典》第 16 篇 3839 及以下）废止。

第 2712 条　各项保育计划的暂行管理办法。

（a）适用性。本条适用于下列计划中的行为：

（1）依据第 2301 条中所做修订，合并到农业保育地役权计划当中的湿地保护区计划、农田保护计划和农场生存计划；

（2）依据子篇 C 中所做修订，合并到环境质量激励计划当中的野生动物栖息地激励计划；

（3）依据第 2401 条中所做修订，合并到地区保育伙伴关系计划当中的农业用水改进计划、切萨皮

克湾流域计划、保育合作伙伴关系计划和大湖盆地计划；以及

（4）依据子篇 A 中所做修订，合并到保育保护区计划当中的草场保护区计划，和依据第 2301 条中所做修订，合并到农业保育地役权计划中的草场保护区计划。

（b）暂行管理办法。《1985 年粮食安全法》第Ⅶ篇子篇 H 中所述的农业保育地役权计划（第 2301 条有补充）、子篇 C 对环境质量激励计划所做的修订、《1985 年粮食安全法》第Ⅶ篇子篇 I 中所述的地区保育伙伴计划（第 2401 条有补充）和子篇 A 对保育保护区计划所做修订的实施过程中，在（d）规定的范围内，部长应使用本法案通过之日前已有的适用于本子篇废止的湿地保护区计划、草场保护区计划、农田保护计划、农场生存计划、野生动物栖息地计划、农业用水改进计划、切萨皮克湾流域计划、保育合作伙伴关系计划和大湖盆地计划的条例，条件是上述条例的期限和条件需要符合：

（1）农业保育地役权计划和地区保育伙伴计划的条款；以及

（2）本篇对环境质量激励计划和保育保护区计划所做的修订。

（c）拨款。为达到（b）（1）和（2）中所述的目标，部长仅能使用本篇或者本篇所做修订中授权为（b）所列具体计划拨付的资金，并且遵守这些资金的使用限制。

（d）职权的终止。部长实施（b）的职权在本法案通过之日后 270 天终止。

（e）永久管理办法。为实施本篇和本篇中所做的修订，部长应颁布必备的正式条例。自（d）中所述的终止日期开始，部长应依据该正式条例提供技术援助、财务援助和地役权注册。

第 2713 条　技术性修订。

（a）定义。《1985 年粮食安全法》第 1201 条（a）（《美国法典》第 16 篇 3801（a））进行修订，在（1）前面的内容中删除"E"改为"I"。

（b）不具备计划资格。《1985 年粮食安全法》第 1211 条（a）（《美国法典》第 16 篇 3811（a））进行修订，删除每一处"占大多数的"改为"占绝大多数的"。

（c）特种作物生产者。《1985 年粮食安全法》第 1242 条（i）（《美国法典》第 16 篇 3842（i））进行修订，在开头部分中删除"特殊"改为"特种"。

第Ⅲ篇　贸　　易

子篇 A　《粮食促进和平法》

第 3001 条　职权通则。

《粮食促进和平法》第 201 条（《美国法典》第 7 篇 1721）修订如下：

（1）在（1）前面的内容中，在"依据本篇"的后面增加"（由署长实施）"；以及

（2）删除（7）和第二句话改为下面一条新的内容：

"（7）加强恢复能力建设，减轻粮食危机危害，预防粮食危机发生，减少未来对于紧急援助的需求。"

第 3002 条　支持借以提供非紧急援助的组织的款项。

《粮食促进和平法》第 202 条（e）（《美国法典》第 7 篇 1722（e））修订如下：

（1）在（1）中：

（A）在（A）前面的内容中，删除"13％"改为"20％"；

（B）在（A）中，删除"新的"改为"和提升"；

（C）删除（B）；

（D）把（C）重新编号为（D）；以及

（E）在（A）的后面增加下面新的内容：

"（B）达到具体的行政、管理、人事、运输、储存和分发成本，目的在于在本篇下所述的外国实施这些计划；

"（C）开展增加收入、发展社区、卫生、营养、合作、农业以及其他开发活动，地点为1个或者多个受援国家，或者位于相同地区的1个或者多个国家；以及"；以及

（2）在末尾处增加下面新的内容：

"（4）投资权。具备资格的组织，获得（1）中所述的资金后，可把该笔资金投资于该组织最迫切的地方。向具备资格组织提供援助的目的，可用上述投资所产生的利息完成，无需国会追加拨款。"

第3003条 粮食援助质量。

《粮食促进和平法》第202条（h）（《美国法典》第7篇1722（h））修订如下：

（1）删除（1）改为下面新的内容：

"（1）通则。署长应使用为2014财政年度和其后财政年度划拨的资金实施本篇：

"（A）对捐献用于粮食援助的农业商品和农产品的品类和质量进行评估；

"（B）对样品进行测试；

"（C）依据食品和营养科学的最新发展，经与其他国际伙伴协商，对添加微量营养素的粮食援助产品采用新的标准或者改进现行标准；

"（E）经与其他国际伙伴协商，为计划制定新的指导方针，促进产品的更佳搭配，使其更具营养；

"（F）经与其他国际伙伴协商，就解决受援人口营养不良问题改进指导方针，努力解决发生在以紧急计划粮食援助为唯一食品来源时间超过1年的受援人口中的营养不良问题；以及

"（G）在适当情况下，对旨在满足最弱势群体营养需求的新食品、改良食品和计划实施办法的绩效和效益进行必要的评估，最弱势群体包括孕妇、产妇和5岁以下儿童等。"以及

（2）在（3）中，删除"2009至2011财政年度"改为"2014至2018财政年度。"

第3004条 最低水平的援助。

《粮食促进和平法》第204条（a）（《美国法典》第7篇1724（a））修订如下：

（1）在（1）中，删除"2012"改为"2018"；以及

（2）在（2）中，删除"2012"改为"2018"。

第3005条 粮食援助顾问团。

（a）成员。《粮食促进和平法》第205条（b）（《美国法典》第7篇1725（b））修订如下：

（1）删除（6）末尾处的"以及"；

（2）把（7）重新编号为（8）；以及

（3）在（6）的后面增加下面新的内容：

"（7）来自美国农产品加工行业的代表，该行业为本法案中各项计划提供农业商品；以及"。

（b）顾问咨询。《粮食促进和平法》第205条（d）（《美国法典》第7篇1725（d））修订如下：

（1）删除第一句话改为下列内容：

"（1）在颁布实施条例、手册和指南之前进行咨询。在为实施本篇而制定的条例、手册或者指南草案定稿之前，或者对于实施本篇的条例、手册或者指南做出重大修改的草案定稿之前，署长应至少提前45天时间把草案送交顾问团进行审阅并征求意见。"以及

（2）在末尾处增加下面新的内容：

"（2）就提升粮食援助质量展开咨询。在实施第202条（h）方面，署长应征求和咨询顾问团的意见。"

（c）再次授权。《粮食促进和平法》第 205 条（f）（《美国法典》第 7 篇 1725（f））进行修订，删除"2012"改为"2018"。

第 3006 条　监督、管控和评估。

（a）条例和指南。《粮食促进和平法》第 207 条（c）（《美国法典》第 7 篇 1726a（c））修订如下：

（1）在该款的开头部分，在"条例"的后面增加"和指南"；

（2）在（1）中，在末尾处增加这样一句话："不晚于《2014 年农业法》通过之日后的 270 日内，署长应颁布必要的所有条例，并对国际开发署工作指南做必要的修订，旨在落实该法案对本篇所做的修订。"以及

（3）在（2）中，在"制定条例"的后面增加"和指南"。

（b）资金。《粮食促进和平法》第 207 条（f）（《美国法典》第 7 篇 1726a（f））修订如下：

（1）在（2）（F）中，删除"升级"并插入"维持"；

（2）删除（3）和（4）；以及

（3）将（5）和（6）分别重新编号为（3）和（4）；以及

（4）在（重新编号后的）（4）中：

（A）在（A）中，删除"22 000 000 美元"以及后面直至末尾处句号的内容，并插入"17 000 000 美元，依据本篇为 2014 至 2018 各财政年度划拨的资金，但（2）（F）除外，2014 至 2018 各财政年度为（2）（F）划拨的资金不应超过 500 000 美元。"以及

（B）在（B）（ⅰ）中，删除"2012"改为"2018"。

（c）实施报告。不晚于本法案通过之日后的 270 日内，美国国际开发署署长应向参议院农业、营养和林业委员会与众议院农业委员会、外交委员会提交一份报告，汇报：

（1）《粮食促进和平法》第 207 条（c）（《美国法典》第 7 篇 1726a（c））的实施情况；

（2）具备资格的组织提出该法案第 Ⅱ 篇所述的各项计划中有哪些监测、研究、管控、报告和审计需求，条件是具备资格的组织应属于非政府组织（定义同该法案第 402 条（《美国法典》第 7 篇 1732）；以及

（3）具备资格的组织提出上述各项计划中有哪些监测、研究、管控、报告和审计需求，条件是具备资格的组织应属于政府间组织，例如世界粮食计划署或者其他多边组织。

第 3007 条　储存、快速运输、配给和分发耐贮存性预包装食品的援助。

《粮食促进和平法》第 208 条（f）（《美国法典》第 7 篇 1726b（f））进行修订，删除"8 000 000 美元给予 2001 至 2012 各财政年度"改为"10 000 000 美元给予 2014 至 2018 各财政年度"。

第 3008 条　对当地农民和经济的影响以及报告资金使用情况。

（a）对当地农民和经济的影响。《粮食促进和平法》第 403 条（b）（《美国法典》第 7 篇 1733（b））进行修订，在末尾处增加这样一句话："部长或者署长，视情况而定，在正常提交建议和报告的过程中，应向负责实施的机构搜集相关信息，了解在受援国出售农业商品有可能对当地经济产生的有利及不利影响。"

（b）报告资金使用情况。《粮食促进和平法》第 403 条（《美国法典》第 7 篇 1733）进行修订，在末尾处增加下面新的内容：

"（m）报告资金使用情况。

"（1）要求报告。不晚于《2014 年农业法》通过之日后的 180 日内，以及随后每年，署长应向国会提交一份报告：

"（A）详细说明在前一财政年度中提供给各具备资格组织的资金数额（其中包括用于行政管理、间

接成本回收、国内运输、储存、处理和分发等方面开支），条件是具备资格的组织系依据本法案而获得援助；

"（B）说明具备资格组织对上述资金的使用情况；

"（C）说明依据本法案所提供的各项商品的实际利润率，其中包括：

"（i）影响利润率的各项因素；以及

"（ii）商品包装或者加工、远洋运输、在受援国进行内陆运输和储存方面的开支，以及署长认为有必要报告的其他所有相关信息。

"（D）对于依据本法案所提供商品利润率低于70％的情况，逐一说明其利润率的形成原因。

"（2）利润率说明。为说明（1）（C），商品的利润率应等于下列方法得出的比率：

"（A）实施伙伴通过货币化产生的收益；除以

"（B）联邦政府采购商品并运至受援国进行货币化的成本。"

第 3009 条　农业商品的预置。

《粮食促进和平法》第 407 条（c）（4）（《美国法典》第 7 篇 1736a（c）（4））修订如下：

（1）在（A）中：

（A）删除"2012"并插入"2018"；以及

（B）删除"上述各财政年度，上述资金不超过 10 000 000 美元"并插入"2001 至 2013 各财政年度，上述资金不超过 10 000 000 美元，2014 至 2018 各财政年度，上述资金不超过 15 000 000 美元"；以及

（2）删除（B）下面新的内容：

"（B）增加预置地点。对需求、长期储存技术、可行性和成本进行评估之后，署长有权依据评估结果，在外国增加预置地点或者更改在外国的现有预置地点。"

第 3010 条　粮食援助计划与工作情况的年度报告。

《粮食促进和平法》第 407 条（f）（1）（《美国法典》第 7 篇 1736a（f）（1））修订如下：

（1）在该项的开头部分，删除"农业贸易"并插入"粮食援助"；

（2）在（B）（ii）中，在末尾处的分号前面增加下列内容："以及该项目的收益总数和通过该项目所开展工作的收益总数"；以及

（3）在（B）（iii）中：

（A）在（I）前面的内容中，在"划拨的商品"后面增加"，和受益方的总数"；

（B）删除（I）末尾处的"以及"；

（C）在（II）的末尾处增加"以及"；以及

（D）在（II）的后面增加下面新的内容：

"（III）依据《2002 年农业安全与农村投资法》第 3107 条（《美国法典》第 7 篇 1736o-1）制定的麦戈文－多尔国际粮食促进教育和儿童营养计划；"。

第 3011 条　金融销售协议或者提供其他援助的最后期限。

《粮食促进和平法》第 408 条（《美国法典》第 7 篇 1736b）进行修订，删除"2012"并插入"2018"。

第 3012 条　最低水平的非紧急粮食援助。

《粮食促进和平法》第 412 条（e）（《美国法典》第 7 篇 1736f）修订为下列内容：

"（e）最低水平的非紧急粮食援助。

"（1）通则。在（2）规定的范围内，在为实施第Ⅱ篇中所述紧急与非紧急粮食援助计划而划拨的资金中，2014 至 2018 各财政年度用于非紧急粮食援助计划的资金不应少于 20％但也不得高于 30％。

"（2）最低水平。为实施第Ⅱ篇中所述非紧急粮食援助计划而划拨的资金，任何财政年度均不应少于 350 000 000 美元。"

第 3013 条　微量营养素添加计划。

（a）取消陈旧过时的研究参照标准。《粮食促进和平法》第 415 条（a）（2）（B）（《美国法典》第 7 篇 1736g‑2（a）（2）（B））进行修订，删除"，使用推荐"以及后面的内容直至"质量提升"。

（b）延期。《粮食促进和平法》第 415 条（c）（《美国法典》第 7 篇 1736g‑2（c））进行修订，删除"2012"并插入"2018"。

第 3014 条　约翰·奥戈诺夫斯基和道格·贝罗伊特农民对农民计划。

（a）计划的拨款和再次授权。《粮食促进和平法》第 501 条（《美国法典》第 7 篇 1737）修订如下：

（1）在（d）中，在（1）前面的内容中，删除"2012"并插入"2013，和不少于 15 000 000 美元和为 2014 至 2018 各财政年度所拨款项的 0.6％之间相比的高值，"；以及

（2）在（e）（1）中，删除"2012"并插入"2018"。

（b）总审计长报告。不晚于本法案通过之日后的 270 日内，美国总审计长应向国会提交一份报告，内容包括：

（1）对《粮食促进和平法》第 501 条（《美国法典》第 7 篇 1737）授权实施的约翰·奥戈诺夫斯基和道格·贝罗伊特农民对农民计划进行审查评估；以及

（2）总审计长提出的各项必要建议，旨在改进对于依据该计划所提供的援助进行监督与评估。

第 3015 条　各项外国援助计划的协调报告。

《粮食促进和平法》第 413 条（《美国法典》第 7 篇 1736g）修订如下：

（1）删除"（a）通则。在最大程度上"并插入"在最大程度上"；以及

（2）删除（b）。

子篇 B　《1978 年农业贸易法》

第 3101 条　出口信贷担保计划。

（a）短期信贷担保。《1978 年农业贸易法》第 202 条（《美国法典》第 7 篇 5622）修订如下：

（1）在（a）中，删除"3 年"并插入"24 个月"；

（2）在（d）中，删除"国家"并插入"债务方"；

（3）删除（i）；

（4）将（j）和（k）分别重新编号为（i）和（j）；以及

（5）在（重新编号后的）（j）（2）中：

（A）删除（A）和（B）；

（B）将（C）至（E）分别重新编号为（A）至（C）；

（C）在（重新编号后的）（B）中，删除末尾处的"以及"；

（D）在（重新编号后的）（C）中：

（ⅰ）删除"，但不得超过，"；以及

（ⅱ）删除末尾处的句号并插入"；以及"；以及

（E）在末尾处增加下面新的内容：

"（D）尽管本条存在任何其他的规定，但应在与众议院农业委员会及参议院农业、营养和林业委员会进行磋商的前提之下，依据各方针对世贸组织第 DS267 号争端案件所达成的条款，管理执行该项目，从而保证该项目不会被美国所参与的、涉及官方支持出口信贷的适用国际项目所取代。"

（b）资金。《1978 年农业贸易法》第 211 条（b）（《美国法典》第 7 篇 5641）修订后内容如下所示：

"（b）出口信贷担保项目。商品信贷公司应依据第 202 条（a）相关规定，每个财政年度提供 5 500 000 000 美元的信贷担保金。"

第 3102 条　市场准入项目注资。

《1978 年农业贸易法》第 211 条（c）（1）（A）（《美国法典》第 7 篇 5641（c）（1）（A））进行修订，删除"2012 年"，并插入"2018 年"。

第 3103 条　外国市场发展合作项目。

《1978 年农业贸易法》第 703 条（a）（《美国法典》第 7 篇 703（a））进行修订，删除"2013 年"，并插入"2018 年"。

子篇 C　其他农业贸易法

第 3201 条　《1985 年粮食促进步法》。

（a）法案延期。《1985 年粮食促进步法》（《美国法典》第 7 篇 1736o）修订如下：

（1）在（f）（3），删除"2012 年"，并插入"2018 年"；

（2）在（g），删除"2012 年"，并插入"2018 年"；

（3）在（k），删除"2012 年"，并插入"2018 年"；

（4）在（l）（1），删除"2012 年"，并插入"2018 年"；

（b）撤销已完成的项目。《1985 年粮食促进步法》第（f）款（《美国法典》第 7 篇 1736o）进行修订，删除第（6）项。

第 3202 条　《比尔·爱默生人道主义信托法》。

《比尔·爱默生人道主义信托法》第 302 条（《美国法典》第 7 篇 1736f-1）修订如下：

（1）在（b）（2）（B）（ⅰ）中，删除两处出现的"2012 年"，并插入"2018 年"；

（2）在（h）中，删除两处出现的"2012 年"，并插入"2018 年"。

第 3203 条　向新兴市场推销农业出口产品。

（a）直接信贷或出口信贷担保。《1990 年粮食、保育、能源和贸易法》第 1542 条（a）（《公法》101-624；《美国法典》第 7 篇 5622 注释）进行修订，删除"2012 年"，并插入"2018 年"。

（b）农业体系发展。《1990 年粮食、保育、能源和贸易法》第 1542 条（d）（1）（A）（ⅰ）（《公法》101-624；《美国法典》第 7 篇 5622 注释）进行修订，删除"2012 年"，并插入"2018 年"。

第 3204 条　麦戈文—多尔国际粮食促进教育和儿童营养项目。

（a）重新授权。《2002 年农业安全与农村投资法》第 3107 条（1）（2）（《美国法典》第 7 篇1736o-1（l）（2））进行修订，删除"2012 年"，并插入"2018 年"。

（b）技术更正。《2002 年农业安全与农村投资法》第 3107 条（d）（《美国法典》第 7 篇 1736o-1（d））进行修订，删除（1）之前的"为了"。

第 3205 条　专业作物技术援助。

（a）目标。《2002 年农业安全与农村投资法》第 3205 条（b）（《美国法典》第 7 篇 5680（b））进行修订，删除"相关贸易壁垒"，并插入"贸易技术壁垒"。

（b）注资。《2002 年农业安全与农村投资法》第 3205 条（e）（2）（《美国法典》第 7 篇 5680（e）（2））修订如下：

（1）删除（C）最后的"以及"；

（2）删除（D）和（E），并插入下列新的内容：

"（D）2011 年至 2018 年财政年度期间每年提供 9 000 000 美元。"

（c）美国大西洋白斑角鲨研究。在本法案实施之日起 90 天内，部长应就美国现有的大西洋白斑角鲨市场开展经济研究。

第 3206 条　全球作物多样化信托基金。

《2008 年粮食、保育和能源法》第 3202 条（c）（《公法》101－246；《美国法典》第 22 篇 2220a 注释）进行修订，删除"从 2008 年至 2012 年期间"，并插入"从 2014 年至 2018 年"。

第 3207 条　本地和地区粮食和采购项目。

《2008 年粮食、保育和能源法》第 3206 条（《美国法典》第 7 篇 1726c）修订如下：

（1）在（b）中：

（A）删除从"（b）研究；田地项目"直到"（2）田地项目。"的内容，并插入下列内容：

"（b）田地项目。"

（B）将（A）和（B）分别重新编号为（1）和（2），并相应地进行字首缩进；

（C）在（1）中（经重新编号后），删除"（B）"，并插入"（2）"；

（D）在（2）中（经重新编号后），删除"（A）"，并插入"（1）"；

（2）在（c）（1）中，删除"（b）（2）"，并插入"（b）"；

（3）删除（d）、（f）和（g）；

（4）将（e）重新编号为（d）；

（5）在（d）中（经重新编号后）：

（A）在（2）：

（ⅰ）删除（B）；

（ⅱ）在（A）中：

（Ⅰ）删除 从"（A）应用。"直到（ⅰ）中"为了符合条件"的内容，并插入下列内容：

"（A）通则。为了符合条件"；

（Ⅱ）将（ⅱ）重新编号为（B），并且字首相应进行缩进；

（Ⅲ）在（B）中（经重新命名后的款），删除"（ⅰ）"，并插入"（A）"；

（B）删除（4）；

（6）在最后增添下列新的内容：

"（e）资金。

"（1）授权拨款。自 2014 至 2018 年财政年度期间，授权每年拨款 80 000 000 美元用于落实该条的规定。

"（2）优惠条件。部长在落实本条的相关规定时，可以为下列符合条件的组织提供优惠条件，即拥有或致力于设立依据《2002 年农业安全与农村投资法》第 3107 条（《美国法典》第 7 篇 1736o－1）相关规定设立的麦戈文-多尔国际粮食促进教育和儿童营养项目的相关工程项目。

"（3）汇报。部长应每年向国会相关委员会提供一份报告，介绍依据本条规定使用经费的情况，其中包括：

"（A）采购及项目对下列因素的影响：

"（ⅰ）本地和地区农业生产者；以及

"（ⅱ）市场和消费者，包括低收入消费者；以及

"（B）执行时间和成本。"

第 3208 条　负责贸易和外国农业事务的农业副部长。

（a）农业委员会和小组委员会的定义。在本条中，用语"农业委员会和小组委员会"指：

（1）众议院农业委员会；

（2）参议院农业、营养和林业委员会；以及

（3）众议院和参议院拨款委员会所属的农业、农村发展、食品与药品管理小组委员会及相关机构。

（B）提议。

（1）通则。部长与农业委员会及小组委员会进行协商之后，应提议重组农业部进出口方面的国际贸易职能。

（2）考量。在依据本条相关规定提交建议时，部长应：

（A）承认农业出口对于农场经济及整体经济的重要性，在建议报告中纳入一项计划，设立负责贸易和外国农业事务的农业副部长一职；

（B）评估考量（A）所说明的下列工作，即副部长担任涉及农业产品进出口事务的跨机构协调官员，协调卫生和植物检疫问题以及农业非关税贸易壁垒问题；以及

（C）评估考量（1）所说明的职能重组能农业部国内项目及业务所产生的各种影响。

（3）报告。在本法案实施之日起 180 天内，并且在（1）所说明的职能重组实施之前，部长应向农业委员会和小组委员会提交一份报告：

（A）包括本条所说明的提议所取得的成果；以及

（B）提供一份重组计划通告。

（4）实施。在依据（3）的相关规定提交报告之日起 1 年内，部长应落实农业部进出口国际贸易职能重组工作，其中包括设立负责贸易和外国农业事务的农业副部长一职。

（c）必要的确认程序。对于依据（b）（2）（A）相关规定设立负责贸易和外国农业事务的农业副部长一职事宜，应先征求参议院的建议并获得批准，之后由总统进行任命。

第Ⅳ篇　营　　养

子篇 A　补充性营养援助项目

第 4001 条　当补充性营养援助项目救济受惠者归还装纳使用救济金购买的食品的空瓶罐容器时向他们支付现金。

《2008 年粮食和营养法》第 3 条（k）（1）（《美国法典》第 7 篇 2012（k）（1））修订如下：

（1）删除"和热食"，并插入"热食"；以及

（2）在最后增加下列内容："以及符合下列条件的押金，即其金额大于规定用于购买装入可收回瓶罐容器的食品的州费用报销金，且无需考虑该押金是否包括在粮食或粮食产品标价当中，"。

第 4002 条　食品零售店。

（a）食品零售店定义。《2008 年粮食和营养法》第 3 条（p）（1）（A）（《美国法典》第 7 篇 2012

（p）（1）（A））修订如下：

（1）在"各种"之后插入"至少7"；

（2）删除"至少2"，并插入"至少3"。

（b）其他的救济物交付方式。《2008 年粮食和营养法》第 7 条（f）（《美国法典》第 7 篇 2016（f））修订如下：

（1）删除（2），并插入下列内容：

"（2）费用交纳。

"（A）通则。除非（B）另有规定，否则部长应要求参与的食品店零售（包括参与旨在服务于老人、残疾人和流浪人员的州餐馆选择项目的餐馆）支付采购电子救济金转让销售点设备和用品（其中包括相关服务）的全部成本，并安排安装此类设备。

"（B）豁免。部长可豁免下列机构无需遵守（A）的相关规定：

"（i）农场主市场和其他直接面向消费者的市场、部队商店、非盈利性的食品采购合作社，以及第 3 条（k）（5）、（7）和（8）所规定的机构、组织、项目或集体生活安排机制；以及

"（ii）第 3 条（k）（3）、（4）和（9）所规定的机构，但不包括参与州选择餐馆项目的餐馆。

"（C）交易费。依据（h）（13）的相关规定，本项未规定允许在偿还补充性营养援助项目救济金时征收相关的交易费。"以及

（2）在最后增加下列内容：

"（4）终止使用手工凭证。

"（A）通则。除非（B）另有规定，否则自本项实施之日起，各州不得向依据本法案领取补充性营养援助的家庭发放手工凭证，亦不得允许零售食品商店收取手工凭证作为付款，除非部长裁定手工凭证有存在的必要，例如当电子救济金转让系统出现故障或者发生灾难。

"（B）豁免。部长可制定相关标准，豁免相关类别的零售食品商店或单个零售食品商店遵守（A）中的相关规定。

"（5）必要的单一识别编号。

"（A）通则。为了巩固本项目反欺诈保护措施，部长应要求所有提供电子救济金转让服务的相关方通过补充性营养援助项目电子救济金转让交易路由系统，提供和维护单一终端识别编号信息。

"（B）规定。

"（i）通则。在本项实施之日起至少 2 年后，部长应颁布所以拟议的规定来落实本项的规定。

"（ii）商业惯例。在颁布用于落实本项规定的法规时，部长应考虑其他销售点借记交易的现有商业惯例。"

（c）电子救济金转让可审性。《2008 年粮食和营养法》第 7 条（h）（2）（C）（《美国法典》第 7 篇 2016（h）（2）（C））进行修订，删除（ii），并插入下列内容：

"（ii）除非部长认定所在地区获取食物的渠道严重受限，否则应采取须安装电子救济金转让系统的措施，达成下列目的：

"（Ⅰ）使用扫描或产品查询条目，依据救济金转让支付资格制定并实施销售限制措施；以及

"（Ⅱ）防止救济金照管人手动输入销售的不符合条件商品。"

（d）电子救济金转让。《2008 年粮食和营养法》第 7 条（h）（3）（B）（《美国法典》第 7 篇 2016（h）（3）（B））进行修订，删除从"进行运作"直到"（ii）对于其他参与商店，"的内容，并插入"进行运作"。

（e）批准零售食品商店和批发食品公司 。《2008 年粮食和营养法》第 9 条（《美国法典》第 7 篇 2018）修订如下：

（1）在（a）（1）第二句中，删除"；以及（C）"，并插入"；（C）是否申请人居住在食品获取渠道严重受限的地区；以及（D）"；

（2）在（c）第一句中，在"相关收入和营业税归档文件"之后插入"采购发票，或者项目相关的记录，"；以及

（3）在最后增补下列内容：

"（g）电子救济金转让服务规定。获得批准的零售食品商店应充分提供第7条（h）（3）（B）所规定的电子救济金转让服务。"

第4003条　强化对补充性营养援助项目老年人和残疾人参与者的服务。

（a）强化对项目参与者中的老年人和残疾人的服务。《2008年粮食和营养法》第3条（p）（《美国法典》第7篇2012（p））修订如下：

（1）在（3）中，删除最后的"以及"；

（2）在（4）中，删除最后的句话，并插入"；以及"；以及

（3）在（4）后插入下列内容：

"（5）符合下列条件的政府或私营非盈利食品采购和递送服务：

"（A）为下列个人采购并递送食品：

"（ⅰ）没有能力去商店采购食品；以及

"（ⅱ）（Ⅰ）不低于60周年；或者

"（Ⅱ）身残或智障，或者存在身心障碍；

"（B）当参与家庭订购食品时，明确告知其下列信息：

"（ⅰ）服务机构为家庭采购和送运食品所涉及的相关运费；以及

"（ⅱ）不得使用补充性营养援助项目所提供的救济金支付运费；以及

"（C）以服务机构所支付的价格将食品出售给参与家庭，没有额外的成本加成。"

（b）实施。

（1）颁布规定。部长应颁布下列规定：

（A）设立标准，识别确定《2008年粮食和营养法》第3条（p）（5）（《美国法典》第7篇2012（p）（5））所说明的食品采购和递送服务机构；以及

（B）制定规程，确保这一服务机构：

（ⅰ）针对食品收取的费用不会超过服务机构为此支付的金额；

（ⅱ）向本法案所说明的家庭提供零成本或低成本的食品递送服务；

（ⅲ）保证补充性营养援助项目所提供的救济金只用于购买食品（本法案第3条（《美国法典》第7篇2012）所说明的食品）；

（ⅳ）只为符合条件享受本法案第3条（p）（5）（《美国法典》第7篇2012（p）（5））所规定的服务的家庭采购和发放食品；

（Ⅴ）出台充分的防护措施，防止出现欺诈性活动，其中包括未经批准擅自使用依据本法案所发行的电子救济卡的行为；以及

（ⅵ）满足部长认定适当的其他规定。

（2）限制。在颁布（1）的相关规定之前，部长批准《2008年粮食和营养法》第3条（p）（5）（《美国法典》第7篇2012（p）（5））所提及的食品采购和发放服务机构作为零售食品商店参与补充性营养援助项目时，服务机构数量不得超过20个。

第4004条　印第安人保留地食品配送项目。

（a）通则。《2008年粮食和营养法》第4条（b）（6）（F）（《美国法典》第7篇2013（b）（6）（F））进行修订，删除"2012年"，并插入"2018年"。

（B）印第安部落可行性研究、报告和展示项目。

（1）定义。在本款中：

（A）印第安人；印第安部落。用语"印第安人"和"印第安部落"的含义与《印第安自治和教育援助法》第 4 条（《美国法典》第 25 篇 450b）用语的含义相同。

（B）部落组织。用语"部落组织"的含义与《印第安自治和教育援助法》第 4 条（《美国法典》第 25 篇 450b）用语的含义相同。

（2）研究。部长应开展研究，裁定下列工作的可行性，即部落能否管理联邦食品援助项目、服务、职能和活动（或部分的项目、服务、职能和活动），从而取代州立机构或其他管理实体。

（3）报告。在本法案实施之日起 18 个月内，部长应向众议院农业委员会和参议院农业、营养和林业委员会提供一份报告，报告内容包括：

（A）包括一份能够由部落组织管理的项目、服务、职能和活动清单；

（B）说明如果由部落组织进行管理，是否应进行法令或法规的更改；以及

（C）部长可能进行裁定、并且依据（4）中相关规定通过协商制定的其他议题。

（4）与印第安人进行磋商。在依据（3）相关规定起草报告时，部长应与印第安部落组织进行磋商。

（5）资金。部长应从依据第 18 条规定为 2014 年财政年度提供的资金中拨款 1 000 000 美元，用于开展和撰写（2）和（3）所说明的研究和报告；经费持续提供直到用完为止。

（6）传统和当地食品展示项目。

（A）通则。部长应依据拨款实际情况，试点开展展示项目，为一个或多个符合下列条件的部落组织提供补助，即依据《2008 年粮食和营养法》第 4 条（b）（《美国法典》第 7 篇 2013（b））规定获准管理印第安自留地食品配送项目的部落组织。此类补助用于购买营养和传统食品，以及印第安生产者自己生产制造的食品；所采购的食品将发放给本项目所规定的受益者。

（B）管理。部长可在非竞争的基础之上，向一个或多个认定具备管理和经济能力开展示范项目的部落组织提供补助。

（C）磋商、技术援助和培训。在示范项目实施阶段，部长应与部落组织进行磋商，向印第安农民、牧场主和生产者宣传展示项目培训和参与资格方面的信息。

（D）资金。

（ⅰ）批准拨款。现授权在 2014 至 2018 年财政年度，每年拨款 2 000 000 美元用于实施本条的规定。

（ⅱ）与其他职权的关系。本小项所说明的资金和职权是对部长拥有的、用于落实本项所规定的活动的其他资金和职权的补充。

第 4005 条　将医用大麻排除在过度医疗费用扣除规定之外。

《2008 年粮食和营养法》第 5 条（e）（5）（《美国法典》第 7 篇 2014（e）（5））进行修订，在最后增补下列内容：

"（C）排除医用大麻。部长应颁布规定，确保医用大麻不被视为本项所说明的医疗费用。"

第 4006 条　基于能源补助金给付情况的标准公用事业补贴。

（a）补充性营养援助项目的标准公用事业补贴。《2008 年粮食和营养法》第 5 条（e）（6）（C）（《美国法典》第 7 篇 2014（e）（6）（C））修订如下：

（1）在（ⅰ）中，在"部长"之后插入"，依据（ⅳ）"；以及

（2）在（ⅳ）中，删除（Ⅰ），并插入下列内容：

"（Ⅰ）通则。依据（Ⅱ）中的相关规定，如果州立机构选用反映采暖和降温成本的标准公用事业补贴，则这一标准公用事业补贴应提供给符合下列条件的家庭，即依据《1981 年低收入家庭能源援助法》（《美国法典》第 42 篇 8621 及以下）或其他类似能源援助项目已经获得款项，或者以其名义支付款项；

不过前提是经部长认定，此类家庭在当前月份或之前 12 个月份获取的款项或以其名义所支付的款项金额高于年均 20 美元。"

（b）相应的修订。《1981 年低收入家庭能源援助法》第 2605 条（f）（2）（A）（《美国法典》第 42 篇 8624（f）（2）（A））进行修订，在分号之前插入下列内容："，除非出现下列情况，即部长认定依据《2008 年粮食和营养法》（《美国法典》第 7 篇 2011 及以下）设立的补充性营养援助项目，此类款项或补贴金额每年超过 20 美元，与该法案第 5 条（e）（6）（C）（ⅳ）（Ⅰ）（《美国法典》第 7 篇 2014（e）（6）（C）（ⅳ）（Ⅰ））相关规定保持一致"。

（c）应用和实施。

（1）通则。除非（2）另有规定，否则本条及本条进行的修订规定应：

（A）自本法案实施之日起 30 天后生效；以及

（B）适用于生效日之后的认证期。

（2）各州选择针对当前标准公用事业补贴领取人延迟执行相关修订规定。各州可自行选择实施一项政策，消除或降低本条修订规定对截至本法案生效之日领取过标准公用事业补贴家庭的影响；不过该项政策实施时间不得超过 5 个月，自修订规定在其他情况下本应生效适用于相关家庭的日期开始算起。

第 4007 条　资格丧失。

《2008 年粮食和营养法》第 6 条（e）（3）（B）（《美国法典》第 7 篇 2015（e）（3）（B））进行修订，删除"条；"，并插入下列内容：

"条，但应依据下列条件，即研究过程或项目：

"（ⅰ）是职业和技术教育项目（定义如 2006 年《Carl D. Perkins 职业和技术教育法》第 3 条（《美国法典》第 20 篇 2302）所示）的一部分，且上述项目应在 4 年时间内在一所高等教育机构（定义如《1965 年高等教育法》第 102 条（《美国法典》第 20 篇 1002）所示）完成；或者

"（ⅱ）仅限于补救性课程、基本成人教育、扫盲，或者英语作为第二语言的教育；"。

第 4008 条　特定的定罪重罪犯资格丧失条件。

（a）通则。《2008 年粮食和营养法》第 6 条（《美国法典》第 7 篇 2015）进行修订，在最后插入下列内容：

"（r）特定定罪重罪犯丧失资格。

"（1）通则。当出现下列情况时，个人不具备资格享受本法案所规定的救济：

"（A）当个人被判犯有：

"（ⅰ）《美国法典》第 18 篇第 2241 条所说明的严重性侵犯罪；

"（ⅱ）《美国法典》第 18 篇第 1111 条所说明的谋杀罪；

"（ⅲ）《美国法典》第 18 篇第 110 章所说明的罪行；

"（ⅳ）《1994 年反对对妇女施暴法》40002（a）（《美国法典》第 42 篇 13925（a））所规定的、涉及性侵犯的联邦或州罪行；或者

"（ⅴ）司法部长认定与（ⅰ）、（ⅱ）和（ⅲ）规定的罪行非常相似、且为州立法律规定的罪行；以及

"（B）个人未遵守服刑规定或者（k）中所规定的限制规定。

"（2）对为其他人提供援助和救济金产生的影响。在计算确定依据本法案规定提供给符合条件家庭的救济金金额时，不得将（1）规定所适用的个人视为救济领取家庭的成员，除非此人的收入和收益被算入该家庭的收入和收益当中。

"（3）实施。各个州应要求个人在依据本法案规定申请救济时，作证说明本人或所在家庭的其他成员是否被裁定犯有（1）所规定的罪行。"

（b）相应的修订。《2008 年粮食和营养法》第 5 条（a）（《美国法典》第 7 篇 2014（a））进行修订，在第二句话中删除"第 6（b）、6（d）（2）和 6（g）条"，并在此插入"第 6 条（b）、（d）（2）、（g）和（r）"。

（c）修订法案不适用于法案生效当天或之前定罪的罪行。本条进行的修订规定不得适用于本法案生效当天或之前定罪的罪行。

第 4009 条 停止向彩票中奖者或赌博赢家发放补充性营养援助项目救济。

（a）通则。《2008 年粮食和营养法》第 6 条（《美国法典》第 7 篇 2015）（第 4008 条进行修订后的内容）进行修订，在最后增补下列内容：

"（s）因为彩票或赌博而赢取丰厚奖金而丧失领取救济的资格。

"（1）通则。对于家庭成员因为彩票或赌博而赢取丰厚奖金的家庭，经部长裁定，此类家庭在领取奖金之日立即丧失获取救济的资格。

"（2）资格丧失期限。（1）中所说明的家庭将丧失领取救济的资格，直到它以后满足第 5 条（c）、（d）、（e）、（f）、（g）、（i）、（k）、（l）、（m）和（n）所规定的经济收益和收入合格规定。

"（3）协议。经部长裁定，各个州立机构应在切实可行的范围内，与负责监管或资助本州博彩活动的实体签订协议，确定参与补充性营养援助项目的个人是否赢取丰厚的彩票或赌博奖金。"

第 4010 条 改善食品援助的安全性。

《2008 年粮食和营养法》第 7 条（h）（8）（《美国法典》第 7 篇 2016（h）（8））修订如下：

（1）在标题中，删除"卡费"，并插入"卡的"；

（2）删除"各州"，并插入下列内容：

"（A）费用。各州"；以及

（3）在（A）之后增加下列内容：

"（B）故意遗失卡片。

"（i）通则。根据部长依据（ii）制定的条件和条款，如果一个家庭要求更换电子救济转让卡次数过多，部长可要求州立机构拒绝向该家庭发放替换卡，直到该家庭应州立机构的要求，解释说明卡片丢失的原因。

"（ii）要求。部长应制定条件和条款，规定：

"（I）应让家庭有机会及时进行解释，并履行本项所说明的规定；

"（II）当家庭遗失卡片次数过多时，应要求一家之首和州立机构的工作人员一起复习项目权利和责任，且此类工作人员有权做出第 5 条（a）所规定的裁决结果；以及

"（III）除了在相关家庭依据（I）相关规定做出合理解释之前不发放电子救济转让卡之外，其他任何行动，其中包括第 6 条（b）（2）所规定的行动，应酌情地与第 6 条（b）或第 11 条（e）（10）中的正当程序保护规定保持一致。

"（C）保护弱势群体。在执行本项的相关规定时，州立机构应采取行动，保护无家可归人员、残疾人员、犯罪受害人，以及其他丢失电子救济转让卡但非有意进行欺诈的弱势人员。

"（D）对领取救济资格的影响。在遗失电子救济转让卡的家庭满足本条的规定之前，各州可以拒绝向其发放卡片，不过本项的内容不得被视为否决或限制第 5 条所规定的救济领取资格。"

第 4011 条 零售食品店技术现代化。

（a）移动技术。《2008 年粮食和营养法》第 7 条（h）（《美国法典》第 7 篇 2016（h））（经第 4030 条（e）修订的内容）进行修订，在最后增加下列内容：

"（14）移动技术。

"（A）通则。依据（B）中的规定，部长应批准零售食品商店通过电子手段，而不是用于电子救济金转让交易的连线零售点设备兑换救济金，不过提前是零售食品商店：

"（ⅰ）为救济领取人制定类似于零售食品商店交易保护措施的保护措施，涵盖隐私、操作简易性、存取和保障等方面；

"（ⅱ）承担获取、安装和维护移动技术的成本，包括用于处理电子救济转让卡和交易费用的必要机制；

"（ⅲ）证明在通过移动技术并使用救济金购买食品时，食品价格不高于零售食品商店通过其他渠道采购的同类食品；

"（ⅳ）为每项获准交易的事项提供部长认定充分的文件；以及

"（ⅴ）满足部长制定的其他标准。

"（B）通过移动技术接收救济金的展示项目。

"（ⅰ）通则。在批准在各州实施（A）的规定时，部长应试点使用部长认定能够测试项目可行性、且能够影响项目整体性的移动技术，允许零售食品商店通过移动技术接收补充性营养援助受益人支付的救济。

"（ⅱ）展示项目。为了满足条件参与（ⅰ）所说明的展示项目，零售食品商店应向部长提供一份计划供审阅批准，计划包括下列内容：

"（Ⅰ）技术相关介绍；

"（Ⅱ）零售食品商店如何向家庭提供交易证明；

"（Ⅲ）依据部长所制定的规定向部长提供相关数据，让部长能够评估示范项目对参与者参与、操作简易性和项目整体性的影响；以及

"（Ⅳ）部长可能规定的此类其他标准。

"（ⅲ）完成日期。本小项所说明的示范项目的完成日期以及向部长提供最终报告的日期应不迟于2016年7月1日。

"（C）向国会汇报。部长应：

"（ⅰ）在不迟于2017年1月1日，批准在各州实施（A）的相关规定，除非部长基于依据（B）规定所提供的数据，裁定在各州实施上述规定不符合补充性营养援助项目的最佳利益；以及

"（ⅱ）如果依据（ⅰ）裁定不在各州实施（A）的规定，则向众议院农业委员会和参议院农业、营养和林业委员会提供一份报告，报告内容应包括做出上述裁定结果的依据。"

（b）通过在线交易接收救济金。

（1）通则。《2008年粮食和营养法》第7条（《美国法典》第7篇2016）进行修订，在最后增加下列内容：

"（k）选择通过在线交易接收项目救济金。

"（1）通则。依据（4）中规定，部长应批准同意零售食品商店通过在线交易接收补充性营养援助项目受益人的救济金。

"（2）接收救济金的规定。零售食品商店通过在线交易接收补充性营养援助项目受益人的救济金时，应：

"（A）为救济金领取人设定类似于零售食品商店交易保护措施的保护措施，措施涵盖隐私保护、操作简易性、存取和保障方面；

"（B）确保救济金不会用于支付运费、定购费、便利费或者其他费用或收费；

"（C）在项目参与家庭定购食品时，明确告知此类家庭下列信息：

"（ⅰ）涉及食品购买方面的任何运送、定购、便利或者其他的费用或收费；以及

"（ⅱ）不得利用依据本法案提供的救济金支付此类费用；

"（D）运用部长认定划算和合适、并与零售食品商店交易安全技术相若的高效可用技术，确保在线

交易的安全；以及

"（E）达到部长制定的其他标准。

"（3）州立机构行动。各个州立机构应确保补充性营养援助受益人可酌情通过本款所说明的在线交易方式使用救济金。

"（4）通过在线交易收取救济金的示范项目。

"（A）通则。在部长批准在各州实施（1）的规定之前，部长应确定开展多个示范项目，测试允许零售食品商店通过在线交易收取救济金的可行性。

"（B）示范项目。为了达到条件参加（A）所说明的示范项目，零售食品商店应向部长提供一份报告供审批，报告内容包括：

"（ⅰ）如何确保救济金仅用于购买本法案所规定的合适商品；

"（ⅱ）如何向参与家庭介绍在线购买的可用性和操作；

"（ⅲ）在实施之前充分测试在线采购办法；

"（ⅳ）提供部长所要求的数据，用于分析项目对参与者使用、简易操作性和项目整体性的影响；

"（ⅴ）部长认定必要的进展、挑战和结果；以及

"（ⅵ）部长制定的其他此类标准，包括安全标准。

"（C）完成日期。本项所规定的示范项目的完成日期和向部长提供最终报告的日期不得迟于 2016 年 7 月 1 日。

"（5）向国会汇报。部长应：

"（A）在不迟于 2017 年 1 月 1 日，批准在各州实施（1）的相关规定，除非部长基于依据（4）所提供的数据，裁定在各州实施上述规定不符合补充性营养援助项目的最佳利益；以及

"（B）如果依据（A）规定裁定不在各州实施（1）的规定，则向众议院农业委员会和参议院农业、营养和林业委员会提供一份报告，报告内容应包括这一认定结果的基本理由。"

（2）相应的修订。

（A）《2008 年粮食和营养法》第 7 条（b）（《美国法典》第 7 篇 2016（b））进行修订，删除"在零售食品商店购买食品"，并插入"向零售食品商店购买食品"。

（B）《2008 粮食和营养法》第 10 条（《美国法典》第 7 篇 2019）进行修订，在第一句话"如此购买的食品，"之后插入"获准通过在线交易收取和兑换救济金的零售食品商店应获准在食品送货之前收取救济金，不过前提是商店应在客人购买食品之后、部长认定合理的时间期限内进行交货，"。

（c）保留条款。本条的任何规定或者本条修订的规定不得更改《2008 年粮食和营养法》（《美国法典》第 7 篇 2011 及以下）中的任何规定，除非本条或本条修订规定明确进行授权。

第 4012 条　使用救济金购买社区支持的农业股份。

《2008 年粮食和营养法》第 3 条（o）（4）（《美国法典》第 7 篇 2012）（第 4030 条（a）（4）进行重新编号之后）进行修订，在"此类食品"之后插入"，或者直接向消费者销售农产品的农业生产者"。

第 4013 条　使用全国新雇员工目录提高工资确认效率。

《2008 年粮食和营养法》第 11 条（e）（《美国法典》第 7 篇 2020（e））修订如下：

（1）在（3）中，在"本法案第 16 条（e）"之后插入"以及在满足（24）所明确说明的规定之后"；

（2）在（22）中，删除最后的"以及"；

（3）在（23）（C）中，删除最后的句号，并插入"；以及"；以及

（4）在最后增加下列内容：

"（24）州立机构应直接从依据《社会保障法》第 453 条（ⅰ）（《美国法典》第 42 篇 653（ⅰ））规定设立的全国新雇员工目录中获取相关的工资数据，以此认定相关人员是否具备资格领取补充性营养援

助项目救济，以及在进行认证时可领取的确切救济金数额。"

第 4014 条 餐馆食物项目。

（a）通则。《2008 年粮食和营养法》第 11 条（e）（《美国法典》第 7 篇 2020（e））（第 4013 条进行修订后的规定）修订如下：

（1）在（23）（C）中，删除最后的"以及"；

（2）在（24）中，删除最后的句号，并插入"；以及"；以及

（3）在最后增加下列内容：

"（25）如果相关州选择开展项目，向私营机构进行承包，依据第 3 条（k）（3）、（4）和（9）的规定，以优惠价格提供膳食：

"（A）州立机构开展项目的计划包括：

"（ⅰ）证实出现下面问题的文件材料，即在特定地理区域，符合条件的流浪人员、老人和残疾人客户获得的服务水平低下；

"（ⅱ）州立机构如何限制参与，仅允许该州认定能够达到（ⅰ）中所规定的要求的私营组织参加；以及

"（ⅲ）部长所制定的其他任何条款，例如为确保仅允许符合条件的受益人参与项目而设立的必要安全级别；以及

"（B）州立机构每年向部长呈交的报告，报告时间进程表应由部长确定，且报告包括下列内容：

"（ⅰ）获准参与这一项目的家庭和个人受益人的数量，其中包括个人受益人是否为老人、残疾人和流浪人员的任何相关信息；以及

"（ⅱ）评估该项目是否达到（A）（ⅰ）所说明的既定要求。"

（b）批准零售食品商店和批发食品公司。《2008 年粮食和营养法》第 9 条（《美国法典》第 7 篇 2018）（经第 4002 条（d）（2）修订后的内容）进行修订，在最后增加下列内容：

"（h）私人企业。

"（1）通则。依据（2）的相关规定，当私人企业与州立机构签订合同，以第 3 条（k）（3）、（4）和（9）所规定的优惠价格提供膳食时，此类企业不得获准收取和兑换救济金，除非部长裁定，为达到第 11 条（e）（25）所规定的既定要求，有必要允许此类企业进行参与。

"（2）现有合同。

"（A）通则。如果在本条规定生效日期的前一天，一个州与（1）中所说明的私人企业签订合同，且部长未裁定为达到第 11 条（e）（25）所规定的既定要求，有必要让该企业进行参与，则部长应允许该私人企业继续进行营业，并且在 180 天内不会裁定该企业的参与是否必要，时间从部长依据法规制定第 11 条（e）（25）所说明的裁定标准之日开始计算。

"（B）正当理由。如果部长决定终止与私人企业签订的合同，且合同自本款实施之日起开始生效，则部长应向私人企业所在州说明终止合同的正当理由。

"（3）向国会汇报。在 2014 年 9 月 30 日之后的 90 天内，以及之后的每个财政年度结束后 90 天之内，部长应向众议院农业委员会和参议院农业、营养和林业委员会提供一份报告，运用各州依据第 11 条（e）（25）相关规定所获取的信息，以及部长掌握的、涉及救济使用方式的任何其他信息，来说明本节所说明的项目的效益。"

（c）相应的修订。《2008 年粮食和营养法》第 3 条（k）（《美国法典》第 7 篇 2012（k））进行修订，在每处出现的"优惠价格"之后都插入"依据第 9 条（h）相关规定"。

第 4015 条 执行州移民验证规定。

《2008 年粮食和营养法》第 11 条（《美国法典》第 7 篇 2020）进行修订，删除（p），并插入下列

内容：

"（p）州验证措施。在开展补充性营养援助项目时，州立机构应依据部长所制定的各项标准，运用依据《社会保障法》第 1137 条（《美国法典》第 42 篇 1320b‑7）所设立的移民地位验证机制，以及收入和资质验证机制。"

第 4016 条　数据交换标准化以改善互通性。

（a）数据交换标准化。《2008 年粮食和营养法》第 11 条（《美国法典》第 7 篇 2020）进行修订，在最后增加下列内容：

"（∨）推动数据交换标准化，改善互通性。

"（1）设立标准。部长应与由行政管理和预算局所设立的跨部门工作组进行协商，并在考虑各州政府的意见之后，依据本法案制定标准，规范管理：

"（A）下列类别的必要信息，即州立机构运作的项目依据适用法律与其他州立机构利用电子系统进行交换的信息；以及

"（B）依据适用法律开展的必要联邦报告和数据交换。

"（2）规定。（1）中所规定的数据交换标准应在切实可行的最大范围内：

"（A）包括广泛接受的、非专利性质的、可供搜索及可机读的格式，例如可扩展标记语言；

"（B）包括由政府间合作制定和维持的互通性标准，例如国际信息交换模式；

"（C）包括负责承包和经济援助事务的联邦实体所制定和维持的互通性标准；

"（D）遵守并执行适用的会计原则；

"（E）有效得以执行，并且提高项目效率和效益；以及

"（F）能够在必要时持续进行升级。

"（3）解释规则。本款未规定要求更改被认定为高效的现有数据交换标准。"

（b）运用日期。

（1）通则。在本法案生效之日起 2 年内，部长应颁布拟议的法规，用于执行本条修订的规定。

（2）要求。本法规应：

（A）识别联邦政府所要求的数据交换；

（B）包括数据交换标准化的规格和时机方面的信息；

（C）介绍用于判定是否及何时开展数据交换标准的因素；

（D）说明州实施项目选项；以及

（E）介绍未来出现的转折点。

第 4017 条　开展试点项目推动联邦和州开展合作，辨别和减少补充性营养援助项目欺诈问题。

《2008 年粮食和营养法》第 12 条（《美国法典》第 7 篇 2021）进行修订，在最后增加下列内容：

"（i）开展试点项目推动联邦和州开展合作识别和减少补充性营养援助项目欺诈问题。

"（1）规定的试点项目。

"（A）通则。部长依据本人所确定的条件和条款，开展试点项目，测试创新性联邦‑州合作项目，辨别、调查和减少参与补充性营养援助项目的零售食品商店和批发食品公司的欺诈行为；合作项目包括允许相关州开展此类调查欺诈行为的项目。

"（B）规定。在美国最大的十个城市地区（依据人口数量进行确定），其中至少有一个城市地区应开展（A）中所规定的试点项目，不过前提条件是：

"（i）该地区独立开展和管理补充性营养援助项目；并且

"（ii）该地区开展和管理补充性营养援助项目时遵守本项目的其他规定。

"（2）选择标准。在挑选试点项目时应遵循部长所制定的标准。相关标准包括下列内容：

"（A）推动部长努力减少（1）（A）中所说明的欺诈问题；

"（B）要求参与的相关州在参与试点项目之前，维持整体努力水平，解决部长所认定的受益人欺诈问题；

"（C）在必要时与其他执法机构合作高效开展试点项目情况；

"（D）参与的州立机构承诺遵循涉及（1）（A）所说明的调查活动的联邦法规和程序；以及

"（E）相关州承诺投入资源解决受益人欺诈问题及此类行动相对进展情况。

"（3）评估。

"（A）通则。部长应评估依据本款规定所挑选的试点项目，并评估试点项目产生的影响。

"（B）要求。评估工作应包括：

"（i）各个试点项目对提升部长能力应对解决（1）（A）中所说明的欺诈问题的影响；

"（ii）试点项目发现、防止和减少（1）（A）所说明的欺诈问题的效力；以及

"（iii）试点项目的成本效益。

"（4）向国会汇报。在 2017 年 9 月 30 日之前，部长应向众议院农业委员会和参议院农业、营养和林业委员会提交一份报告，介绍每个试点项目取得的成果。报告内容包括：

"（A）评估试点项目对（1）（A）中所说明的欺诈问题的影响；以及

"（B）试点项目的相关成本。

"（5）资金。当相关州依据本款规定开展试点项目时产生的成本超出下列数额时，即该州在上一财政年度依据本法案规定用于发现、调查和减少欺诈行为的经费，则该州丧失资格，无法依据本法案规定向联邦政府报销活动经费。"

第 4018 条　禁止政府资助开展招收活动。

（a）行政成本分摊和质量控制。《2008 年粮食和营养法》第 16 条（a）（4）（《美国法典》第 7 篇 2025（a）（4））进行修订，在"招收活动"之后插入下列内容："旨在说服个人申请项目救济金，或者通过电视、广播或广告牌宣传来推广宣传这一项目"。

（b）限制使用法案批准拨发的款项。《2008 年粮食和营养法》第 18 条（《美国法典》第 7 篇 2027）进行修订，在最后增加下列内容：

"（g）禁止开展招收和宣传活动。

"（1）通则。除非（2）中另有规定，否则部长不得将本法案批准拨付的款项用于：

"（A）旨在说服个人申请补充性营养援助项目救济的招收活动；

"（B）旨在宣传补充性营养援助项目和项目申请注册信息的电视、电台和广告牌宣传活动；

"（C）与外国政府达成的、旨在宣传补充性营养援助项目和项目申请注册信息的任何协议。

"（2）限制。（1）（B）中不得适用于针对第 5 条（h）所说明的救济而开展的项目活动。"

（c）禁止获取经费的实体开展招收活动。《2008 年粮食和营养法》第 18 条（《美国法典》第 7 篇 2027）（经（b）修订后的内容）进行修订，在最后增加下列内容：

"（h）禁止获取经费的实体开展招收活动。部长应颁布法规，禁止依据本法案获得经费的实体向开展下列工作的个人支付酬劳，即开展涉及补充性营养援助项目参与的外联活动或招收人员申请此类项目救济，不过前提是酬劳金额是基于申请获取救济金的人数来确定。"

第 4019 条　对小过失的容忍度。

《2008 年粮食和营养法》第 16 条（c）（1）（A）（《美国法典》第 7 篇 2025（c）（1）（A））修订如下：

（1）删除"开展"，并插入下列内容：

"（i）通则。开展"；以及

（2）在最后增加下列内容：

"（ⅱ）对小过失的容忍度。部长应依据本款的相关规定设立对小过失的容忍度：

"（Ⅰ）在 2014 年财政年度，金额不超过 37 美元；以及

"（Ⅱ）在之后的每个财政年度，（Ⅰ）中所规定的金额依据下列比例进行调整，即廉价食品计划在 2013 年 6 月 30 日和上一财政年度 6 月 30 日期间，依据第 3 条（u）（4）相关规定进行调整的百分比。"

第 4020 条　质量控制标准。

（a）通则。《2008 年粮食和营养法》第 16 条（c）（1）（D）（ⅰ）（《美国法典》第 7 篇 2025（c）（1）（D）（ⅰ））进行修订，删除（Ⅰ）。

（B）相应的修订。

（1）《2008 年粮食和营养法》第 13 条（a）（1）（《美国法典》第 7 篇 2022（a）（1））进行修订，删除第一句中的"第 16 条（c）（1）（D）（ⅰ）（Ⅲ）"，并插入"第 16 条（c）（1）（D）（ⅰ）（Ⅱ）"。

（2）《2008 年粮食和营养法》第 16 条（c）（1）（《美国法典》第 7 篇 2025（c）（1））修订如下：

（A）在（D）中：

（ⅰ）在（ⅰ）中：

（Ⅰ）将（Ⅱ）到（Ⅳ）分别重新编号为（Ⅰ）、（Ⅱ）和（Ⅲ）；以及

（Ⅱ）在（Ⅲ）（重新编号后的）中，删除"直到（Ⅲ）"，插入"和（Ⅱ）"；以及

（ⅱ）在（ⅱ）中，删除"豁免数额或者"；

（B）在（E）（ⅰ），删除"（D）（ⅰ）（Ⅲ）"，并插入"（D）（ⅰ）（Ⅱ）"；以及

（C）在（F），删除所有出现的"（D）（ⅰ）（Ⅱ）"，并分别插入"（D）（ⅰ）（Ⅰ）"。

第 4021 条　绩效奖金款项。

《2008 年粮食和营养法》第 16 条（d）（《美国法典》第 7 篇 2025（d））进行修订，在最后增加下列内容：

"（5）使用绩效资金款项。州立机构可使用依据本款所获取的绩效资金款项，不过只得用于开展依据本法案设立的项目，包括将款项投资用于：

"（A）技术；

"（B）改善管理和分配；以及

"（C）防止欺诈、浪费和滥用问题的行动。"

第 4022 条　涉及补充性营养援助项目、旨在减少依赖性并且加强工作要求和投入的试点项目。

（a）通则。《2008 年粮食和营养法》第 16 条（h）（《美国法典》第 7 篇 2025（h））修订如下：

（1）在（1）中：

（A）在（A）中：

（ⅱ）删除"15 个月"，并插入"24 个月"；以及

（ⅱ）删除"，不过在 2013 年 2014 年财政年度，金额应为 79 000 000 美元"；

（B）在（C）中：

（ⅰ）删除"当一个州"，并插入下列内容：

"（ⅰ）通则。如果一个州"；以及

（ⅱ）在最后增加下列内容：

"（ⅱ）时机。部长应搜集涉及下列情况的必要信息，即州立机构支出和预期支出最初依据（A）规定拨发给州立机构的经费。部长依据上述信息，在一定时间内依据（ⅰ）的规定重新划拨未使用的经费，允许获得重新划拨经费的各个州立机构在至少 270 天内使用完毕重新划拨的经费。

"（ⅲ）机会。部长应确保所有的州立机构均有机会获得重新拨划的经费。"以及

（C）在最后增加下列内容：

"（F）涉及补充性营养援助项目、旨在减少依赖性并且加强工作要求和投入的试点项目。

"（ⅰ）规定的试点项目。

"（Ⅰ）通则。部长应实施试点项目。通过此类试点项目，州立机构与部长签订合作协议，制定和测试运作模式，包括开展与下列项目存在类似特征的工作项目，即为各州提供整笔补助金的项目；此类整笔补助金用于下列目的，即暂时援助《社会保障法》第Ⅳ篇第A部分（《美国法典》第42篇601及以下）所规定的贫困家庭；开展就业和培训项目和服务，增加本法案第6条（d）所说明的、获得没有补助金工作的就业登记人员的人数；增加就业登记人员的劳动收入，并且减少就业登记人员对公共援助的依赖，从而减少对补充性营养援助救济金的需求。

"（Ⅱ）规定。试点项目应：

"（aa）满足部长认为合理的条件和条款；以及

"（bb）除非本小项另有规定，否则应遵循第6条（d）和第20条的相关规定。

"（ⅱ）选择标准。

"（Ⅰ）通则。部长应依据本条款所制定的标准和部长制定的其他标准，选择本小项所说明的试点项目。

"（Ⅱ）质量控制。为了达到参与试点项目的资格，州立机构应：

"（aa）同意参与（ⅶ）中所说明的评估工作，包括提供证据说明所在州设立高效的项目管理与合作数据搜集机制，能够提供涉及就业活动、岗位参与就业、收入和参与者公共救济金领取方面的州立数据，从而确保适当及时开展评估工作；

"（bb）致力于与各州的劳工委员会、其他就业培训项目以及地区开展协作；以及

"（cc）承诺持续提供经费用于（2）和（3）以及第2条节所说明的就业和培训项目和服务，金额至少与2013年财政年度该州支出用于此类项目和服务的经费持平。

"（Ⅲ）选择标准。在选择试点项目时，部长应：

"（aa）考虑试点项目推进所在州现有就业和培训项目的情况；

"（bb）考虑试点项目改善项目参与者就业和收入的情况；

"（cc）考虑是否有证据显示其他州或政治分区能够轻易复制此类试点项目；

"（dd）考虑州立机构证明自身有能力开展高品质的就业和培训项目；以及

"（ee）确保被视为一个整体的所有试点项目能够测试一系列战略，其中包括符合下列特征的战略：

"（AA）目标群体是低技能或工作经验有限的个人，须遵守第6条（o）相关规定的个人，以及处于工作状态的个人；

"（BB）部署在一系列地理区域和州，包括农村和城市地区；

"（CC）重视强调教育和培训、为面临就业障碍的个人提供的康复和职业培训服务、工作优先和混合战略；以及

"（DD）测试旨在指定就业注册人员强制性和自愿参与就业和培训活动的项目。

"（ⅲ）责任追究制。

"（Ⅰ）通则。当相关州在开展试点项目时未能达到（ⅱ）所规定的标准或者部长所制定的其他标准，部长应制定并执行试点项目终止规程。

"（Ⅱ）时机。项目终止规程应包括合理的改正时间，允许被裁定不遵守标准的州立机构进行改正，但时间不得超过180天。

"（ⅳ）就业和培训活动。依据本小项规定获准开展的项目和服务应包括本法案批准的项目和服务，以及下列项目所批准的就业和培训活动，即依据《社会保障法》第Ⅳ篇第A部分（《美国法典》第42篇601及以下）设立的、为各州提供整笔补助用于暂时援助贫困家庭的项目。此类项目和服务包括：

"（Ⅰ）未获得任何公共项目补助的公共或私营部门就业活动。

"（Ⅱ）符合下列条件的私营部门就业，即私营部门雇主领取公共资金补助用于抵销雇佣成人员工的全部或部分工资和成本。

"（Ⅲ）符合下列条件的公共部门就业活动，即公共部门雇主获取公共资金补助用于抵销雇佣成人员工的全部或部分工资和成本。

"（Ⅳ）符合下列情况的就业活动：

"（aa）开展就业活动来换取公共救济金；

"（bb）为成人提供机会来获取必要的基础技能、知识，并培养良好的工作习惯，以此实现就业；

"（cc）旨在改善未能找到没有补助的工作岗位的人员的就业情况；以及

"（dd）由雇主、工作场地赞助方或者其他责任方持续进行监管。

"（Ⅴ）符合下列情况的公共或私营部门培训：

"（aa）面向从事生产性工作且获得酬劳的员工；以及

"（bb）提供必要的知识和技能，帮助员工全面充分地履行工作职能。

"（Ⅵ）求职、就业，或者开展求职或就业准备工作，其中包括：

"（aa）生活技能培训；

"（bb）具备资质的医疗、药物滥用或心理健康专业人员认定有必要且将记录在案的滥用药物治疗或心理健康治疗；以及

"（cc）公共机构或其他责任方持续监督开展的康复性活动。

"（Ⅶ）下列结构化项目和嵌入式活动：

"（aa）成年人在公共或非盈利性组织的支持下，开展让社区直接受益的工作；

"（bb）仅限于下列性质的项目，即在健康、社会服务、环保、教育、城市和农村再发展、福利、娱乐、公共设施、公共安全和儿童护理等领域提供有益的社区服务；

"（cc）旨在提高无法获得没有补贴的工作岗位的成年人的就业率；

"（dd）持续获得监管；以及

"（ee）州立机构在为项目或活动受益人提供合适的社会服务任务时，应在切实可行的最大范围内考量受益人之前的培训、经验和技能情况。

"（Ⅷ）符合下列情况的职业和技术培训项目：

"（aa）直接涉及成年人为了在现有或新兴行业就业而进行的准备工作；以及

"（bb）定期受到监管。

"（Ⅸ）接受下列工作技能培训或教育：

"（aa）雇主所要求的、能够培养成年人实现就业或适应工作环境不断变化的要求的能力；以及

"（bb）持续受到监管。

"（Ⅹ）下列教育：

"（aa）涉及特定职业、工作或工作机会；以及

"（bb）持续受到监督。

"（Ⅺ）对于未完成中学教育或获得同等学历证书的成年人，则为符合下列情况的定期学习：

"（aa）符合中学、中学课程或同等学力课程的规定；以及

"（bb）持续受到监督。

"（Ⅻ）提供儿童看护服务，让公共救济金受益人能够参与下列社区服务项目：

"（aa）不会为相关的社区服务提供酬劳；

"（bb）旨在提高项目参与人就业率的结构性项目；以及

"（cc）持续受到监督。

"（Ⅴ）处罚措施。依据（ⅵ）中的规定，如果就业登记人员在没有正当理由的情况下拒绝参加本小

项所规定的就业和培训项目，则没有资格参与补充性营养援助项目。

"（ⅵ）标准。

"（Ⅰ）通则。本小项所说明的就业和培训活动应依据第6条（d）的相关规定开展，包括满足涉及项目参与和资质丧失期的条件。

"（Ⅱ）特定就业活动标准。部长应针对（ⅳ）中（Ⅰ）、（Ⅱ）和（Ⅲ）所说明的就业活动制定标准，确保个人不会因为不可控的原因未能工作而丧失资格，其中包括工作时间非自愿被减少。

"（Ⅲ）参与其他项目。在就业注册人员参加强制性就业和培训活动之前，州立机构应：

"（aa）评估就业注册人员是否参加试点项目以外的大量就业和培训活动；此类就业和培训活动与试点项目目标一致，预期能够帮助就业注册人员获取更多的技能、培训、工作或经验；以及

"（bb）当被认定符合条件时，应计算活动参与时间是否达到最低参与时间要求。

"（ⅶ）评估和汇报。

"（aa）通则。对于根据（ⅰ）规定签订合作协议的各个州立机构，部长依据适当的条件和条款，为此类州立机构的各个试点项目开展独立纵向评估，且评估结果报告的频率不得低于12个月一次。

"（bb）目标。独立评估工作旨在衡量各个州立机构提供的试点项目就业和培训项目和服务对试点项目目标群体所涉及的成年人就业和维持工作能力的影响；与没有试点项目相比，成年人参加试点项目能够实现就业并维持工作，从而增加家庭收入，减少对公共援助的依赖，并且提升其他的家庭幸福指数。

"（cc）评估方法。独立评估应采用有效的统计法，确定各个试点项目补充性营养援助和其他公共救济金援助在支出、就业、收益和下列其他影响方面的差别：

"（AA）州立机构开展试点项目时提供就业和培训项目和服务产生的影响；相比较于

"（BB）不参与州立机构所提供的试点项目就业和培训项目和服务的实验对照组。

"（Ⅱ）汇报。在2015年12月31日之前，以及之后每年的12月31日之前，部长应向众议院农业委员会和参议院农业、营养和林业委员会提供一份报告，直到完成（Ⅰ）所规定的最后评估。部长可广泛分享该报告，包括将报告上传至农业部网站。报告将介绍下列内容：

"（aa）依据本小项相关规定开展的各个试点项目的情况；

"（bb）上一财政年度完成的评估工作成果；

"（cc）在切实可行的最大范围内提供涉及试点项目既定目标和预期成果的基准信息；

"（dd）各个州测试的试点项目就业和培训项目和服务，其中包括：

"（AA）各州设立的相关机制，评估就业注册人员参与就业和培训活动以及达到就业和培训要求的能力，并指定就业注册人员参加相应的活动；以及

"（BB）试点项目提供的就业和培训活动和服务；

"（ee）就业和培训项目和服务对下列因素的影响，即相关就业、收入、公共救济金领，以及参与试点项目的家庭与未参加试点项目的家庭相比获得的其他好处；以及

"（ff）符合下列条件的必要措施和资金，也就是将试点项目当中能够促进就业和增加收入的组成部分纳入州就业和培训项目和服务当中。

"（ⅷ）经费提供。

"（Ⅰ）通则。依据（Ⅱ）的规定，部长应从第18条（a）（1）所提供的经费中拨款，执行本小项的相关规定：

"（aa）在2014财政年度，拨款10 000 000美元；以及

"（bb）在2015财政年度，拨款190 000 000美元。

"（Ⅱ）限制。

"（aa）通则。对于本小项所说明的试点项目，部长提供资金的项目数量不得超过10个。

"（bb）期限。每个试点项目运行期限不得超过3年。

"（Ⅲ）资金提供。依据（Ⅰ）相关规定提供经费，直到 2018 年 9 月 30 日。

"（ix）经费使用。

"（Ⅰ）通则。依据本小项规定提供给试点项目的经费只得用于：

"（aa）符合本法案规定的试点项目；

"（bb）支付开展试点项目所产生的项目和行政管理成本；

"（cc）支付下列工作所产生的成本，即为（vii）所说明的独立评估工作开发系统并且提供信息和数据；以及

"（dd）（vii）所说明的评估工作的相关成本。

"（Ⅱ）活动维持。依据本小项规定提供的经费只得发挥补充性作用，不得取代用于现有就业和培训活动或服务的非联邦经费。

"（Ⅲ）其他经费。各州在实施试点项目时，可使用从其他渠道获取的经费，包括联邦、州或私人经费，不过前提是联邦相关法律允许使用此类经费。"以及

（2）删除（5），并插入下列内容：

"（5）监督。

"（A）通则。部长应监督州立机构依据第 6 条（d）（4）相关规定实施的就业和培训项目，并评估此类项目在下列领域的效力：

"（ii）帮助参与补充性营养援助项目的家庭成员准备实现就业，包括获得必要的基本就业技能；以及

"（ii）让更多的家庭成员在参与就业和培训项目后实现就业并维持就业状态。

"（B）汇报衡量办法。

"（i）通则。部长与劳工部长进行协商后，应制定州汇报衡量办法，鉴别参与补充性营养援助项目的家庭成员在技能、培训、教育或工作经验方面取得的进展。

"（ii）规定。此类衡量办法应：

"（Ⅰ）基于联邦劳工训练项目业绩通用衡量办法；以及

"（Ⅱ）包括符合下列条件的其他指标，即能够反映参与补充性营养援助项目特定就业和培训的家庭成员所面临的挑战。

"（iii）针对各州的规定要求。部长应做出如下规定，即依据第 11 条（e）（19）规定提交的各项州就业和培训计划应确定所有拟议的项目组成部分的汇报衡量办法；经部长裁定，此类项目组成部分所服务的参与人员门槛数量为每年至少 100 人。

"（iv）汇报衡量办法。（iii）中所说明的汇报衡量办法包括下列内容：

"（Ⅰ）下列项目参与者所占百分比和具体人数，即接受过就业和培训服务，并在接受上述服务后就职于非补助性岗位；

"（Ⅱ）下列项目参与者所占百分比和具体人数，即在接受就业和培训服务期间或接受此类服务后一年内，获得包括注册学徒在内的被认可的证书，或者正规中学毕业文凭或被认可的同等学力文凭；

"（Ⅲ）下列项目参与者所占百分比和人数，即参与特定教育或培训项目，以便获得包括注册学徒和在职培训项目在内的被认可的证书，正规中学毕业文凭或被认可的同行学历文凭，或者就职于非补助性工作岗位；

"（Ⅳ）各个州立机构依据部长所规定的条件和条款制定的衡量办法；此类衡量办法旨在评估就业和培训项目参与者获取技能的情况，并且反映州立机构就业和培训项目特定组成部分的目标。此类衡量办法在最低限度应包括：

"（aa）下列项目参与者所占的百分比和人数，即达到州立机构教育和培训项目各个组成部分的项目要求；

"（bb）下列项目参与者所占的百分比和人数，即正获取相关技能，并且通过测试、量化或定性评

估，或者其他办法衡量后显示有可能实现就业；以及

"（cc）下列项目参与者所占的百分比和人数，即未达到就业和培训规定，并且依据第 6 条（b）的规定不符合条件；以及

"（Ⅴ）部长所批准同意使用的其他指标。

"（C）监督州就业和培训活动。部长应定期评估州就业和培训项目，以此确保：

"（ⅰ）遵守联邦就业和培训项目法规和规定；

"（ⅱ）项目活动能够满足州立机构推荐至就业和培训项目组成部分的个人的需求；

"（ⅲ）汇报衡量办法能够识别就业和培训项目组成部分参与者在技能、培训、工作和经验方面取得的进步；以及

"（ⅳ）当相关州依据（1）（E）规定获取额外的拨款时，应向部长提供必要的信息，用以评估州立机构是否遵守（1）的相关规定，其中包括：

"（Ⅰ）每个财政年度汇报相关州符合（1）（E）（ⅱ）所规定的条件的人员数量，州立机构提供第 6 条（o）（2）（B）或（C）所说明的项目职位的人员数量，以及参与此类项目的人员数量；

"（Ⅱ）介绍州立机构在履行（1）（E）相关规定时开展的就业和培训项目的种类，以及此类项目在相关州的适用性；以及

"（Ⅲ）部长认定适当的其他信息。

"（D）各州的报告。各个州立机构应每年起草并向部长提供一份州就业和培训项目报告。报告采用（B）所说明的衡量办法，介绍符合下列条件的补充性营养援助项目参与者人数，即已经获得技能、培训、工作或经验，提高实现稳定就业的能力。

"（E）州就业和培训计划修改。依据部长制定的条件和条款，如果部长裁定州立机构的就业和培训成果不尽如人意，则部长可要求州立机构修改该州的就业和培训计划，以取得更好的成效。

"（F）定期评估。依据部长制定的条件和条款，在不晚于 2016 年 10 月 1 日以及之后的 5 年内每年不少于一次，部长应开展研究，回顾评估现有作法，并且研究和确定下列就业和培训项目组成部分和作法：

"（ⅰ）有效地帮助补充性营养援助项目参与家庭成员获取技能、培训、工作和经验，提高实现稳定就业的能力；以及

"（ⅱ）与全州劳工发展机制整合在一起。"

（b）相应的修订。

（1）《2008 年粮食和营养法》第 5 条（《美国法典》第 7 篇 2014）修订如下：

（A）在（d）（14）中，在"6（d）（4）（Ⅰ）"后插入"或者第 16 条（h）（1）（F）所规定的试点项目"；

（B）在（e）（3）（B）（ⅲ）中，在"6（d）（4）"后插入"或者第 16 条（h）（1）（F）所规定的试点项目"；以及

（C）在（g）（3）后的第一句话中，在"6（d）"后插入"或者第 16 条（h）（1）（F）所规定的试点项目"。

（2）《2008 年粮食和营养法》第 16 条（h）（《美国法典》第 7 篇 2025（h））修订如下：

（A）在（3）中，在"6（d）（4）"后插入"或者（1）（F）所说明的试点项目"；以及

（B）在（4）中，在"6（d）（4）"后插入"或者（1）（F）所说明的试点项目"。

（3）《2008 年粮食和营养法》第 17 条（b）（1）（B）（ⅳ）（Ⅲ）（hh）（《美国法典》第 7 篇 2026（b）（1）（B）（ⅳ）（Ⅲ）（hh））进行修订，在"（g），"后插入"（h）（1）（F），"。

（c）适用日期。

（1）通则。本条进行修订的内容（除（a）（2）进行修订的内容之外）自本法案生效之日起开始适用。

（2）试点项目选择程序。

（A）通则。在本法案实施之日后 180 天内，部长应：

（ⅰ）制定和颁布依据《2008 年粮食和营养法》第 16 条（h）（1）（F）（a）（1）（C）进行增补后的内容）相关规定选择试点项目的规程；以及

（ⅱ）要求就部长认定为必要的独立评估提供建议。

（B）项目申请。部长在完成（A）中所规定的行动之日起至少 90 天后，开始考虑相关的建议。

（C）选择。部长在完成（A）所规定的行动之日起至少 180 天后，应从符合下列条件的项目申请中选择试点项目，即针对依据（A）规定颁布的项目计划征求通知书所提交的申请。

（3）监测就业和培训项目。

（A）通则。在本法案实施之日起 18 个月内，部长应颁布暂行最终法规，执行（a）（2）修订的规定。

（B）各州的行动。各州应为第一个财政年度提供州全年就业和培训计划；该财政年度起始日从（A）所说明的法规颁布之日起至少 180 天后开始算起。此外，各州应在就业和培训计划中纳入《2008 年粮食和营养法》第 16 条（h）（5）所要求的汇报措施。

第 4023 条　配合项目研究和评估工作。

《2008 年粮食和营养法》第 17 条（《美国法典》第 7 篇 2026）进行修订，在最后增加下列内容：

"（1）配合项目研究和评估工作。依据本法案的相关规定，例如第 11 条（e）（8）的保护性法规，本法案所批准的各州、州立机构、地方机构、协会、数据联盟等类似机构，以及参与项目的承包商应：

"（1）配合代表部长的官员和承包商依据本法案开展评估和研究工作；以及

"（2）按照部长规定的时间和方式提供相关信息。"

第 4024 条　授权拨款。

《2008 年粮食和营养法》第 18 条（a）（1）（《美国法典》第 7 篇 2027（a）（1））进行修订，删除第一句话中的"2012 年"，并插入"2018 年"。

第 4025 条　评估、汇报和管理波多黎各现金营养援助项目救济。

《2008 年粮食和营养法》第 19 条（《美国法典》第 7 篇 2028）进行修订，在最后增加下列内容：

"（e）评估、汇报和管理波多黎各营养援助项目福利金。

"（1）评估。部长在和卫生与公众服务部长进行协商之后，应评估下列工作情况，即依据本条规定以福利金的形式向波多黎各提供营养援助。评估工作应涉及下列内容：

"（A）审查以现金形式发放的每月救济部分的过往情况和用途；

"（B）评估当前项目参与方及零售方在兑换非现金形式的救济时所遇到的障碍；

"（C）审查当前使用福利金购买非食品和其他违禁商品的情况；

"（D）确定和评估停止发放福利金对项目参与方和零售方产生的不利影响；以及

"（E）评估部长认定相关的其他此类因素。

"（2）报告。在本法案实施之日起 18 个月内，部长应向众议院农业委员会和参议院农业、营养和林业委员会提供一份报告，说明依据本款规定开展的评估工作成果。

"（3）规定。

"（A）通则。除非（B）中另有规定，且尽管（b）（1）（B）（ⅰ）第二句话做出相关规定，但部长应否决依据（b）（1）（A）的相关规定所提交的下列计划：

"（ⅰ）2017 年财政年度计划；该计划规定超过 20％的营养援助救济以现金形式进行发放；

"（ⅱ）2018 年财政年度计划；该计划超过 15％的营养援助救济以现金形式进行发放；

"（ⅲ）2019 年财政年度计划；该计划规定超过 10% 的营养援助救济以现金形式进行发放；

"（ⅳ）2020 年财政年度计划；该计划规定超过 5% 的营养援助救济以现金形式进行发放；

"（ⅴ）2021 年财政年度计划，规定允许以现金形式发放营养援助救济。

"（B）特例。尽管（A）做出规定，当部长了解（2）中所规定的报告内容后，裁定中止发放救济金可能对项目参与人或特定类别的参与方产生不利影响，则部长可批准一项计划，对此类参方人或特定类别的参与方进行豁免。

"（4）资金。部长应从依据第 18 条规定为 2014 年财政年度提供的经费中拨款 1 000 000 美元，用于开展（2）和（3）所说明的研究和报告工作，这一经费持续提供直到用完为止。

第 4026 条　社区食品项目援助。

《2008 年粮食和营养法》第 25 条（《美国法典》第 7 篇 2034）修订如下：

（1）在（a）中：

（A）在（1）（B）中：

（ⅰ）在（ⅰ）中：

（Ⅰ）在（Ⅰ）中，在"个人"后插入下列内容："通过下列方式，即发放食物、社区主动协助开展联邦援助的营养项目参与工作，或者作为综合服务的一部分，改善食品领取渠道；"；以及

（Ⅱ）在（Ⅲ）中，在"食物，"之后插入"食物领取渠道，"；以及

（ⅱ）在（ⅱ）中，删除（Ⅰ），并插入下列内容：

"（Ⅰ）确保项目高效运作的必要设备；"；以及

（B）删除（2）和（3），并插入下列内容：

"（2）通则。用语'零散食物收集方'指符合下列条件的实体：

"（A）收集原本计划被扔弃的可食用剩余食品，并提供给赈济饥民的机构或非盈利组织；或者

"（B）收割捐赠的农作物，并免费发放给穷人，或者捐赠给机构或盈利组织，由他们最终发放给穷人。

"（3）社区免于饥饿的目标。用语'社区免于饥饿的目标'指第 102 届国会于 1992 年 10 月 5 日通过的第 302 号众议院共同决议案中所说明的 14 项目标。"

（2）在（b）（2）中：

（A）在（A）中，删除最后的"以及"；

（B）在（B）中，删除"2008 年财政年度和之后的每个财政年度。"，并插入下列内容：

"从 2008 年至 2014 年的每个财政年度；以及

"（C）为 2015 年财政年度和之后的每个财政年度提供 9 000 000 美元。"

（3）在（c）中：

（A）在（1）之前的内容中，删除"私人非盈利实体"，并插入"公共食品项目服务提供方，部落组织，或者包括零散食物收集方在内的私营盈利实体，"；

（B）在（1）中：

（ⅰ）在（A）中，删除最后的分号之后的"或"；

（ⅱ）在（B）中，删除最后的分号之后的"或"；以及

（ⅲ）在最后增加下列内容：

"（C）开展努力，减少社区食物安全问题，包括发放粮食，改善服务获取渠道，或者协调开展服务和项目工作；"；

（C）在（2）中，删除最后分号之后的"以及"；

（D）在（3）中，删除最后的句号，并且插入"；以及"；以及

（E）在最后增加下列内容：

"（4）与一个或多个当地伙伴组织合作，达成至少一项'社区免于饥饿'目标。"

（4）在（d）中：

（A）在（3）中，删除最后分号的"或者"；

（B）在（4）中，删除最后的句号，并且插入"；或者"；以及

（C）在最后插入下列内容：

"（5）发展新的资源，并制定新的战略，通过下列措施，帮助减少社区粮食安全问题，并且防止未来出现粮食安全问题：

"（A）发展新的粮食资源；

"（B）与公园和娱乐项目以及其他社区项目协调开展粮食服务工作，减少粮食发放障碍；或者

"（C）为高危人群提供营养知识宣传项目，提高此类群体购买和准备食物的技能，并增进了解节食和健康之间的关系。"

（5）在（f）（2）中，删除"3 年"，并插入"5 年"；以及

（6）删除（h）和（i），并插入下列内容：

"（h）向国会汇报。在 2014 年以及之后每年的 9 月 30 日之前，部长应向国会提交一份报告，介绍依据本条相关规定提供的每笔拨款的情况，其中包括：

"（1）介绍每项资助活动的情况；

"（2）每项资助活动在达成'社区免于饥饿'目标方面取得的成果；以及

"（3）在下列的活动中取得的成效，即提升社区长期能力，解决粮食和农业问题或健康食品获取问题。"

第 4027 条 紧急食物援助。

（a）商品采购。《2008 年粮食和营养法》第 27 条（a）（《美国法典》第 7 篇 2036（a））修订如下：

（1）在（1）中，删除"从 2008 年至 2012 年"，并插入"从 2014 年至 2018 年"；

（1）在（2）中：

（A）在（B），删除最后的"以及"；

（B）在（C）中：

（i）删除"2012 年"，并插入"2018 年"；以及

（ii）删除最后的句号，并插入分号；以及

（C）在最后增加下列内容：

"（D）对于从 2015 至 2018 年的每个财政年度，提供的经费金额为（C）中所说明的商品总金额（以美元计算），加上：

"（i）在 2015 年财政年度，50 000 000 美元；

"（ii）在 2016 年财政年度，40 000 000 美元；

"（iii）在 2017 年财政年度，20 000 000 美元；以及

"（iv）在 2018 年财政年度，15 000 000 美元；以及

"（E）在 2019 年及之后的每个财政年度，（D）（iv）中所说明的商品总金额（以美元计算）按照下列的百分比例进行调整，即廉价食物计划依据第 3 条（u）（4）规定，为了反映 2017 年 6 月 30 日与上一个财政年度 6 月 30 日期间变化而做出的调整百分比例。"以及

（3）在最后增加下列内容：

"（3）经费拨款。对于本款所说明的经费，部长应：

"（A）在两个财政年度提供经费；以及

"（B）允许各州依据部长所决定的条件和条款，将经费余额用于下一个财政年度。"

（b）紧急粮食项目基础设施拨款。《1983 年紧急粮食援助法》第 209 条（d）（《美国法典》第 7 篇

7511a（d））进行修订，删除"2012年"，插入"2018年"。

第4028条 营养知识宣传教育。

《2008年粮食和营养法》第28条（b）（《美国法典》第7篇2036a（b））进行修订，在"选择健康食品"之后插入"和体育活动"。

第4029条 食品零售商店和受益人非法交易。

《2008年粮食和营养法》（《美国法典》第7篇2011及以下）进行修订，在最后增加下列内容：

"第29条 食品零售商店和受益人进行非法交易。

"（a）宗旨。本条旨在为农业部提供额外的资源，强化受益人和零售食品商店项目的廉正性，防止出现违反本法案的非法交易活动。

"（b）经费使用。

"（1）通则。依据本款规定提供额外经费，用于农业部开展活动，推动零售食品商店和受益人廉正诚实行事。

"（2）信息技术。部长应从依据本条规定提供的款项中拨出一定数额的经费，用于通过数据挖掘、数据仓储和其他可用的信息技术，管理补充性营养援助项目，执行依据第4条（c）所颁布的规定。

"（c）资金。

"（1）授权拨款。现授权为2014至2018年每个财政年度拨款5 000 000美元，用于执行本条的相关规定。

"（2）强制性经费。

"（A）通则。财政部长应从财政部拨出的款项中，为2014年财政年度拨款不少于15 000 000美元，转账给部长，用于执行本条的规定；上述经费持续提供直至用完为止。

"（B）经费领取和接受。部长应有权领取并接受依据（A）中规定所转让的经费；经费只得用于执行本条的规定，且除此之外没有其他的拨款。

"（C）持续提供经费。依据（A）中所提供的经费应对其他的联邦项目经费进行补充，而不是对其进行取代。"

第4030条 技术性和相应的修订。

（a）《2008年粮食和营养法》第3条（《美国法典》第7篇2012）修订如下：

（1）在（g）中，删除最后一处出现的"优惠券，"，并插入"优惠券"；

（2）在（k）（7）中，删除"或者是"，并插入"以及"；

（3）删除第（l）节；

（4）将从第（m）至（t）款相应分别重新编号为第（l）至（s）款；以及

（5）在第（s）款（重新编号后的）后插入下列内容：

"（t）'补充性营养援助项目'指依据本法案运作的项目。"

（b）《2008年粮食和营养法》第4条（a）（《美国法典》第7篇2013（a））进行修订，在最后一句话中删除首字母小写的"救济"，并插入首字母大写的"救济"。

（c）《2008年粮食和营养法》第5条（《美国法典》第7篇2014）修订如下：

（1）在（j）（2）（D）的最后一句话中，删除"第13条（b）（2）"，并插入"第13条（b）"；以及

（2）在（k）（4）（A）中，删除"第（2）款（H）"，并插入"第（2）款（G）"。

（d）《2008年粮食和营养法》第6条（d）（4）（《美国法典》第7篇2015（d）（4））进行修订，对（B）（ⅶ）和（F）（ⅲ）相应地进行行首缩进。

（e）《2008 年粮食和营养法》第 7 条（h）（《美国法典》第 7 篇 2016（h））进行修订，将涉及交换费的第（12）项重新编号第（13）项。

（f）《2008 年粮食和营养法》第 9 条（a）（《美国法典》第 7 篇 2018（a））进行修订，将第（3）项进行相应的文首缩进。

（g）《2008 年粮食和营养法》第 12 条（《美国法典》第 7 篇 2021）修订如下：

（1）在（b）（3）（C）中，删除"民事罚款"，并插入"民事处罚"；以及

（2）在（g）（1）中，删除"（《美国法典》第 7 篇 1786）"，并插入"（《美国法典》第 42 篇 1786）"。

（h）《2008 年粮食和营养法》第 15 条（b）（1）（《美国法典》第 7 篇 2024（b）（1））进行修订，修订第一句话中两处出现语法错误，更正为"一次救济"。

（i）《2008 年粮食和营养法》第 16 条（a）（《美国法典》第 7 篇 2025（a））进行修订，修改附文第一句话中出现的语法错误，更正为"第 7 条（f）"。

（j）《2008 年粮食和营养法》第 18 条（e）（《美国法典》第 7 篇 2027（e））进行修订，修改第一句话中出现的语法错误，更正为"第 7 条（f）"。

（k）《2008 年粮食和营养法》第 22 条（b）（10）（B）（i）（《美国法典》第 7 篇 2031（b）（10）（B）（i））进行修订，删除最后一句话中的"食品救济"，并插入"救济"。

（l）《2008 年粮食和营养法》第 26 条（f）（3）（C）（《美国法典》第 7 篇 2035（f）（3）（C））进行修订，删除英文单数形式的"款"，插入英文复数形式的"款"。

（m）《2008 年粮食和营养法》第 27 条（a）（1）（《美国法典》第 7 篇 2036（a）（1））进行修订，删除"（《公法》98—8；《美国法典》第 7 篇 612c 注释）)"，并插入"（《美国法典》第 7 篇 7515）"。

（n）《1996 年个人责任与就业工作折衷法》第 115 条（《美国法典》第 7 篇 862a）进行如下修订：

（1）在（a）（2）中，删除"食品券（定义如《1997 年食品券法》（a）（2）所示），或者依据《1997 年食品券法》开展的任何州立项目"，并插入"补充性营养援助项目（定义如《2008 年粮食和营养法》第 3 条（《美国法典》第 7 篇 2012）所示）或者依据该法案开展的州立项目"；

（2）在（b）（2）中：

（A）删除标题中的"《1997 年食品券法》"，并插入"《2008 年粮食和营养法》"；以及

（B）删除"食品券（定义如《1997 年食品券法》第 3 条（l）所示），或者依据《1997 年食品券法》开展的任何州立项目"，并插入"补充性营养援助项目（定义如《2008 年粮食和营养法》第 3 条（《美国法典》第 7 篇 2012）所示）或者依据该法案开展的州立项目"；以及

（3）在（e）（2）中，删除"《1997 年食品券法》第 3 条（s），当涉及食品券项目（定义如《1997 年食品券法》第 3 条（l）所示），或者依据《1997 年食品券法》规定开展的任何州立项目"，并插入"《2008 年粮食和营养法》第 3 条（《美国法典》第 7 篇 2012），当涉及补充性营养援助项目（定义如该条所示）或者依据该法案开展的州立项目"。

（o）《美国法典》第 31 篇第 3803 条（c）（2）（C）（ⅶ）进行修订，删除"第 3 条（l）"，并插入"第 3 条"。

（p）《社会保障法》第 453 条（j）（10）（《美国法典》第 42 篇 653（j）（10））进行修订，在项标题中删除"食品券项目"，并插入"补充性营养援助项目救济"。

（q）在《社会保障法》第 1137 条（《美国法典》第 42 篇 1320b-7）中：

（1）在（a）（5）（B）中，删除"食品券"，并插入"补充性营养援助"；以及

（2）在（b）（4）中，删除"《1997 年食品券法》所规定的食品券项目"，并插入"依据《2008 年粮食和营养法》（《美国法典》第 7 篇 2011 及之后相关法规）设立的补充性营养援助项目"。

（r）《社会保障法》第 1631 条（n）（《美国法典》第 42 篇 1383）进行修订，在款标题中删除"食品券"，并插入"补充性营养援助"。

（s）《1965 年美国老年人法》第 509 条（《美国法典》第 42 条 3056g）进行修订，删除条标题中的

"食品券项目"，并插入"补充性营养援助项目"。

（t）《1973 年农业和消费者保护法》第 4 条（a）（《美国法典》第 7 篇 612c 注释；《公法》93 - 86）修订，删除"《1977 年食品券法》"，并插入"《2008 年粮食和营养法》"。

（u）《1973 年农业和消费者保护法》第 5 条（《美国法典》第 7 篇 612c 注释；《公法》93 - 86）修订如下：

（1）在（h）（1）中，删除"食品券"，并插入"补充性营养援助项目"；

（2）在（j）（1）中，删除"依据《1977 年食品券法》提供的食品券"，并插入"依据《2008 年粮食和营养法》提供的补充性营养援助救济"；和

（3）在（l）（2）（B）中，删除"《1977 年食品券法》"，并插入"《2008 年粮食和营养法》"。

（v）《2008 年粮食、保育和能源法》第 4115 条（c）（2）（H）（《公法》110 - 246，《联邦纪事》第 122 篇 1871）进行修订，删除"513"，并插入"454"。

第 4031 条　北马里亚纳群岛联邦试点项目。

（a）研究。

（1）通则。在依据（b）中规定设立试点项目时，部长应在本法案实施之日起 2 年内开展研究，评估：

（A）北马里亚纳群岛联邦是否有能力实施依据《2008 年粮食和营养法》（《美国法典》第 7 篇 2011 及以下）所设立的补充性营养援助项目，且项目运作方式类似于美国各州（定义如本法案第 3 条（《美国法典》第 7 篇 2012）所示）的项目运作方式；以及

（B）能够全面满足马里亚纳群岛联邦营养援助需求的其他补充性营养援助项目运作和救济交付方式。

（2）范畴。依据（1）（A）开展的研究应评估马里亚纳群岛联邦是否具备能力履行州立机构（定义如《2008 年粮食和营养法》第 3 条（《美国法典》第 7 篇 2012））所承担的职责，其中包括：

（A）依据本法案第 5 和 6 条（《美国法典》第 7 篇 2015）的规定将项目参与限于符合条件的家庭；

（B）依据本法案第 7 条（《美国法典》第 7 篇 2016）的规定，通过电子救济转让卡发放救济；

（C）依据本法案第 16 条（c）（《美国法典》第 7 篇 2025（c））的规定，维护项目的整体性，包括实施运作一个质量控制系统；

（D）依据本法案第 6 条（d）（《美国法典》第 7 篇 2015（d））的规定，执行工作规定，包括实施开展就业和培训项目；以及

（E）依据本法案第 16 条（a）（《美国法典》第 7 篇 2016（a））的规定，利用非联邦款项来支付承担部分的行政管理成本；

（b）试点项目设立。如果部长裁定试点项目切实可行，则部长应在北马里亚纳群岛联邦设立试点项目，开展补充性营养援助项目，且项目运作模式与各州的项目运作模式相同。

（c）范畴。部长依据（a）规定开展研究后，通过所获取的信息，确定依据（b）规定设立的项目的范畴。

（d）汇报。在不迟于 2019 年 6 月 30 日，部长应向众议院农业委员会和参议院农业、营养和林业委员会提交一份报告，介绍依据本条规定设立的试点项目情况，其中包括分析下列措施的可行性，即在北马里亚纳群岛联邦开展补充性营养援助项目，且项目运作模式与各州的运作模式相同。

（e）经费。

（1）研究。在 2014 年至 2015 年期间的各个财政年度，部长可从《2008 年粮食和营养法》第 18 条（a）（1）规定的经费中拨出不超过 1 000 000 美元，用于开展（a）所说明的研究工作。

（2）试点项目。

（A）通则。除非（b）中另有规定，否则对于《2008 年粮食和营养法》第 18 条（a）（1）（《美国法

典》第 7 篇 2027（a）（1））所规定的经费，部长可以拨发用于依据（b）规定设立和开展试点项目，包括利用联邦经费，向北马里亚纳群岛联邦提供技术援助，授权和监督零售食品商店，和评估试点项目运作；不过拨发的经费不得超过下列规定的金额：

（ⅰ）2016 年财政年度不得超过 13 500 000 美元；以及

（ⅱ）2017 年和 2018 年财政年度每年不得超过 8 500 000 美元。

（B）例外情况。如果部长认定（b）所说明的试点项目不具备可行性，则部长应向北亚里马纳群岛联邦提供（A）所说明的任何未使用的经费，且此类经费应：

（ⅰ）作为北亚里亚纳群岛联邦营养援助项目整笔补助的指定款项，对拨款用于上述补助的其他经费进行补充；以及

（ⅱ）持续提供直至全部用完为止。

第 4032 条　各州的州立营养援助项目参与工作验证年度报告。

（a）年度报告。部长应在本法案实施之日起 180 天内确定日期，而依据《2008 年粮食和营养法》（《美国法典》第 7 篇 2011 及以下）开展补充性营养援助项目的州立机构在该日期过后一年之内及之后的每年向部长提供一份报告。报告应提供充分的信息，供部长参考，裁定州立机构是否在最近结束的一个财政年度验证了机构在该财政年度：

（1）未向已逝个人发放救济；以及

（2）未向永久丧失领取救济资格的个人发放救济。

（b）处罚违规的州立机构。如果州立机构在任何一个财政年度未能遵守（a）中的相关规定，则部长应对其进行处罚，其中包括将该财政年度依据《2008 年粮食和营养法》第 16 条（a）规定（《美国法典》第 7 篇 2025（a））向州立机构支付的应付款项削减 50%。

（c）汇报有关开展试点项目测试和预防受益人重复参与问题的情况。多个州设立临时项目，测试和预防受益人重复参与依据《2008 年粮食和营养法》（《美国法典》第 7 篇 2011 及以下）所设立的补充性营养援助项目。在各州完成这一项目之后，部长应向众议院农业委员会和参议院农业、营养和林业委员会提交一份报告，评估在全国推广该试点项目的可行性、效益和成本。

第 4033 条　在公共设施用地提供传统食物。

（a）目的。本条旨在：

（1）开展食物服务项目时提供传统食物；

（2）鼓励更多人消费传统食物，从而减少印第安人，特别是阿拉斯加原住民存在的健康差异问题；以及

（3）为食物服务项目提供其他的食物选择。

（b）定义。在本条中：

（1）阿拉斯加原住民。用语"阿拉斯加原住民"指任何属于原住民村庄、农村社团或地区社团的成员（上述用语定义如《阿拉斯加原住民土地权处理法》第 3 条（《美国法典》第 43 篇 1602）所示）。

（2）专员。用语"专员"指食物和药物专员。

（3）食物服务项目。用语"食物服务项目"包括：

（A）相应州立机构颁发许可证的留宿托儿设施所提供的食物服务；

（B）任何儿童营养项目（该用语定义如《理查德 B. 罗素国家学校午餐法》第 25 条（b）（《美国法典》第 42 篇 1769f（b））所示）；

（C）医院、诊所和长期护照机构所提供的食品服务；以及

（D）老年人膳食项目。

（4）印第安人；印第安部落。用语"印第安人"和"印第安部落"的含义和《印第安人自决和教育

援助法》第 4 条（《美国法典》第 25 篇 450b）用语的含义相同。

（5）传统食品。

（A）通则。用语"传统食品"指印第安部落以传统方式准备和消费的食物。

（B）范畴。用语"传统食品"包括：

（ⅰ）野味；

（ⅱ）鱼；

（ⅲ）海鲜；

（ⅳ）海产哺乳动物；

（ⅴ）植物；以及

（ⅵ）浆果。

（b）部落组织。用语"部落组织"与《印第安人自决和教育援助法》第 4 条（《美国法典》第 25 篇 450b）中的用语含义相同。

（c）项目。部长和专员应允许捐赠传统食物，并允许通过食物服务项目在公共设施和非盈利设施提供传统食品，其中包括主要服务于印第安人的、由印第安部落运作的设施和部落组织运作的其他设施，不过前提是食品服务项目运作方能够：

（1）确保食物完整、去除内脏、切开，或者用于烧烤时，没有进行进一步的加工；

（2）合理地判定：

（A）动物没有患病；

（B）食品进行屠宰、去除内脏及分割加工、运输和储存，防止出现污染、有害微生物生长或变质问题；以及

（C）食品不会引发重大的健康危害或者可能导致引发人类疾病；

（3）在准备或加工食品时，避免在相同的地点和时间准备或加工用于适用项目的其他食品，防止出现交叉污染的情况；

（4）在加工传统食品之后，清洗和消毒设备和用具接触食物的表面；

（5）在捐赠的传统食品上贴上标签，注明食物的名称；

（6）将传统食物和适用项目的其他食品分开储藏，包括分开储存在不同的冷冻箱或冰箱，或储存冷冻箱或冰箱不同的冷藏室或隔架；

（7）遵守涉及在公共或盈利设施安全准备和提供食品的联邦、州、当地、县、部落或其他非联邦法律；以及

（8）遵守部长和专员制定的其他此类标准。

（d）法律责任。

（1）通则。在通过食品服务项目捐赠或提供食品过程中，如果出现涉及人员损失或伤亡的任何民事诉讼，美国、印第安部落和部落组织不得承担任何法律责任。

（2）解释规则。（1）中的任何规定不会改变《印第安人自决和教育援助法》（《美国法典》第 25 篇 1450 及之后规定）规定美国应承担的任何责任或其他义务。

子篇 B 商品发放项目

第 4101 条 商品发放项目。

《1973 年农业和消费者保护法》第 4 条（a）（《美国法典》第 7 篇 612c 注释；《公法》93-86）进行修订，删除第一句话的"2012 年"，并插入"2018 年"。

第 4102 条 商品补充食物项目。

《1973 年农业和消费者保护法》第 5 条（《美国法典》第 7 篇 612c 注释；《公法》93-86）进行

修订：

（1）在（a）（1）和（2）（B）中，删除每处出现的"2012 年"，并分别插入"2018 年"；

（2）在（d）（2）第一句话中，删除"2012 年"，并插入"2018 年"；

（3）删除（g），并插入下列内容：

"（g）资格。除非（m）中另有规定，否则各州应通过商品补充食品项目，向 60 岁及以上的低收入人群提供援助。"

（4）在最后增加下列内容：

"（m）逐步取消资格。尽管存在其他的法律规定，如果受益人自本款法案生效日之前开始领取商品补充食物项目所提供的援助，则受益人应继续能够领取援助，直到不再符合下列资格规定，即项目所设定的、自本款法案生效日的前一天开始生效的受益人资格规定。

第 4103 条 为特殊营养项目发放剩余商品。

《1981 年农业和食品法》第 1114 条（a）（2）（A）（《美国法典》第 7 篇 1431e（2）（A））进行修订，删除第一句话中的"2012 年"，并插入"2018 年"。

第 4104 条 商品加工。

（a）通则。《1987 年商品发放改革法，以及妇女、婴儿和儿童营养计划修订案》第 17 条（《美国法典》第 7 篇 612c 注释；《公法》100-237）修订如下：

（1）在本条标题中，在"捐赠"之后插入"和加工"；以及

（2）在最后增加下列内容：

"（c）加工。

"（1）通则。尽管存在其他涉及商品和货物采购的联邦或州法律规定，对于（b）所纳入的任何项目，部长可：

"（A）以州的名义（包括州立发放机构或接收机构）保留对提供给加工商的商品的所有权，直到含有此类商品或部长批准的类似商品的成品交付给州立发放机构或接收机构；以及

"（B）颁布规定，针对提供给加工商用于加工成成品的商品设立责任追究制，并且推动将商品加工成成品后提供给接收机构。

"（2）法规。（1）（B）所说明的法规可规定：

"（A）加工商依据与州立发放机构或接收机构签订的协议，领取商品并将其加工成成品，或者提供涉及商品或成品的服务时，向部长提供债券或其他金融保证，以此保护商品不会贬值；以及

"（B）当加工商无法遵守依据本法案签订的加工协议，未能向州立发放机构或接受机构提供成品时，则部长：

"（i）依据本款所颁布的规定，就债券或其他金融担保方式采取行动；以及

"（ii）按照部长认为适当的方式，将部长所获得的收益提供给一个或多个州立发放机构和接收机构。"

（b）定义。《1987 年商品发放改革法，以及妇女、婴儿和儿童营养计划修订案》第 18 条（《美国法典》第 7 篇 612c 注释；《公法》100-237）进行修订，删除（1）和（2），并插入下列内容：

"（1）商品。用语'商品'指部长捐赠给接收机构的农产品和相关生产。

"（2）成品。用语"成品"指含有加工商品的食物产品。"

（c）技术和相应的修订。《1987 年商品发放改革法，以及妇女、婴儿和儿童营养计划修订案》第 3 条（《美国法典》第 7 篇 612c 注释；《公法》100-237）修订如下：

（1）在（a）中：

（A）在（2）中，删除（B），并插入下列内容：

"（B）依据《2008年粮食和营养法》第4条（b）（《美国法典》第7篇2013（b））设立的项目；"；以及

（B）在（3）（D）中，删除"教育和劳工委员会"，并插入"教育和劳动力委员会"；

（2）在（b）（1）（A）（ⅱ）中，删除"《农业调整法》第32条（《美国法典》第7篇601及以下）"，并插入"1935年8月24日法案第32条（《美国法典》第7篇612c）"；

（c）在（e）（1）（D）（ⅲ）中，删除（Ⅱ），并插入下列内容：

"（Ⅱ）依据《2008年粮食和营养法》第4条（b）设立的项目；"；以及

（4）在（k）中，删除"教育和劳工委员会"，并插入"教育和劳动力委员会"。

子篇 C 杂 项

第 4201 条 采购新鲜水里和蔬菜发放给学校和服务机构。

《2002年农业安全与农业投资法》第10603条（b）（《美国法典》第7篇612c-4（b））进行修订，删除"2012年"，并插入"2018年"。

第 4202 条 未加工水果和蔬菜采购试点项目。

《理查德B.罗素国家学校午餐法》第6条（《美国法典》第42篇1755）进行修订，在最后增加下列内容：

"（f）未加工水果和蔬菜采购试点项目。

"（1）通则。部长应开展试点项目，推动在不多于8个、依据本法案获取经费的州采购未加工水果和蔬菜。

"（2）目的。本款所规定的试点项目旨在保证入选的州能够灵活地采购未工加水果和蔬菜。为达成这一目的，各州获准：

"（A）利用部长所确定和授予资格的多个供应商和多种产品；以及

"（B）若有需要，允许在采购试点项目产品时优先选择本地产品。

"（3）选择和参与。

"（A）通则。部长应依据其所制定的标准以及参与条件和条款，选择多个州参与试点项目。

"（B）规定。部长应确保下列地区的一个州至少有一个试点项目：

"（ⅰ）太平洋西北地区；

"（ⅱ）东北地区；

"（ⅲ）西部地区；

"（ⅳ）中西部地区；以及

"（ⅴ）南部地区。

"（4）优先权。在挑选相关州参与试点项目时，部长应基于下列因素挑选申请方：

"（A）各州本地水果和蔬菜作物人均数量和种类；

"（B）各州是否致力于从农场到学校项目，这体现在各州之前在推广强化从农场到学校项目的努力上；以及

"（c）各州是否具备足够数量的教育机构、不同的人群规模和地理位置。

"（5）记录和汇报要求。

"（A）记录要求。入选参加试点项目的各州和参与项目的学校饮食机构应按照部长规定的方式和格式，记录通过试点项目所获取的水果和蔬菜。

"（B）汇报规定。各个参与州应向部长提供一份报告，汇报所在州试点项目进展情况，其中包括下列信息：

"（ⅰ）各州通过试点项目领取的各种水果和蔬菜的数量和成本；以及

"（ⅱ）各州在开展学校饮食服务过程中自主采购蔬果的好处，包括达到学校膳食规定。"

第 4203 条　老年农民市场营养项目。

（a）通则。《2002 年农业安全与农村投资法》第 4402 条（a）（《美国法典》第 7 篇 3007（a））进行修订，删除"2012 年"，插入"2018 年"。

（b）生效日期。第（a）款进行的修订内容于 2013 年 10 月 1 日生效。

第 4204 条　美国饮食指南。

《1990 年全国营养监测和相关研究法》第 301 条（a）（《美国法典》第 7 篇 5341（a））进行修订，在最后增加下列内容：

"（3）孕妇和幼儿。部长最晚在 2020 年报告以及之后的年度报告中，应纳入针对孕妇和从出生至 2 岁之间的幼儿的国家营养和饮食信息和指南。"

第 4205 条　多部门工作小组。

《1994 年农业部重组法》第Ⅱ篇子篇 D（《美国法典》第 7 篇 6951 及以下）进行修订，在最后增加下列内容：

"第 242 条　多部门工作小组。

"（a）通则。部长应在负责粮食、营养和消费者服务事务的副部长办公室设立一个多部门工作小组，小组负责协调商品项目工作并提供指导意见。

"（b）组成结构。工作小组应至少由 4 名成员组成，其中包括：

"（1）一名食品营养局食品发放处的代表，该代表应：

"（A）由负责粮食、营养和消费者服务事务的副部长进行任命；以及

"（B）担任该工作小组的主席；

"（2）至少一名农产品销售局的代表，且代表应由负责营销和监管项目的副部长任命；

"（3）至少一名农场服务局的代表，且代表应由负责农场和对外农业服务的副部长任命；以及

"（4）至少一名食品安全和检验局的代表，且代表应由负责食品安全的副部长任命。

"（c）职责。

"（1）通则。工作小组应负责评估和监控农产品项目，确保农产品项目履行农业部的下列使命：

"（A）支持美国农场部门；以及

"（B）通过农产品项目发放国内农产品，促进美国民众的健康和福祉。

"（2）具体职责。在执行（1）中规定时，工作小组应：

"（A）评估食品采购规格并就此提出建议；

"（B）评估食品的高效及有效分配并就以提出建议；以及

"（C）评估采购食品在数量、质量和规格方面满足生产商需求及接收机构偏爱的程度，并就此做出建议。

"（d）报告。在本条实施之日起一年以内，以及之后的每年，部长应向国会提供一份报告，介绍在报告所涉及的年份内：

"（1）工作小组的调查结果和建议；以及

"（2）为了改善农产品采购项目而执行的政策。"

第 4206 条　健康食品资助倡议。

《1994 年农业部重组法》第Ⅱ篇子篇 D（《美国法典》第 7 篇 6951 及以下）（第 4205 条进行修订后

的内容）进行修订，在最后增加下列内容：

"第 243 条　健康食品资助倡议。

"（a）宗旨。本条旨在强化部长的职权，来保障下列工作，即设立倡议计划，为民众提供健康食品。该倡议旨在改善健康食品供应短缺地区获取健康食品的渠道，并且为符合条件的新鲜健康食品零售商提供贷款和补助，帮助他们克服高成本问题以及进入健康食品供应不足地区所面临的壁垒，以此振兴低收入社区。

"（b）定义。在本条中：

"（1）社区发展金融机构。用语'社区发展金融机构'的含义与《1994 年社区发展银行和金融机构法》第 103 条（《美国法典》第 12 篇 4702）的用语含义相同。

"（2）倡议。用语'倡议'指依据（c）（1）中所设立的健康食品资助倡议。

"（3）国家资金管理机构。用语'国家资金管理机构'指下列社区发展金融机构：

"（A）自本条实施之日开始存在；以及

"（B）农业部社区发展金融机构基金会认证管理倡议计划，负责：

"（ⅰ）筹集私人资本；

"（ⅱ）为合作伙伴项目提供金融和技术援助；和

"（ⅲ）依据本条规定资助符合条件的项目，吸引出售新鲜健康食品的零售商前往健康食品供应不足的地区。

"（4）合作伙伴项目。用语'合作伙伴项目'指符合下列条件的地区、州或当地公私合作伙伴项目：

"（A）旨在改善新鲜、健康食品获取渠道；

"（B）为符合条件的项目提供金融和技术援助；和

"（C）达到部长可能设定的标准。

"（5）易腐食品。用语'易腐食品'指新鲜、冷藏或冷冻的主食。

"（6）优质工作。用语'优质工作'指提供与下列岗位相似或更高薪水和其他福利的工作，即在经济状况相似的地区，规模类似的现有企业所提供的类似岗位。

"（7）主食。

"（A）通则。用语'主食'指基本膳食食物。

"（B）组成。用语'主食'包括：

"（ⅰ）面包或谷类食物；

"（ⅱ）面粉；

"（ⅲ）水果；

"（ⅳ）蔬菜；

"（ⅴ）肉类；和

"（ⅵ）乳制品。

"（c）倡议计划。

"（1）倡议计划设立。部长应设立倡议计划，依据本款的规定达成（a）所说明的目标。

"（2）实施。

"（A）通则。

"（ⅰ）通则。在实施该倡议计划时，部长应依据（C）中所说明的优先事项，向下列实体提供经费，即（B）所说明的、且开展合格项目的实体。

"（ⅱ）经费的使用。依据（ⅰ）中提供给实体的经费应使用于：

"（Ⅰ）设立周期性资本或其他产品贷款池，提供贷款，为符合条件的项目或合作伙伴项目提供资金；

"（Ⅱ）为符合条件的项目或合作伙伴项目提供补助；

"（Ⅲ）向寻求倡议计划注资的资助项目和实体提供技术援助；和

"（Ⅳ）支付国家资金管理方的行政管理成本，但支付的费用不得超过提供的联邦经费的 10％。

"（B）具备资格的项目。在征得部长的同意后，国家资金管理方应针对倡议所涉及的项目制定资质标准，其中应包括签订或规划履行下列协议：

"（ⅰ）在健康食品供应不足的中低收入地区，维持或增加零售渠道数量，提供部长负责决定的各种易腐食品和主食，从而扩大向此类地区供应主食；和

"（ⅱ）领取依据《2008 年粮食和营养法》（《美国法典》第 7 篇 2011 及以下）制定设定的补充性营养援助项目所发放的救济物品。

"（C）优先关注。在实施倡议计划时，应优先关注下列项目：

"（ⅰ）设在财政部社区发展金融机构基金会所定义的严重贫困低收入社区；和

"（ⅱ）具备下列的一项或多项特征：

"（Ⅰ）项目能够帮助社区的低收入居民获得或维持优质工作。

"（Ⅱ）项目在切实可行的最大范围内保障地区食物体系和本地生产的食物。

"（Ⅲ）在拥有公共交通服务的地区，可通过公共交通受益于项目。

"（Ⅳ）项目涉及到妇女或少数民族所开设的企业。

"（Ⅴ）项目从其他渠道获得资金，其中包括其他联邦机构。

"（Ⅵ）经部长认定，项目通过其他方式推进本条的目标。

"（d）拨款授权。授权向部长拨款 125 000 000 美元，用于落实本条规定；这一经费全部用于执行本条规定直至用完为止。"

第 4207 条　为紧急食物援助项目采购清真食物和犹太洁食。

《1983 年紧急食物援助法》第 202 条（《美国法典》第 7 篇 7502）进行修订，在最后增加下列内容：

"（h）犹太洁食和清真食品。在本款开始实施后，部长应尽快最终确定并执行一项计划：

"（1）加大向具有犹太洁食或清真食品执照的食物生产商采购犹太洁食和清真食品，实施本法案所设立的项目，不过前提是采购的洁食和清真食品与不是从具有洁食或清真食品执照的生产商采购的洁食或清真食品相比，成本适中；以及

"（2）修改项目实施中采用的商品清单标签方法，让洁食和清真食品发放实体能够辨别确定从当地食品银行获取的商品。"

第 4208 条　粮食不足营养激励措施。

"（a）通则。在本条中：

"（1）符合条件的实体。用语'符合条件的实体'指：

"（A）非盈利组织（包括紧急粮食供给组织）；

"（B）农业合作社；

"（C）生产者网络或协会；

"（D）社区卫生组织；

"（E）公共救济企业；

"（F）经济发展企业；

"（G）农场主市场；

"（H）社区保障农业项目；

"（I）采购俱乐部；

"（J）参与补充性营养项目援助项目的零售食品商店；

"（K）州立、当地或部落机构；和

"（L）部长指定的任何其他实体。

"（2）紧急粮食供给组织。用语'紧急粮食供给组织'的含义与《1983 年紧急粮食援助法》第 201A 条（《美国法典》第 7 篇 7501）中用语的含义相同。

"（3）补充性营养援助项目。用语'补充性营养援助项目'指依据《2008 年粮食和营养法》（《美国法典》第 7 篇 2011 及以下）所设立的补充性营养援助项目。

"（b）粮食不足营养激励补助。

"（1）授权。

"（A）通则。在（c）所说明的每个年份，部长应依据（2）的规定向符合条件的实体提供补助。

"（B）联邦政府费用承担份额。对于依据本款规定开展活动所产生的费用，联邦政府所承担的份额不得超过总成本的 50％。

"（C）非联邦份额。

"（i）通则。对于本款所规定的活动所产生的费用，非联邦机构可以通过下列形式进行支付：

"（Ⅰ）采用现金和实物捐赠进行支付；实物捐赠形式由部长决定，其中包括设施、设备或服务；以及

"（Ⅱ）由州或当地政府或者私人进行支付。

"（ii）限制。对于以盈利为目的的实体，（i）所说明的非联邦份额不得算入雇员服务费用中，其中包括雇主支付的工资或开支。

"（2）标准。

"（A）通则。在本款中，符合条件的实体指满足下列条件的政府机构或非盈利组织：

"（i）满足部长所制定的申请标准；和

"（ii）提议设立项目，并拟议的项目至少达到下列条件：

"（Ⅰ）得到州立机构的支持；

"（Ⅱ）为参与补充性营养援助项目的低收入消费者提供激励性补助，促进他们增加采购水果和蔬菜；

"（Ⅲ）同意参加（4）中所说明的评估；

"（Ⅳ）确保适用下列情况的条件和条款同样适用于个人使用依据本法案发放的救济金和本条所提供的刺激性补助进行的采购，即不属于《联邦法规汇编》第 7 篇第 278.2 条（b）（或后续法规）所规定的、救济受益家庭成员的个人进行的采购活动；和

"（Ⅴ）包括复制使用于其他州和社区的、用于救济兑换系统的高效技术。

"（B）优先关注。在依据本条规定发放补助时，部长应优先关注下列项目：

"（i）在最大程度地扩大经费中下列支出所占的份额，即直接发放给参与者的激励性补助；

"（ii）采用直接面向消费者的营销策略；

"（iii）出示下列工作的记录，即设计和开展连接低收入消费者和农业生产者的营养激励项目；

"（iv）提供当地和地区生产的水果和蔬菜；

"（v）设在健康食品供应不足的社区；或者

"（vi）达到部长所设定的其他标准。

"（3）适用范围。

"（A）通则。当个人参与本条所资助的活动时获得一定的救济，此类救济的价值应按照《2008 年粮食和营养法》第 8 条（b）（《美国法典》第 7 篇 2017（b））所规定的补充性营养救济的价值来计算。

"（B）禁止征收营业税。各州应确保在依据本款规定采购食品时，各州或当地不会对此进行征税。

"（C）不得限制使用救济。依据本款提供的补助不得用于下列项目，即限制使用《2008 年粮食和营养法》（《美国法典》第 7 篇 2011 及以下）或者其他联邦营养法所发放的救济。

"（D）家庭分配。依据本款规定向补充性营养援助项目救济受益家庭提供的援助不得：

"（ⅰ）被视为受益家庭补充性营养援助项目救济的一部分；或者

"（ⅱ）用于收取或处置《2008 年粮食和营养法》第 13 条（《美国法典》第 7 篇 2022）所规定的索赔。

"（4）评估。

"（A）独立评估。部长应独立评估依据本款所选择的项目，衡量每个项目对下列因素产生的影响：

"（ⅰ）改善依据本条规定领取激励性补助的参与家庭的营养和健康状况；和

"（ⅱ）增加参与家庭采购水果和蔬菜的数量。

"（B）规定。依据（A）中规定所开展的独立评估应采取严格的研究方法，就项目的效益提供有科学依据的信息。

"（C）成本。部长可将提供的经费用于执行本条规定，支付涉及管理、监督和评估每个项目所产生的成本，但此类支出不得超过经费总额的 10％。

"（c）资金。

"（1）授权拨款。现授权在 2014 年至 2018 年财政年度期间每年拨款 5 000 000 美元，用于落实（b）中规定。

"（2）法定资金。部长应按照下列规定从商品信贷公司的资金，用于实施（b）的规定：

"（A）2014 年至 2015 年财政年度期间 35 000 000 美元；

"（B）2016 年和 2017 年财政年度每年拨款 20 000 000 美元；和

"（C）2018 年财政年度拨款 25 000 000 美元。"

第 4209 条　粮食和农业服务学习计划。

《1998 年农业研究、推广和教育改革法》第 Ⅳ 篇（《美国法典》第 7 篇 7630 及以下）进行修订，在最后增加下列内容：

"第 413 条　粮食和农业服务学习计划。

"（a）通则。部长根据（e）中规定的拨款实际情况，通过国家粮食和农业研究所所长开展行动，并与其他监督国家服务项目的联邦机构进行协商，管理一系列竞争性的粮食和农业服务学习补助项目（本条被称之为'项目'），推广农业知识，并改善儿童营养健康状况。

"（b）目标。本项目旨在：

"（1）加强在主办组织或实体、学校食堂和课堂开展粮食、菜园和营养宣传教育的能力；

"（2）对于依据《理查德 B. 罗素国家学校午餐法》第 18 条（g）（《美国法典》第 42 条 1769（g））规定所实施的从农场到学校项目，继续辅助该项目，并在此基础进一步开展工作；

"（3）辅助农业部和学校饮食机构开展努力，实施依据《理查德 B. 罗素国家学校午餐法》（《美国法典》第 42 篇及以下）所设立的学校午餐项目和依据《1966 年儿童营养法》第 4 条（《美国法典》第 42 篇 1773）所设立的学校早餐项目；

"（4）开展活动，促进中小学（上述用语定义如 1965 年《中小学教育法》第 9101 条（《美国法典》第 20 篇 7801）所示）儿童营养健康状况，并加强中小学营养宣传教育力度；和

"（5）促进更高层次的社区参与，支持提供更多的国家服务和志愿者的机会。

"（c）补助。

"（1）通则。在执行该项目时，国家粮食和农业研究所所长应通过竞争的方式向符合条件的实体提供补助，用于达成（b）中（1）（5）所说明的目的。

"（2）优先关注。在依据本条规定提供补助时，部长应优先考虑下列实体所开展的项目：

"（A）拥有可靠的业绩记录，能够达成达（b）中所规定的目标；

"（B）在健康食品供应不足的农村和城市社区开展工作；

"（C）向儿童教授农业、园艺、营养、烹饪和食物来源等方面的知识，并让他们参与相关的体验式

学习活动；和

"（D）促进中小学和当地农业生产者之间的互动。

"（d）问责制。

"（1）通则。部长可要求合作伙伴组织或其他符合条件的实体收集和汇报任何涉及项目活动的数据，具体由部长确定。

"（2）评估。部长应：

"（A）定期评估项目活动；和

"（B）向众议院农业委员会和参议院农业、营养和林业委员会提供一份报告，内容涉及介绍依据（A）中开展的各项评估工作的结果。

"（e）管理。《竞争性、特殊和设施研究补助法》第（b）款（4）、（7）、（8）和（11）（B）（《美国法典》第7篇450i（b））应适用于本条所规定的竞争性补助发放工作。

"（3）维持项目的开展。（1）中所提供的经费只得用于对下列经费进行补充，不得进行取代，即用于农业部营养、研究和拓展项目的联邦拨款经费。"

第 4210 条　营养知识和认知试点项目。

废除《2002 年农业安全与农村投资法》第 4403 条（《美国法典》第 7 篇 3171 注释；《公法》107-171）。

第 4211 条　现有协议终止。

美国农业部部长与墨西哥共和国外交部长于 2004 年 7 月 22 日签订的、名为《营养援助倡议合作伙伴关系》的谅解备忘录宣告无效，自本法案实施之日起开始生效。

第 4212 条　联邦营养项目独家供货合同审查。

（a）通则。部长应评估部长负责开展的联邦营养项目所涉及的独家供货合同，以及此类合同对项目参与、项目目标、非项目消费者、零售商和自由市场动向的影响。

（b）汇报。在本法案实施之日起 1 年内，部长应向众议院农业委员会和参议院农业、营养和林业委员会提交一份报告，说明依据（a）开展的评估工作结果。

第 4213 条　豆类作物产品。

（a）目标。本条旨在鼓励民众进一步了解和关注依据《1990 年国家营养监测和相关研究法》第 301 条（《美国法典》第 7 篇 5341）规定发布的最新《美国饮食指南》所推荐、提供给学童的各类豆类作物产品。

（b）定义。在本条中：

（1）符合条件的豆类作物。用语"符合条件的豆类作物"指干菜豆、干豌豆、扁豆和鹰嘴豆。

（2）豆类作物产品。用语"豆类作物产品"指从符合条件的豆类作物完整或部分获取的食物产品。

（c）豆类作物和豆类作物产品购买。除了《理查德 B. 罗素国家学校午餐法》第 6 条（《美国法典》第 42 条 1755）所提供的商品，部长应根据拨款具体情况，采购符合条件的豆类作物和豆类作物产品，用于：

（1）依据《理查德 B. 罗素国家学校午餐法》（《美国法典》第 42 条 1751 及以下）所设立的学校午餐项目；和

（2）依据《1966 年儿童营养法》第 4 条（《美国法典》第 42 条 1773）所设立的学校早餐项目。

（d）评估。部长应在 2016 年 9 月 30 日之前，评估依据（c）所开展的活动，其中包括：

（1）评估在开展此类活动后，（c）所说明的学校午餐和早餐项目的儿童是否整体增加食用了符合条件的豆类作物产品；

（2）评估学校午餐和早餐项目是否愿意接受符合条件的豆类作物和豆类作物产品；

（3）部长就如何在开展学校午餐和早餐项目时纳入豆类作物产品提出建议；

（4）评估通过开展此类活动，学校午餐和早餐项目的营养成份是否发生变化；和

（5）评估部长认定为有必要的任何其他成果。

（e）报告。在完成（d）所说明的评估工作后，部长应尽快向众议院教育和劳动力委员会以及参议院农业、营养和林业委员会提交一份报告，介绍评估工作结果。

（f）拨款授权。现授权拨款 10 000 000 美元用于实施本条规定；拨款经费全部用于实施本条规定直到用完为止。

第 4214 条　罐装、冷冻或晒干的蔬果。

（a）通则。在 2014 至 2015 学年期间，部长应依据（b）中规定，在不少于五个州的参与《理查德 B. 罗素国家学校午餐法》第 19 条（《美国法典》第 42 条 1769a）所设立的新鲜水果和蔬菜项目（在本条中简称为"项目"）的学校开展试点项目，评估在实施项目过程中允许提供罐装、冷冻或晒干的蔬果所产生的影响。

（b）规定。在本法案实施之日起 60 天内，部长应依据《1990 年国家营养监测和相关研究法》第 301 条（《美国法典》第 7 篇 5341）规定发布的最新《美国饮食指南》，设立向学校供应罐装、冷冻或晒干的蔬果的标准。

（c）评估。部长应评估试点项目的下列情况：

（1）对试点项目参与学校水果和蔬菜食用情况的影响；

（2）试点项目对学校参与项目以及项目运作的影响；

（3）试点项目参与学校所实施的执行策略；

（4）重要利益攸关人接受试点项目的情况；和

（5）部长认定的其他结果。

（d）报告。

（1）临时报告。在 2015 年 1 月 1 日之前，部长应向众议院教育和劳动力委员会以及参议院农业、营养和林业委员会提交一份报告，介绍依据（c）规定开展的评估工作成果。

（2）最终报告。在试点项目完成之际，部长应向众议院教育和劳动力委员会以及参议院农业、营养和林业委员会提供一份报告，介绍依据（c）中开展的评估工作成果。

（e）试点项目资格通知。在部长针对（b）所说明的试点项目制定标准后，部长应尽快通知可能符合条件的学校，告知其可能符合参与试点项目的条件。

（f）与新鲜蔬果项目的关系。本条未规定允许没有参加试点项目的学校通过项目提供除新鲜蔬果以外的其他食物。

（g）经费。部长应利用通过其他方式拨付给部长的 5 000 000 美元实施本条规定。

第 V 篇　信　贷

子篇 A　农场所有权抵押贷款

第 5001 条　农场所有权抵押贷款资质。

（a）通则。《巩固农业和农村发展法》第 302 条（《美国法典》第 7 篇 1922（a））进行如下修订：

（1）删除"（a）通则。"并插入下列内容：

"（a）通则。

"（1）资质要求。"

（2）在第一句话中，删除"和有限责任公司"，并插入"有限责任公司，和部长认定合适的此类其他法律实体，"；

（3）在第二句话中，将（1）至（4）分别重新编号为（A）至（D）；

（4）在第二句和第三句中，删除每处出现的"和有限责任公司"，并插入"有限责任公司，和其他此类法律实体"；

（5）在第三句中：

（A）删除"第（3）项"，并插入"第（C）小项"；

（B）删除"第（4）项"，并插入"第（D）小项"；和

（6）在最后增加下列内容：

"（2）特别规定。

"（A）特定经营实体的资质。仅为或者即将成为家庭农场经营者的实体应被视为满足（1）的所有人-经营者规定，条件是作为家庭农场所有人的个人拥有该实体50％以上（或者部长认定合理的百分比）的所有权。

"（B）特定内嵌实体资质。对于符合下列条件的实体，即属于（1）中所说明的所有人兼经营者，或者是（A）中所说明的经营者、且被其他实体全部或部分所有，如果它的内嵌实体至少75％的所有人权益由家庭农场所有人直接或间接所有，则此类实体被认定为满足（1）所规定的直接所有权要求。"

（b）直接农场所有权经验要求。《加强农业与农村发展法》第302条（b）（1）（《美国法典》第7篇1922（b）（1））进行修订，在（A）中前面的内容中"3年"后面插入"或者一定时间内的其他可接受经验，由部长进行认定"。

（c）相应的修订。

（1）《巩固农业和农村发展法》第304条（c）（2）（《美国法典》第7篇1924（c）（2））进行修订，删除"第302条（a）（1）和（2）"，并插入"第302条（a）（1）（A）和（B）"。

（2）《巩固农业和农村发展法》第310D条（a）（《美国法典》第7篇1924（a））第二句话进行如下修订：

（A）在"伙伴关系"之后插入下列内容："，或者部长认定合适的其他法律实体，"；和

（B）删除出现的所有"或合作伙伴"，并相应插入"合作伙伴，或者所有人"。

第5002条　保育贷款和贷款担保项目。

（a）资质。《巩固农业和农村发展法》第304条（c）（《美国法典》第7篇1924（c））进行修订，删除"或者有限责任公司"，并插入"有限责任公司，或者部长认定合适的其他法律实体"。

（b）适用于贷款担保的限制性规定。《加强农业与农村发展法》第304条（e）（《美国法典》第7篇1924（e））进行修订，删除"应为贷款本金额的75％。"，并插入下列内容"应为：

"（1）贷款本金额的80％；或者

"（2）如果生产者是符合条件且处于社会弱势地位的农场主或牧场主，或者是新从业农场主或牧场主，则为贷款本金额的90％。"

（c）项目推广。《巩固农业和农村发展法》第304条（《美国法典》第7篇1924）进行修订，删除（h），并插入下列内容：

"（h）授权拨款。现授权在2014年至2018年财政年度期间，每年拨款150 000 000美元用于执行本条规定。"

第5003条　联合融资安排。

《巩固农业和农村发展法》第307条（a）（3）（《美国法典》第7篇1927（a）（3））进行修订，删除

(D)，并插入下列内容：

"（D）联合融资安排。当作为联合融资安排的一部分，依据本篇的规定进行直接农场所有权贷款，且直接农场所有权贷款金额不超过联合融资安排提供的本金总额的 50％时，上述直接农场所有权贷款利率应等于下列数字中较大的一个：

"（ⅰ）下列两个数字之间的差额：

"（Ⅰ）2％；和

"（Ⅱ）本款中的农场所有权贷款利率；或者

"（ⅱ）2.5％。"

第 5004 条 废除矿产权评估规定。

《巩固农业和农村发展法》第 307 条（《美国法典》第 7 篇 1927）修订如下：

（1）删除（d）；以及

（2）将（e）重新编号为（d）。

第 5005 条 首付款贷款项目。

（a）通则。《巩固农业和农村发展法》第 310E 条（b）（1）（C）（《美国法典》第 7 篇 1935（b）（1）（C））进行修订，删除"500 000 美元"，并插入"667 000 美元"。

（b）技术性更正。《巩固农业和农村发展法》第 310E 条（b）（《美国法典》第 7 篇 1935（b））进行修订，删除第（2）项（依据《公法》102 - 554 第 7 条（a）规定进行增补后的规定；《联邦纪事》第 106 篇 4145）。

子篇 B 经营性贷款

第 5101 条 农场经营贷款资质。

《巩固农业和农村发展法》第 311 条（a）（《美国法典》第 7 篇 1941（a））进行如下修订：

（1）删除"（a）通则。"，并插入下列内容：

"（a）通则。

"（1）资质要求。"

（2）在第一句话中，删除"和有限责任公司"，并插入"有限责任公司，和部长认定合适的其他法律实体，"；

（3）在第二句话中将（1）至（4）分别重新编号为（A）至（D）；

（4）在第二和三句话中，删除出现的所有"和有限责任公司"，并插入"有限责任公司，和其他法律实体"；

（5）在第三句话中：

（A）删除"第（3）项"，并插入"第（C）小项"；和

（B）删除"第（4）项"，并插入"第（D）小项"；和

（6）在最后新增下列内容：

"（2）特殊规定。对于属于（1）所说明的经营者、且被其他实体全部或部分所有的实体，如果它的内嵌实体至少 75％的所有人权益由家庭农场所有人直接或间接所有，则该实体被认定为满足（1）中所规定的直接所有权要求。"

第 5102 条 废除年轻人须居住农村方可获得经营性贷款的规定。

《巩固农业和农村发展法》第 311 条（b）（1）（《美国法典》第 7 篇 1941（b）（1））进行修订，删

除"作为农村居民的"。

第 5103 条　青年贷款借款人违约。

《巩固农业和农村发展法》第 311 条（b）（1）（《美国法典》第 7 篇 1941（b）（1））进行修订，在最后增加下列内容：

"（5）违约平等对价。

"（A）债务减免。

"（i）通则。当借款人因为超出自身控制的因素，无法按时偿还依据本款规定进行的贷款时，部长应逐案裁定对其进行债务减免。部长将负责裁定合理的违约理由，其中包括任何自然灾难、恐怖主义行动，或者其他导致借款人严重受损的人为灾难。

"（ii）未来贷款资格。尽管存在其他的法律规定，任何联邦机构不得参考本小项所规定的债务减免情况，来裁定借款人是否符合条件获得该机构所提供或担保的贷款。

"（B）教育贷款。尽管存在其他的法律规定，即使借款人在获得本款所规定的青年贷款后拖欠债务或者获得债务减免，该借款人不得因为拖欠债务或者获得债务减免，而丧失向联邦政府获得支付自身教育费用的贷款或贷款担保的资格。

第 5104 条　直接经营性贷款期限。

《巩固农业和农村发展法》第 311 条（c）（《美国法典》第 7 篇 1941（c））进行修订，在最后增加下列内容：

"（5）直接经营性贷款期限年度报告。

"（A）通则。部长应每年准备一份报告，介绍

"（i）农业部直接经营性贷款项目状况；和

"（ii）期限对直接经营性贷款借款人的影响。

"（B）人口统计信息。

"（i）通则。报告应提供各个州下列因素的人口统计分析情况：

"（Ⅰ）所有直接贷款借款人；和

"（Ⅱ）上一日历年度达到直接贷款项目资质标准的借款人；

"（ii）人口统计信息。提供的人口统计信息应在切实可行的最大范围内包括下列信息，即种族或民族、性别、年龄、农场或牧场类型、财务分级、负债年数、退伍军人身份和其他类似信息。

"（C）补充内容。除了（B）中所规定的信息，报告还应提供下列信息：

"（i）对受期限影响的借款人的人口统计分析；

"（ii）影响农业部直接贷款组合的因素的信息，其中包括地区和农业部门产生的影响，以及上述地区和部门的信贷供应情况；

"（iii）在切实可行的最大范围内提供下列信息，即受期限影响的借款人经营状况；和

"（iv）针对任何可识别、未满足的信贷需求提出的建议。

"（D）报告提交。部长应：

"（i）每年向众议院农业委员会和参议院农业、营养和林业委员会提交一份报告；和

"（ii）向公众公开报告，包括在农业部网站上传该报告。"

第 5105 条　本地或地区性作物估值。

《巩固农业和农村发展法》第 312 条（《美国法典》第 7 篇 1942）进行修订，在最后增加下列内容：

"（e）本地或地区性作物估值。

"（1）通则。为推动向本地或地区性食物生产者提供贷款，部长应制定估值方法，决定下列作物和

其他农业产品的单位价格（或者其他合适的估值方法），即最终用于本地或地区性农产品食物。

"（2）历史价格信息。部长应为本地或地区食品生产者设立设立运作一项机制，整理本地或地区食品生产者生产的作物或其他农产品的历史价格信息。"

第 5106 条　小额贷款。

（a）通则。《巩固农业和农村发展法》第 313 条（《美国法典》第 7 篇 1943）进行修订，在最后增加下列内容：

"（c）小额贷款。

"（1）通则。部长依据（2）中的规定，可设立一个项目，提供或担保小额贷款。

"（2）限制。部长不得提供或担保符合下列条件的、本节所说明的小额贷款，即会导致借款人涉及本标题所说明的小额贷款的未偿本金债务总额一次性超 50 000 美元。

"（3）申请。部长应在切实可行的最大范围内减少行政负担，简化小额贷款申请和审批流程。

"（4）合作社贷款试点项目。

"（A）通则。在 2014 年至 2018 年财政年度期间，部长可依据（B）中规定，每年开展试点项目，向认定符合条件的社区发展金融机构提供贷款：

"（i）用于依据本条所规定的条款提供或担保小额贷款；和

"（ii）向小额借款人提供商业、金融、营销和信贷管理服务。

"（B）规定。在向（A）所说明的机构提供贷款之前，部长应：

"（i）审批。

"（I）为上述机构提供的小额贷款设立的贷款损失准备基金；和

"（II）机构小额贷款的承保标准；和

"（ii）制定部长认定必要的、涉及向该机构提供贷款的其他此类规定。

"（C）资质。（A）所说明的机构应达到下列条件，方有资格申请（A）所说明的贷款：

"（i）拥有必要的法定权限来开展（A）中所说明的行动；

"（ii）在援助农业借款人方面拥有良好的业绩记录；和

"（iii）拥有一名掌握相应贷款业务技能的员工。

"（D）监管。机构在获得本项所规定的贷款后，应至少每年一次，在部长所规定的日期向部长提供下列信息，即部长可能需要、用于保证机构所提供的服务能够达成本款所规定的目标的信息。

"（E）贷款金额上限。部长在任何财政年度提供本项所说明贷款时，金额不得超过 10 000 000 美元。"

（b）相应的修订。

（1）《巩固农业和农村发展法》第 311 条（c）（《美国法典》第 7 篇 1941（c））进行修订，删除第（2）项，并插入下列内容：

"（2）直接营业性贷款的定义。在本款中，用语'直接营业性贷款'不包括：

"（A）依据（b）中规定向青年提供的贷款；或者

"（B）向新从业农场主或牧场主，或者资深农场主或牧场主（定义如《1990 年粮食、农业、保育和贸易法》第 2501 条（e）（《美国法典》第 7 篇 2279（e））所示）提供的小额贷款。"

（2）《巩固农业和农村发展法》第 312 条（a）（《美国法典》第 7 篇 1942（a））进行修订，在第（1）项之前，"一笔直接贷款"之后插入"（包括小额贷款，由部长确定）"。

（3）《巩固农业和农村发展法》第 316 条（a）（2）（《美国法典》第 7 篇 1946（a）（2））进行修订，在（A）之前的"利率"后面插入"向新从业农场主或牧场主，或者资深农场主或牧场主（定义如《1990 年粮食、农业、保育和贸易法》第 2501 条（e）（《美国法典》第 7 篇 2279（e））所示）提供的小额贷款，"。

第 5107 条　担保经营性贷款期限。

《巩固农业和农村发展法》第 319 条（《美国法典》第 7 篇 1949）修订如下：

（1）在第（a）中，删除"（a）等级计划。"和

（2）删除第（b）款。

子篇 C　紧急贷款

第 5201 条　紧急贷款资格。

《巩固农业和农村发展法》第 321 条（a）（2）（《美国法典》第 7 篇 1961（a））修订如下：

（1）删除每处出现的"所有人经营者（当贷款用于第 A 篇所说明的用途）或者经营者（当贷款用于标题 B 所说明的用途时）"，并插入"（依据第 A 篇规定提供的农场所有权贷款）所有人经营者或经营者，或者（贷款用于第 B 篇所说明的用途的）经营者"；

（2）在第一句话中：

（A）在第一处出现的"有限责任公司"之后插入"，或者部长认定适宜的其他此类法律实体"；

（B）在第二处出现的"有限责任公司"之后插入"，或者其他法律实体"；和

（C）删除"和有限责任公司"，并插入"有限责任公司，和此类其他法律实体"；

（3）在第二句话中，删除"所有权和经营者"，并插入"所有权或经营者"；和

（4）在最后增加下列内容："对于属于本款所说明的所有人经营者或经营者的实体，如果它的内嵌实体至少 75％的所有人权益由家庭农场所有人直接或间接所有，则该实体被认定为满足本款所规定的直接所有权要求。"

子篇 D　管理规定

第 5301 条　新从业农场主和牧场主个人发展项目试点项目。

《巩固农业和农村发展法》第 333B 条（h）（《美国法典》第 7 篇 1983（h））进行修订，删除"2012 年"，并插入"2018 年"。

第 5302 条　农场主贷款试点项目。

《巩固农业和农村发展法》D 进行修订，在第 333C 条（《美国法典》第 7 篇 1983c）后插入下列内容：

"第 333D 条　农场主贷款试点项目。

"（a）通则。部长可依据子篇 A 至本子篇的相关规定，开展一定规模和期限的试点项目，评估可能改善依据子篇 A 至本子篇的相关规定开展的项目的效率和效力。

"（b）通知。部长应：

"（1）部长在启动（a）中所说明的试点项目之日起 60 天内，向众议院农业委员会和参议院农业、营养和林业委员会提交拟议试点项目通知；和

"（2）考虑针对（1）中所说明的通知所提供的反馈建议。"

第 5303 条　有关符合资质新从业农场主或牧场主的定义。

（a）通则。《巩固农业和农村发展法》第 343 条（a）（11）（《美国法典》第 7 篇 1991（a）（11））第（C）和（D）小项进行修订：

（1）删除每处出现的"或者联合经营体"，并插入"联合经营体，或者部长认定适宜的其他此类法

律实体,";

(2) 删除每处出现的"或者联合经营体",并插入"联系经营体,或者所有人,";和

(3) 在(D)中,删除(ⅰ)(Ⅱ)(bb)和(ⅱ)(Ⅱ)(bb)出现的"企业,拥有股东",并插入"合作社、企业、合伙企业,联合经营体,或者部长认定适宜的其他此类法律实体,拥有会员、股东、合作伙伴或者联合经营者,"。

(b) 修改土地所有权限制。《巩固农业和农村发展法》第 343 条(a)(11)(F)(《美国法典》第 7 篇 1991(a)(11)(F))进行修订,删除"土地面积中值",并插入"平均土地面积"。

第 5304 条　授权贷款水平。

《巩固农业和农村发展法》第 346 条(b)(1)(《美国法典》第 7 篇 1994(b)(1))进行修订,在删除(A)前面的"2012 年",并插入"2018 年"。

第 5305 条　贷款基金储备金。

《巩固农业和农村发展法》第 346 条(b)(2)(A)(ⅱ)(Ⅲ)(《美国法典》第 7 篇 1994(b)(2)(A)(ⅱ)(Ⅲ))修订如下:

(1) 删除"2012 年",并插入"2018 年";和

(2) 删除"总额"。

第 5306 条　借款人培训。

《巩固农业和农村发展法》第 359 条(c)(2)(《美国法典》第 7 篇 2006(a)(2))进行修订,删除"第 302 条(a)(2)或者 311 条(a)(2)",并插入"第 302 条(a)(1)(B)或 311 条(a)(1)(B)"。

子篇 E　杂　　项

第 5401 条　州农业调解项目。

《1987 年农业信贷法》第 506 条(《美国法典》第 7 篇 5106)进行修订,删除"2015 年",并插入"2018 年"。

第 5402 条　向高度分级土地的购买者提供的贷款。

《公法》91-229(《美国法典》第 25 篇 488)第 1 条修订如下:

(1) 在(a)中,删除第一句话中的从"贷款"直到"1929)"的内容,并插入"直接贷款,并贷款方式与依据《巩固农业和农村发展法》子篇 D(《美国法典》第 7 篇 1981 及以下)所规定的直接贷款方式一致";和

(2) 在(b)(1)中:

(A) 删除"依据《印第安人土地整治法》第 205 条(c)(《美国法典》第 25 篇 2204(c))";

(B) 在结尾的句号之前插入"或者中介,以此设立经营性贷款基金,用于购买此条所说明的高度分级土地"。

第 5403 条　取消重复评估。

尽管存在其他的法律(包括法规)规定,在提供《公法》91-229(《美国法典》第 25 篇 488)第 1 条说明的贷款时,印第安部落成员或者部落企业只能进行一次评估,且评估标准应为部长或内政部长自本法案实施之日起所认可的标准。

第 5404 条　农场信贷系统机构薪酬信息披露机制。

（a）调查结果。国会调查认定：

（1）农场信贷系统机构应披露农场信贷系统机构高官的薪酬信息，这有利于股东了解机构运作情况；

（2）薪酬透明机制强化农场信贷系统机构的合作性质；

（3）在颁布规定时，应考虑到农场信贷系统机构独特的合作性质；

（4）股东参与选举农场信贷系统机构董事会，这让股东有机会参与机构的管理工作；

（5）农场信贷系统机构董事会作为股东的代表，制定和监督农场信贷系统机构薪酬机制，确保机构安全运作；和

（6）任何规定应促进而不是阻碍农业信贷系统董事会监督薪酬机制的运作。

（b）实施。在本法案实施之日 60 天内，农场信贷管理部门应评估其规定，以此反映国会的下列意图，即农场信贷系统机构董事会作为股东当选代表，所承担的主要职责是监管薪酬机制。

第Ⅵ篇　农村发展

子篇 A　《巩固农业和农村发展法》

第 6001 条　水资源、废物处理和废水处理设施补助。

《巩固农业和农村发展法》第 306 条（a）（2）（B）（ⅶ）（《美国法典》第 7 篇 1926（a）（2）（B）（ⅶ））进行修订，删除"2012 年"，并插入"2018 年"。

第 6002 条　取消社区设施补助项目基金预定规定。

《巩固农业和农村发展法》第 306 条（a）（19）（《美国法典》第 7 篇 1926（a）（19））进行修订，删除第（C）小项。

第 6003 条　农村水资源和废水巡回骑士项目。

《巩固农业和农村发展法》第 306 条（a）（《美国法典》第 7 篇 1926（a））进行修订，删除第（22）项，并插入下列内容：

"（22）农村水资源和废水巡回骑士项目。

"（A）通则。部长应继续开展符合下列条件的国家农村水资源和废水巡回骑士项目：

"（ⅰ）经部长认定，与本项法案实施前开展的项目的活动和成果保持一致；和

"（ⅱ）通过农村公共事业服务局从部长处获得经费。

"（B）拨款授权。授权为 2014 年财政年度及之后的每个财政年度拨款 20 000 000 美元，用于执行本条的规定。"

第 6004 条　为社区设施提供贷款担保。

《巩固农业和农村发展法》第 306 条（a）（24）（《美国法典》第 7 篇 1926（a）（24））进行修订，在最后增加下列内容：

"（C）为社区设施提供贷款担保。部长应考虑到社区通过贷款担保开展社区设施项目所享受到的好处，并在切实可行的最大范围内，采用担保方式促进社区的参与。"

第 6005 条　部落高等院校必要社区设施。

《巩固农业和农村发展法》第 306 条（a）（25）（C）（《美国法典》第 7 篇 1926（a）（25）（C））进

行修订，删除"2012 年"，并插入"2018 年"。

第 6006 条　必要社区设施技术援助和培训。

《巩固农业和农村发展法》第 306 条（a）进行修订，在最后增加下列内容：

"（26）必要社区设施技术援助和培训。

"（A）通则。部长应向服务于农村地区的公共机构和私营非盈利法人（如州、县、市、镇区、合并镇和村、区、机构、地区，以及联邦和州立保留地的印第安部落）提供补助，让公共机构和私营非盈利法人能够向（1）所说明的协会提供本节所批准的必要社区设施项目技术援助和培训：

"（ⅰ）帮助社区识别社区设施需求，并就此进行规划；

"（ⅱ）识别公共和私人资源，为社区设施需求提供资金；

"（ⅲ）准备必要的报告和调查，申请资金援助来发展社区设施；

"（ⅳ）准备资金援助的申请；

"（ⅴ）改善涉及社区设施运作的管理工作，包括财务管理工作；或者

"（ⅵ）向部长所确定的其他需求提供援助。

"（B）优先选择。在挑选本项所说明的补助接受人时，部长应优先选择下列私营、非盈利性或者公共组织，即在向农村实体提供技术援助和培训方面具备丰富经验。

"（C）经费。对于任何一个财政年度拨款用于开展本章所批准的必要社区设施补助、贷款和贷款担保项目的经费，应有 3％至 5％的金额预留给本条所说明的补助。"

第 6007 条　应急和紧急社区水资源援助补助项目。

《巩固农业和农村发展法》第 306A 条（ⅰ）（2）（《美国法典》第 7 篇 1926a（ⅰ）（2））进行修订，删除"2012 年"，并插入"2018 年"。

第 6008 条　阿拉斯加农村和原住民村庄供水系统。

《巩固农业和农村发展法》第 306D 条（d）（1）（《美国法典》第 7 篇 1926（d）（1））进行修订，删除"2012 年"，并插入"2018 年"。

第 6009 条　家用水井系统。

《巩固农业和农村发展法》第 306E 条（d）（《美国法典》第 7 篇 1926e（d））进行修订，删除"2008 年至 2012 年财政年度每年拨款 10 000 000 美元"，并插入"2014 年至 2018 年财政年度每年拨款 5 000 000 美元"。

第 6010 条　农村商业和工业贷款项目。

（a）通则。《巩固农业和农村发展法》第 310 条（a）（2）（A）进行修订，在"雇佣"后面插入"（包括通过提供周转资本）"。

（b）通过收应款项为充足抵押品提供更大的灵活度。《巩固农业和农村发展法》第 310B 条（g）（7）（《美国法典》第 7 篇 1932（g）（7））修订如下：

（1）删除"决定"，并插入下列内容：

"（A）通则。决定"；和

（2）在最后增加下列内容：

"（B）应收款项。如果部长认定这一行动不会引发或者导致出现不合理的违约风险或联邦政府受损风险，则部长可酌情将应收款项作为贷款债务的担保，而借款人可将应收款项作为抵押，获取本款所提供或担保的贷款。"

（c）法规。在本法案实施之日起 180 天内，部长应颁布必要的法律，用于执行本条进行修订的规定。

第 6011 条　固体废物处理补助。

《巩固农业和农村发展法》第 310B 条（b）（《美国法典》第 7 篇 1932（b））修订如下：

（1）删除"部长"，并插入下列内容：

（2）在最后增加下列内容：

"（2）授权拨款。在 2014—2018 年财政年度期间，授权每年拨款 10 000 000 美元，用于执行本款规定。"

第 6012 条　农村商业发展补助。

（a）通则。《巩固农业和农村发展法》第 310B 条（《美国法典》第 7 篇 1932）进行修订，删除第（c）款，并插入下列内容：

"（c）农村商业发展补助。

"（1）通则。部长可依据本款规定向下列符合条件的农村地区实体提供补助，即（2）中所说明的、且主要服务于农村地区来达成（3）中所规定的目标。

"（2）符合条件的实体。部长可依据本款规定向下列实体提供补助：

"（A）政府实体；

"（B）印第安部落；和

"（C）非盈利实体。

"（3）非盈利实体。

"（3）补助合理使用用途。符合条件的实体在获得本款所说明的补助后，可将补助经费用于下列用途：

"（A）下列商业机会项目：

"（ⅰ）识别和分析商业机会；

"（ⅱ）识别和培训潜在的农业企业家和管理人员，并向他们提供技术援助；

"（ⅲ）协助组建新的农村公司，并通过商业支持中心等方式维持现有公司的运作；

"（ⅳ）开展地区、社区和当地经济发展规则和协调工作，以及领导培养工作；和

"（ⅴ）设立培训、技术和贸易中心，为农村公司提供交互性通信技术培训，帮助开拓国际贸易商机和市场；和

"（B）为资助或促进下列工作的商业企业提供支持的项目：

"（ⅰ）发展小型和新兴私营商业企业；

"（ⅱ）设立、拓展和运作农村远程学习网络；

"（ⅲ）开发农村学习项目，为成年学员提供潜在就业或职位晋升方面的教育或工作培训指导；和

"（ⅳ）向农村社区提供技术援助和培训，改善客运服务或设施。

"（4）授权拨款。

"（A）通则。在 2014—2018 年财政年度期间，每年授权拨款 65 000 000 美元用于执行本款规定；拨款全部用于这一目的，直到用完为止。

"（B）经费分配。对于依据（A）中规定向任何一个财政年度的拨款，用于达成（3）（A）所说明的目的的款项不得超过总拨款金额的 10%。"

（b）相应的修订。《巩固农业和农村发展法》第 306 条（a）（《美国法典》第 7 篇 1926（a））进行修订，删除（11）。

第 6013 条　农村合作社发展补助。

《巩固农业和农村发展法》第 310B 条（e）（《美国法典》第 7 篇 1932（e））修订如下：

（1）将（12）重新编号为（13）；

（2）在（11）后插入下列内容：

"（12）跨机构工作小组。在《2014 年农业法》实施之日起 90 天内，部长应协调并主持跨机构工作小组的工作，推动合作社的发展，并确保与拥有合作社项目和相关权益的联邦机构、国家和地方合作社组织进行协调。"；和

（3）在第（13）项（经重新编号后的规定）中，删除"2008 年至 2012 年财政年度期间，每年提供50 000 000 美元"，并插入"2014 年至 2018 年财政年度期间，每年拨款 40 000 000 美元"。

第 6014 条　本地或地区生产的农业粮食产品。

《巩固农业和农村发展法》第 310B 条（g）（9）（B）（ⅴ）（Ⅰ）（《美国法典》第 7 篇 1932（g）（9）（B）（ⅴ）（Ⅰ））进行修订，删除"2012 年"，并插入"2018 年"。

第 6015 条　为农村地区项目进行相应的技术转让。

《巩固农业和农村发展法》第 310B 条（i）（4）（《美国法典》第 7 篇 1932（i）（4））进行修订，删除"2012 年"，并插入"2018 年"。

第 6016 条　农村经济地区合作伙伴区。

《巩固农业和农村发展法》第 310B 条（j）（《美国法典》第 7 篇 1932（j））进行修订，删除"2012年"，并插入"2018 年"。

第 6017 条　中介再贷款项目。

（a）通则。《巩固农业和农村发展法》子篇 C（《美国法典》第 7 篇 1922 及以下）进行修订，在最后增加下列内容：

"第 310H 条　中介再贷款项目。

"（a）通则。部长可向（b）所说明的、符合条件的实体提供和担保贷款，而此类符合条件的实体可将此类款项再贷款给个人和实体，用于达成（c）所说明的目的。

"（b）符合条件的实体。具备获得（a）所说明的贷款和贷款担保的实体包括：

"（1）公共机构；

"（2）印第安部落；

"（3）合作社；和

"（4）非盈利企业。

"（c）合理的目的。对于部长依据（a）规定提供和担保的贷款产生的收益，符合条件的实体可进行再贷款，用于下列项目：

"（1）主要为农村地区社区进行服务；和

"（2）部长认定符合下列条件：

"（A）促进社区发展；

"（B）组建新的企业；

"（C）设立和支持小额贷款项目；和

"（D）创造或维续就业机会。

"（d）限制。部长不得提供《1981 年社区经济发展法》第 623 条（a）（《美国法典》第 7 篇 9812（a））所说明的贷款。

"（e）拨款授权。在 2014 年至 2018 年财政年度期间，每年拨款 25 000 000 美元用于执行本款的规定。"。

（b）相应的修订。《1985 年粮食安全法》第 1323 条（b）（2）（《公法》99－198；《美国法典》第 7 篇 1932 注释）修订如下：

（1）在（A）中，在最后增加"和"；

（2）在（B）中，删除"；和"，并插入句话；和

（3）删除第（C）小项。

第 6018 条　农村高校协调战略。

《巩固农业和农村发展法》第 331 条（《美国法典》第 7 篇 1981）进行修订，在最后增加下列内容：

"（d）农村高校协调战略。

"（1）通则。部长应制定协调战略，全面覆盖农业发展任务区的相关项目，通过自本款实施之日开始运作的机构，对农村社区院校和技术院校进行投资，满足农村社区的具体需求。

"（2）协商。在制定协调战略时，部长应与代表服务于农村的社区大学和技术大学的团体进行协商，协调对参与劳动力培训的农村社区大学和技术大学的重要投资工作。

"（3）管理。本款未规定优先拨发经费给自本款生效之日起运作的机构。

"（4）协调战略的运用。部长应运用协调战略以及战略信息，高效地服务于农村社区的社区大学和技术大学投资工作。"

第 6019 条　农村用水和废水处理基础设施。

《巩固农业和农村发展法》第 333 条（《美国法典》第 7 篇 1983）修订如下：

（1）删除（1）之前的内容中的"要求"；

（2）在（2）"314"后插入"，要求"；

（3）在（3）"贷款，"后插入"要求"；

（5）在（4）中：

（A）在"（4）"后插入"要求"；和

（B）删除分号后的"和"；

（6）在（5）中：

（A）在"（5）"后插入"要求"；和

（B）删除最后的句号，并插入"；和"；和

（7）在最后增加下列内容：

"（6）对于依据第 306 条提供的用水和废水处理直接和担保贷款，在切实可行的最大范围内鼓励私营或合作社借款人通过下列方式，为农村用水和废水处理设施提供资金：

"（A）最大限度利用贷款担保，为人口超过 5 500 的农村社区的符合条件的项目提供资金；

"（B）最大限度利用直接贷款，为农村社区的符合条件的项目提供资金，不过前提是与贷款担保型注资相比，纳税人受到的影响更大；

"（C）制定和实施重要标准，认定直接贷款和贷款担保对纳税人产生的不同影响；

"（D）对于临时注资需求超过 500 000 美元的项目，要求项目开始向私营或合作社贷款人寻求资金；和

"（E）认定现有直接贷款借款人在提供新的直接贷款之前，能否通过贷款担保等方式向私营或合作社贷款人进行再筹款。"

第 6020 条　简化申请流程。

（a）通则。《巩固农业和农村发展法》第 333A 条（《美国法典》第 7 篇 1983a）进行修订，在最后增加下列内容：

"（h）简化申请表。除非（g）（2）另有规定，部长应在切实可行的最大范围内，为第 306、306C、306D、306E、310B（b）、310B（e）、310B（f）、310H、379B 和 379E 条所批准的补助和再贷款制定简化申请流程，包括（在可行的情况下）单页申请表。"

（b）向国会汇报。在本法案实施之日起 2 年内，部长应向众议院农业委员会和参议院农业、营养和林业委员会提供一份报告；报告包括下列内容，即评估对（a）所修订的规定的执行情况。

第 6021 条　国家农村发展合作伙伴项目。

《巩固农业和农村发展法》第 378 条（《美国法典》第 7 篇 2008m）修订如下：
（1）在（g）（1）中，删除"2012 年"，插入"2018 年"；和
（2）在（h）中，删除"2012 年"，并插入"2018 年"。

第 6022 条　国家海洋和大气管理局气象无线电发射器补助。

《巩固农业和农村发展法》第 379B 条（d）（《美国法典》第 7 篇 2008p（d））进行修订，删除（d），并插入下列内容：

"（d）授权拨款。在财政年度 2014 年至 2018 年期间，现授权每年拨款 1 000 000 美元，用于执行本条规定。"

第 6023 条　农村小型企业援助项目。

《巩固农业和农村发展法》第 379E 条（d）（《美国法典》第 7 篇 2008s（d））修订如下：
（1）在（1）中：
（A）在（A）中，删除最后分号的"和"字；
（B）在（B）中，删除最后的句号，并插入"；和"；和
（C）在最后增加下列内容：
"（C）在 2014 年至 2018 年财政年度期间，每年拨款 3 000 000 美元。"；和
（2）在（2）中，删除"2012 年"，并插入"2018 年"。

第 6024 条　医疗保健服务。

《巩固农业和农村发展法》第 379G 条（e）（《美国法典》第 7 篇 2008u（e））进行修订，删除"2012 年"，并插入"2018 年"。

第 6025 条　战略性经济和社区发展。

《巩固农业和农村发展法》子篇 D（《美国法典》第 7 篇 1981 及以下）进行修订，在最后增加下列内容：

"第 379H 条　战略性经济和社区发展。

"（a）通则。对于（d）（2）中所说明的所有农村发展项目，部长经认定和批准后，可优先考虑下列项目的申请：
"（1）达到本篇的适用资质规定；
"（2）仅在农村地区实施开展；和
"（3）在跨司法区域的基础之上支持战略性社区和经济发展规则。

"（b）农村地区。依据（a）（2）中的规定，如果出现下列情况，部长应考虑涉及仅在农村地区开展的项目的申请：

"（1）当申请（d）（2）（A）中所说明的农村社区设施类别下的项目时，该项目应在第343条（a）（13）（C）所说明的农村地区实施开展；

"（2）当申请（d）（2）（B）所说明的农村公用事业类别下的项目，此类项目应在第343条（a）（13）（B）所说明的农村实施开展；和

"（3）当申请（d）（2）（C）所说明的农村商业和合作社发展类别下的项目时，此类项目应在第343条（a）（13）（A）所说明的农村地区实施开展。

"（c）评估。

"（1）通则。在评估战略性申请时，部长应优先考虑（a）所说明的计划的战略性申请。该申请应向部长证明：

"（A）计划服务领域的多个利益攸关者协作制定该计划，其中包括州、地方和部落政府，非盈利机构、高等教育机构和私营实体协作参与；

"（B）计划掌握了解能够保障计划的可适用地区资源，包括自然资源、人力资源、基础设施和金融资源；

"（C）其他联邦机构进行投资；

"（D）慈善机构进行投资；和

"（E）计划设定了明确的目标，并能够制定可衡量的业绩标准，了解掌握目标达成情况。

"（2）与计划保持一致。对于涉及州、县、市或部落政府的申请，此类申请书应证明其与地区经济或社区发展计划保持一致。

"（d）经费。

"（1）通则。依据（3）和（e）的规定，部长可预留一定经费给支持（a）中所说明跨司法区域战略性社区和经济发展计划的项目，且经费额定不得超过单个财政年度拨发给（2）所说明的职能类别的款项的10％。

"（2）职能类别。本款所说明的职能类别包括：

"（A）农村社区设施类别。农村社区设施类别包括依据第306条（a）（1）、（19）、（20）、（21）、（24）或（25）规定提供社区设施的补助以及直接和担保贷款所有款项。

"（B）农村公共事业类别。农村公共事业类别包括下列经费的所有款项：

"（ⅰ）第306条（a）（1）、（2）或（24）所规定的用水或废水处理补助或者直接或担保贷款；

"（ⅱ）第306条（a）（14）所规定的农村用水或废水技术援助和培训补助；

"（ⅲ）第306A条所规定的紧急社区用水援助补助；或者

"（ⅳ）第310B条（b）所规定的固体废物处理补助。

"（C）农村商业和合作社发展类别。农村商业和合作社发展类别包括下列所有拨发的款项：

"（ⅰ）第310B条（a）（2）（A）所说明的商业和工业直接和担保贷款；或者

"（ⅱ）第310B条（c）所说明的农村商业发展补助。

"（3）预留期限。（2）所说明的经费预留期限只得延长至经费首次拨发的财政年度的6月30日。

"（e）获批申请。

"（1）通则。如果申请人提交农村发展申请，且申请在本条规定生效实施之前获得批准，则该申请人可修改申请，以符合获得（d）（1）所预留经费的资格。

"（2）农村公用事业。农村发展申请如果在本条生效实施之前获得第306条（a）（2）、306条（a）（14）、306条（a）（24）、306A条或者310B条（b）的授权，且获得部长的审批，则此类申请和2016年9月30日之前依据本条规定提交的申请一样，具备资格获得依据（d）（1）所预留的经费。"

第 6026 条　三角洲地区当局。

（a）授权拨款。《巩固农业和农村发展法》第 382M 条（a）（《美国法典》第 7 篇 2009aa‑12（a））进行修订，删除"2012 年"，并插入"2018 年"。

（b）权限终止。《巩固农业和农村发展法》第 382N 条（《美国法典》第 7 篇 2009aa‑13）进行修订，删除"2012 年"，并插入"2018 年"。

第 6027 条　北大平原地区当局。

（a）审计。《巩固农业和农村发展法》第 383L 条（c）（《美国法典》第 7 篇 2009bb‑10（c））进行修订，在"每年"之后插入"拨发经费的任何财政年度"。

（b）授权拨款。《巩固农业和农村发展法》第 383N 条（a）（《美国法典》第 7 篇 2009bb‑12（a））进行修订，删除"2012 年"，并插入"2018 年"。

（c）权限终止。《巩固农业和农村发展法》第 383O 条（《美国法典》第 7 篇 2009bb‑13）进行修订，删除"2012 年"，并插入"2018 年"。

第 6028 条　农村商业投资项目。

《巩固农业和农村发展法》第 384S 条（《美国法典》第 7 篇 2009cc‑18）进行修订，删除"2008 年至 2012 年财政年度期间拨款 20 000 000 美元"，并插入"在 2014 年至 2018 年财政年度期间，每年拨款 20 000 000 美元"。

子篇 B　《1936 年农村电气化法》

第 6101 条　特定贷款担保费用。

《1936 年农村电气化法》进行修订，在第 4 条（《美国法典》第 7 篇 904）后插入下列内容：

"第 5 条　特定贷款担保费用。

"（a）通则。对于电气化基本负荷发电贷款担保，部长经借款人请求，应收取预付费用，用于支付贷款担保成本。

"（b）费用。（a）中所说明的贷款担保费用金额应等于贷款担保（在《1990 年联邦信贷改革法》第 502 条（5）（C）（《美国法典》第 2 篇 661a（5）（C））所规定的范畴内）成本金额。

"（c）限制。借款人不得利用联邦政府提供或担保的贷款或其他债务欠款来支付本条所说明的费用。"

第 6102 条　电气化或电话债券和票据担保。

《1936 年农村电气化法》第 313A 条（f）（《美国法典》第 7 篇 940c‑1（f））进行修订，删除"2012 年"，并插入"2018 年"。

第 6103 条　扩大 911 服务范围。

《1936 年农村电气化法》第 315 条（d）（《美国法典》第 7 篇 940e（d））进行修订，删除"2012 年"，并插入"2018 年"。

第 6104 条　农村地区宽带电信服务接入。

（a）通则。《1936 年农村电气化法》第 601 条（《美国法典》第 7 篇 950bb）进行如下修订：

（1）在（c）中，删除（2），并插入下列内容：

"（2）优先关注。在提供（1）中所说明的贷款或贷款担保时，部长应：

"（A）每个财政年度设立不少于两个评估期，比较贷款和贷款担保申请，优先为下列农村社区的整个或部分地区提供贷款和贷款担保，即没有达到（e）中所规定的宽带服务最低可接受水平的居民宽带服务；

"（B）优先考虑下列申请人，即为没有宽带服务的家庭或者居民宽带服务未达到（e）中所规定的宽带服务最低可接受水平的家庭提供宽带服务，且提供的宽带服务：

"（ⅰ）经受影响社区、城市、镇，或者设计人员进行认证；或者

"（ⅱ）在下列地图下进行展示：

"（Ⅰ）受影响州的宽带地图，不过前提是该地图包含地址级数据；或者

"（Ⅱ）国家宽带地图，不过前提是无法获取地级级数据；和

"（C）同等考虑所有符合条件的申请人，包括之前未获得（1）中所规定的贷款或贷款担保的申请人；和

"（D）着重优先考虑下列申请人，即在申请过程中主动提供商业服业未占据主导地位的宽带服务，不过前提是在拟议的服务地区，至少向25％的客户提供商业性质服务。"

（2）在（d）中：

（A）在（1）（A）中，删除（ⅰ），并插入下列内容：

"（ⅰ）证明具备下列能力，即提供宽带服务或提高宽带服务水平，并达到（e）中所制定的最低可接受宽带服务水平；或者将宽带服务拓展覆盖整个或部分未接通宽带的地区，或未达到（e）中所规定的最低可接受宽带服务水平的地区；"；

（B）在（2）中：

（1）在（A）中，删除（ⅰ），并插入下列内容：

"（ⅰ）拟议的服务区域至少有15％的家庭没有接通宽带服务，或者服务水平低于（e）中所规定的最低可接受宽带服务水平；和"；

（ⅱ）在（B）的标题中，删除"25"；和

（ⅲ）在（C）中：

（Ⅰ）在该小项的标题中，删除"3或者更多"；和

（Ⅱ）删除（ⅰ），并插入下列内容：

"（ⅰ）通则。除了（ⅱ）规定内容以外，（A）（ⅱ）通常不适用于拟议服务区的下列本地服务提供商，即正在升级服务区域的宽带服务，达到（e）中所规定的最低可接受宽带服务水平。"

（C）在（3）（B）中，在最后增加下列内容：

"（ⅲ）信息。依据本小项规定提交的信息应：

"（Ⅰ）经受影响社区、城市、镇，或者设计人员的认证；或者

"（Ⅱ）在下列地图下进行展示：

"（aa）受影响州的宽带地图，不过前提是该地图包含地址级数据；或者

"（bb）国家宽带地图，不过前提是无法获取地级级数据。"

（D）通知规定。部长应迅速提供涉及农村公用事业服务网络的完整可搜索数据库。数据库内容至少包括下列内容：

"（A）本条所说明的贷款或贷款担保申请人通知，介绍申请情况，其中包括：

"（ⅰ）申请人身份；

"（ⅱ）介绍每项申请情况，包括：

"（Ⅰ）申请人拟议服务的各个区域；和

"（Ⅱ）各个申请人要求的支持数量和类型；

"（ⅲ）各项申请的状况；

"（ⅳ）上述区域未接通地面宽带服务家庭的预计数量和所占份额；和

"（ⅴ）依据部长明确规定的方式，提供申请人拟议服务的人口普查群体或拟议服务地区的清单；

"（B）通告依据本条规定获得援助的各个实体的情况，包括：

"（ⅰ）实体名称；

"（ⅱ）援助类型；

"（ⅲ）实体获取援助的目的；

"（ⅳ）依据（8）（A）中规定每半年提交的报告（报告进行编辑修改以保护任何产权信息）；和

"（C）充分允许公众了解依据本章提供的援助情况的其他此类信息。"

（E）在最后增加下列内容：

"（8）报告。

"（A）通则。部长应要求依据本条规定获取援助的实体在完成项目后三年内，每半年提交一份报告，且报告格式由部长确定。报告介绍：

"（ⅰ）实体使用援助的情况，包括下列新的设备和扩能设备，即为教育机构、医疗提供方和公共安全服务提供方（包括当前或预期命名新型或升级基础设施的终端用户数量）支持提供高速宽带服务；和

"（ⅱ）在达成目标方面所取得的进展，包括：

"（Ⅰ）能够享受新宽带服务、现有网络服务升级和联邦援助的设施升级的居民和企业数量和地址；

"（Ⅱ）宽带服务速度；

"（Ⅲ）拟议服务区域宽带服务的平均收费价格；

"（Ⅳ）宽带服务普及率变化情况，包括需求项目所产生的新用户；和

"（Ⅴ）部长认定合适的任何指标；

"（B）其他报告。部长应要求援助受益人提供额外的报告和信息，确保受益人遵守本条规定。

"（9）违约和经费取消。除了其他适用法律所赋予的权限之外，部长还应有权制定书面程序，覆盖本法案或其他法案涉及的农村公用事业服务所管理的所有宽带项目。此类书面程序应在切实可行的最大范围内：

"（A）追回拖欠贷款；

"（B）当列支成本显示业绩水平（包括部长认定的其他衡量标准）低下或者出现欺诈性支出现象时，取消发放下列经费，即存放在用于实施本条所设立的项目的帐户中的经费；

"（C）在竞争的基础上拨发经费给符合本条规定的现有或新申请人；和

"（D）在最大程度上减少项目之间的重叠性。

"（10）服务区域评估。部长应针对本章援助申请事宜：

"（A）让宽带服务提供商在不少于 15 天的时间内，自愿提供涉及提供商为（5）（A）（ⅴ）中所说明的人口普查团体或人群提供的宽带服务的信息，供部长评估提交的申请是否达到本条所说明的资质要求；和

"（B）如果没有宽带服务提供商提交（A）所说明的信息，则应利用下列信息，考量人口普通团体或人群服务提供商的数量：

"（ⅰ）国家电信和信息管理局的最新国家宽带地图；或者

"（ⅱ）部长可搜集获取的、涉及宽带服务提供的任何其他数据。"

（3）在（e）中：

（A）将（2）重新编号为（3）；和

（B）删除（1），并插入下列内容：

"（1）通则。依据（2）规定，在本条中，农村地区宽带服务最低可接受水平应至少为：

"（A）每秒 4 兆特的下游传输容量；

"（B）每秒 1 兆特的上游传输容量。

"（2）调整。

"（A）通则。部长应至少两年一次评估依据（1）设定的最低可接受宽带服务水平，并且通过联邦公报通告调整这一水平，从而确保长期为农村地区提供高质量、划算的宽带服务。

"（B）考量。在调整（A）所规定的最低可接受宽带服务水平时，部长可考虑为固定宽带服务和移动宽带服务设定不同的传输速度。"

（4）在（g）中，删除（2），并插入下列内容：

"（2）条款。在决定贷款或贷款担保条件和条款时，部长可以：

"（A）考虑接收人是否已经或将要为符合下列条件的农村地区提供服务，即未接通宽带服务或宽带服务水平低于（e）中所规定的最低可接受宽带服务水平；和

"（B）如果部长认定接收人提供（A）中所说明的服务时，则设立初始递延期或者相当的条款，实现项目的财务可行性和可持续性。"

（5）在（j）中：

（A）在（1）中，在最后的分号之前插入"，包括部长为未接通宽带服务地区提供额外援助的任何贷款条款"；

（B）在（5）中，删除最后分号之后的"和"；

（C）在（6）中，删除最后的句号，并插入"；和"；和

（D）在最后增加下列内容：

"（7）采用各项数据指标衡量达成下列目标的整体情况，即扩大农村宽带服务覆盖水平，提高农村生活质量。其中的一些数据指标包括：

"（A）接通新型宽带服务的居民和企业数量；

"（B）网络加速，包括设施升级和设施采购；

"（C）地方和州的平均宽带速度和收费情况；

"（D）宽带普及率变化情况；和

"（E）能够提高教育机构、医疗提供商和公共安全服务提供商高速宽带服务供应的具体措施。"和

（6）在（k）（1）和（l），删除每处出现的"2012年"，并插入"2018年"。

（b）关于为国家宽带地图提供有效数据的研究。

（1）通则。部长与商务部长及联邦通信委员会主席进行协商之后，应研究如何与联邦通信委员会高效分享农业部长宽带项目所搜集的数据，支持委员会开发和维护国家宽带地图。

（2）研究范围。研究应考虑下列环境，即部长搜集地址级数据并与委员会相应进行共享的客观环境。

（3）完成研究。在本法案实施之日后180天内，部长应完成本款所规定的研究工作。

（4）报告。在完成研究之日后60天内，部长应向下列单位提交报告，汇报研究成果：

（A）众议院农业委员会；

（B）众议院能源和商业委员会；

（C）参议院农业、营养和林业委员会；和

（D）参议院商业、科技和交通委员会。

第6015条　农村千兆比特网络试点项目。

《1936年农村电气化法》第Ⅵ篇（《美国法典》第7篇950bb及以下）进行修订，在最后增加下列内容：

"第603条　农村千兆比特网络试点项目。

"（a）有关速高速服务的定义。在本条中，'超高速宽带服务'指下游传输能力达到每秒1千兆比特的宽带服务。

"（b）试点项目。部长应设立一个试点项目，名为'农村千兆比特网络试点项目'。部长可通过该项目，自主向符合条件的实体提供补助、贷款或贷款担保。

"（c）资质。

"（1）通则。为了符合条件获得本条所规定的援助，各个实体应：

"（A）向部长证明自身具备能力向农村地区提供或拓展超高速宽带服务；

"（B）在部长规定的时间，以规定的方式，向部长提交一份包括规定信息的申请；

"（C）尚未向任何州的拟议服务农村地区提供超高速宽带服务；和

"（D）同意在接收本条所说明的援助之日起 3 年内，完成扩建超高速宽带服务。

"（2）具备资格的项目。如果出现下列情况，则本条所说明的援助只得用于在拟议服务区域开展项目：

"（A）拟议服务区域为农村地区；和

"（B）超高速服务未提供给拟议服务区域的任何地区。

"（d）授权拨款。在 2014 年至 2018 年财政年度期间，每年授权拨款 10 000 000 美元，用于执行本条的规定。"

子篇 C 杂 项

第 6201 条 远程教学和远程医疗。

（a）授权拨款。《1990 年粮食、农业、保育和贸易法》第 2335 条（《美国法典》第 7 篇 950aaa‐5）进行修订，删除"在 1996 年至 2012 年财政年度期间，每年拨款 100 000 000 美元"，并插入"在 2014 年至 2018 年财政年度期间，每年拨款 75 000 000 美元"。

（b）相应的修订。《公法》102‐551 第 1 条（b）（《美国法典》第 7 篇 950aaa 注释）进行修订，删除"2012 年"，并插入"2018 年"。

第 6202 条 农业运输。

《1946 年农村营销法》第 203 条（j）（《美国法典》第 7 篇 1622（j））进行修订，删除"州际商业委员会，海事委员会"，并插入"地面运输委员会、联邦海事委员会，"。

第 6203 条 农业附加值产品市场开发补助。

《2000 年农业风险保护法》第 231 条（《美国法典》第 7 篇 1632a（b））修订如下：

（1）删除（6），并插入下列内容：

"（6）优先考虑。

"（A）具备资格的独立农业附加值产品生产者。在发放（1）（A）中所规定的补助时，部长应优先考虑：

"（i）被划分为家庭农场的中小型农场和牧场经营者；

"（ii）新从业农场主或牧场主；

"（iii）在社会里处于弱势地位的农场主或牧场主；和

"（iv）资深农场主或牧场主（定义如《1990 年粮食、农业、保育和贸易法》第 2501 条（e）（《美国法典》第 7 篇 2279（e））所示）。

"（B）具备资格的农业生产者团体、农场主或牧场主合作社，和生产者股权过半的企业。在发放（1）（B）中所说明的补助时，部长应优先考虑下列项目，即有助于为（A）中所说明的运营商、农场主和牧场主创造或增加销售商机的项目，其中包括农场主或牧场主合作社项目。"和

（2）在（7）中：

（ⅰ）删除"2008 年 10 月 1 日"，并插入"《2014 年农业法》实施之日，"；和

（ⅱ）删除"15 000 000 美元"，并插入"63 000 000 美元"；和

（B）在（B）中，删除"2012 年"，并插入"2018 年"。

第 6204 条　农业创新中心展示项目。

《2002 年农业安全与农村投资法》第 6402 条（ⅰ）（《美国法典》第 7 篇 1632b（ⅰ））进行修订，删除"2008 年至 2012 年财政年度期间，每年拨款 6 000 000 美元"，并插入"2014 年至 2018 年财政年度期间，每年拨款 1 000 000 美元"。

第 6205 条　农村节能项目。

《2002 年农业安全与农村投资法》第 Ⅵ 篇子篇 E（《公法》107‑171；《联邦纪事》第 116 篇 424）进行修订，在最后增加下列内容：

"第 6407 条　农村节能项目。

"（a）目标。本条旨在向具备资格的消费者提供贷款，用于执行持久、具有成本效益的节能措施，从而帮助农村家庭和小型企业节约成本。

"（b）定义。在本条中：

"（1）具备资格的实体。用语'具备资格的实体'指：

"（A）符合下列条件的公用电力公司、公用事业公司或者类似实体，或者《1986 年国内税收法典》第 501 条（c）（12）或 1381 条（a）（2）所说明的任何电力合作社，即借贷并偿还，预付，或者正在偿还农村公用事业服务局（或任何前身机构）提提供或担保的电力贷款；

"（B）任何（A）中所说明的一个或多个实体所主要拥有或控制的实体；或者

"（C）《联邦法规》第 7 篇第 1710.101 条（或后续法规）所说明的、符合条件向农村公用服务服务局进行贷款的任何其他实体。

"（2）节能措施。用语'节能措施'指为了提高节能效率，针对符合条件的实体或它所服务的地产所进行的结构优化和节能商业技术投资活动。

"（3）具备资格的消费者。用语'具备资格的消费者'指具备资格的实体所服务的消费者，且经该实体认定，消费者有能力偿还依据（d）中规定所获得的贷款。

"（4）部长。用语'部长'指农业部长。部长通过农村公用事业服务局局长开展工作。

"（c）向具备资格的实体提供贷款。

"（1）通则。当具备资格的实体同意将贷款基金作为贷款，提供给具备资格的消费者用于实施节能措施时，部长应依据（2）的规定，向该实体提供贷款。

"（2）规定。

"（A）通则。具备资格的实体在获得本款所说明的贷款时，应：

"（ⅰ）制定清单，列举预期能够减少具备资格的消费者的能耗或减少成本的节能措施；

"（ⅱ）制定一项涉及贷款基金使用的执行计划，包括如何使用依据（d）（1）（A）中规定收取的利息；

"（ⅲ）进行适当的评估和验证，确保：

"（1）具备资格的实体提供的节能贷款的效力；和

"（2）在实施本条规定时不存在利益冲突的现象；和

"（ⅳ）展现专业水准，高效运用节能措施。

"（B）修改节能措施清单。经部长批准，具备资格的实体可更新（A）（ⅰ）中所规定的清单内容，在清单中纳入新型节能技术。

"（C）现有节能项目。如果具备资格的实体在本条实施之日后 60 天内，为具备资格的消费者设立节能项目，则该实体可运用现有的节能措施清单、执行计划，或者项目评估和验证机制，满足（A）中的规定，不过前提是部长认定上述清单、计划或机制与本条的设定的目标保持一致。

"（3）零利息。本款所说明的贷款不得产生利息。

"（4）还贷。对于（1）中所说明的贷款：

"（A）贷款期限不得超过 20 年；和

"（B）除非（6）另有规定，否则预付款分期偿还时间不得超过 10 年。

"（5）预付款金额。在向具备资格的实体提供贷款基金预付款时，一年预付金额不得超过所批准的贷款金额的 50%。

"（6）为项目启动工作提供的特别预付款。

"（A）通则。当具备资格的实体为实施（d）中规定开展新项目或者改进现有项目时，部长应允许该实体申请特别预付款，帮助它支付相应的启动工作成本（由部长负责进行认定）。

"（B）金额。具备资格的实体所获得的特殊预付款金额不得超过该实体依据（1）中规定所获得的贷款金额的 4%。

"（C）还款。特殊预付款：

"（i）应在提供特殊预付款之日起十年内进行偿还；和

"（ii）经具备资格的实体选择，可延期到上述十年期限结束时进行偿还。

"（7）期限。所有的特殊预付款应在（1）中所说明的贷款期限的前十年进行支付。

"（d）向具备资格的消费者提供贷款。

"（1）贷款条件。具备资格的实体可利用部长依据（c）规定所提供的贷款基金，向符合条件的消费者提供贷款，则贷款可：

"（A）产生不高于 3% 的利息，且利息用于下列目的：

"（i）设立贷款损失预备金；和

"（ii）抵销具备资格的实体提供贷款时所产生的人事和项目成本；

"（B）应用于资助节能措施，提供期限不超过十年的贷款，且在切实可行的最大范围内确保贷款不会对具备资格的消费者造成过重的经济负担，以此达成下列目标，即减少消费者能源的使用或成本；

"（C）不得用于资助购买或改造个人地产，除非个人地产成为不动产（包括活动房）或者不动产的固定附属物；

"（D）应通过附加于下列费用进行偿还，即已经或者即将实施节能措施的地产所产生的电费，不过前提条件是这一规定不得禁止：

"（i）地产所有人自愿偿还贷款；或者

"（ii）使用符合下列条件的附加偿还机制：

"（I）具备资格的实体认定具备适当的风险缓解特征；或者

"（II）当具备资格的消费者不再在具备资格的实体处进行消费时要求设立的；和

"（E）应要求具备资格的实体开展能源审计工作，评估认定拟议的节能措施对符合条件的消费者能源成本和消耗产生的影响。

"（2）承包商。除了其他符合条件的普通承包商外，具备资格的实体也可成为普通承包商。

"（e）评估和验证、培训和技术援助合同。

"（1）通则。在本条实施之日后 90 天内，部长：

"（A）应制定项目评估和验证、培训和技术援助计划；和

"（B）与符合条件的实体签订一项或多项合同，以便：

"（i）开展评估和验证工作；和

"（ii）开发项目，为符合条件实体的员工提供技术援助和培训，来实施本条规定。

"（2）同意进行合同转包。当符合条件的实体签订（1）中所规定的合同时，可签约分包商，帮助它履行合同。

"（f）辅助权限。本条所规定的权限旨在辅助部长的其他权限来依据任何其他法律规定提供贷款。

"（g）有效期限。除非本条另有规定，否则在依据本条规定提供贷款和其他经费时，应依据经费的具体情况，持续提供贷款或经费，直到用完止。与此同时，当贷款偿还完毕时，部长获准提供新的贷款。

"（h）拨款授权。在 2014 年至 2018 年财政年度期间，每年授权拨款 75 000 000 美元用于执行本条规定。"

第 6206 条　农业运输问题研究。

（a）通则。农业部长和交通部长应依据《2008 年粮食、保育和能源法》第 6206 条（经（b）修订）规定，颁布最新一期的研究。

（b）研究补充。《2008 年粮食、保育和能源法》第 6206 条（b）（《公法》110 - 246）进行如下修订：

（1）在（3）中。删除最后的"和"；

（2）在（4）中，删除最后的句号，并插入"；和"；和

（3）在最后增加下列内容：

"（5）美国境内水道基础设施是否充裕，此类基础设施对农产品运输安全、效率和速度的影响，以及升级和翻修水闸和水坝所产生的益处。"

（c）向国会汇报。在本法案实施之日起一年内，农业部长和交通部长应向国会提供一份（a）中所规定的最新研究报告。

第 6207 条　地区经济和基础设施发展。

《美国法典》第 40 篇第 15751 条修订如下：

（1）在（a）中，删除"2012 年"，并插入"2018 年"；和

（2）在（b）中：

（A）删除"不超过"，并插入下列内容：

"（1）通则。除非（2）中另有规定，不超过"；和

（B）在最后增加下列内容：

"（2）提供有限的经费。（1）中的规定不适用于下列情况，即依据本条规定在一个财政年度向委员会提供的经费少于 10 000 000 美元的经费。"

第 6208 条　《1949 年住房法》中有关农村地区的定义。

《1949 年住房法》第 520 条（《美国法典》第 42 篇 1490）第二句话修订如下：

（1）删除"1990 年或 2000 年进行的十年一度人口普查结果应为保密信息，直到获得 2010 年进行的十年一度人口普查结果"，并插入"1990 年、2000 年或 2010 年进行的十年一度人口普查，以及在 2000 年 1 月 1 日至 2010 年 12 月 31 日期间任何时间内、依据其他法律规定涉及本条被认定为"农村地区"的任何区域的数据均应视为保密信息，直至收到 2020 年开展的十年一度人口普查结果"；和

（2）删除"25 000"，并插入"35 000"。

第 6209 条　项目衡量标准。

（a）通则。部长应搜集下列数据，即通过补助和贷款开展的经济活动，其中包括作为补助或贷款项目一部分的技术援助。此外，部长应依据下述法规衡量评估下列人员或实体的短期和长期生存发展能

力，即奖励基金接受人和接受人利用奖励基金援助的实体：

（1）《2000 年农业风险保护法》第 231 条（《美国法典》第 7 篇 1632a）；

（2）《1936 年农村电气化法》第 313 条（b）（2）（《美国法典》第 7 篇 940c（b）（2））；或者

（3）《巩固农业和农村发展法》第 310B（c）、310B（e）、310B（g）、310H 或 379E 条，或者子篇 E（《美国法典》第 7 篇 1932（c）、1932（e）、1932（g）、2008s、2009 及以下）。

（b）数据。依据（a）中搜集的数据应包括在下列期间从接收人获取的信息，即奖励期间，以及部长决定的、在奖励期结束后不少于 2 年。

（c）报告。

（1）通则。在本法案实施之日起 4 年内，并且之后每隔两年，部长应向众议院农业委员会和参议院农业、营养和林业委员会提供一份报告，包括（a）中所说明的数据。

（2）具体信息。报告应包括涉及下列领域的具体信息：

（A）部长运用数据时所采取的行动；

（B）雇员增长百分比；

（C）创办企业和服务顾客数量；

（D）任何益处，例如收益或客户群的增长；以及

（E）部长认定必须的其他此类信息。

第 6210 条　向待审批的农村发展贷款和补助申请提供资金

（a）通则。部长应依据《2008 年粮食、保育和能源法》第 6029 条（《公法》110-246；《联邦法规汇编》第 122 篇 1995）所规定的条件和条款，运用（b）中所提供的资金，为本法案实施之日仍待审批的申请提供资金。

（b）经费。尽管存在其他的法律规定，不过部长自 2014 年财政年度起，可从商品信贷公司的经费中拨款 150 000 000 美元，用于落实本条的规定；该项经费全部用于落实规定，直到用完为止。

第Ⅷ篇　研究、推广和相关事宜

子篇 A　《1977 年国家农业研究、推广和教学政策法》

第 7101 条　作为非土地拨赠农业大学的选项。

《1977 年国家农业研究、推广和教学政策法》第 1404 条（《美国法典》第 7 篇 3103）进行修订如下：

（1）删除（5），并插入下列新的一条：

"（5）合作林业学校。

"（A）通则。用语"合作林业学校"指符合下列条件的机构：

"（ⅰ）符合条件获取《公法》87-788（俗称《McIntire-Stennis 合作林业法》；《美国法典》第 16 篇 582a 及以下）所拨发的经费；和

"（ⅱ）部长未收到该机构提交的有关不愿成为合作林业学校的意向书。

"（B）意向书终止。机构不愿成为合作农业学校，向部长提交相应的意向书。此类意向书有效期至 2018 年 9 月 30 日。"

（2）在（10）中：

（A）在（A）中：

（ⅰ）在（ⅰ）之前的内容中，删除"那（that）"；

（ⅱ）在（ⅰ）中：

（Ⅰ）在"具备资格"之后插入"那（that）"；

（Ⅱ）删除最后的"和"字；

（ⅲ）在（ⅱ）中：

（Ⅰ）在"提供"之前插入"那（that）"；和

（Ⅱ）删除最后的句号，并插入"；和"；和

（ⅳ）在最后增加下列新的一项条款：

"（ⅲ）部长未收到大专或大学有关不愿成为服务于拉美裔农业大专或大学的意向书。"和

（B）在最后新增下列款项的内容：

"（C）意向书终止。大专或大学不愿成为服务于拉美裔农业大专或大学，应向部长提交相应的意向书。此类意向书有效期至 2018 年 9 月 30 日。"和

（3）在（14）中：

（A）在（A）中，删除"农业或林业"，并插入"粮食和农业科学"；

（B）将（B）重新编号为（C）；和

（C）在（A）后插入下列一款内容：

"（B）学院定位。在本小项规定实施之日后 90 天内，部长应设立连续性程序；公共大专或大学可通过该程序申请定位为非土地拨赠农业学院机构。"

第 7102 条　国家农业研究、推广、教育和经济顾问委员会。

（2）终止日期延期。《1977 年国家农业研究、推广和教学政策法》第 1408 条（h）（《美国法典》第 7 篇 3123（h））进行修订，删除"2012 年"，并插入"2018 年"。

（b）国家农业研究、推广、教育和经济顾问委员会职责。《1977 年国家农业研究、推广和教学政策法》第 1408 条（c）（《美国法典》第 7 篇 3123（c））修订如下：

（1）在（1）中：

（A）删除从"参议院拨款委员会"到分号之间的内容，并插入"参议院拨款委员会："；和

（B）在最后增加下列新的一款内容：

"（A）与第 1402 条明确说明的农业研究、推广、教育和经济目标保持一致的长期和短期国家政策和优先事项；和

"（B）每年确定符合下列条件的优先事项：

"（ⅰ）与适用于竞争性补助（第 1492 条（d）进行说明）发放的法律（定义如第 1492 条（d）所示）规定所明确的目标保持一致；和

"（ⅱ）委员会确认为国家优先事项。"

（2）在（3）中，删除最后的"和"字；

（3）在（4）中：

（A）在（B）中，删除"制定的国家研究政策和优先目标"，并插入"国家研究研究和优先目标，且与明确的目标保持一致"；和

（B）在（B）中，删除最后的句号，并插入"；和"；和

（4）在最后增加下列新的一条内容：

"（5）与农业团体就农业研究、推广、教育和经济问题进行协商，并依据协商结果向部长提交建议。"

第 7103 条　特种作物委员会。

（a）设立小组委员会。《1977 年国家农业研究、推广和教学政策法》第 1408A 条（a）（《美国法典》第 7 篇 3123a（a））修订如下：

（1）删除"不晚于"，并插入下列内容：

"（1）通则。不晚于"；和

（2）在最后增加下列内容：

"（2）柑橘病害小组委员会。

"（A）通则。在《2014 年农业法》实施之日后 45 天内，部长应在特种作物委员会下设立柑橘病害小组委员会，并任命第一批成员，依据《1998 年农业研究、推广和教育改革法》第 412 条（j）（3）规定（《美国法典》第 7 篇 7632）的规定，履行（g）中所说明的小组委员会职责。

"（B）小组委员会成员组成。柑橘病害小组委员会应由 9 名成员组成。成员为相关州的国内柑橘生产商，且各州成员名额按下列方法进行分配：

"（i）三名成员来自亚利桑那州或加州。

"（ii）五名成员来自佛罗里达州。

"（iii）一名成员来自德克萨斯州。

"（C）成员任命。部长可任命非特种作物委员会或依据第 1408 条规定设立的顾问委员会成员的个人为柑橘病害委员会成员。

"（D）小组委员会解散。依据（A）中所设立的小组委员会应于 2018 年 9 月 30 日终止解散。

"（E）联邦顾问委员会法。《联邦顾问委员会法》第 9 条（c）（《美国法典》第 5 篇附录）适用于第 1408 条（f）所说明的顾问委员会，但不适用于依据（A）设立的小组委员会。"

（b）成员。《1997 年国家农业研究、推广和教学政策法》第 1408A 条（b）（《美国法典》第 7 篇 3123a（b））修订如下：

（1）删除"个人"，并插入下列内容：

"（1）资格。个人"；

（2）删除"成员"，并插入下列内容：

"（2）服务。成员"；和

（3）在最后增加下列新的一条内容：

"（3）多样化。特种作物委员会成员组成应反映所代表的特种作物的多样化性。"

（c）年度委员会报告。《1977 年国家农业研究、推广和教学政策法》第 1408A 条（c）（《美国法典》第 7 篇 3123a（c））修订如下：

（1）在（1）中，删除"措施"，并插入"项目"；

（2）删除（2）；

（3）将（3）、（4）和（5）分别重新编号为（2）、（3）和（4）；

（4）在（2）（经重新编号后）：

（A）在（A）之前的内容。删除"项目"，并插入"研究、推广和教学项目，旨在提高特种作物产业的竞争力，包括下列项目"；

（B）在（D）中，在分号之前插入"，包括提高加工特种作物的质量和口味"；和

（C）在（G）中，在"机械化"之前插入"遥感和"；和

（5）在最后增加下列内容：

"（5）分析特种作物委员会的建议是否与通过《1998 年农业研究、推广和教育改革法》第 412 条（《美国法典》第 7 篇 7632）所设立的特种作物研究项目发放的补助实际情况一致。"

（d）与特种作物产业进行协商。《1977 年国家农业研究、推广和教学政策法》第 1408A 条（《美国法典》第 7 篇 3123a）修订如下：

（1）将（d）和（e）重新编号为（e）和（f）；

（2）在（c）后面插入以下内容：

"（d）与特种作物产业进行协商。在研究（a）中所规定的项目的适用范围和效益时，特种作物委员

会应与特种作物产业的不同部门进行持续协商。"和

（3）在（f）（依据（1）条规定进行重新编号）中，删除"第（d）款"，并插入"第（e）款"。

（e）柑橘病害委员会职责。《1977 年国家农业研究、推广和教学政策法》第 1408A 条（《美国法典》第 7 篇 3123a）在依据（d）规定进行修订后，进一步进行修订，在最后增加下列新的一节内容：

"（g）柑橘病害小组委员会职责。依据《1998 年农业研究、推广和教育改革法》第 412 条（j）（《美国法典》第 7 篇 7632）规定，柑橘病害小组委员应承担下列职责：

"（1）就柑橘研究、推广和开发需求向部长提供建议；

"（2）在小组委员会 2/3 的成员投票赞成后，提议设立研究和推广议程和涉及用于实施本条规定的经费的年度预算；

"（3）评估和回顾紧急柑橘病害研究和推广项目（定义如本条所示）资助的现有研究和推广工作；

"（4）在小组委员会 2/3 成员投票赞成后，为该款所规定补助发放工作设立年度优先目标；

"（5）针对上一个财政年度发放本条所规定的补助情况，向部长发表意见；和

"（6）定期与农业部，以及其他从事涉及本地或侵袭性柑橘病害起因和治疗的科研和推广工作的机构、政府和私营法人进行协商和协作，以达成下列目标：

"（A）最大程度地提高柑橘病害研究和推广项目所资助的研究和推广工作的效益；

"（B）加速研制出有用的病害防治方法；

"（C）避免重复和无谓的支出；和

"（D）为部长提供部长可能要求的信息和建议。"

第 7104 条 兽医服务补助项目。

《1977 年国家农业研究、推广和教学政策法》进行修订，在第 1415A 条后插入下列新的一条：

"第 1415B 条 兽医服务补助项目。

"（a）定义。在本条中：

"（A）具备资格的实体。用语'具备资格的实体'指：

"（A）位于美国境内的盈利性或非盈利实体，或者个人，且在符合下列条件的地区开设兽医诊所并提供兽医服务：

"（i）《巩固农业和农村发展法》第 343 条（a）（《美国法典》第 7 篇 1991（a））所定义的农村地区；和

"（ii）短缺兽医服务；

"（B）美国兽医学会所承认的州、国家、联合或者地区兽医组织或者特别委员会；

"（C）美国兽医学会所认可的兽医大学或学校；

"（D）高校研究基金会或兽医基金会；

"（E）教育部认证的兽医学部或比较医学部；

"（F）州农业实验站；或者

"（G）州、地方或部落政府机构。

"（2）兽医服务短缺情况。用语'兽医服务短缺情况'指部长依据第 1415A 条所确定的兽医服务短缺情况。

"（b）项目设立。

"（1）竞争性补助。部长应开展项目，为具备资格的实体提供竞争性补助，开展（2）中所说明的项目或者活动，达成下列目标，即开展和持续提供兽医服务。

"（2）资质要求。当部长认定具备资格的实体所开展的项目或活动符合下列条件时，则此类实体能够获得（1）所说明的补助：

"（A）大为缓解兽医服务短缺的现象；

"（B）支持或促进私营兽医诊所参与公共卫生活动；或者

"（C）支持符合下列条件的兽医诊所或者为其提供便利，即履行依据第 1415A 条（a）（2）规定与部长签订的协议，正在或者已经提供完毕服务。

"（c）补助发放流程和优先考虑对象。

"（1）申请、评估和征求建议流程。在开展依据本条规定设立的项目时，部长应：

"（A）运用部长认为适当的申请和评估流程；和

"（B）征求利害关系人的建议。

"（2）优先考虑对象。对于用于达成（d）（1）中所说明的目标的补助，部长在挑选确定补助接收方时，应优先考虑符合下列条件具备资格的实体，即提供文件，证明与其他具备资格的实体开展协作。

"（3）经费额度。对于用于达成（d）（1）中所说明的目标的补助，部长在挑选确定补助接收方时，应考虑用于发放补助的经费金额，以及补助经费用于如何目的。

"（4）补助性质。依据本条规定发放的补助应被视为竞争性研究、推广或教育补助。

"（d）运用补助缓解兽医短缺情况并保障兽医服务。

"（1）通则。除非（2）中另有规定，具备资格的实体利用依据本条规定发放的补助经费，缓解兽医短缺情况和保障兽医服务，从而达成下列目标：

"（A）推动开展兽医、兽医技术师、兽医学生和兽医技术学生的招聘（包括中学项目招聘）、人员配置和人才保留工作。

"（B）让兽医学生、兽医实习生、走读生、住院医生，和兽医技术师学生有能力支付费用（不包括第 1415A 条（c）（5）所说明的费用类型），参加食品安全或食用动物医药。

"（C）与经过认证的兽医大学进行协作，设立或拓展经过认证的兽医教育项目（包括人才招聘和保留）、兽医住院医师和专科住院医师项目，或者兽医实习和校外实习项目。

"（D）继续开展宣传教育和推广，包括为兽医、兽医技术师和其他保健专业医师提供兽医远程医疗和其他远程教育，进一步巩固兽医项目并加强粮食安全。

"（E）提供技术援助，帮助准备向部长提交的材料，申请被认定为本条或第 1415A 条所规定的兽医短缺情况。

"（2）开设兽医诊所的具备资格的实体。（a）（1）（A）中所说明的具备资格的实体依据本条规定获得补助后，可利用相关经费拓展兽医诊所，包括：

"（A）为兽医办公室配备设配；

"（B）分摊此类兽医诊所的间接成本；或者

"（C）设立移动兽医设施，其中部分设施用于开展宣传教育或推广。

"（e）针对某些补助的特别规定。

"（1）服务需求条款。

"（A）通则。当（a）（1）（A）中所说明的具备资格的实体依据本条规定，获得补助，并依据（d）（2）规定利用补助经费时，应与部长签订协议。该协议包括针对此类实体（包括以个人身份运营的合格实体）的服务条款，且服务条款内容由部长设定。

"（B）考量因素。在制定（A）中所说明的服务条款时，部长只得考虑下列因素：

"（ⅰ）补助金额；和

"（ⅱ）补助的具体目标。

"（2）违约赔偿。

"（A）通则。在（1）中所说明的协议应规定，当（1）（A）中所说明的具备资格的实体违反合同规定，则应进行赔偿，包括全额偿还或部分偿还补助经费加上相关利息。

"（B）减免。如果部长认定违约的具备资格的实体面临极度困难或困难或需求，则部长可豁免实体因为违约而须承担的偿还补助的义务。

"（C）偿还金额处理。本项所说明的偿还金额应：

"（ⅰ）存入用于实施本条规定的经费帐户；和

"（ⅱ）持续提供直到用完为止，且不得进一步进行拨款。"

"（f）禁止将补助经费用于建设房屋或设施。除非（d）（2）另有规定，否则依据本条规定拨发作为补助的经费不得用于：

"（1）建设新的房屋或设施；或者

"（2）购买、扩建、改造或翻盖现有房屋或设施，包括场地平整改善和建筑师费用。

"（g）法规颁布。在本条实施之日后1年内，部长应颁布法规用于实施本条规定。

"（h）授权拨款。在2014年财政年度以及之后的每个财政年度，授权向部长每年拨款10 000 000美元用于落实本条的规定。款项持续放发，直到用完止。"

第7105条　粮食和农业科学教育补助和奖学金。

《1977年国家农业研究、推广和教学政策法》第1417条（m）（《美国法典》第7篇3152（m））进行修订，删除"条60 000 000美元"及之后的所有内容，并插入下列内容："章：

"（1）1990年至2013年财政年度期间，每年60 000 000美元；和

"（2）2014年至2018年财政年度期间，每年40 000 000美元。"

第7106条　农业和粮食政府研究中心。

《1977年国家农业研究、推广和教学政策法》第1419A条（《美国法典》第7篇3155）修订如下：

（1）在该条的标题中，在"政策"之前插入"农业和粮食"；

（2）在（a）中，在（1）之前的内容中：

（A）删除"部长可"，并插入"部长应通过首席经济学家办公室，"；和

（B）删除"提供补助、竞争性补助和特殊研究补助，并且签订合作性合同或者其他合同文件，"并插入"提供竞争性补助，并且签订合作性合同，"；

（3）删除（b），并插入下列新的内容：

"（b）具备资格的接收人。当州农业农业站、大专或大学，或者其他公共研究机构或组织长期开展下列活动，则有资格申请（a）中所说明的经费：

"（1）向国会提供涉及第（a）款（1）至（4）中所说明的领域的公正、超越党派的经济分析；或者

"（2）向联邦机构和公众提供客观、科学信息，保障和推动高效准确地开展联邦干旱准备和应对项目，包括用于认定是否符合获得减灾或紧急援助条件的跨部门门槛标准。"

（4）将（c）和（d）分别重新编号为（d）和（e）；

（5）在（b）后插入下列新的一节内容：

"（c）优先考虑对象。在发放本条所说明的补助时，部长应优先研究下列政策研究中心：

"（1）拥有大量的数据库和模型，并且拥有丰富的经验，长期为国会提供农业市场预测信息、农村发展分析、农业政策分析，以及农场、多区域、国家和国际层面的基准预测信息；或者

"（2）提及涉及旱灾赈灾方面的信息、分析和研究。"

（6）在（d）（2）（依据（4）中规定重新编号后），在"理论和"之后插入"运用"；和

（7）删除（e）（依据（4）中规定重新编号后），并插入下列新的一节内容：

"（e）授权拨款。在2014年至2018年财政年度期间，每年授权拨款10 000 000美元用于落实本条规定。"

第7107条　阿拉斯加原住民服务机构和夏威夷原住民服务机构教育补助。

《1977年国家农业研究、推广和教学政策法》第1419B条（《美国法典》第7篇3156）进行如下修订：

（1）在第（a）中：

（A）在（1）中，删除"（或者未考虑任何竞争规定的补助）"；和

（B）在（3）中，删除"2012 年"，并插入"2018 年"；和

（2）在（b）中：

（A）在（1）中，删除"（或者未考虑竞争规定的补助）"；和

（B）在（3）中，删除"2012 年"，并插入"2018 年"。

第 7108 条　撤销人体营养干预和健康促进研究项目。

现废除《1977 年国家农业研究、推广和教学政策法》第 1424 条（《美国法典》第 7 篇 3174）的规定。

第 7109 条　撤销涉及医学和农业综合研究的试点研究项目。

现废除《1977 年国家农业研究、推广和教学政策法》第 1424A 条（《美国法典》第 7 篇 3174a）的规定。

第 7110 条　营养宣传教育项目。

《1977 年国家农业研究、推广和教学政策法》第 1425 条（f）（《美国法典》第 7 篇 3175（f））进行修订，删除"2012 年"，并插入"2018 年"。

第 7111 条　继续开展动物健康和疾病研究项目。

（a）通则。《1977 年国家农业研究、推广和教学政策法》第 1433 条（《美国法典》第 7 篇 3195）进行修订后内容如下所示：

"第 1433 条　继续开展动物健康和疾病、食品安全和管理研究、教育和推广项目。

"（a）能力和基础设施项目。

"（1）通则。在拥有一个或多个认证兽医大学的州，此类兽医大学的校长和州立农业实验站的负责人应根据所在州各个具备资格机构的动物健康研究能力，制定一个州综合动物健康和疾病研究项目，并呈交部长进行审批。此外，该项目应可申请依据本条规定拨发给所在州的经费。

"（2）经费用途。当合格机构依据本条规定获得动物健康和疾病研究经费时，只得将此类经费用于：

"（A）支付下列费用，即开展动物健康和疾病研究，出版和公布此类研究成果，依据 1940 年 3 月 4 日法案（《美国法典》第 7 篇 331）规定为员工支付一定的退休金；

"（B）行政管理和指导；和

"（C）采购必要的设备和物资，用于开展（A）中所说明的研究工作。

"（3）具备资格的机构之间的合作。部长应在切实可行的最大范围内，鼓励具备资格的机构开展合作，定期召开地区和全国会议，依据本条规定制定研究优先目标。

"（b）竞争性补助项目。

"（1）通则。部长应为具备资格的实体提供竞争性补助，达成目标，解决畜牧业迫切需求。符合条件的实体将补助用于：

"（A）开展研究：

"（ⅰ）通过方式手段，推动食品安全：

"（Ⅰ）提高饲料利用率；

"（Ⅱ）提高能效；

"（Ⅲ）将基因组学、蛋白质组学、新陈代谢学和相关学科运用到畜牧业生产当中；

"（Ⅳ）提高动物繁殖效率；和

"（Ⅴ）加强收获前和收获后粮食安全机制；和

"（ⅱ）通过下列方式，研究动物和人类健康之间的关系：

"（Ⅰ）探讨疫苗研发的新手段；

"（Ⅱ）了解和控制人畜共通传染病，包括此类传染病对粮食安全的影响；

"（Ⅲ）通过饲料改善动物健康状况；和

"（Ⅳ）提高产品质量和营养价值；和

"（B）在依据（A）中规定开展的研究和合理的科学依据的基础之上，研制工具和信息并提供给公众。

"（2）具备资格的实体。下列实体符合条件，获得本款所规定的补助：

"（A）州立合作社机构。

"（B）非土地拨赠农业大学机构。

"（3）管理。在实施本款规定时，部长应制定相关流程和规定：

"（A）征求和受理补助申请计划；

"（B）与兽牧业代表进行协商，评估和认定申请计划相关性和优点；

"（C）由联邦机构、学院机构、州立动物健康机构和兽牧业代表组成的专家代表对每项补助申请计划开展同行评审；和

"（D）依据计划的优点、质量和相关性提供竞争性补助。

"（c）提供经费。

"（1）授权拨款。在2014年至2018年财政年度期间，每年拨款25 000 000美元用于执行本条规定。

"（2）经费预留。对于依据（1）规定拨款用于开展（a）所说明的能力基础设施项目的经费，部长应预留不少于5 000 000美元的款项。

"（3）经费初次分配。（1）中所说明的经费在依据（2）规定进行预留后，剩余的经费应依据下列规定进行分配：

"（A）15％的经费应用于开展（a）所说明的能力基础设施项目。

"（B）85％的的经费应用于开展（b）所说明的竞争性补助项目。

"（4）经费进一步分配规定。对于依据（2）规定进行预留、然后依据（3）（A）规定分配用于开展能力和基础设施项目的经费，应遵循下列规定进行配置：

"（A）农业部保留4％的经费，用于开展管理工作，向符合条件的机构提供项目援助以及开展项目协调工作。

"（B）48％的经费按照下列比例分配给各州，即每个州家畜、家禽和商业水产品种价值和收入与所有州家畜、家禽和商业水产品种总价值和总收入之间的比例。部长应依据农业部发布的有关牛、羊、猪、马、家禽和商业水产品种数量的最新数据，认定所有州家畜、家禽和商业水产品种总价值和总收入，以及每个州家畜、家禽和商业水产品种价值和收入。

"（C）48％的经费按照下列比例在各个州进行分配，即各个州合格机构的动物健康研究能力与所有州合格机构的动物健康研究总能力之比。部长应负责认定合格机构的动物健康卫生研究能力。

"（5）有关特定经费分配的特别规定。对于依据（2）规定进行预留、然后依据（3）（A）规定分配用于开展能力和基础设施项目的经费，应遵循下列规定：

"（A）对于本条所说明的、依据家畜、家禽和商业水产品种价值和收入情况分配给各个州的经费，以及各个州合格机构依据动物健康研究能力有资格获得的经费，当前者的金额大于后者时，则部长可酌情处理超出的金额，依据扩充研究能力的实际需求，将经费用于改建设施、建设新的设施，或者增加人员编制。

"（B）当一个州成立新的兽医大学并且大学获得认证时，部长在与大学校长、州立农业研究站负责人，以及在可行的情况下和该州其他认证大学的校长进行协商后，应依据各个合格机构的动物健康研究

能力情况，将依据（4）中规定拨发给该州的经费按比例分配给新成立的大学和该州其他合格机构。

"（C）当涉及两个或多个州联合成立的地区性认证兽医大学或者联合资助的认证兽医大学时，部长有权从依据（4）中规定拨发给各州的经费中，拨出一定数额的经费给此类大学；该经费数额应反映所有合作州家畜、家禽和商业水产品种相对总价值和总收入，且在必要时应依据（a）（1）和（B）规定进行调整。"

（b）相应的修订。

（1）州立合作机构的定义。《1977 年国家农业研究、推广和教学政策法》第 1404 条（18）（《美国法典》第 7 篇 3103（18））修订如下：

（A）在（E）中，删除最后的"和"字；

（B）在（F）中，删除"子篇 E、G，"并插入"子篇 G，"；

（C）将（F）重新编号为（G）；和

（D）在（E）后插入下列新的内容：

"（F）第 1430 条；和"。

（2）有关能力和基础设施项目的定义。《1994 年农业部重组法》第 251 条（f）（1）（C）（vi）（《美国法典》第 7 篇 6971（f）（1）（C）（vi））进行修订，在最后的句号之前插入"除非是第 1433 条（b）所说明的竞争性补助项目"。

（3）《1977 年国家农业研究、推广和教学政策法》子篇 E。《1977 年国家农业研究、推广和教学政策法》子篇 E 修订如下：

（A）在第 1431 条（a）中（《美国法典》第 7 篇 3193（a）），在"具备资格的机构"之前插入"第 1433 条（a）和 1434 条所说明的"；

（B）在第 1435 条中（《美国法典》第 7 篇 3197），删除"依据本子篇的条款进行分配"，并插入"实施第 1433 条（a）和 1434 条的规定"；

（C）在第 1436 条（《美国法典》第 7 篇 3198），在第一句话中，删除"本篇的第 1433 条"，并插入"第 1433 条（c），落实本条（a）的规定"；

（D）在第 1437 条（《美国法典》第 7 篇 3199），在第一句话中，删除"本篇第 1433 条所说明的各个州"，并插入"第 1433 条（c）所说明的各个州，开展该条（a）中的规定"；

（E）在第 1438 条（《美国法典》第 7 篇 3200）中，在第一句话中，删除"本子篇所说明的"，并插入"第 1433 条（c），落实该条（a）中的规定"；和

（F）在第 1439 条（《美国法典》第 7 篇 3201）中，删除"本子篇所说明的"，并插入"在适用的情况下，依据第 1433 条（c）规定，落实该条（a）或第 1434 条的规定，"。

（4）授权为现有农业研究项目和特定的新项目拨款。《1977 年国家农业研究、推广和教学政策法》第 1463 条（c）（《美国法典》第 7 篇 3311（c））进行修订，删除"第 1433 和 1434 条"，并插入"第 1433 条（a）和 1434 条"。

第 7112 条　用于包括塔斯基吉大学在内的 1890 年土地拨赠大学农业和粮食科学设施升级的补助。

《1977 年国家农业研究、推广和教学政策法》第 1447 条（b）（《美国法典》第 7 篇 3222b（b））进行修订，删除"2012 年"，并插入"2018 年"。

第 7113 条　用于海岛地区土地拨赠机构农业和粮食科学设施和设备升级的经费。

（a）支持热带和亚热带农业研究。

（1）通则。《1977 年国家农业研究、推广和教学政策法》第 1447B 条（a）（《美国法典》第 7 篇 3222b-2（a））进行修订后内容如下所示：

"（a）目标。国会希望援助海岛地区土地拨赠大专和大学开展下列工作：

"（1）采购、更改和修复必要的农业研究设施和相关设备；和

"（2）支持热带和亚热带农业研究，包括虫害和疾病研究。"

（2）相应的修订。《1977 年国家农业研究、推广和教学政策法》第 1447B 条（《美国法典》第 7 篇 3222b - 2）标题修订如下：

（A）在"设备"后插入"和支持热带和亚热带农业研究"；和

（B）删除"机构"，并插入"大专和大学"。

（b）推广。《1977 年国家农业研究、推广和教学政策法》第 1447B 条（d）（《美国法典》第 7 篇 3222b - 2（d））进行修订，删除"2012 年"，并插入"2018 年"。

第 7114 条　撤销国家研究和训练虚拟中心。

现废除《1977 年国家农业研究、推广和教学政策法》第 1448 条（《美国法典》第 7 篇 3222c）。

第 7115 条　服务于拉美裔的机构。

1977 年《国家农业研究、推广和教学政策法》第 1455 条（c）（《美国法典》第 7 篇 3241（c））进行修订，删除"2012 年"，并插入"2018 年"。

第 7116 条　针对拉美裔农业工人和青年设立的竞争性补助项目。

《1977 年国家农业研究、推广和教学政策法》第 1456 条（e）（1）（《美国法典》第 7 篇 3243（e）（1））进行修订后内容如下所示：

"（1）通则。部长应设立竞争性补助项目：

"（A）资助在服务于拉美裔的农业、人类营养、粮食科学、生物能和环保科学的高校开展的基础和运用研究和推广工作；和

"（B）向服务于拉美裔的大专和大学提供竞争性补助，用于向拉美裔农业工人和拉美裔青年提供粮食和农业科学方面的培训。"

第 7117 条　为国际农业科学和教育项目提供竞争性补助。

《1977 年国家农业研究、推广和教学政策法》第 1459A 条（c）（《美国法典》第 7 篇 3292b（c））进行修订后内容如下所示：

"（c）授权拨款。现授权拨款下列经费，用于开展本条的规定：

"（1）在 1999 年至 2013 年财政年度期间每年必要的经费；

"（2）2014 年至 2018 年财政年度期间每年拨款 5 000 000 美元。"

第 7118 条　撤销研究设备补助。

现废除《1977 年国家农业研究、推广和教学政策法》第 1462A 条（《美国法典》第 7 篇 3310a）。

第 7119 条　大学研究。

《1977 年国家农业研究、推广和教学政策法》第 1463 条（《美国法典》第 7 篇 3311）进行修订，删除（a）和（b）每处出现的"2012 年"，并插入"2018 年"。

第 7120 条　推广服务。

《1977 年国家农业研究、推广和教学政策法》第 1464 条（《美国法典》第 7 篇 3312）进行修订，删除"2012 年"，插入"2018 年"。

第 7121 条　审计、报告、记账和管理规定。

《1977 年国家农业研究、推广和教学政策法》第 1469 条（《美国法典》第 7 篇 3315）进行如下修订：

（1）将（b）、（c）和（d）分别重新编号为（c）、（d）和（e）；和

（2）在（a）后插入下列新的内容：

"（b）与农业部前农业研究设施达成的协议。部长应在切实可行的最大范围内，与前农业部农业研究设施签订补助、合同、合作性协议或者其他法律文件，支持现有的研究工作和知识宣传活动，包括通过共享科学家和其他技术人才、共享实验室和场地设备和提供资金支援来支持研究和此类活动。"

第 7122 条　补充和轮种作物。

（a）授权拨款和终止。《1977 年国家农业研究、推广和教学政策法》第 1473D 条（《美国法典》第 7 篇 3319d）修订如下：

（1）在（a）中，删除"2012 年"，并插入"2018 年"；和

（2）在最后增加下列新的内容：

"（e）现授权拨发下列经费用于执行本条规定：

"（1）财政年度 2013 年所必要的经费；和

"（2）2014 年至 2018 年财政年度期间每年拨款 1 000 000 美元。"

（b）竞争性补助。《1977 年国家农业研究、推广和教学政策法》第 1473D 条（c）（1）（《美国法典》第 7 篇 3319d（c）（1））进行修订，删除"使用部长批准的研究经费、特殊或竞争性补助，或者其他经费"，并插入"提供竞争性"。

第 7123 条　为非土地拨赠农业大学机构提供的能力建设补助。

《1977 年国家农业研究、推广和教学政策法》第 1473F 条（b）（《美国法典》第 7 篇 3319i（b））进行修订，删除"2012 年"，并插入"2018 年"。

第 7124 条　水产业援助项目。

（a）竞争性补助。《1977 年国家农业研究、推广和教学政策法》第 1475 条（b）（《美国法典》第 7 篇 3322（b））（1）前的内容进行修订，在"补助"之前插入"竞争性"。

（b）授权拨款。《1977 年国家农业研究、推广和教学政策法》第 1477 条（《美国法典》第 7 篇 3324）进行修订后内容如下所示：

"第 1477 条　授权拨款。

"（a）通则。现授权拨发下列经费用于执行本子篇的相关规定：

"（1）1991 年至 2013 年财政年度期间，每年拨款 7 500 000 美元；和

"（2）2014 年至 2018 年财政年度期间，每年拨款 5 000 000 美元。

"（b）禁用规定。本条所拨发的经费不得用于购买或建设房屋。"

第 7125 条　牧场研究项目。

《1977 年国家农业研究、推广和教学政策法》第 1483 条（a）（《美国法典》第 7 篇 3336（a））进行修订，删除"子篇"及之后的所有内容，并插入下列内容："子篇：

"（1）1991 年至 2013 年财政年度期间，每年拨款 10 000 000 美元；和

"（2）2014 年至 2018 年财政年度期间，每年拨款 2 000 000 美元。"

第 7126 条　涉及生物安全规划和反应的特别授权拨款。

《1977 年国家农业研究、推广和教学政策法》第 1484 条（a）（《美国法典》第 7 篇 3351（a））进行修订，删除"用于反应的必要的经费"及之后的内容，并插入下列内容："反应：

"（1）2002 年至 2013 年财政年度期间，每年必要的经费；和

"（2）2014 年至 2018 年财政年度期间，每年拨款 20 000 000 美元。"

第 7127 条　针对海岛地区拉美裔教育机构的远程教育和居民教学补助项目。

（a）针对海岛地区的远程教育补助。

（1）竞争性补助。《1977 年国家农业研究、推广和教学政策法》第 1490 条（a）（《美国法典》第 7 篇 3362（a））进行修订，删除"或者非竞争性"。

（2）授权拨款。《1977 年国家农业研究、推广和教学政策法》第 1490 条（f）（《美国法典》第 7 篇 3362（f））进行修订，删除"条"和之后的所有内容，并插入下列内容"条：

"（1）2002 年至 2013 年财政年度期间每年所必要的经费；和

"（2）2014 年至 2018 年财政年度期间每年拨款 2 000 000 美元。"

（b）海岛地区居民教学补助。《1977 年国家农业研究、推广和教学政策法》第 1491 条（c）（《美国法典》第 7 篇 3363（c））进行修订，删除"必要的经费"及之后的所有内容，并插入下列内容："落实本条规定：

"（1）2002 年至 2013 年财政年度期间，每年拨发的必要经费；和

"（2）2014 年至 2018 年财政年度期间，每年拨款 2 000 000 美元。"

第 7128 条　匹配资金规定。

（a）通则。《1977 年国家农业研究、推广和教学政策法》（《美国法典》第 7 篇 3101 及以下）进行修订，在最后新增下列的内容：

"子篇 P　总　　则

"第 1492 条　匹配资金规定。

"（a）通则。当部长依据适用法律向接收人提供竞争性补助后，接收人应提供现金、实物捐赠或者现金加实物捐赠，但不得使用所获得的竞争性补助，且金额应至少与补助的金额相等。

"（b）例外。第（a）款的匹配资金规定不得适用于发放给下列实体的补助：

"（1）农业部研究机构；或者

"（2）有资格获得能力和基础设施项目经费的实体，包括此类实体的合作伙伴（能力基础设施项目定义如《1994 年农业部重组法》第 251 条（f）（1）（C）（《美国法典》第 7 篇 6971（f）（1）（C））。

"（c）豁免规定。如果竞争性补助用于符合下列条件的研究或推广活动，即遵循国家农业研究、推广、教育和经济顾问委员会依据第 1408 条（c）（1）（B）规定所设立的优先目标，则部长可批准同意此类竞争性补助在一年内无须遵守（a）中所涉及的匹配资金规定

"（d）适用法律。在本条中，用语'适用法律'指下列各项法律规定：

"（1）本篇。

"（2）《1990 年粮食、农业、保育和贸易法》第 XVI 篇（《美国法典》第 7 篇 5801 及以下）。

"（3）《1998 年农业研究、推广和教育改革法》（《美国法典》第 7 篇 7601 及以下）。

"（4）《2008 年粮食、保育和能源法》第 VII 篇子篇 E 第 III 部分。

"（5）《竞争性、特殊和设施研究补助法》（《美国法典》第 7 篇 450i）。"

（b）相应的修订。

（1）《1977 年国家农业研究、推广和教学政策法》。《1977 年国家农业研究、推广和教学政策法》修订如下：

（A）在第 1415 条（a）（《美国法典》第 7 篇 3151（a）），删除第二句话；

（B）在第 1475 条（b）（《美国法典》第 7 篇 3322（b）），删除（4）之前内容中的"除了"及之后的所有内容；和

（C）在第 1480 条（《美国法典》第 7 篇 3333）中：

（ⅰ）删除第（b）款；和

（ⅱ）删除"（a）通则。部长"，并插入"部长"。

（2）《1990 年粮食、农业、保育和贸易法》。《1990 年粮食、农业、保育和贸易法》修订如下：

（A）在第 1623 条（d）（2）（《美国法典》第 7 篇 5813（d）（2））中，在最后增加下列内容："《1977 年国家农业研究、推广和教学政策法》第 1492 条有关匹配资金的规定不适用于依据本条规定所发放的补助。"

（B）在第 1671 条（《美国法典》第 7 篇 5924）中：

（ⅰ）删除第（e）款；和

（ⅱ）将（f）重新编号为（e）；

（C）在第 1672 条（《美国法典》第 7 篇 5925）中：

（ⅰ）删除第（c）款；和

（ⅱ）将（d）至（j）分别重新编号为（c）至（ⅰ）；和

（D）在第 1672B 条（《美国法典》第 7 篇 5925b）中：

（ⅰ）删除第（c）款；和

（ⅱ）将（d）、（e）和（f）分别重新编号为（c）、（d）和（e）。

（3）《1998 年农业研究、推广和教育改革法》。《1998 年农业研究、推广和教育改革法》修订如下：

（A）在第 406 条（《美国法典》第 7 篇 7626）中：

（ⅰ）删除第（d）款；和

（ⅱ）将（e）和（f）分别重新编号为（d）和（e）；和

（B）在第 412 条（e）（《美国法典》第 7 篇 7632（e））中：

（ⅰ）删除第（3）项；和

（ⅱ）将（4）重新编号为（3）。

（4）《竞争性、特殊和设施研究补助法》。《竞争性、特殊和设施研究补助法》（b）（9）（《美国法典》第 7 篇 450i（b）（9））修订如下：

（A）在（A）中，在最后新增下列一项的内容：

"（ⅲ）例外。《1977 年国家农业研究、推广和教学政策法》第 1492 条的匹配资金规定不适用于依据（6）（A）规定发放的补助。"和

（B）删除第（B）小项。

（5）太阳能补助项目。《2008 年粮食、保育和能源法》第 7526 条（c）（1）（D）（ⅳ）（《美国法典》第 7 篇 8114（c）（1）（D）（ⅳ））进行修订，在最后增加下列新的内容：

"（Ⅳ）与其他匹配资金规定的关系。《1977 年国家农业研究、推广和教学政策法》第 1492 条的匹配资金规定不适用于本条所说明的太阳能补助中心或子中心所提供的补助。"

（c）修订案运用。

（1）新的补助。《1977 年国家农业研究、推广和教学政策法》第 1492 条适用于本条所规定的、2014 年 10 月 1 日之后发放的补助，除非适用于此类补助发放的法律条款明确规定此类补助无须遵守第 1492 条的匹配资金规定。

（2）2014 年 10 月 1 日当天或之后发放的补助。尽管（b）中内容进行修订，但依据适用法律于本条实施当日或之前开始生效的匹配资金规定应继续适用于 2014 年 10 月 1 日当天或者之前依据上述规定发放的补助。

第 7129 条　将中央州立大学命名为 1890 机构。

（a）命名。任何涉及包括塔斯基吉大学在内的、有资格获得《1890 年 8 月 30 日法》（《美国法典》第 7 篇 321 及以下）所说明的经费的高校的联邦法律规定应适用于中央州立大学。

（b）经费限制。尽管中央州立大学依据（a）中规定被命名为 1890 机构，但在 2014 和 2015 年财政年度期间，中央州立大学没有资格获得依据下列法律规定所发放的配方补助：

（1）《1977 年国家农业研究、推广和教学政策法》第 1444 或 1445 条（《美国法典》第 7 篇 3221 和 3222）；

（2）涉及开展《1977 年国家农业研究、推广和教学政策法》第 1425 条（《美国法典》第 7 篇 3175）所设立的国家教育项目的《Smith - Lever 法案》第 3 条（d）（《美国法典》第 7 篇 343（d））；

（3）《1978 年可再生资源推广法》（《美国法典》第 7 篇 1671 及以下）；或者

（4）《公法》87 - 788（俗称《McIntire - stennis 合作林业法》；《美国法典》第 16 篇 582a 及以下）。

子篇 B　《1990 年粮食、农业、保育和贸易法》

第 7201 条　最佳利用生物技术运用。

《1990 年粮食、农业、保育和贸易法》第 1624 条（《美国法典》第 7 篇 5814）第一句话修订如下：

（1）删除"每个财政年度拨款 40 000 000 美元"；和

（2）在"篇"后插入"2013 年至 2018 年财政年度期间每年拨款 40 000 000 美元"。

第 7202 条　综合管理系统。

《1990 年粮食、农业、保育和贸易法》第 1627 条（d）（《美国法典》第 7 篇 5821（d））进行修订后内容如下所示：

"（d）授权拨款。现授权在 2013 年至 2018 年财政年度期间每年拨款 20 000 000 美元，由国家粮食和农业研究所负责实施本条规定。"

第 7203 条　可持续性农业技术发展和转让项目。

《1990 年粮食、农业、保育和贸易法》第 1628 条（f）（《美国法典》第 7 篇 5831（f））进行修订后内容如下所示：

"（f）授权拨款。现授权依据下列方式进行拨款用于执行本条规定：

"（1）2013 年财政年度期间所需要的经费；和

"（2）2014 年至 2018 年财政年度期间每年拨款 5 000 000 美元。"

第 7204 条　国家培训项目。

《1990 年粮食、农业、保育和贸易法》第 1629 条（ｊ）（《美国法典》第 7 篇 5832（ｊ））进行修订后内容如下所示：

"（ｊ）授权拨款。现授权在 2013 年至 2018 年财政年度期间每年拨款 20 000 000 美元用于开展国家培训项目。"

第 7205 条　国家基因资源项目。

《1990 年粮食、农业、保育和贸易法》第 1635 条（b）（《美国法典》第 7 篇 5844（b））修订如下：

（1）删除"必要的经费"；和

（2）删除"子篇"和之后的所有内容，并插入下列内容："子篇：

"（1）1991 年至 2013 年财政年度期间每年所必要的经费；和

"（2）2014 年至 2018 年财政年度期间每年拨款 1 000 000 美元。"

第 7206 条　国家农业气象信息系统。

《1990 年粮食、农业、保育和贸易法》第 1641 条（c）（《美国法典》第 7 篇 5855（c））修订如下：

（1）删除"5 000 000 美元用于实施本子篇的相关规定"，并插入"用于实施本子篇相关规定的 5 000 000 美元"；和

（2）在最后的句号之前插入"2014 年至 2018 年财政年度期间每年拨款 1 000 000 美元"。

第 7207 条　撤销农村电子商务推广项目。

现废除《1990 年粮食、农业、保育和贸易法》第 1670 条（《美国法典》第 7 篇 5923）。

第 7208 条　农业基因组倡议项目。

《1990 年粮食、农业、保育和贸易法》第 1671 条（c）（《美国法典》第 7 篇 5924（c））进行修订，在最后增加下列内容：

"（3）联合团体。部长应鼓励将本章所规定的补助发放给由合格实体联合组成的团体。"

第 7209 条　重要优先研究和推广倡议项目。

《1990 年粮食、农业、保育和贸易法》第 1672 条（《美国法典》第 7 篇 5925）修订如下：

（1）在（a）的第一句话中，删除"从（e）至（ｊ）"，并插入"（d）至（f）"；

（2）在第（b）（2）第一句话中，删除"（e）至（ｊ）"，并插入"（d）至（g）"；

（3）删除（h）（依据第 7128 条（b）（2）（C）（ⅱ）规定重新编号后）；

（4）将（ｊ）重新编号为（h）；

（5）在（d）（依据该条规定重新编号）中：

（A）删除（1）至（5）、（7）、（8）、（11）至（43）、（47）、（48）、（51）和（52）；

（B）将（6）、（9）、（10）、（44）、（45）、（46）、（49）和（50）分别重新编号为（1）、（2）、（3）、（4）、（5）、（6）、（7）和（8）；和

（C）在最后新增下列一条内容：

"（9）咖啡树健康倡议项目。为达成下列目标，可发放本条所规定的研究和推广补助：

"（A）研发和提供以科学为基础的咖啡果小蠹防治工具和办法；和

"（B）在遭受咖啡果小蠹虫害或有可能遭受咖啡果小蠹虫害的地区设立全区综合虫害管理项目。

"（10）玉米、大豆、饲料、麦片、谷物和谷物产品研究和推广。可依据本条规定提供研究和推广补助，用于开展或进一步加强研究工作，提高禽类和食用动物产业玉米、大豆、饲料、谷物和谷物副产品的消化吸收率、营养价值和效能。"

（6）删除（e）（依据该条规定重新编号后），并插入下列新的内容：

"（e）豆类作物健康倡议项目。

"（1）定义。在本款中：

"（A）倡议项目。用语'倡议项目'指依据（2）设立的豆类作物健康倡议项目。

"（B）豆类作物。用语'豆类作物'指干菜豆、干豌豆、扁豆和鹰嘴豆。

"（2）倡议项目设立。部长应开展豆类作物健康竞争性研究和推广倡议项目，研发和推广下列以科学为基础的工具和信息，应对豆类作物产业的关键性需求：

"（A）豆类作物健康和营养研究，例如：

"（ⅰ）豆类作物膳食和此类膳食能否减少肥胖现象和相关慢性病；和

"（ⅰ）豆类作物产品食用有益健康的基本机理；

"（B）豆类作物性能研究，例如：

"（ⅰ）提高豆类作物和豆类作物组成成份的性能；和

"（ⅱ）研发创新技术，改善作为食品产品原料的豆类作物性能；

"（C）开展豆类作物研究，加强豆类作物可持续性和全球粮食安全，例如：

"（ⅰ）利用植物育种、遗传学和基因学，提高豆类作物产量、营养密度和植物营养素含量；和

"（ⅱ）病虫害和病害防治管理，包括抗虫和抗病；和

"（ⅲ）提高固氮和水资源利用效率，减少农业碳和能源足迹；

"（D）优化豆类作物生产系统，减少水资源利用；和

"（E）设立豆类作物教育宣传和技术援助项目，例如下列项目：

"（ⅰ）提供技术知识，帮助食品公司将豆类产品纳入创新健康食品当中；和

"（ⅱ）设立教育宣传项目，鼓励美国民众食用豆类作物产品。

"（3）管理。《竞争性、特殊和设施研究补助法》（b）（4）、（7）、（8）和（11）（B）（《美国法典》第7篇450i（b））应适用于本款所规定的竞争性补助发放工作。

"（4）优先考虑对象。在依据本款规定提供竞争性补助时，部长应优先考虑符合下列条件的项目：

"（A）跨州、跨机构和跨学科的项目；和

"（B）设立明确的宣传机制，向豆类作物产业和公共介绍项目取得的成果。

"（5）授权拨款。在2014年至2018年财政年度期间，授权每年拨款25 000 000美元用于实施本款规定。"

（7）删除第（f）款（依据该条规定进行修订后），并插入下列新的内容：

"（f）粮食和农业保护培训协作。

"（1）通则。部长应向符合条件的实体（如（2）中说明）提供竞争性补助，或者签订合同或合作协议，建议国际综合培训机制'综合食品安全培训网络'（本条中简称为'网络'），加强保护美国粮食供应。

"（2）资质。

"（A）通则。在本款当中，符合条件的实体应为跨机构联合体，且包括：

"（ⅰ）提供食品安全保护培训的非盈利机构；和

"（ⅱ）高等教育机构（定义如《1965年高等教育法》第101条（《美国法典》第20篇1001）所示）下的一个或多个培训中心，且此类培训中心应拥有丰富经验，提供涉及粮食供应及农业安全和防护方面的社区培训。

"（B）集体审批。部长应总体考虑此类联合体，而不是逐个地考虑各个机构。

"（3）具备资格的实体的职责。具备资格的实体可依据本款规定获得竞争性补助，或者与部长签订合同或合作协议，不过前提是应与部长合作，通过下列方式，设立和维持网络：

"（A）为监管和公共卫生官员、生产者、加工商和其他农业综合企业提供基本、技术、管理和领导培训（包括设立课程）；

"（B）发挥作为网络管理中心的作用；

"（C）提供标准化国家课程，确保在全国各地始终如一地提供高质量的培训；

"（D）设立并监督一支国家认可的教员队伍，从而确保能够高素质的教员；

"（E）评估国家粮食和农业研究所及其他相关联邦机构所拟议的培训内容，且上述机构应向部长汇报拟议和现有课程的质量和内容情况；

"（F）援助联邦机构实施粮食安全保护培训规定，包括《联邦粮食、药品和化妆品法》（《美国法

典》第 7 篇 301 及以下）、《2014 年农业法》和本法案所修订的任何法规中的相关规定；和

"（G）开展评估和以成果为导向的研究，向部长提供下列信息，即训练和衡量标准对食品安全体系中的管辖权和部门的效力和影响。

"（4）会员。符合条件的实体可更改联合体成员资格，来满足具体的培训专业知识要求。

"（5）授权拨款。在 2014 年至 2018 年财政年度期间，授权每年拨款 20 000 000 美元，用于落实本款的规定；经费持续拨发，直到用完为止。"

（8）在（g）中（依据本条规定重新编号后）：

（A）删除（1）（B）、（2）（B）和（3）出现的所有"2012 年"，并插入"2018 年"；

（B）在（3）中：

（ⅰ）在标题中，删除"虫害和病原体"；和

（ⅱ）删除"虫害和病原体监测"，并插入"虫害、病原体、健康和数量状况监测"；

（C）将（4）重新编号为（5）；

（D）在（3）后插入下列新的一条内容：

"（4）协商。部长与内政部长及环保署署长进行协商之后，应颁布涉及促进传粉昆虫健康和传粉昆虫种群长期生存能力的指南，包括涉及下列领域的建议：

"（A）在与其他自然资源管理优先目标相兼容的情况下，允许人工饲养蜜蜂在国家森林系统土地采蜜；和

"（B）在与其他自然资源管理优先目标相兼容的情况下，安排人工饲养蜜蜂和野生蜜蜂同时在国家森林系统土地上采蜜。"和

（E）在（5）中（依据（C）规定重新编号后）：

（ⅰ）将（A）和（B）分别重新编号为（ⅰ）和（ⅱ），并向右移动两个单位；

（ⅱ）删除"年度报告，介绍"，并插入下列内容："年度报告：

"（A）介绍"；

（ⅲ）在（ⅰ）（重新编号后）中：

（Ⅰ）在"崩溃"之后插入"和蜜蜂健康障碍"；和

（Ⅱ）删除最后的"和"；

（ⅳ）在（ⅱ）中（重新编号后）：

（Ⅰ）在"战略"之后插入"，包括最佳管理实践"；和

（Ⅱ）删除最后的句号，并插入"；和"；

（Ⅴ）在最后新增下列一项内容：

"（ⅲ）应对解决人工蜜蜂和野生蜜蜂数量减少的问题；"和

（ⅵ）在最后新增下列一款内容：

"（B）评估联邦政府在缓解传粉昆虫减少问题和降低该问题对美国商业养蜂业的威胁方面所开展的工作；和

"（C）就下列问题提供建议，即如何更好协调联邦机构工作，解决人工蜜蜂和野生蜜蜂数量减少的问题。"和

（9）在（h）中（依据（4）规定重新编号后），删除"2012 年"，并插入"2018 年"。

第 7210 条　废除营养管理研究和推广倡议项目。

现废除《1990 年粮食、农业、保育和贸易法》第 1672A 条（《美国法典》第 7 篇 5925a）。

第 7211 条　有机农业研究和推广倡议项目。

《1990 年粮食、农业、保育和贸易法》第 1672B 条修订如下：

（1）在（a）中：

（A）在（1）之前的内容中，在"支持研究"之前插入"，教育"；

（B）在（1）中，在"发展"之后插入"和改善"；

（C）在（2）中，删除"使用有机方式的生产者和加工者"，并插入"向生产者、加工者和农村社区提供有机农业生产方式"；和

（D）在（6）中，删除"和营销和社会经济状况"，并插入"，营销、食品安全、社会经济状况和农场企业管理"；和

（2）在（e）中（依据第7128条（b）（2）（D）（ⅱ）规定重新编号后）：

（A）在（1）中：

（ⅰ）在标题中，删除"2009年至2012年财政年度期间"；

（ⅱ）在（A）中，删除最后的"和"；

（ⅲ）在（B）中，删除最后的句号，并插入"；和"；和

（ⅳ）在最后增加下列的内容：

"（C）在2014年至2018年财政年度期间，每年拨款20 000 000美元。"和

（B）在（2）中：

（ⅰ）在标题中，删除"2009年至2012年"，并插入"2014年至2018年"；和

（ⅱ）删除"2009年至2012年"，并插入"2014年至2018年"。

第7212条 废除农业生物能原料及节能研究和推广倡议项目。

（A）废除。现废除《1990年粮食、农业、保育和贸易法》第1672条（《美国法典》第7篇5925e）。

（b）相应的修订。《1994年农业部重组法》第251条（f）（1）（D）（《美国法典》第7篇6971（f）（1）（D））修订如下：

（1）删除（xi）；和

（2）将（xii）和（xiii）分别重新编号为（xi）和（xii）。

第7213条 农场企业管理。

《1990年粮食、农业、保育和贸易法》第1672D条（d）进行修订，删除"用于执行本条规定的必要经费"，并插入下列内容："执行本条规定：

"（1）2013年财政年度所必要的经费；和

"（2）2014年至2018年财政年度期间，每年拨款5 000 000美元。"

第7214条 卓越中心。

（a）通则。《1990年粮食、农业、保育和贸易法》进行修订，在第1672D条（《美国法典》第7篇5925f）后插入下列新的一条内容：

"第1673条 卓越中心。

"（a）优先拨发经费对象。部长在拨发涉及部长所管理的竞争性或推广项目的经费时，应优先考虑下列卓越中心，即旨在开展涉及粮食和农业科学（定义如《1977年国家农业研究、推广和教学政策法》第1404条（《美国法典》第7篇3103）所示）的研究、推广和教育宣传工作。

"（b）组成结构。卓越中心由一个或多个《竞争性、特别和设施研究补助法》（b）（7）（《美国法典》第7篇450i（b）（7））所说明的具备资格的实体组成，且此类实体为卓越中心提供经费或实物支持。

"（c）卓越中心标准。

"（1）卓越中心认证标准。中心须开展下列工作方可被认证为卓越中心：

"（A）减少重复性的研究、教学和推广活动，确保协同高效地开展工作；

"（B）通过农业产业团体、高等教育机构和联邦政府之间的公私合作伙伴关系，充分利用现有资源；

"（C）实施教育宣传倡议项目，开展推广活动工作，高效地向目标群体宣传介绍解决方案，增进公众对相关知识的了解；和

"（D）辨别确认高度优先的农业问题，并吸引资金投入至解决此类问题，从而增加农村社区的经济回报。

"（2）其他标准。在切实可行的情况下，一个中心还须开展下列工作后方可被认证为卓越中心，即提高大专和大学教学能力和改善院校的基础设施建设（包括土地拨赠大专和大学、合作林业学校、非土地拨赠农业大学机构（上述用语定义如《1977 年国家农业、研究、推广和教学政策法》第 1404 条（《美国法典》第 7 篇 3103）所示）和兽医学校）。"

（b）生效日期。（a）中进行的修订内容应自 2014 年 10 月 1 日起开始生效。

第 7215 条　废除红肉安全研究中心。

现废除《1990 年粮食、农业、保育和贸易法》第 1676 条（《美国法典》第 7 篇 5929）。

第 7216 条　残疾农场主辅助技术项目。

《1990 年粮食、农业、保育和贸易法》第 1680 条（c）（1）（《美国法典》第 7 篇 5933（c）（1））修订如下：

（1）删除英语第三称单数的"是"，并插入英语复数形式的"是"；和

（2）删除"条"及之后的所有内容，并插入下列内容："条：

"（A）1999 年至 2013 年财政年度期间，每年拨款 6 000 000 美元；和

"（B）2014 年至 2018 年财政年度期间，每年拨款 5 000 000 美元。"

第 7217 条　国家农村信息中心交换所。

《1990 年粮食、农业、保育和贸易法》第 2381 条（e）（《美国法典》第 7 篇 3125b（e））进行修订，删除"2012 年"，并插入"2018 年"。

子篇 C　《1998 年农业研究、推广和教育改革法》

第 7301 条　农业部资助的农业研究、推广和教育宣传活动的重要性和成绩。

《1998 年农业研究、推广和教育改革法》第 103 条（a）（2）（《美国法典》第 7 篇 7613（a）（2））修订如下：

（1）在标题中，删除"推广工作成绩评议"，并插入"研究、推广工作重要性和成绩评议，"；

（2）在（A）中：

（A）在"成绩"前插入"重要性和"；和

（B）删除"推广或教育"，并插入"研究、推广或教育"；和

（3）在（B）中，在"程序"之后插入"持续"。

第 7302 条　综合研究、教育和推广竞争性补助项目。

《1998 年农业研究、推广和教育改革法》（e）（《美国法典》第 7 篇 7626）（依据第 7128 条（b）（3）（A）（ⅱ）规定重新编号后）进行修订，删除"2012 年"，并插入"2018 年"。

第7303条　支持涉及禾谷镰刀菌或小麦印度腥黑粉病菌引发的小麦、黑小麦和大麦疾病的研究工作。

《1998年农业研究、推广和教育改革法》第408条（e）（《美国法典》第7篇7628（e））进行修订后内容如下所示：

"（e）授权拨款。现授权拨发下列款项用于本条规定：

"（1）1999年至2013年财政年度每年所需的经费；

"（2）2014年至2018年财政年度期间每年拨款10 000 000美元。"

第7304条　废除牛副结核病控制项目。

现废除1998年《农业研究、推广和教育改革法》第409条（《美国法典》第7篇7629）。

第7305条　青年组织补助。

《1998年农业研究、推广和教育改革法》第410条（d）（《美国法典》第7篇7630（d））进行修订，删除"条的必要经费"及之后的所有内容，并插入下列内容："条：

"（1）2008年至2013年财政年度每年必要的经费；和

"（2）2014年至2018年财政年度期间每年拨款3 000 000美元。"

第7306条　特种作物研究倡议项目。

《1998年农业研究、推广和教育改革法》第412条（《美国法典》第7篇7632）修订如下：

（1）在（a）中：

（A）将（1）和（2）分别重新编号为（2）和（3）；

（B）在（2）（经重新编号后）前面新增下列新的内容：

"（1）柑橘病害小组委员会。用语'柑橘病害小组委员会'指依据《1977年国家农业研究、推广和教学政策法》第1408A条（a）（2）规定设立的小组委员会。"和

（C）在最后新增下列新的内容：

"（4）特种作物委员会。用语'特种作物委员会'指依据《1977年国家农业研究、推广和教学政策法》第1408A条（《美国法典》第7篇3123a）规定设立的委员会。"

（2）在（b）中：

（A）在（1）中，删除"和基因学"，并插入"基因学和其他方式"；和

（B）在（3）中，在"生产效率，"后插入"处理和加工，"；

（3）在（3）中，在（1）前面的内容中，删除"倡议项目"，并插入"本条"；

（4）删除（d），并插入下列新的内容：

"（d）建议评估。在执行本条规定时，部长应基于下列因素发放竞争性补助：

"（1）来自联邦机构、非联邦实体和特种作物产业的主旨专家小组开展的科学评审；和

"（2）特种作物行业代表小组针对特定特种作物的优点、相关性和影响进行的评估意见和排名结果。"

（5）将（e）（依据第7128条（b）（3）（B）进行修订后）、（f）、（g）和（h）分别重新编号为（g）、（h）、（j）和（k）；

（6）在（d）后插入下列新的内容：

"（e）协商。在每年财政年度期间，部长应提前与特种作物委员会进行协商，方可针对本款第（2）项所说明的优点和相关性问题开展科学同行评估。委员会应向部长提供下列材料：

"（1）在举行首次协商的财政年度期间，提供在该财政年度举行评估的建议；和

"（2）在之后举行协商的财政年度期间：

"（A）对部长上个财政年度同行评估程序和目标的评估；

"（B）有关当前财政年度此类同行评估的建议；和

"（C）针对上一财政年度依据（d）规定发放的补助的意见。

"（f）报告。部长应向众议院农业委员会和参议院农业、营养和林业委员会提供一份报告，涉及：

"（1）依据《1977 年国家农业研究、推广和教学政策法》（《美国法典》第 7 篇 3123a）第 1408A 条（g）和本条（e）规定与特种作物委员会（和相关的小组委员会）进行协商的结果；

"（2）特种委员会（和相关的小组委员会）在进行协商期间向部长提供的建议；和

"（3）在切实可行的情况下特种作物委员会（和相关的小组委员会）对上一财政年度依据（d）和（j）规定所发放的补助情况的评估。"

（7）在（g）中（经重新编号后）中：

（A）删除（1），并插入下列新的内容：

"（1）通则。对于依据本条规定发放的补助，部长应征求并接收补助申请计划。"和

（B）在（3）（依据第 7128 条（b）（3）（B）规定重新编号后）中，删除"本条"，并插入"倡议项目"；

（8）在（h）（重新编号后）中，在（1）之前的内容中，删除"本条"，并插入"倡议"；

（9）在（k）中（重新编号后）：

（A）在（1）中：

（ⅰ）删除"（1）2008 至 2012 年财政年度期间强制性经费：

"（A）2008 至 2012 年财政年度期间。经费"并插入"（1）强制性经费。"

"（A）2008 至 2012 年财政年度。经费"；和

（ⅱ）在最后新增下列内容：

"（B）后续经费。在 2014 年财政年度和之后的每个财政年度，部长应每年从商品信贷委员会的经费中拨款 80 000 000 美元用于执行本条规定。

"（C）经费预留。在 2014 年至 2018 年财政年度期间，部长应每年从（B）中所说明的经费中预留不少于 25 000 000 美元，用于开展依据（j）中规定所设立的项目。

"（D）经费可用性。依据（C）规定预留的经费应持续提供用于该小项所说明的目的，直到用完为止。"和

（B）在（2）中：

（ⅰ）在标题中，删除"从 2008 年至 2012 年"，并插入"2014 年至 2018 年"；和

（ⅱ）删除"2008 年至 2012 年"，并插入"2014 年至 2018 年"；和

（10）在（i）后插入下列新的内容：

"（j）紧急柑橘病害防治研究和推广项目。

"（1）项目设立和目标。部长应设立一个竞争性研究和推广补助项目，防治柑橘病害。部长通过该项目向具备资格的实体提供补助，用于：

"（A）开展科学研究和推广活动，提供技术性援助，开展研发活动，防治包括本土和外来柑橘病害和虫害。此类柑橘病害和虫害包括柑橘黄龙病和亚洲柑橘木虱，对美国柑橘生产构成紧迫危害，并威胁到柑橘产业未来生存发展；和

"（B）支持下列项目所资助的研究和推广活动所获得的知识和技术的宣传和商业化：

"（ⅰ）紧急柑橘病害研究和推广项目；或者

"（ⅱ）旨在解决柑橘生产病害和外来虫害问题的其他研究和推广项目。

"（2）优先对象。在依据本款规定发放补助时，部长应优先考虑符合下列条件的补助项目，即旨在达成依据《1977 年国家农业研究、推广和教学政策法》（《美国法典》第 7 篇 3123a）第 1408A 条（g）（4）规定设立的研究和推广目标。

"（3）协作。在依据《1977 年国家农业研究、推广和教学政策法》（《美国法典》第 7 篇 3123a）第

1408A 条（g）（2）规定制定财政年度研究和推广经费议程和预算时，柑橘病害小组委员会应：

"（A）征求参与柑橘病害防治反应工作的联邦和州立机构及其他实体的建议；和

"（B）考虑其他公共和私营柑橘研究和推广项目以及此类机构资助情况。

"（4）非重复性。部长应确保用于开展本款所说明的紧急柑橘病害防治研究和推广活动的经费对下列经费进行补充，而不是取而代之，即用于农业部与州立机构协作开展的其他柑橘病害防治活动的经费。

"（5）授权拨款。除了（k）（1）（C）所预留的经费之外，现授权在2014年至2018年财政年度期间每年拨款25 000 000美元用于执行本款规定。

"（6）定义。在本款中：

"（A）柑橘。用语'柑橘'指芸香科可食用的果实，包括美国出产、用于商业目的的此类水果杂交品种及杂交品种产品。

"（B）柑橘生产者。用语'柑橘生产者'指美国境内任何从事柑橘生产和商业销售活动的法人。

"（C）紧急柑橘病害防治研究和推广项目。用语'紧急柑橘病害防治研究和推广项目'指依据本款规定设立的紧急柑橘研究和推广补助项目。"

第7307条　（H7308）避免食用动物残留药物数据项目。

《1998年农业研究、推广和教育改革法》第604条（e）（《美国法典》第7篇7642（e））进行修订，删除"2012年"，并插入"2018年"。

第7308条　撤销国家猪类研究中心。

现废除《1998年农业研究、推广和教育改革法》第612条（《公法》105-185）。

第7309条　虫害防治管理政策办公室。

《1998年农业研究、推广和教育改革法》第614条（f）（《美国法典》第7篇7653（f））修订如下：

（1）删除"必要的经费"；和

（2）删除"条"和之后的所有内容，并插入下列内容："条：

"（1）1999年至2013年财政年度期间每年必要的经费；和

"（2）2014年至2018年财政年度期间每年拨款3 000 000美元。"

第7310条　林业产品进一步利用研究。

《1998年农业研究、推广和教育改革法》第Ⅵ篇子篇B（《美国法典》第7篇7651及以下）进行修订，在第616条（《美国法典》第7篇7655）之后插入下列新的内容：

"第617条　林业产品进一步利用研究。

"（a）倡议项目设立。部长应设立林业和林业产品研究和推广倡议项目，研发下列以科学为基础的工具，即能够满足林业部门和各自区域、森林和林地所有人和管理人员、林业产品工程、制造和相关利益的需求。

"（b）活动。（a）所说明的倡议项目应包括下列活动：

"（1）开展研究达成下列目的：

"（A）提高木材强度和锯材等级率，改善木材质量；

"（B）开发新型制材设计产品，并从木材中开发可再生能源；和

"（C）通过高效的管理和利用，提高林地使用寿命、可持续性和收益性。

"（2）举办展示活动和进行技术转让，证明木材作为绿色建筑材料的有益特征，包括投入开展木材产品使用周期评估工作。

"（3）旨在达成下列目标的项目：

"（A）改善林产品和木材质量，提高评估标准和估价技术；和

"（B）提升木材质量和基于价值的森林管理技术；和

"（C）林产品的转换和生产效率、生产率和盈利率（包括林产品营销）。

"（c）补助。

"（1）通则。部长应提供竞争性补助，开展（b）所说明的活动。

"（2）优先考虑对象。在发放本条所说明的补助时，部长应高度优先考虑符合下列条件的实体所开展的活动：

"（A）跨州、跨机构或跨学科性质；

"（B）设立明确的宣传机制，向生产者、林业利益攸关者、政策制定者和公共介绍取得的成果；和

"（C）具备下列特质：

"（ⅰ）长期从事林业和林产品研究并且拥有丰富的经验；

"（ⅱ）具备能力开展林产品研究和公开研究成果；和

"（ⅲ）能够评估相关商业部门的需求，并且就此做出回应。

"（3）管理。在发放本条所说明的补助时，部长应遵循《竞争性、特殊和设施研究补助法》（《美国法典》第 7 篇 450i）（b）（4）、（7）、（8）和（11）（B）的规定。

"（4）期限。依据本条规定所发放的补助期限不得超过 10 年。

"（d）协作。部长应确保与林务局（包括林产品实验室）及农业部的其他相应机构进行协作，开展本章所说明的活动。

"（e）报告。部长应向众议院农业委员会和参议院农业、营养和林业委员会提交一份报告，说明在报告所涉及的时间内：

"（1）依据（b）（2）规定开展的研究情况；

"（2）林务局利用木材作为主要建筑材料所建造的建筑数量；和

"（3）林务局投资绿色建筑和木材推广的情况。

"（f）授权拨款。

"（1）通则。在 2014 年至 2018 年财政年度期间，每年授权拨款 7 000 000 美元用于执行本条规定。

"（2）匹配资金。在切实可实的范围内，部长应将依据（1）规定所提供的经费与依据《1978 年森林和牧场可再生能源研究法》（《美国法典》第 16 篇 1646）第 7 条规定提供的经费进行对配。"

第 7311 条　撤销农业研究、推广和教育研究项目。

现废除《1998 年农业研究、推广和教育改革法》第 Ⅵ 篇子篇 C（《美国法典》第 7 篇 7671 及以下）。

子篇 D　其他法律

第 7401 条　《关键农业材料法》。

《关键农业材料法》第 16 条（a）（《美国法典》第 7 篇 178n（a））修订如下：

（1）删除"必要的经费"；和

（2）删除"法"和之后的内容，并插入下列内容："法：

"（1）1991 年至 2013 年财政年度期间每年必要的经费；和

"（2）2014 年至 2018 年财政年度期间每年拨款 2 000 000 美元。"

第 7402 条　《1994 年教育土地拨赠平等地位法》。

（a）1994 学院的定义。

（1）通则。1994 年《教育土地拨赠平等地位法》（《美国法典》第 7 篇 301 注释；《公法》103 - 382）第 532 条进行修订后内容如下所示：

"第 532 条　1994 学院的定义。

"在本规定中，用语'1994 学院'指下列任意一所院校：

"（1）Aaniiih Nakoda 学院。

"（2）Bay Mills 社区大学。

"（3）Blackfeet 社区大学。

"（4）Cankdeska Cikana 社区大学。

"（5）Chief Dull Knife 大学。

"（6）Menominee Nation 学院。

"（7）Muscogee Nation 学院。

"（8）D - Q 大学。

"（9）Dine 学院。

"（10）Fond du Lac 部落和社区大学。

"（11）Fort Berthold 社区大学。

"（12）Fort Peck 社区大学。

"（13）Haskell 印第安大学。

"（14）Llisagvik 学院。

"（15）美国印第安人和阿拉斯加原住民文化和艺术发展学院。

"（16）Keweenaw Bay Ojibwa 社区大学。

"（17）Lac Courte Oreilles Ojibwa 社区大学。

"（18）Leech Lake 部落大学。

"（19）Little Big Horn 学院。

"（20）Little Priest 部落大学。

"（21）Navajo 工学院。

"（22）内布拉斯加印第安社区大学。

"（23）西北印第安学院。

"（24）Oglala Lakota 学院。

"（25）Saginaw Chippewa 部落大学。

"（26）Salish Kootenai 学院。

"（27）Sinte Gleska 大学。

"（28）Sisseton Wahpeton 学院。

"（29）Sitting Bull 学院。

"（30）西南印第安理工大学。

"（31）Stone Child 学院。

"（32）Tohono O'odham 社区大学。

"（33）Turtle Mountain 社区大学。

"（34）联合部落工学院。

"（35）White Earth 部落和社区大学。"

（2）生效日期。（1）中进行的修订规定自 2014 年 10 月 1 日起开始生效。

（b）1994 年机构捐赠。《1994 年教育土地拨赠平等地位法》第 533 条（b）（《美国法典》第 7 篇 301 注释；《公法》103 - 382）进行修订，删除第一句话中的"2012 年"，并插入"2018 年"。

（c）学院能力建设补助。《1994 年教育土地拨赠平等地位法》（《美国法典》第 7 篇 301 注释；《公法》103 - 382）第 535 条进行修订，删除（b）（1）和（c）所出现的所有"2012 年"，并插入"2018 年"。

（d）研究补助。

（1）授权拨款。《1994 年教育土地拨赠平等地位法》（《美国法典》第 7 篇 301 注释；《公法》103 - 382）第 536 条（c）进行修订，删除第一句话中的"2012 年"，并插入"2018 年"。

（2）研究补助规定。《1994 年教育土地拨赠平等地位法》（《美国法典》第 7 篇 301 注释；《公法》103 - 382）第 536 条（b）进行修订，删除"至少一所其他的土地拨赠大专或大学"及之后的所有内容，并插入下列内容："和：

"（1）农业部农业研究局；或者

"（2）至少一所：

"（A）其他的土地拨赠大专或大学（不包括其他的 1994 学院）；

"（B）非土地拨赠农业大专（定义如《1997 年国家农业研究、推广和教学政策法》（《美国法典》第 7 篇 3103）第 1404 条所示）；或者

"（C）合作的林业学校（定义如该条所示）。"

第 7403 条 《研究设施法》。

《研究设施法》（《美国法典》第 7 篇 390d（a））第 6 条（a）进行修订，删除"2012 年"，并插入"2018 年"。

第 7404 条 《竞争性、特殊和设施研究补助法》。

（a）推广。《竞争性、特殊和设施研究补助法》（b）（11）（A）（《美国法典》第 7 篇 450（b）（11）（A））进行修订，删除（i）前面内容中的"2012 年"，并插入"2018 年"。

（b）优先领域。《竞争性、特殊和设施研究补助法》（b）（2）（《美国法典》第 7 篇 450i（b）（2））修订如下：

（1）在（B）中：

（A）在（vii）中，删除最后的"和"；

（B）在（viii）中，删除最后的句号，并插入分号；和

（C）在最后新增下列数项规定：

"（ix）研发涉及下列虫害和病害的监测手段、疫苗、接种疫苗交付机制或者诊断试验：

"（Ⅰ）家畜流行病（包括鹿、麋鹿、北美野牛和其他麋科动物）；和

"（Ⅱ）可能对公众健康构成问题的家畜和野生动物人畜共患病（包括牛布氏杆菌病和牛肺结核）；和

"（Ⅹ）识别确定动物药物需求，生成和传播数据信息，有效地推动将动物药物用于治疗小物种，和尽量将此类药物少用于主要物种。"

（2）在（D）中：

（A）在标题中，删除"可再生能源"，并插入"生物能"；

（B）将（iv）、（v）和（vi）分别重新编号为（v）、（vi）和（vii）；和

（C）在（iii）后插入下列新的内容：

"（iv）节能措施和技术解决营养流失和改善水质的效力；"；和

（3）在（F）中：

（A）在（ⅰ）项前的内容中，在"贸易"之后插入"经济，"；

（B）将（ⅴ）和（ⅵ）分别重新编号为（ⅵ）和（ⅶ）；和

（C）在（ⅳ）后插入下列新的一项内容：

"（ⅴ）生产者为改善水质而采用的节能措施和技术所带来的经济成本、效益和可行性；"。

（c）总务。《竞争性、特殊和设施研究补助法》（b）（4）（《美国法典》第7篇450i（b）（4））修订如下：

（1）在（D）中，删除最后的"和"；

（2）在（E）中，删除最后的句号并插入"；和"；和

（3）在最后插入下列新的内容：

"（F）制定包括时间表在内的流程，指导依据商品推销法（定义与《1996年联邦农业促进和改革法》第501条（a）（《美国法典》第7篇7401（a））中的同一用语定义相同）设立的实体，或者州立商品委员会（或者其他对等州立实体）如何直接向部长提交计划，申请专门经费来解决涉及（2）中所具体说明的优先领域的问题。"

（d）特别考虑。《竞争性、特殊和设施研究补助法》（b）（6）（《美国法典》第7篇450i（b）（6））修订如下：

（1）在（C）中，删除最后的"和"字；

（2）在（D）中，删除最后的句号，并插"；和"；和

（3）在最后新增新的内容：

"（E）供合格实体执行依据（4）（F）规定制定的流程所提供的特定计划，不过前提是此类具体计划应与（2）中所说明的优先领域保持一致。"

（e）具备资格的实体。《竞争性、特殊和设施研究补助法》（b）（7）（G）（《美国法典》第7篇450i（b）（7）（G））进行修订，删除"或者企业"，并插入"，基金会或者企业"。

（f）特定补助特殊捐款规定。《竞争性、特殊和设施研究补助法》（b）（9）（《美国法典》第7篇450i（b）（9））（依据第7128条（b）（4）规定进行修订后的内容）进行修订，在最后新增下列新的内容：

"（B）商品促进补助捐款规定。

"（ⅰ）通则。依据（ⅱ）和（ⅲ）规定，部长能够向（6）（E）所说明的补助提供资金，不过前提是依照相关流程提交申请计划、（4）（F）中所说明的实体应捐赠同等金额的经费，从而与该补助进行对配。

"（ⅱ）经费提供。

"（Ⅰ）通则。（ⅰ）中所规定的捐赠经费应提供给部长，用于发放（6）（E）所说明的补助；此类捐赠经费持续提供直到用完为止。

"（Ⅱ）管理费用。对于依据（ⅰ）规定提供给部长的捐赠经费，部长可保留不超过4%的金额，用于支付部长执行本款规定所产生的管理费用。

"（Ⅲ）限制。当实体依据（4）（F）所说明的流程提交计划时，应同时遵循（ⅰ）规定向部长提供一定的资金，且此类资金只得用于资助与上述计划相关的补助。

"（Ⅳ）剩余资金。对于实体依据（ⅰ）规定提供给部长的资金，如果在补助发放完毕后仍未指定用途，则应返回给该实体。

"（Ⅴ）间接成本。对于用于资助（6）（E）所说明的补助的资金拨款，其间接成本率应同样适用于实体依据（ⅰ）规定捐赠的资金。

"（ⅲ）其他匹配资金规定。（ⅰ）中的捐赠规定应对下列规定进行扩充，即《1977年国家农业研究、推广和教学政策法》第1492条所要求的补助接收人匹配资金规定。"

（g）第四号跨地区研究项目。《竞争性、特殊和设施研究补助法》（e）（《美国法典》第7篇450i

(e)）修订如下：

（1）在（1）（A）中，删除"少量使用的杀虫剂"，并插入"少量使用于农作物和用于特种作物（定义如《2004 年特种作物竞争法》第 3 条（《美国法典》第 7 篇 1621 注释）所示）的杀虫剂，"；和

（2）在（4）中：

（A）在（A）中，在"少量使用于农作物"之后插入"和用于特种作物的"；

（B）在（B）中，删除最后的"和"字；

（C）将（C）重新编号为（G）；和

（D）在（B）后插入下列新的内容：

"（C）优先发展少量用于农作物和用于特种作物的害虫管控技术；

"（D）开展研究，提供必要的数据信息，推动杀虫剂注册和再注册，以及相关耐药性的研究；

"（E）协助消除少量使用于农作物和用于国产特种作物的杀虫剂残留问题所引发的贸易壁垒；

"（F）协助注册和再注册少量使用于农作物和用于特种作物的害虫管控技术；和"。

第 7405 条　《1978 年可再生资源推广法》。

（a）授权拨款。《1978 年可再生资源推广法》第 6 条（《美国法典》第 16 篇 1675）进行修订，删除第一句话中的"2012 年"，并插入"2018 年"。

（b）终止日期。《1978 年可再生资源推广法》第 8 条（《美国法典》第 16 篇 1671 注释；《公法》95 - 306）进行修订，删除第一句话中的"2012 年"，并插入"2018 年"。

第 7406 条　《1980 年国家水产法》。

《1980 年国家水产法》第 10 条（《美国法典》第 16 篇 2809）进行修订，删除每处出现的"2012 年"，并插入"2018 年"。

第 7407 条　废除有关使用遥感数据的规定。

现废除《1996 年联邦农业促进和改革法》第 892 条（《美国法典》第 7 篇 5935）规定。

第 7408 条　废除《2002 年农业安全与农村投资法》有关报告的规定。

（a）废除有关有机产品生产者和经营商报告的规定。现废除《2002 年农业安全与农村投资法》第 7409 条（《美国法典》第 7 篇 5925b 注释；《公法》107 - 171）。

（b）废除有关转基因防虫植物报告的规定。现废除《2002 年农业安全与农村投资法》第 7410 条（《公法》107 - 171）。

（c）废除有关营养物银行研究的规定。现废除《2002 年农业安全与农村投资法》第 7411 条（《美国法典》第 7 篇 5925a 注释；《公法》107 - 171）。

第 7409 条　新从业农场主和牧场主发展项目。

《2002 年农业安全与农村投资法》第 7405 条（《美国法典》第 7 篇 3319f）修订如下：

（1）在（c）中：

（A）在（1）中，删除（A）至（R）的内容，并插入下列新的内容：

"（A）基本牲畜、林业管理和作物种植法；

"（B）创新的农场、牧场，以及私营非工业林业用地转让办法；

"（C）创业和商业培训；

"（D）金融和风险管理培训（包括农业信贷获取和管理）；

"（E）自然资源管理和规划；

"（F）多样化和营销战略；

"（G）课程设计；

"（H）监督、学徒和实习；

"（Ⅰ）资源和参考；

"（J）农场金融基准；

"（K）协助新从业农场主或牧场主向退休农场主或牧场主购买土地；

"（L）农地复垦和资深农民职业训练；

"（M）农场安全和宣传；和

"（N）对新从业农场主或牧场主有所帮助的其他类似主题区域。"

（B）在（2）（C）中，删除"和非政府组织"，并插入"或非政府组织"；

（C）在（7）中，删除"和在社区中设立的组织"，并插入"，在社区中设立的组织，和在学校设立的农业教育组织"；

（D）删除（8），并插入下列新的内容：

"（8）预留经费。

"（A）通则。对于用于执行本款规定的经费，每个财政年度应至少5％的经费应用于保障满足下列人员需求的项目和服务：

"（1）资源有限的新从业农场主或牧场主（部长进行定义）；

"（2）为新从业农场主或牧场主的社会弱势农场主或牧场主（定义如《巩固农业和农村发展法》第355条（e）（《美国法典》第7篇2003（e））所示）；

"（ⅲ）希望成为农场主或牧场主的农业工人。

"（B）资深农场主或牧场主。对于用于执行本款规定的经费，每个财政年度不少于5％的经费应用于保障特定项目和服务，满足资深农场主或牧场主（定义如《1990年粮食、农业、保育和贸易法》第2501条（e）（《美国法典》第7篇2279（e））所示）需求。"和

（E）在最后新增下列内容：

"（11）间接费用上限。本款所说明的补助接受人利用补助资金支付开展（1）所说明的倡议项目所产生的间接费用时，不得超过补助资金的10％。

"（12）协作。本说明的补助接受人在使用（8）（B）所说明的补助时，可与1990年《粮食、农业、保育和贸易法》第1680条所说明的补助接受人进行协作，满足残疾农场主或牧场主的需求。"

（2）在（h）（1）中：

（A）在该项的标题中，删除"2012年"，并插入"2018年"；

（B）在（A）中，删除最后的"和"字；

（C）在（B）中，删除最后的句号，并插入"；和"；和

（D）在最后新增下列内容：

"（C）2014年至2018年财政年度期间，每年拨款20 000 000美元，且持续提供直到用完为止。"和

（3）在（h）（2）中：

（A）在该项的标题中，删除"2008年至2012年"，并插入"2012年至2018年"；和

（B）删除"2008年至2012年"，并插入"2012年至2018年"。

第7410条　《1985年国家农业、研究、推广和教学政策法修订案》。

《1985年国家农业、研究、推广和教学政策法修订案》第1431条（《公法》99-198；《美国法令全书》第99篇1556）进行修订，删除"2012年"，并插入"2018年"。

子篇 F　《2008 年粮食、保育和能源法》

第 I 部分　农业安全

第 7501 条　农业生物安全通信中心。

《2008 年粮食、保育和能源法》第 14112 条（c）（《美国法典》第 7 篇 8912（c））进行修订后内容如下所示：

"（c）授权拨款。现授权依据下列规定拨款用于执行本条规定：

"（1）2008 年至 2013 年财政年度期间每年拨款必要的经费；和

"（2）2014 年至 2018 年财政年度辜每年拨款 20 000 000 美元。"

第 7502 条　帮助当地建设农业生物安全规划、准备和响应能力。

《2008 年粮食、保育和能源法》第 14113 条（《美国法典》第 7 篇 8913）修订如下：

（1）在（a）（2）中：

（A）删除"所需要的经费"；和

（B）删除"款"和之后的所有内容，并插入下列内容："款：

"（A）2008 年至 2013 年财政年度期间每年所需要的经费；和

"（B）2014 年至 2018 年财政年度期间每年拨款 15 000 000 美元。"和

（2）在（b）（2）中，删除"现授权拨款用于执行本款的规定"及之后的所有内容，并插入下列内容："现授权依据下列规定拨款执行本款的规定：

"（A）2008 年至 2013 年财政年度期间每年拨款 25 000 000 美元；和

"（B）2014 年至 2018 年财政年度期间每年拨款 15 000 000 美元。"

第 7503 条　农业对策研究和制定。

《2008 年粮食、保育和能源法》第 14121 条（b）（《美国法典》第 7 篇 8921（b））进行修订，删除"现授权拨款执行本条规定"及之后的所有内容，并插入下列内容："现授权依据下列规定拨款执行本款的规定：

"（A）2008 年至 2013 年财政年度期间每年拨款 50 000 000 美元；和

"（B）2014 年至 2018 年财政年度期间每年拨款 15 000 000 美元。"

第 7504 条　农业生物安全补助项目。

《2008 年粮食、保育和能源法》第 14122 条（e）（《美国法典》第 7 篇 8922（e））修订如下：

（1）删除"必要的经费"；和

（2）删除"条"和之后的所有内容，并插入下列内容："条：

"（1）2008 年至 2013 年财政年度期间每年拨款必要的经费，且该经费持续提供直到用完为止；和

"（2）2014 年至 2018 年财政年度期间每年拨款 5 000 000 美元，且该经费持续提供直到用完为止。"

第 II 部分　杂项规定

第 7511 条　改进的使用租赁机构试点项目。

《1994 年联邦农作物保险改革和农业部重组法》第 308 条（《美国法典》第 7 篇 3125a）修订如下：

（1）在（b）（6）（4）中，删除"6 年"，并插入"10 年"；和

（2）在（d）（2）中，删除（A）内容之前的"1、3 和 5 年"，并插入"6、8 和 10 年"。

第 7512 条 放牧地研究试验室。

《2008 年粮食、保育和能源法》第 7502 条（《公法》110-246；《美国法令全书》第 122 篇 2019）进行修订，删除"5 年期"，并插入"10 年期"。

第 7513 条 预算提交和经费提供。

《2008 年粮食、保育和能源法》第 7506 条（《美国法典》第 7 篇 7614c）修订如下：

（1）删除（a），并插入下列新的内容：

"（a）定义。在本条中：

"（1）覆盖项目。用语'覆盖项目'指：

"（A）农业研究局或经济研究局开展的、且向总统提交的年度预算报告中每年要求进行拨款的各个研究项目；和

"（B）国家粮食和农业研究所开展的、且向总统提交的年度预算报告中每年要求进行拨款的各个竞争性项目。

"（2）经费申请征求书。用语'经费申请征求书'指国家粮食和农业研究所发布的经费申请声明，该声明提供有关研究所经费拨发方面的信息，包括经费用途、资质、限制、重点关注领域、评估标准、监督信息，以及经费申请指南。"和

（2）在最后新增下列新的内容：

"（e）其他的总统预算提交规定。

"（1）通则。总统每年申请覆盖项目经费时，应提交下列信息：

"（A）如果是（2）所说明的信息，则总统在提交年度预算报告的同时应提交此类信息；

"（B）如果是（3）的说明的额外信息，则是总统提交年度预算报告之日后的一段合理时间内的额外信息。

"（2）所说明的信息。本项所说明的信息包括：

"（A）基准信息，包括涉及每个覆盖项目的下列信息：

"（ⅰ）总统提交年度财政预算年份的前一年度的项目注资水平；

"（ⅱ）总统在提交的年度预算报告中所需求的注资水平，包括注资水平的提高或降低；和

"（ⅲ）解释从（ⅰ）所说明的注资水平调整至（ⅱ）所说明的注资水平的正当理由；

"（B）对于经济研究局或农业研究局所开展的每个覆盖项目，应说明项目的所在地和员工情况；

"（C）对于涉及下列优先领域、项目或补助的申请，应说明拟议的注资水平，和预期申请公布时间、范围和拨款水平：

"（ⅰ）《竞争性、特殊和设施研究补助法》（b）（2）（《美国法典》第 7 篇 450i（b）（2））所说明的各个优先领域；

"（ⅱ）依据《1990 年粮食、农业、保育和贸易法》第 1621 条（a）（《美国法典》第 7 篇 5811（a））规定所实施的各个研究和推广项目；

"（ⅲ）依据《1990 年粮食、农业、保育和贸易法》第 1672B 条（a）（《美国法典》第 7 篇 5925b（a））规定发放的各项补助；

"（ⅳ）依据《1998 年农业研究、推广和教育改革法》第 412 条（d）（《美国法典》第 7 篇 7632（d））规定所发放的各项补助；和

"（ⅴ）依据《2002 年农业安全与农村投资法》第 7405 条（c）（1）（《美国法典》第 7 篇 3319f（c）（1））规定所发放的各项补助；和

"（D）部长认定能够加强国会对覆盖项目监管力度的任何其他信息。

"（3）所说明的其他信息。本项所说明的其他信息指下列信息，即部长与众议院农业委员会、参议院农业、营养和林业委员会，以及参议院和众议院拨款委员会的农业、农村发展、食品与药品管理及相关机构小组委员会进行协商之后，认定对第（2）条所说明的信息进行必要的修改或澄清后的信息。

"（4）禁令。除非总统提供（2）（C）所说明的、涉及财政年度的信息，否则不得在该财政年度期间开展下列法律所授权的项目：

"（A）《竞争性、特殊和设施研究法》（b）（《美国法典》第 7 篇 450i（b））；

"（B）《1990 年粮食、农业、保育和贸易法》第 1621 条（《美国法典》第 7 篇 5811）；

"（C）《1990 年粮食、农业、保育和贸易法》第 1672B 条（《美国法典》第 7 篇 5925b）；

"（D）《1998 年农业研究、推广和教育改革法》第 412 条（《美国法典》第 7 篇 7632）；或者

"（E）《2002 年农业安全与农村投资法》第 7405 条（《美国法典》第 7 篇 3319f）。

"（f）农业部长报告。部长每年在不晚于总统提交年度预算报告之日，应向国会提供一份报告，说明联邦政府在提交报告的前一年所开展的农业研究、推广和教育活动情况，其中包括下列信息：

"（1）评估此类活动下列情况：

"（A）在农业部内部重复或重叠的情况；或者

"（B）与下列单位开展的活动相似度：

"（ⅰ）其他联邦机构；

"（ⅱ）各个州（包括哥伦比亚特区、波多黎各和美国的其他领域或领土）；

"（ⅲ）高考教育机构（定义如《1965 年高等教育法》第 101 条（《美国法典》第 20 篇 1001）所示）；或者

"（ⅳ）私营部门；和

"（2）每次依据本条规定于 2014 年 1 月 1 日当天或之后提交报告时，根据国内需求情况，提供为期 5 年的国家农业研究、推广和教育优先目标预测信息。

"（g）资金可互换性。本条的规定不得被解释为限制部长下列权限，即《1944 年农业部重组法》第 702 条（b）规定的、涉及资金重新安排或转让问题的权限。"

第 7514 条　废除有关种子销售的规定。

现废除《2008 年粮食、保育和能源法》第 7523 条的规定（《美国法典》第 7 篇 415 - 1）。

第 7515 条　自然产品研究项目。

《2008 年粮食、保育和能源法》第 7525 条（e）（《美国法典》第 7 篇 5937（e））进行修订后内容如下所示：

"（e）授权拨款。在 2014 年至 2018 年财政年度期间，每年授权拨款 7 000 000 美元执行本条规定。"

第 7516 条　太阳能补助项目。

（a）通则。《2008 年粮食、保育和能源法》第 7526 条（《美国法典》第 7 篇 8114）修订如下：

（1）在（a）（4）（B）节中，删除"能源部"，并插入"其他部长认定合适的联邦机构"；

（2）在（b）（1）：

（A）在（A）中，删除"在南达科塔州立大学"；

（B）在（B）中，删除"在位于诺克斯维尔市的田纳西大学"；

（C）在（C）中，删除"在俄克拉荷马州立大学"；

（D）在（D）中，删除"在俄勒冈州立大学"；

（E）在（E）中，删除"在康奈尔大学"；和

（F）在（F）中，删除"在夏威夷大学"；

（3）在（c）（1）中：

（A）在（B）中，删除"跨州"直至"技术实施"之间的内容，并插入"涉及技术研发和实施的综合、跨州研究、推广和教育项目"；

（B）删除（C）；和

（C）将（D）重新编号为（C）；

（4）在（d）中：

（A）在（1）中：

（ⅰ）删除"依据（2）中规定"；

（ⅱ）删除"气化"，并插入"生物制品"；和

（ⅲ）删除"能源部"，并插入"其他合适的联邦机构"；

（B）删除（2）；和

（C）将（3）和（4）分别重新编号为（2）和（3）；和

（5）在（g）中，删除"2012 年"，并插入"2018 年"。

（b）相应的修订。《2008 年粮食、保育和能源法》第 7526 条（f）（1）（《美国法典》第 7 篇 8114（f））进行修订，删除"（c）（1）（D）（ⅰ）"，并插入"（c）（1）（C）（ⅰ）"。

第 7517 条　废除有关食品荒漠研究的规定。

现废除《2008 年粮食、保育和能源法》第 7527 条（《公法》110‐246；《美国法令全书》第 122 篇 2039）。

第 7518 条　废除有关农业和农村运输研究和教育的规定。

现废除《2008 年粮食、保育和能源法》第 7529 条（《美国法典》第 7 篇 5936）的规定。

子篇 F　杂项规定

第 7601 条　食品和农业研究基金会。

（a）定义。在本条中：

（1）董事会。"董事会"指的是（c）中提到的董事会。

（2）部。"部"指的是美国农业部。

（3）基金会。"基金会"指的是（b）中提到的食品和农业研究基金会。

（4）部长。"部长"指的是农业部长。

（b）建立。

（1）通则。农业部长须建立一个非营利性公司，名为"食品和农业研究基金会"。

（2）地位。基金会不是美国政府的下属机构。

（c）宗旨。基金会的宗旨是：

（1）推动农业部的研究使命，支持侧重解决在美国和国际上具有重大意义的关键性问题的农业研究活动，包括：

（A）植物卫生、生产和植物产品；

（B）动物卫生、生产和产品；

（C）食品安全、营养和卫生；

（D）可再生能源、自然资源和环境；

（E）农业和食品安全；

（F）农业系统和技术；和

（G）农业经济学和农村社区；和

（2）与联邦政府、州政府（参见 1977 年《国家农业研究、拓展和教学政策法》第 1401 条（《美国法典》第 7 篇 3103）给出的定义）、高等教育机构（参见 1965 年《高等教育法》第 101 条（《美国法典》第 20 篇 1001）给出的定义）、业界实体和非政府组织的农业研究人员建立协作关系。

（d）职责。

（1）通则。基金会须：

（A）为科学家和机构提供赠款，或与其签署合同、谅解备忘录或合作协议，以有效和高效推动基金会的目标和优先项目，这些机构包括农业部内部农业研究机构、大学联盟、公共私人合作伙伴关系、高等教育机构、非政府组织和业界实体；

（B）与农业部长协商后：

（ⅰ）识别现有和提议的与（c）提到的相关的基金会在联邦内部和外部的研究和开发项目；和

（ⅱ）协调基金会活动与这些项目的关系，以最大限度减小重复劳动和避免冲突；

（C）在审查《2008 年粮食、保育和能源法》第 7504 条（《美国法典》第 7 篇 7614a）授权的农业研究、教育和拓展路线图后，识别未满足的和新出现的研究需求；

（D）便利技术转让以及基金会在农业研究界开展活动获取的信息和数据的发布；

（E）推动和鼓励下一代农业研究科学家的发展；和

（F）开展董事会认为与基金会宗旨相符的其他活动。

（2）与其他活动的关系。以上（1）中提到的活动是农业部开展的其他任何活动的辅助活动，而且不得取代农业部依据任何法律法规获得的权限或责任。

（e）董事会。

（1）建立。基金会须由董事会管理。

（2）组成。

（A）通则。董事会须由委任成员、当然成员和不具投票权的成员组成。

（B）当然成员。董事会的当然成员指的是以下人员或其重新指定人员：

（ⅰ）农业部长。

（ⅱ）负责研究、教育和经济学工作的农业部副部长。

（ⅲ）农业研究局局长。

（ⅳ）国家食品和农业研究所主任。

（ⅴ）国家科学基金会主任。

（C）委任成员。

（ⅰ）通则。董事会的当然成员（如（B）所述）须通过少数服从多数原则进行投票，为董事会确定以下 15 名成员，其中：

（Ⅰ）8 名须从一份候选人名单中选出，这份名单将由国家科学院提供；和

（Ⅱ）7 名须从多份候选人名单中选出，这些名单将由业界实体提供。

（ⅱ）要求。

（Ⅰ）专业技能。当然成员须确保董事会的委任成员具有农业研究的实践经验，并在符合实际的情况下可以代表各种农业行业。

（Ⅱ）限制。联邦政府的任何雇员均不得成为依据本小项规定选出的董事会委任成员。

（Ⅲ）非联邦雇员。依据本小项规定选出的董事会委任成员并非联邦雇员。

（ⅲ）权限。所有董事会的委任成员都具有投票权。

（D）主席。董事会须从董事会成员中重新指定一位作为董事会主席。

（3）内部会议。本法颁布之日后不晚于 60 日，农业部长须召开一次董事会当然成员的会议：

（A）成立基金会；和

（B）按照（2）（C）（ⅰ）规定要求重新指定董事会成员。

（4）职责。

（A）通则。董事会须：

（ⅰ）制定基金会章程，这份章程应最少包括以下内容：

（Ⅰ）未来的基金会董事会成员、管理人员、雇员、代理商和承包商的遴选政策；

（Ⅱ）关于以下内容的政策和道德标准：

（aa）接受、征集和处置基金会获得的捐款和赠款；和

（bb）处置基金会资产，包括为捐款人设置决定捐款使用方式或接受者的能力的适当的上限。

（Ⅲ）约束基金会（包括董事会成员）的所有雇员、研究员、实习生和其他代理商的利益冲突政策，使之与联邦雇员依据《美国法典》第18篇第208条规定须符合的利益冲突标准相一致。

（Ⅳ）撰写、编辑、印刷、发表和销售图书和其他材料的政策；

（Ⅴ）开展基金会一般活动的政策，包括为基金会的赠款的接受者、合同或合作协议的签约对象产生的行政费用设置上限；和

（Ⅵ）执行董事的特殊职责；

（ⅱ）妥善安排基金会活动处理次序，并提供全面指导；

（ⅲ）评估执行董事的表现；和

（ⅳ）开展其他与基金会相关的必要活动。

（B）制定章程。依据（A）（ⅰ）要求制定章程时，董事会须确保章程：

（ⅰ）对董事会公平客观执行其职责的能力造成不利影响；或

（ⅱ）破坏或显得破坏了任何政府机构或项目的诚信，或任何参与或受雇于任何政府机构或项目的管理人员或雇员的诚信。

（5）任职期限和席位空缺。

（A）期限。

（ⅰ）通则。每一位依据（2）（C）规定重新指定的董事会成员的任职期限为5年，但重新指定的初始成员除外，其中8位成员的任期为3年，另外7位成员的任期为2年。

（ⅱ）部分期限。如果董事会成员未能完成整个任期，那么被重新指定接替此人的人的任期须为此人未完成的任期时间。

（ⅲ）过渡期。董事会成员可以在任期期满后继续任职，直到继任者获得任命为止。

（B）席位空缺。依据（2）（C）规定重新指定初始董事会成员后，任何董事会的席位空缺都须依据（4）（A）（ⅰ）提到的章程来填补。

（6）赔偿。董事会成员不得为董事会服务获得赔偿金，但是可以报销差旅费、获得常规补贴和其他落实董事会职责所必须的开销补助。

（7）会议和最低人数。董事会成员中的大多数在位时即可召开符合法定人数的会议，并开展董事会工作。

（f）管理。

（1）执行董事。

（A）通则。董事会可以雇佣一位执行董事，由其履行董事会规定的职责。

（B）服务。执行董事须按照董事会的意愿提供服务。

（2）行政权力。

（A）通则。在落实本条规定时，董事会可以通过执行董事：

（ⅰ）通过、修改和使用公司印章，但该印章须进行合法备案；

（ⅱ）雇佣、提升、赔偿和解雇1名或多名必要的管理人员、雇员和代理商，并明确这些管理人员、雇员和代理商的职责。

（ⅲ）申请和接受任何向基金会提供的资金、礼品、赠款、不动产或个人财产遗赠，包括私人机构的支持；

（ⅳ）规定以下方式

（Ⅰ）基金会获得、持有和转让的不动产或个人财产；

（Ⅱ）基金会即将开展的一般活动；和

（Ⅲ）董事会获得的依法特权被执行和享受；

（ⅴ）经过适当的执行部门或独立机构批准，使用其信息、服务和设施落实本条规定，但可以提供补偿金；

（ⅵ）与公共和私人机构签署合同，以撰写、编辑、印刷和发表图书和其他材料。

（ⅶ）持有、管理、投资和花费任何资金、赠款、补贴或向基金会提供的不动产形式的或个人财产形式的或货币形式的遗产或遗赠；

（ⅷ）签署合同、租约、合作协议和其他董事会认为适宜开展基金会活动的协议；

（ⅸ）修改或者同意修改任何合同或协议，前提是基金会是签约方或者利益有关方；

（ⅹ）为基金会、基金会雇员或者基金会通过写作获取的发明项目（参见《美国法典》第 35 篇 201 给出的定义）采取必要行动获取和续展专利；

（ⅺ）以基金会的名义起提诉讼或应诉，在具有管辖权限的法庭进行申诉和辩护；

（ⅻ）委任其他顾问以行使基金会的功能；和

（ⅹⅲ）行使必要的连带权力以履行基金会依据本条规定承担的职责和功能。

（B）局限性。董事会委任成员、基金会的行政管理人员或雇员，基金会（董事会当然成员除外）确立的任何项目都不得对任何联邦雇员实施行政管理。

（3）记录。

（A）审计。基金会须：

（ⅰ）出资为基金会财务状况开展年度审计；和

（ⅱ）将审计报告和基金会其他任何记录、文档和文件提供给农业部长和美国总审计长，供其检查或审计。

（B）报告。

（ⅰ）基金会年度报告。

（Ⅰ）通则。每个财政年度结束后不晚于 5 个月，基金会须发布一份关于上一财政年度的报告，内容包括：

（aa）基金会的活动情况概述，包括取得的成绩；和

（bb）反映基金会的运行情况和财务情况的综合报表。

（Ⅱ）财务状况。（Ⅰ）提到的每份报告均须包括所有资金、赠款、补贴或向基金会提供的不动产形式的或个人财产形式或货币形式的遗产或遗赠的情况说明，其中包括：

（aa）资金、赠款、补贴或遗赠的来源情况；和

（bb）资金、赠款、补贴或遗赠的使用限制或者使用宗旨。

（Ⅲ）可用性。基金会须：

（aa）复制（Ⅰ）提到的基金会提交的每份报告，以便公众监督和审阅；和

（bb）应要求向提出要求的人提供相关报告的复印件。

（Ⅳ）公开会议。董事会每年须召开一次公开会议，总结基金会的活动开展情况。

（ⅱ）报告赠款情况。依据（d）（1）（A）规定接受赠款的人员，须在研究或分析结束后向基金会提供一份报告，阐述研究或分析的成果，其中须包括任何生成的数据。

（4）诚信。

（A）通则。为确保基金会业务的诚信，基金会须制定和执行与行为准则、财务披露报表、利益冲

突（包括取消资格和放弃权利的规定）、审计其他任何董事会认为适宜的内容相关的程序。

（B）经济利益冲突。任何行政管理人员、雇员或董事会成员均不得参与被基金会视为直接或有可能影响以下人员的经济利益的活动：

（ⅰ）此人；

（ⅱ）此人的亲属（参见《1978 年政府道德法》第 109 条，《美国法典》第 5 篇中给出的定义）；

（ⅲ）此人享有利益的商业机构或其他商业实体，其中包括此人正在商议建立雇佣关系的机构或实体。

（5）知识产权。董事会须制定书面标准，以管理基金会通过合作获得的知识产权的所有权和使用权。

（6）责任。美利坚合众国将不为基金会负担的任何债务负责、也不对基金会的违约、过错或者渎职行为负责，而且不会为基金会的任何义务提供全面担保。

（g）资金。

（1）强制资金。

（A）通则。本法颁布之日，农业部长须通过商品信贷公司向基金会提供 200 000 000 美元以落实本条规定内容，这笔款项须依据（B）提到的条件提供，直到用尽为止。

（B）开销条件。基金会可以使用依据（A）提供的资金为履行基金会的宗旨服务，前提是基金会确保为每笔开销提供一笔等额的非联邦匹配资金。

（C）禁止用于建筑用途。依据（A）提供的资金不得用于建筑用途。

（2）资金分离。执行董事须确保任何依据（1）获得的资金被放置在独立的账户下，不得与（f）（2）（A）（ⅲ）提到的从非政府实体获得的资金放置在一起。

第 7602 条　为国家植物园与非营利性组织签署的特许协议和一般协议。

1927 年 3 月 4 日颁布的法的第 6 条（《美国法典》第 20 篇 196）修订如下：

（1）在（a）中，删除（1），插入以下新内容：

"（1）为国家植物园与非营利性组织科研组织或教育机构（这些机构和组织的利益是与国家植物园的任务互为补充的）或者支持国家植物园宗旨的非营利性组织洽谈特许协议和一般协议时，相关组织从中获得的净收益以外的收入须在适当情况下专用于：

"（A）为国家植物园服务的科研和教育工作；和

"（B）国家植物园的运行和维护，包括加固、升级、维修和保养；"；和

（2）在末尾处添加以下新内容：

"（d）认可捐赠人。依据（a）（1）规定签署了特许协议或授权协议的非营利性组织可以对捐赠人进行认可，前提是这种认可行为经过农业部长的事先批准。在考虑是否批准认可行为的时候，农业部长须最大限度地充分利用联邦法规赋予的权限。"

第 7603 条　农业和食品法研究、法律工具和信息项目。

（a）合作伙伴。农业部长须通过国家农业图书馆，与高等教育机构签署合作协议（参见《1965 年高等教育法》第 101 条（《美国法典》第 20 篇 1001）给出的定义），以支持推广具有客观性、学术性和权威性的农业和食品法研究、法律工具和信息。这些高等教育机构须在本法颁布之日时正在开展与农业和食品法相关的具有客观性、学术性和权威性的农业和食品法研究、法律工具和信息项目。

（b）拨款授权。为执行本条规定，2014 财政年度以及后续财政年度的授权拨款额均为 5 000 000 美元。

第 7604 条　棉花疾病研究报告。

本法颁布之日起不晚于 180 日，农业部长须向国会提交一份关于 4 型真菌棉花枯萎病菌（在本章后

文简称为"FOV Race4")的报告，写出这种真菌对于棉花的影响，包括：

（1）FOV Race4 对美国棉花行业造成的威胁的概况介绍；

（2）联邦政府旨在探测、遏制或根除 FOV Race4 的研究倡议，包括 FOV Race4 转向研究项目的状态和进展情况；和

（3）抗御 FOV Race4 的全面战略，该战略确立了以下要点：

（A）发现和识别目标；

（B）遏制目标；

（C）根除目标联合；以及

（D）与美国棉花行业合作，最大化利用资源、分享信息、加强研究转换周期和提升研究效益。

第 7605 条　其他技术矫正。

《2008 年粮食、保育和能源法》第 7408 条和第 7409 条（《公法》110 - 246；《美国法令全书》第 122 篇 2013）将作如下修订：

删除"《1994 年农业部重组法》中的第Ⅲ篇"，插入"《1994 年联邦农作物改革和农业部重组法》中的第Ⅲ篇。"

第 7606 条　开展业界大麻研究的合法性。

（a）通则。尽管有《管控物质法》（《美国法典》第 21 篇 801 及以下）、《安全和无毒品学校和社区法》（《美国法典》第 20 篇 7101 及以下）《美国法典》第 41 篇第 81 章，或其他任何联邦法律，高等教育机构（参见《1965 年高等教育法》第 101 条（《美国法典》第 20 篇 1001）给出的定义））或者各州农业部都可以种植或培育工业大麻，但前提是：

（1）工业大麻的种植和培育旨在开展农业试点项目研究或其他农业或者学术研究；和

（2）高等教育机构开展研究所在的州或州农业部所在的州的法律规定可以进行工业大麻的种植和培育。

（b）定义。在本条中：

（1）农业试点项目。"农业试点项目"指的是旨在研究工业大麻的种植、培育和营销的试点项目：

（A）在州法律允许工业大麻的种植和培育的州；和

（B）在以下情况下：

（ⅰ）可以确保只有高等教育机构和州农业部开展工业大麻种植和培育活动；

（ⅱ）要求用于在相关州开展工业大麻种植和培育活动的场所经过州农业部门注册和认证；和

（ⅲ）授权州农业部颁布规定，依据本条宗旨落实相关州的试点项目。

（2）工业大麻。"工业大麻"指的是干燥状态下称重时"Delta9"四氢大麻醇含量不超过 0.3 的大麻以及这种植物的任何部分，无论植物是否正在生长过程中。

（3）州农业部。"州农业部"指的是一个州政府内负责农业的机构、委员会或部门。

第Ⅷ篇　林　　业

子篇 A　某些林业项目的废止

第 8001 条　林业土地改进项目。

（a）废止。撤销《1978 年合作林业援助法》第 4 条（《美国法典》第 16 篇 2103）。

（b）一致性修改。《2002 年农业安全与农村投资法》第 8002 条（《公法》110 - 246；《美国法典》第 16 篇 2103）将作如下修订：删除第（a）款。

第 8002 条　流域林业援助项目。

撤销《1978 年合作林业援助法》第 6 条（《美国法典》第 16 篇 2103b）。

第 8003 条　到期合作国家林业产品营销项目。

撤销《1978 年合作林业援助法》第 18 条（《美国法典》第 16 篇 2112）。

第 8004 条　西班牙裔公民服务机构农业土地国家资源领导项目。

撤销《2008 年粮食、保育和能源法》第 8402 条（《美国法典》第 16 篇 1649a）。

第 8005 条　部落流域林业援助项目。

撤销《2003 年健康森林重建法》第 303 条（《美国法典》第 16 篇 6542）。

第 8006 条　独立森林服务决策和上诉程序。

（a）废止。撤销《1993 年内政部和相关机构拨款法》第 322 条（《美国法典》第 16 篇 1612）。

（b）林业服务决策前的反对程序。《2012 年综合拨款法》第 E 部分第 428 条（《美国法典》第 16 篇，6515；《公法》112 - 74）不适用于任何依据《1974 年森林和牧场可再生资源计划法》（《美国法典》第 16 篇 1604）落实土地和资源管理计划的工程或者活动，而依据《1969 年国家环境政策法》（《美国法典》第 42 篇 4321），这些工程和活动已经被完全排除在环境评估或环境影响声明记录之外。

子篇 B　《1978 年合作林业援助法》项目的重新授权

第 8101 条　州范围内的森林资源评估和战略。

《1978 年合作林业援助法》（《美国法典》第 16 篇 2112）第 2A 修订如下：
（1）在（c）中：
（A）在（4）中，删除"和"；
（B）将（5）重新编号为（6）；
（C）在（4）后插入以下新内容：
"（5）在可行的情况下，私营或国有或其他公用林地能够支持和推广的，自愿参与和管理的适当的军事设施；和"；和
（2）在（f）（1）中，删除"2012"，插入"2018"。

子篇 C　其他林业相关项目的重新授权

第 8201 条　重振乡村技术。

《1990 年粮食、农业、保育和贸易法》第 2371 条（d）（2）（《美国法典》第 7 篇 6601（d）（2））将作如下修订：删除"2012"，插入"2018"。

第 8202 条　国际林业办公室。

《1990 年预防全球气候变化法》第 2405 条（d）（《美国法典》第 7 篇 6704（d））修订如下：删除"2012"，插入"2018"。

第 8203 条　健康森林保育项目。

（a）印第安部落所拥有的森林面积的定义。《2003 年健康森林保育法》第 502 条（e）（3）（《美国

法典》第 16 篇 6572（e）（3））修订如下：

（1）在（C）中，删除"第（A）和第（B）小项"，插入"第（ⅰ）和第（ⅱ）条款"；

（2）将（A）到（C）重新编号为（ⅰ）到（ⅲ），并进行相应缩进；

（3）删除"在如下情况下"，插入以下内容：

（A）印第安部落所拥有的森林面积的定义。在本项中，'印第安部落所拥有的森林面积'包括：

"（ⅰ）印第安部落或印第安人托管给美国的土地；

"（ⅱ）印第安部落或印第安人名下的土地，但须受到联邦法规约束，不得进行转让或抵押；

"（ⅲ）涉及印第安部落的使用权利、居住和利益的土地；

"（ⅳ）被印第安部落完全所有的土地；或

"（ⅴ）依据 1934 年 6 月 18 日颁布的法的第 17 条（一般称为《印第安重组法》（《美国法典》第 25 篇 477））或《阿拉斯加本地权利定居法》第 8 条（《美国法典》第 43 篇 1607）规定成立的本地公司拥有的土地；或

"（ⅵ）以上一种或多种土地的结合。

"（B）土地面积的等级。在以下情况下"

（b）健康森林保育项目的资金来源变化。《2003 年健康森林保育法》第 508 条（《美国法典》第 16 篇 6578）修订如下：

（1）在（a）中，删除"通则"，插入"2009 财政年度至 2013 财政年度"；

（2）将（b）重新编号为（d），和；

（3）在（a）后插入以下内容：

"（b）2014 财政年度至 2018 财政年度。农业部长并未获得落实本条规定中提到的 2014 财政年度至 2018 财政年度所需的每年 12 000 000 美元的拨款。

"（c）额外资金资源。除了依据（b）中的年度拨款授权获得的资金以外，农业部长还可以动用相关财政年度用于落实《土壤保育和国内分配法》（《美国法典》第 16 篇 509a）获得的部分拨款，用于负担第 504 条（a）和（b）提到的健康森林保育项目相关的技术援助、管理和执法责任所需的开销。"

第 8204 条　病虫害。

《2003 年健康森林重建法》第Ⅵ篇（《美国法典》第 16 篇 6591）进行修订，在结尾处添加以下内容：

"第 602 条　作业区的重新指定。

"（a）恶化的森林健康的定义。在本条中，'恶化的森林健康'指的是经历以下状况的森林：

"（1）在病虫害影响下，树木死亡率显著上升；或

"（2）在病虫害影响下，树木顶梢枯死。

"（b）作业区的重新指定。

"（1）初步地区。《2014 年农业法》颁布之日后不晚于 60 日，农业部长，可以在州长的要求下，在病虫害作业项目下重新指定一个或多个景观地区作为作业区，例如次分集水区作业区（依据美国地质勘探局水利单位编码机制，为 6 级水利单位），而且至少在每个遭到病虫害袭击的州应有一个国家林区。

"（2）额外区域。以上提到的 60 日期限结束后，农业部长可以按照实际需要重新指定额外的景观地区解决病虫害威胁。

"（c）要求。依据（d）指定的景观区域须具备以下特点：

"（1）基于农业部长开展的年度森林健康状况调查结果，正在经历森林健康状况恶化；

"（2）基于最近国家林业局开展的国家病虫害风险地图数据，在未来 15 年有在病虫害影响下树木死亡率显著提升的风险；

"（3）位于高危树木对公共基础设施、人民健康或人身安全具有迫在眉睫的风险的区域；

"（d）作业区。

"（1）通则。农业部长可以在被重新指定为作业区的区域内的联邦土地上开展优先项目，以减少病虫害风险，或者加强相关地区的病虫害恢复能力。

"（2）授权。以上任何项目，只要在 2018 年 9 月 30 日及以前通过公开通知形式启动划定活动，均须依据第 102 条（b）、（c）和（d），第 104 条、第 105 条和第 106 条规定落实。

"（3）效果。涉及（2）中所述的当局时，依据本款规定开展的项目须被视为正式授权的减少危险燃料项目。

"（4）报告。

"（A）通则。依据（2）中描述的安排，农业部长须发布两份内容涉及落实本款规定的行动的报告，内容如下：

"（ⅰ）评估项目目标的落实情况；和

"（ⅱ）建议对项目和管理待遇进行修改。

"（B）安排。农业部长须

"（ⅰ）在不晚于 2018 年 9 月 30 日依据（A）规定发布第一份报告；和

"（ⅱ）在不晚于 2024 年 9 月 30 日依据（A）规定发布第二份报告；和

"（e）树木保留。农业部长须依据（d）规定开展项目，尽可能多地保留与所述林地种类相适应的树龄长的大树，旨在加强林地对病虫害的免疫力。

"（f）拨款授权。为了执行本条规定，2014 财政年度至 2024 财政年度的授权拨款额均为 200 000 000 美元。

"第 603 条　行政审查。

"（a）通则。除非如（d）中所述，（b）中提到的依据第 602 条（d）开展的项目可以：

"（1）被视为《公法》110 - 246（《美国法典》第 42 篇 4321）的要求中完全排除的行动；和

"（2）免于接受依据第 105 条开展的特别行政审查过程。

"（b）协作重建项目。

"（1）通则。（1）中提到的项目是旨在实施林业作业的项目，该项目：

"（A）尽可能多地保留与所述林地种类相适应的树龄长的大树，旨在加强林地对病虫害的免疫力；

"（B）考察最具可及性的科学信息以保持或重建生态完整性，包括保持或重建结构、功能、组成和联系；和

"（C）通过协作程序开发和实施，该程序：

"（ⅰ）包括代表各种利益的多位利益有关者；和

"（ⅱ）（Ⅰ）是透明的，不具排他性的；或

"（Ⅱ）满足资源顾问委员会依据《2000 年保障农村学校和社区自决法》（《美国法典》第 16 篇 7125）第 205 条（c）至（f）提出的要求。

"（2）包含。依据本款开展的项目可以作为符合协作森林景观重建项目合格要求的提议一部分，该项目是依据《2009 年综合性公共土地管理法》第 4003 条（b）（《美国法典》第 16 篇 7303（b））规定设立的。

"（c）局限性。

"（1）项目规模。依据本条开展的项目涉及土地面积不得超过 3 000 英亩。

"（2）位置。依据本条开展的项目仅能在以下位置：

"（A）在城市荒地表面；或

"（B）在城市荒地表面以外时，须满足林火动态组 Ⅰ、Ⅱ 或 Ⅲ 的情景等级 2 或 3。

"（3）道路。

"（A）永久性道路。

"（ⅰ）禁止建立。依据本条开展的项目不得覆盖永久性道路。

"（ⅱ）现有道路。为落实本条规定，农业部长须对现有永久性道路进行必要的维护和修理。

"（d）例外情形。本条不适用于：

"（1）国家荒野保育体系的组成部分；

"（2）任何依据任何国会法案或总统令限制或禁止去除表面植被的联邦土地；

"（3）国会重新指定的荒野研究区域；或

"（4）某些依据（a）开展的活动与相关土地和资源管理计划会产生冲突的土地。

"（e）森林维护计划。所有依据本条规定开展的项目和活动均不得与《1974 年森林和牧场可再生资源计划法》第 6 条（《美国法典》第 16 篇 1604）确立的土地和资源管理计划相冲突。

"（f）公开通知和调查。农业部长须为所有依据本条规定提出的项目或行动进行公开通知和调查。

"（g）应负责任。

"（1）通则。农业部长须制备一份的年度报告，对依据本条开展的项目处理过的每一英亩土地进行描述（或者适当单位的土地）。

"（2）提交。本条规定颁布之日后不晚于 1 年，以及以后的每一年，农业部长向以下部门提交上述报告：

"（A）美国联邦参议院农业、营养和林业委员会；

"（B）美国联邦参议院环境和公共工程委员会；

"（C）美国联邦众议院农业委员会；

"（D）美国联邦众议院自然资源委员会；和

"（E）美国联邦审计总署。"

第 8205 条　管理和最终结果承包项目。

（a）通则。《2003 年健康森林重建法》第Ⅵ篇（《美国法典》第 16 篇 6591）（经第 8204 条修订后）进行修订，在结尾处添加以下内容：

"第 604 条　管理和最终结果承包项目。

"（a）定义。在本条中：

"（1）局长。'局长'指的是林业局局长。

"（2）主任。'主任'指的是土地管理局主任。

"（b）项目。局长和主任通过适当协议或合同可以与私人或其他公共或私营实体达成管理承包项目，以完成旨在落实国家林地和公共土地为满足地方和农场社区需求设定的土地管理目标的服务。

"（c）土地管理目标。（b）中提到的项目的土地管理目标可以包括以下内容：

"（1）公路和轨道维护，或为恢复水质量开展的清除工作。

"（2）土地生产力，野生动物和鱼类栖息地，或其他资源价值。

"（3）按规定方式放火以改善土地的构成、结构、条件和健康程度，或改善野生动物的栖息地。

"（4）清除植被或其他活动以改善健康的森林土壤、减少火患或实现其他土地管理目标。

"（5）流域恢复和维护。

"（6）野生动物和鱼类恢复和维护。

"（7）控制有毒野草，重新恢复本地植被种类。

"（d）协议或合同。

"（1）采购程序。执行依据（b）规定签署的协议或合同的来源须在价值最优的基础上选择，包括在其他公共和私营协议或合同的基础上考察来源。

"（2）地产销售合同。农业部长可以自行决定依据本条规定签署的合同是否属于地产销售合同，其期限不需要来自其他任何法律规定。

"（3）期限。

"（A）通则。除非出现了（b）中提到的情况，局长和主任可以签署（b）中提到的合同，依据为《美国法典》第 41 篇第 3903 条。

"（B）最大限度。依据（b）中规定签署的合同的期限可以超过 5 年，但是不得超过 10 年。

"（4）冲抵。

"（A）总则。局长和主任可以将木材或其他林业产品的价值冲抵依据（b）中规定签署的协议或合同中规定的服务的开销。

"（B）评估方法。以上作为冲抵的木材或其他林业产品：

"（ⅰ）须根据产品的数量采用适当的评估方法进行计算；和

"（ⅱ）可以：

"（Ⅰ）使用适用于合同的计算单位来计算；和

"（Ⅱ）包括根据英亩数来计算产品的价值。

"（5）与其他法律的关系。尽管有《1976 年国家森林管理法》第 14 条（d）和（g）（《美国法典》第 16 篇 472a）规定，局长依然可以依据（b）中规定签署的协议或合同。

"（6）合同官。尽管有其他任何法律，农业部长或内政部在可以安排适当的合同官来签署和履行依据（b）中规定签署的协议或合同。

"（7）防火责任规定。本条颁布之日后不晚于 90 日，局长和主任须为所有依据（b）规定签署的协议或合同发布防火责任规定，其形式须与以下文件中的防火责任规定的形式相同：

"（A）综合资源木材合同，参见美国林业局第 2400 - 13 号合同第 H 部分第 H.4 条；和

"（B）依据《1976 年国家森林管理法》第 14 条（《美国法典》第 16 篇 472a）规定签署的木材销售合同。

"（e）进款。

"（1）通则。局长和主任可以通过依据（b）规定签署的协议或合同收取款项，前提是收款是商定合同的次要目的，主要目的是为了更好落实本条内容。

"（2）用途。通过依据（b）中规定签署的协议或合同收取的款项：

"（A）可以由局长和主任保留；和

"（B）须用于收取款项的相关项目，也可以用于其他项目。

"（3）与其他法律的关系。

"（A）通则。尽管有其他任何法律规定，局长和主任通过本条规定的管理合同项目接受服务的价值，以及承包商、局长或处长支付的任何款项或提供的资源均不得被视为国家林业系统或公共用地获得的资金。

"（B）《昆特森—范登堡法》。这项 1930 年 6 月 9 日颁布的法案（一般称为《昆特森—范登堡法》）（《美国法典》第 16 篇 576）不得适用于任何依据（b）规定签署的协议或合同。

"（f）砍伐开销。尽管承包商不得采伐木材，局长依然可以向承包商收取款项以负担砍伐木材或其他林业产品的开销，其依据为：

"（1）1916 年 8 月 11 日颁布的法案（《美国法典》第 16 篇 490）；和

"（2）1914 年 6 月 30 日颁布的法案（《美国法典》第 16 篇 498）。

"（g）合同执行和支付担保。

"（1）通则。局长和主任可以依据《联邦采购条例》第 28.1030 - 2 条和 28.103 - 3 条要求提供执行和支付债券，其金额为合同官认为足以保护联邦政府的投资收益的金额，也就是承包商根据（b）中规定签署的合同涉及的将要被砍伐的林业产品可以获得的估算价值。

"（2）多余的补偿价值。如果林业产品的补偿价值超过了资源改善作业的价值，局长和主任可以：

"（A）依据 1930 年 6 月 9 日颁布的法案（一般称为《昆特森—范登堡法》）（《美国法典》第 16 篇

576）收取剩余进款；

"（B）将超出部分进款用于其他授权管理项目。

"（h）监控和评估。

"（1）通则。局长和主任须建立一个多方监控和评估程序，对依据本条规定签署的管理合同项目实施监控和评估。

"（2）参与者。除了局长和主任以外，参与上述程序的还可以包括：

"（A）任何有合作关系的政府机构，包括部落政府机构；和

"（B）任何其他利益有关的团体或个人。

"（i）报告。本条规定颁布之日后不晚于 1 年，以及此后每一年，局长和主任均须向美国联邦参议院农业、营养和林业委员会和美国联邦众议院农业委员会报告以下内容：

"（1）依据（1）规定签署的协议或合同的进展情况、执行情况和管理情况；

"（2）以上协议或合同所取得的具体成就；和

"（3）当地社区在拟定以上协议或合同发展计划的过程中发挥的作用。"

（b）相应的修订。撤销《1999 年内政部和相关机构拨款法》第 347 条（《美国法典》第 16 篇，2104 注释；《公法》105 - 277）。

第 8206 条　好邻居当局。

（a）定义。在本条中：

（1）授权重建服务。"授权重建服务"指的是类似或互补的森林、牧场和流域重建服务，这些服务以以下方式提供：

（A）联邦土地和非联邦土地上；和

（B）经过部长或州长依据好邻居协议实施。

（2）联邦土地。

（A）通则。"联邦土地"指的是：

（i）国家森林系统内的土地；或

（ii）公共土地（参见《1976 年国家森林管理法》第 103 条给出的定义（《美国法典》第 43 篇 1702））。

（B）例外情形。"联邦土地"不包括：

（i）国家荒野保育体系的组成部分；

（ii）任何依据任何国会法案或总统令（包括适用的实施计划）限制或禁止去除表面植被的联邦土地；或

（iii）国会重新指定的荒野研究区域；

（3）森林、荒野和流域重建服务。

（A）通则。"森林、荒野和流域重建服务"指的是：

（i）对遭受病虫害的树木进行处理的活动；

（ii）减少有害燃料适用的活动；和

（iii）其他任何重建或改善包括鱼类和野生动物栖息地的森林、荒野和流域健康程度的活动。

（B）例外情形。"森林、荒野和流域重建服务"不包括：

（i）修建、重建、修理或恢复硬化道路或永久性道路或停车区域；或者

（ii）修建、修整、修理或更换公共建筑或公共设施。

（4）好邻居协议。"好邻居协议"指的是一项由部长和一名州长签署的合作协议或合同（包括独家供货合同），旨在落实本条提到的授权重建服务。

（5）州长。"州长"指的是相关州或波多黎各自由联邦的州长或其他任何具有相同效力的执行官。

（6）道路。"道路"的定义参见《联邦法规汇编》（须为在本法颁布之日业已生效的版本）第 36 篇第 212.1 条给出的解释。

（7）部长。"部长"指的是：

（A）对于国家森林系统土地，为农业部长；和

（B）对于土地管理局土地，为内政部长。

（b）好邻居协议。

（1）好邻居协议。

（A）通则。部长可以和一名州长签署好邻居协议，旨在落实本条提到的授权重建服务。

（B）公众可及性。部长须向公众提供每一份好邻居协议。

（2）木材销售。

（A）通则。《国家森林管理法》第 14 条（d）和（g）（《美国法典》第 16 篇 472a（d）和（g））不适用于根据上文提到的合作协议或合同提供的服务。

（B）林学法规和标记指南的批准。部长须提供或批准针对根据本条规定确立的联邦土地上的所有木材销售项目申请的所有的林学法规和标记指南。

（3）《国家环境政策法》对相关责任的保留。任何依据《1969 年国家环境政策法》（《美国法典》第 42 篇 4321）做出与任何本条提到的拟在联邦土地上提供的授权重建服务的决定均不得由州长做出。

子篇 D　其他规定

第 8301 章　修改森林库存盘点和分析战略计划。

（a）需要进行修改。本法案颁布之日后不晚于 180 日，农业部长须对森林库存盘点和分析战略计划进行修改，该计划最初是依据《1978 年森林和荒野可再生资源研究法》（《美国法典》第 16 篇 1642（e））制备的，旨在解决（b）提出的要求。

（b）修改战略计划须考虑的因素。在修改战略计划时，农业部长须详细描述一下完成以下项目所需的组织、程序和资金情况：

（1）完成向全面年度化森林库存项目的过渡，将阿拉斯加州内陆地区的分析也包括在内。

（2）落实城市内年度化树木库存清单，包括树木和森林的现状和趋势，评估其生态系统服务、价值、健康和遭受病虫害的风险。

（3）报告可再生生物量供给的信息和地方、州、地区和国家层面碳库存的情况，包括所有权类别情况。

（4）与州林业工作者和其他森林库存盘点和分析信息的使用者合作，重新评估为森林库存和地块分析搜集的核心数据变量，侧重业已获得证明的需求。

（5）改善木材产品输出项目的及时性，加强数据库年度化信息的可及性。

（6）与森林库存盘点和分析项目、研究机构负责人和州林业工作者以及其他森林库存盘点和分析信息的使用者开展更大范围的合作。

（7）提升非联邦资源的可用性和可及性，以改善信息分析和信息管理。

（8）与国家资源保护局、国家航空航天局、国家海洋和大气局和美国地质勘探局合作，汇集遥感、空间分析技术和其他森林库存盘点和分析项目的新技术。

（9）理解和报告土地覆盖和使用情况的变化。

（10）拓展现有项目以改善可再生森林管理，通过与其他联邦机构合作，增进对超过 10 000 000 个家庭森林所有者、其人口统计学特征以及森林管理障碍的理解。

（11）落实程序以改善州政府以下的政府机构开展的统计估算的准确性。

（c）提交修订版战略计划。农业部长须向美国联邦参议院农业、营养和林业委员会和美国联邦众议

院农业委员会提交修订后的战略计划。

第 8302 条　农业保育经验服务项目的森林服务参与。

农业部长可以通过林业局局长使用国家森林系统土地框架下与保育相关的项目的资金，利用依据《粮食安全法》第 1252 条（《美国法典》第 16 篇 3851）规定建立的农业保育经验服务项目，为与保育相关的由农业部长在国家森林系统土地上开展的项目以及相关部门提供技术服务。

第 8303 条　关于对所有依据《1976 年国家森林管理法》的细化销售使用强制标示来管理合同权限的续展。

《1976 年国家森林管理法》（《美国法典》第 16 篇 472a）进行修订，删除第（g）款，插入以下内容：

"（g）收获的标示和监督。

"（1）通则。对树木、树木的一部分的收获或对林业产品的收获标示（包括在必要时做标记、通过描述来做标记和强制标记）和监督，须由农业部长雇佣的人员完成。

"（2）要求。以上由农业部长雇佣的人员：

"（A）对于收获产品的采购不牵扯个人利益；和

"（B）不得直接或间接受雇于相关产品的采购商。

"（3）标示方法。通过描述来做标记和强制标记均须使用合法的标示方法，可以通过收获后巡视、抽样称重或其他农业部长认为适宜的方法来监督。"

第 8304 条　防火资金的补偿。

（a）州的定义。在本条中，"州"指的是：

（1）美利坚合众国的一个州；和

（2）波多黎各自由联邦。

（b）通则。如果一个州寻求补偿用于向其他州提供资源和服务的开销，而且这些资源和服务用于管控和压制野火，那么农业部长可以依据以下（c）和（d）规定：

（1）可以接受其他州的补偿金额；和

（2）须向寻求补偿的州支付相关款项。

（c）互助协议。作为依据以上（b）中规定寻求和提供补偿的前提条件，寻求补偿的州和提供补偿的州均须与林业局或其他联邦机构签署提供和接受野火管控和压制资源和服务所需的互助协议。

（d）条款和条件。农业部长可以拟定必要的条款和条件，以落实以上（b）中规定。

（e）先前补偿的效果。接受农业部长在本法颁布之日前提供的，本来理应由本条规定授权提供的资金或补偿款，须被视为已经落实了本条规定的行为。

（f）修订。1955 年 5 月 27 日签署的法的第 5 条（b）（《美国法典》第 42 篇 1856（b））进行修订，在第一段中的"国防部"后插入"农业部的"。

第 8305 条　林业局大型灭火飞机和空中资产防火资本重组试点项目。

（a）通则。鉴于拨款的可及性，农业部长可以依据本条规定通过林业局局长建立一个大型灭火飞机和空中资产租借项目。

（b）飞机要求。在落实以上（a）中提到的项目时，农业部长可以为多达 5 架飞机签署多年期租赁合同，但须符合以下标准：

（1）农业局 2012 年 2 月 10 日发布的《大型灭火飞机现代化战略》针对大型灭火飞机的文件中描述的标准；和

（2）农业部长为其他空中资产设定的标准。

（c）租期。农业部长依据本条规定与任何个人签署的租借协议必须满足：

（1）租期达到 5 年，包括任何续展或更新先期租赁期限的选项；和

（2）符合《美国法典》第 41 篇第 3903 条的规定要求。

（d）禁止。依据本条规定签署的任何租赁协议均不得涉及由林业局采购飞机或转让飞机所有权的内容。

第 8306 条　弗吉尼亚州怀斯县杰弗逊国家林场土地转让。

（a）定义。在本条中：

（1）协会。"协会"指的是弗吉尼亚州庞德的穆林斯和斯特吉尔墓地协会。

（2）地图。"地图"指的是"穆林斯和斯特吉尔墓地协会"于 2013 年 3 月 1 日出版的一份地图。

（b）所需转让。协会依据（c）和（e）规定支付了相关款项和开销后，农业部长须根据合法现有权利向协会转让美国对于弗吉尼亚州怀斯县杰弗逊国家林场的国家森林系统地块享有的所有权利、所有权和利益，这些土地大约占地 0.70 英亩，包括穆林斯和斯特吉尔墓地和通往该地块的附属建筑，如地图所示。

（c）补偿。

（1）公平市值。作为获得依据（c）转让的土地的补偿金，协会须向农业部长以现金形式支付相当于土地公平市值的款项，具体金额由农业部长批准的评估机构确定，确定过程须符合联邦土地收购统一评估标准和《1976 年联邦土地政策和管理法》（《美国法典》第 43 篇 1716）。

（2）存款。农业部长须将依据以上（1）规定获得的补偿金存入美国财政部普通资金账户，用于减少国家财政赤字。

（d）地产描述。精确的土地面积和转让土地的司法描述须由农业部长认为适宜的测量机构测算和提供。

（e）开销。协会须在交割土地时向农业部长支付合理的土地测量、评估和管理和依法进行的环保分析产生的开销。

（f）额外条款和条件。农业部长可以要求拟定与土地转让相关的额外条款和条件，前提是部长认为这些条款和条件可以保护美国的权益。

第 IX 篇　能　　源

第 9001 条　定义。

《2002 年农业安全与农村投资法》第 9001 条（《美国法典》第 7 篇 8101）修订如下：

（1）将（9）、（10）、（11）、（12）、（13）和（14）重新编号为（10）、（11）、（12）、（13）、（15）和（17）；

（2）在（8）后插入以下新条：

"（9）林业产品。

"（A）通则。'林业产品'指的是以林业实践或管理生长木材所获得的材料为原料的产品。

"（B）包括。'林业产品'包括：

"（ⅰ）纸浆、纸、纸板、木板、木材和其他木制品；和

"（ⅱ）任何林业材料制成的循环利用产品。"

（3）在（13）（经过本条（1）规定重新编号后）后插入以下内容：

"（14）可再生化学物质。'可再生化学物质'指的是单体、聚合物、塑料、加工产品或者可再生生物质制成的化学物质。"和

（4）在（15）（经过本条（1）规定重新编号后）后插入以下内容：

"（16）可再生能源系统。

"（A）通则。依据（A）规定，'可再生能源系统'指的是具备以下特征的系统：

"（i）利用可再生能源来源生产可用能源；和

"（ii）可以包括必要的具有分配职能的组成部分，以向先期销售点输送系统生产的能源。

"（B）限制。以上系统不得包括零售能源的机制。"

第 9002 条　基于生物学的市场项目。

（a）通则。《2002 年农业安全与农村投资法》第 9002 条（《公法》110 - 246；《美国法典》第 2103 篇）修订如下：

（1）在（a）中：

（A）在（2）（A）（i）中：

（i）在（I）中，在结尾处删除"和"；

（ii）在（II）（bb）中，在结尾处删除句号，插入"；和"；和

（iii）在结尾处添加以下内容：

"（III）确立一个既定的仅生物基采购要求，在采购机构采购产品或者采购包括特定产品使用的服务时，须发布一定数量的仅生物基合同，而且这些产品被包括在农业部长重新指定的生物基产品类别中。"和

（B）在（3）中：

（i）在（B）中：

（I）在（v）中，在"提供信息"之前，插入"农业部长基于掌握的数据认为是必要的"；

（II）将（v）和（vi）分别重新编号为（vii）和（viii）；和

（III）在（iv）后插入以下内容：

"（v）要求报告采购机构购买的生物基产品的数量和种类；

"（vi）推广运用创新方法种植、收割、提取、采购、加工、生产的包括林业产品在内的生物基产品或生物基产品应用，不考虑进入市场的日期；"；和

（ii）在结尾处添加以下内容：

"（F）所需标示。在本小项颁布之日后不超过 1 年，农业部长须开始标示中间成分或原料，并按照依据本条规定制定的指南组装和完成生物基产品。"

（A）在（3）中：

（i）删除"农业部长"，插入以下内容：

"（A）通则。农业部长"；和

（ii）在结尾处添加如下内容：

"（B）审计和合规。农业部长可以必要的实施审计和合规活动，以确保（A）中规定得以遵守。"和

（B）在结尾处添加如下内容：

"（4）组装和完成产品。在本小项颁布之日后不超过 1 年，农业部长须开始发布判定标准，以确定哪些组装和完成产品有资格获得第（1）条规定提到的标签。"

（3）在（g）中

（A）在（2）中

（i）在（A）之前，删除"报告"，插入"依据（1）规定提交的每一份报告"；

（ii）在（A）中，在结尾处删除"和"；

（iii）在（B）（ii）中，在结尾处删除句号，插入"；和"；和

（iv）在结尾处添加以下新内容：

"（C）其他联邦机构在遵守生物基采购要求方面取得的进展，包括采购数量。"和

（B）经济影响研究和报告。

"（A）通则。农业部长须开展一项研究以评估生物基产品行业的经济影响，包括以下内容：

"（ⅰ）生物基产品的销售数量；

"（ⅱ）生物基产品的价值；

"（ⅲ）创造就业岗位数量；

"（ⅳ）替代汽油的数量；

"（ⅴ）其他环境益处；和

"（ⅵ）可以通过使用或生产生物基产品获得更高效益的地区，包括识别任何技术和经济障碍，并给出如何克服这些障碍的建议。

"（B）报告。在本小项颁布之日后不超过1年，农业部长须向美国国会提交一份报告，阐述依据第（A）款规定开展的研究得出的结果。"

（4）将（f）和（h）分别重新编号为（h）和（i）；

（5）在（f）后插入以下新内容：

"（g）林业产品实验室协调。在确定产品是否有则个获得'美国农业部认证生物基产品'标签的时候，农业部长须（通过林业产品实验室）为相关林业产品项目和申请人提供适当的技术援助和其他形式的援助。"和

（6）在（i）（经过（f）重新编号后）中，删除（1）和（2），并插入以下新条：

"（1）强制资金。对于商品信贷公司的资金，农业部长须为落实本条规定从2014财政年度至2018财政年度每年使用3 000 000美元。

"（2）无限制资金。为落实本条规定，从2014财政年度至2018财政年度每年还可以获得2 000 000美元拨款。

（7）在结尾处添加以下新内容：

"（j）生物基产品包含的内容。在本条中，在林业材料范畴内，'生物基产品'（参见第9001条给出的定义）包括满足生物基内容要求的林业产品，不用考虑产品所占市场份额是多少，也不考虑产品是新产品或现有产品。

（b）相应的修订。《2005年能源政策法》第944条（c）（2）（A）（《美国法典》第42篇16253（c）（2）（A））进行修订，删除第9002条（h）（1）"，插入"第9002条（b）"。

第9003条　生物精炼援助。

（a）项目调整。《2002年农业安全与农村投资法》第9003条（《美国法典》第7篇8103）修订如下：

（1）在条标题中，在"生物精炼"后插入"，可再生化学物质和生物基产品生产"；

（2）在（a）中，对于（1）提到的事项，在"先进生物燃料"后插入"可再生化学物质和生物基产品生产，"；

（3）在（a）中：

（A）将（1）和（2）分别重新编号为（2）和（3）；

（B）在（2）（经过调整后）前插入以下内容：

"（1）生物基产品生产。'生物基产品生产'指的是开发、建造和改进高技术商业级别的加工和生产设备，以及将可再生化学物质和其他经过生物精炼的生物基产品转化为可以投入商业规模使用的最终产品所需的设施。"

（4）在（c）中，删除"给具备资格的实体"和"贷款担保"后的所有内容，插入"给具备资格的实体贷款"。

（5）删除第（d）款；

（6）将（e）、（f）、（g）和（h）重新编号为（d）、（e）、（f）和（g）；

（7）在（d）中（经过调整后）：

（A）在（1）中，在结尾处添加以下新内容：

"（D）项目多样性。在批准贷款担保申请时，农业部长须在切实可行的情况下确保获得批准的贷款担保项目的多样性，让尽可能丰富的技术、产品和方法获得帮助。"

（B）删除所有"（c）（2）"，插入"（c）"；和

（C）在（2）（C）中，删除"（h）"，插入"（g）"。

（b）资金。《2002 年农业安全与农村投资法》第 9003 条（g）（《美国法典》第 7 篇 8103）（经过调整后）修订如下：

（1）删除第（1）项，插入以下内容：

"（1）强制资金。

"（A）通则。依据（B）规定，对于商品信贷公司的资金，农业部长须为落实本条规定使用以下金额的经费作为信贷担保开销，这些资金须一直提供，直至用尽为止：

"（i）对于 2014 财政年度，100 000 000 美元；和

"（ii）对于 2015 和 2016 财政年度，50 000 000 美元。

"（B）生物基产品生产。依据（B）中规定，对于 2014 和 2015 财政年度提供的所有资金，农业部长可以为落实本条规定使用不超过 15% 的资金来推广生物基产品生产。"和

（2）在（2）中，删除"2009 财政年度至 2013 财政年度每年 150 000 000 美元"，插入"2004 财政年度至 2018 财政年度每年 75 000 000 美元"。

第 9004 条　可再生能源援助项目。

《2002 年农业安全与农村投资法》第 9004 条（d）（《美国法典》第 7 篇 8104（d））修订如下：

（1）在（1）中，删除"2009 财政年度为 35 000 000 美元"，插入"2014 财政年度为 12 000 000 美元"；

（2）在（2）中，删除"2009 财政年度至 2013 财政年度每年为 15 000 000 美元"，插入"2014 财政年度至 2018 财政年度每年为 10 000 000 美元"。

第 9005 条　高级生物燃料的生物能源项目。

《2002 年农业安全与农村投资法》第 9005 条（g）（《美国法典》第 7 篇 8105（g））修订如下：

（1）在（1）中：

（A）在（C）中，删除"；和"，插入分号；

（B）在（D）中，删除句号，插入"；和；"；和

（C）在结尾处插入以下新内容：

"（E）2014 财政年度至 2018 财政年度每年为 15 000 000 美元。"和

（2）在（2）中，删除"2009 财政年度至 2013 财政年度每年为 25 000 000 美元"，插入"2014 财政年度至 2018 财政年度每年为 20 000 000 美元"。

第 9006 条　生物柴油燃料教育项目。

《2002 年农业安全与农村投资法》第 9006 条（d）（《美国法典》第 7 篇 8106（d））修订如下：

（1）在（1）中：

（A）在标题中，删除"2009 财政年度至 2012 财政年度"，插入"强制资金"；和

（B）删除"2012"，插入"2018"；和

（2）在（2）中：

（A）在标题中，删除"拨款授权"，插入"可自由支配资金"；和

（B）删除"2013 财政年度"，插入"2014 财政年度至 2018 财政年度每年"。

第 9007 条　美国农村能源项目。

（a）项目调整。《2002 年农业安全与农村投资法》第 9007 条（《美国法典》第 7 篇 8107）修订如下：

（1）在（b）（2）中：

（A）在（C）中，在结尾处删除"和"；

（B）将（D）重新编号为（E）；和

（C）在（C）后插入如下内容：

"（D）一个委员会（参见《1981 年农业和粮食法》（《美国法典》第 16 篇 3451）；和"；和

（2）在（c）中：

（A）删除第（3）项；

（B）将（4）重新编号为（3）；和

（C）在结尾处添加以下内容：

"（4）分层次申请程序。

"（A）通则。在依据本款规定提供借款担保和赠款时，农业部长须使用三层次申请程序，该程序可以依据本条规定反映建议项目的规模。

"（B）第一层次。农业部长须为那些按照本款规定开展的活动开销不超过 8 000 美元的项目设立单独的申请程序。

"（C）第二层次。农业部长须为那些按照本款规定开展的活动开销在 8 000 美元至 200 000 美元的项目设立单独的申请程序。

"（D）第三层次。农业部长须为那些按照本款规定开展的活动开销为 200 000 美元及以上的项目设立单独的申请程序。

"（E）申请程序。农业部长须建立一个申请、评估和监督程序，该程序对于符合第一层次的项目的要求是最为简洁的，对其他两个层次的要求更为全面。"

（b）资金。《2002 年农场保障与农村投资法》第 9007 条（b）（《美国法典》第 7 篇 8107（g））修订如下：

（1）在（1）中：

（A）在（C）中，删除"；和"，插入分号；

（B）在（D）中，删除句号，插入"；和；"；和

（C）在结尾处插入以下新内容：

"（E）2014 财政年度以及后续每个财政年度均为 5 000 000 美元。"和

（2）在（3）中，删除"2009 财政年度至 2013 财政年度每年为 25 000 000 美元"，插入"2014 财政年度至 2018 财政年度每年为 20 000 000 美元"。

第 9008 条　生物质的研究和开发。

《2002 年农业安全与农村投资法》第 9008 条（h）（《美国法典》第 7 篇 8108（h））修订如下：

（1）在（1）中：

（A）在（C）中，删除"；和"，插入分号；

（B）在（D）中，删除句号，插入"；和；"；和

（C）在结尾处插入以下新款：

"（E）2014 财政年度至 2017 财政年度每年为 3 000 000 美元。"和

（2）在（2）中，删除"2009 财政年度至 2013 财政年度每年为 35 000 000 美元"，插入"2014 财政年度至 2018 财政年度每年为 20 000 000 美元"。

第 9009 条　为生物能源制造商提供的原料灵活性项目。

《2002 年农业安全与农村投资法》第 9010 条（b）（《美国法典》第 7 篇 8110（b））修订如下：

（1）在（1）（A）中，删除"2013"，插入"2018"；和

（2）在（2）（A）中，删除"2013"，插入"2018"。

第 9010 条　生物质农作物援助项目。

《2002 年农业安全与农村投资法》第 9011 条（b）（《美国法典》第 7 篇 8111（b））修订如下：

"第 9011 条　生物质农作物援助项目。

"（b）定义。在本条中：

"（1）BCAP 'BCAP' 指的是依据本条规定设立的生物质农作物援助项目。

"（2）BCAP 项目区域。'BCAP 项目区域' 指的是具备下特征的区域：

"（A）具有具体的界限，且由项目发起人提交给农业部长，并经过农业部长批准；

"（B）包括获得土地合同的生产者，其土地将提供生物质转化设施所需的部分可再生生物质；和

"（C）所在位置距离生物质转化设施的距离在经济性允许的范围内。

"（3）合同土地。'合同土地' 指的是 BCAP 合同覆盖的符合条件的土地，而且该合同是与农业部长签订的、

"（4）具备资格的农作物。

"（A）通则。"具备资格的农作物" 指的是可再生的生物质农作物。

"（B）例外情形。"具备资格的农作物" 并不包括以下内容：

"（ⅰ）任何有资格依据《2014 年农业法》第 Ⅰ 篇或该篇的修正版获得款项的农作物；或

"（ⅱ）任何具有侵略性或者毒性的植物，或有信誉的风险评估工具或其他可靠的资源认为具有潜在侵略性的植物种类或门类，而且经农业部长与其他相关联邦机构或州机构进行协商后对其进行了认定。

"（5）具备资格的土地。

"（A）通则。'具备资格的土地' 包括：

"（ⅰ）农业用地和非工业用私人林地（参见《1978 年合作林业援助法》第 5 条（c）（《美国法典》第 16 篇 2103a（c）}给出的定义）；和

"（ⅱ）依据一项将在当前财政年度结束的合同，被列入以下保育储备项目的土地。这些项目或是依据《1985 年粮食安全法》第 Ⅻ 篇子篇 D 第 Ⅰ 章第 B 节规定（《美国法典》第 16 篇 3831 及以下）确立的项目，或是依据该法第 Ⅻ 篇子篇 H 确立的农业保育减缓项目。

"（B）例外情形。'具备资格的土地' 不包括：

"（ⅰ）联邦或州所有的土地；

"（ⅱ）在《2008 年粮食、保育和能源法》（《美国法典》第 7 篇 8701 及以下）本身长有草皮的土地；

"（ⅲ）被列入以下保育储备项目的土地，但不是（A）（ⅱ）中提到的土地。这些项目或是依据《1985 年粮食安全法》第 Ⅻ 篇子篇 D 第 Ⅰ 章第 B 节（《美国法典》第 16 篇 3831 及以下）规定确立的项目。

"（ⅳ）被列入以下保育储备项目的土地，但不是（A）（ⅱ）提到的土地。这些项目或是依据《1985 年粮食安全法》第 Ⅻ 篇子篇 H（《美国法典》第 16 篇 3831 及以下）规定确立的项目。

"（6）符合条件的原材料。

"（A）通则。'具备资格的原材料'指的是直接从土地收获的可再生的生物质，其中包括有资格依据《2014年农业法》第Ⅰ篇或该篇的修正版获得款项的农作物的残留物。

"（B）例外情形。'具备资格的原材料'仅包括以下内容：

"（i）由具备资格的原材料所有者以以下方式收获或收割的符合条件的原材料：

"（Ⅰ）直接取自：

"（aa）国家森林系统；

"（bb）土地管理局的土地；

"（cc）非联邦土地；或

"（dd）由印第安个人或印第安部落拥有的土地，而且这些土地被托管给美国，由美国为该个人或部落利益服务；或者受美国实施的反隔离规定限制的土地。

"（Ⅱ）以符合以下项目的方式：

"（aa）保育计划；

"（aa）森林管理计划；或

"（cc）农业部长认为相当于（aa）或（aa）提到的项目的计划，而且与第13112号总统行政令（《美国法典》第42篇，4321；与入侵物种相关的内容）一致；

"（ii）如果是符合条件的木质原材料，那么该原材料必须是在合同土地以外的土地上生产出的：

"（Ⅰ）预防性作业的副产品，被去除为的是减少有害燃料或减少或抑制病虫害；和

"（Ⅱ）如果是在联邦土地上收获的，须依据《2003年健康森林重建法》第102条（e）（《美国法典》第16篇6512（e））规定收获；

"（iii）被送往有资质的生物质转化设施用来加热、发电、制造生物基产品、研究或生产现金燃料的具备资格的原材料。

"（C）例外情形。'具备资格的原材料'不包括

"（i）从任何有资格依据《2014年农业法》第Ⅰ篇或该篇的修正版获得款项的农作物提取的全谷类原材料，包括：

"（Ⅰ）大麦、玉米、高粱、燕麦、大米或小麦；

"（Ⅱ）蜂蜜；

"（Ⅲ）马海毛；

"（Ⅳ）油籽，包括菜籽油、海甘蓝、亚麻籽、芥末种子、油菜籽、红花种子、大豆、芝麻和葵花籽；

"（Ⅴ）花生；

"（Ⅵ）豆类；

"（Ⅶ）鹰嘴豆、扁豆和干豌豆

"（Ⅷ）奶制品；

"（Ⅸ）糖；和

"（Ⅹ）羊毛和棉花棉子纤维。

"（ii）动物粪便和副产品，包括脂肪、油、油脂和粪肥；

"（iii）食物垃圾和庭院废物；

"（iv）藻类；

"（v）具备以下特征的具备资格的木质原材料：

"（Ⅰ）被移到合同土地之外的；和

"（Ⅱ）并非减少有害燃料或减少或遏制病虫害的预防性作业的副产品；

"（vi）任何在合同土地之外采集或收获的，也可以被用作现有市场产品的符合条件的木质原材

料；或

"（vii）甘蔗渣。

"（7）生产者。'生产者'指的是位于 BCAP 项目区域内的合同土地的所有者或经营者。

"（8）项目发起人。'项目发起人'指的是：

"（A）一组生产者；或

"（B）一座生物质转化设施。

"（9）社会地位低下的农场主或者牧场主。'社会地位低下的农场主或者牧场主'的定义参见《1990年粮食、农业、保育和贸易法》第 2501 条（e）（《美国法典》第 7 篇，2279（e））给出的解释。

"（b）建立和终止。农业部长须建立和管理一个生物质农作物援助项目，旨在：

"（1）支持在 BCAP 项目区域内把符合条件的农作物转化为生物燃料。

"（2）支持农业用地和森林用地的所有者和经营者采集、收割、存储和运输符合条件的原材料，并将其用在生物质转化设施中。

"（c）BCAP 项目区域。

"（1）通则。农业部长须向 BCAP 项目区域内符合条件的农作物生产者提供财政支持。

"（2）项目区域的选择。

"（A）通则。为被列入 BCAP 项目区域的考察名单，项目发起人须向农业部长提出申请，该申请最少应当包括以下内容：

"（i）每一位有意参加申请中提到的 BCAP 项目区域的生产者拥有的具备资格的土地和具备资格的农作物的描述；

"（ii）生物质转化设施的信函，表明该设施将使用拟在 BCAP 项目区域投入生产的具备资格的农作物。

"（iii）可以表明生物质转化设施具有足够的股本的证据，是否足够将由农业部长决定，前提是这家生物质转化设施在申请提交给农业部长之时尚未处于运行状态。

"（iv）其他任何关于生物质转化设施或待建的生物质转化设施的信息，前提是农业部长认为必须了解这些信息以合理地确定这家工厂在符合条件的农作物待收割之日能够处于运行状态。

"（B）BCAP 项目区域选择标准。在选择 BCAP 项目区域时，农业部长须考虑：

"（i）申请在 BCAP 项目区域内生产的符合条件的农作物数量，以及这种农作物的将被用于 BCAP 的可能性；

"（ii）预计合同土地种植的符合条件的农作物之外的可再生生物质的数量；

"（iii）预计申请的 BCAP 项目区域受到的经济影响；

"（iv）生产者和地方投资者参与申请的 BCAP 项目区域内的生物质转化设施的所有制的机会。

"（v）以下参与率：

"（I）创业之初的农场主或牧场主（参见《巩固农业农村发展法》第 343 条（a）（《美国法典》第 7 篇，1991（a））给出的定义}；或

"（II）社会地位低下的农场主或者牧场主；

"（vi）对土地、水和相关自然资源产生的影响；

"（vii）项目区域内的生物质生产方法的种类，包括（在相应的情况下）：

"（I）栽培条件；

"（II）收获和收获后做法；和

"（III）单独栽培和多种栽培作物的混合；

"（viii）在项目区域内符合条件的农作物的范围；

"（ix）现有依据本条规定接受资金的项目区域，以及此类项目区域继续接受资金以推动项目区域的成熟；和

"（Ⅹ）农业部长认为有必要提供的任何额外信息。

"（3）合同。

"（A）通则。农业部长批准任何一个 BCAP 项目区域时，BCAP 项目区域内的每一位生产者均须直接与农业部长签订合同。

"（B）最低限度条款。依据本款规定签署的合同的最少需要包括以下条款：

"（ⅰ）一份提供给农业部长的协议，或提供给一个高等教育机构或其他由农业部长重新指定的实体，协议须包含农业部长认为有利于推动符合条件的农作物生产和开发生物质转化技术的信息；

"（ⅱ）符合易受侵蚀土地保育要求，相关要求参见《1985 年粮食安全法》）第Ⅻ篇子篇 B（《美国法典》第 16 篇 3811 及以下）和该法案第Ⅻ篇子篇 C（《美国法典》第 7 篇 3821 及以下）。

"（ⅲ）以下项目的执行情况（须由农业部长决定）：

"（Ⅰ）保育计划；

"（Ⅱ）森林管理计划；

"（Ⅲ）等同于保育计划或森林管理计划的计划；和

"（ⅳ）农业部长认为必要的任何额外的要求。

"（C）持续时间。依据本款规定签署的合同的期限不得超过：

"（ⅰ）对于一年生和多年生农作物，5 年；或

"（ⅱ）对于木质生物质，15 年。

"（4）与其他项目的关系。在落实本款规定时，农业部长须提供基本农田保育和 BCAP 项目内土地的收益率的历史信息。

"（5）款项支付。

"（A）通则。农业部长须直接向生产者支付启动款项和年度款项，以支持符合条件的农作物在合同土地上的种植和收获。

"（B）启动款项数额。

"（ⅰ）通则。依据（ⅰ）规定，本款提到的启动款金额不得超过建立合同覆盖的符合条件的多年生作物的启动开销的 50％，也不得超过每英亩 500 美元，这些款项包括以下项目：

"（Ⅰ）购买种子和仓库存储费用；

"（Ⅱ）种植作物的费用，具体金额由农业部长确定；和

"（Ⅲ）对于非工业化私人林地，场地准备和树木种植的费用。

"（ⅱ）社会地位低下的农场主和牧场主。对于社会地位低下的农场主和牧场主，启动开销标准为每英亩不超过 750 美元。

"（C）年度款项数额。

"（ⅰ）通则。依据（ⅱ）规定，本款提到的年度款项的数额须由农业部长决定。

"（ⅱ）减少。农业部长须在适宜的情况下减少年度款项的数额，前提是：

"（Ⅰ）具备资格的农作物被用于在生物质转化设施生产能源以外的目的；

"（Ⅱ）具备资格的农作物被送往生物质转化设施；

"（Ⅲ）生产者依据（d）规定获得了款项；

"（Ⅳ）生产者违反了合同条款；或

"（Ⅴ）农业部长认为减少款项对于落实本条规定是必要的。

"（D）例外情形。农业部长不得将从保育计划获得的款项用于支付 BCAP 土地款项，相关规定参见《1985 年粮食安全法》第 XII 篇子篇 D 第Ⅰ章第 B 节（《美国法典》第 16 篇 3831 及以下）和该法案第 XII 篇子篇 H。

"（d）采集、收获、储存和运输协助。

"（1）通则。农业部长须向以下人员支付将具备资格的原材料送至生物质转化设施的费用：

"（A）在 BCAP 合同土地上种植具备资格的农作物的生产者；或

"（B）有权收集或收获具备资格的原材料的人，不管这种具备资格的原材料是否在合同土地上生产。

"（2）支付款项。

"（A）覆盖开销。依据本款支付的款项须包括（B）中提到的数额，用以覆盖：

"（i）采集开销；

"（ii）收获开销；

"（iii）存储开销；和

"（iv）向生物质生产设施运输的开销；

"（B）金额。依据（3）中规定，农业部长可以按照生物质生产设施为每吨提供的美元数额提供款项，但不得超过每干吨 20 美元，支付期限不超过 2 年。

"（3）BCAP 合同土地援助限制。作为依据（c）中规定获得年度款项的条件，因采集、收获、储存和运输在 BCAP 合同土地上种植的具备资格的农作物而获得款项的生产者须接受年度款项金额的减少。

"（e）报告。《2014 年农业法》颁布之日后不晚于 4 年，农业部长须向美国联邦参议院农业、营养和林业委员会提交一份报告，阐述农业部长推广来自接受本条提到的援助的项目参与者的最佳实践数据和信息的情况。

"（f）提供资金。

"（1）通则。对于商品信贷公司的资金，农业部长须为落实本条规定从 2014 财政年度至 2018 财政年度每年使用 25 000 000 美元。

"（2）采集、收获、储存和运输款项的支付。对于每个财政年度依据（1）规定提供的款项，农业部长须使用不少于 10%，但不超过 50% 依据（d）（2）中规定用于采集、收获、储存和运输款项的支付。

"（3）技术援助。

"（A）通则。自 2014 财政年度起，以及每个后续财政年度，依据本款规定提供的资金可用于为本章授权开展的活动提供技术援助。

"（B）与其他法律的关系。依据（A）规定应付或实付的资金，包括商品信贷公司的资金在内，均不得被视为商品信贷公司为落实《商品信贷公司章程法》第 11 条（《美国法典》第 15 篇 714i）规定的技术援助开销限制所需的拨款或资金。"

第 9011 条　撤销生产能源的森林生物质。

撤销《2002 年农业安全与农村投资法》第 9002 条（《美国法典》第 7 篇 8112）。

第 9012 条　社区木材能源项目。

（a）生物质消费者合作社的定义。《2002 年农业安全与农村投资法》第 9013 条（a）（《美国法典》第 7 篇 8113（a））修订如下：

（1）将（1）和（2）分别重新编号为（2）和（3）；

（2）在（2）（经过调整后）前插入以下内容：

"（1）生物质消费者合作社。'生物质消费者合作社'指的是一个消费者的会员制组织，其宗旨为向其成员提供生物质加热产品或生物质加热系统的服务或购买折扣。

（b）赠款项目。《2002 年农业安全与农村投资法》第 9013 条（b）（1）（《美国法典》第 7 篇 8113（b）（1））修订如下：

（1）在（A）中，在结尾处的分号后删除"和"；

（2）在（B）中，在结尾处删除句号，插入"；和"；和

（3）在结尾处添加以下内容：

"（C）向生物质消费合作社提供高达 50 000 美元的赠款，用于建立和扩充生物质消费者合作社，使其能够向消费者提供与以下内容相关的服务或折扣：

"（ⅰ）采购生物质加热系统；

"（ⅱ）生物质加热产品，包括木片、木屑颗粒以及高级生物燃料；或

"（ⅲ）输送和存储加热产品所需的生物质。"

（c）匹配资金。《2002 年农业安全和农村投资法》第 9013 条（d）（《美国法典》第 7 篇 8113（d））修订如下：

（1）删除"一个接受（b）提到的赠款的州或地方政府"，插入以下内容：

"（1）州和地方政府。一个接受（b）（1）（A）或（B）提到的赠款的州或地方政府"；和

（2）在结尾处添加以下内容：

"（2）生物质消费合作社。一个接受（b）（1）（C）提到的赠款的生物质消费合作社须拿出一定数额的非联邦资金（可以包括州、地方或非营利性基金和会费），用于建立和扩充生物质消费者合作社。这一数额至少应当等于所获得的联邦资金的 50％。"

（d）拨款授权。《2002 年农业安全和农村投资法》第 9013 条（e）（《美国法典》第 7 篇 8113（e））进行修订，删除"2013"，插入"2018"。

第 9013 条　生物能源基础设施研究的废止。

撤销《2008 年粮食、保育和能源法》第 9002 条（《公法》110 - 246；《美国法令全书》第 122 篇 2095）。

第 9014 条　可再生肥料研究的废止。

撤销《2008 年粮食、保育和能源法》第 9003 条（《公法》110 - 246；《美国法令全书》第 122 篇 2096）。

第 9015 条　为美国能源部机构提供的能源效率报告。

（a）报告。本法颁布之日后不晚于 180 日，农业部长须向美国联邦参议院农业、营养和林业委员会和美国联邦众议院农业委员会提交一份农业部华盛顿哥伦比亚总部和其他主要地区办事处的能源使用和能源效益项目的报告。

（b）报告内容。以上报告须包括以下内容：

（1）农业部总部和主要地区办事处对能源使用情况的分析。

（2）上述机构开展的能源审计的清单。

（3）上述机构开展的能源效益项目的清单。

（4）上述机构通过落实连贯、及时和妥善的机械用绝缘系统维护项目和更新机械用绝缘系统开展的节约能源项目的清单。

第Ⅹ篇　园　艺

第 10001 条　专业作物市场新闻分配。

《2008 年粮食、保育和能源法》第 10107 条（b）（《美国法典》第 7 篇 1622b（b））进行修订，删除"2012"，插入"2018"。

第 10002 条　改善专业作物流动的赠款项目的废止。

2013 年 10 月 1 日起，撤销《2008 年粮食、保育和能源法》第 10403 条（《美国法典》第 7 篇

1622c)。

第 10003 条　农民市场和本地食品推广项目。

《1976 年农民到顾客直接营销法》第 6 条（《美国法典》第 7 篇 3005）修订如下：

（1）在本条标题中，在"农民市场"后插入"和本地食品"；

（2）在（a）中：

（A）在"农民市场"后插入"和本地食品"；

（B）删除"农民市场和推广"；

（C）删除句号，插入"和协助本地食品贸易企业。"；

（3）删除（b），插入以下内容：

"（b）项目宗旨。本项目的宗旨是增加本地和本区域生产的农产品的本国消费，便利消费者购买本地区和本区域生产的农产品，以及开发、改善和拓展为服务本地市场的农村和牧场活动开发新的市场机会，向以下项目提供外联、培训和技术援助，或者协助以下项目的开发、改善、拓展：

"（1）本地农民市场、路边摊位、社区支持的农业项目、农业旅游活动和其他农民和消费者直接对接的市场机会；和

"（2）地方和区域食品贸易企业（包括哪些农民和消费者并未直接对接的市场），这些企业加工、分销、聚集或存储本地或本区域生产的食品产品。"

（4）在（c）（1）中：

（A）在"合作社"后插入"其他农业贸易实体"；和

（B）在"协会"后插入"，包括社区支持的农业网络或协会"；

（5）将（e）重新编号为（g）；

（6）在（d）后插入以下内容：

"（e）优先项目。在依据项目提供赠款的时候，应当首先考虑哪些涉及有利于接受服务不充分的社区的申请，这些社区包括：

"（1）位于贫困人口集中的区域，不容易获得新鲜的本地或本地区种植的食品的社区；

"（2）近期并未接受过项目经费的社区。

"（f）具备资格的实体的资金要求。

"（1）匹配资金。一个依据本条规定接受用于落实（b）（2）规定的项目的赠款的实体须以现金或实物形式提供匹配资金，这笔资金的数额须相当于项目总开销的 25％。

"（2）资金使用限制。一个具备资格的实体不得使用依据本条规定提供的赠款或其他援助资金采购、建设或重新装修建筑物。"和

（7）在（g）中（经过（5）规定重新编号后）：

（A）在（1）中：

（ⅰ）在标题中，删除"从 2008 财政年度到 2012 年财政年度"，插入"强制资金"；

（ⅱ）在（B）中，删除结尾处的"和"；

（ⅲ）在（C）中，删除结尾处的句号，插入"；和；"；和

（ⅳ）在结尾处添加以下内容：

"（D）从 2008 财政年度到 2012 年财政年度每年 30 000 000 美元。"

（B）删除（3）和（5）；

（C）将（4）重新编号为第（6）条；和

（D）在（2）后插入以下内容：

"（3）拨款授权。为了执行本条规定，2014 财政年度至 2018 财政年度的授权拨款额均为 10 000 000 美元。

"（4）资金使用。每财政年度用于落实本条规定的资金中：

"（A）50％的资金须被用于（b）（1）提到的目的；和

"（B）50％的资金须被用于（b）（2）提到的目的。

"（5）行政开销的限额。用于落实本条规定的资金中，用作行政开销的部分不得超过总数的4％。"

第 10004 条　有机农业。

（a）有机生产和市场数据倡议。《2002 年农业安全与农村投资法》第 7407 条（《美国法典》第 7 篇 5925c）修订如下：

（1）在（c）中：

（A）在以上（1）提到的事务中，在"本款"后插入"此后每年"；

（B）在（1）中，删除结尾处的"和"；

（C）将（2）重新编号为（3）；和

（D）在（1）后插入以下内容：

"（2）描述数据搜集机构（例如农业营销局和国家农业统计局）如何与数据使用机构（例如风险管理局）协调，确保依据本章规定搜集的数据可以被数据使用机构使用，包括被数据管理局用于为所有有机农作物提供价格选择；和"；和

（2）在（d）中：

（A）删除第（3）项；

（B）将（2）重新编号为（3）；和

（C）在（1）后插入以下内容：

"（2）强制资金。除了任何依据（1）中规定提供的资金，对于商品信贷公司的资金，农业部长须为落实本条规定拨出 5 000 000 美元待用，直到用尽为止。"和

（D）在（3）中（经过（B）规定重新编号后）：

（ⅰ）在标题中，删除"从 2008 财政年度至 2012 财政年度"；

（ⅱ）删除"第（1）项"，插入"第（1）项和第（2）项"；和

（ⅲ）删除"2012"，插入"2018"。

（b）国家有机项目的现代化和技术更新。《1990 年有机食品生产法》第 2123 条（《美国法典》第 7 篇 6522）修订如下：

（1）在（b）中：

（A）在（5）中，删除结尾处的"和"；

（B）将（6）重新编号为（7）；和

（C）在（5）后插入以下内容：

"（6）2014 财政年度至 2018 财政年度，每年 15 000 000 美元；和"；和

（2）在结尾处添加以下内容：

"（c）现代化和国家有机项目的技术更新

"（1）通则。农业部长须落实国家有机项目的数据库和技术系统的现代化。

"（2）资金。对于商品信贷公司的资金和其他任何相关资金，农业部长须为落实本条规定拨出 5 000 000 美元供 2014 财政年度使用，直到用尽为止。"

（c）国家有机认证开销分享项目。《2002 年农业安全与农村投资法》第 10606 条（d）（《美国法典》第 7 篇 6523（d））进行修订，删除第（1）项，插入以下内容：

"（1）2014 年度至 2018 年度的强制资金。对于商品信贷公司的资金，农业部长须为落实本条规定每年拨出 11 500 000 美元供 2014 财政年度至 2018 财政年度使用，直到用尽为止。"

（d）认证有机产品的推广令评估豁免。《1996 年联邦农业改善和改革法》（《美国法典》第 7 篇

7401）第 501 条进行修订，删除第（e）款，插入以下内容：

"（e）认证有机产品的推广令评估豁免。

"（1）通则。尽管有商品推广法的任何条款，生产、加工、营销或进口有机产品者是可以免于依据商品推广法为任何被认证为'有机'农业商品或'100％有机'农业商品（参见《联邦法规汇编》第 7 篇第 205 部分（或其继任规定））的产品支付评估费的。

"（2）分离经营。（1）中的豁免适用于生产者、加工者或经销商的'有机'农业商品或'100％有机'农业商品（参见《联邦法规汇编》第 7 篇第 205 部分（或其继任规定）），无论这些人在生产、加工或营销这些农业商品的过程中是否在生产、加工或营销其他传统农业产品或非有机农业产品，包括与申请豁免的商品同属一类的传统农业产品或非有机农业产品。

"（3）批准。农业部长须依据本条规定批准某人豁免，前提是此人拥有符合《1990 年有机食品生产法》（《美国法典》第 7 篇 6501）的合法的有机产品证书。

"（4）效力终止。本款规定在农业部长依据（f）规定发布有机产品推广令之前有效。

"（5）规定。农业部长须颁布关于（1）提到的豁免的资格和合规标准的规定。"

（e）有机商品推广令。《1996 年联邦农业改善和改革法》第 501 条（《美国法典》第 7 篇 7401）进行修订，在结尾处添加以下内容：

"（f）有机商品推广令。

"（1）定义。在本款中：

"（A）认证有机农场。'认证有机农场'的定义是《1990 年有机食品生产法》第 2103 条（《美国法典》第 7 篇 6502）给出的解释。

"（B）覆盖人员。'覆盖人员'指的是有机农业商品的生产者、加工者、经销商或进口商。

"（C）双重覆盖的有机农业商品。'双重覆盖的有机农业商品'指的是以下农业商品：

"（ⅰ）在认证有机农场生产的；和

"（ⅱ）被以下命令覆盖的：

"（Ⅰ）依据（2）发布的有机农业产品推广令；

"（Ⅱ）其他任何依据第 514 条规定发布的农业商品推广令。

"（2）授权。农业部长可以依据第 514 条规定发布覆盖以下任何农业商品的农业商品推广令：

"（A）生产或加工（参见《1990 年有机食品生产法》第 2103 条（《美国法典》第 7 篇 6502）给出的定义），并获得销售或标示为'有机'农业商品或'100％有机'农业商品（参见《联邦法规汇编》第 7 篇第 205 部分（或其继任规定））；或

"（B）进口时获得有效的有机许可证（参见该部分给出的定义）。

"（3）选择权。如果农业部长依据（2）规定发布了有机农业产品推广令，覆盖人员就可以自行选择是否为适当的双重覆盖农业商品接受上述有机农业产品推广令框架下的评估，或者其他适用的有机农业产品推广令框架下的评估。

"（4）规定。农业部长须颁布规定关于（1）提到的豁免的资格和合规标准的规定。"

（f）农业商品的定义。《1996 年商品推广、研究和信息法》第 513 条（1）（《美国法典》第 7 篇 7412（1））修订如下：

（1）将（E）和（F）分别重新编号为（F）和（G）；和

（2）在（D）后插入以下内容：

"（E）具有以下特征的产品，作为类别：

"（ⅰ）在认证有机农场生产（参见《1990 年有机食品生产法》第 2103 条（《美国法典》第 7 篇 6502）给出的定义）；和

"（ⅱ）获得销售或标示为'有机'农业商品或'100％有机'农业商品（参见《联邦法规汇编》第 7 篇第 205 部分（或其继任规定））的认证；"。

第 10005 条　《1990 年有机食品生产法》的调查和执行。

（a）认证活动的记录。《1990 年有机食品生产法》第 2112 条（《美国法典》第 7 篇 6511）进行修订，删除第（d）款。

（b）认证人员的记录。

（1）通则。《1990 年有机食品生产法》第 2116 条（《美国法典》第 7 篇 6515）修订如下：

（A）删除第（c）款；

（B）将（d）至（j）分别重新编号为（c）至（i）；和

（C）在（d）（经过本条重新指定后），在（1）之前的部分，删除"第（d）款"，插入"第（c）款"。

（2）相应的修订。《1990 年有机食品生产法》第 2107 条（a）（8）（《美国法典》第 7 篇 6506（a）（8））进行修订，删除"第 2116 条（h）"，插入"第 2116 条（g）"。

（c）记录、调查和执行。《1990 年有机食品生产法》第 2120 条（《美国法典》第 7 篇 6519）进行修订：

"第 2120 条　记录、调查和执行。

"（a）记录。

"（1）通则。在本篇中，除非另行说明，凡是销售、标识或代表任何在生产或加工时使用有机方法的农业产品的人，均应要求向农业部长或相关州的官员提供所有与该农业产品相关的记录。

"（2）认证活动。每位依据本篇规定经营认证有机农场或认证有机加工厂的生产者，须在不少于 5 年内保存所有关于任何销售或标示的农产品的原始记录，其内容须包括：

"（A）用于田地或农产品的物质的详细使用历史；

"（B）使用上述物质的人的姓名和住址；和

"（C）使用上述物质的日期、配比和方法。

（3）认证人员。

"（A）记录的维护。认证人员须在不少于 10 年内维护所有关于依据本篇完成的认证活动的记录。

"（B）农业部长的调阅。认证人员须向农业部长和具有管辖权限的州政府官员（或其代表）提供调阅所有关于依据本标题完成的认证活动的记录的机会。

"（C）记录的移交。如果依据本篇获得认证的个人不再从事相关工作或者丧失了认证，那么依据本篇完成的关于此人的活动的所有记录和记录复印件须：

"（i）被移交给农业部长；和

"（ii）被提供给相关具有管辖权限的州政府官员。

"（4）非法行为。本篇规定覆盖的任何人未能或拒绝提供农业部长依据本篇规定索取的准确信息的行为（包括未能及时提供相关信息的行为）是非法的。

"（5）保密条款。除非如第 2107 条（a）（9）或农业部长或总检察长为了落实规定给出的指示所述，任何官员、雇员或美国政府工作人员均不得向公众提供任何依据本篇规定从任何人处获取的关于以下内容的信息、统计数据或文件，但以确保保密的形式提供时除外：

"（A）所有相关人员的身份（包括签订合同的各方）；和

"（B）专有商业信息。

"（b）调查。

"（1）通则。农业部长须采取其视为必要的调查行动：

"（A）以验证依据本篇报告或提供的任何信息的准确性；和

"（B）判定本篇覆盖的某人是否违反了本篇的任何规定，包括农业部长依据本篇颁布的命令或规定。

"（2）具体调查权力。在落实本篇规定时，农业部长可以：

"（A）进行宣誓或确认；

"（B）传唤证人；

"（C）要求证人出庭；

"（D）取证；和

"（E）要求制备任何依据本篇规定理应维护的与调查相关的记录。

"（c）违反规定的行为。

"（1）误用标签。任何有意销售有机产品或贴有有机标签的产品的人，除非依据本篇规定，须被除以不超过 10 000 美元的罚款。

"（2）虚假声明。任何依据本篇规定向农业部长、具有管辖权的州政府官员或认证人员做出虚假声明的人，须依据《美国法典》第 18 篇第 1001 条规定进行处罚。

"（3）不具备资格。

"（B）通则。除非如（C）所述，任何开展（B）提到的活动的人，经过通知并给予陈述机会后，将在事发后 5 年内失去获得本篇规定的农场或加工厂认证的资格。

"（B）活动描述。（A）中提到的活动为：

"（ⅰ）做出虚假声明；

"（ⅱ）试图获取标明农业产品是有机产品的标签，并将其粘贴在其获知或有理由获知并非依据本篇规定生产或加工的产品之上；或

"（ⅲ）农业部长认为其以其他方式违反了适用的有机认证项目的宗旨。

"（C）放弃权利。尽管有（A）的规定，农业部长依然可以修改或放弃实施以上失去认证权利的期限，前提是农业部长认为修改或放弃实施有利于依据本篇规定建立的相关有机认证项目。

"（4）违反规定行为的报告。认证人员发现违反本篇规定的行为后，须立即向农业部长或具有管辖权限的州政府官员汇报。

"（5）认证人员的违反规定行为。认证人员个人违反本篇规定或者在认证任何农业部长或具有管辖权限的州政府官员认为未符合相关有机认证项目的条款和条件的农业活动或加工活动时有舞弊或渎职行为时，在通知其本人并给予其陈述机会后：

"（A）将立即失去依据本篇规定作为认证人员的资格；和

"（B）将在此后不少于 3 年内无法获取依据本篇规定作为认证人员的资格。

"（6）其他法律的效力。本篇中的任何修订均无法改变：

"（A）农业部长对于肉类、禽类和蛋类产品的管理权限，相关规定为：

"（ⅰ）《联邦肉类检查法》（《美国法典》第 21 篇 601 及以下）；

"（ⅱ）《联邦禽类产品检查法》（《美国法典》第 21 篇 451 及以下）；

"（ⅲ）《联邦蛋类产品检查法》（《美国法典》第 21 篇 1031 及及下）；

"（B）卫生与公众服务部依据《联邦食品、药品和化妆品法》（《美国法典》第 21 篇 301 及以下）获得的管理权限；或

"（C）环境保护署依据《联邦杀虫剂、杀菌剂和防腐剂法》（《美国法典》第 7 篇 136 及以下）获得的管理权限。"。

第 10006 条　食品安全教育倡议。

《2008 年粮食、保育和能源法》第 10105 条（c）（《美国法典》第 7 篇 7655a（c））进行修订，删除"2012"，插入"2018"。

第 10007 条　植物病虫害管理项目和灾害预防项目的整合。

（a）重新定位关于国家清洁植物网络的立法语言。

《植物保育法》第 420 条（《美国法典》第 7 篇 7721）修订如下：

（1）将（e）重新编号为（f）；和

（2）在（d）后插入以下内容：

"（e）国家清洁植物网络。

"（1）通则。农业部长须设立一个叫做'国家清洁植物网络'的项目（在本款中后文简称为'项目'）。

"（2）要求。依据以上项目，农业部长须建立一个清洁植物中心网络，旨在提供诊断和病菌清除服务：

"（A）生产清洁的具有繁殖能力的植物原料；和

"（B）在位于全美国各地的场所保有病菌测试过的植物原料。

"（3）清洁植物原材料。清洁植物原材料可以通过以下方式提供给：

"（A）州或者州经过认证的植物项目；和

"（B）私人诊所和生产者。

"（4）协商和协作。在落实本项目时，农业部长须

"（A）与以下机构协商：

"（ⅰ）所在州的农业部；和

"（ⅱ）接受政府赠地的高等院校和不接受政府赠地的农业学院（相关词语的定义参见《1977 年国家农业研究、推广和教学政策法》第 140 条（《美国法典》第 7 篇 3103））；和

"（B）在符合实际的情况下，在相关州政府官员和业界代表的帮助下，使用现有的联邦或州设施作为清洁植物中心。

"（5）2013 财政年度的资金。为了执行本项目，2013 政年度的授权拨款额为 5 000 000 美元。"

（b）资金。《植物保育法》（《美国法典》第 7 篇 7721）第 420（f）（经过重新调整后）修订如下：

（1）在（3）中，删除结尾处的"和"；

（2）在（4）中，删除"和此后每个财政年度。"插入分号；和

（3）在结尾处添加以下内容：

"（5）2014 财政年度至 2017 财政年度每年 62 500 000 美元；和

"（6）2018 财政年度以及以后每年 75 000 000 美元。"

（c）撤销现有条款。撤销《2008 年粮食、保育和能源法》第 10202 条（《美国法典》第 7 篇 7761）。

（d）清洁植物网络资金的使用。《植物保育法》第 420 条（《美国法典》第 7 篇 7721）（经过（a）重新调整后），将作如下修订：在结尾处添加以下内容：

"（g）清洁植物网络资金的使用。对于依据（c）中规定用于落实本条规定为本财政年度提供的资金，依据（c）中规定须拨款不少于 5 000 000 美元用于落实国家清洁植物网络。

"（h）整合植物病虫害管理项目和灾害预防项目的间接开销的限制。依据本条规定签署的合作协议产生的间接开销金额不得超过以下两项目中的较少一项：

"（1）合作协议获得的所有联邦资金的 15%，具体情形由农业部长决定；和

"（2）如有其他法律规定，间接开销率也适用于接受者。"

第 10008 条　种子进口。

《联邦杀虫剂、杀菌剂和防腐剂法》第 17 条（c）（《美国法典》第 7 篇 136o（c））修订如下：

（1）删除"农业部长"，插入以下内容：

"（1）通则。农业部长"；和

（2）在结尾处添加如下内容：

"（2）种子进口。尽管有其他任何法律，任何人都没有义务通知局长一种包含在种子中的植物型嵌

入杀虫剂（参见《联邦法规汇编》第 40 篇第 174.3 条（或任何继承法规）给出的定义）的到来，前提是：

"（A）这种植物型嵌入杀虫剂依据第 3 条规定进行了注册；

"（B）局长已经依据第 5 条规定向这种植物型嵌入杀虫剂发放了一种实验应用许可。

"（C）这种种子已经被许可证（参见《联邦法规汇编》第 7 篇第 174.3 部分（或任何继承法规）给出的定义）或者通知所覆盖；

"（3）合作。

"（A）通则。针对局长提出的要求，农业部长须向其提供一份包含植物型嵌入杀虫剂的种子清单（参见《联邦法规汇编》第 40 篇第 174.3 条（或任何继承法规）给出的定义），前提是这些种子进入美国的时候已经获得了（2）提到的许可证或者通知的批准。

"（B）内容。以上（A）提到的清单须以表格形式提交，提交间隔须由农业部长和局长商定。

"（4）适用性。本款中的任何内容都不会妨碍或限制农业部长对于植物、植物产品或种子的进口或运输的权限，相关规定为：

"（A）《植物保育法》（《美国法典》第 7 篇 7701 及以下）；和

"（B）《联邦种子法》（《美国法典》第 7 篇 1551 及以下）。"

第 10009 条　以散货形式运往加拿大的苹果。

（a）以散货形式运往加拿大的苹果。《苹果出口法》（《美国法典》第 7 篇 584）修订如下：

（1）删除"第 4 条　苹果"，插入以下内容：

"第 4 条　豁免。

"（a）通则。苹果"；和

（2）在结尾处添加以下内容：

"（b）散货集装箱。苹果可以用散货集装箱运往加拿大，而且无需履行本法规定。"

（b）散货集装箱的定义。《苹果出口法》（《美国法典》第 7 篇 584）进行修订，在结尾处添加如下内容：

"（5）'散货集装箱'指的是装有质量超过 100 磅的苹果的集装箱。"

（c）规定。本法颁布之日后不超过 60 日，农业部长须发布规定以落实本条中的修订内容。

第 10010 条　特色农作物一揽子赠款。

《2004 年特色农作物竞争法》第 101 条（《美国法典》第 7 篇 1621；《公法》108 - 465）修订如下：

（1）在（a）中：

（A）删除"第（j）款"，插入"第（l）款"；和

（B）删除"2012"，插入"2018"；

（2）删除第（b）款，插入以下内容：

"（b）以价值和土地面积为基础的赠款。依据（c）规定，每个在经过农业部长依据（f）规定批准的单一财政年度申请获得赠款的州，该财政年度该州获得的赠款金额占据依据（l）（1）规定提供的所有赠款的比例须与以下第一项数据占据第二线数据的比例相同：

"（1）参考最近一次农业普查数据，该州最近一次收获的特色农作物平均产量和该州特色农作物生产的土地面积；

"（2）参考最近一次农业普查数据，所有州最近一次收获的特色农作物平均产量和所有州特色农作物生产的土地面积；

（3）将（j）重新编号为（l）；

（4）在（i）后插入以下内容：

"（j）多州项目。《2014 年农业法》颁布之日后不晚于 180 日，农业部长须发布旨在依据本条规定向多州项目提供赠款的指南，这些目涉及：

"（1）食品安全；

"（2）植物病虫害；

"（3）研究；

"（4）针对特定农作物，解决普遍问题的项目；和

"（5）其他任何有利于实现本条宗旨领域的项目，具体情形由农业部长决定。

"（k）管理。

"（1）农业部。对于落实本条规定每财政年度提供的资金，农业部长用于行政开销的部分不得超过 3％。

"（2）各州。对于落实本条规定每财政年度提供的资金，依据本条规定接受赠款的州用于行政开销的部分不得超过 8％。

（5）在（l）（经过（3）重新编号后）中：

（A）将（1）、（2）和（3）分别重新编号为（A）、（B）和（C）；并进行适当缩进；

（B）删除"在资金中"，插入以下内容：

"（1）通则。在资金中"；

（C）在（1）中（经过重新编号后）：

（ⅰ）在（B）中（经过（A）重新编号后），在结尾处删除"和"；

（ⅱ）在（C）中（经过（A）重新编号后），在结尾处删除句号，插入分号；和

（ⅲ）在结尾处添加以下内容：

"（D）2014 财政年度至 2017 财政年度每年为 72 500 000 美元；

"（E）2018 财政年度后每年为 85 000 000 美元。"和

（D）在结尾处添加以下内容：

"（2）多州项目。在依据（1）提供的资金中，农业部长可以使用以下数额落实（j）的规定，这些资金须一直可用，直到用尽为止：

"（A）2014 财政年度为 1 000 000 美元；

"（B）2015 财政年度为 2 000 000 美元；

"（C）2016 财政年度为 3 000 000 美元；

"（D）2017 财政年度为 4 000 000 美元；和

"（E）2018 财政年度为 5 000 000 美元。"

第 10011 条　农业部对相关劳动法规定的落实情况的咨询。

（a）通则。本法颁布之日后不晚于 60 日，农业部长须就限制劳工部认定违反劳工法或怀疑违反劳工法的农业商品运输、以及没收这些农业商品等事宜咨询劳工部部长，旨在考虑：

（1）商品的易腐特性；

（2）限制或没收对于农业活动产生的经济可行性影响；和

（3）各州依据《2004 年特色农作物竞争法》第 101 条（《美国法典》第 7 篇 1621；《公法》108 - 465）获得赠款的特色农作物的竞争力。

（b）报告。劳工部长须向美国联邦众议院农业、交易和劳动力委员会，美国联邦参议院农业、营养和林业委员会，美国联邦参议院卫生、教育、劳动力和养老金委员会提供一份报告，阐述在 2008 财政年度至 2013 财政年度劳工部与易腐农业商品采购商联系，通知其相关调查或针对与其有易腐农业商品交易的生产者即将受到的执行措施的情况。

第 10012 条　关于蜂蜜的报告。

（a）报告。本法颁布之日后不超过 180 日，农业部长经过咨询或受到即将出台的联邦标准影响者相关蜂蜜的特征后，须向食品药品监督局局长提供一份报告，阐述用于识别蜂蜜的适当的联邦标准有利于消费者、蜂蜜行业和美国农业。

（b）考虑。在以上制备报告时，农业部长须考虑到食品药品监督局接到的公民针对 2006 年 3 月版本《识别标准》的申诉书，其中包括用以更新上述申诉的任何当前行业标准修订或说明。

第 10013 条　递交给国会的报告。

（a）通则。本法颁布之日后不晚于 180 日以及 1 年后，环境保护署署长、商务部长、农业部长和内政部长须向美国联邦众议院农业和自然资源委员会，美国联邦参议院农业、营养和林业委员会、环境和公共工程委员会提交两份报告，说明环境保护署、美国渔类和野生动物局和国家海洋渔业局采取的方法和措施：

（1）对 2013 年国家学院的国家研究委员会发布的题为"评估受到杀虫剂危害和威胁的物种的风险"中的建议的落实情况，包括如何克服落实建议时出现的任何延误；

（2）将延误降低到最低限度，综合：

（1）《联邦杀虫剂、杀菌剂和防腐剂法》第 3 条和第 30 条（《美国法典》第 7 篇 136a 和 136w‐8）中的杀虫剂注册和注册评估要求；和

（2）《1973 年濒危物种法》第 7 条和第 10 条（《美国法典》第 16 篇 1536 和 1539）中提到的物种和栖息地保育程序；和

（3）确保以上（1）中提到的报告中的建议的落实方法的开发、落实和评估公众参与和透明度。

（b）最终报告要求。除了（a）提到的要求，依据该款规定向国会提供的最终报告须：

（1）通知国会已经或将要针对（a）（1）中指出的建议采取的具体行动，包括开展评估以确保：

（A）相关方法利用了可以获取的最好的科学技术；

（B）生物选项中合理和审慎的备选方案在技术上和经济上都是可行的；

（C）合理和审慎的措施是必须的，也是妥善的；和

（D）机构确保开发合理和审慎的备选方案和方法时的公众参与和透明度；和

（2）更新《公法》第 1010（b）和（c）（《美国法典》第 7 篇 136a）中的研究和报告。

第 10014 条　停止令期限。

本法颁布之日后不晚于 60 日，农业部长须解除依据农业部题为"圣诞树推广、研究和信息令；规定的停止"施加的，由农业部在 2011 年 11 月 17 日（《联邦纪事》第 76 篇 71241）针对《联邦法规汇编》第 7 篇第 1214 部分第 A 分部中的规定发布的行政停止令，建立一个业界出资的新砍伐圣诞树的推广、研究和信息项目。

第 10015 条　硫酰氟。

尽管有其他任何法律规定，环境保护署署长须在依据《联邦食品、药品和化妆品法》第 408 条（《美国法典》第 21 篇 346a）开展的总体风险评估中，在估算杀虫剂残余容忍度时，排除的非杀虫剂氟化物来源的干扰。

第 10016 条　本地食品生产和项目评估。

（a）通则。农业部长须：

（1）搜集关于以下内容的数据：

（A）本地或本区域生产的农业食品产品的生产和销售情况；和

（B）影响本地或本区域生产的农业食品产品的直接和间接监管合规产生的开销；

（2）在与本地或本区域食品系统相关的项目上，便利机构间协作和数据分享；

（3）监控：

（A）旨在扩大或便利本地食品系统的项目的效果；和

（B）与小规模生产相关的联邦规定对本地和本区域市场准入造成的障碍；和

（4）评估本地食品系统的以下做法：

（A）对改善社区食品安全的贡献；

（B）为仅能获取有限健康食品的人群提供帮助；

（b）要求。在落实本条规定时，农业部长须最少做到以内容：

（1）搜集和分发本地或本区域生产的农业食品产品价格和规模的全面汇报；

（2）开展调查和分析，发布与本地或本区域生产的农业食品产品的生产、加工、分销、零售相关的报告和趋势研究（包括消费者购买模式）；

（3）评估现有项目在发展本地和区域食品系统方面的成效，包括：

（A）本地食品系统对创造就业岗位和经济发展的影响；

（B）依据《1976 年农民到顾客直接营销法》第 6 条（《美国法典》第 7 篇 3005）规定建立的农场主市场和本地食品推广项目的参与水平，包括获得资助项目的申请者占所有申请者的比率和接受资金的符合条件的实体的类型；

（C）参与者利用私人资本的能力，以及非联邦资金来源的概要介绍；和

（D）任何要求提供的用来帮助本地和区域食品系统的发展或拓展的额外资源；

（4）评估联邦面向本地和区域消费的农业食品产品小商业生产者规定对以下项目的影响：

（A）本地就业岗位创造和经济发展；

（B）本地和区域水果和蔬菜市场的可及性，包括专为初创小商业生产者的设立的市场的可及性；和

（C）参与以下项目的情况：

（ⅰ）供应商网络；

（ⅱ）高容量分销系统；和

（ⅲ）零售终端；

（5）拓展农业部开展的农业资源管理调查，使其包含关于本地或区域生产农业食品产品的问题；和

（6）寻求建立或拓展公私合作伙伴在尽可能符合实际的情况下，为本地或区域生产农业食品产品数据的搜集提供便利，包括对本地或区域生产食品系统的重新开发的国家级协调和区域级均衡的评估。

（c）报告。本法案颁布之日后不晚于 1 年以及此后每年，农业部长须给美国联邦参议院农业、营养和林业委员会和美国联邦众议院农业委员会提交一份报告，阐述落实本章规定的进展情况，并写出任何与开发本地和区域食品系统的额外需求和障碍。

第 10017 条 技术援助经费使用情况介绍。

对于依据本篇建立或修订的每一个项目，如果获得授权或按要求必须使用商业信贷公司的资金，那么使用这些资金提供技术援助的时候，不得被视为依据《商业信贷公司章程法》第 11 条（《美国法典》第 15 篇 714i）规定为技术援助开销设置上限时从商业信贷公司拨出款项或进行资金转移。

第 XI 篇 农作物保险

第 11001 条 信息共享。

《联邦农作物保险法》第 502 条（c）（《美国法典》第 7 篇 1502（c））进行修订，在结尾处添加以下

内容：

"（4）信息。

"（A）要求。依据（B）中规定，农业部农场服务局须及时向代理商或经过生产者授权的保险提供商提供任何有助于代理商或保险提供商依据本标题提到的保险单或保险计划为生产者提供保险服务的信息（包括农场服务局第578s号表格（或任何继任表格））或地图（或这些表格或地图的修改版）。

"（B）隐私。除非如（C）所述，依据（C）规定接到关于生产者信息的代理商或保险提供商，须依据（1）规定处理这些信息。

"（C）共享。本条任何规定均不禁止生产者的代理商或保险提供商分享依据（A）获取的关于该生产者的信息。"

第 11002 条　违反禁止调整补贴规定信息的发布。

《联邦农作物保险法》第508条（a）（9）（《美国法典》第7篇1508（a）（9））进行修订，在结尾处添加以下内容：

"（C）违规行为的发布。

"（ⅰ）发布。依据（ⅱ）规定，联邦农作物保险公司须及时在风险管理局网站发布关于每一起违反本款规定的行为的信息，包括针对违规行为实施的任何制裁措施，这些信息须足够详细，以便为经过批准的保险提供商、代理商和生产者提供有效指导。

"（ⅱ）隐私保护。在依据（ⅰ）规定提供关于违反本条规定的行为的信息时，联邦农作物保险公司须对违反规定的人员和机构的身份进行编辑，以保护这些人员和机构的隐私。"

第 11003 条　补充险别选项。

（a）提供补充险种选项。《联邦农作物保险法》第508条（c）（《美国法典》第7篇1508（c））进行修订，删除（3），插入以下内容：

"（3）基于产量和损失的险别选项。生产者有选择购买额外险别的选项，其基础为：

"（A）（ⅰ）个人产量和损失；或

"（ⅱ）区域产量和损失；或

"（B）个体产量和损失，辅以区域产量和损失，以覆盖一部分个人产量和损失保单的免赔额，如（4）（C）所述。"

（b）保单的承保范围。《联邦农作物保险法》第508条（c）（《美国法典》第7篇1508（c））进行修订，删除（4），插入以下内容：

（4）保单的承保范围。

"（A）美元计量和产量比例。除非如（c）中所述，保单的承保范围：

"（ⅰ）须以美元为单位计量；和

"（ⅱ）承保范围为个人产量的85％或区域产量的95％（相关产量须由联邦农作物保险公司确定）。

"（B）信息。联邦农作物保险公司须向生产者提供灾害风险和附加险以美元计算的承包金额信息（在本款规定的可以允许的承包限度内）。

"（C）附加险选项。

"（ⅰ）通则。尽管有以上（A）规定，对于（3）（B）提到的附加险选项，联邦农作物保险公司须向生产者提供购买保险和依据本子篇提到的保险单或保险计划的机会，这些保险单或保险计划允许向生产者支付相当于一部分免赔额的赔偿金：

"（Ⅰ）在最大程度上可行的情况下，在全县范围内提供；或

"（Ⅱ）在那些缺乏充分数据的县，联邦农作物保险公司可以自行决定基于更广泛的地理区域的充分数据来承保。

"（ii）触发条件。依据（3）（B）和（i）提供的保险，其触发条件为相关区域的损失超过了正常水平的14%（具体情形由联邦农作物保险公司决定）。

"（iii）承保范围。依据（ii）提到的触发条件，依据（3）（B）和（i）提供的保险的承保范围不得超过以下两个数值的差值：

"（Ⅰ）86%；和

"（Ⅱ）生产者为原始保险单或保险计划选择的承保范围。

"（iv）具备资格的农作物和土地。生产者依据《2014年农业法》第1116条规定选择的接受农业风险保险的农作物和参加第508B条提到的累计收入保育计划的土地，将没有资格参加本小项规定的附加险。

"（v）保险费的计算。尽管有（d）的规定，依据（3）（B）和（i）提供的保险的保险费须：

"（Ⅰ）足以覆盖预计损失和合理的储备金；和

"（Ⅱ）包括（k）（4）（F）提到的运行和行政开销。

（c）联邦农作物保险公司支付部分保险费。《联邦农作物保险法》第1508条（e）（2）（《美国法典》第7篇1508（e）（2））进行修订，在结尾处添加以下内容：

"（H）对于（c）（4）（C）授权的附加险选项，保险费金额须为以下数值的总和：

"（i）与保险相关的附加保险费的65%；和

"（ii）（c）（4）（C）（v）（Ⅱ）中确定的数额，用于覆盖（k）（4）（F）提到的运行和行政开销。"

（d）申请日期。联邦农作物保险公司须在不晚于2015作物年度开始提供基于个人产量和损失基础的附加险，辅以基于区域产量和损失的保险，如本条修订版所述。

第11004条　农作物利润险别选项。

《联邦农作物保险法》第1508条（e）（3）（《美国法典》第7篇1508（e）（3））（经过第11003条修订后）修订如下：

（1）在（A）（ii）中，删除结尾处的"或"；

（2）在（B）中，删除借我出的句号，插入"；或；"；和

（3）在结尾处添加以下内容：

（C）基于利润或与（A）或（B）相结合的保险方式。"

第11005条　灾害风险保护保险费金额。

《联邦农作物保险法》第508条（d）（2）（《美国法典》第7篇1508（d）（2））进行修订，删除（A），插入以下内容：

"（A）对于灾害风险保护，联邦农作物保险公司为每种适用灾害风险保护的农作物确立的保险费金额须相当于100%减去该农作物的平均损失率的部分，然后加上合理的储备金，具体金额由联邦农作物保险公司决定。"

第11006条　永久企业单位补贴。

《联邦农作物保险法》第508条（e）（5）（《美国法典》第7篇1508（e）（5））进行修订，删除第（A）款，插入以下内容：

"（A）通则。联邦农作物保险公司可以为某些可投保单位是基于整个农场或企业单位的保险计划或保险单支付一部分保险费，这些保险单或保险计划的投保基础高于那些依据（2）提到的项目。"

第11007条　灌溉农作物和非灌溉农作物的企业单位。

《联邦农作物保险法》第508条（e）（5）（《美国法典》第7篇1508（e）（5））进行修订，在结尾处

提添加以下内容：

"（D）灌溉农作物。从 2015 作物年度开始，联邦农作物保险公司须为各县的灌溉作物土地和非灌溉作物土地提供独立的企业单位。"

第 11008 条　数据搜集。

《联邦农作物保险法》第 508 条（g）（2）（《美国法典》第 7 篇 1508（g）（2））进行修订，在结尾处提添加以下内容：

"（E）产量数据来源。为依据本项规定确定产量，联邦农作物保险公司：

"（ⅰ）须使用风险管理局、国家农业数据局搜集的县数据，或两者兼有；或

"（ⅱ）如果无法获取充分的县数据，还可以使用其他农业部长认为适宜的数据。"

第 11009 条　实际生产历史的调整以确立可投保产量。

《联邦农作物保险法》第 508 条（g）（《美国法典》第 7 篇 1508（g））修订如下：

（1）在（2）（A）中，在"（B）"后，插入"（4）（C）"；和

（2）在（4）中：

（A）将（C）重新编号为（D）；

（B）在（D）（经过重新编号后）中，在"（B）"后插入"（C）"；和

（C）在（B）后插入以下内容：

"（C）排除特定历史的选项。

"（ⅰ）通则。尽管有（2）的规定，对于用以确立一种农业商品或生产者的实际生产历史的 1 个或多个作物年度，生产者可以选择排除任何作物年度的任何记录在案的或评估后得出的产量，前提是生产者所在的县内的每英亩种植着这种农业商品的土地产量至少比该县内县内的每英亩种植着这种农业商品的土地的近 10 个作物年度的平均产量至少低 50％。

"（ⅱ）毗连县。在任何处于有资格选择排除以上提到的年产量的县内的生产者作物年度，位于毗连县的生产者也有权做出上述选择。

"（ⅲ）灌溉方法。确定生产者所在的县内每英亩种植着农业商品的土地的产量是否比少比该县内县内的每英亩种植着这种农业商品的土地的近 10 个作物年度的平均产量至少低 50％时，联邦农作物保险公司须为灌溉土地和非灌溉土地分别做出评判。"

第 11010 条　保单的提交和董事会审议和批准。

（a）通则。《联邦农作物保险法》第 508 条（h）（《美国法典》第 7 篇 1508（h））修订如下：

（1）在（1）中：

（A）将（A）和（B）重新编号为（ⅰ）和（ⅱ），并进行相应缩进；

（B）删除"通则。此外"，插入以下内容：

"（1）提交权限。

"（A）通则。此外"；和

（C）在结尾处添加以下内容：

"（B）公司的评估和提交。联邦农作物保险公司须评估任何依据第 522 条（c）开发的保险单或任何依据第 523 条开展的试点项目，并依据本款规定提交保险单或项目给董事会，前提是公司在自行决定的情况下发现这些保险单或项目：

"（ⅰ）有可能成为具有可行性和市场销路的保险单，且与本款规定要求一致；

"（ⅱ）将以显著改善的方式提供农作物保险责任范围；和

"（ⅲ）充分保护农作物生产者的权益。"和

（2）删除（3），插入以下内容：

"（3）董事会的评估和批准。

"（A）通则。保险单、保险计划或其他依据本款规定提交给董事会的材料，须在董事会审阅后进行再保险售批准和和销售批准，此后将在符合适当的条款和条件的情况下，由经过批准的保险提供商按照精算后妥善的价格出售给生产者，前提是董事会认为：

"（ⅰ）生产者的利益得到了妥善保护；

"（ⅱ）提议的保险单或保险计划将：

"（Ⅰ）提供了一种新的险别，而且这种险别可能是可行的，具有市场销路的；

"（Ⅱ）以一种解决现有保险单中的明显和可识别的瑕疵或问题的方式来提供农作物保险；或

"（Ⅲ）为此前无法获得农作物保险的商品或者对现有险种的参保率较低或承保水平不佳的商品提供了一种新的险种；和

"（ⅲ）提议的保险单或保险计划不会对农作物保险投送系统造成显著的负面冲击。

"（B）考虑。在批准保险单或保险计划时，董事会须及时：

"（ⅰ）首先，考虑那些旨在解决获得服务不足的商品，包括无法享受保险的商品的问题的保险单或保险计划；

"（ⅱ）其次，考虑那些现有承保范围不够大的保险单或保险计划，或者参与度较低的保险单或保险计划；和

"（ⅲ）最后，考虑所有提交给董事会但并未满足（ⅰ）或（ⅱ）给出的标准的保险单或保险计划。

"（C）具体审查和批准优先项目。在审查保险单和其他依据本款规定提交给董事会批准的材料时，董事会：

"（ⅰ）须优先为花生生产者开发和批准一份收入保险单，以便花生生产者能够在 2015 作物年度获得一份收入保险单；

"（ⅱ）须优先为大米生产者开发和批准一份利润保险单，以便大米生产者能够在 2015 作物年度获得一份利润保险单；和

"（ⅲ）可以批准一项依据本款规定递交的提案，该提案建议在 2015 作物年度允许依据（e）（5）（A）规定购买保险单的生产者按照所在县内农作物种植土地的风险评级区分企业单位。"

（b）研究和开发费用的批准。《联邦农作物保险法》第 522 条（b）（2）（《美国法典》第 7 篇 1522（b）（2））进行修订，删除（E），插入以下内容：

"（E）批准。

"（ⅰ）通则。董事会可以依据委员会为款项支付制定的程序，为申请人提前批准预计总研究和开发费用的 50%，前提是经过审阅（D）提到的审查员报告和其他董事会认为适宜的信息后，董事会认为：

"（Ⅰ）相关概念具有诚意，可能会形成一份具有可行性和市场销路的保险单，且符合第 508 条（h）规定要求；

"（Ⅱ）在董事会完全自主判断的情况下，相关概念开发成保险单并获得董事会批准后能够以以下方式：

"（aa）以显著改善的方式提供农作物保险；

"（bb）向传统上未享受过联邦农作物保险项目的农作物或区域提供农作物保险；或

"（cc）以解决联邦农作物保险项目中可以识别的瑕疵或问题的方式来提供农作物保险。

"（Ⅲ）申请人同意提供联邦农作物保险公司认为必须提交以便监控险种开发情况的报告；

"（Ⅳ）董事会认为提议的预算和时间表是合理的；和

"（Ⅴ）相关概念提案符合其他任何董事会认为适宜的要求。

"（ⅱ）弃权书。应提案提交者的要求，董事会可以放弃为批准研究和开发费用设置 50% 限额的权利，但前提是提交者已经启动了研究和开发活动。董事会可以额外批准向提交者提前提供 25% 的研究

和开发费用，前提是董事会在完全自主判断的情况下认为：

"（Ⅰ）提交者开发的既定保险单或保险计划将为联邦农作物保险项目服务水平低下的区域或农作物提供保险，这些农作物也包括特色农作物；和

"（Ⅱ）提交者在开发符合第 508 条（h）规定要求的，具有可行性和市场销路的保险单或保险计划时取得了令人满意的进展。"

第 11011 条　咨询。

《联邦农作物保险法》第 508 条（h）（4）（《美国法典》第 7 篇 1508（h）（4））进行修订，在结尾处添加以下内容：

"（E）咨询。

"（ⅰ）要求。作为可行性研究和与开发保险单或其他水果、蔬菜、坚果、干果、园艺和苗圃作物（包括花卉园艺作物）相关的研究的一部分，提交者在依据本款规定要求提交材料之前，须咨询在所有主要产区代表上述农业商品的生产者的团体，前提是这些团体是这些商品的使用者或可能受到这些商品的直接或间接影响。

"（ⅱ）提交给董事会的材料。依据本款规定向董事会提交的任何材料，均须包含对（ⅰ）提到的可能受到影响的团体的可行性和研究结果概述和分析，包括一份对于开发保险单的支持或反对情况的概述评估和一份从区域和全国视角对于提议的保险单对于农作物的普通营销和生产产生的营销的分析。

"（ⅲ）董事会的评估。在评估生产者在依据本款规定提交提案的时候其利益是否依据（3）规定要求得到了妥善保护时，董事会须评估依据（ⅱ）提交上来的信息，以确定提案是否会对提案涉及的商品的生产产生不利的市场影响。"

第 11012 条　标准再保险金额协议重新谈判的预算限制。

《联邦农作物保险法》第 508 条（k）（8）（《美国法典》第 7 篇 1508（k）（8））进行修订，在结尾处添加以下内容：

"（F）预算。

"（ⅰ）通则。董事会须确保任何依据（A）（ⅱ）商定的标准再保险金额协议须：

"（Ⅰ）在最大限度可行的情况下，以（9）提到的款项总额为基础按照中性预算做出估算，同时须与依据立即生效的标准再保险金额协议支付的款项总额对比，但前提是该协议在同期是有效的；

"（Ⅱ）符合本法确定为保险提供商和代理商提供行政和运行开销的补偿金额适用的规定要求，除非在最大限度可行的情况下，上述开销预计补偿总金额不少于依据立即生效的标准再保险金额协议支付的款项总额，但前提是该协议在同期是有效的，而且是在《2014 年农业法》生效之日进行的估算；和

"（Ⅲ）在任何情况下都不得显著偏离中性预算，除非本法另有要求。

"（ⅱ）预算结余的使用。在（A）（ⅱ）中提到的标准再保险金额协议商定过程中出现任何结余，而且这些结余被认为并未明显偏离（ⅰ）提到的中性预算时，这些结余须被用作提升（4）提到的补偿或（9）提到的支付款项的金额。"

第 11013 条　玉米的测试重量。

《联邦农作物保险法》第 508 条（m）（《美国法典》第 7 篇 1508（m））进行修订，在结尾处添加以下内容：

"（6）玉米的测试重量。

"（A）通则。联邦农作物保险公司须制定程序以允许投保生产者在不超过 120 日内依据农业部长确定的程序完成涉及测试重量低的玉米的理赔。

"（B）落实。本项规定颁布之日后，联邦农作物保险公司须在符合实际的条件下尽快以区域为基

础，着眼于市场条件和生产者的利益落实（A）提到的规定。

"（C）效力的终止。本项规定给予的权限在（A）提到的规定落实之日后5年内有效。"

第 11014 条　在天然草地上的玉米生产。

（a）联邦农作物保险。《联邦农作物保险法》第508条（o）（《美国法典》第7篇1508（o））修订如下：

（1）在（1）（B）中，在"耕种"后插入"，或者生产者无法证明土地已经被耕种过"；

（2）在（2）中：

（A）在本项标题中，删除"不具备资格"，插入"减少"；

（B）删除（A），插入以下内容：

"（A）通则。在种植开始后的4个作物年度中，在《2014年农业法》颁布之日后被耕种以生产一年生作物的天然草地，须依据本子篇中的本项规定减少补贴数额。"和

（C）在结尾处添加以下内容：

"（C）管理。

"（ⅰ）减少。为（A）中提到的土地减少补贴时：

"（Ⅰ）农作物保险担保须由相当于生产者过渡期产量的65％的产量来确定；

"（Ⅱ）依据本子篇规定提供给生产者的农作物保险费补贴，除非是依据（b）（1）规定获得授权的险种，均须比其他适用的保险费补贴少50％。

"（ⅱ）产量替换。在天然草地适用本款规定期间，生产者不得替代天然草地。"

（3）删除（3），插入以下内容：

"（3）适用。本款规定仅适用于美国明尼苏达州、爱荷华州、北卡罗来纳州、南卡罗来纳州、蒙大拿州和内布拉斯加州的天然草地。"

（b）未保险农作物灾害援助。《1996年联邦农业改善和改革法》第196条（a）（4）（《美国法典》第7篇7333（a）（4））修订如下：

（1）在本项标题中，删除"不具备资格"，插入"减少补贴"；

（2）在（A）（ⅱ）中，在"耕种"后插入"，或者生产者无法证明土地已经被耕种过"；

（3）在（B）中：

（A）在本项标题中，删除"不具备资格"，插入"减少补贴"；

（B）删除（ⅰ），插入以下内容：

"（ⅰ）通则。在种植开始后的4个作物年度中，在《2014年农业法》颁布之日后被耕种以生产一年生作物的天然草地，须依据本条中的本项规定减少补贴数额。"和

（C）在结尾处添加以下内容：

"（ⅲ）减少。为（ⅰ）提到的土地减少补贴时：

"（Ⅰ）批准的产品须由相当于生产者过渡期产量的65％的产量来确定；

"（Ⅱ）天然草场上种植的农作物的服务费或保险费须为（1）（2）或（k）确定的金额的200％，但在任何情况下均不得超过（l）（2）（B）（ⅱ）确定的金额。"和

（4）删除（C），插入以下内容：

"（C）适用。本款规定仅适用于美国明尼苏达州、爱荷华州、北卡罗来纳州、南卡罗来纳州、蒙大拿州和内布拉斯加州的天然草地。"

（c）耕地报告。

（1）基线。本法颁布之日后不晚于180日，农业部长须向美国联邦参议院农业、营养和林业委员会和美国联邦众议院农业委员会提交一份报告，阐述从2000年开始每个适用县和州的耕地面积，以及在这些县和州的耕地面积较过去一年的变化情况。报告还须包含可以获取信息的最近一年的年份。

（2）年度更新。2015 年 1 月 1 日前，以及此后到 2018 年 1 月 1 日之前的每个 1 月 1 日，农业部长须向美国联邦参议院农业、营养和林业委员会和美国联邦众议院农业委员会提交一份报告，阐述一下内容：

（A）截止报告提交之日，每个相关县和州的耕地面积；和

（B）这些县和州的耕地面积较过去一年的变化情况。

第 11015 条　实践中的保险覆盖水平。

《联邦农作物保险法》第 508 条（《美国法典》第 7 篇 1508）进行修订，在结尾处添加以下内容：

"（p）实践中的保险覆盖水平。从 2015 作物年度开始，在干燥土地和灌溉土地上生产农业商品的生产者可以为每个生产实践活动选择不同的保险覆盖水平。"

第 11016 条　创业之初的农场主和牧场主的相关规定。

（a）《联邦农作物保险法》第 502 条（b）（《美国法典》第 7 篇 1502（b））修订如下：

（1）将（3）至（9）分别重新编号为（4）至（10）；和

（2）在（2）后插入以下内容：

"（3）创业之初的农场主或牧场主。'创业之初的农场主或牧场主'指的是尚未以所有者/经营者、土地所有者、土地租用者或按照收益分成的佃农的身份在 5 个作物年度以上的时间内积极经营或管理一家具有真正的农作物或牲畜保险利益的农场或牧场的农场主或牧场主。"

（b）保险费调整。《联邦农作物保险法》第 502 条（b）（《美国法典》第 7 篇 1502（b））修订如下：

（1）在（b）（5）（E）中，在"拥有有限资源的农场主"后插入"和创业之初的农场主或牧场主"；

（2）在（e）中，在结尾处添加以下内容：

"（8）创业之初的农场主或牧场主的保险费。尽管有本款中关于支付部分保险费的其他任何规定，一位创业之初的农场主或牧场主须接受比依据（2）、（5）、（6）和（7）规定为适用保险单、保险计划和创业之初的农场主或牧场主选择的覆盖水平（该项中（A）规定除外）提供的保险费援助金额高 10％的保险费援助金额。"和

（3）在（3）中：

（A）在（2）（B）中：

（ⅰ）在（ⅰ）中，删除结尾处的"或"；

（ⅱ）在（ⅱ）（Ⅲ）中，删除结尾处的句号，插入"或"；和

（ⅲ）在结尾处添加以下内容：

"（ⅲ）如果生产者是创业之初的农场主或牧场主，而且此前曾经参与过农场或牧场经营活动，包括参与决策过程或亲身参与农场的农作物生产或牲畜饲养活动，对于创业之初的农场主或牧场主获得的任何土地，其产量应为以下两个项目中数额较高的一个：

"（Ⅰ）依据（A）中规定，之前在土地上的农作物或牲畜生产者的实际生产历史；或

"（Ⅱ）生产者的产量，具体数额由（ⅰ）决定。"和

（B）在（4）（B）（ⅱ）中：

（ⅰ）在"（ⅱ）"后插入"（Ⅰ）"；

（ⅱ）删除结尾处的句号，插入"；或"；和

（ⅲ）在结尾处添加以下内容：

"（Ⅱ）对于创业之初的农场主或牧场主，用相当于适用的过渡期产量的 80％来替换每一项被排除的产量。"

第 11017 条　高地棉生产者累积收入保护计划。

（a）为高地棉生产者提供累积收入保护计划。《联邦农作物保险法》进行修订，在第 508A 条（《美

国法典》第 7 篇 1508a）后插入以下内容：

"第 508B 条　高地棉生产者累积收入保护计划。

"（a）可及性。在高地棉的 2015 作物年度开始后，联邦农作物保险公司须向高地棉生产者提供额外的保险单（将被成为'累积收入保护计划'），该保险单须提供与联邦农作物保险公司为 2011 作物年度提供的《收获收入选项附加条款》保持一致。

"（b）要求条款。联邦农作物保险公司可以在以整个项目为基础对累积收入保护计划进行修改，但累积收入保护计划须符合以下要求：

"（1）为不少于县预期收入的 10％，不大于县预期收入的 30％的收入损失提供保险，这项预期收入每年递增 5％。可免除项目须为依据保险计划可以触发赔偿金的收入损失的最低限度比率，而且不得不少于县预期收入的 10％。

"（2）向所有高地棉生产的县的高地棉生产者提供：

"（A）在最大程度上可行的情况下，在全县范围内提供；或

"（B）在那些缺乏充分数据的县，联邦农作物保险公司可以自行决定基于更广泛的地理区域的充分数据来承保。

"（3）除了在其他任何切实有效的在生产者的土地上的个人或区域土地采购，或作为单独的保单购买，除非生产者为上述土地购买了个人或区域保险，依据累积收入保护计划最大限度的承保范围不得超过个人或区域土地的免赔项目。

"（4）基于以下项目确认承保范围：

"（A）依据联邦农作物保险公司为相关县（或区域）和作物年度提供的现有集团风险收入保护或整个区域的保险单的预计价格；和

"（B）县预计产量是以下项目中数额较高的一个：

"（ⅰ）联邦农作物保险公司提供的现有面向整个区域的保险计划为相关县（或区域）和作物年度（或在不提供面向整个区域的保险计划的地理区域，与那些面向整个区域的保险计划具有一致的确立方式的保险计划）确定的预计产量；或

"（ⅱ）风险管理局或国家农业数据局（或两者兼有）提供的相关县（或区域）在最近 5 年内的平均适用产量数据，不包括最高和最低的观察产量。如果无法获取足够的县数据，也可以提供农业部长认为适宜的数据。

"（5）使用一个乘数来确立每英亩的最大保护值（后文简称为'保护乘数'），该值不得低于整个项目确定的基础水平或 120％中较高的一个数值。

"（6）以预计县收益超过实际县收益的部分支付补偿金，就像生产者的个人保险那样。依据累积收入保护计划支付的补偿金不得包括依据（6）规定选择的可免除部分，也不得与其重叠。

"（7）在所有可以提供数据的县，为灌溉土地和非灌溉土地确定独立的承包范围。

"（c）保险费。尽管有第 508 条（d）的规定，累积收入保护计划的保险费须：

"（ⅰ）足以覆盖预计损失和合理的储备金；和

"（ⅱ）包括第 508 条（k）（4）（F）提到的运行和行政开销。

"（d）联邦农作物保险公司支付部分保险费。依据第 508 条（e）（4），联邦农作物保险公司为所有符合条件的累积收入保护计划的承保范围支付的保险费须为：

"（1）依据（c）规定为选定的承保范围确立的保险费金额的 80％；和

"（2）依据（c）（2）确定的金额，根据第 508 条（k）（4）（F）规定，用于覆盖运行和行政开销。

"（e）与其他保险的关系。累积收入保护计划与其他所有提供给高地棉花生产者的保险并不矛盾。"

（b）相应的修订。《联邦农作物保险法》第 508 条（k）（4）（F）（《美国法典》第 7 篇 1508（k）（4）（F））进行修订，在"本款的"后，插入"或依据（c）（4）（C）获得授权"。

第 11018 条　花生收入农作物保险。

《联邦农作物保险法》第 508B 条（经第 11017 条添加后）进行修订，添加以下内容：

"第 508C 条　花生收入农作物保险。

"（a）通则。从 2015 作物年度起，风险管理局和联邦农作物保险公司须向花生生产者提供针对花生的收入作物保险项目。

"（b）有效价格。依据（c）规定，对于依据本法确立的收入作物保险项目和多重风险农作物保险项目，花生的有效价格须相当于荷兰鹿特丹花生价格指数或其他农业部长认为适用的价格指数，这些指数经过调整后可以反映出美国花生的农民库存价格。

"（c）调整。

"（1）通则。依据以上（b）规定确定的花生的有效价格可以被风险管理局和联邦农作物保险公司调整，以纠正数据偏差。

"（2）管理。如果依据以上（1）进行调整，风险管理局和联邦农作物保险公司须：

"（A）在调整过程中保持公开和透明；和

"（B）向美国联邦参议院农业、营养和林业委员会和美国联邦众议院农业委员会报告以下内容提交一份报告，阐述做出调整的原因。"

第 11019 条　修改错误的权限。

《联邦农作物保险法》第 515 条（c）（《美国法典》第 7 篇 1515（c））修订如下：

（1）在第一句中，删除"农业部长"，插入以下内容：

"（1）通则。农业部长"；

（2）在第二句中，删除"开始时"，插入以下内容：

"（2）频率。开始时"；和

（3）在结尾处添加以下内容：

"（3）修改。

"（A）通则。除了联邦农作物保险公司在《2014 年农业法》颁布之日前允许的修改外，联邦农作物保险公司还须拟定程序，允许代理商或经过批准的保险提供商，依据（B）规定：

"（ⅰ）在适用的销售截止日期过后的一段合理的时间内，修改生产者为了依据本子篇提到的任何保险单或保险计划获取保险提供的信息中的错误，以确保与资格相关的信息是正确的，而且与生产者提交给其他任何由农业部长管理的项目的信息保持一致；

"（ⅱ）在以下日期过后的一段合理的时间内：

"（Ⅰ）土地面积报告日，其他任何由农业部长管理的项目的正确信息进行比对，修改生产者提交信息中的错误；或

"（Ⅱ）任何农场服务局经过数据验证后进行的后续数据修改的日期，做出相应的修订；和

"（ⅲ）在任何时候，修改代理商或经过批准的保险提供商出现的电子传输错误，或者农场服务局或其他任何隶属于农业部的机构在处理农业部的其他项目时传输生产者提供的信息出现的错误，前提是代理商或经过批准的保险提供商依赖错误的信息完成农作物保险。

"（B）限制。依据联邦农作物保险公司制定的程序，修改以上（A）（ⅰ）和（ⅱ）项提到的信息时，前提是修改使生产者无法：

"（ⅰ）避免无保险资格要求，或依据农作物保险项目或任何由农业部长管理的任何项目获取不成比例的补贴；

"（ⅱ）获取、提升或增加保险担保金或补偿金，前提是导致损失的因素存在，或在未能及时修改前

出现，或在不大可能造成损失的情况下避免拖欠保险费；或

"（ⅲ）避免依据联邦或州法律的义务或要求。

"（C）延迟提交惩罚的例外情形。任何在一段合理的时间内完成的修改，且符合既定程序和本条规定要求，均不得被施以联邦农作物保险公司在再保险协议中授权的延迟提交惩罚。

"（D）债务的推迟偿还。对于在无意的情况下未能按照联邦农作物保险公司的规定要求偿还到期债务，并因违反了保险单的相关条款而失去了获得农作物保险的生产者，联邦农作物保险公司可以决定允许生产者偿还债务，并在销售截止日后购买农作物保险，但须依据公司制定的程序和限制进行。"

第 11020 条　落实。

《联邦农作物保险法》第 515 条（《美国法典》第 7 篇 1515）修订如下：

（1）在（j）中，删除（1），插入以下内容：

"（1）系统维护和更新。

"（A）通则。农业部长须为联邦农作物保险公司维护和更新信息管理系统，用于落实和执行本子篇规定。

"（B）要求。

"（ⅰ）通则。在维护和更新系统过程中，农业部长须确保新硬件和软件与农业部其他机构使用的硬件和软件的兼容性，以最大限度开展数据共享和推进本条宗旨的落实。

"（ⅱ）土地面积报告精简倡议项目。在符合实际的情况下，农业部长须开发和落实一份土地面积报告精简倡议项目，旨在允许生产者向农业部报告土地面积和其他信息。"和

（2）在（k）中，删除（1），插入以下内容：

"（1）信息技术。

"（A）通则。在（j）（1）中，联邦农作物保险公司可以使用依据第 516 条（c）建立的保险基金中的资金，使用金额不得超过：

"（ⅰ）（Ⅰ）在 2014 财政年度，14 000 000 美元；和

"（Ⅱ）在 2015 财政年度至 2018 财政年度，每年 9 000 000 美元；或

"（ⅱ）如果土地面积农作物报告精简倡议项目（ACRSI）在 2015 年 9 月 30 日前已经大致完成，在 2015 财政年度至 2018 财政年度，每年 14 000 000 美元。

"（B）通知。农业部长须在不晚于 2015 年 7 月 1 日通知美国联邦参议院农业、营养和林业委员会和美国联邦众议院农业委员会土地面积农作物报告精简倡议项目（ACRSI）的大致完成情况。"

第 11021 条　农作物保险欺诈。

《联邦农作物保险法》第 516 条（b）（2）（《美国法典》第 7 篇 1516（b）（2））进行修订，在结尾处添加以下内容：

"（C）评估、合规和完整。

"（ⅰ）通则。对于 2014 财政年度和此后每个再保险年份，联邦农作物保险公司可以使用依据第（c）节规定建立的保险基金中的资金，但每个财政年度的使用金额不得超过 9 000 000 美元，用以支付以下开销：

"（Ⅰ）补偿相关经营活动和保险单、保险政策和相关材料的审查（包括保险精算信息和相关信息）产生的开销；和

"（Ⅱ）帮助联邦农作物保险公司保持项目的精算可靠性和财务完整性。

"（ⅱ）部长行动。对于（ⅰ）提到的目的，农业部长可以在不提供进一步拨款的情况下：

"（Ⅰ）合并部分或所有依据本小项规定提供的资金，并将其划入风险管理局的账户；和

"（Ⅱ）预留这些资金。

"（ⅲ）资金的维护。依据本小项提供的资金不与为补偿联邦农作物保险公司或风险管理局产生的开销提供的其他资金构成冲突。"

第 11022 条　研究和开发的优先项目。

（a）开展研究和开发的权限，优先项目。《联邦农作物保险法》第 522 条（c）（《美国法典》第 7 篇 1522（c））修订如下：

（1）在本款标题中，删除"签约"；

（2）在（1）中，对于（A）之前的内容，删除"可以签署合同以落实研究和开发"，插入"可以开展活动或签署合同以落实研究和开发，维护或改善现有保险单或开发新的保险单"；

（3）在（2）中：

（A）在（A）中，在"联邦农作物保险公司可以"后插入"开展研究和开发或"；和

（B）在（B）中，在"之前"后插入"开展研究和开发或"；

（4）在（5）中，在"经董事会批准"后插入"经过专家依据第 505 条（e）规定审查后"；

（5）在（6）中，删除"一个牧场、山脉和原料项目"，插入"增加供不应求的农业商品的生产者的参与度的保险单，这些农业商品包括甜高粱、生物质高粱、大米、花生、甘蔗、紫花苜蓿、薪蒉、能源专用农作物和特色农作物"；

（6）将（17）重新编号为（25）；和

（7）在（16）后插入以下内容：

"（17）鲶鱼的差值保险。

"（A）通则。联邦农作物保险公司须提议与符合条件的实体签署合同，以开展一种为生产者的鲶鱼的市场价值与生产鲶鱼过程中产生的特定开销之间的差值有所降低提供保险的保险单的研究和开发。

"（B）资格。以上（A）提到的保险单仅限于淡水鲶鱼，这种鲶鱼是在管控或特定的环境内繁殖和饲养的。

"（C）落实。董事会须依据第 508 条（h）审查以上（A）提到的保险单，如果董事会认为保险单符合以下标准，即可予以批准：

"（ⅰ）将有可能成为具有可行性和市场销路的保险单，且与本款规定要求一致；

"（ⅱ）将以显著改善的方式提供农作物保险责任范围；

"（ⅲ）充分保护农作物生产者的权益；和

"（ⅳ）符合本标题中的其他董事会认为适宜的要求。

"（18）生物质玉米和甜玉米能源农作物保险单。

"（A）通则。联邦农作物保险公司须提议与符合条件的实体签署一项或多项合同，以落实关于以下项目的研究和开发：

"（ⅰ）一项旨在为生产可再生生物能源、可再生电力或生物基产品的原料的生物质玉米的提供保险的保险单；和

"（ⅱ）一项旨在为生产可再生生物能源、可再生电力或生物基产品的原料的甜玉米的提供保险的保险单。

"（B）研究和开发。与以上（A）提到的保险单相关的研究和开发，须评估风险管理工具对于生物质玉米或甜玉米生产的有效性，这些风险管理工具包括具有以下特征的保险单和保险计划：

"（ⅰ）基于市场价格和产量的；

"（ⅱ）对于利用不充分的数据开发基于市场价格和产量的保险单的情况，须评估基于包括过量降水或降水不足等天气指标的使用的保险单和保险计划以保障农作物生产者的利益；

"（ⅲ）为生产或收入损失提供保障，或者两者兼有。

"（19）猪流行病项目研究。

"（A）通则。联邦农作物保险公司须与一个或多个符合条件的实体签署合同，以开展一项确定为生猪生产者冲抵流行病风险提供保险的可行性的研究。

"（B）报告。本条规定颁布之日后不晚于 4 年，联邦农作物保险公司须向美国联邦参议院农业、营养和林业委员会提交一份报告，阐述依据（A）规定开展的研究的结果。

"（20）全农场综合风险管理计划。

"（A）通则。除非联邦农作物保险公司批准一项拟于 2016 再保险年度对外提供的类似本条提到的全农场保险计划，联邦农作物保险公司须开展活动或签署合同以落实研究和开发，拟定一份赔偿金上限为 1 500 000 美元的全农场风险管理计划，允许各种各样的农作物或牲畜生产者选择投保并在符合条件时领取赔偿金，而条件是农场实际总收入低于农场总收入的 85%，或低于生产者可以合理预估的农场收入，具体情形由联邦农作物保险公司决定。

"（B）符合条件的生产者。联邦农作物保险公司须允许生产包括特色农作物、工业农作物和水产品在内的多种农业产品的生产者（包括直接面向顾客的营销商和为地方、区域和保留农场身份的市场提供服务的生产者）参与依据（A）规定开发的拟取代本子篇中的其他任何保险计划的保险计划。

"（C）多样化。联邦农作物保险公司可以提供基于多样化的额外保险支付率、保险费折扣或其他强化补贴，以示对为以下生产者提供农作物和牲畜多样化战略的风险管理补贴的认可：

"（ⅰ）种植多种农作物的生产者；或

"（ⅱ）可以从使用在农场种种植的农作物来养殖牲畜中获利的生产者。

"（D）市场准备情况。联邦农作物保险公司可以引入为任何包装、打包或其他类似的公司认为是将商品从田地中移除所需的最低限度的活动的农场内部活动的价值提供的保险。

"（21）禽类流行病项目研究。

"（A）通则。联邦农作物保险公司须与一个或多个符合条件的实体签署合同，以开展一项确定为禽类生产者冲抵流行病风险提供保险的可行性的研究。

"（B）报告。本项规定颁布之日后不晚于 4 年，联邦农作物保险公司须向美国联邦参议院农业、营养和林业委员会提交一份报告，阐述依据（A）规定开展的研究的结果。

"（22）禽类业务中断保险单。

"（A）定义。在本项中，'禽类'和'禽类养殖商'的定义参见《1921 年包装工和牲畜围栏法》第 2 条（a）（《美国法典》第 7 篇 182（a））给出的解释。

"（B）权限。联邦农作物保险公司须向高等教育机构或其他合法实体提议签署一项合同或合作协议，以落实关于为禽类商业生产免受整合破产造成的业务中断影响的保险单的研究和开发。

"（C）研究和开发。作为依据（B）规定签署的合同或合作协议涉及的研究和开发工作的一部分，相关实体须：

"（ⅰ）对市场上面向禽类养殖商提供的业务中断保险的情况进行评估；

"（ⅱ）确定必须具备何种法定权限以通过联邦农作物保险公司落实业务中断保险；

"（ⅲ）对依据本标题规定提供的旨在为业务中断或业务整合导致的破产造成的部分损失提供保障的保险单或保险计划的可行性进行评估；和

"（ⅳ）分析联邦禽类养殖商或生产者业务中断保险项目给联邦政府产生的开销。

"（D）合同或合作协议的最后期限。本项规定颁布之日后不晚于 180 日，联邦农作物保险公司须提议签署第（B）款规定要求签署的合同或合作协议。

"（E）研究和开发的最后期限。本项规定颁布之日后不晚于 1 年，联邦农作物保险公司须向美国联邦参议院农业、营养和林业委员会和美国联邦众议院农业委员会提交一份报告，阐述依据（B）款要求签署的合同或合作协议中的研究和开发成果。

"（23）食品安全保险研究。

"（A）通则。联邦农作物保险公司须与一个或多个符合条件的实体签署合同，以开展一项旨在确定提供为保障特色农作物免受食品安全和污染问题影响的保险单是否会有利于农业生产者的研究。

"（B）主题。上述研究须评估能够为受到食品安全问题影响的生产或收入提供保障的保险单和保险计划，这些安全问题至少包括政府、零售或国家消费者群体宣布与污染相关的健康警示和下架或召回行为。

"（C）报告。本项规定颁布之日后不晚于 1 年，联邦农作物保险公司须向美国联邦参议院农业、营养和林业委员会提交一份报告，阐述依据（A）规定开展的研究的结果。"

"（24）苜蓿作物保险单。

"（A）通则。联邦农作物保险公司须与一个或多个符合条件的实体签署合同，以落实旨在为苜蓿提供保障的研究和开发。

"（B）报告。本项规定颁布之日后不晚于 1 年，联邦农作物保险公司须向美国联邦参议院农业、营养和林业委员会提交一份报告，阐述依据（A）规定开展的研究的结果。"

（b）资金。《联邦农作物保险法》第 522 条（e）（《美国法典》第 7 篇 1522（e））修订如下：

（1）在（2）中：

（A）在（A）中：

（i）在标题中，删除"权限。"，插入"开展研究和开发工作并进行外包。"；和

（ii）在"联邦农作物保险公司可以使用"后，插入"开展研究和开发工作"；和

（B）在（B）中，在"在本财政年度"后，插入"开展研究和开发工作"；

（2）在（3）中，对于（A）之前的内容，删除"或者提供赔偿金或合同款"；和

（3）删除第（4）项。

第 11023 条　有机农作物的农作物保险。

（a）通则。《联邦农作物保险法》第 508 条（c）（6）（《美国法典》第 7 篇 1508（c）（6））进行修订，在结尾处添加如下内容：

"（D）有机农作物。

"（i）通则。不晚于 2015 再保险年度，联邦农作物保险公司须尽快向有机农作物生产者提供所有符合农业部依据国家有机项目发布的标准生产的有机农作物的价格选项，该项目是依据《1990 年有机食品生产法》（《美国法典》第 7 篇 6501 及以下）确立的，可以在适当的情况下反映出有机农作物生产者的实际批发或零售价格，农业部长可以决定使用所有相关信息确定上述价格。

"（ii）年度报告。联邦农作物保险公司须向美国联邦参议院农业、营养和林业委员会和美国联邦众议院农业委员会提交一份年度报告，阐述开发和改善针对有机农作物的联邦农作物保险的进展情况，包括：

"（I）参保的有机农作物的数量和种类；

"（II）落实本款要求开展的价格选择的进展情况，包括采用额外价格选择的有机农作物的价格；

"（III）与有机产品生产者相关的新保险方法；和

"（IV）联邦农作物保险公司考虑的任何改善针对有机农作物的联邦农作物保险的建议。"

（b）相应的修订。《联邦农作物保险法》第 522 条（c）（《美国法典》第 7 篇 1522（c））（经过第 11022 条修订后）修订如下：

（1）删除（10）；和

（2）将（11）至（25）分别重新编号为（10）至（24）。

第 11024 条　项目合规伙伴关系。

（a）通则。《联邦农作物保险法》第 522 条（d）（《美国法典》第 7 篇 1522（d））进行修订，删除（1），插入以下内容：

"（1）目的。本款的目的是向联邦农作物保险公司提供与公共和私营实体达成合作伙伴关系的授权，

这些合作伙伴关系旨在：

"（A）提升减轻损失、为生产者提供的金融和其他风险管控工具的可及性，重点是为农业商品、特色农作物和享受服务水平不高的生产者提供的风险管理工具，这些农业商品被《农业市场过渡法》第196条（《美国法典》第7篇7333）覆盖；或

"（B）改善关于合规或者识别的分析工具和技术，使用创新的合规战略。"

（b）目标。《联邦农作物保险法》第522条（d）（3）（《美国法典》第7篇1522（d）（3））修订如下：

（1）在（3）中，删除结尾处的"和"；

（2）将（G）重新编号为（H）；和

（3）在（F）后插入以下内容：

"（G）改善关于合规或者识别的分析工具和技术，使用创新的合规战略；和"。

第 11025 条　试点项目。

《联邦农作物保险法》第523条（a）（《美国法典》第7篇1523（a））进行修订，在结尾处添加以下内容：

（1）在（1）中，在"可以"后，插入"；在联邦农作物保险公司完全自主决定的情况下"；和

（2）删除（H）。

第 11026 条　基于指数的天气保险试点项目。

《联邦农作物保险法》第523条（《美国法典》第7篇1523）进行修订，在结尾处添加以下内容：

"（i）享受服务水平不高的农作物和区域的试点项目。

"（1）畜牧商品的定义。在本款中，'畜牧商品'包括牛、羊、猪、山羊和禽类，也包括牧场和草料等牲畜饲料的来源。

"（2）授权。尽管有（a）（2）的规定，联邦农作物保险公司可以开展两项或多项试点项目，以向享受服务水平不高的特色农作物和畜牧商品提供基于指数的天气保险，但须符合本条规定的要求。

"（3）提交材料的审查和批准。

"（A）通则。董事会须批准两项活动多项经过批准的保险提供商提议的保险单或保险计划，前提是董事会认为这些保险单或保险计划可以提供符合（2）要求的保险范围，并满足本项提到的条件。

"（B）要求。为满足本款提到的获得批准的资格，经过批准的保险提供商须具备：

"（i）充分的承销和管理与提议的保险单或保险计划类似的保险单或保险计划的经验；

"（ii）足够履行经过批准的保险提供商的承销义务的资产或再保险金，并具备相关信用评级部门按照董事会程序出具的足够的保险信用评级；和

"（iii）每个经过批准的保险提供商拟销售保险产品的州的相关授权和批准。

"（C）审查要求。在审查依据本款规定提交的申请时，董事会须按照依据第508条（h）规定提交的保险单或保险计划的标准、规定和程序行事，并符合本子篇提供的其他保险单和保险计划的精算可靠性要求。

"（D）优先次序。董事会须优先处理为此前没有农作物保险可以选择的，或者对现有保险参与水平较低的特色农作物和畜牧商品提供新保险的申请。

"（4）保险费支持的支付。

"（A）通则。联邦农作物保险公司须向购买了依据本款批准的保险单或保险计划支付部分保险费。

"（B）金额。保险费补贴的每英亩金额须与联邦农作物保险公司依据本子篇规定为具有可比性的再保险的保险单或保险计划覆盖的每英亩保险费相同，但在任何情况下保险补贴均不得超过总保险费的60%，具体情形由联邦农作物保险公司决定。

"（C）计算。保险费补贴，由联邦农作物保险公司决定，须被计算为：

"（ⅰ）保险费的一部分；

"（ⅱ）依据合理的精算方法确定的预计损失的一部分；或

"（ⅲ）以每英亩若干美元计算的固定值。

"（D）支付。依据（B）和（C）规定，本款提到的保险费补贴须由联邦农作物保险公司支付，其支付方式和作为保险费补贴支付的条款和条件须与其他保险单和保险计划相同。

"（E）运行和行政开销的支付。

"（ⅰ）通则。依据（ⅱ），可以为依据本款规定批准的保险单和保险计划支付运行和行政开销，支付金额须与类似的依据本标题规定再保险的保险单和保险计划的支付金额相当，前提是运行和行政开销并不包括在保险费内。

"（ⅱ）限制。依据（F）（ⅰ）规定，联邦再保险、研究和开发开销、其他补偿金或维护费，均不得被提供给依据本节规定批准的保险单和保险计划，或以依据本节规定批准的保险单和保险计划的名义收取。

"（F）经过批准的保险提供商。任何依据本款规定批准的保险单和保险计划都可以由提交申请的经过批准的保险提供商销售，也可以由以下其他经过批准的保险提供商销售：

"（ⅰ）同意向提交申请的经过批准的保险提供商支付维护费或其他款项，而且双方就支付金额达成一致，前提是费用或款项额度足够合理，可以确保其他经过批准的保险提供商销售能够销售相关保险单或保险计划；和

"（ⅱ）满足（3）（B）的资格标准，具体情形由联邦农作物保险公司决定。

"（G）与其他规定的关系。本项提到的要求与（6）规定并不冲突。

"（5）监督。联邦农作物保险公司须开发和发布程序以管理以下依据本款规定批准的保险单和保险计划：

"（A）要求每一位经过批准的保险提供商报告销售情况、土地面积和理赔数据，以及其他任何联邦农作物保险公司认为适宜的数据，以便公司评估产品的销售和表现情况；和

"（B）包含其他联邦农作物保险公司认为有必要确保产品满足以下标准的要求：

"（ⅰ）对农作物保险交付系统不会产生显著的负面影响；

"（ⅱ）符合生产者的最大利益；和

"（ⅲ）不会造成项目完整性的下降。

"（6）保密条款。

"（A）通则。所有依据（5）规定提交的报告和其他任何专有信息和申请人依据本款规定生成的数据，均须依据《美国法典》第 5 篇第 552 条（b）（4）规定被视为机密商业或财务信息。

"（B）标准。如果关于某些提议的信息被农业部长依据适用于商业机密《美国法典》第 5 篇第 552 条（b）（4）提到的和商业或财务信息的特权和保密信息的标准截留，那么不得将这些信息提供给公众。

"（7）不具备资格目的。在任何情况下，任何依据本款规定批准的保险单和保险计划都不得与私人提供的冰雹保险具有实质相似性。

"（8）资金。

"（A）开销限制。尽管有本节其他任何规定，对于联邦农作物保险公司的资金，公司为落实本条规定在 2015 财政年度至 2018 财政年度每年度使用的金额不得超过 12 500 000 美元，这笔款项须一直可用，直到用尽为止。

"（B）与其他项目的关系。依据本条规定提供的资金，与依据包括（b）在内的本子篇其他规定提供的资金并不矛盾。"

第 11027 条　通过农场财务标准测试加强生产者自助能力。

《联邦农作物保险法》第 502 条（b）（《美国法典》第 7 篇 1502（b））（经过第 11016 条（a）（1）修订后）修订如下：

（1）将（7）至（10）分别重新编号为（8）至（11）；和

（2）在（6）后重新插入以下内容：

"（7）农场财务标准测试。'农场财务标准测试'指的是：

"（A）比较农业企业的业绩情况和类似企业的业绩情况的程序，通过使用具有可比性和可靠性的数据，旨在找出业务管理的优势和劣势，以及改善管理业绩和商业营利能力的必要措施；和

"（B）农场管理层和生产者协会开展的与《1990 年粮食、农业、保育和贸易法》第 1672D 条（《美国法典》第 7 篇 5925f）提到的或出资设立的测试具有一致性的标准测试类型。"

（b）为特色农作物和享受服务水平不高的农业商品提供的风险管理合作伙伴关系。《联邦农作物保险法》第 522 条（d）（3）（F）（《美国法典》第 7 条 1522（d）（3）（F））进行修订，在"管理"后，插入"农场财务标准测试，"。

（c）农作物保险教育和风险管理援助。《联邦农作物保险法》第 524 条（a）（《美国法典》第 7 条 1524（a））修订如下：

（1）在（3）（A）中，在"风险教育"后，插入"农场财务标准测试，"；和

（2）在（4）中，对于（A）之前的内容，在"管理战略"后，插入"包括农场财务标准测试"。

第 11028 条　技术修订。

（a）《联邦农作物保险法》第 508 条（《美国法典》第 7 条 1508）修订如下：

（1）在（b）中：

（A）删除（7）；和

（B）将（8）至（11）分别重新编号为（7）至（10）；

（2）在（e）（2）中，对于（A）之前的内容，删除"（3）"，插入"（3）、（6）和（7）"；和

（3）在（k）（8）（C）中，对于（A）之前的内容，删除"（A）（ⅲ）"，插入"（A）（ⅱ）"。

（b）《2008 年粮食、保育和能源法》第 522 条（《美国法典》第 7 条 1522）修订如下：

（1）在（b）（4）（A）中，删除"第（1）项（paragraphs（1））"，插入"第（1）项（paragraph（1））"；和

（2）在（e）（1）中，在结尾处添加句号。

（c）《2008 年粮食、保育和能源法》第 531 条（d）（3）（A）（《美国法典》第 7 篇 1531（d）（3）（A））修订如下：

（1）删除"（A）具备资格的损失。"和（ⅰ）中"一个具备资格的"之前的所有内容，插入以下内容：

"（A）具备资格的损失。一个具备资格的"；

（2）删除（ⅱ）；和

（3）将（Ⅰ）和（Ⅱ）分别重新编号为（ⅰ）和（ⅱ），并进行相应缩进。

（d）《1974 年贸易法》第 901 条（d）（3）（A）（《美国法典》第 19 篇 2497（d）（3）（A））修订如下：

（1）删除"（A）具备资格的损失。"和（ⅰ）中"一个具备资格的"之前的所有内容，插入以下内容：

"（A）具备资格的损失。一个具备资格的"；

（2）删除（ⅱ）；和

（3）将（Ⅰ）和（Ⅱ）分别重新编号为（ⅰ）和（ⅱ），并进行相应缩进。

第Ⅻ篇　杂　项

子篇 A　牲　畜

第 12101 条　旋毛虫认证项目。

（a）备选认证程序。农业部长须对依据《2008 年粮食、保育和能源法》第 11010 条（a）（2）（《美国法典》第 7 篇 8304（a））制定的规则进行修订，以落实依据该（1）规定要求自愿旋毛虫认证项目的行为，使其包含一项建立基于监控或其他与国际标准一致的用以检验分离隔间对于诱发旋毛虫害的风险可以忽略不计的方法的备选旋毛虫认证程序的要求。

（b）最终规定。在（a）中提到的国际标准颁布后不晚于一年，农业部长须依据该款规定完成对规则的最终修订。

（c）重新授权。《动物健康保护法》第 10405 条（d）（1）（《美国法典》第 7 篇 8304（d）（1））进行修订，在（A）和（B）中，将所有出现的"2012"替换为"2018"。

第 12102 条　绵羊饲养和营销赠款项目。

（a）通则。《1946 年农业营销法》子篇 A（《美国法典》第 7 篇 1621）进行修订，在结尾处添加以下内容：

"第 209 条　绵羊饲养和销售赠款项目。

"（a）建立。农业部长须通过农产品销售局局长建立一个具有竞争力的赠款项目，旨在加强和改善美国的绵羊和绵羊产品生产和销售，包括通过以下方式：

"（1）改善：

"（A）基础设施；

"（B）业务；和

"（C）资源开发；和

"（2）开发创新方法以解决长期需求。

"（b）资格。农业部长须依据本条规定向至少一个国家实体提供赠款，旨在与赠款项目的宗旨保持一致。

"（c）资金。对于商品信贷公司的资金，农业部长须为落实本条规定为 2014 财政年度使用 1 500 000 美元，这笔款项须一直可用，直到用尽为止。"

（b）相应的修订。《巩固农业和农村发展法》第 375 条（《美国法典》第 7 篇 2008j）（本法颁布之日或之前已经生效的版本）：

（1）在（e）中：

（A）在（3）（D）中，删除"3％"，插入"10％"；和

（B）删除（3）；和

（2）重新编号为《1946 年农业营销法》第 210 条；和

（3）将其移动至该法子篇 A 结尾处（经过（a）修订后）。

第 12103 条　国家水生动物健康计划。

《2008 年粮食、保育和能源法》第 11013 条（d）（《美国法典》第 7 篇 8322（d））进行修订，删除"2012"，插入"2018"。

第 12104 条　原产地标识。

（a）经济学分析。

（1）通则。本法颁布之日起不晚于 180 日，农业部长须通过农业部首席经济学家办公室开展一项对于农业部 2013 年 5 月 24 日发布的名为"牛肉、猪肉、羊肉、鸡肉、羊肉、野生和养殖鱼类和贝类、易腐农产品、花生、核桃、人参和澳洲坚果的强制原产地标识"的最终规则（《联邦法规汇编》第 78 篇 31367）的经济学分析，该规则对《联邦法规汇编》第 7 篇第 60 部分和第 67 部分做出了修改。

（2）内容。对于牛肉、猪肉和鸡肉，（a）中提到的经济学分析须包括进行标识后对美国的消费者、生产者和包装商产生以下影响：

（A）《1946 年农业营销法》子篇 D（《美国法典》第 7 篇 1638 及以下）的落实情况；和

（B）（a）中提到的最终规则。

（b）原产地标识要求对鹿肉的适用情况。

（1）覆盖商品的定义。《1946 年农业营销法》第 281 条（2）（A）（《美国法典》第 7 篇 1638（2）（A））修订如下：

（A）在（ⅰ）中，删除"和猪肉"，插入"猪肉和鹿肉"；和

（B）在（ⅱ）中，删除"和猪肉糜"，插入"猪肉糜和鹿肉糜"。

（2）原产地通知。《1946 年农业营销法》第 282 条（a）（2）（《美国法典》第 7 篇 1638a（a）（2））修订如下：

（A）在标题中，删除"和山羊肉"，插入"山羊肉和鹿肉"；和

（B）在（A）、（B）、（C）和（D）中，将所有"或山羊肉"替换为"山羊肉或鹿肉"；和

（C）在（E）中：

（ⅰ）在标题中，删除"和山羊肉"，插入"山羊肉和鹿肉"

（ⅱ）将所有"或山羊肉糜"替换为"山羊肉糜或鹿肉糜"。

第 12105 条　国家动物健康实验室网络。

《动物健康保护法》进行修订，在第 10409 条（《美国法典》第 7 篇 8308）后插入以下新内容：

"第 10409A 条　国家动物健康实验室网络。

"（a）具备资格的实验室的定义。在本条中，"具备资格的实验室"指的是一个符合农业部长制定的特定标准的具有诊断功能的实验室，农业部长在制定标准时咨询过相关州的动物健康官员、相关州的兽医诊断实验室和高等教育机构（参见《1965 年高等教育法》第 101 条（《美国法典》第 20 篇 1001）给出的定义）的兽医诊断实验室。

"（b）通则。农业部长经过咨询相关州的兽医官，须提议与符合条件的实验室签订合同、赠款协议、合作协议或其他法律文书，其目的如下：

"（1）加强农业部长及时对新发或现有针对动物健康的生物恐怖主义威胁做出反应的能力；

"（2）提供以下标准化功能和能力：

"（A）测试程序、参考资料和设备；

"（B）实验室生物安全和生物安全保障水平；

"（C）高质量的管理系统要求；

"（D）互通电子报告和数据传输；和

"（E）应急准备评估。

"（3）协调国家级兽医诊断实验室能力的开发、落实和强化，特别侧重监控规划和弱点分析、技术开发和验证、培训和外联。

"（c）优先项目。在切实可行和必须具备能力和特殊专业技术的情况下，农业部长须优先考虑现有联邦设施、州设施和高等教育机构的设施。

"（d）拨款授权。为执行本条规定，2014 财政年度至 2018 财政年度每年的授权拨款额均为 15 000 000 美元。"

第 12106 条　食品安全检查。

（a）检查。

（1）通则。《联邦肉类检查法》第 1 条（w）（《美国法典》第 21 篇 601（w））进行修订，删除（2），插入以下内容：

"（2）所有鲶形目鱼类；和"

（2）条件。《联邦肉类检查法》第 6 条（《美国法典》第 21 篇 606）进行修订，删除（b），插入以下内容：

"（b）某些鱼类。在依据（a）对第 1 条（w）（2）提到的任何鱼类的肉类产品进行检查时，农业部长须考虑到鱼类的饲养条件和运往加工设施的条件。"

（3）不适用性。《联邦肉类检查法》第 25 条（《美国法典》第 21 篇 625）进行修订，删除"不适用于"以及所有后续内容，插入"不适用于任何第 1 条（w）（2）提到的鱼类。"

（4）相应的修订。《1946 年农业营销法》第 203 条（n）（《美国法典》第 7 篇 1622（n））进行修订修订，删除（1），插入以下内容：

"（1）所有鲶形目鱼类；和"

（b）落实。

（1）通则。农业部长须：

（A）在本法颁布之日后不晚于 60 日，发布旨在落实《2008 年粮食、保育和能源法》第 11016 条（b）（1）（《公法》110 - 246；《美国法令全书》第 122 篇 2130）的最终规定，并经本条做出的修订进一步阐明。

（B）在本法颁布之日后不晚于一年，落实（A）中提到的修订内容。

（2）通知。在本法颁布之日后不晚于 30 日，以及此后每隔 30 日，直至（1）（A）中提到的修订内容落实完毕，农业部长须向以下机构提交一份报告，阐明落实情况：

（A）美国联邦众议院农业委员会；

（B）美国联邦参议院农业、营养和林业委员会；

（C）美国联邦众议院农业、农村发展、食品药品监督小组委员会和拨款委员会的其他相关机构；和

（D）美国联邦参议院农业和农村发展小组委员会和拨款委员会的其他相关机构。

（3）程序。第 1601 条（c）（2）规定适用于本条规定以及本条做出的修订的颁布和管理。

（4）相应的修订。《2008 年粮食、保育和能源法》第 11016 条（b）（《公法》110 - 246；《美国法令全书》第 122 篇 2130）进行修订，删除（2），插入以下内容：

"（2）落实。

"（A）规定。《2014 年农业法》颁布之日后不晚于 60 日，农业部长在咨询食品药品监督局局长后，须发布旨在落实（1）和该法第 12106 条提到的修订内容的最终规则，确保不出现重复检查活动。

"（B）机构间协调。《2014 年农业法》颁布之日后不晚于 60 日，农业部长须与食品药品监督局局长签署一项目的如下的谅解备忘录：

"（i）改善机构间食品安全和预防欺诈合作，基于其他任何先在协议，包括相关的规定、执行细则和时间表。

"（ii）最大限度提升有限人员和资源的使用效果，确保：

"（I）农业部开展的检查可以满足《联邦食品、药品和化妆品法》（《美国法典》第 21 篇 301）提

出的要求；

"（Ⅱ）农业部和食品药品监督局对鲶形目鱼类的运输和加工设施的检查是不重复的；和

"（Ⅲ）任何检查、测试和巡视产生的信息均被视为基于风险的决策信息，包括确定检查优先项目的信息。"。

（c）生效之日。本条规定和本条做出的修订将被视为《2008 年粮食、保育和能源法》（《公法》110-246；《美国法令全书》第 122 篇 2130）第 11016 条（b）的一部分而生效。

第 12107 条　国家禽类改善计划。

农业部长须确保农业部继续执行依据《联邦法规汇编》第 9 篇第 146.14 条（后继承规定）提到的关于商业禽类的 H5/H7 低致病性禽流感诊断监测项目，而且不用修改《联邦法规汇编》第 9 篇第 147.43 条（本法颁布之日生效）中关于管理依据该条规定建立的大会委员会的规则。农业部长须维持：

（1）大会委员会的运行：

（A）在委员会的实体工作场所，自本法颁布之日开始；和

（B）委员会的组织机构在农业部内，自本法颁布之日开始；和

（2）依据国家商业禽类改善计划 2013 财政年度的资金水平（依据《联邦法规汇编》第 9 篇第 146 部分或继承规定制定）为该计划确定资金水平。

第 12108 条　国会对于野生猪灭杀的看法。

国会认为：

（1）农业部长应当认识到野生猪对于家猪和整个农业产业存在的威胁；和

（2）野生猪灭杀是高优先级事项，农业部长应当依据《动物健康保护法》（《美国法典》第 7 篇 8301 及以下）赋予的权限进行落实。

子篇 B　社会地位低下的生产者和掌握资源不足的生产者

第 12201 条　对社会地位低下的农场主和牧场主以及退伍军人农场主和牧场主的延伸和援助。

（a）对社会地位低下的农场主和牧场主以及退伍军人农场主和牧场主的延伸和援助。《1990 年粮食、农业、保育和贸易法》第 2501 条（《美国法典》第 7 篇 2279）修订如下：

（1）在本条标题中，在"牧场主"后插入"以及退伍军人农场主和牧场主"；

（2）在（a）中：

（A）在（1）中，对于（A）之前的内容，插入"以及退伍军人农场主和牧场主"；

（B）在（2）（B）（ⅰ）中，在"牧场主"后插入"以及退伍军人农场主和牧场主"；和

（C）在（1）中：

（ⅰ）在（A）中：

（Ⅰ）在本小项标题中，删除"2012"，插入"2018"；

（Ⅱ）在（ⅰ）中，删除结尾处的"和"；

（Ⅲ）在（ⅱ）中，删除结尾处的句号，插入"；和"；和

（Ⅳ）在结尾处插入以下新内容：

"（ⅲ）2014 财政年度至 2018 财政年度每年 10 000 000 美元。"和

（ⅱ）在结尾处添加以下新款：

"（E）拨款授权为执行本条规定，2014 财政年度至 2018 财政年度的授权拨款额均为 20 000 000 美元。"

（3）在（b）（2）中，在"社会地位低下的农场主和牧场主"后插入"或退伍军人农场

主";

（4）在（c）中：

（A）在（1）（A）中，在"成员"前插入"退伍军人农场主和牧场主"；和

（B）在（2）（A）中，在"成员"前插入"退伍军人农场主和牧场主"；和

（5）在（e）（5）（A）中：

（A）在（ⅰ）中，在"牧场主"后插入"以及退伍军人农场主和牧场主"；和

（B）在（ⅱ）中，在"牧场主"后插入"以及退伍军人农场主和牧场主"。

（b）退伍军人农场主和牧场主的定义。《1990 年粮食、农业、保育和贸易法》第 2501 条（e）（《美国法典》第 7 篇 2279（e））进行修订，在结尾处添加以下新内容：

"（7）退伍军人农场主和牧场主。'退伍军人农场主和牧场主'指的是一位曾经在美国武装力量（参见《美国法典》第 38 篇第 101 条（10）给出的定义）中服役的农场主和牧场主，而且此人：

"（A）以前从未经营过农场或牧场；或

"（B）以前从来没有经营过农场或牧场达 10 年以上。"

第 12202 条　推广和外联办公室。

《1994 年农业部重组法》第 226B 条（f）（3）（《美国法典》第 7 篇 6934（f））修订如下：

"（3）拨款授权。为落实本款规定获得的拨款情况为：

"（A）2009 财政年度至 2013 财政年度每年所需的金额；和

"（B）2014 财政年度至 2018 财政年度每年 2 000 000 美元。"

第 12203 条　社会地位低下的农场主和牧场主政策研究中心。

《1990 年粮食、农业、保育和贸易法》第 2501 条（《美国法典》第 7 篇 2279）（经过第 12201 条修改后）进行修订，在结尾处添加以下新内容：

"（ⅰ）社会地位低下的农场主和牧场主政策研究中心。农业部长须向符合获得 1890 年 8 月 30 日颁布法律（《美国法典》第 7 篇 321）提到的资金的条件的包括塔斯基吉大学在内的高等院校提供赠款，以建立名为'社会地位低下的农场主和牧场主政策研究中心'的政策研究中心，旨在为保护和促进社会地位低下的农场主和牧场主的利益制定政策建议。"

第 12204 条　农业部机构提供服务或拒绝服务的收据。

《1990 年粮食、农业、保育和贸易法》第 2501A 条（e）（《美国法典》第 7 篇 2279-1（e））进行修订，删除"和，在申请时，也申请获得收据"。

子篇 C　其他杂项规定

第 12301 条　旨在改善农业劳动力的供应、稳定、安全和培训的赠款。

《1990 年粮食、农业、保育和贸易法》第 14204（d）（《美国法典》第 7 篇 2008q-1）修订如下：

"（d）拨款授权。为落实本款规定获得的拨款情况为：

"（1）2008 财政年度至 2013 财政年度每年所需的金额；和

"（2）2014 财政年度至 2018 财政年度每年 10 000 000 美元。"

第 12302 条　高平原水供给研究参与者的项目补贴资格状态。

《2008 年粮食、保育和能源法》第 2901 条（《公法》110-246；《美国法令全书》第 122 篇 1818）修订如下：删除"本法或本法做出的修订"，插入"本法，本法做出的修订，《2014 年农业法》或

《2014 年农业法》做出的修订"。

第 12303 条　部落关系办公室。

《1994 年联邦农作物保险改革和农业部重组法》第Ⅲ篇进行修订，在第 308 条（《公法》103 - 354；《美国法典》第 7 篇 3125a）添加以下新内容：

"第 309 条　部落关系办公室。

"农业部长须维持一个部落关系办公室，该办公室须为农业部长提供与印第安部落相关的政策建议，并执行农业部长认为适宜的其他功能。"

第 12304 条　退伍军人农业联络官。

《1994 年农业部重组法》子篇 A 进行修订，在第 218 条（《美国法典》第 7 篇 6918）之后添加以下新内容：

"第 219 条　退伍军人农业联络官。

"（a）授权。农业部长须在农业部中设立退伍军人农业联络官职务。

"（b）职责。退伍军人农业联络官须：

"（1）向返乡退伍军人提供适合其需求，符合企利益的创业农场主培训和农业职业和康复项目信息，并协助返乡退伍军人联系这些项目，包括帮助退伍军人使用与农场或牧场创业相关的联邦退伍军人教育补贴。

"（2）向退伍军人提供农业项目的信息，以及参与项目的资质要求，侧重创业之初的农场主和牧场主项目；

"（3）充当协助退伍军人农场主和牧场主，以及潜在的农场主和牧场主申请参与工业项目的消息人士；和

"（4）在与农业部雇员交流时为退伍军人推介。

"（c）合同和合作协议。为履行（b）中规定提到的职责，退伍军人农业联络官可以与农业研究局研究中心、高等教育机构（参见《1965 年高等教育法》第 101 条（《美国法典》第 20 篇 1001）给出的定义）或者非政府组织，旨在：

"（1）针对小农场的获利能力开展区域研究；

"（2）开发教育资料；

"（3）开展专题研讨会、开办课程和认证技术培训；

"（4）开展教导活动；或

"（5）提供实习机会。"

第 12305 条　未保险农作物援助项目。

（a）通则。《1996 年联邦农业改善和改革法》第 196 条（《美国法典》第 7 篇 7333）修订如下

（1）在（a）中：

（A）删除（1），插入以下内容：

"（1）通则。

"（A）保险。对于在（2）中提到的具备资格的农作物，农业部长须推行一种未保险农作物灾害援助项目，以提供基于个人产量（价值损失农作物以外）的保险，相当于：

"（ⅰ）依据《联邦农作物保险法》第 508 条（b）（《美国法典》第 7 篇 1508（b））提供的灾害风险保护；或

"（ⅱ）除非对于用作放牧的农作物和草，依据《联邦农作物保险法》第 508 条（c）和（h）（《美国法典》第 7 篇 1508）提供的额外保险不超过 65%，如（l）中所述。

"（B）管理。农业部长须通过农场服务局（在本条中后文简称为'局'）落实本条规定。"；和

（B）在（2）中：

（ⅰ）在（A）中：

（Ⅰ）在（ⅰ）中，在结尾处的分号后删除"和"；

（Ⅱ）将（ⅱ）重新编号为（ⅲ）；和

（Ⅲ）在（ⅰ）后插入以下内容：

"（ⅱ）依据《联邦农作物保险法》第 508 条（c）和（h）（《美国法典》第 7 篇 1508）的附加保险无法提供；和"；和

（ⅱ）在（B）中，删除"和工业农作物"，插入"甜玉米、生物质玉米和工业农作物（包括那些旨专门为生产可再生生物能源、可再生电力或生物基产品的原料的农作物）"；

（2）在（ⅰ）（2）中，删除"100 000 美元"，插入"125 000 美元"；

（3）在（k）（2）中，删除"占有资源有限的农场主"，插入"占有资源有限的、创业之初的或社会地位低下的农场主"；和

（4）在结尾处添加以下内容：

"（l）相当于附加保险的款项。

"（1）通则。农业部长须依据本款规定提供未保险的援助（用作放牧的农作物和草除外）款项，这笔款项相当于依据《联邦农作物保险法》第 508 条（c）和（h）规定提供的（《美国法典》第 7 篇 1508）附加保险的补偿金，其金额相当于以下项目的乘积：

"（A）以下金额：

"（ⅰ）附加保险承保的产量，相当于以下项目的乘积：

"（Ⅰ）不少于 50%，且不超过 65%，由生产者选择，并上浮 5%；和

"（Ⅱ）经过批准的农作物产量，由农业部长确定；超过

"（ⅱ）实际产量；

"（B）农作物平均市场价的 100%，由农业部长确定；和

"（C）相关农作物类别的支付率，由农业部长确定，但须反映出：

"（ⅰ）对于具有显著和容易变化的收获开销的农作物，农作物生产周期中产生的递减的开销，在相关情况下：

"（Ⅰ）已经收获；

"（Ⅱ）已经种植但并未收获；或

"（Ⅲ）因为发生干旱、洪水或其他自然灾害未能种植，具体情形由农业部长决定；或

"（ⅱ）对于不具有显著和容易变化的收获开销的农作物，由农业部长确定的比率。

"（2）服务费和保险费。为符合接受本款规定提到的款项，生产者须支付：

"（A）（k）提到的服务费；和

"（B）以下项目中较少的一个：

"（ⅰ）每种具备资格的农作物的保险费总额，每种具备资格的农作物的保险费是以下项目的乘积：

"（Ⅰ）具备资格的农作物的种植英亩数；

"（Ⅱ）产量，由农业部长依据（e）规定确定；

"（Ⅲ）生产者选择的保险水平；

"（Ⅳ）平均市场价格，由农业部长确定；和

"（Ⅴ）5.25% 保险费；或

"（ⅱ）以下项目的乘积：

"（Ⅰ）5.25% 保险费；和

"（Ⅱ）适用的支付限额。

"（3）附加的可及性。

"（A）通则。在符合实际的情况下，2013年10月1日后，农业部长须尽快向遭受损失的本来依据（a）（2）规定理应具备资格的农作物提供援助：

"（ⅰ）2012年一年生树生或灌木生水果作物；和

"（ⅱ）在一个农业部长发布的霜冻或极寒自然灾害声明覆盖的县生产受损。

"（B）援助。农业部长须依据（A）提供援助，其金额须相当于依据（1）规定提供的援助金额减去任何此前并未依据（2）规定支付的费用；

"（4）占有资源有限的、创业之初的或社会地位低下的农场主。依据本款提供的保险须提供给占有资源有限的、创业之初的或社会地位低下的农场主，具体情形由农业部长决定，以换取依据（2）规定确定的保险费的50％。

"（5）生效日期。除非如（3）（A）规定所述，依据本款规定提供的附加保险须在2015—2018财政年度每年都提供。"

（b）灾害风险保护禁令。《联邦农作物保险法》第508条（b）（《美国法典》第7篇1508（b））进行修订，删除（1），插入以下内容：

"（1）保险可及性。

"（A）通则。除非如（B）中规定所述，联邦农作物保险公司须提供灾害风险保护计划为遭受农作物损失的生产者提供补偿，这些损失包括产量损失或未能种植，原因是干旱、洪水或其他自然灾害（由农业部长决定），而且生产者也未能在相关作物年度在相关土地上种植其他农作物。

"（B）例外情形。（A）中提到的保险，用作放牧的农作物和草不能享受。"

第12306条　槭（树）属树木的供应和开发项目。

（a）授予赠款。农业部长可以向各州、部落政府和研究机构提供具有竞争力的赠款项目，通过以下活动支持这些州、部落政府和研究机构推广本国枫糖浆行业：

（1）推广枫糖浆生产相关研究和教育。

（2）推广枫糖浆行业自然资源的可持续性。

（3）枫糖浆市场推广和枫树汁产品。

（4）鼓励种植槭（树）属树木的私有土地所有者和经营者：

（A）在土地上开启或拓展枫糖生产活动；或

（B）自愿提供土地，包括通过租赁或其他手段，供公众开展枫糖生产活动。

（b）申请。在为具有竞争性的本条提到的赠款提交申请时，州、部落政府或研究机构须在申请中写出：

（1）拟使用赠款资金支持的活动情况；

（2）州、部落政府或研究机构希望开展相关活动所获得的利益；和

（3）州、部落政府或研究机构预计相关活动对枫糖生产活动或枫糖浆生产的推动作用。

（c）宪法规定。本条中的任何内容都不得被解读为预先制止州、部落政府立法，包括州和部落政府的责任法。

（d）制作枫糖的定义。在本条中，"制作枫糖"指的是从槭（树）属树木收集汁液，煮沸后生产食品。

（e）规定。农业部长须颁布必要规定以落实本条规定。

（f）拨款授权。为执行本条规定，2014—2018财政年度每年的授权拨款额均为20 000 000美元。

第12307条　科学顾问委员会。

《1978年环境研究、开发和展示授权法》第42条（《美国法典》第42篇4365）修订如下：

（1）删除（e），插入以下内容：

"（e）委员会。

"（1）成员委员会。

"（A）通则。委员会获得授权成立环境保护署署长和董事会认为可以落实本条规定的成员委员会和专家调查组

"（B）主席。每一位上述成员委员会或专家调查组，均须由董事会成员担任主席。

"（2）与农业相关的委员会。

"（A）通则。环境保护署署长和委员会：

"（ⅰ）须建立一个常设的与农业相关的委员会；和

"（ⅱ）可以建立环境保护署署长和董事会认为可以落实（C）中规定的其他与农业相关的委员会和专家调查组。

"（B）成员。依据（A）规定设立的常设委员会和每个与农业相关的委员会或专家调查组须：

"（ⅰ）由以下人员组成：

"（Ⅰ）环境保护署署长和董事会认为必要的人数；和

"（Ⅱ）在获得委员会和专家调查组成员委任时还不是董事会成员的人；和

"（ⅱ）经过咨询农业部长后，由环境保护署署长和董事会任命的人。

"（C）职责。依据（A）中规定设立的常设的与农业相关的委员会和每个委员会和专家调查组，均须为董事会就董事会提供科学和技术建议，而且须为董事会掌握的环境保护署署长和董事会经过与农业部长协商后认为对于参与食品和纤维、放牧和牲畜养殖、水产养殖和其他任何农场和农业相关行业生产和经营活动的企业具有显著的直接影响的建议。"和

（2）在结尾处添加以下内容：

"（h）公众参与和透明。董事会须尽力在符合包括《美国法典》第 5 篇第 552 条（一般称为《信息自由法》）和《美国法典》第 5 篇第 552a 条（一般称为《隐私权法》）在内的相关法律的情况下，最大限度地公开和透明，包括以电子版形式在环境保护署官方网站上发布董事会和董事会的任何委员会和专家调查组提出的科学和技术建议。

"（ⅰ）向国会报告。环境保护署署长须每年向美国联邦参议院环境和公共工程委员会和美国联邦众议院运输和基础设施委员会、能源和商务委员会和农业委员会提交一份报告，阐述依据（e）（2）（A）（ⅰ）规定设立的常设的与农业相关的委员会成员和活动情况。"

第 12308 条　动物福利法修正案。

（a）经销商和参展商的认证。

（1）定义。《动物福利法》第 2 条（《美国法典》第 7 篇 2132）修订如下：

（A）对于（a）之前的内容，删除"在本法中使用时："，插入"在本法中："；

（B）在（f）中，删除"（2）任何以狩猎、安保或繁殖为目的的狗"和所有在结尾处的分号之前的内容，插入"（2）任何以狩猎、安保或繁殖为目的的狗。这个词不包括宠物零售店（除了那些销售任何动物给研究机构、参展商或者其他经销商的宠物零售店）。"

（C）在（a）、（b）、（d）、（e）、（g）、（h）、（ⅰ）、（j）、（k）和（m）中，删除结尾处的分号，插入句号；和

（D）在（m）中，删除结尾处的"；和"，插入句号。

（2）认证。《动物福利法》第 3 条（《美国法典》第 7 条 2133）进行修订，删除"：然而，如果任何宠物零售店"和"依据本法"之前的所有内容，插入以下内容"：然而，如果经销商或参展商未被要求获取依据本法作为经销商或参照商的许可，前提是农业部长认为其拥有的企业规模在最低减让标准以下。"

（b）参加斗兽或安排未满 16 岁的人参加斗兽的禁令；执行斗兽规定。

（1）参加斗兽或安排未满 16 岁的人参加斗兽的禁令。《动物福利法》第 26 条（a）（《美国法典》第 7 篇 2156（a））修订如下：

（A）在标题中，删除"支持或者展示动物"，插入"支持或者展示动物，参加或安排未满 16 岁的人参加斗兽，"；和

（B）在（1）中：

（ⅰ）在标题中，删除"通则"，插入"支持或展示"；和

（ⅱ）删除"（2）"，插入"（3）"；

（ⅲ）将（2）重新编号为（3）；和

（ⅳ）在（1）后插入以下内容：

"（2）参加斗兽或安排未满 16 岁的人参加斗兽。任何人从事以下活动都是不合法的：

"（A）故意出现在斗兽场所；或

"（B）故意安排未满 16 岁的人出现在斗兽场所。"

（2）执行斗兽禁令。《美国法典》第 18 篇第 49 条修订如下：

（A）删除"任何人"，插入"（a）通则。任何人"；

（B）在（a）中，如（A）所述，删除"（a）"，插入"（a）（1）"；和

（C）在结尾处添加以下内容：

"（b）出现在斗兽场所。任何违反《动物福利法》第 26 条（a）（2）（A）（《美国法典》第 7 篇 2156）规定的人，针对每次违规行为均须依据本标题规定被处以罚款或一年及以下监禁，或两者兼有。

"（c）故意安排未满 16 岁的人出现在斗兽场所。任何违反《动物福利法》第 26 条（a）（2）（B）（《美国法典》第 7 篇 2156）规定的人，针对每次违规行为均须依据本标题规定被处以罚款或三年及以下监禁，或两者兼有。"

第 12309 条　不在美国种植却被展示为在美国种植的农产品。

（a）向美国海关和边境保护局提供技术援助。农业部长须向海关和边境保护局提供关于不在美国种植却被展示为在美国种植的农产品技术援助。

（b）向国会报告。农业部长须每年向美国联邦参议院农业、营养和林业委员会和美国联邦众议院农业委员会提交一份报告，阐述不在美国种植却被展示为在美国种植的农产品的情况。

第 12310 条　水资源共享报告。

本法案颁布之日后不晚于 120 日以及此后每年，农业部长须向国会提交一份报告，阐述墨西哥为履行合约义务所做的努力，即依据美国和墨西哥签署的关于利用科罗拉多河和提华纳河以及格兰德河水资源的合约，向格兰德河输送水资源。

第 12311 条　食品药品监督局食品安全现代化法的科学性和经济性分析。

（a）通则。在针对卫生与公众服务部 2013 年 1 月 16 日发布的"种植、收割、包装和持有供人类消费的农产品的标准"（《联邦法规》第 78 篇 3504）发布最终规则的时候，卫生与公众服务部长（在本条中后文简称为"部长"）须确保最终规则（在本条中后文简称为"最终规则"）包括以下信息：

（1）用来传播最终规则的科学信息分析，考虑任何关于各种规模、处于不同地区、生产方法和方式的农场和牧场经营信息。

（2）对最终规则的经济影响的分析。

（3）系统性解决以下问题的计划：

（A）评估最终规则对于农场和牧场经营产生的营销；和

（B）开发正在进行的程序以评估和响应商业界的关切。

（b）报告。农业部长颁布最终规定之日后不晚于一年，美国联邦政府总审计长须向美国联邦参议院农业、营养和林业委员会，健康、教育和劳工委员会，美国联邦众议院农业委员会，能源和商务委员会提交一份报告，阐述（a）（3）（B）提到的正在进行的评估和响应程序。上述报告提交之日后不晚于一年，美国联邦政府总审计长须向上述委员会提交关于程序的更新版报告。

第 12312 条　替代税款的支付款项。

《美国法典》第 31 篇第 6906 条进行修订，对（1）之前的内容，删除"2013"，插入"2014"。

第 12313 条　造林活动。

《联邦水污染控制法》第 402 条（l）（《美国法典》第 33 篇 1342（l））修订如下：

"（3）造林活动。

"（A）国家污染物清除系统对造林活动的许可证要求。局长不得依据本条规定为以下活动产生的排污行为出具许可证，也不能直接或间接要求任何州要求依据本条出具许可证，这些活动是依据标准业界实践开展的造林活动，包括保育、场地准备、重新造林和后续养殖作业、疏花作业、按规定焚烧、虫害和火患控制、收割、地面排水或道路修建和养护。

"（B）其他要求。本项规定中的任何内容都不能使造林活动产生的排污免受第 404 条中的规定要求、第 402 条中的现有规定要求或者其他任何联邦法规的约束。

"（C）第 505 条（a）给予的授权并不适用于任何依据第 402 条（p）（6）规定为第 402 条（l）（3）（A）提到的造林活动提供的非许可的项目，也不适用于其他任何可能被视为适用于第 402 条（l）（3）（A）列出的限制。"

第 12314 条　比马农业棉花信托基金。

（a）信托基金的建立。美国国库建立有一个叫做"比马农业棉花信托基金"的信托基金（在本条中后文简称为"信托基金"），其中的资金是依据（h）中规定转至信托基金的，旨在减少棉布关税高于某些棉纺织服装的关税这一情况对国内生产者产生的伤害。

（b）资金分配。对于信托基金的款项，农业部长须从 2014 日历年度开始至 2018 日历年度开始每年拨出以下金额：

（1）信托基金的 25％须被支付给一个或多个国内知名协会，这些协会旨在推广用于棉纺织品和服装的比马棉花。

（2）信托基金的 25％须被支付给比马棉花纺纱厂，这些纺纱厂在美国境内生产环锭纺棉纱线，支付给每一家纺纱厂的金额比例应与以下比例相同：

（A）纺纱厂在 2013 日历年度的环锭纺棉纱线的产量，这些棉纱线与单一或成堆形式的比马棉花的比率低于 83.33 分特（超过 120 公制数）（纺纱厂出具的宣誓书证明（c）中提到的要求业已满足），除以

（B）（A）中提到的 2013 日历年度的所有依据本条规定符合条件的纺纱厂的棉纱线产量。

（3）50％的信托基金款项须被支付给在美国境内剪裁棉布衬衫、并且证明曾经在 2013 日历年度使用过进口棉布的制造商，支付给每一家制造商的金额比例应与以下比例相同：

（A）制造商在 2013 日历年度购买的、用于制造男式和男童棉布衬衫的进口织棉衬衫面料的美元价格（除去关税、运费和相关开销）（纺纱厂出具的宣誓书证明（d）提到的要求业已满足），除以

（B）以上（A）提到的所有依据本项规定符合条件的制造商在 2013 日历年度购买的棉布面料的美元价格（除去关税、运费和相关开销）。

（c）纺纱厂的宣誓书。（b）（2）（A）提到的宣誓书是经过公证的宣誓书，每年由生产环锭纺棉纱

线的厂家的一位管理人员出具，以证明以下内容：

（1）生产者在宣誓书提交的年度和 2013 日历年度在美国境内使用了比马棉花生产环锭纺棉纱线，棉纱线与单一或成堆形式的比马棉花的比率低于 83.33 分特（超过 120 公制数）；

（2）在 2013 日历年度，以磅为计量单位的环锭纺棉纱线数量，这些棉纱线与单一或成堆形式的比马棉花的比率低于 83.33 分特（超过 120 公制数）。

（3）生产者保有支持文件，这些文件表明生产的纱线的质量，并证明纱线为环锭纺棉纱线，而且在 2013 日历年度，这些棉纱线与单一或成堆形式的比马棉花的比率低于 83.33 分特（超过 120 公制数）。

（d）衬衫制造商的宣誓书。

（1）通则。（b）（3）（A）提到的宣誓书是男式和男童衬衫的制造商的管理人员做出的经过认证的宣誓书，这些衬衫：

（A）生产者在宣誓书提交的日历年度和 2013 日历年度在美国境内使用进口棉布剪裁男士和儿童针织棉布衬衫；

（B）2013 日历年度制造商购买的 80s 或更高水平的误差为两层的进口棉布衬衫美元价格；

（C）制造商保留发票和支持文件（例如价格清单和棉布质地的其他技术规格），表明采购的棉布的美元价格和采购日期，证明棉布是 80s 或更高水平的误差为两层的针织棉布；和

（D）使用棉布生产男式和男童棉布衬衫是适宜的。

（2）采购日期。对于依据（1）出具的宣誓书，采购时间须为发票日期，美元价格须扣除关税、运费和相关开销。

（e）宣誓书提交最后期限。任何被要求提供本条提到的宣誓书的人，须向农业部长提交或者按照农业部长的指示提交：

（1）对于 2014 日历年度要求提供的宣誓书，在本法颁布之日后不超过 60 日；和

（2）对于 2015 日历年度至 2018 日历年度要求提供的宣誓书，不晚于相关日历年度的 3 月 15 日。

（f）分发时机。农业部长须依据（b）（2）或（3）规定支付款项：

（1）对于 2014 日历年度：

（A）在与款项相关的要求提交的宣誓书提交之日后不晚于 30 日；或

（B）如果农业部长不能在（A）提到的日期支付款项，那么须在符合实际的情况下进口完成支付；和

（2）对于 2015 日历年度至 2018 日历年度，在与款项相关的要求提交的宣誓书提交之日后不晚于 30 日。

（g）谅解备忘录。农业部长和美国海关与边境保护局局长须在本法颁布之日后，在符合实际的情况下尽快达成一项谅解备忘录，以确定局长帮助农业部长落实本章条款的程序。

（h）资金。对于商品信贷公司的资金，农业部长须为落实本条规定从 2014 财政年度至 2018 财政年度每年使用 3 000 000 美元，这笔款项须一直可用，直到用尽为止。

第 12315 条　农业羊毛服装制造商信托基金。

（a）信托基金的建立。美国国库建立有一个叫做"农业羊毛服装制造商基金"的信托基金（在本条中后文简称为"信托基金"），其中的资金是依据（f）规定转至信托基金的，旨在减少棉布关税高于某些羊毛织物服装的关税这一情况对国内生产者产生的伤害。

（b）资金分配。

（1）通则。从 2014 日历年度开始，农业部长每年须为 2010—2019 年度从信托基金中拨出以下款项：

（A）对于每一位经过《2006 年杂项贸易和技术修正法》第 1633 条（c）（《公法》109 - 280；《美国法令全书》第 120 篇 1166）和《2008 年税收补充部分和备选最低税收减免法》第 325 条（b）（《公法》

110-343，第 C 部分；《美国法令全书》第 122 篇 3875）修订的《2004 年羊毛套装和纺织贸易延伸法》第 4002 条（c）（《公法》108-429；《美国法令全书》第 118 篇 2600）提到的依据（2）规定为以下支付款项的年度提交了宣誓书的制造商，以及第 4002 条（c）（4）提到的任何与制造商存在利益关系的继任者：

（ⅰ）2010 日历年度至 2015 日历年度，相关款项与相关日历年度其他任何支付给制造商或者与第 4002 条（c）（3）提到的制造商存在利益关系的继任者的款项相加后，等于在相关日历年度，依据本条规定，按照该项要求，授权提供给制造商或继任者的总款项；和

（ⅱ）2016 日历年度至 2019 日历年度，在相关日历年度按照该条要求授权提供的款项；

（B）对于第 4002 条（c）（6）中每一位具备资格的制造商：

（ⅰ）2010 日历年度至 2014 日历年度，相关款项与相关日历年度其他任何支付给具备资格的制造商的款项相加后，等于在相关日历年度，依据本条规定，按照该项要求，授权提供制造商的总款项；和

（ⅱ）2015 日历年度至 2019 日历年度，在相关日历年度按照该条要求授权提供的款项。

（2）宣誓书的提交。（1）（A）提到的宣誓书的提交方式如下：

（A）在 2010 日历年度至 2015 日历年度，美国海关和边境保护局局长须在每年不晚于 4 月 15 日提交；和

（B）在 2016 日历年度至 2019 日历年度，向农业部长或按照农业部长的指示在每年不晚于 3 月 1 日提交。

（c）支付金额。农业部长须向（b）（1）和（2）提到的具备资格的制造商和与制造商存在利益关系的继任者以以下方式支付款项：

（1）在 2010 日历年度至 2014 日历年度，在商品信贷公司依据（f）规定向信托基金转账后不晚于 30 日内支付；

（2）在 2015 日历年度至 2019 日历年度，在相关年度不晚于 4 月 15 日支付。

（d）谅解备忘录。农业部长和美国海关与边境保护局局长和商务部长须在本法颁布之日后，在符合实际的情况下尽快达成一项谅解备忘录，以确定海关与边境保护局局长和商务部长帮助农业部长落实本章条款的程序。

（e）暂缓纳税期满时增加支付款项。

（1）通则。在依据《美国协调关税计划》标题 9902.51.11，9902.51.13，9902.51.14，9902.51.15 和 9902.51.16 规定为羊毛织物暂缓关税的做法并未实施的任何日历年度，（b）（1）中提到的向制造商或与制造商存在利益关系的继任者支付的任何款项，须增加由农业部长经过与商务部长协商后确定的与制造商或与制造商存在利益关系的继任者在相关日历年度本来理应获得的款项。

（2）不得针对判定提出申诉。农业部长依据本款规定做出的判定将为最终裁定，不得提出申诉或抗议。

（f）资金。

（1）通则。对于商品信贷公司的资金，农业部长须为落实本条规定从 2014 财政年度至 2019 财政年度每年向信托基金拨款，其金额相当于以下项目中较小的一个：

（A）农业部长认为依据本条规定在相关日历年度必须支付的款项的金额；或

（B）30 000 000 美元。

（2）可及性。依据（1）规定向信托基金转移的资金须一直可用，直到用尽为止。

第 12316 条　羊毛相关研究和推广。

（a）通则。对于商品信贷公司的资金，农业部长须为落实《2000 年贸易和投资法》第 506 条（《美国法典》第 7 篇 7101 注释）提到的赠款从 2015 财政年度至 2019 财政年度每年拨款 2 250 000 美元，这些资金须一直可用，直到用尽为止。

（b）授权分配未支用的结余款项。除了依据（a）中提到的资金，尽管有《2000 年贸易和投资法》

第 506 条 （f）（《美国法典》第 7 篇 7101 注释）规定，农业部长依然可以使用依据该章规定于 2014 年 12 月 31 日建立的羊毛研究、开发和推广信托基金未支用的结余款项作为该条（d）提到的赠款。

子篇 D　石油供热能效，可再生燃料研究和就业培训

第 12401 条　短标题。

本子篇可以被援引为"《2014 年石油供热能效，可再生燃料研究和就业培训法》"。

第 12402 条　结果和目的。

《2000 年国家石油供热研究联盟法》第 702 条（《美国法典》第 42 篇 6201；《公法》106 - 469）修订如下：

（1）在（4）中，在结尾处的分号后删除"和"；

（2）删除结尾处的句号，插入分号；和

（3）在结尾处添加以下内容：

"（6）石油供热燃料的客户享受的服务是由数千个无法独立开发培训项目以培养符合资格的新工人进入石油供热行业的小企业提供的；

"（7）小企业和经过培训的雇员处于理想的位置：

"（A）提供关于提高效率的好处的信息给消费者；和

"（B）鼓励消费者重视能源选择的效率，帮助消费个人节约能源；

"（8）以下附加服务是必要的：

"（A）改善石油供热能源设备；和

"（B）开发可以用来安全和经济地为家庭供暖的国内可再生资源；

"（9）既然没有联邦资源来扶植石油供热能源行业，就必须开发出自筹资金的项目以：

"（A）提升消费者家庭能源使用效率；

"（B）帮助个人在石油供热能源行业获得就业岗位；和

"（C）开发国内可再生资源；

"（10）石油供热能源的消费者和零售商都将受益于上述自筹资金的项目；和

"（11）石油供热能源行业致力于提供适宜的必要资金，以落实本标题的规定，而且不给家庭消费者带来额外开销。"

第 12403 条　定义。

（a）通则。《2000 年国家石油供热研究联盟法》第 703 条（《美国法典》第 42 篇 6201；《公法》106 -469）修订如下：

（1）将（3）至（15）分别重新编号为（4）至（16）；

（2）在（2）后插入以下内容：

"（3）符合成本效益的。'符合成本效益的'一词用在依据第 707 条（f）（4）提到的项目或活动上时，指的是这些项目或活动通告了以下全部资源成本测试：

"（A）净现值的经济效益和项目或活动的存在期限，包括规避的攻击和运输成本和拖延或避免的投资；超过

"（B）净现值的经济效益和项目或活动的存在期限，包括能源消费者承担的项目成本和递增成本。"

（3）删除（8）（经过（1）重新编号后），插入以下内容：

"（8）石油加热燃料。'石油加热燃料'指的是以下燃料：

"（A）是：

"（ⅰ）1 号馏分油；

"（ⅱ）2 号染色馏分油；

"（ⅲ）1 号馏分油和 2 号染色馏分油的混合液体；或

"（ⅳ）生物质液体；和

"（B）被用作非工业商业用途或住宅用途或热水加热的燃料。"

（b）相应的修订。

（1）《2000 年国家石油供热研究联盟法》（《美国法典》第 42 篇 6201 注释；《公法》106 - 469）进行修订，删除每一处"石油加热"，插入"石油加热燃料"。

（2）《2000 年国家石油供热研究联盟法》第 704 条（d）（《美国法典》第 42 篇 6201 注释；《公法》106 - 469）进行修订，在本款标题中，删除"石油加热"，插入"石油加热燃料"。

（3）《2000 年国家石油供热研究联盟法》第 706 条（c）（2）（《美国法典》第 42 篇 6201 注释；《公法》106 - 469）进行修订，在本项标题中，删除石油加热"，插入"石油加热燃料"。

（4）《2000 年国家石油供热研究联盟法》第 707 条（c）（《美国法典》第 42 篇 6201 注释；《公法》106 - 469）进行修订，在本款标题中，删除石油加热"，插入"石油加热燃料"。

第 12404 条 成员身份。

（a）选择：《2000 年国家石油供热研究联盟法》第 705 条（《美国法典》第 42 篇 6201 注释；《公法》106 - 469）进行修订，删除（a），插入以下内容：

"（a）选择。

"（1）清单。

"（A）通则。联盟须向部长提供具备资格的联盟成员候选人名单。

"（B）要求。除非如（c）（1）（C）所述，联盟成员须为一个州的石油供热燃料行业的代表，这名代表须从符合条件的州的州协会提供的候选人名单中选出。

"（2）空缺。联盟的空缺的填补方式须与初次选择时相同。

"（3）部长作为。

"（A）通则。农业部长须在 60 日内审查（1）中提到的候选人。

"（B）未能作为。如果农业部长在（A）中提到的 60 日期限内未能采取行动，那么候选人须被视为联盟的成员。"

（b）代表。《2000 年国家石油供热研究联盟法》第 705 条（b）（《美国法典》第 42 篇 6201 注释；《公法》106 - 469）进行修订，对于（1）之前的内容，删除"具备资格的业界组织"，插入"联盟"。

（c）成员数量。《2000 年国家石油供热研究联盟法》第 705 条（c）（《美国法典》第 42 篇第 6201 注释；《公法》106 - 469）修订如下：

（1）删除（1），插入以下内容：

"（1）通则。联盟须由以下成员组成：

"（A）参加联盟的每个州分别派出的 1 名代表；

"（B）5 名零售商代表，须由石油供热燃料销售额最高的 5 个州的州协会分别选出。

"（C）5 名额外的零售商代表。

"（D）21 名代表批发商代表。

"（E）6 名公共成员，须为石油供热燃料的重要用户代表、石油供热燃料的研究领域代表、州政府能源官员或其他石油供热燃料领域的专业群体的代表，包括消费者和低收入游说团体。"和

（2）在（2）中，删除"符合条件的业界组织或"。

第 12405 条 功能。

（a）可再生能源研究。《2000 年国家石油供热研究联盟法》第 706 条（a）（3）（B）（ⅰ）（Ⅰ）

（《美国法典》第 42 篇 6201 注释；《公法》106－469）进行修订，在结尾处的分号前插入以下内容："，包括研究开发可再生燃料和检查不同可再生燃料与石油加热燃料的使用设备的兼容性，须侧重研究开发和使用先进生物能源。"

（b）两年一次的预算。《2000 年国家石油供热研究联盟法》第 706 条（e）（《美国法典》第 42 篇 6201 注释；《公法》106－469）修订如下：

（1）删除（1），插入以下内容：

"（1）建议预算的发布。不晚于 2014 年 8 月 1 日，以及此后每两年，联盟须在咨询农业部长意见后，拟定和发布建议的未来 2 个日历年度的预算，包括针对所有项目、计划、合同和其他协议的适当的运行和计划开销，供公众审查和评论。"和

（2）删除（4），插入以下内容：

"（4）落实。

"（A）通则。联盟在向农业部长提交提议的预算之日后 60 日内，不得执行提议的预算。

"（B）农业部长建议的变化。

"（i）通则。农业部长须向联盟提出其认为适宜的变更预算项目和活动的建议。

"（ii）联盟回应。联盟接到依据（i）提出的建议后不晚于 30 日，须向农业部长提供未来两年的预算的最终版本，须包括或包含联盟根据任何依据（i）提出的更改建议做出的会议。"

第 12406 条　评估。

（a）通则。《2000 年国家石油供热研究联盟法》第 707 条（《美国法典》第 42 篇 6201 注释；《公法》106－469）修订如下：

（1）删除（a），插入以下内容：

"（a）比率。评估比率应为每加仑 2/10 美分。"和

（2）在（b）中，在结尾处添加以下内容：

"（8）禁止通过。依据本子篇进行的评估不得获得通过，也不得以其他方式要求石油加热燃料的家庭消费者支付。"

（b）向符合条件的州协会提供的资金。《2000 年国家石油供热研究联盟法》第 707 条（e）（2）（《美国法典》第 42 篇 6201 注释；《公法》106－469）修订如下：

"（B）独立账户。符合条件的州协会依据本子篇规定获得资金的前提条件之一，是符合条件的州协会须将资金存入独立于该协会的其他资金的账户。"

（c）管理。《2000 年国家石油供热研究联盟法》第 707 条（《美国法典》第 42 篇 6201 注释；《公法》106－469）修订如下：

"（f）评估的使用。

"（1）通则。尽管有本子篇的其他任何规定，农业部长和联盟须确保每个日历年度依据本子篇规定搜集的评估数据以本款规定的方式进行分配和利用。

"（2）研究、开发和展示。

"（A）通则。联盟须确保每个日历年度依据本子篇规定搜集的评估数据的不超过 30％被符合条件的州协会或联盟用来开展与石油加热燃料相关的研究、开发和展示活动，以及便利能源效率加热系统进入市场。

"（B）合作。联盟须与农业部长协调后，确定使用本项提到的评估数据的优先项目。

"（C）计划。联盟须开发协调一致的研究计划，以依据本条规定开展研究项目和活动。

"（D）报告。

"（i）通则。本款规定颁布之日后不晚于 1 年，联盟须撰写一份报告，阐述石油加热燃料利用设备对生物燃料的使用情况。

"（ii）内容。（i）提到的报告须：

"（I）使用石油加热燃料利用设备的提供环境补贴、经济效益和任何技术局限；和

"（II）阐述燃料的市场接受程度，以及关于州和地方政府鼓励在石油加热燃料利用系统中使用生物燃料的做法的信息。

"（iii）复本。联盟须提交一份（i）中提到的报告的复本给：

"（I）国会；

"（II）联盟所在州的州长，和其他相关州政府领导人；和

"（III）环境保护署署长。

"（E）消费者教育材料。联盟与参与生物燃料研究的机构或组织须开发消费者教育材料，以上述报告中的技术信息和其他可以轻易获取的信息为基础，介绍在石油加热燃料利用系统中使用生物燃料的做法的好处。

"（3）成本分担。

"（A）通则。在本款规定颁布之日后开展研究、开发和展示，或商业应用项目或活动时，联盟须依据本章规定进行成本分担。

"（B）研究和开发。

"（i）通则。除非如（i）和（iii）所述，联盟须要求在研究或开发上述项目或活动的开销中，不少于 20％为联盟以外来源提供。

"（ii）例外情形。（i）不得适用于基础或基本的研究或开发项目或活动，具体情形由联盟决定。

"（iii）减少。联盟可以减少或取消（i）规定中对应用研究或开发项目或活动的要求，前提是联盟认为这样是必须的和适宜的。

"（C）展示和商业应用。联盟需要求在展示或商业应用项目或活动的开销中，不少于 20％为联盟以外来源提供。

"（4）加热石油效率和升级项目。

"（A）通则。联盟须确保每个日历年度依据本标题规定搜集的评估数据的不超过 15％被符合条件的州协会或联盟用来开展以下有助于消费者的项目：

"（i）为更多加热系统提供进行成本效率升级，或者利用其他方式对现有加热系统进行成本效率修改，以改善系统效率；

"（ii）通过面向消费者的成本效率能源效益项目改善能源效率或减少能源消耗；或

"（iii）改善加热系统的安全运行。

"（B）计划。联盟须在可能的情况下最大限度地协调、开发和落实联盟的项目和活动，并与现有州能源效率项目管理者协作。

"（C）管理。

"（i）通则。在落实本项规定时，联盟须在可能的情况下最大限度确保开发加热系统转化援助项目之前，与负责管理以下事务的人员或机构进行协调和咨询：

"（I）低收入家庭能源援助计划，依据《1981 年低收入家庭能源援助法》（《美国法典》第 42 篇 8621 及以下）；

"（II）低收入者房屋节能改造援助计划，依据《能源节约和生产法》（《美国法典》第 42 篇 6861 及以下）；或

"（III）其他州或州内其他相关方管理的能源效率项目。

"（ii）资金分配。联盟须确保用于落实本项规定的资金：

"（I）通过搜集来的评估数据基于各州的出资比例公平地分配给各州；

"（II）用来补充（但不替代）州或备选能源效益项目资金来源；和

"（III）仅用于落实本项规定。

"（5）消费者教育、安全和培训。联盟须确保每个日历年度依据本篇规定搜集的评估数据的不超过30％被符合条件的州协会或联盟用来开展以下项目：

"（A）开展与石油加热能源相关的消费者教育活动，包括向消费者提供关于以下信息：

"（i）节约能源战略；

"（ii）人身安全；

"（iii）减少消费或提升人身安全和舒适度的新技术；

"（iv）使用生物能源混合物；和

"（v）旨在帮助石油加热燃料消费者的联邦、州和地方项目；

"（B）开展关于石油加热能源的工人安全和培训活动，包括能源效率培训（包括获取建筑性能研究所或住宅能源服务网络认证的课程）；

"（C）开展其他农业部长建议的活动；或

"（D）在符合实际的情况下，最大限度地建立数据搜集程序，经过与农业部长或其他适当的联邦机构协作，追踪设备、服务和相关安全问题，制定改善安全的方法。

"（6）行政开销。

"（A）通则。联盟须确保每个日历年度依据本篇规定搜集的评估数据的不超过5％被用做：

"（i）行政开销；或

"（ii）落实（1）至（5）规定产生的间接开销。

"（B）管理。本条提到的活动须依据透明的程序和规则加以记录，并咨询农业部长。

"（7）报告。

"（A）年度报告。

"（i）通则。每个符合条件的州协会或联盟均须撰写一份年度报告，阐述本条规定的开发和管理情况，以及依据本条规定产生的年度开销。

"（ii）内容。以上每份报告均须包括对于落实本章规定产生的收益的使用情况，具体包括以下内容

"（Ⅰ）节能加热系统和生物燃料加热混合油领域取得的进步；和

"（Ⅱ）本条出资开展的加热系统升级和修改项目和能源效率项目。

"（iii）验证。

"（Ⅰ）通则。联盟须确保独立的第三方对每份（i）中提到的报告进行审查，并验证报告的准确性。

"（Ⅱ）委员会。如果一个州拥有利益攸关者效率监督委员会，那么该委员会即为审查和验证州协会或联盟向州提交的上述报告的实体。

"（B）加热石油效率和升级报告项目。至少每隔3年，联盟须撰写一份详细的报告，阐述依据（4）出资设立的加热系统升级和修改项目和能源效率项目实现的消费者节约、成本效益和终身和年度能源节约情况。

"（C）可及性。本项提到的每份报告和报告的任何后续修改，均须公开发布，通知农业部长公开提供的情况，并在联盟官方网站上张贴。"

第 12407 条　市场调查和消费者保护。

撤销《2000 年国家石油供热研究联盟法》第 708 条（《美国法典》第 42 篇 6201 注释；《公法》106-469）。

第 12408 条　游说限制。

《2000 年国家石油供热研究联盟法》第 710 条（《美国法典》第 42 篇 6201 注释；《公法》106-469）修订如下：

（1）删除"没有资金"，插入以下内容：

"（a）通则。没有资金"；

（2）在"选举"后，插入"或进行游说"；和

（3）在结尾处添加以下内容：

"（b）评估。

"（1）通则。依据（2）中规定，第707条提到的由联盟搜集的评估产生的资金不得被直接或间接用来影响联邦、州或地方立法或选举，或者法律的执行方式。

"（2）信息。联盟可以使用（1）规定提到的资金，提供国会议员或任何联邦、州或者地方机构的官员要求提供的信息，但必须是依据这些议员或官员在执行公务时提出的要求。"

第 12409 条　不合规。

《2000 年国家石油供热研究联盟法》第 712 条（《美国法典》第 42 篇 6201 注释；《公法》106 - 469）进行修订，在结尾处添加以下内容：

"（g）不合规。如果联盟、符合条件的州协会或其他任何实体或人员违反本篇的规定，农业部长须：

"（1）通知国会不合规行为；和

"（2）在联盟的官方网站上发布关于不合规行为的通知。"

第 12410 条　日落条款。

《2000 年国家石油供热研究联盟法》第 713 条（《美国法典》第 42 篇 6201 注释；《公法》106 - 469）进行修订，删除"9 年"，插入"18 年"。

美国联邦众议院议长

美国副总统和联邦参议院议长

2011 年联邦农作物保险法

(已通过修订公法 112 - 55，于 2011 年 11 月 18 日生效)

目　　录[①]

子篇 A　联邦农作物保险法案

[①]　该目录不属于法案的内容，仅基于为用户提供方便之目的。《联邦农作物保险法》为 1938 年 2 月 16 日第 75 届国会通过的《1938 年农业法》的第 V 篇，《公法》编号《美国法令全书》第 52 篇 430。《2008 年粮食、保育和能源法》第 12033 条《公法》110 - 246，《美国法令全书》第 122 篇 2154）在子篇 A 后添加了子篇 B。以下《联邦农作物安全法》中的参考文献称"本篇"或"本子篇"，而非"本法案"。

子篇 B　农业灾害援助补贴

第 531 条　农业灾害援助补贴。

子篇 A　联邦农作物保险法

第 501 条　其他规定的简称以及应用。

该子篇可称为"联邦农作物保险法"。除非另有规定，否则第 Ⅰ 篇至第 Ⅳ 篇中的规定不适用于该子篇，且"法案"一词不论出现在此类篇中的何处，均不包括该子篇内容。

第 502 条　目的及定义。

（a）目的。该子篇的目的旨在通过健全农作物保险制度，提高农业经济的稳定性；同时为今后此类保险制度的设计和制定提供借鉴，最终实现提高公民福利的终极目标。

（b）定义。按照该子篇规定：

（1）附加险。术语"附加险"指提供比巨灾风险承保范围更为广泛的农作物保险计划。

（2）经批准的保险商。术语"经批准的保险商"指经联邦农作物保险公司批准的保险商，该保险商可为参与该子篇联邦农作物保险计划的生产者提供保险。

（3）董事会。术语"董事会"指根据第 505 条（a）规定成立的联邦农作物保险公司董事会。

（4）联邦农作物保险公司。术语"联邦农作物保险公司"指根据第 503 条规定成立的联邦农作物保险公司。

（5）部门。术语"部门"指美国农业部。

（6）赔付率。术语"赔付率"指联邦农作物保险公司根据相应的作物保险单，赔付的总金额占指定预期损失的赔偿总额及合理准备金的比例，而不是对指定的操作及管理费用赔偿金的比例。

（7）有机作物。术语"有机作物"指符合《1990 年有机食品生产法》第 2103 条（《美国法典》第 7 篇，6502）规定的有机生产农产品。

（8）部长。术语"部长"指的是农业部长。

（9）过渡产量。术语"过渡产量"指当出现下列情况时，由联邦农作物保险公司根据其联邦农作物保险公司规定确定的每个收成年度每英亩或同等面积的最大平均产量

（A）生产者不能证明拥有该收成年度产量及种植面积的文档时；或

（B）生产者不能根据联邦农作物保险公司或其分公司的要求出示该文档时。

（c）机密信息的保护。

（1）一般性泄密禁令。除非（2）另有规定，否则美国农业部（或其分支机构）部长、任何其他官员或工作人员、经批准的保险提供商及其雇员和承包商以及其他个人不得披露生产者根据该子篇规定提供的任何公共信息。

（2）经授权的披露。

（A）以统计或合计形式进行的披露。（1）中描述的信息如已被转化为统计或合计形式、且信息提供者已不能对其进行识别，则该信息可披露给公众。

（B）生产者同意。生产者可同意对（1）所描述信息进行披露。根据该子篇或其他农业部部长核准计划的规定，如生产者参与及收到任何利益，则不符合本项下生产者表示同意的条件。

（3）违规；处罚。《1985 年粮食安全法》第 1770 条（c）（《美国法典》第 7 篇，2276（c））可适用于以该款所禁止的任何形式、或为该款所禁止的任何目的而收集的信息披露。

（d）与其他法律的关联性。

（1）保单与计划的条款和条件。根据本子篇规定，联邦农作物保险公司下的保险的任何保单和计划的条款和条件，不应：

（A）在美国商品期货交易委员会及美国证券交易委员会的管辖范围内；或

（B）视为账目、协议（包含具有下列性质或带有下列词汇的任何交易："期权"、"特许经营权"、"赔偿"、"竞标"、"出价"、"出售选择权"、"购买选择权"、"预付担保"或"拒绝担保"）；或者是涉及合约市场、基于《商品交易法》（《美国法典》第 7 篇 1 及以下）载明目的进行的期货交割、交易或执行等商品合约的交易。

（2）美国商品期货交易委员会及《商品交易法》的效力。该子篇的任何内容均不会影响商品期货交易委员会的管辖权，且不影响《商品交易法》（《美国法典》第 7 篇 1 及以下）对经批准的保险提供商在合约市场上进行交易的制约，以抵消该子篇下的保险计划或保单给经批准的保险商带来的风险。

第 503 条　联邦农作物保险公司的设立。

为实现本子篇之目的，特此在美国农业部内部设立一个法人实体，作为农业部的代理，名为"联邦农作物保险公司"。联邦农作物保险公司总部将设在哥伦比亚特区，但其代理机构或分支机构可位于联邦农作物保险公司董事会规章制度许可的美国任何地方。

第 504 条　股本。

（a）联邦农作物保险公司股本应为 5 亿美元，认购人为美利坚合众国；收到联邦农作物保险公司董事会的股金催缴通知后，部分缴纳或全额缴纳都应经部长批准。

（b）特此授权此款项用于认购联邦农作物保险公司的股本。

（c）美利坚合众国对此股本的缴款收据应由联邦农作物保险公司交至美国财政部长，且应作为美利坚合众国的股份持有证明。

（d）《1980 年联邦农作物保险法》通过后的 30 天内，美国财政部长应立即撤销此股份在此日期尚未缴纳款项的收据，且此收据不应再作为联邦农作物保险公司负债的证据。

第 505 条　联邦农作物保险公司的管理。

（a）董事会。

（1）设立。联邦农作物保险公司将设立董事会，负责联邦农作物保险公司的的管理，董事会由农业部长给予全面监督。

（2）组成。董事会应包括以下成员：

（A）总经理，作为无投票权的当然委员。

（B）负责联邦农作物保险项目的美国农业部副部长。

（C）一名增补的农业部副部长（由农业部部长任命）。

（D）农业部首席经济学家。

（E）一名农作物保险业务方面的资深人员。

（F）一名农作物再保险或农作物保险法规的专业资深人员。

（G）四名有效的投保生产者，此四人须来自美利坚合众国的不同地区，代表美利坚合众国境内不同的农产品，且至少有一名代表特种农作物生产者。

（3）私人部门成员的任命。（2）（E）、（F）、（G）中规定的董事会成员：

（A）应由部长任命并直接对部长负责；

（B）不得再担任联邦政府其他职务；

（C）根据部长决定，交错任期为四年；以及

（D）连任不得超过两届。

（4）主席。董事会应在董事会成员中选举一名主席。

（b）如有四名成员在任，则董事会职位的空缺不会对董事会行使其联邦农作物保险公司职权造成任何影响，且在任的四名成员可构成董事会业务的法定交易人。

（c）在农业部任职的联邦农作物保险公司董事不享受任何附加报酬，但此类董事在哥伦比亚特区以外执行联邦农作物保险公司公务时，可获得必要的差旅费及生活费。不在联邦政府任职的联邦农作物保险公司董事，根据部长的决定，可获得担任董事应得的薪金，但此类薪金不得超过《美国法典》第 5 篇第 5332 条 GS-18 下规定的、联邦任职人员实际的差旅费及生活费，或不得超过《美国法典》第 5 篇第 5703 条规定的、因公务离开其住所或常规办公地点所获得的每日津贴（代替生活费）。

（d）联邦农作物保险公司总经理应为联邦农作物保险公司的执行总裁，联邦农作物保险公司董事会赋予其权力和权威。联邦农作物保险公司经理应由部长任命并直接对部长负责。

（e）保险保单、计划及相关材料的专家评议。

（1）专家评议。董事会应建立一系列程序，以保证该子篇下的保险保单和计划、以及所有相关的材料或此类保单和计划修改均接受董事会指定的相关保险精算师的独立审查。

（2）联邦农作物保险公司保单及计划的评议。除（3）的规定外，应由董事会与至少 5 人分别订立合同对保单和计划进行评议，且评议人中：

（A）在联邦政府任职的不能超过 1 人；且

（B）至少有一人是由经批准的保险提供商按照董事会决定的程序而指定的。

（3）私人提交的评议。如果（1）下的评议涉及第 508 条（h）规定的保险保单或计划、或保险保单及计划的任何相关材料或变更材料，则：

（A）董事会应至少与 5 人分别订立合同对保险保单与计划进行评议，评议人中：

（ⅰ）在联邦政府任职的不能超过 1 人；并且

（ⅱ）没有人受雇于经批准的保险提供商；并且

（B）所有评议必须在第 508 条（h）（4）（D）规定的 120 天期限的最后 30 天内完成，并提交至董事会。

（4）评议的考量。董事会应将本款下所做的评议作为对保单、计划或保险，或根据本子篇提出的对其他保单和计划的更改及相关材料的考量依据。

（5）评议费。本款下所有评议的相关费用，由第 516 条（b）（2）（A）（ⅱ）规定的资金提供。

（6）本款中规定的合约授权是董事会根据第 506 条（1）规定执行的合约权力之外的其他权力。

第 506 条　一般权力。

（a）继承权。联邦农作物保险公司应享有继承权。

（b）联邦农作物保险公司印章。联邦农作物保险公司可采用、更改及使用联邦农作物保险公司印章，并依法作出通告。

（c）财产。如联邦农作物保险公司认为对其业务交易是必要的或是可以提供便利的，则可购买或租赁及持有此类动产和不动产，且可根据其认为适当的条款对该等资产进行处理。

（d）诉讼。根据第 508 条（j）（2）（A）规定，在遵守第 508 条（j）的前提下，联邦农作物保险公司可以其名义进行诉讼或被诉讼；但不得对联邦农作物保险公司或其资产施加任何查封、禁令、扣押或其他相似的法律程序。联邦地区法院，包括哥伦比亚特区法院及其他法院应具有排他性初审司法管辖权，不论联邦农作物保险公司提出或受到的诉讼中存在多大的争议金额。联邦农作物保险公司可参与涉及其利益的任何法庭的任何诉讼或程序。对联邦农作物保险公司的任何诉讼应在哥伦比亚特区、或原告居住地或其业务所在地提出。

（e）规章和章程。联邦农作物保险公司可采用、修订、及撤销规范其业务经营或法定权力执行的规章制度、规则、及规程。

（f）邮件。联邦农作物保险公司可同政府的其他执行机构一样，使用美利坚合众国的邮件。

（g）协助。经任何董事会、委员会、独立联邦农作物保险公司、或政府行政部门（包括其现场服务机构）的允许，联邦农作物保险公司可使用信息、服务、设施、行政人员及其雇员来执行本子篇的规定。

（h）信息的采集与共享。

（1）调查。联邦农作物保险公司可对农作物保险、农作物相关风险及损失、或其他与执行本子篇相关的事项进行调查。

（2）数据收集。为建立、健全农业商品保险精算基础，联邦农作物保险公司可进行相关数据的收集工作。

（3）记录共享。尽管第502条（c）有相关规定，但本子篇及《农业市场转型法》第196条（《美国法典》第7篇7333）提交的记录可供农业部代理机构及派出机构、相关联邦及州代理机构和分部、以及经批准的保险提供商使用，以执行本子篇、《农业市场转型法》第196条及其他农业法规。

（i）费用。联邦农作物保险公司应根据本子篇，确定其费用的性质及必要性、用途、获批、及使用方式，无须考虑其他有关公共款项花费的法律。此决定对政府所有其他官员具有最终约束力。

（j）理赔。对由或向联邦农作物保险公司或财政官提出的理赔要求，联邦农作物保险公司拥有对其进行处理及调整的最终决定权。

（k）其他权力。联邦农作物保险公司有权行使其被赋予的特殊权力，且此类附带权力同其他联邦农作物保险公司普通权力。

（l）合同。联邦农作物保险公司可订立、执行合同与协议，发布经董事会决定的、对业务运营有必要的法规。如果合同、协议或规章中规定了不适用于联邦或地方的法律和法规，则此类法律和法规不得用于上述合同、协议和规章中；如果此类法律和法规与上诉合同、协议和规章有冲突，则同样不适用。

（m）特定信息的提交。

（1）社会保险账户及雇主识别号码。根据《社会保险法》第205条（c）（2）（C）（ⅲ）① 的规定，作为参加多重险农作物保险项目资格的条件，联邦农作物保险公司应要求（投保者）提交社会保险账号；根据《1986年国内税收法典》第6109条（f）的规定，要求投保者提供雇主识别号码。

（2）投保人通告。每位投保人应就本子篇下的要求及限制条件，通知所有获得或持有实质性收益权的投保人及其他实体。

（3）投保人实质性收益权的鉴定。联邦农作物保险公司经理可要求每位投保人根据规定的时间和方式，向其提供每位持有或获得实质性收益权的投保人姓名。

（4）定义。就本款而言，"实质性收益权"不超过投保人所有收益权的5%。

（n）精算的可靠性。

（1）截至1995年10月1日的预估损失率。联邦农作物保险公司应采取必要措施，提高联邦多重风险农作物保险精算的可靠性；根据本子篇，此处精算指在1995年10月1日及之后的承保事项的总体预估损失率不超过1.1的精算，包括：

（A）提出适当的要求，要求投保者提供实际生产历史的文件，便于联邦农作物保险建立记录及预估产量，以更准确反映相关的保险精算风险；但是联邦农作物保险公司在执行本项时不能采用会导致初始农民（由农业部长确定）不能获取联邦农作物保险的方式；

（B）在切实可行的范围内，各县根据特定区域面积产量设立可选性险种，以保证投保者农场在指定区域遭受损失时，可获得相应的赔偿。

---

① 《社会保险法》第205条（c）（2）（C）（ⅲ）（《美国法典》第42篇405（c）（2）（C））为《公法》103-296（《美国法令全书》第108篇1536）第321条（a）（9）（ⅳ）。

（C）建立数据库，将投保者、代理人、险损估价师的社保账号和工号存入数据库，以便识别高精算风险的投保者、代理人、险损估价师以及至少 4 年没有提供生产记录的投保者，以用于评估保险商的业绩及其他法律允许的目的；以及

（D）采取法律授权的其他措施，在保证农业生产者保险的公正性及有效性的同时，提高联邦农作物保险项目的精算可靠性。

（2）预估赔付率。联邦农作物保险公司应采取措施，包括建立足够的保费，提高本子篇所提出的联邦多重农作物保险精算的可靠性，实现总体预估损失率不超过 1.0。

（3）非标准分类系统。联邦农作物保险公司使用的非标准分类系统，应公平地、统一地适用于所有投保者。

（o）条例。部长及联邦农作物保险公司均有权颁布本子篇的必要条例。

（p）美国制造的设备及产品的购买。

（1）国会的意愿。国会的意愿为，在实际允许的最大范围内，联邦农作物保险公司使用联邦农作物保险公司资金购买的所有产品和设备应为美国制造。

（2）通告要求。在实际允许的最大范围内，对于联邦农作物保险公司向任何实体购买设备及产品以执行该章内容而签订的合同，其应向该实体发出一份通告，告知（1）中所示的声明。

（q）遵守特定的询问答复程序。

（1）程序要求。联邦农作物保险公司应建立一系列程序，在接到涉及本子篇或根据本子篇制定的条例的相关问询时，依据该程序做出最终解释。

（2）实施。联邦农作物保险公司应在本款生效后的 180 日内，颁布相应条例以执行本款的规定。该条例应至少规定：

（A）（1）中所述的询问提交至联邦农作物保险公司的方式；以及

（B）联邦农作物保险公司对所有询问作出答复的最少合理天数。

（3）未及时答复产生的影响。如联邦农作物保险公司未能按照已经建立的答复程序对询问作出答复，则就本子篇内容或条例提出解释要求的个人可认为其理解在适用的再保险年内是正确的。

第 507 条　人员。

（a）部长应根据公务员法律及条例，任命联邦农作物保险公司业务处理所需的官员及雇员；根据修订后的《1923 年公务员分级法》① 调整其薪金报酬，确定其权力和责任，并将农业部长认定合适的联邦农作物保险公司管理权力委派给他们。但按小时、天或月领取报酬的人员被任命后，其薪金可不按照修订后的《1923 年公务员分级法》或公务员法律及条例的规定进行支付。

（b）在适用的范围内，1916 年 9 月 7 日批准的《美国雇员工伤或其他原因受伤赔偿法》的修订本（《美国法典》第 5 卷第 8 章第 Ⅰ 节）中所规定的赔偿金额，应适用于本子篇规定下的受雇人员，包括本条（c）中提及的委员会及协会的雇员以及该类委员会的成员。

（c）在本子篇规定执行中，联邦农作物保险公司董事会应尽最大可能地（1）建立或运用生产者委员会或协会，并向其支付由联邦农作物保险公司董事会决定的、因配合规定的执行而产生的管理和项目支出费用；（2）与私人保险公司，私人评级机构，以及其他提供精算服务的及提供与理赔及保险计划评级有关的服务及其他服务的机构沟通，以避免联邦政府服务和私人业务部门重叠，以保证联邦农作物保险公司集中精力调整本子篇保险保单，评估在第 508 条（h）及第 523 条下提交的新产品和材料；按照

---

① 《1949 年公务员分级法》（63 Stat. 972）第 1106 条（a）规定如下："当其他任何法律中出现《1923 年公务员分级法》的引用，作为修订，则此类引用应视同《1949 年公务员分级法》。当其他任何法律中出现《1923 年公务员分级法》中某一级别的引用，作为修订，则此类引用应视同《1949 年公务员分级法》第 604 条中相应的条款。《1949 年公务员分级法》现已被纳入《美国法典》第 5 篇第 51 章和第 53 章第 Ⅲ 节内。见《公法》89 - 554（80 Stat. 631）第 7 条（b）

保险业普遍行规条款和赔偿率偿付此类公司在执行董事会决定时产生的费用或董事会支出的管理和项目运行费用；以及（3）通过向私人保险公司及代理机构及经纪人发放许可证，鼓励联邦农作物保险的销售；通过此类代理机构及经纪人给予投保人续交其保险的权利；此种情况下，代理机构或经纪人应从投保人缴纳的保险金中为此类销售及续交仍生效的保险业务而获取报酬，前提是，此类报酬不应包含在保险费用内；若因联邦农作物保险公司或其承包商的错误或遗漏导致代理机构或经纪人被控诉或负有责任，联邦农作物保险公司董事会应向此类代理机构和经纪人提供赔偿，包括诉讼费及合理的律师费用；若代理机构或经纪人引起此类错误或遗漏，则联邦农作物保险公司无需进行赔偿。本款并未允许联邦农作物保险公司与其他个人订立合同来执行联邦农作物保险公司的责任，以审核及批准保单、利率以及第508条（h）下规定的其他材料。

（d）根据第516条的规定，如果需协助动用本子篇下的任何基金，农业部长可以将任务分派给农业部各部门及办公室；或移交至联邦政府及州政府的其他机构。

（e）为执行本子篇的规定，联邦农作物保险公司董事会可以根据其自由裁量权，利用生产者拥有的及由生产者控制的合作协会。

（f）联邦农作物保险公司董事会应尽最大可能利用下列对象的资源、数据、董事会及委员会成员：（1）水土保持局，以帮助联邦农作物保险公司董事会根据风险和生产力对土地进行分类，以进行合理保护开发；（2）林业局，帮助联邦农作物保险公司董事会进行木材保险计划的开发；（3）农业稳定及保护局，帮助联邦农作物保险公司董事会确定农业生产者产量以及作为联络点与联邦农作物保险公司董事会认为必要地区的生产者联络；以及（4）联邦农作物保险公司董事会认为有必要执行本子篇规定的其他联邦机构。

（g）（1）联邦农作物保险公司应设立一个管理级的职位，即特产农作物协调员。

（2）特产农作物协调员应将解决特产农作物生产者的需要、提供与联邦农作物保险公司活动有关的信息及建议以提高并扩大特产农作物的保险计划作为首要责任。为执行本款条文的规定，特产农作物协调员应作为联邦农作物保险公司与特产农作物生产者代表之间的联络员，向联邦农作物保险公司提供生产者对风险管理的知识、专业知识及熟悉度等信息以及有关特产农作物生产的相关事宜。

（3）特产农作物协调员应利用联邦农作物保险公司位于联邦各地的办事处主管，所提供的信息以及其他渠道提供的信息，包括推广服务部门及大学高校等。

第508条 农作物保险。

（a）提供保险授权。

（1）通则。如果可得到足够的精算数据（由联邦农作物保险公司决定），联邦农作物保险公司可以投保，或是按照联邦农作物保险公司制定的适用于农产品的一种或多种保险计划，向在美国开展种植活动的农产品生产者办理再保险。只有由旱灾、水灾或其他自然灾害（由部长判定）等原因给被保险产品造成的损失，方可纳入保险计划范围内。

（2）期限。除烟草、马铃薯和甘薯外，投保作物的保险期限不得超出其在田地的时间。对水产品而言，上句中所说的"田地"是指农产品生产的环境。

（3）生产者以下行为造成的损失除外：

（A）除外责任。本款不包括由于以下原因造成的损失：

（i）生产者疏忽或行为不当；

（ii）生产者未在该地区相同环境下重新播种适于生长的同种作物；或者

（iii）生产者未采取适宜的农耕方式，包括科学的可持续有机农耕方式。

（B）适宜农耕方式。

（i）非正式行政程序。根据联邦农作物保险公司建立的非正式行政程序，生产者有权复查（A）（iii）中有关适宜农耕方式的决议。

（ⅱ）行政复议。

（Ⅰ）无不利判决。就《1994 年农业部重组法》子篇 H（《美国法典》第 7 篇 6991 及以下）而言，决议不得被视为不利判决。

（Ⅱ）撤销或修改。除了（ⅰ）中的规定，行政复议后不可撤销或修改决议。

（ⅲ）司法审查。

（Ⅰ）审查权。生产者在无需使用（ⅰ）中任何权利的前提下，有权要求对决议进行司法审查。

（Ⅱ）撤销或修改。除非判定决议具有随意性或争议性，否则司法审查后不可撤销或修改决议。

（C）马铃薯收入保险总额限制。本子篇中的保单或计划（包括（h）中董事会核准的保单或计划）均不弥补由于马铃薯收入减少造成的损失，但是整个农场保单或计划所含除外（由联邦农作物保险公司决定）。

（4）扩张至其他地区或个体生产者。

（A）地区扩张。联邦农作物保险公司可以为波多黎各、维尔京群岛、关岛、美属萨摩亚、北马里亚纳群岛、马绍尔群岛共和国、密克罗尼西亚联邦以及帕劳共和国的农作物生产提供与本条所述的美国农作物生产类似的保险计划或为其办理再保险。

（B）生产者扩张。在美国或（A）中规定的无法为特定农产品投保农作物保险的地区，如果生产者可以提供产品或类似产品的生产精算数据且获得联邦农作物保险公司接受，联邦农作物保险公司可以与该地区的个体生产者就本子篇中的保险范围签署书面协议。

（5）宣传农作物保险信息。

（A）可用信息。联邦农作物保险公司将通过部门在当地的办公室向生产者提供以下信息：

（ⅰ）当前有关联邦农作物保险的所有信息；以及

（ⅱ）向该地区生产者出售农作物保险的保险机构和联邦农作物保险公司列表。

（B）使用电子方法。

（ⅰ）联邦农作物保险公司宣传。联邦农作物保险公司将对生产者和经批准的保险商提供（A）中的信息。

（ⅱ）向联邦农作物保险公司提交。为了达到最大限度的可行性，联邦农作物保险公司允许生产者和经批准的保险商使用电子方法提交联邦农作物保险公司需要的信息。

（6）增加新作物和特有作物。

（A）数据收集。在制定本项后 180 天以内，部长应在联邦公报发布数据收集出版标准，以帮助联邦农作物保险公司制定新作物和特有作物的农作物保单。

（B）增加新作物。在制定本项后 1 年内以及之后的每年，联邦农作物保险公司应就本子篇中增加新作物和特有作物的农作物保险覆盖范围的进程和预期时间表，向国会进行报告。

（C）增加易腐作物直销。在制定本项后 1 年内，联邦农作物保险公司应就农作物保险计划的可行性向国会进行报告。该计划专门用以满足蔬菜和其他易腐作物的专业生产者的需要，他们通过直销渠道对相关产品进行销售。

（D）增加苗圃作物。在制定本小项后 2 年内，联邦农作物保险公司应对承保苗圃作物进行研究并实施小范围试点计划。

（7）各州充分覆盖率。

（A）"充分传达"定义。本项中，术语"充分传达"指各州平均参与率至少为 50%。

（B）复查。董事会将复查本子篇中保险商提供的保单和计划，以判定保单和计划是否充分传达至各州。

（C）报告

（ⅰ）通则。（B）中的复查结束后 30 天以内，董事会将向国会提交复查结果报告。

（ⅱ）建议。报告应包括相关建议，以提高未充分传达保单和计划各州的参与率。

（8）针对棉花和大米的特别规定。虽然本子篇中有规定，本子篇中联邦农作物保险公司将针对2001陆地棉、超长长绒棉和大米提供保险计划，包括应避免的种植区域和移植区域，以及旱灾和海水入侵导致陆地棉、超长长绒棉和大米无法获得灌溉而造成的损失。

（9）保费调整。

（A）禁止。除（B）中的规定外，任何人不得以保单或其他有偿等价物或其他保单中未规定的诱因为名义，以投保为诱因或在投保后，直接或间接地支付、允许或给予保险费，或主动地支付、允许或给予保险费，或对保险费给予回扣、贴现、折扣、赊欠或减免。

（B）例外情况。（A）不适用于：

（ⅰ）（b）（5）（B）中核准的款项；

（ⅱ）（d）（3）中核准的绩效贴现；或

（ⅲ）由下列群体支付的合作社股息或类似款项：

（Ⅰ）根据（b）（5）（B）之规定在制定本项之前生效的经联邦农作物保险公司核准并支付2005、2006和2007年款项的实体；以及

（Ⅱ）根据该款中有关联邦农作物保险公司就适用再保险年指定实体的规定，采取与付款计划相一致的方式。

（10）佣金。

（A）直系亲属定义。本项中，"直系亲属"指个人的父亲、母亲、继父、继母、兄弟、姐妹、同父异母或同母异父的兄弟姐妹、儿子、女儿、继子、继女、（外）祖父母、（外）孙子、（外）孙女、公公（岳父）、婆婆（岳母）、连襟、妯娌、女婿、媳妇、或上述人的配偶，以及个人的配偶。

（B）禁止。任何个人（包括转代理人）不得以本子篇中的保单或计划的出售和服务为目的，直接或间接收取实体的补偿（包括佣金、分红、奖金或其他直接或间接利益），如果：

（ⅰ）该个人在保单或计划中享有实质性的受益权，或个人直系亲属中的一人享有实质性的受益；且

（ⅱ）支付给个人的保单或计划的出售和服务的补偿总额超过（ⅰ）中规定的30%或超过州法中规定比例的条件，本子篇中在再保险年个人直接或间接收到保单或计划的出售和服务的累计赔偿，以再保险年较少的补偿总额为准。

（C）报告。再保险年年度结算之日起90天内，本子篇中在前一再保险年直接或间接收到保单或计划的出售和服务补偿的任何个人，应向经批准的保险商提交能够证明其收到的补偿符合本项规定的证明。

（D）制裁。第515条（h）中的程序要求和制裁适用于起诉违反本项规定的行为。

（E）适用性。

（ⅰ）通则。起诉违反本项规定的行为只适用于对（C）所需的证明负有直接责任或是不符合本项要求的个体或实体。

（ⅱ）禁止。不对已收取保单或计划补偿的情况实施制裁，包括这些保单或计划的再保险。

（b）巨灾风险保护。

（1）通则。联邦农作物保险公司应向生产者提供巨灾风险保护计划，如果联邦农作物保险公司提供该计划，当生产者由于旱灾、水灾或其他自然灾害（由农业部长判定）在作物年度未能播种其他作物获取收成，联邦农作物保险公司赔偿其由于减产或未播种而造成的农作物损失。

（2）保险金额。

（A）通则。依据（B）

（ⅰ）1995至1998年作物年间，基于个人收益或面积产量，按照预期市场价格的60%进行赔偿，巨灾风险保护为每位生产者提供的保险金额为其减产损失金额的50%或相当的金额（由联邦农作物保险公司决定）；和

（ⅱ）至 1999 年及以后，基于个人收益或面积产量，按照预期市场价格的 50％进行赔偿，巨灾风险保护为每位生产者提供的保险金额为其减产损失金额的 55％或相当的金额（由联邦农作物保险公司决定）。

（B）实际支付减少。支付给生产者的巨灾风险保护赔偿数额，可按比例减少索赔中并非由生产者未播种、种植或收获农作物而产生的不列入预算开销，具体由联邦农作物保险公司决定。

（3）替代巨灾保险范围。从 2001 年作物年起，联邦农作物保险公司将向农产品生产者提供下列选择：

（A）上述（2）（A）中适用的巨灾风险保护保险范围。

（B）替代巨灾风险保护保险范围

（ⅰ）如果为农场所在县的农产品提供保单或计划，则应按照单产损失向生产者提供赔偿；

（ⅱ）按照统一的国家标准，提供比（2）（A）中规定可得到的赔偿更高的收益率和保护价格；以及

（ⅲ）联邦农作物保险公司的赔偿决定与(2)（A）中就（e）（2）（A）中可得到的赔偿相当。

（4）巨灾风险险种销售。

（A）通则。巨灾风险赔偿由下列单位提供：

（ⅰ）经批准的保险商，如果该地区有；及

（ⅱ）农业部地方办公室（由部长根据需要决定）。

（B）需要。对于（A）（ⅱ）中所述的要求，部长需考虑如何最高效地使用资源并获得最高收益、人员可用性、地区生产者的公平性、地区生产者的需求和便利性以及私人保险公司的可用性。

（2）保险总额支付。

（ⅰ）通则。如部长判定该州或该州部分地区经批准的保险商数量不足以向生产者提供巨灾风险保护覆盖范围，则部长可与经批准的保险商进行充分协商后，继续在该州（或该州部分地区）通过农业部地方办公室提供巨灾风险保护。

（ⅱ）经批准的保险商提供的保险范围。经批准的保险商向生产者提供的巨灾风险保护保险范围须满足部长判定的州（或州的部分地区）所需，只有经批准的保险商可提供州或该州部分地区的相关保险。

（ⅲ）判定时间。制定本小项后 90 天之内，部长宣布（ⅰ）有关 1997 年作物年度保单的判定结果。对其后的作物年度，部长将在作物生产前一年的 4 月 30 日之前，或发现可以与受影响的农作物保险联邦农作物保险公司进行协商的那一年的其他任何时间进行通知，这些保险商通过农业部地方办公室为巨灾保险覆盖的州（或该州部分地区）提供保险。

（ⅳ）现行保单。本条款从 1997 年作物年度起生效。根据（ⅱ），所有农业部地方办公室制定的巨灾风险保护保单将转交至经批准的保险商进行销售、服务及理赔。转交时，未支付的与此保单相关的费用将由接受保单的经批准的保险商进行支付。1997 年作物年度的销售截止日期为 1997 年 1 月 1 日，依照（ⅲ）部长宣布其保单转交开始并至作物销售截止日期时结束。所有后续保单（包括 1998 年和之后的作物年度保单）的转交过程应在销售截止日期前 45 日内开始。

（5）管理费。

（A）基本费用。每位生产者需支付巨灾风险保护行政费用，缴费标准为每县每种作物 300 美元。

（B）代表生产者支付巨灾风险保护费用。

（ⅰ）授权支付。如果州法律允许保险商向合作社或行业协会支付许可费，或降低生产者缴纳的巨灾风险保护行政费用，则该州合作社或行业协会可以代表该州或毗邻州的同意投保的相关协会成员支付本项规定所需的巨灾风险保护的全部或部分行政费用。

（ⅱ）供应商选择。本小项不限制生产者选择购买保单或计划的执照保险机构或其他经批准的保险商，也不限制其拒绝（ⅰ）提供的赔偿支付方式。

（ⅲ）交付保险。（ⅰ）中的巨灾风险保护保险金额由执照保险机构或其他经批准的保险商交付。

（ⅳ）附加险。支付许可费的合作社或行业协会以及经批准的保险商应鼓励生产者购买适当水平的保险，以满足其风险管理需求。

（C）支付时间。本项中的行政费用需由生产者在其缴纳附加险保单费用时支付。

（D）费用使用。

（ⅰ）通则。依据第516条（c），本项中的金额将作为农作物保险保证金进行支付，用于联邦农作物保险公司项目和活动。

（ⅱ）限制。本小项中的作物保险保证金不得用于支付经批准的保险商或机构提供的本款中服务所需费用。

（E）费用免除。依据联邦农作物保险公司规定，对资源受限的农民，联邦农作物保险公司应免除其根据本项中的费用。

（6）参与要求。只有生产者的在全县所有可获保土地上的作物都获得赔偿时，该作物才可以获得巨灾风险赔偿。

（7）农业部项目适用性。

（A）通则。对1996年及以后春季播种（1996年秋季播种期由部长决定）的作物有效，符合《农业市场过渡法》中的款项或贷款、保育储备计划，或《巩固农业和农村发展法》第371条（《美国法典》第7篇2008f）规定补贴的相关人员应：

（ⅰ）为每种可以取得经济收益的作物，至少加入巨灾等级的保险；或

（ⅱ）向部长提供书面放弃声明书，放弃该种作物的紧急作物损失援助。

（B）作物经济意义的定义。本项中"作物经济意义"是指占据或预期占据生产者种植的所有作物预期价值10%或更高份额的作物。

（8）风险限制。基于保险风险考虑，联邦农作物保险公司可以限制任何县或地区的任何农场投保巨灾风险保险。

（9）1995年作物过渡保险范围。仅对1995年种植的作物或在1995年1月1日前的保险有效，联邦农作物保险公司允许作物生产者自《1994年联邦作物保险改革法》制定之日起180天内为作物获取巨灾风险保护。法案制定后，在此之前及时购买作物保单的生产者，依据本子篇规定立即获得相关保险保护，并有资格与享有（c）规定的类似附加险的生产者享受同等利益。

（10）简化。

（A）巨灾风险保护计划。在推进和实施巨灾风险保护计划的过程中，联邦农作物保险公司应最大限度地减少所需文书工作、降低复杂程度，并减少为各方推进计划的管理开支。

（B）其他计划。（A）项中的保单和程序适用于本子篇的其他保险计划，不影响作物保险的精确性和完整性。本款生效后，联邦农作物保险公司将在合理期限内（由联邦农作物保险公司决定）把这些保单和程序用于其他保险计划。

（11）理赔。经批准的保险商或机构其关于巨灾风险保护的理赔费用，即赔付费用不应超过巨灾风险保护保费的6%。

（c）总保险金额。

（1）总附加险。

（A）通则。联邦农作物保险公司应向美国境内出产的农产品提供带有附加险的农作物保险。

（B）购买。如果经批准的保险商可以提供附加险，生产者必须向经批准的保险商申请购买才有资格享受附加保险。如果附加险无法从保险商处购买，联邦农作物保险公司可以直接对生产者提供附加险计划。

（2）相关信息移交。如果生产者已经向农业部地方办公室申请了巨灾风险保护并选择购买附加险，生产者作物的相关信息将被移交至提供附加险作物保单的经批准的保险商。

（3）产量损失基础。如联邦农作物保险公司提供两种选择，生产者可以根据个人产量损失或亩产损

失选择购买附加险。

(4) 保险金额水平。保险金额应以美元计算，可以购买任意级别的保险但以不超过个人产量的 85％ 或亩产的 95％ 为准（由联邦农作物保险公司决定）。1996 作物年度开始之前，联邦农作物保险公司应向生产者提供以美元计算的巨灾风险和附加险信息（在本项规定的保险金额限定额度之内）。

(5) 预期市场价格。

(A) 制定或批准。就本子篇而言，联邦农作物保险公司应制定或批准每种投保的农产品的价格水平（本子篇中称为"预期市场价格"）。

(B) 通则。除（C）中另行规定外，农产品的预期市场价格不应低于联邦农作物保险公司确定的规划市场价格。

(C) 其他授权方法。农产品预期市场价格：

（ⅰ）可由联邦农作物保险公司基于农产品收获时的实际市场价格确定；

（ⅱ）如考虑保险的收益和其他类似计划，可由联邦农作物保险公司按农产品的实际市场价格确定；

（ⅲ）如考虑生产和其他类似计划，农业产品预计生产成本由联邦农作物保险公司决定可等同于联邦农作物保险公司确定的农产品规划价格；或

（ⅳ）如考虑其他保险计划，可由联邦农作物保险公司确定一个合理的价格。

(D) 高粱价格选择。

（ⅰ）通则。联邦农作物保险公司协同农业部长（本小项中简称为"联邦农作物保险公司"）应：

（Ⅰ）在本小项制定 60 天内，提供包括经济研究所数据在内的所有方法和数据，以用于确定基于生产和联邦农作物保险公司保险税收计划的高粱预期市场价格。

（Ⅱ）索要高粱行业的可用数据。

（ⅱ）专家审查员。

（Ⅰ）通则。本小项制定后 120 天内，联邦农作物保险公司应与 5 位（Ⅱ）中的专家审查员单独签订合同，以制定并决定基于生产和保险税收计划的高粱预期市场价格的方法，以便更准确地反映实际收获价格。

（Ⅱ）要求。（Ⅰ）中的专家审查员应由在高粱和玉米市场方面有经验的农业经济学家担任，其中：

(aa) 2 名为大专院校的农业经济学家；

(bb) 2 名为部门内部的经济学家；以及

(cc) 1 名为高粱业提名的经济学家。

（ⅲ）建议。

（Ⅰ）通则。与（ⅱ）中的专家审查员签订合同后 90 天内，专家审查员应提交并由联邦农作物保险公司公开这些建议。

（Ⅱ）考虑。基于生产和保险税收计划，联邦农作物保险公司将考虑分（Ⅰ）中确定合理的高粱预期市场价格方法的建议。

（Ⅲ）公示。联邦农作物保险公司收到专家审查员建议后 60 天内，应公示基于生产和保险税收计划的提议定价方法，以用于通知和审查。在审查期间，应至少举行一次公开会议讨论提议的定价方法。

（ⅳ）合适定价方法。

（Ⅰ）通则。（ⅲ）（Ⅲ）中的审查期结束后 180 天内，但在 2010 作物年之前仍有效，联邦农作物保险公司应基于生产和保险税收计划，实施公开且可推广的高粱定价方法。

（Ⅱ）临时方法。实施新的定价方法之前，联邦农作物保险公司可以继续使用其认为的最佳预期市场价格确定方法。

（Ⅲ）有效性。联邦农作物保险公司应每年提供定价方法和数据，用以决定基于生产和保险税收计划的高粱预期市场价格，并与前一年相比，以确定高粱预期市场价格方法的变化。

(6) 价格选择。

（A）通则。根据（B），投保者被保险的范围应建立在生产者选定的价格等同或低于联邦农作物保险公司指定的价格基础上。保险总额应按照美元/英亩计算。

（B）最低价格选择。联邦农作物保险公司应设立最低价格门槛制度，低于该门槛价格的投保将不予承接。

（C）小麦种类及麦芽大麦。在联邦农作物保险公司确定可行的情况下，除标准价格选择外，联邦农作物保险公司还应就小麦及大麦的种类向生产者提供不同的价格选择（如果是大麦，还包括合约价格）以反映不同的市场价格。在联邦农作物保险公司确定可行的情况下，联邦农作物保险公司应就该项下确定的各个分类提供附加险；且应向各个经精算认定可行的分类收取保险费。

（7）火灾与冰雹险。附加险以等于或大于历史记录或预估平均产量预期市场价格的 65% 进行赔付时，如果生产者从私人保险提供商处获得相同的或大于火灾及冰雹引起损失的保险金额，生产者可以选择从附加险中去除火灾或冰雹的保证金。收到联邦农作物保险公司发行的附加险保单及提交被保险农作物保险证据后，生产者的保费应根据联邦农作物保险公司的决定减少部分数额以达到合理精算价值，同时将联邦农作物保险公司提供的剩余承保范围的精算价值考虑在内。任何情况下，给予生产者的信贷金额不得超过农作物附加险中所承保的由火灾及冰雹引起的损失评估价值。

（8）国家保费补贴。联邦农作物保险公司可以与任何一个州或相关代理机构订立合约；签订合约的州或代理机构可以向经批准的保险提供商支付一份附加的保费补贴，以进一步减少该州生产者所需缴纳的保费金额。

（9）附加险限制。基于保险风险考虑，根据本款，在任何县、地区或农场，董事会可以限制附加险。联邦农作物保险公司董事会提供的附加险不得以等于或低于历史记录或预估平均产量预期市场价格的 50% 进行赔付。

（10）管理费。

（A）必要费用。如果生产者选择为农作物购买超过巨灾风险保护的险种，则每个县的生产者应为每种作物的附加险缴纳 30 美元管理费。

（B）费用的使用和减免：（b）（5）的（D）（E）适用于本小项下管理费的征收及使用。

（C）缴纳时间。（b）（5）（C）适用于管理费用的征收日期。

（d）保险费。

（1）须交保险费。根据联邦农作物保险公司确定的费率，联邦农作物保险公司应为所有保险计划规定足够的保费；此类保费须满足的预期赔付率应不高于：

（A）1998 年 9 月 30 日前为 1.1；

（B）自 1998 年 10 月 1 日开始，至《2008 年粮食、保育和能源法》订立的日期结束的这一段时间内，为 1.075；以及

（C）上述法案订立日期及以后为 1.0

（2）保险费数额。（b）下的巨灾保险的保费及（c）下的附加险的保费规定如下：

（A）如果是巨灾保险，则保险费数额应足够赔付预期损失及合理储备。

（B）如附加险以等于或大于历史记录或预估平均产量预期市场价格 50% 且小于 100% 进行赔付，或保险保单或计划的可比险种的承保范围不是建立在个体产量的基础上，则数额应为：

（i）足够赔付预期损失及合理储备；以及

（ii）包括一定数额的、联邦农作物保险公司确定为可行的运营及管理费用，该费用应为全行业基础上用于特定赔付的保费数额的一部分。

（3）以绩效为基础的折扣。联邦农作物保险公司可以绩效为基础实行保费折扣，其对象是联邦农作物保险公司确定的、相对于同地区同类农业商品的其他生产者具有更丰富保险或者生产经验的农业商品生产者。

（4）保费的出票日期。从 2012 年再保险年开始生效，联邦农作物保险公司应以 8 月 15 日为保费出

票日期。

（e）联邦农作物保险公司支付部分保费。

（1）通则。为鼓励生产者最大程度的参与（b）下的巨灾风险险种以及（c）下的附加险，联邦农作物保险公司应承担该款下规定的部分保费金额。

（2）支付金额。根据（3）① 的规定，联邦农作物保险公司应承担如下保险费：

（A）如果是巨灾保险，则联邦农作物保险公司承担的保费数额应等同于（d）（2）（A）中规定的巨灾保险的保费。

（B）如附加险等于或高于已登记或评估平均产量的 50% 且低于 55%，且系按 100% 的市场预期价格进行赔偿，或保单或保险计划的类似保险范围并不是建立在个体产量的基础之上，则保险费的金额应等于下列两项的总和：

（ⅰ）（d）（2）（B）（ⅰ）下所选保险等级保费的 67%；以及

（ⅱ）（d）（2）（B）（ⅱ）下所选保险等级的运营及管理费用。

（C）如附加险等于或高于已登记或评估平均产量的 55% 且低于 65%，且系按不高于 100% 的市场预期价格进行赔偿，或保单或保险计划的类似保险范围并不是建立在个体产量基础之上，则保险费的金额应等于下列两项的总和：

（ⅰ）（d）（2）（B）（ⅰ）下所选保险等级保费的 64%；以及

（ⅱ）（d）（2）（B）（ⅱ）下所选保险等级的运营及管理费用。

（D）如附加险等于或高于已登记或评估平均产量的 65% 且低于 75%，且系按不高于 100% 的市场预期价格进行赔偿，或保单或保险计划的类似保险范围并不是建立在个体产量基础之上，则保险费的金额应等于下列两项的总和：

（ⅰ）（d）（2）（B）（ⅰ）下所选保险等级保费的 59%；以及

（ⅱ）（d）（2）（B）（ⅱ）下所选保险等级的运营及管理费用。

（E）如附加险等于或高于已登记或评估平均产量的 75% 且低于 80%，且系按不高于 100% 的市场预期价格进行赔偿，或保单或保险计划的类似保险范围并不是建立在个体产量基础之上，则保险费的金额应等于下列两项的总和：

（ⅰ）（d）（2）（B）（ⅰ）下所选保险等级保费的 55%；以及

（ⅱ）（d）（2）（B）（ⅱ）下所选保险等级的运营及管理费用。

（F）如附加险等于或高于已登记或评估平均产量的 80% 且低于 85%，且系按不高于 100% 的市场预期价格进行赔偿，或保单或保险计划的类似保险范围并不是建立在个体产量基础之上，则保险费的金额应等于下列两项的总和：

（ⅰ）（d）（2）（B）（ⅰ）下所选保险等级保费的 48%；以及

（ⅱ）（d）（2）（B）（ⅱ）下所选保险等级的运营及管理费用。

（G）根据（c）（4）规定，如附加险等于或高于已登记或评估平均产量的 85%，且系按不高于 100% 的市场预期价格进行赔偿，或保单或保险计划的类似保险范围并不是建立在个体产量基础之上，则保险费的金额应等于下列两项的总和：

（ⅰ）（d）（2）（B）（ⅰ）下所选保险等级保费的 38%；以及

（ⅱ）（d）（2）（B）（ⅱ）下所选保险等级的运营及管理费用。

（3）禁止持续投保。尽管（2）中有相关规定，但是 2001 年及随后的每个再保险年份，（c）下的附加险应以历史记录的或预计的平均产量预期市场价格的 50% 为基础，按 5% 的增量进行续保。

---

① 修改《2008 年粮食、保育和能源法》（《公法》110 - 246；《美国法令全书》第 122 篇 2138，2008 年 5 月 22 日）第 12010 条（1），删除"（4）"，插入"（3）"。修改该法案第 12012 条（1），删除"（4）"，插入"（4）、（6）、（7）"。不得对其内容进行修订。删除"（3）"，并插入"（3）、（6）、（7）"。

（4）保险金支付披露。在本子篇中，每一保单或保险计划应清晰标示由联邦农作物保险公司支付的保险金额。

（5）企业及整个农场单位。

（A）通则。联邦农作物保险公司可实行一个试点项目，该项目下联邦农作物保险公司可承担保险计划及保单规定的高于（2）中规定数额保费的一部分；根据此处所指的保险保单及计划，可参保的单位为整个农场或企业。

（B）数额。若投保人已为收成年度的农作物购买了基本的或选择性的险种，联邦农作物保险公司为该款下企业或整个农产单位投保人的保单所承担的保费比例，应最大程度提供相应保费津贴数额，并与（2）下支付联邦农作物保险公司所需支付的数额相同。

（C）限制。联邦农作物保险公司根据该款规定承担的保费数额不得超过企业或农场单位投保保费总额的80％。

（6）区域收入计划保费补贴。根据（4）的规定，如保险保单或计划对损失承保是因为某地区税收下降所致，则联邦农作物保险公司承担的保费应按照下列规定执行：

（A）如区域附加险等于或高于已登记或评估平均产量的70％且低于75％，且系按不高于100％的市场预期价格进行赔偿，或保单或保险计划的类似保险范围并不是建立在个体产量基础之上，则保险费的金额应等于下列两项的总和：

（ⅰ）（d）（2）（B）（ⅰ）下所选保险等级保费的59％；以及

（ⅱ）（d）（2）（B）（ⅱ）下所选保险等级的运营及管理费用。

（B）如区域附加险等于或高于已登记或评估平均产量的75％且低于85％，且系按不高于100％的市场预期价格进行赔偿，或保单或保险计划的类似保险范围并不是建立在个体产量基础之上，则保险费的金额应等于下列两项的总和：

（ⅰ）（d）（2）（B）（ⅰ）下所选保险等级保费的55％；以及

（ⅱ）（d）（2）（B）（ⅱ）下所选保险等级的运营及管理费用。

（C）如区域附加险等于或高于已登记或评估平均产量的85％且低于90％，且系按不高于100％的市场预期价格进行赔偿，或保单或保险计划的类似保险范围并不是建立在个体产量基础之上，则保险费的金额应等于下列两项的总和：

（ⅰ）（d）（2）（B）（ⅰ）下所选保险等级保费的49％；以及

（ⅱ）（d）（2）（B）（ⅱ）下所选保险等级的运营及管理费用。

（D）如区域附加险等于或高于已登记或评估平均产量的90％，且系按不高于100％的市场预期价格进行赔偿，或保单或保险计划的类似保险范围并不是建立在个体产量基础之上，则保险费的金额应等于下列两项的总和：

（ⅰ）（d）（2）（B）（ⅰ）下所选保险等级保费的44％；以及

（ⅱ）（d）（2）（B）（ⅱ）下所选保险等级的运营及管理费用。

（7）区域产量计划保费补贴。根据（4）的规定，如果保单或保险计划对系因产量下降或禁止播种所造成的损失承保，则联邦农作物保险公司支付的保费应按照以下方式支付：

（A）如区域附加险等于或高于已登记或评估平均产量的70％且低于80％，且系按不高于100％的市场预期价格进行赔偿，或保单或保险计划的类似保险范围并不是建立在个体产量基础之上，则保险费的金额应等于下列两项的总和：

（ⅰ）（d）（2）（B）（ⅰ）下所选保险等级保费的59％；以及

（ⅱ）（d）（2）（B）（ⅱ）下所选保险等级的运营及管理费用。

（B）如区域附加险等于或高于已登记或评估平均产量80％且低于90％，且系按不高于100％的市场预期价格进行赔偿，或保单或保险计划的类似保险范围并不是建立在个体产量基础之上，则保险费的金额应等于下列两项的总和：

（ⅰ）（d）（2）（B）（ⅰ）下所选保险等级保费的 55％；以及

（ⅱ）（d）（2）（B）（ⅱ）下所选保险等级的运营及管理费用。

（C）如区域附加险等于或高于已登记或评估平均产量 90％，且系按不高于 100％的市场预期价格进行赔偿，或保单或保险计划的类似保险范围并不是建立在个体产量基础之上，则保险费的金额应等于下列两项的总和：

（ⅰ）（d）（2）（B）（ⅰ）下所选保险等级保费的 55％；以及

（ⅱ）（d）（2）（B）（ⅱ）下所选保险等级的运营及管理费用。

（f）资格。

（1）通则。为参加该条下的巨灾保险，生产者应向农业部地方署递交申请，或向经批准的保险提供商提交申请。

（2）销售截止日期。

（A）通则。为参加本子篇所述的保险，每个生产者应在销售截止日或截止日之前购买农作物保险，并提交必要的信息，执行相应的必要文件。为保证农作物保险项目精算的可靠性，联邦农作物保险公司应设立保险销售截止日，以此来最大程度地为生产者提供便利，保证生产者可以从农业部的生产及价格调整计划中获益。

（B）确立的日期。除非（C）中另有规定，否则联邦农作物保险公司应为所有在春季种植的可进行保险的农作物保单，设立一个销售截至日期，即比 1994 年确定的销售截至日期提前 30 天。

（C）例外情况。根据（B）的规定，如果农作物保险的销售截止日期在 1 月 31 日之前，则该种农作物保险的销售截止日期应为 2000 年收成年度开始每年的 1 月 31 日。

（3）记录及报告。如需获得（b）下的巨灾保险及（c）下的附加险，则生产者应：

（A）向农业部长提交适当的年度记录，标明该子篇下每种农作物的种植面积、面积产量、以及产品；或接受联邦农作物保险公司确定的产量；以及

（B）报告联邦农作物保险公司指定位置及作物种类的播种面积以及在报告日未播种的面积。

（g）产量确定。

（1）通则。根据（2）的规定，联邦农作物保险公司应建立农作物承保规则，确保该款规定的产量保险，确保合格的生产者可获得（b）中的巨灾保险和（c）中的附加险。

（2）产量保险陪付计划。

（A）实际生产历史。根据（B），如果作物在已经确定实际生产历史的收成年度前 4 个收成年度未受灾害，且已确定实际生产历史的收成年度前 10 个连续的收成年度已建立一个数据库，那么作物的产量应建立在作物实际生产历史的基础上。

（B）指定的产量。如果生产者不能提供（A）中农作物产量充分的证据，则该生产者的产量应指定为：

（ⅰ）按照联邦农作物保险公司基于生产历史要求而颁布的条例中的规定，不低于该生产者过渡产量的 65％（可根据联邦农作物保险公司在连续年度中收到的实际产量记录调整）；或

（ⅱ）在以下情况中，由联邦农作物保险公司确定产量：

（Ⅰ）如果农业部长判定，生产者已经两年未达到投保作物产量的份额；

（Ⅱ）生产者在不是自己经营的农场上种植农作物商品；或

（Ⅲ）生产者用以前农场没有种植过的作物和农场种植过的作物轮作。

（C）面积产量。联保农作物保险公司还提供基于面积产量的表现机会，投保的生产者的某个区域如果出现亏损，可以获得相应的赔偿（由联邦农作物保险公司指定）。在面积产量计划下，投保的生产者将有权选择面积产量的险种级别，此类险种会根据联邦农作物保险公司已经确定的条款和条件不断地进行保付。

（D）逐项商品基础。如果可以，生产者可在个体产量或面积产量承保之间做出选择，或进行综合

承保，但应按照每种农作物商品逐项确定的方式。

（3）饲料或者草料生产者的过渡产量。

（A）通则。如果生产者未能提供（2）（A）下产量的充分证据，则应由联邦农作物保险公司指定产量，应不少于过渡产量的80％，（调整是为反映生产者实际的生产历史）如果部长确定：

（ⅰ）生产者主要种植饲料作物，为农场上的家畜、乳牛或家禽类提供饲料；以及

（ⅱ）生产者农场净收入的50％来自于上述经营。

（B）产量计算。联邦农作物保险公司应：

（ⅰ）在生产者投保的第一年，向饲料生产者提供该款下的指定产量；以及

（ⅱ）在生产者投保的第二年，根据该款的规定，使用实际生产历史或指派产量的要求。

（C）权力的终止。该款赋予的权力应在该款规定生效三年后自动终止。

（4）调整实际生产历史以确定可投保产量。

（A）适用。本项适用于联邦农作物保险公司，以生产者的实际记录来确定其在2001及后续任一农事年度某一农产品的实际生产历史。

（B）选择性采用过渡产量的比例。如在一个或多个农事年度期间，记录或评估的农产品产量低于联邦农作物保险公司确定过渡产量的60％，则联邦农作物保险公司应根据生产者的选择：

（ⅰ）不予采用该等记录或评估的农产品产量；及

（ⅱ）以相当于相关过渡产量的60％取代不予以采用的产量。

（C）保费调整。如生产者在（B）中作出选择，联邦农作物保险公司应当对保费金额作出调整，以反映出生产者因实际生产历史调整而须增加的相关风险。

（5）对因有效的害虫防治措施使产量增加的调整。

（A）须调整的情形。以下情况，联邦农作物保险公司应研究调整生产者实际生产历史的新方法：

（ⅰ）如生产者农场所在地区通过整个地区的努力，采取了一定的操作或措施监测、消除、阻止或控制，或至少能够采取措施预防或防止植物病害或虫害；或者生产者农场自身采取了一定的操作或措施监测、消除、阻止或控制，或至少能够采取措施预防或防止植物病害或虫害，包括植物病虫害（定义详见农业部《1994年有机农业法》第102条（《美国法典》第7篇147a））。

（ⅱ）经认定，病虫害的存在已严重影响到了农业生产投保农产品的产量。

（ⅲ）（ⅰ）中所采取的措施系有效的。

（B）调整数额。联邦农作物保险公司所调整的某一农产品生产者实际生产历史的数额，应当能够反映出（A）中全区域统一实施措施提高该生产者农场的农产品产量的平均值。

（h）向联邦农作物保险公司董事会提交保单及材料。

（1）通则。根据（c）小节，除联邦农作物保险公司董事会要求的向生产者提供的标准表格或表单外，个人（包括经批准的保险提供商、学院或者大学、合作或贸易协会、或其他个人）可向联邦农作物保险公司董事会准备提交或提议以下事项：

（A）其他农作物保单或保单的规定；以及

（B）涉及小麦、大豆、饲料玉米及农业部长确定的其他作物的多重保险保费费率。

（2）保单的提交。该款下向联邦农作物保险公司董事会提交的保单或其他材料，可不考虑本子篇规定的限制条件，包括保险水平的要求以及被保险商品的物价水平必须等同于联邦农作物保险公司董事会规定的该商品预期市场价格的要求。

（3）联邦农作物保险公司董事会的审核和批准。根据该款向联邦农作物保险公司董事会提交的保单和其他材料，应经过联邦农作物保险公司董事会审核；如果联邦农作物保险公司董事会发现生产者的利益得到了切实的保护，而且向生产者收取的保费是恰当的，则提交的材料应获得联邦农作物保险公司董事会的批准，可进行再保险，相应的保险提供商可继续向生产者销售保险，但销售的保险应在合适的条款和条件下以合适的费率销售。联邦农作物保险公司可与经批准的保险提供商同时签订一份或多份再保

险协议，以促进新保单的提供。

（4）提交及审核准则。联邦农作物保险公司应制定相关条例，对根据本子篇进行保单或其他材料的提交、联邦农作物保险公司董事会的审核作出指导性规定。该准则至少应保证：

（A）机密性。

（i）通则。根据本款向联邦农作物保险公司董事会提交的提议（包括任何由该提议衍生的信息），根据《美国法典》第 5 篇第 552 条（b）（4）的规定，应视为机密商业信息或机密财务信息。

（ii）机密标准。如根据特权标准，农业部长可隐瞒某提议的相关信息；或机密信息涉及《美国法典》第 5 篇下的第 552 条（b）（4）下的商业秘密、机密信息或商业信息，则此类信息不得公布于众。

（iii）申请。该项适用于联邦农作物保险公司董事会对提议作出批准前的提议。

（B）个人陈述。如申请人强烈要求，联邦农作物保险公司董事会应允许申请人亲自向联邦农作物保险公司董事会陈述其提议。

（C）拒绝批准的通知。

（i）时限。联邦农作物保险公司董事会在拒绝申请人的申请至少 30 天前，应向申请人提供一份意图拒绝通告。

（ii）申请的修改。

（I）权限。申请人收到通知后可对申请材料作出修改，且修改后的申请，联邦农作物保险公司董事会应根据（D）规定的方式，在已修改申请材料提交后 30 天内进行审核。

（II）期限。（i）中的时限对于联邦农作物保险公司董事会审议修改后的申请不适用。

（iii）解释。任何意图拒绝批准提交的保单或其他材料的通告，应随附一份董事会拒绝批准的原因的完整解释。

（D）批准或不批准保单或材料的决定。

（i）时限。根据该款将保单或材料提交后 120 日内，董事会应决定提交的保单或材料是否获得通过。

（ii）解释。董事会任何意图拒绝批准提交的保单或其他材料的决定，应随附一份董事会拒绝批准的原因的完整解释。

（iii）未在规定期限内作出决定。尽管该条有其他相关规定，如果联邦农作物保险公司董事会未能在规定期限内作出决定，则提交的保单或材料应视为已经获得联邦农作物保险公司董事会批准，除非联邦农作物保险公司董事会及申请人同意延长作出答复决定的期限。

（5）保费计划表。

（A）联邦农作物保险公司支付。如果保险保单或计划在该款或第 522 条下获得通过，或者根据第 523 条（而不是适用于畜牧业的保险保单或计划）实施，则联邦农作物保险公司应承担的相应保险计划或保单的保费比例应相当于：

（i）（e）规定的，相似级别的投保保费占用来确定赔付率的保费总额的比例；及

（ii）（k）（4）规定的运营及管理支出的金额。

（B）过渡计划。自 2001 年再保险年生效起，如果保险保单或计划在该款或第 522 条下获得通过，或者根据第 523 条（而不是适用于畜牧业的保险保单或计划）实施，而且自本小项生效后获得联邦农作物保险公司董事会的首次批准；则联邦农作物保险公司就保费的部分支付不得超过（e）（符合（c）（5），于该项生效日前生效）规定的数额。

（6）附加未播种地的保单范围。

（A）通则。从 1995 年收成年度开始，联邦农作物保险公司应向生产者提供一份未播种地块的保险，以保证生产者抵御本款中所述的风险损失。

（B）经批准的保险提供商。附加的未播种承保范围应由联邦农作物保险公司通过经批准的保险提供商提供。

（C）损失发生时间的确定。农作物损失应由附加未播种险承保，如果：

（ⅰ）农作物保险保单是为：

（Ⅰ）农事年遭受损失；或

（Ⅱ）因未播种而遭受损失之前的农事年；及

（ⅱ）造成损失的原因是发生在：

（Ⅰ）遭受损失之前的农事年，其作物销售截止日期之后；或

（Ⅱ）遭受损失的农事年，其作物销售截止日期之前。

（i）保险费率和保险金额。

（1）通则。联邦农作物保险公司应尽快采用可以提高农作物保险投保率精算可靠性的保险费率和保险金额，除非与上一作物年相比保险费率无法增长 20％以上。

（2）评级方法审查。为了实现联邦作物保险项目最大参与率，同时确保生产者的公平性，联邦农作物保险公司应按照第 507 条（c）（2）定期审查本子篇中的保险计划评级方法。

（3）分析等级和损失记录。联邦农作物保险公司应对农产品进行年度承保保单和方案的等级和损失记录分析。

（4）保费调整。如果联邦农作物保险公司判定费率超出分（d）（2）对该地农产品的要求，2002 作物年（及之后必要时），联邦农作物保险公司应对该地农产品费率做适当调整。

（j）损失索赔。

（1）通则。根据联邦农作物保险公司规定，联邦农作物保险公司可以提供损失索赔理算和支付。联邦农作物保险公司规定建立标准，以确保在切实可行的范围内对索赔损失进行统一、及时理算。

（2）拒绝赔偿。

（A）通则。根据（B），如果联邦农作物保险公司或代表联邦农作物保险公司的承保人拒绝赔偿要求，可在受保农场所在的美国地方法院对联邦农作物保险公司或部长提起赔偿诉讼。

（B）法定时效。索赔人应在收到最终拒绝通知后 1 年以内提起赔偿诉讼。

（3）赔偿。由于联邦农作物保险公司方的失误和疏忽，联邦农作物保险公司应向经批准的保险商提供赔偿，包括经批准的保险商的支出和合理的律师费。

（4）营销窗口。联邦农作物保险公司在决定作物年种植是否可行时应考虑营销窗口。

（5）农场储存产品赔偿清算。拥有农场储存产品的生产者，在按照保单提起索赔后，最多可延迟 4个月清算农场储存的农作物产品保险赔偿。

（k）再保险。

（1）通则。尽管本子篇有其他规定，但是联邦农作物保险公司可以最大限度地向联邦农作物保险公司承包人提供再保险，以确保投保人可以选择一个或者多个联邦农作物保险公司可接受的保险计划进行再投保。

（2）条款及条件。应根据董事会制定的条款及条件提供再保险，并与（b）和（c）以及再保险原则一致。

（3）风险分摊。联邦农作物联邦农作物保险公司与接受再保险的公司之间的再保险协议要求再保险公司承担一定的潜在损失，以确保再保险公司能谨慎地出售和执行保单，同时还要考虑再保险公司的财务状况以及私人再保险的可行性。

（4）赔付率。

（A）通则。除非本项另有规定，否则董事会制定的对承保联邦农作物保险公司和机构的行政和业务费用补偿率应不大于：

（ⅰ）1998 再保险年，赔付率为保费的 27％；

（ⅱ）1999 年及后续再保险年，赔付率为保费的 24.5％。

（B）按比例减少。1998 再保险年的额外保费保单的行政和业务费用补偿率低于（A）（ⅰ）规定的

比率，将根据（A）中（i）和（ii）按比例降低补偿率。

（C）其他减免。2002 再保险年起，如果董事会批准的保单或保险计划，本应在 1998 再保险年再保却未再保的，将降低 1998 再保险年的补偿率，在决定 1998 再保险年行政和业务费用补偿率时，将考虑为保单或保险计划行政和业务费用而制定的补偿率，包括预期保费差距和实际个人保单或保险计划的行政和业务费用以及其他合理因素，具体由联邦农作物保险公司决定。

（D）赔偿时间。从 2012 再保险年起生效，联邦农作物保险公司应在获得补偿的再保险年的 10 月 1 日之后（但不得超过 10 月 31 日），尽快对经批准的保险商和机构补偿其行政和业务费用。

（E）降低补偿率。如果附加保单含有 2008 再保险年、2009 年以及以后的再保险年的行政及运营成本的补偿率，行政及运营成本的补偿率应比《2008 年粮食、保育和能源法》制定后规定的所有农作物保单赔付率低 2.3%，除非降低的补偿率的 1/2 在再保险年用于某个州的总保费，且该州的赔付率须大于 120%。

（F）地区保单和保险方案补偿率。尽管（A）～（E）中有规定，对 2009 及其之后的再保险年，地区保单和保险方案补偿率在本小项制定之后广泛普及，再保险年的赔付率应为保费的 12%。

（5）减少费用和管理。根据 1994 年联邦农作物保险改革法案第 118 条，为了维护项目完整性，防止欺诈和滥用，扩展项目，并提高服务质量，董事会将改变项目程序和行政要求，以减少经批准的保险商和机构的行政和业务支出，减少数额与本项实施后 5 年内（4）中降低的补偿率相对应。

（6）行政自由裁量权。判定联邦农作物保险公司是否正在或已经减少相应行政支出不属于行政审查范畴，完全取决于《美国法典》第 5 篇第 701 条（a）（2）中的行政自由裁量权。

（7）计划。联邦农作物保险公司将根据（5）的规定向国会递交措施概述计划，用于获得所需的减免。如果联邦农作物保险公司能采取额外支出减少措施，应在计划中具体说明。

（8）《标准再保险协议》的重新协商。

（A）通则。除（B）中的规定外，尽管《1998 年农业研究、扩展和教育改革法》第 536 条（《美国法典》第 7 篇 1506 注释；《公法》105 - 185）和《2000 年农业风险保护法》第 148 条（《美国法典》1506 注释；《公法》106 - 224）均有规定，联邦农作物保险公司可以就每份标准再保险协议的财务条款和条件进行重新协商

（i）2010 年 7 月 1 日起建立的在 2011 再保险年生效；

（ii）其后每 5 个再保险年一次。

（B）免责条款。

（i）不利情况。根据条款（ii），（A）不适用于处于意料外不利情况的经批准的保险商（具体情况由部长决定）。

（ii）联邦法律变更的影响。如果在实施本款后颁布的联邦法律需要修改《标准再保险协议》的财务条款，且联邦农作物保险公司授权对协议进行修改那么修改不应视为对（A）中所规定的对协议的重新商议。

（C）通知要求。如果联邦农作物保险公司依据（A）（iii）[1] 项重新商议标准再保险协议，联邦农作物保险公司应就重新协商事宜通报众议院农业委员会和参议院农业、营养和森林委员会。

（D）协商。经批准的保险商之间可以互相协商，也可以共同与联邦农作物保险公司按照（A）就重新谈判进行协商。

（E）2011 再保险年。

（i）通则。依据（A）（i），重新谈判作为标准再保险协议的一部分，联邦农作物保险公司应考虑改变原有的行政和业务支出补偿率决定方法。

（ii）替代方式。依据条款（i），替代方式包括：

---

[1] 原文如此，但实际可能应该为"（A）（ii）项"。

（Ⅰ）以下方法：

（aa）依据一个州保费的变化逐渐改变该州补偿率；

（bb）依据一个州农作物保险的赔付率逐渐改变该州补偿率；和

（cc）依据个人保单的总保费水平逐渐改变补偿率；和

（Ⅱ）基于全国范围，考虑当前项目财务状况并确保项目对生产者持续可行的其他方法。

（9）承保补贴支付截止日期。2011 再保险年起生效，根据本子篇规定，联邦农作物保险公司应支付承保补贴

（A）2012 年 10 月 1 日支付 2011 再保险年承保补贴；

（B）次年 10 月 1 日支付本年度再保险年的承保补贴。

（l）选择险。联邦农作物保险公司将依据董事会制定的条款和条件，提供具体的风险保护项目，包括保护其免受未播种、野生动物破坏、树木毁坏和疾病以及虫害等损害，除非上述险种在私人保险公司普遍存在，没有新的险种项目可以设立。

（m）质量损失调整保险项目。

（1）保险影响。如本子篇下的保险单或保险计划涉及质量损失调整保险项目，则该保险项目应规定如农产品不符合保险单或保险计划质量标准，则生产者应在作物年度内降低农产品的生产数量或采取类似调整措施。

（2）其他质量损失调整。

（A）生产者选择权。尽管有其他法律规定，除了上述（1）中质量损失调整保险，联邦农作物保险公司还应给予生产者投保质量损失调整险的机会，并且单位价格应小于符合以下条件的农产品的保险价格：

（ⅰ）农产品销售需要"身份保留"（译者注：即产品从种子开始，在生长、运输、加工直至市场销售的整个供应链中，保持其本来、自然的基因特性）。

（ⅱ）指定的联邦代理部门全权确定质量标准鉴定，以便对农产品进行评级和分类。

（ⅲ）所有质量标准鉴定都由联邦代理公司在《联邦纪事》上进行公布。

（ⅳ）农业部长建立能够反映农产品质量降低程度的折扣计划。

（B）调整依据。在本项中，联邦农作物保险公司应当在农产品基本质量的基础上，根据不同的产品质量等级，设定不同的质量标准，并在质量标准之后随附应予补偿的质量损失。

（3）标准及程序的审查。

（A）审查。联邦农作物保险公司应聘任合格人员，对联邦农作物保险公司的质量损失调整程序进行审查，确保该程序能够更充分反映出本子篇中当地投保农产品的质量减损。

（B）程序。于 2004 再保险年开始前，联邦农作物保险公司应当在审查结果的基础上对该等程序进行调整，但同时亦应考虑到调整的精算性、安全性以及对保险诈骗、浪费及歧视的有效预防。

（4）送至仓库管理员处的农产品质量。实施本子篇规定时，部长应以相同方式按照相同条款和条件，接受送往下列人员的农产品质量证明：

（A）获得《美国仓库法》（《美国法典》第 7 篇 241 及以下）许可的仓库管理员；

（B）符合以下条件的仓库管理员：

（ⅰ）获得国家法律许可；且

（ⅱ）与商品信用联邦农作物保险公司签订存储协议的仓库管理员；或

（C）符合以下条件的仓库管理员：

（ⅰ）未获得国家法律许可，但符合与仓库相关的国家法律要求；且

（ⅱ）已经与商品信用公司签订产品存储协议。

（5）麦芽大麦特殊条款。联邦农作物保险公司应根据市场行情所需并考虑质量变化因素在本分小节下制定麦芽大麦特殊条款。

(n) 限制同一损失多重补贴。

(1) 通则。除了 (2) 中的规定外，如果生产者有资格获得分 (b) 中巨灾风险保护补贴，同时也有权获得部长管理的其他项目中对该损失的赔偿，生产者应选择接受其中一项补贴，但不可兼得。购买分 (c) 额外保险金额的生产者可以同时获得部长管理的其他项目中对该损失的赔偿，前提是额外保险金额规定的赔偿数额与其他项目对该损失的赔偿数额总计不大于生产者实际损失数额。

(2) 例外情况。(1) 不适用于《巩固农业和农村发展法》第 C 子篇（《美国法典》第 7 篇 1961 及以下）紧急贷款。

(o) 原生草皮上的作物生产

(1) 原生草皮的定义。本款中，"原生草皮"指下列土地：

(A) 植被主要由天然牧草、似禾草植物、非禾本草本植物或适合放牧的灌木丛构成；且

(B) 本款制定时，从未耕种过一年生作物。

(2) 无资格获得补贴。

(A) 通则。根据 (B) 和 (3)，按照农业部长决定，本款制定时，本地已耕种过一年生作物的区域在开始的前 5 个作物年没有资格获得以下规定的补贴：

（ⅰ）本子篇中规定的补贴；及

（ⅱ）《1996 年联邦农业改善和改革法》第 1996 条（《美国法典》第 7 篇 7333）中规定的补贴。

(B) 最低面积减让标准。5 英亩及 5 英亩以下的土地面积农业部长将在 (A) 中予以减免。

(3) 适用范围。第 (2) 项适用于相应州长指定的国家优先草原壶穴地区的原生草皮面积。

第 508A 条 双重保险和未播种地。

(a) 定义。在本条中：

(1) 首茬作物。术语"首茬作物"系指在某一作物年度内，已按本子篇投保的、首次在特定面积上播种待收的或未能播种的农产品。

(2) 次茬作物。术语"次茬作物"系相对于首茬作物而言的，指在同一作物年度内，继首茬之后播种的相同面积的同样或不同农作物的第二茬作物（复种作物除外）。

(3) 复种作物。术语"复种作物"系指在保险条款有规定、且该保险范围涵盖首茬作物的情况下，在同一作物年度内，重新播种与首茬作物相同面积的农作物。

(b) 双重保险。

(1) 首茬作物损失索赔选择权。(d) 及 (e) 另有规定的除外，否则如根据本子篇规定已投保的首茬作物在某一作物年度遭受全部或部分损失，则该生产者有权选择以下索赔方式：

(A) 不种植次茬作物，该生产者有权：

（ⅰ）选择不在同一作物年内种植相同面积的次茬作物；并

（ⅱ）获得相当于首茬作物 100％保险损失的保险索赔。

(B) 种植次茬作物，该生产者有权：

（ⅰ）选择在同一作物年度内种植相同面积的次茬作物；并

（ⅱ）获得联邦农作物保险公司确定的首茬作物保险索赔，但不得高于首茬作物保险损失的 35％。

(2) 次茬作物零损失时的效力。如生产者选择 (1) (B)，且其次茬作物并未遭受任何保险损失，则生产者亦有权就首茬作物获得相当于以下数额的保险索赔：

(A) 首茬作物 100％的保险损失；扣除

(B) 在上述 (1) (B) (ⅱ) 中所得数额。

(3) 种植次茬作物时，首茬作物的投保费。

(A) 初期投保费。如生产者选择 (1) (B)，则其应当负责首茬作物的投保费，具体金额应于 (1)(B)（ⅱ）中规定赔付的保险赔偿金成比例。如减少保险赔偿金，则联邦农作物保险公司应同时对首茬

作物的总保险费进行调整以反映该变化。

（B）次茬作物零损失的效力。如生产者选择（1）（B），且其次茬作物并未受到保险损失，则生产者应负责首茬作物的投保费，金额为：

（ⅰ）生产者首茬作物所欠的全额投保金；扣除

（ⅱ）上述（A）中已经支付的投保金。

（c）未播种地的范围。

（1）首茬作物损失索赔选择权：（d）以及（e）另有规定的除外，否则如本子篇下投保的首茬作物在某一作物年度内遭受全损或部分损失，其生产者有权选择采取以下任意一种索赔方式：

（A）不种植次茬作物，生产者有权：

（ⅰ）选择不在同一作物年度内种植相同面积的次茬作物；以及

（ⅱ）按（4）规定，获得相当于首茬作物100％未能耕种担保金的保险索赔。

（B）种植次茬作物，生产者有权：

（ⅰ）选择在同一作物年度内种植相同面积的次茬作物；以及

（ⅱ）根据（4）以及（5）规定，获得联邦农作物保险公司确定的首茬作物保险索赔，但是索赔额不得高于首茬作物未能种植担保金的35％。

（2）种植次茬作物时，首茬作物的投保费。如生产者选择（1）（B），则其应承担首茬作物的投保费，金额与（1）（B）（ⅱ）下规定赔偿的保险赔偿金成比例。如保险赔偿金减少，则联邦农作物保险公司应同时对首茬作物的总保险费进行调整以反映该变化。

（3）对实际生产历史的影响。除（d）所述复种外，为确定生产者后续作物年度的实际生产历史，如生产者在某一作物年度内选择（1）（B），则联邦农作物保险公司应当向生产者指定占其所涉农产品实际生产记录60％的产量记录。

（4）赔偿的地域条件。联邦农作物保险公司应将未能耕种的保险赔偿限定在以下情况：即在首作物不能种植的地区，其他生产者亦因不利耕种条件，不能种植首茬作物。

（5）种植日期。如生产者在联邦农作物保险公司确定的首茬作物种植截止日前种植次茬作物，则联邦农作物保险公司不会就首茬作物向生产者作出未能种植的保险赔偿。

（d）确定复种做法的例外情形。如生产者在同一个作物年度内复种或多次耕种，且已按本子篇投保，则在满足以下全部条件的情况下，生产者有权就此要求全额赔偿：

（1）经联邦农作物保险公司认定，同一作物年度内该地区存在进行复种或多次耕种的做法。

（2）在同一作物年度内，就种植相同面积的农产品，该地区提供附加保险单或保险计划。

（3）生产者具有在同一作物年度内复种或多次耕种的历史，或者耕种土地在同一作物年度内曾有复种或多次耕种的历史。

（4）在该地区，同一作物年度内首茬作物收成后，进行相同面积的复种或多次耕种系惯常做法。

（e）后续作物。除（d）所述之复种外，在同一作物年度内，如生产者选择种植与首茬及次茬作物面积相同的后续作物（非复种作物），则生产者不符合本子篇下的保险条件，亦不符合《农业市场转型法》第196条（《美国法典》第7篇7333）中非保险作物补贴的条件。

第509条　赔偿免除征税。

按本子篇条款进行的索赔在向投保人赔付之前应免于扣押、征税或其他法律程序，也不应用于抵偿投保人或投保土地所欠的国家债务，除非国家或联邦农作物保险公司提出偿还要求。

第510条　资金储蓄。

联邦农作物保险公司所有不做其他用途的资金都可以存入美国财政部或财政部长批准的其他银行，可随时撤销，或经财政部长批准后投资美国债券或美国为其资本和收益进行担保的债券。经财政部长批准，本子篇特此授权并指定联邦储备银行为联邦农作物保险公司行使其本子篇规定的权利时的保管人、托管人及财务代理人。

第 511 条　免税。

联邦农作物保险公司，包括其特许权、资本、储备金、盈余以及收入和财产，免除当前及以后一切美国或其他辖地、附属国或领地，或是任何州、县、市政当局或当地税收当局的税收。联邦农作物保险公司保险合同和再保险合同免除一切州、市政当局或当地税务当局的税收。

第 512 条　政府财政机构。

当财政部长指定联邦农作物保险公司为除税收外的公款保管人或政府财务代理时，联邦农作物保险公司应按照要求履行作为公款保管人和政府财务代理的一切职责。

第 513 条　联邦农作物保险公司财务。

联邦农作物保险公司应时刻保持账簿完整准确，并每年向部长提交有关联邦农作物保险公司事务的完整报告。

第 514 条　犯罪和罪行。

（《美国法令全书》第 62 篇 859 废止（a）至（e））

（参见本法案最后刑事规定）

（f）第 41 篇 22 条规定不适用于本子篇中的农作物保险协议。

第 515 条　计划的合规性及完整性。

（a）目的。

（1）通则。本条旨在提高联邦农作物保险计划的合规性及完整性。

（2）保险提供商职责。联邦农作物保险公司应当积极配合经批准的保险提供商，以确保该计划的合规性及完整性。

（b）合规性问题通知。

（1）错误、疏忽及违约通知。经批准的保险提供商，如在遵守规章或制度过程中出现任何过错、疏忽或违规、且可能造成联邦农作物保险公司负债的行为，联邦农作物保险公司应作出书面通知。

（2）通知时间。第（1）项下之通知应当在声称的错误、过失或违规行为发生的保险期结束后三年内发出，但是该期限不适用于故意或有意的过错、疏忽或违反规章的行为。

（3）未能及时通知的后果。第（2）项另有规定的除外，否则联邦农作物保险公司未能及时发出本项中要求的通知，应视为免除经批准的保险提供商所欠的联邦农作物保险公司的债务。

（c）核对生产者信息。农业部长应当制定及实施协调方案，配合联邦农作物保险公司以及农场服务局，对获得本子篇中农作物保险计划的生产者收到的所有相关信息进行审核。自 2001 作物年度起，部长应要求联邦农作物保险公司以及农场服务局至少每年一次对生产者产生的相关信息进行核对，以查找并解决不符之处。

（d）诈骗、浪费及滥用保险的查证及消除。

（1）农场服务局监控计划。农业部长应制定并实施协调计划，配合农场服务局，协助联邦农作物保险公司对本章中实施之计划进行持续性监控，包括：

（A）在农场服务局有理由怀疑该计划存在诈骗、浪费或滥用行为的情况下，根据联邦农作物保险公司的申请或按第（2）项规定，针对所声称的保险计划诈骗、浪费或滥用行为开展相关事实调查；

（B）第（A）小项所开展调查发现的声称的诈骗、浪费或滥用行为以及保险计划的缺陷，应及时向

联邦农作物保险公司提供书面报告；并且

（C）协助联邦农作物保险公司以及经批准的保险提供商，对本子篇保险单或保险计划中的适当数量的保险索赔请求进行审计。

（2）农场服务局调查。如联邦农作物保险公司在收到（1）（B）中报告后的五个日历日内，未能提供详细说明联邦农作物保险公司拟采取的行动的书面报告，在经涉嫌保险诈骗、浪费或滥用行为所在地的州农场服务局主任批准的情况下，农场服务局有权自行对涉嫌保险诈骗、浪费或滥用行为开展调查。如农场服务局经调查后认为需要批准进一步调查、但联邦农作物保险公司拒绝进行调查，则农场服务局有权将此提交农业部总检查长。

（3）对农田基础设施的使用。第（1）项中所要求的计划应说明对农场服务局农田基础设施的使用情况。该计划中，对于向农场服务局分配人员的职责，部长应当确保对该等人员进行适当培训。该等人员至少应接受同等水平的培训，同时所有该等人员应当通过精算员或经批准的保险提供商所要求的基本能力测试。

（4）供应商工作的维护。

（A）通则。农场服务局在本款中的活动不会影响到经批准的保险提供商对理赔的请求进行审计，或联邦农作物保险公司要求对其他项目进行审查。

（B）供应商通知。对于农场服务局所提交的关于涉嫌保险诈骗、浪费或滥用行为的报告，联邦农作物保险公司应当将该报告通知相关经批准的保险提供商，但涉嫌参与声称的诈骗、浪费或滥用行为，或系声称诈骗、浪费或滥用行为当事人的保险提供商除外。

（C）回复。收到（B）中通知的经批准的保险提供商应在农业部长确定的合理时限内，向联邦农作物保险公司提交一份报告，详细说明其对通知中所声称的保险诈骗、浪费或滥用行为所采取的调查措施。

（5）联邦农作物保险公司回复提供商报告。

（A）立即回复。如经批准的保险提供人向联邦农作物保险公司所提交的报告中，涉嫌故意虚假陈述、保险诈骗、浪费或滥用行为，则联邦农作物保险公司应在收到报告后的 90 个日历日内作出回复并提供书面报告，详细说明联邦农作物保险公司拟采取的措施。

（B）合作。如涉嫌存在虚假陈述、保险诈骗、浪费或保险滥用行为，经批准的保险提供人以及联邦农作物保险公司应当协调一致行动。

（C）未能及时回复。如联邦农作物保险公司未能按（A）规定的要求做出回复，经批准的保险提供商有权申请农场服务局协助对所声称的保险诈骗、浪费或滥用行为开展调查。

（e）与农场服务局下设的州委员会进行协商。农业部长应当制定相关程序，由联邦农作物保险公司就本子篇中具体某一州所提供的保险单或保险计划及其相关的材料事宜（包括相关交易日期，所分配产量以及过渡性产量），与农业服务局在该州下设的州委员会开展协商。

（f）识别异常行为。

（1）承保范围内的活动。农业部长应当制定相关程序以便联邦农作物保险公司：

（A）在代理所销售保险相关的理赔额，达到或超出在同一地区所有其他代理销售保险的所有平均理赔额 150%（或联邦农作物保险公司指定的适当比例）的情况下，能够查清从事本子篇中所提供的保险销售的代理人员。

（B）在该人员所实施的理赔额导致接受或拒绝理赔的金额等于或超出同一地区实施理赔服务的所有该等理赔平均数量（如适用）的 150%（或联邦农作物保险公司指定的适当比例）的情况下，能够查清实施本子篇中所提供保险相关理赔服务人员，具体由联邦农作物保险公司决定。

（2）审核。

（A）审核需求。联邦农作物保险公司应对（1）（A）以及（1）（B）中规定的人员进行审查，以认定与代理相关的高额理赔或与有关该人员更高数量的接受或拒绝理赔，是否系因保险诈骗、浪费或滥用行为所致。

（B）补救性措施。按本项进行审查后，如发现存在保险诈骗、浪费或滥用行为，联邦农作物保险公司应当采取适当的补救性措施。

（3）对代理及理赔人员的监督。联邦农作物保险公司应当设立相关程序，要求经批准的保险供应商，对其聘用的每一代理人及理赔人员的行为每年进行一次审查。联邦农作物保险公司应当对年度审查行为进行监督，并就经批准的代理或理赔人员年度审查所采取必要的任何纠正性措施，与经批准的保险提供商进行协商。

（g）向联邦农作物保险公司提交信息，支持相关计划的实施。

（1）所需信息的类型。部长应当制定相关程序，经批准的保险提供商应当按该程序向联邦农作物保险公司提交，与本条中所提供的每一份保险单或保险计划相关的以下信息：

（A）投保人姓名及身份证号。

（B）投保农产品。

（C）所选保险等级，包括价格选择。

（2）提交时间。为确保联邦农作物保险公司收到（1）中所要求的信息，应当在每周周六前（包括所投保作物交易日后的第 30 个日历日）提交。

（h）对不履行计划以及保险诈骗行为的处罚。

（1）虚假信息。如生产者、代理、理赔人员、经批准的保险提供商或其他人员故意及有意向联邦农作物保险公司或向经批准的保险提供人，提供有关本子篇中保险单或保险计划相关的虚假或不实信息，在经通告以及就该记录进行审理后，单处或并处（3）所述处罚。

（2）合规性。如生产者、代理、理赔人员、经批准的保险提供人或其他人员故意及有意不履行联邦农作物保险公司的要求，在经通告并就此记录进行审理后，单处或并处（3）所述处罚。

（3）授权处罚。如部长认定本款涉及人员已构成（1）或（2）中的严重违法，应给予以下处罚：

（A）民事罚款。单处民事罚款，罚款金额不超出以下金额（以较高者为准）

（ⅰ）提供虚假或不准确信息或不履行本章要求所得非法现金收益金额；或

（ⅱ）10 000 美元。

（B）取消生产者资格。生产者如有违法行为，则连续五年内取消其享受以下条款或法律中提供的货币或非货币补贴的资格：

（ⅰ）本子篇。

（ⅱ）《农业市场过渡法》（《美国法典》第 7 篇 7201 及以下），包括该法案（《美国法典》第 7 篇 7333）第 196 条项下的非投保性作物灾害扶持计划。

（ⅲ）《1949 年农业法》（《美国法典》第 7 篇 1421 及以下）。

（ⅳ）《联邦商品信贷联邦农作物保险公司特许法》（《美国法典》第 15 篇及以下）。

（ⅴ）《1938 年农业市场调整法》（《美国法典》第 7 篇 1281 及以下）。

（ⅵ）《1985 年粮食安全法》第Ⅻ篇（《美国法典》第 16 篇 3801 及以下）。

（ⅶ）《巩固农业和农村发展法》（《美国法典》第 7 篇 1921 及以下）。

（ⅷ）向受农产品价格损失或低价影响的农业生产者提供扶持的法律。

（C）其他人员资格的取消。如代理、理赔人员、经批准的保险提供商或除生产者之外的其他人员存在违法行为，则该等人员将连续五年不得参与本子篇下保险计划，不得享受本节项下的任何补贴条件。

（4）处罚的评估。在认定以下问题时，部长应考虑到本项中涉及人员的违法程度：

（A）决定是否给予本款下的处罚；以及

（B）确定拟处罚的方式及罚款金额。

（5）处罚通知。按照（3）之规定，对于下列有意或故意行为，本子篇中的保单或保险计划应包含处罚通知：

（A）向联邦农作物保险公司或经批准的保险提供人提供虚假或不实信息；或

（B）未能符合联邦农作物保险法的要求。

（6）保险基金。在本项中筹集的资金应存入第516条（c）中设立的保险基金中。

（i）关于计划合规性及完整性措施的年度报告

（1）所需报告。部长应当分别向众议院农业委员会以及参议院农业、营养及林业委员会提交年度报告，说明上一年度本条的实施情况以及农业部长及联邦农作物保险公司对本条的实施措施。

（2）保险诈骗、浪费以及滥用行为的相关信息。报告应当说明保险浪费、诈骗或滥用行为的具体情况，同时应针对已认定的保险浪费、诈骗或滥用行为已采取或正在采取的措施进行概述。

（j）信息管理。

（1）系统升级。部长应对联邦农作物保险公司在管理及实施过程中、以及在本子篇中所采用的信息管理系统进行升级。在此过程中，为最大程度上实现信息共享以及实现本条目的，部长应当确保新的软/硬件与农业部其他部门的软/硬件相兼容。

（2）可用信息技术的利用。部长应当利用系称为数据发掘技术以及数据仓库技术等新的信息技术来实施及执行本子篇。

（3）私营部门的使用。在实施本项规定的过程中，部长有权签订合同，使用私营部门的专有技能及技术资源。

（k）资金。

（1）信息技术。为了执行（j）（1）的规定，第516条（c）下建立的保险基金可用金额中，2008至2010财政年度内，联邦农作物保险公司每年可使用金额不得超出15 000 000美元，2011财政年度不得超出9 000 000美元。

（2）数据挖掘。为了执行（j）（2）的规定，在第516条（c）中建立的保险基金可用金额中，2009财政年及后续的财政年度，联邦农作物保险公司每年可使用金额不得超出4 000 000美元。

第516条 资金。

（a）拨款授权。

（1）可支配费用。自1999财政年及之后每一财政年度，授权划拨必要款项支付联邦农作物保险公司薪水和其他费用。

（2）强制性费用。1999财政年及之后每一财政年度，授权划拨必要款项支付以下费用：

（A）联邦农作物保险公司的代理商销售佣金行政和业务支出。

（B）保费补贴，包括经批准的保险商用于支付额外保费保单的行政和业务支出。

（C）实施第523条下的牲畜及野生鲑鱼项目相关的费用，但不得超出第523条（a）（3）（E）（ii）以（b）（10）的限制条件。

（D）第522条下与研发相关的报销、缔约及合作费用。

（b）从保险基金中支出的联邦农作物保险公司费用

（1）一般费用。1999财政年及之后每一财政年度，联邦农作物保险公司有权使用（c）建立的保险基金，用以支付联邦农作物保险公司所有支出（（a）（1）和（2）（A）所含支出除外），包括以下内容：

（A）保费补贴和赔偿。

（B）联邦农作物保险公司必要的代理商销售佣金行政和业务支出。

（C）经批准的保险商的再保险协议规定的一切行政和业务支出补偿。

（D）实施第523条项下的牲畜及野生鲑鱼项目相关的费用，不得超出第523条（a）（3）（E）（ii）以及（b）（10）的限定条件。

（E）与第522条下与研发相关的报销、缔约以及合作费用。

（2）保险单审查以及实施。

（A）通则。1999 财政年及之后每一财政年度，联邦农作物保险公司有权使用（c）建立的保险基金，但每个财政年度不得超过 3 500 000 美元，涵盖以下支出：

（i）第 508 条（h）下提交的，或第 522 条、第 523 条下开发的保险单、保险计划以及相关材料审查与实施相关的费用。

（ii）第 505 条（e）下保险单、保险计划以及相关材料审查所产生的合同费用。

（B）乳制品试点项目。实施乳制品试点项目所需的金额不计入（A）中的支出限额。

（c）保险基金。

（1）通则。已建立的保险基金包括保险费收入保证金、（a）（2）下的可用金额以及第 515 条（h）下的民事罚款，无财政年度的限制。

（2）商品信贷公司基金。任何时候，如保险基金不足以联邦农作物保险公司执行（b）之规定，而商品信贷公司资金可用，则：

（A）联邦农作物保险公司有权要求部长使用商品信贷联邦农作物保险公司基金，用以执行（b）之规定；

（B）部长有权使用商品信贷联邦农作物保险公司的资金，用以执行（b）之规定。

第 517 条　可分性。

本子篇中的条和款中的条款具有可分性。如本子篇中的一个或多个款或相同内容的部分规定与宪法冲突，则相同内容不影响本子篇其他条或其他款部分规定的有效性，特此说明。

第 518 条　农业商品。

本子篇中"农业商品"是指小麦、棉花、亚麻、玉米、干豆类、燕麦、大麦、黑麦、烟草、大米、花生、大豆、甜菜、甘蔗、番茄、高粱、向日葵、葡萄干、橙子、甜玉米、干豌豆、冷冻和罐装豌豆、饲料、苹果、葡萄、马铃薯、木材和森林、苗圃作物、柑橘，以及其他水果和蔬菜、坚果、干牧草、天然牧草、水产种类（包括但不限于各种鱼、软体动物、甲壳类动物，或其他水生无脊椎动物、两栖动物、爬行动物，或在人为控制或选择的环境下栽种繁殖的水生植物），或其他农产品，但不包括储存的谷物或任何一个或多个该产品，视具体情况而定。

第 519 条　未投保农作物救灾款计划。

（替代为《公法》104 - 127，§196（j），1996 年 4 月 4 日，《美国法令全书》第 110 篇 950）

第 520 条　生产者的赔偿资格。

本子篇另有规定的除外，否则下列情况下，不得拒绝生产者的赔偿要求：

（1）就巨灾风险保护机制而言，生产者为"个人"（由部长确定）；以及

（2）就其他保险方案而言，生产者满 18 周岁，作为业主经营人、地主、佃户或佃农，对作物拥有真实可保权益。

第 521 条　巨灾风险及非保险援助资格。

如果部长判定某人故意采取实质性方案或策略，得到本不应得的本子篇中的巨灾风险、附加险或非保险救助金，以规避本子篇规定或旨在规避本子篇规定，则该人将无权获得采取方案或策略作物年的一切收益。

第 522 条　研发。

（a）保单定义。在本条中，术语"保单"系指保险保单、保险计划、保险单或保险计划条款及其相

关材料。

（b）研发及维护费用的报销。

（1）研发费用。

（A）通则。按照本款规定，对于申请人的研发费用，联邦农作物保险公司应予以支付。

（B）报销。如申请人依据第 508 条（h）提交的保单经董事会批准，则其将获得报销与保单直接相关的合理研发费用的资格。

（2）预付款。

（A）通则。按照本项其他规定，董事会可以批准申请人的要求，在提交保单并依据第 508 条（h）之规定获得董事会批准之前，支付其合理研发费用的一部分作为预付款。

（B）程序。董事会应建立程序，以批准申请人合理研发费用的预付款。

（C）概念提案。作为预付款获取条件，依据第 508 条（h）之规定，申请人应向董事会提交保单概念提案，并符合（B）中董事委员会建立的提交程序，包括：

（ⅰ）申请人资格摘要，包括根据第 508 条（h）在之前向董事会提交的概念提案，以及如果适用，根据本节所进行的工作；

（ⅱ）申请人预期需要的全部研发费用规划；

（ⅲ）保单必要性的说明、受影响生产者群体中的保单适销性和预期需求、以及保单对生产者和农作物保险交付系统的潜在影响；

（ⅳ）数据源总结以证明该保单可以合理开发并且指定精算率；以及

（ⅴ）提议保单涵盖风险鉴定并说明本子篇中如何确保这些风险可接受保险。

（D）审查。

（ⅰ）专家。如果（B）和（C）的要求满足，董事会可向至少两名独立专业审查员提交（C）中的概念提案，该审查员负责评估提交的概念提案中开发中的保单是否有可行性和适销性，由董事会决定。

（ⅱ）时间。第 508 条（h）（4）（C）和（D）中的期限适用于本小项概念提案的审核。

（E）批准。董事会最多可批准支付申请人计划研发费用的 50％作为预付款，依据董事会制定的程序决定支付金额，如果考虑（D）中的审查报告和其他董事会决定的信息，董事会决定：

（ⅰ）概念提案将有可能成为符合第 508 条（h）的具有可行性和适销性的保单；

（ⅱ）董事会决定，如果概念提案成为其批准的保单，则该保单可以：

（Ⅰ）在方式上有明显改善；

（Ⅱ）覆盖过去联邦农作物保险计划未涵盖的作物或地区；或

（Ⅲ）针对解决计划中存在的缺陷或问题；

（ⅲ）申请人同意提供联邦农作物保险公司监控研制计划所需的报告；

（ⅳ）合理的提议预算和时间表；及

（ⅴ）概念提案满足董事会制定的其他合理要求。

（F）保单提交。如果董事会批准（E）中的预付款，董事会应确定符合第 508 条（h）（包括本条中的程序）规定的申请人提交日期，以便董事会批准。

（G）结算。

（ⅰ）批准保单。如果按照（F）提交保单，并按照第 508 条（h）和董事会制定的程序（包括（B）建立的程序）保单获得董事会批准，申请人将有权以（1）（B）保单补偿的同样方式获得合理的研发费用，（E）中的费用除外。

（ⅱ）未批准保单。如按照（F）提交保单但按照第 508 条（h）未获得董事会批准，联邦农作物保险公司应：

（Ⅰ）不要求退还本项中的款项；但

（Ⅱ）不继续支付本项提交保单的研发费用。

（H）未提交保单。如果申请人接受预付款，在无正当理由的前提下未能按照（B）建立的程序完成向董事会提交完整提案的义务，包括通知和合理的答复机会，由董事会决定，申请人应返还董事会预付款及相应利息。

（I）重复提交。董事会禁止对提交下列文件的申请人支付预付款：

（ⅰ）概念提案或方案无法成为适销产品；或

（ⅱ）概念提案或方案品质低劣。

（J）延续资格。根据本项无资格获得预付款的申请人并不影响其获得（1）（B）中的补偿金。

（3）适销性。只有在合理营销计划的基础上判定保单适宜销售后，联邦农作物保险公司方可按董事会决定批准（1）中的补偿金。

（4）维护费用。

（A）要求。联邦农作物保险公司应报销与第（1）① 项中所述之年度承保维护费用。

（B）时限。维护费用的报销时限不超过本项项下董事会批准报销申请之后的四个再保险年度。

（C）维护选择权。在第（B）项所述的四年时限届满后，经批准负责保险维护的保险商有权：

（ⅰ）选择继续维护该保险，并向同意按本项出售保险的保险商收取一定的费用；或

（ⅱ）将该保险的维护责任转让给联邦农作物保险公司。

（D）费用。

（ⅰ）金额。在经董事会批准的情况下，销售保险的经批准的保险商应支付的维护费用金额应由负责保险维护的保险商确定。

（ⅱ）批准。董事会应当批准（ⅰ）中经批准的保险商所确定的保险维护金额，董事会认定有以下情形的除外：

（Ⅰ）就保险相关的维护费用而言，该费用系不合理的；或

（Ⅱ）给费用对保险的使用产生不必要的阻碍。

（5）支付款项的处理。在本项中，对保单所支付的款项应视为联邦农作物保险公司就该保险及该保险的所有产权进行研发的费用，应予以全额报销。

（6）报销金额。联邦农作物保险公司应当在保险复杂性以及保险或材料预计销售地区规模的基础上，确定本款下保险的报销金额。

（c）研发签约部门。

（1）职权。联邦农作物保险公司可签订合同实施研发活动，以达到以下目的：

（A）经联邦农作物保险公司确定，增加在符合以下条件的相关州的参保率：

（ⅰ）一直以来，该州联邦农作物保险参保率及保险可用率低，且继续维持此情况；且

（ⅱ）该州的联邦农作物保险计划服务水平低下；

（B）在联邦农作物保险计划服务水平低下的地区增加参保率；及

（C）增加保险服务水平低下的农产品（包括特产农作物）生产者的参保率。

（2）保险服务水平低下的农产品及地区。

（A）职权。联邦农作物保险公司有权按其规定之程序，与合格人员签订合同，实施研发活动以达到第（1）项的目的。

（B）协商。按第（A）小项规定，签订合同前，联邦农作物保险公司应与 要研发的保险所针对的农作物生产者代表进行协商。

（3）合格人员。由联邦农作物保险公司确定、具有作物保险或农场、牧场风险管理经验的人员（包括学院或大学、经批准的保险商以及行业协会或学术组织）有资格与联邦农作物保险公司按照本条规定

---

① "第（1）项"是由《2008 年粮食、保育和能源法》第 12022 条（b）（《公法》110‐246；《美国法令全书》第 122 篇 2144）修改而补充的，应被修订为第（1）项。

签订研发合同。

（4）合同类型。在本条下的合同可就新保险或范围扩大后的保险研发作出约定，包括在调整后毛收益、生产成本以及质量损失，以及比巨灾风险保障机制的覆盖范围更广、成本更高的中级基础计划。

（5）保单的使用。经董事会批准，联邦农作物保险公司有权提供本款下制定的并经董事会批准的任何保险。

（6）优先研发项目。联邦农作物保险公司应确定把牧草、牧场、以及草料计划作为联邦农作物保险公司的最优先研发计划。

（7）多年制保险研究。

（A）通则。联邦农作物保险公司应聘任合格人员开展研究，认定提供多年制保险是否有助于减少联邦农作物保险计划参保人员的诈骗、浪费及滥用行为的发生。

（B）报告。联邦农作物保险公司应当在本节颁布后的一年内，向众议院农业委员会以及参议院农业、营养及森林委员会提交报告，详细说明第（A）小项下的研究结果。

（8）收入保险计划签约。联邦农作物保险公司应就一项或多项收入保险计划签订研发合同，该保险计划旨在促使生产者最大限度地运用市场价格波动，以便实现农产品销售收入最大化。收入保险计划可能涉及现有市场工具的运用或新市场工具的开发。联邦农作物保险公司应当在本条颁布后的 15 个月内，分别向众议院农业委员会以及参议院农业、营养以及林业委员会提交报告，详细说明本项下的签约结果。

（9）生产成本保单签约。

（A）职权。联邦农作物保险公司应当就生产成本保险签订研发合同。

（B）研发。该保险的研发应：

（ⅰ）考虑到不同县的生产成本差；以及

（ⅱ）尽可能覆盖更多的农产品。

（10）有机产品承保合约。

（A）合同要求。联邦农作物保险公司应当在《粮食、保育及能源法》颁布之日起 180 日内，签订一份或多份合同，以根据《1990 年有机食品生产法》（《美国法典》第 7 篇 6501 及以下）中国家有机项目下农业部制定的标准，对农作物承保事宜予以改进。

（B）承保风险及损失记录的审核。

（ⅰ）必要的审核。

（Ⅰ）通则。（A）中的合同应包括对联邦农作物保险公司承保有机作物的销售、风险以及损失记录的审核；并与同一个县内，使用非有机方式在同一个收成年度的同种作物进行比较。

（Ⅱ）要求。审核应：

（aa）在最大程度可行的情况下，允许联邦农作物保险公司决定有机产品与非有机产品之间是否存在显著的、持续的或系统差异性的损失历史记录。

（bb）包含由部长提供的或来自外部信息源的最广泛的信息；以及

（cc）不应仅限于现有的作物保单下的历史损失记录。

（ⅱ）对保费附加费的影响。除非该小项下的审核对有机产品与非有机产品之间存在显著的、持续的或系统差异性的损失历史记录有文件记载，不管是对全体作物而言还是对某种作物单独而言，联邦农作物保险公司应根据结果，取消或减少对有机作物收取的保费的额外部分。

（ⅲ）年度更新。从 2009 年作物年度开始，每年应对该小项下的审核进行更新，因为数据来源于部长或其他信息源，所以联邦农作物保险公司应作出决定，在数据更新允许的基础上尽快对超出的部分作出调整。

（C）附加的价格选择。

（ⅰ）通则。第（A）小项下的合同应包括程序的开发，包括执行该程序必须的保险单条款及材料的任何相关的变化，向有机作物的生产者提供附加的价格选择，以反映有机作物生产者收到来自基于部长及其他信息源收集并掌握的实际价格信息（包括适当的零售及批发价格）。

（ⅱ）时限。程序开发应及时完成，以保证联邦农作物保险公司为 2010 作物年度的有机作物提供足够的附加价格选择。

（ⅲ）扩展。当部长或其他信息源收集的有机产品的附加数据可用时，程序应尽可能快的扩展。目的是在《2008 年粮食、保育及能源法案》生效后的第 5 个完整作物年内，将该程序用于所有的有机作物。

（D）报告要求。

（ⅰ）通则。联邦农作物保险公司应向众议院农业委员会以及参议院农业、营养及森林委员会提交报告，详细说明联邦有机农作物保险开发和改进的进展情况，包括：

（Ⅰ）投保有机作物的数量及种类；

（Ⅱ）新保险途径的开发；以及

（Ⅲ）该项规定方案的执行过程，包括有机作物的附加价格选择费率。

（ⅱ）推荐。报告中应含有联邦农作物保险公司认为对联邦有机作物保险的改进比较合适的推荐方案。

（11）能源作物保单。

（A）专用能源作物的定义。该款下，术语"专用能源作物"指的是一年生的或多年生的符合以下条件的作物：

（ⅰ）该作物是专门为可再生生物原料、可再生电能或生物基产品提供原料而种植的；且

（ⅱ）不是用于提供食品、饲料及纤维的。

（B）职权。联邦农作物保险公司应与具有相关资质的实体签订一个或多个合约，以执行专用能源作物保单的研发。

（C）研发。（B）中规定的研发应评估专用能源作物生产风险管理工具的有效性，包括以下情况下保险的保单及计划：

（ⅰ）建立在市场价格及产量基础上的；

（ⅱ）如果有足够的数据来开发基于市场价格及产量的保单，使用天气及降水指标来评估保险的保单及计划，以此来保护作物生产者的利益；以及

（ⅲ）为生产或收入亏损提供保护；或两者皆有；

（12）水产养殖保险单：

（A）水产养殖的定义。该款中：

（ⅰ）通则。术语"水产养殖"的是指可控制环境下及选定的环境下，水生生物的繁殖和饲养，包括授地或租地上的贝壳养殖及海洋农牧化。

（ⅱ）除外责任。术语"水产养殖"不包括任意州为营利目的在私人海洋牧场的太平洋鲑鱼养殖——此处所指的州是法律（包括条例）禁止在私人海洋牧场饲养太平洋鲑鱼的州。

（B）职权。

（ⅰ）通则。《2008 年粮食、保育及能源法》生效后，联邦农作物保险公司将尽快与具有相关资质的实体签订三个或更多的合约，以进行水产养殖业保险的研发工作。

（ⅱ）双壳类物种。（ⅰ）中规定的合约中的至少一个应标明双壳类物种的保险事项，包括：

（Ⅰ）美国牡蛎（太平洋牡蛎）；

（Ⅱ）坚蛤（硬壳蛤）；

（Ⅲ）太平洋牡蛎（巨蛎属牡蛎）；

（Ⅳ）花蛤（蛤）；或

（Ⅴ）蓝贻贝（贻贝）。

（ⅲ）淡水物种。（ⅰ）中规定的合约中的至少一个应标明淡水物种的保险事项，包括：

（Ⅰ）鲶鱼（北美鲶科）；

（Ⅱ）虹鳟鱼（虹鳟）；

（Ⅲ）大嘴黑鲈鱼（加州鲈）；

（Ⅳ）条纹鲈（条纹鲈）；

（Ⅴ）鲷鱼（东方真鲷）；

（Ⅵ）虾（对虾属）；或

（Ⅶ）罗非鱼（罗非鱼种）。

（ⅳ）海水物种。（ⅰ）中规定的合约中的至少一个应标明标明海水物种的保险事项，包括：

（Ⅰ）太平洋鲑鱼（安大略鲑）；或

（Ⅱ）虾（对虾属）。

（C）研发。（B）中规定的研发应评估水产养殖业务中水产养殖物种生产的保险保单和计划的有效性，包括以下情况下保险的保单及计划：

（ⅰ）建立在市场价格及产量基础上的；

（ⅱ）如果没有足够的数据来开发基于市场价格及产量的保单，评估如何最好地将水产养殖物种的保险并入现有调整后的总收益的保单承保范围内；以及

（ⅲ）为生产或收入亏损提供保护；或两者皆有。

（13）家禽保险保单。

（A）家禽的定义。本项中，术语"家禽"的定义同《1921年包装工和牧场法》第2条（a）（《美国法典》第7篇182（a））给出的定义。

（B）职权。联邦农作物保险公司应与具有资质的实体签订一个或多个合约，进行商业家禽生产保单的研发。

（C）研发。（B）中规定的研发应对家禽产品生产风险管理工具的有效性进行评估，包括在家禽生产过程中给生产或（和）收入亏损提供保护的保险保单及计划。

（14）蜂房保单。联邦农作物保险公司应与具有资质的实体签订合约进行研发，包括蜜蜂的损失的保险保单。

（15）初始生产者调整总收益的保单。联邦农作物保险公司应与具有相关资质的实体签订一份合约，以对调整的总收益保单的必要修改开展研发工作，为没有任何生产历史的初始生产者提供保险，包括允许此类生产者以基于类似牧场操作信息的生产和保费利率进行投保。

（16）间行种植试验。

（A）通则。联邦农作物保险公司应与具有相关资质的实体签订合约，以对保单的必要修改开展研究工作，对中央大平原（由农业研究局定义）上使用间行种植方法的玉米和高粱进行承保。

（B）研究。依据（A）的描述，研究应：

（ⅰ）对间行种植试验以及使用间行种植方法的生产者的实际生产历史进行审核；以及

（ⅱ）评估采用间行种植方法的生产者风险管理工具的有效性，包括：

（Ⅰ）在该项规定生效之前就已存在且涉及如何确定采用间行种植方法进行耕种的亩数的相关规则的适当性；以及

（Ⅱ）采用间行种植方法的作物的保单能否反映出实际的生产能力。

（17）与限制条件的关联性。制定本款下之保单无须考虑本子篇的限制条件，包括：

（A）保险额以及保险费率相关的要求；及

（B）要求每一投保农产品的价格水平须等于董事会确定的农产品的市场预期价格。

（d）风险管理开发及实施方面的合作。

（1）宗旨。本款目的在于授权联邦农作物保险公司与公共及私人实体达成合作，旨在增强减损、财

务及其他风险管理工具的实用程度，侧重《市场转型法》第 196 条（《美国法典》第 7 篇 7333）涉及农产品、特产作物以及服务水平较低农产品经营者的风险管理工具。

（2）职权。联邦农作物保险公司可与国家合作研究、教育和推广管理机构，农业科学研究院，国家海洋大气管理局，及其他特产作物及服务水平较低的农产品风险管理、营销选择开发、实施方面水平较高的相关公共及私有企业合作。

（3）目标。联邦农作物保险公司有权基于以下方面，按（2）规定达成合作关系：

（A）加强对可严重影响农作物产量、质量以及最终产品使用的天气状况的通告以及提高天气状况通告的及时性，以便生产者采取预防措施，提供最终产品利润及可销售性，降低农作物保险理赔的可行性；

（B）采取多方面病虫害防治及施肥措施，减少物资投入、减少环境暴露，提高利用率；

（C）开发或改进播种、培育、种植、维护、收割、储存、运输以及营销技术，解决不同年度不同地区的相关质量及产量问题；

（D）明确劳动力要求，协助生产者遵守该要求，以更好地满足特产作物以及服务水平较低农产品之劳动密集及时间压缩型种植、田间管理及收割要求；

（E）向州林务局长或对等官员提供协助，规范私有林场的焚烧行为，防止、控制或抑制火灾；

（F）向生产者提供培训及介绍信息的机会，以便生产者更好地进行财务管理、作物保险及营销合同管理以及其他现有的、新产生的风险管理工具；以及

（G）开发其他风险管理工具，进一步提高经济、生产的稳定性。

（e）资金。

（1）报销。在第 516 条（c）下确定的可用保险资金中，联邦农作物保险公司在 2008 财政年度以及后续每一财政年度①用于提供第（b）款下的报销金额不得超出 7 500 000 美元。

（2）合同签订。

（A）在第 516 条（c）下确定的可用保险资金中，联邦农作物保险公司在 2008 财政年度以及后续每一财政年度用于实施第（c）以及第（d）款下的合同及合作活动金额不得超出 12 500 000 美元。

（B）低保险服务水平的州。在（A）中每一财政年度可用款项中，联邦农作物保险公司应用于研发合同活动、实施（c）（1）（A）所述目的金额不得超出 5 000 000 美元。

（3）未使用资金。如联邦农作物保险公司认定，在某一财政年度不需要本条中的报销或合同补贴，联邦农作物保险公司有权使用多余金额，实施本条下授权的其他职能。

（A）每一财政年度，用以提高项目完整性的金额不得超出 5 000 000 美元，包括：

（ⅰ）增加符合要求的培训项目；

（ⅱ）改进符合要求的分析工具及技术；

（ⅲ）使用联邦农作物保险公司决定的信息技术；以及

（ⅳ）鉴定并采用创新性方法；以及

（B）使用多余的金额执行该条下的其他事项。

（4）禁止联邦农作物保险公司实施调研。

（A）新保单。尽管有第（d）款之规定，但在 2000 年 10 月 1 日及之后，联邦农作物保险公司不得再针对本子篇下农产品新保单实施研发。

（B）现有保单。联邦农作物保险公司可继续向生产者出售在 2000 年 10 月 1 日前、按本子篇规定制定的任何保单。

---

① 2008 年食品、节约及能源法案（122 Stat. 2150）第 12024（1）款修订案中漏掉的日期，应在末尾添加日期。

第 523 条　试点项目。

（a）通用条款。

（1）职权。本条另有规定的除外，否则联邦农作物保险公司应实施第（b）款或第 522 条制定的试点项目，按第 508 条（h）提交董事会批准，以评估试点项目方案或新风险管理工具是否符合市场需求、是否能够解决农产品生产者的需求问题。

（2）私人保险。在本条中，如针对风险的保险防护来自私有企业，则联邦农作物保险公司不得实施任何针对该风险的保险防护计划。

（3）承保活动。第（1）项所述的试点计划包括针对以下损失而提供保险保护的试点项目：

（A）因干旱或虫害蔓延而导致农场牧草量减少；

（B）牲畜中毒及患病；

（C）因使用农药而导致蜜蜂数量的减少；

（D）与水果、坚果、蔬菜、普通特产作物、水产养殖品种以及林业需求相关的特定风险（包括增值）；

（E）2001 年 10 月 1 日之后的野生鲑鱼，以下情形除外：

（ⅰ）任何在不考虑本子篇限制条件的情况下实施的野生鲑鱼试点项目；及

（ⅱ）联邦农作物保险公司应当在最大的实际范围内，实施本子篇下所有的野生鲑鱼试点计划，所有实施本计划的相关费用在 2002 年财政年度以及后续的财政年度不得超出 1 000 000 美元。

（4）试点项目的范围。联邦农作物保险公司：

（A）有权在考虑到受影响生产者利益、联邦农作物保险公司利益以及风险后，批准在本条下的试点项目在地区、州或全国范围内实施；

（B）在 4 年内运行该试点项目，包括对该试点项目所作出的修改；

（C）延长试点计划的时间，具体由联邦农作物保险公司确定；及

（D）提供以下试点项目，允许生产者：

（ⅰ）通过使用整个农场单元或单一作物保险单元，使其能够享受到较低的保险费；及

（ⅱ）跨越州及县的界限，形成可保险单元。

（5）评估。

（A）要求。在完成本条中的试点计划后，联邦农作物保险公司应当对试点项目进行评估，并分别向众议院农业委员会以及参议院农业、营养以及林业委员会提交关于试点计划运行情况的报告。

（B）评估及建议。报告的内容应包括联邦农作物保险公司对试点计划的评估、以及联邦农作物保险公司就在全国范围内实施试点计划所提出的相关建议。

（b）牲畜试点项目。

（1）牲畜的定义。在本款中，术语"牲畜"包括但不限于牛、绵羊、猪、山羊及家禽。

（2）计划要求。根据（7）中规定，联邦农作物保险公司应实施两项或多项试点项目，对牲畜生产者的风险管理工具的有效性进行评估，包括期权运用及期权合约、维护牲畜生产者利益及提供以下保护的保险单及保险计划：

（A）向牲畜生产者提供适当的保护，以免其遭受生产及销售牲畜产品所固有的价格或收益波动金融风险；或

（B）保护其免受生产损失。

（3）本项目的目的。联邦农作物保险公司应当在实际允许的最大范围内，对（2）中最大数量及类型的试点项目进行评估，以确定能够最好地保护牲畜生产者免遭牲畜生产与销售相关金融风险的风险管理工具。

（4）时间节点。联邦农作物保险公司应在 2001 年财政年度内实施本款下的牲畜试点项目。

（5）与其他限制条件的关联性。可在不考虑本子篇限制条件的情况下，制定本款下的任何保险单或保险计划。

（6）协助。联邦农作物保险公司作为本款下试点项目的组成部分，可对保险单或保险计划提供再保险，并且生产者购买本试点计划的期权及期权合约、保险单或保险计划时，联邦农作物保险公司会提供补贴。

（7）私人保险。如联邦农作物保险公司认定牲畜生产者的保险防护在私人公司中普遍存在，则不再针对该风险采取任何行动。

（8）地点。联邦农作物保险公司应当在多个县实施本款中的牲畜试点项目，具体数量由联邦农作物保险公司确定，但该数量要足以对需评估的风险管理工具的可行性、有效性以及需求进行全面评估。

（9）合格生产者。本款中，在试点项目所在县内，拥有或经营一家农场或牧场的任一牲畜类型的生产者均符合该试点项目的参与资格。

（10）支出限额。联邦农作物保险公司应当在实际允许的最大范围内，实施本子篇中的所有牲畜项目，所有相关费用（第 522 条涵盖的研发费用除外）不得超出以下数额：

（A）2001 及 2002 每一财政年度内不得超过 10 000 000 美元。

（B）2003 财政年度内不得超出 15 000 000 美元。

（C）2004 财政年度以及每一后续的财政年度内不得超出 20 000 000 美元。

（c）收入保险试点项目。

（1）通则。根据第 522 条（e）（4）的规定，在 1997 至 2001 作物年度期间，部长应在多个县实施试点项目，具体数量由部长确定。在该试点项目下，小麦、饲料谷物、大豆或部长合理确定的其他农产品的生产者，有权选择投保保险、防止利润损失，具体由部长决定。

（2）管理。在本条下之收入保险：

（A）应当通过私人保险公司再保险安排的方式提供；

（B）应至少提供最低保险额度，作为灾害作物的替代保险；

（C）应当进行全面精算；和

（D）要求投保的生产者支付保险金以及管理费。

（d）试点项目投保费率的降低。

（1）目的。本款下试点项目旨在确定降低投保费率后，经批准的保险提供商是否能在保持自身财务稳定，同时又符合联邦农作物保险计划完整性得同时以降低后的保险费率进行保险单或保险计划市场竞争。

（2）试点项目的确立。

（A）通则。自 2002 作物年起，联邦农作物保险公司应当确立试点项目，按照此试点项目，经批准的保险提供人可以提出降低投保费率的保险单或保险计划供董事会决定是否批准，这些保单和计划

（ⅰ）可针对一项或多项农产品；以及

（ⅱ）可在某一限定的地域范围内，提请董事会批准以降低后的保险费提供保险单或保险计划。

（B）由董事会决定。如董事会认定存在以下情况，其应当批准本款中提出的涉及降低保险单或保险计划投保费率的申请：

（ⅰ）生产者利益在试点地区内得到充分保护；

（ⅱ）董事会认定保险费率精算适当；

（ⅲ）拟提请批准的试点地区规模充分；

（ⅳ）拟提请批准的保险单或保险计划，在拟提请批准地区不会对其他生产者造成不公正歧视；

（Ⅴ）如拟提请批准的保险单或保险计划要在比拟提请试点地区规模更大地区实施，则拟提请批准的保险单或保险计划应：

（Ⅰ）不会给作物保险交付系统带来严重不利影响；

（Ⅱ）不会降低计划的完整性；

（Ⅲ）精算适当；及

（Ⅳ）不会给联邦政府带来额外财政负担；以及

（ⅵ）提议的保单或保险方案满足本子篇中董事会提出的其他合理要求。

（C）时限和程序。董事会在第508条（h）下确定的时限及程序应适用于本款下的申请提交。

（e）调整后的总收入保险试点项目。

（1）通则。联邦农作物保险公司至少应在2004再保险年使调整后的2002再保险年的总收入保险试点项目实施生效。

（2）增加县。

（A）通则。试点项目涵盖的县除外，2003再保险年的试点项目中，联邦农作物保险公司应在加利福尼亚州和宾夕法尼亚州分别至少增加8个县。

（B）选择标准。实施（A）过程中，联邦农作物保险公司应与各州农业部合作，以建立试点项目中县的选择标准。

（f）亚麻试点项目。

（1）通则。根据第508条（h）之规定，联邦农作物保险公司应制定试点项目，依照此计划亚麻生产者或加工者可以提请董事会批准亚麻保单或保险方案。

（2）董事会决议。董事会决定，若（1）下保险保单或计划满足以下条件，则董事会应批准该提议：

（A）保护生产者利益；

（B）经过合理的精算；以及

（C）满足本子篇要求。

（3）时限。联邦农作物保险公司应在制定本款后，尽快采取可行方式实施亚麻保险试点项目。

（g）芝麻试点项目。

（1）通则。除了其他授权，联邦农作物保险公司还应制定并实施试点项目，合同中的芝麻生产者可以依此选择获取多重风险农作物保险，具体由联邦农作物保险公司决定。

（2）条款和条件。芝麻保险试点项目中的多重风险农作物保险应：

（A）通过与私人保险公司签订再保险协议获得；

（B）经过合理的精算；以及

（C）要求由投保的生产者支付保费和行政费用。

（3）地点。仅在得克萨斯州实施芝麻保险试点项目。

（4）时限。联邦农作物保险公司应在制定本款后，尽快采取可行方式实施芝麻保险试点项目。

（h）牧草种子保险试点项目。

（1）通则。除了其他授权，联邦农作物保险公司还应制定并实施牧草种子试点项目，合同中的生产者可以依此选择早熟禾或多年生黑麦草获取多重风险农作物保险，具体由联邦农作物保险公司决定。

（2）条款和条件。牧草种子试点项目中提供的多重风险农作物保险应：

（A）通过与私人保险公司签订再保险协议获得；

（B）经过合理的精算；以及

（C）要求由投保的生产者支付保费和行政费用。

（3）地点。仅在明尼苏达州和北达科他州实施牧草种子保险试点项目。

（4）时限。联邦农作物保险公司应在制定本款后，尽快采取可行方式实施牧草种子保险试点项目。

第524条　教育及风险管理扶持。

（a）教育扶持。

（1）通则。根据第（5）项规定：

（A）联邦农作物保险公司应当实施第（2）项确定的计划；及

（B）部长应通过国家食品与农业研究所，实施第（3）项下确定的计划。

（2）教育及信息。联邦农作物保险公司应确定一项计划，以便在以下州（由部长确定）向生产者提供农作物保险教育及信息：

（A）一直以来，该州联邦农作物保险参保率及保险可用率低，且持续如此；且

（B）该州的联邦农作物保险计划服务水平低下。

（3）风险管理教育合作。

（A）职权。部长应通过国家食品与农业研究所确定一项计划，要求在竞争的基础上，由部长决定向符合条件的公共及私有实体（包括政府资助的大学、合作推广服务机构以及学院或大学）拨款，就风险管理活动向农业生产者提供全方位培训，包括期货、期权、农业交易期权、农作物保险、现金期货合同，债务削减、生产多样化，农产资源风险控制以及其他风险管理战略。

（B）拨款依据。本项下拨款应建立在同行评议或者信用审查的基础之上。

（C）责任期限。本项下部长拨付资金的责任期限为两年。

（D）行政支出。部长有权最多使用本项下拨付资金的 4% 金额，用于支付其实施本款而产生的费用。

（4）要求。实施（2）和（3）中的计划过程中，部长应重点关注风险管理策略、培训和针对以下的服务：

（A）初始农民或牧场主；

（B）试图成为美国固定生产者的合法移民农民或农场经营者；

（C）弱势地位的农民或牧场主；

（D）满足下列条件的农民或农场经营者：

（ⅰ）准备退休；以及

（ⅱ）正在使用过渡政策帮助无经验的农民或农场经营者起步；以及

（E）正在通过转变生产和销售系统，占领新市场的无经验或固定的农民或农场经营者。

（5）资金。从第 516 条（c）中确定的保险资金中：

（A）在 2001 财政年度以及每一后续财政年度内，拨款 5 000 000 美元用于第（2）项中确定的教育及信息计划；及

（B）在 2001 财政年度以及之后每一财政年度年，拨款 5 000 000 美元用于第（3）项中确定的风险管理教育计划合作事宜。

（b）农业管理补助。

（1）职权。部长应向康乃狄克州、特拉华州、夏威夷州、马里兰州、马萨诸塞州、缅因州、内华达州、新罕布什尔州、新泽西州、纽约州、宾夕法尼亚州、罗德岛州、犹他州、佛蒙特州、西佛吉尼亚州以及怀俄明州的生产者提供经济补助。

（2）用途。生产者有权利用本款下的补助用于：

（A）构建或改善：

（ⅰ）流域管理结构；或

（ⅱ）灌溉结构；

（B）建设防护林或改善水质；

（C）通过生产多样化或节约资源的措施降低金融风险，包括：

（ⅰ）土壤侵蚀控制；

（ⅱ）虫害综合治理；

（ⅲ）向有机农业转型；或

（ⅳ）制定并实施计划为生产者创造营销机会，包括增值加工；

（D）以有助于降低生产价格或收入风险的方式签订期货、对冲或期权合约；

（E）签订农业贸易期权合约作为一种对冲交易方式，以降低生产价格或收入风险；或

（F）开展（A）到（E）所述活动的其他相关活动，具体由部长决定。

（3）金额限制。在任何年度，在本款下向每人（定义以《粮食安全法》第 1001 条（5）（《美国法典》第 7 篇 1308（5）为准）拨付的总补助金额不得超出 50 000 美元。

（4）商品信贷公司。

（A）通则。部长应通过商品信贷公司实施本款规定。

（B）资金。

（ⅰ）通则。除（ⅱ）规定外，商品保险公司应当在每一财政年度内，提供 10 000 000 美元贷款以实施本款规定。

（ⅱ）特定财政年除外。商品信贷公司在 2008 至 2014 财政年度内，提供 15 000 000 美元贷款以实施本款规定。

（C）特殊用途。每个财政年度用于执行本款规定的可用金额中，商品信贷公司有权使用不少于：

（ⅰ）50％的资金通过自然资源保护局，用于执行（2）（A）、（B）和（C）之规定；

（ⅱ）10％的资金通过农产品销售局作为有机认证费用份额援助；以及

（ⅲ）40％的资金通过风险管理局，采取措施执行（2）（F）之规定。

子篇 B　农业灾害援助补贴

第 531 条　农业灾害援助补贴。

（a）定义。在本条中：

（1）历年实际生产收益率。术语"历年实际生产收益率"指，分别根据子篇 A 或不可保作物灾害援助计划计算得出的每种可保产品或不可保产品实际生产历史的加权平均值。

（2）农场实际产量。术语"农场实际产量"是指（b）（6）（B）规定的农场生产所有作物的价值总和。

（3）调整后的历年实际生产收益率。术语"调整后的历年实际生产收益率"指：

（A）在不按照第 508 条（g）（4）（B）规定的情况下，农场的合格生产者有至少 4 年的可保产品实际生产收益率记录，合格生产者与本条规定收益率无关的实际生产记录；

（B）农场的合格生产者有至少 4 年的可保产品实际生产收益率记录，在 1 年或 1 年以上按照第 508 条（g）（4）（B）之规定的情况下，农场合格生产者的实际产量不包括按照第 508 条（g）（4）（B）规定的最低收益率；以及

（C）所有其他情况下，农场合格生产者的实际生产记录。

（4）调整后的不可保作物灾害援助计划收益。术语"调整后的不可保作物灾害援助计划收益率"指：

（A）如不可保农作物保险援助计划中的农场合格生产者有至少 4 年的生产记录，则此计划收益与任何替代收益无关；

（B）如不可保农作物保险援助计划中的农场合格生产者有不到 4 年的生产记录，则此计划收益不包括最低替代收益；以及

（C）所有其他情况下，不可保作物灾害援助计划下的农场合格生产者的生产记录。

（5）逆周期计划支付收益率。术语"逆周期计划支付收益率"指根据下列款项制定的支付收益的加权平均值[①]

[①]　2008 年 10 月 13 日《公法》110-398 之 531-1 条 2（a）（1）（B），修正本款，删除"2002 年第 1102 节农场安全及农村投资法"及之后到结尾的款项，并插入"根据-"及之后到结尾的款项。因此，开始部分（做此修改），（1）条款（ⅰ）之前加入"根据……根据"，（2）条款（ⅰ）至（ⅲ）（对照（A）项至（C）项），（3）并入那些条款。

（ⅰ）《2002 年农业安全与农村投资法》第 1102 和 1302 条（《美国法典》第 7 篇 7912，7952）；

（ⅱ）《2008 年粮食、保育及能源法》第 1102 条或第 1301 条（6）（《美国法典》第 7 篇 8712，8751 (6)）的内容；或者

（ⅲ）后续条款。

（6）重要的经济作物。术语"重要的经济作物"与部长在（b）（1）（B）和（g）（6）给出的定义一致。

（7）受灾县。

（A）通则。术语"受灾县"指有自然灾害申报资格的地理区域。

（B）包括。术语"受灾县"包括：

（ⅰ）与（A）中县相邻的县；以及

（ⅱ）年实际产量低于通常产量 50％的农场。

（8）农场合格生产者。

（A）通则。术语"农场合格生产者"指（B）中由部长决定承担农作物或牲畜农业生产和销售风险的个体或实体。

（B）说明。（A）中的个体或实体是指：

（ⅰ）美国公民；

（ⅱ）外籍居民；

（ⅲ）美国公民的合作伙伴；或者

（ⅳ）联邦农作物保险公司、有限责任联邦农作物保险公司或其他根据州法律建立的农业组织结构。

（9）农场。

（A）通则。术语"农场"指与农场的合格生产者相关，合格生产者种植或打算种植用于销售或农场内牲畜饲养（包括用于生产干草的天然草地）的所有县所有农作物种植面积的总和。

（B）水产业。对于水产业，术语"农场"指与农场的合格生产者相关，所有县合格生产者生产用于收获出售的鱼。

（C）蜂蜜。对于蜂蜜，术语"农场"指与农场的合格生产者相关，所有县合格生产者生产用于收获出售的蜂蜜。

（10）养殖鱼。术语"养殖鱼"指在受控环境中繁殖和养殖的各种水生生物。

（11）可保商品。术语"可保商品"指农场生产者有资格获得子篇 A 中的保险保单或计划的农产品（牲畜除外）。

（12）牲畜。术语"牲畜"包括：

（A）牛（包括乳用牛）；

（B）北美野牛；

（C）家禽；

（D）绵羊；

（E）猪；

（F）马；以及

（G）由部长决定的其他牲畜。

（13）不可保商品。术语"不可保商品"指农场的合格生产者有权获得不可保农作物援助计划援助金的农作物。

（14）不可保农作物援助计划。术语"不可保农作物援助计划"指根据《1996 年联邦农业促进和改革法》第 196 条（《美国法典》第 7 篇 7333）实施的计划。

（15）农场的通常产量。术语"农场的通常产量"是指（b）（6）（A）规定的农场产出的所有作物预期的价值总和。

（16）自然灾害申报资格。术语"自然灾害申报资格"是指部长依据《巩固农业和农村发展法》第321条（a）（《美国法典》第7篇1961（a））之规定公布的造成生产损失的自然灾害。

（17）部长。术语"部长"指的是农业部长。

（18）地位弱势的农民或牧场主。术语"地位弱势的农民或牧场主"与《1990年粮食、农业、保育与贸易法》第2501（e）条（《美国法典》第7篇2279（e））中给出的定义一致。

（19）州。术语"州"指：

（A）某个州；

（B）哥伦比亚特区；

（C）波多黎各自由联邦；以及

（D）其他美国领土或领地。

（20）信托资金。术语"信托资金"指根据《1974年贸易法》第902条建立的农业救助信托基金。

（21）美国。术语"美国"在地理范畴中指所有州。

（b）补贴收入补助金。

（1）支付。

（A）通则。必要时部长将使用信托基金的资金作为农作物受灾补助金，支付给在农事年的受灾县中遭受农作物减产或质量受损或两者兼有的农场合格生产者。

（B）农作物损失。获得本款中农作物损失补助金的资格为，由于灾害、恶劣天气或灾害相关的其他情况，导致农场中至少一种经济作物的实际产量至少减产10％。

（2）金额。

（A）通则。根据（B）之规定，部长应向农场合格生产者提供本条规定的农作物受灾补助金，金额为以下两项之间差额的60％：

（ⅰ）第（3）项规定的灾害援助计划保证金；以及

（ⅱ）第（4）项规定的农场的总收益。

（B）限制。根据第（5）项中对农场每种农作物的规定，农作物灾害援助计划保证金用于计算（A）（ⅰ）中支付农场的金额由部长决定，应不超过预期收益的90％。

（C）后续种植农作物除外责任。根据第（3）项和第（4）项分别计算灾害援助计划保证金和农场总收入时，部长不考虑下列任何农作物的价值：

（ⅰ）产自无权获得子篇A中保单或保险方案或农作物援助计划补助金的土地的农作物；或

（ⅱ）根据本款获得受灾补助金的作物，在相同农事年在其种植的土地上继续种植该农作物，由部长确定的双作地区除外。

（3）补贴收入援助计划保证金。

（A）通则。除非本项另有规定，获得补贴收入援助计划保证金应为（ⅰ）与（ⅱ）之和：

（ⅰ）对于每种农场可保产品，为以下各项相乘得出的所获得产量的115％

（Ⅰ）产品缴费数额等于合格生产者选择的产品定价；

（Ⅱ）产品付费亩数等于产品种植亩数，或未播种亩数；

（Ⅲ）产品支付收益率等于生产者选择的下列中较高农作物保险收益率：

（aa）调整后的历年实际生产收益率；或者

（bb）每种作物的逆周期计划支付收益率；以及

（ⅱ）对于每种农场不可保产品，为以下各项相乘得出的所获得产量的120％：

（Ⅰ）产品缴费数额等于不可保农作物补助金计划中确定的该产品价格；

（Ⅱ）产品付费亩数等于产品种植亩数，或未播种亩数；以及

（Ⅲ）产品支付收益率等于以下较高数额的50％：

（aa）调整的未承保作物援助计划的产量；或者

（bb）每种作物的逆周期计划支付收益率。

（B）调整保险保证金。尽管（A）有规定，如果可保产品的保单或保险方案可调整保证金，未播种情况下，应基于调整后的保证金决定该可保产品的灾害援助计划保证金。

（C）调整的援助水平。尽管（A）有规定，如果不可保商品的调整方案可调整保证金，未播种情况下，应基于调整后的保证金决定该不可保产品的灾害援助计划保证金。

（D）公平处理无收益保单。部长应公平处理无收益保单和保险方案，例如调整后的总收入保险计划。

（4）农场收入。

（A）通则。就本款而言，农场总收入，应等于下列各项数额之和：

（i）通过将（I）与（II）相乘，估算出的农场每种农作物的实际价值：

（I）用于决定子篇 A 或不可保农作物援助计划损失的农场农作物的实际产值；

（II）根据（B）和（C）之规定，在切实可行的范围内，销售年度全国平均市场价格，具体由部长决定；

（ii）根据《2008 年粮食、保育和能源法案》第 1103 和 1303 条或后续节规定，对生产者直接支付任意款项的 15％；

（iii）根据《2008 年粮食、保育和能源法案》第 1104 和 1304 条或后续节规定，对生产者的逆周期支付总额，或根据上述法案第 1105 条之规定对生产者支付的平均农作物收益选择支付总额。

（iv）根据《2008 年粮食、保育和能源法案》子篇 B 和子篇 C 及后续章节之规定，支付生产者的贷款差额支付总额、营销贷款收益以及营销许可收益；

（v）农场未播种地支付金额；

（vi）农场合格生产者收到的农场每种农作物的农作物保险赔偿金；

（vii）农场合格生产者收到的农场每种农作物的未承保的农作物援助计划补助金额；以及

（viii）联邦政府向遭受其他自然灾害且正在寻求援助资金的农场合格生产者提供的补助金，金额与该生产者农场农作物损失相等。

（B）调整。部长应调整符合条件的农场商品生产者收到的平均市场价格：

（i）为反映作物或机械收割的饲料当地或区域市场价格的平均质量折扣；质量折扣是由农业服务局办公室确定的、由不利的天气导致作物或牧草本身自然性质属性的降低而产生的。

（ii）对由于灾难天气导致降雨过多，从而致使作物价值降低这一情况作出说明；以及

（iii）在部长认为合适的情况下，以与子篇 A 下的农作物保险项目和未承保作物援助计划相一致的方式反映区域差异。

（C）特定作物的最高数额。对于农场生产者在未承保作物援助计划下收到援助的作物，在农产品销售年收到的国家平均时长价格，不应超过未承保作物援助计划下规定的作物价格。

（5）预期收入。农场上每种作物的预期收入应该等于：

（A）对每种可保险的农作物商品，所获得的产品应为以下各项之积：

（i）以下两项中取较大值：

（I）符合条件的农场生产者的、调整的实际历史生产产量；以及

（II）逆周期计划支付收益率；

（ii）播种面积以及未播种面积；以及

（iii）需要赔偿损失时，用来计算保单赔款额的商品价格选择的全部；以及

（B）对每种不可保的农作物商品，所获得的产品应为以下各项之积：

（i）调整的未承保作物援助计划的产量的全部；

（ii）播种面积以及未播种面积；以及

（iii）农场上每种作物未承保作物援助计划价格的全部。

（6）农场产量。

（A）农场的通常产量。术语"农场的通常产量"是指第（5）项规定的农场产出的每种作物预期收益的价值总和。

（B）农场实际产量。农场的实际产量应等于（ⅰ）与（ⅱ）之和：

（ⅰ）对每种农场可保产品，所获得产品应为（Ⅰ）与（Ⅱ）之积：

（Ⅰ）需要赔偿损失时，用来计算保单赔款额的商品价格选择的全部；以及

（Ⅱ）农场产出的商品的数量，为质量损失而进行的调整；以及

（ⅱ）对每种不可保的农场商品，所获得产品应为（Ⅰ）与（Ⅱ）之积：

（Ⅰ）商品未承保作物援助计划确定的价格的全部；以及

（Ⅱ）农场产出的商品的数量，为质量损失而进行的调整。

（c）牲畜赔偿支付。

（1）支付。部长应从信托基金中抽取部分资金，向符合条件的农场生产者支付牲畜赔偿金，赔偿日历年度内，由不利的天气条件（经部长确认的），包括飓风、洪水、暴风雪、疾病、森林大火、酷热及酷寒天气等，导致牲畜的死亡率超过正常死亡率而造成的损失。

（2）支付比例。向第（1）项下农场生产者进行赔偿支付时，应按照经部长确定的、牲畜死亡日前一天的市场价值的75％进行赔付。

（d）牲畜试点项目。

（1）定义。在本款中：

（A）承保牲畜。

（ⅰ）通则。除（ⅱ）的规定外，术语"承保牲畜"指的是经部长决定的，符合条件的生产者的牲畜，在发生干旱或火灾日（经由部长确定）的前60天内，符合条件的牲畜生产者：

（Ⅰ）拥有的；

（Ⅱ）租赁的；

（Ⅲ）购买的；

（Ⅳ）签订购买合同的；

（Ⅴ）合约养殖的；或者

（Ⅵ）下列时间段内由于干旱导致将牲畜进行销售或者处理的：

（aa）当前生产年；或者

（bb）根据第（3）（B）（ⅱ）款，当前生产年的前一年或者两年。

（ⅱ）除外情况。术语"承保牲畜"不包括经部长决定的、作为符合条件的牲畜生产者的正常经营的一部分，在构成旱灾或火灾条件的起始日起就已经或者本应该圈养在饲养场的牲畜。

（B）旱灾监控。术语"旱灾监控"指由部长定义的用以划分干旱严重程度的系统，包括从反常热到异常干旱等一系列干旱等级。

（C）符合条件的牲畜生产者。

（ⅰ）通则。术语"符合条件的牲畜生产者"指符合下列条件的农场生产者：

（Ⅰ）所有者、现金或股份的承租人，或者是承保牲畜的合约饲养者，可为牲畜提供牧场或草场，包括现金租赁的牧场或草场；

（Ⅱ）为承保牲畜提供牧场或草场，包括在受旱灾影响的县内现金租赁的牧场或草场；

（Ⅲ）证明牧草损失；以及

（Ⅳ）符合该款下规定的其他资格要求

（ⅱ）除外情况。术语"符合条件的牲畜生产者"不包括在根据收益确定利率基础上，向他人出租或租赁牧场或草场的所有者、现金或股份的承租人、或者是承保牲畜的合约饲养者。

（D）正常承载能力。术语"正常承载能力"，根据（3）（D）（ⅰ）规定，指县内每个类型的草场或

牧场的支持承载能力，即在不发生旱灾或火灾，不影响牧场和草场产量的前提下，在正常放牧期就可以预见到的牧场或草场的承载能力。

（E）正常放牧期。术语"正常放牧期"，根据（3）（D）（ⅰ），指在该县的日历年内正常的放牧期。

（2）项目。部长应使用信托基金中的一部分，向遭受由以下原因引起牧草损失的、符合条件的牲畜生产者提供损失赔偿金：

（A）第（3）项中所述的干旱条件；或

（B）第（4）项中所述的火灾。

（3）旱灾引起损失的援助条件。

（A）符合条件的损失。

（ⅰ）通则。符合条件的牲畜生产者可根据该款的规定，就下列牧场上的承保牲畜的牧草损失接受援助：

（Ⅰ）覆盖有永久性植被的，原生的或经过改良的牧场；或

（Ⅱ）专门种植承保牲畜所需的牧草的牧场。

（ⅱ）除外情况—符合条件的牲畜生产者，不得就牧草损失接受该小节下的援助；如果牧草损失发生在：《1985 年粮食安全法》（《美国法典》第 16 篇 3831 及以下）第Ⅻ篇子篇 D 第 1 章第 B 节规定的土地保护计划规定的种植干草和牧草的土地上。

（B）月支付率。

（ⅰ）通则。除在（ⅱ）中的规定外，本项下的援助月支付率，如果是旱灾，则应是下列情况下，较小数值的 60％：

（Ⅰ）（C）下规定的，由符合条件的牲畜生产者拥有的或者租赁的所有承保牲畜的月度饲养成本；或

（Ⅱ）使用符合条件牲畜生产者的符合条件牧场的正常承载能力进行计算的月度饲养成本。

（ⅱ）部分补偿。如果一名符合条件的牲畜生产者销售或处置当前生产年度前 1 年或前 2 年的旱灾过后的承保牲畜，经部长决定，赔付的比例应为县内牧场或场地的 80％，即（ⅰ）规定的 80％。

（C）月度饲养成本。

（ⅰ）通则。月度饲养成本应等于获得的产品乘以：

（Ⅰ）30 天；

（Ⅱ）按照（ⅱ）规定的与饲料谷物等量的支付数额；以及

（Ⅲ）根据（ⅲ）的规定，与每磅玉米价格等同的支付率。

（ⅱ）饲料谷物等量价格。为（ⅰ）（Ⅰ）之目的，饲料谷物的量应等于：

（Ⅰ）如果是成年肉用母牛，每天为 15.7 磅的玉米；或者

（Ⅱ）如果是任何其他重量类型的牲畜，则应为部长决定的数量，即饲养牲畜平均每天消耗玉米磅数；

（ⅲ）每磅玉米价格。为（ⅰ）（Ⅱ）之目的，每磅玉米价格应为下列（Ⅰ）除以（Ⅱ）的商：

（Ⅰ）以下两项中数值较高的一项：

（aa）灾难援助开始计算的年份的 3 月 1 日前 12 个月内的每蒲式耳国家平均玉米价格；或者

（bb）上文规定的 3 月 1 日前 24 个月内，每蒲式耳国家平均玉米价格；

（Ⅱ）56。

（D）正常放牧期及旱灾监控强度。

（ⅰ）联邦安全署县委员会决定。

（Ⅰ）通则。对于县内相应委员会管辖的每种类型的草场或牧场，部长应确定其正常承载能力及正常放牧期限。

（Ⅱ）更改。不得对（Ⅰ）下的正常承载能力及正常放牧期限作出任何更改，除非相应的州及县农

业服务机构委员会要求作出此类更改。

（ⅱ）干旱强度。

（Ⅰ）D2。符合条件的牲畜生产者拥有或租赁的草场或牧场，如果位于被美国干旱检测局认定的旱灾等级为D2（严重干旱）的县内，在正常放牧期限内，该县的任何地区至少连续8周持续该等级，经部长确定，该生产者应接受该款规定下的帮助，接受的数额应与使用（B）确定的支付率进行的单个月度支付的数额相同。

（Ⅱ）D3。符合条件的牲畜生产者拥有或租赁的草场或牧场，如果位于被美国干旱检测局认定的旱灾等级为至少D3（极度干旱）的县内，在正常放牧期限内，该县的任何地区任何时间，经部长确定，该生产者应接受该款规定下的援助。

（aa）与使用（B）确定的月度支付率进行支付的两个月的支付数额相同；或者

（bb）如果该县全县干旱等级被认定为D3（极度干旱），且在正常放牧期间内该干旱等级至少持续4周；或者该县全县被认定的干旱等级为D4（异常干旱），且该干旱等级在正常放牧期间内一直持续；则应使用（B）规定的月度支付率提供相当于3个月的支付额。

（4）公共管理土地火灾引起的损失的援助。

（A）通则。在下列条件下，符合条件的牲畜生产者可接受该款所述的帮助：

（ⅰ）牧草损失发生在联邦机构所管辖的牧场上；以及

（ⅱ）符合条件的牲畜生产者，因为火灾，被联邦机构禁止在其管理的牧场上放牧通常情况下允许放牧的牲畜。

（B）支付率。本项下因援助而发生的支付率，应等于（3）（C）规定的，符合规定的牲畜生产者联邦租约承保的牲畜总数量的月度饲养成本的50％。

（C）付款期限。

（ⅰ）通则。根据（ⅱ），符合规定的牲畜生产者可以在下列期间接受该款下的援助：

（Ⅰ）自联邦机构阻止符合规定的牲畜生产者使用其管理的牧场放牧之日起；

（Ⅱ）至符合规定的牲畜生产者联邦租约结束日止。

（ⅱ）限制因素。符合规定的牲畜生产者只可以接受该项下的、对每年发生的天数不超过180天的损失进行的援助。

（5）最小风险管理购买条件。

（A）通则。除非本项另有说明，否则牲畜生产者只有满足以下条件才可以接受本款下的援助：

（ⅰ）获得子篇A下规定的保险政策及计划，对牧场发生损失寻求援助；或者

（ⅱ）完成必须的文档工作，在相应州的归档截止日前，缴纳向未承保的农作物协助计划下的受灾牧场寻求援助的管理费用。

（B）弱势地位的、资源有限的、初始的农民或农场主豁免。如果符合条件的牲畜生产者是经由农业部长确定的、弱势地位的的农民或农场主或有限的资源或是初始农民或农场主，则部长可以：

（ⅰ）免除（A）要求；

（ⅱ）以部长认为合理公平的方式，提供该款下的灾难援助。

（C）2008日历年豁免。如果符合条件的牲畜生产者的牧场在2008年日历年受灾，但未能满足（A）的条件要求；在此情况下，如果符合条件的牲畜生产者向部长支付一笔相当于未承保作物援助计划的费用或者是相当于（A）下的巨灾保险费用的款项，且支付在该子篇内容生效后90日内完成，则部长应免除（A）要求，向其提供灾难援助。

（D）平等救济。

（ⅰ）通则。部长应向牲畜生产者提供平等援助，对那些符合规定但未能投保的或偶然未能满足（A）要求的生产者的牧场发生的损失，经部长确定后，逐一进行援助。

（ⅱ）2008日历年。在符合规定的牲畜生产者在2008年日历年遭受牧场损失的情况下，如果符合

条件的牲畜生产者在子篇 A 下的作物保险及未承保作物援助计划的销售截至日期后，由于该子篇内容的生效，未能满足（A）的要求，则部长应进行特殊考虑，提供公平援助。

（6）无重复支付。

（A）通则。符合规定的牲畜生产者可选择接受援助，以弥补（3）所述的旱灾和（4）所述的火灾带来的牧场饲料的损失；但根据部长规定，生产者不得为同一损失同时选择两种援助标准。

（B）补充性收入援助的关系。符合规定的牲畜生产者接受该款下的援助时，不得同时接受同一块土地上针对作物损失的援助。此处所述作物的用途与（b）的规定相同。

（e）牲畜、蜜蜂和养殖鱼的紧急援助费用。

（1）通则。部长每年将使用信托基金中的 5 000 万美元对牲畜、蜜蜂和养殖鱼的合格生产者提供紧急援助，以减少因病害、恶劣天气经由部长确定的（b）、（c）、（d）中未涵盖的其他灾害如暴雪、野火等造成的损失。

（2）基金使用。本款规定中的可用基金将用于减少因饲料或水资源短缺、病害或其他由部长确认的因素所造成的损失。

（3）基金有效性。本款规定中的可用基金在用尽之前均有效。

（f）树木援助项目。

（1）定义。在本款中：

（A）合格果园主。术语"合格果园主"是指基于商业目的生产一年生树木作物的种植者。

（B）自然灾害。术语"自然灾害"是指植物病害、虫害、旱灾、火灾、结冰、水灾、地震、雷电或其他经由部长确定的灾害。

（C）苗圃树木栽培者。术语"苗圃树木栽培者"是指经由部长确认作为商业用途种植苗圃、观赏植物、水果、坚果或圣诞树的生产者，由部长决定。

（D）树木。术语"树木"是指树、灌木和攀援植物。

（2）资格。

（A）损失。根据（B）之规定，必要时部长将使用信托基金的部分金额以对下列损失提供援助：

（ⅰ）根据（3）之规定，合格果园主和苗圃树木栽培者出于商业目的种植植株，但由于自然灾害（需经部长确认）而造成损失；以及

（ⅱ）根据（3）之规定，有种植历史的合格的果树栽培者和苗圃树木栽培者出于商业目的种植的植株或现存的树木，由于自然灾害（需经由部长确认）造成的损失。

（B）限制。合格果园主或苗圃树木栽培者有资格获得（A）规定的补助金，只要由于灾害性天气或相关情况导致其植株死亡率超过 15％（可根据正常死亡率调整）。

（3）补助金。根据（4）之规定，部长对合格果园主和苗圃树木栽培者提供的（2）中规定损失的补助金包括：

（A）（ⅰ）由于自然灾害（由部长判定）导致死亡率超过 15％（可根据正常死亡率进行调整）而重新种植树木所需费用的 70％；或者

（ⅱ）部长决定，用于恢复农场所需的足够树苗；以及

（B）合格果园主或苗圃树木栽培者为抢救现有植株而产生的修建、移植或其他费用的 50％，或由于自然灾害（由部长判定）导致植株破坏率或死亡率超过 15％（可根据正常破坏率和死亡率进行调整）而准备重新种植土地费用的 50％。

（4）补助金限额。

（A）法定实体和法人的定义。在本项中，术语"法定实体"和"法人"的定义与《1985 年粮食安全法》第 1001 条（a）（《美国法典》第 7 篇 1308（a）（《2008 年粮食、保育和能源法》第 1603 条对其做出修订））中给出的定义一致。

（B）数额。按照本款，法人或法定实体（联合经营或一般合伙除外）直接或间接收到的金额不得

超过每农事年 10 万美元，或与树木幼苗价值相等的数额。

（C）亩数。根据本款之规定，法人或法定实体有资格获得树木或树木幼苗补助的亩数不应超过 500 英亩。

（g）风险管理采购需求。

（1）通则。除非本款另有规定，合格的农场生产者如果满足以下条件则无权获得本条规定的补助金（（c）和（d）款除外）：

（A）农场合格生产者的所有可保产品，牧场除外，未获得子篇 A 中的保单或保险方案（该子篇中的农作物保险试点计划除外）；或者

（B）在相应州的截止日期之前，未出具有关农场合格生产者的所有不可保产品的所需文件，并支付不可保农作物援助计划行政费用。

（2）最低限度。作为已获得（1）（A）之规定的保险金的农场合格生产者，应已取得按每种作物可保价格的 55% 给 50% 以上的作物投保的保单或保险方案。

（3）弱势地位的、资源有限的、初始的农民或农场主的豁免。如果符合条件的生产者是经由农业部长确定的具有弱势地位的农民或农场主，或有限的资源，或是初始农民或农场主，则部长可以：

（A）免除（1）的要求；以及

（B）以部长认为合理公平的方式，提供该条下的灾难援助。

（4）特定农事年豁免。

（A）2008 作物年。如果符合条件的生产者的可保或不可保商品在 2008 年作物年受灾，但未能满足（1）的要求；在此情况下，如果合格的生产者在本章实施后的 90 天内向部长交付（1）规定的非投保作物援助计划或巨灾风险保护计划的费用，则部长应免除（1）的规定要求。

（B）2009 作物年。2009 作物年的可保产品或不可保产品未达到（1）规定的要求，并且相关农作物保险计划销售截止日期或不可保农作物援助计划费用支付截止日期为 2008 年 8 月 14 日，如果合格的生产者在本子篇实施后的 90 天内向部长交付（1）规定的非投保作物援助计划或巨灾风险保护计划的费用，则部长应免除（1）的规定要求。

（5）平等救济。

（A）通则。部长应向那些符合规定但不合格的或无意中未能满足（1）要求的农场生产者提供平等救济，并对其种植的一种或多种农作物逐项予以救助，具体由部长确定。

（B）2008 作物年。在符合规定的农场生产者在 2008 年作物年遭受可保或不可保商品损失的情况下，如果符合条件的生产者在子篇 A 及非投保农作物援助计划下的作物保险销售截止日期后，由于该子篇内容的颁布而未能满足该子篇（1）的要求，则部长应进行特殊考虑，提供公平救济。

（6）其他例外情况。

（A）通则。就（b）中补助金而言，应农场合格生产者的要求，部长应豁免（1）：

（ⅰ）合格生产者的农场总亩数中非商业用途的部分，由部长规定；或者

（ⅱ）用于购买未投保农作物受灾援助保险金额所需的行政费用超过保险价值的 10%。

（B）面积的处理。计算（b）（3）中的补贴收入援助计划保证金和（b）（4）中的农业总收益时，部长不应考虑（A）中豁免的农作物价值。

（7）2008 过渡援助。

（A）通则。农场合格生产者未能及时支付（4）（A）中规定的费用时，根据（B）之规定，如果农场合格生产者满足下列条件，则有资格获得本条中的补助金：

（ⅰ）在制定本项后 90 天内支付（4）（A）中规定的费用；以及

（ⅱ）（Ⅰ）针对农场合格生产者的可保产品，牧场除外，同意获取下一作物年子篇 A 中的保单或保险方案（子篇 A 中的农作物保险试点计划除外），保单或保险方案的农作物保险对农场合格生产者有效，保险金额不低于按照预期市场价格记载或评估的平均收益的 70%，或等于保险金额；以及

（Ⅱ）在相应州的截止日期之前，农场合格生产者同意出具有关每项不可参保商品的所需文件并支付第二年非投保农作物援助计划行政费用。

（B）补助金额。满足（A）要求的农场合格生产者如达到以下要求，则有资格接受本条中规定的补助金：

（ⅰ）农场合格生产者的所有可保产品已获得 2008 作物年的保单或保险方案，并且保险金额在按照预期市场价格记载或评估的平均收益的 70％以内，或等于保险金额；以及

（ⅱ）在相应州截止日期之前已提交所需文件并支付行政费用的农场合格生产者的所有不可保产品，在 2008 作物年的非投保农作物援助计划中，除决定保险金额等级外，部长应把适用收益的 70％用于该计划。

（C）平等救济。除非（D）另有规定，在（4）（A）规定的截止日期之前满足（1）规定且有资格接受本条规定的 2008 作物年生产损失相关的灾害补助金的农场合格生产者，将有资格接受以下款项中金额较大的一项：

（ⅰ）如果农场合格生产者已支付（B）中的费用，则为（B）中本应计算的金额；或者

（ⅱ）本应按照（b）（3）（A）进行计算的金额，如果

（Ⅰ）（A）（ⅰ）中，"120％"代替"115％"；以及

（Ⅱ）（A）（ⅱ）中，"125％"代替"120％"。

（D）限制。对本项中的可用金额，部长可做必要调整，以确保在制定本项规定之前，生产者按本项规定所收到的金额不会超过已购买相同或更高金额农作物保险的类似处境的生产者所收到的补助金。

（E）部长授权。由于 2008 作物年生产损失而导致多年遭受生产损失的农场合格生产者，如果部长认为应该公平对待，可为其提供额外补助，具体由部长决定。

（F）缺乏准入。尽管本条中有规定，部长仍可以按照本条规定对满足下列条件的农场合格生产者提供补助金（包括多年补助金）：

（ⅰ）2008 作物年由于自然原因遭受生产损失或多年生产损失；以及

（ⅱ）由部长决定：

（Ⅰ）（aa）除（bb）中规定外，缺乏获得子篇 A 中保单或保险方案的途径；或者

（bb）由于农场合格生产者采取一种或多种经部长认定的优良农耕方式与美国其他地区相同作物生产者采取的农耕方式差异过大，没有资格签署书面协议；

（Ⅱ）不符合参加《1996 年联邦农业促进和改革法》第 196 条（《美国法典》第 7 篇 7333）中不可保作物的灾难援助计划。

（h）付款限制。

（1）法定实体和法人的定义。在此款中，术语"法定实体"和"法人"的定义与《1985 年粮食安全法》第 1001 条（a）（《美国法典》第 7 篇 1308（a）（《2008 年粮食、保育和能源法》第 1603 条对其做出修订））中给出的定义一致。

（2）数额。根据本条规定（不包括根据（f）中接收到的金额），法人或法定实体（不包括合资企业或普通合伙）直接或间接收到的金额每农事年度不得超过 100 000 美元。

（3）调整后的总收益限额。《1985 年粮食安全法》第 1001D 条（《美国法典》第 7 篇 1308－3a）或后续规定适用于本节提供的援助。

（4）直接归属法。《1985 年粮食安全法》第 1001 条（e）和（f）（《美国法典》第 7 篇 1308）或有关直接归属法的后续规定适用于本条提供的援助。

（5）转换规则。2007 年 9 月 30 日生效的《1985 年粮食安全法》第 1001、1001A、1001B 和 1001D 条（《美国法典》第 7 篇 1308 及以下）之规定仍适用于 2008 年的农作物。

（i）有效期。本条规定只针对 2001 年 9 月 30 日或在此之前因灾害、恶劣天气或其他环境条件造成的损失，具体由部长决定。

（j）不得重复付款。实施其他灾害补助金计划（子篇 A 和《1996 联邦农业改进和改革法》第 196 条规定的赔偿金除外）时，部长应避免就同一损失向受损人重复支付第（b）、（c）、（d）、（e）或（f）款中的款项。

（k）应用。

（1）通则。根据（2）规定，子篇 A 之规定不适用于本子篇。

（2）交叉参照。（1）不适用于本子篇特定参照子篇中的规定。

2008 年粮食、保育和能源法

公法 110 - 234
第 110 届国会
本 法 案

旨在规范各项农业计划至 2012 财政年度以及其他目的。
提请美利坚合众国参议院和众议院召集全体会议审议通过

第 1 条 简称；目录。

（a）简称。本法案名为《2008 年粮食、保育和能源法》。
（b）目录。本法案的目录如下：

第 Ⅰ 篇 商品计划

子篇 A 直接补贴和反周期补贴

子篇 B 销售援助贷款和贷款差额补贴

第 II 篇　保　　育

子篇 A　定义与极易受侵蚀的土地和湿地保育

子篇 B　保育保护区计划

子篇 C　湿地保护区计划

子篇 H   保育计划的拨款和管理办法

子篇 I   其他法律中的保育计划

子篇 J   其他环保条款

第Ⅲ篇   贸   易

子篇 A   《粮食促进和平法》

子篇 B　《1978 年农业贸易法》及相关法令

子篇 C　杂　　项

子篇 D　软 木 材

第Ⅳ篇 营　　养

子篇 A　食品券计划

子篇 B 食品分配计划

第 I 部分 紧急食品援助计划

第 II 部分 印第安人保留地食品分配计划

第 III 部分 商品补充性食品计划

第 IV 部分 老年农民市场营养计划

子篇 C 儿童营养和相关计划

子篇 D 杂 项

第 V 篇 信 用

子篇 A 农场购置贷款

第 5004 条　分期付款贷款计划。

第 5005 条　新兴农场主或牧场主和处于不利社会地位的农场主或牧场主合同土地推销计划。

子篇 B　经营性贷款

第 5101 条　耕种经验作为必要资格条件。

第 5102 条　经营所需贷款数量限制。

第 5103 条　中止借款人可获得担保援助的期限限制。

子篇 C　紧急贷款

第 5201 条　马农场主和牧场主获得紧急贷款的资格。

子篇 D　管理规定

第 5301 条　新兴农场主和牧场主个体发展账户试验计划。

第 5302 条　存货销售优先事项；借贷资金另作他用的部分。

第 5303 条　贷款授权级别。

第 5304 条　转变成私营商业或其他信用来源。

第 5305 条　扩充重新获取借款人——所有人近亲属田产财产的第一拒绝权。

第 5306 条　农村发展和农场货款计划活动。

子篇 E　农场信贷

第 5401 条　农业信贷制度保险公司。

第 5402 条　技术修改。

第 5403 条　合作性投票权股票银行。

第 5404 条　保险费。

第 5405 条　保费证明。

第 5406 条　农村事业贷款。

第 5407 条　平衡地区协会发放贷款权。

子篇 F　其　　他

第 5501 条　向购买分散土地的买家发放贷款。

第 Ⅵ 篇　农村发展

子篇 A　《巩固农场和农村发展法》

第 6001 条　水、废物处理和废水处理设备拨款。

第 6002 条　调查拨款。

第 6003 条　农村商业机会拨款。

第 6004 条　初期管理设备拨款、贷款和贷款担保。

第 6005 条　促进宽带发展的社区设施拨款。

第 6006 条　农村水和废水回路搭载计划。

第 6007 条　宗教学院和大学的必要社区设施。

第 6008 条　紧急和危急社区水支持拨款计划。

第 6009 条　阿拉斯加乡村和本地村庄的供水系统。

第 6010 条　向非营利组织拨款，以资助中低收入个人在农村地区建设、整修和维护个人家用水井系统。

第 6011 条　水和废物处理设备贷款的利率。

第 6012 条　集体股票担保。

第 6013 条　农村合作开发拨款。

第 6014 条　支持广播系统的拨款。

第 6015 条　当地或地区生产的农业粮食产品。

第 6016 条　向农村地区转让适用技术。

第 6017 条　农村经济区合伙区域。

第 6018 条　定义。

第 6019 条　国家农村发展合伙关系。

第 6020 条　保持历史著名粮仓。

第 6021 条　为国家海洋大气管理局天气无线电发射机拨款。

第 6022 条　农村微型企业支持计划。

第 6023 条　为农村地区残疾人扩展工作机会的拨款。

第 6024 条　保健服务。

第 6025 条　三角洲地方当局。

第 6026 条　北部大平原地方当局。

第 6027 条　农村事业投资规划。

第 6028 条　农村合作投资计划。

第 6029 条　为待批的农业发展贷款和补贴申请提供资金。

子篇 B　《1936 年农村电气化法》

第 6101 条　能源效率计划。

第 6102 条　农村公共事业设施直接贷款的恢复。

第 6103 条　允许贷款因能源效率提升、需求降低及能源效率和使用审计而延迟支付。

第 6104 条　农村电气化援助。

第 6105 条　未获实质性服务的托管地区。

第 6106 条　出于电气化或电话目的发放的债券和票据担保。

第 6107 条　911 接入扩展。

第 6108 条　可再生能源电气贷款。

第 6109 条　债券发行条件。

第 6110 条　在农村地区宽带电信服务的接入。

第 6111 条　国家农村通信评估中心。

第 6112 条　农村宽带全面战略。

第 6113 条　农村发电研究。

子篇 C   杂   项

子篇 D　住房援助委员会

第 Ⅶ 篇　研究及相关事宜

子篇 A　《1977 年全国农业研究、推广和教学政策法》

子篇 B　《1990 年粮食、农业、保育和贸易法》

子篇 C　《1998 年农业研究、推广和教育改革法》

子篇 D　其他法律

子篇 E　杂　项

第 I 部分　通　则

第 II 部分　研究、教育和经济

第Ⅲ部分　新的补贴和研究计划

第Ⅷ篇　林　　业

子篇 A　《1978 年合作林业援助法修正案》

子篇 B　文化和遗产合作职权

子篇 C　其他与林业相关法律修正案

子篇 D 边界调整和土地让与规定

子篇 E 杂项规定

第 IX 篇 能 源

第 X 篇 园艺和有机农业

子篇 A 园艺营销和信息

子篇 B 病虫害管理

子篇 B　小企业灾害贷款计划

第 I 部分　救灾规划与反应

第Ⅱ部分　救灾贷款

第Ⅲ部分　杂项条款

第XIII篇　商品期货

子篇 A　一般条款

子篇 B　免税商品市场的重大价格发现合约

第 XIV 篇　杂项条款

子篇 A　社会弱势生产商和有限资源生产商

子篇 B　农业安全

第 I 部分　农业安全

第 II 部分　其他规定

子篇 C　其他杂项规定

第 XV 篇　贸易和税务规定

子篇 A　农业减灾信托基金提供的追加农业灾害援助

子篇 B　农业项目税收规定

子篇 C　税收规定

第 I 部分　保　育

第 A 分部　土地和物种保护规定

第 B 分部　木材规定

第 15315 条　木材不动产免责规定。
第 15316 条　合格的林业保育券。

第 II 部分　能源规定

第 A 分部　纤维素生物燃料

第 15321 条　为纤维素生物燃料生产提供的税收抵免。
第 15322 条　生物燃料的全面研究。

第 B 分部　收入规定

第 15331 条　酒精税收抵免的修改。
第 15332 条　用于燃料税收抵免的酒精体积的计算。
第 15333 条　乙醇关税延期。
第 15334 条　某些进口乙醇的关税退税限制。

第 III 部分　农业规定

第 15341 条　增加农业债券的贷款限制。
第 15342 条　允许某些第 1031 条提到的沟渠、水库或灌溉互助公司股票交易的待遇。
第 15343 条　农用化学品安全税收抵免。
第 15344 条　年龄在 2 年或以下的赛马价值的 3 年折旧。
第 15345 条　针对堪萨斯州吉奥瓦县以及周边地区的临时税额减免。
第 15346 条　竞争性认证奖项的修改职权。

第 IV 部分　其他税收规定

第 15351 条　某些纳税人的过剩农业损失的限制。
第 15352 条　计算自我创业净收入可选择方法的修改。
第 15353 条　商品信贷公司交易的信息报告。

第 V 部分　保护社会保障

第 15361 条　保护社会保障。

子篇 D　贸易规定

第 I 部分　某些贸易补贴的拓展

第 15401 条　简称。
第 15402 条　服装品和其他纺织品补贴。
第 15403 条　劳工事务巡查员和针对技术援助改善及合规需要的评估和优化计划。
第 15404 条　申诉程序。
第 15405 条　规避执行的条件。
第 15406 条　总统公告权限。
第 15407 条　规定和程序。
第 15408 条　《加勒比盆地经济复苏法》的延期。
第 15409 条　国会对于海地纺织品和服装品规定的解读理念。

第 2 条　部长的定义。

在本法案中，"部长"系指美国农业部长。

第 I 篇　商品计划

第 1001 条　定义。

在本篇中（子篇 C 除外）：

（1）平均作物收益选择补贴。"平均作物收益选择补贴"系指依据第 1105 条发放给农场生产者的补贴。

（2）基础面积。

（A）通则。"基础面积"，就农场上的涵盖商品而言，系指依据《2002 年农业安全与农村投资法》第 1101 条（《美国法典》第 7 篇 7911）确定的 2007 年 9 月 30 日时的实际面积，处于本法案第 1101 条的调整范围内。

（B）花生。"花生的基础面积"与第 1301 条中的定义相同。

（3）反周期补贴。"反周期补贴"系指依据第 1104 条发放给农场生产者的补贴。

（4）涵盖商品。"涵盖商品"系指小麦、玉米、高粱、大麦、燕麦、高地棉、长粒稻米、中粒稻米、杂豆、大豆以及其他油籽。

（5）直接补贴。"直接补贴"系指依据第 1103 条发放给农场生产者的补贴。

（6）实际价格。"实际价格"，就作物年度中一种涵盖商品而言，系指部长依据第 1104 条计算出的价格。计算目的在于判定是否需要为该作物年度发放反周期补贴。

（7）特长绒棉。"特长绒棉"系指下列棉花：

（A）产自美洲长绒棉纯株亚种或者杂交亚种的棉花，或者部长指定的其他类似品种特长绒棉。部长指定的其他类似品种特长绒棉，其特性需优于美国高地棉，能够达到美国高地棉难以达到的各种最终使用要求，其产地为部长指定的水浇种棉区或者部长认为适宜种植该品种棉花的其他区域；和

（B）在辊式轧棉机上轧制的棉花，或者如果得到部长批准，也可以试验为目的，在其他型号轧棉机上轧制。

（8）贷款商品。"贷款商品"系指小麦、玉米、高粱、大麦、燕麦、高地棉、特长绒棉、长粒稻米、中粒稻米、大豆、其他油籽、定级羊毛、未定级羊毛、马海毛、蜂蜜、干豌豆、小扁豆、小鹰嘴豆和大鹰嘴豆。

（9）中粒稻米。"中粒稻米"中包括短粒稻米。

（10）其他油籽。"其他油籽"系指葵花籽、油菜籽、卡诺拉、红花籽、亚麻籽、芥菜籽、海甘蓝籽、芝麻籽或者部长指定的其他任何油籽。

（11）补贴面积。就直接补贴和反周期补贴而言，"补贴面积"系指：

（A）除第（B）项另有规定外，在享受直接补贴或者反周期补贴的农场上，涵盖商品基础面积的 85％；和

（B）就 2009 至 2011 每一作物年度直接补贴而言，在享受直接补贴的农场上，涵盖商品基础面积的 83.3％。

（12）补贴单产。"补贴单产"系指依据《2002 年农业安全与农村投资法》第 1102 条（《美国法典》第 7 篇 7912）为农场涵盖商品发放直接补贴和反周期补贴而确定的 2007 年 9 月 30 日时的实际单产，或者依据本法案第 1102 条为农场涵盖商品发放直接补贴和反周期补贴而确定的单产。

（13）生产者。

（A）通则。"生产者"系指拥有者、经营者、地主、佃户或者小佃农。他们承担着作物生产的风险；作物生产出来后，有权分取一部分收成，或者有权分取农场用于销售的一部分收成。

（B）杂交种子。判定杂交种子的种植者是否属于生产者时，部长应：

（ⅰ）不考虑杂交种子合同的存在；和

（ⅱ）确保计划的要求不会损害到种植者获得本标题所述补贴的能力。

（14）杂豆。"杂豆"系指干豌豆、小扁豆、小鹰嘴豆和大鹰嘴豆。

（15）州。"州"系指：

（A）州；

（B）哥伦比亚特区；

（C）波多黎各自由邦；

（D）美国的其他所有领属地。

（16）目标价格。"目标价格"系指，确定反周期补贴的补贴率时，涵盖商品每蒲式耳、磅、英担（或者其他计量单位）的价格。

（17）美国。"美国"，用于地理概念时，系指整个美国。

（18）美国升水系数。"美国升水系数"系指，在美国贷款明细表中，$1\frac{1}{8}$ 英寸次上级（SM）高地棉与 $1\frac{3}{32}$ 英寸中等（M）高地棉之间升水的差价，超过国际上两种相应品质棉花升水差价的比率。

子篇 A　直接补贴和反周期补贴

第 1101 条　基础面积。

（a）基础面积的调整。

（1）通则。凡出现下列情形时，部长应适当调整农场上涵盖商品的基础面积：

（A）农场依据《1985 年粮食安全法》第 1231 条（《美国法典》第 16 篇 3831）签订的保育保护区合同到期或者主动解约，或在 2007 年 10 月 1 日至本法案通过当日之间到期或者被解约。

（B）农田签订的保育保护区合同被部长解约，或者在 2007 年 10 月 1 日至本法案通过当日之间被解约。

（C）生产者拥有具备资格的杂豆面积。这部分面积应同样被视为《2002 年农业安全与农村投资法》1101（a）（2）（《美国法典》第 7 篇 7911（a）（2））所述具备资格的油籽面积。

（D）由于部长指定了其他油籽，所以生产者便拥有了具备资格的油籽面积。这部分面积应同样被视为《2002 年农业安全与农村投资法》1101（a）（2）（《美国法典》第 7 篇 7911（a）（2））所述具备资格的油籽面积。

（2）保育保护区面积补贴的特别细则。依据（1）（A）和（B）对基础面积进行调整后，如果增加了农场的基础面积，那么农场的拥有者应在第一次进行调整的作物年度中选择为此接受直接补贴还是反周期补贴，或者还可依据保育保护区合同获得按比例分配的补贴，但不得二者兼得。

（b）防止超过基础面积。

（1）要求削减。如果农场基础面积加上（2）所述面积超过了农场的实际农田面积，那么部长应削减该农场一种或多种涵盖商品的基础面积或者花生的基础面积，使基础面积加上（2）所述面积不会超过农场的实际农田面积。

（2）其他面积。为解释（1），部长应包括下列：

（A）农场上花生的基础面积。

（B）农场纳入《1985 年粮食安全法》第Ⅶ篇子篇 D 中第 1 条（《美国法典》第 16 篇 3830 及以下）所述保育保护区计划或者湿地保护区计划的面积。

（C）农场纳入联邦保育计划的其他面积。这部分面积以不生产任何农业商品的方式换取补贴。

（D）具备资格的杂豆面积。这部分面积应同样被视为《2002 年农业安全与农村投资法》1101（a）（2）（《美国法典》第 7 篇 7911（a）（2））所述具备资格的油籽面积。

（E）如果部长指定了其他油籽，则包括具备资格的油籽面积。这部分面积应同样被视为《2002 年农业安全与农村投资法》1101（a）（2）（《美国法典》第 7 篇 7911（a）（2））所述具备资格的油籽面积。

（3）面积的选择。依据（1）要求削减面积之前，部长应给予农场拥有者选择的机会，由其决定削减农场上涵盖商品基础面积或者花生基础面积的哪部分。

（4）双重种植面积例外。适用（1）时，依据部长规定，应把双重种植作为例外。

（5）各项要求的协调适用。适用本款所述要求时，部长应考虑到 1302（b）。

（c）基础面积的削减。

（1）拥有者主动削减。

（A）通则。农场拥有者有权随时削减农场上任何涵盖商品的基础面积。

（B）削减的影响。（A）所述的削减应是永久性的，且应符合部长规定的程序。

（2）部长采取必要措施。

（A）通则。如果土地被分成几个部分用于住宅或者其他非农业用途，且面积大到难以恢复此前的农业用途，那么部长应按比例削减该农场上涵盖商品的基础面积，除非农场生产者能够证明该土地：

（i）仍然用于商业性农业生产；或者

（ii）可能恢复到此前的农业用途。

（B）要求。部长应制定出确定（A）所述土地的程序。

（3）审核与报告。为尽最大程度确保补贴只发放给生产者，部长应每年向国会提交一份报告，说明采取第（2）项所述措施的结果。

（d）基础面积有限的农场的处理。

（1）禁止补贴。除（2）另有规定外，无论本篇中有何其他规定，如果农场基础面积总和等于或者小于 10 英亩，那么依据部长规定，农场生产者无权获得直接补贴、反周期补贴或者平均作物收益选择补贴。

（2）例外。（1）不适用于下列人员拥有的农场：

（A）社会上处于弱势的农民或者牧民（与《巩固农业和农村发展法》第 355 条（e）（《美国法典》第 7 篇 2003（e））中的定义相同）；或者

（B）按照部长定义，属于资源有限的农民或者牧民。

（3）数据的采集和公布。部长应：

（A）采集和公开农场轮廓、土地使用和作物生产方面的分项数据和调查信息；和

（B）基于本条中削减基础面积所产生的影响，对水果和蔬菜的供给与价格进行评估。

第 1102 条 补贴单产。

（a）确定和宗旨。为发放本副标题所述的直接补贴和反周期补贴，如果《2002 年农业安全与农村投资法》第 1102 条（《美国法典》第 7 篇 7912）没有确定指定油籽或者具备资格杂豆的补贴单产，那么部长应依据本章为农场确定指定油籽或者具备资格杂豆的补贴单产。

（b）指定油籽和具备资格杂豆的补贴单产。

（1）平均单产的确定。对于指定的油籽和具备资格的杂豆，部长应确定 1998 至 2001 作物年度农场每英亩指定油籽或者杂豆的平均单产，除非在任一作物年度中指定油籽或者杂豆的种植面积为零。

（2）补贴单产的调整。

（A）通则。农场指定油籽或者具备资格杂豆的补贴单产应等于下列二者的乘积：

（ⅰ）依据第（1）条为指定油籽或者杂豆确定的平均单产。

（ⅱ）指定油籽或者杂豆 1981 至 1985 作物年度的全国平均单产除以指定油籽或者杂豆 1998 至 2001 作物年度全国平均单产后得出的比率。

（B）没有全国平均单产的信息。如果没有指定油籽或者杂豆的全国平均单产信息，那么部长应使用其认为公平合理的信息来确定本条所述的全国平均单产。

（3）使用部分的县平均单产。1998 至 2001 任一作物年度中，如果农场指定油籽或者杂豆的每英亩单产低于全县指定油籽或者杂豆每英亩单产的 75％，那么部长应把该县每英亩单产的 75％ 定为当年（1）所述的平均单产。

（4）没有以往的单产数据。为指定油籽和具备资格的杂豆确定单产时，如果没有以往的单产数据，那么部长应以其认为公正合理的方式使用干豌豆的比率。计算方法为（2）（A）（ⅱ）所述计算指定油籽和具备资格杂豆单产的方法。

第 1103 条　直接补贴的适用范畴。

（a）需要的补贴。2008 至 2012 每一作物年度，部长应向确定了涵盖商品（杂豆除外）基础面积和补贴单产的农场上的生产者发放直接补贴。

（b）补贴率。除第 1105 条另有规定外，为涵盖商品发放直接补贴的补贴率如下：

（1）小麦，每蒲式耳 0.52 美元。

（2）玉米，每蒲式耳 0.28 美元。

（3）高粱，每蒲式耳 0.35 美元。

（4）大麦，每蒲式耳 0.24 美元。

（5）燕麦，每蒲式耳 0.024 美元。

（6）高地棉，每磅 0.0667 美元。

（7）长粒稻米，每英担 2.35 美元。

（8）中粒稻米，每英担 2.35 美元。

（9）大豆，每蒲式耳 0.44 美元。

（10）其他油籽，每英担 0.80 美元。

（c）补贴的金额。各作物年度，就一种涵盖商品向农场生产者发放直接补贴的金额等于下列三者的乘积：

（1）（b）规定的补贴率。

（2）农场上该涵盖商品的补贴面积。

（3）农场上该涵盖商品的补贴单产。

（d）补贴的时间。

（1）通则。除（2）另有规定外，2008 至 2012 每一作物年度，涵盖商品收割所在日历年度的 10 月 1 日之前，部长不得发放直接补贴。

（2）提前发放补贴。

（A）选择权。

（ⅰ）通则。依据农场生产者的选择，2008 至 2011 作物年度就涵盖商品发放给农场生产者的直接补贴，部长可拿出最高 22％ 提前发放。

（ⅱ）2008 作物年度。如果农场生产者选择按照（ⅰ）规定，提前获得涵盖商品 2008 作物年度的直接补贴，那么部长应在农场生产者做出选择后尽快向其提前发放补贴。

（B）月份。

（ⅰ）挑选。农场生产者应在（ⅱ）和（ⅲ）规定的范围内，挑选在哪个月份收取涵盖商品在作物年度中的提前补贴。

（ⅱ）选项。应在下列时间段内挑选任一月份

（Ⅰ）涵盖商品收割所在日历年度前一个日历年度的 12 月 1 日开始；和

（Ⅱ）正常发放直接补贴的月份截止。

（ⅲ）变更。农场生产者可变更其挑选的月份，推迟收取提前补贴的时间，但需提前通知部长。

（3）提前补贴的返还。如果农场生产者提前获得某一作物年度的直接补贴后，不再是该农场的生产者或者其在作物生产过程中分担的风险幅度发生改变，那么该生产者有责任依据部长规定，在部长发放直接补贴的余款之前向部长返还提前补贴中的适当数额。

第 1104 条　反周期补贴的适用范畴。

（a）需要的补贴。除第 1105 条另有规定外，2008 至 2012 每一作物年度，部长应向确定了涵盖商品补贴单产和基础面积的农场上的生产者发放反周期补贴，前提条件是部长认为该涵盖商品的实际价格低于其目标价格。

（b）实际价格。

（1）除稻米之外的涵盖商品。除（2）另有规定外，为解释（a），涵盖商品的实际价格等于下列二者之和：

（A）下列二者相比的高值：

（ⅰ）依据部长规定，生产者在 12 个月销售年度时间内得到的涵盖商品的全国平均市场价格。

（ⅱ）子篇 B 适用期间，涵盖商品销售援助贷款的全国平均贷款率。

（B）依据第 1103 条向涵盖商品发放直接补贴时，为涵盖商品确定的实际补贴率。

（2）稻米。对于长粒稻米和中粒稻米，为解释（a），每个品种或者等级稻米的实际价格等于下列二者之和：

（A）下列二者相比的高值：

（ⅰ）依据部长规定，生产者在 12 个月销售年度时间内得到的该品种或者等级稻米的全国平均市场价格。

（ⅱ）子篇 B 适用期间，该品种或者等级稻米销售援助贷款的全国平均贷款率。

（B）依据第 1103 条向该品种或者等级稻米发放直接补贴时，为该品种或者等级稻米确定的实际补贴率。

（c）目标价格。

（1）2008 作物年度。2008 作物年度中，涵盖商品的目标价格如下：

（A）小麦，每蒲式耳 3.92 美元。

（B）玉米，每蒲式耳 2.63 美元。

（C）高粱，每蒲式耳 2.57 美元。

（D）大麦，每蒲式耳 2.24 美元。

（E）燕麦，每蒲式耳 1.44 美元。

（F）高地棉，每磅 0.7125 美元。

（G）长粒稻米，每英担 10.50 美元。

（H）中粒稻米，每英担 10.50 美元。

（I）大豆，每蒲式耳 5.80 美元。

（J）其他油籽，每英担 10.10 美元。

（2）2009 作物年度。2009 作物年度中，涵盖商品的目标价格如下：

（A）小麦，每蒲式耳 3.92 美元。

（B）玉米，每蒲式耳 2.63 美元。

（C）高粱，每蒲式耳 2.57 美元。

（D）大麦，每蒲式耳 2.24 美元。

（E）燕麦，每蒲式耳 1.44 美元。

（F）高地棉，每磅 0.7125 美元。

（G）长粒稻米，每英担 10.50 美元。

（H）中粒稻米，每英担 10.50 美元。

（I）大豆，每蒲式耳 5.80 美元。

（J）其他油籽，每英担 10.10 美元。

（K）干豌豆，每英担 8.32 美元。

（L）小扁豆，每英担 12.81 美元。

（M）小鹰嘴豆，每英担 10.36 美元。

（N）大鹰嘴豆，每英担 12.81 美元。

（3）随后的作物年度。2010 到 2012 作物年度中，涵盖商品的目标价格如下：

（A）小麦，每蒲式耳 4.17 美元。

（B）玉米，每蒲式耳 2.63 美元。

（C）高粱，每蒲式耳 2.62 美元。

（D）大麦，每蒲式耳 2.63 美元。

（E）燕麦，每蒲式耳 1.79 美元。

（F）高地棉，每磅 0.7125 美元。

（G）长粒稻米，每英担 10.50 美元。

（H）中粒稻米，每英担 10.50 美元。

（I）大豆，每蒲式耳 6.00 美元。

（J）其他油籽，每英担 12.68 美元。

（K）干豌豆，每英担 8.32 美元。

（L）小扁豆，每英担 12.81 美元。

（M）小鹰嘴豆，每英担 10.36 美元。

（N）大鹰嘴豆，每英担 12.81 美元。

（d）补贴率。对于任一作物年度中的涵盖商品，用于发放反周期补贴的补贴率等于下列二者之差：

（1）涵盖商品的目标价格；和

（2）依据（b）为涵盖商品确定的实际价格。

（e）补贴的金额。如果 2008 至 2012 任一作物年度依据本条需要为涵盖商品发放反周期补贴，那么当年发放给农场生产者的反周期补贴金额为下列三者的乘积：

（1）（d）规定的补贴率。

（2）农场上该涵盖商品的补贴面积。

（3）农场上该涵盖商品的补贴单产。

（f）补贴的时间。

（1）通则。除（2）另有规定外，如果部长依据（a）认为需要依据本章为种植涵盖商品发放反周期补贴，那么部长发放反周期补贴的时间应始于 10 月 1 日，或者在该涵盖商品的销售年度结束后尽快开始。

（2）分期补贴的适用范畴。

（A）通则。如果，在一种涵盖商品 12 个月销售年度结束之前，部长预计将需要为种植该涵盖商品发放反周期补贴，那么部长应给予农场生产者选择权，即可以获得预期反周期补贴的分期补贴。

（B）选择权。

（i）通则。部长应允许农场生产者选择在任何时间依据第（A）款获得涵盖商品的分期补贴，但不得晚于该涵盖商品销售年度结束前的 60 天。

（ii）发放日期。部长发布公告之日后，即可发放分期补贴，但不得晚于销售年度结束前的 30 天。

（3）分期补贴的时间。2008 至 2012 任一作物年度中，部长为涵盖商品发放分期补贴时：

（A）首笔分期补贴应在涵盖商品销售年度开始的 180 天过后；和

（B）末笔分期补贴应始于 10 月 1 日，或者涵盖商品销售年度结束后尽快开始。

（4）分期补贴的金额。

（A）首笔分期补贴。对于 2008 至 2012 任一作物年度中的涵盖商品，依据（3）发放给农场生产者的首笔分期补贴，依据部长规定，不得超过该作物年度预期反周期补贴的 40%。

（B）末笔分期补贴。对于某一作物年度中的涵盖商品，末笔分期补贴应等于下列二者之差：

（i）该作物年度实际应向生产者发放的反周期补贴；和

（ii）依据（A），已经发放给生产者的分期补贴的金额。

（5）返还。如果农场生产者获得的分期补贴总额超过了实际应得的反周期补贴，那么农场生产者应将超出部分返还给部长。

第 1105 条　平均作物收益选择计划。

（a）备选方案的适用范畴和选择。

（1）平均作物收益选择补贴的适用范畴。平均作物收益选择补贴是第 1104 条或者第 1304 条所述反周期补贴的备选方案，也可用于换取第 1103 条或者第 1303 条所述的直接补贴减少 20% 和第 1202 条或者第 1307 条所述的销售援助贷款率减少 30%。对于农场上的任何涵盖商品和花生，在 2009、2010、2011 和 2012 作物年度，部长应给予农场生产者做出不可撤回选择的机会，即在农场生产者初次做出选择的作物年度至 2012 作物年度中收取本条所述的平均作物收益选择补贴。

（2）限额。

（A）通则。农场生产者如果选择收取本章所述的平均作物收益选择补贴，那么为获此补贴而种植的面积不得超过农场上所有涵盖商品和花生的基础面积总和。

（B）选择。如果农场生产者种植涵盖商品和花生的面积总和超过了农场的基础面积总和，那么该农场生产者有权选择将哪些种植面积纳入本条所述的计划。

（3）选择；选择的时间。

（A）通则。部长应通知生产者，使其有机会做出（1）所述的各种选择。

（B）通知的要求。通知中应包括：

（i）通知农场生产者进行选择的机会；和

（ii）做出选择的方式和时间期限以及将决定情况通知部长的方式。

（4）选择的最后期限。所有农场生产者均应在（3）所述的时间期限内，依据（3）所述的方式，把依据（1）做出的选择通知部长。

（5）未能做出选择的后果。如果全体农场生产者均未能做出（1）所述的选择、做出不同于（1）所述的选择或者未能按照（4）要求把做出的决定及时通知部长，那么全体农场生产者应被视为已经选择了为农场上涵盖商品和花生收取第 1104 条或者第 1304 条所述的反周期补贴，或者被视为没有做出（1）所述的选择。

（b）需要的补贴。

（1）通则。如果农场生产者依据（a）做出选择，决定 2009 至 2012 任一作物年度为涵盖商品和花生收取平均作物收益选择补贴，那么部长应依据本款向农场生产者发放平均作物收益选择补贴。

（2）平均作物收益选择补贴。

（A）通则。在（3）规定的范围内，对于（1）所述的农场生产者，部长应在每一作物年度向其发放平均作物收益选择补贴，前提条件是：

（ⅰ）按照（c）计算，州内涵盖商品或者花生在该作物年度内的实际收益；少于

（ⅱ）按照（d）计算，州内涵盖商品或者花生在该作物年度内的平均作物收益选择计划担保。

（B）个人损失。仅在下列情形下（依据部长规定），部长可向州内农场生产者发放某一作物年度的平均作物收益选择补贴：

（ⅰ）按照（e）计算，涵盖商品或者花生在该作物年度内的实际农业收益；少于

（ⅱ）按照（f）计算，涵盖商品或者花生在该作物年度内的农场平均作物收益选择基准收益。

（3）补贴的时间。2009 至 2012 每一作物年度中，部长发放平均作物收益选择补贴的时间应始于 10 月 1 日，或涵盖商品或者花生销售年度结束后尽快开始。

（c）州的实际收益。

（1）通则。为解释（b）（2）（A），涵盖商品或者花生在某一作物年度州的实际收益金额等于下列二者的乘积：

（A）依据（2），为涵盖商品或者花生在该作物年度确定的州内每种植 1 英亩的实际单产；和

（B）依据（3），为涵盖商品或者花生在该作物年度确定的全国平均市场价格。

（2）州的实际单产。为解释（1）（A），涵盖商品或者花生在某一作物年度州内每种植 1 英亩的实际单产（依据部长规定）等于：

（A）州内该涵盖商品或者花生在该作物年度的产量；除以

（B）州内该涵盖商品或者花生在该作物年度的种植面积总英亩数。

（3）全国平均市场价格。为解释（1）（B），州内涵盖商品或者花生在某一作物年度的全国平均市场价格等于下列两者相比的高值：

（A）依据部长规定，在 12 个月的市场年度内，生产者得到的该涵盖商品或者花生的全国平均市场价格；或者

（B）依据（a）（1）进行削减后，第 1202 条或者第 1307 条为涵盖商品或者花生确定的销售援助贷款率。

（d）平均作物收益选择计划担保。

（1）金额。

（A）通则。为解释（b）（2）（A），在（B）规定的范围内，州内涵盖商品或者花生在某一作物年度的平均作物收益选择计划担保等于下列二者乘积的 90%：

（ⅰ）依据（2），为州内涵盖商品或者花生在该作物年度确定的每种植 1 英亩的州基准单产；和

（ⅱ）依据（3），为涵盖商品或者花生在该作物年度确定的平均作物收益选择计划担保价格。

（B）担保的下限和上限。2010 至 2012 每一作物年度，（A）所述涵盖商品或者花生在某一作物年度的平均作物收益选择计划担保不得低于或者超过前一作物年度担保的 10%。

（2）州的基准单产。

（A）通则。为解释（1）（A）（ⅰ），在（B）规定的范围内，州内涵盖商品或者花生在某一作物年度每种植 1 英亩的州的基准单产应使用国家农业统计局的数据进行计算，在最近的 5 个作物年度中减去单产最高和最低的作物年度后，等于州内该涵盖商品或者花生每种植 1 英亩的平均单产。

（B）分派的单产。如果部长无法依据（A）为州内涵盖商品或者花生确定某一作物年度每种植 1 英亩的州的基准单产，或者（依据部长规定）依据（A）确定的平均单产对于该州而言不具代表性，那么部长可依据下列标准为州内涵盖商品或者花生在该作物年度每种植 1 英亩分派一个州的基准单产：

（ⅰ）以前某 5 个作物年度中减去收成最高和最低的作物年度后计算出的平均单产；或者

（ⅱ）相似几个州涵盖商品或者花生在该作物年度每种植 1 英亩的州的基准单产。

（3）平均作物收益选择计划担保价格。为解释（1）（A）（ⅱ），州内涵盖商品或者花生在某一作物年度的平均作物收益选择计划担保价格，依据部长规定，为最近两个作物年度内生产者得到的该涵盖商品或者花生的全国平均市场价格的简单平均值。

（4）既有水浇地又有非水浇地的州。一个州种植涵盖商品或者花生的面积中，如果既有 25％以上是水浇地又有 25％以上是非水浇地，那么部长应为该州涵盖商品或者花生的水浇地和非水浇地分别计算平均作物收益选择计划担保。

（e）农场的实际收益。为解释（b）（2）（B）（ⅰ），涵盖商品和花生在某一作物年度的农场实际收入金额等于下列二者的乘积：

（1）农场生产者种植涵盖商品或者花生的实际单产；和

（2）依据（c）（3），为该涵盖商品或者花生在该作物年度确定的全国平均市场价格。

（f）农场平均作物收益选择的基准收益。为解释（b）（2）（B）（ⅱ），涵盖商品或者花生在某一作物年度的农场平均作物收益选择基准收益等于下列二者之和：

（1）下列二者相乘的金额：

（A）在最近的 5 个作物年度中减去单产最高和最低的作物年度后，农场生产者每种植 1 英亩该涵盖商品或者花生的平均单产；和

（B）依据（d）（3），为州内该涵盖商品或者花生在相应作物年度确定的平均作物收益选择计划担保价格；和

（2）要求农场生产者在相应作物年度中为农场上涵盖商品或者花生缴纳的每英亩作物保险费。

（g）补贴的金额。2009 至 2012 作物年度中，如果需要为涵盖商品或者花生发放本章所述的平均作物收益选择补贴，那么该作物年度发放给农场生产者的平均作物收益选择补贴的金额等于下列三者的乘积：

（1）下列二者相比的低值：

（A）下列二者之差：

（ⅰ）依据（d），为州内涵盖商品或者花生在该作物年度确定的平均作物收益选择计划担保；和

（ⅱ）依据（c），为州内涵盖商品或者花生在该作物年度确定的州实际收益；和

（B）依据（d），为州内涵盖商品或者花生在该作物年度确定的平均作物收益选择计划担保的 25％；

（2）（A）2009 至 2011 每一作物年度，以收获为目的，农场上涵盖商品或者花生的种植面积或者被视为种植面积的 83.3％；和

（B）2012 作物年度，以收获为目的，农场上涵盖商品或者花生的种植面积或者被视为种植面积的 85％；和

（3）下列二者相除的商数：

（A）在最近的 5 个作物年度中减去单产最高和最低的作物年度后，农场生产者每种植 1 英亩该涵盖商品或者花生的平均单产；除以

（B）依据（d）（2），为该作物年度确定的州基准单产。

第 1106 条　需要把生产者签订协议作为发放补贴的条件。

（a）遵守特定要求。

（1）要求。在农场生产者获得该农场直接补贴、反周期补贴或者平均作物收益选择补贴之前，生产者应在发放上述补贴的作物年度内同意下列事项以换取补贴：

（A）遵守《1985 年粮食安全法》第Ⅶ篇子篇 B（《美国法典》第 16 篇 3811 及以下）中相关的保育要求；

（B）遵守该法案第Ⅶ篇子篇 C（《美国法典》第 16 篇 3821 及以下）中相关的湿地保护要求；

（C）遵守第 1107 条中有关种植灵活性的要求；

（D）依据部长规定，农场上换取补贴的基础面积和子篇 C 所述花生的基础面积应用于农业或者保育用途，不得用于非农业的商贸、工业或者住宅用途；和

（E）有效控制有害杂草，或者如果农业或保育用途涉及休耕（D）所述的部分土地，那么依据部长规定，遵照有效的农业实践对土地进行维护。

（2）遵守。部长可颁布其认为必要的细则，以确保生产者遵守（1）规定的各项要求。

（3）修订。应受让人或者拥有者请求，部长有权对本款规定的各项要求做以修订，前提条件是部长认为修订符合本款的目标。

（b）农场利益的转让或者变更。

（1）终止。

（A）通则。除（2）另有规定外，如果农场生产者获取直接补贴、反周期补贴或者平均作物收益选择补贴的基础面积的利益发生转让（或者变更），那么将导致该部分基础面积的直接补贴、反周期补贴或者平均作物收益选择补贴终止，除非受让人或者拥有者同意承担（a）规定的义务。

（B）生效日期。终止应于部长决定之日生效。

（2）例外。如果应该获得直接补贴、反周期补贴或者平均作物收益选择补贴的生产者死亡、丧失功能或者由于其他原因而无法收取补贴，那么部长应依据其颁布的细则给予补贴。

（c）报告。

（1）报告种植面积。作为获取本子篇或者子篇 B 所述任何收益的条件，部长应要求农场生产者每年向其提交一份种植面积报告，报告农场上全部农田的情况。

（2）报告生产情况。作为获取本子篇或者子篇 B 所述任何收益的条件，部长应要求依据第 1105 条获得补贴的农场生产者每年向其提交一份生产情况报告，报告农场上种植涵盖商品和花生的情况。

（3）处罚。本子篇或者子篇 B 所述收益，不得因农场生产者报告的种植面积和生产情况不准确而受到处罚，除非农场生产者属于故意伪造种植面积或者生产情况报告。

（d）佃户和小佃农。实施本子篇时，部长应提供足够的保障措施，维护佃户和小佃农的利益。

（e）补贴的分配。部长应制定细则，将直接补贴、反周期补贴或者平均作物收益选择补贴在多名农场生产者中公平合理地进行分配。

第 1107 条　种植灵活性。

（a）允许的作物。在（b）规定的范围内，农场上的基础面积可以用于种植任何的商品或者作物。

（b）对于特定商品的限制。

（1）通则。基础面积禁止用于种植（3）所列举的农业商品。如果种植，则需在收获之前销毁。

（2）树木和其他多年生植物的处理。基础面积禁止用于种植产于树上或者其他多年生植物的（3）中所列举的农业商品。

（3）涵盖的农业商品。（1）和（2）适用于下列农业商品：

（A）水果。

（B）蔬菜（绿豆和杂豆除外）。

（C）菰米。

（c）例外。（b）（1）和（2）不应限制种植该节（3）所列举的农业商品：

（1）在以往既种植涵盖商品又种植（b）（3）所述农业商品的地区，即有双重种植历史的地区，依据部长规定，应允许双重种植；

（2）如果部长认为农场有过在基础面积上种植（b）（3）所述农业商品的历史，那么应允许在该农场上种植，只不过每种植 1 英亩上述农业商品则相应减少 1 英亩的直接补贴和反周期补贴；或者

（3）如果部长认为农场生产者已确立起（b）（3）所述某一具体农业商品的种植历史，那么应允许

该农场生产者种植，只不过：

（A）依据部长规定，种植数量不得超过该农场生产者在该农场上1991至1995作物年度或者1998至2001作物年度（没有种植的作物年度除外）该农业商品的年平均种植历史；

（B）每种植1英亩上述农业商品则相应减少1英亩的直接补贴和反周期补贴。

（d）种植可转换性试点项目。

（1）已批准的试点项目。无论（b）（1）和（2）如何规定，除（c）规定的例外，部长还应实施一项试点项目，允许2009至2012年每一作物年度在基础面积上种植用于加工处理的黄瓜、青豆、利马豆、南瓜、食荚菜豆、甜玉米和番茄。

（2）试点项目的州和面积。在（1）规定的每一作物年度内，具备（1）所述试点项目资格的基础面积如下：

（A）伊利诺伊州9 000英亩；

（B）印第安纳州9 000英亩；

（C）艾奥瓦州1 000英亩；

（D）密歇根州9 000英亩；

（E）明尼苏达州34 000英亩；

（F）俄亥俄州4 000英亩；

（G）威斯康星州9 000英亩。

（3）需要的合同和管理。为具备入选该试点项目的资格，农场生产者应：

（A）向部长证明其已签订了生产（1）所列举农业商品的合同用于加工处理；

（B）同意作为该农场作物轮换计划的一部分而生产该作物，以获得农事和病虫害管理方面的收益；和

（C）提供该作物布局的证据。

（4）临时削减基础面积。在作物年度中，每有1英亩参与该试验项目，则相应削减1英亩基础面积。

（5）削减的期限。农场在某一作物年度中依据（4）削减的基础面积，应在该作物年度结束时到期。

（6）基础面积的重新计算。

（A）通则。如果农场参与了试验项目，那么依据本条规定，应临时削减基础面积。如果部长要重新计算基础面积，那么在削减的基础面积上种植和生产（1）所列举商品，应同样被视为种植和生产涵盖商品。

（B）禁令。本项规定并未授权部长重新计算农场的基础面积。

（7）试验影响评估。

（A）通则。部长应定期对本款所述的试点项目进行评估，确定该试点项目对下列作物供给和价格的影响：

（ⅰ）新鲜水果和蔬菜；和

（ⅱ）用于加工处理的水果和蔬菜。

（B）确定。（A）所述的评估内容应包括确定是否：

（ⅰ）新鲜水果和蔬菜的生产者受到负面影响；和

（ⅱ）现有生产能力遭到排挤。

（C）报告。完成（A）所述的评估之后，部长应尽快把评估结果以报告的形式提交给众议院农业委员会与参议院农业、营养和林业委员会。

第1108条　长粒和中粒稻米的特别细则。

（a）计算方法。在（b）和（c）规定的范围内，为了确定发放给农场生产者第1104条所述长粒稻

米和中粒稻米反周期补贴的金额，应以 2003 至 2006 作物年度州内长粒稻米和中粒稻米种植面积的 4 年平均比例，分派农场上稻米的基础面积。

（b）生产者的选择。除（a）所述的计算方法外，部长还应为农场生产者提供选择的机会，供其选择使用下列 4 年的平均比例分派农场上稻米的基础面积：

（1）2003 至 2006 作物年度，农场上长粒稻米和中粒稻米种植面积的比例；

（2）2003 至 2006 作物年度，依据部长规定，由于干旱、洪涝、其他自然灾害或者生产者无力控制的情况，生产者未能种植长粒稻米和中粒稻米的面积的比例；和

（3）2003 至 2006 作物年度，如果农场生产者选择在某一作物年度不种植长粒和中粒稻米，那么依据部长规定，使用州内长粒稻米和中粒稻米种植面积的比例。

（c）限额。《2002 年农业安全与农村投资法》第 1101 条和第 1102 条（《美国法典》第 7 篇 7911，7912）规定了稻米的基础面积、补贴面积和补贴单产总额。实施本条时，部长应使用相同的限额，依据本法案第 1101 条进行调整。

第 1109 条　有效期限。

本子篇的有效期限为涵盖商品的 2008 作物年度至 2012 作物年度。

子篇 B　销售援助贷款和贷款差额补贴

第 1201 条　贷款商品无追索权销售援助贷款的适用范畴。

（a）无追索权贷款的适用。

（1）适用范畴。2008 至 2012 每一作物年度，部长应向农场上生产贷款商品的生产者发放无追索权销售援助贷款。

（2）期限和条件。发放销售援助贷款的期限和条件由部长规定，第 1202 条为贷款商品确定了贷款率。

（b）具备资格的生产。无论农场生产者在农场上生产出多少数量的贷款商品，均有资格获得（a）所述的销售援助贷款。

（c）遵守保育和湿地的要求。作为获得（a）所述销售援助贷款的条件，生产者应在贷款期限内遵守《1985 年粮食安全法》第Ⅶ篇子篇 B（《美国法典》第 16 篇 3811 及以下）中相关的保育要求和该法案第Ⅶ篇子篇 C（《美国法典》第 16 篇 3821 及以下）中相关的湿地保护要求。

第 1202 条　无追索权销售援助贷款的贷款率。

（a）2008 作物年度。在 2008 作物年度，为贷款商品发放第 1201 条所述销售援助贷款的贷款率如下：

（1）小麦，每蒲式耳 2.75 美元。

（2）玉米，每蒲式耳 1.95 美元。

（3）高粱，每蒲式耳 1.95 美元。

（4）大麦，每蒲式耳 1.85 美元。

（5）燕麦，每蒲式耳 1.33 美元。

（6）基础质量高地棉，每磅 0.52 美元。

（7）特长绒棉，每磅 0.7977 美元。

（8）长粒稻米，每英担 6.50 美元。

（9）中粒稻米，每英担 6.50 美元。

（10）大豆，每蒲式耳 5.00 美元。

（11）其他油籽，每英担 9.30 美元。具体油籽如下：

（A）葵花籽。

（B）油菜籽。

（C）卡诺拉。

（D）红花籽。

（E）亚麻籽。

（F）芥菜籽。

（G）海甘蓝籽。

（H）芝麻。

（I）部长指定的其他油籽。

（12）干豌豆，每英担 6.22 美元。

（13）小扁豆，每英担 11.72 美元。

（14）小鹰嘴豆，每英担 7.43 美元。

（15）定级羊毛，每磅 1.00 美元。

（16）未定级羊毛，每磅 0.40 美元。

（17）马海毛，每磅 4.20 美元。

（18）蜂蜜，每磅 0.60 美元。

（b）2009 作物年度。除第 1105 条另有规定外，在 2009 作物年度，为贷款商品发放第 1201 条所述销售援助贷款的贷款率如下：

（1）小麦，每蒲式耳 2.75 美元。

（2）玉米，每蒲式耳 1.95 美元。

（3）高粱，每蒲式耳 1.95 美元。

（4）大麦，每蒲式耳 1.85 美元。

（5）燕麦，每蒲式耳 1.33 美元。

（6）基础质量高地棉，每磅 0.52 美元。

（7）特长绒棉，每磅 0.7977 美元。

（8）长粒稻米，每英担 6.50 美元。

（9）中粒稻米，每英担 6.50 美元。

（10）大豆，每蒲式耳 5.00 美元。

（11）其他油籽，每英担 9.30 美元。具体油籽如下：

（A）葵花籽。

（B）油菜籽。

（C）卡诺拉。

（D）红花籽。

（E）亚麻籽。

（F）芥菜籽。

（G）海甘蓝籽。

（H）芝麻。

（I）部长指定的其他油籽。

（12）干豌豆，每英担 5.40 美元。

（13）小扁豆，每英担 11.28 美元。

（14）小鹰嘴豆，每英担 7.43 美元。

（15）大鹰嘴豆，每英担 11.28 美元。

（16）定级羊毛，每磅 1.00 美元。

（17）未定级羊毛，每磅 0.40 美元。

（18）马海毛，每磅 4.20 美元。

（19）蜂蜜，每磅 0.60 美元。

（c）2010 至 2012 作物年度。除第 1105 条另有规定外，在 2010 至 2012 作物年度，为贷款商品发放第 1201 条所述销售援助贷款的贷款率如下：

（1）小麦，每蒲式耳 2.94 美元。

（2）玉米，每蒲式耳 1.95 美元。

（3）高粱，每蒲式耳 1.95 美元。

（4）大麦，每蒲式耳 1.95 美元。

（5）燕麦，每蒲式耳 1.39 美元。

（6）基础质量高地棉，每磅 0.52 美元。

（7）特长绒棉，每磅 0.7977 美元。

（8）长粒稻米，每英担 6.50 美元。

（9）中粒稻米，每英担 6.50 美元。

（10）大豆，每蒲式耳 5.00 美元。

（11）其他油籽，每英担 10.09 美元。具体油籽如下：

（A）葵花籽。

（B）油菜籽。

（C）卡诺拉。

（D）红花籽。

（E）亚麻籽。

（F）芥菜籽。

（G）海甘蓝籽。

（H）芝麻。

（I）部长指定的其他油籽。

（12）干豌豆，每英担 5.40 美元。

（13）小扁豆，每英担 11.28 美元。

（14）小鹰嘴豆，每英担 7.43 美元。

（15）大鹰嘴豆，每英担 11.28 美元。

（16）定级羊毛，每磅 1.15 美元。

（17）未定级羊毛，每磅 0.40 美元。

（18）马海毛，每磅 4.20 美元。

（19）蜂蜜，每磅 0.69 美元。

（d）其他油籽的单一县贷款率。对于（a）（11）、（b）（11）和（c）（11）所列举的每一种其他油籽，部长应为每个县确定单一的贷款率。

第 1203 条　贷款的期限。

（a）贷款的期限。对于每一种贷款商品，第 1201 条所述销售援助贷款的期限均为 9 个月，起算日期为贷款发放月之后第一个月份的 1 日。

（b）禁止延期。部长无权延长任何贷款商品销售援助贷款的期限。

第 1204 条　贷款的偿还。

（a）通则。农场生产者偿还贷款商品（高地棉、长粒稻米、中粒稻米、特长绒棉和含糖商品以及其他每种葵花籽（榨油用葵花籽除外）除外）第 1201 条所述的销售援助贷款时，部长应允许农场生产者以下列三者的低值偿还：

（1）依据第 1202 条为该商品确定的贷款率加上利息（依据《1996 年联邦农业促进与改革法》第 163 条（《美国法典》第 7 篇 7283）确定）；

（2）下列偿还率（依据部长规定）：

（A）依据该贷款商品此前 30 日内平均市场价格计算出的偿还率；和

（B）能够减少州与州之间、县与县之间销售贷款收益差额的偿还率；或者

（3）部长使用备选计算方法计算出的贷款商品偿还率，目的在于：

（A）尽可能减少潜在的贷款罚金；

（B）尽可能减少联邦政府的商品库存；

（C）尽可能减少联邦政府储存商品的开支；

（D）使产自美国的商品能够自由地、有竞争力地在国内外进行销售；和

（E）把州与州之间、县与县之间销售贷款收益的差额降到最小。

（b）高地棉、长粒稻米和中粒稻米的偿还率。农场生产者偿还高地棉、长粒稻米和中粒稻米第 1201 条所述的销售援助贷款时，部长应允许农场生产者以下列二者的低值偿还：

（1）依据第 1202 条为该商品确定的贷款率加上利息（依据《1996 年联邦农业促进与改革法》第 163 条（《美国法典》第 7 篇 7283）确定）；或者

（2）该商品的通行世界市场价格，具体由部长依据本章确定和调整。

（c）特长绒棉的偿还率。偿还特长绒棉的销售援助贷款时，偿还率为依据第 1202 条为该商品确定的贷款率加上利息（依据《1996 年联邦农业促进与改革法》第 163 条（《美国法典》第 7 篇 7283）确定）。

（d）通行的世界市场价格。为解释本条和第 1207 条，部长应以法规形式规定：

（1）确定高地棉、长粒稻米和中粒稻米通行世界市场价格的计算方法；和

（2）部长应定期公示这些通行世界市场价格的机制。

（e）高地棉、长粒稻米和中粒稻米通行世界市场价格的调整。

（1）稻米。依据（d）确定出长粒稻米和中粒稻米的通行世界市场价格后，应按照美国的质量和产地进行调整。

（2）棉花。依据（d）确定出高地棉的通行世界市场价格后：

（A）应按照美国的质量和产地进行调整，调整内容包括

（ⅰ）下调，下调幅度与 $1\frac{3}{32}$ 英寸中等（M）质量以上高地棉的美国升水系数持平；和

（ⅱ）销售该商品的平均开支，依据部长规定，其中包括平均的运输开支；和

（B）可在本法案通过之日至 2013 年 7 月 31 日期间进一步调整，前提条件是部长认为必须进行调整才能达到下列目的：

（ⅰ）尽可能减少潜在的贷款罚金；

（ⅱ）尽可能减少联邦政府的高地棉库存；

（ⅲ）确保产自美国的高地棉能够自由地、有竞争力地在国内外进行销售；和

（ⅳ）确保即期作物报价和远期作物报价之间的平稳过渡，只不过部长只有在下列情形下方可在销售年度 7 月 31 日之前使用远期作物报价：

（Ⅰ）没有足够的即期作物报价；和

（Ⅱ）远期报价是手头此类报价中最低的。

（3）追加调整的方针。进行本款所述的调整时，部长应建立起确定和公示这些调整的机制，以避免对美国市场造成不必要的混乱。

（f）含糖商品和其他品种葵花籽的偿还率。农场生产者偿还含糖商品和其他每种葵花籽（榨油用葵花籽除外）第 1201 条所述的销售援助贷款时，部长应允许农场生产者以下列二者的低值偿还：

（1）依据第 1202 条为该商品确定的贷款率加上利息（依据《1996 年联邦农业促进与改革法》第 163 条（《美国法典》第 7 篇 7283）确定）；或者

（2）为榨油用葵花籽确定的偿还率。

（g）棉花储存费补贴。

（1）2008 至 2011 作物年度。在 2008 至 2011 每一作物年度，部长应发放棉花储存补贴，方式与部长为 2006 作物年度发放棉花储存补贴一样，只不过补贴率在 2006 年补贴率的基础上削减 10％。

（2）随后的作物年度。从 2012 作物年度开始，部长应发放棉花储存补贴，方式与部长为 2006 作物年度发放棉花储存补贴一样，只不过补贴率在 2006 年补贴率的基础上削减 20％。

（h）临时调整偿还率的权限。

（1）调整的权限。如果严重干扰到销售、运输或者相关基础设施，那么部长有权修订贷款商品第 1201 条所述销售援助贷款的偿还率。

（2）期限。（1）中对贷款商品销售援助贷款偿还率的调整，依据部长规定，分为短期和临时两种。

第 1205 条　贷款差额补贴。

（a）贷款差额补贴的适用范畴。

（1）通则。如果农场生产者有资格获得第 1201 条所述的贷款商品销售援助贷款，但是同意放弃贷款商品的该种贷款，以此换取本条所述的贷款差额补贴，那么除（d）另有规定外，部长应向该农场生产者发放贷款差额补贴。

（2）未修剪过的毛皮、干草和青贮饲料。

（A）销售援助贷款。除（B）另有规定外，未修剪过的毛皮形式的未定级羊毛和贷款商品产生的干草和青贮饲料，不具备获得第 1201 条所述销售援助贷款的资格。

（B）贷款差额补贴。如果农场生产者生产未修剪过的毛皮，利用贷款商品生产干草和青贮饲料，那么在 2008 至 2012 作物年度，部长可向其发放本章所述的贷款差额补贴。

（b）计算。贷款商品或者（a）（2）所列举的商品，其贷款差额补贴为下列二者的乘积：

（1）依据（c）为该商品确定的补贴率；乘以

（2）具备资格的生产者生产的该商品数量，减去该生产者获得第 1201 条所述销售援助贷款的商品生产数量。

（c）补贴率。

（1）通则。对于贷款商品，补贴率为下列二者的差额：

（A）依据第 1202 条为该贷款商品确定的贷款率；减去

（B）依据第 1204 条为该贷款商品确定的销售援助贷款偿还率。

（2）未修剪过的毛皮。对于未修剪过的毛皮，补贴率为下列二者的差额：

（A）依据第 1202 条为未定级羊毛确定的贷款率；减去

（B）依据第 1204 条为未定级羊毛确定的销售援助贷款偿还率。

（3）干草和青贮饲料。对于利用贷款商品生产出的干草或者青贮饲料，补贴率为下列二者的差额：

（A）依据第 1202 条为产生干草或者青贮饲料的贷款商品确定的贷款率；减去

（B）依据第 1204 条为该贷款商品确定的销售援助贷款偿还率。

（d）特长绒棉除外。本条不适用于特长绒棉。

（e）确定补贴率的有效日期。农场生产者生产出一定数量贷款商品或者（a）（2）所列举商品后，部长在确定向其发放本条所述贷款差额补贴的金额时，应使用该农场生产者申请补贴当日的（c）所述补贴率。

第 1206 条 替代贷款差额补贴发放给放牧面积的补贴。

（a）具备资格的生产者。

（1）通则。2008 至 2012 作物年度，如果生产者因种植小麦、大麦或者燕麦而具备获得第 1205 条所述贷款差额补贴的资格，但选择把种植小麦、大麦或者燕麦的面积用于畜禽放牧，那么部长应依据本条向该生产者发放补贴，前提条件是该生产者需与部长达成协议，不再出于放牧以外的其他目的而收割该片面积上的小麦、大麦或者燕麦。

（2）小黑麦面积上的放牧。2008 至 2012 作物年度，如果农场生产者选择把种植小黑麦的面积用于畜禽放牧，那么部长应依据本条向该生产者发放补贴，前提条件是该生产者需与部长达成协议，不再出于放牧以外的其他目的而收割该片面积上的小黑麦。

（b）补贴的金额。

（1）通则。如果农场生产者属于（a）（1）所述情形，那么依据本条所发放补贴的金额等于下列二者的乘积：

（A）依据第 1205 条（c），为达成协议当日农场所在县确定的贷款差额补贴率；乘以

（B）下列二者相乘得出的补贴数量

（ⅰ）农场生产者选择放弃收割小麦、大麦或者燕麦改作放牧的面积的英亩数；乘以

（ⅱ）农场上贷款商品用于计算第 A 篇所述直接补贴的补贴单产，或者如果农场上没有该贷款商品的补贴单产，则用部长依据《2002 年农业安全与农村投资法》第 1102 条（《美国法典》第 7 篇 7912）确定的适当单产。

（2）小黑麦面积上的放牧。如果农场生产者属于（a）（2）所述情形，那么依据本条所发放补贴的金额等于下列二者的乘积：

（A）依据第 1205 条（c），为达成协议当日农场所在县的小麦确定的贷款差额补贴率；乘以

（B）下列二者相乘得出的补贴数量：

（ⅰ）农场生产者选择放弃收割小黑麦改作放牧的面积的英亩数；乘以

（ⅱ）农场上小麦用于计算第 A 篇所述直接补贴的补贴单产，或者如果农场上没有小麦的补贴单产，则用部长依据《2002 年农业安全与农村投资法》第 1102 条（《美国法典》第 7 篇 7912）确定的适当单产。

（c）补贴的时间、方式和适用范畴。

（1）时间和方式。发放本条所述补贴与发放第 1205 条所述贷款差额补贴的时间和方式相同。

（2）适用范畴。

（A）通则。对于经本条批准的补贴，部长应确定发放的时间期限。

（B）特定商品。小麦、大麦和燕麦的发放时间期限应与部长为销售援助贷款确定的发放时间期限一致。

（d）禁止作物保险理赔或者未投保作物援助。《联邦农作物保险法》（《美国法典》第 7 篇 1501）中有理赔方面的规定。《1996 年联邦农业促进与改革法》第 196 条（《美国法典》第 7 篇 7333）中有未投保作物援助方面的规定。在 2008 至 2012 作物年度中，如果生产者与部长达成（a）所述的协议，选择把种植小麦、大麦、燕麦或者小黑麦的面积用于放牧畜禽，并放弃收割这些作物，那么这些小麦、大麦、燕麦或者小黑麦就失去了获得理赔或者未投保作物援助的资格。

第 1207 条 高地棉的特别销售贷款条款。

（a）特别进口配额。

（1）特别进口配额的定义。在本款中，"特别进口配额"系指，在规定有税率配额的情况下，无需按配额外税率缴税的进口数量。

（2）制定。

（A）通则。总统应依据本款规定，在本法案通过之日至 2013 年 7 月 31 日期间实施一项进口配额计划。

（B）计划的要求。一旦部长判定并宣布最低价格的美国产 $1\frac{3}{32}$ 英寸中等（M）棉花从周五至下周四报给重要国际市场的平均报价连续 4 周时间超过通行的世界市场价格，那么应立即生效特别进口配额。

（3）数量。配额应等同于国内棉纺厂 1 周的棉花消耗量，以最近 3 个有数据月份的季节调整平均速率计算。

（4）适用。部长做出（2）所述公告之日后，不晚于 90 日内采购且不晚于 180 日内进入美国的高地棉，适用该配额。

（5）重叠。如果（2）有要求，那么确定的特别配额期可与任何已有的配额期重叠。但如果已经依据（b）确定了配额期，那么就不得再依据本节确定特别配额期。

（6）特惠关税的处理。特别进口配额内的数量应被视为下列法案中的配额内数量：

（A）《加勒比盆地经济复苏法》第 213 条（d）（《美国法典》第 19 篇 2703（d））；

（B）《安第斯贸易优惠法》第 204 条（《美国法典》第 19 篇 3203）；

（C）《1974 年贸易法》第 503 条（d）（《美国法典》第 19 篇 2463（d））；和

（D）《协调关税明细表》总注释 3（a）（ⅳ）。

（7）限额。在任何销售年度中，在依据本节确定的特别进口配额下进入美国的棉花数量，不得超过国内棉纺厂 10 周的消耗量，以销售年度确定的首个特别进口配额前 3 个月的季节调整平均速率计算。

（b）高地棉有限的全球进口配额。

（1）定义。在本款中：

（A）供给。"供给"系指，使用人口普查局、农业部和财政部的最新官方数据：

（ⅰ）在确定配额的销售年度，年初时高地棉的转结数量（调整为以每包 480 磅计算）；

（ⅱ）当前农作物的生产数量；和

（ⅲ）该销售年度截至有数据的最近日期的进口数量。

（B）需求。"需求"系指：

（ⅰ）在有数据的最近 3 个月内，国内棉纺厂棉花消耗的平均季节调整年度速率；和

（ⅱ）下列二者之间的高值：

（Ⅰ）在过去 6 个销售年度中，高地棉的平均出口数量；和

（Ⅱ）在确定配额的销售年度中，高地棉的累积出口数量加上未交付的出口数量。

（C）有限的全球出口配额。"有限的全球出口配额"系指，在规定有税率配额的情况下，无需按配额外税率缴税的进口数量。

（2）计划。总统应实施一项出口配额计划，该计划规定：一旦部长判定并宣布基础质量高地棉的平均价格在指定现货市场有 1 个月时间超过同品质棉花此前 36 个月平均价格的 130%，那么无论法律有何其他规定，应依据下列条件立即生效有限的全球进口配额：

（A）数量。配额的数量应等同于国内棉纺厂 21 天的高地棉消耗量，以最近 3 个月季节调整平均速率或者以部长估算的速率计算。

（B）此前已有配额的数量。如果在此前 12 个月中已经依据本节确定过配额，那么随后依据本节确定的配额应少于（A）计算出的国内棉纺厂 21 天的高地棉消耗量，或者需要把供应的数量增加到需求的 130%。

（C）特惠关税的处理。有限的全球配额内的数量应被视为下列法案中的配额内数量：

（ⅰ）《加勒比盆地经济复苏法》第 213 条（d）（《美国法典》第 19 篇 2703（d））；

（ⅱ）《安第斯贸易优惠法》第 204 条（《美国法典》第 19 篇 3203）；

（ⅲ）《1974 年贸易法》第 503 条（d）（《美国法典》第 19 篇 2463（d））；和

（ⅳ）《协调关税明细表》总注释 3（a）（ⅳ）。

（D）配额进口的时间期限。依据本款确定配额后，从部长确定配额之日开始，在 90 天时间期限内，可在该配额下进口棉花。

（3）不允许重叠。不论（2）如何规定，确定配额期时不得与已有的配额期重叠，也不得与依据（a）确定的特别配额期重叠。

（c）给高地棉用户的经济调整援助。

（1）通则。在（2）规定的范围内，部长应每月向高地棉的国内用户提供经济调整援助。提供的形式为，无论高地棉的产地是哪里，只要在前 1 个月内使用了高地棉，则给予补贴。

（2）援助的价值。

（A）初始阶段。2008 年 8 月 1 日至 2012 年 7 月 31 日，依据（1）提供的援助的价值为每磅 4 美分。

（B）随后阶段。2012 年 8 月 1 日以后，依据（1）提供的援助的价值为每磅 3 美分。

（3）允许的用途。本款所述的经济调整援助，应只发放给高地棉的国内用户，该用户应证明援助的用途仅限于购买、建造、安装、改造、发展、改装或者扩大土地、厂房、建筑物、设备、设施或者机械。

（4）审查或者审计。如果部长认为对于实施本款内容确有必要，那么有权对本款所述的国内用户的记录进行审查或者审计。

（5）援助的不当使用。对国内用户的记录进行过审查或者审计后，如果部长认为本款所述的经济调整援助未用于（3）所述的目的，那么该国内用户应：

（A）依据部长规定，向部长偿还援助再加上利息；和

（B）在部长做出裁决后的 1 年时间内，失去获得本节所述援助的资格。

第 1208 条　特长绒棉的特别竞争条款。

（a）竞争力计划。无论法律有何其他规定，在本法案通过之日至 2013 年 7 月 31 日期间，部长应实施一项计划：

（1）保持并扩大美国产特长绒棉在国内的使用；

（2）促进美国产特长绒棉的出口；

（3）确保美国产特长绒棉在世界市场上的竞争力。

（b）计划的补贴；启动。依据本计划，部长应向下列情形发放本章所述的补贴：

（1）特长绒棉（调整至美国质量、产地以及影响此类棉花竞争力的其他因素）的最低价格竞争产品的世界市场价格，连续 4 周时间低于特长绒棉竞争产品的通行美国价格；和

（2）特长绒棉（调整至美国质量、产地以及影响此类棉花竞争力的其他因素）的最低价格竞争产品的世界市场价格，低于特长绒棉贷款率的 134%。

（c）具备资格的获补贴者。美国产特长绒棉的国内用户和美国产特长绒棉的出口商，与商品信贷公司签订合同参与本条所述的计划后，部长应向其发放本条所述的补贴。

（d）补贴的金额。本条所述补贴金额的计算方法为，用连续 4 周时间的第 4 周（b）（1）所述价格差额，乘以该连续 4 周时间后面一周国内用户有记录的购买数量或者出口商的出口数量。

第 1209 条　高水分谷物饲料和籽棉有追索权贷款的适用范畴。

（a）高水分谷物饲料。

（1）高水分状态的定义。在本款中，"高水分状态"系指玉米或者高粱的含水量高于商品信贷公司的标准。这一标准是部长依据第 1201 条为发放销售援助贷款制定的。

（2）有追索权贷款的适用范畴。2008 至 2012 每一作物年度，部长应向下列农场生产者发放玉米和高粱的有追索权贷款：

（A）通常收获全部或者部分高水分状态的玉米或者高粱；

（B）提交：

（ⅰ）包括仓库、饲养场、饲料厂、酿酒厂或者部长批准的其他类似实体在内，规模企业出具的合格等级票；或者

（ⅱ）在没有规模企业能够出具合格等级票的地区，依据部长规定，提供现有或者储存作物的现场测量或者其他物理测量；

（C）证明他们是谷物饲料的拥有者，而且享受本款所述贷款的部分收割自该农场，然后提供给饲养场、饲料厂、商业或者农业的高水分储存设施或者是高水分玉米和高粱用户的设施；和

（D）遵守部长为收割玉米或者高粱规定的最后期限，并且在部长规定的最后期限内申请本款所述的贷款。

（3）购入谷物饲料获得贷款的资格。本款所述的贷款，仅发放给生产者购入的玉米或者高粱，数量为下列二者的乘积：

（A）在该生产者的农场上，收获高水分状态玉米或者高粱的面积有多少英亩；乘以

（B）依据部长规定，在与收获玉米或者高粱的农场一样的地块上，用于发放子篇 A 所述反周期补贴的农场计划补贴单产与农场实际单产相比的低值。

（b）可向籽棉发放有追索权贷款。2008 至 2012 每一作物年度，只要生产者生产高地棉和特长绒棉，部长即应发放有追索权的籽棉贷款。

（c）偿还率。偿还本条所述的有追索权贷款时，偿还率应为部长为该商品确定的贷款率加上利息（依据《1996 年联邦农业促进与改革法》第 163 条（《美国法典》第 7 篇 7283）确定）。

第 1210 条　贷款的调整。

（a）调整的权限。在（e）规定的范围内，部长有权根据等级、品种、质量、产地以及其他因素的不同，对任何贷款商品（棉花除外）的贷款率进行适当调整。

（b）调整的方式。进行（a）所述的调整时，调整的方式应尽可能是使该商品的平均贷款水平接近于依据本子篇和子篇 B 至 E 所确定的支持水平。

（c）以县为基础的调整。

（1）通则。部长可对各个县的作物生产者确定贷款率，最低贷款率为全国平均贷款率的 95％，条件是贷款率的调整不得导致支出费用的增加。

（2）禁令。本款所述的调整，不得导致提高任一年度的全国平均贷款率。

（d）棉花贷款率的调整。

（1）通则。部长有权根据质量上的不同而对棉花的贷款率进行适当调整。

（2）高地棉质量调整的修订。

（A）通则。本法案通过之日后，在不晚于 180 日内，部长应修订高地棉的销售援助贷款计划的管理办法，以更加准确、有效地反映出高地棉的市场价值。

（B）强制性修订。（A）所述修订的内容应包括：

（ⅰ）取消仓库位置的级差；

（ⅱ）根据由地区生产情况确定的权重定点销售地区 3 年的加权移动平均数，为棉花各种质量因素和纤维长度确定级差；

（ⅲ）取消 32 或者 33 纤维长度高地棉人为依据马克隆区分升水或者贴水；和

（ⅳ）一套机制，确保确定的升水或者贴水不会超过叶屑等级的升水或者贴水。

（C）酌情修订。（A）所述修订的内容应包括：

（ⅰ）除使用现货市场的价格数据外，还使用非现货市场的价格数据，提高用于确定本款所述质量调整的价格信息的准确性；

（ⅱ）调整纤维长度 33 及以上高地棉的依据马克隆的溢价或者折价，目的在于消除计算升水或者贴水时不必要的人为区分。

（ⅲ）依据（3）进行磋商之后，部长认为适宜的其他调整。

（3）与私营部门的磋商。

（A）修订之前。依据本款规定对棉花的贷款率进行调整（包括对调整进行审核）时，部长应与美国棉花业的代表进行磋商。

（B）《联邦顾问委员会法》的不适用性。《联邦顾问委员会法》（《美国法典》第 5 篇相关内容）不适用于本款所述的磋商。

（4）调整的审核。依据本款规定对高地棉进行质量调整时，部长有权进行审核，而且有权通过下列途径进一步修订高地棉贷款计划的管理办法：

（A）撤销依据（2）（B）采取的任何措施，或者对措施进行修订；或者

（B）撤销依据（2）（C）采取的任何措施或者（2）（C）批准采取的任何措施，或者对措施进行修订。

（e）稻米。除非存在等级和质量（包括出米率）的差别，否则部长不得对长粒稻米和中粒稻米的贷款率进行调整。

子篇 C　花　　生

第 1301 条　定义。

在本子篇中：

（1）花生的基础面积。

（A）通则。"花生的基础面积"系指依据《2002 年农业安全与农村投资法》第 1302 条（《美国法典》第 7 篇 7952）为农场分派的 2007 年 9 月 30 日时的实际面积，处于本法案第 1302 章的调整范围内。

（B）涵盖商品。"基础面积"，就涵盖商品而言，与第 1101 条中的定义相同。

（2）反周期补贴。"反周期补贴"系指依据第 1304 条发放给农场生产者的补贴。

（3）直接补贴。"直接补贴"系指依据第 1303 条发放给农场生产者的直接补贴。

（4）实际价格。"实际价格"系指部长依据第 1304 条为花生计算出的价格，计算目的在于判定是否需要依据该章为某一作物年度发放反周期补贴。

（5）补贴面积。就直接补贴和反周期补贴而言，"补贴面积"系指：

（A）除（B）另有规定外，在享受直接补贴或者反周期补贴的农场上，花生基础面积的 85％；和

（B）就 2009 至 2011 每一作物年度直接补贴而言，在享受直接补贴的农场上，花生基础面积的 83.3％。

（6）补贴单产。"补贴单产"系指依据《2002 年农业安全与农村投资法》第 1302 条（《美国法典》第 7 篇 7952）为农场花生发放直接补贴和反周期补贴而确定的 2007 年 9 月 30 日时的实际单产。

（7）生产者。

（A）通则。"生产者"系指拥有者、经营者、地主、佃户或者小佃农。他们承担着作物生产的风险；作物生产出来后，有权分取一部分收成，或者有权分取农场用于销售的一部分收成。

（B）杂交种子。判定杂交种子的种植者是否属于生产者时，部长应：

（ⅰ）不考虑杂交种子合同的存在；和

（ⅱ）确保计划的要求不会损害到种植者获得本子篇所述补贴的能力。

（8）州。"州"系指：

（A）州；

（B）哥伦比亚特区；

（C）波多黎各自由邦；

（D）美国的其他所有领属地。

（9）目标价格。"目标价格"系指用以确定反周期补贴的补贴率时每吨花生的价格。

（10）美国。"美国"，用于地理概念时，系指整个美国。

第 1302 条　农场上花生的基础面积。

（a）花生基础面积的调整。

（1）通则。凡出现下列情形时，部长应适当调整农场上花生的基础面积：

（A）农场依据《1985 年粮食安全法》第 1231 条（《美国法典》第 16 篇 3831）签订的保育保护区合同到期或者主动解约，或者在 2007 年 10 月 1 日至本法案通过当日之间到期或者被解约。

（B）农田签订的保育保护区合同被部长解约，或者在 2007 年 10 月 1 日至本法案通过当日之间被解约。

（C）生产者拥有具备资格的杂豆面积。这部分面积应同样被视为《2002 年农业安全与农村投资法》第 1101 条（a）（2）（《美国法典》第 7 篇 7911（a）（2））所述具备资格的油籽面积。

（D）由于部长指定了其他油籽，所以生产者便拥有了具备资格的油籽面积。这部分面积应同样被视为《2002 年农业安全与农村投资法》第 1101 条（a）（2）（《美国法典》第 7 篇 7911（a）（2））所述具备资格的油籽面积。

（2）保育保护区面积补贴的特别细则。依据（1）（A）和（B）对基础面积进行调整后，如果增加了农场的基础面积，那么农场的拥有者应在第一次进行调整的作物年度中选择为此接受直接补贴还是反周期补贴，或者还可依据保育保护区合同获得按比例分配的补贴，但不得二者兼得。

（b）防止超过花生的基础面积。

（1）要求削减。如果农场上花生的基础面积加上（2）所述面积超过了农场的实际农田面积，那么部长应削减该农场花生的基础面积或者一种或多种涵盖商品的基础面积，使花生的基础面积加上（2）所述面积不会超过农场的实际农田面积。

（2）其他面积。为解释（1），部长应包括下列：

（A）农场上涵盖商品的全部基础面积。

（B）农场纳入《1985 年粮食安全法》第Ⅶ篇子篇 D 中第 1 条（《美国法典》第 16 篇 3830 及以下）所述保育保护区计划或者湿地保护区计划的面积。

（C）农场纳入联邦保育计划的其他面积。这部分面积以不生产任何农业商品的方式换取补贴。

（D）具备资格的杂豆面积。这部分面积应同样被视为《2002 年农业安全与农村投资法》第 1101 条（a）（2）（《美国法典》第 7 篇 7911（a）（2））所述具备资格的油籽面积。

（E）如果部长指定了其他油籽，则包括具备资格的油籽面积。这部分面积应同样被视为《2002 年农业安全与农村投资法》第 1101 条（a）（2）（《美国法典》第 7 篇 7911（a）（2））所述具备资格的油籽面积。

（3）面积的选择。依据（1）要求削减面积之前，部长应给予农场拥有者选择的机会，由其决定削减农场上花生基础面积或者涵盖商品基础面积的哪部分。

（4）双重种植面积例外。适用（1）时，依据部长规定，应把双重种植作为例外。

（5）各项要求的协调适用。适用本款所述要求时，部长应考虑到第 1101 条（b）。

（c）基础面积的削减。

（1）拥有者选择的削减。

（A）通则。农场拥有者有权随时削减农场上花生的基础面积。

（B）削减的影响。（A）所述的削减应是永久性的，且应符合部长规定的程序。

（2）要求部长采取措施。

（A）通则。如果土地被分成几个部分用于住宅或者其他非农业用途，且面积大到难以恢复此前的农业用途，那么部长应按比例削减该农场上花生的基础面积，除非农场生产者能够证明该土地：

（ⅰ）仍然用于商业性农业生产；或者

（ⅱ）仍可能恢复到此前的农业用途。

（B）要求。部长应制定出确定（A）所述土地的程序。

（3）审核与报告。为尽最大程度确保补贴只发放给生产者，部长应每年向国会提交一份报告，说明采取（2）所述措施的结果。

（d）基础面积有限农场的处理。

（1）禁止补贴。除（2）另有规定外，无论本篇中有何其他规定，如果农场基础面积总和等于或者小于10英亩，那么按照部长规定，农场生产者无权获得直接补贴、反周期补贴或者平均作物收益选择补贴。

（2）例外。（1）不适用于下列人员拥有的农场：

（A）社会上处于弱势的农民或者牧民（与《巩固农业和农村发展法》第355条（e）（《美国法典》第7篇2003（e）中的定义相同）；或者

（B）按照部长定义，属于资源有限的农民或者牧民。

（3）数据的采集和公布。部长应：

（A）采集和公开农场轮廓、土地使用和作物生产方面的分项数据和调查信息；和

（B）基于本章中削减基础面积所产生的影响，对水果和蔬菜的供给与价格进行评估。

第1303条 花生直接补贴的适用范畴。

（a）需要的补贴。2008至2012每一作物年度，部长应向确定了花生基础面积和补贴单产的农场上的生产者发放直接补贴。

（b）补贴率。除第1105条另有规定外，用于各作物年度给花生发放直接补贴的补贴率为每吨36美元。

（c）补贴的金额。各作物年度，向农场生产者发放的花生直接补贴的金额等于下列三者的乘积：

（1）（b）规定的补贴率。

（2）农场上的补贴面积。

（3）农场的补贴单产。

（d）补贴的时间。

（1）通则。除（2）另有规定外，2008至2012每一作物年度，收获花生所在日历年度的10月1日之前，部长不得依据本条发放直接补贴。

（2）提前发放补贴。

（A）选择权。

（ⅰ）通则。依据农场生产者的选择，2008至2011任一作物年度发放给农场生产者的花生直接补贴，部长可拿出最高22%提前发放。

（ⅱ）2008作物年度。如果农场生产者选择按照（Ⅰ）规定，提前获得2008作物年度的花生直接补贴，那么部长应在农场生产者做出选择后尽快向其提前发放补贴。

（B）月份。

（ⅰ）挑选。在（Ⅱ）和（Ⅲ）规定的范围内，农场生产者应挑选在哪个月份收取某一作物年度的提前补贴。

（ⅱ）选项。应在下列时间期限内挑选任一月份：

（ⅰ）收获花生所在日历年度前一个日历年度的12月1日开始；和

（ⅱ）正常发放直接补贴的月份截止。

（ⅲ）变更。农场生产者可变更其挑选的月份，推迟收取提前补贴的时间，但需提前通知部长。

（3）提前补贴的返还。如果农场生产者提前获得某一作物年度的直接补贴后，不再是该农场的生产

者或者其在作物生产过程中分担的风险幅度发生改变，那么该生产者有责任依据部长规定，在部长发放直接补贴的余款之前向部长返还提前补贴中的适当数额。

第 1304 条 花生反周期补贴的适用范畴。

（a）需要的补贴。除第 1105 条另有规定外，2008 至 2012 每一作物年度，部长应向确定了花生补贴单产和基础面积的农场上的生产者发放反周期补贴，前提条件是部长认为花生的实际价格低于花生的目标价格。

（b）实际价格。为解释（a），花生的实际价格等于下列二者之和：

（1）下列二者相比的高值：

（A）依据部长规定，生产者在 12 个月花生销售年度时间内得到的花生全国平均市场价格。

（B）本子篇适用期间，花生销售援助贷款的全国平均贷款率。

（2）依据第 1303 条发放直接补贴时，为花生确定的实际补贴率。

（c）目标价格。为解释（a），花生的目标价格为每吨 495 美元。

（d）补贴率。各作物年度，用于发放反周期补贴的补贴率等于下列二者之差：

（1）花生的目标价格；和

（2）依据（b）为花生确定的实际价格。

（e）补贴的金额。如果 2008 至 2012 任一作物年度需要为花生发放反周期补贴，那么当年发放给农场生产者的反周期补贴金额为下列三者的乘积：

（1）（d）规定的补贴率。

（2）农场上的补贴面积。

（3）农场的补贴单产。

（f）补贴的时间。

（1）通则。除（2）另有规定外，如果部长依据（a）认为需要依据本章为种植花生发放反周期补贴，那么部长发放反周期补贴的时间应始于 10 月 1 日，或者在销售年度结束后尽快开始。

（2）分期补贴的适用范畴。

（A）通则。如果，在 12 个月销售年度结束之前，部长预计将需要依据本条为某一作物年度发放反周期补贴，那么部长应给予农场生产者选择权，即可以获得预期反周期补贴的分期补贴。

（B）选择权。

（ⅰ）通则。部长应允许农场生产者选择在任何时间依据（A）获得分期补贴，但不得晚于该作物销售年度结束前的 60 天。

（ⅱ）发放日期。部长发布公告之日后，即可发放分期补贴，但不得晚于销售年度结束前的 30 天。

（3）分期补贴的时间。2008 至 2012 任一作物年度中，部长发放分期补贴时：

（A）首笔分期补贴应在该作物销售年度开始的 180 天过后；和

（B）末笔分期补贴应始于 10 月 1 日，或者该作物销售年度结束后尽快开始。

（4）分期补贴的金额。

（A）首笔分期补贴。对于 2008 至 2012 任一作物年度，依据（3）发放给农场生产者的首笔分期补贴，依据部长规定，不得超过该作物年度预期反周期补贴的 40%。

（B）末笔分期补贴。某一作物年度的末笔分期补贴应等于下列二者之差：

（Ⅰ）该作物年度实际应向生产者发放的反周期补贴；和

（Ⅱ）依据（A），已经发放给生产者的分期补贴的金额。

（5）返还。如果农场生产者获得的分期补贴总额超过了实际应得的反周期补贴，那么农场生产者应将超出部分返还给部长。

第 1305 条　需要把生产者签订协议作为发放补贴的条件。

（a）遵守特定要求。

（1）要求。在农场生产者获得该农场本副标题所述直接补贴、反周期补贴或者第 1105 条所述平均作物收益选择补贴之前，生产者应在发放上述补贴的作物年度内同意下列事项以换取补贴：

（A）遵守《1985 年粮食安全法》第 XII 篇子篇 B（《美国法典》第 16 篇 3811 及以下）中相关的保育要求；

（B）遵守该法案第 XII 篇子篇 C（《美国法典》第 16 篇 3821 及以下）中相关的湿地保护要求；

（C）遵守第 1306 条中有关种植灵活性的要求；

（D）依据部长规定，跟换取补贴的花生基础面积和子篇 A 所述农场的所有基础面积相当的农场土地应用于农业或者保育用途，不得用于非农业的商贸、工业或者住宅用途；和

（E）有效控制有害杂草，或者如果农业或者保育用途涉及休耕（D）所述的部分土地，那么依据部长规定，遵照有效的农业实践对土地进行维护。

（2）遵守。部长可颁布其认为必要的细则，以确保生产者遵守（1）规定的各项要求。

（3）修订。应受让人或者拥有者请求，部长有权对本款规定的各项要求进行修订，前提条件是部长认为修订符合本款的目标。

（b）农场利益的转让或者变更。

（1）终止。

（A）通则。除（2）另有规定外，如果农场生产者获取直接补贴、反周期补贴或者平均作物收益选择补贴的花生基础面积的利益发生转让（或者变更），那么将导致该部分基础面积的直接补贴、反周期补贴或者平均作物收益选择补贴终止，除非受让人或者拥有者同意承担（a）规定的义务。

（B）生效日期。终止应于部长决定之日生效。

（2）例外。如果应该获得直接补贴、反周期补贴或者平均作物收益选择补贴的生产者死亡、丧失功能或者由于其他原因而无法收取补贴，那么部长应依据其颁布的细则给予补贴。

（c）报告种植面积。

（1）通则。作为获取本子篇所述任何收益的条件，部长应要求农场生产者每年向其提交一份种植面积报告，报告农场上全部农田的情况。

（2）处罚。本子篇所述收益，不得因农场生产者报告的种植面积不准确而受到处罚，除非农场生产者属于故意伪造种植面积报告。

（d）佃户和小佃农。实施本子篇时，部长应提供足够的保障措施，维护佃户和小佃农的利益。

（e）补贴的分配。部长应制定细则，将直接补贴、反周期补贴或者第 1105 条所述平均作物收益选择补贴在多名农场生产者中公平合理地进行分配。

第 1306 条　种植灵活性。

（a）允许的作物。在（b）规定的范围内，农场上的花生基础面积可以用于种植任何的商品或者作物。

（b）对于特定商品的限制。

（1）通则。花生的基础面积禁止用于种植（3）所列举的农业商品。如果种植，则需在收获之前销毁。

（2）树木和其他多年生植物的处理。花生的基础面积禁止用于种植产于树上或者其他多年生植物的（3）所列举的农业商品。

（3）涵盖的农业商品。（1）和（2）适用于下列农业商品：

（A）水果。

（B）蔬菜（绿豆和杂豆除外）。

（C）菰米。

（c）例外。（b）（1）和（2）不应限制种植该款（3）所列举的农业商品：

（1）在以往既种植花生又种植（b）（3）所述农业商品的地区，即有双重种植历史的地区，依据部长规定，应允许双重种植；

（2）如果部长认为农场有过在花生基础面积上种植（b）（3）所述农业商品的历史，那么应允许在该农场上种植，只不过每种植 1 英亩上述农业商品则相应减少 1 英亩的直接补贴和反周期补贴；或者

（3）如果部长认为农场生产者已确立起（b）（3）所述某一具体农业商品的种植历史，那么应允许该农场生产者种植，只不过：

（A）依据部长规定，种植数量不得超过该农场生产者在该农场上 1991 至 1995 作物年度或者 1998 至 2001 作物年度（没有种植的作物年度除外）该农业商品的年平均种植历史；

（B）每种植 1 英亩上述农业商品则相应减少 1 英亩的直接补贴和反周期补贴。

第 1307 条　花生的销售援助贷款和贷款差额补贴。

（a）无追索权贷款的适用。

（1）适用范畴。2008 至 2012 每一作物年度，部长应向农场上生产花生的农场生产者发放无追索权销售援助贷款。

（2）期限和条件。发放贷款的期限和条件由部长规定，（b）规定了贷款率。

（3）具备资格的生产。不论农场生产者在农场上生产出多少数量的花生，均有资格获得本款所述的销售援助贷款。

（4）获得贷款的途径。农场生产者可选择下列途径获得本节所述的销售援助贷款和（e）所述的贷款差额补贴：

（A）指定的销售协会，或者部长批准的生产者销售合作社；或者

（B）农业部农场服务局。

（5）贷款花生的储存。对于依据本条享受销售援助贷款的花生，部长可以批准个人或者实体予以储存。作为批准条件，该个人或者实体应同意：

（A）储存时不得存有歧视；和

（B）遵守部长规定的其他要求。部长所提要求的目的在于实现本条的宗旨，公平对待本条中的收益。

（6）储存、处理和相关开支。

（A）通则。对于依据本条享受贷款的花生，为确保在享受贷款期间得到妥善储存，依据部长规定，自 2008 作物年度开始，部长应支付处理和相关开支（储存开支除外）。

（B）赎回和罚没。部长应：

（ⅰ）如果依据本条赎回贷款，那么要求偿还作为贷款担保物的花生依据（A）得到处理和相关费用；和

（ⅱ）如果依据本条罚没作为担保物的花生，那么则支付其储存、处理和相关开支。

（7）销售。对于依据本条享受贷款的花生，销售协会或者合作社可以进行销售，销售方式可符合消费需求，其中包括按种类和质量把花生分开销售。

（b）贷款率。除第 1105 条另有规定外，（a）所述花生销售援助贷款的贷款率为每吨 355 美元。

（c）贷款的期限。

（1）通则。（a）所述花生销售援助贷款的期限为 9 个月，起算日期为贷款发放月之后第一个月份的 1 日。

（2）禁止延期。部长无权延长（a）所述花生销售援助贷款的期限。

（d）偿还率。

（1）通则。农场生产者偿还（a）所述的花生销售援助贷款时，部长应允许农场生产者以下列二者的低值偿还：

（A）（b）为花生规定的贷款率加上利息（依据《1996年联邦农业促进与改革法》第163条（《美国法典》第7篇7283）确定）；或者

（B）部长认为能够达到下列目标的偿还率：

（ⅰ）尽可能减少潜在的贷款罚金；

（ⅱ）尽可能减少联邦政府的花生库存；

（ⅲ）把联邦政府用于储存花生的开支降到最低；和

（ⅳ）有助于产自美国的花生能够自由地、有竞争力地在国内外进行销售。

（2）临时调整偿还率的权限。

（A）调整的权限。如果严重干扰到销售、运输或者相关基础设施，那么部长有权修订（a）所述花生销售援助贷款的偿还率。

（B）期限。（A）中对花生销售援助贷款偿还率的调整，依据部长规定，分为短期和临时两种。

（e）贷款差额补贴。

（1）适用范畴。如果农场生产者有资格获得（a）所述的花生销售援助贷款，但是同意放弃花生的该种贷款，以此换取本条所述的贷款差额补贴，那么部长应向该农场生产者发放贷款差额补贴。

（2）计算。本款所述贷款差额补贴为下列二者的乘积：

（A）依据（3）为花生确定的补贴率；乘以

（B）该生产者生产的花生的数量，减去该生产者获得（a）所述销售援助贷款的花生的数量。

（3）补贴。为解释本款，补贴率为下列二者的差额：

（A）（b）规定的贷款率；减去

（B）（d）规定的贷款偿还率。

（4）确定补贴率的有效日期。农场生产者生产出一定数量花生后，部长在确定向其发放本条所述贷款差额补贴的金额时，应使用该农场生产者申请补贴当日的（3）所述补贴率。

（f）遵守保育和湿地的要求。作为获得（a）所述销售援助贷款的条件，生产者应在贷款期限内遵守《1985年粮食安全法》第ⅩⅡ篇子篇B（《美国法典》第16篇3811及以下）中相关的保育要求和该法案第ⅩⅡ篇子篇C（《美国法典》第16篇3821及以下）中相关的湿地保护要求。

（g）可补偿协议和管理费用的支付。部长有权实施可补偿协议或者对本子篇所述管理费用的支付做出规定，方式与对待其他商品完全一致。

第1308条　贷款的调整。

（a）调整的权限。部长有权根据等级、品种、质量、产地以及其他因素的不同，对花生的贷款率进行适当调整。

（b）调整的方式。进行（a）所述的调整时，调整的方式应尽可能是使花生的平均贷款水平接近于依据本子篇和子篇B、D和E所确定的支持水平。

（c）以县为基础的调整。

（1）通则。在（2）规定的范围内，部长可对各个县的花生生产者确定贷款率，最低贷款率为全国平均贷款率的95％，条件是贷款率的调整不得导致支出费用的增加。

（2）禁止。本款所述的调整，不得导致提高任一年度的全国平均贷款率。

子篇 D　糖

第 1401 条　糖计划。

（a）通则。《1996 年联邦农业促进与改革法》第 156 条（《美国法典》第 7 篇 7272）修订为如下内容：

"第 156 条　糖计划。

"（a）甘蔗。部长应向美国国产甘蔗的加工商发放贷款，贷款率为：

"（1）2008 作物年度，每磅原蔗糖 18.00 美分；

"（2）2009 作物年度，每磅原蔗糖 18.25 美分；

"（3）2010 作物年度，每磅原蔗糖 18.50 美分；

"（4）2011 作物年度，每磅原蔗糖 18.75 美分；和

"（5）2012 作物年度，每磅原蔗糖 18.75 美分。

"（b）甜菜。部长应向美国国产甜菜的加工商发放贷款，贷款率为：

"（1）2008 作物年度，每磅精制甜菜糖 22.9 美分；和

"（2）2009 至 2012 每一作物年度，相当于（a）所述相应作物年度中每磅原蔗糖贷款率的 128.5%。

"（c）贷款的期限。

"（1）通则。任一财政年度中，发放本条所述贷款的时间始于该财政年度的 1 月 1 日，至下列二者相比较早的时间结束：

"（A）发放贷款后，从下一个月的 1 日开始计算，至 9 个月期限后结束；或者

"（B）发放贷款后，该财政年度的年末结束。

"（2）追加贷款。如果依据本条发放贷款的时间是在财政年度的最后 3 个月内，那么加工商可再次把糖作为抵押物，申请下一个财政年度的贷款，只不过第二笔贷款应：

"（A）按照首笔贷款的实际贷款率发放；和

"（B）贷款期限为 9 个月减去首笔贷款的实际贷款期限。

"（d）贷款的种类；加工商的担保。

"（1）无追索权贷款。部长实施本条时，应使用无追索权贷款。

"（2）加工商的担保。

"（A）通则。部长向加工商发放本条所述的贷款前，应向其收取足够的担保，确保加工商发放补贴给生产者。因为加工商从生产者那里得到甜菜和甘蔗，所以加工商得到的贷款中有一部分属于生产者。

"（B）补贴的下限。

"（ⅰ）通则。在（ⅱ）规定的范围内，部长应确定适用于本项的补贴下限。

"（ⅱ）限额。对于甜菜，依据（ⅰ）确定的补贴下限不得超过甜菜生产者与甜菜加工商在合同中约定的支付价钱。

"（3）管理办法。部长在提出要求前均应提前通知，应允许加工商选择在贷款到期时罚没贷款抵押物（同一等级和品质）。

"（e）半成品糖的补贴。

"（1）半成品糖和糖浆的定义。在本款中，'半成品糖和糖浆'不包括原糖、液态糖、转化糖、转化糖浆或者其他有资格获得（a）或者（b）所述贷款的成品。

"（2）适用范畴。如果加工商用美国国产的甘蔗和甜菜生产半成品糖和糖浆，那么部长应向其发放无追索权贷款。

"（3）贷款率。贷款率，依据半成品糖和糖浆的原料不同，为原蔗糖或者精制甜菜糖贷款率

的 80%。

"（4）罚没物的再加工。

"（A）通则。加工商把半成品糖和糖浆作为抵押物换取（2）所述的贷款后，如果其选择罚没抵押物，那么作为条件，加工商应在部长规定的合理时间期限内，在不给商品信贷公司造成任何开支的情况下，把半成品糖和糖浆加工成原蔗糖或者精制甜菜糖，且等级和品质足以获得（a）和（b）所述的贷款。

"（B）移交给公司。把半成品糖和糖浆完全加工成原蔗糖或者精制甜菜糖后，加工商应把糖移交给商品信贷公司。

"（C）给加工商的补贴。把糖移交给商品信贷公司时，部长应向加工商发放补贴，补贴的金额为下列二者的乘积：

"（ⅰ）下列二者的差：

"（Ⅰ）原蔗糖或者精制甜菜糖的贷款率；和

"（Ⅱ）加工商依据（3）得到的贷款率；乘以

"（ⅱ）移交给部长的糖的数量。

"（5）贷款的转换。如果加工商没有像（4）所述那样选择罚没抵押物，而是把半成品糖和糖浆继续加工成原蔗糖或者精制甜菜糖，并且偿还了半成品糖和糖浆的贷款，那么加工商有权获得（a）或者（b）所述给予原蔗糖或者精制甜菜糖的贷款。

"（6）贷款的期限。依据本款发放给半成品糖和糖浆的贷款的期限，和由其继续加工成原蔗糖或者精制甜菜糖的贷款的期限，加起来不得超过9个月。这与（c）的规定是一致的。

"（f）避免罚没；公司存货的处置。

"（1）通则。在（d）（3）规定的范围内，部长在实施本章所制定的计划时，应尽最大可能避免罚没糖移交给商品信贷公司，目的在于不花费联邦政府的开支。

"（2）存货的处置。

"（A）通则。为落实（1）规定，对于商品信贷公司库存中的原蔗糖或者精制糖，商品信贷公司应接受甘蔗加工商和甜菜加工商的出价。他们出价购买商品信贷公司库存中的原蔗糖或者精制糖，目的在于换取减少原蔗糖或者精制糖的生产。

"（B）生物能源的原料。甜菜或者甘蔗种植出来后，如果依据（A）允许削减原蔗糖或者精制糖的产量，那么已种植出的这部分甜菜或者甘蔗不得用于其他商业目的，只能用作生物能源的原料。

"（C）补充的权力。本项所述的权力，是对其他法律赋予商品贷款公司的权力的补充。

"（g）信息的报告。

"（1）加工商和精炼商报告的职责。甘蔗加工商、蔗糖精炼商和甜菜加工商，应每月向部长提供实施糖计划所需要的信息，其中包括甘蔗、甜菜和糖的采购数量和糖的生产、进口、分销和储备情况。

"（2）生产者报告的职责。

"（A）按比例分担的州。如果一个州（波多黎各自由邦除外）的甘蔗生产者超过250名，为了生产者的利益需要为加工商发放贷款，那么部长应要求该州每名甘蔗生产者以部长规定的方式报告各自的甘蔗收成和甘蔗种植面积。

"（B）其他的州。对于未涵盖在（A）内的每名甘蔗或者甜菜生产者，部长有权要求其以部长规定的方式报告各自的甘蔗或者甜菜的收成和种植面积。

"（3）进口商报告的职责。

"（A）通则。除（B）另有规定外，如果进口商进口糖、糖浆或者糖蜜用于人类消费或者用于提取糖供人类消费，那么部长应要求其以部长规定的方式报告其进口数量和糖的含量。

"（B）税率配额。（A）不适用于税率配额数量以内的糖、糖浆或者糖蜜，即享受较低税率的糖、糖浆或者糖蜜。

"（4）搜集有关墨西哥的信息。

"（A）搜集。部长应搜集：

"（ⅰ）墨西哥生产、消费、储备和交易糖的信息，其中包括美国向墨西哥出口糖的信息；和

"（ⅱ）墨西哥生产、消费和交易高果糖玉米糖浆的公开信息。

"（B）公布。依据（A）搜集到的数据，应颁布在美国农业部每期的《世界农业供需评估报告》。

"（5）处罚。如果有人故意不提供（1）、（2）或者（3）要求报告的信息，或者拒绝提供（1）、（2）或者（3）要求报告的信息，或者故意提供虚假信息，那么将因此面临最高 10 000 美元的民事处罚。

"（6）月度报告。依据本款搜集到的信息，部长应每月发布有关糖生产、进口、分销和储备情况的综合数据。

"（h）精制糖的替代。为解释美国《协调关税明细表》第 17 条追加注释 6 和部长负责的再出口计划和多元醇计划，蔗糖精炼厂和甜菜糖加工商生产的所有精制糖，可完全替代上述计划中糖和含糖产品的出口。

"（Ⅰ）有效期限。本条的有效期限仅限甜菜和甘蔗的 2008 至 2012 作物年度。"

（b）过渡。对于 2007 作物年度，部长应按照《1996 年联邦农业促进与改革法》第 156 条（《美国法典》第 7 篇 7272）规定的期限和条件，以本法案通过之日的前一日为准，为原蔗糖和精制甜菜糖发放贷款。

第 1402 条　美国在国际糖业组织中的成员国资格。

部长应与国务卿合作，在不晚于本法案通过之日后的一年时间内，恢复美国在国际糖业组织中的成员国资格。

第 1403 条　糖的灵活销售配额。

（a）定义。《1938 年农业调整法》第 359a 条（《美国法典》第 7 篇 1359aa）做如下修订：

（1）把（1）、（2）、（3）和（4）分别重新编号为第（2）、（4）、（5）和（6）；

（2）在重新编号后的（2）前面加入下面一条新的内容：

"（1）人类消费。'人类消费'，就用于人类消费的糖（不论是糖、半成品糖、糖浆、糖蜜还是其他品种）而言，包括用于人类食品、饮料或者类似产品的糖。"；和

（3）在重新编号后的第（2）条后面加入下面一条新的内容：

"（3）销售。

"（A）通则。'销售'系指在美国出售或者以其他方式进行商业处理。

"（B）包括。'销售'包括：

"（ⅰ）罚没糖贷款计划下的糖，该糖贷款计划系依据《1996 年联邦农业促进与改革法》第 156 条（《美国法典》第 7 篇 7272）制订；

"（ⅱ）对于综合加工商和精炼商而言，把原蔗糖转入精炼处理；和

"（ⅲ）出售糖用于生产乙醇或者其他生物能源产品，条件是糖的处置由部长依据《2002 年农场安全与农村投资法》第 9010 条进行管理。

"（C）销售年度。（B）（ⅰ）所述罚没的糖，应被视为在发放贷款的作物年度进行了销售。该贷款系依据（B）（ⅰ）所述贷款计划发放。"

（b）糖的灵活销售配额。《1938 年农业调整法》第 359b 条（《美国法典》第 7 篇 1359bb）修订为下列内容：

"第 359b 条　糖的灵活销售配额。

"（a）糖评估。

"（1）通则。在 2008 至 2012 每一个甘蔗和甜菜作物年度开始前不晚于 8 月 1 日的时候，部长应评估：

"（A）该作物年度将用于人类消费糖的数量；

"（B）将用于合理转结储备的糖的数量；

"（C）该作物年度美国转结储备中可用于人类消费的糖的数量；

"（D）国内加工甘蔗、甜菜和半成品甜菜糖可以产出糖的数量；

"（E）该作物年度进口糖、糖浆和糖蜜的数量，进口的目的在于供应美国的人类消费或者用于提取糖供人类消费，其中既包括税率配额内的进口数量也包括税率配额外的进口数量。

"（2）例外。如果进口的糖用于生产多元醇，或者用于精炼，或者制成含糖产品再次出口，那么不在本款所述评估的范围内。

"（3）重新评估。如有必要，部长应重新评估某一作物年度中糖的消费、储备、生产和进口情况，但时间不得晚于该作物年度第二至第四季度开始之后。

"（b）糖的配额。

"（1）确定。每一作物年度开始之前，部长应确定该作物年度第 359c 条所述的适宜配额，目的是为了加工商在下列水平上销售产自甘蔗、甜菜或者半成品糖（国产或者进口的甜菜或者半成品糖皆可）的糖：

"（A）足以维持原糖和精制糖的价格高于罚没水平，以便不会依据《1996 年联邦农业促进和改革法》第 156 条（《美国法典》第 7 篇 7272）制定的糖贷款计划罚没糖并转入商品信贷公司；但是

"（B）不少于估计该作物年度美国国内人类消费糖数量的 85%。

"（2）产品。如果部长认为需对本部分做出解释，那么部长依据（1）确定配额时，应包括产自甘蔗、甜菜、糖蜜或者糖的供人类消费的糖类产品。

"（c）配额的涵盖范围。

"（1）通则。本部分所述的销售配额应适用于加工商销售用于国内人类消费的糖，这些糖需源于甘蔗、甜菜或者半成品糖，美国国内生产或者进口的甜菜或者半成品糖皆可。

"（2）例外。依据 2002 至 2007 每一作物年度销售配额的管理办法，销售配额不适用于下列目的出售的糖：

"（A）为了促进糖的对外出口，只不过糖的出口没有资格获得由部长负责的精制糖或者含糖产品再出口计划的信贷；

"（B）使其他加工商能够达到所确定的配额；或者

"（C）用于美国国内人类消费以外的其他用途，如果糖的处置由部长依据《2002 年农业安全与农村投资法》第 9010 条负责管理，那么用于生产乙醇或者其他生物能源而出售糖除外。

"（3）要求。（2）（B）所述糖的出售应：

"（A）在 5 月 1 日之前；和

"（B）向部长报告。

"（d）禁令。

"（1）通则。确定销售配额之后，在该作物年度整个或者部分时间内，甜菜或者甘蔗加工商供美国国内人类消费的销售量不得超过为其规定的配额，除非：

"（A）为了使其他加工商能够达到所确定的配额；或者

"（B）为了促进糖的出口。

"（2）民事处罚。如果加工商故意违反（1）规定，那么将受到商品信贷公司的民事处罚，处罚的金额为违反行为发生时涉案糖的数量的美国市场价值的 3 倍。"

（c）制定灵活的销售配额。《1938 年农业调整法》第 359c 条（《美国法典》第 7 篇 1359cc）做如下修订：

（1）删除（b）后改为下列内容：

"（b）总体配额数量。部长应在下列水平上确定作物年度中待分配的糖的总体数量（在本部分中简称"总体配额数量"）：

"（A）足以维持原糖和精制糖的价格高于罚没水平，以便不会罚没糖并转入商品信贷公司；但是

"（B）不少于估计该作物年度美国国内人类消费糖数量的 85％。

"（2）调整。在（1）规定的范围内，部长应调整总体配额数量以维持：

"（A）原糖和精制糖的价格高于罚没水平，以便不会罚没糖并转入商品信贷公司；和

"（B）美国国内市场上原糖和精制糖的充足供给。"

"（2）在（d）（2）中，在末尾的句号前加入'或者半成品甜菜糖'；

"（3）在（g）（1）中：

"（A）删除'（1）通则。部长'后改为下列内容：

"（1）调整。

"（A）通则。依据第（B）款，部长"；和

（B）在末尾处增加下列内容：

"（B）限额。实施（A）时，部长削减总体配额数量后不得低于估计该作物年度美国国内人类消费糖数量的 85％。"和

（4）删除（h）。

（d）销售配额的分配。《1938 年农业调整法》第 359d 条（b）（《美国法典》第 7 篇 1359dd（b））做如下修订：

（1）在（1）（F）中，删除"除第 359f 条（c）（8）另有规定外，如果"后改为"如果"；和

（2）在（2）中，删除（G）、（H）和（I）后改为下列内容：

"（G）把一名加工商的工厂出售给其他加工商。

"（i）出售的影响。在（E）和（F）规定的范围内，如果一名甜菜糖加工商的一家或者多家工厂（并非该加工商的全部资产）在某一作物年度内出售给其他加工商，那么部长应从卖方的配额中按比例拿出一部分给予买方，以反映所售工厂的生产占卖方总体配额中的比例，除非买卖双方就卖方配额的转移达成协议。如果双方达成协议，那么部长应把达成协议的部分配额进行转移。

"（ii）分配的适用。依据（i）对配额进行的分配应适用于：

"（i）发生（i）所述出售行为的作物年度的剩余时间；和

"（ii）随后的每一作物年度。

"（iii）使用其他工厂填补配额。买方购得一家或者多家工厂后，如果所购工厂无法填补依据（i）分配给买方的配额，那么买方可以用自己其他工厂生产的甜菜糖填补配额缺口。

"（H）新入行者开始生产、重开或者购买有生产历史的工厂。

"（i）新入行者的定义。

"（I）通则。在本小项中，'新入行者'系指下列个人、公司或者其他实体：

"（aa）未分配到本部分所述的甜菜糖配额；

"（bb）不隶属于拥有本部分所述甜菜糖配额的任何其他个人、公司或者实体（在本条款中简称"第三方"）；和

"（cc）将在新工厂或者重开的工厂加工甜菜生产者生产的甜菜。甜菜生产者是依据与新入行者签订的合同而种植甜菜，而新工厂或者重开工厂是新入行者获得配额的基础。

"（II）申请。为解释（I）（bb），如果存在下列情形，那么应视新入行者和第三方之间存在隶属关系：

"（aa）第三方拥有新入行者的所有权利益；

"（bb）新入行者和第三方具有共同的拥有者；

"（cc）第三方有能力通过组织权、契约权或者其他途径对新入行者进行控制；

"（dd）第三方和新入行者拥有契约关系，新入行者可通过该契约关系使用第三方的设施或者资产；或者

"（ee）有部长认为新入行者与第三方存在隶属关系的其他类似情形。

"（ii）新入行者建造一家新工厂或者重开一家1998年以来从未开业的工厂后，给其的配额。如果新入行者建造了一家新的甜菜加工厂，或者购买和重开了一家甜菜加工厂（该工厂上一次加工甜菜还要追溯到1998年以前，因此目前没有配额），那么部长应：

"（Ⅰ）给新入行者公平合理地分配甜菜配额，使新入行者的工厂利用率能够达到相近其他加工商的工厂利用率；和

"（Ⅱ）按比例削减其他加工商的甜菜配额，以反映出给予新入行者的配额。

"（iii）新入行者购买一家拥有生产历史的工厂后，给其的配额。

"（Ⅰ）通则。如果新入行者购买了一家自1998或者随后作物年度加工过甜菜的工厂，即拥有生产历史的工厂，那么依据该新入行者和拥有该工厂配额的公司之间的协议，部长应把目前配额持有者的一部分配额转移至新入行者，以反映出所售的这一家或者多家工厂占目前配额持有者总体配额的比例，除非新入行者和目前配额持有者已经同意转移目前配额持有者其他部分的配额。如果那样的话，部长应转移新入行者和目前配额持有者达成协议的部分。

"（Ⅱ）禁令。如果没有达成（Ⅰ）所述的协议，那新入行者就没有资格获得甜菜的配额。

"（iv）申诉。对于依据本节所做的任何决定，均可依据第359i条向部长提出申诉。"

（e）差额的重新分配。《1938年农业调整法》第359e条（b）（《美国法典》第7篇1359ee（b））进行修订，在（1）（D）和（2）（C）中，在每一处"进口"后面均加入"原蔗糖"。

（f）适用于生产的条款。《1938年农业调整法》第359f条（c）（《美国法典》第7篇1359ff（c））做如下修订：

（1）删除（8）；

（2）把（1）至（7）重新编号为（2）至（8）；

（3）在重新编号后的（2）前面加入下列新的内容：

"（1）种子的定义。

"（A）通则。在本款中，'种子'系指种植产糖甘蔗的种子，而且产出的糖用于人类消费。

"（B）例外。依据部长规定，'种子'不包括种植用于其他用途的高纤维甘蔗的种子"；

（4）在重新编号后的（3）中：

（A）在第一句中：

（i）删除"（1）"后改为"（2）"；和

（ii）在"质量"后面加入"生产的糖"；和

（B）在第二句中，删除"（7）"后改为"（8）"；

（5）在重新编号后的（6）（C）的第一句中，在"超过该农场的比例份额"的前面加入"糖"；和

（6）在重新编号后的（8）中，在"金额"的后面加入"糖"。

（g）特别细则。《1938年农业调整法》第359g条（《美国法典》第7篇1359gg）做如下修订：

（1）删除第（a）节后改为下列内容：

"（a）基础面积历史的转移。

"（1）转移的权限。为了按比例确定第359f条（c）所述甘蔗农场的份额，应生产者申请，经全体拥有者书面同意，部长可以把农场基础面积历史转移到申请者的其他地块。

"（2）涵盖的基础面积。

"（A）通则。依据第359f条（c）确定的甘蔗基础面积，如果在2002年5月13日当日或者之后一直用作非农业用途或者改作非农业用途，那么甘蔗的基础面积可以转移至其他适宜种植甘蔗的地块。

"（B）通知。部长获息有甘蔗基础面积转至非农业用途后，在不晚于 90 日内，部长应把甘蔗基础面积的可转移性通知受影响的一位或者多位土地拥有者。

"（C）初始转移阶段。自收到（B）所述通知当日起算，基础面积的拥有者应有 90 天时间把基础面积转至该拥有者下属一家或者多家农场。

"（D）种植者。如果（C）所述的转移无法在该小项规定的期限内完成，那么生产者应——

"（ⅰ）得到通知；和

"（ⅱ）从得到通知当日起计算，有 90 天时间把基础面积转移至该生产者经营的一家或者多家农场。

"（E）集体分配。

"（ⅰ）通则。如果（B）和（C）所述的转移无法在这两小项规定的期限内完成，那么县农场服务局下属的县委员会应把基础面积放在一起，分配给其他的农场。

"（ⅱ）要求的接受。向县的农场拥有者、经营者和种植者发出合理通知后，县委员会应接受县内拥有者、经营者和种植者的要求。

"（ⅲ）分配。县委员会应把基础面积分配给县内的其他农场，这些农场应具备资格并且有能力接受基础面积，方式为在（ⅱ）收取的要求中随机抽取。

"（F）全州范围的重新分配。

"（ⅰ）通则。在经过（A）至（E）所述的转移和程序之后，如果还有剩余的基础面积未被分配，那么可由农场服务局在该州的委员会随机在该州其他的县委员会中进行分配，这些县里应有可分配基础面积的农场。

"（ⅱ）分配。依据本小项获得基础面积的县委员会，应通过（E）所述的程序，把基础面积分配给具备资格的农场。

"（G）再分配基础面积的法律地位。基础面积依据本款被重新分配后，基础面积应：

"（ⅰ）保留在农场；和

"（ⅱ）处于（1）中转移条款的范围内。"和

（2）在（d）中：

（A）在（1）中：

（ⅰ）在第一处"作物共享拥有者"的前面加入"受影响的"；和

（ⅱ）删除"，和从持有适当配额的加工公司，"；和

（B）在（2）中，删除"基于"后面的全部内容，改为"基于：

（A）转移的甘蔗基础面积；和

（B）加工公司按比例获得的配额数量。"

（h）申诉。《1938 年农业调整法》第 359i 条（《美国法典》第 7 篇 1359i）做如下修订：

（ⅰ）在（a）中，在"359f"的后面加入"或者 359g（d）"；和

（ⅱ）删除（c）。

（i）重新分配糖配额进口不足。《1938 年农业调整法》第 359k 条（《美国法典》第 7 篇 1359kk）废止。

（j）税率配额的管理办法。经（ⅰ）修订后的《1938 年农业调整法》第Ⅲ篇子篇 B 中的第Ⅶ部分（《美国法典》第 7 篇 1359aa）进行修订，在末尾处加入下列内容：

"第 359k 条　税率配额的管理办法。

"（a）确定。

"（1）通则。除（2）另有规定外，无论法律有何其他规定，在配额年度开始时，部长应在最低水平上确定原蔗糖和精制糖的税率配额，最低水平意味着只要能够履行国会批准的国际贸易协议的义务即可。

"（2）例外。（1）不适用于特种糖。

"（b）调整。

"（1）4月1日之前。每一财政年度4月1日之前，如果由于战争、洪水、飓风、其他自然灾害或者部长规定的类似状况，导致美国市场上糖的紧急短缺，那么

"（A）部长应采取措施，依据第359c条（b）（2）和第359e条（b）增加糖的供给，其中包括增加原蔗糖的税率配额；和

"（B）如果美国市场上的糖仍然短缺，国产糖的销售已经达到上限，国内原蔗糖的精炼能力已经达到上限，那么部长可增加精制糖的税率配额，以实现充足的供给，前提条件是增加不会导致罚没作为《1996年联邦农业促进与改革法》第156条（《美国法典》第7篇7272）所述贷款抵押物的糖。

"（2）4月1日当天及以后。每一财政年度4月1日当天或者以后

"（A）部长可采取措施，依据第359c条（b）（2）和第359e条（b）增加糖的供给，其中包括增加原蔗糖的税率配额；和

"（B）如果美国市场上的糖仍然短缺，国产糖的销售已经达到上限，国内原蔗糖的精炼能力已经达到上限，那么部长可增加精制糖的税率配额，以实现充足的供给，前提条件是增加不会导致罚没作为《1996年联邦农业促进与改革法》第156条（《美国法典》第7篇7272）所述贷款抵押物的糖。"

（k）有效期限。经（j）修订后的《1938年农业调整法》第Ⅲ篇子篇B中的第Ⅶ部分（《美国法典》第7篇1359aa）进行修订，在末尾处加入下列内容：

"第359l条　有效期限。

"（a）通则。本部分的有效期仅限于糖的2008至2012作物年度。

"（b）过渡。对于2007作物年度，部长应依据本部分规定的期限和条件，以本条成为法律当日的前一日为准，对糖的灵活销售配额进行管理。"

第1404条　储存设施贷款。

《2002年农业安全与农村投资法》第1402条（c）做如下修订：

（1）在（1）中，删除末尾处的"和"；

（2）把（2）重新编号为（3）；

（3）在（1）后面加入下面一条新的内容：

"（2）不包括对于提前补贴的任何处罚；和"；和

（4）在重新编号后的（3）中，在"在此类"的后面加入"其他"。

第1405条　商品信贷公司储存补贴。

《1996年联邦农业促进与改革法》子篇E进行修订，在末尾处加入下列内容：

"第167条　商品信贷公司储存补贴。

"（a）初始的作物年度。不论法律有何其他规定，2008至2011每一作物年度，商品信贷公司应为罚没的糖确定储存率，储存率的金额不低于

"（1）精制糖，每月每英担15美分；和

"（2）原蔗糖，每月每英担10美分。

"（b）随后的作物年度。2012及随后每一作物年度，商品信贷公司应为罚没的糖确定储存率，方式与本条成为法律当日前一天使用的方式相同。"

子篇 E　乳　　品

第 1501 条　乳制品价格支持计划。

（a）净剔除的定义。在本条中，"净剔除"系指：

（1）下列二者之和：

（A）（b）所述的产品，由商品信贷公司依据本条规定采购的数量；和

（B）该产品依据《1985 年粮食安全法》第 153 条（《美国法典》第 15 篇 713a‑14）出口的数量；减去

（2）该产品由商品信贷公司出售的产品数量，用途不限。

（b）支持行为。2008 年 1 月 1 日起至 2012 年 12 月 31 日止，部长应支持切达奶酪、奶油和脱脂纯牛奶的价格，途径为采购用美国产牛奶制成的上述乳制品。

（c）采购价格。为了在（b）规定的时间内实施（b）规定的事项，部长应采购：

（1）块状切达奶酪，每磅不低于 1.13 美元；

（2）桶装切达奶酪，每磅不低于 1.10 美元；

（3）奶油，每磅不低于 1.05 美元；和

（4）脱脂纯牛奶，每磅不低于 0.80 美元。

（d）临时性价格调整以避免存货超量。

（1）得到批准的调整。只有在本款批准的情形下，部长方可对（c）规定的最低采购价格进行调整。

（2）奶酪存货超过 200 000 000 磅。如果净剔除连续 12 个月超过 200 000 000 磅奶酪但不超过 400 000 000磅，那么部长有权在随后的第一个月降低（c）（1）和（2）规定的采购价格，但降幅不得超过每磅 10 美分。

（3）奶酪存货超过 400 000 000 磅。如果净剔除连续 12 个月超过 400 000 000 磅奶酪，那么部长有权在随后的第一个月降低（c）（1）和（2）规定的采购价格，但降幅不得超过每磅 20 美分。

（4）奶油存货超过 450 000 000 磅。如果净剔除连续 12 个月超过 450 000 000 磅奶油但不超过 650 000 000磅，那么部长有权在随后的第一个月降低（c）（3）规定的采购价格，但降幅不得超过每磅 10 美分。

（5）奶油存货超过 650 000 000 磅。如果净剔除连续 12 个月超过 650 000 000 磅奶油，那么部长有权在随后的第一个月降低（c）（3）规定的采购价格，但降幅不得超过每磅 20 美分。

（6）脱脂纯牛奶存货超过 600 000 000 磅。如果净剔除连续 12 个月超过 600 000 000 磅脱脂纯牛奶但不超过 800 000 000 磅，那么部长有权在随后的第一个月降低（c）（4）规定的采购价格，但降幅不得超过每磅 5 美分。

（7）脱脂纯牛奶存货超过 800 000 000 磅。如果净剔除连续 12 个月超过 800 000 000 磅脱脂纯牛奶，那么部长有权在随后的第一个月降低（c）（4）规定的采购价格，但降幅不得超过每磅 10 美分。

（e）统一采购价格。部长依据（b）规定采购奶酪、奶油或者脱脂纯牛奶的价格，对于美国所有地区都应该是统一的。

（f）从存货中出售。（c）所述的每一种商品，如果商品信贷公司存货中有一部分用途不限，那么部长有权出售这部分商品，价格为出售时的通行市场价格，但不得低于（c）规定的该商品最低采购价格的 110%。

第 1502 条　乳品促进定价计划。

（a）需要的计划。部长应制定一项准许牛奶生产者和生产者合作协会自愿与牛奶管理方签订促进价格合同的计划。

（b）最低牛奶价格的要求。依据经（a）批准的促进价格合同，牛奶管理方发放给牛奶生产者和生产者合作协会的补贴，以及牛奶生产者和合作协会得到的价格，应满足：

（1）《农业调整法》第8c条（《美国法典》第7篇608c）（5）（B）和（F）中所有对于统一和最低牛奶价格的要求，《1937年农业销售协议法》做有修订；和

（2）该条（C）中对于全额补贴的要求。

（c）项目涵盖的牛奶。

（1）涵盖的牛奶。本计划仅适用于销售符合下列条件的联邦监管牛奶：

（A）在等级上不属于Ⅰ级牛奶，或者属于液体用途的Ⅰ级牛奶；和

（B）在州际或者国际贸易流通当中，或者直接压制、阻碍或者影响联邦监管牛奶的州际或者国际贸易。

（2）与Ⅰ级牛奶的关系。为帮助牛奶管理方落实（1）（A）而不必分离或者单独追踪牛奶的来源和去向，牛奶管理方可对收自生产者、合作社以及其他未签订促进合同来源的牛奶进行分配，以履行管理方在Ⅰ级牛奶使用方面的职责。

（d）自愿计划。

（1）通则。牛奶管理方不得把加入促进定价合同作为其向生产者或者生产者合作协会收购牛奶的条件。

（2）定价。（1）所述的生产者或者生产者合作协会，可仍然依据联邦牛奶销售令中的最低补贴规定确定牛奶的价格。

（3）投诉。

（A）通则。如果有生产者或者生产者合作协会投诉管理方强迫其签订促进合同，那么部长应予以调查。

（B）措施。如果部长发现有强迫的证据，那么部长应采取适当的措施。

（e）期限。

（1）新合同。2012年9月30日后不得再依据本计划签订促进价格合同。本计划系依据本条制定。

（2）适用。依据本计划签订的促进合同均不得延期至2015年9月30日以后。

第1503条　乳品出口激励计划。

（a）延期。《1985年粮食安全法》第153条（a）（《美国法典》第15篇713a-14（a））进行修订，删除"2007"后改为"2012"。

（b）遵守贸易协定。《1985年粮食安全法》第153条（《美国法典》第15篇713a-14）做如下修订：

（1）在（c）中，删除（3）后改为下列内容：

"（3）《乌拉圭回合协议法》第101条（《美国法典》第19篇3511）批准了美国在《乌拉圭回合协议》中所承担的义务。每年依据本计划出口的乳制品（减去当年依据本法案第1163条出售的数量）上限应遵守这些义务，但是依据本计划出口的数量，按照部长裁决，不得超过（f）允许的价值上限；和"；和。

（2）在（f）中，删除（1）后改为下列内容：

"（1）资金和商品。《乌拉圭回合协议法》第101条（《美国法典》第19篇3511）批准了美国在《乌拉圭回合协议》中所承担的义务。除（2）另有规定外，商品信贷公司每年用于本条所述本计划的资金和商品，上限应遵守这些义务再减去当年依据本法案第1163条所用的资金和商品。"

第1504条　联邦销售令修订程序的修改。

《农业调整法》第8c条（《美国法典》第7篇608c），经《1937年农业销售协议法》修订后，再次

进行修订，删除（17）后改为下列内容：

"（17）适用于修订的条款。

"（A）修订的适用范畴。本条和第 8d 条中适用于法令的条款，同样适用于对法令的修订。

"（B）补充实施细则。

"（ⅰ）通则。本小项成为法律之日后，在不晚于 60 日内，部长应利用非正式的法规制定方法颁布补充实施细则，规范有关法令修订的法规制定程序的指导原则和时间期限。

"（ⅱ）颁布。补充实施细则至少应规定：

"（Ⅰ）提交建议有哪些要求；

"（Ⅱ）听证会之前的信息会议有哪些具体要求；

"（Ⅲ）书面证词和数据要求有哪些具体要求；

"（Ⅳ）公众参与的时间期限；和

"（Ⅴ）提交电子文档有哪些标准。

"（ⅲ）生效日期。依据部长规定，补充实施细则应在不晚于本小项成为法律之日后的 120 日内生效。

"（C）听证会的时间安排。

"（ⅰ）通则。收到就一项牛奶销售令举行修订听证会的建议后，在不晚于 30 日内，部长应：

"（Ⅰ）发布通知，规定行动方案和预期的时间期限，以便在不晚于发布通知后的 120 日内完成听证会；

"（Ⅱ）（aa）征求其他信息。这些信息应有助于部长就举行听证会的建议做出裁决；和

"（bb）如果在部长要求的时间期限内，部长没有收到补充信息，那么宣布拒绝按建议举行听证会；或者

"（Ⅲ）宣布拒绝按建议举行听证会。

"（ⅱ）要求。召开牛奶销售令的修订听证会后，在不晚于 60 日内，提交听证会情况的通报。

"（ⅲ）建议的决定。提交听证会情况通报的最后期限后，在不晚于 90 日内，对销售令的建议修订提出建议性决定。

"（ⅳ）最终的决定。提出建议性决定的最后期限后，在不晚于 60 日内，对销售令的建议修订做出最终决定。

"（D）行业的评估。为改进或者加快法规制定过程，如果部长认为确有必要，那么部长有权对受到影响的行业进行评估，追加拨款，用于调配法院书记官等公务人员。

"（E）非正式地制定法规。部长有权利用《美国法典》第 5 篇 553 条所述的制定法规程序，对销售令进行修订，但不得修订销售令中直接影响牛奶价格的条款。

"（F）避免重复。对牛奶销售令提出修订意见后，面对举行听证会的申请，部长可拒绝举行听证会，前提条件是：

"（ⅰ）部长收到要求举行听证会申请之前的 90 日内，部长刚宣布过对该销售令此前建议修订的决定。

"（ⅱ）部长认为有两项提议的修订基本相同。

"（G）发放津贴的每月饲料和燃料开支。就 2012 年 9 月 30 日之前的销售令发放津贴举行听证会时，部长应：

"（ⅰ）确定相关销售区域内乳品生产者平均每月的饲料和燃料开支；

"（ⅱ）参考最近有数据月份的饲料和燃料开支；和

"（ⅲ）参考那些确定是否需要调整津贴的开支。"

第 1505 条　乳品理赔计划。

对《公法》90－484（《美国法典》第 7 篇 4501）进行修订，删除"2007"后改为"2012"。

第 1506 条　牛奶收入损失合同计划。

（a）定义。在本条中：

（1）Ⅰ级牛奶。"Ⅰ级牛奶"系指依据联邦牛奶销售令被确定为Ⅰ级牛奶的牛奶（其中包括牛奶的成分）。

（2）具备资格的生产。"具备资格的生产"系指参与州的生产者生产出的牛奶。

（3）联邦牛奶销售令。"联邦牛奶销售令"系指依据《农业调整法》第 8c 条（《美国法典》第 7 篇 608c）颁布的法令，《1937 年农业销售协议法》做有关修订。

（4）参与州。"参与州"系指各州。

（5）生产者。"生产者"系指（按照部长规定）直接或者间接有下列行为的个人或者实体：

（A）分担生产牛奶的风险；和

（B）为该人或者该实体的乳品农业做出贡献（包括土地、劳动、管理、设备或者资金），其贡献至少与其经营收益相匹配。

（b）补贴。部长应提议与参与州的乳农场生产者签订合同，供生产者依据合同获得具备资格生产的补贴。

（c）金额。依据本条发放给生产者的补贴金额（按照部长规定）为下列三者的乘积：

（1）（e）确定的适用月份中，给生产者的补贴数量；

（2）等于下列金额：

（A）每英担 16.94 美元，依据（d）进行调整；减去

（B）依据相关联邦牛奶销售令，波士顿每英担Ⅰ级牛奶的价格；乘以

（3）（A）2007 年 10 月 1 日至 2008 年 9 月 30 日，34％；

（B）2008 年 10 月 1 日至 2012 年 8 月 31 日，45％；和

（C）2012 年 9 月 1 日之后，34％。

（d）饲料价格补贴率的调整。

（1）初始的调整权。2008 年 1 月 1 日至 2012 年 8 月 31 日，如果全国平均乳牛饲料定量开支有一个月时间高于每英担 7.35 美元，那么应增加（c）（2）（A）中用于确定当月补贴率的金额，增加幅度为全国平均乳牛饲料定量开支超过每英担 7.35 美元所占比例的 45％。

（2）随后的调整权。2012 年 9 月 1 日当天及往后，如果全国平均乳牛饲料定量开支有一个月时间高于每英担 9.50 美元，那么应增加（c）（2）（A）中用于确定当月补贴率的金额，增加幅度为全国平均乳牛饲料定量开支超过每英担 9.50 美元所占比例的 45％。

（3）全国平均乳牛饲料定量开支。每个月，部长均应以每英担为单位计算全国平均乳牛饲料定量开支，计算方法与计算混合乳牛饲料中约占 16％的饲料价格相同，详见美国农业部 2008 年 3 月农业价格公示第 33 页注释（包括脚注 4 中的数据和系数）。

（e）补贴的数量。

（1）通则。在（2）规定的范围内，在本条规定的月份中发放给生产者的补贴数量应等于生产者当月上市的具备资格生产的数量。

（2）限额。

（A）通则。凡从事乳品经营活动，生产者即可获得（b）所述的补贴。一种乳品经营活动的补贴数量不应超过：

（ⅰ）2007 年 10 月 1 日至 2008 年 9 月 30 日期间，2 400 000 磅；

（ⅱ）2008 年 10 月 1 日至 2012 年 8 月 31 日期间，每财政年度 2 985 000 磅；和

（ⅲ）2012 年 9 月 1 日之后，每财政年度 2 400 000 磅。

（B）标准。为判定生产者是从事多项乳业经营还是仅一项乳业经营，部长应使用实施 2001 年《农业、农村发展、食品和药品管理办法和机关机构拨款法案》（《公法》106 - 387；《美国法令全书》第 114 篇 1549A - 50）中乳品计划的标准。

（3）重组。部长应确保生产者不得纯粹出于获取本条所述额外补贴而重组乳品经营活动。

（f）补贴。依据本条所签合同发放的补贴应按月发放，从发放补贴当月的最后一天计算，不晚于 60 日内发放完毕。

（g）签约。在本法案通过之日后的 90 日后至 2012 年 9 月 30 日期间，部长应提出签订本条所述的合同。

（h）合同的期限。

（1）通则。除（2）另有规定外，乳农场生产者依据本条签订的合同应涵盖乳农场生产者签订合同当月的 1 日起至 2012 年 9 月 30 日期间由乳农场生产者上市销售的具备资格的生产。

（2）违约。如果生产者违反合同，那么部长有权：

（A）终止合同，允许生产者保留依据合同而获得的补贴；或者

（B）允许合同继续有效，并依据违约的严重程度要求生产者返还一部分依据合同而获得的补贴。

第 1507 条　乳品促进和研究计划。

（a）乳品促进和研究权的延期。《1983 年乳品生产稳定法》第 113 条（e）（2）（《美国法典》第 7 篇 4504（e）（2））进行修订，删除"2007"后改为"2012"。

（b）促进计划中美国的定义。《1983 年乳品生产稳定法》第 111 条（《美国法典》第 7 篇 4502）做如下修订

（1）删除（l）后改为下列内容：

"（l）'美国'用于地理概念时，系指所有的州、哥伦比亚特区和波多黎各自由邦；"和

（2）在（m）中，删除"（与（l）中的定义相同）"。

（c）研究计划中美国的定义。

《1983 年乳品生产稳定法》第 130 条（《美国法典》第 7 篇 4531）进行修订，删除（12）后改为下列内容：

"（12）'美国'用于地理概念时，系指所有的州、哥伦比亚特区和波多黎各自由邦。"

（d）进口乳产品的评估率。《1983 年乳品生产稳定法》第 113 条（g）（《美国法典》第 7 篇 4504（g））进行修订，删除（3）后改为下列内容：

"（3）率。

"（A）通则。该法令规定的美国产牛奶，其评估率为每英担商用牛奶 15 美分，或者部长规定的大致水平。

"（B）进口乳制品。该法令规定的进口乳制品，其评估率为每英担商用牛奶 7.5 美分，或者部长规定的大致水平。"

（e）进口商补贴的时间和途径。《1983 年乳品生产稳定法》第 113 条（g）（6）（《美国法典》第 7 篇 4504（g）（6））做如下修订

（1）删除（B）；和

（2）把（C）重新编号为（B）。

（f）特定进口乳制品评估金额的偿还。《1983 年乳品生产稳定法》第 113 条（g）（《美国法典》第 7 篇 4504（g））进行修订，在末尾处加入下列内容：

"（7）特定进口乳制品评估金额的偿还。

"（A）通则。进口商依据《2008 年粮食、保育和能源法》通过日之前所签合同获得的进口乳制品评估金额，符合本节规定的，应予偿还。

"（B）终止。《2008 年粮食、保育和能源法》通过之日一年后，终止第（A）款所述的偿还。"

第 1508 条　关于农业部脱脂纯牛奶报告程序的报告。

本法案通过之日后，在不晚于 90 日内，部长应向众议院农业委员会和参议院农业、营养和林业委员会提交报告，主题为农业部脱脂纯牛奶的报告程序和该程序在 2006 年 7 月 1 日至本法案通过之日期间对于联邦牛奶销售令最低价格的影响。

第 1509 条　联邦牛奶销售令审查委员会。

（a）设立。在实施本条所获拨款允许的情况下，部长应设立一个委员会，名为"联邦牛奶销售令审查委员会"（本条中简称"委员会"），对下列情况进行综合审查和评估：

（1）设立该委员会时的联邦牛奶销售令体系；和

（2）非联邦牛奶销售令体系。

（b）审查和评估的要素。作为（a）所述审查和评估的一部分，该委员会应考虑立法和法规手段：

（1）确保乳制品与市场上其他竞争产品的竞争力得到提升；

（2）提升美国乳制品在世界市场上的竞争力；

（3）确保乳品定价的竞争力和透明度；

（4）简化对联邦牛奶销售令进行修订的程序，使其更为顺畅；

（5）简化联邦牛奶销售令体系；

（6）评估联邦牛奶销售令体系是否符合乳品生产者、消费者和加工商的利益；和

（7）评估牛奶的营养成分，其中包括调整牛奶成分标准可能带来的收益和成本。

（c）成员资格。

（1）组成。该委员会应由 14 名成员组成。

（2）成员。在首次获得实施本条的资金后，部长应依据下列条件尽速委任该委员会的成员：

（A）至少应有 1 名成员代表全国消费组织。

（B）至少应有 4 名成员代表赠地大学或者进行乳品经济计划研究的农业非赠地大学研究所（与《1977 年国家农业研究、推广和教育政策法》第 1404 条（《美国法典》第 7 篇 3103）中的定义相同），其中至少应有 2 名成员是经济学领域的专家。

（C）至少应有 1 名成员代表食品和饮料零售行业。

（D）4 名乳品生产者和 4 名乳品加工商，平衡牛奶生产和乳品加工的地理分布，反映乳品加工的各个环节，合理地代表美国各个地区，其中包括未纳入联邦牛奶销售令的州。

（3）主席。该委员会的成员均是部长委任的。该委员会应选举其中 1 名成员担任委员会运行期间的主席。

（4）空缺。该委员会终止前出现空缺时，应以原先的委任方式填补空缺。

（5）薪水。委员会成员任职期间没有薪水，但部长可从其预算权内发放津贴，补贴委员会成员履行职责所发生的必要合理的费用。

（d）报告。

（1）通则。该委员会召开第一次会议之日后，在不晚于 2 年的时间内，该委员会应向国会和部长提交报告，阐述依据本条所进行审查和评估的结果，其中包括（b）所述立法和法规选项方面的相关建议。

（2）选项。报告的结论应最大程度反映该委员成员的一致意见。对于无法达成一致意见的事项，报告亦可包括多数成员的结论和少数成员的结论。

（e）顾问性质。该委员会纯属顾问性质，该委员会的建议不具有约束性。

（f）对现行计划没有影响。部长应不允许由于委员会的存在而阻碍、延误或者对农业部的决策程序造成其他影响，其中包括计划内的决策程序、已提出的决策程序或者接近完成的决策程序。

（g）管理方面的援助。部长应为该委员会提供管理方面的支持，在部长的预算权范围内承担实施本条的费用。

（h）授权拨款。兹授权拨付用于实施本条的必要金额。

（i）终止。提交（d）所述的报告之日，该委员会即告解散。

第 1510 条　乳类商品的强制性报告。

（a）电子报告。《1946 年农业销售法》第 273 条（《美国法典》第 7 篇 1637b）做如下修订：

（1）把（d）重新编号为（e）；和

（2）在（c）后面加入下列内容：

"（d）电子报告。

"（1）通则。在（3）所述资金允许的范围内，部长应为实施本条建立起一套电子报告系统。

"（2）报告的频次。依据（1）建立起电子报告系统后，部长应增加本条所要求的报告的频次。

"（3）授权拨款。兹授权拨付用于实施本条的必要金额。"

（b）季度审计。《1946 年农业销售法》第 273 条（c）（《美国法典》第 7 篇 1637b（c））进行修订，删除（3）后改为下列内容：

"（3）核查。

"（A）通则。对于依据本子篇提交或者报告来的信息，部长应采取其认为必要的措施核查其准确性。

"（B）季度审计。对于依据本子篇提交或者报告来的信息，部长应每季度进行一次审计，并把上述信息与其他相关乳品市场统计数字进行比较。"

子篇 F　管理办法

第 1601 条　管理办法通则。

（a）利用商品信贷公司。除本篇中另有规定外，部长在执行本篇时应利用商品信贷公司的资金、设施和职权。

（b）部长的决定。在本部分中，部长做出的决定应是具有决定性的最终决定。

（c）法规。

（1）通则。除本款另有规定外，部长和商品信贷公司应在不晚于本法案通过之日后的 90 天内，颁布落实本篇和本篇所做修订的必备法规。

（2）程序。颁布法规、颁布本篇和本篇所做修订的管理办法时，不必顾及：

（A）《美国法典》第 44 篇第 35 条（即《文书削减法》）；

（B）1971 年 7 月 24 日生效的《农业部长政策声明》（《联邦纪事》第 36 篇 13804），有关通知将制定法规和公众参与制定法规的部分；

（C）《美国法典》第 5 篇第 553 条中有关通知和征求意见的规定。

（3）国会对行政机构制定法规的审查。执行本款法案时，部长应利用《美国法典》第 5 篇第 808 条所赋予的权力。

（4）临时性法规。无论（1）和（2）如何规定，部长仍应通过颁布临时性法规的形式，执行第 1603 和第 1604 条对 2009 作物年度、财政年度或者计划年度所做的修订。

（d）遵守贸易协议方面的调整权。

（1）需要的决定；调整。如果部长认为本部分的开支中，需要遵守《乌拉圭回合协议》（与《乌拉圭回合协议法》第2条（《美国法典》第19篇3501）中的定义相同）许可的国内支持总水平部分有可能会超出任一报告期的许可上限，那么部长应尽最大可能调整该期间的开支金额，以确保该类支出不会超过许可的上限。

（2）通知国会。进行（1）所述的调整前，部长应向众议院农业委员会或者参议院农业、营养和林业委员会提交报告，说明依据（1）所做的决定和准备调整的幅度。

（e）提前补贴选择权的处理。《2002年农业安全与农村投资法》第1601条（d）（《美国法典》第7篇7991（d））做如下修订：

（1）在（1）中，删除末尾处的"和"；

（2）在（2）中，删除末尾处的句号后改为"；和"；和

（3）在末尾处插入下面一条新的内容：

"（3）提前发放《2008年粮食、保育和能源法》第Ⅰ篇所述的直接补贴和反周期补贴。"

第1602条 中止永久性价格支持权。

（a）《1938年农业调整法》。2008至2012作物年度，涵盖商品、花生和糖不适用于《1938年农业调整法》下列条款；本法案通过之日至2012年12月31日，牛奶不适用于《1938年农业调整法》下列条款：

（1）第Ⅲ篇子篇B中的第Ⅱ至第Ⅴ部分（《美国法典》第7篇1326及以下）。

（2）对于高地棉，第3777条（《美国法典》第7篇1377）。

（3）第Ⅲ篇子篇D（《美国法典》第7篇1379a及以下）。

（4）第Ⅳ篇（《美国法典》第7篇1401及以下）。

（b）《1949年农业法》。2008至2012作物年度，涵盖商品、花生和糖不适用于《1949年农业法》下列条款；本法案通过之日至2012年12月31日，牛奶不适用于《1949年农业法》下列条款：

（1）第101条（《美国法典》第7篇1441）。

（2）第103条（a）（《美国法典》第7篇1441（a））。

（3）第105条（《美国法典》第7篇1444b）。

（4）第107条（《美国法典》第7篇1445a）。

（5）第110条（《美国法典》第7篇1445e）。

（6）第112条（《美国法典》第7篇1445g）。

（7）第115条（《美国法典》第7篇1445k）。

（8）第201条（《美国法典》第7篇1446）。

（9）第Ⅲ篇（《美国法典》第7篇1447及以下）。

（10）第Ⅳ篇（《美国法典》第7篇1421及以下），第404、412和416条（《美国法典》第7篇1424、1429和1431）除外。

（11）第Ⅴ篇（《美国法典》第7篇1461及以下）。

（12）第Ⅵ篇（《美国法典》第7篇1411及以下）。

（c）中止某些配额条款。1941年5月26日批准的"关于《1938年农业调整法》修正案中玉米和小麦销售配额的联合决议"（《美国法典》第7篇1330和1340）不适用于2008至2012日历年度收获的小麦。

第1603条 补贴的限额。

（a）限额的延期。《1985年粮食安全法》第1001条和第1001C条的（a）（《美国法典》第7篇1308，1308-3（a））进行修订，删除每处"《2002年农业安全与农村投资法》"并插入"《2008年粮食、

保育和能源法》"。

（b）限额的修改。

（1）定义。《1985 年粮食安全法》第 1001 条（a）（《美国法典》第 7 篇 1308（a））做如下修订：

（A）在（1）前面的部分中，在"条"后面加入"至第 1001F 条"；

（B）删除（2），并把（3）重新编号为（5）；和

（C）在（1）后面加入下面 3 条新的内容：

"（2）家庭成员。'家庭成员'系指从事农业经营活动者的直系长辈、直系后裔、兄弟姐妹、配偶或者其他有婚姻关系的自然人。

"（3）法人实体。'法人实体'系指依据联邦或者州的法律成立的下列实体：

"（A）拥有土地或者农业商品；或者

"（B）生产农业商品。

"（4）人。'人'系指自然人士但不包括法人实体。"

（2）直接补贴和反周期补贴的限额。《1985 年粮食安全法》第 1001 条（《美国法典》第 7 篇 1308）进行修订，删除（b）、（c）和（d）后改为下列内容：

"（b）涵盖商品（花生除外）直接补贴、反周期补贴和平均作物收益选择补贴的限额。

"（1）直接补贴。一位自然人或者一个法人实体（合资企业或者普通合伙公司除外），在一个作物年度依据《2008 年粮食、保育和能源法》第 I 篇子篇 A 因一种或者多种涵盖商品（花生除外）直接或者间接获得的直接补贴总金额不得超过：

"（A）对于未参与该法案第 1105 条所述平均作物收益选择计划的自然人或者法人实体，40 000 美元；或者

"（B）对于参与该法案第 1105 条所述平均作物收益选择计划的自然人或者法人实体，金额等于：

"（i）（A）规定的补贴限额；减去

"（ii）依据该法案第 1105 条（a）（1），直接补贴减少的金额。

"（2）反周期补贴。对于未参与《2008 年粮食、保育和能源法》第 1105 条所述平均作物收益选择计划的一位自然人或者一个法人实体（合资企业或者普通合伙公司除外），在一个作物年度依据该法案第 I 篇子篇 A 因一种或者多种涵盖商品（花生除外）直接或者间接获得的反周期补贴总金额不得超过 65 000 美元。

"（3）平均作物收益选择和反周期补贴。对于参与《2008 年粮食、保育和能源法》第 1105 条所述平均作物收益选择计划的一位自然人或者一个法人实体（合资企业或者普通合伙公司除外），在一个作物年度依据该法案第 I 篇子篇 A 因一种或者多种涵盖商品（花生除外）直接或者间接获得的平均作物收益选择补贴和反周期补贴总金额不得超过下列二者之和：

"（A）65 000 美元；和

"（B）依据（1）（B），直接补贴限额减少的金额。

"（c）花生直接补贴、反周期补贴和平均作物收益选择补贴的限额。

"（1）直接补贴。一位自然人或者一个法人实体（合资企业或者普通合伙公司除外），在一个作物年度依据《2008 年粮食、保育和能源法》第 I 篇子篇 A 因花生直接或者间接获得的直接补贴总金额不得超过。

"（A）对于未参加该法案第 1105 条所述平均作物收益选择计划的自然人或者法人实体，40 000 美元；或者

"（B）对于参加该法案第 1105 条所述平均作物收益选择计划的自然人或者法人实体，金额相当于：

"（i）（A）规定的补贴限额；减去

"（ii）依据该法案第 1105 条（a）（1），直接补贴减少的金额。

"（2）反周期补贴。对于未参与《2008 年粮食、保育和能源法》第 1105 条所述平均作物收益选择

计划的一位自然人或者一个法人实体（合资企业或者普通合伙公司除外），在一个作物年度依据该法案第Ⅰ篇子篇C因花生直接或者间接获得的反周期补贴总金额不得超过65 000美元。

"（3）平均作物收益选择和反周期补贴。对于参与《2008年粮食、保育和能源法》第1105条所述平均作物收益选择计划的一位自然人或者一个法人实体（合资企业或者普通合伙公司除外），在一个作物年度依据该法案第Ⅰ篇子篇A因花生直接或者间接获得的平均作物收益选择补贴总金额不得超过下列二者之和：

"（A）65 000美元；和

"（B）依据（1）（B），直接补贴限额减少的金额。

"（d）适用性的限制。本条中的任何规定均不得限制《2008年粮食、保育和能源法》第Ⅰ篇所述销售援助贷款计划或者贷款差额补贴计划的相关收益。"

（3）直接归属。《1985年粮食安全法》第1001条（《美国法典》第7篇1308）做如下修订：

（A）删除（e）和（f），把（g）重新编号为（h）；和

（B）在（d）后面加入下列新的内容：

"（e）补贴的归属。

"（1）通则。落实（b）和（c）和第1001D条（b）（1）（C）和（2）（B）时，部长应颁布必要的法规，对于具备获得补贴资格的法人实体，依据自然人在法人实体中直接和间接的所有权利益，确保补贴总金额归属于自然人。

"（2）发放给自然人的补贴。法人实体得到的补贴，应依据自然人直接或者间接的所有权利益，按比例分给自然人。每一笔直接发放给自然人的补贴均应加上这部分利益，除非法人实体得到的补贴中已经减去了该自然人的比例份额。

"（3）发放给法人实体的补贴。

"（A）通则。每一笔发放给法人实体的补贴均应归属于具有直接或者间接所有权利益的自然人，除非发放给法人实体的补贴已经减去了该自然人的比例份额。

"（B）补贴的归属。

"（ⅰ）补贴的限额。除（ⅱ）另有规定外，发放给一个法人实体的补贴不应超过（b）和（c）规定的金额。

"（ⅱ）合资企业和普通合伙公司例外。就（b）和（c）所述的每一笔补贴而言，发放给一家合资企业或者普通合伙公司的补贴不应超过（b）和（c）规定的补贴上限乘以构成该合资企业或者普通合伙公司拥有权的自然人和法人实体（合资企业和普通合伙公司除外）的数量得出的金额。

"（ⅲ）削减。发放给一位自然人或者一个法人实体的补贴如果超过了补贴上限，那么应依据法人实体中的直接或者间接所有权，按比例削减发放给法人实体的补贴。

"（4）内嵌法人实体的4级归属。

"（A）通则。发放给法人实体的补贴，其归属应追溯该法人实体的4级所有权。

"（B）第一级。发放给由一位自然人完全或者部分拥有的法人实体（第一级法人实体）的补贴，代表该自然人在第一级法人实体中直接所有权的金额应归属该自然人。

"（C）第二级。

"（ⅰ）通则。如果另有法人实体（第二级法人实体）（全部或者部分）拥有第一级法人实体，那么发放给第一法人实体的补贴应依据该第二级法人实体在第一级法人实体中的所有权按比例归属该第二法人实体。

"（ⅱ）自然人的所有权。如果第二级法人实体由自然人（全部或者部分）拥有，那么发放给第一级法人实体的补贴应依据该自然人在第一级法人实体中的间接所有权按比例归属该自然人。

"（D）第三和第四级。

"（ⅰ）通则。除（ⅱ）另有规定外，部长应按照（C）所述的方式，在第三和第四级所有权上认定

补贴的归属。

"（ⅱ）第四级拥有权。如果第四级所有权由第四级法人实体而非自然人拥有，那么部长应削减发放给第一级法人实体的补贴金额，削减的金额为第四级法人实体在第一级法人实体中的间接所有权所占金额。

"（f）特别细则。

"（1）儿童。

"（A）通则。除（B）另有规定外，18 岁以下儿童获得的补贴应归属其父母。

"（B）法规。部长应颁布法规，明确 18 岁以下儿童所获补贴不归属其父母的条件。

"（2）销售合作社。如果生产者合作协会代表其成员，对其成员所生产的商品进行销售，那么（b）和（c）不应适用于该生产者合作协会，但应适用于作为自然人的生产者。

"（3）信托和地产。

"（A）通则。对于不可撤回的信托和地产，部长应利用第 1001F 条规定，以部长认为能够确保信托和地产受益人得到公平合理待遇的方式执行本条规定。

"（B）不可撤回的信托。

"（ⅰ）通则。如果信托协议中包含下列内容，则视该信托为不可撤回的信托：

"（Ⅰ）不允许让予者修改或者终止信托；

"（Ⅱ）不允许让予者拥有信托资金中任何的未来、偶发或者剩余利益；或者

"（Ⅲ）除（Ⅱ）另有规定外，不允许信托资金自确定信托之日 20 年内转让给剩余财产受益人。

"（ⅱ）例外。下列转让情况不适用于（ⅰ）（Ⅲ）：

"（Ⅰ）如果剩余财产受益人达到至少法定成年人年龄；或者

"（Ⅱ）如果让予者或者收入受益者死亡。

"（C）可撤回的信托。为解释本条至第 1001F 条，可撤回的信托应视为信托的让予者是同一人。

"（4）用现金交租的佃户。

"（A）定义。在本项中，'用现金交租的佃户'系指下列租用土地的自然人或者法人实体：

"（ⅰ）为了获得现金；或者

"（ⅱ）为了获得一部分作物，用所获商品交付租金。

"（B）限制。在农业经营活动中，如果用现金交租的佃户通过积极的管理工作（劳动除外）而做出了巨大贡献，那么其有资格获得（b）或者（c）所述的补贴。以设备的形式在农业经营活动中做出巨大贡献的用现金交租佃户除外。

"（5）联邦机构。

"（A）通则。无论（d）如何规定，联邦机构均没有资格获得《2008 年粮食、保育和能源法》第Ⅰ篇或者该法案第Ⅶ篇所述的任何补贴、收益或者贷款。

"（B）土地租赁。联邦机构土地的承租者有权获得（b）、（c）或者（d）所述的补贴，前提条件是承租者达到全部相关标准。

"（6）州和地方政府。

"（A）通则。无论（d）如何规定，除（g）另有规定外，州或者地方政府、政治分支或者政府机构，均没有资格获得《2008 年粮食、保育和能源法》第Ⅰ篇或者该法案第Ⅶ篇所述的任何补贴、收益或者贷款。

"（B）佃户。对于州或者地方政府、政治分支或者政府机构拥有的土地，其承租者有权获得（b）、（c）或者（d）所述的补贴，前提条件是承租者达到全部相关标准。

"（7）农业经营中的变更。

"（A）通则。施行本条至第 1001F 条时，部长不得批准农业经营中的任何变更，前提条件是此类变更将增加适用本条所述限额的人数，除非部长认为变更是属于善意和实质性的。

"（B）家庭成员。依据第1001A条所述标准，增加农业经营的家庭成员应被视为农业经营中的善意和实质性变更。

"（8）拥有者死亡。

"（A）通则。如果因为计划参与者死亡导致土地或者商品的所有权利益发生转移，土地或者商品新的拥有者也具备参与相关计划的资格，那么该自然人有权继承前位拥有者的合同，获得本条所规定的补贴，而不必考虑新的拥有者所获得的补贴金额。

"（B）前位拥有者的限额。依据本小项发放的补贴不应超过前位拥有者死亡时依据合同规定所应该获得的金额。

"（g）公立学校。

"（1）通则。无论（f）（6）（A）如何规定，州或者地方政府、政治分支或者政府机构可在（2）规定的限额内，获得（b）或者（c）中涉及州或者地方政府、政治分支或者政府机构土地的补贴，用于公立学校。

"（2）限额。

"（A）通则。在一个州内，州和地方政府、所有政治分支或者政府机构总共获得的（b）和（c）所述的补贴总金额不应超过500 000美元。

"（B）例外。（A）规定的限额不适用于人口少于1 500 000人的州。"

（c）三实体细则的废止。《1985年粮食安全法》第1001A条（《美国法典》第7篇1308-1）做如下修订——

（1）在该条开头部分，删除"防止建立实体以具备不同自然人资格"后改为"利益的通知"；和

（2）删除（a）后改为下面的内容：

"（a）利益的告知。为便于施行第1001条和本条，以自然人或者法人实体身份获得第1001条（b）和（c）所述补贴的自然人或者法人实体，应在部长规定的时间、以部长规定的方式分别向部长通知下列信息：

"（1）如果拥有或者获得了独立自然人或者法人实体的所有权利益，那么每位自然人的姓名和社会保障号，或者每个法人实体的名称和纳税人身份号；和

"（2）如果自然人或者法人实体持有该法人实体的所有权利益，那么每个法人实体的名称和纳税人身份号。"

（d）相应的修订。《1985年粮食安全法》第1001A条（《美国法典》第7篇1308-1）进行修订，删除（b）后改为下列的内容：

"（b）积极从事。

"（1）通则。为具备获得第1001条（b）或者（c）所述补贴的资格，自然人或者实体应积极从事本款或者（c）所述的农业经营活动。

"（2）积极从事的分类。除（c）和（d）另有规定外：

"（A）自然人（依据部长规定，包括作为普通合伙公司合伙人、合资企业参与者、可撤回信托让予者或者类似实体的参与者参与农业经营的自然人）有下列行为时，应被视为积极从事农业经营：

"（ⅰ）自然人为下列农业经营做出巨大贡献（依据农业经营的总价值衡量）：

"（Ⅰ）资金、设备或者土地；和

"（Ⅱ）亲身劳动或者积极亲身管理；

"（ⅱ）农业经营给自然人带来的收益或者损失比例与其对农业经营的贡献相称；和

"（ⅲ）自然人的贡献面临风险；

"（B）公司、股份公司、协会、有限合伙企业、慈善组织等法人实体，或者部长认定的其他类似实体（依据部长规定，包括以普通合伙公司伙伴人、合资企业参与者、可撤回信托让予人或者类似法人实体参与者身份参与者农业经营的所有此类法人实体），有下列行为时，应被视为积极从事农业经营：

"（ⅰ）法人实体在资金、设备或者土地方面分别做出巨大贡献（依据农业经营的总价值衡量）；

"（ⅱ）股东或者成员通过亲身劳动或者积极亲身管理，共同对农业经营做出巨大贡献；和

"（ⅲ）法人实体达到（A）（ⅱ）和（ⅲ）中适用于法人实体的标准；

"（C）如果法人实体系普通合伙公司、合资企业或者部长规定的类似实体在资金、设备或者土地方面分别做出巨大贡献（依据农业经营的总价值衡量），达到（A）（Ⅱ）和（Ⅲ）中适用于法人实体的标准，那么通过亲身劳动或者积极亲身管理而做出巨大贡献的伙伴人或者成员应被视为积极从事农业经营；和

"（D）就设备和亲身劳动做出本条所述认定时，部长应考虑到农场经营者在该地区生产计划作物通常投入的设备和亲身劳动。

"（c）积极从事的特别分类。

"（1）土地拥有者。作为土地拥有者的自然人或者法人实体，向农业经营贡献出了所拥有的土地，应被视为积极从事农业经营，前提条件是：

"（A）土地拥有者依据土地生产情况或者经营成果获得租金或者收入；和

"（B）自然人或者法人实体达到（b）（2）（A）中（ⅱ）和（ⅲ）规定的标准。

"（2）成年家庭成员。如果参与农业经营者主要系家庭成员，一名成年家庭成员应被视为积极从事农业经营，前提条件是该自然人：

"（A）通过积极亲身管理或者亲身劳动，依据农业经营的总价值衡量，做出巨大贡献；和

"（B）上述贡献达到（b）（2）（A）中（ⅱ）和（ⅲ）规定的标准。

"（3）小佃农。通过亲身劳动对农业经营做出巨大贡献的小佃农应被视为积极从事农业经营，条件是其贡献达到（b）（2）（A）中（ⅱ）和（ⅲ）规定的标准。

"（4）杂交种子的种植者。判定依据合同种植杂交种子的自然人或者法人实体是否应被视为积极从事农业经营时，部长不应考虑杂交种子合同的存在。

"（5）常规的农业服务。

"（A）通则。获得常规农业服务的自然人或者法人实体应被视为分别具备补贴限额宗旨的资格，前提条件是依据（b）（2）或者本款（1）至（4）属于积极从事农业经营。

"（B）禁止。涉及常规农业服务的其他任何规定均不适用。

"（6）配偶。如果一名自然人（或者已故自然人的地产）被视为积极从事农业经营，那么其配偶应被视为达到了（b）（2）（A）（ⅰ）（Ⅱ）规定的要求。

"（d）未积极从事的分类。

"（1）收取现金地租的地主。把土地用于农业经营的地主，如果获得现金地租或者一部分作物作为地租，则不应被视为积极从事农业经营。

"（2）其他自然人和法人实体。部长认为未达到（b）（2）和（c）所述标准的其他所有自然人或者法人实体，均不应被视为积极从事农业经营。"

（e）计划收益的拒付。《1985 年粮食安全法》第 1001B 条（《美国法典》第 7 篇 1308 - 2）修订为下列内容：

"第 1001B 条　计划收益的拒付。

（a）计划收益的两年拒付。如果部长认为自然人或者法人实体存在下列行为，那么该自然人或者法人实体在行为发生的当年和下一作物年度没有资格获得第 1001 条（b）和（c）所述的补贴

"（1）未遵守第 1001A 条（b），采纳或者参与采纳其他方案以躲避适用第 1001、1001A 或者 1001C 条；或者

"（2）故意隐瞒该自然人或者法人实体在任一农场的利益或者法人实体从事农业经营。

"（b）不具备资格的扩大。如果部长认为自然人或者法人实体，出于自身利益或者他人或其他法人

团体利益考虑，故意制造或者协同制造虚假文件，未报告涉及第1001至1001F条施行的真实信息，或者从事了其他同等严重的行为（依据部长颁布的法规确定），那么部长有权在最长5个作物年度的时间内拒绝向该自然人或者法人实体发放补贴。

"（c）按比例拒付。

"（1）通则。对于（a）或者（b）所述的自然人或者法人实体，本应正常获得的补贴，应依据自然人或者法人实体在农场中所有权的利益按比例予以拒付。

"（2）用现金交租的佃户。如果自然人或者法人实体被认定符合（a）或者（b）规定，那么租用其拥有或者控制的土地、作为用现金交租佃户的自然人或者法人实体，应得的补贴应按比例予以拒付。

"（d）共同责任和连带责任。如果法人实体（包括合伙公司和合资企业）和法人实体的成员被认定有参与其他方案进行逃避或者目的在于逃避第1001、1001A或者1001C条，那么应承担共同责任或者连带责任。

"（e）免责。如果自然人或者法人实体配合部长实施第1001、1001A和1001C条以及本条，那么部长有权部分或者全部免除该自然人或者法人实体的责任。"

（f）为适用直接归属而进行相应修订。

（1）通则。《1996年联邦农业促进与改革法》第196条（i）（《美国法典》第7篇7333（i））做如下修订：

（A）删除（1）和（2）后改为下列内容：

"（1）定义。在本节中，'法人实体'和'自然人'与《1985年粮食安全法》第1001条（a）（《美国法典》第7篇1308（a））中的定义相同。

"（2）补贴的限额。一名自然人或者一个法人实体（合资企业或者普通合伙公司除外）在一个作物年度直接或者间接获得的补贴总金额不得超过100 000美元。"

（B）删除（4）后改为下列内容：

"（4）调整后的毛收入限额。如果一位自然人或者一个法人实体调整后的平均毛收入超过了《1985年粮食安全法》第1001D条（b）（1）（A）或者随后条款为调整后平均毛收入规定的限额，则没有资格获得本条所述的未保险作物灾害援助。"和

（C）在（5）中：

（i）删除"必须确保"后改为"必须：

"（A）确保"；和

（ii）删除"本款"后改为"本款；和

"（B）确保依据《1985年粮食安全法》第1001至1001D条（《美国法典》第7篇1308及以下）规定的期限和条件，本条所述补贴归属自然人或者法人实体（合资企业或者普通合伙公司除外）。"

（2）过渡。对于2007和2008作物年度任何具备资格的作物，应以2007年9月30日时的实际情况为准，适用《1996年联邦农业促进与改革法》第196条（i）（《美国法典》第7篇7333（i））。

（g）相应的修订。

（1）《1985年粮食安全法》第1009条（e）（《美国法典》第7篇1308a（e））进行修订，在第二句中删除"50 000美元"。

（2）《1988年畜禽饲料紧急援助法》第609条（b）（1）（《美国法典》第7篇1471g（b）（1））进行修订，在"1985年"后面加入"（《2008年粮食、保育和能源法》第1703条（a）进行修订之前）"。

（3）《联邦农作物保险法》第524条（b）（3）（《美国法典》第7篇1524（b）（3））进行修订，在"1308（5）））"后面加入"（《2008年粮食、保育和能源法》第1703条（a）进行修订之前）"。

（4）《2002年农业安全与农村投资法》第10204条（c）（1）（《美国法典》第7篇8204（c）（1））进行修订，在"1308"后面加入"（《2008年粮食、保育和能源法》第1703条（a）进行修订之前）"。

（5）《1990年粮食与农业贸易保护法》第1271条（c）（3）（A）（《美国法典》第16篇2106（c）

（3）（A））进行修订，在"1308)"后面加入"（《2008 年粮食、保育和能源法》第 1703 条（a）进行修订之前）"。

（6）《1974 年贸易法》第 291 条（2）（《美国法典》第 19 篇 2401（2））进行修订，在末尾处的句号前面加入"（2008 年《粮食、保育和能源法》第 1703 条第（a）节进行修订之前）"。

（h）过渡。对于 2007 和 2008 作物年度的涵盖商品或者花生，应以 2007 年 9 月 30 日时的实际情况为准，继续适用《1985 年粮食安全法》第 1001、1001A 和 1001B 条（《美国法典》第 7 篇 1308，1308 - 1，1308 - 2）。

第 1604 条　调整后的毛收入限额。

（a）通则。《1985 年粮食安全法》第 1001D 条（《美国法典》第 7 篇 1308 - 3a（e））修订为下列内容：

"第 1001D 条　调整后的毛收入限额。

"（a）定义。

"（1）通则。在本条中：

"（A）调整后的平均毛收入。'调整后的平均毛收入'依据部长规定，系指自然人或者法人实体在最近一个完整纳税年度前 3 个纳税年度调整后毛收入的平均值。

"（B）调整后的平均农业毛收入。'调整后的平均农业毛收入'依据部长规定，系指自然人或者法人实体在最近一个完整纳税年度前 3 个纳税年度因农、牧、林业调整后毛收入的平均值。

"（C）调整后的平均非农业毛收入。自然人或者法人实体'调整后的平均非农业毛收入'系指下列二者之差：

"（ⅰ）自然人或者法人实体调整后的平均毛收入；和

"（ⅱ）自然人或者法人实体调整后的平均农业毛收入。

"（2）特定自然人和法人实体的特别细则。对于无需申报联邦收入税的法人实体，或者在用以确定（1）（A）或者（B）所述平均值的一个或者更多纳税年度中没有应纳税收入的自然人或者法人实体，部长应以颁布法规的形式，为执行本条确定该自然人或者法人实体调整后的平均毛收入、调整后的平均农业毛收入和调整后的平均非农业毛收入的方法。

"（3）收入的分配。如果申报共同税的自然人提出请求，那么部长应规定调整后的平均毛收入、调整后的平均农业毛收入和调整后的平均非农业毛收入在申报共同税多位自然人中的分配，前提条件是

"（A）自然人提供一份由注册会计师或者律师出具的合格声明，注明如果该自然人申报两份时划分和报告调整后的平均毛收入、调整后的平均毛农业收入和调整后的平均毛非农业收入。

"（B）部长认为声明中的方法符合支持申报共同税的信息。

"（b）限额。

"（1）商品计划。

"（A）非农业限额。无论其他法律条款如何规定，如果一位自然人或者一个法人实体在一个作物、财政或者计划年度内获得的调整后平均非农业毛收入超过 500 000 美元，那么该自然人或者法人实体没有资格获得（C）所述的任何收益。

"（B）农业限额。无论其他法律条款如何规定，如果一位自然人或者一个法人实体在一个作物年度内获得的调整后平均农业毛收入超过 750 000 美元，那么该自然人或者法人实体没有资格获得《2008 年粮食、保育和能源法》第Ⅰ篇子篇 A 或者 C 所述的直接补贴。

"（C）涵盖的收益。（A）适用于下列：

"（ⅰ）《2008 年粮食、保育和能源法》第Ⅰ篇子篇 A 或者 C 所述的直接补贴或者反周期补贴，或者该法案第Ⅰ篇子篇 A 所述的平均作物收益选择补贴。

"（ii）销售贷款利润或者《2008 年粮食、保育和能源法》第 I 篇子篇 B 或者 C 所述的贷款差额补贴。

"（iii）《1996 年联邦农业促进与改革法》第 196 条（《美国法典》第 7 篇 7333）所述的补贴或者收益。

"（iv）《2008 年粮食、保育和能源法》第 1506 条所述的补贴或者收益。

"（v）《1974 年贸易法》第 IX 篇或者《联邦作物保险法》子篇 B 所述的补贴或者收益。

"（2）保育计划。

"（A）限额。

"（i）通则。无论其他法律条款如何规定，除（ii）另有规定外，如果一位自然人或者一个法人实体在一个作物、财政或者计划年度内获得的调整后平均非农业毛收入超过 1 000 000 美元，那么该自然人或者法人实体没有资格获得（B）所述的任何收益，除非该自然人或者法人实体不少于 66.66％的调整后平均毛收入为调整后平均农业毛收入。

"（ii）例外。如果部长认为需要保护环境敏感且特别重要的土地，那么部长有权取消（i）规定的限额，但需逐案审批。

"（B）涵盖的收益。（A）适用于下列：

"（i）本法案第 VII 篇所述的补贴或者收益。

"（ii）《2002 年农业安全与农村投资法》第 II 篇（《公法》107 - 171；《美国法令全书》第 116 篇 223）或者《2008 年粮食、保育和能源法》第 II 篇所述的补贴或者收益。

"（iii）《联邦农作物保险法》第 524 条（b）（《美国法典》第 7 篇 1524（b））所述的补贴或者收益。

"（c）收入的确定。

"（1）通则。确定自然人或者法人实体的调整后平均农业毛收入时，部长应涵盖来自或者涉及下列的收入或者收益：

"（A）作物生产，包括特种作物（与《2004 年特种作物竞争法》第 3 条（《美国法典》第 7 篇 1621 注释；《公法》108 - 465）中的定义相同）和未完成的初级林业产品；

"（B）畜禽生产（包括牛、麋鹿、驯鹿、野牛、马、鹿、绵羊、山羊、猪、家禽、鱼以及其他用于食用的养殖动物，蜜蜂，以及部长指定的其他动物）和畜禽生产的副产品；

"（C）以农业为基础的可再生能源生产（与《2002 年农业安全与农村投资法》第 9001 条（《美国法典》第 7 篇 8101）中的定义相同）；

"（D）出售农场、牧场或者林地，包括出售地役权和发展权，用水权或者狩猎权，或者环境收益；

"（E）租赁用于农、牧、林经营的土地或者设备，其中包括用水权或者狩猎权；

"（F）加工（包括包装）、储存（包括苫盖）和运输农、牧、林商品，其中包括可再生能源；

"（G）喂养、饲养畜禽或者做最后加工；

"（H）出售曾用于农业的土地；

"（I）依据《2002 年农业安全与农村投资法》第 I 篇（《美国法典》第 7 篇 7971 及以下）或者《2008 年粮食、保育和能源法》第 I 篇所批准任何计划获得的补贴或者收益；

"（J）依据本法案第 VII 篇、《2002 年农业安全与农村投资法》第 II 篇（《公法》107 - 171；《美国法令全书》第 116 篇 223）或者《2008 年粮食、保育和能源法》第 II 篇所批准任何计划获得的补贴或者收益；

"（K）依据《1996 年联邦农业促进与改革法》第 196 条（《美国法典》第 7 篇 7333）获得的补贴或者收益；

"（L）依据《1974 年贸易法》第 IX 篇或者《联邦农作物保险法》子篇 B 获得的补贴或者收益；

"（M）风险管理工作，包括依据《联邦农作物保险法》（《美国法典》第 7 篇 1501 及以下）所批准计划获得的补贴或者收益（其中包括该法案第 508 条（b）（《美国法典》第 7 篇 1508（b））规定的巨灾

风险保护方案）；和

"（N）部长规定的其他任何涉及农、牧、林的活动。

"（2）来自农、牧、林的收入。确定自然人或者法人实体的调整后平均农业毛收入时，除包含（1）内容外，自然人或者法人实体向国内税务局报告的农、牧、林收入如果没有包含在（1）内，那么部长应把这部分收入包含在内。

"（3）特别细则。如果自然人或者法人实体不少于 66.66％的调整后平均毛收入来自（1）和（2）所述的农、牧、林经营，那么确定该自然人或者法人实体调整后平均农业毛收入时，部长应还包含：

"（A）出售设备用于农、牧、林经营；和

"（B）向农民、牧民、种林人和农业经营提供生产投入和服务。

"（d）实施。

"（1）通则。为遵守（b）规定，自然人或者法人实体至少应每 3 年一次向部长提交：

"（A）由注册会计师或者部长认可的第三方出具的证明，证明该自然人或者法人实体的调整后平均毛收入、调整后平均农业毛收入和调整后平均非农业毛收入没有超过本节规定的相应限额；或者

"（B）有关该自然人或者法人实体的调整后平均毛收入、调整后平均农业毛收入和调整后平均非农业毛收入的信息和文件，通过部长制定的其他程序。

"（2）计划收益的拒付。如果部长认为自然人或者法人实体未遵守本条规定，那么部长应拒绝向该自然人或者法人实体发放（b）（1）（C）和（2）（B）所述的相应补贴或者收益，期限和条件与第 1001B 条所规定的一样。

"（3）审计。部长应建立有效的统计程序，按照该程序对其认为最有可能超出（c）所述限额的自然人或者法人实体进行有针对性的审计。

"（e）按比例削减。如果法人实体、普通合伙公司或者合资企业中有人在一个作物、计划或者财政年度获得的调整后平均毛收入、调整后平均农业毛收入和调整后平均非农业毛收入超过了（b）规定的相应限额，那么发放给该法人实体、普通合伙公司或者合资企业的（b）（1）（C）和（2）（B）所述补贴或者收益中应按照直接或者间接所有权利益的比例进行削减。

"（f）有效期。本条仅视情适用于 2009 至 2012 作物、计划或者财政年度。"

（b）过渡。对于 2007 和 2008 作物、财政或者计划年度《1985 年粮食安全法》第 1001D 条（1）（C）和（2）（B）（经第（a）节修订）所述的每项计划，应以 2007 年 9 月 30 日时的实际情况为准，适用《1985 年粮食安全法》第 1001D 条（《美国法典》第 7 篇 1308‐3a）。

第 1605 条　发放给涵盖油籽生产者的质量激励补贴的适用范畴。

（a）需要的激励补贴。在（b）规定范围内和（h）所述拨款的允许情况下，部长应使用从（h）得到的资金，为具有增强人类健康特性的油籽生产发放质量激励补贴。

（b）涵盖油籽。本条所述的补贴，部长应仅发放给用于生产部长认为具有下列特性的油籽品种：

（1）已经被证明能够提高油籽对于人类消费的健康性能，通过：

（A）减少或者消除了为了用于人类消费而对油籽榨出的油进行氢化的必要性；

（B）采用新的技术特质；和

（2）在商业化方面面临一项或者多项障碍。

（c）对于申请的要求。

（1）发布。如果获得了在作物年度中实施本条的资金，那么部长应公开招标，以便把本条所述的补贴发放下去。

（2）多年的申请。在申请本条所述的补贴时，投标人可提交多年的申请。

（3）申请的内容。申请本条所述补贴时应注明下列内容：

（A）使用此种油籽如何增强人类健康；

（B）该种油籽的商业化应用面临哪些障碍；

（C）（b）所述的每一种油籽，和油籽品种的价值；

（D）基础价格的区间，和发放给生产者的每蒲式耳或者英担的奖励；

（E）每蒲式耳或者英担的激励补贴，不超过总奖励的 1/3；

（F）向生产者发放激励补贴的时间，不超过 4 年。

（G）生产的目标总量和为生产目标总量所需的大概土地面积。

（d）生产合同。

（1）通则。对于依据（c）提交的合格申请，部长应及时批准。

（2）补贴的时间。如果部长收到文书，证明合同约定的奖金已经发放给涵盖生产者，那么部长应随即向生产者发放本条所述的补贴。

（e）管理办法。

（1）通则。如果发放给（c）所述申请后，某一作物年度中的资金仍有剩余，那么部长应在下一作物年度中增加招标的数量。

（2）按比例补贴。如果某一作物年度的资金少于部长批准的申请金额，那么部长应以其规定的方式按比例分配补贴或者批准，使补贴总额不超过融资水平。

（f）财产信息。部长应保护用于施行本条而向其提供的信息。

（g）计划的履约和处罚。

（1）担保。申请得到部长批准后，申请人需保证获得补贴的油籽用于申请书中所述的人类消费。

（2）违约。如果获得部长补贴的油籽实际上没有用于补贴的目的，那么申请人需依据部长规定向部长支付下列数量的金额：

（A）如果属于无意违约，则为部长依据本条发放给油籽生产者补贴的两倍；和

（B）其他任何情况下，最高两倍于油籽的全部价值。

（3）文件。部长有权要求申请人提交实施上述担保所需的担保书或者文件。

（4）其他处罚。

（A）通则。除（2）需要的补贴外，部长还有权对把限定用途的油籽用作其他用途的人员实施处罚。

（B）金额。本款所述处罚的金额为：

（ⅰ）部长认为适宜的金额；但是

（ⅱ）不超过两倍于油籽的全部价值。

（h）授权拨款。兹授权拨付用于 2009 至 2012 各财政年度实施本条所需的金额。

第 1606 条　生产者对于差额的个人责任。

《1996 年联邦农业促进与改革法》第 164 条（《美国法典》第 7 篇 7284）进行修订，删除每处"和《2002 年农业安全与农村投资法》第Ⅰ篇"后改为"《2002 年农业安全与农村投资法》第Ⅰ篇和《2008 年粮食、保育和能源法》第Ⅰ篇"。

第 1607 条　现行贷款管理权的延期。

《1996 年联邦农业促进与改革法》第 166 条（《美国法典》第 7 篇 7286）做如下修订：

（1）删除每处"和《2002 年农业安全与农村投资法》第Ⅰ篇子篇 B 和子篇 C"后改为"，《2002 年农业安全与农村投资法》第Ⅰ篇和《2008 年粮食、保育和能源法》第Ⅰ篇"；和

（2）在（c）中，在末尾处加入下列内容：

"（3）权力的终止。2009 作物年度结束时，实施（1）的权力随即失效。"

第 1608 条　补贴的分配。

（a）通则。《土壤保育和国内分配法》第 8 条（g）（《美国法典》第 16 篇 590h（g））中涉及补贴分配的条款，应适用于依据本条发放的补贴。

（b）通知。进行分配的生产者或者获得配额的人，应按照部长要求的方式，把本条所述分配的情况通知部长。

第 1609 条　收益的追踪。

本法案通过之日后，对于依据第 I 篇和第 II 篇以及由此产生的文书直接或者间接发放给个人和实体的收益，部长可随即进行追踪。

第 1610 条　政府公布对于棉花价格的预测。

《农业销售法法》第 15 条（《美国法典》第 12 篇 1141j）做如下修订：
（1）删除（d）；和
（2）把（e）到（g）重新编号为（d）到（f）。

第 1611 条　防止已故个人获得农场商品计划的补贴。

（a）法规。本法案通过之日后，在不晚于 180 日内，部长应颁布法规：
（1）注明在何种情况下，为照顾到地产结算或者相关目的，能够以已故个人的名义发放补贴；和
（2）防止向已故个人或者以其名义发放补贴，因为已故个人已没有资格获得补贴。

（b）协调。每年至少两次，部长应与社会保障管理局核对所有直接或者间接获得本条所述补贴的个人的社会保障号，以确定该人是否在世。

第 1612 条　硬白麦发展计划。

（a）定义。在本条中：
（1）具备资格的硬白麦种子。"具备资格的硬白麦种子"依据部长规定，系指下列硬白麦种子：
（A）通过认证；
（B）其品种适宜进行种植的州；
（C）质量等级至少达到优等；和
（D）经州的农业部门和州小麦委员会制定的选种计划专门批准，在一个或者多个州进行种植。
（2）计划。"计划"系指依据（b）（1）制定的硬白麦发展计划。
（3）部长。"部长"系指农业部长，与生产硬白麦的州的农业部门和州小麦委员会进行协商。
（b）制定。
（1）通则。依据拨款情况，部长应依照（2）制定一项硬白麦发展计划，推动硬白麦产量到 2012 年至少达到 240 000 000 蒲式耳，促进把硬白麦确定为可在美国上市的小麦类别。
（2）补贴。
（A）通则。在（B）、（C）和（c）规定的范围内，如果 2009 至 2012 任一作物年度中硬白麦得到资金，那么部长应向生产者发放激励性补贴。
（B）种植面积的限额。对于种植面积，部长依据种植历史和潜能已规定了地区能够获得补贴的限额。部长应据此实施（A），但总数不得超过 2 900 000 英亩或者以每英亩亩产 50 蒲式耳计算的相应面积。
（C）补贴的限额。（A）所述发放给农场生产者的补贴应：
（ⅰ）不少于每蒲式耳 0.20 美元；和
（ⅱ）种植具备资格的硬白麦种子每英亩不少于 2.00 美元。

（c）批准拨款。兹授权拨款 35 000 000 美元，用于 2009 至 2012 财政年度实施本条内容。

第 1613 条　杜伦麦质量计划。

（a）通则。在（c）拨款范围内，部长应向杜伦麦的生产者提供补助，金额不超过生产者种植杜伦麦时使用杀真菌剂控制赤霉病（小麦赤霉病）实际费用的 50%。

（b）资金不足。如果（c）拨款金额不足以满足本条所述补助的全部合理要求，那么部长应以其认为合理的方式按比例分配补助性补贴。

（c）批准拨款。兹授权拨款 10 000 000 美元，用于 2009 至 2012 财政年度实施本条内容。

第 1614 条　储存设施贷款。

（a）通则。本法案通过后，部长应尽快制定一项储存设施贷款计划，为谷物、油籽、杂豆、干草、可再生生物质和其他可储存的商品（糖除外）的生产者提供资金，用于为上述商品建造储存设施，或者进行改造以及日常维护。

（b）具备资格的生产者。本条所述储存设施贷款应发放给（a）规定的生产者，而且按照部长规定：

（1）拥有令人满意的信贷记录；

（2）需要扩大储存能力；和

（3）证明具有偿还贷款的能力。

（c）贷款的期限。本条所述储存设施贷款的期限最长为 12 年。

（d）贷款的金额。本条所述储存设施贷款的本金金额最高为 500 000 美元。

（e）贷款的发放。部长应依据合理的文件，以其认为适宜的方式，分次发放贷款本金用于帮助采购或者建造具备资格的设施。

（f）贷款的保障。批准本条所述的储存设施贷款应：

（1）要求借贷者通过下列形式向部长提供贷款保障：

（A）地产的留置权；或者

（B）部长可以接受的其他保障；

（2）依据部长有权制定的细则和法规，不要求地产留置权持有人签订离职协议，前提条件是贷款者：

（A）同意增加储存设施的首付定金，且部长认为增加的金额合适；或者

（B）提供部长可以接受的其他保障；和

（3）允许借贷者，在部长批准贷款时，划定一部分地产作为储存设施贷款的保障，前提条件是该部分地产：

（A）面积和价值足以保障贷款安全；和

（B）没有处在高于商品信贷公司留置权利益的其他留置权或者抵押之下。

第 1615 条　州、县和区域委员会。

对《土壤保育和国内分配法》第 8 条（b）（5）（B）（ii）（《美国法典》第 16 篇 590h（b）（5）（B）（ii））做如下修订：

（1）把（Ⅰ）和（Ⅱ）重新编号为（aa）和（bb）并相应缩进；

（2）在重新编号后的（aa）前面的内容中，删除"建立的委员会"后改为下列内容：

"（Ⅰ）通则。除（Ⅱ）另有规定外，建立的委员会"；和

（3）在末尾处加入下列内容：

"（Ⅱ）区域的合并或者联合。2 个或者更多的县或者区域委员会合并或者联合而成的委员会，其组成成员应不少于 3 人但不多于 11 人

"（aa）能够公正地代表由县、区域或者地方委员会管辖区域的农业生产者；和

"（bb）由县、区域或者地方委员会管辖区域的农业生产者选举产生。

"（Ⅲ）社会上处于弱势的农民和牧民的代表。部长应制定议事程序，在合并或者联合委员会中保留社会上处于弱势的农民和牧民的代表席位。

"（Ⅳ）成员的资格。无论竞选县或者区域委员会对于生产者有何其他要求，如果县或者区域系合并或者联合而成，那么生产者有资格出任县或者区域委员会成员，该委员会系生产者选举出来负责管理生产者的农业记录。"

第 1616 条　禁止征收特定费用。

对《公法》108—470（《美国法典》第 7 篇 7416a）做如下修订：

（1）在（a）中，删除"可以"后改为"应该"；和

（2）在末尾处加入下列内容：

"（c）禁止征收特定费用。依据本法案搜集商品评估意见时，部长不得征收任何费用或者相关开支。"

第 1617 条　签署权。

（a）通则。实施本篇和第Ⅱ篇及这两篇所做的修订时，如果部长批准了一份文件，除非签署人系故意伪造证据或者签名，否则部长不应随后因为签署人缺少签署权而认定该文件不合格或者无效力。

（b）确认。

（1）通则。本条中任何条款均未禁止部长要求相关方对（a）所述文件进行确认。

（2）无溯及力。由于没有得到（1）所述的确认而拒付收益不应溯及无过失的第三方生产者，前提条件是第三方生产者不是提交错误授权的主体且：

（A）依据部长此前对文件善意的批准；和

（B）实质上遵守了全部的计划要求。

第 1618 条　农场服务局的现代化。

本法案通过之日后，在不晚于 180 日内，部长应把第三方准备的报告转交众议院农业委员会和拨款委员会、参议院农业、营养和林业委员会和拨款委员会。第三方所准备报告的内容为：

（1）农场服务局地方办事处遇到的数据处理和信息技术挑战；

（2）那些挑战对于服务生产者、人员效率和落实本法案的影响；

（3）农场服务局与农业部其他机构相关的信息技术系统升级的必要性；

（4）详细计划，其中包括硬件、软件和基础设施方面的需求；

（5）预计的开支和时间期限，对于农场服务局信息技术系统的长期现代化和稳定；

（6）上述现代化和稳定所产生的收益；和

（7）评估农业部的监察工作是否完善，以确保系统升级所需的资金能够得到正规的管理。

第 1619 条　信息的采集。

（a）地理空间系统。部长应确保农业部下属机构的所有地理空间数据均为便于携带的标准化数据。

（b）披露的限制。

（1）农业经营的定义。在本款中，"农业经营"包括农业商品与畜禽的生产和销售。

（2）禁止。除（3）另有规定外，部长、农业部的任何官员或者雇员以及农业部的任何承包方或者合作方，均不得披露：

（A）农业生产者或者农用土地拥有者为参与农业部的项目而提供的有关农业经营、农耕或者保育

工作或者土地本身的信息；或者

（B）应由部长保管的地理空间信息。这些信息同（A），是为了农业土地或者农业经营目的而提供的。

（3）允许的披露。

（A）有限度的信息披露。如果部长认为（2）所述的信息，除依据（4）不会发生泄露，那么部长有权向自然人或者联邦、州、地方或者部落机构披露信息，配合部长开展任何农业部计划：

（ⅰ）为农业经营、农业土地或者耕种或者保育工作，提供技术或者资金援助的时候；或者

（ⅱ）应对威胁到农业经营的病虫害的时候，前提条件是部长认为存在对于农业经营的威胁且法律认为协助部长应对病虫害必需向自然人或者合作性政府实体披露信息。

（3）例外。本款中的任何规定均不得影响：

（A）披露法律允许的任何农业部计划中的补贴信息（其中包括补贴信息和补贴获得者的姓名和地址）；

（B）披露（2）所述的信息，前提条件是该信息已经被转化为统计或者合计形式，没有具体指明：

（ⅰ）个人拥有者、经营者或者生产者；或者

（ⅱ）具体的数据采集地点；或者

（C）披露（2）所述的信息，前提条件是经农业生产者或者农业土地的拥有者同意之后。

（5）其他计划的条件。农业生产者或者农业土地拥有者参与部长所管辖计划或者获得任何收益，不得视为该农业生产者或者农业土地拥有者做出（4）（B）所述的同意。

（6）放弃权益或者保护。披露（2）所述的信息，并不构成放弃联邦法律规定的任何权益或者保护，其中包括对于贸易秘密的保护。

第 1620 条　办公场地的租赁。

本法案通过后，在不晚于 1 年时间内，部长应向众议院农业委员会与拨款委员会和参议院农业、营养和林业委员会与拨款委员会提交报告，阐述：

（1）遵守总务管理局租赁程序相对于此前单独的农业部租赁程序的开支和时间；

（2）遵守上述程序所需要增加的人员；

（3）通过遵守美国总务管理局租赁程序，给农业部租赁程序和能力在保证最高值租赁方面带来的价值。

第 1621 条　地理空间上处于弱势的农民和牧民。

（a）定义。在本条中：

（1）农业商品。'农业商品'与《1978 年农业贸易法》第 102 条（《美国法典》第 7 篇 5602）中的定义相同。

（2）地理空间上处于弱势的农民和牧民。"地理空间上处于弱势的农民和牧民"与《2002 年农业安全与农村投资法》第 10906 条（a）（《美国法典》第 7 篇 2204 注释；《公法》107 - 171）中的定义相同。

（b）授权。在（d）所述的资金范围内，部长有权向地理空间上处于弱势的农民或者牧民因从事（c）所述活动而发放直接报销性补贴。

（c）运输。

（1）通则。在（2）和（3）规定的范围内，部长有权在财政年度内向地理空间上处于弱势的农民或者牧民发放直接报销性补贴，用于运输农业商品或者用于生产农业商品的物资。

（2）具备资格的证明。为具备获得（1）所述援助的资格，按照部长规定，地理上处于弱势的农民和牧民应向部长证明，运输农业商品或者用于生产农业商品的物资距离超过 30 英里①。

---

①　英里为非许用单位，1 英里＝1 609.344 米。

（3）金额。

（A）通则。依据（2），一个财政年度内发放给地理上处于弱势的农民或者牧民的直接报销性补贴应为下列二者的乘积：

（ⅰ）地理上处于弱势的农民或者牧民该财政年度运输农业商品或者投入物资所发生费用的金额；和

（ⅱ）（Ⅰ）依据《美国法典》第 5 篇第 5941 条，该财政年度给驻阿拉斯加和夏威夷联邦雇员津贴的比例；或者

（Ⅱ）对于偏远区域（与《1977 年国家农业研究、推广和教育法》第 1404 条（《美国法典》第 7 篇 3103）中的定义相同），按照部长规定，该财政年度津贴的比例。

（B）限额。部长依据本条发放的直接报销性补贴总金额每一财政年度不得超过 15 000 000 美元。

（d）批准拨款。兹授权拨付用于 2009 至 2012 每一财政年度实施本条所需的金额。

第 1622 条　实施。

为实施本篇，部长应向农场服务局拨款 50 000 000 美元。

第 1623 条　废止。

（a）补贴限额适用委员会。《2002 年农业安全与农村投资法》第 1605 条（《美国法典》第 7 篇 7993）废止。

（b）对于未能获得先前许可的援助者，重新发放销售损失援助和特定紧急援助的适用范畴。《2002 年农业安全与农村投资法》第 1617 条（《美国法典》第 7 篇 8000）废止。

第Ⅱ篇　保　　育

子篇 A　定义与极易受侵蚀的土地和湿地保育

第 2001 条　涉及《1985 年粮食安全法》保育篇的定义。

（a）新从业农民或者牧民。《1985 年粮食安全法》第 1201 条（a）（《美国法典》第 16 篇 3801（a））做如下修订：

（1）把（2）至（6）重新编号为（3）至（7），把（7）至（11）重新编号为（9）至（13），把（12）重新编号为（15），把（13）至（15）重新编号为（20）至（22），把（16）重新编号为（24），把（17）和（18）重新编号为（26）和（27）；和

（2）在（1）后面增加下面一项新的内容：

"（2）新从业农民或者牧民。'新从业农民或者牧民'与《巩固农业和农村发展法》第 343 条（a）（8）（《美国法典》第 7 篇 1991（a）（8））中的定义相同。"

（b）农场。《1985 年粮食安全法》第 1201 条（a）（《美国法典》第 16 篇 3801（a））进行修订，在依据（a）（1）重新编号后的（7）后面增加下面一项新的内容：

"（8）农场。'农场'系指下列情形的农场：

"（A）由一名经营者总体控制；

"（B）拥有者为一人或者多人；

"（C）拥有一片或者多片土地，连在一起或者分开皆可；

"（D）依据部长规定，位于一个县或者一个地区范围内；和

"（E）依据部长规定，可包含附属于多年生作物（包括保育用途）、林业和畜禽生产的土地。"

（c）印第安部落。《1985 年粮食安全法》第 1201 条（a）（《美国法典》第 16 篇 3801（a））进行修

订，在依据（a）（1）重新编号后的（13）后面增加下面一项新的内容：

"（14）印第安部落。'印第安部落'与《印第安自治及教育援助法》第 4 条（e）（《美国法典》第 25 篇 450b（e））中的定义相同。"

（d）病虫害综合治理；畜禽；非工业私有林地；自然人和法人实体。《1985 年粮食安全法》第 1201 条（a）（《美国法典》第 16 篇 3801（a））进行修订，在依据（a）（1）重新编号后的（15）后面增加下面 4 项新的内容：

"（16）病虫害综合治理。'病虫害综合治理'系指，综合运用生物学、文化、物理和化学手段，以对经济、卫生和环境产生最小风险的方式，对病虫害进行可持续治理。

"（17）畜禽。'畜禽'系指依据部长规定、在农场上饲养的所有动物。

"（18）非工业私有林地。'非工业私有林地'系指部长规定的下列农村土地：

"（A）现存树木覆盖或者适宜种植树木；和

"（B）拥有者为对该片土地拥有绝对决策权的非工业个人、团体、协会、公司、印第安部落或者其他私有法人团体。

"（19）自然人和法人实体。适用子篇 D 所述补贴限额时，'自然人'和'法人实体'的定义与本法案第 1001 条（a）（《美国法典》第 7 篇 1308（a）））中的定义相同。"

（e）社会上处于弱势的农民或者牧民。《1985 年粮食安全法》第 1201 条（a）（《美国法典》第 16 篇 3801（a））进行修订，在依据（a）（1）重新编号后的（22）后面增加下面一项新的内容：

"（23）社会上处于弱势的农民或者牧民。'社会上处于弱势的农民或者牧民'的定义与《1990 年粮食与农业贸易保护法》第 2501 条（e）（2）（《美国法典》第 7 篇 2279（e）（2））中的定义相同。"

（f）技术援助。《1985 年粮食安全法》第 1201 条（a）（《美国法典》第 16 篇 3801（a））进行修订，在依据（a）（1）重新编号后的（24）后面增加下面一项新的内容：

"（25）技术援助。'技术援助'系指，在农业、林业或者相关用途的土地上，进行自然资源保育所必需的技术专能、信息和手段。该术语包括下列内容：

"（A）直接提供给农民、牧民和其他具备资格实体的技术服务，例如保育的规划、技术咨询以及设计和实施保育工作上的援助。

"（B）技术上的基础建设，包括提供技术服务（例如技术标准、资源目录、培训、数据、技术、监管和效果分析）所必需的活动、程序、手段和机构职能等。"

第 2002 条　对极易受侵蚀的土地保育方面善意决定的审核。

《1985 年粮食安全法》第 1212 条（《美国法典》第 16 篇 3812）进行修订，删除（f）后改为下面一款新的内容：

"（f）分级处罚。

"（1）不具备资格。如果部长认为自然人的行为是善意的，并非故意违反本子篇，那么任何自然人均不应因未能主动实施保育计划而依据第 1211 条丧失获得计划贷款、补偿和收益的资格。

"（2）具备资格的审核者。（1）所述的部长的裁决或者部长委任的人员，应视情由下列人员进行审核：

"（A）州行政主任，并由该州保育者提供技术合作；或者

"（B）行政区主任，并由该区域保育者提供技术合作。

"（3）实施的时段。部长应规定一个合理的时间段，允许达到（1）所述要求的自然人在该时间段内采取被视为积极实施保育计划所必需的措施和做法，但该时间段不得超过 1 年。

"（4）处罚。

"（A）适用。如果部长认为存在下列情况，则适用本项规定：

"（i）自然人未能遵守第 1211 条中有关极易受侵蚀农田的规定，其行为是善意的，并非故意违反

第 1211 条；或者

"（ⅱ）其违反行为：

"（Ⅰ）是技术性的而且属于小毛病；和

"（Ⅱ）对适用于发生违反行为所在土地的保育计划的侵蚀控制宗旨仅造成最低程度的影响。

"（B）削减。如果依据（A）规定适用本项，那么部长应不使用第 1211 条中的不具备资格条款，而是削减第 1211 条所述的计划收益（即生产者在没有违反行为情况下有资格在一个作物年度内获得的收益）。依据部长规定，削减的金额与违反行为的严重程度成正比。

"（5）随后的作物年度。任何自然人，如果依据本款在任一作物年度被削减了收益，那么在随后的作物年度里仍继续具备获得第 1211 条所述全部收益的资格，前提条件是在随后作物年度开始之前，部长认为其正在按照规定积极实施保育计划。"

第 2003 条　对湿地保育方面善意决定的审核。

《1985 年粮食安全法》第 1222 条（h）（《美国法典》第 16 篇 3822（h））做如下修订：

（1）把（2）重新编号为（3）；

（2）在（1）面增加下面一项新的内容：

"（2）具备资格的审核者。（1）所述的部长的裁决或者部长委任的人员，应视情由下列人员进行审核：

"（A）州行政主任，并由该州保育者提供技术合作；或者

"（B）行政区主任，并由该区域保育者提供技术合作。"；和

（3）在依据（1）重新编号后的（3）中，在"积极"前面加入"是"。

子篇 B　保育保护区计划

第 2101 条　保育保护区计划的延期。

《1985 年粮食安全法》第 1231 条（a）（《美国法典》第 16 篇 3831（a））做如下修订：

（1）删除"2007 日历年度"后改为"2012 财政年度"；和

（2）在句号前加入："以解决州、地区和国家保育倡议提出的问题"。

第 2102 条　具备纳入保育保护区资格的土地。

《1985 年粮食安全法》第 1231 条（b）（《美国法典》第 16 篇 3831（b））做如下修订：

（1）在（1）（B）中：

（A）删除"《2002 年农业安全与农村投资法》"后改为"《2008 年粮食、保育和能源法》"；和

（B）删除末尾处的句号后改为分号；和

（2）在（4）中：

（A）在（C）中，删除"；或者"后改为一个分号；

（B）在（D）中，删除末尾处的"和"后改为"或者"；和

（C）在（E）中，在末尾处的分号后面加入"或者"。

第 2103 条　纳入保育保护区的土地面积上限。

《1985 年粮食安全法》第 1231 条（d）（《美国法典》第 16 篇 3831（d））做如下修订：

（1）删除"2007 日历年度"后改为"2009 财政年度"；

（2）删除"《美国法典》第 16 篇"后改为"（《美国法典》第 16 篇"；和

（3）在末尾处加入下面一句新的内容："在 2010、2011 和 2012 财政年度的任何一个时间，部长有

权纳入保育保护区的土地面积上限为 32 000 000 英亩。"

第 2104 条　保育重点区域的确定。

《1985 年粮食安全法》第 1231 条（f）（《美国法典》第 16 篇 3831（f））进行修订，删除"切萨皮克湾地区（宾夕法尼亚、马里兰和弗吉尼亚）"后改为"切萨皮克湾地区"。

第 2105 条　多年生草和豆科植物的处理。

《1985 年粮食安全法》第 1231 条（g）（《美国法典》第 16 篇 3831（g））修订为下列内容：

"（g）多年生草和豆科植物。

"（1）通则。在本款中，处于轮作过程中的苜蓿草以及其他多年生草和豆科植物，经部长批准，应被视为农业商品。

"（2）种植历史。确定在（b）（1）（B）所述 6 年中是否有 4 年对极易受侵蚀的农田进行了耕种或者视为耕种时，作为轮作过程一部分而种植的苜蓿草，按照部长裁决，依据（b）（1）（B）所述种植历史标准，属于农业商品。"

第 2106 条　在保育保护区中纳入湿地和缓冲土地面积的试点计划进行修订。

（a）修订后的计划。

（1）通则。《1985 年粮食安全法》第 XII 篇进行修订，在第 1231 条（《美国法典》第 16 篇 3831）后面加入下面一条新的内容：

"第 1231B 条　在保育保护区中纳入湿地和缓冲土地面积的试点计划。

"（a）需要的计划。

"（1）通则。2008 至 2012 财政年度中，部长应在每一个州实行一项计划，依据该计划纳入（b）所述具备资格的土地面积。

"（2）州之间的参与。部长应尽最大可能确保各州拥有者和经营者都有公平的机会，参与依据本条而制定的计划。

"（b）具备资格的土地面积。

"（1）湿地和相关土地。在（c）和（d）规定的范围内，任何拥有者或者经营者均有权依据本条所制定的计划，把下列土地纳入保育保护区：

"（A）在前 10 个作物年度中至少有 3 年种植历史的湿地（包括第 1222 条（b）（1）（A）所述转变成的湿地）；

"（B）将建设人工湿地的土地（人工湿地将接纳中耕作物农业排水系统排出的水，除其他湿地功能外还可减少含氮量）；

"（C）在 2002 至 2007 日历年度中的任何一年，用于商业池塘水产养殖的土地；或者

"（D）在 1990 年 1 月 1 日至 2002 年 12 月 31 日期间有下列情况的土地：

"（ⅰ）在 10 个作物年度中有 3 年有过种植的；和

"（ⅱ）容易遭受草原湿地自然泛滥的。

"（2）缓冲土地面积。在（c）和（d）规定的范围内，任何拥有者或者经营者均有权依据本条所制定的计划，把下列缓冲土地面积纳入保育保护区：

"（A）对于（1）（A）、（B）或者（C）所述土地：

"（ⅰ）与上述土地接壤的缓冲面积；

"（ⅱ）用于保护上述土地的缓冲面积；和

"（ⅲ）考虑到上述土地周边农田的农业实际并依据农业实际（包括把边界划整齐以适应机械作业），

部长认为保护上述土地所必需的缓冲面积；和

"（B）对于（1）（D）所述土地，依据部长规定，在高地与湿地比例方面尽可能提升野生动物收益的缓冲面积。

"（c）计划的限额。

"（1）土地面积的限额。在依据本条所制定计划的保育保护区中，部长纳入的土地面积不超过：

"（A）一个州 100 000 英亩；和

"（B）总共 1 000 000 英亩。

"（2）与上限的关系。在（3）规定的范围内，任何纳入本条所述保育保护区的土地面积，应被视为保育保护区保有的土地面积。

"（3）与其他纳入面积的关系。纳入本条所述保育保护区的土地面积不影响任一财政年度中下列土地面积的数量

"（A）作为 1998 年 3 月 24 日所实施计划（《联邦纪事》第 63 篇 14109）一部分而建立保育缓冲区的土地面积；或者

"（B）纳入 1998 年 5 月 27 日所实施保育保护区增强计划（《联邦纪事》第 63 篇 28965）的土地面积。

"（4）审核；可能增加纳入的土地面积。部长应对依据本条而制定的计划进行审核，审核对象为依据本计划把土地纳入保育保护区的各州。根据审核结果，部长有权突破（1）（A）限额，增加任一州纳入的土地面积，但不得超过 200 000 英亩。

"（d）拥有者或者经营者纳入的限额。

"（1）湿地和相关土地。

"（A）湿地和人工湿地。对于（b）（1）（A）或者（B）所述土地，任一拥有者或者经营者纳入本条所述保育保护区的土地面积上限为连片的 40 英亩。

"（B）被水淹没的农田。对于（b）（1）（D）所述土地，任一拥有者或者经营者纳入本条所述保育保护区的土地面积上限为连片的 20 英亩。

"（C）涵盖。保育合同应涵盖（A）或者（B）所述全部土地面积，其中包括具备获得补贴资格的土地面积。

"（2）缓冲土地面积。对于（b）（2）所述缓冲土地面积，任一拥有者或者经营者纳入保育保护区的缓冲土地面积上限，应由部长经与州技术委员会协商后做出裁决。

"（3）成片土地。除（b）（1）（C）所述土地及相关缓冲面积外，对于（b）（1）所述其他具备资格的成片土地，任一拥有者或者经营者纳入本条所述保育保护区的上限为 40 英亩。

"（e）拥有者和经营者的职责。对于依据本条制定的计划，在所签订合同的期限内，拥有者或者经营者应同意：

"（1）在具备资格的土地面积上，按照部长的决定，尽最大可能恢复湿地的水文；

"（2）在具备资格的土地面积上，按照部长的决定，建立植被覆盖（可包括种植水草、洼地阔叶林、松柏以及其他适宜树种）；

"（3）禁止把纳入的土地用作商业目的；和

"（4）履行第 1232 条规定的其他职责。

"（f）部长的职责。

"（1）通则。除（2）和（3）另有规定外，为了补偿依据本条所签订的合同，部长应：

"（A）依据农田的租赁价格，向拥有者或者经营者发放补贴；和

"（B）依据第 1233 和第 1234 条，向拥有者或者经营者提供援助。

"（2）合同的要约和补贴。部长应使用第 1234 条（c）（2）（B）所述的确定方法，确定是否接受合同要约以及本条所述租赁补贴的金额。

"（3）激励。依据本条规定签订的合同，以租赁补贴形式向拥有者和经营发放的补贴金额应体现出对他们的激励，激励他们把滤土带纳入第1234条所述保育保护区。"

（2）替代计划的废止。《1985年粮食安全法》第1231条（《美国法典》第16篇3831）做如下修订：

（A）删除（h）；和

（B）把（i）和（j）重新编号为（h）和（i）。

（b）林业保育保护区紧急计划中的相应变更。《1985年粮食安全法》第1231条（《美国法典》第16篇3831）（k）做如下修订：

（1）删除"（k）林业保育保护区紧急计划。"后改为下列内容：

"第1231A条　林业保育保护区紧急计划。"

（2）删除所有的"款"（（3）（C）（ⅱ）除外）后改为"条"；

（3）把（1）、（2）和（3）重新编号为（a）、（b）和（c）。

（4）在重新编号后的（a）中，把（A）和（B）重新编号为（1）和（2）；和

（5）在重新编号后的（c）中：

（A）把（A）到（I）重新编号为（1）到（9）；

（B）在重新编号后的（1）中，删除"（B）"和"（G）"后分别改为"（2）"和"（7）"；

（C）在重新编号后的（3）中：

（i）把（i）和（ⅱ）重新编号为（A）和（B）；和

（ⅱ）删除"（d）"后改为"第1231条（d）"；

（D）在重新编号后的（4）中，把（i）和（ⅱ）重新编号为（A）和（B）；

（E）在重新编号后的（5）中：

（i）把（i）到（ⅴ）重新编号为（A）到（E），把（I）和（Ⅱ）重新编号为（i）和（ⅱ）；

（ⅱ）在重新编号后的（B）中，删除"（i）（I）"后改为"（A）（i）"；和

（ⅲ）在重新编号后的（C）中，删除"（i）（Ⅱ）"后改为"（A）（ⅱ）"；和

（F）在重新编号后的（9）中，把（i）到（ⅲ）重新编号为（A）到（C），把（I）到（Ⅲ）重新编号为（i）到（ⅲ）。

第2107条　参与者因保育保护区合同而应承担的其他职责。

《1985年粮食安全法》第1232条（a）（《美国法典》第16篇3832（a））做如下修订：

（1）把（5）到（10）重新编号为（6）到（11）；和

（2）在（4）后面加入下面一项新的内容：

"（5）在整个合同期间，对土地进行必要的管理，以落实保育计划；"。

第2108条　在纳入土地上适度收割干草、放牧或者从事其他商业活动以及安装风力涡轮机。

（a）禁令通则；例外。《1985年粮食安全法》第1232条（a）（《美国法典》第16篇3832（a））进行修订，删除依据第2107条重新编号后的（8）后改为下面一项新的内容：

"（8）不得在合同规定的土地上收割干草或者放牧，也不得利用草料从事其他商业活动，也不得从事部长在合同中注明的、可能违背合同宗旨任何类似活动，除非部长在符合土壤、水质和野生动物栖息地（包括鸟类筑巢季节在该区域的栖息地）的情况下允许：

"（A）适度收割（包括适度收割生物量），前提条件是在允许适度收割时经与州技术委员会协调，部长：

"（i）应制定相应的植被管理要求；和

"（ⅱ）应确定适度收割的时间段；

"（B）在干旱或者其他紧急情况下，在合同规定的土地上进行收割和放牧或者利用草料从事其他商业活动；

"（C）例行放牧或者为了控制入侵性物种而规定的放牧，前提条件是在允许此类例行放牧或者按规定进行的放牧时经与州技术委员会协调，部长：

"（ⅰ）应制定相应的植被管理要求，为适宜继续例行放牧的土地规定载畜量；和

"（ⅱ）应确定允许例行放牧的频次，并考虑到地区差异，例如：

"（Ⅰ）气候、土壤类型和自然资源；

"（Ⅱ）例行放牧活动应该间隔的年份；和

"（Ⅲ）在允许例行放牧的年份中，允许例行放牧的频次；和

"（D）安装风力涡轮机，前提条件是在允许安排风力涡轮机时，部长应确定风力涡轮机的安装数量和地点，并考虑到：

"（ⅰ）土地的地点、规模和其他物理指标；

"（ⅱ）该土地上保有野生动物和野生动物栖息地的多少；和

"（ⅲ）本节所述保育保护区计划的宗旨；"。

（b）租赁补贴的削减。《1985 年粮食安全法》第 1232 条（《美国法典》第 16 篇 3832）进行修订，在末尾处加入下面一款新的内容：

"（d）因对纳入土地的某些许可使用而削减租赁补贴。在依据本节而签订的合同所规定的土地上，如果从事（a）（8）所述许可活动，那么部长应削减合同正常规定的租赁补贴，削减的金额与许可活动的经济价值持平。"

第 2109 条　涉及树林、防风带、防护林带和野生动物走廊的费用分担补贴。

《1985 年粮食安全法》第 1234 条（b）（《美国法典》第 16 篇 3834（b））进行修订，删除（3）后改为下面一项新的内容：

"（3）树林、防风林、防护林带和野生动物走廊。

"（A）适用范围。本项适用于：

"（ⅰ）1990 年 11 月 28 日后依据本节签订合同，用于种植阔叶林、防风林、防护林带或者野生动物走廊的土地；

"（ⅱ）依据第 1235A 条改为上述用途的土地；和

"（ⅲ）拥有者或者经营者同意进行第 1232 条（a）（9）所许可疏伐的土地，前提条件是疏伐系改进该土地上资源条件所必需的。

"（B）补贴。

"（ⅰ）比例。向（A）所述土地的拥有者或者经营者发放费用分担补贴时，部长应发放拥有者或者经营者在维护树林或者灌木丛时所产生合理且必要费用的 50％。其中包括重栽（在拥有者或者经营者无力控制而产生树林或者灌木丛减损的情况下）或者疏伐的费用。

"（ⅱ）期限。部长发放（ⅰ）所述补贴的期限为不少于 2 年但不长于 4 年，起始日期为：

"（Ⅰ）种植树木或者灌木之日；或者

"（Ⅱ）为改进土地上资源条件而对现有树木进行疏伐之日。"

第 2110 条　合同要约的评估和接受，年度租赁补偿与补偿限额。

（a）合同要约的评估和接受。《1985 年粮食安全法》第 1234 条（c）（《美国法典》第 16 篇 3834（c））进行修订，删除（3）后加入下面一项新的内容：

"（3）合同要约的接受。

"（A）要约的评估。确定是否接受合同要约时，部长应考虑纳入合同要约所含土地后，能够在多大

程度上改进土壤资源、水质、野生动物栖息地或者提供提供其他环境收益。

"（B）在不同的州和地区确定不同的标准。在美国不同的州和地区，部长应依据改进水质或者野生动物栖息地的程度，或者依据减轻受侵蚀的程度，确定是否接受合同要约的不同标准。

"（C）当地优先权。为纳入新土地而确定是否接受合同要约时，部长应在最大程度上接受当地拥有者或者经营者提出的要约，条件是提出要约的土地拥有者或者经营者居住在该片土地所在县或者相邻县，该片土地提供的保育收益至少等同于其他要约中的土地。"

（b）旱地和水浇地租金价格的年度调查。

（1）需要的年度评估。《1985 年粮食安全法》第 1234 条（c）（《美国法典》第 16 篇 3834（c））进行修订，在末尾处加入下面一项新的内容：

"（5）租金价格。

"（A）年度评估。在拥有 20 000 英亩或者更多农田和牧场的州，部长（通过国家农业统计局）应对所有县的农田和牧场进行年度调查，调查县的平均市场租金价格。

"（B）评估结果的公开。依据（A）进行年度调查后得出的评估结果，应公布在农业部的网站上供公众使用。"

（2）首次调查。依据（a）新增加的《1985 年粮食安全法》第 1234 条（c）（《美国法典》第 16 篇 3834（c））（5）规定的首次调查，应在本法案通过之日后的 1 年时间内进行。

（c）补贴的限额。《1985 年粮食安全法》第 1234 条（f）（《美国法典》第 16 篇 3834（f））做如下修订：

（1）在（1）中，删除"发放给自然人"后改为"自然人或者法人实体直接或者间接获得，"；

（2）删除（2）；和

（3）在（4）中，删除"任何自然人"后改为"任何自然人或者法人实体"。

第 2111 条　针对新从业农民或者牧民和社会上处于弱势的农民或者牧民的保育保护区计划转让激励。

（a）合同的修改权。《1985 年粮食安全法》第 1234 条（c）（1）（B）（《美国法典》第 16 篇 3835（c）（1）（B））做如下修订：

（1）在（ⅱ）中，删除末尾处的"或者"；

（2）把（ⅲ）重新编号为（ⅳ）；和

（3）在（Ⅱ）后面加入下面新的内容：

"（ⅲ）为了便于把已经退休或者即将退休的拥有者或者经营者手中的签约土地转让给新从业的农民或者牧民或者社会上处于弱势的农民或者牧民，旨在通过可持续的放牧或者作物生产方式把部分或者全部土地重新用于生产；或者"。

（b）转让的选择权。《1985 年粮食安全法》第 1235 条（《美国法典》第 16 篇 3835）进行修订，在末尾处加入下面一款新的内容：

"（f）转让给特定农民或者牧民的选择权。

"（1）部长的职责。如果像（c）（1）（B）（ⅲ）所述，为了便于把土地转让给新从业的农民或者牧民或者社会上处于弱势的农民或者牧民（在本款中简称"涵盖农民或者牧民"）而批准对合同进行修改，那么部长应：

"（A）从合同终止前 1 年之日开始：

"（ⅰ）允许涵盖农民或者牧民连同已经退休或者即将退休的农民或者牧民进行保育和土地改良；和

"（ⅱ）允许涵盖农民或者牧民开始《1990 年有机食品生产法》（《美国法典》第 7 篇 6501 及以下）所述的认证程序；

"（B）从合同终止之日开始，要求已经退休或者即将退休的拥有者或者经营者向涵盖农民或者牧民出售或者租赁（长期租赁或者拥有购买优先权的租赁）合同约定的土地用于生产目的；

"（C）要求所含农民或者牧民制定并落实保育计划；

"（D）在不晚于涵盖农民或者牧民通过产权或者租赁而占有土地之日，向涵盖农民或者牧民提供纳入保育管理工作计划或者环境质量激励计划的机会；和

"（E）继续向已经退休或者即将退休的拥有者或者经营者发放年度补贴，但不超过合同终止后 2 年，条件是已经退休或者即将退休的拥有者或者经营者不能是涵盖农民或者牧民的家庭成员（定义见本法案第 1001A 条（b）（3）（B））。

"（2）重新纳入。部长应向涵盖农民或者牧民提供一项选择权，供其选择是否重新纳入下列部分实地保育工作：

"（A）依据第 1231 条（h）（4）（B）所述继续签约要求而具备重新纳入资格的；和

"（B）属于已批准保育计划一部分的。"

子篇 C　湿地保护区计划

第 2201 条　湿地保护区计划的制定和宗旨。

《1985 年粮食安全法》第 1237 条（a）（《美国法典》第 16 篇 3837（a））修改为以下内容：

"（a）制定和宗旨。

"（1）制定。部长应制定一项湿地保护计划，帮助具备资格土地的拥有者对湿地进行恢复和保护。

"（2）宗旨。湿地保护计划的宗旨在于，在依据（c）和（d）而具备资格的私有或者部落土地上，对湿地进行恢复、保护或者改进。"

第 2202 条　纳入的上限和方法。

《1985 年粮食安全法》第 1237 条（b）（《美国法典》第 16 篇 3837（b））做如下修订：

（1）删除（1）后改为下面一项新的内容：

"（1）纳入的上限。纳入湿地保护区计划的面积总数不得超过 3 041 200 英亩。"

（2）在（2）中，删除"部长"后改为"依据（3）规定，部长"；和

（3）在末尾处加入下面一项新的内容：

"（3）印第安部落拥有的土地面积。对于印第安部落拥有的土地面积，部长应通过下列方法纳入湿地保护区计划：

"（A）30 年合同（应与 30 年地役权等值）；

"（B）恢复费用分担协议；或者

"（C）任意结合（A）和（B）选项。"

第 2203 条　湿地保护区计划的期限和具备纳入资格的土地。

（a）通则。《1985 年粮食安全法》第 1237 条（c）（《美国法典》第 16 篇 3837（c））做如下修订：

（1）在（1）前面的内容中：

（A）删除"2007 日历"后改为"2012 财政"；和

（B）在第二个"土地"前面加入"私有或者部落的"；

（2）删除（2）后改为下面一项新的内容：

"（2）下列土地：

"（A）已耕种或者改变的湿地，以及在功能上依赖于湿地的周边土地，但是 1985 年 12 月 23 日之前尚未开始改变的湿地应不具备纳入本条所述计划的资格；或者

"（B）在盆地湖泊或者坑洼地自然泛滥之前，用于农业生产的农田或者草地，以及在功能上依赖于该农田或者草地的周边土地；和"。

（b）所有权的变更。《1985 年粮食安全法》第 1237E 条（a）（《美国法典》第 16 篇 3837e（a））进行修订，删除"在此前的 12 个月内"后改为"在此前 7 年时间内"。

（c）年度调查和重新分配。《1985 年粮食安全法》第 1237F 条（《美国法典》第 16 篇 3837f）进行修订，在末尾处加入下面一款新的内容：

"（c）草原坑洼地区的调查和重新分配。

"（1）调查。在 2008 财政年度和随后的每一财政年度，部长应进行调查，目的在于为草原坑洼地区纳入第 1237 条（c）（2）（B）所述具备资格的土地确定利益和分配。

"（2）年度调整。依据（1）所做调查的结果，部长应对相关州在下一财政年度的分配进行调整。"

第 2204 条　湿地保护区计划地役权的期限。

《1985 年粮食安全法》第 1237A 条（b）（2）（B）（《美国法典》第 16 篇 3837a（b）（2）（B））做如下修订：

（1）在（ⅰ）中，删除末尾处的"或者"；

（2）在（ⅱ）中，删除"；和"后改为"；或者"；和

（3）在末尾处加入下面新的内容：

"（ⅲ）以达到特定野生物种对栖息地的要求；和"。

第 2205 条　湿地保护计划中地役权的补偿。

《1985 年粮食安全法》第 1237A 条（《美国法典》第 16 篇 3837a）（f）修订为以下内容：

"（f）补偿。

"（1）确定。自《2008 年粮食、保育和能源法》通过之日起，部长应对于本款所获得的保育地役权进行补偿，金额为下列三者中的最低值：

"（A）部长通过美国专业评估执业统一准则或者对整个区域进行市场分析或者调查后，得出的合理市场价值；

"（B）与部长在法规中确定的地理上限相应的金额；或者

"（C）土地拥有者提出的要约。

"（2）补贴的形式。部长为地役权提供补偿的形式应为现金补贴，金额依据（1）确定并在地役权协议中注明。

"（3）地役权的补贴安排。

"（A）价值为 500 000 美元或者以下的地役权。对于价值为 500 000 美元或者以下的地役权，部长有权在不超过 30 次年度补贴中发放地役权补贴。

"（B）价值超过 500 000 美元的地役权。对于价值超过 500 000 美元的地役权，部长有权在至少 5 次但不超过 30 次年度补贴中发放地役权补贴。部长如果认为更加有利于计划的宗旨，则有权为此类地役权发放一次性补贴。

"（4）恢复协议的补贴限额。依据本节所述恢复费用分担协议，直接或者间接发放给一位自然人或者一个法人实体的补贴总计每年不得超过 50 000 美元。

"（5）纳入的程序。依据本节进行土地登记，其程序为按照部长制定的程序提交标书。"

第 2206 条　湿地保护区改善计划和保留权利的试点计划。

《1985 年粮食安全法》第 1237A 条（《美国法典》第 16 篇 3837a）进行修订，在末尾处加入下面一款新的内容：

"（h）湿地保护区改善计划。

"（1）批准的计划。部长有权与州（包括州的政治分支或者机构）、非政府组织或者印第安部落签订

一份或者多份协议，实施湿地保护区改善特别计划，条件是部长认为该计划有利于促进本节所述的宗旨。

"（2）保留权利的试点计划。

"（A）放牧权的保留。作为湿地保护区改善计划的一部分，部长应实施一项试点计划，允许土地拥有者在地役权行为限制中保留放牧权，前提条件是部长认为保留和使用放牧权：

"（ⅰ）与地役权的土地相一致；

"（ⅱ）符合确定地役权的长期湿地保护和改进目的；和

"（ⅲ）遵守保育计划。

"（B）期限。依据本项实施的试点计划应于 2012 年 9 月 30 日终止。"

第 2207 条　农业部长在湿地保护区计划中的职责。

《1985 年粮食安全法》第 1237C 条（《美国法典》第 16 篇 3837c）做如下修订：

（1）在（a）（1）中，在"价值"后面加入"包括必要的维护活动，"；和

（2）删除（c）后改为下面一款新的内容：

"（c）要约的分级。

"（1）保育收益和资金问题。对土地拥有者所提要约进行评估时，部长有权考虑：

"（A）获得地役权或者土地上其他利益后的保育收益；

"（B）地役权或者具备资格的土地上其他利益的性价比，以便使发放的补贴最大程度获得环境收益；和

"（C）土地拥有者或者其他自然人是否要在财务上分担地役权或者土地上其他利益的成本，以便对联邦资金进行补充。

"（2）其他考虑因素。决定是否接受地役权要约时，部长有权考虑：

"（A）在该片土地上能够多大程度实现地役权计划的宗旨；

"（B）该片土地的生产能力；和

"（C）该片土地如果用于农产品生产，那么随之产生的农业和非农业环境威胁。"

第 2208 条　湿地保护区合同和协议中的补贴限额。

《1985 年粮食安全法》第 1237D 条（c）（1）（《美国法典》第 16 篇 3837d（c）（1））做如下修订：

（1）删除"发放给一位自然人的地役权补贴总额"后改为"一位自然人或者一个法人实体有权直接或者间接获得的补贴总额，"；和

（2）在末尾处的句号前加入"或者依据 30 年合同"。

第 2209 条　补贴限额的废止，用于改善湿地保护区的州协议除外。

《1985 年粮食安全法》第 1237D 条（c）（《美国法典》第 16 篇 3837d（c））进行修订，删除（4）。

第 2210 条　报告保育地役权长期性的含义。

（a）需要的报告。农业部长应在不晚于 2010 年 1 月 1 日，向众议院农业委员会和参议院农业、营养和林业委员会提交一份报告，对依据《1985 年粮食安全法》第 1237A 条（《美国法典》第 16 篇 3837a）批准的保育地役权进行评估，评估其长期性对于农业部资源的含义。

（b）内容包括。（a）所要求的报告中应包括下列内容：

（1）保育地役权数量和位置方面的数据。保育地役权系依据该章批准的，部长承担着重要的监控或者管理职责。

（2）评估对保育地役权协议的监督会在多大程度上影响到能否得到包括技术援助在内的资源。

（3）评估与伙伴组织间协议的功能和价值。

（4）涉及开支或者其他影响的其他相关信息，这些信息可能对（a）所述委员会有帮助。

子篇 D　保育管理工作计划

第 2301 条　保育管理工作计划。

（a）计划的制定。《1985 年粮食安全法》第Ⅶ篇子篇 D 中的第 2 章做如下修订：

（1）把第 B 节（农田保护计划）和第 C 节（草地保护区计划）分别重新编为第 C 和第 D 节；和

（2）在第 A 节后面加入下面一节新的内容：

"第 B 节——保育管理工作计划

"第 1238D 条　定义。

"在本节中：

"（1）保育行为。

"（A）通则。'保育行为'系指旨在解决资源关切的保育体系、工作或者管理措施。

"（B）内容包括。'保育行为'包括：

"（ⅰ）部长规定的结构性措施、植被措施和土地管理措施，其中包括农业排水管理体系；和

"（ⅱ）为解决资源而必需进行的规划。

"（2）保育措施工具。'保育措施工具'系指用以评估生产者通过进行保育活动从而实现环境收益程度的一些程序，其中包括部长制定的一些指数或者其他衡量措施。

"（3）保育管理工作计划。'保育管理工作计划'系指下列计划：

"（A）确定和清查资源关切；

"（B）确定基准数据和保育目标；

"（C）拟制将要实施、管理或者改进的保育行为；和

"（D）包括对新的和现有的保育行为进行规划、落实和管理的安排和评估计划。

"（4）重点资源关切。'重点资源关切'系指，经与州技术委员会协商，在州的层次上为州内任一流域或者区域确定的重点资源关切。

"（5）计划。'计划'系指依据本回而制定的保育管理工作计划。

"（6）资源关切。'资源关切'系指部长确定的下列特定自然资源减损或者问题：

"（A）在州或者地区范围内引发极大关切；和

"（B）通过生产者在具备纳入本计划资格的土地上实施保育活动从而有望成功得以解决。

"（7）管理工作门槛。'管理工作门槛'系指，部长通过保育措施工具，认为自然资源保育和环境管理需要达到的水平，目的在于对资源关切的质量与条件进行改进和保育。

"第 1238E 条　保育管理工作计划。

"（a）制定和宗旨。2009 至 2012 每一财政年度，部长应实施一项保育管理工作计划，鼓励生产者以综合方式解决资源关切：

"（1）通过开展其他的保育活动；和

"（2）通过对现有的保育活动加以改进、保持和管理。

"（b）具备资格的土地。

"（1）通则。除（c）另有规定外，下列土地均具备纳入本计划的资格：

"（A）私有农业土地（包括农田、草地、草场、改进后的牧草地、牧场和用于农林间作的土地）。

"（B）印第安部落管辖的农业土地。

"（C）农业经营附带的林地。

"（D）其他私有农业土地（包括耕种林地、沼泽和用于畜禽生产的农业土地），部长认为通过把这些土地纳入本计划能够解决这些土地上与农业生产相关的资源关切。

"（2）对于非工业私有林地的特别细则。非工业私有林地具备纳入本计划的资格，但是非工业私有林地在任一财政年度内均不得超过全国纳入本计划土地总面积的 10%。

"（3）农业经营。具备资格的土地应包括生产者从事农业经营的所有土地面积，分开或者连片均可，只需该土地在生产者签订管理工作合同时处于该生产者有效控制之下，且依据部长规定，生产者通过设备、劳动、管理和生产或者耕作等明显有别于其他农业经营的方法进行着经营。

"（c）排除。

"（1）纳入其他保育计划的土地。在（2）规定的范围内，下列土地不具备纳入本计划的资格：

"（A）纳入保育保护区计划的土地。

"（B）纳入湿地保护区计划的土地。

"（C）纳入草地保护区计划的土地。

"（2）转变为农田。用于作物生产的土地，在《2008 年粮食、保育和能源法》通过之日后尚未耕种的视为已经耕种，或者在该法案通过前的 6 年中至少有 4 年用于作物生产的，均不应成为本计划所述补贴的基础，除非土地未达到要求的原因系：

"（A）该片土地此前已经被纳入保育保护区计划；

"（B）按照部长的决定，已经通过长期作物轮作法对该片土地进行了保护；

"（C）按照部长的裁决，该片土地属于农场或者牧场有效经营所需的附带土地。

"第 1238F 条　管理工作合同。

"（a）合同要约的提交。要具备参与保育管理工作计划的资格，生产者应向部长提交合同要约：

"（1）向部长证明在提出合同要约时，该生产者即将达到至少一项资源关切的管理工作门槛；和

"（2）通过下列举措，至少在管理工作合同到期前达到或者超过至少一项优先资源关切的管理工作门槛：

"（A）落实和采取其他的保育活动；和

"（B）对部长接受合同要约时生产者已经进行的保育活动加以改进、保持和管理。

"（b）合同要约的评估。

"（1）申请的分级。对生产者为签订本计划所述合同而提交的合同要约进行评估时，部长应对申请划分等级，划分等级的依据为：

"（A）申请时对相关优先资源关切进行保育处理的水平，尽最大可能以保育措施工具为衡量标准；

"（B）对于相关重点资源关切，所提保育处理有效提高保育绩效的程度，尽最大可能以保育工具为衡量标准；

"（C）到合同到期前达到或者超过管理工作门槛的重点资源关切数量；

"（D）除重点资源关切外，到合同到期前达到或者超过管理工作门槛的其他资源关切；和

"（E）与其他类似收益合同要约相比，合同如何以最低的成本实现实际与预期环境收益。

"（2）禁令。部长不得因为申请人愿意接受低于有资格获得的补贴从而给予优先考虑。

"（3）其他标准。评估是否把申请纳入本计划时，部长有权制定和使用其他标准，前提条件是部长认为这些标准能够有效解决全国、州和地方的保育重点。

"（c）签订合同。确认生产者具备纳入（a）所述计划的资格，且合同要约依据（b）所述评估标准等级较高之后，部长应与生产者签订保育管理工作合同，将合同中约定的土地纳入本计划。

"（d）合同条款。

"（1）期限。每份保育管理工作合同的期限应为 5 年。

"（2）条款。生产者签订的保育管理工作合同应：

"（A）注明部长同意依据第 1238G 条（e）所述保育管理工作合同每年发放给生产者的补贴金额；

"（B）要求生产者：

"（ⅰ）在保育管理工作合同规定的期限内，落实部长批准的保育管理工作计划；

"（ⅱ）保留应有的记录，并在部长提出要求的时候提交上来，证明其及时有效落实保育管理工作计划；和

"（ⅲ）在保育管理工作合同规定的期限内，不得从事任何有违保育管理工作合同宗旨的行为；

"（C）允许在下列情况下对土地进行任何经济利用：

"（ⅰ）保持土地的农业性质；和

"（ⅱ）符合保育管理工作合同的保育宗旨；

"（D）包括这样一项条款：出现部长认为生产者无力控制的情况，包括灾害或者相关情形，生产者因此未能履行合同的，不应被视为违约；和

"（E）部长认为要确保达到本计划宗旨所必需的其他条款。

"（e）合同的续约。生产者第一份保育管理工作合同到期时，部长有权批准该生产者将合同延续 5 年时间，前提条件是生产者：

"（1）证明其已经履行了现有合同的条款；和

"（2）同意采取部长规定的新的保育活动。

"（f）修改。部长有权批准生产者对管理工作合同进行修改，前提条件是部长认为该修改符合实现本计划的宗旨。

"（g）合同的终止。

"（1）自愿终止。生产者有权终止保育管理工作合同，前提条件是部长认为终止合同不会使本计划的宗旨落空。

"（2）非自愿终止。部长有权终止本节所述的合同，前提条件是部长认为生产者违约。

"（3）偿还。如果合同被终止，那么部长依照本计划的宗旨有权：

"（A）允许生产者保留依据合同已经获得的补贴；或者

"（B）要求生产者偿还全部或者部分已经获得的补贴，并对违约金进行评估。

"（4）合约土地上利益的变更。

"（A）通则。除（B）另有规定外，如果本章所述合约土地上生产者的利益发生变更，则应导致该土地的合同终止。

"（B）权利和义务的转让。下列情况不适用于（A）：

"（ⅰ）本条所述合约土地上的利益发生变更后，受转让人应在合理的一段时间（具体由部长决定）内书面通知部长，合同约定的所有职责已经转让至受转让人，合同约定的所有权利已由受转让人获得；和

"（ⅱ）受转让人具备本计划所要求的资格。

"（h）与有机认证进行协调。部长应制定一套透明的办法，供生产者签订本节所述合同时启动 1990 年《有机食品生产法》（《美国法典》第 7 篇 6501 及以下）所述的有机认证。

"（ⅰ）农业研究和展示或者试点考查。部长有权批准包括下列内容的合同要约：

"（1）农业保育研究和展示活动；和

"（2）对新技术或者保育工作的创新实践进行试点考查。

"第 1238G 条　部长的职责。

"（a）通则。为实现保育管理工作计划所签合同的保育目标，部长应：

"（1）持续性向具备资格的生产者提供参与本计划的机会，至少在每一财政年度的第一季度划分一次等级；

"（2）在一个州内具体湿地或者其他地区或者区域确定不少于 3 项但不多于 5 项重点资源关切；和

"（3）为实施本计划研发有效的保育措施工具。

"（b）分配至州。部长应把总面积分配至州，由州把具备资格的土地纳入计划。分配的依据为：

"（1）主要依据各州具备第 1238E 条（b）（1）所述资格的土地面积占全国具备资格土地面积的比例；和

"（2）同时考虑到：

"（A）各州与农业生产相关的保育需求程度；

"（B）在该州实施本计划在帮助生产者解决上述需求方面的有效性；和

"（C）依据部长规定，达到资金在地理上合理分配的其他因素。

"（c）特种作物和有机产品生产者。部长应确保开展计划推广和技术援助活动，计划的各项指标适中，目的在于使特种作物和有机产品生产者能够参加到计划当中。

"（d）纳入土地面积的限额。2008 年 10 月 1 日至 2017 年 9 月 30 日之间，部长应尽最大可能：

"（1）每财政年度新增 12 769 000 英亩土地纳入本计划；和

"（2）对本计划进行管理，达到全国平均每英亩补贴 18 美元，其中包括所有的财务援助、技术援助以及登记注册或者参与本计划的一切其他开支。

"（e）保育管理工作补贴。

"（1）补贴的适用范畴。部长应发放本计划所述补贴，以补偿生产者：

"（A）落实和采取额外的保育活动；和

"（B）对部长接受合同要约时生产者业已开展的保育活动加以改进、保持和管理。

"（2）补贴的金额。保育管理工作补贴的金额应由部长决定，尽最大可能以下列因素为依据：

"（A）生产者因规划、设计、物资、落实、劳工、管理、维护或者培训而产生的费用。

"（B）生产者放弃的收入。

"（C）保育措施工具确定的预期环境收益。

"（3）排除。不向生产者发放本款所述补贴的情况为：

"（A）为饲养动物而设计、建造或者维护动物粪便存放或者处理设施或者运输装置；或者

"（B）生产者在保育活动过程中没有产生费用或者没有放弃收入。

"（4）补贴的时间。

"（A）通则。部长应在每个财政年度的 10 月 1 日之后，尽快为上一财政年度的保育行为发放补贴。

"（B）额外行为。生产者开展额外工作时，部长应随时向生产者发放补贴。

"（f）对于资源保育作物轮换的追加补贴。

"（1）补贴的适用范畴。生产者如果在参与计划时同意进行资源保育作物轮作，以实现其土地有益的作物轮作，那么部长应向其发放额外补贴。

"（2）有益的作物轮作。部长应判定作物轮作是否属于有益的作物轮作，是否具备获得（1）所述额外补贴的资格，其依据为作物轮作是否旨在进行自然资源保育和利于生产。

"（3）具备资格。为具备获得（1）所述补贴的资格，生产者应同意在合同期限内采取并维持有益的资源保育作物轮作。

"（4）资源保育作物轮作。在本款中，"资源保育作物轮作"系指下列作物轮作：

"（A）包括至少一种资源保育作物（具体由部长决定）；

"（B）减轻侵蚀；

"（C）提高土壤肥力和耕种力；

"（D）打乱病虫害周期；和

"（E）在相关区域，减少土壤水分的损耗或者降低对于灌溉的需求。

"（g）补贴的限额。在任 5 年时间内，不论一位自然人或者一个法人实体签有多少份合同，其依据合同直接或者间接获得本款所述补贴的总额不得超过 200 000 美元，与联邦认可的印第安部落或者阿拉斯加土著公司达成的资金安排除外。

"（h）法规。部长应颁布法规：

"（1）注明类似其他细则，例如部长认为确保公平合理适用（g）规定限额所需的细则；和

"（2）使部长能够实施本计划。

"（i）数据。对于本计划中的合同和补贴，部长应保留详细、分项的数据，以便能够对下列补贴的金额进行量化管理：

"（1）落实和采纳额外的保育行为，对部长接受保育管理工作要约时生产者业已开展的保育行为加以改进；

"（2）参与研究、展示和试点项目；和

"（3）对依据本节而制定的保育计划进行改进和定期评估。"

"（b）保育保障计划权的终止；对现有合同的影响。《1985 年粮食安全法》第 1238A 条（《美国法典》第 16 篇 3838a）进行修订，在末尾处加入下面一款新的内容：

"（g）保育保障计划合同的禁令；对现有合同的影响。

"（1）禁令。2008 年 9 月 30 日之后不得依据本节条款签订或者续签保育保障合同。

"（2）例外。本节以及保育保障合同的期限和条件，应继续适用于：

"（A）2008 年 9 月 30 日当日或者之前签订的保育保障合同；和

"（B）在 2008 年报名期内已收到申请，但在 2008 年 9 月 30 日之后签订的所有保育保障合同。

"（3）对补贴的影响。对于（2）所述保育保障合同，在合同的剩余期限内，部长应发放本回所述的补贴。

"（4）法规。为实施保育管理工作计划而颁布的法规不适用于（2）所述的合同。"

（c）参见重新编号后的节。《1985 年粮食安全法》第Ⅻ篇中的 1238A 条（b）（3）（C）（《美国法典》第 16 篇 3838a（b）（3）（C））进行修订，删除"第 C 节"后改为"第 D 节"。

子篇 E　农田保护和草地保护区

第 2401 条　农田保护计划。

（a）定义。《1985 年粮食安全法》第 1238H 条（《美国法典》第 16 篇 3838h）做如下修订：

（1）删除（1）后改为下面一项新的内容：

"（1）具备资格的实体。'具备资格的实体'系指：

"（A）州政府或者地方政府的下属机构或者印第安部落（包括依据各州法律而设立的农田保护委员会或者土地资源理事会）；或者

"（B）下列组织：

"（ⅰ）创立宗旨为《1986 年国内税收法典》第 170 条（h）（4）（A）下（ⅰ）、（ⅱ）、（ⅲ）或者（ⅳ）所述的一项或者多项保育宗旨，创立后的经营活动也是主要为了实现上述宗旨。

"（ⅱ）属于该法典第 501 条（c）（3）所规定的组织，免于该法典第 501 条（a）规定的税赋；和

"（ⅲ）属于：

"（Ⅰ）该法典第 509 条（a）（1）或者（2）所述的组织；或者

"（Ⅱ）该法典第 509 条（a）（3）所述的组织，并且由该法典第 509 条（a）（2）所述的组织控制。"和

（2）在（2）中：

（A）在（A）中：

（ⅰ）删除"那个："后改为"具备资格的实体发出购买要约的对象和"；和

（ⅱ）删除（ⅰ）和（ⅱ）后改为下面三项新的条款：

"（ⅰ）拥有优质、独特或者肥沃的土壤；

"（ⅱ）包含有历史或者考古学资源；或者

"（ⅲ）其保护将促进州或者地方政策更加符合本计划的宗旨。"和

（B）在（B）中：

（ⅰ）在（ⅳ）中，删除末尾处的"和"；和

（ⅱ）删除（Ⅴ）后改为下面一项新的条款：

"（Ⅴ）下列林地：

"（Ⅰ）促进农业经营的经济活力；或者

"（Ⅱ）作为保护农业经营的缓冲区；和

"（ⅵ）附属于（ⅰ）到（Ⅴ）所述土地的土地，前提条件是部长认为该土地系有效施行保育地役权所需。"

（b）农田保护。《1985 年粮食安全法》第 1238I 条（《美国法典》第 16 篇 3838i）修订为下列内容：

"第 1238I 条　农田保护计划。

"（a）制定。部长应制定并实施一项农田保护计划，为购买具备资格土地的保育地役权或者其他利益提供便利与融资。

"（b）宗旨。本计划的宗旨在于，通过限制非农业用途，保护具备资格土地的农业用途和相关保育价值。

"（c）成本分担援助。

"（1）提供援助。部长应向具备资格的实体提供成本分担援助，用于购买具备资格土地的保育地役权或者其他利益。

"（2）联邦分担的份额。部长分担的、用于购买具备资格土地的地役权或者其他利益的费用，不应超过具备资格土地的地役权或者其他利益的合理市场估价的 50％。

"（3）非联邦分担的份额。

"（A）具备资格的实体分担的份额。具备资格的实体应分担购买具备资格土地的地役权或者其他利益的一部分费用，不少于购买价格的 25％。

"（B）土地拥有者分担的份额。购买土地的保育地役权或者其他利益时，具备资格的实体可以把该片土地私人拥有者的慈善捐助或者保育份额（与《1986 年国内税收法典》第 170 条（h）中的定义相同）作为一部分非联邦分担的份额。

"（d）合理市场价值的确定。《2008 年粮食、保育和能源法》通过之日起，具备资格的实体可选择一种业界认可的方法，经部长批准后，计算出具备资格土地的地役权或者其他利益的估价，以此为依据确定该土地的合理市场价值。

"（e）禁止向下竞价。如果部长认为两份或更多成本分担援助申请均能够实现本计划的宗旨，部长不应仅因某一份申请的开支少而给予优先考虑。

"（f）援助的条件。

"（1）保育方案。极易受侵蚀的农田，如果用本计划提供的开支分担援助购买了保育地役权或者其他利益，那么应按照部长的选择，依据保育方案实施农田保育，减轻该农田的耕种。

"（2）实施的预期权利。利用本计划提供的开支分担援助购买具备资格土地的地役权和其他利益后，部长有权要求拥有实施的预期权利。

"（g）与具备资格的实体签订协议。

"（1）通则。部长应与具备资格的实体签订协议，约定具备资格的实体获得（c）所述成本分担援助的期限和条件。

"（2）协议的期限。本款所述协议的期限应为：

"（A）依据（h）所述程序证明具备资格的实体，最少为5年；和

"（B）其他具备资格的实体，最少为3年、最多为5年。

"（3）合格项目的替代。经协议双方同意，该协议可以被合格的项目替代，条件是提议进行代替时替代项目既已具备资格。

"（4）最低要求。经部长批准，具备资格的实体应被允许使用其自身的期限和条件，购买保育地役权和其他土地利益，前提条件是这些期限和条件：

"（A）符合本计划的宗旨；

"（B）允许此类地役权或者其他利益保育宗旨的有效实施；和

"（C）包括对于防渗层的限制。依据即将进行农业活动的情况，允许拥有一定的防渗层。

"（5）违约的后果。依据本款签订的协议，如果期限或者条件出现违约情况，则：

"（A）协议应继续有效；和

"（B）部长有权要求具备资格的实体退还其依据本计划所获得的全部或者部分补贴，以及部长认为补贴应产生的适当利息。

"（h）具备资格实体的认证。

"（1）认证的程序。部长应制定一套程序，部长据此程序有权：

"（A）直接认证达到特定标准的实体具备资格；

"（B）按照（g）（2）（A）规定，与通过认证的实体签订长期协议；和

"（C）接受通过认证的实体对于开支分担援助的投标，供其在协议期限内购买具备资格土地的保育地役权或者其他利益。

"（2）认证的标准。为通过认证，具备资格的实体应向部长表明，该实体至少在协议期限内将保有：

"（A）管理地役权的方案，并且符合本节所述的宗旨；

"（B）监督和实施保育地役权或者其他利益的能力和资源；和

"（C）政策和步骤，以确保：

"（ⅰ）具备资格土地上保育地役权或者其他利益的长期完整性；

"（ⅱ）及时完成对具备资格土地上保育地役权或者其他利益的收购；和

"（ⅲ）对部长依据本计划所提供资金的使用情况，及时进行全面评估并向部长进行汇报。

"（3）审核和修改。

"（A）审核。具备资格的实体依据（1）规定通过认证后，部长应每3年对其进行一次审核，确保其达到（2）规定所确定的标准。

"（B）废止。实体通过认证后，如果部长发现其不再达到（2）规定所确定的标准，则有权：

"（ⅰ）允许通过认证的实体在最短180天的期限内，采取必要措施以达到上述标准；和

"（ⅱ）如果该实体在一段期限后仍然无法达到（2）规定所确定的标准，则取消该实体的认证资格。"

第2402条　农场生存力计划。

《1985年粮食安全法》第1238J条（b）（《美国法典》第16篇3838j（b））进行修订，删除"2007"后改为"2012"。

第2403条　草地保护区计划。

依据第2301条（a）（1）重新编号后的《1985年粮食安全法》第Ⅻ篇子篇D中的第2章第D节修

订为下列内容：

"第 D 节　草地保护区计划

"第 1238N 条　草地保护区计划。

"（a）制定和宗旨。部长应制定一项草地保护区计划（在本节中简称'计划'），宗旨在于通过租赁合同、地役权和恢复协议等方式，对具备资格的土地进行恢复和保育，帮助拥有者和经营者保护放牧用途和相关保育价值。

"（b）土地面积的纳入。

"（1）纳入的土地面积。2009 至 2012 财政年度期间，部长应在本计划中再纳入 1 220 000 英亩具备资格的土地。

"（2）纳入计划的方法。部长应通过下列方法把具备资格的土地纳入本计划：

"（A）10 年、15 年或者 20 年租赁合同；

"（B）永久地役权；或者

"（C）在规定有地役权最长期限的州，该州法律所允许的最长期限地役权。

"（3）限额。在依据本计划用于购买（2）所述租赁合同和地役权的全部资金中，部长应尽可能：

"（A）用 40%购买租赁合同；和

"（B）用 60%购买地役权。

"（4）保育保护区土地的纳入。

"（A）优先。本子篇第 1 章第 B 节所述合同即将到期时，部长应优先把曾经纳入过保育保护区计划的土地纳入本计划，前提条件为

"（ⅰ）该片土地属于第（c）节定义的具备资格土地；和

"（ⅱ）部长认为该片土地具有很高的生态价值，很可能会转作放牧以外的其他用途。

"（B）纳入的上限。在一个日历年度内，享有（A）所述优先权而被纳入本计划的土地面积，不应超过当年纳入本计划面积总和的 10%。

"（c）具备资格土地的定义。在本计划中，'具备资格的土地'系指下列私有或者部落土地

"（1）长有草本植物、主要用于放牧的草地和土地，或者灌丛带（包括改进后的牧场和牧草地）；

"（2）所在区域长期以来一直主要是草地、灌丛带或者生长草本植物，以及下列土地：

"（A）能够为具有很高生态价值的动物或者植物提供栖息地，前提条件是这些土地：

"（ⅰ）保留着目前的用途；或者

"（ⅱ）恢复到自然条件；

"（B）拥有历史或者考古资源；或者

"（C）能够解决州、地区和全国保育重点所提出的问题；或者

"（3）附属于（1）或者（2）所述土地，前提条件是部长认为该附属土地对于有效管理本计划所述租赁合同或者地役权必不可少。

"第 1238O 条　拥有者和经营者的职责。

"（a）租赁合同。为了能够签订合同，把具备资格的土地纳入本计划，土地拥有者和经营者应同意：

"（1）遵守合同的期限，签订有恢复协议的，还应遵守恢复协议的期限；

"（2）停止部长管辖下的其他计划；和

"（3）落实部长批准的放牧管理方案，该方案经双方同意后可进行修订。

"（b）地役权。为了能够通过地役权把具备资格的土地纳入本计划，土地拥有者和经营者应同意：

"（1）把地役权让予部长或者第 1238Q 条所述具备资格的实体；

"（2）依据州的相关法律，制定并记录反映地役权的行为限制；

"（3）提供一份地役权的书面同意声明，由持有土地安全利益或者任何既得利益的人签字；

"（4）提供一份证明，证明地役权相对应土地没有权益负担；

"（5）遵守地役权的期限，签订有恢复协议的，还应遵守合同恢复协议的期限；

"（6）落实部长批准的放牧管理方案，该方案经双方同意后可进行修订；和

"（7）取消部长管辖下的其他计划。

"（c）恢复协议。

"（1）适用的时机。具备资格的土地签订本计划所述租赁合同或者让予地役权后，需要进行恢复的，为了具备获得开支分担援助的资格，土地拥有者和经营者应同意遵守恢复协议的期限。

"（2）期限和条件。具备资格的土地签订本计划所述租赁合同或者让予地役权后，需要进行恢复的，部长应拟定恢复协议的期限和条件。

"（3）职责。恢复协议中应注明拥有者、经营者和部长的各自职责，其中包括联邦所承担的恢复补贴和技术援助份额。

"（d）适用于租赁合同和地役权的期限和条件。

"（1）允许的行为。在本计划中，租赁合同或者地役权的期限和条件应允许：

"（A）普通的放牧活动，其中包括保养和必要的耕作活动，但其方式不应破坏当地草地、草本植物和灌木品种的活力；

"（B）收割干草、收割牧草或者为采集种子而收割植物，但依据部长规定，在鸟类筑巢期有相关限制，因为这些鸟在当地大量减少或者受到联邦或者州的法律保护；

"（C）采取防火措施，修葺和建造防火隔离带；和

"（D）放牧相关活动，例如修建围栏和给畜禽供水。

"（2）禁令。在本计划中，租赁合同或者地役权的期限和条件应禁止：

"（A）种植不符合牧场保护的作物（干草除外）、果树、葡萄园或者其他任何农业商品；和

"（B）从事其他任何不符合牧场保护的行为，但恢复计划允许的活动除外。

"（3）补充期限和条件。为实现本计划的宗旨，加强本计划的管理，部长应制定其他一些适当的条款，包含在本计划所述的租赁合同或者地役权中。

"（e）违约。依据本条签订的租赁合同、地役权或者恢复协议，如果违反了期限和条件，那么：

"（1）合同或者地役权应仍然有效；和

"（2）部长有权要求拥有者或者经营者返还全部或者部分依据本计划所获得的补贴，加上部长认为补贴应产生的利息。

"第 1238P 条　部长的职责。

"（a）对申请进行评估和分级。

"（1）标准。部长应制定评估和分级标准，对申请本计划所述租赁合同和地役权的材料进行评估和分级。

"（2）考虑因素。制定上述标准时，部长应着重支持：

"（A）放牧活动；

"（B）植物和动物的生物多样性；和

"（C）除放牧外，很可能会转作其他用途的草地、长有草本植物的土地和灌木林。

"（b）补贴。

"（1）通则。为补偿本计划中拥有者或者经营者履行租赁合同或者让予地役权的行为，部长应：

"（A）依据（2）和（3）规定，向拥有者或者经营者发放租赁合同或者地役权补贴；和

"（B）依据（4），向签有恢复协议的拥有者或者经营者发放补贴，承担恢复开支中的联邦份额。

"（2）租赁合同的补贴。

"（A）土地放牧价值的比例。为补偿本计划中拥有者或者经营者履行租赁合同的行为，部长应在合同期限内发放年度补贴。依据（B）规定，补贴的金额不超过合约土地放牧价值的 75%。

"（B）补贴的限额。依据一份或者多份租赁合同，每年直接或者间接向一位自然人或者一个法人实体发放的补贴总计不得超过 50 000 美元。

"（3）地役权的补贴。

"（A）通则。依据（B），为补偿本计划中拥有者让予地役权的行为，部长应向其发放地役权补贴。补贴的金额不得超过该片土地的合理市场价格，但不应少于因让予地役权而损失的放牧价值。

"（B）确定补偿的方法。做出（A）所述的决定时，部长应对本计划购买的地役权做出补偿。补偿的金额为下列三者中的最低值：

"（ⅰ）让予地役权后，该片土地的合理市场价格，由部长通过下列方式确定：

"（Ⅰ）美国专业评估执业统一准则；或者

"（Ⅱ）整个区域的市场分析或者调查；

"（ⅱ）相当于地区上限的金额，具体由部长在法规中确定；或者

"（ⅲ）土地拥有者提出的要约。

"（C）安排。经部长和拥有者协商一致，地役权补贴最多可分 10 年发放，每年发放的补贴金额相等或者不等均可。

"（4）恢复协议的补贴。

"（A）联邦对于恢复承担的份额。拥有者或者经营者签订恢复协议后，为了恢复土地的功能和价值而采取必要措施和方法并产生开支时，部长应向其发放补贴，承担开支中不超过 50% 的份额。

"（B）补贴的限额。依据一份或者多份恢复协议，每年直接或者间接向一位自然人或者一个法人实体发放的补贴总计不得超过 50 000 美元。

"（5）给予其他人的补贴。有权获得本计划所述补贴的拥有者或者经营者，如果死亡、丧失能力或者由于其他原因而无法获得补贴，或者由继承人完成所需任务，那么部长应依据所颁布的法规，不论法律有何其他规定，均以部长认为公平合理的方式发放补贴。

"第 1238Q 条　职责的托付。

"（a）托付的权力。部长有权将本计划所述的职责托付给具备资格的实体，托付的方式为：

"（1）把地役权的产权头衔转让给具备资格的实体，由具备资格的实体持有和执行地役权；或者

"（2）与具备资格的实体签订合作协议，由具备资格的实体拥有、书写或者执行地役权。

"（b）具备资格实体的定义。在本条中，'具备资格的实体'系指：

"（1）州或地方政府所属机构或者印第安部落；或者

"（2）下列组织：

"（A）创立宗旨为《1986 年国内税收法典》第 170 条（h）（4）（A）下（ⅰ）、（ⅱ）、（ⅲ）或者（ⅳ）所述的一项或者多项保育宗旨，创立后的经营活动也是主要为了实现上述宗旨；

"（B）属于该法典第 501 条（c）（3）所规定的组织，免于该法典第 501 条（a）规定的税赋；和

"（C）属于：

"（ⅰ）该法典第 509 条（a）（1）或者（2）所述的组织；或者

"（ⅱ）该法典第 509 条（a）（3）所述的组织，并且由该法典第 509 条（a）（2）所述的组织控制。

"（c）产权头衔的转让。

"（1）转让。部长有权把地役权的产权头衔转让给具备资格的实体，由其代替部长持有和执行地役权，但部长有权定期进行检查并执行地役权，转让的前提条件是：

"（A）部长认为，转让能够促进对草地、长有草本植物土地或者灌木林的保护；

"（B）拥有者授权具备资格的拥有者持有并执行地役权；和

"（C）依据拥有者和具备资格实体的约定，具备资格的实体同意承担管理和执行地役权所发生的费用，其中包括对土地进行恢复或者修葺的费用。

"（2）申请。具备资格的实体，如果希望持有或者执行地役权，则应向部长提出申请并等待批准。

"（3）部长的审批。对于（2）所述的申请，部长有权予以批准，前提条件是具备资格的实体：

"（A）拥有必备的相关经验，能够对草地、长有草本植物土地或者灌木林的地役权进行管理；

"（B）拥有章程，详细规定为实现牧场、农田或者草地用于放牧或者保育宗旨的承诺。

"（C）拥有实现本章所述宗旨的必要资源。

"（d）合作协议。

"（1）授权；期限和条件。依据合作协议，具备资格的实体方可利用部长提供的资金代替部长拥有、书写和执行地役权。部长应确定合作协议的期限和条件。

"（2）最低要求。合作协议最少应：

"（A）注明具备资格的实体履行其职责的条件，其中包括获得、监督、执行和落实管理政策和程序，以确保长期完好地对地役权实施保护；

"（B）要求具备资格的实体承担因管理和执行地役权而产生的费用，其中包括拥有者和具备资格实体注明用于土地恢复的费用；

"（C）注明部长有权进行定期检查，以验证具备资格实体执行地役权情况；

"（D）在（E）规定的范围内，确定协议需要投入资金的一个或者多个项目；

"（E）经各方一致同意，允许用符合资格的项目代替；

"（F）注明具备资格实体对资金使用情况进行评估并向部长报告的方式；

"（G）允许具备资格实体灵活运用地役权的期限和条件，前提条件是部长认为符合本计划的宗旨且足以保证地役权的有效执行；

"（H）具备资格的实体向土地拥有者购买地役权时，视情允许具备资格实体获得来自土地拥有者的公益捐赠或者保育贡献（定义与《1986年国内税收法典》第170条（c）相同）；和

"（I）经部长和具备资格的实体协商一致，注明向具备资格实体发放补贴的安排。

"（3）成本分担。

"（A）通则。与本款所述具备资格的实体签订合作协议时，作为合作协议的一部分，部长可提供一部分款项用于购买本计划所述的地役权。

"（B）具备资格实体应承担的最低份额。应要求具备资格的实体提供一部分购买款项，至少要相当于部长所提供的份额。

"（C）优先权。具备资格的实体如果提出愿意多承担购买地役权款项份额，那么部长有权给予其优先考虑。

"（4）违约。依据本款签订合作协议后，如果具备资格的实体违反协议期限或者条件，那么：

"（A）合作协议应仍然有效；和

"（B）部长有权要求具备资格的实体返还全部或者部分依据本计划所获得的补贴，加上部长认为补贴应产生的利息。

"（e）联邦投资的保护。托付本条所述职责时，部长应确保地役权条款中规定农业部门拥有执行地役权的未定权利。"

子篇F 环境质量激励计划

第2501条 环境质量激励计划的宗旨。

（a）修改后的宗旨。《1985年粮食安全法》第1240条（《美国法典》第16篇3839aa）做如下修订：

（1）在（1）前面的部分中，在"农业生产"后面加入"，林业管理"；和

（2）删除（3）和（4）后改为下面 2 项新的内容：

"（3）向生产者提供灵活的援助，帮助其落实和保持保育工作，在保证粮食和纤维生产的同时：

（A）改善土壤、水和相关自然资源，其中包括牧场、林地、湿地和野生动物等；和

（B）保育能源；

（4）帮助生产者在农田或者林地进行有益的、节省开支的变革，例如在生产体系（其中包括涉及有机生产的保育工作）、放牧管理、燃料管理、林业管理、涉及畜禽的营养管理、病虫害或者灌溉管理等方面；和"。

（b）技术校正。《1985 年粮食安全法》进行修订，在第 1240 条（《美国法典》第 16 篇 3839aa）前面加入下列内容：

"第 4 章　环境质量激励计划"

第 2502 条　定义。

《1985 年粮食安全法》第 1240A 条（《美国法典》第 16 篇 3839aa‑1）修订为下列内容：

"第 1240A 条　定义。

"在本章中：

"（1）具备资格的土地。

"（A）通则。'具备资格的土地'系指生产农业商品、畜禽或者林业相关产品的土地。

"（B）包括。'具备资格的土地'包括：

"（ⅰ）农田。

"（ⅱ）草地。

"（ⅲ）牧场。

"（ⅳ）草原。

"（ⅴ）非工业私有林地。

"（ⅵ）部长规定的其他农业土地（其中包括种植作物的林地、沼泽和用于畜禽生产的农业土地），通过签订本计划所述的合同，能够解决这些土地上涉及农业生产的资源关切。

"（2）国家有机计划。'国家有机计划'系指依据《1990 年有机食品生产法》（《美国法典》第 7 篇 6501 及以下）制定的国家有机计划。

"（3）有机体系方案。'有机体系方案'系指依据国家有机计划批准的有机方案。

"（4）补贴。'补贴'系指向落实本篇所述工作的生产者发放的资金援助，其中包括补偿下列开支：

"（A）规划、设计、材料、设备、安装、劳工、管理、维护或者培训等产生的费用；和

"（B）生产者放弃的收入。

"（5）工作。'工作'依据部长规定，系指符合本章所述计划宗旨的一项或者多项改进和保育行为，其中包括：

"（A）对生产者具备资格土地的改进，其中包括：

"（ⅰ）结构性工作；

"（ⅱ）土地管理工作；

"（ⅲ）植被工作；

"（ⅳ）树林管理；和

"（ⅴ）部长认为有助于实现本计划宗旨的其他工作；和

"（B）为生产者具备资格的土地制定相应方案等保育行为，其中包括：

"（ⅰ）综合性营养管理规划；和

"（ⅱ）部长认为有助于实现本篇所述计划宗旨的其他方案。

"（6）计划。'计划'系指依据本章制定的环境质量激励计划。"

第 2503 条　环境质量激励计划的制定及其管理办法。

《1985 年粮食安全法》第 1240B 条（《美国法典》第 16 篇 3839aa‑2）修订为下列内容：

"第 1240B 条　制定及其管理办法。

"（a）制定。2002 至 2012 每一财政年度，部长应向依据本计划与部长签订合同的生产者发放补贴。

"（b）工作和期限。

"（1）工作。本计划所述合同可适用于落实一项或者多项工作。

"（2）期限。本计划所述合同的期限为：

"（A）至少始于签订合同之日，到落实合同约定全部工作之日一年后截止；但

"（B）不得超过 10 年。

"（c）向下竞价。如果部长认为两份或者更多补贴申请的环境价值不相上下，那么部长不得仅凭某份申请的支出少而给予优先考虑。

"（d）补贴。

"（1）补贴的适用范畴。生产者实施本计划所述一项或者多项工作，即可获得补贴。

"（2）补贴的限额。依据部长规定，发放给实施工作的生产者的补贴不得超过：

"（A）规划、设计、材料、设备、安装、劳工、管理、维护或者培训所产生费用的 75％；

"（B）生产者所放弃收入的 100％；

"（C）如果实施的工作中包含有（A）和（B）所述因素，那么：

"（ⅰ）对于包含有（A）所述因素的，所生产费用的 75％；和

"（ⅱ）对于包含有（B）所述因素的，所放弃收入的 100％。

"（3）涉及放弃收入补贴的特别细则。依据部长规定，确定（2）（B）所述补贴金额和补贴率时，部长可充分考虑到促进下列事项的工作：

"（A）残余物管理；

"（B）营养管理；

"（C）空气质量管理；

"（D）入侵性物种管理；

"（E）传粉昆虫栖息地；

"（F）动物尸体管理技术；或者

"（G）病虫害管理。

"（4）给特定生产者的追加补贴。

"（A）通则。不论（2）如何规定，对于资源有限的生产者、社会上处于弱势的农民或者牧民或者新从业的农民或者牧民，部长除向其发放本款所述补贴外，还应追加金额：

"（ⅰ）不超过规划、设计、材料、设备、安装、劳工、管理、维护或者培训所产生费用的 90％；和

"（ⅱ）不少于正常补贴率的 25％。

"（B）提前补贴。依据（A）确定的金额，不超过 30％可提前发放，用于购买材料或者签订合同。

"（5）其他来源的资金援助。除（6）另有规定外，生产者在其具备资格的土地上实施一项或者多项工作后，从州或者私营组织或者自然人处获得的任何补贴，均应充做本款所述补贴的一部分。

"（6）其他补贴。生产者在其具备资格的土地上实施工作后，如果获得了本子篇其他计划的补贴或

者收益，则不再因在同样土地上实施同样工作而具备获得本计划所述补贴的资格。

"（e）合同的修改或者终止。

"（1）主动修改或者终止。部长有权修改或者终止依据本计划与生产者签订的合同，前提条件是：

"（A）生产者同意修改或者终止；和

"（B）部长认为修改或者终止符合公共利益。

"（2）被动终止。部长有权终止依据本计划签订的合同，前提条件是部长认为生产者违约。

"（f）资金的分配。2002 至 2012 每一财政年度，依据本计划发放的补贴资金，60% 应用于畜禽生产方面的工作。

"（g）给联邦认可的印第安部落和阿拉斯加土著公司的融资。对于联邦认可的印第安部落和阿拉斯加土著公司（其中包括其下属组织），部长可与其达成其他形式的融资安排，前提条件是部长认为上述安排能够实现本计划的目的，而且部落或者土著公司的任何成员均不会超过与个人生产者所签合同的法定金额上限。

"（h）水资源保育或者灌溉节能工作。

"（1）补贴的适用范畴。生产者实施水资源保育或者灌溉工作，部长即可向其发放本款所述的补贴。

"（2）优先。因生产者实施水资源保育或者灌溉工作，部长向其发放补贴时，应优先照顾下列申请：

"（A）符合生产者具备资格土地所在州的法律，生产者经营活动中用水减少；或者

"（B）生产者同意采用相关节水措施。

"（i）有机生产相关保育工作的补贴。

"（1）批准的补贴。生产者所有或者部分经营活动如果涉及下列事项，部长应为保育工作发放本节所述的补贴：

"（A）有机生产；和

"（B）向有机生产转变。

"（2）具备资格的要求。作为获得本款所述补贴的条件，生产者应同意：

"（A）制定并实施有机体系方案；或者

"（B）为通过认证的有机生产制定和实施符合有机体系方案和本章宗旨的保育工作。

"（3）补贴的限额。本款所述的补贴，直接或者间接发放给一位自然人或者一个法人实体的，总计金额每年不得超过 20 000 美元，或者任意 6 年不得超过 80 000 美元。应用本限额时，部长不应计算技术援助款项。

"（4）特定有机认证费用的排除。依据《2002 年农业安全与农村投资法》第 10606 条（《美国法典》第 7 篇 6523），有机认证相关费用如果符合分担补贴的资格，则不再依据本款为其发放补贴。

"（5）合同的终止。部长有权取消或者终止发放本款所述补贴的合同，提前条件是部长认为生产者：

"（A）没有进行有机认证；或者

"（B）未遵守《1990 年有机食品生产法》（《美国法典》第 7 篇 6501 及以下）。"

第 2504 条　申请的评估。

《1985 年粮食安全法》第 1240C 条（《美国法典》第 16 篇 3839aa - 3）修订为下列内容：

"第 1240C 条　申请的评估。

"（a）评估的标准。部长应制定对申请进行评估的标准，以确保能够有效解决全国、州和地方的保育重点。

"（b）申请的优先考虑。对本章所述申请进行评估时，部长应优先考虑下列申请：

"（1）在确保申请中提出的保育工作和方法对于实现项目的预期环境收益最为有效的前提下，依据申请节省开支的总体水平；

"（2）依据项目解决指定资源关切的有效性和综合性；

"（3）最能符合第 1240 条（1）所述环境质量激励计划的宗旨；和

"（4）能够改进接受合同要约时正在从事的保育工作或者体系，或者能够对保育体系进行完善。

"（c）申请的分组。部长应尽最大可能把申请进行分组，把从事相似作物或者畜禽经营的申请分为一组进行评估，从事其他农业经营的申请也应分组进行评估。"

第 2505 条　生产者在环境质量激励计划中承担的职责。

《1985 年粮食安全法》第 1240D 条（《美国法典》第 16 篇 3839aa‐4）做如下修订：

（1）在（1）前面的部分中，删除"技术援助、成本分担补贴或者激励政策"；

（2）在（2）中，删除"农场或者牧场"后改为"农场、牧场或者林地"；和

（3）删除（4）中的"成本分担补贴及激励政策"；

第 2506 条　环境质量激励计划。

（a）实施计划。《1985 年粮食安全法》第 1240E（a）条（《美国法典》第 16 篇，3839aa‐5（a））的修改方式如下所示：

（1）删除该款标题中的"通则"，插入"实施规划"；

（2）（1）之前内容删除"成本分担补贴或激励政策"；

（3）（2），删除结尾处分号后的"和"；

（4）（3），删除结尾处的句号，插入"；和"；

（5）在结尾处增加以下条款：

"（4）对于林地，需符合经农业部长审批的森林管理计划规定，可能包括：

"（A）《1978 年合作森林援助法》第 5 条（《美国法典》第 16 篇 2103a）所规定的森林管理计划；

"（B）经国家林务员审批的其他执行计划；或

"（C）农业部长批准的其他可行性计划。"

（b）避免重复。《1985 年粮食安全法》第 1240E（b）条（《美国法典》第 16 篇，3839aa‐5）的修改方式为：

"（b）避免重复。农业部长应：

"（1）考虑制定一项与水土或空气质量管理项目有关的计划，相当于（a）中的实施计划，且该计划应包括与实施计划所含要素相对等的要素；

"（2）最大限度保证计划可行性，避免重复本章的规划活动和同类保护计划。"

第 2507 条　农业部长职责。

《1985 年粮食安全法》第 1240F 条（1）（《美国法典》第 16 篇 3839aa‐6（1））的修改方式为：删除"成本份额支付及激励政策"。

第 2508 条　环境质量激励计划补贴限制。

《1985 年粮食安全法》第 1240G 条（《美国法典》第 16 篇 3839aa‐7）的修改方式如下：

（1）删除"个体或实体"，插入"（a）限额。在（b）规定的范围内，个人或法律实体"；

（2）删除"450 000 美元"，插入"300 000 美元"；

（3）删除两处"个体"，插入"个人"；

（4）在末尾处加入下列内容：

"（b）中止权。对于本章中在环境方面发挥特殊作用的项目（包括甲烷消化器项目），农业部长对相关合同拥有下列权力：

"（1）中止不适用于（a）的限额；

"（2）在 6 年内提高限额，但不得超过 450 000 美元。"

第 2509 条　保育创新补贴。

《1985 年粮食安全法》第 1240H 条（《美国法典》第 16 篇 3839aa‐8）的修改方式如下：

"第 1240H 条　保育创新补贴。

"（a）保育创新做法竞争补贴。

"（1）补贴。为确保本条中所拨款项按时发放，农业部长应对联邦政府在促进环境改善和保护、农业生产或森林资源管理方面的创新型做法发放竞争补贴。

"（2）用途。对于下列项目，农业部长可按照竞争机制按本款规定向政府和非政府机构及个人发放补贴：

"（A）本项目涉及具有获得补贴或技术援助资格的生产商；

"（B）根据本章规定实施本计划时需国家和当地政府以及私营机构共同提供资金，以促进农业生产、环境改善和保护；

"（C）该项目按照本款规定领取资金时可确保创新技术和方法有效转让，例如污染减排市场系统、土壤碳贮存方法；

"（D）该项目可在环境和资源保育方面发挥更大作用，吸引更多特色作物生产商。

"（b）农业运营对空气质量造成的影响。

"（1）提供援助。农业部长应按本款规定向生产商提供执行援助，帮助其在农业运营过程中应对空气质量问题，满足联邦、州和当地管理要求。资金数目根据当地的空气质量问题而定，提供对象为符合成本效益的生产商，并反映创新技术。

"（2）提供资金。为确保本章中所拨款项及时发放，农业部长应按本款规定从 2009 至 2012 财政年度每年拨款 37 500 000 美元。"

第 2510 条　节水农业计划。

《1985 年粮食安全法》第 1240I 条（《美国法典》第 16 篇，第 3839aa‐9 节）的修改方式如下：

"第 1240I 条　节水农业计划。

"（a）定义。本条中：

"（1）节水农业活动。'节水农业活动'包括与农业用地相关的下列活动：

"（A）水质量或节水计划的研发，包括资源环境评估和示范。

"（B）节水恢复或改善项目，包括转换为生产水较不密集型农产品或干地农作物。

"（C）水质量或水量恢复或改善计划。

"（D）灌溉系统改进和灌溉效率提升计划。

"（E）旨在减缓旱灾影响的活动。

"（F）农业部长认为有助于提高农业用地水质或节水效益的相关活动。

"（2）合作伙伴。'合作伙伴'一词的定义为：与农业部长签订合作协议的实体，协议旨在开展地区农业用水改善活动，包括：

"（A）农业或森林厂商协会或其他此类厂商团体；

"（B）州或当地政府部门；或

"（C）联邦政府认可的印第安人部落。

"（3）合作协议。'合作协议'一词的定义为农业部长与合作伙伴之间签署的协议。

"（4）计划。'计划'一词的定义为按照（b）所设立的农业用水改善计划。

"（b）计划设立。自2009财政年度起，农业部长应按照本条规定采取其认为合适的程序完成农业用水改善计划，作为环境质量激励项目的组成部分，旨在推动地面和表面水的保持、改善农业用地的水质：

"（1）与生产商签订旨在改善农业用水的合同并向其发放补贴；或

"（2）在各地区按照（c）与合作伙伴签订有利于农业用地的合作协议。

"（c）合作协议。

"（1）授权协议。为实现（b）计划目标，农业部长可签订合作协议。

"（2）申请。按照（1）规定向农业部长提交的合作申请应包括下列内容：

"（A）合作协议所涉及地理区域的具体状况。

"（B）合作协议所涉及农业用水质量的具体状况或水保持情况。

"（C）通过合作所要达到的农业用水改善具体目标。

"（D）对共同实现计划目标的合作伙伴、其作用、职责和能力进行说明。

"（E）具体的计划资源，包括农业部长应发放的补贴。

"（F）农业部长在对合作协议申请进行充分评估和筛选过程中认为必要的其他此类因素。

"（3）合作伙伴职责。合作伙伴签订合作协议后应：

"（A）确定参与计划的生产商并代表其申请计划；

"（B）除农业部长提供的资金外提供其他资金以帮助实现计划目标；

"（C）对计划效果进行监控和评估；和

"（D）计划收尾时向农业部长报告计划结果。

"（d）生产商提交农业用水改善活动方案。农业部长应根据环境质量激励计划相关要求对生产商所提交的农业用水改善活动方案进行筛选。

"（e）对农业用水改善活动合作伙伴进行筛选。

"（1）竞争程序。农业部长应按照竞争程序对合作伙伴进行筛选。在采纳竞争程序时农业部长应公开评估申请时所采用的标准。

"（2）优先选择某些提案的权力。农业部长有权优先考虑下列合作伙伴的提案：

"（A）地区或其他适当区域包括高百分比的农业用地和生产商；

"（B）开展节水活动、可大幅提高所申请农业用水质量；

"（C）农业活动大幅改观；

"（D）允许监督和评估；和

"（E）帮助生产商满足此项管理规定减少生产商操作的经济规模。

"（3）与水质量问题有关的州其提案优先考虑。农业部长对于合作伙伴的下列提案优先考虑：

"（A）包括将农业用地从灌溉耕作转换为干地耕作的相关内容；

"（B）除计划所提供联邦资金外由合作伙伴补充资金；和

"（C）根据农业部长要求对水量存在问题的州生产商提供援助。

"（4）管理办法。农业部长在执行本款规定时应：

"（A）从下列渠道接受具备资格的申请：

"（ⅰ）直接来自代表生产商申请的合作伙伴；或

"（ⅱ）通过地区农业用水改善项目的组成部分合作伙伴进行申请的生产商；和

"（B）确保地区农业用水改善活动所用资源按照适用性项目规定分配。

"（f）发生紧急旱灾的地区。如农业用水改善活动符合下列条件，则农业部长可违反第1240条规定将蓄水池作为适当农业用水改善活动汲取农业用地上的表面水径流：

"（1）位于正在发生或近2年内发生过紧急旱灾的地区；

"（2）可通过建造、改善或维修灌溉水塘或小型农场蓄水池汲取表面水径流。

"（g）中止权。为顺利完成本计划中的农业用水改善活动，如农业部长认为暂时中止本法案第 1001D 条（b）（2）（B）中对相关生产商的限制有助于实现计划目标，则其可酌情终止该项规定。

"（h）计划补贴情况。

"（1）通则。农业部长应根据（b）规定的计划目标确定向农业用水改善活动相关生产商提供适当的补贴。

"（2）向存在水量问题的州生产商付款。农业部长应按照（e）（3）提议的补贴连续 5 年向农业用水改善活动相关生产商发放，以鼓励其从灌溉耕作转化为干地耕作。

"（i）遵守国家法律规定。本项目所涉及任何农业用水改善活动均应遵守国家法律规定。

"（j）提供资金。

"（1）资金的适用范畴。农业部长除按照本章第 1241 条（a）提供资金外，还应使用商品信贷公司所提供资金确保计划顺利进行：

"（A）2009 至 2010 财政年度每年 73 000 000 美元；

"（B）2011 财政年度 74 000 000 美元；和

"（C）2012 及此后财年每年 60 000 000 美元。

"（2）管理费用限制。本项目任何地区农业节水活动资金不得用来支付合作伙伴的管理费用。"

子篇 G 《1985 年粮食安全法》其他保育计划

第 2601 条 私属放牧土地保育。

《1985 年粮食安全法》第 1240M 条（e）（《美国法典》第 16 篇 3839bb（e））的修改方式为删除"2007"，插入"2012"。

第 2602 条 野生动物栖息地激励计划。

（a）资格。《1985 年粮食安全法》第 1240N 条（《美国法典》第 16 篇 3839bb-1）的修改方式如下所示：

（1）在（a）末尾句号前插入："为推动私属农业用地野生动物栖息地、非工业私属林地和部落土地的发展"。

（2）删除（b）（1）中的"土地所有者"，插入"（a）所指土地所有者"。

（b）包括重要角落和非常规区域。《1985 年粮食安全法案》第 1240N 条（b）（1）（E）（《美国法典》第 16 篇 3839bb-1（b）（1）（E））的修改方式为在末尾句号前插入"包括重要角落和非常规区域"。

（c）长期协议成本份额。《1985 年粮食安全法案》第 1240N 条（b）（2）（B）（《美国法典》第 16 篇 3839bb-1（b）（2）（B））的修改方式为删除"15％"，插入"25％"。

（d）特定保育提议优先权；补贴限额。《1985 年粮食安全法案》第 1240N 条（《美国法典》第 16 篇 3839bb-1）的修改方式为在末尾加入以下两款新内容：

"（d）特定保育提议优先权。农业部长可按照本条规定优先选择与州、地区和国家性保持提议有关的项目。

"（e）补贴限额。该项目所涉及个人或法律实体直接或间接补贴年度总额不得超过 50 000 美元。"

第 2603 条 乡村水资源保护计划。

《1985 年粮食安全法》第 1240O 条（b）（《美国法典》第 16 篇 3839b-2（b））的修改方式为删除"2002 至 2007 财政年度每年 5 000 000 美元"，插入"2008 至 2012 财政年度每年 20 000 000 美元"。

第 2604 条　五大湖盆地土壤侵蚀和沉淀物控制计划。

《1985 年粮食安全法》第 1240P 条（《美国法典》第 16 篇 3839bb - 3）的修改方式如下：

"第 1240P 条　五大湖盆地土壤侵蚀和沉淀物控制计划。

"（a）授权计划。农业部长可执行五大湖盆地土壤侵蚀和沉淀物控制计划（即本条所指'计划'），包括辅助执行五大湖地区合作战略建议，以恢复和保护五大湖。

"（b）磋商和合作。农业部长在执行计划时应与《五大湖盆地协议》（《美国法令全书》第 82 篇 415）第 IV 条规定所设立的五大湖委员会进行磋商，并与环境保护部部长和陆军部长合作。

"（c）援助。农业部长在执行计划时拥有下列权力：

"（1）提供计划展示基金，提供技术援助，执行信息和教育计划，通过减少土壤侵蚀、改进沉淀物控制提高五大湖盆地水质；

"（2）优先选择符合下列条件的计划和活动：

"（A）直接减少土壤侵蚀或改进沉淀物控制；

"（B）减少乡村集水区水土流失的恶化情况；或

"（C）提高下游集水区水质。

"（d）拨款授权。在 2008 至 2012 每个财政年度兹授权向农业部长拨付 5 000 000 美元执行本计划。"

第 2605 条　切萨皮克湾集水区计划。

《1985 年粮食安全法》第 XII 篇子篇 D 第 5 章（《美国法典》第 16 篇 3839bb - 3）的修改方式为在第 1240P 条后插入下列条：

"第 1240Q 条　切萨皮克湾集水区

"（a）切萨皮克湾集水区定义。本条中'切萨皮克湾集水区'指的是流入切萨皮克湾的所有支流、死水和侧渠，包括其集水区。

"（b）设立和宗旨。农业部长应帮助切萨皮克湾内农业用地上的生产商完成保持活动，活动宗旨如下：

"（1）提高切萨皮克湾集水区水质和水量；和

"（2）恢复、改善和保持切萨皮克湾集水区的土壤、空气和相关资源。

"（c）保育活动。农业部长应按照本条规定通过本子篇适用性项目发放资金，通过以下方式帮助生产商改善土地和水资源：

"（1）控制侵蚀，减少地面和地表水沉淀物和养料数量；和

"（2）如土地符合下列条件，并具有重大生态价值，则通过规划、设计、执行和评估栖息地保持、恢复和改善措施：

"（A）土地保留当前用途；或

"（B）土地恢复至自然状态。

"（d）协议。

"（1）通则。农业部长应：

"（A）与生产商签订协议，以实现本条宗旨；和

"（B）利用本条所规定资金支付每份协议所涉及项目成本。

"（2）特殊考虑。农业部长在按本款规定签订协议、开始对生产商申请进行评估时应对下列河流盆地给予特殊考虑：

"（A）萨斯昆那大河。

"（B）仙那度河。

"（C）波托马克河（包括南北波托马克）。

"（D）帕塔克森特河。

"（e）农业部长职责。农业部长实现本条目的时应：

"（1）根据实际情况使用当前计划、模式和评估结果帮助生产商完成保持活动；

"（2）迅速执行与生产商之间签订的任何协议，前提是该协议符合切萨皮克湾集水区国家性恢复策略。

"（f）磋商。农业部长应与适当的联邦机构进行磋商，确保本条所完成保持活动对联邦和州项目进行补充，包括提高切萨皮克湾集水区水质的项目。

"（g）国会决定重组切萨皮克湾行政委员会。国会认为农业部长应成为切萨皮克湾行政委员会的成员，且根据《水土保持和国内分配法》第 1 条（3）（《美国法典》第 16 篇 590a（3））对其授权。

"（h）提供资金。

"（1）适用范畴。对于商品信贷公司所提供资金，农业部长可最大限度使用

"（A）2009 财政年度 23 000 000 美元；

"（B）2010 财政年度 43 000 000 美元；

"（C）2011 财政年度 72 000 000 美元；和

"（D）2012 财政年度 50 000 000 美元。

"（2）适用期限。按照（1）规定提供资金的期限直至用完为止。"

第 2606 条　自发性公众进入和栖息地激励计划。

《1985 年粮食安全法》第 Ⅻ 篇子篇 D 第 5 章（《美国法典》第 16 篇 3839bb 及以下）的修改方式为在第 2605 条后插入下列条：

"第 1240R 条　自发性公众进入和栖息地激励计划。

"（a）设立。农业部长应设立自发性公众进入计划，目的在于使州和部落政府有权申请资金鼓励私属农场、牧场和林地所有者和管理者自愿向公众提供进入野生动物栖息地进行娱乐的权利，包括按照州和部落政府计划要求打猎或钓鱼。

"（b）申请。提交计划资金申请时，州或部落政府应列出下列内容：

"（1）州或部落政府意图通过鼓励公众进入私属农场和牧场开展下列活动获得收益：

"（A）打猎和钓鱼；和

"（B）其他最大程度上可行的娱乐目的；和

"（2）获得这些收益所用的方法。

"（c）优先考虑。农业部长在批准计划申请、授予补助资金时应对提议下列内容的州和部落政府优先考虑：

"（1）提供一个有效期可能被土地所有者广为接受的计划，尽可能扩大计划参与者范围；

"（2）确保州或部落政府名下所登记土地拥有适当的野生动物栖息地；

"（3）强化特殊保育改善计划（按照第 1234 条（f）（4）规定）名下所登记土地上野生动物栖息地的改善工作，并提出倡议增加该土地上公众打猎机会及其他娱乐方式；

"（4）执行该计划时使用其他联邦、州、部落政府或私属资源；和

"（5）向公众提供所登记土地的位置。

"（d）与其他法律关系。

"（1）无优先权。本条任何内容均不得优先于州或部落政府，包括所有州或部落政府责任法律。

"（2）候鸟打猎不当开放日后果。如某个州内候鸟打猎开放日不适合居民和非居民，则农业部长可

将该州计划补助资金降低 25％。

"（e）法规。农业部长应制定一些必要的法规，确保本条规定得到顺利执行。

"（f）提供资金。对于商品信贷公司所提供资金，农业部长自 2009 至 2012 财政年度每年最高可使用 50 000 000 美元。"

子篇 H　保育计划的拨款和管理办法

第 2701 条　《1985 年粮食安全法》保育计划拨款。

（a）通则。《1985 年粮食安全法》第 1241 条（a）（《美国法典》第 16 篇 3841（a））的修改方式为在（1）前删除"2007"，插入"2012"。

（b）保育计划。《1985 年粮食安全法》第 1241（a）条（1）（《美国法典》第 16 篇 3841（a））的修改方式为删除末尾处句号，插入："，包括最高可使用资金：

"（A）按照第 1234 条（b）（3）规定发放成本分担补贴，自 2009 至 2012 财政年度提供 100 000 000 美元，同时按照（A）（iii）规定在土地上开展疏剪活动；

"（B）按照第 1235 条（f）规定自 2009 至 2012 财政年度提供 25 000 000 美元，按照合同规定将土地从已退休或即将退休的所有者和管理者转让至创业农民或牧民以及社会弱势农民或牧民。"

（c）保育安全和保育管理计划。《1985 年粮食安全法》第 1241 条（a）（3）（《美国法典》第 16 篇 3841（a））的修改方式如下所示：

"（3）（A）保育安全计划。第 2 章第 A 节规定保育安全计划利用必要款项履行 2008 年 9 月 30 日前所签署的合同。

"（B）保育管理计划。第 2 章第 B 节所描述的保育管理计划。"

（d）农田保护计划。《1985 年粮食安全法》第 1241 条（a）（4）（《美国法典》第 16 篇 3841（a））的修改方式如下所示：

"（4）第 2 章第 C 节农田保护计划最高可使用资金数量如下所示：

"（A）2008 财政年度 97 000 000 美元；

"（B）2009 财政年度 121 000 000 美元；

"（C）2010 财政年度 150 000 000 美元；

"（D）2011 财政年度 175 000 000 美元；

"（E）2012 财政年度 200 000 000 美元。"。

（e）绿地保育计划。《1985 年粮食安全法》第 1241 条（a）（5）（《美国法典》第 16 篇 3841（a））的修改方式如下所示：

"（5）第 2 章第 D 节所描述的绿地保育计划。"

（f）环境质量激励计划。《1985 年粮食安全法》第 1241 条（a）（6）（《美国法典》第 16 篇 3841（a））的修改方式如下所示：

"（6）第 4 章环境质量激励计划最高可使用资金数量如下所示：

"（A）2008 财政年度 1 200 000 000 美元；

"（B）2009 财政年度 1 337 000 000 美元；

"（C）2010 财政年度 1 450 000 000 美元；

"（D）2011 财政年度 1 588 000 000 美元；

"（E）2012 财政年度 1 750 000 000 美元。"

（g）野生动物栖息地激励计划。《1985 年粮食安全法》第 1241 条（a）（7）（D）（《美国法典》第 16 篇 3841（a））的修改方式为删除"2007"，插入"2012"。

第 2702 条　授权领取支持保育计划的捐赠。

《1985 年粮食安全法》第 1241 条（《美国法典》第 16 篇 3841）的修改方式为在末尾处加入以下款：

"（e）捐赠的领取和使用。

"（1）授权建立捐赠账户。根据（2）规定，农业部长可按照子篇 D 规定为自己所管理的所有保育计划建立分账户，接受非联邦资金的捐赠，确保计划顺利进行。

"（2）捐赠的储存和使用。农业部长按照子篇 D 所管理的保育计划可能收到非联邦资金的捐赠，此笔资金应按分部规定存入计划分账户并提供给农业部长用于计划的执行，直到用完为止，不再另行拨款。"

第 2703 条　地区公平和弹性。

（a）地区公平和弹性。《1985 年粮食安全法》第 1241 条（d）（《美国法典》第 16 篇 3841（d））的修改方式如下所示：

（1）删除"4 月 1 日前"，插入下列内容：

"（1）优先提供资金确保公平。4 月 1 日前"；

（2）删除"12 000 000 美元"，插入"15 000 000 美元"；和

（3）在末尾处加入下列条款：

"（2）具体资金分配。按照（1）规定确定国家具体资金分配情况时，农业部长应考虑每个州各项目的具体需求。"

（b）分配审查与更新。《1985 年粮食安全法》第 1241 条（《美国法典》第 16 篇 3841）的修改方式为在第 2702 条所加入的（e）后插入下列内容：

"（f）分配审查与更新。

"（1）审查。在不晚于 2012 年 1 月 1 日的时间内，农业部长应对保育计划以及权限进行审查——即利用分配原则说明国家经济要素、农业基础设施水平或其他影响保育计划成本的因素以确定该原则是否充分。

"（2）更新。农业部长应根据实际情况改善保育计划的分配原则，以确保分配原则充分反映保育计划的执行成本。"

第 2704 条　援助某些农民和牧民提高其参与保育计划的积极性。

《1985 年粮食安全法》第 1241 条（《美国法典》第 16 篇 3841）的修改方式为在第 2703 条（b）所加入的（f）后插入下列内容：

"（g）援助某些农民和牧民提高其参与保育计划的积极性。

"（1）援助。对于 2009 至 2012 财政年度每年所提供的环境质量激励计划可用资金和每一财政年度执行保育计划所用土地面积，农业部长最高可使用数量如下所示：

"（A）5％用于援助农民或牧民；

"（B）5％用于援助社会弱势农民或牧民。

"（2）重新储存资金。任何财政年度中，如农业部长未按照（1）规定确定数量，则当年所有有资格获得环境质量激励计划技术援助和补贴的人均可获得援助和补贴。

"（3）重新储存土地。任何财政年度中，如农业部长未按照（1）规定确定数量，则当年根据保育管理计划可使用所有土地。"

第 2705 条　保育计划登记和援助情况报告。

《1985 年粮食安全法》第 1241 条（《美国法典》第 16 篇 3841）的修改方式为在第 2704 条所加入的

（g）后插入下列内容：

"（h）计划登记和援助情况报告。自2009日历年度起，包括随后的每个日历年度，农业部长应按本子篇规定向众议院农业委员会和参议院农业、营养和林业委员会提交一份国家保育计划登记统计报告，每半年提交一份，内容如下所示：

"（1）根据地役权湿地保育计划所发放的补贴，价值大于等于250 000美元。

"（2）根据地役权农田保育计划所发放的补贴，其中联邦份额大于等于250 000美元。

"（3）根据绿地保育计划所发放的补贴，价值大于等于250 000美元。

"（4）按照第1240G条（b）规定根据环境质量激励计划为具有特殊环保作用的土地发放的补贴。

"（5）按照第1240I条（g）规定根据已调整总收入限制终止权所确定的农业用水改善计划所发放的补贴。

"（6）农业部长按照本法案第1001D条（b）（2）规定所授予的终止权，旨在保护具有特殊重要性、在环保方面较为敏感的土地。"

第2706条 保育技术援助的传递。

《1985年粮食安全法》第1242条（《美国法典》第16篇3841）的修改方式如下所示：

"第1242条 技术援助的传递。

"（a）具备资格的参与者的定义。本条中'具备资格的参与者'一词的定义为下列生产商、土地所有者或实体——目前正有资格参与，或谋求参与本篇规定计划或《联邦农作物保险法》第524条（《美国法典》第7篇1524）所规定农业管理援助计划的生产商、土地所有者或实体。

"（b）技术援助的宗旨。本条所授权技术援助的宗旨在于根据具体地点为具备资格的参与者提供稳定而科学的做法，以便于在农用、林用或其他用途的土地上实现保育目标。

"（c）技术援助的提供。农业部长应按照本篇规定通过下列方式向具备资格的参与者提供技术援助：

"（1）直接；

"（2）通过与第三方供应商签订协议；或

"（3）如有可能，根据农业部长决定、按照具备资格的参与者的意愿为已核准第三方供应商向具备资格的参与者发放补贴。

"（d）非联邦援助。农业部长可在农业部或非联邦实体内申请其他机构的服务，或与之签署合作协议或合同，目的在于帮助农业部长提供必要的技术援助，有助于执行本篇所规定的保育计划。

"（e）第三方供应商认证。

"（1）宗旨。第三方供应商项目旨在向具备资格的参与者提供更便捷更广泛的技术专业知识，以便计划、实施保育措施。

"（2）法规。农业部长应在《2008年粮食、保育和能源法》颁布180天内颁布执行本条规定必要法规。

"（3）专业知识。农业部长在颁布此类法规时应尽量确保完成下列规定

"（A）确保在保育规划、集水区规划、环境工程，包括商业实体、非营利性实体、国家或地区政府或机构，以及其他联邦机构均有资格成为技术援助的合格提供人；

"（B）为第三方供应商认证提供国家标准；和

"（C）对于所有在国家层次上制订的认证标准进行审批。

"（f）管理办法。

"（1）提供资金。自2008财政年度起，以后各财政年度商品信贷公司按照第1241条规定所提供的项目技术援助资金应用于第三方供应商按本条要求所提供的技术援助。

"（2）协议期限。按本条要求与第三方供应商所签署协议，其有效期规定如下：

"（A）至少从协议签署日起算，至按照本协议规定完成所有工作 1 年后结束；

"（B）不超过 3 年；和

"（C）可根据农业部长决定进行更新。

"（3）认证要求的审查。农业部长应在《2008 年粮食、保育和能源法》通过 1 年内（含 1 年）：

"（A）对第三方供应商的认证要求进行审查；和

"（B）根据农业部长要求进行必要的调整以提高参与率。

"（4）具备资格的活动。

"（A）纳入活动。农业部长可将下列活动纳入向第三方供应商发放的范围：

"（i）直接向具备资格的参与者提供的技术服务，如保育计划、教育和拓展计划，以及为保育活动所提供的设计和执行援助；

"（ii）旨在进一步拓展保育计划的相关技术援助服务。

"（B）例外。对于企业或同等性质运营的主体或免费向客户提供的所有服务，农业部长不得将其指定为向第三方供应商发放补贴的具备资格的活动。

"（5）支付款额。对于第三方供应商所提供的技术服务，农业部长应确定公平合理的补贴金额。

"（g）技术服务的适用范畴。

"（1）通则。在开展本篇所述计划及《联邦农作物保险法》第 524 条（《美国法典》第 7 篇 1524）所述对农业管理援助计划时农业部应向所有具备资格的参与者提供技术服务。

"（2）技术服务合同。如发生未按照（1）规定提供项目经济援助的情况，则可与具备资格的参与者签署技术服务合同，帮助其对具备资格的活动进行计划、设计或设定。

"（h）保育行为标准的审查。

"（1）按要求审查。农业部长应

"（A）自《2008 年粮食、保育和能源法》颁布日起对环境保护行为标准进行审查，包括工程设计规范；

"（B）尽可能确保此类标准的完整性及其与当地农业、林业和自然资源需要的一致性，包括特色农作物、当地和管理授粉动物、生物能源作物生产、林业以及农业部长所确定的其他此类需求；和

"（C）确保标准可在满足具体地点保育需求与尽可能降低设计失误和建筑安装相关成本之间达到最佳平衡状态。

"（2）磋商。农业部长在按（1）规定进行审查时应与具备资格的参与者、农作物顾问、合作拓展和土地资助大学、非政府机构及其他合格实体进行磋商。

"（3）加速制订审查标准。如农业部长认为按照（1）规定有必要对保育行为标准，包括工程设计规范，进行审查，则其应设立管理规程，确保审查顺利进行。

"（i）处理特色农作物、有机和精准农业生产商所关注的问题。

"（1）通则。农业部长应：

"（A）尽可能确保特色农作物生产、有机农作物生产、精准农业全面融入保育行为标准；和

"（B）向从事有机或特色农作物生产或精准农业的生产商提供适当的保育行为范畴和资源缓解措施。

"（2）提供适当技术援助。

"（A）通则。农业部长应按照联邦保育计划确保向从事有机、特色农作物生产或精准农业的生产商采取保育措施提供适当的技术援助。

"（B）要求。农业部长执行（A）规定时应着重拓展下列内容：

"（i）通过与其他部门和非政府机构签署合作协议设立项目，以满足从事有机、特色农作物生产或精准农业生产商的具体需求；和

"（ii）包含创新渠道的项目规定，可吸纳地方资源，为保育行为的计划和实施提供技术援助。"

第 2707 节　联合保育合作倡议。

（a）当前条款的转移。《1985 年粮食安全法》第 1243 条（a）、（c）和（d）（《美国法典》第 16 篇 3843）的修改方式如下所示：

（1）按顺序依次替换为（c）、（d）和（e）；和

（2）移至《1985 年粮食安全法》第 1244 条（《美国法典》第 16 篇 3844）末尾处。

（b）合作倡议的制订。《1985 年粮食安全法》第 1243 条（a）（《美国法典》第 16 篇 3843）的修改方式如下所示：

"第 1243 条　联合保育合作倡议。

"（a）倡议的制订。农业部长应制订联合保育合作倡议（本条简称为'倡议'），与合格合作伙伴共同向从事（c）（1）规定项目的生产商提供援助，以巩固提高农业和非工业私属林地上所取得的保育成果。

"（b）宗旨。本倡议所规定合作宗旨如下所示：

"（1）确定当地、国家、各州或地区级别的农业和非工业私属林地拥有保育优先权；

"（2）对共同致力于满足联邦、州和当地有关农业和非工业私属林地适用性管理要求的生产商进行鼓励；

"（3）对共同致力于计划和从事保育行为、涉足复杂农业或非工业私属林地的生产商进行鼓励；或

"（4）促进创新型保育行为和传播方式的展示和发展，包括特色农作物、有机农作物和精准农业生产商的环保做法。

"（c）倡议计划。

"（1）项目范围。除（2）规定计划外，倡议适用于子篇 D 中的所有保育计划。

"（2）例外计划。倡议不包括下列计划：

"（A）保育休耕计划。

"（B）湿地保护计划。

"（C）农田保护计划。

"（D）绿地保护计划。

"（d）合格合作伙伴。农业部长可按照倡议规定与下列一个或多个机构进行合作：

"（1）国家和当地政府。

"（2）印第安人部落。

"（3）生产商协会。

"（4）农民合作机构。

"（5）高等教育机构。

"（6）非政府机构，该机构应具有与生产商合作共同致力于解决农业生产和非工业私属林地方面保育难题的相关经验。

"（e）执行协议。农业部长应通过下列方式执行倡议：

"（1）竞争程序，从按照（f）规定所提交的申请中选出合格合作伙伴；和

"（2）与选出的合格合作伙伴签署多年（不超过 5 年）合作协议。

"（f）申请。

"（1）所需信息。按照倡议规定所提交合作协议应包括下列内容：

"（A）协议所涉及地区情况、地区保育首要问题、保育既定目标以及农业生产商和非工业私属林地所有者的预计参与率。

"（B）单个或多个共同完成协议目标的合作伙伴的具体情况、作用、职责和分工。

"（C）农业部长所需资源、联邦捐赠所补充非联邦资源的具体情况。

"（D）监督、评估协议目标实现进度的具体计划和报告。

"（E）农业部长所需的其他此类信息。

"（2）优先考虑。农业部长应优先考虑下列协议：

"（A）生产商踊跃参与该协议，协议所含区域拥有大面积农业或非工业私属林地；

"（B）补充大量非联邦经济和技术资源，与其他当地、州或联邦行动协调行动；

"（C）针对水质、水保持或州、地区或国家保育倡议提供高百分比的保育效率；

"（D）提供创新型保育和宣传方法，包括成果导向绩效措施和方法；或

"（E）按照农业部长要求满足其他要素。

"（g）与所含计划的关系。

"（1）遵守计划细则。除（2）规定外，农业部长应确保按照（c）（1）规定适用性项目规定通过与计划功能相关的常规计划机制分配本倡议所提供资源，常规计划机制包括与申诉、支付限制及保育一致性相关的规定。

"（2）调整。农业部长可对（c）（1）规定的任何计划元素进行调整，目的如下所示：

"（A）如农业部长认为，为实现倡议目标，有必要进行调整，能更好地反映当地独特的形势和作用；和

"（B）对有资格申请计划、参与倡议的生产商优先进行登记。

"（h）技术和经济援助。农业部长应向参与倡议的生产商提供适当的技术和经济援助，援助数量需根据倡议目的而定。

"（i）提供资金。

"（1）预留。对于 2009 至 2012 财政年度按照（c）（1）规定执行计划所需资金和土地，农业部长每年应预留 6％资金和土地，确保倡议拥有充足的资金和土地来源。

"（2）分配要求。对于各财年为倡议所预留资金和土地，农业部长的分配方案如下所示：

"（A）根据国家保育工作者指示、国家技术委员会建议将 90％的资金和土地分配至计划；和

"（B）根据农业部长所制订的全国性竞争程序将 10％的资金和土地分配至计划。

"（3）未用资金。各财年 4 月 1 日前未按（1）规定使用的预留资金和土地可用于计划其他活动的执行，将其作为该财年剩下时间内资金和土地来源。

"（4）合作伙伴管理成本。不得通过倡议所提供资金支付合作伙伴日常开销或管理成本。"

第 2708 条　保育项目管理要求。

参照第 2707 条对《1985 年粮食安全法》第 1244 条（《美国法典》第 16 篇 3844）进行进一步修订：

（1）删除（a），插入下列款：

"（a）对某些农民、牧民和印第安人部落实行奖励。

"（1）授权奖励。在执行农业部长所管理环保项目过程中，其可按照（2）规定向参与环保项目的个人或某个实体实施奖励，目的如下：

"（A）提供新的农业和牧业机遇；和

"（B）实现长期的环保目标。

"（2）所涉及人员。可授权向下列人员提供（1）奖励：

"（A）创业农民或牧民。

"（B）社会弱势农民或牧民。

"（C）资源受限的农民或牧民。

"（D）印第安人部落。"和

（2）在末尾处加入以下款：

"（f）土地限制。

"（1）限制。

"（A）登记。农业部长在任何国家按照子篇D第1章第B和C节所管理项目不得超过农田的25％。

"（B）地役权。根据子篇D第1章第C节规定，任何国家地役权农田不得超过该国农田的10％。

"（2）例外。如农业部长确认发生下列情况，则其可逾越（1）（A）限制：

"（A）此次行动不会对该国地方经济产生不利影响；和

"（B）该国经营者无法按第1212条规定遵守环保计划。

"（3）授权中止对某些土地的限制。农业部长可授予此项权利—经国家政府批准中止第1234条（c）（2）（B）或（f）（4）所登记土地受（1）（A）的限制。

"（4）防护林和防风林。（1）规定限制不适用于第1章第C节地役权规定用于防护林和防风林建设的农田。

"（g）一致性和绩效。对于子篇D下规定的所有保育计划，农业部长应开发下列程序：

"（1）对遵守计划要求的情况进行监督；

"（2）对计划绩效进行衡量；

"（3）说明是否收到计划长期环保收益；

"（4）跟踪农作物和牲畜类型；和

"（5）将本款规定活动与《1977年水土资源保护法》第5条（《美国法典》第16篇2004）授权国家保育计划进行协调。

"（h）鼓励授粉动物栖息地的拓展和保护。在执行农业部长所管理的保育计划时，农业部长可按实际情况鼓励下列行为：

"（1）对本地和管理授粉动物栖息地进行拓展；和

"（2）采用有益于当地和管理授粉动物的环保行为。

"（i）简化申请程序。

"（1）通则。在按本篇规定执行所有保育计划的过程中，农业部长应确保生产商和土地所有者所使用的申请程序尽量简化、避免繁冗。

"（2）审查和简化。

"（A）审查。农业部长应按本款规定对各保育计划申请表和程序进行审查。

"（B）简化。审查结束后农业部长应对申请表和程序进行必要的修订，以确保下列内容：

"（i）所有所需申请信息对保育计划顺利、高效、合理执行至关重要；

"（ii）保育计划申请人无需通过农业部当前信息系统向农业部长提供其轻易就可获得的信息；

"（iii）申请人对所提供信息进行有效管理和传播，以备申请过程各阶段或多次申请使用；

"（iv）高效率利用信息技术，尽可能减少数据和信息输入要求。

"（3）执行和通知。农业部长应在《2008年粮食、保育和能源法》颁布1年内向国会提交一份书面通知单，对本款要求的完成情况进行说明。"

第2709条　环保服务市场。

《1985年粮食安全法》（《美国法典》第16篇3844）第XII篇子篇E的修改方式为在第1244条后插入下列条：

"第1245条　环保服务市场。

"（a）所需技术规定。农业部长应制定技术规定，列出对保育和土地管理活动给环保服务效果进行衡量的科学方法，目的在于提高农民、牧民和林地所有者参与新兴环保服务市场的积极性。农业部长应优先考虑制定与农民、牧民和林地所有者参与碳市场相关的技术规定。

"（b）设立。农业部长应按照（a）规定设立技术规定，包含下列内容：

"（1）对环保服务效果进行衡量的程序。

"（2）对环保服务效果进行汇报的报告。

"（3）对环保服务效果进行搜集、记录和保存的登记簿。

"（c）确认要求。

"（1）确认报告。农业部长应设立审核规定，确认农民、牧民或林地所有者在按照（b）（2）和（3）规定对环保服务效果进行汇报并将其纳入登记簿时已完成了报告中所含保育或土地管理活动。

"（2）第三方责任。在按照（1）规定制订确认规定时，农业部长应考虑第三方在独立确认环保服务市场效果及其他功能（由农业部长决定）时所承担的责任。

"（d）当前信息的使用。农业部长应按照（b）规定应参考当前活动或信息，即《2008 年粮食、保育和能源法》颁布时与环保服务市场有关的活动或信息。

"（e）磋商。农业部长执行本条规定时应与下列人员和机构进行磋商：

"（1）联邦和州政府机构。

"（2）非政府利益团体，包括

"（A）农场、牧场和林地生产商；

"（B）参与环保服务交易的金融机构；

"（C）拥有相关专业知识或经验的高等教育机构；

"（D）拥有相关专业知识或经验的非政府机构；和

"（E）拥有相关专业知识或经验的私营部门代表。

"（3）农业部长确定的其他利益个人。"

第 2710 条　农业环保经验服务计划。

《1985 年粮食安全法》（《美国法典》第 16 篇 2005a）第 XII 篇子篇 F 的修改方式为在第 1251 条后插入下列条：

"第 1252 条　农业环保经验服务计划。

"（a）设立和目的。为充分利用年龄在 55 岁以上（含 55 岁）、未在国家农业部或州农业部供职的人才，农业部长应设立环保经验服务计划（本条简称为'ACES 计划'），向与环保相关的计划和农业部长授权机构提供技术服务。此类技术服务可包括环保规划援助、技术咨询、环保行为设计和实施援助。

"（b）计划协议。

"（1）与原美国社区服务雇佣计划的关系。尽管联邦奖励、合作协议或合同对某个财政年度执行 ACES 计划存在其他法律规定，但农业部长仍可按照《高龄服务社区机会法》（《美国法典》第 42 篇 3056 及其他）与当年有资格接受奖励的非营利性私营组织和机构签署协议，以确保 ACES 计划参与者提供相关技术服务。

"（2）所需决定。按（1）规定签署协议前，农业部长应确保协议不发生下列情况：

"（A）导致农业部工作人员被撤职，包括通过减少非加班时间、工资或福利待遇造成部分撤职；

"（B）根据保育经验服务计划导致人员在工作和职务上的使用，条件是有一位联邦雇员从相同的或实际对等的工作或职务上下岗；或

"（C）影响当前服务合同。

"（c）资金来源。

"（1）通则。除（2）规定外，农业部长可使用本篇下所有计划的执行资金完成 ACES 计划。

"（2）例外。不得将下列计划执行资金用于 ACES 计划：

"（A）保育休耕计划。

"（B）湿地保护计划。

"（C）绿地保护计划。

"（D）保育管理计划。

"（d）责任。按照《美国法典》第 28 篇第 171 章规定，如 ACES 计划中提供技术服务的个人开展下列活动，则其应被视为美国政府雇员：

"（1）按照（b）所签署协议提供技术服务；和

"（2）在协议规定范围内工作。"

第 2711 条　州技术委员会的设立及职责。

《1985 年粮食安全法》（《美国法典》第 16 篇 3861、3862）第 XII 篇子篇 G 的修改方式如下所示：

"子篇 G　州技术委员会

"第 1261 条　州技术委员会的设立。

"（a）设立。农业部长应在各州设立州技术委员会，以帮助农业部长按本篇要求作出保育计划实施和技术方面的决定。

"（b）标准。农业部长应在《2008 年粮食、保育和能源法》颁布 180 天内制订下列内容：

"（1）标准操作规程，用标准校验州技术委员会操作过程；和

"（2）州技术委员会按照第 1262 条（b）规定研究技术规定时所采用的标准，旨在实施本篇下的保育条款。

"（c）组成。州技术委员会应由农业生产商和其他来自土壤、水、湿地、野生动物等各学科的专业人士组成。州技术委员会应包括下列机构代表：

"（1）自然资源保护局。

"（2）农田服务局。

"（3）林业服务机构。

"（4）州食品和农业协会。

"（5）州渔业和野生动物局。

"（6）州林务员或州对等官员。

"（7）州水资源局。

"（8）州农业部门。

"（9）州水土保持区协会。

"（10）州内代表农作物、家禽或家畜的农业生产商。

"（11）非工业私属林地所有者。

"（12）《1986 年国内税收法典》第 501 条（c）（3）所涉及的非营利性机构，拥有扎实的保育专业知识以及与州内农业生产商进行合作的经历。

"（13）农业综合企业。

"第 1262 条　责任。

"（a）通则。按照第 1261 条规定所设立州技术委员会应定期召开会议，向农业部负责执行本篇保育条款的相关官员提供信息、分析和建议。

"（b）公共通知和公众参与。各州技术委员会召开会议时应发布公共通知，并允许公众参与解决本篇存在的相关问题。

"（c）作用。

"（1）通则。州技术委员会具有咨询性作用，但不具备实施或执行权限。然而，农业部长对本篇下计划进行管理时应着重考虑州技术委员会的意见。

"（2）确定计划重要性和标准时发挥咨询作用。各州技术委员会在确定本篇计划重要性和标准时应向农业部长进行咨询，包括审查当地工作组是否优先处理这些问题。

"（d）《联邦咨询委员会法》要求。

"（1）豁免。各州技术委员会应免除《联邦咨询委员会法》（《美国法典》第5篇，附件）相关规定。

"（2）当地工作组。根据《联邦咨询委员会法》（《美国法典》第5篇附件）规定，按照本篇规定所设立的任何当地工作组均应被视为相应州技术委员会下属分委员会。"

子篇 I　其他法律中的保育计划

第 2801 条　农业管理援助计划。

（a）具备资格的州。《联邦农作物保险法》第524条（b）（1）（《美国法典》第7篇1524（b）（1））的修改方式为在"特拉华州，"后插入"夏威夷，"。

（b）提供资金。《联邦农作物保险法》第524条（b）（4）（B）（《美国法典》第7篇1524（b）（4）（B））的修改方式如下所示

（1）在（ⅰ）中删除"除（ⅱ）和（ⅲ）规定外"，插入"除（ⅱ）规定外"；

（2）删除（ⅱ）和（ⅲ）规定，插入下列内容：

"（ⅱ）2008至2012财政年度除外。2008至2012财政年度中，商品信贷公司每年应按本款规定提供15 000 000美元。"

（c）《联邦农作物保险法》第524条（b）（4）（《美国法典》第7篇1524（b）（4））的修改方式为在末尾处加入下列内容：

"（C）特定用途。对于每财年按本款规定所提供资金，商品信贷公司应至少使用：

"（ⅰ）50％通过自然资源保护局执行（2）（A）、（B）和（C）规定；

"（ⅱ）10％通过农业市场服务署提供有机认证成本份额援助；和

"（ⅲ）40％通过风险管理局完成（2）（F）规定。"

第 2802 条　《土壤保育和国内分配法》中的技术援助。

（a）避免土壤侵蚀。

（1）通则。《土壤保育和国内分配法》第1条（《美国法典》第16篇590a）的修改方式如下所示：

（A）删除"及其"，插入下列内容：

"第 1 条　宗旨。

"其"；和

（B）删除（1）前的"由此保护自然资源，"，插入"由此保护土壤、水和相关资源，改善土壤和水质，"。

（2）原则和宗旨。《土壤保育和国内分配法》第7条（a）（1）（《美国法典》第16篇590g（a）（1））的修改方式为删除"肥沃"，插入"水质量和相关资源"。

（b）定义。《土壤保育和国内分配法》第10条（《美国法典》第16篇590j）修订如下：

"第 10 条　定义。

"本法案中：

"（1）农业商品。'农业商品'的定义为：

"（A）一种农业商品；和

"（B）对任何农业商品进行区域性或市场分类、定型或评估。

"（2）技术援助。

"（A）一般情况。'技术援助'一词指的是对农业用地、林地或其他用途土地上的自然资源进行保护时所需的技术专业知识、信息和工具。

"（B）范围。'技术援助'一词包括下列内容：

"（i）直接向农民、牧民和其他合格实体提供的技术服务，例如保育规划、技术咨询，以及保育行为设计援助和实施；和

"（ii）技术基础设施，包括技术服务传送过程中所需的活动、程序、工具和机构功能，例如技术标准、资源清单、培训、数据、技术、监控和绩效分析。"

第 2803 条　小型集水区修复计划。

（a）资金提供。《集水区保护和洪灾预防法》第 14 条（h）（1）（《美国法典》第 16 篇 1012（h）（1））的修改方式为在末尾处加入以下内容：

"（G）2009 财政年度 100 000 000 美元，直到用完为止。"

（b）授权拨款。《集水区保护和洪灾预防法》第 14 条（h）（2）（E）（《美国法典》第 16 篇 1012（h）（2）（E））的修改方式为删除"2007 财政年度"，插入"2008 至 2012 各财政年度"。

第 2804 条　《1977 年水土资源保护法》修订版。

（a）国会调查结果。《1977 年水土资源保护法》第 2 条（《美国法典》第 16 篇 2001）的修改方式如下所示：

（1）删除（2）的"基础的"，插入"的基础"；和

（2）删除（3）的"（3）"及"由于个人"后所有内容，插入下列内容：

"（3）对资源进行评估和盘存，对保育需求进行评定和盘查，对保育行为效果进行评价，对当前保育项目备用方法进行分析，对水土和相关自然资源保护的有效性至关重要。

"（4）由于个人"。

（b）水土和相关资源的持续评估。《1977 年水土资源保护法》第 5 条（《美国法典》第 16 篇 2004）的修改方式如下所示：

（1）（a）：

（A）删除（5）末尾处的"和"；

（B）删除（6）末尾处的句号，插入"；和"；

（C）在末尾处加入下列条款：

"（7）保育计划数据，保育行为计划或实施情况，环保结果，经济成本及农业部长主管保育项目其他相关事务。"；

（2）将（d）重新编号为（e）；

（3）在（c）后插入下列款：

"（d）评价评估。农业部长按照（a）进行评估的同时应提出改善评价的建议并进行评估，包括农业部长所确定的评价内容、范围、过程、参与及其他因素。"

（4）（e），即重新指定的（2），删除第一句，插入下列内容："农业部长应按本条要求全面进行评估并于 2010 年 12 月 31 日和 2015 年 12 月 31 日完成评估。"

（c）水土保持项目。《1977 年水土资源保护法》第 6 条（《美国法典》第 16 篇 2005）的修改方式如下所示：

（1）将（b）重新编号为（d）；

（2）在（a）后插入下列内容：

"（b）当前保育计划的评估。农业部长评估当前保育计划时应注重具体计划要素的展示、创新和监控，以促进保育和绩效型标准的进一步发展和采纳。

"（c）计划改善。农业部长按照（a）开发国家水土保育计划时同时应提出改善评价的建议并进行评估，包括农业部长所确定的评价内容、范围、过程、参与及其他因素。"和

（3）（d），即重新指定的（1），删除"1979 年 12 月 31 日"以及"2007 年 12 月 31 日"后的所有内容，插入"2011 年 12 月 31 日和 2016 年 12 月 31 日"。

（d）向国会汇报。《1977 年水土资源保护法》第 7 条（《美国法典》第 16 篇 2006）的修改方式如下所示：

"第 7 条　向国会汇报。

"（a）评价。总统应按第 5 条规定向众议院农业委员会和参议院农业、营养和林业委员会提交一份评价，完成时间应在上一年度结束前，提交时间不应晚于 2011 年和 2016 年国会开会时。

"（b）计划和政策说明。总统应向众议院农业委员会和参议院农业、营养和林业委员会提交下列内容，提交时间不应晚于 2012 年和 2017 年国会开会时：

"（1）按第 6 条规定最初开发的计划或计划最新情况并在上一年度结束前完成；

"（2）农业部水土保持活动政策相关具体说明；和

"（3）对美国农田土壤质量的状态、条件和趋势的特殊评估，应对减少土壤侵蚀至耐受程度的挑战和机遇。

"（c）改善评估和计划。农业部长应向众议院农业委员会和参议院农业、营养和林业委员会提交一份报告，内容为农业部如何以第 5 条（d）和第 6 条（c）所收到建议为基础按照本法案要求改善资源评估和国家保育计划，报告提交时间不应晚于 2012 年国会开会时。"

（e）项目期满。《1977 年水土资源保护法》第 10 条（《美国法典》第 16 篇 2009）的修改方式为删除"2008"，插入"2018"。

第 2805 条　资源保护和开发计划。

（a）当地规划过程。《1981 年农业和食品法》第 1528 条（《美国法典》第 16 篇 3451）的修改方式如下所示：

（1）（1），删除（A）前的"规划过程"，插入"当地规划过程"；

（2）将（8）和（9）重新指定为（9）和（8），顺序移动位置；

（3）（8）（重新指定后）：

（A）删除"规划过程"，插入"当地规划过程"；

（B）删除"委员会"，插入"地区委员会"。

（b）授权技术援助。《1981 年农业和食品法》第 1528 条（13）（《美国法典》第 16 篇 3451（13））的修改方式为删除（C）和（D），插入下列内容：

"（C）为地区计划和项目的实施提供援助；和

"（D）按照当地规划过程向当地社区提供农业部资源相关服务。"

（c）技术援助的提供。《1981 年农业和食品法》第 1531 条（《美国法典》第 16 篇 3454）的修改方式如下所示：

（1）在"执行"前插入"（a）通则。"

（2）在末尾处加入下列款：

"（b）协调员。

"（1）通则。为根据本子篇规定改善向委员会提供的技术援助，农业部长应为各委员会指定人员作为委员会协调员。

"（2）职责。委员会协调员应直接负责向委员会提供技术援助。"

（d）计划评估。撤销《1981年农业和食品法》第1534条（《美国法典》第16篇3457）。

第2806条　上游和皇家大坝盐度控制计划中流域资金的使用。

（a）通则。《科罗拉多河流域盐度控制法》第202条（a）（《美国法典》第43篇1592（a））的修改方式为在末尾处加入下列项：

"（7）流域州计划。

"（A）通则。农业部长通过垦务局实施流域州计划，利用第205条（f）所提供资金对科罗拉多河流域的盐度进行控制。

"（B）援助。农业部长应与科罗拉多河流域盐度控制咨询委员会进行磋商，直接或通过提供奖励、奖励承诺、或向联邦或非联邦实体提供预付经费的方式利用（A）资金执行本款规定，条件和条款可由农业部长决定。

"（C）活动。农业部长可将（A）规定资金用于下列用途：

"（ⅰ）成本效益措施和相关工程，旨在降低盐泉、渗漏井、灌溉水源、工业水源、公共和私属林地侵蚀及其他资源的盐度；

"（ⅱ）科罗拉多河流域盐度控制计划中盐度控制特点的操作和维护；和

"（ⅲ）盐度控制活动的研究、规划和管理。

"（D）报告。

"（i）通则。农业部长应向国会相关委员会提交一份报告，对计划实施方案进行说明，提交时间不得晚于本款计划实施30天前。

"（ii）执行。农业部长按（i）规定提交报告或报告修订内容后30天内不得动用本款规定的计划执行费。"

（b）相应的修订。

（1）《科罗拉多河流域盐度控制法》第202条（《美国法典》第43篇1592）的修改方式如下所示：

（A）删除（1）（a）前的"计划"，插入"多个计划"；

（B）（b）（4）：

（i）删除"计划"，插入"多个计划"；和

（ii）删除"和（6）"，插入"（6）和（7）"。

（2）《科罗拉多河流域盐度控制法》第205条（《美国法典》第43篇1595）的修改方式为删除（f），插入下列款内容：

"（f）预付成本份额。

"（1）通则。根据（3）规定，本款所需成本份额应通过流域资金预付成本份额提交，与（a）（2）规定成本分配比例相同，自本款规定颁布日起生效。

"（2）流域州计划。农业部长应按（1）规定对第202条（a）（7）中流域州计划盐度控制活动所需成本份额资金进行分配。

"（3）当前盐度控制活动。应按照本条规定通过分期偿付款提供本条所需成本份额，确保盐度控制各项活动的顺利进行，分期偿付自本款规定颁布前生效。"

第2807条　沙漠内陆湖。

《农田安全和乡村投资法》第2507条（《美国法典》第43篇2211注释；《公法》107-171）的修改方式如下所示：

（1）（a）：

（A）删除"（a）"及"200 000 000 美元"后所有内容，插入"（a）调用。尽管本条（3）已有相关规定，但农业部长仍可按照《公法》第 108 - 7 号（《美国法令全书》第 117 篇 146）第 207 条（a）（1）和（b）规定调用 175 000 000 美元，自《2008 年粮食、保育和能源法》颁布日起生效"；

（B）删除（1）和（2）起始位置的引号；

（2）删除（b），插入下列款内容：

"（b）授权用途。任何情况下如有销售商同意，可按（a）规定将资金用于下列方面

"（1）租用水；或

"（2）按照 2006 年《能源和水力开发拨款法案》第 208 条（a）（1）（A）规定（《公法》109 - 103；《美国法令全书》第 117 篇 2268）在沃克河流域购买土地、水和其他相关资源。"

子篇 J　其他保育条款

第 2901 条　高原水研究。

尽管本法案存在其他条款规定，但任何人不得仅因为参与得克萨斯州高原奥加拉拉地下蓄水层补充潜力的一次性研究而失去获得本法案或其修订版所规定计划救济金的资格。

第 2902 条　为纪念诺曼 A. 伯格而命名马里兰州贝尔茨维尔国家植物材料中心。

《联邦法规》第 7 篇第 613.5 条（a）所涉及马里兰州贝尔茨维尔的国家植物材料中心将更名为"诺曼 A. 伯格国家植物材料中心"。任何法律、地图、规定、文件、论文或其他与美国有关的记录中出现的"国家植物材料中心"应被视为"诺曼 A. 伯格国家植物材料中心"。

第 2903 条　转变。

（a）2008 财政年度计划续展。如本篇未作其他修订，农业部长应在 2008 年 9 月 30 日前继续执行《1985 年粮食安全法》第 Ⅻ 篇（《美国法典》第 16 篇，3801 及以下）规定所有项目或活动，使用法规条款为本法案颁布日前适用于该计划或活动的法规，使用资金为 2008 财政年度根据本篇规定所提供项目或活动经费。

（b）地下和地表水保持计划。本法案颁布日至 2008 年 9 月 30 日期间，农业部长应继续按照《1985 年粮食安全法》第 1240I 条（《美国法典》第 16 篇 3839aa - 9）完成地下和地表水保持项目，第 2510 条修订前生效，农业部长在本法案颁布日前使用已有计划相关条款、条件和资金。

第 2904 条　法规。

（a）颁布。如本篇未存在任何其他规定或进行修订，则农业部长应在本法案颁布 90 天内与商品信贷公司进行磋商，就本篇规定的执行出台相关法规。

（b）主管机构。本篇（a）法规的出台和管理

（1）无需遵守：

（A）《美国法典》第 44 篇第 35 章（即普遍熟知的《文书削减法》）；和

（B）生效于 1971 年 7 月 24 日的《农业部长政策说明》，内容为法规制定和公众参与法规制定方面的通知；和

（2）可：

（A）通过通知和评论出台；

（B）如农业部长或商品信贷公司需要，可通过通知和评论的方式出台内部规定。

（c）国会审查机构规则的制订。农业部长执行本条规定时应使用《美国法典》第 5 篇第 808 条（2）所提供权限。

第Ⅲ篇 贸　　易

子篇 A　《粮食促进和平法》

第 3001 条　短标题。

（a）通则。《1954 年农业贸易发展和援助法》第 1 条（《美国法典》第 7 篇注释 1691；《美国法令全书》第 104 篇 3633）作以修订，删除"《1954 农业贸易发展和援助法》"并插入"《粮食促进和平法》"。

（b）相应的修订。

（1）通则。在（2）中提及的每条法律规定都作以如下修订

（A）删除每处"《1954 年农业贸易发展和援助法》"并插入"《粮食促进和平法》"；和

（B）在每条的标题中，删除每处"《1954 年农业贸易发展和援助法》"并插入"《粮食促进和平法》"。

（2）法律规定。（1）中提及的法律规定如下：

（A）《1981 年农业和食品法》（《公法》97 - 98；《美国法令全书》第 95 篇 1213）。

（B）《1949 农业法》（《美国法典》第 7 篇 1421 及以下）。

（C）《军事建设编纂法》第 9 条（a）（《美国法典》第 7 篇 1704c）。

（D）《1998 年非洲：希望的种子法》（《美国法典》第 7 篇注释 1721；《公法》105 - 385）。

（E）《艾默生人道主义信托法》（《美国法典》第 7 篇 1736f - 1 及以下）。

（F）《1985 年粮食促进发展法》（《美国法典》第 7 篇 1736o）。

（G）《2002 年农业安全与农村投资法》第 3107 条（《美国法典》第 7 篇 1736o - 1）。

（H）《1954 年 8 月 28 日法》（通常被称这"《1954 年农业法》"）第 605 条 B 和第 606 条 C（《美国法典》第 7 篇 1765b 和 1766b）。

（I）《1956 年农业法》第 206 条（《美国法典》第 7 篇 1856）。

（J）《1988 年农业竞争力和贸易法》（《美国法典》第 7 篇 5201 及以下）。

（K）《1978 年农业贸易法》（《美国法典》第 7 篇 5601 及以下）。

（L）《1945 年进出口银行法》（《美国法典》第 12 篇 635 及以下）。

（M）《美国法典》第 13 篇第 301 条。

（N）《1973 年濒危物种法》第 8 条（《美国法典》第 16 篇 1537）。

（O）《1992 年美洲企业法》第 604 条（《美国法典》第 22 篇 2077）。

（P）《1960 年国际卫生研究法》第 5 条（《美国法典》第 22 篇 2103）。

（Q）《1961 年对外援助法》（《美国法典》第 22 篇 2151 及以下）。

（R）《非洲之角复苏和食品安全法》（《美国法典》第 22 篇注释 2151；《公法》102 - 274）。

（S）《1961 年共同教育和文化交流法》第 105 条（《美国法典》第 22 篇 2455）。

（T）《对外军售法》第 35 条（《美国法典》第 22 篇 2775）。

（U）《1989 年支持东欧民主法》（《美国法典》第 22 篇 5401 及以下）。

（V）《1992 年古巴民主法》1707 条（《美国法典》第 22 篇 6006）。

（W）《1996 年古巴自由民主团》（《美国法典》第 22 篇 6021 及以下）。

（X）《2000 年贸易制裁改革和出口促进法》第 902 条（《美国法典》第 22 篇 7201）。

（Y）《美国法典》第 46 篇第 553 条。

（Z）《战略和关键材料库存法》第 4 条（《美国法典》第 50 篇 98c）。

（AA）《1990 年粮食、农业、保育和贸易法》（《公法》101 - 624；《美国法令全书》第 104 篇

3359）。

（BB）《2001 年农业、农村发展、食品和药物管理局及相关机构拨款法》第 738 条（《公法》106-387；《美国法令全书》第 114 篇 1549A-34）。

（c）引用。在任何联邦、州、部落工地方法律（包括法规）中对"《1954 年农业贸易发展和援助法》"的任何引用将被视为对"《粮食促进和平法》"的引用。

第 3002 条　美国政策。

《粮食促进和平法》第 2 条（《美国法典》第 7 篇 1691）修订如下：

（1）删除（4）；和

（2）将（5）和（6）重新编号为（4）和（5）。

第 3003 条　对发展中国家的粮食援助。

《粮食促进和平法》第 3 条（b）（《美国法典》第 7 篇 1691a（b））做如下修订，删除从"（b）"开头至（1）结束的全部内容并插入如下内容：

"（b）国会的意见。根据国会意见：

"（1）在粮食援助会议、世界贸易组织，联合国粮农组织及其他合适的场所进行的磋商中，总统应该做到如下几点：

"（A）寻求来自捐助方更高级别的粮食援助承诺，以满足发展中国家的合理需要；

"（B）在可行范围内最大限度地确保致力于人道主义的非政府组织、接受国政府、慈善实体及国际组织应继续：

"（ⅰ）根据上述组织和实体的需求评估具备接受资源的资格；和

"（ⅱ）根据与捐助国的协议实施粮食协助计划；和

"（C）在可行范围内最大限度地确保出于紧急和非紧急需要的粮食援助方案不应受到包括实物商品、为农业商品采购提供的资金、商品货币化等的限制，但上述商品或资金的提供应满足如下条件：

"（ⅰ）基于需求评估并以提升接受方的粮食安全为导向，或以其他方式为接受方提供援助；和

"（ⅱ）提供方式应避免对地方农业生产及市场产生不利的因素，并尽可能减少对商业市场的干扰影响；和

第 3004 条　贸易和发展援助。

（a）《粮食促进和平法》第Ⅰ篇（《美国法典》第 7 篇 1701 及以下）做如下修订，在标题中删除"贸易和发展援助"并插入"经济援助和粮食安全"。

（b）《粮食促进和平法》第 101 条（《美国法典》第 7 篇 1701）做如下修订，在本条标题中删除"贸易和发展援助"并插入"经济援助和粮食安全"。

第 3005 条　关于具备资格的国家和私人实体的协议。

《粮食促进和平法》第 102 条（《美国法典》第 7 篇 1702）修订如下：

（1）在（a）中：

（A）删除（1）；和

（B）将（2）和（3）分别重新编号为（1）和（2）；和

（2）删除（c）。

第 3006 条　使用当地货币支付。

《粮食促进和平法》第 104 条（c）（《美国法典》第 7 篇 1704（c））修订如下：

（1）在（1）之前的内容中，在"发展中国家"之后插入"，通过与接受国政府、私人志愿组织及合作社签署协议，"

（2）删除（1）；

（3）在（2）中：

（A）在（C）中，删除结尾处的"和"；

（B）在（D）中，删除结尾处的句号并插入"；和"；和

"（C）在结尾中加入如下内容：

"（E）接受国贸易能力的提升。"

（4）在（3）中，删除"农业业务发展和农业贸易扩展"并插入"农业业务和农业贸易能力的发展"；

（5）在（4）中，删除"，或以其他方式"及其之后一直到"美国"的所有内容；

（6）在（5）中，在"商品交易会"之后插入"以推销在合适的发展中国家生产的农业产品"；和

（7）将（2）至（9）分别重新编号为（1）至（8）。

第3007条　一般授权。

《粮食促进和平法》第201条（《美国法典》第7篇1721）修订如下：

（1）删除（1）并插入如下内容：

"（1）解决饥荒和粮食危机，应对因人为和自然灾害引发的紧急粮食需求；"

（2）在（5）中：

（A）在"提升"之后插入"粮食安全和支持"；和

（B）删除"；和"并插入一个分号；

（3）在（6）中，删除结尾处的句号并插入"；和"；和

（4）在结尾处加入如下内容：

"（7）通过增加教育、培训及其他富有成效的活动来提升经济和营养安全。"

第3008条　提供农业商品。

《粮食促进和平法》第202条修订如下：

（1）在（b）（2）中，删除"不可否认资金要求"并插入"不可用作否认资金要求的唯一理由"；

（2）在（e）（1）中：

（A）在（A）之前的内容中，删除"大于5％且小于10％"并插入"大于7.5％且小于13％"；

（B）在（A）中，删除"；和"并插入一个分号；

（C）在（B）中，删除结尾处的句号并插入"；和"；和

（D）在结尾处加入如下内容：

"（C）改善并实施粮食援助项目办法，包括需求评估（根据署长的要求进行的）、监督及评价。"和

（3）删除（h）并插入如下内容：

"（h）粮食援助质量：

"（1）通则。署长应使用2009财政年度及之后财政年度的可用资金，以执行本篇的法律：

"（A）评估用于粮食援助而捐助的农业商品及产品的类型和质量；

"（B）对产品和配方（包括可能引入新营养强化剂和产品）做出必要的调整，达到有效成本，满足目标人群的营养需要；和

"（C）测试样品。

"（2）管理。署长：

"（A）应通过跟具有提升粮食援助商品质量专长的独立实体进行蹉商来执行本款法律；

"（B）可签署合同获得上述实体的服务；和

"（C）应跟粮食援助咨询组蹉商如何执行本款法律。

"（3）资金限制。根据第 207 条（f）规定的可用资金中，在 2009 财政年度至 2011 财政年度，至多 4 500 000 美元可以用于执行本款法律。"

第 3009 条　私人志愿组织和合作社的产生和货币使用。

《粮食促进和平法》第 203 条（b）（《美国法典》第 7 篇 1723（b））作以修订，删除"一家或多家接受国"并插入"在一家或多家接受国中"。

第 3010 条　援助级别。

《粮食促进和平法》第 204 条（a）（《美国法典》第 7 篇 1724（a））修订如下：

（1）在（1）中，删除"2002 至 2007"并插入"2008 至 2012"；和

（2）在（2）中，删除"2002 至 2007"并插入"2008 至 2012"。

第 3011 条　粮食援助咨询组。

《粮食促进和平法》第 205 条（《美国法典》第 7 篇 1725）修订如下：

（1）在（b）中

（A）在（5）中，删除结尾处的"和"；

（B）在（6）中，删除句号并插入"；和"；和

（C）在结尾处插入如下内容：

"（7）海上运输部门代表参与为本法中的计划运输农业商品到海外。"；和

（2）在（f）中，删除"2007"并插入"2012"。

第 3012 条　管理办法。

《粮食促进和平法》第 207 条（《美国法典》第 7 篇 1726a）修订如下：

（1）在（a）（3）中，删除"及为批准这种建议所要满足的条件"；

（2）在（c）中，删除（3）；

（3）删除（d）并插入如下内容：

"（d）商品的及时提供。署长在与部长蹉商后应根据计划交付时间表制定确保商品提用加速处理的程序，以可行的方式及时向海外提供商品。"和

（4）在结尾处加入如下内容：

"（f）计划监督、监测和评估。

"（1）署长职责。署长在与部长磋商后，应建立制度并开展如下活动

"（A）确定根据本篇提供的援助需求；和

"（B）提升、监测和评估根拓本篇提供的援助的效能和效率，使援助的影响最大化。

"（2）制度和活动的要求。在（1）中提及的制度和活动应包括如下方面

"（A）根据本篇在援助接受国进行计划监测；

"（B）国家和地区粮食援助影响评估；

"（C）粮食援助计划最佳方案的确认和实施；

"（D）货币化计划的评估；

"（E）帮助避免饥荒的预先警报评估及系统；和

"（F）更新的信息技术系统。

"（3）实施报告。《2008 年粮食、保育和能源法》颁布之日起不晚于 180 天内，署长应向国会的相

关委员会提交一份署长采取措施对本篇非紧急计划进行监督的报告。

"（4）审计总署报告。根据（3）报告提交之日起不晚于270天内，美国总审计长应向国会相关委员会提交一份包括如下内容的报告：

"（A）对（3）提及的报告的综述及评论；和

"（B）为了提升对本篇所提供援助的监测和评估能力美国总审计长认为有必要采取的任何其他行动的相关建议。

"（5）合同授权。

"（A）通则。根据（B）和（C），署长在执行根据（1）开展的每个活动的行政和管理方面时，可与一人或多人签署合同，以获得在接受国或其邻国的个人服务。

"（B）禁止。根据人事管理局的法律（包括法规），在（A）中与署长签署合同的个人不应被视为联邦政府雇员。

"（C）个人服务。（A）不限制署长与个人签署合同以获得第202条（a）中个人服务的能力。

"（6）提供资金。

"（A）通则。根据第202条（h）（3），除了其他署长可用于开展监测紧急粮食援助的资金之外，署长2009至2012每个财政年度根据本篇可使用资金22 000 000美元来实施本款，但对于（2）（F）而言，2009财政年度可用资金仅有2 500 000美元。

"（B）限制。

"（Ⅰ）通则。根据（Ⅱ），在（A）规定的可用资金中，2009至2012每个财政年度，署长可用至多8 000 000美元来执行（2）（E）法律。

"（Ⅱ）条件。根据（Ⅰ），出于上述目的，在这样的财政年度，除非《1961年对外援助法》第Ⅰ部分第1章（《美国法典》第22篇2151及以下）提供至少8 000 000美元的可用资金，否则（A）将不能提供任何资金。

"（g）计划报告。

"（1）通则。在向署长提交计划报告时，私人志愿组织或合作社应提供一份报告副本，以一种必要的方式在美国国际开发署网站上公开展示。

"（2）机密信息。在（1）中提及的组织或合作社可以从用于公开展示的报告副本中删除任何机密信息。"

第3013条　耐储存的预包装食品在储存、快速运输、交付及分配方面提供的援助。

《粮食促进和平法》第208条（f）（《美国法典》第7篇1726b（f））修订如下：

（1）删除"3 000 000美元"并插入"8 000 000美元"；和

（2）删除"2007"并插入"2012"。

第3014条　一般授权和要求。

（a）通则。《粮食促进和平法》第401条（《美国法典》第7篇1731）修订如下：

（1）删除（a）；

（2）将（b）和（c）分别重新编号为（a）和（b）；和

（3）在重新编号后的（b）中删除"（b）（1）"并插入"（a）（1）"。

（b）相应的修订。

（1）《粮食促进和平法》第406条（a）（《美国法典》第7篇1736b（a））做以下修订，删除"（根据第401条（a）被认定可用的）"。

（2）《1985年粮食促进发展法》（e）（1）（《美国法典》第7篇1736o（e）（1））做以下修订，删除"根据《粮食促进和平法》第401条被认定可用的"。

第 3015 条　定义。

《粮食促进和平法》第 402 条（《美国法典》第 7 篇 1732）做以下修订：

（1）将（3）至（8）分别重新编号为（4）至（9）；和

（2）在（2）后插入如下内容：

"（3）国会相关委员会。'国会相关委员会'系指：

"（A）参议院农业、营养和林业委员会；

"（B）众议院农业委员会；和

"（C）众议院外事委员会。"

第 3016 条　商品信贷公司的使用。

《粮食促进和平法》第 406 条（2）（《美国法典》第 7 篇 1736（b）（2））做以下修订，在分号前插入"，包括执行第 415 条法律的成本"。

第 3017 条　管理规定。

《粮食促进和平法》第 407 条（c）（《美国法典》第 7 篇 1736a（c））修订如下：

（1）在（4）中：

（A）删除"所产生的资金"并插入如下内容：

"（A）通则。所产生的资金"；

（B）在重新编号后的（A）中

（i）删除"2007"并插入"2012"；和

（ii）删除"2 000 000 美元"并插入"10 000 000 美元"；和

（C）在结尾处加入如下内容：

"（B）预先部署的额外场所。

"（i）可行性评估。署长可对设立至少两个场所开展评估，来决定使用这些场所来存储和处理农业商品以便在外国进行预先部署的可行性和相关成本。

"（ii）场所设立。基于根据（I）开展的每项评估结果，署长可设立额外场所以便在外国进行预先部署。"和

（2）在结尾处加入如下内容：

"（5）非紧急或多年办议。根据第 II 篇，正在生效的非紧急或多年协议的年度资源要求应不晚于本财政年度的 10 月 1 日被终止，根据协议农业商品要在本财政年度被运送。"

第 3018 条　关于农业贸易问题的年度报告的整合和修改。

（a）年度报告。《粮食促进和平法》第 407 条（《美国法典》第 7 篇 1736a）做以下修订，删除（f）并插入如下内容：

"（f）年度报告。

"（1）关于农业贸易计划和活动的年度报告。

"（A）年度报告。在不晚于每个财政年度的 4 月 1 日内，署长和部长应联合准备并向国会相关委员会提交一份关于在上一个财政年度根据本法开展的每个计划和活动的一份报告。

"（B）内容。在（A）中提及的上一财政年度的年度报告应包括：

"（i）根据本法案接受粮食和其他援助的每个国家和组织的清单（包括提供给每个国家和组织的粮食总量和援助数额）；

"（ii）根据本法案实施的每项计划和活动（包括通过使用当地货币资助的每项活动）的总体描述；

"（iii）根据如下法律可提供给每个国家的农业商品数量的相关声明：

"（i）《1949 年农业法》第 416 条（b）（《美国法典》第 7 篇 1431（b））；和

"（ii）《1985 年《粮食促进发展法》（《美国法典》第 7 篇 1736o）；

"（iv）为降低美国粮食援助接受人口中的粮食不安全因素根据本法案对计划所做的进展评估；

"（v）粮食援助咨询组根据第 205 条为完成完整有效的粮食援助计划所做工作的说明；

"（vi）关于如下方面的评估：

"（i）根据第 207 条（f）实施的每个计划的监督、监测和评估系统；和

"（ii）每个计划的监督、监测和评估系统对根据本篇所提供援助的效能和效率的影响；和

"（vii）署长在解决粮食援助提供质量问题时所做的进展评估。

"（2）关于向外国提供农业商品的年度报告。

"（A）年度报告。不晚于每个财政年度的 2 月 1 日，署长应准备并向国会相关委员会提交一份在前一财政年度粮食援助计划管理方面根据第 II 篇使外国受益的的报告。

"（B）内容。在（A）中提及的年度报告应包括关于前一财政年度的如下内容：

"（i）包括根据第 207 条批准需要援助的每个计划、国家及商品的说明清单；和

"（ii）包括根据 207 条为运输及管理成本所批准的总金额说明的一份声明。"

（b）相应的修订。《粮食促进和平法》第 207 条（e）（《美国法典》第 7 篇 1726a（e））修订如下：

（1）删除"及时批准"及之后一直到"署长"的所有内容并插入"及时批准。署长"；和

（2）删除（2）。

第 3019 条　援助到期。

《粮食促进和平法》第 408 条（《美国法典》第 7 篇 1736b）做以下修订，删除"2007"并插入"2012"。

第 3020 条　拨款授权。

《粮食促进和平法》第 412 条（《美国法典》第 7 篇 1736f）做以下修订，删除（a）并插入如下内容：

"（a）拨款授权。经授权拨款的情况如下：

"（1）根据第 II 篇，在 2008 及之后的每个财政年度，兹授权拨款 2 500 000 000 美元开展紧急和非紧急粮食援助计划；和

"（2）有必要开展如下活动的授权拨款资金：

"（A）开展根据第 I 篇设立的优惠信贷销售计划；

"（B）开展根据第 III 篇设立的补贴计划；和

"（C）当商品信托公司所支付的在开展这些计划时产生或将产生的实际成本未得到偿还时，对商品信托公司进行支付"。

第 3021 条　非紧急粮食援助的最低级别。

《粮食促进和平法》第 412 条（《美国法典》第 7 篇 1736f）做以下修订，在结尾处加入如下内容：

"（e）非紧急粮食援助的最低级别：

"（1）资金和商品。根据第 II 篇，在开展紧急和非紧急粮食援助计划的可用资金中，在 2009 财政年度至少 375 000 000 美元应花在非紧急粮食援助计划上，在 2010 财政年度至少 400 000 000 美元，在 2011 财政年度至少 425 000 000，在 2012 财政年度至少 450 000 000 美元。

"（2）例外。对于第 II 篇中的非紧急粮食援助计划，总统可以在一个财政年度中花费少于（1）规定的金额，只要满足如下条件：

"（A）总统已决定额外的紧急粮食援助是急需的；

"（B）艾默生人道主义信托基金所储备的资金和商品都被用尽；和

"（C）总统已向国会提交一份附加拨款请求，总额相当于为达到根据（1）非紧急粮食援助支出水平所需的金额及根据（2）（B）所用尽的金额。

"（3）通知国会。如果总统做出（2）（A）提及的决定，总统应向国会提交关于决定已做出的书面通知。"

第 3022 条 对外援助计划间的协调。

《粮食促进和平法》第 413 条（《美国法典》第 7 篇 1736g）修订如下：

（1）删除"在最大程度上"并插入如下内容：

"（a）通则。在最大程度上"；和

（2）在结尾处加入如下内容：

"（b）改善采购计划举措报告。

"（1）所需报告。《2008 年粮食、保育和能源法》颁布之日起不晚于 90 天内，署长和部长应向国会的每个相关委员会提交一份报告，包含署长和部长在改善粮食和运输采购计划方面所做的工作介绍（包括在取消粮食集中采购方面所做的工作）。

"（2）内容。根据（1）所需的报告应包括署长和部长在如下方面的工作介绍：

"（A）提升如下机构在粮食采购方面的协调能力：

"（ⅰ）美国国际开发署；和

"（ⅲ）农业部；

"（B）增加采购安排的灵活度；

"（C）增加对历史分析和预测的使用；和

"（D）加快并精简解决运输争议的法律申诉过程。"

第 3023 条 微量营养素强化计划。

《粮食促进和平法》第 415 条（《美国法典》第 7 篇 1736g-2）修订如下：

（1）在（a）中：

（A）在（1）中，删除"不晚于 2003 年 9 月 30 日，署长在与部长磋商后"并插入"不晚于 2008 年 9 月 30 日，署长在与部长磋商后"；和

（B）在（2）中：

（ⅰ）在（A）中，在结尾处的分号之后加入"和"；和

（ⅱ）删除（B）和（C）并插入如下内容：

"（B）由在粮食援助商品质量提升方面具有丰富经验和专业水平的独立实体实施，通过使用 2001 年 10 月公布的题为'《公法》480 微量营养素合规审核'的报告中包含的建议，评估并应用提升或确保粮食援助强化农业商品及那些农业商品产生的质量、保质期、生物利用度及安全的技术和系统。"

（2）删除（b）并将（c）和（d）分别重新编号为（b）和（c）；和

（3）在根据（2）重新编号后的（c）中，删除"2007"并插入"2012"。

第 3024 条 约翰·奥格诺斯基和道格·贝罗伊特农民对农民计划。

（a）提供最少资金。《粮食促进和平法》第 501 条（d）（《美国法典》第 7 篇 1737（d））（1）的起始内容修订如下：

（1）删除"至少"并插入"大于等于 10 000 000 美元或"；和

（2）删除"2002 至 2007"并插入"2008 至 2012"。

（b）拨款授权。《粮食促进和平法》第 501 条（e）（《美国法典》第 7 篇 1737（e））做以下修订，删除（1）并插入如下内容：

"（1）通则。对于 2008 至 2012 每个财政年度，兹授权拨付如下金额开展本条：

"（A）撒哈拉以南非洲及加勒比海盆地国家 10 000 000 美元；和

"（B）在（A）中未提及的其他发展中或中等收入国家或新兴市场。"

子篇 B 《1978 年农业贸易法》及相关法令

第 3101 条 出口信用担保计划。

（a）撤销供应方信用担保计划和中间人出口信用担保计划。《1978 年农业贸易法》第 202 条（《美国法典》第 7 篇 5622）修订如下：

（1）在（a）中：

（A）删除（1）中"担保。"及其之后一直到"商品"的所有内容并插入"担保。商品"；和

（B）删除（2）和（3）；

（2）删除（b）和（c）；

（3）将（d）至（l）分别重新编号为（b）至（j），并在结尾处增加如下内容：

"（k）管理。

"（l）长期的定义。在本款中，'长期'一词系指 10 年或更多年的时间。

"（2）担保。在执行本条的出口信用担保时，部长应做到如下内容：

"（A）使农业商品的出口销售最大化；

"（B）使在一个财政年度中使用的可用出口信用担保最大化；

"（C）创造促进准确国家风险指定（在持续的基础之上）和及时指定调整的风险评估方法，以应对国家风险状况的物质改变，并为私营部门带来在投资和评估方面的持续机会；

"（D）对基于风险的担保进行必要的调整以确保计划效能及美国的竞争力；和

"（E）与业界合作以在可行范围内最大限度地确保，与担保相关的基于风险的费用包含但不超出长期的运营成本和损失。"

（b）提供资金的级别。《1978 年农业贸易法》第 211 条（《美国法典》第 7 篇 5641）做以下修订，删除（b）并插入如下内容：

（b）出口信用担保计划。商品信托公司应在 1996 至 2012 每个财政年度根据第 202 条（a）提供小于等于如下金额的可用信用担保：

"（1）5 500 000 000 美元；或

"（2）如下形式的金额：

"（A）商品信托公司通过使用每个财政年度 40 000 000 美元的预算授权可以为信用担保费用提供的信用担保金额；和

"（B）商品信托公司通过使用前一财政年度未支配的预算授权可以提供的信用担保金额。"

（c）相应的修订。《1978 年农业贸易法》第 202 条（《美国法典》第 7 篇 5622）修订如下：

（1）在根据（a）（3）重新编号后的（b）（4）中，删除"，符合（c）条款"；

（2）在根据（a）（3）重新编号后的（b）中

（A）删除"（1）"及其之后一直到"商品"的所有内容并插入"商品"；和

（B）删除（2）；和

（3）在根据（a）（3）重新编号后的（g）（2）中，删除"（a）和（b）"并插入"（a）"。

第 3102 条　市场准入计划。

（a）有机商品。《1978 年农业贸易法》第 203 条（a）（《美国法典》第 7 篇 5623（a））做以下修订，在"农业商品"后插入如下内容："包括有机生产的商品（如《1990 年有机食品生产法》第 2103 条（《美国法典》第 7 篇 6502）所定义）}"。

（b）提供资金。《1978 年农业贸易法》第 211 条（c）（1）（A）（《美国法典》第 7 篇 5641（c）（1）（A））做以下修订，删除"2006 和 2007 每个财政年度 200 000 000 美元"并插入"2008 至 2012 每个财政年度 200 000 000 美元。"

第 3103 条　出口促进计划。

（a）通则。《1978 年农业贸易法》第 301 条（《美国法典》第 7 篇 5651）被撤销。

（b）一致性修订。《1978 年农业贸易法》修订如下：

（1）在第Ⅲ篇中，删除其标题并插入如下内容：

"第Ⅲ篇　出口障碍"

（2）将第 302 条和第 303 条（《美国法典》第 7 篇 5652 和 5653）分别重新编号为第 301 条和第 302 条；

（3）在根据（2）重新编号后的第 302 条中，删除"，比如根据第 301 条所设立的那样，"；

（4）第 401 条（《美国法典》第 7 篇 5661）中：

（A）在（a）中，删除"第 201 条、第 202 条或第 203 条"并插入"第 201 条或第 202 条"；和

（B）在（b）中，删除"第 201 条、第 202 条和第 301 条"并插入"第 201 条和第 202 条"；和

（5）在第 402 条（a）（1）（《美国法典》第 7 篇 5662（a）（1））中，删除"第 201 条、第 202 条、第 203 条和第 301 条"并插入"第 201 条、第 202 条和第 203 条"。

第 3104 条　外国市场发展合作者计划。

（a）致国会的报告。《1978 年农业贸易法》第 702 条（c）（《美国法典》第 7 篇 5722（c））做以下修订，删除"国际关系委员会"并插入"外交事务委员会"。

（b）提供资金。《1978 年农业贸易法》第 703 条（a）（《美国法典》第 7 篇 5723（a））做以下修订，删除"2002 至 2007"并插入"2008 至 2012"。

第 3105 条　《1985 年粮食促进发展法》。

（a）通则。《1985 年粮食促进发展法》（《美国法典》第 7 篇 1736o）做以下修订，删除每处的"2007"并插入"2012"。

（b）在撒哈拉以南非洲的项目指定。《1985 年粮食促进发展法》（《美国法典》第 7 篇 1736o）做以下修订，在（f）的结尾处加入如下内容：

"（6）马拉维项目。

"（A）通则。2009 财政年度期间在落实本条过程中，总统须为马拉维批准至少一项多年项目：

"（i）以促进可持续农业；和

"（ii）以提高女性在领导岗位上的数量。

"（B）具备资格商品的使用。对于落实（A）所述项目期间用于落实本条所具备资格的商品，总统在该项目期间须使用总价值不少于 3 000 000 美元的具备资格的商品落实本项目。"

第 3106 条　麦戈文-多尔国际教育和儿童营养食品计划。

《2002 年农场安全与农村投资法》第 3107 条（《美国法典》第 7 篇 1736o-1）修订为：

（1）在（b），（c）（2）（B），（f）（1），（h），（i）和（l）（1）中，删除每次出现的"总统"并插入"部长"；

（2）在（d）中，删除"总统须指定一个或多个联邦机构"并插入"部长须"；

（3）在（f）（2）中，删除"执行机构"并插入"部长"；和

（4）在（l）中：

（A）删除（1）并插入以下内容：

"（1）商品信贷公司资金的使用。对于商品信贷公司的资金，部长须于 2009 财政年度拨付 84 000 000 美元用于实施本章，并保持可用直到耗尽。"

（B）在（2）中，删除"2004 至 2007 年"并插入"2008 至 2012 年"；和

（C）在（3）中，删除"任何落实或援助的联邦机构"并插入"农业部或任何其他援助的联邦机构"。

子篇 C　杂　　项

第 3201 章　《比尔·埃默森人道主义信托法》。

《比尔·埃默森人道主义信托法》（《美国法典》第 7 篇 1736f-1）第 302 条修订为

（1）在（a）中：

（A）删除"建立信托股份"并插入"建立并维护信托"；和

（B）删除"或任何商品组合，总量不超过 4 000 000 公吨"并插入"任何商品组合，或资金"；

（2）在（b）中：

（A）在（1）中，删除（D）并插入以下内容：

"（D）可用资金：

"（i）依据（2）（B）；

"（ii）作为信托所属任意商品因交易所得市场等额资金的结果，如果部长确定此类市场上的商品销售不会过度扰乱国内市场；或

"（iii）依据（d）（3）实现信托的最大价值。"和

（B）在（2）（B）中：

（i）在（i）中：

（Ⅰ）删除每次出现的"2007"并插入"2012"；

（Ⅱ）删除"（c）（2）"并插入"（c）（1）"；和

（Ⅲ）删除末尾处的"和"；

（ii）在（ii）中，删除末尾处的句号并插入"；或"；和

（iii）在末尾处添加以下内容：

"（iii）依据（d）通过管理信托积累的资金。"

（3）在（c）中：

（A）删除（1）和（2）并插入以下内容：

"（1）发放紧急援助。

"（A）紧急情况的定义。

"（i）通则。在本项中，'紧急情况'系指符合下列情况的紧急情况：

"（Ⅰ）有明确迹象表明（ii）所述某一情况或系列情况已经发生；

"（aa）造成人员受伤；和

"（bb）有关政府没有选择进行修复或无法修复；或

"（Ⅱ）由明确反常情况或系列情况导致某国或某国某一地区大规模居民的生活颠沛流离所造成的。

"（ⅱ）情况或系列情况。

"（Ⅰ）所指情况或系列情况包括以下一种或多种情况：

"（Ⅰ）突发灾难，如地震、洪水、蝗灾或类似的无法预料的灾难；

"（Ⅱ）造成下列情况的人为紧急情况：

"（aa）大量难民涌入；

"（bb）国内的人口迁移；或

"（cc）其他受影响人口的遭难；

"（Ⅲ）由干旱、饥荒、虫灾和疾病等情况漫延导致的粮食短缺情况，造成社区和弱势人口满足粮食需求的能力降低；和

"（Ⅳ）由于突发经济振荡、市场破产或经济崩溃导致的严峻粮食获取或可用情况，造成社区和弱势人口满足粮食需求的能力降低。

"（B）发放。

"（Ⅰ）通则。信托所属任何资金或商品可以依据《粮食促进和平法》第Ⅱ篇（《美国法典》第 7 篇 1721 及以下）发放，以提供粮食以及涵盖任何相关成本：

"（Ⅰ）帮助避免紧急情况，包括在紧急情况发生之前短暂的时间内；

"（Ⅱ）作出应急响应；或

"（Ⅲ）紧急情况之后的恢复与重建。

"（ⅱ）程序。依据（ⅰ）的发放须以同样方式实施，并遵循该法案第Ⅱ篇所规定的相同授权。

"（C）其他资金的不足。当某一财政年度依据该法案第Ⅱ篇（《美国法典》第 7 篇 1721 及以下）的应急需求可用资金在该财政年度不足以满足应急需求时，信托所持有的资金和商品须按照署长的决策立即投入使用。

"（D）与最低吨位要求有关的免除。本项不要求国际开发署署长依据《粮食促进和平法》第 204 条（a）（3）（《美国法典》第 7 篇 1724（a）（3））对依据（B）放款或发放商品的条件予以免除。"和

（B）（3）至（5）分别重新编号为（2）至（4）；

（4）在（d）中：

（A）（1）至（3）分别重新编号为（A）至（C），并适当地缩进排版；

（B）删除该款名称及标题和之后的所有内容，直到"提供："并插入以下内容：

"（d）信托管理。

"（1）通则。部长须按照部长确定的以实现信托价值最大化的方式管理信托持有的具备资格的商品和资金。

"（2）具备资格的商品。部长须提供："；

（C）在（2）中（由（B）重新编号）

（ⅰ）在（B）中（由（A）重新编号），删除末尾的"和"；和

（ⅱ）在（C）中（由（A）重新编号），删除末尾的句号并插入"；和"；和

（D）在末尾处添加以下内容：

"（3）资金。

"（A）兑换。如果信托所属任何商品依据（b）（1）（D）（Ⅱ）兑换成资金，那么这笔资金须在紧急情况下依据（c）发放资金之日前归信托持有。

"（B）投资。部长可以把信托持有的资金投资于美国任意短期证券或任何其他由联邦政府投保的低风险、短期工具或有价证券，在这种情况下，接受监管的保险公司可以依据哥伦比亚特区法律进行投

资。"和

"（5）在（h）中，在（1）和（2）中，删除每次出现的"2007"并插入"2012"。

第 3202 条　全球作物多样性信托。

（a）出资。美国国际开发署署长须为资助全球作物多样性信托（本条指"信托"）提供资金，从而以符合以下条件的方式通过采集和存储粮食作物种质协助保护粮食作物的基因多样性

（1）种子采集的保管与存储；

（2）记录及分类登记受保护种子的基因和特性，以确保为研究人员、庄稼种植者和公众提供有效参考；

（3）在发展中国家培养种子采集的能力；

（4）有关作物基因数据的信息面向研究人员、植物种植者和公众实现共享（其中包括通过提供可访问的互联网网站）；

（5）在自然灾害或人为灾害的情况中，种子的副本样本存储备份设施的运营与维护；和

（6）确保这些行动国际协调的监督及通过讲求成本效益系统实现公众有效地利用这种多样性。

（b）美国捐款限额。联邦政府向信托提供的总捐款数额不得超过信托接受捐款资金总额的 25％。

（c）拨款授权。2008 至 2012 财政年度期间为落实本条授权拨款共计 60 000 000 美元。

第 3203 条　特种作物技术援助。

《2002 年农业安全与农村投资法》第 3205 条（《美国法典》第 7 篇 5680）修订为删除（d）并插入以下内容：

"（d）年度报告。自《2008 年粮食、保育和能源法》颁布之日起 180 天之内以及之后的每年，部长须向国会适当的委员会提交报告，其中包括报告所涵盖时间段内影响特种作物出口的每项因素的描述，包括每项与下列内容有关的因素：

"（1）重大卫生或植物检疫事项；或

"（2）贸易壁垒。

"（e）筹资。

"（1）商品信贷公司。部长须使用商品信贷公司的资金、设施和授权落实本条规定。

"（2）出资数额。对于商品信贷公司的资金，部长须用于落实本条：

（A）2008 财政年度 4 000 000 美元；

（B）2009 财政年度 7 000 000 美元；

（C）2010 财政年度 8 000 000 美元；

（D）2011 财政年度 9 000 000 美元；和

（E）2012 财政年度 9 000 000 美元。"

第 3204 条　新兴市场和信贷工具担保贷款计划。

《1990 年粮食、农业、保育和贸易法》（《美国法典》第 7 篇，5622 注释；《公法》101 - 624）第 1542 条修订为：

（1）在（a）中，删除"2007"并插入"2012"；

（2）在（b）中：

（A）在第一句中，将（1）和（2）分别重新编号为（A）和（B），并适当地缩进排版；

（B）删除"一部分"并插入以下内容：

"（1）通则。一部分"；

（C）在第二句中，删除"商品信贷公司"并插入以下内容：

"（2）优先事项。商品信贷公司"；和

（D）在末尾处添加以下内容：

"（3）免于解释。如果部长确定以下内容，那么部长可以免除任何有关在拟议设施的解释中使用美国商品的适用条件：

"（A）源自美国的商品不可用；或

"（B）使用源自美国的商品行不通。

"（4）担保期限。依据本款的设施偿还担保须不超过以下期限的最低值：

"（A）受援助设施的折旧计划期限；或

"（B）20 年。"和

（3）在（d）（1）（A）（ⅰ）中，删除"2007"并插入"2012"。

第 3205 条　在进口农产品中消除使用童工和强迫劳动的咨询组。

（a）定义。在本条中：

（1）童工。"童工"系指 1999 年 6 月 17 日在日内瓦达成的有关禁止和立即行动以消除最恶劣形式童工劳动的第 182 号国际劳工公约所定义的最恶劣形式童工劳动。

（2）咨询组。"咨询组"系指依据（b）规定的在进口农产品中消除使用童工和强迫劳动的咨询组。

（3）强迫劳动。"强迫劳动"一词是指符合下列条件的所有工作或服务：

（A）迫使任何个人因不履行工作或服务而受威胁遭到惩罚，其中：

（ⅰ）相应的工作或服务非自愿提供；或

（ⅱ）因强迫、负债或非自愿奴役而履行的工作或服务（如《2000 年人口贩运受害者保护法》（《美国法典》第 22 篇 7102）第 103 条所定义的术语）；和

（B）1 名或多名个人在履行工作或服务时遭受严峻形式的人口走私（如上所述条中所定义的术语）。

（b）确立。确立名为"在进口农产品中消除使用童工和强迫劳动的咨询组"的小组，以提出与降低进口到美国的农产品或商品使用强迫劳动和童工生产可能性有关的意见建议。

（c）职责。

（1）通则。自本法案颁布之日起 2 年之内并依据《2000 年人口贩运受害者保护法》第 105 条（d）（《美国法典》第 22 篇 7103（d））规定，适用于使用强迫劳动或童工生产的农产品进口，咨询组须制定并向部长提交与一套标准的独立、第三方监督和认证农产品或商品生产、加工及分销有关的建议，从而降低进口到美国的农产品或商品使用强迫劳动或童工生产的可能性。

（2）指南。

（A）通则。自部长收到（1）所规定的建议之日起 1 年之内，部长须发布自愿倡议指针，以使各实体解决《2000 年人口贩运受害者保护法》（《美国法典》第 22 篇 7101 及以下）提出的问题。

（B）要求。依据（A）发布的指南须在《联邦纪事》上刊载并向公众进行为期 90 天的征求意见。

（d）成员资格。咨询组的组成不得超过 13 人，其中：

（1）由部长确定的 2 名成员须代表农业部；

（2）1 名成员须为劳工部负责国际事务的副部长帮办；

（3）由国务卿确定的 1 名成员须代表国务院；

（4）3 名成员须代表私有农业相关的企业，可以包括零售商、食品加工商、进口商和生产商，其中至少有 1 名成员须为使用独立、第三方供应链监督强迫劳动或童工的进口商、食品加工商或零售商；

（5）由劳工部国际劳工事务局确定的 2 名适当的成员将代表高等教育机构和研究机构；

（6）1 名成员将代表为农产品或农业商品生产商或进口商提供独立、第三方劳动标准认证服务的组织；和

（7）由劳工部国际劳工事务局确定的 3 名成员须代表《1986 年国内税收法典》第 501 条（c）（3）所述的组织，并拥有国际童工问题方面的专业技能且与（c）（2）所规定的指南没有利益冲突，其中包括来自消费者组织和工会的适当代表。

（e）主席。依据（d）（1）任命并由部长确定的农业部代表将担任咨询组主席。

（f）条件。咨询组应每年至少 4 次应主席召集，在向所有成员做出适当通知之后进行会面并提出（c）（1）所述建议。

（g）《联邦咨询委员会法》的不适用性。《联邦咨询委员会法》（《美国法典》第 5 篇附件．）不适用于咨询组。

（h）年度报告。本法案生效之日起 1 年之内以及之后的每年，直到 2012 年 12 月 31 日，部长须向众议院农业委员会和外交委员会及参议院农业、营养和林业委员会提交报告，阐述咨询组的活动和建议。

（i）授权终止。咨询组于 2012 年 12 月 31 日到期。

第 3206 条　地方和地区粮食援助采购计划。

（a）定义。在本条中：

（1）署长。"署长"系指国际开发署署长。

（2）适当的国会委员会。"适当的国会委员会"系指：

（A）参议院农业、营养和林业委员会；

（B）众议院农业委员会；和

（C）众议院外交委员会。

（3）具备资格的商品。"具备资格的商品"系指符合下列条件的农业商品（或农业商品的产品）：

（A）在发展中国家生产及从发展中国家采购的；和

（B）由部长确定的，在最低程度上符合农业商品接受国的各项营养、质量和标签标准。

（4）具备资格的组织。"具备资格的组织"系指符合以下条件的组织：

（A）《粮食促进和平法》第 202 条（d）（《美国法典》第 7 篇 1722（d））所述情况；和

（B）关于非政府组织，遵循为落实本条而颁布的规定或出台的指南，其中包括适用于非政府组织的美国审计要求。

（b）研究；实地计划。

（1）研究。

（A）通则。自本法案颁布之日起 30 日之内，部长须启动由以下各方开展的粮食援助计划优先地方和地区采购研究

（i）其他捐赠国；

（ii）私有志愿组织；和

（iii）联合国世界粮食计划署。

（B）报告。自本法案颁布之日起 180 日之内，部长须向国会适当的委员会提交包含依据（A）开展的研究结果的报告。

（2）实地计划。

（A）通则。根据（B）规定，部长须向具备资格的组织拨款或与其达成合作协议，以落实由地方或地区采购具备资格的商品构成的实地计划，从而按照本条规定应对粮食危机和灾难。

（B）与署长磋商。在依据（A）开展实地计划的制定与落实过程中，部长须与署长磋商。

（c）采购。

（1）通则。任何为依据（b）（2）落实的实地计划采购的具备资格的商品须通过部长认为有效的途径或方法进行采购，从而提供与在最大切实可行程度上加速推进向受影响人口提供粮食援助而不增加与

在具备资格的商品进行采购的同一市场采购商品的低收入消费者的商品成本方式有关的充分信息。

(2) 要求。

(A) 对当地农民和国家的影响。部长须确保地方或地区依据本条采购任何具备资格的商品时不会对在当地居住的农民或下列情况国家的经济产生破坏性影响：

（ⅰ）具备资格的商品的接受国；或

（ⅱ）该地区内具备资格的商品可能被采购的任何国家。

(B) 转运。部长须遵循部长认为适当的条款和条件要求每个具备资格的组织承诺防止或限定：

（ⅰ）依据本条采购的任何具备资格的商品再次卖给或转运至除接受国以外的任何国家；和

（ⅱ）将具备资格的商品用于除粮食援助以外的任何目的。

(C) 世界价格。

（ⅰ）通则。在落实本条规定过程中，部长须采取一切部长认为合理的预防措施确保采购具备资格的商品不会过度扰乱：

（Ⅰ）农业商品的世界价格；或

（Ⅱ）与外国正常形式的商业贸易往来。

（ⅱ）采购价格。采购任何具备资格的商品须按照部长确定的，以采购国关于国家经济的合理市场价格进行采购。

(d) 规定；指南。

(1) 通则。依据（2），按（b）(1) 所做研究完成之日起 180 天之内，部长须颁布规定或出台指南以落实本条的实地计划。

(2) 要求。

(A) 研究的使用。在按照（1）颁布规定或出台指南时，部长须考虑到（b）(1) 所述研究的结果。

(B) 公众审查与评价。在按照（1）颁布规定或出台指南时，部长须为公众审查与评价提供机会。

(3) 可用性。部长须直到其按照（1）颁布规定或出台指南之日才能批准任何本条所规定的具备资格商品的采购。

(e) 实地计划拨款或合作协议。

(1) 通则。部长须向具备资格的组织拨款或与之达成合作协议，以落实实地计划。

(2) 具备资格的组织的条件。

(A) 申请。

（ⅰ）通则。为按照本款符合从部长那里取得拨款或与之达成合作协议的条件，具备资格的组织须按照部长可能提出要求的日期、方式及所包含的信息向部长提交申请。

（ⅱ）其他适用条件。任何其他与提交提案供考虑有关的适用条件须适用于部长确定的（Ⅰ）所要求的申请提交。

(B) 完成要求。为按照本款符合从部长那里取得拨款或与之达成合作协议的条件，具备资格的组织须同意：

（ⅰ）在 2011 年 9 月 30 日之前采集包含（f）(1)(B) 所需信息并与通过该笔拨款资助的实地计划有关的数据；和

（ⅱ）按照（Ⅰ）向部长提供所采集的数据。

(3) 部长的要求。

(A) 计划多样性。

（ⅰ）通则。按照（Ⅱ）和（B）规定，在为依据本条进行资助而筛选实地计划提案时，部长须挑选多样化的计划，其中包括位于以下地区的计划：

（Ⅰ）粮食过剩地区；

（Ⅱ）粮食亏空地区（采用地区采购方法实施的）；和

（Ⅲ）多重地理地区。

（ii）优先权。在依据（Ⅰ）筛选实地计划提案时，部长须确保所选中的大多数提案属于符合下列情况的实地计划：

（Ⅰ）位于非洲；和

（Ⅱ）采购生产于非洲的具备资格的商品。

（B）发展援助。对于提供发展援助1年（含）以上的实地计划须依据本款提供一部分资金。

（4）可用性。直到部长按照第（d）（1）节颁布规定或出台指南之日时部长才能依据第（1）条向任一具备资格的组织授权拨款。

（f）独立评估；报告。

（1）独立评估。

（A）通则。2011年11月1日之前，部长须确保独立的第三方对符合下列条件的所有实地计划开展独立评估：

（i）着重强调第（B）款所述每一要素；和

（ii）依据本章开展的。

（B）所需要素。部长须要求独立第三方开展：

（i）关于依据本章采购的具备资格的商品所在的各个有关市场，下列情况的描述：

（Ⅰ）该市场主要的和历史的供给、需求和价格变动（包括采购投标的竞争程度）；

（Ⅱ）采购具备资格的商品对市场上生产商和消费价格的影响；

（Ⅲ）可能对具备资格的商品在当地或地区采购出现区域的供或求产生重大影响的各项政府市场干预或捐赠国的其他活动；

（Ⅳ）在市场中采购的具备资格商品的数量和类型；

（Ⅴ）采购每项具备资格商品的期限；和

（Ⅵ）采购每项具备资格商品的总成本（其中包括存储、处理、运输和管理费用）；

（ii）有关以下内容的评估：

（Ⅰ）本章的要求是否已经达到；

（Ⅱ）不同方法和策略对以下有关方的影响：

（aa）当地和地区农业生产商（其中包括大型和小型农业生产商）；

（bb）市场；

（cc）低收入消费者；和

（dd）项目受领者；和

（Ⅲ）从部长启动采购程序之日始到具备资格的商品交付之日止，这一期间的期限长度；

（iii）有关以下各项内容，用于落实本条的不同方法比较：

（Ⅰ）对当地农业的益处；

（Ⅱ）对市场和消费者的影响；

（Ⅲ）采购和交付所需要的时间期限；

（Ⅳ）质量和安全保证；和

（Ⅴ）实施成本；和

（iv）充足信息可用的程度（其中包括依据（b）（1）（B）所要求的报告结果），其他捐赠国用来实施当地和地区采购的不同方法的对比。

（C）独立第三方对记录和报告的使用权。部长须向独立第三方提供每项记录和报告的使用权，这些记录和报告对于独立第三方确定完成独立评估来说是必要的。

（D）公众对记录和报告的使用。（2）所述之日起180天内，部长须提供（C）所述各记录和报告的公众使用权。

（2）报告。自本法案颁布之日起 4 年内，部长须向国会适当的委员会提交报告，内容包括依据（1）（A）开展的独立评估的分析和调查结果。

（g）提供资金。

（1）商品信贷公司。部长须使用商品信贷公司的资金、设施和授权落实本条。

（2）出资数额。对于商品信贷公司的资金，部长须按以下数额用于落实本条：

（A）2009 财政年度 5 000 000 美元；

（B）2010 财政年度 25 000 000 美元；

（C）2011 财政年度 25 000 000 美元；和

（D）2012 财政年度 5 000 000 美元。

子篇 D　软　木　材

第 3301 条　软木材。

（a）通则。《1930 年关税法》（《美国法典》第 19 篇 1202 及以下）修订为在结尾处添加以下新篇：

"第Ⅷ篇　软　木　材

"第 801 条　短标题；目录。

"（a）短标题。本篇可以引用为'《2008 年软木材法》'。

"（b）目录。本篇的目录如下所示：

"第Ⅷ篇　软　木　材

"第 801 条　短标题；目录。

"第 802 条　定义。

"第 803 条　软木材进口商申报计划的确立。

"第 804 条　软木材进口商申报计划的范围。

"第 805 条　出口费用确定和公布。

"第 806 条　一致性。

"第 807 条　核实。

"第 808 条　罚款。

"第 809 条　报告。

"第 802 条　定义。

"在本篇中：

"（1）适当的国会委员会。'适当的国会委员会'系指参议院财政委员会和众议院筹款委员会。

"（2）出口国。'出口国'系指软木材或软木材产品进入美国之前出口自哪国的国家（包括该国的任何政治分支）。

"（3）美国的关税法。'美国的关税法'系指由美国海关及边境保护局执行或管理的任何法律或法规。

"（4）出口税。'出口税'系指第 804 条（a）所述软木材或软木材产品按照出口国与美国达成的国际协议出口的国家所收取的任何税收、付费或其他费用。

"（5）出口价格。

"（A）通则。'出口价格'系指以下情况的一种：

"（ⅰ）只经过初步加工，其价值由商品在出口之前经历最后一道初级加工时的离岸价格确定的软木材或软木材产品的情况。

"（ⅱ）（Ⅰ）如（Ⅱ）所述，其价值由软木材或产品经历最后一道初级加工时的离岸价格确定的软木材或软木材产品的情况。

"（Ⅱ）本子条款所述软木材或软木材产品属于在出口之前经历了由符合下列情况的制造商最后再制造的软木材或产品：

"（aa）不具备出口国规定的土地使用权的情况；

"（bb）未从出口国直接取得木料的情况；和

"（cc）与拥有出口国土地使用权或从出口国直接取得木料的个人无关的情况。

"（ⅲ）（Ⅰ）如（Ⅱ）所述，其价值由产品在出口前经历最后一道加工时的离岸价格确定的软木材或软木材产品的情况。

"（Ⅱ）本子条款所述软木材或软木材产品属于在出口之前经历了由符合下列情况的制造商最后再制造的软木材或产品：

"（aa）具备出口国规定的土地使用权的情况；

"（bb）从出口国直接取得木料的情况；或

"（cc）与拥有出口国土地使用权或从出口国直接取得木料的个人有关的情况。

"（B）有关个人。出于本项之目的，如果符合下列情况，则个人属于与另外一个人有关的个人：

"（ⅰ）此人与《1986年国内税收法典》第152条（a）所涉及的其他此类人有关；

"（ⅱ）此人与《1986年国内税收法典》第267条（b）所涉及的其他此类人有关，仅需将各处'5％'替换为'50％'；

"（ⅲ）按照《1986年国内税收法典》第1563条（a）规定中此人及其他此类人为公司特定团体的一部分，仅需将各处'5％'替换为'80％'；

"（ⅳ）此人身份为官员或其他此类人的上级；或

"（ⅴ）此人为其他此类人的雇主。

"（C）使用权。本项中'使用权'一词指的是从出口国许可的公共土地上砍伐木材的权利。

"（D）不确定离岸价格时的出口价格。

"（ⅰ）通则。如软木材或软木材产品不确定离岸价格，如（A）（ⅰ）、（ⅱ）（ⅲ）所示，出口价格应为相同木材或出口国一定距离内交易中所售出产品的市场价格，产品应与出口木材或产品同时出口。市场价格应按照下列先后顺序确定：

"（Ⅰ）与出口木材或产品基本处于同一贸易水准、但数量不同的木材或产品市场价格。

"（Ⅱ）与出口木材或产品处于不同贸易水准、但数量接近的木材或产品市场价格。

"（Ⅲ）与出口木材或产品处于不同贸易水准、但数量不同的木材或产品市场价格。

"（ⅱ）贸易水准。（Ⅰ）中的'贸易水准'与《联邦规定法案》第19篇第351.412条（c）（自2008年1月1日起生效）所规定内容相同。

"（6）离岸价格。'离岸价格'指的是买家应支付的各项费用，包括商品离岸前在岸上的运输费用，但不包括实际运输费用或任何其他适用性出口费用。

"（7）协调关税明细表。'协调关税明细表'指的是《美国协调关税明细表》（《美国法典》第1202卷，19）（自2008年1月1日起生效）。

"（8）个人。此处'个人'指的是美国司法管辖范围内的任何个人、合作伙伴、公司、联盟、机构、商业基金、政府实体或其他实体。

"（9）美利坚合众国。'美利坚合众国'指的是《协调关税明细表通用注释第2条》中所限定的美国海关领域。

"第 803 条　软木材进口商申报计划设立。

　　"（a）计划设立。

　　"（1）通则。总统应按照第 804 条（a）规定就软木材和软木材产品的进口设立和管理进口商申报计划。进口商申报计划应要求软木材和软木材产品进口商（参见第 804 条（a））提供（b）所需信息、申报（c）所需信息，并要求其同时提供入境综合文件。

　　"（2）电子记录。总统应设立电子记录，内容应包括（b）所要求进口商信息和（c）所要求申报信息。

　　"（b）所需信息。总统有权要求任何希望进口软木材或软木材产品的人按照第 804 条（a）规定向其提供下列内容：

　　"（1）单次运输软木材或软木材产品的出口价格。

　　"（2）预计出口费用，根据每次所运输软木材或软木材产品的具体情况，按照第 805 条规定将商务部国际贸易助理部长所确立和公布的百分比应用于（b）（1）所规定的出口价格。

　　"（c）进口商申报。按照总统所规定的程序，任何希望进口软木材或软木材产品的人应按照第 804 条（a）规定对下列内容进行申报：

　　"（1）此人已经进行适当查询，包括从出口商获得适当的文件，并按照第 805 条（b）规定对商务部国际贸易助理部长所公布的决定进行咨询；和

　　"（2）据此人所掌握的信息，此人确信：

　　"（A）按照（b）（1）规定所提供出口价格可参见第 802 条（5）规定；

　　"（B）根据（b）（1）规定所提供出口价格与出口许可（如存在，则由出口国授予）所规定出口价格一致。

　　"（C）出口商已支付或承诺按照下列规定支付所有应付出口费用：

　　"（ⅰ）按照体积、出口价格、出口装载率或按照美国和出口国之间达成国际协议中的计算原则进行计算；和

　　"（ⅱ）遵守第 805 条（b）和国际贸易助理部长所公布的出口费用规定。

"第 804 条　软木材进口商申报计划范围。

　　"（a）计划所包括产品。下列产品应遵守第 803 条所设立的进口商申报计划：

　　"（1）通则。按照小标题 4407.10.00、4409.10.10、4409.10.20 或 4409.10.90 进行分类的所有软木材和软木材产品，包括下列软木材、地板和墙板：

　　"（A）纵向锯下、剥下、切片或脱皮的松木，无论是否刨平、磨光或指接，厚度大于 6 毫米。

　　"（B）任何边缘或表面接连成形的松木墙板（包括未组装的带状镶木地板和饰带），无论是否刨平、磨光或指接。

　　"（C）任何边缘或表面接连成形（已嵌接、刻槽、去角、V 型接缝、用小珠装饰、浇铸、切割为圆角，等等）的其他松木墙板（包括未组装的带状镶木地板和饰带，不包括木制模型和木钉杆），无论是否刨平、磨光或指接。

　　"（D）任何边缘或表面形状均匀（已嵌接、刻槽、开槽口、去角、V 型接缝、小珠装饰、浇铸、切割为圆角，等等）的松木墙板（包括未组装的带状镶木地板和饰带，不包括木制模型和木钉杆），无论是否刨平、磨光或指接。

　　"（E）已钻孔和刻凹口的松木及切削角木材。

　　"（2）形状均匀的产品。《协调关税明细表》第 4409.10.05 小标题下所分类的任何底部或侧面形状均匀的产品。

　　"（3）其他木材产品。如（b）或（c）未另行规定，则软木材指的是下列产品：《协调关税明细表》

小标题4418.90.46.95、4421.90.70.40或4421.90.97.40中所涉及的纵梁、沿径切割弹簧床垫木板、栅栏木桩、桁架木桩、运货板部件、门窗框架。

"（b）计划未包含产品。按照第803条规定所设立进口商申报项目不包括以下产品：

"（1）按照《协调关税明细表》小标题4418.90适当分类的桁架和桁架套装。

"（2）I型托梁。

"（3）整体弹簧床垫框架。

"（4）按照《协调关税明细表》小标题4415.20适当分类的运货板和运货板套装。

"（5）车库门。

"（6）按照《协调关税明细表》小标题4421.90.97.40适当分类的边缘粘木材。

"（7）整套门框。

"（8）整套窗框。

"（9）家具。

"（10）按照《协调关税明细表》第98章第ⅩⅢ节规定临时带入美国的免税物品。

"（11）家庭和个人财产。

"（c）特定产品例外。下列软木材产品不适用于第803条所设立的进口商申报计划：

"（1）纵梁。如纵梁（滑行装置运货板组件）存在下列情况：

"（A）为满足叉车需求，侧面至少存在两处刻痕，刻痕与中心距离相同；且

"（B）按照《协调关税明细表》小标题4421.90.97.40适当分类。

"（2）弹簧床垫框架套装。

"（A）通则。弹簧床垫框架套装，如：

"（ⅰ）套装包括：

"（Ⅰ）两个木制侧杆；

"（Ⅱ）两个木制尾杆（或顶杆）；和

"（Ⅲ）数量不同的木板条；和

"（ⅱ）侧杆和尾杆两端均沿径切割。

"（B）包装。（A）中所涉及任何套装均应独立包装，且如入境证件所示，包含特定数量的弹簧床垫框架组件，则无需再次加工。包装所含任何组件的实际厚度不得超过1英寸，长度不得超过83英寸。

"（3）沿径切割弹簧床垫框架组件。沿径切割弹簧床垫框架组件的实际厚度不得超过1英寸，长度不得超过83英寸，如板两端均存在沿径切割，且几乎整个角已完全切割，则无需进一步加工即可装配。

"（4）栅栏木桩。栅栏木桩无需进一步加工，且已按照《协调关税明细表》小标题4421.90.70适当分类，实际厚度小于等于1英寸，宽度小于等于8英寸，长度小于等于6英尺，且包括尖顶饰或装饰性切割，特征显著，明显为栅栏木桩。如出现栅栏木桩卷边的情况，则应切掉木板卷边的角，目的在于去掉等腰直角三角形中边长大于等于3/4英寸的木块儿。

"（5）美国原产木材。如发生下列情况，则美国原产木材在出口至其他国家或向美国进口木材时可进行微加工：

"（A）其他国家的加工仅限于窑干、抛光并获得型号和光滑度适当的模板；和

"（B）进口商登记美国原产木材的信息满足美国海关及边境保护局的要求。

"（6）软木材。产自美国的所有软木材或软木材产品，需满足下列条件：如进口商、出口商、外国加工商或美国原生产商所登记、备份美国原产木材的信息可满足美国海关及边境保护局的要求，且最初在美国生产。

"（7）家庭包装或套装。

"（A）通则。如进口商声明已满足下列要求，则无论《协调关税明细表》是否分类，独立家庭包装

或套装软木材或软木材产品均可：

"（ⅰ）包装或套装按照示意图、设计或计划中规定的数量包括全套木材，至少可满足 700 平方英尺的家庭示意图、设计或计划。

"（ⅱ）包装或套装包括：

"（Ⅰ）所有必要的内部和外部门窗、钉子、螺丝钉、胶水、底层地板、护套、横梁、支柱和连接件；和

"（Ⅱ）按照示意图、设计或计划，购买合同应包含铺板、木饰条、干式墙和屋顶板。

"（ⅲ）进口前，已向美国零售商销售包装或套装，该零售商应按照有效的购买合同及具体家庭设计、示意图和计划销售整套家庭包装或套装，合同签署方应为独立于进口商的客户。

"（ⅳ）如已将软木材产品登记为包装或套装的组成部分，无论是单独登记或若干天内多次登记，只可用于家庭设计、示意图或计划中规定的单个家庭施工，且应与美国海关及边境保护局进口登记内容一致。

"（B）家庭包装和套装所需其他文件。按照（A）（ⅰ）至（ⅳ）规定登记产品时，进口商应持有下列文件，并根据美国海关及边境保护局要求提交：

"（ⅰ）在美国海关及边境保护局进行登记所需的家庭设计、计划或示意图副本。

"（ⅱ）家庭套装或包装零售商的购买合同，合同签署方应为独立于进口商的客户。

"（ⅲ）列入美国登记范围的包装或套装所含所有部件，应与所进口部件的家庭设计、计划或示意图保持一致。

"（ⅳ）如某单个合同包括多项登记内容，则需按照（ⅲ）要求对各运输批次产品进行确认。

"（d）产品范围。如要确定产品是否在进口商申报计划范围内，总统应参照本条所提供的条款说明。

"第 805 条　出口费用确定和公布。

"（a）确定。商务部国际贸易助理部长每月应按第 804 条（a）确定出口国应从软木材或软木材产品出口商收集的出口费用（即出口价格的百分比），目的在于确保符合该国与美国之间签订的所有国际协议。

"（b）公布。商务部国际贸易助理部长应立即在商务部国际贸易管理局网站上公布就（a）内容所作的任何决定，也可酌情选择其他公布方式。

"第 806 条　一致性。

"商务部国际贸易助理部长应确保适当公布和执行软木材出口国或第 804 条（a）规定软木材产品出口国和美国之间签订的国际协议。财政部长应：

"（1）确保美国按照第 803 条（b）（1）规定申报的出口价格与出口国向美国汇报的出口价格（如有）相一致。

"（2）确保美国按照第 803 条（b）（1）规定申报的出口价格与出口国向美国汇报的修订版出口价格（如有）相一致。

"第 807 条　核实。

"（a）通则。财政部长应定期按照第 803 条（c）规定对美国进口商申报的内容进行核实，包括确定下列内容：

"（1）美国进口商按照第 803 条（b）（1）规定所申报的出口价格是否与出口许可上所显示的出口价格相同；和

"（2）美国进口商按照第 803 条（b）（2）规定所申报的预计出口费用是否与国际贸易助理部长按照

第 805 条（b）所公布的决议内容相一致。

"（b）账簿和记录检查。

"（1）通则。按照本法案第 V 篇规定，应保留和提供与进口商申报项目（参见第 803 条）相关的任何记录。

"（2）记录检查。财政部长有权按照本法案第 509 条规定酌情采取此类措施、检查此类记录、核实根据第 803 条（c）规定所申报内容是否真实准确。

"第 808 条　罚款。

"（a）通则。任何人在熟悉本内容的情况下仍擅自向美国进口软木材或软木材产品将构成违法行为。

"（b）民事罚款。任何构成（a）相关违法行为的个人将被处以民事罚款，明知故犯者罚款不超过 10 000 美元。

"（c）其他处罚。除（b）所列处罚外，根据海关法律或《美国法典》第 18 篇规定，任何进口软木材和软木材产品（参见第 804 条（a）规定）的个人如存在违反本篇规定和美国其他海关法规的行为，将被处以任何适用性民事和刑事处罚，包括拘留和没收财产。

"（d）确定罚金时应考虑的因素。按照本条规定确定民事罚款数额时应考虑此人之前是否存在违反本部分内容的行为、此人支付罚款的能力、违反规定的程度及其他此类公平性因素。

"（e）通知。如个人出现违反本篇条款的行为，可提前通知其并给其机会进行口头和书面声明后再确定是否按本条规定对其进行处罚。

"（f）如存在但不限于下列情况，则即使本篇存在其他规定，进口商仍不构成违反第 803 条（c）的行为：

"（1）进口商按照第 908 条（c）（1）规定已对申报内容适当进行咨询；

"（2）进口商按照第 807 条（b）规定保留和提供的记录与申报内容一致；且

"（3）并无任何确凿证据证明进口商知道其所申报事实存在错误。

"第 809 条　报告。

"（a）半年报告。总统应向适当的国会委员会提交一份报告，内容如下，提交时间应在本篇内容生效后 180 天内：

"（1）对按照第 806 条进行的调整和按照第 807 条进行的核实情况进行说明；

"（2）确定美国进口商以何种方式按照第 806 条进行调整、按照第 807 条进行核实；

"（3）确定按照第 808 条规定处以罚款的数额；

"（4）确定是否存在任何违反本篇内容的行为；和

"（5）确定本篇内容实施和执行过程中是否遇到任何问题或障碍。

"（b）补贴报告。商务部长应向适当的国会委员会提交一份报告，对出口国向软木材或软木材产品提供的补助进行说明（包括采伐补助），提交时间应在本部分内容生效后 180 天内，且每隔 180 天应提交一次。

"（c）审计总局报告。美国总审计长应向适当的国会委员会提交一份报告，内容如下：

"（1）按照第 806 条进行调整和按照第 807 条进行核实的效果，应在本篇内容生效后 18 个月内提交。"

"（2）向美国出口软木材或软木材产品的国家是否遵守其和美国之间签订的所有国际性协议，应在本篇内容生效 12 个月内提交。

（b）生效日期。对本条内容所做修订在本法案生效日 60 天后生效。

第Ⅳ篇 营　养

子篇 A　食品券计划

第Ⅰ部分　食品券法和计划重命名

第 4001 条　食品券法和计划重命名

（a）短标题。《1977 年食品券法》第 1 条（《美国法典》第 7 篇 2011 注释；《公法》88 - 525）的修改方式为删除"《1977 年食品券法》"，插入"《2008 年食品和营养法案》"。

（b）计划。《2008 年食品和营养法》（经（a）修改过的）（《美国法典》第 7 篇 2011 及以下）的修改方式为删除每一处"食品券计划"，插入"补充性营养援助计划"。

第 4002 条　相应的修正案。

（a）通则。

（1）《2008 年食品和营养法》第 4 条（《美国法典》第 7 篇，2013）的修改方式为删除标题中的"食品券计划"，插入"补充性营养援助计划"。

（2）《2008 年食品和营养法》第 5 条（h）（2）（A）（《美国法典》第 7 篇，2014（h）（2）（A））的修改方式为删除"食品券灾害工作组"，插入"灾害工作组"。

（3）《2008 年食品和营养法》第 6 条（《美国法典》第 7 篇，2015）的修改方式如下所示：

（A）删除（d）（3）的"为食品券"；

（B）删除（j）标题中的"食品券"；

（C）（o）：

（i）删除（2）的"食品券救济金"，插入"补充性营养援助计划救济金"；

（ii）（6）：

（Ⅰ）（A）：

（aa）删除（i）的"食品券"，插入"补充性营养援助计划救济金"；

（bb）（Ⅱ）：

（AA）删除（Ⅰ）前的"食品券领取人"，插入"领取补充性营养援助计划救济金的家庭成员"；

（BB）删除每一处"食品券救济金"，插入"补充性营养援助计划救济金"；

（Ⅱ）删除（D）和（E）中每一处"食品券领取人"，插入"领取补充性营养援助计划救济金的家庭成员"。

（4）《2008 年食品和营养法》第 7 条（《美国法典》第 7 篇 2016）的修改方式如下所示：

（A）（i）：

（i）删除（3）（B）（ii）的"食品券家庭"，插入"领取补充性营养援助计划救济金的家庭"；

（ii）删除（7）的"食品券发放"，插入"补充性营养援助发放"；

（B）（k）：

（i）删除（2）的"食品券救济金"，插入"补充性营养援助计划救济金"；

（ii）删除（3）的"食品券零售"，插入"零售"。

（5）《2008 年食品和营养法》第 9 条（b）（1）（《美国法典》第 7 篇 2018（b）（1））的修改方式为删除"食品券家庭"，插入"领取补充性营养援助计划救济金的家庭"。

（6）《2008 年食品和营养法》第 11（《美国法典》第 7 篇 2020）的修改方式如下所示：

（A）在（e）中：

（ⅰ）删除每一处"食品券"，插入"补充性营养援助计划救济金"；

（ⅱ）删除每一处"各食品券办事处"，插入"各补充性营养援助计划办事处"；

（ⅲ）删除每一处"食品券办事处"，插入"补充性营养援助计划办事处"；

（ⅳ）在（25）中：

（Ⅰ）删除（A）前的"简化食品券计划"，插入"简化补充性营养援助计划"；

（Ⅱ）删除（A）的"食品券救济金"，插入"补充性营养援助计划救济金"；

（B）删除（k）的"可根据州政府机构要求发放食品券"，插入"可根据州政府机构要求发放补充性营养援助计划救济金"；

（C）删除（1）的"食品券参与"，插入"补充性营养援助计划参与"；

（D）删除（q）和（r）标题中每一处"食品券"，插入"救济金"；

（E）删除（s）每一处"食品券救济金"，插入"补充性营养援助计划救济金"；和

（F）在（t）（1）中：

（ⅰ）删除（A）的"食品券申请"，插入"补充性营养援助计划申请"；和

（ⅱ）删除（B）的"食品券救济金"，插入"补充性营养援助计划救济金"。

（7）《2008年食品和营养法》第14条（b）（《美国法典》第7篇2023（b））的修改方式为删除"食品券"。

（8）《2008年食品和营养法》第16条（《美国法典》第7篇2025）的修改方式如下所示：

（A）删除（a）（4）的"食品券信息活动"，插入"与补充性营养援助计划相关的信息活动"；

（B）删除（c）（9）（C）的"食品券工作量"，插入"补充性营养援助计划工作量"；和

（C）删除（h）（1）（E）（Ⅰ）的"食品券领取者"，插入"领取补充性营养援助计划救济金的家庭"。

（9）《2008年食品和营养法》第17条（《美国法典》第7篇2026）的修改方式如下所示：

（A）删除（a）（2）每一处的"食品券救济金"，插入"补充性营养援助计划救济金"；

（B）在（b）中：

（ⅰ）在（1）中：

（Ⅰ）删除（A）的"食品券救济金"，插入"补充性营养援助计划救济金"；和

（Ⅱ）在（B）中：

（aa）删除（ⅱ）（Ⅱ）的"食品券领取者"，插入"补充性营养援助计划领取者"；

（bb）删除（ⅲ）（Ⅰ）的"州食品券家庭"，插入"州内领取补充性营养援助计划救济金的家庭数量"；和

（cc）删除（ⅳ）（Ⅳ）（bb）的"食品券扣除"，插入"补充性营养援助计划扣除"；

（ⅱ）删除（2）的"食品券救济金"，插入"补充性营养援助计划救济金"；和

（ⅲ）在（3）中：

（Ⅰ）删除（A）的"食品券使用"，插入"补充性营养援助计划使用"；

（Ⅱ）删除（B）的"食品券领取者"，插入"补充性营养援助计划领取者"；

（Ⅲ）删除（C）的"食品券"，插入"补充性营养援助计划救济金"；和

（Ⅳ）删除（D）的"食品券救济金"，插入"补充性营养援助计划救济金"；

（C）删除（c）的"食品券"，插入"补充性营养"；

（D）在（d）中：

（ⅰ）删除（1）（B）的"食品券救济金"，插入"补充性营养援助计划救济金"；

（Ⅰ）删除（A）中每一处"食品券分配"，插入"分配"；和

（Ⅱ）删除（C）（Ⅱ）中的"食品券救济金"，插入"补充性营养援助计划救济金"；和

（ⅲ）删除（3）（E）的"食品券救济金"，插入"补充性营养援助计划救济金"；

（E）删除（e）和（f）中每一处"食品券救济金"，插入"补充性营养援助计划救济金"；

（F）删除（g）首句中的"领取食品券"，插入"补充性营养援助计划接收者"；和

（G）删除（j）的"食品券机构"，插入"补充性营养援助计划机构"。

（10）《2008 年食品和营养法》18（a）（3）（A）（ⅱ）（《美国法典》第 7 篇 2027（a）（3）（A））的修改方式为删除"食品券"，插入"补充性营养援助计划救济金"。

（11）《2008 年食品和营养法》第 22 条（《美国法典》第 7 篇 2031）的修改方式如下所示：

（A）删除本条标题中的"明尼苏达州家庭投资计划食品券部分"，插入"明尼苏达州家庭投资计划"；

（B）删除（b）（12）和（d）（3）中每一处"食品券法案修订版"，插入"本法案"；和

（C）删除（g）（1）中的"《1977 年食品券法》（《美国法典》第 7 篇 2011 及以下），插入"本法案"。

（12）《2008 年食品和营养法》第 26 条（《美国法典》第 7 篇 2035）的修改方式如下所示：

（A）删除本条标题中的"简化食品券计划"，插入"简化补充性营养援助计划"；和

（B）删除第（b）节中的"简化食品券计划"，插入"简化补充性营养援助计划"。

（b）遵守对照处。

（1）总体情况。（2）中各款规定的修改方式如下所示（根据适用性）：

（A）删除每一处"食品券计划"，插入"补充性营养援助计划"；

（B）删除每一处"《1977 年食品券法》"，插入"《2008 年食品和营养法》"；

（C）删除每一处"《食品券法》"，插入"《2008 年食品和营养法》"；

（D）删除每一处"食品券"，插入"补充性营养援助计划救济金"；

（E）删除每一处"食品券"，插入"补充性营养援助计划救济金"；

（F）删除适当篇、子篇、章和节标题中每一处"《食品券法》"，插入"《2008 年食品和营养法》"；

（G）删除适当款和拨款标题中的"《食品券法》"，插入"《2008 年食品和营养法》"；

（H）删除篇、子篇、章、节、条、款或拨款标题中每一处"《食品券法》"，插入"《2008 年食品和营养法》"；

（ⅰ）删除适当篇、子篇、章、节和条标题中每一处"食品券计划"，插入"补充性营养援助计划"；

（J）删除适当款和拨款标题中每一处"食品券计划"，插入"补充性营养援助计划"；

（K）删除除篇、子篇、章、节、条、款或拨款标题中每一处"食品券计划"，插入"补充性营养援助计划"；

（L）删除适当篇、子篇、章、节和条标题中每一处"食品券"，插入"补充性营养援助计划救济金"；

（M）删除适当款和拨款标题中每一处"食品券"，插入"补充性营养援助计划救济金"；和

（N）删除除篇、子篇、章、节、条、款或拨款标题中每一处"食品券"，插入"补充性营养援助计划救济金"。

（2）法律条款。（1）所涉及法律条款如下所示：

（A）《1988 年减少饥饿法》（《公法》100‑435；《美国法令全书》第 102 篇 1645）。

（B）《1994 年食品券项目改进法》（《公法》103‑225；《美国法令全书》第 108 篇 106）。

（C）《2002 年农业安全和农村投资法》第（Ⅳ）篇（《公法》107‑171；《美国法令全书》第 116 篇 305）。

（D）《公法》103‑205 第 2 条（《美国法典》第 7 篇 2012 注释）。

（E）《斯图尔特 B. 麦金尼无家可归者援助法》第 807 条（b）（《美国法典》第 7 篇 2014 注释；《公法》100‑77）。

（F）《2000 年电子救济金转汇互操作性和便携性法》（《公法》106‑171；《美国法令全书》第 114

篇3）。

（G）《1998年农业研究、推广和教育改革法》（《美国法典》第7篇2025注释；《公法》105-185）。

（H）《1977年国家农业研究、拓展和教学政策法》（《美国法典》第7篇3101及以下）。

（I）《1983年紧急食品援助法》（《美国法典》第7篇7501及以下）。

（J）《移民和国籍法》（《美国法典》第8篇1101及以下）。

（K）《1999年国防部拨款法》第8119条（《美国法典》第10篇113注释；《公法》105—262）。

（L）《1993年装甲车工业互惠法》（《美国法典》第15篇5901及以下）。

（M）《美国法典》第18篇。

（N）《1965年高等教育法》（《美国法典》第20篇1001及以下）。

（O）《1986年国内税收法典》。

（P）《2000年商务部和政府综合拨款法》第650条（《美国法典》第26篇7801注释；《公法》106-58）。

（Q）《瓦格纳—佩斯特法》（《美国法典》第29篇49及以下）。

（R）《1998年劳动力投资法》（《美国法典》第29篇2801及以下）。

（S）《美国法典》第31篇。

（T）《美国法典》第37篇。

（U）《公共卫生服务法》（《美国法典》第42篇201及以下）。

（V）《社会安全法》第II至XIX篇（《美国法典》第42篇401及以下）。

（W）《1988年家庭援助法》第406条（《公法》100-485；《美国法令全书》第102篇2400）。

（X）《1994年社会安全法修订版》第232条（《美国法典》第42篇1314a）。

（Y）《1937年美国住房法》（《美国法典》第42篇1437及以下）。

（Z）《理查德B.罗素国家学校膳食法》（《美国法典》第42篇1751及以下）。

（AA）《1966年儿童骨骼营养法》（《美国法典》第42篇1771及以下）。

（BB）《1965年美国老年人法》（《美国法典》第42篇3001及以下）。

（CC）《1970年政府间人事法》第208条（《美国法典》第42篇4728）。

（DD）《罗伯特T.斯坦福减灾和紧急援助法》（《美国法典》第42篇5121及以下）。

（EE）《1981年低收入家庭能源援助法》（《美国法典》第42篇8621及以下）。

（FF）《1990年儿童保育和发展基金法》第658K条（《美国法典》第42篇9858i）。

（GG）《阿拉斯加原住民土地权处理法》（《美国法典》第43篇1601及以下）。

（HH）《公法》95-348《美国法令全书》（第92篇487）。

（II）《1981年农业和食品法》（《公法》第97-98号；《美国法令全书》第95篇1213）。

（JJ）《1988年灾害援助法》（《公法》第100-387号；《美国法令全书》第102篇924）。

（KK）《1990年粮食、农业、保育和贸易法》（《公法》101-624；《美国法令全书》第104篇3359）。

（LL）《Cranston-Gonzalez国家住房法》（《公法》101-625；《美国法令全书》第104篇4079）。

（MM）1991年《海湾战争补充权限和人事救济金法》（《公法》102-25；《美国法令全书》第105篇98）。

（NN）1991年《食品、农业、保育和贸易法修订版》（《公法》102-237；《美国法令全书》第105篇1818）。

（OO）《1992年3月26日法》（《公法》102-265；《美国法令全书》第106篇90）。

（PP）《公法》105-379（《美国法令全书》第112篇3399）。

（QQ）《2000年紧急补充性法》第101条（c）（《公法》106-246；《美国法令全书》第114篇528）。

（c）指代。任何联邦、州、部落或当地法律中所涉及《2008 年食品和营养法案》（《美国法典》第 7 卷，2011 及以下）中"食品券计划"均指本法案中的"补充性营养援助计划"。

第Ⅱ部分 救济金改善

第 4101 条 扣除收入中某些军费。

《2008 年食品和营养法》第 5 条（d）（《美国法典》第 7 篇 2014（d））的修改方式如下所示：

（1）删除"（d）家庭"，插入"（d）从收入中扣除。家庭"；

（2）删除"仅（1）中所有"，插入"仅

"（1）所有"；

（3）（2）至（18）缩进，与（1）（修订自（2））边距对齐；

（4）删除（1）至（16）每条末尾的逗号，插入分号；

（5）在（3）中：

（A）删除"如（A）奖赏"，插入"如：

"（A）奖赏"；

（B）删除"由此，（B）至"，插入"由此；

"（B）至"；

（C）删除"计划，和（C）至"，插入"计划；和

"（C）至"；

（6）删除（11）的"）），或（B）a"，插入"））；或

"（B）a"；

（7）删除（17）末尾处的"，和"，插入分号；

（8）删除（18）末尾处的句号，插入"；和"；和

（9）在末尾处加入下列内容：

"（19）按照《美国法典》第 37 篇第 5 条额外支付规定及农业部长认为根据本项规定可视为例外情况向分配至指定战区的美国陆军成员付款，如额外支付：

"（A）由战区部署或服务产生；和

"（B）未在战区服务前立即收到。"

第 4102 条 强化低收入美国人群的购买力。

《2008 年食品和营养法》第 5 条（e）（1）（《美国法典》第 7 篇 2014（e）（1））的修改方式如下所示：

（1）删除（A）（Ⅱ）的"不少于 134 美元"及后面该条款末尾前的所有内容，插入下列内容："不少于：

"（Ⅰ）2009 财政年度分别为 144 美元、246 美元、203 美元和 127 美元；和

"（Ⅱ）2010 财年及此后各财年，数额等于经最近低美元增额调整后上一财年的数额，反映劳工部劳动统计局公布的所有城市消费者非食品类消费者价格指数前 12 个月的变动情况，截止日期为上一年 6 月 30 日。"

（2）删除（B）（Ⅱ）中的"不少于 269 美元"及后面该条款末尾前的所有内容，插入下列内容："不少于：

"（Ⅰ）2009 财政年度为 289 美元；

"（Ⅱ）2010 财年及此后各财年，数额等于经最近低美元增额调整后上一财年的数额，反映劳工部劳动统计局公布的所有城市消费者非食品类消费者价格指数前 12 个月的变动情况，截止日期为上一年

6月30日。"和

（3）在末尾处加入下列内容：

"（C）要求。（A）（ii）（Ⅱ）和（B）（ii）（Ⅱ）各项调整有效期均为前12个月。"

第4103条 向抚养孩子的工人家庭提供抚养费。

《2008年食品和营养法》第5条（e）（3）（A）（《美国法典》第7篇2014（e）（3）（A））的修改方式为删除"，两岁以下的被抚养者每人每月最高可领取200美元，其他被抚养者每人每月最高可领取175美元，"。

第4104条 资产调整、教育和退休账户。

（a）调整通货膨胀可数资源。《2008年食品和营养法》（5）（g）（《美国法典》第7篇2014（g））的修改方式如下所示：

（1）删除"（g）（1）农业部长"，插入下列内容：

"（g）可用财政来源。

"（1）总数。

"（A）通则。农业部长"。

（2）（A）（由（1）重新指定）

（A）在"2 000美元"后插入"（按照（B）进行调整）"；

（B）在"3 000美元"后插入"（按照（B）进行调整）"；

（3）在末尾处加入下列内容：

"（B）根据通货膨胀调整。

"（i）通则。2008年10月1日及此后每年10月1日，（A）规定数额应调整至最近250美元增额，反映劳工部劳动统计局公布的所有城市消费者消费者价格指数前12个月的变动情况，截止日期为上一年6月。

"（ii）要求。第（Ⅰ）项各项调整有效期均为前12个月。"

（b）从可支配性财政来源中扣除退休账户。

（1）通则。《2008年食品和营养法》第5条（g）（2）（B）（v）（《美国法典》第7篇2014（g）（2）（B）（v））的修改方式为删除"或退休账户（包括个人账户）"，插入"账户"。

（2）强制性和主观性扣除。《2008年食品和营养法案》第5条（g）（《美国法典》第7篇2014（g））的修改方式为在末尾处加入下列内容：

"（7）从可支配性财政来源中扣除退休账户。

"（A）强制性扣除。农业部长应按本款规定从财政来源中扣除下列条目的价值：

"（i）《1986年国内税收法典》401（a）、403（a）、408、408A、457（b）和501（c）（18）所涉及计划、合同或账户所有资金，及《美国法典》第5篇8439所规定联邦节俭储蓄计划账户中的资金数额；和

"（ii）所有退休项目或继承人账户，或《1986年国内税收法典》颁布和规定的类似免税条款。

"（B）主观性扣除。农业部长可按本章规定从财政来源中扣除其他所有退休计划、合同或账户的价值（由农业部长自行决定）。"

（c）从可支配性财政来源中扣除教育账户。《2008年食品和营养法》第5条（g）（《美国法典》第7篇2014（g））（修订自（b））的修改方式为在末尾处加入下列内容：

"（8）从可支配性财政来源中扣除退休账户。

"（A）强制性扣除。农业部长应按本款规定从财政来源中扣除《1986年国内税收法典》第529条规定合格学费项目中的资金总值或该法典第530条科弗代尔教育费用储蓄账户。

"（B）主观性扣除。农业部长可按本款规定从财政来源中扣除其他所有教育项目、合同或账户的价值（由农业部长自行决定）。"

第 4105 条　推行简单汇报。

《2008 年食品和营养法》第 6 条（c）（1）（A）（《美国法典》第 7 篇 2015（c）（1）（A））的修改方式如下所示：

（1）删除"由汇报"，插入"汇报"；

（2）在（ⅰ）"迁徙动物"前插入"少于 4 个月"；

（3）在（ⅱ）"家庭"前插入"少于 4 个月"；和

（4）在（ⅲ）"家庭"前插入"少于 1 年"。

第 4106 条　救济金转移。

《2008 年食品和营养法》第 11 条（s）（1）（《美国法典》第 7 篇 2020（s）（1））的修改方式如下所示：

（1）删除"家庭救济金"；插入"救济金

"（A）向家庭发放"；

（2）删除末尾处句号，插入"；或"；和

（3）在末尾处加入下列内容：

"（B）根据州具体情况，向暂停领取州资助公共援助项目中现金援助、需抚养孩子的家庭发放。"

第 4107 条　提高最低救济金标准。

《2008 年食品和营养法》第 8 条（a）（《美国法典》第 7 篇 2017（a））的修改方式为删除"每月 10 美元"，插入"农业部长根据第 3 条确定最近美元增额，即一人家庭节俭食品计划成本的 8％"。

第 4108 条　雇佣、培训和工作保留。

《2008 年食品和营养法》第 6 条（d）（4）（《美国法典》第 7 篇 2015（d）（4））的修改方式如下所示：

（1）（B）：

（A）将（vii）重新编号为（Ⅷ）；和

（B）在（vi）后插入下列内容：

"（vii）通过提供工作保留服务确保保留工作的项目，如接受本项规定雇佣和培训服务的个人获得工作机会后提供工作保留服务的期限未超过 90 天。"和

（2）在（F）末尾处加入下列内容：

"（ⅲ）任何自愿参与本项项目的个人可不受第（ⅰ）和（ⅱ）项限制。"

第Ⅲ部分　计划运作

第 4111 条　营养教育。

（a）授权提供营养教育。《2008 年食品和营养法》第 4 条（a）（《美国法典》第 7 篇 2013（a））的修改方式为在首句"分配"后插入"以及通过已批准州计划、营养教育"。

（b）实施。《2008 年食品和营养法》第 11 条（《美国法典》第 7 篇 2020）的修改方式为删除（f），插入下列内容：

"（f）营养教育。

"（1）通则。州政府机构可针对有资格获得计划救济金的个人实施一项营养教育计划，目的在于按照《1990年国家营养监督和相关研究法》第301条（《美国法典》第7篇5341）规定新近出版的《美国人饮食指南》促进人们选择健康食物。

"（2）提供营养教育。州政府机构可直接向合格人员、其他州、社区健康与营养提供单位和机构提供营养教育，或与国家食品和农业研究院签署协议，包括《1914年5月8日法》第3条（d）（《美国法典》第7篇343（d））所规定的食品和营养教育拓展计划。

"（3）州营养教育计划。

"（A）通则。计划按本款规定提供营养教育的州政府机构应向农业部长提交一份州营养教育计划进行审批。

"（B）要求。计划应符合下列要求：

"（ⅰ）确定当地计划资金用途；和

"（ⅱ）所发布规定或指南应符合农业部长所制定的标准。

"（C）要求。各州按本款规定提供营养教育的成本应按第16条（a）规定进行偿还。

"（4）通知。州政府机构应尽量按本款规定将营养教育的内容通知申请人、参与人和合格计划参与人。"

第4112条　资格技术说明。

《2008年食品和营养法》第6条（k）（《美国法典》第7篇2015（k））的修改方式如下所示：

（1）将（1）和（2）分别重新指定为（A）和（B），适当缩进；

（2）删除"成员不得"，插入下列内容：

"（1）通则。成员不得"；和

（3）在末尾处加入下列内容：

"（2）程序。农业部长应：

"（A）提供本款'逃避'和'积极寻求'一词的定义；和

"（B）确保州政府机构所使用程序符合农业部长要求，对于涉及法律执行部门刑事诉讼的个人取消其资格。"

第4113条　多次发放说明。

《2008年食品和营养法》第7条（h）（《美国法典》第7篇2016（h））的修改方式为删除（2），插入下列内容：

"（2）要求。

"（A）通则。（1）所制订任何程序应符合下列要求：

"（ⅰ）不得减少任何时期任何家庭的分配数额；和

"（ⅱ）确保所有家庭发放间隔不超过40天。

"（B）多次发放。程序规定：如需对救济金进行更正，一个月内可多次向某家庭发放救济金。"

第4114条　救济金增长。

《2008年食品和营养法》第7条（ⅰ）（《美国法典》第7篇2016（ⅰ））的修改方式为在末尾处加入下列内容：

"（12）恢复电子救济金。

"（A）通则。州政府机构应为不积极家庭账户建立电子救济金恢复程序。

"（B）救济金保存。如某家庭6个月后仍未领取救济金，州政府机构可按（D）规定离线保存可恢复性电子救济金。

"（C）撤销救济金。对于 12 个月内仍未领取救济金的家庭，州政府机构可撤销其救济金。

"（D）通知。州政府机构应：

"（i）按（B）规定向家庭发送所存救济金情况通知；和

"（ii）收到家庭申请后 48 小时内向家庭提供所存救济金。"

第 4115 条　计划救济金发放和使用。

（a）通则。《2008 年食品和营养法》第 7 条（《美国法典》第 7 篇 2016）的修改方式如下所示：

（1）删除条名称、标题及"（j））应"后所有内容，插入下列内容：

"第 7 条　计划救济金发放和使用。

"（a）通则。除（i）规定外，电子救济金转账卡应"；

（2）在（b）中：

（A）删除"（b）优惠券"，插入下列内容：

"（b）使用。救济金"；和

（B）删除限制性条款；

（3）在（c）中：

（A）删除"（c）优惠券"，插入下列内容：

"（c）设计。

"（1）通则。电子救济金转账卡"；

（B）删除首句中"并限定其名称"；

（C）删除第二句，插入下列内容：

"（2）禁令。任何公共官员的姓名不得出现在电子救济金转账卡上。"

（4）删除（d）；

（5）在（e）中：

（A）删除每一处"优惠券"，插入"救济金"；和

（B）删除每一处"优惠券发放人"，插入"救济金发放人"；

（6）在（f）中：

（A）删除每一处"优惠券"，插入"救济金"；

（B）删除每一处"优惠券发放人"，插入"救济金发放人"；

（C）删除"包括任何损失"及"第 11 条（e）（20）"后所有内容；和

（D）删除"及分配"；

（7）删除（g），插入下列内容：

"（g）备用救济金发放。

"（1）通则。如农业部长与农业部巡视员磋商后认为备用方法有助于提高补充性营养援助计划的完整性，则其可要求州政府机构启动备用方法发放救济金。

"（2）不强制征收成本。不得向参与补充性营养援助计划的食品零售店强制征收本款所需文件或系统成本。

"（3）纸质优惠券的发放有效期和贬值。

"（A）优惠券发放。自《2008 年粮食、保育和能源法》颁布日起，各州不得向按本法案领取补充性营养援助的家庭发放任何优惠券、印花、证书或授权卡。

"（B）电子救济金转账卡。《2008 年粮食、保育和能源法》颁布 1 年后，所有食品零售店仅可交易按（I）规定所发放的电子救济金转账卡。

"（C）优惠券失效。《2008 年粮食、保育和能源法》颁布 1 年后仍未兑换的优惠券应：

"（ⅰ）联邦政府不再免费发放；和

"（ⅱ）不再兑换。"

（8）删除（h）（1）的"优惠券"，插入"救济金"；

（9）在（ⅰ）末尾处加入下列内容：

"（12）交易费。本款所有电子救济金转账交易不得使用交易费。"

（10）在（j）中：

（A）删除（2）（A）（ⅱ）的"打印、运送和兑换优惠券"，插入"发放和兑换优惠券"；和

（B）删除（5）的"优惠券"，插入"救济金"；

（11）在（k）中：

（A）删除每一处"优惠券形式"，插入"项目救济金形式"；

（B）删除每一处"优惠券发放形式"，插入"项目救济金发放形式"；和

（C）删除（A）的"（ⅰ）（11）（A）"，插入"（h）（11）（A）"；

（12）将（e）至（k）分别重新编号为（d）至（j）。

（b）相应的修订。

（1）《2008年食品和营养法》第3条（《美国法典》第7篇2012）的修改方式如下所示：

（A）删除（a）中的"优惠券"，插入"救济金"；

（B）删除（b），插入下列内容：

"（b）救济金。'救济金'一词的定义为通过以下方式向家庭提供补充性营养援助的价值：

"（1）按照第7条（ⅰ）规定所转移的电子救济金；或

"（2）农业部长确定的其他援助方式。"

（C）删除（c）首句中的"授权卡"，插入"救济金"；

（D）删除（d）中的"或存取设备"及本款末尾前所有内容，插入句号；

（E）在（e）中：

（ⅰ）删除"（e）'优惠券'的定义为"，插入下列内容：

"（e）救济金发放人。'救济金发放人'的定义为"；和

（ⅱ）删除"优惠券"，插入"救济金"；

（F）删除（g）（7）的"（r）"，插入"（j）"；

（G）在（ⅰ）（5）中：

（ⅰ）删除（B）的"（r）"，插入"（j）"；和

（ⅱ）删除（D）的"优惠券"，插入"救济金"；

（H）删除（j）的"（由于（p）已定义该术语）"；

（Ⅰ）在（k）中：

（ⅰ）删除（1）（A）的"（u）（1）"，插入"（r）（1）"；

（ⅱ）删除（2）的"本条（g）（3）、（4）、（5）、（7）、（8）和（9）"，插入"（k）的（3）、（4）、（5）、（7）、（8）和（9）和"；

（ⅲ）删除（3）的"本条（g）（6）"，插入"（k）（6）"；

（J）在（t）"其他存取方式"后插入"，包括销售设备点，"；

（K）删除（u）的"（参见（g）定义）"；

（L）在末尾处加入下列内容：

"（v）EBT卡。'EBT卡'的定义为按照第7条（ⅰ）规定发放的电子救济金转账卡。"和

（M）将（a）至（v）重新编号为（b）、（d）、（f）、（g）、（e）、（h）、（k）、（l）、（n）、（o）、（p）、（q）、（s）、（t）、（u）、（v）、（c）、（j）、（m）、（a）、（r）和（ⅰ），并将各款按字母顺序依次排列。

（2）《2008 年食品和营养法》第 4 条（a）（《美国法典》第 7 篇 2013（a））的修改方式如下所示：

（A）删除每一处"优惠券"，插入"救济金"；和

（B）删除"所发放优惠券"，插入"所发放救济金"。

（3）《2008 年食品和营养法》第 5 条（《美国法典》第 7 篇 2014）的修改方式如下所示：

（A）删除（a）的"第 3 条（i）（4）"，插入"第 3 条（n）（4）"；

（B）删除（h）（3）（B）第二句的"第 7 条（i）"，插入"第 7 条（h）"；和

（C）删除（i）（2）（E）的"，参见本法案第 3 条（i）定义，"。

（4）《2008 年食品和营养法》第 6 条（《美国法典》第 7 篇 2015）的修改方式如下所示

（A）在（b）（1）中：

（i）删除（B）的"优惠券或授权卡"，插入"项目救济金"；和

（ii）删除每一处"优惠券"，插入"救济金"；和

（B）删除（d）（4）（L）的"第 11 条（e）（22）"，插入"第 11 条（e）（19）"。

（5）《2008 年食品和营养法》第 8 条（《美国法典》第 7 篇 2017）的修改方式如下所示：

（A）删除（b）的"，是否通过优惠券、存取设备或其他方式"；和

（B）删除（e）（1）和（f）中每一处"第 3 条（i）（5）"，插入"第 3 条（n）（5）"。

（6）《2008 年食品和营养法》第 9 条（《美国法典》第 7 篇 2018）的修改方式如下所示：

（A）删除每一处"优惠券"，插入"救济金"；

（B）在（a）中：

（i）删除（1）的"优惠券业务"，插入"救济金交易"；和

（ii）删除（3），插入下列内容：

"（3）授权期限。农业部长应确定特殊时间段，在此期间按照补充性营养援助计划接收和兑换救济金权限具有法律效力。"和

（C）删除（g）的"第 3 条（g）（9）"，插入"第 3 条（k）（9）"。

（7）《2008 年食品和营养法》第 10 条（《美国法典》第 7 篇 2019）的修改方式如下所示：

（A）删除本条标示、标题及"规定"后所有内容，插入下列内容：

"第 10 条　兑现计划救济金。

"规定"；

（B）删除"本法案第 3 条（k）（4）"，插入"第 3 条（p）（4）"；

（C）删除"第 7 条（i）"，插入"第 7 条（h）和"；

（D）删除每一处"优惠券"，插入"救济金"。

（8）《2008 年食品和营养法案》第 11 条（《美国法典》第 7 篇第 2020 节）的修改方式如下所示：

（A）在（d）中：

（i）删除每一处"本法案第 3 条（n）（1）"，插入"第 3 条（t）（1）"；和

（ii）删除每一处"本法案第 3 条（n）（2）"，插入"第 3 条（t）（2）"；

（B）在（e）中：

（i）删除（8）（E）的"（16）或（20）（B）"，插入"（15）或（18）（B）"；

（ii）删除（15）和（19）；

（iii）将（16）至（18）、（20）至（25）分别重新编号为（15）至（17）、（18）至（23）和；

（iv）删除（17）（已重新编号）的"（参见本法案第 3 条（n）（1））"，插入"参见第 3 条（t）（1）"；

（C）删除（h）的"一张或多张优惠券"，插入"救济金"；

（D）删除每一处"优惠券（coupon）"，插入"救济金（benifit）"；

（E）删除每一处"优惠券（coupons）"，插入"救济金（benifits）"；和

（F）删除（q）中的"第11条（e）（20）（B）"，插入"（e）（18）（B）"。

（9）《2008年食品和营养法案》第13条（《美国法典》第7篇2022）的修改方式为删除每一处"优惠券"，插入"救济金"。

（10）《2008年食品和营养法》第15条（《美国法典》第7篇2024）的修改方式如下所示：

（A）删除（a）中的"优惠券"，插入"救济金"；

（B）在（b）（1）中：

（i）删除每一处"优惠券、授权卡或存取设备"，插入"救济金"；

（ii）删除"优惠券或授权卡"，插入"救济金"；和

（iii）删除每一处"存取设备"，插入"救济金"；

（C）删除（c）中每一处"优惠券"，插入"救济金"；

（D）删除（d）中的"优惠券"，插入"救济金"；

（E）删除（e）和（f）；

（F）将（g）和（h）重新编号为（e）和（f）；和

（G）删除（e）（已重新编号）的"优惠券、授权卡或存取设备"，插入"救济金"。

（11）《2008年食品和营养法》第16条（a）（《美国法典》第7篇2025（a））的修改方式为删除每一处"优惠券"，插入"救济金"。

（12）《2008年食品和营养法》第17条（《美国法典》第7篇2026）的修改方式如下所示：

（A）删除（a）（2）的"优惠券"，插入"救济金"；

（B）在（b）（1）中：

（i）在（B）中：

（aa）在（Ⅰ）"现金"后插入"或其他未通过限制食品购买的方式提供救济金"；

（bb）删除（Ⅲ）（aa）的"第3条（i）"，插入"第3条（n）"；和

（cc）删除（Ⅶ）的"第7条（j）"，插入"第7条（i）"；和

（Ⅱ）在（Ⅴ）中：

（aa）删除"连署食品优惠券或类似优惠"；和

（bb）删除"食品优惠券"，插入"电子救济金转账卡"；和

（ii）删除（C）（Ⅰ）（Ⅰ）的"优惠券"，插入"电子救济金转账卡"；

（C）删除（f）中的"第7条（g）（2）"，插入"第7条（f）（2）"；和

（D）删除（j）中的"优惠券"，插入"救济金"。

（13）《2008年食品和营养法》第19条（a）（2）（A）（ii）（《美国法典》第7篇2028（a）（2）（A）（ii））的修改方式为删除"第3条（o）（4）"，插入"第3条（u）（4）"。

（14）撤销《2008年食品和营养法》第21条（《美国法典》第7篇2020）。

（15）《2008年食品和营养法》第22条（《美国法典》第7篇2031）的修改方式如下所示：

（A）删除每一处"食品优惠券"，插入"救济金"；

（B）删除每一处"优惠券"，插入"救济金"；和

（C）删除（g）（1）（A）中的"优惠券"，插入"救济金"；

（16）《2008年食品和营养法》第26条（f）（3）（《美国法典》第7篇2035（f）（3））的修改方式如下所示：

（A）删除（A）中的"（a）至（g）"，插入"（a）至（f）"和

（B）删除（E）的"（16）、（18）、（20）、（24）和（25）"，插入"（15）、（17）、（18）、（22）和（23）"。

（c）相应的修订。

（1）通则。

（A）术语使用。（B）中各法条的修改方式如下所示（根据适用性）：

（i）删除每一处"优惠券（coupons）"，插入"救济金（benifits）"；

（ii）删除每一处"优惠券（coupon）"，插入"救济金（benifit）"；

（iii）删除每一处"食品优惠券"，插入"救济金"；

（iv）删除各条标题中每一处"食品优惠券"，插入"救济金"；

（v）删除每一处"食品券优惠券"，插入"救济金"；和

（vi）删除每一处"食品券"，插入"救济金"；

（B）法律条款。（A）涉及法律条款如下所示：

（i）《公法》103-205 第 2 条（《美国法典》第 7 篇 2012；《美国法令全书》第 107 篇 2418）。

（ii）《美国法典》第 18 篇第 1956 条（c）（7）（D）。

（iii）《社会安全法》第（Ⅱ）至（XIX）篇（《美国法典》第 42 篇 401 及以下）。

（iv）《1972 年社会安全法修订版》第 401 条（b）（3）（《美国法典》第 42 篇 382e 注释；《公法》92—603）。

（v）《罗伯特 T. 斯坦福减灾和紧急援助法》（《美国法典》第 42 篇 5121 及以下）。

（vi）《克兰斯顿-冈萨雷斯国家住房法》第 802 条（d）（2）（A）（i）（Ⅱ）（《美国法典》第 42 篇第 8011 条（d）（2）（A）（i）（Ⅱ））。

（2）定义参考。

（A）《公法》103-205 第 2 条（《美国法典》第 7 篇 2012 注释；《美国法令全书》第 107 篇 2418）的修改方式为删除"第 3 条（k）（1）"，插入"第 3 条（p）（1）"。

（B）《1994 年食品券项目改进法》第 205 条（《美国法典》第 7 篇 2012 注释；《公法》103-225）的修改方式为删除"本法案第 3 条（k）（经第 201 条修订）"，插入"本法案第 3 条（p）"。

（C）《1996 年个人责任与就业机会折衷法》第 115 条（《美国法典》第 21 篇 862a）的修改方式如下所示：

（i）删除每一处"第 3 条（h）"，插入"第 3 条（l）"；和

（ii）删除（e）（2）的"第 3 条（m）"，插入"第 3 条（s）"。

（D）《1996 年个人责任与就业机会折衷法》第 402 条（a）（《美国法典》第 8 篇 1612（a））的修改方式如下所示：

（i）删除（2）（F）（ii）的"第 3 条（r）"，插入"第 3 条（j）"；和

（ii）删除（3）（B）的"第 3 条（h）"，插入"第 3 条（l）"。

（E）《美国法典》第 31 篇第 3803 条（c）（2）（C）（vii）的修改方式为删除"第 3 条（h）"，插入"第 3 条（l）"。

（F）《社会安全法》第 303 条（d）（4）（《美国法典》第 42 篇 503（d）（4））的修改方式为删除"第 3 条（n）（1）"，插入"第 3 条（t）（1）"。

（G）《社会安全法》第 404 条（《美国法典》第 42 篇 604）的修改方式为删除"第 3 条（h）"，插入"第 3 条（l）"。

（H）《社会安全法》第 531 条（《美国法典》第 42 篇 654）的修改方式为删除"第 3 条（h）"，插入"第 3 条（l）"。

（I）《克兰斯顿-冈萨雷斯国家住房法》第 802 条（d）（2）（A）（i）（Ⅱ）（《美国法典》第 42 篇第 8011 条（d）（2）（A）（i）（Ⅱ））的修改方式为删除"（本法案第 3 条（e）已定义）"。

（d）参照。所有联邦、州、部落或当地法律（包括法规）所涉及"优惠券"、"授权卡"，或《2008 年食品和营养法案》（《美国法典》第 7 篇 2011 及以下）所规定其他存取设备应被视为本法案中所涉及的"救济金"。

第 4116 条　计划设计重大变动审查。

《2008 年食品和营养法》第 11 条的修改方式为删除条明细、标题及（a），插入以下内容：

"第 11 条　管理。

"（a）职责。

"（1）通则。项目各参与州政府机构负责对申请家庭进行认证并发放电子救济金转账卡。

"（2）区域管理。州政府机构的职责不因计划由州管理或县管理而受任何影响，参见第 3 条（t）（l）。

"（3）记录。

"（A）通则。各州政府机构应及时保存记录，以确定计划执行过程遵守本法案要求（包括本法案所颁布规定）。

"（B）审查和审计。（A）所规定记录应：

"（i）任何合适时间均可接受审查和审计；

"（ii）根据（e）（8）规定，如家庭申请执行本法案任何条款（包括本法案所颁布规定），可随时接受审查；和

"（iii）按规定保留期限不得少于 3 年。

"（4）计划设计重大变动审查。

"（A）通则。农业部长应对州政府机构操作过程中的重大变动制订审批标准，包括：

"（i）众多或越来越多未居住在（e）规定大变动范围内的低收入家庭；

"（ii）对（e）（6）（B）涉及人员之前履行职责所用自动化系统日益增长的依赖性；

"（iii）加大按照（e）或第 6 条（c）规定汇报信息难度的变动；和

"（iv）非合理性导致（e）（2）（A）中任何类型家庭负担加重的变动。

"（B）通知。如州政府机构计划实施重大操作变动，农业部长应：

"（i）通知农业部长；和

"（ii）收集农业部长确定、收集对计划完整性或参与产生不利影响所需的相关信息，包括（e）（2）（A）中规定任何类型家庭参与计划。"

第 4117 条　遵守公民权。

《2008 年食品和营养法案》第 11 条（《美国法典》第 7 篇 2020）的修改方式为删除（c），插入下列内容：

"（c）遵守公民权利。

"（1）通则。对申请补充性营养援助计划的家庭进行审核时不应对种族、性别、宗教信仰、国家或政治派别存在偏见。

"（2）与其他法律相关。州政府机构应按照下列法律（包括颁布法规）所规定家庭权利实行计划管理：

"（A）《1975 年年龄歧视法》（《美国法典》第 42 篇 6101 及以下）。

"（B）《1973 年康复法》第 504 条（《美国法典》第 29 篇 794）。

"（C）《1990 年美国残疾人法》（《美国法典》第 42 篇 12101 及以下）。

"（D）《1964 年公民权法》第 VI 篇（《美国法典》第 42 篇 2000d 及以下）。"

第 4118 条　参与规定整理。

《2008 年食品和营养法》第 11 条（e）（1）（《美国法典》第 7 篇 2020（e）（1））的修改方式如

下所示：

（1）删除"应（A）在"，插入"应：

"（A）在"；和

（2）删除"和（B）使用"，插入"和

"（B）遵守农业部长使用……所需规定"。

第 4119 条　州电话申请程序。

《2008 年食品和营养法》第 11 条（e）（2）（C）章（《美国法典》第 7 篇 2020（e）（2）（C））的修改方式如下所示：

（1）删除"（C）本法案禁止"，插入下列内容：

"（C）电子和自动化系统。

"（ⅰ）通则。本法案禁止"；和

（2）在末尾处加入下列内容：

"（ⅱ）州电话申请程序。州政府机构可设立家庭申请系统，通过电话记录语音通话申请参与项目。

"（ⅲ）要求。（ⅱ）规定所设立系统应满足下列要求：

"（Ⅰ）记录家庭成员声音和声音来源信息，以备未来参考；

"（Ⅱ）包括有效的防护机制，防止假冒、身份盗窃、盗版侵权；

"（Ⅲ）未否决或干涉家庭的书面申请权；

"（Ⅳ）及时向家庭成员提供完整的书面申请副本，包含矫正错误或遗漏的简单程序；

"（Ⅴ）符合（1）（B）规定；

"（Ⅵ）满足本法案及补充性营养援助计划其他适用性法律申请盖章所有要求，包括家庭成员提供口头语音的日期，作为实际申请日期；和

"（Ⅷ）符合农业部长所制订的其他此类标准。"

第 4120 条　隐私保护。

《2008 年食品和营养法》第 11 条（e）（8）（《美国法典》第 7 篇 2020（e）（8））的修改方式如下所示：

（1）在（A）前：

（A）删除"限制"，插入"禁止"；和

（B）删除"到人员"及"州计划"后所有内容；

（2）将（A）至（E）分别编号为（B）至（F）；

（3）在（B）（已重新编号）前插入下列内容：

"（A）保护机制应允许：

"（ⅰ）向与本法案条款、根据本法案所颁布法规、联邦援助计划或联邦辅助州计划的管理或执行直接相关的人员公布此类信息；和

"（ⅱ）（ⅰ）规定人员在此类管理或执行时使用相关信息；"和

（4）在（F）（已重新指定）末尾处分号前插入"或（u）"。

第 4121 条　保持使用和付款精确度。

《2008 年食品和营养法》第 16 条（《美国法典》第 7 篇 2025）的修改方式为删除（g），插入下列内容：

"（g）计算机化成本份额。

"（1）通则。如（2）和（3）无其他规定，则州政府机构在规划、设计、研发或安装其认为发挥

下列作用的一种或多种自动数据处理和信息检索系统时农业部长有权按照（a）（6）规定向其提供资金：

"（A）有助于满足本法案要求；

"（B）满足农业部长所规定的此类条件；

"（C）可能为补充性营养援助计划提供更加有效高效的管理模式；

"（D）与州计划管理中所用其他系统相兼容，包括《社会安全法》第Ⅳ篇第A部分（《美国法典》第42篇601及以下）资助的计划；

"（E）执行前后经充分检测，包括按照农业部长所颁布规定通过特定区域重大系统变动试验工程，农业部长批准系统大范围推广前应对相关数据进行全面评估；和

"（F）按照以下详细计划进行操作：

"（ⅰ）不断更新，反应政策和情况变动；和

"（ⅱ）检测合格家庭使用系统的效果和付款精确度。

"（2）限制。如州政府机构出现下列情况，则农业部长不得按（1）规定向其提供资金：

"（A）任何其他联邦计划向其支付成本；或

"（B）将系统用于补充性营养援助计划以外的其他用途。"

第4122条　就业和培训计划拨款。

《2008年食品和营养法》第16条（h）（1）（A）（《美国法典》第7篇2025（h）（1）（A））的修改方式为删除（A）中的"花尽前一直可用"，插入"可用15个月"。

第Ⅳ部分　计划完整性

第4131条　资格撤销。

《2008年食品和营养法》第6条（《美国法典》第7篇2015）的修改方式为在末尾处加入下列内容：

"（p）破坏食品获得现金和获取押金撤销资格。根据农业部长所确定要求，如州或联邦法院或行政机构按照（b）规定在听证会中发现任何人蓄意使用补充性营养援助计划救济金购买产品，且该产品含有容器需要返还押金、抛弃产品、返还容器才可拿回押金，则此人在农业部长规定期限内无资格获得本法案救济金。

"（q）销售补充性营养援助计划救济金购买食品撤销资格。根据农业部长所确定要求，如州或联邦法院或行政机构在听证会中发现任何人蓄意使用补充性营养援助计划救济金购买任何食品，则此人在农业部长规定期限内无资格获得本法案救济金。"

第4132条　民事处罚及零售食品店和批发食品企业资格撤销。

《2008年食品和营养法》第12条（《美国法典》第7篇第2021节）的修改方式如下所示：

（1）删除条标示、标题和（a）后所有内容，插入下列内容：

"第12条　民事处罚及零售食品店和批发食品企业资格撤销。

"（a）资格撤销。

"（1）通则。如许可零售食品店或批发食品企业出现违反本法案条款或规定的行为，则其应：

"（A）特定期限内撤销其进一步参与补充性营养援助计划的资格；

"（B）确定每次侵权罚款100 000美元；或

"（C）两者均实行。

"（2）规定。本法案所出台规定应制定零售食品店或批发食品企业侵权、中止或撤销资格、民事罚

款评估的调查标准，标准可来源于现场调查事实、矛盾性兑现数据，或通过电子救济金转账系统转账报告获得的证据。"

（2）（b）：

（A）删除"（b）撤销资格"，插入下列内容：

"（b）资格撤销期限。根据（c），撤销资格"；

（B）删除（1）中的"不得少于 6 个月，也不得超过 5 年"，插入"不超过 5 年"；

（C）删除（2）中的"不得少于 12 个月，也不得超过 10 年"，插入"不超过 10 年"；和

（D）（3）（B）：

（Ⅰ）在首次出现"企业"后插入"或发现未经授权兑现、使用、转移、获得、篡改或占有电子救济金转账卡"；和

（Ⅱ）删除"民事罚款"，插入"民事处罚"；和

（E）删除每一处"民事罚款"，插入"民事处罚"；

（3）（c）：

（A）删除"（c）该行为"，插入下列内容：

"（c）民事处罚、撤销资格审查和处罚设定。

"（1）民事处罚。除本条所规定的撤销资格外，如发生侵权行为，农业部长还可对其处以最高不超过 100 000 美元的罚金。

"（2）审查。该行为"；和

（B）删除（2）（已经由（A）重新编号）中的"民事罚款"，插入"民事处罚"；

（4）（d）：

（A）删除"（d）"及"农业部长应"后所有内容，插入下列内容：

"（d）授权条件。

"（1）通则。如根据（a）规定，某零售食品店或批发食品企业已被撤销资格超过 180 天，或接受民事处罚后意图再次获得救济金领取和兑现权，农业部长可要求其提供不超过 5 年的担保债券或不可撤销型信用证，用以支付该店或企业以后再次违反本法案时领取和兑现救济金。

"（2）担保。农业部长也可要求因违反本法案而接受制裁的零售食品店或批发食品企业提交担保债券或不可撤销型信用证，无论撤销其资格期限为多久。

"（3）债券要求。农业部长应"；

（B）删除"如农业部长发现"，插入下列内容：

"（4）没收。如农业部长发现"；

（C）删除"此类店或企业"，插入下列内容：

"（5）听证会。（4）中规定商店或企业"；

（5）删除（e）中每一处"民事罚款"，插入"民事处罚"；和

（6）在末尾处加入下列内容：

"（h）公然侵犯。

"（1）通则。农业部长与农业部巡视员进行磋商后可制订项目救济金处理程序，依据该程序可立即中止零售食品店或批发食品企业兑现救济金、提起行政诉讼、撤销其资格。

"（2）要求。根据（1）规定程序，如农业部长与农业部巡视员进行磋商后认为某零售食品店或批发食品企业存在公然违反本法案（包括本法案所出台法规）的行为，则其已兑现的未定性计划救济金：

"（A）可予以中止；和

"（B）（ⅰ）如准予撤销其项目参与资格，则可按 15（g）规定予以没收；或

"（ⅱ）如未准予撤销其计划参与资格，则应发放至零售食品店或批发食品企业。

"（3）不承担利益损失责任。按本款规定终止资金所造成的任何利益或价值损失，农业部长概不

负责。"

第 4133 条　重大系统故障。

《2008 年食品和营养法》第 13 条（b）（《美国法典》第 7 篇 2022（b））的修改方式为在末尾处加入下列内容：

"（5）州系统失误导致超额发行。

"（A）通则。如农业部长认为由于州政府机构重大系统失误造成该州某财政年度家庭救济金超额发行，则其可根据实际情况禁止该州政府机构收回某些或所有家庭超额领取的救济金。

"（B）程序。

"（ⅰ）州信息汇报。各州政府机构应按农业部长要求向其提供该州各财政年度家庭救济金发放情况。

"（ⅱ）最终决定。农业部长对州政府机构提供的相关信息审查后应最终决定：

"（Ⅰ）州政府机构各财政年度中是否由于系统失误超额发放家庭救济金；和

"（Ⅱ）该财政年度州政府机构超额发放家庭救济金的数额及应承担的相关责任。

"（ⅲ）申领。如农业部长根据（ⅱ）规定确定州政府机构由于（A）中的重大系统失误而超额发放家庭救济金，则其应向州政府机构申领相当于系统失误造成超额发行价值的款额。

"（ⅳ）行政和司法审查。第 14 条所规定的行政和司法审查适用于农业部长根据（Ⅱ）所作最终决定。

"（ⅴ）向农业部长汇款。

"（Ⅰ）未对决定上诉。如州政府机构未对农业部长根据（ⅱ）所作决定提起上诉，则其应尽快向农业部长汇款，数额参照（ⅲ）申领规定。

"（Ⅱ）对决定上诉。如州政府机构对农业部长根据（ⅱ）所作决定提起上诉，则其应在（Ⅳ）规定行政和司法审查及对州责任调查结束后尽快向农业部长汇款，数额参照行政和司法审查调查结果。

"（ⅵ）备用征收办法。

"（Ⅰ）通则。如州政府机构未在农业部长规定的合理期限内按（ⅴ）规定支付相关款项，则农业部长可减少本法案向州政府机构的其他拨款数额。

"（Ⅱ）利息累积。所欠利息在农业部长按照（Ⅰ）确定的合理期限内不进行累积。

"（ⅷ）限制。根据第 16 条（c）（1）（C）规定计算出的所有债务应按本小项规定减少申领数额。"

第 Ⅴ 部分　杂　项

第 4141 条　试点项目——评估补充性营养援助计划健康和营养促进状况。

《2008 年食品和营养法》第 17 条（《美国法典》第 7 篇 2026）的修改方式为在末尾处加入下列内容：

"（k）试点项目——评估补充性营养援助计划健康和营养促进状况。

"（1）通则。农业部长应按合理的条件条款实施试验工程开发和检测下列方法：

"（A）利用补充性营养援助计划改善该计划合格家庭的饮食和健康状况；和

"（B）降低美国超重、肥胖（包括儿童肥胖）及相关并发症发病几率。

"（2）奖励。

"（A）通则。农业部长可在执行本款规定过程中与公共或私营机构或组织（经农业部长限定）签署竞争性奖励合同或合作协议，或向其提供奖励，可用于实现本款战略目标的项目中。

"（B）申请。机构如要获取本项所规定的合同、合作协议签署资格或奖励资格，其应按农业部长指定的时间、方式提交申请，且包含农业部长指定的信息。

"（C）选择标准。相对于公共传播标准，试点项目应包括下列内容：

"（ⅰ）确定低收入目标受众，家庭个人收入应小于等于贫困线的185％；

"（ⅱ）包含更加科学的饮食策略，通过更加健康的食品购买、准备或消费方式提高饮食质量；

"（ⅲ）致力于实现更为严格的结果评估，包括试点项目的数据收集；

"（ⅳ）旨在提高学校和课余饮食营养价值的策略；

"（ⅴ）旨在着力改善儿童身心健康的创新方法；

"（ⅵ）农业部长所确定的其他标准。

"（D）资金利用。不得将本项所提供资金用于本法案中限制救济金使用的任何项目。

"（3）项目。（1）规定试点项目可包括确定补充性营养援助计划参与家庭更加健康的食品购买和饮食方式是否来源于下列计划：

"（A）通过向补充性营养援助计划参与家庭增加补充性营养援助计划救济金提高其补充性营养援助购买力；

"（B）通过在农民市场上实现补充性营养援助计划救济金的电子兑现增加农民市场上的参与家庭数量；

"（C）向补充性营养援助计划授权零售商提供奖励，从而向参与家庭提供更多的健康食品；

"（D）向补充性营养援助计划授权零售商在健康食品的运输和保存方面提出更为严格的要求；

"（E）补充性营养援助计划参与家庭购买水果、蔬菜或其他健康食品时向其提供奖励；或

"（F）向参与家庭提供一体化通信和教育计划，包括向一部分学校营养协调员提供资金，用于小学广泛营养行动计划和家长营养教育计划的实施，可单独实施，或结合（A）至（E）试点项目同时实施。

"（4）评估和汇报。

"（A）评估。

"（ⅰ）独立评估。

"（Ⅰ）通则。农业部长应对本款选出的计划提供一份独立的评估报告，内容为按（1）规定衡量试点项目对健康和营养造成的影响。

"（Ⅱ）要求。应根据（Ⅰ）使用严格的方法进行独立评估，尤其是可产生科学有效信息的随机分配法或其他方法，对有效的活动进行甄别。

"（ⅱ）成本。农业部长对各项试点项目进行监控和评估时可使用本条所提供执行资金支付相关成本。

"（B）汇报。2009 财政年度年底结束前90天内及此后各财政年度，农业部长应向众议院农业委员会和参议院农业、营养和林业委员会提交一份报告，直至按（A）完成最后评估时，内容如下所示：

"（ⅰ）各试验工程当前状态；

"（ⅱ）上一财政年度完成的评估结果；和

"（ⅲ）尽可能提供：

"（Ⅰ）试点项目对项目参与家庭的健康、营养和相关行为结果所造成的影响；

"（Ⅱ）与试点项目规定目标和结果相关的基本信息；和

"（Ⅲ）对等信息，包括未参与试点项目的控制或对照小组所采取的类似或相同措施。

"（C）公共传播。除（B）规定的汇报要求外，应在政策制定者、服务提供商、其他合作伙伴和公众之间广泛推广评估结果，以促进成功策略的广泛应用。

"（5）资金。

"（A）拨款授权。2008 至 2012 各财政年度授权按本条规定适当拨款。

"（B）强制拨款。对于 2008 年 10 月 1 日按第 18 条规定所提供任何资金，农业部长应抽出20 000 000美元用于（3）（E）中的项目执行资金，直至用完为止。"

第 4142 条　波多黎各补充性营养援助参与情况比较研究

（a）通则。农业部长应对将波多黎各联邦纳入《2008 年食品和营养法》（《美国法典》第 7 篇 2012）第 3 条中"州"的范围是否可行及相应效果进行研究，而非按该法案第 19 条（《美国法典》第 7 篇 2028）规定提供固定拨款。

（b）范围。研究应包括下列内容：

（1）对联邦设立可比较补充性营养援助计划过程中的行政、财务管理和其他变动进行评估，包括与《2008 年食品和营养法》（《美国法典》第 7 篇 2011 及以下）适当计划规定的一致性，例如：

（A）该法案第 3 条（u）（《美国法典》第 7 篇 2012（u））所提供的救济金标准；

（B）该法案第 5 条（c）和第 6 条（《美国法典》第 7 篇 2014（c）、2015）所规定的收入资格标准；和

（C）该法案第 5 条（e）（《美国法典》第 7 卷，2014（e））所规定的扣除标准；

（2）对联邦和波多黎各各救济金和行政成本造成的影响进行预估；

（3）评估计划对低收入波多黎各人造成的影响，并与该法案第 19 条（《美国法典》第 7 篇 2028）所规定计划进行比较；和

（4）农业部长所需的其他内容。

（c）汇报。农业部长应在本法案通过之日起两年内向众议院农业委员会和参议院农业、营养和林业委员会提交一份报告对本条所从事研究结果进行说明。

（d）资金。

（1）通则。对于财政部未作他用的任何资金，财政部长应于 2008 年 10 月 1 日按本条要求向农业部长提供 1 000 000 美元资金，直至用完为止。

（2）领取和接受。农业部长有权领取和接受（1）所提供资金用于本条活动经费，不再另行拨款。

子篇 B　食品分配计划

第 I 部分　紧急食品援助计划

第 4201 条　紧急食品援助。

（a）商品购买。《2008 年食品和营养法》第 27 条（a）（《美国法典》第 7 篇 2036（a））的修改方式如下所示：

（1）删除"（A）商品购买"及"140 000 000 美元"后所有内容，插入下列内容：

"（a）商品购买。

"（1）通则。2008 至 2012 各财政年度，农业部长应用本法案执行基金按（2）规定购买 1 美元的"；和

（2）在末尾处加入下列内容：

"（2）数额。农业部长应按（1）规定在下列财政年度使用下列款项：

"（A）2008 财政年度，190 000 000 美元；

"（B）2009 财政年度，250 000 000 美元；和

"（D）2010 至 2012 各财政年度，按（B）规定购买商品所需美元数额，于 2008 年 6 月 30 日至上一财政年度 6 月 30 日期间根据第 3 条（u）（4）规定经节俭食品计划百分比调整。"

（b）州计划。《1983 年紧急食品援助法》第 202A 条（《美国法典》第 7 篇 7503）的修改方式为删除（a），插入下列内容：

"（a）计划。

"（1）通则。如州拟按本法案规定领取商品，则其应按本法案规定向农业部长提交一份救济金提供相关操作和管理计划。

"（2）更新。州按（1）规定提交修订计划时应经农业部长审批，以便州向计划中所涉及项目的操作或管理提出修改意见。"

（c）批准支出。《1983 年紧急食品援助法》第 204 条（a）（1）的修改方式为在首句中：

（1）删除"60 000 000 美元"，插入"100 000 000 美元"；和

（2）在末尾句号前插入"及捐赠野生动物"。

第 4202 条　紧急食品计划基础建设补贴。

《1983 年紧急食品援助法》的修改方式为在第 208 条（《美国法典》第 7 篇 7511）后插入下列内容：

"第 209 条　紧急食品计划基础建设补贴。

"（a）合格实体定义。本条中'合格实体'指的是紧急供给机构。

"（b）授权计划。

"（1）通则。农业部长应利用（d）所提供资金向合格实体提供奖励，以便支付（c）所涉及活动成本。

"（2）乡村优先权。农业部长应利用（1）规定中各财政年度 50% 以上资金奖励主要为乡村社区提供服务的合格实体，目的如下：

"（A）对于食品银行、州食品银行协会和在乡村地区运作的食品合作银行，提高其能力和基础设施建设；和

"（B）提高食品银行采购、领取、贮存、分配、跟踪和运输短期保存或易腐烂食物产品的能力。

"（c）资金利用。合格实体应利用各财政年度本条所提供奖励完成各项活动，包括：

"（1）开发、维修和维护短期保存食物产品跟踪电脑系统；

"（2）收集、贮存、分配和运输短期保存和易腐烂食物产品的相关资本、基础设施和操作成本；

"（3）通过辅助中小型农场、牧场、渔场、水产养殖场及当地食品生产商和制造商对需求人员的捐助提高美国紧急食品分配和复原系统的安全性和多样性。

"（4）向食品银行和同类非营利性紧急食品供货商提供回收食品，降低美国饥饿率；

"（5）改进对下列人员和机构的识别机制：

"（A）捐赠食品潜在提供商；

"（B）潜在非营利性紧急食品供货商；和

"（C）乡村地区急需紧急食品援助的个人；和

"（6）辅助社区降低反饥饿机构建设、拓展或修理设施或设备。

"（d）授权拨款。2008 至 2012 各财政年度为落实本条规定授权拨款 15 000 000 美元。"

第 II 部分　印第安人保留地食品分配计划

第 4211 条　评估印第安人保留地食品分配计划食品方案营养价值。

（a）通则。《2008 年食品和营养法》第 4 条（《美国法典》第 7 篇 2013）的修改方式为删除（b），插入下列内容：

"（b）印第安人保留地食品分配计划。

"（1）通则。任何时候如部落机构要求单独或联合执行食品计划，无论有无补充性营养援助计划，均应向其分配商品。

"（2）管理。

"（A）通则。根据（B）和（C）规定，如印第安人保留地部分或整体进行食品分配，则该地区主管州政府机构应负责具体分配事务。

"（B）部落机构管理。如农业部长认为某部落机构有能力按照（1）规定有效高效完成分配过程，则该部落机构应负责管理分配。

"（C）禁令。如印第安人保留地有任何家庭参与补充性营养援助计划和本款规定计划同时按（1）规定申请分配，则农业部长不予批准。

"（3）不合格参与者。按本款规定被撤销参与印第安人保留地食品分配计划的人员在农业部长规定期限内不得参与本法案规定的补充性营养援助计划。

"（4）管理成本。农业部长有权根据实际情况对印第安人保留地的管理和分配成本进行支付，以便州政府机构或部落机构对食品分配进行有效管理。

"（5）野牛肉。农业部长可使用本项规定所提供拨款为本款食品分配领取人购买野牛肉，包括下列来源的野牛肉：

"（A）美国当地野牛肉生产商；和

"（B）归野牛牧场主所有的合作社。

"（6）传统食品和当地出产食品资金。

"（A）通则。农业部长可使用拨款为本款食品分配领取人购买传统食品和当地出产食品。

"（B）美国当地生产商。根据（A）规定所提供食品中应保证至少50%来自美国当地农民、牧民和生产商。

"（C）传统和当地出产定义。农业部长应确定本条所分配食品中'传统和当地出产'的定义。

"（D）调查。农业部长执行本项规定时应：

"（Ⅰ）对本款所规定印第安人保留地食品分配计划参与者进行调查，确定其最需要的传统食品；和

"（Ⅱ）购买或建议购买可节约成本的传统食品。

"（E）汇报。农业部长应在本项规定颁布日1年内及以后每年向众议院农业委员会和参议院农业、营养和林业委员会提交一份报告，对上一年完成本项规定的情况进行说明。

"（F）授权拨款。2008至2012各财政年度为落实本条规定授权拨款5 000 000美元。"

（b）印第安人保留地食品分配计划食品方案。农业部长应在本法案颁布180天内向众议院农业委员会和参议院农业、营养和林业委员会提交一份报告，内容如下

（1）农业部长如何根据《2008年食品和营养法》第4条（b）（《美国法典》第7篇2013（b））规定在印第安人保留地确定食品分配计划食品方案（本款简称为"食品方案"）的实施过程。

（2）食品方案实现下列目标的程度：

（A）与补充性营养援助计划相比满足低收入美国本国人营养需要的程度，尤其是超低收入家庭；

（B）符合（或未符合）根据《1990年国家营养检测和相关研究法》第301条（《美国法典》第7篇5341）所出版的《2005美国人饮食指南》；

（C）应对（或未应对）美国本国人特有的营养和健康挑战；和

（D）由于分配成本或基础设施困难而受到限制；和

（3）（A）农业部长修订和更新食品方案、遵循最新版《美国人饮食指南》的相关计划，包括既定变动所需成本；或

（B）如农业部长未计划更改食品方案，列出农业部长保留原食品方案的理由。

第Ⅲ部分　商品补充性食品计划

第4221条　商品补充性食品计划。

《1973年农业和消费者保护法》第5条（《美国法典》第7篇612c注释；《公法》93-86）的修改方

式为删除（g），插入下列内容：

"（g）禁令。无论是否存在其他法律条款（包括规定），农业部长不得要求州或当地机构向存在下列情况的人群优先提供援助

"（1）60 及 60 岁以上的低收入人群；或

"（2）妇女、婴儿和儿童。"

第Ⅳ部分　老年农民市场营养计划

第 4231 条　老年农民市场营养计划。

《2002 年农业安全与农村投资法》第 4402 条（《美国法典》第 7 篇 3007）的修改方式如下所示

（1）在（b）（1）"蔬菜，"后插入"蜂蜜，"；

（2）删除（c），插入下列内容：

"（c）确定其他计划资格时应排除救济金。按照本条要求向老年农民市场营养计划任何合格领取人所提供救济金不得作为任何收入或联邦、州或当地法律用途来源。"和

（3）在末尾处加入下列内容：

"（d）禁收营业税。各州应确保按照老年农民市场营养计划分配救济金购买食品时不上缴州或当地税收。

"（e）法规。农业部长可根据实际情况制定老年农民市场营养计划相关规定。"

子篇 C　儿童营养和相关计划

第 4301 条　各州登记儿童领取学校免费用餐计划救济金情况。

（a）通则。农业部长应在 2008 年 12 月 31 日前及此后每年 6 月 30 日向众议院农业、教育和劳工委员会和参议院农业、营养和林业委员会提交一份报告，对各州是否按照《2008 年食品和营养法》（《美国法典》第 7 篇 2011 及以下）有效登记计划救济金（本条简称为"计划救济金"）领取家庭的学龄儿童使用直接证书在学校免费进餐进行评估。

（b）具体措施。农业部长对各州表现评估内容如下

（1）按州对上一年 7 月、8 月或 9 月领取计划救济金的家庭成员——学龄儿童数量进行估算；

（2）按州对根据《理查德 B. 罗素国家学校午餐法》（《美国法典》第 42 篇 1751 及以下）经直接认证有资格领取免费午餐的学龄儿童数量进行预测，根据上一年 10 月 1 日前领取计划救济金的情况；

（3）按州对上一年 7 月、8 月或 9 月领取计划救济金的家庭成员——未通过直接认证的学龄儿童数量进行预测，由于上一年 10 月 1 日此类儿童未在基准年进入遵守《理查德 B. 罗素国家学校午餐法》第 11 条（a）（1）（《美国法典》第 42 篇 1759a（a）（1））特殊援助条款的学校。

（c）绩效创新。农业部长报告应包括最佳绩效州或与上一年相比绩效提升最大的州所采用的最佳做法。

第 4302 条　当地出产食品的购买。

《理查德 B. 罗素国家学校午餐法》第 9 条（j）（《美国法典》第 42 篇 1758（j））的修改方式如下所示：

"（j）当地出产食品的购买。农业部长应：

"（1）鼓励按照本法案和《1966 年儿童营养法》领取资金的机构尽可能购买大量当地种植、当地饲养的未加工农产品；

"（2）为按照政策（1）和（3）规定参与计划的机构提供建议，在农业部长负责网站上公布政策相

关信息；和

"（3）允许按照《1966年儿童营养法》（《美国法典》第42篇1771及以下）和本法案（包括国防部新鲜水果和蔬菜计划）领取资金的机构按地理位置选择购买当地种植、当地饲养的未加工农产品。"

第4303条　健康食品教育和计划推行。

《理查德B. 罗素国家学校午餐法》第18条（h）（《美国法典》第42篇1769（h））的修改方式如下所示：

（1）在（1）（C）"法人"前插入"在学校课程中推出健康食品教育及"；

（2）将（2）规定重新编号为（4）规定；和

（3）在（1）规定后插入下列内容：

"（2）管理。农业部长按照（1）规定提供奖励时应优先考虑可在学校中推行的计划。

"（3）高贫困学校试点计划。

"（A）定义。本项规定中：

"（i）合格计划。'合格计划'的定义为：

"（I）一项学校基础计划，包括实践性蔬菜种植和营养教育，列入两所或多所合格学校课程中；或

"（II）一项夏季社区基础计划，包括实践性蔬菜种植和营养教育，列入两所或多所合格学校夏季拓展计划中。

"（ii）合格学校。'合格学校'指的是其中至少50%的学生有资格领取免费或打折午餐的公立学校。

"（B）设立。农业部长应设立试点项目，通过向少于5个州的非营利性机构或公共实体提供奖励帮助其通过合格计划在下列州合格学校开发和管理社区花园：

"（i）在合格学校由学生负责种植、管理和收割；和

"（ii）向参与社区花园的学生传授农业生产规范和日常饮食。

"（C）优先州。按本项规定存在领奖者的州中：

"（i）至少有1个州来自经农业部长确认的15大州；

"（ii）至少有1个州来自经农业部长确认的16至30大州；和

"（iii）至少有1个州在第（i）或（ii）项规定之外。

"（D）产品利用。社区花园可将所收到产品奖励用于：

"（i）合格学校所提供的补充性食品；

"（ii）分配至学生，允许其带回家给家人；或

"（iii）向当地食品银行或高级中心营养项目提供捐赠。

"（E）无成本份额要求。按本项要求领取奖励的非营利性机构或公共实体无需分担本项规定活动执行成本。

"（F）评估。按本项要求领取奖励的非营利性机构或公共实体应按（1）（H）规定参与评估过程。"

第4304条　新鲜水果和蔬菜计划。

（a）计划。

（1）通则。《理查德B. 罗素国家学校午餐法》的修改方式为在第18条（《美国法典》第42篇1769）后插入下列内容：

"第19条　新鲜水果和蔬菜计划。

"（a）通则。自2008年7月学年起以后各学年，农业部长应对执行向小学免费供应新鲜水果和蔬菜项目（本条简称为'计划'）的州提供奖励。

"（b）计划。参与该计划的学校开学期间（或农业部长指定的其他适当时间）在该校指定的一个或多个区域应免费向学生提供水果和蔬菜。

"（c）向各州提供资金。

"（1）最低奖励。除（i）（2）规定外，农业部长每年应向 50 个州和哥伦比亚特区提供年度计划执行资金的 1％作为奖励资金。

"（2）额外资金。对于按（1）规定奖励后剩余资金，农业部长可根据第 4 条规定按以下比例向执行学校午餐计划的州额外分配资金：

"（A）州人口；除以

"（B）美国人口。

"（d）挑选学校。

"（1）通则。除本项（2）规定和《2008 年粮食、保育和能源法》第 4304 条（a）（2）规定外，各州每年挑选参与计划的学校时应：

"（A）确保所选出参与计划的学校均符合下列条件：

"（i）不少于 50％的学生有资格按本法案规定领取免费或打折午餐；和

"（ii）按照（D）要求提交申请；

"（B）尽可能优先考虑按照本法案规定有资格领取免费或打折午餐学生比例最高的学校；

"（C）确保所选学校均为小学（参见《1965 年中小学教育法》第 9101 条（《美国法典》第 20 篇 7801）定义）；

"（D）优先考虑申请包括下列内容的相关学校：

"（i）已按本法案规定在学校登记申请免费或打折学校午餐资格的学生，包括此类学生所占百分比的相关信息；

"（ii）经学校食品管理人、校长和地区主管（或学校根据实际情况确定的其他同等职务）签名的计划参与支持证明；

"（iii）计划实施计划，包括将本条所实施活动与其他做法相结合共同提高健康和营养状况、减少肥胖和超重，或促进体育运动；

"（iv）农业部长可能需要的其他此类信息；

"（E）鼓励申请人提交一份计划实施计划，内容包括与一个或多个实体合作提供非联邦资源（包括代表水果和蔬菜行业的实体）。

"（2）例外。如某个州内所有符合（1）（A）（I）要求的学校均已选出，且该州其他满足该款要求的其他学校数量不多，则该条款不适用于该州。

"（3）拓展至低收入学校。

"（A）通则。在就学校参与计划情况作出相关决定前，州政府机构应将下列内容通知州内拥有免费和打折午餐领取学生比例最高的学校（包括本国美国人学校）——根据（1）（B）要求对拥有免费和打折午餐领取学生比例最高的学校优先考虑其计划参与资格。

"（B）要求。州政府机构按照（A）规定向学校提供信息时应通知可能被选中参与（1）（B）规定计划的学校。

"（e）供应通知。被选中参与计划的学校应在校内广泛公布计划可免费供应的新鲜水果和蔬菜情况。

"（f）学生平均奖励。本条向计划参与学校学生提供的平均奖励应：

"（1）由州政府机构决定；和

"（2）不少于 50 美元，不超过 75 美元。

"（g）限制。各州政府机构应尽量保证学校按本条要求向学生提供水果和蔬菜时应按本法案或《1966 年儿童营养法》（《美国法典》第 42 篇 1771 及以下）单独提供午餐。

"（h）评估和报告。

"（1）通则。农业部长应对计划进行评估，包括确定儿童是否由于参与计划而取得下列进步：

"（A）增加水果和蔬菜消费量；

"（B）其他饮食变动，如减少无营养食品的消费量；和

"（C）农业部长认为合适的其他此类成果。

"（2）报告。农业部长应在 2011 年 9 月 30 日前向众议院农业、教育和劳工委员会和参议院农业、营养和林业委员会提交一份报告，对按照（1）规定评估的结果进行说明。

"（Ⅰ）资金。

"（1）通则。对于《2008 年粮食、保育和能源法》第 14222 条（b）（2）（A）所提供资金，农业部长应拨出下列数额执行本条规定：

"（A）2008 年 10 月 1 日，40 000 000 美元。

"（B）2009 年 7 月 1 日，65 000 000 美元。

"（C）2010 年 7 月 1 日，101 000 000 美元。

"（D）2011 年 7 月 1 日，150 000 000 美元。

"（E）2012 年 7 月 1 日及此后每个财政年度 7 月 1 日，数额等于经最近低美元增额调整后上一财政年度的数额，反映劳工部劳动统计局公布的所有城市消费者非食品类消费者价格指数前 12 个月的变动情况，截止日期为上一年 4 月 30 日。

"（2）维持现有资金。农业部长按照（c）规定向各州分配（1）规定资金时应确保《2008 年粮食、保育和能源法》颁布前所有领取第 18 条（f）资金的州即日起仍可按本条要求领取足够资金，以确保该州完成工作量。

"（3）评估资金。对于 2008 年 10 月 1 日按照该年《粮食、保育和能源法》第 14222 条（b）（2）（A）所提供资金，农业部长应利用该款项按照（h）要求完成评估，在 2010 年 9 月 30 日前保留 3 000 000 美元以备不时之需。

"（4）领取和接受。农业部长有权领取、接受并应利用该条相关转汇资金，不再另行拨款。

"（5）授权拨款。除本条执行资金外，授权向拓展本条项目进行必要拨款。

"（6）管理成本。

"（A）通则。对于某财政年内本条项目执行资金，农业部长执行项目时所用管理成本不得超过 500 000 美元。

"（B）资金保留。农业部长应允许各州根据具体情况保留一部分资金（根据州大小和奖励数额进行调整）用于州项目管理，但不得超过州内一个项目协调员的工资数额。

"（7）重新分配。

"（A）各州间。对于本条规定未在农业部长规定日期前花费或用于还债的资金，农业部长可重新分配。

"（B）州内。对于本条规定未在农业部长规定日期前花费或用于还债的奖励资金，各州可重新分配。"

（2）现有学校转变。

（A）现有中学。自 2008 年 7 月 1 日学年开始接受本法案第 18 条（f）（《美国法典》第 42 篇 1769（f））规定奖励的州，其中学 2010 年 7 月 1 日前可免于遵守《理查德 B. 罗素国家学校膳食法》（经（1）规定修改）第 19 条（d）（1）（C）规定。

（B）2008 年 7 月 1 日开始学年。为推动《理查德 B. 罗素国家学校膳食法》第 18 条（f）（《美国法典》第 42 篇 1769（f））授权项目（本法案颁布日前一天生效）向该法案第 19 条（经（1）规定修改）所创建项目转变：

（ⅰ）如有效期为 2008 年 7 月 1 日开始的学年，则农业部长可允许该学年按该法案第 18 条（f）规定选出参与项目的学校继续参与该法案第 19 条规定项目，直至该学年结束；

（ⅱ）可利用 2009 财年按照该法案所提供资金为参与该法案第 18 条（f）（《美国法典》第 42 篇 1769（f））授权项目的学校（本法案颁布日前一天生效）提供支持。

（b）相应的修订。《理查德 B. 罗素国家学校膳食法》第 18 条（《美国法典》第 42 篇 1769）的修改方式如下所示：

（1）删除（f）；和

（2）将（g）至（j）重新编号为（f）至（Ⅰ）。

第 4305 条　全麦产品。

（a）目的。本条目的在于根据《2005 美国人饮食指南》提高在校儿童的全麦产品意识，增加向在校儿童提供全麦产品的数量和种类。

（b）合格全麦和全麦产品定义。本条中"全麦"和"全麦产品"的定义可参见食品和营养局的《美国学校更健康营养餐饮计划》。

（c）全麦和全麦产品的购买。除按照《理查德 B. 罗素国家学校膳食法》第 6 条（《美国法典》第 42 篇 1755）所发放商品外，农业部长应购买全麦和全麦产品并将其用于：

（1）按照《理查德 B. 罗素国家学校膳食法》（《美国法典》第 42 篇 1751 及以下）所设立学校午餐项目；和

（2）按照《1966 年儿童营养法》第 4 条（《美国法典》第 42 篇 1773）所创建学校早餐计划。

（d）评估。农业部长应在 2011 年 9 月 30 日前对（c）所开展的活动进行评估，包括下列内容：

（1）对参与学校午餐和早餐计划的儿童是否增加全麦的食用进行评估；

（2）对哪些全麦和全麦产品最适合用于学校午餐和早餐计划进行评估；

（3）农业部长就在学校午餐和早餐计划中添加全麦产品所提出的建议；和

（4）农业部长根据实际情况对任何其他结果进行的评估。

（e）汇报。农业部长应在完成（d）规定评估后尽快向众议院农业、教育和劳工委员会和参议院农业、营养和林业委员会提交一份报告，对评估结果进行说明。

第 4306 条　《购买美国产品》要求。

（a）调查。国会将对下列内容进行调查：

（1）联邦法律要求应尽量保证用联邦资金购买的商品和产品为本国生产。

（2）联邦《购买美国产品》规定旨在确保使用联邦资金购买产品可使国内生产商获利。

（3）《理查德 B. 罗素国家学校膳食法》（《美国法典》第 42 篇 1751 及以下）要求按照本计划规定准备任何午餐均应使用国内食物制品，包括使用当地资金购买的食物产品。

（b）购买美国产品规定要求。农业部应承担现行《购买美国产品》各种规定要求的培训、指导和执行，包括《理查德 B. 罗素国家学校膳食法》（《美国法典》第 42 篇 1751 及以下）。

第 4307 条　学校食品主管机构购买食品调查。

（a）通则。农业部长应于 2009 财政年度开展全国代表性调查，调查对象为学校主管机构最近学年按照《理查德 B. 罗素国家学校膳食法》（《美国法典》第 42 篇 1751 及以下）参与学校午餐项目所购买食品相关数据。

（b）汇报。

（1）通则。农业部长应在调查结束后向众议院农业、教育和劳工委员会和参议院农业、营养和林业委员会提交一份报告，对调查结果进行说明。

（2）临时要求。如农业部长未在 2009 年 6 月 30 日前按照（1）规定向众议院农业、教育和劳工委员会和参议院农业、营养和林业委员会提交最初报告，则其应向该委员会提交一份临时性报告，对截至当日农业部长所掌握的相关调查数据或数据样本进行说明。

（c）资金。对于商品信贷公司所提供资金，农业部长用于本条执行款项不得超过3 000 000美元。

子篇D 杂 项

第4401条 比尔·埃默森国家反饥饿青年和米基·里兰德国际反饥饿青年。

《2002年农业安全与农村投资法》第4404条（《美国法典》第2篇1161）的修改方式如下所示：

"第4404条 比尔·埃默森国家反饥饿青年和米基·里兰德国际反饥饿青年。

"（a）简称。该条标题可简称为'2008年比尔·埃默森国家反饥饿青年和米基·里兰德国际反饥饿青年项目法'。

"（b）定义。本款中：

"（1）主任。'主任'一词指的是国会反饥饿中心负责人。

"（2）青年。'青年'一词指的是：

"（A）比尔·埃默森反饥饿青年；或

"（B）米基·里兰德反饥饿青年。

"（3）青年计划。'青年项目'这一术语指的是根据（c）（1）规定设立的比尔·埃默森国家反饥饿青年计划和米基·里兰德国际反饥饿青年计划。

"（c）青年计划。

"（1）通则。已设立比尔·埃默森国家反饥饿青年计划和米基·里兰德国际反饥饿青年计划。

"（2）宗旨。

"（A）通则。青年计划的宗旨在于：

"（ⅰ）鼓励美国未来领导人：

"（Ⅰ）追求人道主义和公共服务事业；

"（Ⅱ）满足低收入人群和饥饿人群的需求；

"（Ⅲ）向需求人群提供援助；和

"（Ⅳ）寻求公共政策解决方案，应对饥饿和贫穷挑战；

"（ⅱ）在适当机构或实体管理计划中实习，为领导人提供培训和发展机遇；和

"（ⅲ）提高公共服务重要性方面的意识。

"（B）比尔·埃默森国家反饥饿青年计划。比尔·埃默森国家反饥饿青年计划旨在解决美国饥饿和贫穷问题。

"（C）米基·里兰德国际反饥饿青年计划。米基·里兰德国际反饥饿青年计划旨在满足国际反饥饿和其他人道主义需求。

"（3）管理。

"（A）通则。根据（B）规定，农业部长应向国会反饥饿中心提供青年计划管理奖励。

"（B）（A）规定所提供计划条款，包括计划期限、计划变动或终止条款，应由农业部长依据本条规定决定。

"（d）奖励。

"（Ⅰ）通则。主任应根据本款规定指供比尔·埃默森反饥饿奖励和米基·里兰德国际反饥饿奖励。

"（2）课程。

"（A）通则。青年计划应向青年人提供（c）（2）规定的经验和培训内容，包括：

"（ⅰ）通过与社区机构联合安排计划实习机会，提供反饥饿和其他反饥饿计划直接服务计划培训；

"（ⅱ）提供政府机构或非政府性、非营利性或私营部门机构实习机会，获得政策发展方面的经验。

"（B）工作计划。为完成（A）规定并对（6）中的青年计划进行评估，主任应对每一位年轻人的工作计划进行审批，确定此人在计划中应实现的目标，包括与目标相关的具体责任和义务。

"（3）青年奖金期限。

"（A）比尔·埃默森国家反饥饿青年计划。本条规定比尔·埃默森国家反饥饿青年计划不得超过 15 个月。

"（B）米基·里兰德国际反饥饿青年计划。本条规定米基·里兰德国际反饥饿青年计划不得超过两年。

"（4）青年选拔。

"（A）通则。根据主任设立的全国性比赛结果向青年计划进行奖励。

"（B）资格。成功的计划申请人应在以下方面展示才能：

"（ⅰ）从事人道主义服务事业的意愿和该方面巨大的潜力；

"（ⅱ）领导潜质或实际领导经验；

"（ⅲ）丰富的生活体验；

"（ⅳ）熟练的写作和谈话技能；

"（ⅴ）在贫穷社区或各种社区生存的能力；

"（ⅵ）主任认为适当的其他此类能力。

"（5）奖励数额。

"（A）通则。青年可获得：

"（ⅰ）在青年计划期限内可获得生活补贴；

"（ⅱ）根据（B）规定可获得服务终止奖励。

"（B）成功完成青年计划要求。每月成功提供满意服务的年轻人有权获得适当数额的服务终止奖励，奖励数额由主任确定。

"（C）青年计划条款。不得将参与青年计划的年轻人视为下列机构的雇员：

"（ⅰ）农业部；

"（ⅱ）国会反饥饿中心；或

"（ⅲ）负责年轻人实地或政策实习的主管机构。

"（D）青年计划奖励认可。

"（ⅰ）埃默森青年。在比尔·埃默森反饥饿青年计划中获得奖励的年轻人被称为'埃默森青年'。

"（ⅱ）里兰德青年。在米基·里兰德反饥饿青年计划中获得奖励的年轻人被称为'里兰德青年'。

"（6）评估和审计。根据（c）（3）所签署合同相关条款，主任应：

"（A）定期对青年计划进行评估；

"（B）每年对青年计划进行独立财务审计。

"（e）权限。

"（1）通则。根据（2）规定，农业部长在本条执行过程中可申请、接受、使用和处理礼物、遗产、服务遗赠、公共或个人财产遗赠，以确保青年计划的顺利进行。

"（2）限制。从销售收到的礼物、遗产或遗赠等其他资产中获得的礼物、遗产、钱款和收入遗赠尽可用于青年计划中。

"（f）汇报。主任每年应向农业部长、众议院农业委员会和参议院农业、营养和林业委员会提交一份报告，内容如下所示：

"（1）对上一财政年度青年计划的活动和花销进行说明，包括（g）中资金使用说明；

"（2）包括（d）中所要求的评估和审计结果。

"（g）授权拨款。授权向农业部长拨款完成本条计划，直至用完为止。"

第 4402 条　社区食品工程援助。

《2008 年粮食和营养法》第 25 条（《美国法典》第 7 篇 2034）的修改方式如下所示：

（1）删除（a），插入下列内容：

"（a）定义。本条中：

"（1）社区食品工程。本条中'社区食品工程'指的是符合下列条件的社区工程：

"（A）要求完成一次性联邦援助捐助，可自给自足；和

"（B）计划实现下列目标：

"（ⅰ）（Ⅰ）满足低收入人群的食物需求；

"（Ⅱ）提高社区满足食物需求的自主性；和

"（Ⅲ）提高对当地食品、农场和营养问题的综合反应能力；或

"（ⅱ）满足具体州、当地或地区的食物和农业需求，包括以下相关需求：

"（Ⅰ）基础设施的提高和发展；

"（Ⅱ）长期方案的制定；或

"（Ⅲ）开展有利于农业生产商和低收入消费者的创新型营销活动；

"（2）中心。'中心'一词指的是根据（h）规定所设立的健康城市食品企业发展中心。

"（3）未达标社区。'未达标社区'一词指的是农业部长认为存在下列情况的社区（包括城市或乡村社区，或印第安人部落）：

"（A）仅能有限获取便宜健康食物的社区，包括新鲜水果和蔬菜；

"（B）不健康饮食导致疾病（包括肥胖）发病率高于全国平均水平；

"（C）存在严重饥饿或食品不安全的情况；或

"（D）严重或长期贫穷。"

（2）将（h）重新编号为（Ⅰ）；

（3）在（g）后插入下列内容：

"（h）健康城市食品企业发展中心。

"（1）合格实体的定义。本节中'合格实体'一词含义如下：

"（A）非营利性机构；

"（B）合作社；

"（C）商业实体；

"（D）农业生产商；

"（E）学术机构；

"（F）个人；和

"（G）农业部长所指定的其他此类实体。

"（2）设立。农业部长应向非营利性机构提供资金，辅助其按照（3）规定设立和管理健康城市食品企业发展中心实现既定目标。

"（3）目的。该中心旨在向未达标社区提供更多物美价廉的健康食品，包括当地出产的农产品。

"（4）活动。

"（A）技术援助和信息。该中心应向中小型农业生产商、食品零售商和批发商、学校、其他个人和实体提供技术援助和信息，内容为收集、贮存、加工和销售当地出产农业品提供援助、向未达标社区提供此类产品等方面的最佳方案。

"（B）授权提供分项奖励。该中心可向合格实体提供分项奖励，目的如下：

"（ⅰ）就（3）规定企业的设立开展可行性研究；和

"（ⅱ）设立或以其他方式帮助加工、分配、收集、贮存和销售便宜健康食品的企业。

"（5）优先考虑。该中心按照（4）提供技术援助和奖励时应优先考虑包括以下工程的申请：

"（A）有利于未达标社区的工程；和

"（B）为小型农场和牧场提供发展机遇的工程。

"（6）汇报。（2）规定中非营利性机构在领取资金的财政年度应向农业部长提交一份报告，对上一财政年度所开展的活动进行说明，包括：

"（A）该中心所提供的技术援助说明；

"（B）（4）（B）规定所提供分项奖励情况和总额；

"（C）该中心提供便宜健康食品的相关活动总量列表，尤其是向学龄儿童和低收入社区人群提供的新鲜水果和蔬菜；和

"（D）确定在最初按照本条要求提供技术援助和分项奖励后是否继续开展（C）规定活动。

"（7）竞争奖励程序。农业部长应利用竞争程序授予中心设立资金。

"（8）管理费用限制。各财政年度所用管理费不得超过本条分配总额的 10％。

"（9）资金。

"（A）通则。对于财政部未作其他用途的拨款，2009 至 2011 各财政年度财政部长应向农业部长拨款 1 000 000 美元完成本款项目。

"（B）额外资金。2012 财政年度授权拨款 2 000 000 美元完成本款项目。"

第 4403 条　联合营养监控和相关研究活动。

自本法案颁布日起，农业部长和卫生及公共服务部部长应继续联合提供国家营养监控和相关研究活动，目的如下：

（1）继续收集具有国家代表性的饮食、健康、体育活动和健康知识数据；

（2）按照两位部长要求定期收集高危特殊人群相关数据；

（3）及时向公众公布健康、营养、环境、体育活动方面的相关信息；

（4）对现有新数据进行分析；

（5）持续对食品构成列表进行更新；和

（6）对数据收集方法和标准进行研发。

第 4404 条　第 32 条水果、蔬菜和坚果购买资金支持国内营养援助计划。

（a）水果、蔬菜和坚果额外购买资金。除根据《2002 年农业安全与农村投资法》第 10603 条（《美国法典》第 7 篇 612c - 4）要求购买水果、蔬菜和坚果外，农业部长应利用《1935 年 8 月 24 日法》第 32 条（《美国法典》第 7 篇 612c）所提供的下列资金购买水果、蔬菜和坚果为国内营养援助计划提供营养食品：

（1）2008 财政年度 190 000 000 美元。

（2）2009 财政年度 193 000 000 美元。

（3）2010 财政年度 199 000 000 美元。

（4）2011 财政年度 203 000 000 美元。

（5）2012 及此后各财政年度 206 000 000 美元。

（b）购买形式。本条规定可购买冷冻、灌装、干货或新鲜水果、蔬菜和坚果。

（c）购买新鲜水果和蔬菜并向学校和服务机构发放。《2002 年农业安全与农村投资法》第 10603 条（《美国法典》第 7 篇 612c - 4）的修改方式为删除（b），插入下列内容：

"（b）购买新鲜水果和蔬菜并向学校和服务机构发放。农业部长应按照《理查德 B. 罗素国家学校膳食法》第 6 条（a）（《美国法典》第 42 篇 1755（a）规定利用（a）规定款项（2008 至 2012 各财政年度不少于 50 000 000 美元）购买新鲜水果和蔬菜并向学校和服务机构发放。"

第 4405 条　无饥饿社区。

（a）定义。本条中：

（1）合格实体。"合格实体"指的是已经或将要与一个或多个当地合作机构合作至少达到一个无饥饿社区目标的公共食品项目服务提供商或非营利性机构，包括紧急供给机构。

（2）紧急供给机构。"紧急供给机构"定义可参见《1983 年紧急食品援助法》第 201A 条（《美国法典》第 7 篇 7501）。

（3）无饥饿社区目标。"无饥饿社区目标"指的是众议院第三〇二号共同决议案（第 102 次国会大会）所含 14 个目标中任一目标。

（b）无饥饿社区合作奖励。

（1）项目。

（A）通则。对于（e）所提供资金，农业部长按照（2）规定向合格实体提供奖励、支付活动成本联邦份额数额不得超过其中 50％。

（B）联邦份额。本款活动执行成本联邦份额不得超过 80％。

（C）非联邦份额。

（ⅰ）计算。本款活动执行成本非联邦份额可以现金方式提供或经公平评估后以实物形式捐赠，包括设施、设备或服务。

（ⅱ）来源。任何实体均可通过州政府、当地政府或私营来源提供本款活动执行成本非联邦份额。

（2）资金利用。社区合格实体应利用任何财政年度本节所领取奖励开展反饥饿活动，包括：

（A）合格实体通过下列方式满足社区饥饿人群的迫切需要：

（ⅰ）发放食品；

（ⅱ）提供社区拓展服务，帮助参与联邦辅助营养项目，包括：

（Ⅰ）按照《1966 年儿童营养法》第 4 条（《美国法典》第 42 篇 1773）设立的学校早餐计划；

（Ⅱ）按照《理查德 B. 罗素国家学校膳食法》（《美国法典》第 42 篇 1751 及以下）设立的学校午餐计划；

（Ⅲ）按照《理查德 B. 罗素国家学校膳食法》第 13 条为儿童设立的夏季食品服务计划；和

（Ⅳ）其他向儿童救济机构中儿童、无家可归者和老年人提供食品的联邦计划；或

（ⅲ）改进食品获取方法，作为综合服务的一部分；和

（B）通过下列方式开发新资源和策略，以缓解社区饥饿状况、避免更多饥饿事件的发生：

（ⅰ）开发创造性食品资源，如社区花园、购买俱乐部、食品合作社、社区所有和经营型杂货店以及农民市场；

（ⅱ）将食品服务与公园和娱乐计划及其他社区零售商店相结合，减少获取食品的障碍；或

（ⅲ）为风险人群设立营养教育计划，提高食品购买和准备技能，增强饮食和健康意识。

（c）无饥饿社区基础设施奖励。

（1）授权计划。

（A）通则。对于（e）所提供资金，农业部长按照（2）规定向合格实体提供奖励、支付活动成本联邦份额数额不得超过其中 50％。

（B）联邦份额。本款活动执行成本联邦份额不得超过 80％。

（2）申请。

（A）通则。合格实体如要获取本款所规定奖励资格，其应按农业部长指定的时间、方式提交申请，且包含农业部长指定的信息。

（B）内容。按照（A）规定提交申请应包括下列内容：

（ⅰ）对可能按照（3）规定授予奖励的所有活动进行确认；和

（ⅱ）对合格实体可能按照（ⅰ）规定减少社区饥饿的活动进行说明。

（C）优先考虑。农业部长按照本款规定授予奖励时应优先考虑具备以下两项或更多条件的合格实体：

（ⅰ）合格实体所服务的社区食品不安全状况、饥饿率、贫穷率或失业率明显高于国家平均水平。

（ⅱ）合格实体所服务的社区长期致力于社区反饥饿活动并获得成功。

（ⅲ）合格实体所服务的社区向其活动提供公共支持。

（ⅳ）合格实体致力于实现一个或多个无饥饿社区目标。

（3）资金利用。合格实体应利用本款所提供奖励对支持减缓社区饥饿活动的设施或设备进行安装、扩展或修缮。

（d）汇报。如已根据（e）规定提供本条执行资金，则农业部长应在 2012 年 9 月 30 日前向国会提交一份报告，内容如下所示：

（1）本条所规定的各种奖励，包括：

（A）对资助的所有活动进行说明；和

（B）为实现无饥饿社区目标所资助各种活动的开展状况；和

（2）为实现国内反饥饿目标所资助本章各种活动的开展状况。

（e）授权拨款。2008 至 2012 财政年度授权进行必要拨款完成本条项目。

第 4406 条　联邦食品援助项目补充授权。

（a）补充性营养援助项目。

（1）授权拨款。《2008 年食品和营养法》第 18 条（a）（1）（《美国法典》第 7 篇 2027（a）（1））的修改方式为删除首句中的"2003 至 2007 各财政年度"，插入"2008 至 2012 各财政年度"。

（2）简单申请和资格审查权及完善救济金领取。《2008 年食品和营养法》第 11 条（t）（1）（《美国法典》第 7 篇 2020（t）（1））的修改方式为删除首句中的"2003 至 2007 各财政年度"，插入"根据第 18 条（a）所提供拨款，各财政年度"。

（3）雇佣和培训项目资金。《2008 年食品和营养法》第 16 条（h）（1）（《美国法典》第 7 篇 2025（h）（1））的修改方式如下所示：

（A）删除（A）的"数量"至该款末尾所有内容，插入"，各财政年度 90 000 000 美元。"；和

（B）删除（E）（ⅰ）的"2002 至 2007 各财政年度"，插入"各财政年度"。

（4）管理成本款额减少。《2008 年食品和营养法》第 16 条（k）（3）（《美国法典》第 7 篇 2025（k）（3））的修改方式如下所示：

（A）删除（A）首句中的"1999 至 2007 各财政年度有效，"；和

（B）删除（B）（ⅱ）的"至 2007 财政年度"。

（5）现金支付试验工程。《2008 年食品和营养法》第 17 条（b）（1）（B）（Ⅵ）（《美国法典》第 7 篇 2026（b）（1）（B）（ⅵ））的修改方式如下所示：

（A）删除"任何试验"，插入"根据第 18 条（a）所提供拨款，任何试验"；和

（B）删除"至 2007 年 10 月 1 日，"。

（6）波多黎各和美国萨摩亚群岛联合分类拨款。《2008 年食品和营养法》第 19 条（a）（2）（A）（ⅱ）（《美国法典》第 7 篇 2028（a）（2）（A）（ⅱ））的修改方式为删除"2004 至 2007 各财政年度"，插入"根据第 18 条（a）所提供拨款，此后各财政年度"。

（7）向社区食品工程提供援助。《2008 年食品和营养法》第 25 条（《美国法典》第 7 篇 2034）的修改方式如下所示：

（A）删除（b）（2）（B）中的"1997 至 2007 各财政年度"，插入"2008 及此后各财政年度"；及

（B）删除（ⅰ）（4）（由第 4402 条重新编号）中的"2003 至 2007 各财政年度"，插入"此后各财

政年度"。

（b）商品分配。

（1）紧急食品援助。《1983 年紧急食品援助法》第 204 条（a）（1）（《美国法典》第 7 篇 7508（a）（1））的修改方式为删除首句中的 "2003 至 2007 各财政年度"，插入 "2008 及此后各财政年度"。

（2）商品分配项目。《1973 年农业和消费者保护方案》第 4 条（a）（《美国法典》第 7 篇 612c 注释；《公法》93-86）的修改方式为删除首句中的 "1991 至 2007 年"，插入 "2008 至 2012 年"。

（3）商品补充食品项目。《1973 年农业和消费者保护方案》第 5 条（《美国法典》第 7 篇 612c 注释；《公法》93-86）的修改方式如下所示：

（A）在（a）中：

（Ⅰ）删除（1）中的 "2003 至 2007 各财政年度"，插入 "2008 至 2012 各财政年度"；和

（Ⅱ）删除（2）（B）标示、标题及 "2007" 后所有内容，插入下列内容：

"（B）此后财政年度。2004 至 2012 各财政年度"；和

（B）删除（d）（2）中的 "1991 至 2007 各财政年度"，插入 "2008 至 2012 各财政年度"。

（4）特殊营养工程过剩商品分配。《1981 年农业和食品法》第 1114 条（a）（2）（A）（《美国法典》第 7 篇 1431e（2）（A））的修改方式为删除首句中的 "2007 年 9 月 30 日前有效"，插入 "2008 至 2012 各财政年度"。

（c）农业安全和农村投资。

（1）老年农民市场营养项目。《2002 年农业安全与农村投资法》第 4402 条（《美国法典》第 7 篇 3007）的修改方式为删除（a），插入下列内容：

"（a）资金。对于商品信贷公司所提供资金，农业部长应在 2008 至 2012 各财政年度利用 20 600 000 美元执行和扩大老年农民市场营养项目。"

（2）营养信息和意识试点项目。《2002 年农业安全与农村投资法》第 4403 条（f）（《美国法典》第 7 篇 3171 注释；《公法》107-171）的修改方式为删除 "2007"，插入 "2012"。

第 4407 条　生效和实施日期。

如本篇未另行规定，则本篇和修改内容于 2008 年 10 月 1 日起生效。

第 V 篇　信　　用

子篇 A　农场购置贷款

第 5001 条　直接贷款。

《巩固农业 和农村发展法》第 302 条（《美国法典》第 7 篇 1922）修订方式如下：

（1）去除条名称和标题，直至 "（a）部长受权"，并插入下列内容：

"第 302 条　可获得不动产贷款的人员。

"（a）总则。部长可以"；和

（2）在（a）（2）中，在 "耕作活动" 后插入 "，考虑到申请人的耕种经验，但耕种经验中的过失不在考虑之内"。

第 5002 条　资源保护贷款和贷款担保计划。

修订《巩固农业和农村发展法》（《美国法典》第 7 篇 1924）第 304 条，修订后如下：

"第 304 条　资源保护贷款和贷款担保计划。

"（a）通则。部长可按照本条规定向合格的借款人发放适当资源保护贷款。

"（b）定义。本条中：

"（1）合格资源保护贷款。'合格资源保护贷款'意指用以抵销借款人实施适当资源保护项目成本的贷款或收款。

"（2）合格的资源保护项目。'合格的资源保护项目'意指针对合格借款人的资源保护方案所采取的保护措施。

"（3）资源保护方案。'资源保护方案'意指经部长批准的方案，用于耕种或畜牧活动，确定资源保护活动，并且本条下提供的贷款是专门用于此类活动的，包括：

"（A）设立资源保护建筑物，用于解决土壤、水和有关资源；

"（B）增加森林覆盖率，从而实现持续木材产量管理，防止土壤侵蚀，或建立防护带；

"（C）建立水源保护措施；

"（D）建立废物管理系统；

"（E）建立或改善永久牧场；

"（F）执行《1985 年粮食安全法》第 1212 条；和

"（G）其他符合方案的情形，其中包括采用其他新兴或现有资源保护惯用做法、技巧或经部长批准的技术。

"（c）资格。

"（1）通则。部长可以向美国的农场合作社、国内私营公司、合伙企业、联合经营企业、托拉斯或有限责任公司的牧场主或牧场主发放贷款，有限责任公司应是农场主或牧场主控制并且主要直接从事在美国境内的农业生产。

"（2）要求。为了获得本条下的贷款，申请人须符合第 302 条（a）（1）和（2）的要求。

"（d）优先考虑。在发放本条下抵押贷款时，部长应当优先考虑：

"（1）合格并且业务刚刚起步的农场主或牧场主以及处于不利社会地位的农场主或牧场主；

"（2）利用贷款转向从事可持续或有机农业生产体系的业主或承租人；和

"（3）利用贷款建立资源保护建筑或从事资源保护做法以符合《1985 年粮食安全法》第 1212 条的生产者。

"（e）贷款担保限制条件。部长在本条下可担保的贷款比例应为付款总量的 75%。

"（f）管理规定。部长应当尽量确保本章下发放或担保的贷款覆盖多个地区。

"（g）信用资格。第 333 条（1）和（3）中的规定适用于本条下发放或担保的贷款。

"（h）拨款授权。2008 至 2012 财政年度期间，部长将获得资金拨款以用于执行本条内容。"

第 5003 条　农场购置贷款数量限制。

《巩固农业和农村发展法案》第 305 条（a）（2）（《美国法典》第 7 篇 1925（a）（2））修订方式为，删除"200 000 美元"，插入"300 000 美元"。

第 5004 条　分期付款贷款计划。

第 310E 条《巩固农业农村发展法案》（《美国法典》第 7 篇 1935）修订方式如下：

（1）在（a）（1）中，删除"和牧场主"，插入"或牧场主和处于不利社会地位的农场主或牧场主"。

（2）在（b）中：

（A）删除（1），插入下列内容：

"（1）金额。本条下发放的各笔贷款，其数量不得超过以下部分的 45%：

"（A）农场或大牧场的收购价格；

"（B）农场或大牧场的收购估价；或

"（C）500 000 美元。

"（2）利率。部长在本条下发放的贷款，其利率应当相当或高于以下各项：

"（A）本子篇下的农场购置贷款利率减去 4％后得到的差额部分；或

"（B）1.5％"；和

（B）（3）中，删除"15"，插入"20"；

（3）在（c）中：

（A）在（1）中，删除"10"，插入"5"；

（B）删除（2），将（3）变为（2）；和

（C）（2）（B）（重新编号后），删除"15 年"，插入"20 年"；

（4）在（d）中：

（A）在（3）中：

（ⅰ）在"牧场主"后插入"处于不利社会地位的农场主或牧场主"；和

（ⅱ）删除最后的"和"；

（B）在（4）中，删除"牧场主"，插入"或牧场主或处于不利社会地位的农场主或牧场主；以及"；和

（C）在最后增加下列内容：

"（5）建立年度绩效目标，以使定金贷款计划及其他联合筹资安排成为贷方向鉴定合格的新兴农场主或牧场主或处于不利社会地位的农场主或牧场主发放直接不动产贷款的首选方式。"和

（5）在最后增加下列内容：

"（e）处于不利社会地位的农场主或牧场主定义。本条中，'处于不利社会地位的农场主或牧场主'含义在第 355 条（e）（2）中确定。"

第 5005 条　新兴农场主或牧场主和处于不利社会地位的农场主或牧场主合同土地推销计划。

《巩固农业和农村发展法》第 310F 条（《美国法典》第 7 篇 1936）做如下修订：

"第 310F 条　新兴农场主或牧场主和处于不利社会地位的农场主或牧场主合同土地推销计划。

"（a）通则。部长应当依照本条，保证私营卖主根据合同土地出售协议将农场或牧场卖给合格的新兴农场主或牧场主或处于不利社会地位农场主或牧场主（定义见第 355 条（e）（2））。

"（b）资格。为了有资格获得（a）规定的贷款担保：

"（1）合格新兴农场主或牧场主和处于不利社会地位农场主或牧场主应当：

"（A）在贷款相关合同土地出售之日，拥有并经营合同土地出售相关的农场或牧场；

"（B）拥有信用纪录：

"（ⅰ）其中包括经部长确定的良好债务偿还记录；和

"（ⅱ）信用纪录令部长满意；和

"（C）向部长证明，如果没有担保，农场主或牧场主获得充分信用来按照合理利率或条件满足农场主或牧场主的资金需求；和

"（2）贷款应当符合部长规定的适当认购标准。

"（c）限制。

"（1）定金。如果合格新兴农场主或牧场主或处于不利社会地位的农场主或牧场主购买合同土地出售相关农场或牧场的定金出资额小于农场或牧场收购价格的 5％，部长不得依照（a）提供贷款担保。

"（2）最高收购价格。如果合同土地出售相关农场或牧场的收购价格或估定价值大于 500 000 美元，

部长提供（a）下规定的贷款担保。

"（d）担保期限。本条下提供的担保，其期限应为 10 年，自担保之日起算。

"（e）担保方案。

"（1）方案的选择。出售农场或牧场的私营业主要求部长根据（a）担保贷款时，可选择

"（A）立即付款担保方案，其中应当包括

"（ⅰ）每年 3 次分期付款；或

"（ⅱ）相当于每年 3 次分期付款的金额（其中金额相当于年度分期付款期间产生的税款和保险费总额）；或

"（B）标准担保方案，其金额相当于贷款未偿本金的 90%。

"（2）标准担保方案的条件。私营卖方要想符合（1）（B）所述标准担保方案要求，应当

"（A）指定一商业贷款机构或部长确定的类似机构充当第三方代理人；或

"（B）仅与农场主或牧场主合作，利用其他适当安排，并由部长确认。

"（f）由试验项目过渡。

"（1）通则。部长可逐步对新兴农场主和牧场主和处于不利社会地位农场主牧场主合同土地出售计划进行改变，该计划在本条规定。

"（2）限制。针对新兴农场主和牧场主和处于不利社会地位的农场主或牧场主合同土地出售计划进行的一切改变须在 2011 财政年度内完成。"

子篇 B　经营性贷款

第 5101 条　耕种经验作为必要资格条件。

《巩固农业和农村发展法》第 311 条（《美国法典》第 7 篇 1941）做如下修订：
（1）删除条名称以及随后文本，至"（a）部长有权"，并插入下列内容：

"第 311 条　有资格获得贷款的人士。

"（a）通则。部长可以"；
（2）在（a）（2）中，在"耕作活动"后插入"考虑到申请人的耕种经验，但耕种经验中的过失不在考虑之内"。

第 5102 条　经营所需贷款数量限制。

《巩固农业和农村发展法》第 313 条（a）（1）（《美国法典》第 7 篇 1943（a）（1））的修订方式为删除"200 000 美元"，插入"300 000 美元"。

第 5103 条　中止借款人可获得担保援助的期限限制。

《2002 年农业安全与农村投资法》第 5102 条（《美国法典》第 7 卷，1949 注释：《公法》107 - 171）的修订方式为，删除"2007 年 9 月 30 日"，插入"2010 年 12 月 31 日"。

子篇 C　紧急贷款

第 5201 条　马农场主和牧场主获得紧急贷款的资格。

《巩固农业和农村发展法案》第 32 条（a）（《美国法典》第 7 篇 1961（a））做如下修订：
（1）在（1）中，删除"农场主，牧场主"，插入"农场主或牧场主（包括马农场主或牧场主）"；和
（2）在（2）（A）中，删除"耕种，放牧"，插入"耕种，放牧（包括马的饲养或放牧）"。

子篇 D　管理规定

第 5301 条　新兴农场主和牧场主个体发展账户试验计划。

《巩固农业和农村发展法案》子篇 D（《美国法典》第 7 篇 1981 - 2008r）的修订方式为，在第 333A 条后插入以下内容：

"第 333B 条　新兴农场主和牧场主个体发展账户试验计划。

"（a）定义。本条中：

"（1）示范计划。'示范计划'意指由合格机构在（b）（1）中确定的试点计划下进行的示范计划。

"（2）合格参与者。'合格参与者'意指符合以下条件的合格新兴农场主或牧场主：

"（A）缺乏重要财源或资产；和

"（B）收入不到：

"（i）所在州中等收入的 80%；或

"（ii）达到州卫生和人类服务部发布的最近一期联邦贫困收入指南的 200%。

"（3）个体发展账户。'个体发展账户'含义如（b）（4）（A）中所述。

"（4）合格机构。

"（A）通则。'合格机构'意指

"（i）一家或一家以上机构

"（Ⅰ）《1986 年国内税收法典》第 501 条（c）（3）中所述含义；和

"（Ⅱ）免交纳该法典第 501 条（a）规定的税务；或

"（ii）州、当地或部族政府与（i）中所述机构共同提出申请。

"（B）不禁止合作。（A）（i）中规定的机构可与金融机构或以赢利为目的的社区发展公司执行本条内容。

"（b）试点计划。

"（1）通则。部长应制订试点计划，名为"新农场主个体发展账户试点计划"，根据该计划，部长应连同合格机构制订示范计划：

"（A）期限至少为期 5 年；和

"（B）涉及州至少 15 个。

"（2）协调。部长应通过农场服务机构的农业贷款项目操作试点计划。

"（3）储备基金。

"（A）通则。执行本条下示范计划的合格机构应当建立储备基金，其中非联邦份额占授予本条下示范计划款项总额的 50%。

"（B）联邦资金。在合格机构将（A）中所述相应非联邦基金纳入储备基金后，部长应将本条下授予示范计划的基金全部存入储备基金。

"（C）资金使用。在根据（B）为示范计划储存的基金中，执行示范计划的合格机构，

"（i）可使用其中 10% 作为行政开支；和

"（ii）应当将其余资金用于发放（4）（B）（ii）（Ⅰ）中所述相应奖励。

"（D）利率。根据（A）建立储备基金所获利息，合格机构将其用作示范计划的补充基金，或用于示范计划管理。

"（E）指南。部长可就本项确立的储备基金投资条件发布指南。

"（F）回归。合格机构建立的个体发展账户的剩余基金根据（5）（B）（ii）转成合格机构建立的储备基金时，归还美国财政部的储备基金数额百分比应当相当于：

"（ⅰ）存于（B）下储备基金的联邦资金并且未用于行政开支；除以

"（ⅱ）存于储备基金的基金总数。

"（4）个体发展账户。

"（A）通则。接受本条下拨款的合格机构应当为合格参与者建立并管理个体发展账户。

"（B）合同要求。为了有资本从合格机构获得本条下基金，合格参与者应与一家合格机构签订合同，根据合同：

"（ⅰ）合格参与者同意以下事项：

"（Ⅰ）依照合格参与者和合格机构间的合同协议，将合格参与者的一定量基金存入个人储蓄账户；

"（Ⅱ）仅在（5）（A）规定的一项或一项以上适当支出项目上使用（Ⅰ）规定的基金；和

"（Ⅲ）完成财务培训；和

"（ⅱ）合格机构同意：

"（Ⅰ）在依照（ⅰ）（Ⅰ）存入一定金额后一个月内，将至少 100％至 200％相应金额存入专为合格参与者建立的个体发展账户；和

"（Ⅱ）用于合格参与者提出的资金用途。

"（C）限制。

"（Ⅰ）通则。管理本条下示范计划的合格机构可向专为合格参与者建立的个体发展账户提供每财政年度最多不超过 600 000 美元的相应基金。

"（ⅱ）金额处置方法。（Ⅰ）中提供的金额不得被视为赠款或抵押贷款。

"（5）适当支出项目。

"（A）通则。本小项中所述适当支出为支出项：

"（ⅰ）购买农田或接受农田购买价格交付定金；

"（ⅱ）就依照（ⅰ）购买的农田支付抵押款项，自购买之日起为期 180 天；

"（ⅲ）购买良种家畜、水果或坚果果树，或木料树；和

"（ⅳ）由部长确定用于其他类似支出项目。

"（B）时间。

"（ⅰ）通则。自上次相应资金依照（4）（B）（ⅱ）（Ⅰ）提供至合格参与者专用个体发展账户之日起 2 年内，合格参与者可随时进行适当开支。

"（ⅱ）未使用的基金。在（ⅰ）规定期限结束时，专为合格参与者建立的个体发展账户中剩余资金可转换成示范计划储备基金。

"（c）申请。

"（1）通则。合格机构在寻求执行本条示范计划时可以此形式向部长提出申请，其中包括部长规定的信息。

"（2）标准。在考虑是否同意执行本条示范计划的申请时，部长应当考虑：

"（A）申请所述示范项目能够在何种程度上帮助合格参与者成利用新的耕种机会；

"（B）合格机构是否具备经验和能力来负责管理示范计划；

"（C）合格机构是否有经验和能力来招募、培训和支持合格参与者提高经济独立性并抓住或促进耕种机会；

"（D）非联邦公立行业和私营机构提供的直接资金总额，他们曾正式表示愿出资支持示范计划；

"（E）合格机构的计划是否充分，以提供示范计划评估相关信息；和

"（F）部长认为适当的其他因素。

"（3）优先选择。在考虑执行本条下示范计划的申请时，部长应当优先考虑合格机构的申请，并且合格机构应当表明：

"（A）服务项目服务对象的记录，其中包括处于不利社会地位农场主或牧场主（定义见第 355 条

（e）（2））；和

"（B）拥有专门技术来处理农场财务管理的方方面面。

"（4）批准。自本条制定生效之日起1年内，依照本条规定，在竞争基础上，部长应批准申请，从而以部长认为适当的方式执行示范计划。

"（5）授权期限。部长批准示范计划执行申请时，应授权申请人执行该计划，为期5年，另加2年，以依照（b）（5）（B）提出适当支出计划。

"（d）权力的授予。

"（1）通则。部长应向授权执行本条下示范计划的合格机构出具批准书。

"（2）拨款最高额。提供给未在本条下执行的示范计划的资金总额不得超过250 000美元。

"（3）拨款支付时间。关于本条下的拨款，部长应当支付相关款项：

"（A）拨款批准时；或

"（B）按照合格机构确定的付款方案。

"（e）报告。

"（1）年度进展报告。

"（A）通则。部长批准合格机构执行本条下示范计划的历年结束后60日内，以及示范计划结束前各年内，合格机构应当拟定年度报告，就报告涵盖期限而言，报告应当包括：

"（ⅰ）示范计划进展评估情况；

"（ⅱ）关于示范计划的信息，其中包括合格参与者和已建立的个体发展账户；和

"（ⅲ）部长要求的其他信息。

"（B）报告的提交。合格机构须将（A）规定的报告提交至部长。

"（2）部长的报告。本条下全部示范计划结束之日起1年内，部长应向国会提交总结报告，说明本条下的所有报告和评估结果。

"（f）年度审查。部长可对合格机构的财务记录进行年度审查：

"（1）评价合格机构的财务状况；和

"（2）确定本条下合格机构获得基金的使用情况。

"（g）规定。执行本条内容时，部长可颁布条例，以确保项目包含相关规定，规定涉及：

"（1）示范计划的终止；

"（2）终止时储备资金的控制；

"（3）向其他合格机构转让示范计划；和

"（4）示范计划终止但未转让至新合格机构时，向部长说明储备基金的减免额。

"（h）拨款授权。为了执行本条规定，2008至2012财政年度各年授权拨款额为5 000 000美元。"

第5302条　存货销售优先事项；借贷资金另作他用的部分。

（a）存货销售优先事项。《巩固农业和农村发展法案》第335条（c）（《美国法典》第7篇1985cc）的修改方式如下

（1）在（1）中：

（A）在（B）中：

（ⅰ）在该小项标题中，在"或牧场主"后插入"或处于不利社会地位的农场主或牧场主"；

（ⅱ）在（ⅰ）中，在"或牧场主"后插入"或处于不利社会地位的农场主或牧场主"；

（ⅲ）在（ⅱ）中，在"或牧场主"后插入"或处于不利社会地位的农场主或牧场主"；

（ⅳ）在（ⅲ）中，在"或牧场主"后插入"或处于不利社会地位的农场主或牧场主"；和

（ⅴ）在（ⅳ）中，删除"和牧场主"后插入"或牧场或处于不利社会地位的农场主或牧场主"；和

（B）在（C）中，在"或牧场主"后插入"或处于不利社会地位的农场主或牧场主"；

（2）在（5）（B）中：

（A）在（ⅰ）中：

（ⅰ）在标题中，在"或牧场主"后插入"；处于不利社会地位的农场主或牧场主"；

（ⅱ）在"新兴农场主或牧场主"后插入"或处于不利社会地位的农场主或牧场主"；和

（ⅲ）在"新兴农场主或牧场主"后插入"或处于不利社会地位的农场主或牧场主"；和

（B）在（ⅱ）中：

（ⅰ）在（Ⅰ）之前文本中，在"或牧场主"后插入"或处于不利社会地位的农场主或牧场主"；和

（ⅱ）在（Ⅱ）中，在"或牧场主"后插入"或处于不利社会地位的农场主或牧场主"；和

（3）在（6）中：

（A）在（A）中，在"或牧场主"后插入"或处于不利社会地位的农场主或牧场主"；

（B）在（C）中：

（ⅰ）在（ⅰ）（Ⅰ）中，删除"和牧场主"，插入"或牧场主或处于不利社会地位的农场主或牧场主"；和

（ⅱ）在（ⅱ）中，在"或牧场主"后插入"或处于不利社会地位的农场主或牧场主"。

（b）借贷资金另作他用的部分。该法案第 346 条（b）（2）（《美国法典》第 7 篇 1994（b）2）修订方式如下：

（1）在（A）中：

（A）在（ⅰ）中：

（ⅰ）在（Ⅰ）中，删除"70％"，插入"总额不少于总数的 75％"；

（Ⅱ）在（Ⅱ）中：

（Ⅰ）在标题中，在"支付贷款"后插入"联合融资安排"；

（Ⅱ）删除"60％"，插入"总额不少于总数的 2/3"；和

（Ⅲ）在"第 310E 条"后插入"和第 307 条（a）（3）（D）下的联合融资安排"；和

（B）在（ⅱ）（Ⅲ）中，删除"2003 年至 2007 年，35％"，插入"2008 至 2012 年，总额不少于总数的 50％"；和

（2）在（B）（ⅰ）中，删除"50％"，插入"总额不少于总数的 40％"。

第 5303 条　贷款授权级别。

《巩固农业和农村发展法案》第 346 条（b）（1）（《美国法典》第 7 篇 1994（b）（l）做如下修订：

（1）在（A）前述事项中，删除"2003 至 2007 各财政年度分别为 3 796 000 000 美元"，插入"2008 至 2012 各财政年度分别为 4 226 000 000"；和

（2）在（A）中：

（A）在（ⅰ）之前款文本中，删除"770 000 000"并插入"1 200 000 000"；

（B）在（ⅰ）中，删除"205 000 000"并插入"350 000 000"；和

（C）在（ⅱ）中，删除"565 000 000"并插入"850 000 000"。

第 5304 条　转变成私营商业或其他信用来源。

《巩固农业和农村发展法案》子篇 D（《美国法典》第 7 篇 1981 - 2008r）的修订方式为，在第 344 条后插入以下内容：

"第 345 条　转变成私营商业或其他信用来源。

"（a）通则。依照子篇 A 或子篇 B 发放或担保农场贷款时，部长应建立方案和公布条例（包括绩效标准），从而实现尽早将借款人转变成私营商业信贷及其他信贷来源。

"（b）协调。执行本条时，部长应汇总和协调（a）中所述转变政策，涉及：

"（1）第 359 条确立的借款人培训计划；

"（2）第 360 条确立的贷款评价程序；

"（3）第 362 条确立的监督信贷要求；

"（4）第 362 条确立的市场安排计划；和

"（5）由部长确定的其他适当计划和管理机构。"

第 5305 条　扩充重新获取借款人——所有人近亲属田产财产的第一拒绝权。

《巩固农业和农村发展法案》第 352 条（C）（4）（B）（《美国法典》第 7 篇 2000（c）（4）（B））做如下修订

（1）首句中，删除"借款人——所有人"，插入"身为处于不利社会地位农场主或牧场主的借款人——所有人（定义见第 355 条（e）（2）章），借款人——所有人或借款人——所有人近亲属"；和

（2）第二句中，在"从"前插入"或近亲属，视情况而定，"。

第 5306 条　农村发展和农场贷款计划活动。

《巩固农业和农村发展法案》子篇 D（《美国法典》第 7 篇 1981-2008r）的修订方式为，在第 364 条后插入以下内容：

"第 365 条　农村发展和农场贷款计划活动。

"未经国会法案具体授权，部长不得与私营机构开展研究或订立合同，以落实部长的竞争性来源组织，其中包括农业部保障人员，涉及农村发展或农场贷款计划。"

子篇 E　农场信贷

第 5401 条　农业信贷制度保险公司。

（a）通则。《1971 年农场信贷法》第 1.12 条（b）（《美国法典》第 12 篇 2020（b））做如下修订：

（1）首句中，删除"各农场"，插入以下内容；

"（1）通则。各农场"；和

（2）删除第二句，插入以下内容：

"（2）计算。针对（1）规定的协会或其他金融机构进行任何时期的评定时应当采用公司确定的合理方式。"

（b）规章审度。修订该法案第 5.58 条（10）（《美国法典》第 12 篇 2277a-7（10）），在"部分"后插入"和第 1.12 条（b）"。

第 5402 条　技术修改。

《1971 年农场信贷法》第 3.3 条（b）（《美国法典》第 12 篇 2124（b））的修订方式为，在首句中删除"每"插入"票面价值"。

第 5403 条　合作性投票权股票银行。

（a）通则。《1971 年农场信贷法》第 3.3 条（c）（《美国法典》第 12 篇 2124（c））的修订方式为，删除"和（ⅱ）"，插入"（ⅱ）第 3.7 条和第 3.8 条规定的可向银行借款的其他类别人员和机构，由银行董事会确定；和（ⅲ）"。

（b）修订的确认。该法案第 4.3A 条（c）（l）（D）（《美国法典》第 12 篇 2154a（c）（1）（D））的

修订方式为，把（ⅱ）和（ⅲ）改为（ⅲ）和（ⅳ），在（ⅰ）后插入以下内容：

"（ⅱ）可向集体银行借款的人员和机构，如第 3.3 条（ⅱ）所述；"。

第 5404 条　保险费。

（a）基金总额不超过安全基数。《1971 年农场信贷法》第 5.5 条（a）（《美国法典》第 12 篇 2277a-4（a））做如下修改：

（1）在（1）中：

（A）在（A）前述事项中：

（ⅰ）删除"（2）"，插入"（3）"；和

（ⅱ）删除"年度的"；和

（B）删除（A）至（D），插入下列内容：

"（A）银行为该历年发行的平均未偿清担保债务，从债务中扣除（2）所述部分贷款和投资比例后，乘以 0.0020；和

"（B）获得的产品乘以：

"（ⅰ）以下总额：

"（Ⅰ）该历年未偿平均本金，属非累加性质，涉及银行发行的贷款；和

"（Ⅱ）历年未偿平均额，不包括银行的临时减量投资；乘以

"（ⅱ）0.0010"。

（2）删除（4）；

（3）将（2）和（3）重新编为（3）和（4）；

（4）在（1）后，插入下列内容：

"（2）从平均未偿担保债务中扣除额。（1）（A）所述的由银行为该历年发行的平均未偿担保债务应扣除以下债务总额（由公司确定）：

"（A）以下各项的 90%：

"（ⅰ）该历年未偿平均本金，涉及银行发行的计息联邦政府担保贷款的担保部分；和

"（ⅱ）该历年未偿平均数，涉及银行发行的属永久减量性质的联邦政府担保投资的担保部分；和

"（B）以下各项的 80%：

"（ⅰ）该历年未偿平均本金，涉及银行发行的计息州政府担保贷款的担保部分；和

"（ⅱ）该历年未偿平均数，涉及银行发行的属永久减量性质的州政府担保投资的担保部分。"

（5）在（3）中（由本款（3）重新编号后的），删除"年度的"；和

（6）在（4）（由本款（3）重新编号后的）：

（A）项标题中，在"贷款"后插入"或投资"；

（B）在（A）前述事项中，删除"如已使用的"直至"担保"；插入"本条中，'政府担保'一词在用于贷款或投资时，意为所担保的贷款、信用或投资，或部分贷款、信用或投资"。

（b）基金总额不超过安全基数。该法案第 5.55 条（b）（《美国法典》第 12 篇 2277a-4（b））的修订方式为，删除"年度的"。

（c）安全基数。该法案第 5.55 条（c）（《美国法典》第 12 篇 2277a-4（c））做如下修订：

（1）删除"为此"，插入以下内容：

"（1）通则。为此；"

（2）删除"（向下调整"，直至"由公司）"，插入"（根据（2）调整）"；和

（3）在最后增加下列内容：

"（2）调整。（1）下的担保体系银行的总未偿担保债务应向下调整，去除总额相当于以下数量（由公司确定）：

"（A）以下各项的 90%：

"（ⅰ）未偿本金的担保部分，涉及银行发行的计息联邦政府担保贷款；和

"（ⅱ）涉及银行发行的属非永久减量性质的联邦政府担保投资的担保部分；和

"（B）以下各项的 80%，

"（ⅰ）未偿本金的担保部分，涉及银行发行的计息州政府担保贷款；和

"（ⅱ）涉及银行发行的属非永久减量性质的州政府担保投资的担保部分。"

（d）贷款和投资额的确定。该法案第 5.55 条（d）（《美国法典》第 12 篇 2277a-4（d））做如下修订：

（1）在款标题中，删除"未偿本金"，插入"贷款和投资额"；

（2）在（1）前述事项中，删除"为此"，直至"做出"，插入"关于（a）和（b），保险体系银行贷款的未偿本金和保险体系银行投资的未偿金额应基于以下因素确定"；

（3）在（1）、（2）和（3）中，在首次出现的"通过"之前，插入"全部贷款或投资"；和

（4）在（1）和（2）中，在各处"能够发放贷款"之后插入"或投资"；

（e）向体系机构分配超额储备金。该法案第 5.55 条（e）（《美国法典》第 12 篇 2277a-4（e））做如下修订：

（1）在（3）中，删除"历年平均安全基数（根据平均每日余额计算）"，插入"安全基数"；

（2）在（4）中，删除（B），插入以下内容：

"（B）总额与以下各项总额（减去（A）所述信贷）相当的，应记入各担保体系银行的分配保险储备金帐户。

"（ⅰ）历年平均未偿本金，涉及银行担保债务（其后从本金中扣除（a）（2）所述贷款和投资的一定比例的担保部分）；

"（Ⅱ）历年平均未偿本金，涉及所有体系银行发行的担保债务（其后从本金中按一定比例扣除（a）（2）所述的贷款和投资的担保部分）；"和

（3）在（6）中：

（A）在（A）中：

（ⅰ）在（ⅰ）之前文本中，删除"始于"直至" 2005 年 1 月 1 日"部分；

（ⅱ）删除（ⅰ），插入以下内容：

"（ⅰ）根据（D），以公司确定的方式，向各担保体系银行支付金额，总额相当于体系银行分配保险储备金帐户的余额；和"；和

（ⅲ）在（ⅱ）中：

（Ⅰ）删除"（C）、（E）和（F）"，插入"（C）和（E）"；和

（Ⅱ）删除"数额较小的"至（Ⅱ）结束。插入"经济援助公司终止时，根据（1）（B）规定的分配保险储备金账户中余额。"

（B）在（C）中：

（ⅰ）在（ⅰ）中，删除"（除（F）（ⅱ）规定金额之外）"；和

（ⅱ）删除（ⅱ），插入以下内容：

"（ⅱ）账户的终止。关于总额相当于 56 000 000 美元的拨款，公司应当：

"（Ⅰ）关闭（1）（B）规定的账户；和

"（Ⅱ）在发生资金转移的日历年度，根据（4）（B）将帐户余额转移至剩余的分配保险储备金账户"；和

（C）删除（F）。

第 5405 条　保费证明。

（a）提交核证声明。修订《1971 年农场信贷法》第 5.56 条（《美国法典》第 12 篇 2277a-5），删

除（a），插入以下内容：

"（a）提交核证声明。在公司董事会全权确定之日，各担保体系银行在保险费评定时期（本条中简称"时期限"）开始前已获得担保的，应当向公司提交证明声明，显示：

"（1）银行出具的本期平均未偿担保债务；

"（2）（A）本期未偿平均本金，涉及银行发行的计息联邦政府担保贷款的担保部分；和

"（B）联邦政府担保投资期未偿平均额，且投资属非永久减量性质（定义见第 5.55 条（a）（4））；

"（3）（A）未偿平均本金，时期涉及计息州政府担保贷款；和

"（B）未偿平均额，时期涉及属非永久减量性质的州政府担保投资（定义见第 5.55 条（a）（4））；

"（4）（A）未偿平均本金，时期涉及属非计息贷款；和

"（B）未偿平均额，时期涉及非临时减量投资；和

"（5）本期内银行应向公司支付的保费总额。"

（b）保费支付。修订该法案第 5.56 条（《美国法典》第 12 篇 2277a-5），删除（c），插入以下内容：

（c）保费支付。

"（1）通则。除（2）规定之外，各担保体系银行应向公司支付（a）规定的保费，各日历季度不超过一次，方式由董事会确定，时间一次或一次以上。

（2）保费金额。确定保费金额的核证声明提交后 60 日内，保费金额应安排到位。

（c）后续保费支付。修订该法案第 5.56 条（《美国法典》第 12 篇 2277a-5）：

（1）删除（d）；和

（2）（e）变为（d）。

第 5406 条 农村事业贷款。

（a）农村事业贷款的定义。《1971 年农场信贷法》第 8.0 条（9）（《美国法典》第 12 篇 2279aa（9））做如下修订：

（1）在（A）（ⅲ）中，删除最后的"或"；

（2）（B）（ⅱ）中，删除最后的句号，插入"；或"；和

（3）在最后增加下列内容：

"（C）即贷款或贷款利息，涉及电气或电话设备，由集体贷方发放给借方，借方根据《1936 年农村电气化法》（《美国法典》第 7 篇 901 及以下）已获得或者有资格获得贷款。"

（b）合格贷款的担保。该法案第 8.6 条（a）（1）（《美国法典》第 12 篇 2279aa-6（a）（1））的修订方式为：在（A）和（B）中，在"标准"前插入"适当"。

（c）合格贷款的标准。该法案第 8.8 条（《美国法典》第 12 篇 2279aa-8）做如下修订：

（1）在（a）中：

（A）删除第一句，插入以下内容：

"（1）通则。公司应当建立合格贷款的包销、安全鉴定和偿还标准，考虑性质、风险预测及各类合格贷款间的其他差异。

"（2）监督，审查和情况报告。标准应服从农业信贷管理处依照第 8.11 条的管理。"和

（B）最后一句中，删除"在建立"，插入以下内容：

"（3）抵押借款。在建立"；

（2）在（b）中：

（A）在（1）前述事项中，在（a）后插入"关于以农业地产担保的贷款"；和

（B）在（5）中：

（ⅰ）在首次出现处删除"借方"，并插入"农场主或牧场主"；和

（ⅱ）删除"地点"并插入"农场或牧场"；

（3）在（c）（1）中，在"贷款"后插入"以农业地产担保的"；

（4）删除（d）；和

（5）将（e）重新编号为（d）。

（d）基于风险的资本水平。该法案第8.32条（a）（1）（《美国法典》第12篇2279bb-i（a）（1））做如下修订：

（1）删除"关于"，插入以下内容：

"（A）通则。关于"；和

（2）最后增加下列内容：

"（B）农村公共事业贷款。抵押品代表着对第8条（9）（C）所述由公司拥有或担保的合格贷款的利益或相关义务，抵押品发生损失，其损失率和严重程度与电气和电话设备贷款风险挂钩，由董事确定。"

第5407条　平衡地区协会发放贷款权。

（a）通则。《1971年农场信贷法》的修订方式为在第7.6条（《美国法典》第12篇2279b）后插入以下内容：

"第7.7条　平衡地区协会发放贷款权。

"（a）平衡发放贷款权利。

"（1）通则。

"（A）联邦土地银行协会。根据（2），协会拥有联邦土地银行协会并经2007年1月1日授权，可在（b）中所述地理区域内在特许地域中依照第Ⅰ篇发放长期贷款的，可发放短期和中期贷款，或在同一特许地域内依照第Ⅱ篇作为生产信用协会。

"（B）生产信用协会。根据（2），协会依照本部分拥有第Ⅰ篇规定的贷款权并经2007年1月1日授权拥有一生产信用协会的，在（b）中所述地理区域内依照第Ⅱ篇发放短期和中期贷款的，可发放长期贷款并且直接或通过子公司协会依照第Ⅰ篇在本地理区域内作为联邦土地银行协会或联邦的土地信用协会经营。

"（C）农场信贷银行。无论第5.17条（a）如何规定，农场信贷银行自2007年1月1日起与任何协会签订有书面融资协议的，可发放贷款并提供其他相应财政支持，也可依照新权力发放贷款，新权力由行使此类权力的协会依照（A）或（B）赋予。

"（2）所需批准。协会可行使（1）中规定的附加权力，但是事先须经以下机构批准：

"（A）协会的董事会；和

"（B）协会大多数拥有投票权的股东（或协会为另一个协会的分会的，母协会拥有投票权的股东），经正式授权的股东大会上由本人或指定代理人依照第7.11条规定的程序投票。

"（b）适用性。本条仅适用于其特许地域在联邦中期信用银行服务地理区域内的协会，此前，联邦中期信用银行依照《1971年农场信贷法》第410条（e）（1）（《美国法典》第12篇2011注释；《公法》100-233）与农场信贷银行合并。"

（b）章程修订。《1971年农场信贷法》第5.17条（a）（《美国法典》第12篇2252（a））的修订方式为，在最后增加下列内容：

"（15）（A）批准对农业信贷体系机构章程的修正案，以实现第7.7条平衡农业信贷体系协会的贷款发放权利。

"（B）依照（A）修订协会和有关农场信贷银行章程时，须经农业信贷管理处批准，并遵照批准适用条件，时间不迟于农业信贷管理处收到第7.7条（a）（2）规定的所有审批后30日内。"

（c）遵守修正案。

（1）《1971 年农场信贷法》第 5.17 条（a）（2）（《美国法典》第 12 篇 2252（a）（2））做如下修订

（A）删除"（2）（A）"，插入"（2）"；和

（B）删除（B）和（C）。

（2）1987 年法案第 410 条。《1987 年农业信贷法》第 410 条（e）（1）（A）（ⅲ）（《美国法典》第 12 篇 2011 注释；《公法》100‐233）的修订方式为，在"（《美国法典》第 12 篇 2011）"后插入"（该法案第 7.7 条除外）"。

（3）1992 年法案第 401 条。《1992 年农场信贷银行和协会安全和健全法》第 401 条（b）（《美国法典》第 12 篇 2011 注释；《公法》102‐552）做如下修订

（A）在"法律条文"后插入"（《1971 年农场信贷法》第 7.7 条除外）"；

（B）删除"根据此类限制"，直至本段结束，插入句号。

（d）生效日期。本条中修订于 2010 年 1 月 1 日生效。

子篇 F 其 他

第 5501 条 向购买分散土地的买家发放贷款。

《公法》91‐229 第一条（《美国法典》第 25 篇 488）做如下修订：

（1）删除"部长"，插入以下内容：

"第 1 条 向分散地块购买者发放贷款。

"（a）通则。部长；

"（2）最后增加下列内容：

"（b）分散土地。

"（1）通则。根据（2），农业部长依照《巩固农场和农村发展法》第 309 条（《美国法典》第 7 篇 1929）向分散土地的合格买方提供贷款并担保，买方应符合《印第安人土地归划法》第 205 条（c）（《美国法典》第 25 篇 2204（c））规定。

"（2）例外。第 4 条不适用于委托土地，受限部族土地或根据（1）抵押的部族法人土地。"

第 Ⅵ 篇 农村发展

子篇 A 《巩固农业和农村发展法》

第 6001 条 水、废物处理和废水处理设备拨款。

修订《巩固农业和农村发展法》第 306 条（a）（B）（《美国法典》第 7 篇 1926（a）（2）（B）（ⅶ）），删除"2002 至 2007"，插入"2005 至 2012"。

第 6002 条 调查拨款。

（a）通则。修订《巩固农业和农村发展法》第 306 条（a）（2）（《美国法典》第 7 篇 1926（a）（2）），最后增加下列内容：

"（C）面向农村集体和家庭计划的特别评估支持。"

"（ⅰ）通则。部长可以建立农村集体和家庭特别评估支持项目，为预先开发计划拨款，以进行可行性研究，向农村地区居民达 2 500 人或不到 2 500 人且资金不足的社区提供设计支持和技术援助，以实施（1）、本条和（24）所述的水和废物处理计划。

"（ii）期限。

"（Ⅰ）文件。关于本小项下的拨款，部长应当根据实际情况要求获得起码的文件。

"（Ⅱ）匹配。无论本款其他规定如何，部长可100％补偿本小项下提供的贷款的费用，由部长确定。

"（iii）资金。在财政年度中本篇下专门为水和废物处理和必要社区设施活动所拨资金，部长可最多从中使用4％的资金来落实本小项项目。

"（iv）与其他机构的关系。本小项下规定的资金和权力属部长为执行（i）所述活动所持其他资金或权力以外的资金和权力。

（b）相应的修订。废止《2002年农业安全与农村投资法》第Ⅵ篇子篇D（《美国法典》第7篇2009ee）。

第6003条 农村商业机会拨款。

修订《巩固农业和农村发展法》第306条（a）（11）（D）（《美国法典》第7篇1926（a）（1）（D）），删除"1996至2007"，插入"2008至2012"。

第6004条 初期管理设备拨款、贷款和贷款担保。

修订《巩固农业和农村发展法》第306条（a）（19）（C）（ii）（《美国法典》第7篇1926（a）（19）（C）（i）），删除"四月"，插入"六月"。

第6005条 促进宽带发展的社区设施拨款。

修订《巩固农业和农村发展法》第306条（a）（20）（E）（《美国法典》第7篇1926（a）（20）（E）），

（1）删除"州"，插入"州"；

（2）删除"拨号国际互连网接入或"。

第6006条 农村水和废水回路搭载计划。

修订《巩固农业和农村发展法》第306条（a）（22）（C）（《美国法典》第7篇1926（a）（22）（C）），删除"2003财政年度15 000 000美元"，插入" 2008财政年度25 000 000美元"。

第6007条 宗教学院和大学的必要社区设施。

修订《巩固农业和农村发展法》第306条（a）（25）（《美国法典》第7篇1926（a）（25））：

（1）在（A）中：

（A）删除"宗教学院和大学"，插入"宗教学院或大学的机构"；以及

（B）删除"宗教学院或大学"，插入"宗教学院或大学"；

（2）删除（B），插入以下内容：

（B）联邦份额。关于本项下拨款涵盖的设备成本，部长应确定最高成本比例，除非部长不要求非联邦财政支持，其金额大于设备总成本的5％。"；以及

（3）在（C）中，删除"2003至2007"，插入"2008至2012"。

第6008条 紧急和危急社区水支持拨款计划。

修订《巩固农业和农村发展法》第306A条（i）（2）（《美国法典》第7篇1926a（i）（2）），删除"2003至2007"，插入"2008至2012"。

第 6009 条　阿拉斯加乡村和本地村庄的供水系统。

（a）通则。修订《巩固农业和农村发展法》第 306D 条（1）（《美国法典》第 7 篇 1926d（d）（1）），删除"2001 至 2007"，插入"2008 至 2012"。

（b）乡村社区支持。修订《固体废物处理法》第 4009 条，最后增加下列内容：

"（e）追加拨款。

"（1）通则。2008 年至 2012 年，每年经授权拨款 1 500 000 美元，用于落实本条规定，以便德纳里委员会向阿拉斯加居民提供支持。

"（2）行政机构。为了落实本款规定，德纳里委员会应当：

"（A）被视为一个州；和

"（B）遵守本条中的所有其他要求和限制。"

第 6010 条　向非营利组织拨款，以资助中低收入个人在农村地区建设、整修和维护个人家用水井系统。

修订《巩固农业和农村发展法》第 306E 条（《美国法典》第 7 篇 1926e）：

（1）在（b）（C）中，删除"8 000 美元"，插入"11 000 美元"；以及

（2）在（d）中，删除"2003 至 2007"，插入"2008 至 2012"。

第 6011 条　水和废物处理设备贷款的利率。

修订《巩固农业和农村发展法》第 307 条（a）（3）（《美国法典》第 7 篇 1927（a）（3）），在最后增加下列内容：

"（E）水和废物处理设备贷款的利率。

"（ⅰ）通则。在水或废物处理设备直接贷款情形下，（ⅱ）规定以及（A）规定除外，

"（Ⅰ）贷款受（A）中 5％利率限制时，部长须确定利率，利率应相当于未偿市政债务的当前市场收益率的 60％，距到期日的残存期与贷款平均到期日相当，可调节幅度在 1 个百分点的 1/8；

"（Ⅱ）贷款受（A）中 7％利率限制时，部长须确定利率，利率应相当于未偿市政债务的当前市场收益率的 80％，距到期日的残存期与贷款平均到期日相当，可调节幅度在 1 个百分点的 1/8；

"（ⅱ）例外。（ⅰ）不适用于特殊项目贷款，贷款项目已批准，但在本小项制订之日尚未结束。"

第 6012 条　集体股票担保。

（a）通则。修订《巩固农业和农村发展法》第 310B 条（《美国法典》第 7 篇 1932）：

（1）删除"310B 条（a）"，插入以下内容：

"第 310B 条　向农村机构提供支持。

"（a）发放至私营企业的贷款。

"（1）定义。本款中："；

（2）在（a）中：

（A）删除第二句和第四句；

（B）在以"如本款所用"（由（A）所取代）的句子中，删除"如本款所用"并插入以下内容：

"（A）水产养殖。"

（C）在以"为了执行本款"开头的句子中，删除"为了执行本款"并插入以下内容：

"（B）太阳能。"

（D）在以"部长还可以"开头的句子中，

（ⅰ）删除"部长可以"，并插入以下内容：

"（2）贷款目的。部长可以"；

（ⅱ）在"或非赢利的"之后插入"和主要投向合作社组织的私人投资基金"；

（ⅲ）删除"（1）改善"并插入"（A）改善"；

（ⅳ）删除"控制，（2）"并插入"控制；

"（B）"

（ⅴ）删除"面积，（3）减少"并插入"面积；

"（C）减少"；

（ⅵ）删除"面积，（4）至"并插入"面积；和（D）至"；

（E）在以"此类贷款，"开头句子中，删除"此类贷款，"，并插入以下内容：

"（3）贷款担保。（2）所述贷款，"；以及

（F）最后一句中，删除"没有贷款"，并插入以下内容：

"（4）本金最高额。无贷款"；以及

（3）在（g）中：

（A）在（1）中，在最后句号前插入"，其中包括（3）（Ⅱ）所述担保"；

（B）在（3）（A）中，

（ⅰ）删除"（A）通则。部长"，并插入下列内容：

"（A）资格。

"（ⅰ）通则。部长"；以及

（ⅱ）在最后增加下列内容：

"（ⅱ）股本。用以购买合作社组织发行的优先股或类似股本的贷款，或主要投向合作社组织的资金，部长可对其进行提高，但是担保受益方应当是一家或一家以上并适于为在（a）（1）中所述目的获得支持的机构，由部长确定。"以及

（C）在（8）（A）（ⅱ）中，删除"一个项目"至（Ⅱ）结尾，并插入：

"（Ⅰ）（aa）在农村地区；以及

"（bb）为农业商品提供增值过程；或者

"（Ⅱ）担保受益方应当是一家或一家以上适宜为在（a）（1）中所述目的获得支持的机构，由部长确定。"

（b）相应的修订。

（1）修订《巩固农业和农村发展法》第307条（a）（6）（B）（《美国法典》第7篇1927（a）（6）（B）），删除（Ⅱ），插入以下内容：

"（Ⅱ）第310B条（a）（2）（A）；以及"

（2）修订《巩固农业和农村发展法》第310B条（g），删除（1）、（6）（A）（Ⅲ）和（8）（C）中的"（a）（1）"，并插入"（a）（2）（A）"。

（3）修订《巩固农业和农村发展法》第33A条（g）（1）（B）（《美国法典》第7篇1983a（g）（1）（B）），删除"第310B条（a）（1）"，插入"第310B条（a）（A）"。

（4）修订《巩固农业和农村发展法》第381E条（d）（3）（B）（《美国法典》第7篇2009d（d）（3）（B）），删除"第310B条（a）（1）"，插入"第310B条（a）（A）"。

第6013条　农村合作开发拨款。

（a）资格。修订《巩固农业和农村发展法》第310B条（e）（5）（《美国法典》第7篇1926e（e）（5）），

（1）在（A）中，删除"管理全国性、地区性或州项目"，并插入"落实活动，促进和支持合作和共有企业的发展"；

（2）（B）中，在分号前插入"促进和支持合作和共有企业的发展"；

（3）删除（D）；

（4）将（E）重新编号为（D）；

（5）在（D）（重新编号后）中，删除最后的"和"；

（6）在（D）（重新编号后）后插入以下内容：

"（E）所展示的承诺涉及：

"（ⅰ）将本中心的努力成果与其他合作开发定中心及其他从事农村经济开发的组织分享；以及

"（ⅱ）设立多组织和多州方法，满足农村地区经济发展和合作需要；以及"；以及

（7）在（F）中，删除"只要大于"，插入"只要"。

（b）发放多年拨款的机构。

修订《巩固农业和农村发展法》第 310B 条（e）（《美国法典》第 7 篇 1932（e）），删除（6），并插入以下内容：

"（6）拨款期限。

"（A）通则。中心先前在本款下未获得资金的，现所获拨款期限为 1 年。

"（B）多年期限拨款。如果部长认为拨款对计划有益，应发放拨款，期限 1 年以上，获得拨款的中国应当符合（5）规定的条件，由部长确定。"

（c）延长拨款期限的机构。修订《巩固农业和农村发展法》第 310B 条（e）（《美国法典》第 7 篇 1932（e））：

（1）将（7）、（8）、（9）分别改为（8）、（9）、（12）；

（2）在（6）后，插入下列内容：

"（7）延长拨款期限的机构。部长可以延长 12 个月期限，其间，受让人可以使用本款下发放的拨款。"

（d）协作研究方案。修订《巩固农业和农村发展法》第 310B 条（e）（《美国法典》第 7 篇 1932（e）），在（9）（由（C）（1）重新编号后）后插入以下内容：

"（10）协作研究方案。部长应在每财政年度与一家或一家以上合格学术机构签订合作研究协议或合同，就国家经济中各种合作社的效果进行研究。"

（e）满足少数群体的需要。修订《巩固农业和农村发展法》第 310B 条（e）（《美国法典》第 7 篇 1932（e）），在（10）（（d）中所增加）后插入以下内容：

"（11）满足少数群体的需要。

"（A）处于不利社会地位团体的定义。本项中，"处于不利社会地位的团体"的含义与第 355 条（e）中所确定的意义一致。

"（B）资金的储备。

"（ⅰ）通则。依照（12）为财政年度拨款的总金额不超过 7 500 000 美元的，部长应保留一定金额，比例相当于拨款总数的 20%，用于合作开发中心、特别合作社或合作社组织：

"（Ⅰ）他们向处于不利社会地位团体提供服务；以及

"（Ⅱ）董事会管理委员会的大多数人，董事会或管理委员会成员均是处于不利社会地位团体的成员。

"（ⅱ）不充分的申请。要求落实（ⅰ）中的申请不充分时，部长将资金用于本款规定的其他方面。"

（f）拨款授权。修订《巩固农业和农村发展法》第 310B 条（e）（12）（《美国法典》第 7 篇 1932（e））（经（c）（1）重新编号），删除"1996 至 2007"，并插入"2008 至 2012"。

第 6014 条　支持广播系统的拨款。

修订《巩固农业和农村发展法》第 310B 条（f）（3）（《美国法典》第 7 篇 1932（f）（3）），删除

"2002 至 2007"，并插入"2008 至 2012"。

第 6015 条　当地或地区生产的农业粮食产品。

修订《巩固农业和农村发展法案》第 310B 条（g）（《美国法典》第 7 篇 1932（g）），最后增加下列内容：

"（9）当地或地区生产的农业粮食产品。

"（A）定义。本条中：

"（i）当地或地区生产的农业粮食产品。'当地或地区生产的农业粮食产品'意指种植、生产和分销的农业粮食产品：

"（I）地点为最终产品上市的地方或地区，产品运输总距离距产品原产地小于 400 英里；或者

"（II）生产产品所在州。

"（ii）供应不足的社区。'供应不足的社区'意指社区（包括都市或乡镇和印第安人部落社区）经部长确定：

"（I）在杂货零售店或农场主至消费直接市场上可有限获取买得起的健康食品，其中包括新鲜水果和蔬菜；和

"（II）高度饥饿或粮食不安全状态或高贫困比率。

"（B）贷款和贷款担保计划。

"（i）通则。部长应向个体、合作社、合作社组织、公司及其他机构发放或担保贷款，以确保并促进企业加工、分配、集合、存贮和销售当地或地区生产的农业粮食产品，为社区发展提供支持，并增加农场和牧场收入。

"（ii）要求。（i）中贷款或贷款担保获得者须与零售和事业机构签订适当协议，获贷方应向其销售当地或地区生产的农业粮食产品，协议中应当规定获贷方须告知零售或事业机构的消费者他们所购买消费的是当地或地区生产的农业粮食产品。

"（iii）优先事项。根据（i）发放或担保贷款时，部长应优先考虑含有有益于供应不足社区的因素的项目。

"（iv）报告。本条颁布之日起 2 年内并且此后每年，部长应向众议员农业委员会和参议院农业、营养和林业委员会提交报告，说明利用（i）下贷款或贷款担保所从事项目情况，其中包括：

"（I）获得服务的社区的特色；以及

"（II）所产生的效益。

"（v）资金的保留。

"（I）通则。2008 至 2012 各财政年度，部长应从为落实本款所需的资金中预留至少 5% 来落实本小项内容。

"（II）资金的可利用性。根据（I）为财政年度预留的资金只可保留至该财政年度的 4 月 1 日。"

第 6016 条　向农村地区转让适用技术。

修订《巩固农业和农村发展法》第 310B 条（《美国法典》第 7 篇 1932），在最后添加以下内容：

"（i）向农村地区转让适用技术的计划。

"（1）国家非盈利农业支持机构的定义。本款中，"国家非盈利农业支持机构"意指一组织，该组织：

"（A）如《1986 年国内税收法典》第 501 条（c）（3）中所述并依照法案第 501 条（a）免税；

"（B）在美国多个地区拥有工作人员和办事处；

"（C）在实施农业技术援助方案方面拥有经验和专门技术；

"（D）扩大农业商品市场，产品是由生产者通过利用改善环境、自然资源和生活品质的惯用做法所

生产的；以及

"（E）改善农业经济生存能力。

"（2）项目的确立。部长应建立面向农村地区的国家适用技术转让计划，以支持农业生产者寻找信息来：

"（A）减少投入成本；

"（B）保存能源资源；

"（C）利用新能源作物和能源产生设备使经营多样化；以及

"（D）扩大农业商品市场，产品是由生产者通过利用改善环境、自然资源和生活品质的惯用做法所生产出来的。

"（3）执行。

"（A）通则。部长应依照本款落实该计划，向国家非盈利农业支持机构拨款或与万签订合作协议。

"（B）拨款金额。依照（A）拨款或签订合作协议时，应对（2）所述信息提供成本做出全面规定。

"（4）拨款授权。为了执行本款规定，2008 至 2012 财政年度各年授权拨款额为 5 000 000 美元。"

第 6017 条　农村经济区合伙区域。

修订《巩固农业和农村发展法》第 310B 条（《美国法典》第 7 篇 1932）（第 6016 条修订），在最后增加下列内容：

"（j）农村经济区合伙区域。自本款颁布生效之日起到 2012 年 9 月 30 日，部长应依照就农村经济区合伙区域所签订的协议备忘录中规定的条款，于本款颁布生效之日，在行政上落实农村经济区合伙区域，除非本款中另有规定。"

第 6018 条　定义。

（a）农村地区。修订《巩固农业和农村发展法》第 343 条（a）（《美国法典》第 7 篇 1991（a）），删除（13），插入以下内容：

"（13）农村和农村地区。

"（A）通则。根据（B）至（G），'农村'和'农村地区'意指以下区域以外的地区：

"（i）居民人口大于 50 000 人的城市或城镇；以及

"（ii）在（i）中所述城市或城镇附近的都市地区。

"（B）水和废物处理拨款以及直接和担保贷款。关于第 306 条（a）（1）、（2）和（24）规定的水和废物处理拨款以及直接和担保贷款，'农村'和'农村地区'一词意指居民人口少于 10 000 人的城市、城镇或非城镇地区。

"（C）社区设施贷款和拨款。关于第 306 条（a）（1）、（19）、（20）、（21）和（24）规定的社区设施直接和担保贷款，'农村'和'农村地区'一词意指居民人口大于 20 000 人的城市、城镇或非城镇地区。

"（D）适当农村地区。

"（i）申请。本小项适用于：

"（Ⅰ）（A）（ii）和（F）中所述都市化地区：

"（aa）其边界两点间隔至少 40 英里；以及

"（bb）远离居民人口大于 150 000 人的城市或城镇或此类城市或城镇的都市化地区；以及

"（Ⅱ）在（A）（ii）和（F）中所述都市化地区境内的一地区，并在（A）所述农村地区 1/4 英里之内。

"（ii）鉴定。无论本项其他规定如何，经（i）所述地区的地方政府部门提出请求，或经农村发展副部长的倡仪，副部长可确定（i）所述地区中的一部分为本项规定的农村地区，并且副部长认为该部分在性质上属农村，由副部长确定。

"（ⅲ）管理。落实本小项时，农村发展副部长应当：

"（Ⅰ）不得将本小项执行权委托他人；

"（Ⅱ）与农业部适当负责农村发展的州或地方主任以及各州州长磋商；

"（Ⅲ）使请求人有机会请求副部长依照本小项确定；

"（Ⅳ）自收到请求或倡仪提出后 30 日内，将本小项下提出的请求或副部长提出的倡仪公之于众；

"（Ⅴ）依照（Ⅳ）颁布后至少 15 日后，但不得超过 60 日，根据本小项做出确认；

"（Ⅵ）向众议员农业委员会和参议院农业、营养和林业委员会提出年度报告，报告本小项执行情况；以及

"（Ⅶ）依照本小项终止认定，即今后 10 年一次普查有关数据可获得之日，部分地区被认定为农村地区，该普查将依照《美国法典》第 13 篇第 141 条（a）进行。

"（E）例外。不考虑本条中任何其他规定，在确定城市化地区中的哪个普查区段不在农村地区（定义见本项）时，只要普查区段群邻近不多于两个按照本条规定认为不属于农村地区的普查区段，部长就应将这样被认定为不属于农村地区的普查区段排除在外。

"（F）市区增长。

"（ⅰ）适用性。此小项适用于：

"（Ⅰ）任何地区：

"（aa）由彼此邻接的多个普查区段组成；

"（bb）住房密度部长判断大于每平方英里 200 居住单位；以及

"（cc）邻接或接近农村地区现有边界；以及

"（Ⅱ）在（A）（ⅰ）所述城市或城镇附近的都市地区。

"（ⅱ）调整。根据条例，部长可以认定：

"（Ⅰ）（ⅰ）（Ⅰ）所述地区不是（A）和（C）规定的农村地区；以及

"（Ⅱ）（ⅰ）（Ⅱ）中所述地区不是（C）规定的农村地区。

"（ⅲ）请求。项目申请人可要求对一地区根据适当数据并依照（ⅰ）（Ⅰ）进行评估。

"（G）夏威夷和波多黎各。无论项条其他规定如何，在夏威夷檀香山县和波多黎各共同体，部长认为该地区不属都市性质的，可指定该地区的任何部分为农村地区，但不应是檀香山普查指定地或圣胡安普查指定地内的地区。"

（b）报告。法案颁布之日起 2 年内，部长应撰写并向众议员农业委员会和参议院农业、营养和林业委员会提交报告：

（1）确定部长管理的计划所用"农村"和"农村地区"措词的各种定义；

（2）描述定义偏差对计划产生的影响；

（3）就农村发展计划所提供的目标资金提出更好建议；和

（4）确定（a）中对各州计划中的农村发展资金和参与水平进行修订的效果。

第 6019 条　国家农村发展合伙关系。

修订《巩固农业和农村发展法》第 378 条（《美国法典》第 7 篇 2008m）：

（1）在（g）（1）中，删除"2003 至 2007"，插入"2008 至 2012"；

（2）在（h）中，删除"本款颁布之日后 5 年当天"，插入"2012 年 9 月 30 日"。

第 6020 条　保持历史著名粮仓。

（a）拨款优先顺序。修订《巩固农业和农村发展法》第 379A 条（c）（《美国法典》第 7 篇 2008o（c））：

（1）在（2）中：

（A）在（A）和（B）中，删除各处出现的"一个历史著名粮仓"，插入"多个历史著名粮仓"；

（B）在（C）中，删除"在一个历史著名粮仓上"，插入"在多个历史著名粮仓上（其中包括调查）"；

（2）将（3）和（4）分别重新编号为（4）和（5）；

（3）在（2）后，插入下列内容：

"（3）优先事项。在依照本款拨款时，部长应最优先考虑（2）（C）中所述投资项目。"

（b）拨款授权。修订《巩固农业和农村发展法案》第 379A 条（c）（5）（《美国法典》第 7 篇 2008o（c）（5））（由（a）（2）重新编号）删除"2002 至 2007"，插入"2008 至 2012"。

第 6021 条　为国家海洋大气管理局天气无线电发射机拨款。

修订《巩固农业和农村发展法》第 379B 条（d）（《美国法典》第 7 篇 2008p（d）），删除"2002 至 2007"，插入"2008 至 2012"。

第 6022 条　农村微型企业支持计划。

修订《巩固农业和农村发展法》子篇 D（《美国法典》第 7 篇 1981），在最后添加以下内容：

"第 379E 条　农村微型企业支持计划。

"（a）定义。本条中：

"（1）印第安人部落。'印第安人部落'一词含义与《印第安人自决和教育支持法》第 4 条（《美国法典》第 25 篇 450b）中含义相同。

"（2）微型企业。'微型企业家'意指难以获得充分培训、技术支持或本条下所述其他信用的农村微型企业业主、经营者或可能的业主及经营者，由部长确定。

"（3）微型企业家发展组织。'微型企业家发展组织'意指一组织，该组织：

"（A）是一家：

"（ⅰ）非盈利机构；

"（ⅱ）印第安人部落，部落政府向部长证明：

"（Ⅰ）无微型企业家发展组织为印第安人部落服务；以及

"（Ⅱ）无农村微型企业支持计划在印第安人部落管辖区域内存在；或

"（ⅲ）高等教育公共机构；

"（B）向农村微型企业家提供培训和技术支持；

"（C）促进在（b）中所述面向农村微型企业的资本其他服务的可获得性；以及

"（D）有记录证明曾向农村微型企业家提供服务，或有效计划制订面向农村微型企业家的服务报供计划，由部长确定。

"（4）微贷款。'微贷款'意指向农村微型企业家提供的商业贷款，金额不超过 50 000 美元。

"（5））计划。"计划"意指第（b）节下建立的农村微型企业家支持计划，金额不超过 50 000 美元。

"（6）农村微型企业。'农村微型企业'意指：

"（A）位于农村地区的一家独资企业；或者

"（B）位于农村地区且至多拥有 10 名全职雇员的企业实体。

"（b）农村微型企业家支持计划。

"（1）项目的确立。部长应制订向微型企业家贷款和拨款的农村微型企业家支持计划，支持农村的型企业发出并取得成功。

"（2）目的。该计划旨在向微型企业家提供：

"（A）新农村微型企业建立所需技术；以及

"（B）继续提供技术和财政支持，帮助农村微型企业有效运行。

"（3）贷款。

"（A）通则。部长应向微型企业家发展组织提供贷款，由其向微型企业提供固定利率微贷款，以支持农村微型企业启动和成长。

"（B）贷款期限。部长依照本项向微型企业家发展组织贷款：

"（ⅰ）期限不得超过 20 年；并且

"（ⅱ）年利率不低于 1%。

"（C）贷款损失储备金。部长应要求依照本项接受贷款的各微型企业家发展组织：

"（ⅰ）建立贷款损失储备金；以及

"（ⅱ）保持储备金金额至少相当于微型企业家发展组织所负贷款待结款项的至少 5%，直至部长本项下应承担的一切义务得以履行。

"（D）利息和本金的延期。本项下向微型企业家发展组织发放贷款，自贷款之日起算为期 2 年的，部长可以允许到期本息延期支付。

"（4）拨款。

"（A）支持农村微型企业家发展的拨款。

"（ⅰ）通则。部长应向微型企业家发展组织拨款来：

"（Ⅰ）向农村微型企业家提供培训、运行支持、业务规划和市场开发支持及其他有关服务；以及

"（Ⅱ）落实部长认为适宜推进计划的其他项目。

"（ⅱ）选择。依照（ⅰ）拨款时，部长应当：

"（Ⅰ）强调微型企业家发展组织应向位于对外移民严重的农村地区的农村微型企业家提供职务，由部长确定；以及

"（Ⅱ）尽量确保拨款接受者包括以下微型企业发展组织：

"（aa）其规模各有不同；以及

"（bb）为多种族和民族人口提供服务。

"（B）支持农村微型企业家的拨款。

"（ⅰ）通则。部长应向微型企业发展组织拨款，以向农村微型企业家提供营销、管理及其他技术支持：

"（Ⅰ）企业家依照（3）接受微型企业家发展组织的贷款；或者

"（Ⅱ）企业家依照（3）在寻求微型企业家发展组织的贷款。

"（ⅱ）拨款最高额。微型企业家发展组织应自拨款之日起，有资格获得本小项下的年度拨款，金额不超过微贷款待结款项总数的 25%，微贷款由微型企业家发展组织依照（3）发放。

"（C）行政开支。微型企业家发展组织在本项下接受的年度拨款，用于行政开支部分不得超过 10%。

"（c）管理。

"（1）成本份额。

"（A）联邦份额。根据（B），本条下资助的项目中，联邦成本份额不得超过 75%。

"（B）匹配要求。作为本小项拨款的前提条件，部长应要求微型企业发展组织将拨款总数的至少 15% 分为匹配资金、间接费用或实物商品与服务。

"（C）非联邦份额的形式。本条下支持的项目中，非联邦成本份额可采用：

"（ⅰ）现金（包括手续费，拨款（包括社区发展拨款）和赠款）；或者

"（ⅱ）非现金捐赠。

"（2）监督。每个财政年度 12 月 1 日前，本条下接受贷款或拨款的微型企业发展组织向部长提供所

需信息，以确保本条下提供的支持用于原定目的。

"（d）资金。

"（1）强制性资金。一商品信用公司的资金中，部长应从中利用以下份额上落实本条内容，直至用尽：

"（A）2009 至 2011 财政年度分别为 4 000 000 美元；

"（B）2012 财政年度为 3 000 000 美元。

"（2）无条件资金。除（1）中可用金额外，为落实本条内容，2009 至 2012 财政年度应分别拨款 40 000 000 美元。"

第 6023 条　为农村地区残疾人扩展工作机会的拨款。

修订《巩固农业和农村发展法案》子篇 D（《美国法典》第 7 篇 1981 及以下）（经第 6022 条修订），在最后增加下列内容：

"第 379F 条　为农村地区残疾人扩展工作机会的拨款。

"（a）定义。本条中：

"（1）残疾人。'残疾人'意指有残疾的个体（定义见《1990 美国残疾人法》第 3 条（《美国法典》第 42 篇 12102））。

"（2）残疾人们。"残疾人们"意指一个以上的残疾人。

"（b）拨款。部长应向非营利组织或非营利组织集团拨款，用于为农村地区残疾人扩展和提高工作机会。

"（c）资格。为了获得本条下拨款，非营利组织或非营利组织集团应当：

"（1）注重满足残疾人需要；

"（2）证明在以下方面拥有知识和技术：

"（A）残疾人就业；以及

"（B）向私营机构提出建议，涉及残疾人机会获得性问题；

"（3）拥有技术，能够消除残疾人就业障碍，其中包括获得运输、支持技术及其他膳宿等事宜；以及

"（4）目前与注重农村地区需要的国家组织保持联系。

"（d）用途。本条下获得的拨款仅可用于扩展或提高：

"（1）农村地区残疾人的工作机会，通过发展国家技术支持和教育资源，以支持农村地区小型企业招收、雇用、接纳和录用残疾人；和

"（2）农村地区残疾人的自谋职业和企业家机会。

"（e）拨款授权。为了执行本条规定，2008 至 2012 财政年度各年授权拨款额为 2 000 000 美元。"

第 6024 条　保健服务。

修订《巩固农业和农村发展法》子篇 D（《美国法典》第 7 篇 1981 及以下）（经第 6023 条修订），在最后增加下列内容：

"第 379G 条　保健服务。

"（a）目的。本条旨在通过三角洲地区专业人士、高等教育机构、研究机构及其他个人和机构的合作，满足该地区尚未满足的健康需要。

"（b）合格机构的定义。本条中，'合格机构'意指位于三角洲地区并且具有解决本地区健康问题经验的地方高等教育机构、卫生学术和研究机构以及经济开发机构。

"（c）拨款。为了落实（a）中所述目的，部长可向合格机构拨款，用于：

"（1）发展：

"（A）保健服务；

"（B）健康教育计划；以及

"（C）保健工作培训计划；以及

"（2）在三角洲地区开发和扩展公共卫生相关设施，解决本地区可长期存在并且尚未满足的保健需要。

"（d）用途。作为接受拨款的前提条件，合格机构应利用拨款，根据三角洲地区的地方政府、公共卫生管理提供者及其他机构的要求，为（c）中所述项目和活动提供资金。

"（e）拨款授权。为了执行本条规定，2008 至 2012 财政年度各年授权拨款额为 3 000 000 美元。"

第 6025 条　三角洲地方当局。

（a）拨款授权。修订《巩固农业和农村发展法》第 382M 条（a）（《美国法典》第 7 篇 2009aa‐12（a）），删除"2001 至 2007"，并插入"2008 至 2012"。

（b）授权的终止。修订《巩固农业和农村发展法》第 382N 条（《美国法典》第 7 篇 2009aa‐13），删除"2007"，插入"2012"。

（c）扩展。修订《三角洲开发法》第 4 条（2）（《美国法典》第 42 篇 3121 注释；《公法》100‐460）：

（1）在（D）中，在"圣．詹姆斯，"后插入"博勒加德，比安维尔，喀麦隆，克莱本，德索托，杰弗逊·戴维斯，红河，圣．玛丽，费米里恩，韦伯斯特，"；

（2）在第（E）款中，

（A）在"科派亚，"后插入"嘉士伯，"；以及

（B）在"辛普森，"后插入"史密斯，"。

第 6026 条　北部大平原地方当局。

（a）地区的定义。修订《巩固农业和农村发展法》第 383A 条（4）（《美国法典》第 7 篇 2009bb（4）），在"明尼苏达"后插入"密苏里（不包括三角洲地方当局各县）"。

（b）确立。修订《巩固农业和农村发展法》第 383B 条（《美国法典》第 7 篇 2009bb‐1）：

（1）在（a）中，在结尾处增加下列内容：

"（4）无法证实。

"（A）联邦成员。无论本条其他条款如何规定，如果参议院在本条颁布之日 180 天后未能确认（2）（A）所述的联邦成员，当局可组织并进行操作，而无需联邦成员。

"（B）印第安人主席。关于印第安人主席，如果无印第安人主席被参议院确认，地方当局应酌情就当局活动与本地区印第安人部落首领商量协调。"

（2）在（d）中：

（A）在（1）中，删除"建立优先顺序"，插入"为了加强多州间合作，促进地区经济和社会福利，并且"；

（B）在（3）中，删除"当地开发区"，插入"地区和当地开发区或组织，依照子篇 I 建立的地方委员会"；

（C）在（4）中，删除"合作；"，插入"合作，为了：

"（i）可再生能源开发和传播；

"（ii）运输规划和经济开发；

"（iii）信息技术；

"（ⅳ）地区内货物和人员移动；

"（ⅴ）高等教育机构联邦资助研究；以及

"（ⅵ）土地保持管理；"；

（D）删除（6），插入下列内容：

"（6）提高多州开发和研究机构、当地开发机构和地区以及地区内资源保护区的能力，并向其提供支持；"以及

（E）在（7）中，在"商业"后插入"可再生能源"。

（3）在（f）（2）中，删除"联邦联合主席"，插入"联合主席"；

（4）在（g）（1）中，删除（A）至（D），插入下列内容：

"（A）2008 和 2009 财政年度，分别为 100%

"（B）2010 财政年度，75%；以及

"（C）2011 及以后各财政年度，50%。"

（c）州间合作，以提高经济机会和效率。

（1）通则。修订《巩固农业和农村发展法》子篇 G，

（A）将第 383C 至第 383N 条（《美国法典》第 7 篇 2009bb‐2 至 2009bb‐13）重新编号为第 383D 至第 383O 条；并且

（B）在第 383B 条后（《美国法典》第 7 篇 2009bb1）插入以下内容：

"第 383C 条 开展州间合作，提高经济机会和效率。

"（a）通则。当局应向各州提供支持，帮助其制订跨州经济问题的本地计划，其中包括以下计划：

"（1）发展地区传输系统，以便可再生能源运往地区以外市场；

"（2）解决地区运输关切问题，其中包括设立北部大平原地区运输工作组；

"（3）鼓励和支持州间合作，进行有益于国家利益的联邦资助研究；以及

"（4）建立农业发展和运输地区工作组。

"（b）经济问题。在（a）中所述州间经济问题应当包括：

"（1）可再生能源开发和传播；

"（2）运输规划和经济开发；

"（3）信息技术；

"（4）地区内货物和人员流动；

"（5）高等教育机构联邦资助研究；以及

"（6）保护土地管理。"

（2）相应的修订。

（A）修订《巩固农业和农村发展法》第 383B 条（c）（3）（B）（《美国法典》第 7 篇 2009bb‐1（c）（3）（B）），删除"383I"，插入"383J"。

（B）修订《巩固农业和农村发展法》第 383D 条（a）（由（i）（A）重新编号），删除"383I"，并插入"383J"。

（C）修订《巩固农业和农村发展法》第 383E 条（经重新编号）：

（ⅰ）在（b）（1）中，删除"383F（b）"，插入"383G（b）"；以及

（ⅱ）在（c）（2）（A）中，删除"383I"，插入"383I"。

（D）修订《巩固农业和农村发展法》第 383G 条（经重新编号），

（ⅰ）在（b）中：

（Ⅰ）在（1）中，删除"383M"，插入"383N"；以及

（Ⅱ）在（2）中，删除"383D（b）"，插入"383E（b）"；

（ⅱ）在（c）（2）（A）中，删除"383E（b）"，插入"383F（b）"；以及

（ⅲ）在（d）中：

（Ⅰ）删除"383M"，插入"383N"；以及

（Ⅱ）删除"383C（a）"，插入"383D（a）"。

（E）修订《巩固农业和农村发展法》第383J条（c）（2）（经重新编号），删除"383H"，并插入"383I"；

（d）经济和社区发展拨款。修订《巩固农业和农村发展法》第383D条（经（c）（1）（A）重新编号）：

（1）在（a）中：

（A）在（1）中，删除"运输和电信"，插入"运输，可再生能源传播和电信"；

（B）将（1）和（2）重新编号为（2）和（1），并移动顺序，使之按序号顺序排列；

（2）在（b）（2）中，删除"按以下顺序或优先顺序排列的活动"，插入"以下活动"。

（e）联邦拨款计划的附录。修订《巩固农业和农村发展法》第383E条（a）（经（c）（1）（A）重新编号），删除"，包括当地开发区，"。

（f）州间和当地开发区和组织以及北部大平原公司。修订《巩固农业和农村发展法》第383F条（经（c）（1）（A）重新编号）：

（1）删除本条标题，插入"州间和当地开发区和组织以及北部大平原公司。"以及

（2）删除（a）至（c），插入下列内容：

"（a）州间和当地开发区或组织的定义。本条中，"州间和当地开发区或组织"意指一机构：

"（1）该机构：

"（A）系本子篇颁布之日存在的规划区，经商业部经济发展局承认；或者

"（B）是：

"（ⅰ）其组织和经营形式可保证广泛社区参与并为其他非盈利集团提供有效机会，为本地区计划开发和执行作出贡献；

"（ⅱ）一家非盈利机构，依照本地州法律组织或许可；

"（ⅲ）州或地方政府的一个非盈利机构；

"（ⅳ）在本副标题颁布之日前依照关于创造跨区域广泛规划组织的州法律建立的公共组织；

"（ⅴ）州内一个非盈利机构或组织，其建立旨在协助州间合作；或者

"（ⅵ）一家由第（Ⅱ）项至第（Ⅴ）项所述团体、机构和组织组建的非营利协会或联合体；以及

"（2）经当局（连同联邦联合主席或部长）确认，没有：

"（A）不当使用联邦的拨款资金；或者

"（B）指定官员为其他机构官员，期间，其他机构不当使用联邦拨款资金。

"（b）向州间、当地或地区开发区和组织拨款。

"（1）通则。当局可向州间、当地和地区开发区和组织拨款，用作行政开支。

"（2）拨款条件。

"（A）最高额。依照（1）拨款的数额不得超过接受拨款的州间、当地或地区开发区或组织的行政开支的80％。

"（B）最大期限。（1）中所述拨款期限不得超过3年。

"（3）本地份额。州间、本地或地区开发区或组织可以现金或实物出资，作为行政开支，但应进行评估，其中包括面积、设备和服务。

"（c）责任。

"（1）通则。除（2）规定外，本地开发区应作为主要组织，为本地县间地区提供服务。

"（2）指定。联邦联合主席可指定印第安人部落或跨区组织充当主要组织，由联邦联合主席或部长

酌情确定。"

（g）贫困县和地区以及非贫困县。修订《巩固农业和农村发展法》第 383G 条（经（c）（1）（A）重新编号）：

（1）在（b）（1）中，删除"75"，插入"50"；

（2）删除（c）；

（3）将（d）重新编号为（c）；以及

（4）在（c）（经重新编号）中：

（A）在款标题中，在"电信"后插入"可再生能源"；以及

（B）在"电信"后插入"，可再生能源，"。

（h）发展规划程序。修订《巩固农业和农村发展法》第 383H 条（经（c）（1）（A）重新编号）：

（1）在（c）（1）中，删除（A），插入以下内容：

"（A）州间、地区和当地开发区和组织；以及"；以及

（2）在（d）（1）中，删除"州及本地开发区"，插入"州间、地区和本地开发区和组织"。

（i）计划开发标准。修订《巩固农业和农村发展法》第 383I 条（a）（1）（经（c）（1）（A）重新编号），在"地区的"前插入"州间或"。

（j）拨款授权。修订《巩固农业和农村发展法》第 383N 条（a）（由（c）（1）（A）重新编号），删除"2002 至 2007"，插入"2008 至 2012"

（k）授权的终止。修订《巩固农业和农村发展法》第 383O 条（经（c）（1）（A）重新编号），删除"2007"，插入"2012"。

第 6027 条　农村事业投资规划。

（a）信托证书的发行和担保。修订《巩固农业和农村发展法》第 384F 条（b）（3）（A）（《美国法典》第 7 篇 2009cc‑5（b）（3）（A）），删除"如果"，插入以下内容：

"（ⅰ）预付权。可随时预付公司债券，而无须受罚。

"（ⅱ）担保的减除。根据（ⅰ），如果"。

（b）费用。修订《巩固农业和农村发展法》第 384G 条（《美国法典》第 7 篇 2009cc‑6）：

（1）在（a）中，删除"费用金额由部长认定"，插入"费用不超过 500 美元"；

（2）在（b）中，删除"经部长批准"，插入"不超过 500 美元"；

（3）在（c）中：

（A）在（1）中，删除"这个"，插入"除非（3）中另有规定，这个"；

（B）在（2）中：

（ⅰ）在（A）中，删除最后的"和"；

（ⅱ）在（B）中，删除最后的句号，插入"；和"；以及

（ⅲ）在结尾增加下列内容：

"（C）本款下征收的费用不得超过 500 美元。"以及

（C）在结尾增加下列内容：

"（3）费用征收禁令。若（1）中所述许可证于 2007 年 7 月 1 日获得批准，部长不得在本款颁布之日或其后征收任何付费用。"

（c）农村业务投资公司。修订《巩固农业和农村发展法》第 384I 条（C）（《美国法典》第 7 篇 2009cc‑8（C））：

（1）将（3）重新编号为（4）；

（2）在（2）后，插入下列内容；

"（3）期限。各农村业务投资公司须在两年内符合本款资本要求。"

（d）金融机构投资。修订《巩固农业和农村发展法》第 384J 条（《美国法典》第 7 篇 2009cc‑9）：

（1）在（a）（1）中，在最后句号前，插入"，其中包括银行或储蓄协会创设的联合投资组织"；以及

（2）在（c）中，删除"15"，并插入"25"。

（e）功能承包。废除《巩固农业和农村发展法》第 384Q 条（《美国法典》第 7 篇 2009cc‑16）。

（f）资助。修订《巩固农业和农村发展法》第 383O 条（经（c）（1）（A）重新编号），删除第 384S 条（《美国法典》第 7 篇 2009cc‑18），并插入以下内容：

"第 384S 条　拨款的批准。

"为了执行本子篇下内容，特批准为 2008 至 2012 财政年度拨款 50 000 000 美元。"

第 6028 条　农村合作投资计划。

修订《巩固农业和农村发展法》子篇 I（《美国法典》第 7 篇 2009dd 及以下），修订后内容如下：

"子篇 I　农村合作投资计划

"第 385A 条　宗旨。

"本子篇旨在建立农村合作投资项目：

"（1）向农村地区提供灵活投资手段，从而在联邦监督、支持和负责下实现本地控制；

"（2）向农村地区提供激励和资源，制订和实施统一战略，实现地区竞争、创新和繁荣；

"（3）促进多行业和经济开发合作，优化农村地区以资产为基础的竞争优势，特别注重创新、企业家精神和创造优质工作；

"（4）促进必要协作，以提供专业技术、组织能力和规模经济，从而保持本地区的长期竞争能力；以及

"（5）更好地利用农业部和其他联邦、州及地方政府的资源，通过私人、非盈利和慈善投资利用这些资源，从而实现可观的社区和经济繁荣、增长和可持续性。

"第 385B 条　定义。

"本子篇中：

"（1）基准。'基准'系指为评估业绩是否满足地区委员会的地区投资战略而建立的一套目标和业绩衡量标准。

"（2）印第安部落。'印第安部落'的含义与《印第安自决和教育支持法》（《美国法典》第 25 篇 450b）相同。

"（3）国家委员会。'国家委员会'系依照第 385C 条（c）建立的国家农村投资委员会。

"（4）国家研究所。'国家研究所'系指依据第 385C 条（b）（2）设立的国家农村地区竞争力和创业研究所。

"（5）地区委员会。'地区委员会'系指第 385D 条（a）提及的农村地区投资委员会。

"（6）地区创新补贴。'地区创新补贴'系指依据第 385F 条由部长向经认证的地区委员会发放的补贴。

"（7）地区投资战略补贴。'地区投资战略补贴'系指依据第 385E 条由部长向经认证的地区委员会发放的补贴。

"（8）农村遗产：

"（A）通则。'农村遗产'系指历史遗址、历史建筑物和古城区。

"（B）包含内容。'农村遗产'包括有历史意义的农村城区和主要街道、居住区、农庄、风景和历史游径、遗址及历史景观。

"第 385C 条　农村合作投资计划的设立和管理。

"（a）设立。为了支持地区投资综合战略以赢得农村竞争力，部长应设立农村合作投资项目。

"（b）部长职责。在实施本子篇内容时，部长应履行以下职责：

"（1）向全国委员会指定和提供管理和计划支持；

"（2）设立国家研究所，即'国家农村地区竞争力和创业研究所'，向部长和全国委员会提供关于地区竞争力和农村创业的技术援助，这些技术援助包括：

"（A）制定严密分析项目，帮助地区委员会确定需要应对哪些机遇和挑战，从而获得最大的地区竞争力优势；

"（B）为地区委员会制定最佳操作方案提供支持；

"（C）在适用地区设立支持发展适当管理及领导技能的项目；以及

"（D）对地区委员会的工作过程及表现进行评估，看其是否达到了地区投资战略所设立的基准；

"（3）与全国委员会一起制定国家农村投资计划，该计划应包括如下内容：

"（A）在美国设立一个鼓励和支持合作性更强、目标更明确的农村投资组合框架；

"（B）发起一项农村慈善倡议，与农村社区一起创造和巩固致力于农村社区和经济发展的永久性慈善资源群；

"（C）与地区委员会、州和地方政府、组织和实体合作以确保投资战略的制定考虑到了现存农村资产；以及

"（D）鼓励地区委员会进行组织；

"（4）对地区委员会获得地区投资战略补贴和地区创新补贴的资质进行认证；

"（5）为地区委员会提供补贴以制定和实施地区投资战略；

"（6）与全国农村投资委员会合作，为地区委员会在议题、最佳操作方案及与农村发展相关的新兴动态等方面提供技术援助；以及

"（7）通过国家研究所提供农村地区竞争力方面的分析支持和纲领性支持，这些支持包括：

"（A）帮助地区委员会确定需要应对哪些机遇和挑战从而获得最大的地区竞争力优势的项目；

"（B）为地区投资委员会制定最佳操作方案提供支持；

"（C）在本地区设立支持发展适当管理及领导技能的项目；以及

"（D）年度报告中关于地区委员会工作表现的审议和评估（包括在实现地区投资战略基准目标的过程中所取得的进展），年度报告要提交如下机构：

"（Ⅰ）众议院农业委员会；和

"（ⅱ）参议院农业、营养和林业委员会。

"（c）全国农村投资委员会。部长应在农业部内设立'全国农村投资委员会'。

"（d）全国委员会的职责。全国委员会应履行如下职责：

"（ⅰ）在全国委员会成立之日后不晚于 180 天内制定有关全国委员会的职能细则；和

"（ⅱ）提供建议给：

"（A）部长并随后审核国家农村投资计划的设计、制定和执行；

"（B）地区委员会，在议题、最佳操作方案及与农村发展相关的新兴动态方面；和

"（C）部长和国家研究所，在本副标题项目的开发和执行方面；

"（e）成员身份。

"（1）通则。全国委员会应包括 14 名成员，在《2008 年粮食、保育和能源法》通过之日后不晚于 180 天内由农业部任命。

"（2）监督。全国委员会应接受部长的全面监督和指导。

"（3）部门代表。全国委员会应由来自以下机构的代表组成：

"（A）全国范围内认可的创业组织；

"（B）地区战略和研发机构；

"（C）社区服务组织；

"（D）地方政府的民选议员；

"（E）州立法机关成员；

"（F）小学、中学和大学、工作技能培训机构和劳动力发展机构；

"（G）农村慈善团体；

"（H）金融机构、信贷机构、风险投资机构、创业和其他相关机构；

"（I）私营企业组织，包括商会和其他以盈利为目的的商业利益集团；

"（J）印第安部落；以及

"（K）合作组织。

"（4）成员的遴选。

"（A）通则。为了甄选全国委员会成员，部长应考虑以下机构和人员的推荐：

"（ⅰ）众议院农业委员会主席和副主席及参议院农业、营养和林业委员会主席和副主席；

"（ⅱ）参议院多数党领袖和少数党领袖；以及

"（ⅲ）众议院议长和少数党领袖。

"（B）当然成员。在与众议院农业委员会主席和副主席及参议院农业、营养和林业委员会主席和副主席磋商后，部长可以任命至多 3 名其他官员或行政部门雇员担任当然成员，即全国委员会中无投票权的成员。

"（5）任期。

"（A）通则。在（B）规定的范围内，依据（1）（A）任命的全国委员会成员任期应不超过 4 年。

"（B）任期交错。全国委员会成员应任期交错。

"（6）初始任命。在《2008 年粮食、保育和能源法》通过之日后不晚于 1 年内，部长应任命全国委员会的首批成员。

"（7）职位空缺。全国委员会中空缺席位应依据初始任命方式指定。

"（8）报酬。依据《美国法典》第 5 篇第 5702 条和第 5703 条，全国委员会成员不应因在全国委员会任职而收取任何报酬，但是应报销在履行成员职责中所发生的旅行和其他相关开支。

"（9）主席。全国委员会应从全国委员会的成员中选出一位主席。

"（10）联邦地位。就联邦法律而言，全国委员会成员应被视为政府特殊雇员（与《美国法典》第 18 篇 202（a）定义相同）。

"（f）行政支持。部长在依据第 385H 条提供资金可偿付的基础之上，可以向全国委员会提供其认为必要的行政支持。

"第 385D 条　农村地区投资委员会。

"（a）通则。农村地区投资委员会应是一个跨辖区和跨行业团体：

"（1）代表一个地区的长期的经济、社区和文化利益；

"（2）由部长认证以制定农村投资战略并竞争地区创新补贴；

"（3）由一个地区的居民组成，他们能够广泛代表不同的群体、非盈利组织、私营企业在该地区的投资利益，尽可能包括来自如下机构的代表：

"（A）地方政府、跨辖区政府或州政府机构，包括来自该地区的每州至多一名代表；

"（B）非盈利性的社区服务发展组织，包括社区发展金融机构和社区发展企业；

"（C）农业、自然资源以及其他资源型相关产业；

"（D）印第安部落，如果在有联邦认可的印第安部落地区；

"（E）地区发展组织；

"（F）包括商会在内的私营企业组织；

"（G）（ⅰ）高等教育机构（与《1965 年高等教育法》第 101 条（a）（《美国法典》第 20 篇 1001（a））定义相同）；

"（ⅱ）部落管理学院或大学（与《1978 年部落管理学院或大学援助法》第 2 条（a）（《美国法典》第 25 篇 1801（a））定义相同）；以及

"（ⅲ）部落技术机构；

"（H）劳动力和职业培训组织；

"（Ⅰ）地区委员会认可的其他实体和组织；

"（J）合作社；以及

"（K）从（A）到（J）提及的实体和机构联盟；

"（4）代表一个地区，其居住人口情况如下：

"（A）多于 25 000 人，由《美国法典》第 13 篇第 141 条（a）实施的最近一次的有效的十年一次人口普查所认定；或者

"（B）至少 10 000 人，如果在一个地区人口密度小于每平方英里 2 人，由最近一次有效的十年一次人口普查所认定；

"（5）大于 25％且小于 40％的成员代表着：

"（A）（3）（A）（D）提及的地方政府和印第安部落机构；

"（B）（3）（B）（G）提及的非盈利性社区和经济发展组织和高等教育机构；或者

"（C）（3）（C）（F）提及的私营企业（包括商会和合作社）和农业、自然资源以及其他资源型相关产业；

"（6）拥有的成员身份可以包括联邦机构官员或雇员，作为地区委员会无投票权的当然成员来代表该机构；

"（7）拥有的组织文件显示地区委员会将：

"（A）创建公私合作战略程序；

"（B）制定并提交部长批准一项符合第 385E 条条件的地区投资战略，该战略应设立如下基准：

"（ⅰ）通过使用依据本子篇提供的资金来促进在农村地区的投资；以及

"（ⅱ）提供财政和技术援助以提升基础广泛的地区发展项目，旨在使经济增长、先进社区设施和高生活质量有所提升和多样化；

"（C）实施经批准的地区投资战略；

"（D）向部长和全国委员会提供为实现地区投资战略基准目标所取得进展的年度报告，包括年度财务报表；以及

"（E）在地区委员会服务的地方区域挑选一个非联邦组织（如地区发展组织），该组织有曾有管理联邦资金的经验，能够胜任地区委员会管理所有资金的财政经理。

"（b）城市地区。城市地区的一名居民可以担任地区委员会的当然成员。

"（c）职责。地区委员会应：

"（1）在一个地区内创立公私投资协同规划程序；

"（2）制定并提交部长审批一项地区投资战略；

"（3）在可行范围内最大限度地开发能为该地区慈善捐赠创造永久性资源的途径；

"（4）实施一项经批准的战略；以及

"（5）向部长和全国委员会提供有关战略实现进展的年度报告，包括年度财务报表。

"第 385E 条　地区投资战略补贴。

"（a）通则。部长应为地区委员会提供用于开发、实施和维护地区投资战略的地区投资战略补贴。

"（b）地区投资战略。地区投资战略应提供：

"（1）地区竞争优势评估，包括：

"（A）地区经济条件分析；

"（B）地区当下经济表现评估；

"（C）地区人口、地理、劳动力、运输系统、资源、环境和基础设施需求的概述；以及

"（D）部长可能要求的其他相关信息；

"（2）地区经济和社区发展挑战与机遇的分析，包括：

"（A）政府发起或支持的其他计划的相关资料整合以及与适用州、地区及地方劳动力投资战略或经济发展综合计划的一致性；以及

"（B）过去、现在和将来联邦和州在地区经济和社区发展投资状况的确认；

"（3）描述解决地区竞争力挑战和满足地区潜能所必需目标的条款；

"（4）地区可用资源概述，用于：

"（A）设立地区目标和宗旨；

"（B）制定和实施地区行动战略；

"（C）确认投资优先事项和筹资渠道；以及

"（D）确认执行部分战略的领率机构；

"（5）对公有、私营和非盈利实体参与和投资现行状态的分析和对公有、私营和非盈利实体在地区投资战略的制定与实施中的战略作用分析；

"（6）由部长确认和优选至关重要的工程、项目和活动的条内容，具体包含如下内容：

"（A）其他潜在的筹资渠道；以及

"（B）对过去和潜在的投资进行充分利用的建议；

"（7）实施地区投资战略目标和宗旨的行动计划；

"（8）用来评估地区投资战略实施情况的绩效评估清单，包括：

"（A）在农村地区投资战略实施期间所创造的就业机会的数量和质量，包括个体经营；

"（B）本地区创造投资的数量和类型；

"（C）公有、私营和非盈利机构对本地区人类、社区和经济资产上投资的增长；

"（D）国民人均收入和失业率的变化；以及

"（E）本地区经济环境的其他改变；

"（9）概括在整合地区投资战略与州经济重点方面使用的方法论的条款；以及

"（10）部长认为合适的其他信息。

"（c）补贴最高金额。地区投资战略补贴不应超过 150 000 美元。

"（d）成本分担。

"（1）通则。对于本条补贴所资助的地区投资战略而言，战略的制定、维护、评估、实施及报告的成本分担视（2）中的情况进行如下分配：

"（A）至多使用 40％ 的补贴资金用来支付；以及

"（B）其余的成本份额应由适用的地区委员会或其他具有资格的受补贴人提供。

"（2）方式。地区委员会或其他具有资格的受补贴人应以现金、服务、物料或其他非现金捐赠的方式支付（1）（B）提及的成本份额，但条件是至多 50％ 的份额以服务、物料和其他非现金捐赠的方式提供。

"第 385F 条　地区创新补贴计划。

"（a）补贴。

"（1）通则。在竞争的基础上，部长应为地区委员会提供地区创新补贴，用于依据第 385E 条批准的农村地区投资战略所确认的实施方案和倡议。

"（2）时间。2008 年 10 月 1 日后，部长应依据本条规定按季度为一个拨款周期提供资金。

"（b）资格。为了有资格获得地区创新补贴，地区委员会应向部长证明：

"（1）地区委员会的农村地区投资战略在经部长批准前已经过全国委员会的审阅；

"（2）地区委员会的管理和组织结构足以监督补贴项目，包括联邦资金的管理；以及

"（3）地区委员会计划在可行范围内最大限度地实现在农村地区投资战略中以绩效为基础的项目基准。

"（c）限额。

"（1）获得的金额。地区委员会依据本条在任意 5 年的时间段内不可以获得多于 6 000 000 美元的地区创新补贴。

"（2）金额的确定。部长应基于如下情况确定地区创新补贴的金额：

"（A）适用农村地区投资战略要解决的地区需要问题符合（f）（2）提及的宗旨；以及

"（B）该地区地理区域的大小。

"（3）地理多样性。部长应确保依据本条提供的资金中至多 10％要提供给各州地区委员会。

"（d）成本分担。

"（1）限额。在（2）规定的范围内，依据本条发放的补贴金额应不超过项目成本的 50％。

"（2）受补贴人成本分担的豁免。部长在其认为的特殊情况下可以免除（1）中的限制，特殊情况包括：

"（A）突如其来的或严重的经济混乱；

"（B）严重的长期失业或贫困；

"（C）自然灾害；或者

"（D）其他严重的经济、社会或文化压制。

"（3）其他联邦援助。出于确定其他联邦项目成本分担限制的目的，依据该条所提供的资金应被视为非联邦基金。

"（e）优先事项。在依据本条提供地区创新补贴方面，部长应优先考虑如下方面：

"（1）优先考虑展示重要资本利用和高质量就业机会创造的战略；以及

"（2）优先考虑推荐具有如下特色的项目和倡议的申请：

"（A）提升一个地区的整体地区竞争力；

"（B）解决农村地区投资战略中优先考虑的问题，这些问题包括：

"（ⅰ）促进跨行业合作、公私伙伴关系或为项目实施提供临时融资或原始资本；

"（ⅱ）展示合作创新和创业，尤其是在公私伙伴关系中的合作创新和创业；以及

"（ⅲ）代表在第 385D 条（a）中提及的各方利益的广泛联盟；

"（C）包括充分利用公共非联邦基金、私募基金和现有资产的战略，这些资产包括农业、自然资源以及公共基础设施资产，该战略将重点放在确实要有充分利用可用资金的财政承诺；

"（D）创造高质量的就业机会；

"（E）加强社区和地区基础设施的作用、相关度和利用潜能以支持地区投资战略；

"（F）展示或包含成功利用资本从事经济发展及公共目的的组织历史；

"（G）解决一个地区内的包括科技在内的现有基本服务的空白；

"（H）解决在地区框架内的包括农业基础经济和非农业基础经济在内的经济多样化问题；

"（Ⅰ）提高本地区的总体生活质量；

"（J）提升在该地区不同的利益攸关集团间扩大经济发展成就的潜能；

"（K）包含与1个或多个高等教育学校、部落管理学院或大学、或部落技术机构的有效的工作关系；

"（L）帮助满足由地区委员会确定的其他地区竞争力需要；或

"（M）保护和宣传农村遗产。

"（f）用途。

"（1）资金利用。地区委员会应优先考虑使用依据本条所提供的地区创新补贴资金来实施的项目和倡议，这部分基于地区委员会成员能够充分利用额外资金来实施项目的程度。

"（2）宗旨。地区委员会可以将地区创新补贴用于：

"（A）支持促进地区竞争力所必需的关键基础设施（包括科技资源配置和服务）的发展；

"（B）为该地区提供必要公共和社区服务的实体提供援助；

"（C）加强该地区的增值生产、市场营销和农业及自然资源的利用，包括可再生和替代能源生产和利用的相关活动；

"（D）扶持与发展和维护强大的地方和地区经济有关的创业、职业培训、劳动力发展、住房供应或其他基本生活质量服务和需要；

"（E）扶持独特新型合作的发展，将公共、私有和包括社区基金会在内的慈善资源结合起来；

"（F）为商业和企业投资、战略、扩张和发展提供支持，包括可行性战略、技术援助、匹配网络、商业发展基金和其他能够增强地区经济竞争力的活动；

"（G）提供匹配资金以使该地区内的社区基金会能够建立捐赠基金，该捐赠基金能提供实施地区投资战略的永久性慈善资源；以及

"（H）保存和宣传农村遗产。

"（3）资金的适用范畴。通过地区创新补贴向地区委员会或任何其他具有资格的受补贴人提供的资金从被授予之日起应维持7年的有效期，条件是农业部长继续认定地区委员会或其他受补贴人正在朝着达到既定基准的方向上取得足够的进展。

"（g）成本分担。

"（1）受补贴人成本分担的豁免。部长可以豁免受补贴人在本条地区创新补贴所资助项目中的所分担的成本，条件是部长认为这种豁免是适当的，另外要考虑到在部落地区的特殊情况，包括：

"（A）突如其来的或严重的经济混乱；

"（B）重大的长期性失业和贫困；

"（C）自然灾害；或

"（D）其他严重的经济、社会或文化压制。

"（2）其他联邦项目。出于为其他联邦项目确定成本分担要求的目的，依据本条作为地区创业补贴所提供的资金应被视为非联邦资金。

"（h）不遵守规定。如果一个地区委员会或其他具有资质的受补贴人未能遵守根据本条提供的资金在使用方面的相关规定，部长可以采取如下措施：

"（1）采取必要行动以获得未使用补贴资金的偿还资金；以及

"（2）出于实施本子篇内容的目的重新安排收回的资金。

"（i）拥有补贴和经认证战略的地区享有优先权。

"（1）通则。在（3）规定的范围内，在依据其他项目提供农村发展援助时，部长应优先考虑依据本条获得创业补贴的地区。

"（2）磋商。部长应与其他联邦机构负责人磋商以促进与（1）提及的类似优先事项的发展。

"（3）排除一定的项目。（1）不应适用于与基础健康、安全或基础设施有关的项目中提供农村发展

援助的内容，其中基础设施包括宽带建设或最低环境需要。

"第 385G 条　农村捐赠贷款项目。

"（a）通则。部长可向具有资格的社区基金会提供长期贷款帮助实施地区投资战略。

"（b）具有资格的社区基金会。为了有资格根据本条获得贷款，社区基金会应：

"（1）所在地区应被地区投资战略覆盖；

"（2）用至少贷款金额的 250％作为贷款的匹配资金；以及

"（3）使用贷款和匹配资金以实施地区投资战略，其方式以社区和经济发展为目标，包括通过社区基金捐赠的发展。

"（c）期限。根据本条设立的贷款应：

"（1）拥有大于 10 年小于 20 年的贷款期限；

"（2）年利率 1％；以及

"（3）在部长认为适当的其他条款和条件范围内。

"第 385H 条　拨款授权。

"兹为 2009 到 2012 财政年度授权拨款 135 000 000 美元以实施本子篇内容。"

第 6029 条　为待批的农业发展贷款和补贴申请提供资金。

（a）申请的定义。依据在本法案通过之日部长的有效规定，本条中"申请"不包括自本法案通过之日起处于申请前期考虑阶段的贷款或补贴申请。

（b）资金用途。在（c）规定的范围内，部长应使用依据（d）提供的资金向在本法案通过之日仍待审批的申请提供资金：

（1）依据《巩固农业和农村发展法》第 306 条（a）（《美国法典》第 7 篇 1926（a））中（1）或（2）的水或废物处理补贴或直接贷款；和

（2）依据上述法案第 306A 条（《美国法典》第 7 篇 1926a）规定的紧急社区水援助补贴。

（c）限制。

（1）拨款金额。本条提供的资金应交由部长使用，仅在 2007 财政年度的《拨款法》中所拨付的贷款和补贴资金用尽的情况下，由部长向（b）提及的在本法案通过之日仍待审批的贷款和补贴申请提供资金。

（2）计划要求。只有在部长依据该法案通过之日起生效的规定处理、审核和批准该申请情况下，部长可以把依据本条提供的资金用在待审批的（b）中提及的贷款或补贴申请。

（3）优先顺序。在向待审批的（b）中提及的贷款或补贴的申请提供依据本条提供的资金时，部长应依据如下优先顺序提供资金（直到依据本条提供的资金被用完）：

（A）待审批的供水系统申请。

（B）待审批的废物处置系统申请。

（d）提供资金。尽管有其他法律条款规定，在商品信贷公司的资金中，部长应使用120 000 000 美元来实施本条内容，在资金用完前授权有效。

子篇 B　《1936 年农村电气化法》

第 6101 条　能源效率计划。

《1936 年农村电气化法》第 2 条（a）和第 4 条（《美国法典》第 7 篇 902（a），904）做以修订，在每个"保育"前插入"效率和"。

第 6102 条　农村公共事业设施直接贷款的恢复。

（a）通则。《1936 年农村电气化法》第 4 条（《美国法典》第 7 篇 904）修订如下：

（1）把第一句、第二句以及第三句分别重新编号为（a）、（b）和（d）；以及

（2）在（b）（已被重新编号）后插入如下内容：

"（c）直接贷款。

"（1）直接助困贷款。依据本条规定的直接助困贷款应与依据第 305 条（c）（1）设立助困贷款的宗旨、条款和条件相同。

"（2）其他直接贷款。依据本条规定的所有其他直接贷款产生利息的利率应相当于当时给美国政府的同期贷款利息加上 1% 的 1/8。"

（b）取消联邦融资银行担保贷款。《1936 年农村电气化法》第 306 条（《美国法典》第 7 篇 936）修订如下：

（1）在第三句中，删除"担保、融通或隶属"并插入"融通或隶属"；以及

（2）删去第四句。

第 6103 条　允许贷款因能源效率提升、需求降低及能源效率和使用审计而延迟支付。

《1936 年农村电气化法》第 12 条（《美国法典》第 7 篇 936）做以修订，在结尾处增加如下内容：

"（c）延期支付贷款。

"（1）通则。部长应允许借款人延期支付依据本法规定的任何直接贷款的本金和利息，使借款人能放款给房产、商业和工业消费者：

"（A）执行能源效率和使用审计；以及

"（B）设置降低电力系统需求的节能措施或装置。

"（2）金额。依据本款规定的延期还款的全部金额应不超过本金和由部长决定的借款人客户的货款利息。

"（3）期限。依据本款规定的延期期限应不超过 60 个月。"

第 6104 条　农村电气化援助。

《1936 年农村电气化法》第 13 条（《美国法典》第 7 篇 913）修订如下：

"第 13 条　定义。

"在本法案中：

"（1）农场。'农场'系指人口统计局所定义的农场。

"（2）印第安部落。'印第安部落'的含义参见《印地安自治与教育援助法》第 4 条（《美国法典》第 25 篇 450b）。

"（3）农村地区。除本法案另有规定之外，'农村地区'系指如下地区的农场和非农场人口：

"（A）《巩固农业和农村发展法》第 343 条（a）（13）（C）（《美国法典》第 7 篇 1991（a）（13）（C））提及的任何地区；以及

"（B）在借款人服务区域内的任何地区，在上述地区借款人对于自本条法律通过之日起仍未偿还依据第 I 到第 V 篇设立的贷款。

"（4）领域。'领域'系指美利坚合众国所拥有的所有岛屿。

"（5）部长'部长'系指农业部长。"

第 6105 条　未获实质性服务的托管地区。

《1936 年农村电气化法》做以修订，在第 306E 条（《美国法典》第 7 篇 936e）后插入如下内容：

"第 306F 条　未获实质性服务的托管地区。

"（a）定义。在本条中：

"（1）具有资格的计划。'具有资格的计划'系指一个计划由农村公共事业服务局管理的计划并经如下法律授权：

"（A）本法案；或

"（B）《巩固农业和农村发展法》第 306A 条、第 306C 条、第 306D 条或第 306E 条（《美国法典》第 7 篇 1926a，1926c，1926d，1926e）或第 306 条（a）（《美国法典》第 7 卷 1926（a））（1）、（2）、（14）、（22）或（24）。

"（2）未获实质性服务的托管地区。'未获实质性服务的托管地区'系指在部长认为特别需要从具有资格的计划中获益的"托管地"（如《美国法典》第 38 篇 3765 所定义）社区。

"（b）倡议。部长与地方政府和联邦机构磋商后，可以实施倡议，以确定和改善未获实质性服务的托管地区社区资格计划的可用性。

"（c）部长的职权。在实施（b）内容时，部长有如下职权：

"（1）可以从农村公共事业服务局管理的贷款或贷款担保计划中拿出资金提供给具有资格的公共事业单位或申请者，利率低到 2％而且拥有延长的偿还期限；

"（2）可以放弃对农村公共事业服务局管理的任何贷款和拨款计划的非重复限制条件、匹配资金要求或信贷支持要求，以便促进基础设施的建设、购买和改善；

"（3）可以给予未获实质性服务的托管地区的指定项目最高资金优先权；以及

"（4）应只提供财政上有可行性的贷款或贷款担保，它们能向未获实质性服务的托管地区提供具有资质的项目所带来的收益。

"（d）报告。从本条规定通过之日后不晚于 1 年内以及此后每年，部长应向国会提交报告，报告的内容包括：

"（1）依据（b）实施的倡议的进展；以及

"（2）在管理和立法方面做出调整的建议，以提升未获实质性服务的托管地区的服务。"

第 6106 条　出于电气化或电话目的发放的债券和票据担保。

（a）通则。《1936 年农村电气化法》第 313A 条（《美国法典》第 7 篇 940c—1）修订如下：

（1）在（b）中：

（A）在（1）中，删除"为电气化"及之后所有内容并插入"出于符合本法案的具有资格的电气化和电话的目的"；以及

（B）删除（4）并插入如下内容：

"（4）每年金额。根据（e）所述资金的使用范畴，依据本条由部长在一个财政年度中提供的全部担保金额不应超过 1 000 000 000 美元。"

（2）在（c）中，删除（2）和（3）并插入如下内容：

"（2）金额。

"（A）通则。依据本条为债券或票据担保支付的年费金额应等于依据本条担保的债券和票据未支付本金金额的 30 个基点。

"（B）禁止。除本款和（e）（2）另有规定外，不应有额外收费。

"（3）付款。

"（A）通则。贷方应在每半年的基础上支付本款所规定的费用。

"（B）计划性安排。部长应在贷方的同意下制作费用支付的安排表，以确保有足够资金支付依照（e）（2）规定的票据和债券担保的补贴成本"。以及

（3）在（f）中，删除"2007"并插入"2012"。

（b）管理办法。部长应继续实施《1936年农村电气化法》第313A条（《美国法典》第7篇940c—1）规定，直至实施本条修订的必要规定得到完全贯彻执行。其实施方式与本法通过的前一天相同，除了不用考虑第313A条（b）（1）提及的限制。

第6107条　911接入扩展。

《1936年农村电气化法》第315条（《美国法典》第7篇940e）修订如下：

"第315条　911接入扩展。

"（a）通则。根据（c）和部长规定的条款和条件，部长可依据本篇发放设施和设备贷款给有资格从农村公共事业服务局、州或当地政府、印第安部落（如《印第安自治和教育援助法》第4条（由《美国法典》第25篇450b定义）或其他公共实体以扩展和提升在农村地区的如下内容：

"（1）911接入；

"（2）一体化协同紧急通信系统，包括提供紧急通信服务及商业和交通信息服务的多用途网络；

"（3）国土安全通讯系统；

"（4）交通安全通讯系统；或

"（5）在城市地区外使用的定位技术；

"（b）贷款抵押。政府强制征收的与紧急通信相关的费用（包括州和地方911服务费用）依据本条规定可以被认为是贷款抵押。

"（c）紧急通信设备供应商。如果有对该项目有管辖权的地方政府不被允许承担因贷款产生的债务，部长可以依据本条规定贷款给紧急通讯设备供应商来扩展和促进911接入或其他（a）中提及的通讯或技术。

"（d）拨款授权。在2008至2012各财政年度，除了提供给电话贷款的资金之外，部长应使用其他任意资金来依据本条设立贷款。"

第6108条　可再生能源电气贷款。

《1936年农村电气化法》第（Ⅲ）篇做以修订，在第316条（《美国法典》第7篇940f）后增加如下内容：

"第317条　电气可再生能源贷款。

"（a）可再生能源的定义。在本条中，'可再生能源'系指通过太阳能、风能、水力发电、生物质或地热提供燃料的能量转换系统。

"（b）贷款。除依据本法案提供的资金或授权之外，部长还可依据本篇设立电气贷款，用可再生能源资源发电并出售给农村和非农村居民使用。

"（c）利率。根据本条规定的贷款利率应与同期平均免税市政债券利率相同。"

第6109条　债券发行条件。

《1936年农村电气化法》第（Ⅲ）篇做以修订，在第317条（《美国法典》第7篇940f）后增加如下内容：

"第318条　债券发行条件。

"部长应依据本法案对农村公共事业服务局管理的所有计划的债券发行条件进行评估，确保在如下条件下发行债券是不需要的：

"（1）部长的利益被产品担保充分地保护；或

"（2）债券成本或条件超过了债券收益。"

第 6110 条　在农村地区宽带电信服务的接入。

（a）通则。对《1936 年农村电气化法》第 601 条（《美国法典》第 7 条 950bb）做出如下修订：

"第 601 条　在农村地区宽带电信服务的接入。

"（a）宗旨。本条旨在提供贷款和贷款担保，为农村地区宽带服务所需要的设施和设备的建设、改善及购买方面的各项成本提供资金。

"（b）定义。本条中：

"（1）宽带服务。'宽带服务'系指部长认定的有能力传输数据使用户享有创建和接受高质量声音、数据、图像和视频服务的任何技术。

"（2）本地运营商。'本地运营商'系指自一份依据本条提交的申请提交之日起在申请中建议的服务区内至少 5% 的家庭提供宽带服务的实体。

"（3）农村地区。

"（A）通则。'农村地区'系指除如下区域之外的任何地区：

"（Ⅰ）《巩固农业和农村发展法》第 343 条（a）（13）（A）（《美国法典》第 7 篇 1991（a）（13）（A））（ⅰ）或（ⅱ）所提及的地区；以及

"（ⅱ）多于 20 000 人的城市、城镇或非直辖地区。

"（B）城市地区发展。根据本条规定，部长可以仅依据法规则，视本法案第 343（a）（13）（F）（ⅰ）（ⅰ）所提及的地区为非农村地区。

"（c）贷款和贷款担保。

"（1）通则。部长应贷款或担保贷款给（d）中提及的具有资质的实体，为农村地区宽带服务的供应方面提供设施和设备建设、改进或购买方面的资金。

"（2）优先权。在依据（1）设立或担保贷款时，部长应最优先考虑在宽带服务提供前没有宽带运营商的情况下提出为最广泛家庭提供宽带服务的申请者。

"（d）资格。

"（1）具有资格的实体。

"（A）通则。为依据本条有资格获得贷款或贷款担保，实体应：

"（ⅰ）展示为农村地区提供、改进或扩大宽带服务的能力；

"（ⅱ）根据部长要求的时间、方式和内容向部长提交一份贷款申请；以及

"（ⅲ）同意在依据本条设立贷款或担保贷款产生可用收益首日后不晚于 3 年内来竞争贷款申请中提及的宽带扩建。

"（B）限制。向美国至少 20% 家庭提供电信或宽带服务的具备资质的实体，如果所贷款金额超过本财政年度依据（k）授权和拨款资金的 15%，依据本条规定不可获得该资金。

"（2）具有资格的项目。

"（A）通则。除了（B）和（C）另有规定之外，本条贷款或担保贷款所得收益可用于实施在建议服务区内的项目，只要从贷款或贷款担保申请提交之日起：

"（ⅰ）在建议服务区内至少 25% 的家庭有至多一家本地运营商提供宽带业务；以及

"（ⅱ）在建议服务区内的任何地点没有 3 家或 3 家以上的本地运营商提供宽带业务。

"（B）25% 的条件例外。如果依据本条已经向申请者发放贷款或贷款担保以向建议服务区提供宽带服务，那么（A）（Ⅰ）不应适用于项目所在的建议服务区。

"（C）3 家或 3 家以上运营商的条件例外。

"（Ⅰ）通则。除非（Ⅱ）另有规定，（A）（Ⅱ）不应适用于本地运营商在其现有服务区升级宽带服务。

"（Ⅱ）例外。如果申请者有资格申请本法案另一篇中规定提供的资金，（Ⅰ）不应适用。

"（3）公平性和市场调查要求。

"（A）通则。部长可以要求实体提供不超过该实体申请所要求的贷款或贷款担保金额的10％的成本分担金额，除非部长认为为了财务可行性需要更高的比例。

"（B）市场调查。

"（Ⅰ）通则。部长可以要求提出拥有多于20％农村地区宽带服务市场用户覆盖的实体向部长提交一份市场调查。

"（Ⅱ）少于20％。部长可以不要求提出少于20％农村地区宽带服务用户覆盖的实体向部长提交一份市场调查。

"（4）州和地方政府和印第安部落。在（1）规定的范围内，州或地方政府（包括任何机构、分支部门或其中的机构（包括其中的公会））和印第安部落应有资格依据本条申请贷款或贷款担保以向农村地区提供宽带服务。

"（5）通知要求。部长应发布每份贷款或贷款担保申请的公告来描述该申请，包括：

"（A）申请人的身份；

"（B）申请人经建议服务的每个地区；以及

"（C）在上述地区没有地面宽带服务的预计家庭数量。

"（6）减少文书工作。部长应采取措施在可行范围内最大限度地降低与首次申请人（特别是小型的和刚起步的宽带运营商）申请贷款和贷款担保有关的成本和文书工作，包括通过规定新的申请来保持部长分析相关贷款风险的能力水平。

"（7）申请前的程序。部长应设立一个程序，未来申请人依据该程序在依据本条准备贷款申请之前可能寻求确定地区资格。

"（e）宽带服务。

"（1）通则。出于依据（b）（1）识别宽带服务技术的目的，部长应不时地依照科技进步授权，审核和建议数据传输速率标准的条款修订。

"（2）禁止。部长不应对带宽或速度设立条件，因为其具有妨碍适合农村地区的不断发展的技术的使用效果。

"（f）技术中立性。出于依据本条决定是否给项目发放贷款或贷款担保的目的，部长应使用技术中立的标准。

"（g）贷款和贷款担保的条款和条件。

"（1）通则。尽管法律有其他规定，本条中的贷款和贷款担保应：

"（A）由部长决定的每年的年利率为：

"（Ⅰ）如果是直接贷款，年利率等于：

"（Ⅰ）借给财政部履行可比较成熟义务的成本；或

"（Ⅱ）4％；以及

"（Ⅱ）如果是担保贷款，即是可比较成熟贷款的现行适用市场利率；以及

"（B）如果部长认定贷款有充分的担保，那么贷款期限就是如借贷方所要求的不超过35年。

"（2）条款。在确定贷款和担保贷款的条款时，部长应考虑贷款接受者是否正在或将要服务于一个没有宽带服务的地区。

"（3）循环收益。在确定向实体提供足够的信贷级别支持时，部长应考虑实体在申请时的现有循环收益。

"（h）担保的充分性。

"（1）通则。部长应确保担保类型、金额以及担保方法能够用来保证任何贷款或贷款担保与其风险相称，特别是当把贷款和贷款担保发放给部长认为财政牢固和稳定的实体时。

"（2）决定担保金额和方法。在确定担保金额和方法用来确保本款贷款或贷款担保时，部长应考虑为没有宽带服务的农村地区减少担保。

"（Ⅰ）用贷款收益为部署宽带服务重新筹集贷款。尽管本法案有其他规定，在本法案中部长发放任何贷款或担保贷款所得的收益可以由贷款获得者使用，目的是让贷款获得者为在依据本法案发放的另一项电信贷款中的未偿还债务再筹集资金，条件是使用贷款收益的目的将支持在农村地区提供宽带业务的设施和设备的建设、改进和购买。

"（j）报告。在《2008 年粮食、保育和能源法》通过之日后不晚于 1 年以及其后每年，主管应向国会提交一份报告，介绍上一个财政年度本条中贷款和担保贷款项目的参与程度，其中包括：

"（1）依据本款申请和提供的贷款数量；

"（2）（A）本财政年度提交的每份贷款申请所建议的服务社区；以及

"（B）由依据本条提供的贷款和贷款担保资助的项目服务社区；

"（3）依据本条批准每份贷款申请所需要的时间；

"（4）由部长开展的外联活动，以鼓励在没有宽带业务的农村地区的实体依据本条规定提交申请；

"（5）部长确定能为用户生成和接收高质量声音、数据、图像和视频服务，以实施（b）（1）的方法；以及

"（6）依据本条，用户曾寻求过帮助的以及被提供的包括宽带类型和速度在内的各项宽带服务。

"（k）提供资金。

"（1）拨款授权。兹为 2008 至 2012 各财政年度向部长授权拨款 25 000 000 美元以实施本条规定，授权有效期直至拨款用尽。

"（2）资金分配。

"（A）通则。在本款所规定的各财政年度可使用款项金额中，部长应：

"（Ⅰ）依据本条为州内符合条件的实体的贷款和贷款担保建立国家储备；以及

"（Ⅱ）为各财政年度的国家储备分配金额，用以为州内符合条件的实体提供贷款和贷款担保。

"（B）金额。依据（A）在一个财政年度内分配给一个州的金额相对分配给所有州的金额比率应和以下两项的相对比率相同：

"（Ⅰ）居民数少于或等于 2 500 人的一个州所拥有的社区数量；对于

"（Ⅱ）居民数少于或等于 2 500 人的所有州所拥有的社区数量。

"（C）未指定用途的金额。依据（B）规定，一个州的财政年度储备中的任何金额，如果在该财政年度 4 月 1 日之前未被指定用途，应可交由部长向其认为符合条件的任一州的实体发放贷款和贷款担保。

"（1）授权终止。2012 年 9 月 30 日后任何贷款或贷款担保都不能根据本条进行发放。"

（b）规程。部长可通过通过临时规定以执行依据（a）制订的修正案。

（c）申请。依据（a）制订的修正案不适用于：

（1）依据《1936 年农村电气化法》第 601 条（《美国法典》第 7 篇 950bb）（因为它在依据（a）制订的修正案之前出台）递交的申请并具有以下条件：

（A）在该法案通过 45 天前悬而未决；以及

（B）在该法案通过之日悬而未决；或者

（2）对在（1）中描述的一份申请的决定进行再考虑的请求。

第 6111 条　国家农村通信评估中心。

《1936 年农村电气化法》第 Ⅵ 篇（《美国法典》第 7 篇 950bb 及以下）修订如下，在结尾处增加如

下内容：

"第 602 条　国家农村通信评估中心。

"（a）中心的指定。部长应指定一个实体作为国家农村通信评估中心（在本条中以下简称"中心"）。

"（b）标准。在依据第（a）节指定中心的过程中，部长应顾及如下标准：

"（1）该实体应向部长证明具备以下资质：

"（A）致力于农村政策的研究；以及

"（B）有至少5年的与农村通信研究与评估相关的经验。

"（2）中心应具备评估农村地区宽带服务的能力；

"（3）中心应具备在联邦、州和地方各级与其他农村经济发展中心及组织在关于评估农村政策和制定政策解决方案方面进行合作的经验。

"（c）董事会。中心应由董事会进行管理，董事会对（d）中描述的中心职责负责。

"（d）职责。中心应当：

"（1）在提供贷款或贷款担保之前，对旨在提高农村地区，特别是部长认为没有宽带服务的农村社区宽带覆盖率和购买度的计划的有效性进行评估；

"（2）和当前中心选定的农村发展中心合作，在联邦、州和地方各级部门制定提高农村地区宽带覆盖率和购买度的政策和措施；并向联邦、州和地方各级政策制定者提供有效战略，为农村居民，特别是居住在乡镇外围的居民带来负担得起的宽带服务；以及

"（3）制订和发布该中心依据本条执行活动的报告。

"（e）报告要求。在每个可适用的财政年度的12月1日之前，中心董事会应向国会和部长提交一份报告，阐述中心在过去的财政年度期间所执行的活动以及中心领导的所有研究项目，内容包括：

"（1）依据本篇实施的各计划的评估；以及

"（2）依据（d）（2）制定的政策效果的评估。

"（f）拨款授权。兹为2008至2012各财政年度向部长授权拨款1 000 000美元以实施本条内容。"

第 6112 条　农村宽带全面战略。

（a）通则。本法案通过之日起一年内，联邦通信委员会主席经与部长协作，向国会提交一份阐述农村宽带全面战略的报告。内容包括：

（1）建议：

（A）促进联邦机构间在政策、程序和定向资源方面的协作，简化或以其他方式改进和简化政策、计划和服务；

（B）整合现有联邦农村宽带或农村方案；

（C）评估短期和长期需求，阐述农村宽带快速构建方案以及如何实现为联邦、州、地区和地方政策制定者提供的政策建议；以及

（D）确定联邦机构具体计划和资源迎合农村宽带需求的最佳途径，以及如何克服目前阻碍农村宽带部署的障碍；以及

（2）为实现本报告最终目的的目标和时间表说明书。

（B）更新。联邦通信委员会主席，经与部长协作，应在该法通过之日起第三年内更新和评估（a）所述报告。

第 6113 条　农村发电研究。

（a）通则。部长应领导一个有关美国农村地区发电需求的研究。

（b）研究的组成部分。研究应包括以下考察内容：

（1）美国农村地区不同区域，特别是农村电气合作社的发电情况；

（2）投入生产的融资，包括通过《1936 年农村电气化法》（《美国法典》第 7 篇 901 及以下）授权计划所获资金；

（3）电力成本对消费者和当地经济发展的影响；

（4）燃料原料技术，比如碳捕获和碳封存等满足管理要求的能力；

（5）其他部长认为适当的研究内容。

（c）报告。在本法案通过之日起 60 天内，部长应向众议院农业委员会和参议院农业、营养和林业常设委员会提交一份内含依据本条所做研究的调查结果报告。

子篇 C 杂   项

第 6201 条　远程教育和远程医疗。

（a）通则。《1990 年粮食、农业、保育与贸易法》第 2333 条（c）（1）（《美国法典》第 7 篇 950aaa‐2（a）（1））修订为：

（1）在（A）中，删去结尾的"和"；以及

（2）在（B）中，删去结尾处的句号并插入一个分号；

（3）在结尾处加上如下内容：

"（C）图书馆。"

（b）拨款授权。《1990 年粮食、农业、保育与贸易法》第 2335A 条（《美国法典》第 7 篇 950aaa‐5）修订为删去"2007"，插入"2012"。

（c）相应的修订。《公法》102‐551 第 1 条（b）（《美国法典》第 7 篇注释 950aaa；《公法》102‐551）修订为删去"2007"，加入"2012"。

第 6202 条　具有附加值的农业市场发展计划拨款。

（a）定义。《2000 年农业风险保护法》第 231 条（《美国法典》第 7 篇注释 1621；《公法》106‐224）修订为删去第（a）节，同时插入如下内容：

"（a）定义。在本条中：

"（1）初级农场主或大农场主。'初级农场主或大农场主'的定义参见《巩固农业和农村发展法》第 343 条（a）（《美国法典》第 7 篇 1991（a））。

"（2）家庭农场。'家庭农场'的定义参见《联邦法规汇编》第 7 篇第 761.2 条（2007 年 12 月 30 日生效）。

"（3）中间层价值链。'中间层价值链'指的是将独立生产商和企业及合作社连接起来的地方和地区供应网络，并以如下的方式销售具有附加值的农产品：

"（A）针对并增强中小型农场以及家庭农场的盈利能力和竞争力；

"（B）与符合条件的农产品生产集团、农场主或农场主合作社，或在价值链中从事农产品生产的控股企业就市场营销战略达成一致性意见。

"（4）弱势农场主和大农场主。'弱势农场主和牧场主'的定义参见《巩固农业及农村发展法》第 355 条（e）（《美国法典》第 7 篇 2003（e））。

"（5）具有附加值的农产品。'具有附加值的农产品'指的是任何具有如下特点的农业商品或产品：

"（A）（Ⅰ）在物理形态上发生了改变；

"（ⅱ）以提高农业商品或产品价值的方式进行生产，部长将视具体的商业计划书来决定此方式是否能提高产品的价值；

"（ⅲ）经过物理隔离进而促进农业商品或产品价值的提高；

"（ⅳ）是一种包括 E - 85 燃料在内的农场或大农场可再生能源的来源；或者

"（ⅴ）作为一种当地生产的农业食品产品被整合和销售；以及

"（B）由于物理形态上的改变，或农业商品或产品在生产、销售或分离方式上的改变产生了如下的结果：

"（ⅰ）农业商品或产品的客户群扩大了；以及

"（ⅱ）生产商获得了农业商品或产品经营销、加工或物理分离产生的更大的部分收益。

（b）补贴计划。《2000 年农业风险保护法》第 231 条（b）（《美国法典》第 7 篇注释 1621；《公法》106 - 224）被修订为：

（1）在（1）中，删除"（4）"插入"（7）"；

（2）删除（4）插入如下部分：

"（4）期限。本款中补贴的期限应不超过 3 年。

"（5）简化申请。部长应为低于 50 000 美元的申请项目提供简易的申请表格和程序。

"（6）优先权。在根据本款进行补贴发放时，部长应给能为以下对象增加机会的项目予以优先权：

"（A）初级农场主或大农场主；

"（B）弱势农场主或大农场主；以及

"（C）中小型农场主和家庭农场。

"（7）资金提供。

"（A）强制性资金提供。2008 年 10 月 1 日当天，在商品信贷公司提供的资金中，部长应拿出 15 000 000 美元以实施本款内容，授权在资金用完前一直有效。

"（B）自由性资金提供。兹为 2008 年至 2012 各财政年度授权拨款 40 000 000 美元以实施本款内容。

"（C）有益于初级农场主或大农场主、弱势农场主或大农场主以及中层价值链的项目资金储备：

"（ⅰ）通则。部长应保留各财政年度可使用资金的 10% 用于资助有益于初级农场主或大农场主、弱势农场主或大农场主项目。

"（ⅱ）中间层价值链。部长应保留各财政年度可使用资金的 10% 用于资助如（1）中所述的计划发展中间层价值链的符合条件的实体的申请项目。

"（ⅲ）未指定用途的金额。依据（Ⅰ）和（Ⅱ）设立的财政年度储备金中的任何金额，如果在该财政年度 6 月 30 号之前未被指定用途，可供部长依据本款为任一州的符合条件的实体发放补贴。"

第 6203 条　农业创新中心示范计划。

《2002 年农业安全与农村投资法》第 6402 条（《美国法典》第 7 篇 1621 注释；《公法》107 - 171）修订为删去（ⅰ）并加上如下内容：

（ⅰ）拨款授权。兹为 2008 至 2012 各财政年度授权部长 6 000 000 美元以实施本条内容。"

第 6204 条　农村消防员和紧急医疗救助计划。

《2002 年农业安全与农村投资法》第 6405 条（《美国法典》第 7 篇 2655）修订如下：

"第 6405 条　农村消防员和紧急医疗救助计划。

"（a）紧急医疗服务的定义。在本条中：

"（1）通则。'紧急医疗服务'指使用公共或非盈利实体的资源，在紧急的情况下于非医疗机构的环境提供医疗服务，紧急情况包括：

"（A）病人的状况；或

"（B）自然灾害或相关的情况。

"（2）包含内容。'紧急医疗服务'包括由紧急医疗服务提供者或其他由州认可的提供者所提供的服务（无论是有偿的还是自愿的），涉及被州特许或颁发执照的提供者包括：

"（A）急救医务人员或同类的人（由州决定）；

"（B）注册护士；

"（C）医师助理；或

"（D）与此类紧急医疗服务提供者提供相似服务的医师。

"（b）补贴。部长应给符合条件的实体发放补贴：

"（1）使实体有能力改进为农村地区提供的紧急医疗服务；

"（2）为农村地区消防员和紧急医护人员在消防、紧急医疗实践、处理有毒物质和生物制剂等方面的培训支付费用。

"（c）资格。为符合本条要求以获取补贴，一个机构应：

"（1）是：

"（A）州紧急医疗服务办公室；

"（B）州紧急医疗服务协会；

"（C）州农村保健办公室或同类机构；

"（D）当地政府机构；

"（E）印第安部落（由《印第安自治和教育援助法》第 4 条（《美国法典》第 25 篇 450b）定义）；

"（F）州或地方救护车提供者；或

"（G）其他的部长认为符合条件的公共或非盈利机构；以及

"（2）按照部长要求的时间和方式向其提供一份申请，申请应包含其要求的如下信息：

"（A）该补贴用于执行的活动内容；

"（B）申请人将遵守（f）相关要求的保证。

"（d）资金使用。机构根据（b）获得的补贴只能用于在农村地区：

"（1）聘任或招募紧急医疗服务人员；

"（2）招募或保留急救医疗服务志愿者；

"（3）对紧急医疗服务人员在应急响应、损伤预防、安全意识或其他与提供紧急医疗服务相关的方面进行培训；

"（4）资助培训以满足州或联邦的发证要求；

"（5）为了改进训练设施、设备、课程或人事管理对消防人员或紧急医务人员进行培训；

"（6）创新途径，通过使用技术增强型教育方法（比如远程教育）来培训紧急卫生服务提供者；

"（7）购买紧急医疗服务车辆，包括救护车；

"（8）购买紧急医疗服务设备，包括心脏除颤器；

"（9）按照职业安全与保健管理总署的要求为紧急医疗服务人员购买个人防护装备；或

"（10）普及心肺复苏术、急救护理、损伤预防、安全意识、疾病预防或其他应急准备相关的知识。

"（e）优先权。在依据本条规定发放补贴时，部长优先考虑：

"（1）能反映两个或更多实体协作努力的申请，如（c）（1）中（A）到（G）所述；和

"（2）意在将所获补贴用于执行（d）中（1）至（5）条款所述活动的实体申请。

"（f）匹配要求。部长将不会依据本条向实体发放补贴，除非该实体（直接或通过其他公、私实体出资）向接受补贴的活动提供非联邦来源的资金，其金额应不少于补贴的 5%。

"（g）拨款授权。

"（1）通则。兹为 2008 至 2012 各财政年度，授权部长每年最多 30 000 000 美元用以实施本条内容。

"（2）行政开支。执行本条规定过程中产生的行政开支金额不得超过依据（1）每财政年度拨款金额的 5%。"

第 6205 条　国内农场劳动力住房和相关设施贷款保险。

《1949 年住宅法》第 514 条（f）（3）（《美国法典》第 42 篇 1484（f）（3））修订如下，删去"或对此类处于未被加工阶段的商品的处理"，插入"，对处于未被加工阶段的农产品或水产品的处理，或农产品或水产品的加工"。

第 6206 条　农村交通问题研究。

（a）通则。农业部长和运输部长应联合指导一项涉及农产品流动、国产可再生燃料、供美国农村地区发电的国产资源，以及农村地区经济发展的交通问题研究。

（b）研究内容。研究应包含以下考察内容：

（1）货物运输，包括铁路、卡车和货船对于以下问题的重要性：

（A）设备、种子、肥料和其他对于发展农商品和农产品不可或缺的产品的交付；

（B）农商品和农产品的市场流动；

（C）乙醇和其他可再生燃料的交付；

（D）用于农村发电的国产资源的交付；

（E）谷物升降机、乙醇工厂和其他设施的选址；

（F）农村地区生产设施的发展；以及

（G）农村社区的活力和经济发展；

（2）农村地区的运输能力、交通系统的竞争力、交通服务的可靠性，以及交通费用的合理性；

（3）农村地区高效和成本效益好的交通所必需的设施投资的充分性；以及

（4）农村地区运货商是否能参与到联邦政府化解不同运输模式中不满情绪的决策过程。

（c）向国会报告。该法案通过之日起一年内，部长和运输部长应向国会递交一份包括（a）中要求的研究结果的报告。

子篇 D　住房援助委员会

第 6301 条　短标题。

该子篇可被称为《2008 年住房援助委员会授权法》。

第 6302 条　向住房援助委员会提供援助。

（a）用途。住房和城市发展部长向住房援助委员会提供财政资助，用于提高社区住房发展机构进行农村社区发展和开展经济适用房项目的能力。部长依据本条提供的援助可被住房援助委员会用于：

（1）技术援助、培训、支持、研究和建议，以发展农村社区住房发展机构的商业和管理能力；

（2）为农村社区住房发展机构提供贷款、补贴或其他财政资助以开展社区发展和为中低收入家庭提供经济适应房；以及

（3）其他此类由住房及城市发展部长和住房援助委员会决定的活动。

（b）拨款授权。兹为 2009 至 2011 各财政年度，依据本条授权拨款 10 000 000 美元资助住房援助委员会。

第 6303 条　审计和报告。

（a）审计。

（1）通则。住房援助委员会的金融交易和活动应每年由被州或其他美国政治分区监管当局认证的独立执业或注册会计师进行审计。

（2）审计要求。美国总审计长将认可依据（1）完成的任何审计，只要该审计遵守：

（A）美国管理预算局 A－133 号公告规定的年度计划性财务检查要求；以及

（B）通用的政府审计标准。

（3）向国会报告。总审计长应向参议院银行、住房和城市事务委员会以及众议院金融服务委员会递交一份关于依据（1）完成的各项审计的详细报告。

（b）总审计局报告。美国总审计长应领导一项研究调查，并向参议院银行、住房和城市事务委员会以及众议院金融服务委员会提交一份关于住房援助委员会在过去 7 年里拨款使用情况的报告。

第 6304 条 美国非法居民。

依照《1980 年住房和社区发展法》第 214 条（《美国法典》第 42 篇 1436a）的相关规定，没有获得美国合法居住权的外国人没有资格申请财政援助。不应对本子篇的任何条款进行诠释以改变第 214 条的限制性条件或定义。

第 6305 条 授权金额的使用限制。

本子篇授权的金额不可用来游说或雇佣说客以影响联邦、州或地方政府机构或官员。

第Ⅶ篇 研究及相关事宜

子篇 A 《1977 年全国农业研究、推广和教学政策法》

第 7101 条 定义。

（a）通则。《1977 年全国农业研究、推广和教学政策法》第 1404 条（《美国法典》第 7 篇 3103）修订如下：

（1）在（4）中：

（A）将（A）至（E）分别重新编号为（Ⅰ）至（Ⅴ）；

（B）删除"（4）条款"，插入如下内容：

"（4）高等院校。

"（A）通则。条款"；以及

（C）在结尾处加上如下内容：

"（B）包含内容。'学院'和'大学'包括如（A）中所描述的由学院或大学管理的研究基金会。"

（2）将（5）至（8）、（9）至（11）、（12）至（14）、（15）、（16）、（17）和（18）分别重新编号为（6）至（9）、（11）至（13）、（15）至（17）、（20）、（5）、（18）和（19），同时移动这些条款使其以字母和数字的顺序出现；

（3）在（9）中（由（2）重新编号）：

（A）删除"可再生自然资源"，插入"可再生能源和自然资源"；

（B）删除（F），插入如下内容：

"（F）土壤、水和相关资源保护和改良。"

（4）在（9）（重新编号后的）后插入如下内容：

"（10）面向西裔设立的农业高等院校。

"（A）通则。'面向西裔设立的农业高等院校'指的是学院或大学：

"（Ⅰ）取得西裔服务机构的资格；以及

"（Ⅱ）提供农业相关领域的准学士、学士或其他被认可的学位课程。

"（B）例外。'面向西裔设立的农业高等院校'不包括 1862 机构（由《1998 年农业研究、推广和教育改革法》第 2 条（《美国法典》第 7 篇 7601）定义）"。

（5）删除（11）（重新编号后的），插入如下内容：

"（11）西裔服务机构。'西裔服务机构'的定义参见《1965 年高等教育法》第 502 条（《美国法典》第 20 篇 1101a）。"

（6）在（13）（经重新编号的）后插入如下内容：

"（14）非政府赠地机构；非政府赠地的农业学院。

"（A）通则。'非政府赠地的农业院校'指的是授予农业或林业学士或更高学位的公立学院或大学。

"（B）例外。非政府赠地机构和非政府赠地的农业学院不包括：

"（ⅰ）为西裔设立的农业院校；或

"（ⅱ）任何受以下法案约束的院校：

"（Ⅰ）《1862 年 7 月 2 日法》（通常被称为《第一莫里尔法》；《美国法典》第 7 篇 301 及以下）；

"（Ⅱ）《1890 年 8 月 30 日法》（通常被称为《第二莫里尔法》；《美国法典》第 7 篇 321 及以下）；

"（Ⅲ）《1994 年教育赠地地位公平法》（《公法》103 - 382；《美国法典》第 7 篇 301 注释）；或

"（Ⅳ）《公法》87 - 788（通常被称为《麦金泰尔斯坦尼斯合作林业法》；《美国法典》第 16 篇 582a 及以下）。"

（b）相应的修订。

（1）《研究设备法》第 2 条（3）（《美国法典》第 7 篇 390（3））修订为删去"《1977 年全国农业研究、推广和教学政策法》第 1404 条（8）（《美国法典》第 7 篇 3103（8））"，插入《1977 年全国农业研究、推广和教学政策法》第 1404 条（《美国法典》第 7 篇 3103）"。

（2）《竞争、专门和设施研究补贴法》第 2 条（k）（《美国法典》第 7 篇 450i（k））第二句修订为删去"《1977 年全国农业研究、推广和教学政策法》第 1404 条（17）（《美国法典》第 7 篇 3103（17））"，插入"《1977 年全国农业研究、推广和教学政策法》第 1404 条（《美国法典》第 7 篇 3103）"。

（3）《2008 年食品与营养法》第 18 条（a）（3）（B）（《美国法典》第 7 篇 2027（a）（3）（B））修订为删去"《1977 年全国农业研究、推广和教学政策法》第 1404 条（5）（《美国法典》第 7 篇 3103（5））"，插入"《1977 年全国农业研究、推广和教学政策法》第 1404 条（《美国法典》第 7 篇 3103）"。

（4）《1977 年全国农业研究、推广和教学政策法》第 1473 条（《美国法典》第 7 篇 3319）修订为在第一句删去"该部分第 1404 条（16）"，插入"第 1404 条（18）"。

（5）《1990 年粮食、农业、保育和贸易法》第 1619 条（b）（《美国法典》第 7 篇 5801（b））修订为：

（A）在（1）中，删去"《1977 年全国农业研究、推广和教学政策法》第 1404 条（17）（《美国法典》第 7 篇 3103（17））"，插入"《1977 年全国农业研究、推广和教学政策法》第 1404 条（《美国法典》第 7 篇 3103）"；

（B）在（5）中，删去"《1977 年全国农业研究、推广和教学政策法》第 1404 条（7）（《美国法典》第 7 篇 3103（7））"，插入"《1977 年全国农业研究、推广和教学政策法》第 1404（《美国法典》第 7 篇 3103）"；

（C）在（8）中，删去"《1977 年全国农业研究、推广和教学政策法》第 1404 条（13）（《美国法典》第 7 篇 3103（13））"，插入"《1977 年全国农业研究、推广和教学政策法》第 1404（《美国法典》第 7 篇 3103）"。

（6）《公法》100 - 238 第 125 条（c）（1）（C）（《美国法典》第 5 篇 8432 注释）修订为删去"《1977 年全国农业研究、推广和教学政策法》第 1404 条（5）（《美国法典》第 7 篇 3103（5））"，插入"《1977 年全国农业研究、推广和教学政策法》第 1404 条（《美国法典》第 7 篇 3103）"。

第 7102 条　全国农业研究、推广、教育和经济咨询委员会。

（a）通则。《1977 年全国农业研究、推广和教学政策法》第 1408 条（《美国法典》第 7 条 3123）修订如下：

（1）在（b）中：

（A）在（1）中，删去 "31"，插入 "25"；

（B）删除（3）并插入如下内容：

"（3）会员分类。咨询委员会成员应由以下人员构成：

"（A）代表国家农场组织的人员 1 名。

"（B）代表农场合作社的人员 1 名。

"（C）由国家畜牧业组织联合会推荐，并积极从事食品动物商品生产的人员 1 名。

"（D）由国家农作物组织联合会推荐，并积极从事作物商品生产的人员 1 名。

"（E）由国家水产养殖组织联盟联合会推荐，并积极从事于水产商品生产的人员 1 名。

"（F）代表国家食品动物科学学会的人员 1 名。

"（G）代表国家农作物、土壤、农艺学、园艺学、植物病理学或杂草科学学会的人员 1 名。

"（H）代表国家食品科学组织的人员 1 名。

"（I）代表国家人类健康协会的人员 1 名。

"（J）代表国家营养科学学会的人员 1 名。

"（K）代表依据《1862 年 7 月 2 日法》（《美国法典》第 7 篇 301 及以下）有资格获得资助的政府赠地院校的人员 1 名。

"（L）代表依据《1890 年 8 月 30 日法》（《美国法典》第 7 篇 321 及以下）有资格获得资助的政府赠地院校（包括塔斯基吉大学）的人员 1 名。

"（M）代表 1994 机构（定义参见《1994 年教育赠地状况公平法》第 532 条（《美国法典》第 7 篇 301 注释；《公法》103 - 382））的人员 1 名。

"（N）代表非政府赠地的农业院校机构的人员 1 名。

"（O）代表为西裔设立的机构的人员 1 名。

"（P）代表美国兽医院校的人员 1 名。

"（Q）从事向国内外市场运输食品和农产品的人员 1 名。

"（R）代表食品零售业和市场营销利益的人员 1 名。

"（S）代表食品和纤维加工业的人员 1 名。

"（T）积极从事农村经济发展的人员 1 名。

"（U）代表国家消费者利益团体的人员 1 名。

"（V）代表国家林业团体的人员 1 名。

"（W）代表国家保护或自然资源团体的人员 1 名。

"（X）代表涉及国际发展的私营部门组织的人员 1 名。

"（Y）代表国家社会科学学会的人员 1 名。"

（2）在（g）（1）中，删去 "350 000 美元"，插入 "500 000 美元"。

（3）在（h）中，删去 "2007"，插入 "2012"。

（b）任期不受影响。自本法通过之日起，本条或本条所做的任何修订都不对全国农业研究、推广、教育及经济咨询委员会成员的任期构成影响。

第 7103 条　特种作物委员会报告。

《1977 年全国农业研究、推广和教学政策法》第 1408A 条（c）（《美国法典》第 7 篇 3123a（c））修订为在结尾处插入如下内容：

"（4）对宏观经济形势、技术和特种作物生产和消费政策等方面的变化进行分析，重点关注这些变化给生产者财政状况带来的影响。

"（5）开发数据，提供实用信息，帮助特种作物种植户、行业协会和其他相关受益者从区域和全国的角度进行行业评估。"

第 7104 条　可再生能源委员会。

《1977 年全国农业研究、推广和教学政策法》修订为在第 1408A 条（《美国法典》第 7 篇 3123a）之后插入如下内容：

"第 1408B 条　可再生能源委员会。

"（a）创始成员。该条通过之日起 90 天内，咨询董事会的执行委员会应设立可再生能源常设委员会，并任命其创始成员。

"（b）职责。可再生能源常设委员会应对科研、推广和经济计划对可再生能源行业影响的范围和效益进行研究。

"（c）非咨询董事会成员。

"（1）通则。任何非咨询董事会成员均可被任命为可再生能源委员会成员。

"（2）服务。可再生能源委员会的成员应听命于执行委员会。

"（d）再生能源委员会报告。自设立之日起 180 天内以及此后每年，可再生能源委员会应向咨询董事会提交一份报告，内容包含可再生能源委员会依据（b）进行研究的成果和提出的相关建议。

"（e）磋商。为履行（b）所规定的职责，可再生能源委员会应与依据《2000 年生物质研究和发展法》第 9008 条（d）（《美国法典》第 7 篇 8605）建立的生物质研发技术咨询委员会进行磋商。

"（f）在预算建议中需考虑的事项。在准备农业部年度预算建议时，部长应考虑可再生能源委员会最新报告中包含的研究成果及建议。

"（g）部长报告。部长提交给国会的预算材料与依据《美国法典》第 31 篇第 1105 条提交的财政年度预算密切相关，其中应包含一份报告，阐述如何回应（f）中介绍的可再生能源委员会的各项建议。"

第 7105 条　兽药贷款偿还。

（a）通则。《1977 年全国农业研究、推广和教学政策法》第 1415A 条（《美国法典》第 7 篇 3151a）修订如下：

（1）删除（b），插入如下内容：

"（b）兽医短缺状况的确定。在'兽医短缺状况'的确定过程中，部长应考虑：

"（1）部长确定的兽医短缺的地理区域；以及

"（2）部长确定的如食物动物医学、公共卫生、流行病学和食品安全等兽医短缺的兽医行业领域。"

（2）在（c）中，在结尾处插入如下内容：

"（8）优先权。在执行计划的过程中，部长应优先考虑和兽医达成在兽医短缺状况下从事食品动物医学的协议。"

（3）将（d）重新编号为（f）；以及

（4）在（c）后插入如下内容：

"（d）资金的使用。部长依据（f）获得的拨款不得用于执行《美国法典》第 5 篇第 5379 条。

"（e）法规。尽管有《美国法典》第 5 篇第 5 章第 II 节的规定，自该款通过之日起 270 天内，部长应公布法规以执行本条。"

（b）不赞成资金转拨。国会不赞成将资金从"州协作研究、教育和推广服务"项目转拨给"食品安全和检验服务"项目以执行由《国家兽医服务法》(《联邦纪事》第 72 篇 48609 (2007 年 8 月 24 日)) 授权的兽药贷款偿还计划;此类被转拨资金自本法案通过之日起即被废止,并拨为部长使用,无需进一步拨款授权或受财政年度的制约,仅供依照《1977 年全国农业研究、推广和教学政策法》第 1415A 条 (《美国法典》第 7 篇 3151a) 的相关规定进行使用。

第 7106 条　哥伦比亚特区大学食品和农业科学教育补贴和奖学金的获取资格。

《1977 年全国农业研究、推广和教学政策法》第 1417 条 (《美国法典》第 7 篇 3152) 修订如下:
(1) 对于 (b) (1) 之前的部分,在"政府赠地的院校"后插入"(包括哥伦比亚特区大学)";
(2) 在 (d) (2) 中,在"大学"后插入"(包括哥伦比亚特区大学)"。

第 7107 条　为 1890 学院提供的拓展推广能力补贴。

《1977 年全国农业研究、推广和教学政策法》第 1417 条 (b) (4) (《美国法典》第 7 篇 3152 (b) (4)) 修订为删去"教学和研究",插入"教学、研究和推广"。

第 7108 条　加大粮食和农业科学奖励。

《1977 年全国农业研究、推广和教学政策法》第 1417 条 (Ⅰ) (《美国法典》第 7 条 3152 (Ⅰ)) 修订如下:
(1) 在本款标题中,删"教学奖项",插入"教学、推广和研究奖项";
(2) 删除 (1),插入如下内容:
"(1) 设立。
"(A) 通则。部长应设立一个国家食品和农业科学教学、推广和研究奖励计划以促进院校食品和农业科学在教学、推广和研究方面取得更大的成就。
"(B) 最低要求。部长应在每个财政年度设立至少一个现金奖项,并提名获奖者,奖励其在院校食品和农业科学的教学、推广和研究各领域的卓越成就。"

第 7109 条　粮食和农业科学教育助学金和奖学金。

(a) 教育教学计划。《1977 年全国农业研究、推广和教学政策法》第 1417 条 (j) (《美国法典》第 7 篇 3152 (j)) 修订如下:
(1) 在该款标题部分,删去"中等教育和 2 年中学后教育教学计划",插入"中等教育、2 年中学后教育和中小学农业教育";
(2) 在 (3) 中:
(A) 删除"中学和授予大专文凭的高等教育机构",插入"中学、授予大专文凭的高等教育机构以及其他高等教育机构和非盈利组织";
(B) 在 (E) 中,删除结尾处的"和";
(C) 在 (F) 中,删除结尾处的句号,插入";和";
(D) 在结尾处插入如下内容:
"(G) 支持现有的 K—12 年级中小学农业教育。"
(b) 报告。《1977 年全国农业研究、推广和教学政策法》第 1417 条 (《美国法典》第 7 篇 3152) 修订如下:
(1) 将 (l) 重新编号为 (m);
(2) 在 (k) 后插入如下内容:
"(l) 报告。部长每两年向众议院农业委员会和参议院农业、营养和林业委员会递交一份报告,阐述依据 (j) 执行教学计划的资金分配情况。"

（c）拨款授权。《1977 年全国农业研究、推广和教学政策法》第 1417 条（m）（由（b）（1）重新编号）修订为删去"2007"，插入"2012"。

（d）生效日期。根据（a）制定的修正案在 2008 年 10 月 1 日生效。

第 7110 条　源自农林产品的酒精和工业碳氢化合物的生产和销售研究补贴。

（a）通则。废止《1977 年全国农业研究、推广和教学政策法》第 1419 条（《美国法典》第 7 篇 3154）。

（b）相应的修订。《1977 年全国农业研究、推广和教学政策法》第 1463 条（a）（《美国法典》第 7 篇 3311（a））修订为删去"1419,"。

第 7111 条　政策研究中心。

《1977 年全国农业研究、推广和教学政策法》第 1419A 条（《美国法典》第 7 篇 3155）修订如下：

（1）在（a）（1）中，在"农业部门"之后加插入"（包括商品、牲畜、牛奶及乳品业和特殊农作物）"；

（2）在（b）中，在"科研机构和组织"之后插入"（包括食品农业政策研究机构、农粮政策中心、农村政策研究所和国家抗旱中心）"；

（3）在（d）中，删去"2007"，插入"2012"。

第 7112 条　阿拉斯加本地服务机构和夏威夷本地服务机构教育助学金。

《2000 年农业、农村发展、食品及药品监督管理和相关机构拨款法》第 759 条（《美国法典》第 7 篇 3242）修订如下：

（1）被修订为：

（A）在（a）（3）中，删去"2006"，插入"2012"；以及

（B）在（b）中：

（ⅰ）在（2）（A）中，在结尾分号前插入如下内容："，包括允许协会为协会成员指定财务代理人并在成员中对依据该章提供的资金进行分配"；以及

（ⅱ）在（3）中，删去"2006"，插入"2012"；

（2）被重新编号为《1977 年全国农业研究、推广和教学政策法》第 1419B 条；以及

（3）移动位置使其出现在该法案第 1419A 条（《美国法典》第 7 篇 3155）的后面。

第 7113 条　人类营养倡议重点。

《1977 年全国农业研究、推广和教学政策法》第 1424 条（b）（《美国法典》第 7 篇 3174（b））修订如下：

（1）在（1）中，删去"和,"；

（2）在（2）中，删去结尾的逗号加上"；和"；

（3）在结尾处插入如下内容；以及

"（3）建议对当前农业政策在提高经济弱势群体的健康和福利方面发挥的效力进行检验；"。

第 7114 条　人类营养干预和健康促进研究计划。

《1977 年全国农业研究、推广和教学政策法》第 1424 条（d）（《美国法典》第 7 篇 3174（d））修订为删去"2007"，插入"2012"。

第 7115 条　医疗和农业研究整合试点研究计划。

《1977 年全国农业研究、推广和教学政策法》第 1424A 条（d）（《美国法典》第 7 篇 3174a（d））

修订为删去"2007",插入"2012"。

第 7116 条　营养学教育计划。

(a) 通则。《1977 年全国农业研究、推广和教学政策法》第 1425 条（《美国法典》第 7 篇 3175）修订如下：

(1)（a）至（c）分别重新编号为（b）至（d）；

(2) 删去本条标题和编号，插入如下内容：

"第 1425 条　营养学教育计划。

"(a) 1862 机构和 1890 机构的定义。在本条中，'1862 机构'和'1890 机构'的定义参见《1998 年全国农业研究、推广和教育改革法》第 2 条（《美国法典》第 7 篇 7601）；

(3) 在（b）中（由（1）重新编号），删去"(b)部长"，插入如下内容：

"(b) 设立。部长"；

(4) 在（c）中（重新编号后），删去"(c)为了能"，插入如下内容：

"(c) 职业和培训。为能够"；

(5) 在（d）中（由（1）重新编号）：

(A) 删去"(d)开始"，插入如下内容：

"(d) 资金的分配。开始"；

(B) 在（2）中，删去（B），插入如下内容：

"(B) 尽管有《1914 年 5 月 8 日法》第 3 条（d）（《美国法典》第 7 篇 343（d））的规定，剩余的资金应在各州做如下分配：

"(ⅰ) 100 000 美元应分配给各 1862 机构和 1890 机构。

"(ⅱ) 根据（Ⅲ），剩余资金应分派给各州，各州所得资金金额占全部资金的比率应和以下两项的比率相同：

"(Ⅰ) 该州生活在收入贫困指南线（依据管理和预算办公室规定并由《社区服务整体补贴法》第 673 条（2）（《美国法典》第 42 篇 9902（2））调整）及线下 125％的人口数目；

"(Ⅱ) 生活在收入贫困指南线及线下 125％的所有州的人口总和；

"在多余金额被首次分配时，相关人口数据由最近一次的十年人口普查提供。

"(ⅲ)（Ⅰ) 在依照（Ⅱ）进行任何资金分配之前，如果在任一财政年度里用于实施食品和营养教育拓展计划的拨款金额超过了 2007 财政年度该计划的拨款金额，那么根据（Ⅱ），该财政年度超过的这部分金额应按如下比率分配给 1890 机构：

"(aa) 2009 财政年度 10％。

"(bb) 2010 财政年度 11％。

"(cc) 2011 财政年度 12％。

"(dd) 2012 财政年度 13％。

"(ee) 2013 财政年度 14％。

"(ff) 2014 财政年度及以后每年 15％。

"(Ⅱ) 依照（Ⅰ）提供的资金应分配给各 1890 机构，各机构所得金额相对所有分配金额的比率应和以下两项的比率相同：

"(aa) 该 1890 机构所在州生活在收入贫困指南线（依据管理和预算办公室规定并由《社区服务整体补贴法》第 673 条（2）（《美国法典》第 42 篇 9902（2））调整）及线下 125％的人口数目；比

"(bb) 1890 机构所在各州生活在收入贫困指南线或以下 125％的人口总和；

在多余金额被首次分配时，相关人口数据由最近一次的十年人口普查提供。

"（iv）本小项不能限制部长为收入高于本小项所指定水平的人们开发教育材料和项目。"以及

（C）删除（3）；以及

（6）在结尾处插入如下内容：

"（e）补充性管理办法。部长应确保一个州 1862 机构和 1890 机构的食品和营养教育扩充计划的补充性管理。

"（f）拨款授权。2009 至 2012 各财政年度，每年授权拨款 90 000 000 美元以执行依照《1914 年 5 月 8 日法》第 3 条（d）（《美国法典》第 7 篇 343（d））设立的食品和营养教学扩充计划。

（b）相应的修订。《1985 年粮食安全法》第 1588 条（b）（《美国法典》第 7 篇 3175e（b））修订为删去"第 1425 条（c）（2）"，插入"第 1452 条（d）（2）"。

（c）生效日期。该条修订生效日期为 2008 年 10 月 1 日。

第 7117 条　动物健康和疾病研究持续性计划。

《1977 年全国农业研究、推广和教学政策法》第 1433 条（a）（《美国法典》第 7 篇 3195（a））修订为在第一句中删去"2007"，插入"2012"。

第 7118 条　具有资质的机构间的合作。

《1977 年全国农业研究、推广和教学政策法》第 1433 条（《美国法典》第 7 篇 3195）做以修订，在结尾处增加如下内容：

"（g）具有资质的机构间的合作。部长应依据本条在可行范围内最大限度地鼓励具有资质的机构 111 通过定期举行地区性及全国性会议来合作设定研究重点。"

第 7119 条　关于全国性或地区问题的研究拨款。

《1977 年全国农业研究、推广和教学政策法》第 1434 条（a）（《美国法典》第 7 篇 3196（a））做以修订，删除"2007"并插入"2012"。

第 7120 条　动物健康和疾病研究计划。

《1977 年全国农业研究、推广和教学政策法》第 1434 条（b）（《美国法典》第 7 篇 3196（b））做以修订，在"大学"后增加如下内容："（包括 1890 研究所（由《1998 年农业研究、推广和教育改革法》第 2 条（《美国法典》第 7 篇 7601）定义））。"

第 7121 条　1890 年赠地学院的推广授权等级。

《1977 年全国农业研究、推广和教学政策法》第 1444 条（a）（2）（《美国法典》第 7 篇 3221（a）（2））做以修订，删除"15％"并插入"20％"。

第 7122 条　1890 年赠地学院的农业研究授权等级。

《1977 年全国农业研究、推广和教学政策法》第 1445 条（a）（2）（《美国法典》第 7 篇 3222（a）（2））做以修订，删除"25％"并插入"30％"。

第 7123 条　升级包括塔斯基吉大学在内的 1890 赠地学院农业和食品科学设施的补贴。

《1977 年全国农业研究、推广和教学政策法》第 1447 条（b）（《美国法典》第 7 篇 3222b（b））做以修订，删除"2007"并插入"2012"。

第 7124 条　升级哥伦比亚特区赠地大学的农业和食品科学设施的补贴。

《1977 年全国农业研究、推广和教学政策法》做以修订，在第 1447 条（《美国法典》第 7 篇 3222b）

后插入如下内容：

"第 1447A 条　升级哥伦比亚特区赠地大学的农业和食品科学设施的补贴。

"（a）宗旨。国会旨在帮助依据《哥伦比亚特区公共高等教育重组法》第 208 条（《公法》93—471；《美国法令全书》第 88 篇 1428）设立的哥伦比亚特区赠地大学获得、改变或修复从事农业研究必需的设施或相关设备。

"（b）拨款授权。兹为 2008 到 2012 各财政年度授权拨款 750 000 美元以实施本条内容。"

第 7125 条　升级岛屿地区赠地机构的农业和食品科学设施和设备的补贴。

《1977 年全国农业研究、推广和教学政策法》（《美国法典》第 7 篇 3101 及以下）做出如下修订在第 1447A 条（由第 7124 条增加）后插入以下内容：

"第 1447B 条　升级岛屿地区赠地机构的农业和食品科学设施和设备的补贴。

"（a）宗旨。国会旨在帮助岛屿地区赠地机构获得、改变或修复从事农业研究必需的设施或相关设备。

"（b）补贴发放办。依据本条发放的补贴应按照部长认为实施本条宗旨所必需的金额及条件发放补贴。

"（c）规定。部长可以通过其认为对实施本条内容所必需的规定。

"（d）拨款授权。兹为 2008 到 2012 各财政年度授权拨款 8 000 000 美元以实施本条内容。"

第 7126 条　国家研究和培训虚拟中心。

《1977 年全国农业研究、推广和教学政策法》第 1448 条（《美国法典》第 7 篇 3222c）做以修订，在（a）（1）和（f）中删除每个"2007"并插入"2012"。

第 7127 条　1890 机构研究和推广活动的匹配资金要求。

《1977 年全国农业研究、推广和教学政策法》第 1449 条（c）（《美国法典》第 7 篇 3222d（c））修订如下：

（1）在第一句中：

（A）删除"2003 到 2007 各财政年度"；以及

（B）在"匹配"前插入"相等的"；以及

（2）删除从第 2 句话至第（5）条内容。

第 7128 条　西裔服务机构。

《1977 年全国农业研究、推广和教学政策法》第 1455 条（《美国法典》第 7 篇 3241）修订如下：

（1）删除（a）中"（或不涉及任何竞争条件的补贴）"；

（2）删除（b）（1）中的"联盟"；以及

（3）在（c）中：

（A）删除"20 000 000 美元"并插入"40 000 000 美元"；以及

（B）删除"2007"并插入"2012"。

第 7129 条　西裔服务农业学院和大学。

（a）通则。《1977 年全国农业研究、推广和教学政策法》做以修订，在第 1455 条（《美国法典》第 7 篇 3241）之后插入如下内容：

"第 1456 条　西裔服务农业学院和大学。

"（a）捐赠基金的定义。在本条中，'捐赠基金'系指依据（b）设立的西裔服务农业学院和大学基金。

"（b）捐赠。

"（1）通则。财政部长应依据本款设立西裔服务农业学院和大学基金。

"（2）协议。财政部长可以拟定必要协议来实施本款内容。

"（3）存入捐赠基金的款项。财政部长应将如下款项存入捐赠基金：

"（A）通过拨款法案提供的款项，即捐赠基金本金；以及

"（B）通过捐赠基金本金得到的利息。

"（4）投资。财政部长应将捐赠基金本金及其收益投资到美国的附息债务上。

"（5）提款及支出。

"（A）本金。财政部长不可以对捐赠基金本金进行提款或支出。

"（B）提款。2008 年 9 月 30 日及之后每年的 9 月 30 日，财政部长应提取本财政年度的捐赠基金收益并将其授权给农业部长，由农业部长在对捐赠基金的管理成本进行调整之后，对调整后的收益进行如下分配：

"（ⅰ）60％应基于每个机构的西裔登记人数按比例分配给西裔服务农业学院和大学。

"（ⅱ）40％应平均分配给西裔服务农业学院和大学。

"（6）捐赠基金。应考虑将依据本款提供的金额赠予西裔服务农业学院和大学，以依据本款设立一项捐赠基金。

"（7）拨款授权。兹为 2008 及之后各财政年度授权向部长提供必要拨款以实施本款内容。

"（c）年度支出授权。

"（1）通则。兹为 2008 及其之后各财政年度授权向农业部拨款如下金额以实施本款内容：

"（A）80 000 美元；乘以

"（B）西裔服务农业学院和大学的数量。

"（2）支出。对于 2008 及其之后各财政年度，财政部长应向每个西裔服务农业学院和大学的司库支付如下金额：

"（A）依据（1）拨款提供的总金额；除以

"（B）西裔服务农业学院和大学的数量。

"（3）资金使用。

"（A）通则。依据本款授权拨款的金额应与依据《1890 年 8 月 30 日法》（通常被称为《第二莫里尔法》）（《美国法典》第 7 篇 321 及以下）规定为学院拨款的使用方式相同。

"（B）与其他法律的关系。除非本款另有说明，该法要求依据本条应适用于西裔服务农业学院和大学。

"（d）机构能力建设补贴。

"（1）通则。对于 2008 及之后各财政年度，部长应发放补贴帮助西裔服务农业学院和大学进行机构能力建设（不包括对建筑物的改造、修缮、革新或建造）。

"（2）机构能力建设补贴标准。

"（A）补贴条件。部长应依据本款以竞争申请程序为基础发放补贴，依据竞争申请程序西裔服务农业学院和大学可以按照部长可能需要的时间、方式和内容向农业部长提交申请。

"（B）需求展示。

"（ⅰ）通则。作为依据本条进行补贴申请的一部分，部长应要求申请者依据部长要求展示补贴需求。

"（ⅱ）其他资金来源。部长依据本款仅可以向通过努力未能获得项目资金的申请者发放补贴。

"（C）支付非联邦份额。只有在补贴接收者支付部长要求的而且基于机构需要的非联邦资金份额，才能获得依据本款授予的补贴。

"（3）拨款授权。兹为 2008 及之后各财政年度授权向部长拨款必要金额以实施本款内容。

"（e）竞争补贴项目。

"（1）通则。部长应设立竞争补贴项目，资助西裔服务农业学院和大学在农业、人类营养、食品科学、生物能源及环境科学等方面的基础及应用研究。

"（2）拨款授权。兹为 2008 及之后各财政年度授权向部长拨款必要金额以实施本款内容。"

（b）推广。《史密斯—利弗法》第 3 条（《美国法典》第 7 篇 343）修订如下：

（1）在（b）结尾处增加如下内容：

"（4）给西裔服务农业学院和大学的年度拨款。

"（A）拨款授权。兹为 2008 及之后各财政年度授权向部长拨款必要金额提供给西裔服务农业学院和大学（如《1977 年全国农业研究、推广和教学政策法》第 1404 条（《美国法典》第 7 篇 3103）所定义）以实施本项内容，本项内容在拨款用完之前一直有效。

"（B）额外金额。依据本项提供的金额应是依据本条提供给各州、波多黎各联邦、关岛及美属维尔京群岛的其他任何金额之外的资金。

"（C）管理。依据本项提供的金额应：

"（ⅰ）基于农业部长制定和实施的竞争申请程序进行分配；

"（ⅱ）由部长支付给依据《1862 年 7 月 2 日法》（通常被称为《第一莫里尔法》）（《美国法典》第 7 篇 301 及以下）设立的州机构；以及

"（ⅲ）依据部长通过的规定由州机构通过跟西裔服务农业学院和大学签订合作协议来管理。"以及

（2）在（f）中：

（A）在本款标题中"1994 机构"之后插入"和西裔服务农业学院和大学"；以及

（B）删除"依据（b）（3）"并插入"或西裔服务农业学院和大学，依据（b）（3）和（4）规定"。

（c）相应的修订。

（1）《1998 年农业研究、推广和教育改革法》第 2 条（《美国法典》第 7 篇 7601）修订如下：

（A）把（6）重新编号为（7）；以及

（B）在（5）后插入如下内容：

"（6）西裔服务农业学院和大学。其定义参见《1997 年全国农业研究、推广和教学政策法》第 1404 条（《美国法典》第 7 篇 3103）。"

（2）《1998 年农业研究、推广和教育改革法》第 102 条（c）（《美国法典》第 7 篇 7612（c））修订如下：

（A）在本款标题中在"机构"之后插入"和西裔服务农业学院和大学"；以及

（B）在（1）中删除"和 1994 机构"并插入"1994 机构及西裔服务农业学院和大学"

（3）《1998 年农业研究、推广和教育改革法》第 103 条（e）（《美国法典》第 7 篇 7613（e））做以修订，在结尾处增加如下内容：

"（3）西裔服务农业学院和大学。为了有资格从农业部长那里获得农业推广基金以展开某项活动，每个西裔服务农业学院和大学应做到以下内容：

"（A）设立活动价值评议程序；以及

"（B）依据这一程序对活动进行评议。"

（4）《1998 年农业研究、推广和教育改革法》第 406 条（b）（《美国法典》第 7 篇 7626（b））做以修订，删除"1994 机构"并插入"1994 机构及西裔服务农业学院和大学"。

第 7130 条　国际农业研究、推广和教育。

《1977 年全国农业研究、推广和教学政策法》第 1458 条（a）（《美国法典》第 7 篇 3291（a））修订如下：

（1）在（1）中：

（A）在（A）中分号之后删除"和"；

（B）在（B）中结尾处增加"和"；以及

（C）在结尾中增加如下内容：

"（C）优先考虑那些跟美国教育机构、联邦或州政府机构有现行备忘协议或者有其他正式联系的机构；"；

（2）删除（3）并插入如下内容：

"（3）跟赠地学院和大学、西裔服务农业学院和大学、国际发展署、国际组织（如联合国、世界银行、地区发展银行和国际农业研究中心）或拥有共同目标的其他组织、机构或个人签订协议，以推动和支持以下内容：

"（A）可行的和可持续的全球农业体系的发展；

"（B）反饥饿和改变国际营养状况的努力；以及

"（C）食品数量、质量及可用性的提升；"

（3）在（7）（A）中删除"和赠地学院和大学"并插入"、赠地学院和大学及西裔服务农业学院和大学"；

（4）在（9）中：

（A）在（A）中删除"或其他学院和大学"并插入"、西裔服务农业学院和大学或其他学院和大学"；和

（B）在（D）中结尾处删除"和"；

（5）在（10）中结尾处删除句号并插入"；而且"以及

（6）在结尾中增加如下内容：

"（11）设立旨在向美国或外国学生提供奖学金的项目，依据（3）规定的协议让他们在外国农业学院和大学学习。"

第 7131 条　国际农业科学和教育项目竞争性补贴。

《1977 年全国农业研究、推广和教学政策法》第 1459A 条（c）（《美国法典》第 7 篇 3292b（c））做以修订，删除"2007"并插入"2012"。

第 7132 条　管理办法。

（a）农业研究、教育及推广项目的间接成本限制。《1977 年全国农业研究、推广和教学政策法》第 1462 条（a）（《美国法典》第 7 篇 3310（a））修订如下：

（1）删除"一个有竞争力的"并插入"任何"；以及

（2）删除"19％"并插入"22％"。

（b）审计、报告、统计及管理要求。《1977 年全国农业研究、推广和教学政策法》第 1469 条（a）（3）（《美国法典》第 7 篇 3315（a）（3））做以修订，删除"所拨款"并插入"所提供"。

第 7133 条　研究设备补贴。

《1977 年全国农业研究、推广和教学政策法》第 1462A 条（e）（《美国法典》第 7 篇 3310a（e））做以修订，删除"2007"并插入"2012"。

第 7134 条　大学研究。

《1977 年全国农业研究、推广和教学政策法》第 1463 条（《美国法典》第 7 篇 3311）做以修订，删除在（a）和（b）中的每个"2007"并插入"2012"。

第 7135 条　推广服务。

《1977 年全国农业研究、推广和教学政策法》第 1464 条（《美国法典》第 7 篇 3312）做以修订，删除"2007"并插入"2012"。

第 7136 条　补充及替代作物。

《1977 年全国农业研究、推广和教学政策法》第 1473D 条（a）（《美国法典》第 7 篇 3319D（a））做以修订，删除"2007"并插入"2012"。

第 7137 条　新时代农村科技项目。

《1977 年全国农业研究、推广和教学政策法》子篇 K（《美国法典》第 7 篇 3310 及以下）做以修订，在结尾处增加如下内容：

"第 1473E 条　新时代农村科技项目。

"（a）社区学院的定义。在本条中，社区学院系指具有如下特点的高等教育机构（由《1965 年高等教育法》第 101 条（《美国法典》第 20 篇 1001）定义）：

"（1）其招收的常规学生具有以下特点：

"（A）超过所在州学校的义务教育入学年龄；以及

"（B）能够从学校提供的培训中受益；

"（2）不提供授予学士学位或同等学位的教育项目；以及

"（3）该学院：

"（A）提供的教育项目不少于两年，并可以提供为达到上述学位所需要的全部学分；或

"（B）提供在工程、科技、数学或物理、化学或生物科学专业的为期两年的项目，培养学生成为工程、科学或者其他科技领域的技术人员或半专业水平人才，能够理解和应用基本工程、科学或数学方面的基本知识。

"（b）职能。

"（1）项目设立。

"（A）通则。农业部长应设立'新时代农业科技项目'，获得科技发展、应用研究和训练方面的补贴，以帮助以农业为基础的可再生能源劳动力发展。

"（B）支持。本条的倡议应支持以下领域：

"（ⅰ）生物能源；

"（ⅱ）纸浆造纸；以及

"（ⅲ）以农业为基础的可再生能源资源。

"（2）获得资金的条件。为了依据本条获得资金，一个实体应做到以下几点：

"（A）该实体应是一个设立在农村而且自本条通过之日起就已经存在的参与农业或生物能源研究和应用研究的社区学院或高级科技中心。

"（B）依据农业部长的决定，该实体应拥有经证实的项目发展和实施记录，以满足学生、教育者及商业和业界的需求，向以农业为基础的、可再生能源或纸浆造纸领域提供其认定具有资质的的技术人员。

"（C）该实体应具备为中学、为期 4 年的教育机构及相关非赢利组织提供现有合作伙伴关系和职业拓展和培训项目的能力。

"（c）补贴优先权。在依据本条提供补贴时，农业部长应优先考虑有合作伙伴关系的有资质的实体，其目的是：

"（1）提高信息共享能力；以及

"（2）最大限度地提升满足本条要求的能力。

"（d）拨款授权。兹为 2008 到 2012 各财政年度授权拨款实施本章内容的必要金额。"

第 7138 条　非赠地农业学院能力建设补贴。

《1977 年全国农业研究、推广和教学政策法》子篇 K（《美国法典》第 7 篇 3310 及以下）（由第 7137 条修订）做以修订，在结尾处增加如下内容：

"第 1473E 条　非赠地农业学院能力建设补贴。

"（a）补贴计划。

"（1）通则。部长应向非赠地农业学院发放竞争补贴，帮助非赠地农业学院维持和拓展在执行与如下内容相关的教育、研究及拓展活动能力：

"（A）农业；

"（B）可再生资源；以及

"（C）其他类似学科。

"（2）资金使用。依据（1）接收补贴的非赠地农业学院可以通过补贴获得的资金来维持和拓展非赠地农业学院的如下能力：

"（A）成功竞获联邦补贴及其他来源的资金，以开展教育、研究及拓展活动，应对国家、地区、州及地方利益优先关注的问题。

"（B）向以下对象宣传优先关注问题的相关信息：

"（ⅰ）农业、可再生资源及其他相关协会的兴趣成员；

"（ⅱ）公众；以及

"（ⅲ）其他任何感兴趣的实体。

"（C）鼓励农业、可再生资源及其他相关协会成员通过提供平衡补贴资金的匹配资金参加优先关注的教育、研究及拓展活动；以及

"（D）通过如下方式：

"（ⅰ）购买或者用其他方式获得设备及其他设施（不包括改变、修改、更新或者施工的方式）；

"（ⅱ）非赠地农业学院师资力量的专业提升和发展；以及

"（ⅲ）研究生助教奖学金的设立；

"（b）拨款授权。兹为 2008 到 2012 各财政年度授权拨款实施本条内容的必要金额。

第 7139 条　博洛格国际农业科技奖学金计划。

《1977 年全国农业研究、推广和教学政策法》子篇 K（《美国法典》第 7 篇 3310 及以下）（由第 7138 条修订）做以修订，在结尾处增加如下内容：

"第 1473G 条　博洛格国际农业科技奖学金计划。

"（a）奖学金计划。

"（1）通则。部长应设立"博洛格国际农业科技奖学金计划"，为来自具备资质的国家专门从事农业教育、研究和推广的个人提供科学培训和研究奖学金。

"（2）计划。农业部长应通过实施如下 3 个计划来开展奖学金计划，这 3 个计划旨在为个人奖学金获得者提供帮助。

"（A）研究生农业研究计划，旨在帮助参加美国教育机构的研究生农业学位培训的个人；

"（B）个人职业发展计划，旨在帮助来自发展中国家的农业科学家提升技能及在农业科技方面的理解力；以及

"（C）博洛格农业政策行政领导课程，旨在帮助来自具有资格的国家的高级农业政策制定者，首先聚焦在来自撒哈拉以南非洲及从前苏联独立出来的国家的个人。

"（b）具有资格的国家。具有资格的国家系指部长通过使用其挑选的人均国民总收入测试方式认定的发展中国家。

"（c）奖学金的宗旨。依据本条提供的奖学金应做到以下几点：

"（1）通过以下手段提升具有资质的国家的食品安全和经济增长：

"（A）教育新一代农业科学家；

"（B）增强科学知识及合作研究来提升农业生产力；以及

"（C）把这种知识扩展到市场用户和中间商；以及

"（2）应该支持以下内容：

"（A）通过与来自具有资质国家的入门级国际农业研究科学家、教职人员及政策制定者的交流而得到的培训及合作研究机会；

"（B）能够提升农业生产力的合作研究；

"（C）能够加强农业实践的新科学和农业科技转让；以及

"（D）减少技术采用障碍。

"（d）奖学金获得者。

"（1）具有资格的候选人。农业部长可以依据本条向来自具有资质的国家以农业教育、研究、推广或相关领域为专业或有相关经验的个人提供奖学金，其中包括如下人员：

"（A）来自公私部门的个人；以及

"（B）私人农业生产者。

"（2）候选人确认。部长应利用美国赠地学院和大学及类似大学、致力于农业研究和拓展的国际组织及全国农业研究组织的专业知识来帮助确认来自具有资质国家公私部门的奖学金计划候选人。

"（e）奖学金的使用。依据本条提供的奖学金应该用在如下方面：

"（1）提升来自具有资质国家的农业专业人士、美国农业专业人士、国际农业研究系统及一些适当的从事研究的美国实体间的合作计划；

"（2）通过（a）（2）提及的计划支持奖学金获得者

"（f）计划实施。部长应为博洛格国际农业科技奖学金计划及（a）（2）提及的计划提供管理、协调、评价与监督，不过部长可以将 1 个或者多个奖学金计划的管理承包给 1 个或多个合作大学。

"（g）拨款授权。兹授权拨款实施本条内容的必要金额，本条内容在拨款用完之前一直有效。"

第 7140 条　水产养殖援助计划。

《1977 年全国农业研究、推广和教学政策法》第 1477 条（《美国法典》第 7 篇 3324）做以修订，删除 "2007" 并插入 "2012"。

第 7141 条　牧场研究计划。

《1977 年全国农业研究、推广和教学政策法》第 1483 条（a）（《美国法典》第 7 篇 3336（a））做以修订，删除 "2007" 并插入 "2012"。

第 7142 条　关于生物安全规划与响应的特殊授权。

《1977 年全国农业研究、推广和教学政策法》第 1484 条（a）（《美国法典》第 7 篇 3351（a））做以修订，删除"2007"并插入"2012"。

第 7143 条　岛屿地区高等教育机构的传统教学和远程教学补贴计划。

（a）岛屿地区的远程教学补贴。《1977 年全国农业研究、推广和教学政策法》第 1490 条（f）（《美国法典》第 7 篇 3362（f））做以修订，删除"2007"并插入"2012"。

（b）岛屿地区传统教学补贴。《1977 年全国农业研究、推广和教学政策法》第 1491 条（《美国法典》第 7 篇 3363）修订如下：

（1）把（e）重新编号为（c）；

（2）在（c）（已被重新编号）中删除"2007"并插入"2012"。

子篇 B　《1990 年粮食、农业、保育和贸易法》

第 7201 条　国家基因资源计划。

《1990 年粮食、农业、保育和贸易法》第 1635 条（b）（《美国法典》第 7 篇 5844（b））修改为删除"2007"并插入"2012"。

第 7202 条　国际农业气象信息系统。

《1990 年粮食、农业、保育和贸易法》第 1641 条（c）（《美国法典》第 7 篇 5855（c））修改为删除"1991 至 1997"并插入"2008 至 2012"。

第 7203 条　伙伴关系。

《1990 年粮食、农业、保育和贸易法》第 1672 条（d）（《美国法典》第 7 篇 5925（d））修改为删除"可以"并插入"应"。

第 7204 条　最优先级研究与推广区域。

（a）通则。《1990 年粮食、农业、保育和贸易法》第 1672 条（《美国法典》第 7 篇 5925）修订如下：

（1）在（e）中：

（A）在（3）中删除"并控制食品和饲料链中的黄曲霉素"并插入"使在玉米和其他受影响的农产品和农作物中的黄曲霉素控制得到加强并最终商业化。"

（B）删除（1）、（4）、（7）、（8）、（15）、（17）、（21）、（23）、（26）、（27）、（32）、（34）、（41）、（42）、（43）和（45）；

（C）将（2）、（3）、（5）、（6）、（9）至（14）、（16）、（18）至（20）、（22）、（24）、（25）、（28）至（31）、（33）、（35）至（40）和（44）分别重新编号为（1）至（29）；以及

（D）在结尾处插入如下内容：

"（30）牲畜养殖中的空气排放。为了进行现场核实测试及制定动物养殖空气减排方案，依据本条可以设立研究和推广补贴。

"（31）猪基因组计划。依据本条设立研究补贴，进行包括猪基因组图谱在内的猪基因组研究。

"（32）牛壁虱热计划。依据本条设立研究牛壁虱热的研究和推广补贴，以帮助理解野生动物在牛壁虱热的持久性及传播方面的角色，研制根除牛壁虱热的先进办法并加强与野生动物、牲畜及人类卫生相

关的牛壁虱热相关疾病管理。

"（33）合成石膏。依据本条设立研究和推广补贴，研究电厂合成石膏的使用以修复土壤和营养损失。

"（34）蔓越莓研究计划。依据本条设立研究新技术的研究和推广补贴，协助蔓越莓种植者遵守联邦和州环境规定，提高产量，研发新的种植技术，创造更有效的种植方法并向蔓越莓生产者传授可持续增长经验。

"（35）高粱研究倡议。依据本条设立研究和推广补贴，研究高粱作为生物能源原料的使用，促进高粱生产的多样性及环境效益并通过高粱的使用来推动水资源保护。

"（36）海产虾类养殖计划。依据本条设立研究和推广补贴，设立研究计划来促进和维护美国国内的虾类养殖产业。

"（37）草坪草研究倡议。依据本条设立研究和推广补贴，研究草坪草的种植（包括为草坪建植与养护在水、肥料、杀虫剂、矿物燃料及机械方面的使用）及与草坪草种植相关的环境保护和改善。

"（38）农业工作者安全研究倡议。依据本条设立研究和推广补贴以实施以下内容：

"（A）研究并证明使农场主和农业经营者、杀虫剂处理者及农业工作者与杀虫剂的接触程序最小化的方法，包括致力于长期接触杀虫剂的农业工作者特殊担忧的研究。

"（B）开发农场使用的速测程序，以便更好地通知和传授农民、牧民、及农牧工作者关于安全区域再进入时间间隔的情况。

"（39）高原含水区。依据本条设立研究和推广补贴以开展关于在高原含水区降低水位及减少日益增长的水量需求方面的学科间研究。

"（40）关于鹿的倡议。依据本条设立支持合作研究的研究和推广补贴，专注于养殖鹿的传染病、寄生病及中毒的预防、诊断及治疗疾病和鹿基因组图谱的可行战略发展。

"（41）基于牧草喂养的牛肉体系研究倡议。依据本条设立研究和推广补贴，研究母牛犊的饲料排序及组合发展、小母牛的发展、储料器及精加工系统，为放牧肥育的牛的高效养殖传递最佳营养价值，优化饲料系统以提高放牧肥育的牛的可销售力并评估饲料质量对生殖适合度方面的效果。

"（42）有关气候变化的农业操作。依据本条设立研究和推广补贴，开展实地和实验室研究全面检查生态系统并开展探索农业操作与气候变化间关系的项目。

"（43）布鲁氏菌病控制和根除。依据本条设立研究和推广补贴，开展跟疫苗和疫苗递送系统发展有关的研究以有效控制和根除野生动物中的布鲁氏菌病并帮助控制布鲁氏菌病从野生动物传播给家畜。

"（44）大角羊和绵羊疾病机制。依据本条设立研究和推广补贴以开展跟在牧野条件下大角羊和绵羊健康状况有关的研究。

"（45）在美国太平洋地区的农业发展。依据本条设立农业和推广推广补贴支持美国太平洋地区的联合赠地教育机构的食品和农业科学。

"（46）热带和亚热带农业研究。依据本条设立与加勒比海和太平洋盆地同等金额的研究补贴，支持热带和亚热带农业研究，包括加勒比海和太平洋地区的赠地教育机构的害虫和疾病研究。

"（47）病毒性出血败血症。依据本条设立研究和推广补贴以研究如下内容：

"（A）病毒性出血败血症（在本条中称之为"VHS"）在其自然及扩展范围内对淡水鱼的效果；以及

"（B）在水体间 VHS 传输及人介导运输方法。

"（48）农牧场安全。依据本条设立研究和推广补贴以开展减少农牧场伤亡事件的项目，包括如下内容：

"（A）农场或牧场的现场安全检查；

"（B）向农业雇主、农业雇员、年轻人、农牧家庭、临时工或其他个人拓展并宣传农场安全研究及干预；以及

"（C）农业安全教育和培训。

"（49）在科学、技术、工程和数学领域的妇女和弱势群体。依据本条设立研究和推广补贴来增加来自农村地区的妇女和被忽视的弱势群体在科学、技术、工程和数学领域的参与度，优先考虑由开展由农业部长资助的持续项目的具有资质的教育机构。

"（50）苜蓿及饲料研究项目。依据本条设立研究和推广补贴，旨在研究苜蓿及饲料产量、生物量及持久性、虫害压力、苜蓿的生物能源潜能、其他饲料以及在收获及储藏期间减少损失的系统的改善。

"（51）食品系统兽药。依据本条设立研究补贴，解决影响食品动物、食品安全及环境的卫生问题并提升学生关于食品动物兽药及食品安全的信息资源、课程及临床教育。

"（52）生物炭研究。依据本条设立跟研究生物炭生产及使用相关的研究、推广及综合活动补贴，包括对农事及经济影响的考虑，协同生产生物能源的协同效应及土壤肥力及土壤碳封存的价值。"

"（2）将（h）重新编号为（j）；

"（3）在（g）后插入如下内容：

"（h）传粉保护。

"（1）研究与推广。

"（A）补贴。依据本条设立研究和推广补贴以开展以下活动：

"（ⅰ）调查并收集关于蜂群生产和健康的数据；

"（ⅱ）调查传粉生物学、免疫学、生态学、基因学及生物信息学；

"（Ⅲ）开展可能导致蜂群崩坏症候群或者跟蜂群崩坏症候群相关的多种不同因素及对蜜蜂及其他传粉者健康的其他严重威胁的研究，其他严重威胁包括如下方面：

"（Ⅰ）传粉者的寄生虫和病原体；以及

"（Ⅱ）杀虫剂、除草剂及杀菌剂对蜜蜂和原生及托管传粉者的亚致死效果；

"（ⅳ）制定缓解和预防措施以促进原生和托管传粉者的健康；以及

"（ⅴ）通过生境保护及最佳管理实践方案来促进蜜蜂和原生传粉者的健康。

"（B）拨款授权。兹为 2008 至 2012 各财政年度授权拨款 10 000 000 美元以实施本条内容。

"（2）农业部的能力及基础设施。

"（A）通则。农业部长应尽最大限度地提升该部门的能力和基础设施：

"（ⅰ）解决蜂群崩坏症候群及对传粉者健康的其他长期威胁，包括额外雇佣人员；以及

"（ⅱ）利用该部门设施开展关于蜂群崩坏症候群及其他传粉者问题的研究。

"（B）拨款授权。兹为 2008 至 2012 个财政年度授权拨款 7 250 000 美元以实施本条法律。

"（3）蜜蜂病虫害和病原体监测。兹为 2008 至 2012 各财政年度授权拨款 2 750 000 美元开展全国性的蜜蜂害虫和病原体监测项目。

"（4）蜜蜂蜂群崩坏症候群应对工作年度报告。农业部长应向众议院农业委员会及参议院农业、营养和林业委员会提交介绍农业部在如下方面所有进展的年度报告：

"（A）调查蜜蜂蜂群衰竭的原因或多种原因；以及

"（B）发现减少蜂群损失的适当战略。

"（ⅰ）地区卓越中心。

"（1）中心设立。农业部长应依据本条优先考虑为具体农业商品获得资金设立地区卓越中心。

"（2）组成。地区卓越中心应由 1 个或多个向地区卓越中心提供财政支持的学院和大学（包括赠地教育机构、林业学院、兽药学院或非赠地农业学院（其定义参见《1977 年全国农业研究、推广和教学政策法》第 1404 条（《美国法典》第 7 篇 3103））组成。

"（3）地区卓越中心标准。地区卓越中心应达到如下标准：

"（A）通过减少在研究、教育和推广方面的重复劳动确保协调合作和成本效益；

"（B）通过在农业产业集团、高等教育机构及联邦政府之间运用公私合作伙伴关系来平衡可用

资源；

"（C）通过推广活动实施教育倡议，来提升受众意识并向受众有效宣传解决方案；

"（D）通过确认、吸引并引导资金来解决需要重点关注的农业问题来给农村社区增加经济回报；以及

"（E）提升学院和大学（包括赠地教育机构）、林业学院及兽药学院）的教学能力和基础设施。

"（4）在（j）（由（2）重新编号）中删除"2007"并插入"2012"。

（b）相应的修订。《1990 年粮食、农业、保育和贸易法》第 1672 条（《美国法典》第 7 篇 5925）修订如下：

（1）在（a）的第一句中，删除"（e）、（f）和（g）"并插入"从（e）到（j）"；

（2）在（b）中：

（A）在（1）中，删除"（1）、（6）、（7）和（11）"并插入"（4）、（7）、（8）和（11）（B）"。

（B）在（2）中，删除"（e）"并插入"从（e）到（j）"。

第 7205 条　营养研究与推广倡议。

《1990 年粮食、农业、保育和贸易法》第 1672A 条（《美国法典》第 7 篇 5925a）修订如下：

（1）在（b）中，删除（1）并插入如下内容：

"（1）通则。《竞争、专门和设施研究补贴法》（b）（4）、（7）、（8）和（11）（B）（《美国法典》第 7 篇 450i）应适用于本条中关于补贴设立的规定。

"（2）删除（d）并插入以下内容：

"（d）优先事项。在完成对依据本条收到的补贴建议的评审之后，农业部长将优先考虑涉及如下内容的补贴建议：

"（1）多家实体的合作；以及

"（2）具有高集中度饲养牲畜、乳牛或家禽的州或地区。"

（3）在（e）中：

（A）在（1）（B）"猪粪便"之后插入"及乳牛和菜牛粪便"；以及

（B）删除（5）并插入以下内容：

"（5）多种用途及可再生资源。依据本条设立研究和推广补贴，旨在发现允许农业操作者利用动物粪便的更新办法和技术，比如作为肥料、甲烷发酵、堆肥及其他有用副产品等。"

（4）将（g）重新编号为（f）；

（5）在（f）（重新编号后）中删除"2007"并插入"2012"。

第 7206 条　有机农业研究与推广倡议。

（a）通则。《1990 年粮食、农业、保育和贸易法》第 1672B 条（《美国法典》第 7 篇 5925b）（普遍被称为"有机农业研究和推广倡议"）修订如下：

（1）在（a）中：

（A）在（5）中在分号后删除"和"；

（B）在（6）中删除结尾于的句号并插入分号；

（C）在结尾处增加如下内容：

"（7）检查跟有机农业产品有关的最佳保育和环境成果；以及

"（8）研制特别适合有机农业的新的和改良的种子品种。"以及

（2）在结尾处增加如下内容：

"（f）资金。

"（1）通则。农业部长应使用商品信贷公司提供的如下部分可用资金来开展本条法律：

"（A）2009 财政年度 18 000 000 美元；

"（B）2010 至 2012 各财政年度 20 000 000 美元。

"（2）额外资金。除了（1）中的可用金额外，兹为 2009 到 2012 各财政年度授权拨款 25 000 000 美元以实施本条内容。"

（b）协调。在执行本条制定的修正案时，农业部长应确保依据《1994 年农业部重组法》第 251 条（《美国法典》第 7 篇 6971）设立的适用研究、教育和推广办公室部门主任依据本条对项目和活动进行协调，以最大可行限度确保不必要的重复劳动被取消或被最小化。

第 7207 条　农业生物能原料和能源效率研究与推广倡议。

《1990 年粮食、农业、保育和贸易法》第 XVI 篇（《美国法典》第 7 篇 5801 及以下）修改为在第 1672B 条（《美国法典》第 7 篇 5925b）之后插入如下内容：

"第 1672C 条　农业生物能原料和能源效率研究与推广倡议。

"（a）设立及宗旨。在农业部发起农业生物能源原料及能源效率研究和推广倡议（在本条中被称为"倡议"），旨在提升生物量能源作物的生产和农业操作的能源效率。

"（b）竞争性研究和推广补贴授权。为了执行本条法律，农业部长应设立竞争性补贴，支持在（c）和（d）说明的研究和推广活动。

"（c）农业生物能源原料研究和推广地区。

"（1）通则。依据本倡议提供资金支持的农业生物能源原料研究和推广活动应专注于提升农业生物量生产、生物炼制方面的生物量转化及生物量使用，需要通过如下方式：

"（A）支持对农作物种类、营养需求条件、管理手段、环境影响及经济等方面进行实地研究；

"（B）支持农场一体化生物量原料生产体系的发展与运行；

"（C）充分利用农业部及其他实体在如下方面的广泛的科学能力：

"（ⅰ）植物遗传学和繁殖；

"（ⅱ）作物生产；

"（ⅲ）土壤和水科学；

"（ⅳ）农业废料的使用；以及

"（ⅴ）碳水化合物、脂肪、蛋白质、木素化学、酶素开发及生物化学；

"（D）支持对要本款进行的任何研究的宣传，这将有助于达到本条目标。

"（2）选择标准。在选择（1）项目补贴接收者时，农业部长应考虑如下内容：

"（A）申请者具备如下方面的能力及经历：

"（ⅰ）在实际领域条件下的研究；以及

"（ⅱ）关于生物燃料或者生物燃料生产原料生产有关的工程和研究方面的知识；

"（B）经建议研究的品种类型范围及种植实践（包括运用横向比较来研究品种类型及实践）；

"（C）在原料方面的地区多样性的需要；

"（D）开发跟生物量原料作物相关的多年数据的重要性；

"（E）农业生产者对项目的直接参与程度；

"（F）项目建议中包涵使用生物量的计划或者承诺的程度，此处提及的生物量是通过商用渠道作为项目一部分生产的；以及

"（G）农业部长可以确定的其他因素。

"（d）能源效率研究和推广地区。本倡议资助的农场能源效率研究和推广活动应专注于发展和展示跟如下内容相关的技术和生产实践：

"（1）提升在农场的可再生能源生产；

"（2）鼓励有效的农场能源利用；

"（3）提倡农场节能；

"（4）使农场或牧场保持能源平衡；以及

"（5）增加农场对先进技术的使用，提升能源效率。

"（e）最佳实践数据库。农业部长应建立一个包括公众可以使用的的信息在内的最佳实践数据库，这些信息包括：

"（1）可能包括多种生物质作物的生产；以及

"（2）生物质作物被用来作为一种生物能源的来源在生产、收集、收割、贮存及运输方面的最佳实践。

"（f）管理办法。

"（1）通则。《竞争、专门和设施研究补贴法》（b）（《美国法典》第 7 篇 450i（b））（4）、（7）、（8）和（11）（B）应适用于本条关于补贴设立的相关规定。

"（2）磋商和协调。农业部长应做到如下几点：

"（A）与全国农业研究、推广、教育及经济咨询委员会磋商来设立补贴；以及

"（B）尽最大限度协调本章和《2002 年农场安全与农村投资法》第 9008 条的项目和活动以确保如下内容：

"（ⅰ）没必要的重复劳动被取消或者被降低到最小程度；以及

"（ⅱ）农业部和能源部各自的能力得到适当地发挥。

"（3）补贴优先事项。农业部长应优先考虑结合了依据（c）和（d）开展的研究和推广活动的补贴申请。

"（4）必要的匹配资金。依据本条作为接收补贴的一个条件，农业部长应要求补贴接收者从非联邦渠道获得至少与联邦政府提供的金额相当的资金或实物支持。

"（5）鼓励合作伙伴关系。既完成补贴建议书的同行互查程序之后，农业部长可以优先考虑那些有如下同行互查程序结果的补贴建议书：

"（A）在科学方面值得称赞；以及

"（B）涉及如下合作：

"（Ⅰ）在多个实体间；以及

"（Ⅱ）与农业生产者。

"（g）拨款授权。兹为 2008 到 2012 各财政年度授权拨款 50 000 000 美元以实施本条内容。"

第 7208 条　农场企业管理和基准管理。

《1990 年粮食、农业、保育和贸易法》做出如下修订：在第 1672C 条（与第 7207 条的添加方式一样）之后插入如下内容：

"第 1672D 条　农场企业管理。

"（a）通则。农业可以出于如下目的来设立竞争性研究和推广补贴：

"（1）提升农业生产者的农场管理知识和技能；以及

"（2）建立并维护一个公众可以使用的全国性的农场金融管理数据者以支持先进的农场管理。

"（b）选择标准。在拨款可用资金来执行本条法律之时，农业部长可以优先考虑如下描述的补贴：

"（1）展示与农业生产者直接合作的能力；

"（2）与农场管理和生产者协会合作；

"（3）满足各种作物及不同美国地区的农场管理需要；以及

"（4）使用并支持全国性的农场金融管理数据库。

"（c）管理。《竞争、专门和设施研究补贴法》（b）（《美国法典》第 7 篇 450i（b））的（4）、（7）、（8）和（11）（B）应适用于设立补贴的相关规定。

"（d）拨款授权。兹为授权拨款必要资金以实施本条内容。"

第 7209 条　农业电信计划。

《1990 年粮食、农业、保育和贸易法》第 1673 条（《美国法典》第 7 篇 5926）被撤销。

第 7210 条　残疾农民辅助技术计划。

《1990 年粮食、农业、保育和贸易法》第 1680 条（c）（1）（《美国法典》第 7 篇 5933（c）（1））修改为删除"2007"并插入"2012"。

第 7211 条　蜜蜂疾病研究。

《1990 年粮食、农业、保育和贸易法》第 1681 条（《美国法典》第 7 篇 5934）被撤销。

第 7212 条　国家农村信息中心票据交换所。

《1990 年粮食、农业、保育和贸易法》第 2381 条（e）（《美国法典》第 7 篇 3125b（e））修改为删除"2007"并插入"2012"。

子篇 C　《1998 年农业研究、推广和教育改革法》

第 7301 条　同行和价值评议。

《1998 年农业研究、推广和教育改革法》第 103 条（a）（《美国法典》第 7 篇 7613（a））做以修订，在结尾处增加如下内容：

"（3）考虑。根据（1）和（2）建立的同行和价值评议程序不应将匹配资金的提供或可行性考虑在内。"

第 7302 条　高价值农产品质量研究的伙伴关系。

《1998 年农业研究、推广和教育改革法》第 402 条（《美国法典》第 7 篇 7622）被撤销。

第 7303 条　精细农业。

《1998 年农业研究、推广和教育改革法》第 403 条（《美国法典》第 7 篇 7623）被撤销。

第 7304 条　生物基产品。

（a）试验项目。《1998 年农业研究、推广和教育改革法》第 404 条（e）（2）（《美国法典》第 7 篇 7624（e）（2））做以修订，删除"2007"并插入"2012"。

（b）授权拨款。《1998 年农业研究、推广和教育改革法》第 404 条（h）（《美国法典》第 7 篇 7624（h））做以修订，删除"2007"并插入"2012"。

第 7305 条　托马斯·杰斐逊作物多样化倡议。

《1998 年农业研究、推广和教育改革法》第 405 条（《美国法典》第 7 篇 7625）被撤销。

第 7306 条　整合研究、教育和推广的竞争性补贴计划。

《1998 年农业研究、推广和教育改革法》第 406 条（f）（《美国法典》第 7 篇 7626（f））做以修订，删除"2007"并插入"2012"。

第 7307 条　禾谷镰孢菌补贴。

《1998 年农业研究、推广和教育改革法》第 408 条（《美国法典》第 7 篇 7628）做出如下修订：

（1）在（a）的标题中删除"2007"并插入"2012"；以及

（2）在（e）中删除"2007"并插入"2012"。

第 7308 条　牛约尼氏病控制计划。

《1998 年农业研究、推广和教育改革法》第 409 条（b）（《美国法典》第 7 篇 7629（b））做以修订，删除"2007"并插入"2012"。

第 7309 条　给予青年组织的补贴。

《1998 年农业研究、推广和教育改革法》第 410 条（《美国法典》第 7 篇 7630）做以修订，删除（b）和（c）并插入如下内容：

"（b）灵活度。农业部长应向根据本条接收资金的每个组织提供在内容发送方面的最大灵活度，以确保每个组织的独特目标以及地方社区的需要得到完全满足。

"（c）在授权组织内资金重新分配。根据本条资金的接收者可以在不需要农业部长进一步批准的情况下将所收到资金的全部或一部分重新分配给个别委员会或地方分会。

"（d）拨款授权。兹为 2008 年到 2012 各财政年度授权拨款必要资金以实施本条内容。"

第 7310 条　发展中国家的农业生物技术研究与开发。

《1998 年农业研究、推广和教育改革法》第 411 条（c）（《美国法典》第 7 篇 7631（c））做以修订，删除"2007"并插入"2012"。

第 7311 条　特产作物研究倡议。

（a）通则。《1998 年农业研究、推广和教育改革法》第 IV 篇（《美国法典》第 7 篇 7621 及以下）做以修订，在结尾处增加如下内容：

"第 412 条　特产农作物研究倡议。

"（a）定义。在本条中：

"（1）倡议。'倡议'一词指的是（b）制定的专业作物研究和推广倡议。

"（2）专业作物。'专业作物'一词的含义如《2004 年专业作物竞争力法》第 3 条（《美国法典》第 7 篇 1621 注释；《公法》108 - 465）所示。

"（b）制定倡议。农业部制定专业作物研究和推广倡议，通过研制和宣传解决具体作物及其所在地区需要的科学手段来满足专业作物产业的关键性需要。这些手段包括：

"（1）开展植物育种、遗传学及基因学等方面的研究来提升作物品质，比如：

"（A）产品、味道、质量及外观；

"（B）环境响应及忍耐力；

"（C）包括植物营养吸收效率在内的营养控制；

"（D）包括因减少运用控制战略而导致的害虫和疾病抵抗方面的害虫及疾病控制；以及

"（E）所增加的植物营养素含量；

"（2）努力确认并解决害虫和疾病威胁，包括对专业作物传粉者的威胁；

"（3）努力长期提升生产效率、生产力及利润率（包括专业作物政策及市场营销）；

"（4）新的创新和技术，包括推迟或抑制作物成熟的先进机制和技术；以及

"（5）在包括生鲜农产品在内的专业作物的生产及加工中潜在食品安全危险的预防、检测、监控及响应手段。

"（c）具有资格的实体。农业部长可以通过以下机构执行该协议：

"（1）联邦机构；

"（2）国家实验室；

"（3）学院和大学；

"（4）研究机构和组织；

"（5）私人组织或公司；

"（6）州农业实验站；

"（7）个人；以及

"（8）由（1）到（7）中的两个或多个实体组成的团体。

"（d）研究项目。在执行本条法律的同时，农业部长应基于竞争力来给予补贴。

"（e）管理。

"（1）通则。对于（d）给予的补贴，农业部长应做到以下几点：

"（A）寻求并接受补贴建议；

"（B）根据第103条通过同行评议和价值评议机制来决定补贴建议的关联性及价值；以及

"（C）基于价值、质量及关联性给予补贴。

"（2）期限。本条补贴期限不可以超过10年。

"（3）所需匹配资金。农业部长应要求本条补贴的接收者提供来自非联邦来源的资金或实物支持，这笔资金至少相当于联邦政府提供的金额。

"（4）其他条件。农业部长可以在本条授予补贴的问题上设置其认为合适的其他条件。

"（f）优先事项。在本章设立补贴之时，农业部长更应优先考虑如下类型的项目：

"（1）多州、多机构或多学科项目；

"（2）包括跟生产者及公众交流研究结果的明确机制的项目。

"（g）建筑物与设施。本条可用资金不应用于一个建筑物或设施的建设或者现有建筑物或设施的获得、扩展、重建或改建（包括场地升级和改善以及建筑费用）。

"（h）提供资金。

"（1）通则。对于商口信托公司提供的资金，农业部长应在2008财政年度拿出其中的30 000 000美元而且从2009到2012各财政年度拿出其中的50 000 000美元来实施本条内容，其中不少于10%的资金应分配给（b）（1）到（5）的活动。

"（2）拨款授权。兹为2008到2012各财政年度，除了（1）中的可用资金之外，授权拨款100 000 000美元以实施本条内容。

"（3）转让。根据（1）农业部长在2008财政年度的可用资金，而且这笔资金经授权用来支付《1977年全国农业研究、推广与教学政策法》第1469条（a）（3）（《美国法典》第7篇3315（a）（3））的行政费用。农业部长应在本条法律生效之日起转让上述资金中的2000 000美元给环保局的预防、农药及有毒物质办公室，以便开展跟溴甲烷有关的元分析。

"（4）资金可用性。在一个财年中根据本款提供的资金应在用完之前一年有效，资金用来支付该财年的承付款项。"

（b）协调。在实施本条制定的修改时，农业部长应确保根据《1994年农业部重组法》第251条（《美国法典》第7篇6971）设立的适用研究、教育和推广办公室部门负责人尽最大努力对本条的项目和活动进行协调，以确保不必要的重复劳动被撤消或被降低至最小程度。

第 7312 条　食用动物残渣规避数据库项目。

《1998 年农业研究、推广和教育改革法》第 604 条（《美国法典》第 7 篇 7642）做以修订在结尾处增加如下内容：

"（e）拨款授权。兹为 2008 年到 2012 财政年度，除了其他可用资金之外，授权拨款 2 500 000 美元以实施本条内容。

第 7313 条　病虫害控制政策办公室。

《1998 年农业研究、推广和教育改革法》第 614 条（f）（《美国法典》第 7 篇 7653（f））做以修订，删除"2007"并插入"2012"。

子篇 D　其他法律。

第 7401 条　《关键农资法》。

《关键农资法》第 16 条（a）（《美国法典》第 7 篇 178n（a））做以修订，删除"2007"并插入"2012"。

第 7402 章　《1994 年教育赠地地位公平法》。

（a）1994 机构的定义。1994 年《教育赠地地位公平法》第 532 条（《美国法典》第 7 篇 301 注释；《公法》103 - 382）做以修订，在结尾处增加如下内容：

"（34）伊利萨维克学院。"

（b）1994 机构的捐赠。《1994 年教育赠地地位公平法》第 533 条（《美国法典》第 7 篇 301 注释；《公法》103 - 382）修订如下：

（1）在（a）（3）中的（A）起首处的内容中在"第 534 条"之前插入"本条和"；以及

（2）在（b）第一句中删除"2007"并插入"2012"。

（c）重新分配。《1994 年教育赠地地位公平法》第 534 条（a）（3）（《美国法典》第 7 篇 301 注释；《公法》103 - 382）做以修订：

（1）删除"金额"并插入如下内容：

"（A）通则。除（B）提供的之外，金额"；以及

（2）在结尾处增加如下内容：

"（B）重新分配。根据（2）向一家 1994 机构支付的资金，如果该机构有如下行为，将会被停止支付并被重新分配给其他 1994 机构：

"（i）该机构拒绝按照（2）接受资金；或者

"（ii）该机构不能满足第 533 条（a）（3）的认证条件。"

"（d）机构能力建设补贴。《1994 年教育赠地地位公平法》第 535 条（《美国法典》第 7 篇 301 注释；《公法》103 - 382）做以修订，删除每个"2007"并插入"2012"；

（e）研究补贴。《1994 年教育赠地地位公平法》第 536 条（c）（《美国法典》第 7 篇 301 注释；《公法》103 - 382）做以修订，在第一句中删除"2007"并插入"2012"。

（f）有效日期。（a）做出的修订于 2008 年 11 月 1 日生效。

第 7403 条　《史密斯—莱佛法》。

（a）项目。《史密斯—莱佛法》第 3 条（d）（《美国法典》第 7 篇 343（d））做以修订，在第二句中删除"申请并接收"及此处直到（2）结束的所有内容并插入"竞争并接收直接来自农业部长的资金"。

（b）取消州长在推广活动方面的报告要求。《史密斯—莱佛法》第 5 条（《美国法典》第 7 篇 345）做以修订，删除第三句话。

（c）相应的修订。《1977 年全国农业研究、推广与教学政策法》第 1444 条（a）（2）（《美国法典》第 7 篇 3221（a）（2））做以修订，删除"在 1995 年 9 月 30 日后，根据此法第 3 条（d）（《美国法典》第 7 篇 343（d））及此处直到此句结束的所有内容并插入"根据此法第 3 条（d）（《美国法典》第 7 篇 343（d））"。

第 7404 条 《1887 年赫奇法》。

（a）哥伦比亚特区。《1887 年赫奇法》第 3 条（d）（4）（《美国法典》第 7 篇 361c（d）（4））做以修订：

（1）在该项标题中在"地区"之后插入"和哥伦比亚特区"；

（2）在（A）中：

（A）在"美国"之后插入"和哥伦比亚特区"；以及

（B）在"各自地"之后插入"和哥伦比亚特区"；以及

（3）在（B）中在"地区"之后插入"或者哥伦比亚特区"。

（b）取缔没有预付费的公事邮票的权限。

（1）通则。《1887 年赫奇法》第 6 条（《美国法典》第 7 篇 361f）做以修订，在第一句中删除"根据冒用必罚："及之后直到此句结束的所有内容并插入一个句号。

（2）其他法律中的相应的修订。

（A）《1977 年全国农业研究、推广与教学政策法》。

（ⅰ）《1977 年全国农业研究、推广与教学政策法》第 1444 条（f）（《美国法典》第 7 篇 3221（f））做以修订，在第一句中删除"根据冒用必罚："及之后直到此句结束的所有内容并插入一个句号。

（ⅱ）《1977 年全国农业研究、推广与教学政策法》第 1445 条（e）（《美国法典》第 7 篇 3222（e））做以修订，在第一句中删除"根据冒用必罚："及之后直到此句结束的所有内容并插入一个句号。

（B）其他条款。《美国法典》第 39 篇第 3202 条（a）修订如下：

（ⅰ）在（1）中：

（Ⅰ）在（D）中在结尾处增加"而且"；

（Ⅱ）在（E）中删除"各条；而且"并插入"各条。"以及

（Ⅲ）删除（F）；

（ⅱ）在（2）中在结尾处增加"而且"；

（ⅲ）在（3）中删除"在其中；而且"并插入"在其中。"以及

（ⅳ）删除（4）。

第 7405 条 《农业试验站研究设施法》。

《研究设施法》第 6 条（a）（《美国法典》第 7 篇 390d（a））做以修订，删除"2007"并插入"2012"。

第 7406 条 农业和粮食研究倡议。

（a）通则。《竞争、专门和设施研究补贴法》第（b）款（《美国法典》第 7 篇 450i（b））做出如下修订：

"（b）农业及粮食研究倡议。

"（1）倡议设立。农业部设立农业和粮食研究倡议，根据此倡议农业部长（本节中称之为"部长"）可以设立基础及应用研究、推广及教育的竞争性补贴，以从事粮食和农业科学（其定义参见《1977 年

全国农业研究、推广与教学政策法》第 1404 章（《美国法典》第 7 篇 3103））。

"（2）优先领域。依据本条设立的竞争性补贴项目应提及如下领域：

"（A）植物健康与生产及植物产品：

"（ⅰ）植物基因组结构与功能；

"（ⅱ）分子及细胞遗传学及植物生物技术；

"（ⅲ）常规育种，包括品种和育种发展、选种理论、应用数量遗传学、旨在培育优质食品质量的育种、旨在培育对生物压力和非生物压力具有良好适应性的育种以及参与性育种；

"（ⅳ）植物——害虫相互作用及生物控制系统；

"（ⅴ）作物植物对环境压力的反应；

"（ⅵ）植物产品未证实的营养品质；以及

"（ⅶ）新食品和植物产品的工业用途；

"（B）动物健康和生产及动物产品。动物系统包括如下内容：

"（ⅰ）水产养殖；

"（ⅱ）动物繁殖、成长、疾病及健康的细胞和分子基础；

"（ⅲ）动物生物技术；

"（ⅳ）常规育种，包括品种和育种发展、选种理论、应用数量遗传学、旨在培育优质食品质量的育种、旨在培育对生物压力和非生物压力具有良好适应性的育种以及参与性育种；

"（ⅴ）负责改善生产特性及抵御疾病的基因识别；

"（ⅵ）优良的动物营养表现；

"（ⅶ）动物产品优良的营养品质及用途；以及

"（ⅷ）重视生产效率、动物健康以及适用于水产养殖的新改良畜牧业和生产系统的发展。

"（C）粮食安全、营养及健康。营养、粮食安全和质量及健康包括：

"（ⅰ）跟人类健康相关的微生物污染物及农药残留；

"（ⅱ）饮食与健康之间的联系；

"（ⅲ）营养素的生物利用率；

"（ⅳ）收割期后的生理学及实践；以及

"（ⅴ）先进的加工技术；

"（D）可再生能源，自然资源及环境。自然资源和环境包括如下内容：

"（ⅰ）生态系统的基础结构和功能；

"（ⅱ）可持续生产系统的生物学及物理基础；

"（ⅳ）使土壤和水分的损失降到最低并维护地表水和地下水质量；

"（ⅳ）全球气候对农业的影响；

"（ⅴ）林业；以及

"（ⅵ）生物多样性；

"（E）农业系统和技术。工程、产品及加工包括如下内容：

"（ⅰ）来自传统和非传统作物、动物、副产品及自然资源的新用途和新产品；

"（ⅱ）机器人技术、能源效率、计算及专家系统；

"（ⅲ）新危险和风险评估和缓解措施；以及

"（ⅳ）水质量和管理。

"（F）农业经济及农村社区。市场、贸易及政策包括如下内容：

"（ⅰ）进入国内和国外市场并在其中保持竞争力的策略；

"（ⅱ）农场效率和利润率，包括小型和中型乳制品、家畜、作物及其他商品经营的可行性及竞争力；

"（ⅲ）农场和市场机制的新决策手段；

"（ⅳ）技术的选择与应用；

"（ⅴ）技术评估；以及

"（ⅵ）包括农村创业在内的农村发展的新方法。

"（3）期限。根据本款制定的竞争性补贴的期限应不超过 10 年。

"（4）总体管理。在根据本款设立补贴时，农业部长应做到如下几点：

"（A）寻求并接受补贴建议；

"（B）根据《1998 年农业研究、推广和教育改革法》第 103 条（《美国法典》第 7 篇 7613）进行同行及价值评议，通过这一机制决定补贴建议的关联性及价值；

"（C）基于价值、质量及关联性给予补贴；

"（D）征求并考虑根据《1998 年农业研究、推广和教育改革法》第 102 条（b）（《美国法典》第 7 篇 7612（b））开展或使用农业研究、推广或教育的个人的看法；

"（E）在根据本款寻求补贴建议并对上述建议进行同行评议评估的过程中，寻求联邦政府、学院和大学、州农业实验站及私营部门的具有资格的个人的最广泛参与。

"（5）资金分配。在根据本款设立补贴之时，农业部长应将资金分配给农业和粮食研究倡议，以确保在研究活动的资金当中：

"（A）不少于 60％可用于设立基础研究补贴（其定义参见《1994 年农业部重组法》第 251 条（f）(1)（《美国法典》第 7 篇 6971）），其中：

"（ⅰ）不少于 30％可用于设立由多学科团队开展研究的补贴；以及

"（ⅱ）至多 2％用于（6）（A）中的设备补贴；以及

"（B）不少于 40％可用于设立应用研究补贴（其定义参见《1994 年农业部重组法》第 251 条（f）(1)（《美国法典》第 7 篇 6971））。

"（6）特殊考虑。在根据本款设立补贴时，农业部长应通过向如下方面提供补贴来协助在农业、食品及环境科学方面的能力发展：

"（A）给机构的补贴，考虑通过获得特殊研究设备及提升农业教育及传授来提升机构研究、发展、技术转让及教育能力，但是农业部长应使用不少于本小项 25％的可用资金向优秀的博士和博士后学生提供农业科学研究奖学金。

"（B）给个人研究者或联合研究者的补贴，他们刚刚开始研究生涯并未有广泛的研究出版记录，但是为了能够获得补贴资格，个人应在 5 年内开始初始研究职业轨迹。

"（C）确保根据本条未曾成功获得竞争性补贴的中小型及弱势群体服务机构获得一部分补贴；

"（D）提升根据本条在平均每三年提供一次的资金级别上在获取竞争性补贴方面不是很成功的各州（其定义参见《1977 年全国农业研究、推广与教学政策法》第 1404 条（《美国法典》第 7 篇 3103））的研究、推广和教育能力。

"（7）具有资格的实体。农业部长应向如下方面提供根据本款开展研究、推广及教育的补贴：

"（A）州农业实验站；

"（B）学院和大学；

"（C）大学研究基金会；

"（D）其他研究机构和组织；

"（E）联邦机构；

"（F）国家实验室；

"（G）私人组织或公司；

"（H）个人；以及

"（I）由（A）到（H）提及的两个或多个实体组成的任何团队。

"（8）被禁止的工程建设。根据本款可用补贴资金不应用于新建筑、设施或现有建筑物或设施的获得、扩展、重建或改建（包括场地升级和改善以及建筑费用）。

"（9）匹配资金。

"（A）设备补贴。

"（i）通则。当遇到（6）（A）设立补贴的情况时，除（Ⅱ）提供的资金外，本款提供的金额不应超过通过补贴资金获得的特殊研究设备或其他设备的成本的 50％。

"（ii）中止权。如果学院、大学或学院和大学中维持的研究基金会基于所获得的联邦研究资金位列所有上述机构的最低 1/3，使用补贴资金获得的设备成本不超过 25 000 美元，而且这种设备在单一研究项目中有多种用途或者在 1 个以上的研究项目中可用，那么农业部长可以中止（Ⅰ）中所述的所有或部分匹配要求。

"（B）应用研究。作为（5）（B）设立补贴的一项条件，农业部长应要求，如果补贴用于下列应用研究，那么来自非联邦来源的匹配资金应与补贴资金相匹配。

"（i）关于特定商品的应用研究；以及

"（ii）不是全国范围内的应用研究。

"（10）计划管理。国家粮食和农业研究所所长，在负责研究、教育和经济的副部长的协调下，以最为可行的方式应根据本款将补贴分配给高优先级的研究，在可行的情况下要把全国农业研究、推广、教育及经济咨询委员会（该委员会的设立根据《1977 年全国农业研究、推广与教学政策法》第 1408 条（《美国法典》第 7 篇 3123））所做的决定考虑在内。

"（11）拨款授权。

"（A）通则。兹为 2008 年到 2012 各财政年度授权拨款 700 000 000 美元以实施本款内容，对于该拨款资金：

"（i）至少 30％资金应根据《1998 年农业研究、推广和教育改革法》第 406 条（《美国法典》第 7 篇 7626）规定用于综合性研究；

"（ii）至多 4％资金应留给农业部长，用来支付其在执行本款法律时产生的行政成本。

"（B）资金可用性。本条提供的资金应用在如下方面：

"（i）用于为期两年的法律义务，从开始提供资金当年 10 月 1 日开始算起。

"（ii）用于支付这两年间必要花费，一直可用到耗尽。"

（b）撤销。

（1）《1998 年农业研究、推广和教育改革法》第 401 条（《美国法典》第 7 篇 7621）被撤销。

（2）《竞争、专门和设施研究补贴法》第（d）款（《美国法典》第 7 篇 450i（d））被撤销。

（c）当前请求的效力。在本法案颁布之前本条做出的修订不应适用于任何由合作州研究、教育与推广服务局发出关于补贴申请的请求。

（d）相应的修订。

（1）《1977 年全国农业研究、推广与教学政策法》第 1473 条（《美国法典》第 7 篇 3319）做以修订，在第一句中删除"和（d）"。

（2）《1990 年粮食、农业、保育和贸易法》第 1671 条（d）（《美国法典》第 7 篇 5924（d））做以修订，删除"（1）、（6）、（7）和（11）"并插入"（4）、（7）、（8）和（11）（B）"。

（3）《1990 年粮食、农业、保育和贸易法》第 1672B 条（b）（《美国法典》第 7 篇 5925b（b））做以修订，删除"（1）、（6）、（7）和（11）"并插入"（4）、（7）、（8）和（11）（B）"。

第 7407 条　《2000 年农业风险保护法》。

《2000 年农业风险保护法》第 221 条（《美国法典》第 7 篇 6711（g））做以修订，删除（g）并插入如下内容：

"（g）拨款授权。兹为 2007 到 2012 各财政年度授权拨款 15 000 000 美元实施本条内容。"

第 7408 条 交换或出售权。

《1994 年农业部重组法》第（Ⅲ）篇（《公法》103 - 354；《美国法令全书》第 108 篇 3238）做以修订，在结尾处插入如下内容：

"第 307 条 交换或出售的权力。

"（a）具有资质的私人财产的定义。在本条中'具有资格的私人财产'指的是：

"（1）动物；

"（2）动物产品；

"（3）植物；或者

"（4）植物产品。

"（b）一般授权。除（c）提供的资金外，尽管《美国法典》第 40 篇子篇 I 第 5 章另有规定，但农业部长通过负责研究、教育和经济的副部长来行使权力管理个人财产，旨在执行农业部研究职能，可以交换、出售或以其他方式处理任何具有资质的个人资产，包括通过公开拍卖的方式，并可以在没有进一步拨款而且没有财年限制的情况下把售卖所得或其他收益通过全部支付或部分支付的方式应用在如下方面：

"（1）获得具有资质的私人财产；或

"（2）抵消私人财产在维护、照顾或饲养产生的成本。

"（c）例外。（b）根据《联邦修正法》第 520 条（普遍被称为《农业部组织法》（《美国法典》第 7 篇 2201））不适用于新型种子和种质的自由宣传。"

第 7409 条 加强利用租赁权试点计划。

《1994 年农业部重组法》第（Ⅲ）篇（《公法》103 - 354；《美国法令全书》第 108 篇 3238）（由第 7408 条修订）做以修订在结尾处增加如下内容：

"第 308 条 加强使用租约权限试点计划。

"（a）设立。为了提升农业部机构不动产的利用率，农业部长应根据本条计划在农业研究服务局的贝茨维尔农业研究中心和国家农业图书馆设立试点计划，将中心或图书馆的非过剩财产租赁给个人或实体，包括州或地方政府的机构。

"（b）要求。

"（1）通则。尽管《美国法典》第 40 篇子篇 I 第 5 章另有规定，农业部长应根据其所规定的条件和条款租赁中心或图书馆的不动产，如果农业部长认为该租赁行为具有如下特点：

"（A）符合但并不会负面影响农业部机构管理财产的任务；

"（B）提升财产的利用率；

"（C）不允许农业部机构财产或农业部设施的任一部分用于商品或住宅开发的公开零售或批发出售；

"（D）不允许机构对非联邦来源资助的设施施工或改建，除了特殊用途；以及

"（E）不包括出于农业部机构目的所需要的任何财产或设施，不优先考虑机构的需要。

"（2）期限。本条租赁期限不应越过 30 年。

"（3）考虑。

"（A）通则。本条租赁规定包括：

"（ⅰ）租赁金额应等同于农业部长认定的公平市场价格；以及

"（ⅱ）租金应以现金形式。

"（B）资金的使用。

"（ⅰ）通则。本条租赁规定包括：

"（Ⅰ）租金应储存在农业部长设立的一个固定资产帐户中；以及

"（ⅱ）在未有进一步拨款的情况，资金在用完之前应用于在贝茨维尔农业研究中心和国家农业图书馆的农业部资产和设施的维护、资本再生及改善。

"（Ⅱ）预算处理。出于预算的目的，在（Ⅰ）中提及的金额不应用来作为任何农业部机构或其他机构根据本条租赁资产的收入。

"（4）成本。承租方应负责本条跟租赁相关的所有成本，包括如下成本：

"（A）将开展的租赁资产或设施项目；

"（B）租赁物的提供和管理；

"（C）任何所需设施的建设；

"（D）适用工具的提供；以及

"（E）正常情况下跟租用设施操作相关的其他设施成本。

"（5）禁止使用拨款。农业部长不应使用在拨款法案中向其提供的任何资金，该法案为本条租赁产生的建设或操作成本拨款。

"（6）授权终止。本条及本条提供的授权终止日期为：

"（A）本条通过之日后 5 年；或

"（B）任何租赁资产的租赁终止日期。

"（c）其他法律的效力。

"（1）利用率。本条租用资产不应因《斯图尔特 B. 麦克基尼无家可归者援助法》第 501 条（《美国法典》第 42 篇 11411）被视为闲置或未被充分利用。

"（2）处置。根据本条贝茨维尔农业研究中心或国家农业图书馆的租用资产不应因《公法》100－202 第 523 条（《美国法令全书》第 101 篇 1329－417）被视为通过出售、租赁、租借、过量或剩余等形式得到处置。

"（d）管理办法。

"（1）通则。在本条法律通过之后不迟于 90 天内，农业部长应向众议院农业委员会和参议院农业、营养和林业委员会提交报告。该报告描述具体管理目标及表现评估，农业部长拟以此为依据评估本条计划的成功与否。

"（2）报告。在本条法律通过之后不迟于 1 年、3 年和 5 年，农业部长应向众议院农业委员会和参议院农业、营养和林业委员会提交报告。该报告描述本条计划的实施，包括如下内容：

"（A）依据本条制定的每个租约副本；以及

"（B）农业部长依据其制定的管理目标及表现评价对计划成功与否的评估。

第 7410 条　创业农场主和牧场主发展计划。

（a）补贴。《2002 年农业安全与农村投资法》第 7405 条（c）（《美国法典》第 7 篇 3319f（c））做如下修订：

（1）删除（3）并插入如下内容：

"（3）补贴的最大期限和额度。

"（A）通则。本款补贴应：

"（ⅰ）拥有不超过 3 年的期限；以及

"（ⅱ）拥有每年不超过 250 000 美元。

"（B）连续性补贴。一个具备资质的补贴获得者应根据本款获得连续性补贴。"

"（2）将（5）到（7）分别重新编号为（8）到（10）；

（3）在（4）后插入如下内容：

"（5）评估标准。在根据本款制定补贴之时，农业部长应评估如下内容：

"（A）相关性；

"（B）技术水平；

"（C）成就感；

"（D）1个或多个申请者的专业知识和历史成就记录；

"（E）计划的充分性，包括参与性评估过程、以成果为导向的报告及在直接目标观众以外的成果交流；以及

"（F）农业部长认定的其他适合因素。

"（6）地区平衡。在依据本条制定补贴之时，农业部长应在可行范围内最大限度地确保地域多样性。

"（7）优先事项。在依据本条制定补贴之时，农业部长应优先考虑由非政府组织和社区组织牵头或涉及的伙伴关系与合作，这些组织拥有在新农业生产者培训和拓展方面的专业知识。"

（b）提供资金。《2002年农场安全和农村投资法》第7405条（《美国法典》第7篇3319f）做以修订，删除（h）并插入如下内容：

"（h）提供资金。

"（1）通则。在商品信贷公司的资金之中，农业部长应提供如下金额以实施本条内容：

"（A）2009财政年度18 000 000美元；以及

"（B）2010到2012各财政年度19 000 000美元。

"（2）拨款授权。除依据（1）提供的资金之外，兹为2008至2012各财政年度授权拨款30 000 000美元用于实施本条内容。"

第7411条　关于使用生物技术生产人类消耗食品的公共教育。

《2002年农业安全与农村投资法》第10802条（《美国法典》第7篇5921a）被撤销。

第7412条　《麦金泰尔—斯坦尼斯合作林业法》。

（a）通则。《公法》87-788（通常被称为"《麦金泰尔—斯坦尼斯合作林业法》"）第2条（《美国法典》第16篇582a-1）做以修订，在"和（b）"之前插入"和1890机构（其定义参见《1998年农业研究、推广和教育改革法》第2条（《美国法典》第7篇7601））"。

（b）生效日期。（a）做出的修订于2008年10月1日生效。

第7413条　《1978年可再生资源推广法》。

（a）拨款授权。《1978年可再生资源推广法》第6条（《美国法典》第16篇1675）做以修订，删除"2007"并插入"2012"。

（b）终止日期。

《1978年可再生资源推广法》第8条（《美国法典》第16篇1671注释；《公法》95-306）做以修订，删除"2007"并插入"2012"。

第7414条　《1980年国家水产养殖法》。

《1980年国家水产养殖法》第10条（《美国法典》第16篇2809）做以修改，删除每次出现的"2007"并插入"2012"。

第7415条　在国家植物园的中国园林建设。

《1927年3月4日法》（《美国法典》第20篇191及以下）做以修订，在结尾处增加如下内容：

"**第 7 条**　在国家植物园的中国园林建设。

"在根据本法设立的国家植物园中可以建造中国园林，条件如下：
"（1）使用第 5 条认可的资金；
"（2）依据第 6 条农业部长被授予的职权；以及
"（3）使用为此提供的拨款。"

第 7416 条　《1985 年全国农业研究、推广及教学政策法修正案》。

《1985 年全国农业研究、推广及教学政策法修正案》第 1431 条（《公法》99‑198；《美国法令全书》第 99 篇 1556）做以修订，删除"2007"并插入"2012"。

第 7417 条　哥伦比亚特区大学获得某些赠地大学援助的资格。

（a）通则。《哥伦比亚特区公共高等教育重组法》第 208 条（《公法》93‑471；《美国法令全书》第 88 篇 1428）修订如下：
（1）在（b）（2）中，删除"，但是"直到本句结束的所有内容并插入句号；以及
（2）在（c）中：
（A）删除每个"第 3 条"并插入"第 3 条（c）"；以及
（B）删除"可以用来支付……的金额"直至"工作。"的所有内容。
（b）生效日期。本条修订于 2008 年 10 月 1 日生效。

子篇 E　杂　项

第 I 部分　通　则

第 7501 条　定义。

除非本子篇另有规定，在本子篇中：
（1）能力和基础设施。'能力和基础设施'参见《1994 年农业部重组法》第 251 条（f）（1）（《美国法典》第 7 篇 6971）（由第 7511 条（a）（4）增加）。
（2）能力和基础设施计划的关键基础资金。'能力和基础设施项目的关键基础资金'指的是 2006 财政年度视情况而定发放给能力和基础设施项目的联邦资金的总额。
（3）竞争性计划。'竞争性计划'参见《1994 年农业部重组法》第 251 条（f）（1）（《美国法典》第 7 篇 6971）（由第 7511 条（a）（4）增加）。
（4）竞争性计划的关键基础资金。'竞争性计划的关键基础资金'指的是 2006 财政年度视情况而定发放给竞争性计划的联邦资金的总额。
（5）西裔服务农业高等院校。'西裔服务农业高等院校'参见《1977 年全国农业研究、推广和教育政策法》第 1404 条（《美国法典》第 7 篇 3103）。
（6）非接受政府赠地的农业院校机构。'非接受政府赠地的农业院校机构'参见《1977 年全国农业研究、推广和教育政策法》第 1404 条（《美国法典》第 7 篇 3103）。
（7）1862 机构；1890 机构；1994 机构。'1862 机构'，'1890 机构'，'1994 机构'参见《1998 年农业研究、推广和教育改革法》第 2 条（《美国法典》第 7 篇 7601）。

第 7502 条　牧场研究实验室。

除非另有法律明确授权并且尽管有其他法律条文规定，在 5 年期间，自该法案通过之日起，在俄克

拉荷马州艾尔雷诺作为牧场研究实验室由农业部长管理（自该法实施之日起）的联邦土地和设施在任何时候都不能依据《美国法典》第 40 篇子篇 I 第 5 章整体或部分地被判定为额外的或剩余的联邦地产，或以其他方式整体或部分地让与或转让。

第 7503 条　福特里诺科学园区研究设施。

农业部长可以向在俄克拉荷马州艾尔雷诺牧场研究实验室的俄克拉荷马大学出租土地，条件是大学和农业部长在促进合作研究和现有地役权安排方面达成一致。

第 7504 条　路线图。

（a）通则。在本法案通过之日后，不晚于 90 天内农业部长通过研究、教育和经济副部长代理职权，开始着手农业研究、教育和扩展路线图的起草，它能：

（1）确认当前趋势和限制；

（2）确认农业部内单一实体不能独自解决的重要因素和差异；

（3）涉及：

（A）来自联邦政府和非政府实体的利益相关团体；以及

（B）依据《1977 年全国农业研究、推广和教学政策法》第 1408 条（《美国法典》第 7 篇 3123）设立的全国农业研究、推广、教育和经济咨询委员会；

（4）合并由其他联邦实体、机构或办公室公布的用于农业研究、教育和推广的路线图；

（5）为农业研究、教育和推广领域而推荐的筹资水平的描述，包括：

（A）竞争性计划；

（B）能力和基础设施计划，专注于以下机构今后成长的需要：

（Ⅰ）小型 1862 机构，1890 机构和 1994 机构；

（Ⅱ）西裔服务高等院校；

（Ⅲ）非赠地农业学院；以及

（Ⅳ）兽医学院；以及

（C）机构在研究、教育和经济任务领域的内部计划；以及

（6）描述本法通过的组织结构变化如何整个农业部的农业研究、推广及教育的影响，包括最大限度的减少不必要的项目和重复管理。

（b）审核。本条描述的路线图不受限于除了农业部长（或农业部长指定的人员）外的任何官员或联邦政府雇员。

（c）路线图的使用和报告。在农业部长依据本条着手起草路线图之日后，不晚于 1 年内农业部长应：

（1）实施和使用路线图来设定农业部长的研究、教育和推广日程；以及

（2）向公众公布路线图。

第 7505 条　工作要求计划的审核。

（a）审核。农业部长应与在推广和研究方面的大学合作伙伴一起审核和确定相关措施以精简工作要求计划的提交、报告及实施过程，包括出于如下法规所述要求：

（1）《1977 年全国农业研究、推广和教学政策法》第 1444 条（d）和第 1445 条（c）（分别为《美国法典》第 7 篇 3221（d）和 3222（c））；

（2）《1887 年赫奇法》第 7 条（《美国法典》第 7 篇 361g）；以及

（3）《史密斯—莱佛法》第 4 条（《美国法典》第 7 篇 344）。

（b）磋商。为了实施审核、制订和编写建议，农业部长应与接受政府赠地的机构磋商。

第 7506 条　预算提交和资金提供。

（a）竞争性计划定义。在本条中，竞争性计划仅包括总统年度预算意见中要求给予年度拨款的竞争性项目。

（b）预算请求。总统应向国会提交总统年度预算意见和单一预算支出明细，该明细反映了总统要求在本财政年度和之前 5 个财政年度为农业部研究、教育和经济任务领域的研究、教育和推广活动提供资金的总额。

（c）生产力和基础设施计划请求。对于能力和基础设施计划所需要的资金，如果超出了能力和基础设施计划关键基础筹资水平，那么预算重点应放在向以下机构提供更多的资金：

（1）1890 机构；

（2）1994 机构；

（3）非赠地农业学院；

（4）西裔服务高等院校；以及

（5）小型 1862 机构。

（d）竞争性计划请求。在为竞争性计划请求的超过竞争性计划关键筹资水平资金中，预算重点应放在：

（1）加强向出现的问题提供资金；以及

（2）加强向解决那些问题的应对措施提供资金。

第 Ⅱ 部分　研究、教育和经济

第 7511 条　研究、教育和经济。

（a）通则。《1994 年农业部重组法》第 251 条（《美国法典》第 7 篇 6971）修订为：

（1）在（a）中，在结尾处的句号前加上"（在本条中被提及统称为农业部副部长）"；

（2）删去（b）至（d）；

（3）重新编号（e）为（g）；

（4）在（a）后加上如下内容：

"（b）确认请求。农业部副部长应经参议院建议和同意由总统任命，从在农业研究、教育和经济方面接受过专门培训或拥有重要经验的杰出科学家中挑选。

"（c）首席科学家。农业部副部长应：

"（1）拥有农业部首席科学家的称号；以及

"（2）负责部门的研究、教育和扩展活动的协调。

"（d）农业副部长的职能。

"（1）主要职能。农业部长应依据部门权限委派农业部副部长与研究、教育和经济相关的那些职能和职责。

"（2）详细职能和职责。农业部副部长应：

"（A）确认、解决和优先考虑现有和新兴农业研究、教育和拓展需求（包括资金提供）；

"（B）在以下方面确保有效地协调和整合农业研究、教育和拓展项目：

"（ⅰ）跨科目、机构和体系；以及

"（ⅱ）在合适的参与者、接受者和受益人中；

"（C）促进来自当地、州、部落、地区、国家和国际水平的所有农业研究、教育和拓展资源的协同使用以解决优先考虑的需求；以及

"（D）培养在农业研究、教育和拓展受益人，包括公众中的沟通以确保农业研究、教育和拓展知识

的传播。

"（3）附加职能。农业部副部长应履行诸如法律要求或农业部长规定的其他职能和职责。

"（e）研究、教育和拓展办公室。

"（1）设立。农业部副部长应在副部长 6 部门办公室内做好组织工作，该办公室被统称为'研究、教育和推广办公室'，应协调农业部的研究项目和活动。

"（2）部门指定。研究、教育和推广办公室内的部门应是如下所示：

"（A）再生能源、自然资源和环境。

"（B）粮食安全、营养和健康。

"（C）植物健康与生产和植物产品。

"（D）动物健康与生产和动物产品。

"（E）农业系统和技术。

"（F）农业经济和农村社区。

"（3）部门主管。

"（A）遴选。农业部副部长应依据《美国法典》第 5 篇通过有效的人事权限为每个部门挑选部门主管，包括：

"（ⅰ）通过任期、临时或其他任命，不考虑：

"（Ⅰ）《美国法典》第 5 篇关于在竞争性岗位的任命管理规定；

"（Ⅱ）《美国法典》第 5 篇第 35 章第 I 节有关保留优先权的规定；以及

"（Ⅲ）《美国法典》第 5 篇第 51 章和第 53 章第 III 节有关分类和普通等级工资标准；

"（ⅱ）对于任一农业部拨款的法案，不管其在本项内容通过之日前期、中期还是后期通过，都需要对这些选派进行偿付，除非拨款法案具体提及本条而且具体涵盖这些选派。

"（ⅲ）通过再指定或从其他公务员职位调动；以及

"（ⅳ）通过《美国法典》第 5 篇第 33 章第 Ⅵ 节分配。

"（B）遴选指南。农业部副部长应依据（A）在可行范围内最大限度地以如下方式挑选部门主管：

"（ⅰ）提升领导能力和促进专业发展；

"（ⅱ）加强全体人员与部内的其他机构互动；以及

"（ⅲ）使农业部副部长允许部内人员流转至部门主管职位的能力发挥到最大。

"（C）任职期限。尽管《美国法典》第 5 篇另有规定，依据（A）被选为部门主管的个人最长任期应不超过 4 年。

"（D）职位要求。为了符合选为部门主管的条件，候选人应：

"（ⅰ）指挥过在农业或林业领域内可称为典范的研究、教育或拓展；以及

"（ⅱ）在高等院校获得了高级学位（如《1965 年高等教育法》第 101 条（《美国法典》第 20 篇 1001）所定义）。

"（E）部门主管的职责。除非本法案另有规定，每位部门负责人应：

"（ⅰ）在确认和解决新兴农业研究、教育和拓展需求上协助农业部副部长；

"（ⅱ）在确认和优先考虑遍及部门的农业研究、教育和拓展需求（包括提供资金）上协助农业部副部长；

"（ⅲ）评估农业部研究、教育和拓展职能的战略劳动力需求，制定战略劳动力计划以确保满足现有的和将来的劳动力需求；

"（ⅳ）与研究、教育和拓展受益人（包括公众）和研究、教育和推广系统的代表（包括研究、推广、教育和经济咨询委员会）沟通，以提升农业研究、教育和推广的收益；

"（ⅴ）在准备和实施《2008 年粮食、保育和能源法》第 7504 条提及的农业、教育和推广的路线图上协助农业部副部长；以及

"（ⅵ）执行诸如农业部副部长可能决定的其他职责。

"（4）行政管理。

"（A）提供资金。尽管有为农业部拨款的任一法案规定，不管在本项内容通过之日前期、中期还是后期通过，仍要求为人员选派成本进行偿付，除非本拨款法案具体提及本款并具体涵盖本条的资金管理，部长可以将所提供的资金转移至位于研究、教育和经济任务地区的一家机构，以向部门人员提供成本资金。

"（B）限制。在可行范围内最大限度地：

"（ⅰ）农业部副部长应将部门内全职等效职位的数量降到最低；以及

"（ⅱ）决不能让所有部门的全职等效职位的员工总数超过 30 人。

"（C）人员流转。农业部副部长应在可行范围内最大限度地利用（3）（A）所描述的权利，以如下方式使员工在部门内、部门和农业部机构之间流转：

"（ⅰ）提升领导能力和促进专业发展；以及

"（ⅱ）加强全体人员与农业部内的其他机构互动；

"（5）组织。农业部副部长应把研究机构的国家项目人员的领导职能并入研究、教育和拓展办公室以所需的形式来确保不出现重复管理。

"（f）国家粮食和农业研究所。

"（1）定义。在本款中：

"（A）咨询委员会。咨询委员会指的是依据《1977 年全国农业研究、推广和教育政策法》第 1408条（《美国法典》第 7 篇 3123）成立的全国农业研究、推广、教育和经济咨询委员会。

"（B）应用研究。应用研究指的是包括以揭露新知识能发展到使个人和社会受益的可行途径的基础研究调查结果的扩展的研究。

"（C）能力和基础设施项目。能力和基础设施项目指的是农业部长管理的下列每个农业研究、拓展、教育和相关项目或自《2008 年粮食、保育和能源法》通过之日前一天起的其他职权：

"（ⅰ）依据《1994 年教育赠地地位公平法》第 533、534（a）和 535 条提供资金给任何 1994 机构的各个项目；

"（ⅱ）依据《1994 年教育赠地地位公平法》（《美国法典》第 7 篇 301 注释；《公法》103 - 382）第536 条而设立的为 1994 机构提供研究补贴的计划。

"（ⅲ）依据《史密斯—莱弗法》（《美国法典》第 7 篇 343）第 3 条（b）和（c）设立的各个计划。

"（ⅳ）依据《1887 年赫奇法》（《美国法典》第 7 篇 361a 及以下）设立的各个计划。

"（Ⅴ）依据《1977 年全国农业研究、推广和教学政策法》第 1417 条（b）（《美国法典》第 7 篇3152（b））设立的各个计划。

"（ⅵ）依据《1977 年全国农业研究、推广和教学政策法》子篇 E（《美国法典》第 7 篇 3191 及以下）设立的动物健康和疾病研究规划。

"（ⅶ）依据《1977 年全国农业研究、推广和教学政策法》第 1444 条（《美国法典》第 7 篇 3221）设立的各个对 1890 机构有效的扩展计划。

"（ⅷ）依据《1977 年全国农业研究、推广和教学政策法》第 1445 条（《美国法典》第 7 篇 3222）设立的计划。

"（ⅸ）依据《1977 年全国农业研究、推广和教学政策法》第 1447 条（《美国法典》第 7 篇 3222b）设立的为升级 1890 机构农业和食品科学设施提供补贴的计划。

"（Ⅹ）依据《1977 年全国农业研究、推广和教学政策法》第 1490 条（《美国法典》第 7 篇 3362）设立的为岛屿地区提供远程教育补贴的计划。

"（ⅺ）依据《1977 年全国农业研究、推广和教学政策法》第 1491 条（《美国法典》第 7 篇 3363）设立的为岛屿地区提供居住指导补贴的计划。

"（ⅻ）依据《公法》87-88（一般称为《麦克因泰尔—斯坦尼斯合作林业法》）（《美国法典》第16篇582a及以下）设立的各个研究与开发项目和相关项目。

"（ⅹⅲ）依据《1978年可再生资源扩展法》（《美国法典》第16篇1671及以下）设立的各个计划。

"（ⅹⅳ）在《1977年全国农业研究、推广和教学政策法》第1456篇中给西裔农业高等院校提供资金的各个计划。

"（ⅹⅴ）在《1977年全国农业研究、推广和教学政策法》第1473F篇中为非政府赠地农业院校提供能力资助计划。

"（ⅹⅵ）其他农业部长认定的有资格的和为基础设施设立的计划。

"（D）竞争性计划。竞争性计划指的是以下自《2008年粮食、保育和能源法》通过之日前一日起农业部长对其有管理权或其他权利的各个农业研究：

"（ⅰ）依据《竞争、专门和设施研究补贴法》第2条（b）（《美国法典》第7篇450i（b））设立的农业和食品研究法案；

"（ⅱ）依据《联邦农作物保险法》第524条（a）（3）（《美国法典》第7篇1524（a）（3））设立的为风险管理教育提供竞争性补贴的计划。

"（ⅲ）依据《2008年食品和营养法》第25条（《美国法典》第7篇2034）设立的提供社区食品项目竞争性补贴的计划。

"（ⅳ）依据《2008年农场证券和农村投资法》第7405条（《美国法典》第7篇3319f）设立的为创业农场主和牧场主发展提供补贴的计划。

"（ⅴ）依据《1977年全国农业研究、推广和教学政策法》第1417条（j）（《美国法典》第7篇3152（j））设立的提供补贴的计划。

"（ⅵ）依据《1977年全国农业研究、推广和教学政策法》第1455条（《美国法典》第7篇3241）设立的为西裔服务机构提供补贴的计划。

"（ⅶ）依据《1977年全国农业研究、推广和教学政策法》第1459A条（《美国法典》第7篇3292b）设立的为国家农业科学教育计划提供竞争性补贴的计划。

"（ⅷ）依据《1990年粮食、农业、保育和贸易法》第1621条（《美国法典》第7篇5811）执行的研究和扩展计划。

"（ⅸ）依据《1990年粮食、农业、保育和贸易法》第1672B条（《美国法典》第7篇5925b）建立的有机农业研究和扩展倡议。

"（ⅹ）《1998年农业研究、推广和教育改革法》第412条中的特产农作物研究法。

"（ⅺ）依据《1990年粮食、农业、保育和贸易法》第1672C条执行的农业生物能原料和能源效率研究的实施和管理。

"（ⅻ）《1998年农业研究、推广和教育改革法》第407条（《美国法典》第7篇7627）授权的与中小型乳品业、家畜养殖业和家禽运营的竞争、生存和持续发展相关的竞争研究、扩展和教育计划。

"（ⅹⅲ）其他由农业部长决定的竞争性计划。

"（E）主管。'主管'指的是机构主管。

"（F）基础研究。'基础研究'指的是以下研究：

"（ⅰ）增加现象基础方面的知识和理解并且有扩大化适应的潜能；以及

"（ⅲ）对农业、食品、营养或环境有影响。

"（G）研究所。'研究所'指的是依据（2）（A）设立的国家粮食和农业研究所。

"（2）国家粮食和农业研究所的设立。

"（A）设立。农业部长应在农业部内设立一个称为'国家粮食和农业研究所'的机构。

"（B）权限转让。农业部长应向本研究所转让权限（包括所有预算授权、可用拨款和人事）、职责、义务及法律规定的或依据其他项目授予部长、农业部或其他农业部机构或官员的相关法律和行政职能，该转让不晚于 2009 年 10 月 1 日生效，上述其他项目包括：

"（ⅰ）能力和基础设施项目；

"（ⅱ）竞争性项目；

"（ⅲ）研究、教育、经济、合作州研究项目、推广和教育合作项目、国际项目和由农业部副部长依据《联邦法规汇编》第 7 篇第 2.66 章（或后续法规）授予合作州研究、教育和推广服务机构负责人的职能与权力；以及

"（ⅳ）任何或所有其他的由合作州研究、教育和推广机构的负责人行使的权力。

"（3）主管。

"（A）通则。该机构应有一名主管，该主管应是符合如下条件的个人：

"（ⅰ）杰出的科学家；并且

"（ⅱ）由总统任命。

"（B）监督。主管应直接向农业部长或农业部长指定人员汇报。

"（C）主管的职能。该主管应：

"（ⅰ）任期 6 年，服从于额外 6 年任期的任命；

"（ⅱ）定期向农业部长或农业部长指定人员汇报有关该研究所执行活动的情况；以及

"（ⅲ）定期与农业部长或农业部长指定人员磋商在可行范围内最大程度地确保：

"（ⅰ）与美国农业相关的研究所研究并且在其他方面服务于国家利益；以及

"（ⅱ）补充和增强研究所研究但不排挤掉由其他联邦机构领导或资助的研究。

"（D）报酬。主管收到的基本薪酬不应超过依据《美国法典》第 5 篇第 5382 条（B）规定的支付给高级行政官员的最高薪酬，除了该款的认证要求不适用于该主管的薪酬。

"（E）主管的权利和职责。除了本款中另有特殊规定外，主管应：

"（ⅰ）使用所有本款提供给该研究所的权力；

"（ⅱ）与农业部副部长协调，依照研究所采纳的政策规划和实施计划；

"（ⅲ）在研究所内设办事处；

"（ⅳ）为研究所提供和执行补贴设立程序；以及

"（ⅴ）定期与咨询委员会磋商。

"（4）条例。研究所应有执行本款所必需的此类权力，包括发布研究所认为运营、组织和人事管理所必需的此类条例的权力。

"（5）管理办法。

"（A）通则。主管应在研究所内建立起办公室和功能组织来执行基础和应用研究及推广与教育计划。

"（B）研究重点。在适用的情况下，研究所所长应确保农业部副部长通过研究、教育和推广办公室设立的研究重点由研究所的办公室和职能部门执行。

"（C）基础和应用研究。研究所所长应：

"（ⅰ）在基础和应用研究项目和功能中确定一个适当的平衡点；以及

"（ⅱ）视情况而定，指派员工帮助执行本小项规定。

"（D）竞争性地资金授予。研究所所长应：

"（ⅰ）推广通过竞争获得的补贴的使用和增长；以及

"（ⅱ）视情况而定指定员工协助本小项法律的执行。

"（E）协调。研究所所长应确保依据（A）设立的办公室和功能可以有效地协调以便发挥其最大功效。

"（6）提供资金。

"（A）通则。除了另外拨款用于执行研究所管理的各个项目的资金之外，每个财政年度还授权拨款

必要资金实施本款。

"（B）分配。依据（A）提供的资金应依据《2008 年粮食、保育和能源法》第 7504 条中描述的路线图所包含的建议分配。"

（b）功能。《1994 年农业部重组法》第 296 条（b）（《美国法典》第 7 篇 7014（b））修订如下：

（1）在（4）中，删去结尾处的"或"；

（2）在（5）中，删去结尾处的句号，加上"；或"；

（3）在结尾处加上如下内容：

"（6）依据第 251 条农业部长在农业部内设立如下职位的权利：

"（A）主管研究、教育和经济的农业部副部长的职位；

"（B）研究、教育和推广办公室；以及

"（C）国家粮食和农业研究所。"

（c）相应的修订。以下相应的修订应于 2009 年 10 月 1 日生效：

（1）《联邦农作物保险法》第 522 条（d）（2）（《美国法典》第 7 篇 1522（d）（2））做以修订，删除"合作州研究、教育和推广服务"加上"国家粮食和农业研究所"。

（2）《联邦农作物保险法》第 524 条（a）（《美国法典》第 7 篇 1524（a））做以修订，在（1）（B）和（3）（A）中删除每个出现的"合作州研究、教育和推广服务"并插入"国家粮食和农业研究所"。

（3）《巩固农业和农村发展法》第 306 条（a）（11）（C）（《美国法典》第 7 篇 1926（a）（11）（C））做以修订，删除"合作州研究、教育和推广服务"插入"国家粮食和农业研究所"。

（4）《1992 年农业信贷改进法》第 5 条（b）（2）（E）（《美国法典》第 7 篇 1929 注释；《公法》102 - 554）做以修订，删去"合作推广服务"加上"国家粮食和农业研究所"。

（5）《2008 年食品和营养法》第 11 条（f）（1）（《美国法典》第 7 篇 2020（f）（1））做以修订，删去"合作推广服务"加上"国家粮食和农业研究所"。

（6）《1972 年农村发展法》第 502 条（h）（《美国法典》第 7 篇 2662（h））修订如下：

（A）在（1）中，删去"推广服务"加上"国家粮食和农业研究所"；以及

（B）在（4）中，删去"推广服务员工"加上"国家粮食和农业研究所的员工"。

（7）《2002 年农业安全与农村投资法》第 7404 条（b）（1）（B）（《美国法典》第 7 篇 3101 注释；《公法》107 - 171）做以修订，删除（vi）插入如下内容：

"（vi）国家粮食和农业研究所。"

（8）《1977 年全国农业研究、推广和教学政策法》第 1408 条（b）（4）（《美国法典》第 7 篇 3123（b）（4））做以修订，删除"合作州研究、教育和推广服务机构主任"插入"国家粮食和农业研究所所长"。

（9）《1990 年粮食、农业、保育和贸易法》第 2381 条（a）（《美国法典》第 7 篇 3125b（a））做以修订，删除"推广服务"插入"国家粮食和农业研究所"。

（10）《1977 年全国农业研究、推广和教学政策法》修订如下：

（A）在第 1424A 条（b）（《美国法典》第 7 篇 3174a（b））中，删除"合作州研究、教育和推广服务"插入"国家粮食和农业研究所"。

（B）在第 1458 条（a）（10）（《美国法典》第 7 篇 3291（a）（10）），删除"合作州研究、教育和推广服务"插入"国家粮食和农业研究所"。

（11）《1985 年粮食安全法》第 1587 条（a）（《美国法典》第 7 篇 3175d（a））做以修订，删除每个"推广服务"插入"国家粮食和农业研究所"。

（12）《1977 年全国农业研究、推广和教学政策法》第 1444 条（b）（2）（A）（《美国法典》第 7 篇 3221（b）（2）（A））做以修订，删除"推广服务"插入"国家粮食和农业研究所"。

（13）《1977 年全国农业研究、推广和教学政策法》第 1473D 条（d）（《美国法典》第 7 篇 3319d

（d））做以修订，删除"合作州研究服务、推广服务"插入"国家粮食和农业研究所"。

（14）《1990 年粮食、农业、保育和贸易法》第 1499 条（c）（《美国法典》第 7 篇 5506（c））做以修订，删除"合作州研究服务"及其后所有的内容直到"推广服务；"加上"国家粮食和农业研究所，连同州农业试验站系统和州县合作推广服务；经济研究服务；"。

（15）《1990 年粮食、农业、保育和贸易法》第 1622 条（《美国法典》第 7 篇 5812）修订如下：

（A）在（a）（1）中，删除"与推广服务紧密合作的合作州研究服务"插入"国家粮食和农业研究所"；

（B）在（b）（1）中：

（ⅰ）删除（B）、（C）插入如下内容：

"（B）国家粮食和农业研究所；"；以及

（ⅱ）将（D）到（L）分别重新编号为（C）到（K）。

（16）《1990 年粮食、农业、保育和贸易法》第 1627 条（d）（《美国法典》第 7 篇 5821（d））做以修订，删除"推广服务"加上"国家粮食和农业研究所"。

（17）《1990 年粮食、农业、保育和贸易法》第 1629 条（《美国法典》第 7 篇 5832）修订如下：

（A）在（b）中，第一句删除"推广服务"插入"国家粮食和农业研究所"；以及

（B）在（h）中，删除"推广服务"插入"国家粮食和农业研究所"。

（18）《1990 年粮食、农业、保育和贸易法》第 1638 条（b）（《美国法典》第 7 篇 5852（b））修订如下：

（A）在（3）中，删除"合作州研究服务"插入"国家粮食和农业研究所"；以及

（B）在（5）中，删除"合作州研究服务"插入"国家粮食和农业研究所"。

（19）《1990 年粮食、农业、保育和贸易法》第 1640 条（a）（2）（《美国法典》第 7 篇 5854（a）（2））做以修订，删除"推广服务主管，合作州研究服务主管"插入"国家粮食和农业研究所所长"。

（20）《1990 年粮食、农业、保育和贸易法》第 1641 条（a）（《美国法典》第 7 篇 5855（a））修订如下：

（A）在（2）中，删除"合作州研究服务"插入"国家粮食和农业研究所"；以及

（B）在（4）中，删除"推广服务"插入"国家粮食和农业研究所"。

（21）《1990 年粮食、农业、保育和贸易法》第 1668 条（b）（《美国法典》第 7 篇 5921（b））做以修订，删除"合作州研究、教育、和推广服务"插入"国家粮食和农业研究所"。

（22）《1990 年粮食、农业、保育和贸易法》第 1670 条（a）（4）（《美国法典》第 7 篇 5923（a）（4））做以修订，删除"合作州研究、教育、和推广服务主管"插入"国家粮食和农业研究所所长"。

（23）《1990 年粮食、农业、保育和贸易法》第 1677 条（a）（《美国法典》第 7 篇 5930（a））做以修订，删除"推广服务"插入"国家粮食和农业研究所"。

（24）《1990 年粮食、农业、保育和贸易法》第 2122 条（b）（1）（《美国法典》第 7 篇 6521（b）（1））做以修订，删除"推广服务"插入"国家粮食和农业研究所"。

（25）《1990 年粮食、农业、保育和贸易法》第 2371 条（《美国法典》第 7 篇 6601）修订如下：

（A）在（a）中，删除"推广服务"插入"国家粮食和农业研究所"；

（B）在（c）（3）中，删除"服务"插入"系统"。

（26）《1990 年粮食、农业、保育和贸易法》第 2377 条（a）（《美国法典》第 7 篇 6615（a））做以修订，删除"推广服务"插入"国家粮食和农业研究所"。

（27）《1994 年农业部重组法》第 212 条（a）（2）（A）（《美国法典》第 7 篇 6912（a）（2）（A））做以修订，删除"251（d），"插入"251（f），"。

（28）《1996 年联邦农业促进和改革法》第 537 条（《美国法典》第 7 篇 7446）做以修订，在（a）（2）和（b）（3）（B）（ⅰ）中删除"合作州研究、教育和推广服务"插入"合作推广"。

（29）《1998 年农业研究、推扩和教育改革法》第 101 条（b）（2）（《美国法典》第 7 篇 7611（b）（2））做以修订，删除"合作州研究、教育和推广服务"插入"国家粮食和农业研究所"。

（30）《1998 年农业研究、推广和教育改革法》第 103 条（a）（《美国法典》第 7 篇 7613（a））修订如下：

（A）在本款标题中，删除"合作州研究、教育和推广服务"插入"国家粮食和农业研究所"；

（B）在（1）和（2）（A）中，删除"合作州研究、教育和推广服务"插入"国家粮食和农业研究所"。

（31）《1998 年农业研究、推广和教育改革法》第 407 条（c）（《美国法典》第 7 篇 7627（c））做以修订，删除"合作州研究、教育和推广服务"插入"国家粮食和农业研究所"。

（32）《1998 年农业研究、推广和教育改革法》第 410 条（a）（《美国法典》第 7 篇 7630（a））做以修订，删除"合作州研究、教育和推广服务主管"插入"国家粮食和农业研究所所长"。

（33）《2000 年农业风险保护法》第 307 条（g）（5）（《美国法典》第 7 篇 8606（g）（5））做以修订，删除"合作州研究、教育和推广服务主管"插入"国家粮食和农业研究所所长"。

（34）《1978 年可再生资源推广法》第 5 条（a）（《美国法典》第 16 篇 1674a（a））做以修订，删除"推广服务"插入"国家粮食和农业研究所"。

（35）《1978 年合作林业援助法》第 6 条（b）（《美国法典》第 16 篇 2103b（b））做以修订，删除"合作州研究、教育和推广服务，可以提供技术、财务和相关援助给州林业工作者、职权相等的州官员或合作推广官员"插入"国家粮食和农业研究所可以提供技术、财务和相关援助给州林业工作者、职权相等的州官员或合作推广官员"。

（36）《1978 年合作林业援助法》第 9 条（g）（2）（A）（ⅷ）（《美国法典》第 16 篇 2105（g）（2）（A）（Ⅷ））做以修订，删除"推广服务"插入"国家粮食和农业研究所"。

（37）《1978 年合作林业援助法》第 19 条（b）（1）（B）（ⅰ）（《美国法典》第 16 篇 2113（b）（1）（B）（Ⅰ））做以修订，删除"推广服务"插入"国家粮食和农业研究所"。

（38）《1985 年粮食安全法》第 1261 条（c）（4）（《美国法典》第 16 篇 3861（c）（4））做以修订，删除"推广服务"插入"国家粮食和农业研究所"。

（39）《1998 年非洲希望种子法》第 105 条（a）（《美国法典》第 22 篇 2293 注释；《公法》105 - 385）做以修订，删除"合作州研究、教育和推广服务（CSREES）"插入"国家粮食和农业研究所"。

（40）《2005 年国家航空航天管理权力法》第 307 条（a）（4）（《美国法典》第 42 篇 16657（a）（4））做以修订，删除（B）插入如下内容：

"（B）农业部国家粮食和农业研究所的计划和结构、同行评议、利益冲突管理、评议者报酬、对评议者效率和质量提供报酬的效果。"

第Ⅲ部分　新的补贴和研究计划

第 7521 条　抗药性细菌的研究和教育补贴。

（a）通则。农业部长应在竞争的基础上提供研究和教育补贴给：

（1）研究抗药性细菌的发展，包括：

（A）抗药性细菌进入地下水和地表水的活动；以及

（B）对来自各种药物使用方案的抗生素耐药性的影响；以及

（2）研究和确保抗生素在兽医和人类医学中审慎的使用，包括：

（A）畜牧学的研究方法和实践；

（B）关于抗生素安全而有效的替代选择；

（C）更好的兽医诊断学的发展以改进决策；以及

（D）影响抗生素在农场使用的条件和因素的识别。

（b）实施。《竞争、专门和设施研究补贴法》（《美国法典》第 7 篇 450i）（b）中（4）、（7）、（8）和（11）（B）应适应有关本条补贴的制定。

（c）拨款授权。兹为 2008 到 2012 各财政年度授权拨款必要资金以实施本条内容。

第 7522 条 农场和牧场压力援助网络。

（a）通则。农业部长在与健康与人类服务部长协调一致后，应提供竞争性补贴以支持州合作推广服务机构与非盈利组织之间为建立农场与牧场压力援助网络的合作项目，该援助网络旨在提供压力援助项目给从事农耕业、经营牧场和其他与农业相关的工作的个人。

（b）具有资格的项目。依据（a）授予的补贴可用于发起、扩展或维护通过如下机构来提供专业农业行为健康咨询服务和推荐其他援助形式的项目：

（1）农场热线服务电话和网站；

（2）社区教育；

（3）支持团体；

（4）延伸的服务和活动；以及

（5）在农场居民受困于家中的情况下，帮助送货上门。

（c）延伸服务。补贴应依据本款直接授予州合作推广服务机构来增强其与非盈利的以社区为基础的直接服务组织签订以多年为基础的合同来发起、扩展或维护（a）和（b）中描述的合作项目。

（d）拨款授权。兹为 2008 到 2012 各财政年度授权拨款必要资金以实施本条内容。

第 7523 条 种子分配。

（a）通则。农业部长应提供竞争性补贴给具有资质的实体以实施种子分配项目来执行和维持由商业种子公司捐献的蔬菜种子的分配。

（b）宗旨。本项目的宗旨包括：

（1）由商业种子公司捐献的种子分配免费发放给：

（A）个人；

（B）团体；

（C）机构；

（D）政府和非政府组织；以及

（E）诸如农业部长可能指定的此类其他实体。

（2）把种子分配给服务水平低下的社区，比如此类有如下情况的社区：

（A）能有限享用负担得起的新鲜蔬菜；

（B）高饥饿率和食品不安全风险高；或者

（C）严峻和持久的贫穷。

（c）实施。《竞争、专门和设施研究补贴法》第（b）款（4）、（7）、（8）和（11）（B）（《美国法典》第 7 篇 450i）应适用于依据本条提供的补贴。

（d）选择。一个有资格的实体被选为接受依据（a）提供的补贴应符合如下条件：

（1）关于商业种子公司捐赠的蔬菜种子分配的专门知识；

（2）达到种子分配计划的宗旨的能力。

（e）拨款授权。兹为 2008 到 2012 各财政年度授权拨款必要资金以实施本条内容。

第 7524 条 口蹄疫活病毒研究。

（a）通则。为在负责研究涉及动物传染病和外来动物疾病的高后果生物威胁的普拉姆岛动物疾病中心后续设施（在本条中被称之为"后续设施"）从事口蹄疫活病毒工作，农业部长应向国土安全部部长颁发《1884 年 5 月 29 日法》第 12 条（《美国法典》第 21 条 113a）所要求的许可证。

（b）对单一设施的限制。只有一种设施能被授予（1）中的许可证。

（c）有效性的限制。在本条中发放的许可证有效，除非农业部长认为在后继设施中的活口蹄疫病毒研究没有依照农业部长依据《2002 年农业生物恐怖主义法》（《美国法典》第 7 篇 8401 及以下）发布的法规执行。

（d）职权。根据本条下达的许可证的暂停、废除或其他损害：

（1）应由农业部长实施；并且

（2）是一个不可委托的功能。

第 7525 条　天然产品研究计划。

（a）通则。农业部长在农业部内设立一个天然产品研究计划。

（b）职责。为了实施依据（a）设立的计划，农业部长应整合与天然产品有关的研究，包括：

（1）通过产品和来自生物活性天然产品（包括来自植物、海产和微生物来源）农药的探索、开发和商业化以改善人类健康和农业生产力的研究；

（2）显示植物学起源、生产、化学和植物衍生天然产品的生物学特性的研究；以及

（3）其他由农业部长鉴定的研究重点。

（c）同行评议和价值评议。农业部长应：

（1）在本章中通过由农业部长依据《1998 年农业研究、推扩和教育改革法》（《美国法典》第 7 篇 7613）第 103 条设立的同行评议系统确定关联和价值研究；以及

（2）批准为促进本条目的基于价值、品质和关联性的研究提供资金。

（d）建筑物和设施。由本条提供的资金不应用于新建筑物或设施的建造或现有建筑物或设施的购买、扩建、改建或修改（包括场地平整和改善和建筑师费用）。

（e）拨款授权。兹为 2008 到 2012 各财政年度授权拨款必要资金以实施本条内容。

第 7526 条　太阳格兰特计划。

（a）设立。农业部长应设立和实施一个向（b）指定的太阳格兰特中心和分中心提供补贴的计划：

（1）通过生物基能源技术的开发、分配和实施来加强国家能源安全；

（2）通过生物基能源和产品技术促进美国农业生产的多样性和环境可持续性；

（3）通过生物基能源和产品技术促进美国农村地区的经济多样性；以及

（4）通过增加以下机构间的协调与合作增强生物能和生物量研究与开发计划的有效性：

（A）农业部；

（B）能源部；以及

（C）接受政府赠地的学院和大学；

（b）补贴。

（1）通则。农业部长应使用依据（g）提供的金额为以下各个机构提供补贴：

（A）中北中心。南达科他州州立大学太阳格兰特中北中心针对由伊利诺伊州、印第安纳州、爱荷华州、明尼苏达州、内布拉斯加州、北达科他州、威斯康辛州和怀俄明州组成的地区。

（B）东南中心。田纳西州立大学诺克斯维尔校区的太阳格兰特东南中心针对的地区由以下州组成：

（ⅰ）阿拉巴马州、佛罗里达州、乔治亚州、肯塔基州、密西西比州、北卡罗来纳州、南卡罗来纳州、田纳西州和弗吉尼亚州；

（ⅱ）波多黎各共和国；以及

（ⅲ）美属维尔京群岛。

（C）中南中心。俄克拉荷马州立大学太阳格兰特中南中心针对由阿肯色州、科罗拉多州、堪萨斯州、路易斯安那州、密苏里州、新墨西哥州、俄克拉荷马州和德克萨斯州组成的地区。

（D）西部中心。俄勒冈州立大学太阳格兰特西部中心针对由以下州组成的地区：

（ⅰ）阿拉斯加州、亚利桑那州、加利福尼亚州、夏威夷州、爱达荷州、内华达州、俄勒冈州、犹他州和华盛顿州组成的地区；以及

（ⅱ）岛屿地区（定义见《1977 年全国农业研究、推广和教学政策法》第 1404 条（《美国法典》第 7 篇 3103 ）（除了（B）（ⅱ）和（ⅲ）提及的岛屿地区））。

（E）东北中心。康奈尔大学太阳格兰特东北中心面向由康涅狄格州、特拉华州、马萨诸塞州、马里兰州、缅因州、密歇根州、新罕布什尔州、新泽西州、纽约州、俄亥俄州、宾夕法尼亚州、罗德岛州、佛蒙特州和西弗吉尼亚州组成的地区。

（F）西部岛屿太平洋分中心。夏威夷大学的太阳格兰特西部岛屿太平洋分中心面向由阿拉斯加州、夏威夷州、关岛、美属萨摩亚、北马里亚纳群岛自由邦、密克罗尼西亚联邦、马绍尔群岛共和国和帕劳共和国组成的地区。

（2）分配方式。

（A）中心。为了提供依据（g）给予的任何资金，农业部长应分配给（1）中从（A）到（E）中描述的太阳格兰特中心相同的金额。

（B）分中心。在（1）（D）中描述的太阳格兰特中心应依据由农业部长发布的指导拨出一部分在（1）中收到的资金给（1）（F）中描述的分中心。

（3）未能按照要求执行。如果农业部长基于（f）要求的年报综述或基于由农业部长指挥的太阳格兰特中心或分中心的审计发现该中心或分中心没有按本条的要求行事，该中心或分中心依据本条在可能由农业部长规定的一段时间内不再有资格获得更多补贴。

（c）资金的使用。

（1）竞争性补贴。

（A）通则。太阳格兰特中心或分中心应使用在（b）描述的 75％的资金以提供竞争性补贴给如下实体：

（ⅰ）依据《竞争、专门和设施研究补贴法》（b）（7）（《美国法典》第 7 篇 450i（b）（7））有资格获得补贴；以及

（ⅱ）位于太阳格兰特中心或分中心覆盖的地区。

（B）活动。（A）中描述的补贴应被补贴接收人用于在某种程度上符合（a）中描述的目的，多机构的和多状态的：

（ⅰ）在技术发展方面的研究、推广和教育计划；以及

（ⅱ）在技术实施方面的综合研究、推广和教育计划；以及

（C）资金分配。在（A）中用来提供补贴的资金中，太阳格兰特中心或分中心应用：

（ⅰ）至少 30％的资金来执行（B）（ⅰ）中描述的计划；

（ⅱ）至少 30％的资金来执行（B）（ⅱ）中描述的计划。

（D）实施。

（ⅰ）同行评议和价值评议。为了依据本项发放补贴，太阳格兰特中心或分中心应：

（Ⅰ）寻找和接受寻求补贴的建议书；

（Ⅱ）通过类似于农业部长依据《1998 年农业研究、推广和教育改革法》第 103 条（《美国法典》第 7 篇 7613）设立的同行评议系统决定建议书的相关性和价值；以及

（Ⅲ）基于促进本章目的的价值、质量和相关性发放补贴。

（ⅱ）优先考虑。太阳格兰特中心或分中心应优先考虑符合农业部长依据（d）批准的计划的项目。

（ⅲ）期限。由太阳格兰特中心或分中心给予的补贴应以 5 年期为限。

（ⅳ）所需配套资金。

（Ⅰ）通则。除了（Ⅱ）、（Ⅲ）另有规定外，作为获得本项补贴的一个条件，太阳格兰特中心或分中心应要求（B）中描述的活动的至少20％的支出有来自非联邦资源的配合赠款匹配捐款，包括非现金的捐赠。

（Ⅱ）例外。（Ⅰ）不适用于基础研究（定义参见《1994年农业部重组法》第251条（f）（1）（《美国法典》第7篇6971）（参见第7511条（a）（4）所增加的内容））。

（Ⅲ）削减。太阳格兰特中心或分中心可以减少或消除对（Ⅰ）中对应用研究的非联邦资金的要求（定义参见《1994年农业部重组法》第251条（f）（1）（《美国法典》第7篇6971）（参见第7511条（a）（4）所增加的内容））如果太阳格兰特中心或分中心依据农业部长发布的指导认为削减是必需的和适当的。

（ⅴ）建筑和设施。为补贴提供的资金不应用于建造新的建筑及设施或购买、扩建、改建或修改现有建筑或设施（包括平整场地和改善及建筑师的费用）。

（ⅵ）间接成本的限制。太阳格兰特中心或分中心不能弥补（A）中制定补贴所造成的间接成本。

（2）行政管理支出。太阳格兰特中心或分中心可以用（b）所描述的资金的4％来支付在执行（1）所发生的行政管理支出。

（3）研究、推广和教育活动。太阳格兰特中心或分中心应使用（b）描述资金的剩余部分指引在某种程度上符合（a）中描述的目的，多机构的和多状态的：

（A）有关技术开发的研究、推广和教育计划；以及

（B）有关技术实施的整合研究、推广和教育计划。

（d）得到资助的研究活动计划。

（1）通则。受制于（g）的资金可用性，太阳格兰特中心和分中心应依据（2）与接受政府赠地的高等学校和私人企业合作，共同制定并向农业部长提交批准解决在州和地区层面上的农业部和能源部的生物能、生物质能和煤气化研究重点计划。

（2）煤气化协调。关于煤气化研究活动，太阳格兰特中心和分中心应在它们各自有研究活动正在进行的地区协调规划与接受政府赠地高等院校之间的关系。

（3）提供资金。在（c）（2）中描述的资金应可供执行（1）中的区域规划协调使用。

（4）计划的运用。在依据（c）（1）颁发补贴时，太阳格兰特中心和分中心应运用（1）提及的计划。

（e）补贴信息分析中心。太阳格兰特中心和分中心应维持在太阳格兰特中心的由（b）（1）（A）指定的太阳格兰特信息分析中心提供给太阳格兰特中心和分中心分析和数据管理支持。

（f）年报。每个财政年度结束后不晚于90天内，依据本条获得补贴的太阳格兰特中心或分中心应向部长提交报告，描述本财政年度中由太阳格兰特中心或分中心所开展项目的政策、优先事项和运作，包括：

（1）依据（c）（1）（D）（ⅰ）引导的同行评议和价值评议过程的结果；以及

（2）第（d）（1）节中所描述的促进优先顺序的进展的描述。

（g）拨款授权。兹为2008至2012各财政年度授权拨款75 000 000美元以实施本条内容，其中每财年至多4 000 000美元应用于实施（e）内容。

第7527条 食品沙漠的研究和报告。

（a）食品沙漠的定义。在本条中，食品沙漠系指美国境内有限享用到负担得起的营养食品的地区，主要由低收入居民区和社区组成。

（b）研究与报告。农业部长应开展食品沙漠的研究并起草相关报告。

（c）内容。研究和报告应：

（1）评估食品沙漠的发生率和盛行率；

（2）确定：

（A）引起和影响食品沙漠的特征和因素；以及

（B）有限享用负担得起的和营养食物对当地人口的影响；以及

（3）提供建议通过以下措施解决食品沙漠的成因和影响：

（A）社区和经济发展主动权；

（B）对零售食品市场发展的激励措施，包括超市、小型食品杂货店和农夫市场；以及

（C）改进联邦食品援助和营养教育计划。

（d）与其他机构和组织的协调。农业部长应依据本条引导研究并与以下单位或个人协调和磋商：

（1）健康与人类服务部部长；

（2）小型企业管理局局长；

（3）医学研究所；以及

（4）来自合适的企业、学术机构和非盈利及以信仰为本的组织。

（e）提交国会。在本法案通过之日后，不晚于 1 年内农业部长应向美国众议院农业委员会和参议院农业、营养和林业委员会递交依据本条起草的报告，内容包括（c）描述的调查结果和建议。

（f）拨款授权兹为授权拨款 500 000 美元以实施本条内容。

第 7528 条　临时职位的示范项目职权。

尽管《美国法典》第 5 篇第 4703 条（d）（1）中另有规定，设立于农业部内的人事管理示范项目的修正案（《联邦纪事》第 67 篇 70776（2002））应在本法案通过之日起生效并在依法修改前一直有效。

第 7529 条　农业和农村运输研究与教育。

（a）通则。农业部长在与交通部长磋商后应为执行农业和农村运输研究和教育活动的大专院校提供竞争性补贴。

（b）活动。本条提供的研究和教育补贴应用于解决农业生产者和相关农村企业的农村运输和物流需要，包括：

（1）生物燃料运输；

（2）农产品出口；

（c）选择标准：

（1）通则。农业部长应依据本条基于申请人的运输研究、教育和拓展专业知识发放补贴。

（2）优先考虑。在依据本条颁发补贴时，农业部长应优先考虑高等教育机构，用与协调与其他拥有类似的农业和农村交通研究和教育计划的高等教育机构的研究和教学活动。

（d）研究多样化。部长应在地域上多样和广泛代表农业生产和美国农村地区相关运输需要多样化的地区依据本条发放政府补贴。

（e）配给基金的必要条件。部长应要求每个本条补贴接受者从非联邦来源中以现金或实物的方式提供执行该补贴赞助活动 50% 的支出。

（f）补贴审核。依照《1998 年农业研究、推广和教育改革法》第 103 条（a）（《美国法典》第 7 篇 7613（a）），本条补贴应以竞争性、同行评审的和价值评审为基础来授予。

（g）避免重复。为了授予本条补贴，部长应确保受本条补贴资助的活动不能重复在《美国法典》第 49 篇第 5505 条和第 5506 条中所提及的大学运输中心所做的努力。

（h）拨款授权。兹为 2008 到 2012 各财政年度拨款授权 5 000 000 美元以实施本条内容。

第Ⅷ篇　林　　业

子篇 A　《1978 年合作林业援助法修正案》

第 8001 条　私有森林保护的国家重点。

《1978 年合作林业援助法》第 2 条（《美国法典》第 16 篇 2101）修订如下：

（1）将（c）和（d）分别重新编号为（e）和（f）；

（2）在（b）后插入如下新内容：

"（c）优先事项。为了分配拨款资金或该法案中以其他方式提供的资金，尽管本法案在别的地方有指定其他优先事项，部长应专注于以下国家私人森林的优先保护：

"（1）为了多元价值和用途而保存和管理功能性森林地貌。

"（2）保护森林远离威胁，包括灾难性森林大火、飓风、龙卷风、暴风、雪暴或冰暴、洪水、干旱、入侵物种、害虫爆发或疾病爆发，或发展和重建合适的森林类型来应对此类威胁。

"（3）从私有森林中增强公共利益，包括水和空气的质量、土壤保持、生物多样性、碳储量、森林出产、与林业相关的工作、再生能源产品、野生动植物、野生动物走廊和野生动物栖息地和娱乐。

"（d）报告要求。不晚于 2011 年 9 月 10 日，部长应向国会递交一份报告，报告提及在该法案中资金如何被使用，以及通过部长执行的其他项目，提及（b）中指定的国家重点和为了满足国家重点而取得的成果。"

第 8002 条　森林资源长期全州评估和战略。

《1978 年合作林业援助法》做以修订，在第 2 条（《美国法典》第 16 篇 2101）后插入如下内容：

"第 2A 条　森林资源长期全州评估和战略。

"（a）对森林资源的评估和战略。对有资格获得本法案许可资金的州，在《2008 年粮食、保育和能源法》通过之日后不晚于两年，该州的州林务官或职务相似的州官员应制定和递交部长以下内容：

"（A）全州森林资源现状评估；

"（B）该州中符合在第条 2（c）中详细说明的国家优先考虑的林地和森林资源的威胁；

"（C）该州有优先权的任何区域或地区；以及

"（D）任何是区域重点的跨州地区。

"（2）长期的全州森林资源战略，包括：

"（A）处理在（1）中要求的评估中概述的州内对森林资源的威胁；以及

"（B）州林务官或与之职权平行的州官员利用各种来源应对全州战略所必需的资源描述。

"（b）更新。在部长认为必要的时间，林务官或与之职权平行的州政府官员应更新并重新递交给部长（a）所需的全州评估和全州战略。

"（c）协调。为了发展和更新（a）所需的全州评估和全州战略，林务官或与之职权平行的州政府官员应配合：

"（1）依据第 19 条（b）为州设立的州立森林管理工作协调委员会；

"（2）州立野生动物机构，关于州野生动物行动计划中包含的策略；

"（3）州技术委员会；

"（4）适用的联邦土地管理机构；以及

"（5）为了第 7 条的森林遗产计划，由州长任命的州立机构。

"（d）其他项用途联合。为了发展或更新（a）所需的全州评估和全州战略，州林务官或与之职权平行的州政府官员应合并任何州内的森林管理计划，包括社区火灾保护计划和州野生动物行动计划。

"（e）充分性。一经部长批准，（a）规定的全州评估和全州战略应被认为足以满足所有本法案中相关的州项目和评估的需求。

"（f）提供资金。

"（1）拨款授权。兹为 2008 到 2012 各个财政年度授权拨款多达 10 000 000 美元以实施本条内容。

"（2）额外的筹资渠道。除了每个财政年度依照（1）拨款授权实施本条内容而拨出的资金外，部长还可以使用其他可供本法案的计划使用的资金实施本条，除了实施本条的所有组合资金的额度，在任何一个财政年度不能超过 10 000 000 美元。

"（g）资金使用年报。州林务官或与之职权平行的州政府官员应向部长递交年度报告详细说明本章为州提供的资金是如何被使用的。"

第 8003 条 社区森林和开放空间保护计划。

（a）调查结果。国会发现：

（1）到公历 2030 年，林务局计划在整个美国发展大约 44 000 000 英亩私有森林土地；

（2）公众进入私人森林地区进行户外娱乐活动，包括打猎、钓鱼、诱捕等活动减少，结果那些活动的参与度在公众准入没有得到担保的地区中也有所下降；

（3）通过提高公众进入到安全吸引人的地区进行户外娱乐活动，肥胖率上升和其他与美国公民不活动有关的公众健康问题看起来已经得到改善；

（4）在全美快速增长的各种大小社区中，仅存的森林地区在保护公共给水中起到了必不可少的作用；

（5）当地政府机构和非盈利组织拥有的森林地块为私人土地所有者学习森林管理技术提供了重要的示范点；

（6）在整个美国，不同类型和大小的社区从在本地政府机构拥有的森林管理木料和其他林产品中得到重大的金融和生态利益；以及

（7）为了购买重要的正标价出售的私有森林地块，当地政府机构急需能够充分利用金融资源。

（b）社区森林和开放空间保护计划。《1978 年合作林业援助法》做以下修订，在第 7 条（《美国法典》第 16 篇 2103c）后插入以下新内容：

"第 7A 条 社区森林和开放空间保护计划。

"（a）定义。在本条中：

"（1）具有资格的实体。'具有资格的实体'系指一个在计划中拥有或获得一宗地块的当地政府机构、印第安部落或非盈利组织。

"（2）印第安部落。'印第安部落'参见《印第安自治和教育援助法》第 4 条（《美国法典》第 25 篇 450b）。

"（3）当地政府机构。'当地政府机构'包括所有市政府、县级政府或其他在当地土地利用决策上有管辖权的当地政府机构。

"（4）非盈利组织。'非盈利组织'系指任何组织：

"（A）在《1986 年国内税收法典》第 170 条（h）（3）中提及的；以及

"（B）依照 1 个或更多在法案第 170 条（h）（4）（A）中规定的用途而运作。

"（5）计划。计划系指（b）设立的社区森林和开放空间保护计划。

"（6）部长。部长系指农业部长，通过林务局局长代理。

"（b）设立。部长应设立一个计划，被称为"社区森林和开放空间保护计划"。

"（c）计划补贴。

"（1）通则。部长可以发放补贴给具有资格的实体以获得私有林地，对林地有绝对处理权，这些具有资格的实体：

"（A）有被转换为非森林用地的风险威胁；以及

"（B）为社区提供公共利益，包括：

"（ⅰ）通过可持续的森林管理获得的经济利益；

"（ⅱ）环境效益，包括清洁饮水和野生动物栖息地；

"（ⅲ）来自以森林为基础的教育项目的利益，包括林业职业教育项目；

"（ⅳ）来自作为私有土地所有人有效森林管理工作典范的利益；以及

"（ⅴ）娱乐利益，包括狩猎和垂钓。

"（2）联邦成本分担。具有资质的机构可视部长决定接受该计划内的补贴，金额不超过购买1个或更多地块所花费的50％。

"（3）非联邦份额。作为接受补贴的条件，具有资格的机构收到该计划提供的补贴应以现金、捐赠或实物的方式提供非联邦匹配份额，额度至少等于所收到补贴的额度。

"（4）地块估价。为了决定（2）中一块私有森林地地块支出的非联邦份额，具有资格的机构应要求遵守由跨部门土地征用会议制订的联邦土地并购的统一估价标准的土地估价。

"（5）申请。具有资格的机构争取获得该项用途补贴应向州林务官或职权平行的官员（在印第安部落中，一个印第安部落拥有类似职权的官员）递交一份申请，包括：

"（A）将要获得的土地的说明；

"（B）提供一份包含以下内容的森林计划：

"（ⅰ）将要从私有林地的获得中得到的社区利益的说明；以及

"（ⅱ）使用补贴资金获得的私人森地的管理方式解释；以及

"（C）诸如部长可能需要的其他相关信息。

"（6）对托管地的影响。

"（A）无资格。部长不应提供该项用途补贴给任何被美国以信托形式持有的土地（印第安保留地和分配的土地）上的计划。

"（B）已经获得的土地。通过使用计划补贴获得的土地不能为了任何印第安部落转变为被美国以信托形式持有的土地。

"（7）给部长的申请。州林务官或职权与之平行的官员（在印第安部落，一个印第安部落职权与之平行的官员）应向部长递交一份清单包括具有资质的机构依照部长的规定在规定的实践以规定的形式上交的每个项目的用途说明。

"（d）具有资格的实体的职责。具有资格的实体应提供和管理可供公众进入的通过本条补贴获得的林地，其获取方式要符合依据该计划获得林地的用途。

"（e）被禁止的用途。

"（1）通则。依据（2）和（3），依据该计划获得了一宗地块的合格机构不应出售或转换为非林地用途。

"（2）资金的退还。具有资格的机构出售或转变一宗在该计划中获得的地块为非林地用途时，应向联邦政府支付与该地块当前较高售价或较高估价相等的金额。

"（3）资格灭失。具有资格的机构出售或转换一宗依据该计划获得的地块不应再有资格获取额外的该项用途的补贴。

"（f）州行政管理和技术援助。部长在每个财政年度可以分配不多于所有为执行该计划提供的10％的资金给州林务官或职权与之平行的官员（包括职权与之平行的印第安部落官员）用于执行该项用途的行政管理和技术援助。

"（g）拨款授权。兹为授权拨款必要资金以实施本条内容。"

第 8004 条　对密克罗尼西亚联邦、马绍尔群岛共和国和帕劳共和国的援助。

《1978 年合作林业援助法》第 13 条（d）（1）（《美国法典》第 16 篇 2109（d）（1））做以修订，删除"太平洋岛屿的托管领土，"插入如下内容"密克罗尼西亚联邦、马绍尔群岛共和国、帕劳共和国，"。

第 8005 条　森林资源协调委员会的变化。

《1978 年合作林业援助法》第 19 条（《美国法典》第 16 篇 2113）做以修订，删除（a）插入以下内容：

"（a）森林资源协调委员会。

"（1）设立。部长应设立一个委员会，被称为"森林资源协调委员会"（在本条中被称为"协调委员会"），来协调农业部私营部门内部的非工业私有林业活动。

"（2）构成。协调委员会应由如下人员构成：

"（A）林务局局长。

"（B）自然资源保护局局长。

"（C）农业服务局主任。

"（D）国家粮食和农业研究所所长。

"（E）由部长指定的 3 年任期的非联邦代表，虽然初始的被任命者有任期交错，包括如下人员：

"（ｉ）至少 3 名来自美国地理多样性地区的州林务官或职务与之平行的州官员。

"（ii）来自州鱼类和野生动物机构的代表 1 名。

"（iii）非工业私有林地的所有人 1 名。

"（iv）林业代表 1 名。

"（ｖ）保护组织代表 1 名。

"（vi）接受政府赠地的高等院校代表 1 名。

"（vii）私有林业顾问 1 名。

"（viii）来自依据《1985 年粮食安全法》第 1261 条（《美国法典》第 16 篇 3861）设立的国家技术委员会的代表 1 名。

"（F）其他此类部长认为合适的人员。

"（3）主席。林务局局长应担任协调委员会的主席。

"（4）职责。协调委员会应：

"（A）提供农业部内部的活动指导和协调，提供与州立机构和私有部门的活动协调，有效地处理第 2 条（c）指定的国家重点活动；

"（B）阐明协调委员会中每个机构在第 2 条（c）规定的国家优先事项方面的责任，重点应具体放在非工业私人林地上面；

"（C）在分配资金上提供建议，包括被第 13A 条和第 13B 条搁置的竞争性资金；以及

"（D）协助部长制定和评估第 2 条（d）所需的报告。

"（5）会议。协调委员会应每年开会讨论在处理第 2 条（c）规定的国家重点活动和关于非工业私有林地问题上的进展。

"（6）报酬。

"（A）联邦成员。协调委员会的身为美国政府的全职官员或雇员不应收到额外的工资、津贴或因为服务于协调委员会而获得的利益。

"（B）非联邦成员。协调委员的非联邦成员应提供无薪服务，但可以报销在代表协调委员会履行他们的责任时的合理支出。"

第 8006 条　州森林管理协调委员会的变化。

《1978 年合作林业援助法》第 19 条（b）（《美国法典》第 16 篇 2113（b））修订如下：

（1）在（1）（B）（ⅱ）中：

（A）删除（Ⅷ）结尾处的"和"；以及

（B）在结尾处插入如下新的内容：

"（Ⅸ）州立技术委员会。"

（2）在（2）（C）中，删除"（3）下的森林管理项目"插入以下内容，"第 2A 条下的关于森林资源现状的全州评估和战略"；

（3）删除（3）和（4）；以及

（4）将（5）和（6）分别重新编号为（3）和（4）。

第 8007 条　在《1978 年合作林业援助法》中的项目竞争。

《1978 年合作林业援助法》做以修订，在第 13 条（《美国法典》第 16 篇 2109）后插入如下内容：

"第 13A 条　给州林务官或与其职权平行的州政府官员的竞争性资金分配。

"（a）竞争。《2008 年粮食、保育和能源法》通过之日后不晚于 3 年后开始，部长应竞争性地分配一部分（由部长决定该部分的金额）由该法案规定的资金给州林务官或职务相似的州政府官员。

"（b）决定。为了决定（a）中竞争性的资金分配，部长应与由第 19 条（a）设立的森林资源协调委员会协商。

"（c）优先事项。部长应优先考虑提供资金给如下各州，即在这些州依据第 2A 条（a）（2）提交的全州森林资源长期战略将以最佳方式促进第 2 条（c）规定的全国优先事项的发展。"

第 8008 条　森林创新合作伙伴关系项目竞争性资金分配。

《1978 年合作林业援助法》做以修订，在第 13A 条（由第 8006 条增加）后插入如下内容：

"第 13B 条　森林创新合作伙伴关系项目竞争性资金分配。

"（a）森林创新合作伙伴关系项目。部长可以由竞争决定分配该法案提供的不多于 5% 的资金以支持部长决定的创新国家、地区或当地教育、延伸或技术转让项目，这些项目将在实质上增强农业部处理第 2 条（c）中指定的国家重点的能力。

"（b）资格。尽管本法案有资格限制，任何州或当地政府、印第安部落、接受政府赠地的高等院校或私有机构应有资格竞争（a）中由竞争决定分配的资金。

"（c）成本分担的必要条件。为了执行（a），部长在该条中不应支付多于项目全部支出的 50% 的资金。为了计算一个项目的用途全部支出和对于该项目的用途捐赠，部长应涵盖实物捐赠。"

子篇 B　文化和遗产合作职权

第 8101 条　宗旨。

该子篇的宗旨：

（1）批准人类遗体和文化物品在国家森林系统土地上的再掩埋，包括依据《美国人坟墓保护和遣返法》（《美国法典》第 25 篇 3001 及以下）被遣返的人类遗体和文化物品；

（2）避免关于再掩埋地点的非法的信息泄露，包括遗址的人类遗体和文化物品的数量和身份以及遗址的位置；

（3）授权部长在可行范围内最大限度的确保印第安人和印第安部落为了传统和文化用途有权使用国家森林系统土地；

（4）授权部长为了传统和文化的用途无条件地提供林产品给印第安部落；

（5）授权部长保护某些信息的机密性，包括在文化上对印第安部落敏感的信息；

（6）增强为印第安部落设立的森林服务计划和资源的有效性以便支持美国促进部落主权和自治的政策；以及

（7）依据《公法》95－341（通常被称为《美国印第安人宗教自由法》；《美国法典》第 42 条 1996）加强对美国保护和保存印第安部落传统文化的正式的仪式的政策的支持。

第 8102 条　定义。

在本子篇中：

（1）相邻地盘。'相邻地盘'系指场地毗连国家森林系统土地的边界线。

（2）文化物品。'文化物品'的定义参见《美国人坟墓保护和遣返法》第 2 条（《美国法典》第 25 篇 3001），除了该物品不包括人类遗体。

（3）人类遗体。'人类遗体'系指一个印第安祖先个人身体的物理残留。

（4）印第安人。'印第安人'系指作为一个印第安部落成员的个人。

（5）印第安部落。'印第安部落'系指任何印第安人和阿拉斯加本地人的部落、群体、民族、印第安村庄、群落或其他名字列入由内政部长依照《联邦认可的印第安部落名单法》第 104 条（《美国法典》第 25 篇 479a‐1）发布的名单中的团体。

（6）直系子孙。'直系子孙'系指个人能通过一个印第安部落传统的亲属体系或普通法的血统体系直接或不间断的追溯到一个知名的印第安人、人类遗体、埋葬的物品或这个人宣称的其他神圣物品。

（7）国家森林体系。'国家森林体系'参见《1974 年森林和牧场可再生资源规划法》第 11 条（a）（《美国法典》第 16 篇 1609（a））。

（8）再掩埋地点。再掩埋地点系指一个指定的物理位置在那里再埋葬文化物品和人类遗体。

（9）传统和文化的用途。传统和文化的用途系指，关于一个可定义的用途、范围或实践，该用途、范围或实践因为这些用途、范围或实践的长期建立的意义和仪式的性质被一个印第安部落认为是传统的或文化的。

第 8103 条　人类遗骸的再掩埋和文物。

（a）再掩埋地点。经与有影响力的印第安部落或直系子孙磋商，部长可批准印第安部落或直系子孙使用国家森林系统土地来再掩埋属于印第安部落或直系子孙的从国家森林系统土地中或相邻地盘挖掘出来的人类遗骸或文物。

（b）再掩埋。经过有影响力的印第安部落或直系子孙的同意，部长可以用联邦开支或其他可使用的资金恢复或重新埋葬在（a）中提及的在国家森林系统土地上的并被该节认可的人类遗骸或文物。

（c）用途的批准。

（1）通则。依据（2），在部长认为对管理国家森林系统必要的情况下，部长可以批准国家森林系统土地上的再掩埋地点的使用或其土地上周围的再掩埋地点的使用。

（2）不利影响的避免。为了执行（1），部长应在可行范围内最大程度地避免对文物和人类遗骸造成不利影响。

第 8104 条　出于传统和文化用途的暂时关闭。

（a）历史性用途的认可。部长应在可行范围内最大程度地确保印第安人出于传统和文化的用途有权使用国家森林体系土地，依照（b），认可印第安人对国家森林体系土地的历史性用途。

（b）向公众关闭土地进入权。

（1）关闭的权力。基于部长认可的印第安部落的请求，部长可以暂时禁止公众进入特别认定的国家森林系统土地以保护部落的传统或文化用途的活动的隐私。

（2）限制。依据（1）国家森林系统土地的关闭应在印第安部落活动所必需的最短的时间内影响最小的可用地区。

（3）一致性。在本条中印第安部落对国家森林系统土地的使用应符合《公法》95-341（通常被称为《美国印第安宗教自由法》；《美国法典》第42篇1996）的用途。

第 8105 条　出于传统和文化用途的林产品。

（a）通则。尽管有《1976 年国家森林管理法》第 14 条（《美国法典》第 16 篇 472a）的规定，部长可以免费向印第安部落提供国家森林体系土地的任何树木、树木的部分或林产品用于传统或文化的用途。

（b）禁止。依据（a）所提供的树木、树木的部分或林产品不能用于商业用途。

第 8106 条　禁止信息披露。

（a）信息保密。

（1）通则。依据《美国法典》第 5 篇第 552 条（通常称为《信息自由法》），部长不应公开与以下内容相关的信息：

（A）依据（b）（1），在第 8103 条重新埋葬在国家森林系统土地上的人类遗体或文化物品；

（B）依据（b）（2），资源、文化物品、用途或活动：

（ⅰ）具有传统或文化的用途；以及

（ⅱ）在林务局授权开展的森林和牧场研究活动的情况下，由印第安人或印第安部落在有明确的保密期待下，提供给部长的。

（2）披露限制。在符合（b）（2）的规定下，依据《美国法典》第 5 篇第 552 条（通常被称为《信息自由法》）部长不应被要求披露涉及身份、用途或国家森林系统地点的信息：

（A）被印第安部落用于传统和文化用途的地点或资源；或

（B）在第 8103 条里没有包括的任何文化物品。

（b）受限制的信息报导。

（1）再掩埋。部长可以披露在（a）（l）（A）中提及的信息，如果在披露信息之前，部长：

（A）与有影响的印第安部落或直系子孙协商；

（B）认为信息的披露能：

（ⅰ）将加强该子篇的宗旨；以及

（ⅱ）有必要保护人类遗体或文化物品免受损伤、偷盗或破坏；以及

（C）尝试减弱任何由印第安部落或直系子孙认为的负面影响，期望负面影响的减弱是由披露信息造成的。

（2）其他信息。部长经与合适的印第安部落磋商后可以披露（a）（1）（B）或（2）中提及的信息，如果部长认为向公众披露这些信息：

（A）能加强本子篇的宗旨；

（B）不会造成对资源、场所或物品，包括个体有机或无机的样本的过度伤害、偷窃或破坏的危险；以及

（C）符合其他适应的法律。

第 8107 条　中止和保留条款。

（a）中止条款。如果本子篇任何条款或本子篇任何条款对于任何人或环境的应用被判定无效，不影

响本子篇其余部分和此类条款或环境的应有的效力。

（b）保留条款。在该子篇中无条款能够：

（1）减小或扩大美国对印第安部落的信贷责任或任何由该责任产生的法律义务或补偿；

（2）修改、删减、废除或影响任何林务局和印第安部落间有效的协议；

（3）修改、删减、减少、废除或影响任何印第安部落的保留权利或其他权利；或者

（4）修改、删减、减少、废除或影响任何其他关于国家森林系统土地或其他公共用地的现有有效权利。

子篇 C　其他与林业相关法律修正案

第 8201 条　农村复兴技术。

《1990 年粮食、农业、保育和贸易法》第 2371 条（d）（2）（《美国法典》第 7 篇 6601（d）（2））做以修订，删除"2004 到 2008"插入"2008 到 2012"。

第 8202 条　国际林业办公室。

《1990 年预防全球气候变化法》第 2405 条（d）（《美国法典》第 7 篇 6704（d））做以修订，删除"2007"插入如下内容"2012"。

第 8203 条　紧急森林恢复计划。

（a）设立。《1978 年农业信用法》第 Ⅵ 篇（《美国法典》第 16 篇 2201 及以下）做以修订，在结尾处插入如下内容：

"第 407 条　紧急森林恢复计划。

"（a）定义。在本条中：

"（1）紧急措施。'紧急措施'系指如下措施：

"（A）有必要处理由自然灾害对非工业私有林地的自然资源造成的损害，并且如果没有处理这种损害：

"（ⅰ）将会危害或危及该土地上的自然资源；以及

"（ⅱ）将在实质上影响该块土地将来的使用；以及

"（B）将恢复该土地上的森林的旺盛或与森林有关的资源。

"（2）自然灾害。'自然灾害'包括野火、飓风或过度的风、干旱、冰暴或暴风雪、洪水或由部长认定的其他冲击资源的事件。

"（3）非工业化私有林地。'非工业化私有林地'系指由部长认定的农村土地：

"（A）有树木覆盖（或在自然灾害之前有树木覆盖并且适合树木生长）；以及

"（B）被任何非工业私有个人、团体、联盟、公司或其他私有法人实体所有，他们对土地有明确的决策权。

"（4）部长。'部长'系指农业部长。

"（b）援助的可用性。部长可以对在林地被自然灾害损害后执行紧急措施恢复林地的非工业私有林地的业主进行赔偿。

"（c）资格。依据（b），为了有资格获得赔偿，业主必须向部长证明执行紧急措施的非工业化私有林地在自然灾害袭击前曾经覆盖树木以令部长满意。

"（d）成本分担要求。依据（b）所做的赔偿不应超过非工业化私有林地业主执行紧急措施的全部支出的 75％。

"（e）拨款授权。兹为授权拨款必要资金以实施本条内容。拨款的金额应保持可用直到耗尽。"

（b）法规。本法通过之日后不晚于 1 年内，部长应发布条例以执行《1978 年农业信用法》第 407 条，如在（a）增加的所示。

第 8204 条　预防非法采伐活动。

（a）定义。

（1）植物。《1981 年莱西法修正案》第 2 条（f）（《美国法典》第 16 篇 3371）修订如下：

"（f）植物。

（1）通则。植物和各种植物系指植物界的任何野生成员，包括根、种子、部件或及其产品，并包括来自自然林或人工林段的树木。

（2）例外。植物和各种植物排除：

（A）普通栽培品种，除了树和普通粮食作物（包括根、种子、部件或及其产品）；

（B）只能用于实验室或实际教学的植物遗传物质的科学样本（包括根、种子、部件或其产品）；以及

（C）要继续种植或将要种植或改种的任何植物。

（3）申请除外责任的免责条款。（2）（B）和（C）规定的除外责任不适用于在以下清单上的植物：

（A）《国际贸易公约》附录上野生动植物区系濒临绝种的动植物（《美国条约及其他国际协定》第 27 篇 1087；《条约和国际法案系列》8249）；

（B）在《1973 年濒临绝种的动植物法》（《美国法典》第 16 篇 1531 及以下）中作为濒临灭绝的或濒危品种；或

（C）依照任何州的保护本州特有濒危品种的法律。

（2）部长的包容性。《1981 年莱西法修正案》第 2 条（h）（《美国法典》第 16 篇 3371（h））做以修订，删除"各种植物系指"插入"各种植物，还指"。

（3）被取得和取得。《1981 年莱西法修正案》第 2 条（j）（《美国法典》第 16 篇 3371）修订如下：

"（j）被取得和取得。

"（1）被取得。'被取得'系指被捕获、被杀或被收集，当涉及一种植物时，也指被收割、被切割、被砍伐或被移走。

"（2）取得。'取得'系指捕获鱼、野生动物或得到植物的行为。"

（b）禁止的行为。

（1）进攻而不是标记。《1981 年莱西法修正案》第 3 条（a）（《美国法典》第 16 篇 3372（a））修订如下：

（A）在（2）中，删除（B），插入如下内容：

"（B）任何植物：

"（Ⅰ）在违反任何州、任何法律或法规或任何国外法律情况下被捕获、占有、运输或出售：

"（Ⅰ）偷盗植物；

"（Ⅱ）从公园、森林保护区或其他官方保护区获得植物；

"（Ⅲ）从官方指定区域获取植物；或者

"（Ⅳ）没有经过必需的批准或违反法规而获得植物；

"（ⅱ）未依照任何州的法律或法规或任何外国法律支付植物所需的合适的特许使用权费、税或立木价值费而捕获、占有、运输或出售；或者

"（ⅲ）违反任何州任何控制植物出口或转运的法律或法规或国外法律制定的限制而捕获、占有、运输或出售；

"（B）在（3）中，删除（B）插入如下内容：

"（B）占有任何植物；

"（i）在违反任何州、任何法律或法规或任何国外法律的情况下被捕获、占有、运输或出售：

"（Ⅰ）偷盗植物；

"（Ⅱ）从公园、森林保护区或其他官方保护区获得植物；

"（Ⅲ）从官方指定区域获取植物；或者

"（Ⅳ）没有经过必需的批准或违反法规而获得植物；

"（ii）未依照任何州的法律或法规或任何外国法律支付植物所需的合适的特许使用权费、税或立木价值费而捕获、占有、运输或出售；或者

"（iii）违反任何州任何控制植物出口或转载的法律或法规或国外法律制定的限制捕获、占有、运输或出售；或者"

（2）植物申报。《1981 年莱西法修正案》第 3 条（《美国法典》第 16 篇 3372）做出如下修订，在结尾处插入如下内容：

"（f）植物申报。

"（1）进口报关。自本款通过 180 日后生效，除非（3）中另有规定，任何人进口任何植物都是违法的，除非本人提出包括如下内容的进口报关：

"（A）进口物品中任何植物的学名（包括植物的属和种）；

"（B）相关描写：

"（i）进口物品的价值；以及

"（ii）植物的数量，包括计量单位；以及

"（C）获取植物的国家名称。

"（2）植物产品的申报。直到部长依据（6）通过法规当日，与植物产品相关的申报应：

"（A）在用来制作植物产品的植物品种是进口品的主体和用来制成植物商品的品种是陌生的情况下，应包含每个可能用来生产植物商品的植物种类名称；

"（B）在用来制作植物产品的植物品种是进口品的主体并且一般来自一个以上国家，而这个用来制作植物商品的植物所来自的国家是陌生的情况下，应包含每个取得植物的国家的名字；以及

"（C）如果纸或纸板植物产品包括再生纸植物产品，应包含再生内容的平均百分比含量，不用考虑再生植物产品的种类和来源国家，还有该款需要的非再生植物含量的信息。

"（3）例外。（1）和（2）不适用于专门用于包装材料以支持、保护或运送其他物品的植物，除非包装材料本身是被进口的物品。

"（4）审核。在该款通过之日后不晚于 2 年内，部长应审核每个由（1）和（2）强制要求的执行和由（3）规定的除外责任的效果。为了指挥该复审，部长应提供公告和发表评论的机会。

"（5）报告。在部长依据（4）完成审核之日后不晚于 180 天内，他应向合适的国会委员递交一份报告，包含：

"（A）有关以下方面的评价：

"（i）（1）和（2）所需的帮助执行本条的每种类型的信息效果；以及

"（ii）自报道之日起，协调（1）和（2）强制的每个要求与其他现有进口条例的潜力；

"（B）诸如部长认为合适的帮助识别违返本章法律进口到美国的植物的立法建议；以及

"（C）（a）中效果分析和该款在以下方面的分析：

"（i）合法植物进口的支出；以及

"（ii）非法伐木活动和交易的范围和方法。

"（6）法规的通过。部长依据（4）完成审核之日后不晚于 180 天内，可以通过法规：

"（A）限制（2）对特殊植物产品强制要求的适应性；

"（B）依据部长基于审核的决定，对（2）中强加的任何要求进行其他必要的修订；以及

"（C）限制第（3）条规定的除外责任范围，如果限制范围是因为审核而被批准的。"

（c）新要求的交叉参考。《1981年莱西法修正案》第4条（《美国法典》第16篇3373）修订如下：

（1）删除每个出现"（b）和（d）"的地方，插入如下内容"（b）、（d）和（f）"；

（2）删除每个出现"第3条（d）"的地方，插入如下内容"第3条（d）或（f）"；

（3）在（a）（2）中，删除"（3）（b）"插入如下内容"第3条的（d）或（f）除非（1）中另有规定，"。

（d）民事罚款。《1981年莱西法修正案》第5条（《美国法典》第16篇3374）做以修订，在结尾处插入如下内容：

"（d）民事罚款。本条中的民事罚款应取决于《美国法典》第18篇第46章的规定。"

（e）管理。《1981年莱西法修正案》（《美国法典》第16篇3376）第7条修订如下：

（1）在（a）（1）中，删除"第4条和条"插入如下内容"第3（f）、4和"；以及

（2）在结尾处插入如下内容：

"（c）植物定义中例外的说明。部长和内政部长在和合适的机构协商之后应共同通过法规来定义第2条（f）（2）（A）中为了执行本法案而使用的术语。"

（f）技术修正。自1988年11月4日生效之日起，正如通过时所包含其中的，《公法》100-653第102条（c）（《美国法令全书》第102条3825）修订如下：

（1）在"第4条"之后插入如下内容"1981年《莱西法修正案》的"；以及

（2）删除"（除了第3条（b））"插入如下内容"（除了第3条（b））"。

第8205条 健康森林储备计划。

（a）登记。《2003年健康森林恢复法》第502条（《美国法典》第16篇6572（f）（1））修订如下：

（1）删除（e）和（f）；

（2）重新编号（g）为（f）；

（3）在（d）后插入如下内容：

"（e）登记方法。

"（1）经认可的方法。林地可以依照如下标准被登记在《健康森林保护区计划》中：

"（A）10年成本分担协议；

"（B）30年地役权；或者

"（C）（Ⅰ）永久的地役权；或者

"（ⅱ）在州内对地役权强加到最长时限，根据州法律最长时限的地役权是被允许的。

"（2）成本分担和地役权使用的限制。

"（A）通则。为了获得（1）提及的地役权和参与成本分担协议而在一个财政年度本计划中所花费的所有资金中：

"（ⅰ）至多40％的资金用于（1）（A）中提及的成本分担协议；

"（ⅱ）至多60％的资金用于（1）（B）和（C）中提及的地役权。

"（B）重新池化。部长可以使用依据（A）（ⅰ）或（ⅱ）分配的在该财政年度4月1日之前没有分配的任何资金，这些资金是在那个财政年度为执行一个不同的登记方法而提供的。

"（3）印第安部落所拥有的森林面积。至于印第安部落所拥有的森林面积，部长可以通过使用以下方法登记在健康森林保护计划中：

"（A）30年合同（其价值应与30年地役权的价值相当）；

"（B）10年成本分担协议；

"（C）（A）和（B）所提及的任何选择组合。"

（b）财政援助。《2003年健康森林恢复法》第504条（a）（《美国法典》第16篇6574（a））做出如

下修订，删除"（a）不多于 99 年的地役权"和其后直到"502（f）（1）（C）"插入如下内容：

"（a）永久地役权。关于使用永久地役权登记在健康森林保护区项用途土地（或第 502 条（f）（1）（C）（ii）中提及的地役权）"。

（c）提供资金。《2003 年健康森林恢复法》第 508 条（《美国法典》第 16 篇 6578）修订如下：

"第 508 条　提供资金。

"（a）通则。在商品信贷公司的资金中，2009 到 2012 每财政年度，部长应提供 9 750 000 美元以实施本篇。

"（b）有效时间。依据（a）提供的资金应保持有效一直到耗尽。"

子篇 D　边界调整和土地让与规定

第 8301 条　绿山国家森林边界调整。

（a）通则。绿山国家森林的边界范围修改为包括 13 个指定扩充单元如在森林地图上一般描画的那样成为"绿山扩展区图 I"和"绿山扩展区图 II"并且注有日期 2002 年 2 月 20 日（在哥伦比亚大区华盛顿林务局局长办公室里，其中的副本应存档并用于公众查阅），并且更特别地依据特殊地点地图和绿山国家森林监督员办公室的档案上法定说明描述。

（b）管理办法。为了国有森林用途而获得的在地图上画出的联邦所有的林地应继续依据适合国家森林系统的法律（包括法规）的管理。

（c）水土保护资金。为了《1965 年水土保护资金法》第 7 条（《美国法典》第 16 篇 460 l‑9），依据本条所调整的绿山国家森林的边界，自 1965 年 1 月 1 日起应被认为是国家森林的边界。

第 8302 条　土地让与、奇瓦瓦沙漠自然公园、新墨西哥州和弗吉尼亚乔治·华盛顿国家森林。

（a）奇瓦瓦沙漠自然公园的财产让与。

（1）通则。在现存有效权利和（b）规定的范围内，部长应通过产权转让契约和无偿方式把美国对于在（2）中提及的土地所享有的所有权力、头衔及利益让与奇瓦瓦沙漠自然公园有限公司，一个新墨西哥州的非盈利性公司（在本条中称为"自然公园"），自本法案通过之后即生效。

（2）林地的描述。

（A）通则。（1）提及的地块包含墨西哥州多娜爱娜县大约 935.62 英亩土地，它更多地在如下内容中被具体提及：

（i）在第 17 条、第 20 条及第 21 条被描述为 T. 21 S.，R. 2 E.，N. M. P. M.；以及

（ii）在注有 1998 年 5 月 14 日的地役权证书中，从农业部到自然公园的内容中。

（B）条款修订。部长可以依据（A）修改林地的描述：

（i）改正描述中的错误；或者

（ii）促进林地管理。

（b）条件。（a）中的林地让与应服从如下条件：

（1）保留美国对土地的所有矿物和地下空间权，包括地热资源；

（2）奇瓦瓦沙漠自然公园董事会支付与财产转让相关的任何费用的条件；

（3）部长保留的通行权；

（4）土地契约中的契约或约束需要：

（A）土地可能只能用于教育或科学用途；以及

（B）如果土地不再用于（A）中所提及的用途，该土地可以在部长的判定下，依据（c）归还美国；以及

（5）部长认为合适的其他条款和条件。

（c）归还。如果依据（a）让与的土地不再用于（b）（4）（A）所提及的用途，该土地可能在部长的判定下，归还美国。如果部长选择让土地归还美国，部长应：

（1）确定该土地是否在环境方面被污染，包括来自有害废弃物、有害物质、污染物、污垢物、石油或石油的副产品的污染；以及

（2）如果部长判定该土地在环境上被污染了，自然公园、自然公园的继承人或其他对污染负责的人应该被要求修复污染。

（d）取消。依据（a）转让的所有联邦拥有土地的矿物和地下权利从如下方面退出：

（1）采矿法中的位置、进入和专利权；和

（2）矿上租赁法的操作，包括地热租赁法。

（e）用水权。（a）不能授权用水权的让与给自然公园。

（f）费吉尼亚乔治·华盛顿国家森林让与。

（1）让与要求。农业部长应无偿让与弗吉尼亚州阿利根尼县中央降临基督教会（在本条中被称为"接收人"）美国在弗吉尼亚州阿利根尼县乔治华盛顿国家森林的一片地产的所有权力、权利及利益，该片地产由至多 8 英亩土地组成，其中包括一块指定为接收人特殊用途的 6 英亩墓地，在林务局地图上将这片地产描述为 G—2032c 地带并注明 2002 年 8 月 20 日，而且在林务局的地图上也显示出这块特殊用地并注明 2001 年 3 月 14 日。

（2）让与条件。该款中的转让应符合如下条件，即接收人按转让条件和时间接受（1）提及的地产。

（3）资产描述。本款中，该让与不动产的精确面积和法律描述应由部长满意的土地勘测所决定。土地勘测的花费应有接收人负担。

（4）附加条款和条件。部长可以要求诸如部长认为适当的来保护美国利益的与本章中转让有关的附加条款和条件。

第 8303 条　佛蒙特州国家森林系统土地的出售和交换。

（a）定义。在本条中：

（1）布罗姆利。'布罗姆利'系指布罗姆利山滑雪胜地有限公司。

（2）地图。'地图'系指标题为"推荐的布罗姆利土地出售或交换"并且注有 2004 年 4 月 7 日的日期。

（3）州。'州'系指佛蒙特州。

（b）绿山国家森林土地的出售或交换。

（1）通则。部长可以依据部长可能规定的任何条款和条件出售和交换（2）中提及的国家森林系统土地之内和之上的任何美国的权力、权利和利益。

（2）土地说明。在（1）中被提及的国家森林体系土地的地块是在该州本宁顿县的如地图上描画的 5 宗地块。

（3）地图和法律描述。

（A）通则。在如下地点，地图应存档并且可供公众查阅：

（ⅰ）林务局局长办公室；

（ⅱ）绿山国家森林和森林监督员办公室。

（B）条款修订。部长可以为了如下情况修订地图和法律描述：

（ⅰ）改正技术错误；以及

（ⅱ）依据（1）简化转让程序。

（4）报酬。（2）中提及的出售和交换土地的报酬：

（A）应与不少于土地出售或交换的公平市价；

（B）可以是现金、土地或现金与土地结合的方式。

（5）估价。任何依据（1）为执行促进土地出售和交换的估价应符合联邦土地收购统一估价标准。

（6）出售方法。

（A）向布罗姆利转让。

（ⅰ）通则。在依据（B）征求出价之前，部长应提出转让（2）中提及的土地给布罗姆利。

（ⅱ）合同截止期限。如果布罗姆利依据（ⅰ）接受提议，部长和布罗姆利应在关于该土地的任何环境分析完成之日后不晚于 180 日内订立出售或交换该地的合同。

（B）公开出售或内部认购。如果部长和布罗姆利在（A）（ⅱ）指定的日期前没有就土地出售或交换订立合同，部长可以依据部长认为符合公众利益的条款、条件和程序以公开出售或内部认购（包括拍卖）的方式出售或交换该地。

（C）拒绝提议。如果部长认为该提议不适当或不符合公众利益，可以拒绝本条中的任何提议。

（D）经纪人。在依据本款实施的任何出售或交换活动中，部长可以：

（ⅰ）使用房地产经纪人或其他第三方；以及

（ⅱ）支付房地产经纪人或第三方与该地区一般的不动产交易相当的佣金。

（7）现金权益化。除了《1976 年联邦土地政策和管理法》第 206 条（b）（《美国法典》第 43 篇 1716（b））另有规定，部长可以接受在本条中多于任何已交换的联邦土地价值 25％的现金权益化。

（c）收益配置。

（1）通则。部长应把本条中出售和交换的纯收益存在依据《公法》90－171（《美国法典》第 16 篇 484a）（通常被称为《席斯克法》）设立的基金中。

（2）用途。依据（1）储存的金额应可供部长用于如下项目直到耗尽，但没有进一步拨款：

（A）阿帕拉契亚山脉观光小径和该州的隆恩国家消遣小径的定位和迁移；

（B）部长收购土地和土地权益用于在绿山国家森林范围内的国家森林系统，包括阿帕拉契亚山脉观光小径和隆恩国家消遣小径的土地和邻近土地；

（C）绿山国家森林范围内湿地和湿地权益的获得以弥补地块被出售或交换所损失的湿地；以及

（D）支付实施本条所产生的直接行政成本。

（3）限制。依据（1）存放的金额不应：

（A）依据任何法律条文支付和分配给州或该州的县或镇；或

（B）被认为是从国家森林系统单位收到的钱以便于：

（ⅰ）《1908 年 5 月 23 日法》（《美国法典》第 16 篇 500）；或

（ⅱ）《1913 年 3 月 4 日法》（《美国法典》第 16 篇 501）。

（4）禁止转移和重新安排。依据（1）存放的金额不应为了野火管理或任何其他紧急用途而转移或重新安排。

（d）收购土地。部长可以利用（c）或其他方式提供的资金为了国家森林系统的用途获得绿山国家森林边界内的土地或土地权益。

（e）特定法律的免除。《美国法典》第 40 篇子篇 I 不适用于任何本条中国家森林系统土地的出售和交换。

子篇 E　杂项规定

第 8401 条　具有资格的木材合同选择方案。

（a）定义。在本条中：

（1）经认可的生产价格指数。'经认可的生产价格指数'系指：

（A）软质木材商品指数（代码 WPU 0811）；

（B）硬质木材商品指数（代码 WPU 0812）；

（C）碎料指数（代码 PCU 3211133211135）；以及

（D）劳工部劳工统计局制定的并被部长利用的其他后面类似指数。

（2）具有资格的合同。具有资格的合同系指出售国家森林系统土地上的木材的合同：

（A）被授予的时期为 2004 年 7 月 1 日至 2006 年 12 月 31 日；

（B）那里有大量未砍伐的木材；

（C）在本法案通过之日后不晚于 90 天内，木材购买者为（b）提及的一个或多个期权制作一份书面请求给部长；

（D）这不是残余木材销售；

（E）部长决定合同签订后由于出现恶化的木料环境无需紧急砍伐；以及

（F）无违反或违约。

（3）部长。'部长'系指农业部长，他通过林务局行使职权。

（b）具有资格的合同选择方案。

（1）废除或重新决定估价。尽管有其他法律条文规定，如果合同自该法通过之日起将以一定的估价登报，该估价比合同中所有木材种类的最初投标金额少至少 50%。农业部长可以自己决定：

（A）取消合同，如果木材购买者：

（ⅰ）基于投标价支付合格合同中的木材总价的 30%；

（ⅱ）完成木材购买者在部长与其磋商后认定的砍伐间歇期的每个合同义务（包括移走掉落的木材、完成道路施工和侵蚀防治工作）；以及

（ⅲ）依据合同终止它的权利；

（B）修改具有资格的合同，以重新决定当前具有资格的合同估价使其等于以下两项之和：

（ⅰ）合同 25% 的收购溢价；和

（ⅱ）自该法通过之日起公布的估价。

（2）指数替代。

（A）替代。尽管有其他法律条文的规定，部长可以全权处理替代木材购买者具有资格的合同里指定的生产者价格指数，如果木材购买者确定：

（ⅰ）木材购买者打算从依据具有资格的合同砍伐的木材中生产产品；和

（ⅱ）来自经认证的生产者价格指数的替代指数能更精确的代表在有指数的（ⅰ）中认定的主要产品。

（B）遵循替代指数重新决定估价。如果部长替换（A）中具有资格的合同的生产者价格指数，部长应全权处理修改具有资格的合同以提供：

（ⅰ）依据合同条款重新决定的备用估价；以及

（ⅱ）依据（1）（B）重新决定估价。

（C）与市场相关的合同条款附加限制；定期支付。尽管有其他法律条文规定，如果部长替换依据（A）订立的具有资格的合同中的生产者价格指数，部长应全权处理修改具有资格的合同：

（ⅰ）依据具有资格的合同的市场相关合同条款附加规定和《联邦法规汇编》第 36 篇第 223.52 条调整条款，在调整之日生效，但只要在两个或多个连续的日历年度季度本条标准能够极大降低，而且部长在其中的第一个日历年度季度替换了（A）提及的生产者价格指数。

（ⅱ）依据适用法律和政策调整合同要求的定期付款。

（3）使用硬木板材指数的合同。关于在（a）（1）（B）提及的使用硬木商品指数部长没有依据（2）用生产价格指数替换的具有资格的合同，部长有绝对酌情权决定：

（A）从当前合同终止之日起，将合同期延长一年；并

（B）依据适应的法律和政策调整合同所规定的定期支付。

（c）市场相关合同延期特定合同延期时限。无论法律其他任何规定，部长可以按照木材采购方的书面请求全权决定修改在 2007 年 1 月 1 日前授予采购方的木材销售合同（包括具有资质的合同），根据合同中的市场相关合同延期规定及《联邦法律汇编》第 36 篇第 223.52 条规定的调整合同期限，修改之日期有效，除非部长将原始合同延长不超过 4 年。

（d）期权效果。

（1）不放弃索赔。本条之操作不会导致美国放弃对任何木材采购方的索赔：

（A）在具有资格的合同中，在部长废除合同或依据（b）（1）重新决定估价之日前，依据（b）（2）替换生产价格指数或依据（b）（3）修改合同；或

（B）在木材销售合同中，包括具有资格的合同，在部长依据（c）调整合同期限之日前。

（2）免责声明。在（b）和（c）提供的任何期权书面请求中，木材购买者应免除美国的全部责任，包括进一步付款和补偿，由于：

（A）购买者具有资格的合同的免除或依据（b）（1）重新估价，依据（b）（2）生产价格指数的置换，依据（b）（3）合同的修改或部长做出不废除、不重新定价、不置换或不修改的决定；

（B）依据（c）购买者木材出售合同期限的修改（包括具有资质的合同）或部长所做的不提供修改的决定。

（3）限制。按照（b）（1）（A）之规定，部长依据（b）（1）废除具有资格的合同，应免除废除合同中木材购买者进一步的责任。

第 8402 条　西裔服务机构农业用地国家资源领导计划。

（a）西裔服务机构的定义。在本条中，"西裔服务机构"的定义参见《1965 年高等教育法》第 502 条（a）（5）（《美国法典》第 20 篇 1101a（a）（5））。

（b）补贴许可。部长可以在竞争的基础上给予西裔服务机构补贴，用以设立大学生奖学金项目，帮助林业及其相关领域的西裔和其他代表人数不足的团体完成招聘、留用和培训。

（c）补贴资金的使用。依据本条所提供的补贴应被用于招聘、留用、培训和发展同联邦机构一起在林业和相关的领域工作的专业人员，比如林务局、州立机构和私营企业。

（d）拨款授权。兹授权部长在 2008 至 2012 各财政年度拨款，额度以满足本条内容之实施为准。

第 Ⅸ 篇　能　源

第 9001 条　能源。

（a）通则。《2002 年农业安全与农村投资法》第 Ⅸ 篇（《美国法典》第 7 篇 8101 及以下）修订如下：

"第 Ⅸ 篇　能　源

"第 9001 条　定义。

"除非另有规定，在本篇中：

"（1）署长。'署长'系指环境保护署署长。

"（2）咨询委员会。'咨询委员会'系指依据第 9008 条（d）（1）设立的生物能研究与开发技术咨询委员会。

"（3）先进生物燃料。

"（A）通则。先进生物燃料系指源于可再生生物质而非玉米粒淀粉的燃料。

"（B）包含内容。依据（A），'先进的生物燃料'包括：

"（ⅰ）源于纤维素、半纤维素或木质素的生物燃料；

"（ⅱ）源于糖、淀粉（而非用玉米粒淀粉生产的乙醇）的生物燃料；

"（ⅲ）源于作物残余、其他植物废料、动物粪便、食物残渣和生活垃圾等废料的生物燃料；

"（ⅳ）来源于植物油和动物油脂的可再生生物质的与柴油相当的燃料；

"（ⅴ）通过来自可再生生物质的有机质转换而生产的生物气（包括堆填区沼气、污水垃圾处理气体）；

"（ⅵ）通过来自可再生生物质的有机质转换而生产的丁醇或其他醇类；以及

"（ⅶ）其他来源于纤维素类生物质的燃料。

"（4）生物基产品。'生物基产品'系指由部长决定的属于商业或工业的产品（而非食品或饲料），其：

"（A）整个或重要部分由生物制品构成，包括国内可再生农业材料和林业材料；或者

"（B）为媒介配料或原料。

"（5）生物燃料。'生物燃料'系指来源于可再生生物质的燃料。

"（6）生物质转化设施。'生物质转化设施'系指将可再生生物质转化或协助其转化为下列物质的设施：

"（A）热量；

"（B）电；

"（C）生物基产品；或者

"（D）先进生物燃料。

"（7）生物炼制。'生物炼制'系指设施（包括器材或过程）：

"（A）将可再生生物质转化为生物燃料或生物基产品；并且

"（B）能发电。

"（8）委员会。'委员会'系指依据第9008条（c）设立的生物质研究和发展委员会。

"（9）印第安部落。'印第安部落'的定义参见《印第安自治和教育援助法》第4条（《美国法典》第25篇450b）。

"（10）高等院校。'高等院校'的定义参见《1965年高等教育法》第102条（a）（《美国法典》第20篇1002（a））。

"（11）媒介配料或原料。'媒介配料或原料'系指整个或主要部分由生物制品制成的材料或化合物，这些生物制品包括可再生农业材料（包括植物、动物和海产材料）或森林材料，这些材料或化合物随后会被用来制成更复杂的化合物或产品。

"（12）可再生生物质。'可再生生物质'系指：

"（A）材料、树木整修后的残余或来自国家森林系统土地或公有土地的入侵物种（如《1976年联邦土地政策和管理法》第103条（《美国法典》第43篇1702）所定义）它们是：

"（ⅰ）预防性措施的副产品，将其剔除是为了：

"（Ⅰ）减少有危险的燃料；

"（Ⅱ）减少或控制病虫害；或

"（Ⅲ）修复生态系统健康；

"（ⅱ）将不再用于更高价值产品；以及

"（ⅲ）依据如下规定予以砍伐：

"（Ⅰ）适用法律和土地管理计划；以及

"（Ⅱ）对于如下内容的要求：

"（aa）《2003年健康森林修复法》（《美国法典》第16篇6512）第102条（e）（2）、（3）、（4）的老

龄林的维护、恢复和管理指导；以及

　"（bb）该条中（f）中大型树木保留；或

　"（B）在可再生或可循环基础上任何可供使用的有机质，它们来自非联邦土地或属于印第安人的或被美国以信托形式持有的或受限于美国强制反对转让条例的印第安部落土地，包括：

　"（ⅰ）可再生植物材料，包括：

　"（Ⅰ）饲料谷物；

　"（Ⅱ）其他农业商品；

　"（Ⅲ）其他植物和树木；以及

　"（Ⅳ）藻类；

　"（ⅱ）废料，包括：

　"（Ⅰ）作物残茬；

　"（Ⅱ）其他植物废料（包括木材废料和木材残渣）；

　"（Ⅲ）动物粪便和副产品（包括脂肪、油类、油脂和粪肥）；以及

　"（Ⅳ）食物残渣和庭院垃圾。

　"（13）可再生能源。'可再生能源'系指来源如下的能源：

　"（A）风、太阳、可再生生物质、海洋（包括潮汐、波浪、洋流和上升暖流）、地热或水力发电资源；或者

　"（B）使用（A）中提及的能量来源获取的源自生物质能或水的氢。

　"（14）部长。'部长'系指农业部长。

"第 9002 条　生物基市场计划。

　"（a）生物基产品的联邦采购。

　"（1）采购机构的定义。在本款中，'采购机构'系指：

　"（A）使用联邦资金采购的任何联邦机构；或者

　"（B）作为与任何联邦机构签订合同一方的个人，涉及依据该合同履行的工作方面。

　"（2）采购优先。

　"（A）通则。

　"（ⅰ）采购机构职责。除了（ⅱ）和（B）另有规定外，拟定依据（3）适用指导方针中规定的日期之后，每个采购机构应：

　"（Ⅰ）建立采购项目，制定采购规格，并且采购依据本条（3）提交的指导方针鉴定的生物基产品；以及

　"（Ⅱ）关于指导方针提及的物品，提供采购优先给那些物品：

　"（aa）由最高比例可适用的生物基产品组成；或

　"（bb）遵守依据《公法》100－556 第 103 条（《美国法典》第 42 篇 6914b－1）发布的法规。

　"（ⅱ）例外。建立采购计划和制订采购说明书，作为（ⅰ）（Ⅰ）的要求不适用于（1）（B）中提及的个人。

　"（B）灵活性。尽管（A）另有规定，采购机构可以决定不采购该小项中提及的物品，如果采购机构认为这些物品：

　"（ⅰ）在合理期限内不能合理地提供；

　"（ⅱ）不能满足：

　"（Ⅰ）在应用规范中陈述的性能标准；或者

　"（Ⅱ）采购机构合理的业绩标准；或者

　"（ⅲ）只有在不合理的价格下才能提供。

"（C）最低要求。本款要求的每个采购计划应最低限度：

"（ⅰ）符合联邦采购法适用条款；

"（ⅱ）确保由生物基产品组成的物品在可行范围内最大限度地能被买到；

"（ⅲ）包括促进采购项目的一个组成部分；以及

"（ⅳ）提供年度审查和采购计划实效性的监控；

"（ⅴ）采纳1到2个（D）或（E）中提及的政策，或一个实质上与两者中任何一个相当的政策。

"（D）个例政策。

"（ⅰ）通则。受制于（B）并且除非（ⅱ）另有规定外，采用个例政策的采购机构应与卖主签订合同提供由最高比例适用的生物基产品组成的物品。

"（ⅱ）例外。受制于（B），采纳（ⅰ）中提及的政策的机构应对提供小于最高生物基产品含量的物品的卖主做出裁定。

"（E）最小含量标准。受制于（B），采纳最低含量标准政策的采购机构应为签订的合同设立最小生物基产品含量规格以确保所需生物基产品含量符合本款规定。

"（F）认证。在根据（3）拟定的适用指导方针中规定的日期之后，缔约的办事机构应要求卖主保证用于履行合同的生物基产品将遵照适用规格或其他合同要求"。

（3）指导方针。

（A）通则。部长与总务局局长和商务部长（通过美国国家标准协会会长履行职责）磋商后，应准备、不定时的修订指导方针以便依据本款要求供采购机构使用。

（B）要求。本项的指导方针应：

（ⅰ）标出由或可以由生物基产品（包括在一种类型的生物基产品中只有这一种生物基或只有一家生产商）制成的物品，上述生物基产品将符合（2）中提及的优先事项的规定。

（ⅱ）标出那些服从于（2）中提及的优先事项被用来或能被用来生产物品的媒介配料或原料；

（ⅲ）如果标出媒介配料和原料含量超过物品的50%（除非部长认为一个不同的成分百分比是合适的），那么自动标出由依据（ⅱ）指定的媒介配料和原料组成的物品；

（ⅳ）提出有关生物基产品和含有此类原料物品的采购操作规程建议；

（ⅴ）提供有关原料和物品的可用性、相对价格、性能和环境和公共卫生利益信息；以及

（ⅵ）在指导方针中设立的日期生效，在其公布后不能超过1年；

（C）提供的信息。根据（B）（ⅴ）提供的关于材料或物品的信息应被视为给由相同材料或物品制成的另一产品提供的信息；

（D）禁止。本条中发布的指导方针除了要求确定产品中生物基含量的资料，不能要求生物基产品制造商或卖主提供比其他出售产品给采购机构的制造商或卖主将被要求提供的更多的资料而作为从制造商或卖主那里购买生物基产品的先决条件。

（E）具有资格的购买。指导方针应适用以下有关任何采购物品的购买或获得：

（ⅰ）物品的购买价格超过10 000美元；或

（ⅱ）在先前的财政年度期间，物品数量或购买或获得的功能上相当的物品至少价值10 000美元。

（4）管理办法。

（A）联邦采购政策办公室。联邦采购政策办公室应与部长合作：

（ⅰ）协调本款的执行和联邦采购的其他政策；

（ⅱ）每年收集依据（B）要求报告的信息并且将信息公开；

（ⅲ）带头通知相关联邦机构并促进由联邦机构制定的生物基产品采购要求的采纳与合规；以及

（ⅳ）不少于每2年一次向国会递交有关如下内容的报告：

（Ⅰ）描述执行本款的进度；以及

（Ⅱ）包含依据（B）报告的信息摘要。

（B）其他机构。为了帮助联邦采购政策办公室执行（A）：

（i）每年各个采购机构应在可行范围内最大限度地向联邦采购政策办公室递交有关如下内容的信息：

（Ⅰ）执行（2）所采取的措施；

（Ⅱ）依据（2）（C）（Ⅳ）设立的年度复查和监控项目的结果；

（Ⅲ）在一年里，签订的生物基产品直接采购合同的数量和美元价值；

（Ⅳ）在一年里，签订的服务和施工（包括翻新）合同的数量，包括生物基产品利用的语言；以及

（Ⅴ）被合约人实际用于执行前一年服务和建设（包括翻新）合同的生物基产品的类型和美元价值；以及

（ii）美国总务管理局和美国国防后勤局应每年在可行范围内最大限度的向联邦采购政策办公室递交有关采购机构购买生物基产品的类型和美元价值的信息。

（C）符合其他法律的采购。符合《固体废物处置法》第 6002 条（《美国法典》第 42 篇 6962）所述局长法规的任何联邦机构采购就不受本条要求的制约，前提条件是这些要求与法规不一致。

（b）标记。

"（1）通则。在与局长磋商后，部长应设立一个依据部长授权生物基产品的生产者使用"USDA 认证的生物基产品"标签的自愿项目。

"（2）具有资格的标准。

"（A）标准。

"（i）通则《2008 年粮食、保育和能源法》通过之日后不晚于 90 天内，除非（ii）另有规定，部长在与局长和来自小型和大型企业、学术界、其他联邦机构的代表以及其他此类部长认为合适的人磋商之后，应发布决定哪种产品可以依据（1）具有资格而收到标签的标准。

"（ii）例外。（i）不适用于部长发布的最后标准（自法案通过之日起）。

"（B）要求。依据（A）发布的标准应：

"（Ⅰ）鼓励购买生物基含量最高的产品；

"（Ⅱ）依据本款设立的自愿项目，部长可以指定含有大量生物基原料或成分的生物基成品；以及

（iii）在可行范围内最大限度地与依据（a）（3）公布的指导方针一致。

"（3）标签的使用。部长应确保在（1）中提到的标签只能被用于符合依据（2）发布的标准的产品。

"（c）识别。部长应：

"（1）设立计划以承认大量使用生物基产品的联邦机构和私人实体；以及

"（2）鼓励联邦机构设立激励计划来承认联邦雇员或对生物基产品的扩展使用有额外贡献的合约商。

"（d）限制。本条不适用机动车辆燃料、民用燃料油或电的采购。

"（e）包含内容。《2008 年粮食、保育和能源法》通过之日后 90 天起生效，国会大厦的建筑师、参议院纠仪长和众议院首席行政官在为国会大厦做出采购决策过程中应考虑依据本条做出的生物基产品的指定工作。

"（f）国家测试中心登记处。部长应为生物基产品设立国家注册测试中心来为生物基产品制造商服务。

"（g）报告。

"（1）通则《2008 年粮食、保育和能源法》通过之日后不晚于 180 天内以及其后每年，部长应向国会递交一份有关本条的执行报告。

"（2）内容。报告应包括：

"（A）设立任务、时间表、大事记、组织角色及责任和充分执行本章的资金分配的综合管理计划；以及

"（B）执行状态的信息：

"（ⅰ）物品指定（包括指定媒介配料和原料）；以及

"（ⅱ）依据（b）设立的资源标签计划。

"（h）提供资金。

"（1）强制提供资金。在商品信贷公司的资金中，部长应依据执行本条需要为生物质产品测试和贴标签提供强制提供资金：

"（A）2008 财政年度 1 000 000 美元；

"（B）2009 至 2012 每个财政年度 2 000 000 美元。

"（2）自由提供资金。除其他执行本条可供使用的资金之外，兹为 2009 到 2012 各财政年度授权拨款 2 000 000 美元以实施本条内容。

"第 9003 条　生物炼制援助。

"（a）宗旨。本条宗旨是援助为发展先进生物燃料而出现的新兴技术的发展，以便：

"（1）增强美国能源独立；

"（2）推广资源保护、公共卫生和环境保护；

"（3）使农林产品和农业废料的市场多样化；以及

"（4）创造就业和增强农村经济的经济开发。

"（b）定义。在本条中：

"（1）具有资格的实体。具有资格的实体系指个人、机构、印第安部落或州军队或当地政府，包括公司、农场合作社、农场主合作组织、农业生产者联盟、国家实验室、高等院校、农村电力合作社、公共电力公司或任何这些实体的联合。

"（2）具有资格的技术。具有资格的技术系指由部长决定的：

"（A）被充满活力的具有商业规模的生物炼制公司采用的技术，该技术用来生产先进的生物燃料；以及

"（B）（A）没有提及的生产先进生物燃料的技术，它证明对生物炼制有商业应用的技术和经济潜力。

"（c）援助。部长应向具有资格的实体提供如下援助：

"（1）帮助支付发展和建设具有示范规模的生物炼制研发和建设成本的补贴，以展示将可再生生物质转化为先进生物燃料的一个或更多过程的商业可行性；

"（2）担保贷款来资助使用具有资格的技术的具有商业规模的生物炼制的发展、建设和改装。

"（d）补贴。

"（1）竞争原则。部长应依据（c）（1）以竞争原则发放补贴。

"（2）选择标准。

"（A）通则。为了批准补贴申请，部长应设立有优先次序的计分方法为每份申请计分，而且只能批准超过规定最小值的申请。

"（B）可行性。为了批准补贴申请，部长应依据申请中由独立第三方执行的项目可行性研究来决定该技术和经济的可行性。

"（C）计分系统。为了决定优先顺序的评分系统，部长应考虑：

"（ⅰ）先进生物燃料和副产品生产的潜在市场；

"（ⅱ）申请人财务参与水平，包括来自非联邦和私人资源的支持；

"（ⅲ）申请人是否打算使用一种以前没在先进生物燃料生产中使用的原料；

"（ⅳ）申请人是否打算与生产者协会或合作社一起工作；

"（ⅴ）申请人是否确定申请中推荐工序的可适用性，此工序将对资源保护、公共卫生和环境保护产生正面影响；

"（ⅵ）农村经济发展潜力；

"（ⅶ）申请人提议安置生物炼制地区是否还有别的相似设施；

"（ⅷ）该项目是否能被复制；以及

"（ⅸ）商业用途的可扩展性。

"（3）成本分担。

"（A）限制。批给（c）（1）中生物炼制发展和建设的补贴金额应不超过计划花费的 30%。

"（B）接收人份额形式。

"（ⅰ）通则。计划支出的接收人份额可以以现金或物料形式安排；

"（ⅱ）限制。以物料形式安排的接收人份额的数量应不超过（A）中规定份额的 15%。

"（e）贷款担保。

"（1）选择标准。

"（A）通则。为了批准贷款担保申请，部长应设立优先顺序评分系统为每个申请人计分，而且只能批准超过规定最小值的申请。

"（B）可行性。为了批准贷款担保申请，部长应依据申请中提及的由独立第三方执行的项目可行性研究确认项目技术和经济的可行性。

"（C）评分系统。为了确认（c）（2）中的贷款担保的优先顺序评分系统，部长应考虑：

"（ⅰ）申请人是否已建立了一个先进生物燃料和副产品生产的市场；

"（ⅱ）申请人建议安置生物炼制的地方是否已有其他类似的设施；

"（ⅲ）申请人是否打算使用以前先进生物燃料生产中没有使用过的原料；

"（ⅳ）申请人是否打算和生产者协会和合作社一起工作；

"（ⅴ）申请人财务参与水平，包括来自非联邦和私人资源的支持；

"（ⅵ）申请人是否已确定申请中的推荐工序可采纳，该工序将对资源保护、公共卫生和环境有正面的影响；

"（ⅶ）申请人是否能确认如果采用了申请中推荐的生物燃料技术将不会对使用类似原料的现有制造工厂或其他设施产生任何重大的负面影响；

"（ⅷ）农村经济发展潜力；

"（ⅸ）申请中建议的当地所有权水平；以及

"（ⅹ）该项目是否可被复制。

"（2）限制。

"（A）担保贷款的最大额度。在（c）（2）中担保贷款的主要额度不能超过 250 000 000 美元。

"（B）担保贷款的最大比例。

"（ⅰ）通则。除本小项另有规定之外，（c）（2）由部长决定的有担保的贷款应不超过项目花费的 80%。

"（ⅱ）其他直接联邦资金。根据（c）（2）为项目担保的贷款金额应通过具有资格的实体为同样的项目得到的其他直接联邦资金而被减少。

"（ⅲ）担保贷款的职权。部长最多可担保 90% 的依据（c）（2）担保的贷款应付本金及利息。

"（C）贷款担保资金的分配。依据（h）一个财政年度贷款担保提供的资金中，50% 应预留给下半个财政年度中产生的债务。

"（f）商议。在落实本条规定过程中，部长应与能源部长商议。

"（g）提供援助的条件。

"（1）通则。依据本条，作为接受拨款或贷款担保的一个条件，经由劳工部长依据《美国法典》第 40 篇第 3141 至 3144、3146 及 3147 条确定，具备资格的实体应确保承包商或分包商在出资的建筑工程中向雇佣的所有工人和机械师，视拨款或贷款担保情况而定，全部或部分给付的工资标准不低于同地区类似建筑工程的一般水平。

"（2）授权和职责。遵照（1）所述劳动标准，劳工部长应拥有《1950 年第 14 号重组计划》（《美国法典》第 5 篇附录）和《美国法典》第 40 篇第 3145 条所规定的授权和职责。

"（h）提供资金。

"（1）强制提供资金。对于商品信贷公司提供的资金，部长应用于本条规定的贷款担保费用并在以下支出之前保持适用：

"（A）75 000 000 美元，2009 财政年度；以及

"（B）245 000 000 美元，2010 财政年度。

"（2）自由出资。除了任何其他落实本条适用的资金以外，2009 至 2012 每财政年度还可为落实本条的规定授权拨款 150 000 000 美元。

"第 9004 条　重新提供援助。

"（a）通则。部长应自《2008 年粮食、保育和能源法》颁布之日起通过发放以下补贴款项落实计划，从而鼓励现有生物炼制厂取代用于产生热能或电能以运行生物炼制厂的化石燃料：

"（1）安装使用可再生生物质的新系统；或者

"（2）从可再生生物质中开发新的能源生产。

"（b）补贴。

"（1）通则。部长可以依据本条规定向任何符合本条规定的生物炼制厂发放一定期限的补贴，补贴期限由部长确定。

"（2）金额。部长应在考虑以下内容的基础上依据本条规定确定向生物炼制厂发放的补贴额度：

"（A）可再生生物质系统替代的化石燃料的数量；

"（B）由安装可再生生物质系统而产生的生物炼制厂所使用的化石燃料减少比例；以及

"（C）可再生生物质系统的成本和成本效益。

"（c）资格。具备依据本条规定接受补贴资格的生物炼制厂应向部长说明该生物炼制厂的可再生生物质系统具备可行性，其可行性基于独立的可行性研究，并考虑到了该系统的经济、技术和环境等方面的因素。

"（d）提供资金。

"（1）强制提供资金。对于商品信贷公司提供的资金，部长应依据本条规定用于发放 2009 财政年度的 35 000 000 美元补贴，并确保在用完之前的适用性。

"（2）自由提供资金。除了为落实本条内容适用的任何其他资金以外，2009 至 2012 每财政年度还可为落实本条规定授权拨款 15 000 000 美元。

"第 9005 条　先进生物燃料的生物能源计划。

"（a）具备资格的生产商定义。在本条当中，'具备资格的生产商'系指高级生物燃料的生产商。

"（b）补贴。部长应向具备资格的生产商补贴以支持并确保高级生物燃料的扩大生产。

"（c）合同。若要接受补贴，具备资格的生产商应：

"（1）与部长签订生产高级生物燃料的合同；以及

"（2）向部长提交部长所要求的记录作为生产高级生物燃料的证据。

"（d）补贴条件。部长应在依据本条向具备资格的生产商发放补贴时遵循以下条件：

"（1）具备资格的生产商生产高级生物燃料的数量和周期；

"（2）如果数据充分，经由部长确定的高级生物燃料中非可再生能源的净含量；以及

"（3）经由部长确定的其他适当因素。

"（e）公平分配。部长可以限制单个具备资格的生产商依据本章接受补贴的数额，目的在于公平分

配全部适用资金。

"（f）其他要求。若要依据本条规定接受补贴，具备资格的生产商应满足适用于高级生物燃料生产的联邦和州法律（其中包括规章）所规定的任何其他要求。

"（g）提供资金。

"（1）强制提供资金。对于商品信贷公司提供的资金，部长应用于落实本条规定并在以下支出之前保持适用：

"（A）55 000 000 美元，2009 财政年度；

"（B）55 000 000 美元，2010 财政年度；

"（C）85 000 000 美元，2011 财政年度；以及

"（D）105 000 000 美元，2012 财政年度。

"（2）自由提供资金。除了任何其他落实本条适用的资金以外，2009 至 2012 每财政年度还可以为落实本条授权拨款 25 000 000 美元。

"（3）限额。对于每财政年度提供的资金，应向具备资格的生产商提供最多 5％的资金用于总提炼能力每年超过 150 000 000 加仑的单位进行生产。

"第 9006 条　生物柴油燃料教育计划。

"（a）确立。部长应按照部长认为适当的条件和期限向具备资格的实体提供有竞争力的补贴，以培养拥有车队的政府和私有实体，其他相关实体（按照部长确定的）以及公众对生物柴油燃料使用好处的认知。

"（b）具备资格的实体。若要接受依据（b）规定的补贴，该实体应：

"（1）为非盈利组织或高等教育机构；

"（2）已经证明拥有生物柴油燃料的生产、使用或经销方面的知识；以及

"（3）已经证明拥有开展教育和技术支持计划的能力。

"（c）磋商。在落实本条过程中，部长应与能源部长商议。

"（d）提供资金。对于商品信贷公司提供的资金，部长应在落实本条规定过程中 2008 至 2012 每财政年度使用 1 000 000 美元。

"第 9007 条　美国农村能源计划。

"（a）设立。部长在与能源部长商议的情况下应设立美国农村能源计划，以通过以下途径提高农业生产商和农村小企业的能源效率及可再生能源开发：

"（1）为能源审计和可再生能源开发援助拨款；以及

"（2）为改进能源效率和可再生能源系统提供财政援助。

"（b）能源审计和可再生能源开发援助。

"（1）通则。部长应向具备资格的实体提供有竞争力的拨款以向农业生产商和农村小企业提供援助，并使之：

"（A）更加讲求能源效率；以及

"（B）使用可再生能源技术和资源。

"（2）具备资格的实体。依据本条规定，具备资格的实体为：

"（A）州、部落或地方政府的单位；

"（B）政府赠地的学院或大学或其他高等教育机构；

"（C）农村电力合作或公共电力实体；以及

"（D）经由部长确定的其他任何类似实体。

"（3）遴选标准。在审查具备资格的实体依据（1）为取得拨款而提交的申请时，部长应考虑：

"（A）具备资格的实体在提供专业的能源审计和可再生能源评估方面的能力和专业素质；

"（B）具备资格的实体所提议的涉及明确需求的计划的地理范围；

"（C）计划所要援助的农业生产商和农村小企业数量；

"（D）拟议的计划在节能和环保方面的潜力；

"（E）具备资格的实体面向农业生产商和农村小企业在讲求能源效率和可再生能源开发等方面的拓展、信息提供以及援助计划；以及

"（F）具备资格的实体在平衡其他出资来源方面的能力。

"（4）补贴资金的使用。依据（1）的补贴接受者应通过以下途径将补贴资金用于协助农业生产商和农村小企业：

"（A）实施并推进能源审计；以及

"（B）就如何完成以下工作提供建议和信息：

"（ⅰ）改进农业生产商和农村小企业运营的能源效率；以及

"（ⅱ）在运营中使用可再生能源技术和资源。

"（5）限额。补贴接受者使用补贴资金用于管理费用的比例不得超过 5%。

"（6）成本分摊。依据（1）的补贴接受者且按照（4）为农业生产商或农村小企业实施能源审计的补贴接受者，应将其作为能源审计的条件要求农业生产商或农村小企业支付至少 25% 的能源审计成本，这部分资金应由具备资格的实体持有并用于能源审计成本。

"（c）为改进能源效率和可再生能源系统提供财政援助。

"（1）通则。除了任何类似授权外，部长应向农业生产商和农村小企业提供贷款担保和补贴：

"（A）以采购可再生能源系统，其中包括可以用来生产或销售电力的系统；以及

"（B）以改善能源效率。

"（2）授予考虑因素。在确定依据本条提供贷款担保或补贴的数额时，部长应适当地考虑以下因素：

"（A）待采购可再生能源系统的类型；

"（B）由可再生能源系统生产的能源预计产量；

"（C）可再生能源系统的预期环境效益；

"（D）通过能源审计证明的由本行为产生的预期节能数量；

"（E）与行为成本相等的由本行为产生的节能所预计的时间期限；

"（F）可再生能源系统的预期能源效率；以及

"（G）其他适当因素。

"（3）可行性研究。

"（A）通则。部长可以通过发放补贴的形式向农业生产商或农村小企业提供援助，就某一项依据本条提供援助的工程开展可行性研究。

"（B）限额。部长在使用适用资金落实本条规定且按照（A）所述提供援助时使用资金比例不得超过 10%。

"（C）避免重复援助。如果某一实体接受了其他联邦或州的援助开展工程的可行性研究，那么该实体则不具备接受本项所述为开展工程可行性研究而享受的援助资格。

"（4）限定。

"（A）补贴。依据本款的补贴数额不得超过使用补贴资金开展活动成本的 25%。

"（B）贷款担保的最大数额。依据本款的贷款担保数额不得超过 25 000 000 美元。

"（C）拨款和贷款担保组合的最大数额。依据本款的拨款和贷款担保组合数额不得超过依据本款资助行为成本的 75%。

"（d）扩大服务范围。部长应在最大的可行程度上确保在州和地方层面上充分扩大与本条有关的服务范围。

"（e）较低成本的活动。

"（1）资金用途限定条件。除了（2）规定以外，部长应使用依据（g）适用资金的至少20％以提供20 000美元或更少的补贴。

"（2）例外。自每财政年度6月30日生效，（1）不适用于该财政年度依据（g）的适用资金。

"（f）报告。自《2008年粮食、保育和能源法》颁布之日起4年内，部长应向国会提交报告，说明本条落实情况，其中包括依据本条资助的工程所取得的成果。

"（g）提供资金。

"（1）强制提供资金。对于商品信贷公司提供的资金，部长应用于落实本条规定并在下列支出之前保持适用：

"（A）55 000 000美元，2009财政年度；

"（B）60 000 000美元，2010财政年度；

"（C）70 000 000美元，2011财政年度；以及

"（D）70 000 000美元，2012财政年度。

"（2）为审计和技术援助提供资金。

"（A）通则。依据（B），对于每财政年度依据（1）的适用资金，应有4％用于落实（b）。

"（B）其他用途。每财政年度4月1日之前为落实（b）而在（A）中非必要的资金应用于落实（c）。

"（3）自由提供资金。除了任何其他落实本条适用的资金以外，2009至2012每财政年度还可以授权拨款25 000 000美元。

"第9008条　生物质研究与开发。

"（a）定义。在本条当中：

"（1）生物基产品。'生物基产品'系指：

"（A）由生物质生产的工业产品（其中包括化学药品、材料和聚合物）；或者

"（B）源自与生物质转化成燃料有关的商业或工业产品（其中包括动物饲料和电力）。

"（2）示范。'示范'系指试点工厂或中间工厂级别单位的技术演示，其中包括位于农场的工厂或单位。

"（3）方案。'方案'系指依据（e）建立的生物质研究与开发方案。

"（b）生物质研究与开发合作和协调。

"（1）通则。农业部长和能源部长应就促进生物燃料和生物基产品生产的研究与开发工作的政策和流程进行协调。

"（2）联络人。为了协调由各自部门落实的与生物燃料和生物基产品有关的计划和活动的研究与开发：

"（A）农业部长应指定农业部一名官员作为农业部的联络人，该官员在接受指定日期之前应为总统任命并在农业部具有一定职位，且经过参议院建议并同意；以及

"（B）能源部长应指定一名官员作为能源部的联络人，该官员在接受指定日期之前应为总统任命并在能源部具有一定职位，且经过参议院建议并同意。

"（c）生物质研究与开发委员会。

"（1）建立。为落实（3）中所述职责已建立生物质研究与开发委员会。

"（2）会员身份。委员会应由以下人员组成：

"（A）能源部和农业部的联络人，其应担任委员会的联合主席；

"（B）内政部、环境保护署、国家科学基金会和科学与技术政策办公室各派一名高级职员，每名职员的级别应与联络人的级别相当；以及

"（C）农业部长和能源部长选择的其他由各位部长任命的成员（在与委员会商议之后）。

"（3）职责。委员会应：

"（A）按以下要求协调与生物燃料和生物基产品有关的研究与开发活动：

"（i）在农业部和能源部之间；以及

"（ii）与联邦政府的其他部委和机构；

"（B）向联络人提供有关管理本标题规定的建议；

"（C）确保：

"（i）每年所裁定的要求既公开又具竞争力；以及

"（ii）要求的目标和评估标准得到明确表述，并使之最低程度地约定俗成，不存在特殊利益领域；以及

"（D）确保依据（e）组成的提案审查科技同仁小组主要由从农业部和能源部以外的机构筛选的独立专家组成。

"（4）提供资金。鼓励委员会各机构为依据本条的任何目的提供资金。

"（5）会议。委员会应至少每季度召开一次会议。

"（d）生物质研究和开发技术咨询委员会。

"（1）建立。为落实（3）所述职责已建立生物质研究与开发技术咨询委员会。

"（2）会员资格。

"（A）通则。咨询委员会应由以下人员组成：

"（i）一名隶属于生物燃料行业的个人；

"（ii）一名隶属于生物基工业和商业产品行业的个人；

"（iii）一名隶属于高等教育机构且具备生物燃料和生物基产品专业知识的个人；

"（iv）两名来自政府或学术界且具备生物燃料和生物基产品专业知识的杰出工程师或科学家；

"（v）一名隶属于商品贸易协会的个人；

"（vi）两名隶属于环境或环保组织的个人；

"（vii）一名隶属于州政府且具备生物燃料和生物基产品专业知识的个人；

"（viii）一名在能源和环境分析方面具备专业知识的个人；

"（ix）一名在生物燃料和生物基产品的经济学方面具备专业知识的个人；

"（x）一名在农业经济学方面具备专业知识的个人；

"（xi）一名在植物生物学和生物质原料开发方面具备专业知识的个人；

"（xii）一名在农艺学、作物学或土壤学方面具备专业知识的个人；以及

"（xiii）联络人选择的其他成员。

"（B）任命。咨询委员会成员应由联络人任命。

"（3）职责。咨询委员会应：

"（A）就方案向联络人提出建议；以及

"（B）就以下问题是否落实，向委员会做出评估并提出书面建议：

"（i）方案所授权资金的分配和使用符合方案的目标、目的和考虑因素；

"（ii）每年所裁定的要求既要公开也要有竞争力；

"（iii）要求的目标和评估标准得到明确表述，并使之最低程度地约定俗成，不存在特殊利益领域；

"（iv）联络人依据本标题出资的提案依据价值遴选，并由主要来自农业部和能源部以外科技同仁组成的独立小组确定；以及

"（v）按照本篇规定落实本篇的活动。

"（4）协调。为了避免重复劳动，咨询委员会应与在有关领域工作的其他联邦咨询委员会成员协调其活动。

"（5）会议。咨询委员会应至少每季度召集一次会议。

"（6）期限。咨询委员会成员应任期 3 年。

"（e）生物质研究与开发方案。

"（1）通则。农业部长和能源部长通过各自联络人代理并在与委员会商议的情况下，应制定并落实生物质研究与开发方案，并据此向具备资格的实体提供有竞争力的授权拨款或与之达成合约以及提供财政援助，从而落实以下工作的研究与开发和示范：

"（A）生物燃料和生物基产品；以及

"（B）生物燃料和生物基产品生产的方法、实践和技术。

"（2）目标。方案的目标是开发：

"（A）生物燃料以与化石燃料相比具有竞争力的价格投入大规模商业生产所必要的技术和流程；

"（B）高价值的生物基产品：

"（ⅰ）提高生物燃料和电力的经济活力；

"（ⅱ）充当以石油为基础原料和产品的替代品；以及

"（ⅲ）提高使用上述技术和流程产生的副产品的价值；以及

"（C）讲求经济和环境效益地可持续国内可再生生物质资源转化成生物燃料、生物能源和生物基产品的多样性。

"（3）技术领域。农业部长和能源部长在与环境保护署署长和其他适当部门和机构领导（本款称为"部长"）商议的情况下，应在以下 3 个领域推行方案：

"（A）原料开发。针对原料和原料物流（其中包括收割、处理、运输、预加工及存储）与为转化成生物燃料和生物基产品原材料生产有关的研究、开发和示范活动。

"（B）生物燃料和生物基产品开发。研究、开发和示范活动，从而支持：

"（ⅰ）为在生物燃料和生物基产品的生产中使用纤维质生物质而开发多样化的讲求成本效益的技术；及

"（ⅱ）通过与生产一系列生物基产品（其中包括化学药品、动物饲料和联合发电）有关的技术实现产品多样化，其可以潜在地提高生物炼制中燃料生产的可行性。

"（C）生物燃料开发分析。

"（ⅰ）战略指导。开展分析，为可再生生物质技术的申请提供战略指导，从而改善可持续性和环境质量、成本效益、安全及农村经济发展。

"（ⅱ）能源和环境影响。就生物燃料扩大生产对环境（其中包括林地）和人畜粮食供给的影响进行系统的评估，其中包括当前和潜在生物燃料生命周期分析工具的改进与开发。

"（ⅲ）联邦土地的评估。在与土壤和水资源以及其他环境因素协调一致的情况下，对联邦土地资源的潜力开展评估以提高生物燃料和生物基产品的原料生产。

"（4）其他考虑因素。在（3）所述技术领域，部长应支持研究与开发：

"（A）以通过寻求与现有技术和实践的协同和连贯促进现有生物燃料生产参与者享有持续扩大的有利环境；

"（B）以实现生物燃料生产以及相应的大规模生物基产品环境、经济和社会利益的最大化；以及

"（C）以促进小规模生产以及地方和农田使用生物燃料，其中包括开发小规模气化技术用于从纤维质原料生产生物燃料。

"（5）资格。依据本条，具备补贴、合约或援助资格的申请人应为：

"（A）高等教育机构；

"（B）国家实验室；

"（C）联邦研究机构；

"（D）州研究机构；

"（E）私营部门实体；

"（F）非盈利组织；或

"（G）（A）至（F）中所述两个或更多实体的组合。

"（6）实施。

"（A）通则。在与委员会商议之后，联络人应：

"（ⅰ）每年公布一项或多项有关依据本款补贴、合约和援助提案的联合请求；

"（ⅱ）要求依据本章所授予的拨款、合约和援助要经过由科技界同业人士组成的独立小组进行科学的同业审查；

"（ⅲ）对涵盖以下内容的申请给予特殊考虑：

"（Ⅰ）涵盖多个机构的专家组合；

"（Ⅱ）鼓励学科融合及最佳技术资源的申请；以及

"（Ⅲ）增加示范工程的地理多样性；以及

"（ⅳ）要求（3）（A）、（B）和（C）中所述技术领域接受资金比例不低于落实本条规定适用资金的 15％。

"（B）成本分摊。

"（ⅰ）研究与开发计划。

"（Ⅰ）通则。除了（Ⅱ）所规定之外，依据本条的研究或开发工程成本的非联邦份额应不低于 20％。

"（Ⅱ）减少。如果适当的部长确定有必要适当减少，那么农业部长或能源部长可以适当地减少（Ⅰ）所要求的非联邦份额。

"（ⅱ）示范计划和商业计划。依据本条示范计划或商业计划成本的非联邦分摊比例应不低于 50％。

"（C）技术转让和信息传递。农业部长和能源部长应确保源自本方案的可应用的研究成果和技术：

"（ⅰ）得到恰当的适应、适用及传播；以及

"（ⅱ）纳入《1990 年粮食、农业、保育和贸易法》第 1672C 条（e）规定的最佳实践数据库。

"（f）行政支持与资助。

"（1）通则。能源部长和农业部长可以向委员会和咨询委员会提供必要的能源部和农业部的行政支持与资助，从而有助于委员会和咨询委员会落实本条所规定的各项职责。

"（2）其他机构。鼓励（c）（2）（B）所提到的机构负责人和依据（c）（2）（C）所指定的委员会其他成员向委员会和咨询委员会提供他们各自机构的行政支持与资金。

"（3）限制。依据（h）规定，每财政年度适用资金用于支付为落实本条而产生管理费用的比例一般不超过 4％。

"（g）报告。对于有适用资金以落实本条规定的每个财政年度，能源部长和农业部长应联合向国会提交一份有关以下内容的详细报告：

"（1）方案的状态和进度，其中包括咨询委员会就方案拨款资金是否以符合本条目标和要求的方式得到分配和使用所作的报告；

"（2）各机构落实有关生物燃料和生物基产品的合作与研究和开发的通则；以及

"（3）能源部长和农业部长为解决报告当中所提出的问题而制定的计划，其中包括咨询委员会提出的问题。

"（h）提供资金。

"（1）强制提供资金。对于商品信贷公司提供的资金，农业部长应用于落实本条内容，并在下列支出之前确保适用：

"（A）20 000 000 美元，2009 财政年度；

"（B）28 000 000 美元，2010 财政年度；

"（C）30 000 000 美元，2011 财政年度；以及

"（D）40 000 000 美元，2012 财政年度。

"（2）自由提供资金。除了任何其他落实本条适用的资金以外，2009 至 2012 每财政年度还可以授权拨款 35 000 000 美元。

"第 9009 条　农村能源自足倡议。

"（a）定义。在本条当中：

"（1）具备资格的农村社区。'具备资格的农村社区'系指位于农村地区的某一社区（如《巩固农业和农村发展法》第 343 条（a）（13）（A）（《美国法典》第 7 篇 1991（a）（13）（A））所定义）。

"（2）倡议。'倡议'系指依据本条规定制定的农村能源自足方案。

"（3）一体化可再生能源系统。'一体化可再生能源系统'系指在社区范围内实现以下目标的能源系统：

"（A）减少传统能源的使用；以及

"（B）增加可再生资源能源的使用。

"（b）制定。部长应制定农村能源自足倡议，并为实现具备资格的农村社区切实增加能源自足的目标提供财政援助。

"（c）补贴援助。

"（1）通则。部长应依据本方案向具备资格的农村社区发放补贴以落实（2）所述的一项活动。

"（2）补贴资金的使用。具备资格的农村社区可以使用补贴：

"（A）开展能源评估，对在具备资格的农村社区所有能源用户所使用的能源总量进行评定；

"（B）规划及分析具备资格的农村社区减少传统资源能源使用的想法；以及

"（C）开发及安装一体化可再生能源系统。

"（3）发放补贴遴选。

"（A）适用。若要接受补贴，具备资格的农村社区应向部长提交申请，说明该社区使用补贴实施（2）所述活动的途径。

"（B）优先权。部长应优先考虑那些与以下单位协调落实活动的申请：

"（ⅰ）高等教育机构或高等教育机构的非盈利基金会；

"（ⅱ）联邦、州或地方政府机构；

"（ⅲ）公共或私有发电实体；或者

"（ⅳ）负责水利或自然资源的政府实体。

"（4）报告。依据倡议接受补贴的具备资格的农村社区应向部长提交该具备资格的农村社区有关计划工程的报告。

"（5）成本分摊。依据倡议实施的补贴数额不得超过申请中所述活动费用的 50％。

"（d）拨款授权。为落实本条规定，2009 至 2012 每财政年度可授权拨款 5 000 000 美元。

"第 9010 条　生物能源生产商原料灵活性计划。

"（a）定义。在本条当中：

"（1）生物能源。'生物能源'系指达到燃料品级的乙醇和其他生物燃料。

"（2）生物能源生产商。'生物能源生产商'系指使用依据本条规定具备资格的商品生产生物能源的生物能源生产商。

"（3）具备资格的商品。'具备资格的商品'系指以原料或提炼形式存在的糖或正处在加工过程中的糖，其具备在美国销售用以人类消费或用于人类消费的糖提取物的资格。

"（4）具备资格的实体。'具备资格的实体'系指位于美国并在美国经销某种具备资格的商品的

实体。

"（b）原料灵活性计划。

"（1）通则。

"（A）采购与销售。2008 至 2012 每作物年度，部长应从具备资格的实体处采购具备资格的商品，并将这些商品销售给生物能源生产商以生产生物能源，其间要确保《联邦农业促进与改革法》第 156 条（《美国法典》第 7 篇 7272）的实施通过避免商品信贷公司的损失实现联邦政府不付出任何代价的目的。

"（B）有竞争力的程序。在落实（A）所要求的采购与销售时，部长在与具备资格的实体和生物能源生产商签订合约时，应最大可行程度地运用有竞争力的程序，其中包括投标的接收、提供与采纳，前提条件是类似程序应与（A）所述目的一致。

"（C）限制。依据（A）具备资格的商品采购与销售只有在下列农作物年中才能实施，即为确保按照《联邦农业促进与改革法》第 156 条（《美国法典》第 7 篇 7272）的实施通过避免商品信贷公司的损失实现联邦政府不付出任何代价的目的而授权的计划有必要进行此类采购与销售的年份。

"（2）通知。

"（A）通则。自《2008 年粮食、保育和能源法》颁布之日起以及在那之后的每年 9 月 1 日直到 2012 年 9 月 1 日，一经可行，部长应通知具备资格的实体和生物能源生产商适用于该作物年度依据本条通知之后采购和销售的具备资格的商品数量。

"（B）重新估计。依据（A）通知日期之后的当年 1 月 1 日、4 月 1 日和 7 月 1 日之前，部长应重新估计依据（A）确定的具备资格商品的数量，并提供通知以及在重新估计的基础上进行采购与销售。

"（3）商品信贷公司存货目录。

"（A）配置。

"（Ⅰ）生物能源和一般性。除了（Ⅱ）所规定以外，就具备资格的商品在商品信贷公司存货目录中的持有而言（依据《联邦农业促进与改革法》第 156 条（《美国法典》第 7 篇 7272）授权的计划所积累），部长应：

"（Ⅰ）遵循（1）（C）向依据本条规定的生物能源生产商销售具备资格的商品；

"（Ⅱ）按照该法案第 156 条（f）（2）处理掉具备资格的商品；或者

"（Ⅲ）通过回购配额计划的证书处理具备资格的商品。

"（Ⅱ）保护其他授权。本条规定并不限制其他授权用于商品信贷公司存货中具备资格商品的配备，主要是指非食品用途或以不增加美国市场食用糖净量的方式，同时要与《联邦农业促进与改革法》第 156 条（f）（1）（《美国法典》第 7 篇 7272）（f）（1））保持一致。

"（B）紧急缺货。尽管有（A）规定，如果出现因战争、洪水、飓风或其他自然灾害，或其他类似事件造成的美国市场食用糖的紧急短缺，部长可以通过依据《联邦农业促进与改革法》第 156 条（f）（《美国法典》第 7 篇 7272）授权处置或通过使用任何其他的商品信贷公司授权安排商品信贷公司存货目录所持有的具备资格的商品（按照该法案第 156 条授权计划累积）。

"（4）转让规则；存储费用。

"（A）一般转让规则。除了依据（3）（B）和（C）所规定的紧急处置，部长应确保按照本条采购具备资格商品的生物能源生产商在进行此类采购之日起 30 个日历日内从商品信贷公司取得具备资格的商品。

"（B）禁止的存储费用补贴。

"（ⅰ）通则。部长应在最大的可行程度上以确保商品信贷公司在实施本条时不支付任何存储费用的方式落实本条内容。

"（ⅱ）例外。（ⅰ）不得适用于有关商品信贷公司存货目录所持有的任何商品（按照《联邦农业促进与改革法》第 156 条（《美国法典》第 7 篇 7272）授权计划累积）。

"（C）防止存储费用的选择。

"（i）通则。部长可以在与具备资格的实体签订合约以采购具备资格的商品用于满足与生物能源生产商签订的合约之前与生物能源生产商签订合约以向此类生产商销售具备资格的商品。

"（ii）特别转让规定。如果部长从事（i）所指销售和采购，部长应确保采购具备资格商品的生物能源生产商在商品信贷公司采购具备资格的商品之日起 30 个日历日内取得此类商品。

"（5）与其他法律的关系。如果依据《1938 年农业调整法》第 III 篇子篇 B 第 VII 部分（《美国法典》第 7 卷 1359aa 及以下）受到营销分配影响的糖属于本条补贴范畴，那么应适当地考虑这种糖的营销情况以及对加工商依据该部分分配量不利的情况。

"（6）提供资金。部长应使用商品信贷公司的资金、设备和授权来落实本条规定，其中包括使用必要的数额。

"第 9011 条　生物质作物援助计划。

"（a）定义。在本条当中：

"（1）生物质作物援助计划。'生物质作物援助计划'系指依据本条制定的生物质作物援助计划。

"（2）生物质作物援助计划工程范围。'生物质作物援助计划工程范围'系指以下范围：

"（A）明确界定的由工程发起方向部长提交的以及随后由部长批准的范围；

"（B）包括拥有合约土地面积的生产商，其将提供一部分生物质转化设备所需要的可再生生物质；以及

"（C）所处位置处于距离生物质转化设备经济上可行的地方。

"（3）合同土地面积。'合同土地面积'系指与部长签订的生物质作物援助计划合约所涵盖的具备资格的土地。

"（4）具备资格的作物。

"（A）通则。'具备资格的作物'系指可再生生物质的作物。

"（B）例外。'具备资格的作物'不包括：

"（I）具备依据《2008 年粮食、保育和能源法》第 I 篇或该篇所做修订接受补贴资格的任何作物；或者

"（II）经由部长在与其他适当的联邦或州部门和机构商议后确定，任何有害或有毒或潜在地可能变得有害或有毒的植物。

"（5）具备资格的土地。

"（A）通则。'具备资格的土地'一词包括农业和非工业私有林地（如《1978 年合作林业援助法》第 5 条（c）（《美国法典》第 16 篇 2103a（c））所定义）。

"（B）例外。'具备资格的土地'一词不包括：

"（i）联邦或州所拥有的土地；

"（ii）截至《2008 年粮食、保育和能源法》颁布之日为当地草地的土地；

"（iii）纳入依据《1985 年粮食安全法》第 XII 篇子篇 D 第 1 章第 B 节（《美国法典》第 16 卷 3831 及以下）确立的环保储备计划的土地；

"（iv）纳入该法第 XII 篇子篇 D 第 1 章第 C 节（《美国法典》第 16 卷 3837 及以下）确立的湿地储备计划的土地；或者

"（v）纳入该法第 XII 篇子篇 D 第 2 章第 D 节（《美国法典》第 16 卷 3838n 及以下）确立的牧场储备计划的土地。

"（6）具备资格的材料。

"（A）通则。'具备资格的材料'系指可再生生物质。

"（B）例外。'具备资格的材料'不包括：

"（ⅰ）具备依据《2008 年粮食、保育和能源法》第Ⅰ篇或该篇所做修订接受补贴资格的任何作物；

"（ⅱ）动物废料和副产品（其中包括脂肪、油、油脂和肥料）；

"（ⅲ）食品废料和场地废料；或者

"（ⅳ）藻类。

"（7）生产商。'生产商'系指完全位于生物质作物援助计划项目范围内的合同土地面积的所有人或经营者。

"（8）项目发起人。'项目发起人'系指：

"（A）一批生产商；或者

"（B）生物质转化设备。

"（b）制定与宗旨。部长应制定并实施一项生物质作物援助计划以：

"（1）支持具备资格的作物在选定的生物质作物援助计划项目中转化成生物能源的企业和生产；以及

"（2）协助农业和林业土地所有人和经营者收集、收割、存储及运输生物质转换设施所使用的合格原料。

"（c）生物质作物援助计划项目范围。

"（1）通则。部长应向生物质作物援助计划项目领域具备资格的作物生产商提供财政援助。

"（2）项目范围的遴选。

"（A）通则。如若想纳入生物质作物援助计划项目范围遴选范围，项目发起人应向部长提交提案，至少要包括以下内容：

"（ⅰ）拟定要参加生物质作物援助计划项目范围的每个生产商的具备资格的用地和具备资格的作物描述；

"（ⅱ）生物质转化单位的承诺函，说明该单位将使用在拟定的生物质作物援助计划项目领域进行生产的具备资格的作物；

"（ⅲ）如果生物质转化设备在提案提交给部长之时仍然不可使用，表明生物质转化设备拥有经由部长确定的充分的公平合理性的证据；以及

"（ⅳ）任何其他适当的有关生物质转化设备的信息或能让部长确信具备资格的作物准备收获时工厂可以开工的提议的生物质转化设备。

"（B）生物质作物援助计划项目范围遴选标准。在选择生物质作物援助计划项目范围时，部长应考虑：

"（ⅰ）拟定在所提议的生物质作物援助计划项目范围中生产的具备资格的作物数量以及此类作物用于生物质作物援助计划的可能性；

"（ⅱ）源于除了合约土地上种植的具备资格的作物以外资源的可再生生物质的数量；

"（ⅲ）在提议的生物质作物援助计划项目范围内预期的经济影响；

"（ⅳ）生产商和地方投资者参与生物质转化设备在提议的生物质作物援助计划项目范围内所有权的机会；

"（Ⅴ）以下各方的参与率

"（ⅰ）初级农场主或牧场主（如依据《巩固农业和农村发展法》第 343 条（a）（《美国法典》第 7 篇 1991（a））所界定）；或者

"（ⅱ）在社会上处于弱势地位的农场主或牧场主（如《1990 年粮食、农业、保育和贸易法》第 2501 条（e）（《美国法典》第 7 篇 2279（e））所界定）；

"（ⅵ）对土地、水和有关资源的影响；

"（ⅶ）在项目范围内生物质生产办法的种类，其中包括（视情况而定）：

"（ⅰ）农艺学条件；

"（ii）收割和采收后的实践；以及

"（iii）单一栽培和混养的作物组合；

"（viii）项目领域范围内具备资格的作物类别；以及

"（ix）经由部长确定的任何补充信息。

"（3）合约。

"（A）通则。对于经由部长审批的生物质作物援助计划项目范围，生物质作物援助计划项目范围内的每个生产商均应直接与部长签订合约。

"（B）最低期限。合约应最低包括涵盖以下范围的期限：

"（i）部长或高等教育机构或其他经由部长指定的实体适用的协议，部长认为适合推动生产具备资格的作物以及开发生物质转化技术的信息；

"（ii）遵循《1985 年粮食安全法》（《美国法典》第 16 篇 3811 及以下）第 XII 篇子篇 B 对高腐蚀性土地保护的要求以及该法案（《美国法典》第 16 篇 3821 及以下）第 XII 篇子篇 C 对湿地保护的要求；

"（iii）落实（如经由部长确定）：

"（I）环保计划；或者

"（II）森林管理工作计划或等效计划；以及

"（iv）部长认为适当的任何补充技术条件。

"（C）期限。依据本款规定所订合约应达以下年限的期限：

"（i）一年生和多年生作物 5 年；或者

"（ii）木质生物质 15 年。

"（4）与其他计划的关系。在落实本款内容时，部长应为适用于生物质作物援助计划合约登记土地的农田地基和收益历史提供保护。

"（5）补贴。

"（A）通则。部长应向生产商直接支付年度补贴以支持具备资格的作物在合约面积上的生产。

"（B）企业补贴额度。依据本款规定的企业补贴额应达合约所涵盖的具备资格的多年生作物成本的 75%，其中包括：

"（i）多年生作物种子和库存成本；

"（ii）经由部长确定的种植多年生作物的成本；以及

"（iii）对于非工业化私有林地的情况，场地的准备和植树的成本。

"（C）年度补贴额度。

"（i）通则。依据（ii）规定，本款中的年度补贴额度应由部长确定。

"（ii）减少。如遇以下情况，部长应按其认为适当的额度确定减少年度补贴：

"（I）具备资格的作物用于生物质转化设备能源生产以外的目的；

"（II）具备资格的作物投放到生物质转化设备；

"（III）生产商依据（d）接受补贴；

"（IV）生产商违反合约条款；或者

"（V）经由部长确定的为落实本条内容必要的其他情况。

"（d）采集、收割、存储和运输方面的援助。

"（1）通则。部长应为具备资格的材料投放至生物质转化设备而向以下个体补贴：

"（A）在生物质作物援助计划合同土地范围内生产的具备资格的作物生产商；或者

"（B）有权采集或收割具备资格的材料的个人。

"（2）补贴。

"（A）所涵盖成本。依据本款所做补贴应达（B）所述用于下列用途的额度：

"（ⅰ）采集；

"（ⅱ）收割；

"（ⅲ）存储；以及

"（ⅳ）运输至生物质转化设备。

"（B）总额。依据（3），部长可以以生物质转化设备所提供的1美元对1美元/吨的比率提供相应的补贴，两年期的总额度不超过45美元/吨。

"（3）生物质作物援助计划合同土地援助的限定条件。作为接受依据（c）年度补贴的一个条件，接受依据本款用于在生物质作物援助计划土地上生产具备资格的作物的采集、收割、存储或运输补贴的生产商应同意在年度补贴中减少一定额度。

"（e）报告。自《2008年粮食、保育和能源法》颁布之日起4年之内，部长应向众议院农业委员会和参议院农业、营养和林业委员会提交报告，说明部长对依据本款从接受援助的参与方收集的最佳实践和信息的宣传情况。

"（f）提供资金。对于商品信贷公司提供的资金，部长应在落实本条规定的使用过程中确保2008至2012每财政年度具有一定必要的数额。

"**第9012条　林业生物质能源。**

"（a）通则。部长通过林业局代理应开展有竞争力的研究与开发计划，以鼓励使用森林生物质用于能源。

"（b）具备资格的实体。具备依据本条按照该计划竞争资格的实体包括：

"（1）林业局（通过研究与开发代理）；

"（2）其他联邦机构；

"（3）州和地方政府；

"（4）印第安人部落；

"（5）政府赠地的学院和大学；以及

"（6）私有实体。

"（c）项目遴选的优先顺序。在落实本条时，部长应优先考虑以下项目：

"（1）开发技术和技巧而使用低价值森林生物质生产能源，如森林卫生处理的副产品和危险燃料的减少；

"（2）开发能够使森林生物质进入炼制厂或其他现有生产线的能源生产实现一体化的流程；

"（3）从森林生物质中开发新的运输燃料；以及

"（4）改善用于可再生能源生产树木的生长或产量。

"（d）拨款授权。为落实本条内容，2009至2012每财政年度可以授权拨款15 000 000美元。

"**第9013条　社区木材能源计划。**

"（a）定义。在本条当中：

"（1）社区木材能源计划。'社区木材能源计划'系指对以下内容的评估：

"（A）供应社区木材能源系统必要的适用原料；以及

"（B）长期供应和运行社区木材能源系统的可行性。

"（2）社区木材能源系统。

"（A）通则。'社区木材能源系统'系指符合以下要求的能源系统：

"（ⅰ）州或地方政府拥有或运行的市政设施主要服务，其中包括学校、市政厅、图书馆和其他公共建筑；以及

"（ⅱ）使用木质生物质作为主要燃料。

"（B）包括。'社区木材能源系统'包括单一设备的中央供暖系统，区域供暖系统，联合供暖系统和能源系统，以及其他有关的生物质能源系统。

"（b）补贴计划。

"（1）通则。部长通过林业局局长代理，应制定称作'社区木材能源计划'的计划以提供：

"（A）向州和地方政府（或被指定人）提供高达 50 000 美元拨款，用以制定社区木材能源计划；以及

"（B）向州和地方政府提供有竞争力的补贴以获取或更新社区木材能源系统。

"（2）考虑因素。在依据（1）（B）为补贴遴选申请人的过程中，部长应考虑：

"（A）所推荐系统的能源效率；

"（B）所推荐系统的的成本效益；以及

"（C）部长认为适当的其他环保和环境标准。

"（3）计划的执行。申请接受（1）（B）所述的有竞争力补贴的州或地方政府应连同补贴申请一起向部长提交可行的社区木材能源计划。

"（c）限制。使用依据（b）（1）（B）提供的拨款资金建立的社区木材能源系统不得超过以下单位的输出功率：

"（1）用于加热时 50 000 000 英热①每小时；以及

"（2）2 兆瓦电力生产。

"（d）匹配资金。依据（b）接受拨款的州或地方政府应贡献一定数额的非联邦资金用于制定社区木材能源计划，或获取社区木材能源系统，其数额至少应与州或地方政府依据该节所接受的拨款资金数额相当。

"（e）拨款授权。为落实本条规定，2009 至 2012 每财政年度可以授权拨款 5 000 000 美元。"

（b）相应的修订。《2000 年生物质研究与开发法》（《美国法典》第 7 卷 8601 及以下）废除。

第 9002 条　生物燃料基础设施研究。

（a）通则。农业部长、能源部长、环境保护署署长和运输部长（本条称为"部长"）应联合开展研究，研究内容包括：

（1）在当前和可能未来市场趋势的前提下为扩大生物燃料的国内生产、运输和分配而对基础设施需求进行评估；

（2）为基础设施需求和开发路径提出建议，同时考虑成本和其他有关因素；以及

（3）包括以下内容的报告：

（A）基础设施需求概要；

（B）对满足（A）所述需求替代性开发途径的分析，其中包括成本、地点选择和其他管理事务；以及

（C）将要采取的具体的基础设施开发行动建议。

（b）研究范围。

（1）通则。开展（a）所述研究时，部长应专注于：

（A）到 2025 年之前生物燃料当前和可能出现的未来市场趋势；

（B）当前及未来原料的适用范围；

（C）水资源需求，其中包括生物炼制厂的用水要求；

（D）生物质原料和生物燃料的运送和存储需求，其中包括农村道路的适宜性；以及

（E）生物燃料运输和交付方式（其中包括铁路、公路、管道或驳船运输）以及相关的基础设施问题。

---

① 英热为非许用单位，1 英热＝1 055.056 焦。

（2）考虑因素。在解决（1）所述问题时，部长应考虑：

（A）越来越多的油罐车、铁路和驳船运输对现有基础设施和安全的影响；

（B）自本法案颁布之日起通过现有输油管道运送生物燃料的可行性；

（C）铺设新的生物燃料管道，其中包括选址、筹措资金、时机和其他经济问题；

（D）各种生物燃料混合水平对基础设施需求的影响；

（E）各种基础设施开发路径对资源使用和保育的影响；

（F）生物燃料基础设施需求的地区差异；以及

（G）其他经由部长确定的基础设施问题。

（c）落实。在落实本条时，部长：

（1）应：

（A）与（b）所述各领域有兴趣或专业知识的个人和实体商议；

（B）在可能的范围内，使用依据《2007年能源独立和安全法》第243和245条（《公法》110-140；《美国法令全书》第121篇1540，1546）授权的有关研究成果和信息；以及

（C）向国会提交（a）（3）所要求的报告，其中包括：

（i）参议院：

（Ⅰ）农业、营养和林业委员会；

（Ⅱ）商业、科学和运输委员会；

（Ⅲ）能源和自然资源委员会；以及

（Ⅳ）环境和公共事业委员会；以及

（ii）众议院：

（Ⅰ）农业委员会；

（Ⅱ）能源和商业委员会；

（Ⅲ）运输和基础设施委员会；以及

（Ⅳ）科技委员会；以及

（2）可以提出竞争要求以筛选承包商配合各位部长。

第9003条　可再生化肥研究。

（a）通则。自收到落实本条规定的拨款之日1年之内，部长应：

（1）开展研究并评估当前有关农村地区从可再生能源资源生产化肥的潜力知识状况，其中包括：

（A）对农村地区从可再生资源生产氮基和磷基化肥的商业化生产关键挑战的认定；

（B）可再生化肥生产最有前途的工艺流程和技术；

（C）可再生化肥的潜在成本竞争优势；以及

（D）可再生化肥对化石燃料使用以及环境的潜在影响；以及

（2）向众议院农业委员会和参议院农业、营养和林业委员会提交一份研究成果报告。

（b）拨款授权。2009财政年度，为落实本条规定可以授权拨款1 000 000美元。

第Ⅹ篇　园艺和有机农业

第10001条　定义。

在本篇中：

（1）特种作物。"特种作物"系指《2004年特种作物竞争力法》第3条（《美国法典》第7篇1621注释；《公法》108-465）所规定的含意。

（2）州农业部。"州农业部"系指在州内负责保护及推动农业工作的机构、委员会或州政府部门。

子篇 A　园艺营销和信息

第 10101 条　农业部商品采购流程的独立评估。

（a）所需评估。部长应安排对农业部为落实《1935 年 8 月 24 日法》第 32 条（《美国法典》第 7 篇 612c）适用资金要求所实施的采购流程进行独立评估（其中包括参与流程的预算、法定和监管机构），并应把重点放在易腐蚀农业商品上。

（b）结果提交。自本法案颁布之日起 18 个月内，部长应向众议院农业委员会和参议院农业、营养和林业委员会提交报告，说明评估结果。

第 10102 条　克莱门氏小柑橘的质量要求。

随《1937 年农业营销协议法》修正案再次颁布的《农业调整法》第 8e 条（a）（《美国法典》第 7 篇 608e‐1（a））修改为在第一句第一条限制性条款之前，"油桃，"之后插入"克莱门氏小柑橘，"。

第 10103 条　在农业普查中融入特种作物。

《1997 年农业普查法》第 2 条（a）（《美国法典》第 7 篇 2204g（a））的修改方式如下：

（1）删除"1998 年"并插入以下内容：

"（1）通则。1998 年"；以及

（2）在结尾处添加以下内容：

"（2）融入特种作物。以 2008 年要求开展的农业普查为起点，作为每次农业普查的一部分部长应开展特种作物普查（如《2004 年特种作物竞争力法》第 3 条（《美国法典》第 7 篇 1621 注释；《公法》108‐465）所定义）。"

第 10104 条　蘑菇推广、研究和消费者信息。

（a）地区和成员。《1990 年蘑菇推广、研究和消费者信息法》第 1925 条（b）（2）（《美国法典》第 7 篇 6104（b）（2））的修改方式如下：

（1）在（B）中，删除"4 个地区"并插入"3 个地区"；

（2）在（D）中，删除"35 000 000 磅"并插入"50 000 000 磅"；以及

（3）删除（E）并插入以下内容：

"（E）新增会员。除了按照（1）确定的会员，以及按照该条所规定的委员会 9 名成员的限制，部长应向委员会指定来自某一地区的新增会员，该地区应为取得如下所示的附加产量的地区：

（ⅰ）如果某一地区的年产量大于 110 000 000 磅但小于或等于 180 000 000 磅，该地区应出 1 名新增会员代表。

（ⅱ）如果某一地区的年产量大于 180 000 000 磅但小于或等于 260 000 000 磅，该地区应出 2 名新增会员代表。

（ⅲ）如果某一地区的年产量大于 260 000 000 磅，该地区应出 3 名新增会员代表。"

（b）委员会权力与职责。《1990 年蘑菇推广、研究和消费者信息法》第 1925 条（c）（《美国法典》第 7 篇 6104（c））的修改方式如下：

（1）（6）、（7）和（8）分别重新编号为（7）、（8）和（9）；以及

（2）在（5）之后插入以下内容：

"（6）开发并向部长提出优秀农业和优秀处理实践以及有关蘑菇活动的计划建议；"。

第 10105 条　食品安全教育倡议。

（a）授权方案。部长可以开展食品安全教育计划，从而培养新鲜农产品行业公众和个人对以下内容

的认识：

（1）为减少新鲜农产品微生物病菌而做出的经过科学证明的实践；以及

（2）通过卫生的操作实践减少新鲜农产品交叉污染威胁的方法。

（b）合作。部长可以通过与公私伙伴合作落实教育计划。

（c）拨款授权。为落实本条规定，2008 至 2012 每财政年度部长可以授权拨款 1 000 000 美元，直到用完之前要保持适用。

第 10106 条　农民的市场推广计划。

《1976 年从农民到消费者直接营销法》第 6 条（《美国法典》第 7 篇 3005）的修改方式如下：

（1）在（a）中，在结尾处的句号之前插入"以及提高从生产商到消费者的直接营销"；

（2）在（b）（1）中：

（A）在（A）中，在"计划"之后插入"农家乐旅游活动"；以及

（B）在（B）中：

（ⅰ）在"计划"之后插入"农家乐旅游活动"；以及

（ⅱ）删除"基础设施"并插入"营销机遇"；

（3）在（c）（1）中，在"合作的"之后插入"或生产商网络或协会"；以及

（4）删除（e）并插入以下内容：

"（e）提供资金。

"（1）通则。对于商品信贷公司提供的资金，部长应用于落实本条规定：

"（A）3 000 000 美元，2008 财政年度；

"（B）5 000 000 美元，2009 至 2010 财政年度；以及

"（C）10 000 000 美元，2011 至 2012 财政年度。

"（2）资金用途。某一财政年度依据（1）用于落实本条规定的资金应有不低于 10％ 的比例用于支持农民市场联邦营养计划的电子福利转账。

"（3）部门间协调。在落实本款规定时，部长应确保各机构间进行最大可行程度的协调。

"（4）限制。（2）所述资金：

"（A）不得用于落实任何项目的现行成本；以及

"（B）只得向能够证明在接受补贴之后计划继续在一个或更多的农民市场提供用卡实现电子福利转账（EBT）的具备资格的实体。"

第 10107 条　特种作物市场新闻分派。

（a）通则。部长应：

（1）落实市场新闻活动以及时提供美国特种作物的价格和货运信息；以及

（2）使用依据（b）适用的资金以增加自本法案颁布之日起特种作物的报告水平。

（b）拨款授权。除了任何其他为市场新闻服务提供的年度拨款适用资金以外，为落实本条规定，2008 至 2012 每财政年度可以授权拨款 9 000 000 美元，直到用完之前要保持适用。

第 10108 条　为哈斯鳄梨的等级、标准和其他用途加速推进销售命令。

（a）通则。部长应依据《1937 年农业营销协议法》的修订而再次颁布的《农业调整法》（《美国法典》第 7 卷 601 及以下）制定程序以确定为哈斯鳄梨建立依据该法案与等级和标准及其他用途有关的联邦营销规则是否恰当。

（b）加快办理的程序。

（1）命令提案。自本法案颁布之日现有的国内鳄梨生产商组织可以要求发布，及向部长提交提案建

议（a）所述命令。

（2）提案公布。自部长收到依据（1）的命令提案之日起 60 天内，部长应制定（a）所述程序以确定拟议的命令是否应该推进下去。

（c）生效日期。依据本条出台的任何命令应自部长依据《1937 年农业营销协议法》的修订而再次颁布的《农业调整法》（《美国法典》第 7 卷 601 及以下）制定程序之日起 15 个月之内生效。

第 10109 条　特种作物整笔补贴。

（a）特种作物的定义。《2004 年特种作物竞争力法》第 3 条（1）（《公法》108－465；《美国法典》第 7 篇 1621 注释）修改为在"苗圃"之前插入"园艺和"。

（b）州的定义。《2004 年特种作物竞争力法》第 3 条（2）（《公法》108－465；《美国法典》第 7 篇 1621 注释）修改为删除"及波多黎各自由邦"并插入"波多黎各自由邦、关岛、美属萨摩亚群岛、美属维尔京群岛和北马里亚纳群岛自由联邦"。

（c）特种作物整笔补贴。《2004 年特种作物竞争力法》第 101 章（《公法》108－465；《美国法典》第 7 篇 1621 注释）的修改方式如下：

（1）在（a）中：

（A）删除"依据拨款资金以落实本条规定"并插入"使用依据（j）适用的资金"；以及

（B）删除"2009 年"并插入"2012 年"；

（2）在（b）中，删除"依据（i）拨款授权所拨出的"并插入"依据（j）适用的"；

（3）删除（c）并插入以下内容：

"（c）最低补贴总额。尽管有（b）规定，各个州应在每个财政年度依据本条接受拨款，额度至少等于以下数目的较高者：

"（1）100 000 美元；或者

"（2）该财政年度落实本条规定适用资金总额 1％的 1/3。"以及

（4）删除（i）并插入以下内容：

"（i）重新分配。

"（1）通则。部长应依据（2）向其他州重新分配某一财政年度依据本条适用的数额，这笔资金应为该财政年度部长确定的日期之前没有花完或不承担义务的资金。

"（2）按比例分配。部长应向其余在指定补贴申请期限内提出申请的各州按比例分配（1）所述资金。

"（3）重新分配资金的用途。依据本款向州分配的资金只得用于该州落实之前在该州州计划中得到批准的项目。

"（j）提供资金。对于商品信贷公司提供的资金，农业部长应依据本条进行拨款，并使用：

"（1）10 000 000 美元，2008 财政年度；

"（2）49 000 000 美元，2009 财政年度；以及

"（3）55 000 000 美元，2010 至 2012 每财政年度。"

子篇 B　病虫害管理

第 10201 条　植物病虫害管理和灾害预防。

（a）通则。《植物保护法》子篇 A（《美国法典》第 7 篇 7711 及以下）修改为在结尾处添加以下内容：

"第 420 条　植物病虫害管理和灾害预防。

"（a）定义。在本条中：

"（1）早期植物虫害发现和监督。'早期植物虫害发现和监督'系指为发现新出现的植物虫害所采取的全程活动，不管这种虫害是对美国而言属于新型虫害还是对美国的某些区域而言属于新型虫害，活动应在以下事项之前完成：

"（A）植物虫害已经形成；或者

"（B）植物虫害规模过大以及根除或控制该植物虫害需要付出较高代价。

"（2）特种作物。'特种作物'系指《2004 年特种作物竞争力法》第 3 条（《美国法典》第 7 篇 1621 注释；《公法》108－465）所指定术语的含义。

"（3）州农业部。'州农业部'系指具有进行早期植物虫害发现和监督活动法律责任的州机构。

"（b）早期植物虫害发现和监督改良计划。

"（1）合作协议。部长应与同意开展早期植物虫害发现和监督活动的各州农业部签订合作协议。

"（2）商议。在落实本款规定时，部长应与以下各方商议：

"（A）国家植物委员会；以及

"（B）其他有关各方。

"（3）《联邦咨询委员会法》。《联邦咨询委员会法》（《美国法典》第 5 卷附录）不适用于本款规定的商议。

"（4）适用。

"（A）通则。寻求依据本款规定达成合作协议的州农业部应向部长提交申请，其中包括部长可能需要的信息。

"（B）通知。部长应通知申请人：

"（ⅰ）对州农业部有关部长依据合作协议提供的资金审计、报告和使用情况的要求；

"（ⅱ）依据本合作协议，用于确保早期虫害发现与监督活动的标准以科学的数据或全面的风险评估为基础；以及

"（ⅲ）识别虫害引进路径的方法。

"（5）资金用途。

"（A）植物虫害发现与监督活动。依据本款接受资金的州农业部应使用该资金落实部长批准的早期植物虫害发现和监督活动以防止植物虫害的侵袭或扩散。

"（B）子协议。本款规定不妨碍州农业部使用依据（4）接受的资金与具备农业植物病虫害监测有关法律职责的州政治分支机构达成子协议。

"（C）非联邦份额。依据本条落实合作协议成本的非联邦份额可以以实物偿付，其中包括提供部长认为适当的合作协议间接成本。

"（D）提供资金的能力。部长在确定是否与州农业部达成合作协议时不得提供非联邦成本以落实依据（A）达成的合作协议。

"（6）特别出资考虑因素。如果部长遇以下情况，部长应向州农业部提供资金：

"（A）考虑到以下因素，如果该州农业部所在州具有受到一种或多种病虫害影响的高风险：

"（ⅰ）该州国际入境港口的数量；

"（ⅱ）进入该州的国际旅客量和货物量；

"（ⅲ）该州的地理位置以及该州所生产的农业商品类型或地理位置是否易因该州气候、作物多样性或自然资源（其中包括独特的植物种类）感染病虫害；以及

"（ⅳ）部长是否已经确定该州某一农业病虫害属于联邦问题；以及

"（B）受资金资助的早期植物虫害发现与监督活动可能会：

"（ⅰ）防止植物虫害的引进和生成；以及

"（ⅱ）提供综合治理方法以表达对联邦虫害发现工作的敬意。

"（7）报告要求。自州农业部利用依据本款提供的资金开展的早期植物虫害发现与监督活动完成之

日起 90 天内，州农业部应向部长提交报告说明这些活动的目的和结果。

"（c）威胁识别和缓解计划。

"（1）制定。部长应制定威胁识别和缓解计划以确定并应对国内作物生产面临的威胁。

"（2）需求。在落实依据（1）所制订的计划时，部长应：

"（A）对美国农业产业遭受源于外国的潜在威胁进行风险评估；

"（B）与国家植物委员会通力协作；以及

"（C）落实后果严重的植物病虫害行动计划以协助预防新的植物病虫害威胁进入美国及广泛散播。

"（3）报告。自本条生效之日起 1 年之内，之后每年一次部长应向众议院农业委员会和参议院农业、营养、林业委员会就（2）所述行动计划提交报告，其中包括行动计划所花费资金的情况。

"（d）特种作物认证和风险管理系统。部长应向特种作物种植者和代表特种作物种植者的组织，以及州和地方与特种作物种植者合作开发和落实以下工作的机构提供资金和技术援助：

"（1）以审计为基础的认证系统，如在以下工作中的最佳管理实践：

"（A）解决植物虫害；以及

"（B）降低植物和植物产品运送过程中的植物虫害风险；以及

"（2）苗圃植物虫害风险管理系统，与苗圃行业、研究机构和其他适当实体协作，从而可以：

"（A）促使种植者明确及优先处理苗圃植物病虫害的管理意义；

"（B）预防那些植物病虫害的引进、生成和传播；以及

"（C）减少那些植物病虫害的风险并降低植物病虫害的发病率。

"（e）提供资金。对于商品信贷公司提供的资金，部长应在落实本条规定过程中按以下标准分配：

"（1）12 000 000 美元，2009 财政年度；

"（2）45 000 000 美元，2010 财政年度；

"（3）50 000 000 美元，2011 财政年度；以及

"（4）50 000 000 美元，2012 财政年度及以后的每一财政年度。"

（b）国会反对。国会反对农业部长提交的有关动植物检疫紧急计划（《联邦纪事》第 68 篇 40541（2003））成本分摊的规则，此类规则不具任何效力。

第 10202 条　国家清洁植物网络。

（a）通则。部长应制订"国家清洁植物网络"计划（本条称为"计划"）。

（b）需求。依据本计划，部长应建立诊断和病菌消除服务的清洁植物中心网络以：

（1）生产清洁繁殖植物原料；以及

（2）在全美国各地保持大批的病菌测试植物原料。

（c）清洁植物源材料的适用范围。清洁植物源材料可以用于：

（1）某州建立该州认证植物计划；以及

（2）私有苗圃和生产商。

（d）商议和协作。在落实计划时，部长应：

（1）与州农业部、政府赠地大学和非政府赠地农业学院（如《1977 年国家农业研究、推广和教学政策法》第 1404 条（《美国法典》第 7 篇 3103）所定义）商议；以及

（2）在可行的程度上借鉴适当的州官员和行业代表的意见，使用现有联邦或州设施作为清洁植物中心。

（e）提供资金。对于商品信贷公司提供的资金，部长应在 2009 至 2012 每财政年度使用 5 000 000 美元用于落实计划，并在花完之前保持适用。

第 10203 条　植物保护。

（a）补偿款的审查。《植物保护法》第 415 条（e）（《美国法典》第 7 篇 7715（e））修改为在第二句

中删除"大于 60 天"。

（b）部长的判断力。《植物保护法》第 442 条（c）（《美国法典》第 7 篇 7772（c））修改为删除"大于 60 天"。

（c）传唤授权。《植物保护法》第 423 条（《美国法典》第 7 篇 7733）的修改方式如下：

（1）删除（a）并插入以下内容：

"（a）发布的授权。部长应有权传唤所有证人出席并作证，要求提供所有证据（包括书籍、纸张、文件、电子存储信息和其他构成或包含证据的有形物），或要求被传唤的个人允许检验与管理或落实本篇或任何与本篇关联的接受调查的问题有关的上述各点内容。"

（2）在（b）中，删除"书面"；以及

（3）在（c）中：

（A）在第一句中，删除"任何证人的证词和书面证明的产生"并插入"任何证人的证词，证据的产生或上述各点的检验"；以及

（B）在第二句中，删除"问题或制作记录式证据"并插入"问题，制作证据或允许上述各点的检验"。

（d）故意违规。《植物保护法》第 424 条（b）（1）（A）（《美国法典》第 7 篇 7734（b）（1）（A））修改为删除"及对单一诉讼判决的所有违规行为施以 500 000 美元"并插入"如果违规行为不包括故意违规，则对单一诉讼判决的所有违规行为施以 500 000 美元，如果违规行为包括故意违规，则对单一诉讼判决的所有违规行为施以 1 000 000 美元"。

第 10204 条　改善管理的规章以及对某些接受管理的条款监督。

（a）通则。自本法案颁布之日起 18 个月之内，部长应：

（1）就 2007 年 10 月 4 日"动植物卫生检验局生物技术框架考察的教训和修订"文件确定的各个问题采取行动；以及

（2）在部长认为适当的情况下，颁布规章以改善依据《植物保护法》（《美国法典》第 7 篇 7701 及以下）管理的条款的管理与监督。

（b）包括。在落实（a）时，部长应采取旨在增强下列事项的行动：

（1）质量和记录的完整性；

（2）有代表性样本的适用范围；

（3）对身份的维护以及对一旦出现非授权发布时的控制；

（4）一旦出现非授权发布时的修正行动；

（5）安排分子法医学协议；

（6）合约式协议的明晰；

（7）使用最新的科学技术用于隔离和限制距离；

（8）质量管理系统和有效研究的标准；以及

（9）设计电子许可证以存储与许可和通知过程有关的文件和其他信息。

（c）考虑因素。在落实（a）时，部长应考虑：

（1）建立：

（A）以风险为基础的类别系统以归类每条受到监管的条款；

（B）明确受监管条款的方法（其中包括保留种子样本）；以及

（C）隔离及牵制间隔标准；以及

（2）要求许可证持有人：

（A）维持一条积极的监管链；

（B）为维护记录做准备；

（C）为材料记账做准备；

（D）进行定期审计；

（E）安排适当的培训计划；

（F）提供紧急修正性行动计划；以及

（G）提交部长认为合适的报告。

第 10205 条　病虫害循环贷款基金。

（a）定义。在本条中：

（1）经授权的设备。

（A）通则。"经授权的配备"一词指林地管理所必需的任何配备。

（B）包括。"经授权的配备"一词包括：

（i）移动升降台；

（ii）下列活动所必需的配备：

（Ⅰ）建设筹办区域和编组区域；

（Ⅱ）树木栽种；以及

（Ⅲ）林地测量；

（iii）能够运输采伐木料的交通工具；

（iv）伐木工具；以及

（v）由部长视情而定的任何其他适当配备。

（2）基金。"基金"系指依据（b）建立的病虫害循环贷款基金。

（3）部长。"部长"系指通过副州长和私人林业组织代理行使职能的农业部长。

（b）基金的建立。美国财政部设有循环基金，即"病虫害循环贷款基金"，由依据（f）向基金拨款的数额组成。

（c）基金支出。

（1）通则。依据（2），按照部长请求，财政部长应从基金向部长调拨一定数额的资金，该数额为部长认为依据（e）提供贷款所必需的数额。

（2）行政开销。基金应为每财政年度留有不超过 10% 的数额以支付落实本条规定所需要的行政开销。

（d）数额调拨。

（1）通则。需要依据本条调拨给基金的数额应至少每月一次依据财政部长的估算从财政部的总体资金调拨给基金。

（2）调整。资金调拨之后应依据之前的估算超出或低于需要调拨数额的程度进行适当的调整。

（e）资金用途。

（1）贷款。

（A）通则。部长应使用基金数额向当地政府具备资格的单位提供贷款以为采购经授权的配备提供资金，从而可以监管、移除、处置及替换在以下地点滋生虫害的树木：

（i）在地方政府具备资格单位的管辖范围内的土地；以及

（ii）在滋生植物虫害的检疫区域范围内。

（B）最大。部长依据本款向地方政府具备资格的单位可能提供贷款的最大额度应为下列两项中的较小者：

（i）地方政府具备资格的单位已经拨款用于采购依据（A）经授权配备的资金数额；或者

（ii）5 000 000 美元。

（C）利率。部长依据本项所提供任何贷款的利率应为 2%。

（D）报告。自地方政府具备资格的单位收到部长依据（A）所提供的贷款之日起 180 天内，地方政府具备资格的单位应向部长提交报告说明地方政府具备资格的单位使用贷款提供的援助所进行的每项采购的情况。

（2）贷款偿还计划。

（A）通则。若要具备依据（1）接受部长贷款的资格，依据（B）所述各项要求，具备资格的地方政府单位应与部长签订协议以建立与贷款偿还有关的贷款偿还计划。

（B）与贷款偿还计划有关的要求。依据（A）制订的贷款偿还计划应要求地方政府具备资格的单位：

（ⅰ）自地方政府具备资格的单位依据（1）收到贷款之日起一年之内，之后每半年一次向财政部长偿还与以下两项相除所得商数相当的数额：

（Ⅰ）贷款本金数额（其中包括利息）；除以

（Ⅱ）地方政府具备资格的单位在贷款偿还期内需要支付的补贴总量；以及

（ⅱ）自地方政府具备资格的单位依据（1）收到贷款之日起 20 年之内完成向财政部长依据本条所做贷款的偿还（其中包括利息）。

（f）拨款授权。有一定的为落实本条规定所需要的授权拨款提供给基金。

第 10206 条 与植物病虫害预防活动有关的合作协议。

《植物保护法》第 431 条（《美国法典》第 7 篇 7751）修改为在结尾处添加以下内容：

"（f）合作协议资金的调拨。

"（1）通则。州可以向（2）所述州的地方政府单位提供任何成本分摊援助或融资机制，该机制是按照依据部长与该州签订的本法案所生效的合作协议向州提供的，内容涵盖植物虫害的根除、预防、控制或抑制。

"（2）需求。若要具备依据（1）援助或融资的资格，地方政府单位应：

"（A）参加与部长和州之间合作协议所涵盖的植物虫害侵袭的根除、预防、控制或抑制有关的任何活动；以及

"（B）能够记录一般由以下单位落实的每项植物虫害侵袭的根除、预防、控制或抑制活动：

"（ⅰ）农业部；或者

"（ⅱ）对地方单位有管辖权的州农业部。"

子篇 C 有机农业

第 10301 条 国家有机认证成本分摊计划。

《2002 年农业安全与农村投资法》第 10606 条（《美国法典》第 7 篇 6523）的修改方式如下：

（1）在（a）中，删除"5 000 000 美元，2002 财政年度"并插入"22 000 000 美元，2008 财政年度"；

（2）在（b）（2）中，删除"500 美元"并插入"750 美元"；以及

（3）在结尾处添加以下内容：

"（c）报告。每年 3 月 1 日之前，部长应向众议院农业委员会和参议院农业、营养和林业委员会提交报告，说明各州在当前和上一财政年度依据本计划所提出的要求，支出及花费，其中包括上一财政年度为该计划面向的生产商和经营商数量。"

第 10302 条 有机生产和市场数据倡议。

《2002 年农场安全和农村投资法》第 7407 条（《美国法典》第 7 篇 5925c）修改为如下所示：

"**第 7407 条　有机生产和市场数据倡议。**

"（a）通则。部长应收集并报告有关有机农业产品生产和营销的数据。

"（b）要求。在落实（a）时，部长应最低限度地：

"（1）收集并分发与有机农产品有关的全面价格报告；

"（2）开展调查和分析，并发布与有机生产、处置、分发、零售和趋势研究有关的报告（其中包括消费者购买模式）；以及

"（3）就有机农产品开展调查并报告统计分析。

"（c）报告。自本款内容生效之日起 180 天内，部长应向众议院农业委员会和参议院农业、营养和林业委员会提交报告，并：

"（1）描述落实本条的进展；以及

"（2）明确任何追加生产和营销数据的需求。

"（d）提供资金。

"（1）通则。对于商品信贷公司提供的资金，部长应使用 5 000 000 美元落实本条规定，并在用完之前保持适用。

"（2）追加提供资金。除了依据（1）适用的资金以外，2008 至 2012 每财政年度还可以为落实本条规定授权不超过 5 000 000 美元的拨款，并在用完之前保持适用。"

第 10303 条　国家有机计划。

《1990 年有机食品生产法》第 2123 条（《美国法典》第 7 篇 6522）的修改方式如下：

（1）删除"有"并插入以下内容：

"（a）通则。有"；以及

（2）在结尾处添加以下内容：

"（b）国家有机计划。不管任何其他的法律条款规定，为了落实依据本篇建立的国家有机计划的活动，各财政年度授权拨款情况如下：

（1）5 000 000 美元，2008 财政年度；

（2）6 500 000 美元，2009 财政年度；

（3）8 000 000 美元，2010 财政年度；

（4）9 500 000 美元，2011 财政年度；

（5）11 000 000 美元，2012 财政年度；以及

（6）除了上述数额，2009 财政年度及以后的每一财政年度有必要具有一定的追加数额。"

子篇 D　杂项条款

第 10401 条　国家蜂蜜委员会。

《蜂蜜研究、推广和消费者信息法》第 7 条（c）（《美国法典》第 7 篇 4606（c））修改为在结尾处添加以下内容：

"（12）公投要求。

"（A）现有蜂蜜委员会的定义。'现有蜂蜜委员会'系指自本项颁布之日起生效的蜂蜜委员会。

"（B）开展公投。不管其他法律条款如何规定，依据（C），规定现有蜂蜜委员会建立和运行的命令应持续有效，直到部长在最早的可行日期，但自本条颁布之日起 180 天内首先开展有关建立蜂蜜包装商—进口商委员会或美国蜂蜜生产商委员会命令的公投。

"（C）需求。在任何向一个或更多继任委员会过渡过程中开展依据（B）的公投时以及行使信托责

任时，部长应：

"（ⅰ）为建立单纯为美国蜂蜜生产商服务的营销委员会对具备资格的美国蜂蜜生产商进行公投；

"（ⅱ）为建立为蜂蜜包装商、进口商和运输商服务的营销委员会对具备资格的蜂蜜包装商、进口商和运输商进行公投；

"（ⅲ）不管依据（ⅰ）和（ⅱ）所需公投的时间或按照这些公投建立任何一个或更多继任委员会所需要的时间，确保蜂蜜生产商、进口商、包装商和运输商的权利和利益在现有蜂蜜委员会任何资产配置、设施、知识产权和计划中以及向任何一个或更多新的继任营销委员会过渡过程中得到公正合理的保护；

"（ⅳ）确保现有蜂蜜委员会持续运行，直到部长确定以下规定时：

"（ⅰ）任何一个或更多继任委员会在批准的情况下开始运行；以及

"（ⅱ）蜂蜜生产商、进口商、包装商和运输商的利益在继任委员会公投或此类委员会的建立未出结果的任何余下期限内可以得到公正合理的保护；以及

"（ⅴ）在部长要求收集工作按照具备资格的生产商或蜂蜜加工商和进口商公投批准的命令开始之日，终止依据建立现有蜂蜜委员会命令的评估收集工作。

"（D）蜂蜜委员会公投。如果一项或更多命令按照（C）得到批准：

"（ⅰ）自本条颁布之日时不得要求部长就现有命令开展持续公投；以及

"（ⅱ）该命令应按照命令条款予以终止。"

第 10402 条　蜂蜜的识别。

（a）通则。《1946 年农业营销法》第 203 条（h）（《美国法典》第 7 篇 1622（h））的修改方式如下：

（1）第一句至第六句分别编号为（1），（2）（A），（2）（B），（3），（4）和（5）；以及

（2）在结尾处添加以下内容：

"（6）蜂蜜识别。

"（A）通则。依据本法案禁止在已有任何官方质量证明、等级标志或声明、持续检验标志或声明、抽样标志或声明或农业部任何证明、标志或声明的组合的包装蜂蜜上或与其一道使用标签或广告材料，除非在蜂蜜容器或批号上的证明、标志或声明紧邻的地方（如在同一面或同一表面）易于辨认及永久地以至少可以比较的尺寸标注一个或更多原产国的一个或更多名称，并在之前加上"的产品"字样或其他表达类似意思的字样。

"（B）违反。违反（A）要求的行为可以被部长视为停止享受本法案有关蜂蜜福利的充分理由。"

（b）生效日期。（a）所做修订自本法案颁布之日起 1 年后生效。

第 10403 条　改进特种作物运输的补贴计划。

（a）授权补贴。部长可以依据本条规定向（b）所述具备资格的实体发放补贴：

（1）以改进特种作物面向地方、地区、国家和国际市场讲求成本效益的运输；以及

（2）以解决对特种作物运往美国国内或国外市场构成负面影响的地区联合运输不足的问题。

（b）具备资格的补贴受益者。依据本条规定可以向任何以下单位的个体或组合发放补贴：

（1）州和地方政府。

（2）种植者联合体。

（3）国家、州或地区的生产商、承运商或运输公司组织。

（4）其他部长认为适当的实体。

（c）匹配资金。依据本条的补贴受益人应拿出一定的非联邦资金用于予以补贴的工程，数额至少要等于受益人依据本条接受的补贴资金数额。

（d）拨款授权。2008 至 2012 每财政年度有必要授权拨款一定数额用以落实本条规定。

第 10404 条　芦笋生产商的市场损失援助。

（a）通则。自本法案颁布之日起在可行的情况下，部长应尽快向 2007 年芦笋作物生产商补贴以弥补因 2004 至 2007 农作物年进口导致的市场损失。

（b）补贴率。依据本条的补贴率应以与 2004 至 2007 作物年度进口有关的芦笋生产商收益减少为基础。

（c）补贴数量。依据本条农场生产商具备补贴条件的芦笋补贴数量应等于生产商 2003 年在该农场生产的芦笋作物平均数量。

（d）提供资金。

（1）通则。依据（2），部长应从商品信贷公司提供的资金中拿出 15 000 000 美元用于落实依据本条向芦笋生产商提供市场损失补贴的计划。

（2）分配。对于依据（1）适用的资金数额，部长应使用：

（A）7 500 000 美元用于向新鲜市场的芦笋生产商补贴；以及

（B）7 500 000 美元用于向加工或冷冻市场的芦笋生产商补贴。

第 XI 篇　牲　畜

第 11001 条　牲畜强制报告。

（a）网站改进和用户教育。

（1）通则。《1946 年农业营销法》第 251 条（g）（《美国法典》第 7 篇 1636（g））修订如下：

"（g）电子报告与发布。

"（1）通则。部长应在最大可行的程度上为依据本子篇所需信息通过电子途径进行报告和发布提供帮助。

"（2）改进和教育。

"（A）增强的电子发布。部长应开发并落实一套电子发布的增强系统，以散发按照本子篇收集的信息。这样的系统应：

"（i）通过便于生产商、包装商和其他市场参与者理解的形式介绍信息；

"（ii）恪守本子篇规定的发布最后期限；

"（iii）视情况而定通过图表、图例介绍信息；

"（iv）在之前的报告期限内提供部长认为适当的比较信息；以及

"（v）信息报告给部长之后一旦可行应立即更新。

"（B）教育。部长应落实市场新闻教育计划以教育公众和牲畜及肉类行业的个人以下内容：

"（i）依据（A）开发的系统的使用情况；以及

"（ii）解释及理解通过此类系统收集和散发的信息。"

（2）适用性。

（A）增强的报告。农业部长应在自部长确定已按照（c）拨款足够资金之日起 1 年之内开发并落实依据按照（1）所修订的《1946 年农业营销法》第 251 条（g）（2）（A）（《美国法典》第 7 篇 1636（g））所要求的系统。

（B）目前的系统。尽管按照（1）进行了修订，部长应自本法案颁布之日起继续依据《1946 年农业营销法》子篇 B（《美国法典》第 7 卷 1621 及以下）使用散发信息的信息格式，至少到部长确定（A）所涵盖的规定之日后 2 年的时间。

（b）研究并报告。

（1）研究。部长应就要求包装商加工工厂向部长报告批发猪肉分割信息（其中包括价格和数量信息）的效果开展研究，其中包括：

（A）对生产商和消费者产生的积极或消极的经济影响；以及

（B）机密性要求对强制报告的影响。

（2）信息。在依据（3）提交报告之前的期间，部长可以收集，且每个包装商加工工厂应提供此类为让部长能够开展依据（1）所要求的研究而需要的信息。

（3）报告。自本法案颁布之日起 1 年之内，部长应向众议院农业委员会和参议院农业、营养和林业委员会提交报告，说明依据（1）所开展研究的成果。

（c）拨款授权。为落实本条有必要授权一定数额的拨款。

第 11002 条　原产国标签标注。

《1946 年农业营销法》子篇 D（《美国法典》第 7 篇 1638 及以下）修订如下：

（1）在第 281 条（2）（A）中：

（A）在（v）中，删除"以及"；

（B）在（vi）中，删除结尾处的句号并插入"；以及"；以及

（C）在结尾处添加以下内容：

"（vii）山羊肉；

"（viii）鸡肉，整鸡和散件；

"（ix）人参；

"（x）美洲山核桃；以及

"（xi）澳大利亚坚果。"

（2）在第 282 条中：

（A）在（a）中，删除（2）和（3）并插入以下内容：

"（2）牛肉、羔羊肉、猪肉、鸡肉和山羊肉的原产国指定。

"（A）美国原产国。只有当牛肉、羔羊肉、猪肉、鸡肉或山羊肉等所涵盖商品源于以下情况的动物时，这些商品的零售商才可以指定所涵盖商品为专门具有美国原产国属性：

"（i）专门在美国繁殖、饲养及屠宰；

"（ii）在阿拉斯加或夏威夷繁殖及饲养并在 60 天之内经过加拿大运输到美国且在美国屠宰；或者

"（iii）2008 年 7 月 15 日当天或之前出现在美国，且一旦出现在美国就持续在美国保留下去。

"（B）多个原产国。

"（i）通则。源于具备下列资格动物的牛肉、羔羊肉、猪肉、鸡肉或山羊肉所涵盖商品的零售商：

"（I）非专门在美国繁殖、饲养及屠宰；

"（II）在美国繁殖、饲养或屠宰；以及

"（III）非进口到美国直接屠宰，可以指定此类所涵盖商品的原产国为该动物繁殖、饲养或屠宰的所有国家。

"（ii）与一般要求的关系。本款规定不妨碍依据（1）通知消费者所涵盖商品原产国的强制要求。

"（C）用于直接屠宰的进口商品。进口到美国用于直接屠宰的动物的牛肉、羔羊肉、猪肉、鸡肉或山羊肉等所涵盖商品的零售商应标明类似所涵盖商品的原产地为：

"（i）动物的进口来源国；以及

"（ii）美国。

"（D）外国原产国。不在美国出生、饲养或屠宰的动物的牛肉、羔羊肉、猪肉、鸡肉或山羊肉等所涵盖商品的零售商应对类似商品标明除美国以外的一个国家作为原产国。

"（E）牛肉馅、猪肉馅、羔羊肉馅、鸡肉馅或山羊肉馅。牛肉馅、猪肉馅、羔羊肉馅、鸡肉馅或山羊肉馅的原产国通知单应包括：

"（i）此类牛肉馅、猪肉馅、羔羊肉馅、鸡肉馅或山羊肉馅所有原产国的清单；或者

"（ii）此类牛肉馅、猪肉馅、羔羊肉馅、鸡肉馅或山羊肉馅所有可能原产国的清单。

"（3）鱼类原产国的标示。

"（A）通则。只有当所涵盖商品具备以下特征时，所涵盖的人工养殖鱼类或野生鱼类商品的零售商才可以对所涵盖商品标示为美国原产地标识：

"（i）人工养殖的鱼类在美国孵化、饲养、捕捞及加工的情况；以及

"（ii）对于野生鱼类的情况，其属于：

"（Ⅰ）在美国、美国领土或州，或由依据《美国法典》第 46 篇第 121 条记录在案的或在美国重新登记的船只捕捞的情况；以及

"（Ⅱ）在美国、美国领土或州，其中包括海域，或由依据《美国法典》第 46 篇第 121 条记录在案的或在美国重新登记的船只加工的情况。

"（B）野生鱼类和人工养殖的鱼类标示。野生鱼类和人工养殖的鱼类原产国通知应在野生鱼类和人工养殖的鱼类之间加以区分。

"（4）易腐农业商品、人参、花生、美洲山核桃和澳大利亚坚果的原产国标示。

"（A）通则。对于易腐农业商品、人参、花生、美洲山核桃或澳大利亚坚果等所涵盖商品的零售商，只有当所涵盖的商品专门产于美国时才可以指定所涵盖的商品为美国原产国。

"（B）美国的州、区域、地区。对于专门产于美国的易腐农业商品、人参、花生、美洲山核桃或澳大利亚坚果等所涵盖商品，零售商所指定的此类商品产于美国的州、区域或地区应足以确定美国为原产国。"以及

（B）删除（d）并插入以下内容：

"（d）审计认证系统。

"（1）通则。部长可以对任何配备、存储、经营或分销所涵盖商品用于零售的个人开展审计以核实本子篇的遵循情况（其中包括依据第 284 条（b）颁布的规章）。

"（2）记录需求。

"（A）通则。依据（1）接受审计的个人应向部长提供所涵盖商品的原产国证明。此类人员在开展正常商业交易过程中保存的记录，其中包括动物卫生证明文件、进口或海关文件或生产商宣誓书可以作为此类证明。

"（B）禁止要求额外记录。部长不得要求配备、存储、经营或分销所涵盖商品的个人保留其在正常开展商业交易过程中保存的记录以外的所涵盖商品的原产国记录。"以及

（3）在第 283 条中：

（A）删除（a）和（c）；

（B）将（b）重新编号为（a）；

（C）在（a）中（如重新编号后），删除"零售商"并插入"零售商或参与向零售商供应所涵盖商品交易的个人"；以及

（D）在结尾处添加以下新的内容：

"（b）罚金。如果在（a）（2）所述 30 天期限结束时，部长确定参与向零售商提供所涵盖商品的零售商或个人：

"（1）没有诚意努力遵循第 282 条规定；以及

"（2）继续蓄意违反第 282 条有关违反的规定，零售商或个人收到依据（a）（1）的通知，

"在提供通知和在部长面前就违反规定进行听证的机会之后，部长可以针对每次违反规定的行为处以零售商或个人不超过 1 000 美元的罚金。"

第 11003 条　《1967 年农业公平实践法》定义。

《1967 年农业公平实践法》第 3 条（《美国法典》第 7 篇 2302）修订如下：

（1）删除"在本法案中使用时："并插入"在本法案中："；

（2）在（a）中：

（A）将（1）至（4）分别重新编号为（ⅰ）至（ⅳ）；以及

（B）在（ⅳ）中（如重新编号后），删除"本款（1）、（2）或（3）"并插入"（ⅰ）、（ⅱ）或（ⅲ）"；

（3）删除（d）；

（4）将（a）、（b）、（c）和（e）分别重新编号为（3）、（4）、（2）、（1），适当调整缩进，并将这几条按序号顺序排列；

（5）在没有标题的条目中（重新编号后），插入标题，其形式与（6）所做修订的标题相同，文本由该条所定义的术语组成；

（6）在（2）中（重新编号后）：

（A）删除"'生产商联合会'系指"并插入以下内容：

"（2）生产商联合会。

"（A）通则。'生产商联合会'系指"；以及

"（B）在结尾处添加以下内容：

"（B）包含。'生产商联合会'包括其成员资格专门限于农业生产商且致力于提高农产品生产商共同利益和普遍福利的组织。"以及

（7）在（3）中（重新编号后）：

（A）删除"系指"并插入以下内容：

"（3）管理者。

"（A）通则。系指"；以及

（B）在（A）（ⅳ）（由（A）和（2）重新编号后）之后插入以下内容：

"（B）例外。'处理者'一词不包括除了为生产商提供委托饲养服务的包装商（如《1921 年包装商和牲畜围场法》第 201 条（《美国法典》第 7 篇 191）所定义）以外的人。"

第 11004 条　年度报告。

（a）通则。《1921 年包装商和牲畜围场法》修改为：

（1）将第 416 条（《美国法典》第 7 篇 229）重新编号为第 417 条；以及

（2）在第 415 条（《美国法典》第 7 篇 228d）之后插入以下内容：

"第 416 条　年度报告。

"（a）通则。每年 3 月 1 日之前，部长应向国会提交并向公众公布报告，其：

"（1）表明上一年度分别按实施区域部门（金融、贸易实践或竞争行为和实践）分别就牲畜和家禽对有关可能违反本法案的情况所进行的调查：

"（A）已启动的调查数量；

"（B）已结束或已解决但没有得到农业部总顾问指导的调查数量；

"（C）对于（B）所述调查，从调查开始到调查结束或解决但没有提出执行申诉的持续时间；

"（D）得到农业部总顾问指导拟采取下一步行动的调查数量，未经行政强制执行的此类指导数量，及总顾问提出的强制执行行动数量；

"（E）导致提起诉讼的行政强制执行行为的总顾问指导，从接受指导到行政行为的提起诉讼为止的

时间长度；

"（F）导致提起诉讼的行政强制执行行为的总顾问指导，从接受指导到行政执行行为的解决的时间长度；

"（G）得到司法部指导拟采取下一步行动的调查数量，以及由司法部代表部长按照类似指导提出的民事执行行为数量；

"（H）导致由司法部提出的民事执行行为的指导，从接受指导到执行行为的提起诉讼的时间长度；

"（I）导致由司法部提出的民事执行行为的指导，从执行行为的提起诉讼到解决的时间长度；以及

"（J）对于违反本法案的行政或民事执行行为所强制施加的平均民事罚款，和所有此类执行行为所强制施加的民事罚款总额；以及

"（2）包括部长认为重要的拟纳入年度报告的任何其他补充信息。

"（b）所提供信息的格式。对于（a）（1）的（C）、（E）、（F）和（H），部长可以在某一给定种类申诉数量适当的情况下提供概括统计数字（其中包括范围、最大量、最小量、平均数和平均时间）以及绘图方式。"

（b）废止。自 2012 年 9 月 30 日开始，如（a）（2）添加的《1921 年包装商和牲畜围场法》第 416 条废止。

第 11005 条 生产合同。

《1921 年包装商和牲畜围场法》第 II 篇（《美国法典》第 7 篇 198 及以下）修改为在结尾处添加以下内容：

"第 208 条 生产合同。

"（a）合同生产商注销生产合同的权利。

"（1）通则。家禽饲养人或生猪生产合同饲养人可以通过向活禽经销商或生猪承包商邮寄保险单注销通知的方式注销家禽饲养协定或生猪生产合同，时间应不晚于：

"（A）家禽饲养协定或生猪生产合同履行后 3 个交易日的日期；或者

"（B）家禽饲养协定或生猪生产合同中明确的任意注销日期。

"（2）披露。家禽饲养协定或生猪生产合同应明确披露：

"（A）家禽饲养人或生猪生产合同饲养人注销家禽饲养协定或生猪生产合同的权利；

"（B）家禽饲养人或生猪生产合同饲养人可以注销家禽饲养协定或生猪生产合同的方法；以及

"（C）注销家禽饲养协定或生猪生产合同的最后期限。

"（b）对生产合同追加的资本投资所要求的披露。

"（1）通则。家禽饲养协定或生猪生产合同应在首页包含一份明确为'追加资本投资披露声明'的声明，其应显著表明在家禽饲养协定或生猪生产合同期限内可能对家禽饲养人或生猪生产合同饲养人提出追加大额资本投资的要求。

"（2）适用。（1）应适用于自本条颁布之日后的任意生效的、修订的、更改的、修正的、更新的或延伸的家禽饲养协定或生猪生产合同。

"第 209 条 法律和地点的选择。

"（a）讨论地点。解决各方之间因家禽饲养协定或生猪生产或营销合同而产生的任意争端的场合，应位于主要表现部分依据协定或合同出现的联邦司法区内。

"（b）法律的选择。家禽饲养协定或生猪生产或营销合同可以在任何因协定或合同而产生的争端中指定哪个州的法律适用于由州法律管辖的问题，主要表现部分依据协定或合同出现的州的法律禁止这样做的情况除外。

"**第 210 条　仲裁。**

"（a）通则。任何包含要求使用仲裁解决合同争议条款的牲畜或家禽合同应包含允许生产商或饲养人在达成合约之前拒绝接受仲裁条款义务的条款。

"（b）披露。任何包含要求使用仲裁条款的牲畜或家禽合同应包含显著披露合同生产商或饲养人在达成合约之前拒绝接受使用仲裁解决因牲畜或家禽合同而产生的争议所要求的权利条款。

"（c）争端解决。在争议出现后，如果双方书面同意使用仲裁解决争议，那么任何依据（b）拒绝仲裁要求的合同生产商或饲养人有权寻求解决任意因牲畜或家禽合同而产生的争议。

"（d）适用。自《2008 年粮食、保育和能源法》颁布之日后，（a）、（b）和（c）应适用于任何生效的、修订的、更改的、修正的、更新的或延伸的合同。

"（e）非法行为。任何由或代表包装商、生猪承包商或活禽经销商违反本条（其中包括任何有意或实际限制生产商或饲养人自由做出（b）所述选择能力的行为）的行为在本法案内属于非法行为。

"（f）规章。部长应公布规章以：

"（1）落实本条规定；以及

"（2）制定部长在确定在合约中所提供的仲裁过程是否为种植者或生产商全面参与仲裁过程提供有意义的机会时所要考虑的标准。"

第 11006 条　规章。

一旦可行，但自本法案颁布之日起 2 年之内，农业部长应公布有关《1921 年包装商和牲畜围场法》（《美国法典》第 7 卷 181 及以下）的规章，以制定部长在确定以下内容时要考虑的标准：

（1）在违反此法案方面是否出现了过分的或不合理的偏好或优势；

（2）活禽经销商是否就依据家禽饲养约定暂停禽类交付向家禽养殖者发布了适当的通知；

（3）当对家禽饲养协定或生猪生产合同的有效期要求追加资本投资违反了本法案规定时；以及

（4）如果活禽经销商或生猪承包商为家禽饲养人或生猪生产合同饲养人提供了合理的时间期限以修订可能导致家禽饲养协定或生猪生产合同终止的合同缺陷。

第 11007 条　国会有关狂犬病恐怖症根除计划的认识。

国会认为：

（1）农业部长应该认识到野猪对驯养猪种群以及整个牲畜行业构成的威胁；

（2）保持美国商业猪种群不感染狂犬病恐怖症对于维护及拓展猪肉出口市场至关重要；

（3）建立生猪监测系统并予以持续支持将有助于生猪行业监管、监督以及根除狂犬病恐怖症；以及

（4）狂犬病恐怖症根除工作是部长应该依据《动物卫生保护法》最先落实的优先选项。

第 11008 条　国会有关牛热蜱根除计划的认识。

国会认为：

（1）牛热蜱和南牛蜱是巴贝斯虫病的病原体的载体，巴贝斯虫病是一种严重且经常致命的牛感染疾病；以及

（2）为牛热蜱根除计划执行国家战略计划是农业部长应该落实的最优先选项，从而：

（A）防止牛热蜱进入美国；

（B）提升及维持有效的监测计划以快速发现任何牛热蜱的侵入；以及

（C）研究、确定以及取得防止和根除美国牛热蜱所需要的工具和知识。

第 11009 条　国家绵羊产业改良中心。

（a）提供资金。《巩固农业和农村发展法》第 375 条（e）（6）（《美国法典》第 7 篇 2008j（e）（6））

修改为删除（B）和（C）并插入以下内容：

"（B）强制提供资金。对于商品信贷公司提供的资金，部长应为落实本条用于 2008 财政年度 1 000 000美元并在花完之前保持适用。

"（C）拨款授权。为落实本条内容，2008 至 2012 每财政年度可以向部长授权拨款 10 000 000 美元。"

（b）废除对循环基金私有化的要求。

（1）通则。《巩固农业和农村发展法》第 375 条（《美国法典》第 7 篇 2008j）修改为删除（j）。

（2）生效日期。（1）所做修订于 2007 年 5 月 1 日生效。

第 11010 条 旋毛虫认证计划。

（a）旋毛虫自愿认证。

（1）制定。自本法案颁布之日起 90 天内，农业部长应制定旋毛虫自愿认证计划。该计划应包括猪肉产品出口的促进内容和与此类产品有关的认证服务。

（2）规章。部长应自本法案颁布之日起 90 天之内出台最终规章落实（1）计划。

（3）报告。如果没有按照（2）规定在自本法案颁布之日起 90 天之内公布最终规章，部长应向众议院农业委员会参议院农业、营养和林业委员会提交报告，并包含以下内容：

（A）对依据（2）规定为什么没有出台最终规章的解释；以及

（B）部长预期出台类似最终规章的日期。

（b）提供资金。依据如（c）所添加的《动物卫生保护法》第 10405 条（d）（1）（A）（《美国法典》第 7 篇 8304）拨款的适用范围，部长应至少使用依据该款适用资金的 6 200 000 美元用于落实（a）。

（c）拨款授权。《动物卫生保护法》第 10405 条（《美国法典》第 7 篇 8304）修改为在结尾处添加以下新的内容：

"（d）拨款授权。

"（1）通则。经授权的拨款为：

"（A）2008 至 2012 每财政年度 1 500 000 美元以落实《2008 年粮食、保育和能源法》第 11010 条的规定；以及

"（B）2008 至 2012 每财政年度有必要划拨一定数额以落实本条规定。

"（2）适用范围。依据（1）拨款的资金应在花完之前保持适用。"

第 11011 条 低致病性疾病。

《动物卫生保护法》（《美国法典》第 7 卷 8301 及以下）修订如下：

（1）在第 10407 条（d）（2）（C）（《美国法典》第 7 篇 8306（d）（2）（C））中，删除"多于 60 天"；

（2）在第 10409 条（b）（《美国法典》第 7 篇 8308（b））中：

（A）将（2）重新编号为（3）；

（B）在（1）之后插入以下新的内容：

"（2）具体的合作计划。部长应补偿以下行业参与者和州机构，即与部长合作落实（a）操作和措施，且 100% 具备与涵盖联邦、州和行业参与者为依据部长发布的规章控制低致病性疾病的合作计划有关的成本资格的行业参与者和州机构。"以及

（C）在（3）中（重新编号后），删除"多于 60 天"；以及

（3）在第 10417 条（b）（3）（《美国法典》第 7 篇 8316（b）（3））中，删除"多于 60 天"。

第 11012 条 动物保护。

（a）故意违规。《动物卫生保护法》第 10414 条（b）（1）（A）（《美国法典》第 7 篇 8316（b）（1）

（A））修改为删除（ⅲ）并插入以下内容：

"（ⅲ）对于所有在单一诉讼中裁决为违规的行为：

"（Ⅰ）如果违规行为不包括故意违规，500 000 美元；或者

"（Ⅱ）如果违规行为包括 1 项或多项故意违规，1 000 000 美元。"

（b）传唤授权。《动物卫生保护法》第 10415 条（a）（2）（《美国法典》第 7 篇 8314）修改为：

（1）删除（A）并插入以下内容：

"（A）通则。部长应有权传唤任何证人的出庭和提供证词、所有证据（其中包括书籍、文件、论文、电子存储信息和其他构成或包含证据的有形物），或要求被传唤的个人允许检验与本篇的管理与落实有关的，或任何与本篇关联的接受调查的房屋和其他建筑物。"

（2）在（B）中，删除"书面"；以及

（3）在（C）中：

（A）在（ⅰ）中，删除"任何证人的证词和书面证明的提供"并插入"任何证人的证词，证明的提供或房屋和其他建筑物的检验"；以及

（B）在（ⅱ）中，删除"问题或提供书面证明"并插入"问题，提供证据或允许房屋和其他建筑物的检验"。

第 11013 条　国家水生动物卫生计划。

（a）通则。农业部长可以与具备资格的实体达成合作协议以依据《动物卫生保护法》第 10411 条（《美国法典》第 7 篇 8310）按照部长授权落实国家水生动物卫生计划，目的在于发现、控制或根除水生物种疾病及促进此类物种的最佳管理实践。

（b）具备资格的实体和部长之间的合作协议。

（1）职责。作为依据本条与部长达成合作协议的条件，具备资格的实体应同意：

（A）承担落实部长按照（2）确定的国家水生动物卫生计划项目的非联邦份额成本的职责；以及

（B）按照与拟依据该项目落实的活动有关的适当的疾病和物种最佳管理实践行事。

（2）非联邦份额。部长应按每个项目的具体情况确定落实国家水生动物卫生计划项目的非联邦成本份额。此类非联邦份额可以通过现金或以实物偿付提供。

（c）其他法律的适用性。在落实本条时，部长可以使用《动物卫生保护法》（《美国法典》第 7 篇 8301 及以下）委托的权限，其中包括落实发现、控制和根除病虫害操作和措施的权限以及支付因任何牲畜灭亡、条款的终止或术语的表达而出现的补贴权限。

（d）拨款授权。2008 至 2012 每财政年度可以为落实本条授权一定数额的必要拨款。

（e）具备资格的实体定义。在本条当中，"具备资格的实体"一词指经由农业部长确定的州、州下属政治分支机构、印第安人部落或其他适当的实体。

第 11014 条　生物能源运营研究。

（a）研究。农业部长应开展研究以评估厩肥作为肥料源及其潜在的额外用途的作用。类似研究应包括：

（1）确定厩肥作为肥料在农业经营中使用的类型（其中包括种类和农事实践）和规模的程度；

（2）评估限制使用厩肥作为肥料对消费者和农业经营（按规模）潜在的影响；以及

（3）评估厩肥使用对生物能源生产竞争的加剧对农业生产的影响，其中包括厩肥作为原料或化石燃料替代物。

（b）报告。自本法案颁布之日起 1 年之内，部长应向众议院农业委员会和参议院农业、营养和林业委员会提交报告，并说明依据（a）开展研究的成果。

第 11015 条　经联邦和州机构检验的某些小企业肉类和家禽的州际运输。

（a）肉类和肉制品。《联邦肉类检验法》（《美国法典》第 21 篇 601 及以下）修改为在结尾处添加以下内容：

第 V 篇　联邦和州机构的检验

"第 501 条　经联邦和州机构检验的某些小企业肉类的州际运输。

"（a）定义。

"（1）适当的州机构。'适当的州机构'系指第 301 条（b）所述州机构。

"（2）指定的员工。'指定的员工'系指经历所有必要的检验培训和认证的，并协助部长管理及执行本法案，其中包括依据本法案出台的规定和规章的某州机构的检验员工。

"（3）具备资格的企业。'具备资格的企业'系指符合以下要求的企业：

"（A）企业所在州的州检验计划；以及

"（B）本法案，其中包括依据本法案出台的规定和规章。

"（4）肉类产品。'肉类产品'系指：

"（A）肉的一部分；以及

"（B）肉制食品。

"（5）经筛选的企业。'经筛选的企业'系指经部长与具备资格的企业所在州适当的州机构协调下依据（b）挑选的具备在州际贸易中运输家禽骨架、骨架散件和肉类产品资格的企业。

"（b）允许运输的部长授权。

"（1）通则。依据（2），部长在与企业所在州适当的州机构协调下可以挑选在州际贸易中运输家禽骨架、骨架散件和肉类产品的企业，并在州际贸易中运输的每项家禽骨架、骨架散件和肉类产品贴上进行联邦标印、盖戳、加标签或贴标签'检验'字样，但前提条件是：

"（A）家禽骨架、骨架散件或肉类产品符合本法案要求的检验标印、盖戳、加标签或贴标签标准；

"（B）企业属于具备资格的企业；以及

"（C）企业检验服务由指定人员提供。

"（2）禁止的企业。在落实（1）时，部长在与适当的州机构协调下不得挑选下列情况的企业：

"（A）经由部长确定的平均雇佣 25 名雇员（其中包括监管和非监管雇员）以上的企业；

"（B）截至本条颁布之日，在州际贸易中运输经由部长依据本法案检验的家禽骨架、骨架散件和肉类产品的企业；

"（C）（ⅰ）属于联邦企业；

"（ⅱ）截至本条颁布之日曾属于联邦企业，后来由控制该企业的个人、公司或企业以同名或不同名或个人进行过重组；或者

"（ⅲ）截至本条颁布之日曾属于州企业，其：

"（Ⅰ）截至本条颁布之日雇佣了 25 名以上的雇员；以及

"（Ⅱ）截至本条颁布之日，后来由控制该企业的个人、公司或企业进行过重组；

"（D）违反本法案；

"（E）位于没有州检验计划的州；或者

"（F）属于按照部长依据（3）（A）制定的程序落实的过渡主题。

"（3）雇用 25 名以上雇员的企业。

"（A）程序的制定。部长可以依据本条为任何平均连续雇佣 25 名以上雇员的企业制定过渡到联邦企业的程序。

"（B）某些企业的资格。

"（i）通则。截至本条颁布之日雇佣 25 名以上且 35 名以下雇员的州企业可以被挑选为依据本款规定的经筛选的企业。

"（ii）程序。州企业应在（j）所述生效日期之后 3 年开始履行依据（A）建立的程序。

"（c）州成本的偿还。部长应依据联邦要求向州偿还与该州经筛选的企业检验有关的成本，数额不低于具备资格的州成本的 60%。

"（d）联邦和州机构之间的协调。

"（1）通则。部长应指定联邦政府的雇员作为每个适当州机构的州协调人：

"（A）提供本篇的监督和落实；以及

"（B）监督州机构指定人员的培训和检验活动。

"（2）监督。州协调人应接受部长的直接监督。

"（3）州协调人的职责。

"（A）通则。州协调人应以适当的频次走访经筛选的企业以确保经筛选的企业运营方式与本法案（其中包括本法案的规章和政策）的规定一致。

"（B）季度报告。州协调人应每季度向部长提交报告，说明属于州协调人所管辖的每个经筛选企业遵循本法案要求的水平情况。

"（C）立即通知要求。如果州协调人认为该州协调人所管辖的任何经筛选企业违反了本法案任何要求，州协调人应：

"（i）立即通知部长违反情况；以及

"（ii）取消经筛选的企业资格或中止该经筛选企业的检验。

"（4）绩效评估。依据本款指定的州协调人的绩效评估应由部长作为联邦机构管理控制系统的部分工作进行。

"（e）审计。

"（1）农业部监察长实施定期审计。自（j）所述规定生效之日起 2 年之内及之后最低每 3 年一次，农业部监察长应对部长依据本条进行的每项活动开展审计，审计期限由审计人员遵照本条规定确定。

"（2）美国总审计长开展的审计。自本条规定生效之日起 3 年之后且 5 年之内美国总审计长应对本条规定的落实情况开展审计以确定：

"（A）落实本条规定的有效性；以及

"（B）经由部长筛选的依据本条运输家禽骨架、骨架散件或肉件的企业数量。

"（f）技术援助部门。

"（1）设立。自（j）所述规定生效之日起 180 天内，部长应在农业部食品安全和检验局建立技术援助部门以协调任何其他农业部适当机构的方案，从而可以提供：

"（A）面向小微企业或某些小企业的扩大服务范围、教育和培训（如部长所定义）；以及

"（B）面向适当州机构的拨款以提供面向小微企业或某些小企业的扩大服务范围、技术援助、教育和培训（如部长所定义）。

"（2）员工。技术援助部门应由经由部长确定具备以下资格的个人组成：

"（A）足以落实技术援助部门职责的人数；以及

"（B）拥有与技术援助部门职责相关的适当的资格和专业技术。

"（g）过渡补贴。部长可以向适当的州机构提供拨款以协助适当的州机构帮助第 III 篇所涵盖的企业过渡到经筛选的企业。

"（h）违反。任何部长确定的违反本法案任何要求的经筛选的企业应按照部长依据（b）（3）（A）制定的程序转变为联邦企业。

"（i）效果。本条规定不得限制部长有关依据本法案管理肉类和肉类产品的管辖权。

"（j）生效日期。

"（1）通则。本条于部长在提出征求意见期之后颁布最终规章以落实本条之日生效。

"（2）要求。本条颁布之日后 18 个月内，部长应依据（1）颁布最终规章。"

（b）家禽和家禽制品。《家禽制品检验法》（《美国法典》第 21 篇 451 及以下）修改为在结尾处添加以下内容：

"第 31 条　某些小企业经联邦和州机构检验的家禽州际运送。

"（a）定义。

"（1）适当的州机构。'适当的州机构'系指第 5 条（a）（1）所述州机构。

"（2）指定的人员。'指定的人员'系指州机构的人员，其应已接受为协助部长管理和落实本法案，其中包括依据本法案出台的规则和规章，所有必要的检验培训和认证。

"（3）具备资格的企业。'具备资格的企业'系指遵循以下条件的企业：

"（A）企业所在州的州检验计划；以及

"（B）本法案，其中包括依据本法案出台的规则和规章。

"（4）家禽产品。'家禽产品'系指：

"（A）家禽的一部分；以及

"（B）家禽产品。

"（5）经筛选的企业。'经筛选的企业'系指经由部长依据（b）与具备资格的企业所在州的适当州机构协调挑选的具备在州际贸易中运输家禽资格的企业。

"（b）允许装运的部长授权。

"（1）通则。依据（2），如遇下列情况，部长在与企业所在州的适当州机构的协调下，可以在州际贸易中挑选企业运输家禽产品，以及在州际贸易中运输的每项家禽产品上进行联邦标印、盖戳、加标签或贴标签'检验'字样：

"（A）家禽产品依据本法案要求有资格接受联邦标印、盖戳、加标签或贴标签'检验'字样；

"（B）该企业属于具备资格的企业；以及

"（C）企业的检验服务由指定的人员提供。

"（2）禁止的企业。在落实（1）时，部长与适当的州机构协调不得挑选下列企业：

"（A）经由部长确定的平均雇佣 25 名以上雇员的（其中包括监管和非监管雇员）；

"（B）截至本条颁布之日，由部长依据本法案检验的家禽骨架、骨架散件或家禽产品的州际贸易船只；

"（C）（ⅰ）属于联邦企业；

"（ⅱ）截至本条颁布之日曾属于联邦企业，及之后截至本条颁布之日由控制企业的个人、公司或企业以同名或不同名或个人重组的；或者

"（ⅲ）截至本条颁布之日曾属于州企业，其：

"（Ⅰ）截至本条颁布之日，雇佣了 25 名以上雇员；以及

"（Ⅱ）之后截至本条颁布之日由控制企业的个人、公司或企业重组的；

"（D）属于违反本法案的行为；

"（E）位于不具备州检验计划的州；或者

"（F）属于遵循部长依据（3）（A）制定的程序落实的过渡范畴。

"（3）雇佣 25 名以上雇员的企业。

"（A）制定程序。部长可以依据本条为任何平均一贯雇佣 25 名以上雇员的企业制定转型为联邦企业的过渡程序。

"（B）某些企业的资格。

"（ⅰ）通则。截至本条颁布之日，雇佣 25 名以上但少于 35 名雇员的州企业可以依据本款挑选为经筛选的企业。

"（ⅱ）程序。州企业应在（ⅰ）所述生效日期 3 年后开始遵循依据（A）确立的程序。

"（c）州成本的偿还。部长应依据联邦要求向州偿还与该州经筛选的企业检验有关的成本，数额不低于具备资格的州成本的 60%。

"（d）联邦和州机构之间的协调。

"（1）通则。部长应指定联邦政府的雇员作为每个适当州机构的州协调人：

"（A）提供本条的监督和落实；以及

"（B）监督州机构指定人员的培训和检验活动。

"（2）监督。州协调人应接受部长的直接监督。

"（3）州协调人的职责。

"（A）通则。州协调人应以适当的频次走访经筛选的企业以确保经筛选的企业运营方式与本法案（其中包括本法案的规章和政策）的规定一致。

"（B）季度报告。州协调人应每季度向部长提交报告，说明属于州协调人所管辖的每个经筛选企业遵循本法案要求的水平情况。

"（C）立即通知要求。如果州协调人确定在州协调人管辖范围内的任何经筛选的企业违反了本法案的任何要求，州协调人应：

"（ⅰ）立即通知部长违反情况；以及

"（ⅱ）取消经筛选的企业资格或暂停经筛选企业的检验。

"（4）绩效评估。依据本款选定的州协调人的绩效评估应由部长作为联邦机构管理控制系统的一部分开展。

"（e）审计。

"（1）农业部监察长开展的定期审计。（ⅰ）所述生效日期 2 年之内，以及之后至少每 3 年一次，农业部监察长应对部长依据本条开展的每项活动进行审计所涵盖期限的审计以确定本条的遵守情况。

"（2）美国总审计长开展的审计。自本条颁布之日起 3 年之后且 5 年之内，美国总审计长应对本条的落实情况开展审计以确定：

"（A）本条落实的有效性；以及

"（B）经部长挑选的依据本条运输家禽产品的经筛选的企业数量。

"（f）过渡补贴。部长可以向适当的州机构提供补贴以协助适当的州机构帮助本法案所涵盖的企业过渡到经筛选的企业。

"（g）违反。任何部长确定的违反本法案任何要求的经筛选的企业应按照部长依据（b）（3）（A）制定的程序转型为联邦企业。

"（h）效果。本条规定不得限制部长有关依据本法案管理家禽和家禽产品的管辖权。

"（ⅰ）生效日期。

"（1）通则。本条于部长在提出征求意见期（其中包括通过召集公众会议或听证）之后颁布最终规章以落实本条之日生效。

"（2）要求。本条颁布之日后 18 个月内，部长应依据（1）颁布最终规章。"

第 11016 条　检验和等级。

（a）等级。《1946 年农业营销法》第 203 条（《美国法典》第 7 篇 1622）的修改方式如下：

（1）将（n）重新编号为（o）；以及

（2）在（m）之后插入以下新的内容：

"（n）分级计划。在农业部内为以下物种建立自愿的以费用为基础的分级计划：

"（1）鲶鱼（由部长依据《联邦肉类检验法》第 1 条（w）（2）（《美国法典》第 21 篇 601（w））定义）；以及

"（2）任何其他人工养殖的鱼类物种或农田饲养的贝类动物：

"（A）部长接受要求此类自愿的以费用为基础的分级请求；以及

"（B）部长认为适当的。"

（b）检验。

（1）通则。《联邦肉类检验法》的修改方式如下：

（A）在第 1 条（w）（《美国法典》第 21 篇 601（w））中：

（i）删除（1）结尾处的"以及"；

（ii）将（2）重新编号为（3）；以及

（iii）在（1）之后插入以下新的内容：

"（2）鲶鱼，由部长定义的；以及"；

（B）删除第 6 条（《美国法典》第 21 篇 606）并插入以下新的一条：

"第 6 条（a）通则。出于上述目的，部长应要求依据有关职责任命的检验员对所有准备推向市场的肉制食品在屠宰、罐装、腌制、包装、提取或类似环节进行检查和检验，为了确保任何检查和检验落到实处，检验员应在不分昼夜的任何时间有权进入企业任何部分检查该企业是否运营；对于非掺假的产品，检验员应标印、盖戳、加标签或贴标签'检验合格'字样；对于掺假的产品，检验员应标印、盖戳、加标签或贴标签'检验不合格'字样，所有此类不合格肉制食品应按照上文规定的食品目的予以销毁，对于未能销毁此类不合格肉制品的检验员，部长可以撤销其在任何企业的职务；如果依据部长规定与规章，本条有关防护的规定条款不适用于出口到外国的肉制食品，出口到外国的肉制食品依据外国采购商的指令或具体要求配备或包装，在上述出口产品的配备或包装过程中不得使用与国外法律相冲突的材质；但是，如果上述产品为在国内使用或消费而出售或提供，那么该限制性条款不应从本章所有其他条款的适用中免除上述产品。

"（b）鲶鱼。对于依据（a）就源于鲶鱼的肉质食品进行检查及检验的情况，部长应考虑鲶鱼饲养及运输至加工企业的条件等因素。"以及

（C）在第 I 篇结尾处添加以下新的一条：

"第 25 条　虽然本法案有任何其他条款规定，第 3、4、5、10（b）和 23 条的要求不适用于鲶鱼。"

（2）生效日期。

（A）通则。依据（1）所做修订在农业部长为落实此类修订而出台最终规章（在提供一段时间的征求公众意见后，其中包括通过开展依据《美国法典》第 5 篇第 5 章的公众会议或听证）之前不适用。

（B）规章。自本法案颁布之日起 18 个月内，农业部长在与食品和药品委员商议的情况下应出台最终规章以落实（1）所做修订。

（3）预算要求。自本法案颁布之日起 30 天内，农业部长应向国会提交落实（1）修订意见的费用评估，其中包括预估的：

（A）行政工作年份；

（B）企业数量；

（C）预计在此类企业生产的量；以及

（D）任何其他用于评估落实此类修订成本的信息。

第 11017 条　食品安全改良。

（a）《联邦肉类检验法》。《联邦肉类检验法》第 I 篇进一步修改为在第 11 条（《美国法典》第 21 篇 611）后插入以下内容：

"第 12 条 通知。

"任何依据本法案接受检验的企业，其相信或有理由相信该企业接收或运出的肉类或肉类食品掺假或贴假商标并已进入市场，应立即通知部长该批肉类或肉类食品的类型、数量、来源和运往地。

"第 13 条 计划和再评估。

"部长应要求依据本法案接受检验的每个企业应至少：

"（1）准备并保留该企业生产和运输的所有肉类或肉制品召回的现行程序；

"（2）记录该企业每项程序控制计划的再评估；以及

"（3）按照要求，向部长任命的检验员提供程序和再评估的程序控制计划供其评估和复制。"

（b）家禽产品检验法。《家禽产品检验法》第 10 条（《美国法典》第 21 篇 459）的修改方式如下：

（1）删除条标题及其后直到"第 10 条任何企业都不"所有内容并插入以下内容：

"第 10 条 所有企业遵循的规定。

"（a）通则。任何企业都不"；以及

（2）在结尾处添加以下内容：

"（b）通知。任何依据本法案接受检验的企业，其相信或有理由相信该企业接收或运出的家禽或禽肉产品掺假或贴假商标并已进入市场，应立即通知部长该批家禽或禽肉产品的类型、数量、来源和运往地。

"（c）计划和再评估。部长应要求每个依据本法案接受检验的企业应至少：

"（1）准备并保留该企业生产和运输的所有家禽或家禽产品召回的现行程序；

"（2）记录该企业每项程序控制计划的再评估；以及

"（3）按照要求，向部长任命的检验员提供程序和再评估的程序控制计划供其评估和复制。"

第Ⅻ篇 作物保险和救灾援助计划

子篇 A 作物保险和救灾援助

第 12001 条 有机作物的定义。

《联邦农作物保险法》第 502 条（b）（《美国法典》第 7 篇 1502（b））的修改方式如下：

（1）将（7）和（8）分别重新编号为（8）和（9）；以及

（2）在（6）之后插入以下内容：

"（7）有机作物。'有机作物'系指依据《1990 年有机食品生产法》第 2103 条（《美国法典》第 7 篇 6502）通过有机方式生产的农业商品。"

第 12002 条 一般权力。

（a）通则。《联邦农作物保险法》第 506 条（《美国法典》第 7 篇 1506）的修改方式如下：

（1）在（d）第一句中，删除"公司"并插入"依据第 508 条（j）（2）（A），公司"；以及

（2）删除（n）。

（b）相应的修订。

（1）对《联邦农作物保险法》第 506 条（《美国法典》第 7 篇 1506）进行修改，将（o）、（p）和（q）分别重新编号为（n）、（o）和（p）。

（2）《联邦农作物保险法》第 521 条（《美国法典》第 7 篇 1521）修改为删除最后一句。

第 12003 条 损失率的降低。

（a）预期的损失率。《联邦农作物保险法》第 506 条（《美国法典》第 7 篇 1506）（n）（2）（由第 12002 条（b）（1）重新编号后）的修改方式如下：

（1）在项标题中，删除"截至 1998 年 10 月 1 日"；

（2）删除"1998 年 10 月 1 日当天及之后"；以及

（3）删除"1.075"并插入"1.0"。

（b）所需要的保险费。《联邦农作物保险法》第 508 条（d）（1）（《美国法典》第 7 篇 1508（d）（1））修改为删除"不大于 1.1"及之后的所有内容并插入"不大于：

"（A）1.1，直到 1998 年 9 月 30 日；

"（B）1.075，自 1998 年 10 月 1 日至《2008 年粮食、保育和能源法》颁布之前期间；以及

"（C）1.0 该法案颁布之日当天及之后。"

第 12004 条 保险费调整。

《联邦农作物保险法》第 508 条（a）（《美国法典》第 7 篇 1508（a））修改为在结尾处添加以下内容：

"（9）保险费调整。

"（A）禁止。除了（B）另有规定以外，任何人都不得直接或间接支付、给予或允许，或表示愿意支付、给予或允许作为取得保险的动机或已经取得保险后的保险政策或任何其他与受益价值相等的回报或政策中未指明的动机确定的任何回扣、折扣、减少、信贷或保险费的降低。

"（B）例外。（A）不适用于有关：

"（ⅰ）依据（b）（5）（B）授权的补贴；

"（ⅱ）依据（d）（3）授权的以绩效为基础的折扣；或者

"（ⅲ）由以下途径支付的合作社股息或类似补贴：

"（Ⅰ）由公司批准的实体依据本项颁布之前有效的（b）（5）（B）对 2005、2006 或 2007 再保险年所做此类补贴；以及

"（Ⅱ）遵循由公司在适当的再保险年度依据该款为该实体批准的补贴计划的方式。"

第 12005 条 受约束的商业保险。

《联邦农作物保险法》第 508 条（a）（《美国法典》第 7 篇 1508（a））（由第 12004 条重新编号后）修改为在结尾处添加以下内容：

"（10）佣金。

"（A）直系亲属的定义。在本条中，'直系亲属'系指个人的父母、继父母、兄弟姐妹、继兄弟姐妹、子女、继子女、祖父母、孙子女、岳父母、内兄弟姐妹、女婿、儿媳、上述人员的配偶和该个人的配偶。

"（B）禁止。如果存在以下状况，那么任何个人（其中包括副代理人）均不得直接或间接通过某一实体接受依据本篇提供的保险政策或计划的销售或服务的任意补偿（其中包括任何佣金、收益分配、奖金或任何其他的直接或间接利益）：

"（ⅰ）在保险政策或计划中，该个人享有真正的受益权或该个人的直系亲属成员享有真正的受益权；及

"（ⅱ）支付给个人的有关满足（ⅰ）所述条件的保险政策或计划的销售或服务的补偿总额超过 30%或州法律明确少于该个人依据本篇在该再保险年直接或间接接受的所有保险政策和计划销售或服务的所有补偿总额的比例。

"（C）报告。自再保险年年度结算日起 90 天内，任何在上一再保险年度直接或间接接受任何依据本篇保险政策或计划的服务或销售赔偿的个人应向适当的经核准的保险服务商证明该个人所接受的赔偿符合本项规定。

"（D）处罚。第 515 条（h）所规定的程序要求和处罚应适用于违反本项规定的起诉。

"（E）适用性。

"（i）通则。违反本项规定的处罚应仅适用于直接负责（C）所要求的证明或未能遵守本项要求的个人或实体。

"（ii）禁令。任何制裁都不得适用于有关收到补偿的保险政策或计划，其中包括这些政策或计划的再保险。"

第 12006 条　管理费。

（a）通则。《联邦农作物保险法》第 508 条（b）（5）（《美国法典》第 7 篇 1508（b）（5））的修改方式如下：

（1）删除（A）并插入以下内容：

"（A）基本费。每个生产商应按照每个县每种作物 300 美元的标准支付灾难风险保护管理费。"以及

（2）在（B）中：

（A）删除"代表生产商补贴"并插入"代表生产商支付灾难风险保护费"；

（B）在（i）中：

（i）删除"或其他补贴"；以及

（ii）删除"与灾难风险保护或追加保险计划"并插入"通过支付灾难风险保护管理费"；

（C）删除（ii）和（vi）；

（D）将（iii）、（iv）和（v）分别重新编号为（ii）、（iii）和（iv）；

（E）在（iii）（重新编号后）中，删除"保险政策或计划"并插入"灾难风险保护保险"；以及

（F）在（iv）中（重新编号后）：

（i）删除"或依据本小项的其他约定"；以及

（ii）删除"追加的"。

（b）废除。《1999 年农业、农村发展、食品和药品管理及相关机构拨款法》第 748 条（《美国法典》第 7 篇 1508 注释；《公法》105－277）废除。

第 12007 条　补贴时间。

《联邦农作物保险法》第 508 条（《美国法典》第 7 篇 1508）的修改方式如下：

（1）在（b）（5）（C）中，删除"保险费的日期"并插入"保险费的同一日期"；

（2）在（c）（10）中，在结尾处添加以下内容：

"（C）补贴时间。（b）（5）（C）应适用于有关管理费征收日期。"以及

（3）在（d）中，在结尾处添加以下内容：

"（4）保险费的账单日。从 2012 再保险年度开始，公司将 8 月 15 日作为保险费的账单日。"

第 12008 条　灾难保险偿还率。

《联邦农作物保险法》第 508 条（b）（11）（《美国法典》第 7 篇 1508（b）（11））修改为删除"8％"并插入"6％"。

第 12009 条　高粱价格选择。

《联邦农作物保险法》第 509 条（c）（5）（《美国法典》第 7 篇 1508（c）（5））修改为在结尾处添加

以下内容：

"（D）高粱价格选择。

"（ⅰ）通则。公司会同部长（在本小项中称为'公司'）应：

"（Ⅰ）自本小项颁布之日起 60 天内准备好所有方法和数据，其中包括经济研究机构的数据，公司将运用这些方法和数据按照公司的生产和保险税收计划制定高粱的预期市场价格；以及

"（Ⅱ）要求高粱行业提供适当的数据。

"（ⅱ）专家评价人。

"（Ⅰ）通则。自本小项颁布之日起 120 天内，公司应分别联系（Ⅱ）所描述的 5 位专家评价人，请他们研究并推荐一套确定在生产和保险税收计划两方面高粱预期市场价格的方法，从而更加准确地反映收获时期的实际价格。

"（Ⅱ）要求。依据（Ⅰ）的专家评价人应由具备高粱和谷物市场经验的农业经济学家组成，其中：

"（aa）2 人应为高等教育机构的农业经济学家；

"（bb）2 人应为部内经济学家；以及

"（cc）1 人应为高粱行业指定的经济学家。

"（ⅲ）建议。

"（Ⅰ）通则。自依据（ⅱ）与专家评价人签订协议之日起 90 天内，专家评价人应提交推荐建议，且公司应公示这些建议。

"（Ⅱ）考虑因素。依据（Ⅰ）在确定适当的定价方法以确定在生产和保险税收计划两方面高粱预期市场价格的时候，公司应考虑推荐建议。

"（Ⅲ）公示。自公司收到专家评价人推荐建议之日起 60 天内，公司应将拟议的生产和保险税收计划两方面的定价方法进行公示并征求意见，并在征求意见期间，召集至少 1 次公开会议讨论拟议的定价方法。

"（ⅳ）适当的定价方法。

"（Ⅰ）通则。自（ⅲ）（Ⅲ）所列征求意见期结束之日起 180 天内，但不晚于 2010 作物年度，公司应按照生产和保险税收计划落实高粱定价方法，该方法既要透明又可以复制。

"（Ⅱ）临时方法。在新的定价方法施行日之前，公司可以继续使用公司认为确定预期市场价格的最佳定价方法。

"（Ⅲ）适用范围。以年度为基础，公司应准备好用于确定在生产和保险税收计划两方面高粱预期市场价格的定价方法和数据，其中包括对上一年度用于确定高粱预期市场价格的方法的任何调整。"

第 12010 条　保险费减少授权。

《联邦农作物保险法》第 508 条（e）（《美国法典》第 7 篇 1508（e））修订如下：

（1）在（2）中，删除"（4）"并插入"（3）"；

（2）删除（3）；以及

（3）将（4）和（5）分别重新编号为（3）和（4）。

第 12011 条　企业和整个农场单位。

《联邦农作物保险法》第 508 条（e）（《美国法典》第 7 篇 1508（e））（由第 12010 条修订后）修改为在结尾处添加以下内容：

"（5）企业和整个农场单位。

"（A）通则。公司可以落实试点计划，据此计划公司支付一部分保险计划或政策保险费，适合保险的单位在比依据（2）支付得高的整个农场或企业单位的基础上进行界定。

"（B）总额。公司依据本项向涵盖企业或整个农场单位政策的政策持有人支付的保险费比例应在最

大可行的程度上提供与下列情况相同的每英亩保险费补贴美元数额，即如果政策持有人在该农作物年采购了基本的或任意的作物单位，公司依据（2）所要支付的数额。

"（C）限制。公司依据本项支付的保险费数额不得超过企业或整个农场单位政策全部保险费的80％。"

第12012条　区域收入计划的部分保险费补贴。

《联邦农作物保险法》第508条（e）（《美国法典》第7篇1508（e））（由第12011条修订后）的修改方式如下：

（1）在（2）中，在（A）之前，删除"（4）"并插入"（4）、（6）和（7）"；以及

（2）在结尾处添加以下内容：

"（6）区域收入计划的保险费补贴。依据（4），对于涵盖某一地区因税收减少而致损失的保险政策或计划的情况，公司支付的保险费数额应遵循以下规定：

"（A）对于有记录的县产量按照不大于预期市场价格100％补偿其追加区域范围等于或大于70％但小于75％的情况，数额应相当于：

"（i）依据（d）（2）（B）（i）选定保险计划水平建立的保险费数额的59％；以及

"（ii）依据（d）（2）（B）（ii）选定保险计划水平确定的用以支付营运和管理费的数额。

"（B）对于有记录的县产量按照不大于预期市场价格100％补偿其追加区域范围等于或大于75％但小于85％的情况，数额应相当于：

"（i）依据（d）（2）（B）（i）选定保险计划水平建立的保险费数额的55％；以及

"（ii）依据（d）（2）（B）（ii）选定保险计划水平确定的用以支付营运和管理费的数额。

"（C）对于有记录的县产量按照不大于预期市场价格100％补偿其追加区域范围等于或大于85％但小于90％的情况，数额应相当于：

"（i）依据（d）（2）（B）（i）选定保险计划水平建立的保险费数额的49％；以及

"（ii）依据（d）（2）（B）（ii）选定保险计划水平确定的用以支付营运和管理费的数额。

"（D）对于有记录的县产量按照不大于预期市场价格100％补偿其追加区域范围等于或大于90％的情况，数额应相当于：

"（i）依据（d）（2）（B）（i）选定保险计划水平建立的保险费数额的44％；以及

"（ii）依据（d）（2）（B）（ii）选定保险计划水平确定的用以支付营运和管理费的数额。

"（7）区域产量计划的保险费补贴。依据（4），对于涵盖在某一区域因产量损失或预防种植而受损的保险政策或计划的情况，公司所支付的保险费数额应遵照以下要求：

"（A）对于有记录的县产量按照不大于预期市场价格100％补偿其追加区域范围等于或大于70％但小于80％的情况，数额应等于以下数额：

"（i）依据（d）（2）（B）（i）选定保险计划水平建立的保险费数额的59％；以及

"（ii）依据（d）（2）（B）（ii）选定保险计划水平确定的用以支付营运和管理费的数额。

"（B）对于有记录的县产量按照不大于预期市场价格100％补偿其追加区域范围等于或大于80％但小于90％的情况，数额应等于以下数额：

"（i）依据（d）（2）（B）（i）选定保险计划水平建立的保险费数额的55％；以及

"（ii）依据（d）（2）（B）（ii）选定保险计划水平确定的用以支付营运和管理费的数额。

"（C）对于有记录的县产量按照不大于预期市场价格100％补偿其追加区域范围等于或大于90％的情况，数额应等于以下数额：

"（i）依据（d）（2）（B）（i）选定保险计划水平建立的保险费数额的51％；以及

"（ii）依据（d）（2）（B）（ii）选定保险计划水平确定的用以支付营运和管理费的数额。"

第 12013 条 拒绝接受索赔。

《联邦农作物保险法》第 508 条（j）（2）（A）（《美国法典》第 7 篇 1508（j）（2）（A））修改为在"经审核的服务商"之后插入"代表公司"。

第 12014 条 仓储生产作物保险索赔的结算。

（a）通则。《联邦农作物保险法》第 508 条（j）（《美国法典》第 7 篇 1508（j））修改为在结尾处添加以下内容：

"（5）仓储生产索赔的结算。仓储生产的生产商可以在该生产商的选择下在索赔依据保险政策提交的最后一日之后延迟与仓储生产有关的作物保险索赔结算最多 4 个月。"

（b）包装因素的效力研究。

（1）通则。部长应就仓储生产尺寸的包装因素应用的效力和精确性开展研究，其目的在于依据《联邦农作物保险法》（《美国法典》第 7 篇 1501 及以下）提供保险政策和计划。

（2）考虑因素。研究应考虑以下因素：

（A）结构形状和尺寸；

（B）存储时间；

（C）设备通风系统的影响；以及

（D）任何其他部长认为适当的因素。

（3）报告。自本法案颁布之日起 3 年之内，部长应向众议院农业委员会和参议院农业、营养和林业委员会提交报告，其中包括上述研究的成果和任何有关的政策建议。

第 12015 条 偿还时间。

《联邦农作物保险法》第 508 条（k）（4）（《美国法典》第 7 篇 1508（k）（4））修改为在结尾处添加以下内容：

"（D）偿还时间。自 2012 再保险年生效，公司应在取得偿还的再保险年之后的 10 月 1 日后（但在 10 月 31 日之前）在可行的情况下尽快向经审核的保险服务商和代理偿还其可承认的管理和营运成本。"

第 12016 条 偿还率。

《联邦农作物保险法》第 508 条（k）（4）（《美国法典》第 7 篇 1508（k）（4））（如第 12015 条所修订）的修改方式如下：

（1）在（A）中，删除"除了（B）另有规定外"并插入"除了在本项中另有规定外"；以及

（2）在结尾处添加以下内容：

"（E）偿还率降低。对于收到 2008 再保险年管理和运营成本偿还率的追加保险计划政策，在 2009 及随后各再保险年，管理和运营成本的偿还率应比截至所有作物保险政策界定损失率的《2008 年粮食、保育和能源法》颁布之日的实际偿还率低 2.3 个百分点，下列情况除外，即只有 1/2 的降低应在某一再保险年适用于写入州损失率大于 1.2 的州的总体保险费。

"（F）区域保险政策和计划的偿还率。尽管有（A）至（E）规定，对于 2009 及随后各再保险年，截至本小项颁布之日普遍存在的区域保险政策和计划的偿还率应为用于界定该再保险年损失率的保险费的 12%。"

第 12017 条 标准再保险协议的重新磋商。

《联邦农作物保险法》第 508 条（k）（《美国法典》第 7 篇 1508（k））修改为在结尾处添加以下内容：

"（8）标准再保险协议的重新磋商。

"（A）通则。除了（B）所规定的内容，尽管有《1998 年农业研究、推广和教育改革法》第 536 条（《美国法典》第 7 篇 1506 注释；《公法》105-185）和《2000 年农业风险保护法》第 148 条（《美国法典》第 7 篇 1506 注释；《公法》106-224）规定，公司可以重新磋商每份标准再保险协议的金融条款和条件：

"（ⅰ）对于 2010 年 7 月 1 日开始的 2011 再保险年生效；以及

"（ⅱ）此后每 5 个再保险年一次。

"（B）例外。

"（ⅰ）不利的情况。依据（ⅱ）规定，（A）不得适用于经批准的保险服务商整体来看经历经由部长确定的任何意外不利情况。

"（ⅱ）联邦法律变更的影响。如果联邦法律在本项颁布之日后颁布，而本项需要修订标准再保险协议的金融条款，以及公司强制修改协议，那么所做修订不得被视为因（A）而对协议重新商定的结果。

"（C）告知要求。如果公司按照（A）（ⅲ）重新磋商标准再保险协议，公司应告知众议院农业委员会和参议院农业、营养和林业委员会有关重新磋商情况。

"（D）商议。在依据（A）所开展的任何重新磋商中，经核准的保险服务商可以彼此商议以及集体与公司协商。

"（E）2011 再保险年。

"（ⅰ）通则。作为依据（A）（ⅰ）授权的标准再保险协议重新磋商的一部分，公司应考虑备选方法以确定管理及经营成本的偿还率。

"（ⅱ）备选方法。按照（ⅰ）所考虑的备选方法应包括：

"（Ⅰ）下列方法：

"（aa）分级并在州保险费调整后的基础上确定该州偿还率；

"（bb）分级并在州作物保险赔付率的基础上确定该州偿还率；以及

"（cc）分级并在每项政策总体保险费水平的个别政策基础上确定偿还率；以及

"（Ⅱ）任何其他的顾及目前的计划金融条件并确保生产商可以在全国范围内持续享受计划待遇的方法。"

第 12018 条　公司保险业收益补贴到期日的变更。

《联邦农作物保险法》第 508 条（k）（《美国法典》第 7 篇 1508（k））（如第 12017 条所修订）修改为在结尾处添加以下内容：

"（9）保险业收益补贴的到期日。自 2011 再保险年开始生效，公司应按照以下日期支付本篇的保险业收益补贴：

"（A）2011 再保险年，2012 年 10 月 1 日；以及

"（B）此后的每个再保险年，下一历年的 10 月 1 日。"

第 12019 条　啤酒大麦。

《联邦农作物保险法》第 508 条（m）（《美国法典》第 7 篇 1508（m））修改为在结尾处添加以下内容：

"（5）啤酒大麦的特别规定。公司应按适当的市场条件要求在本款下颁布针对啤酒大麦的特别规定，同时考虑到任何质量因素的调整。"

第 12020 条　本地草地生产的作物。

（a）联邦农作物保险。《联邦农作物保险法》第 508 条（《美国法典》第 7 篇 1508）修改为在结尾

处添加以下内容：

"（o）本地草地生产的作物。

"（1）本地草地的定义。在本款中，'本地草地'系指以下土地：

"（A）其植被主要由适宜放牧的本地草类、草状植物、非禾本草本植物或灌木组成；以及

"（B）截至本款颁布之日，从未用于年度作物生产耕种。

"（2）无资格享受收益的情况。

"（A）通则。依据（B）和（3）规定，截至本款颁布之日用于年度作物生产耕种的本地草地面积应在第一个 5 农作物年内具备经由部长确定的种植资格的以下规定的收益：

"（ⅰ）本篇；以及

"（ⅱ）《1996 年联邦农业改良和改革法》第 196 条（《美国法典》第 7 篇 7333）。

"（B）微许面积免除。部长应从（A）中免除 5 英亩或更少的面积。

"（3）适用。（2）可以适用于各州州长选定的草原坑洼国家优先区内的本地草地面积。"

（b）未保险的作物救灾援助。《1996 年联邦农业改良和改革法》第 196 条（a）（《美国法典》第 7 篇 7333（a））修改为在结尾处添加以下内容：

"（4）与在本地草地上作物生产有关的计划无资格性。

"（A）本地草地的定义。在本条中，'本地草地'系指以下土地

"（ⅰ）其植被主要由适宜放牧的本地草类、草状植物、非禾本草本植物或灌木组成；以及

"（ⅱ）截至本条颁布之日，从未用于年度作物生产耕种。

"（B）无资格享受收益的情况。

"（ⅰ）通则。依据（ⅱ）和（C）规定，自本项颁布之日后用于年度作物生产耕种的本地草地面积应在第一个 5 农作物年内具备经由部长确定的种植资格的以下规定的收益：

"（Ⅰ）本条；以及

"（Ⅱ）《联邦农作物保险法》（《美国法典》第 7 篇 1501 及以下）。

"（ⅱ）微许面积免除。部长应从（ⅰ）中免除 5 英亩或更少的面积。

"（C）适用。（B）可以适用于各州州长选定的草原坑洼国家优先区内的本地草地面积。"

第 12021 条　信息管理。

《联邦农作物保险法》第 515 条（《美国法典》第 7 篇 1515）的修改方式如下：

（a）在（j）（3）中，在结尾处的句号之前添加以下内容："，其应按照部长确定的期限定期参与竞争"；以及

（b）删除（k）并插入以下内容：

"（k）提供资金。

"（1）信息技术。为落实（j）（1），公司可以在 2008 至 2011 每财政年度从依据第 516 条（c）建立的保险资金中使用不超过 15 000 000 美元的资金。

"（2）数据挖掘。为落实（j）（2），公司可以在 2009 及其之后的每财政年度从依据第 516 条（c）建立的保险资金中使用不超过 4 000 000 美元的资金。"

第 12022 条　研究与开发。

（a）通则。《联邦农作物保险法》第 522 条（b）（《美国法典》第 7 篇 1522（b））修改为删除（1）和（2）并插入以下内容：

"（1）研究与开发补贴。

"（A）通则。公司应依据本款规定向研究与开发成本的申请人提供补贴。

"（B）偿还。依据第 508 条（h）提交政策的申请人，如果该政策经委员会批准用于生产商的销售，

那么其应具备与政策直接有关的合理的研究与开发成本的偿还资格。

"（2）提前偿还。

"（A）通则。依据本项其他条款规定，委员会可以批准申请人有关在委员会依据第 508 条（h）提交政策并批准之前提前支付一部分合理的研究与开发成本的请求。

"（B）程序。委员会应建立批准向申请人预付合理的研究与开发成本的程序。

"（C）概念提案。作为提前偿还的一个资格条件，申请人应按照委员会依据（B）制定的提交程序提交其计划依据第 508 条（h）向委员会提交的政策概念提案，其中包括：

"（ⅰ）申请人资格的总结，其中包括依据第 508 条（h）向委员会提交的任何优先概念提案和主张，以及如果适用的话，依据本条开展的任意工作；

"（ⅱ）申请人预计需要承担的全部研究与开发成本的评估；

"（ⅲ）对政策需求、受影响生产商之间政策的市场化能力和预期需求以及政策对生产商和作物保险投放系统的潜在影响的描述；

"（ⅳ）可以证明政策可以合理制定及建立适度精算比率的数据来源总结；以及

"（ⅴ）拟推荐政策所涵盖风险的识别及对所识别的风险如何适合本篇规定保险的解释。

"（D）评估。

"（ⅰ）专家。如果（B）和（C）的要求得到满足，经由委员会确定，委员会可以向至少 2 名其服务适合所提交概念提案类型的独立专家评估人提交（C）所述概念提案，以评估所提议制定的政策成为切实可行及适应市场环境的政策的可能性。

"（ⅱ）时间安排。第 508 条（h）（4）（C）和（D）所述时间框架应适用于依据本小项的概念提案评估。

"（E）批准。如果在考虑（D）所述评估人报告和此类其他的委员会认为合适的信息，且委员会确定以下内容后，委员会依据其制定的提前偿还程序可以批准提前支付给申请人的 50％规划总体研究与开发成本：

"（ⅰ）概念可能将真正成为与第 508 条（h）一致的切实可行及适应市场环境的政策；

"（ⅱ）按委员会专门的意见，如果概念成为政策并得到委员会批准，那么其将提供作物保险范围：

"（Ⅰ）以较大改进的形式；

"（Ⅱ）面向非传统意义上由联邦作物保险计划服务的作物或地区；或者

"（Ⅲ）以解决计划中公认的瑕疵或问题的形式；

"（ⅲ）申请人同意提供公司认为监督开发工作所必要的报告；

"（ⅳ）提议的预算和时间表合情合理；以及

"（ⅴ）概念提案符合委员会认为适当的任何其他要求。

"（F）政策提交。如果委员会依据（E）批准了提前偿还，委员会应确定申请人遵循第 508 条（h）（其中包括依据该条落实的程序）向委员会提交批准申请的日期。

"（G）最终偿还。

"（ⅰ）经批准的政策。如果政策依据（F）得到提交并由委员会依据第 508 条（h）批准，且委员会建立了相应程序（其中包括依据（B）建立的程序），申请人将具备合理研究与开发成本补贴的资格，其方式与依据（1）（B）偿还的政策相同，少于按照（E）所做的任何补贴。

"（ⅱ）未经批准的政策。如果某一政策依据（F）进行了提交，且未被委员会依据第 508 条（h）批准，那么公司应：

"（Ⅰ）不得寻求依据本项任何补贴的资金偿还；以及

"（Ⅱ）不得进行与依据本项提交政策有关的任何进一步研究与开发成本补贴。

"（H）未提交的政策。如果申请人收到提前偿还且无故未进行完整提交而未能履行对委员会的债务，依据（B）建立的程序，其中包括经由委员会确定的通知和合理的反应机会，那么该申请人应向委员会返还提前偿还额加上利息。

"（Ⅰ）重复提交。委员会可以禁止向已经提交了下列内容的申请人提前偿还：

"（ⅰ）概念提案或没有产生可营销产品的提交；或者

"（ⅱ）概念提案或劣质提交。

"（J）持续资格。对于申请人不具备依据本项提前偿还资格的决定不得妨碍申请人依据（1）（B）的偿还。"

（b）相应的修订。《联邦农作物保险法》第 522 条（b）（《美国法典》第 7 篇 1522（b））的修改方式如下：

（1）在（3）中，删除"或（2）"；以及

（2）在（4）（A）中，删除"以及（2）"。

第 12023 条　补充政策和研究合同。

《联邦农作物保险法》第 522 条（c）（《美国法典》第 7 篇 1522）的修改方式如下：

（1）将（10）重新编号为（17）；以及

（2）在（9）之后插入以下内容：

"（10）有机生产保险改良合同。

"（A）所要求的合同。自《2008 年粮食、保育和能源法》颁布之日起 180 天内，公司应为涵盖遵循农业部依据《1990 年有机食品生产法》（《美国法典》第 7 篇 6501 及以下）建立的国家有机计划而出台标准所生产作物的联邦作物保险政策的改进签订 1 项或多项合同。

"（B）保险业风险与损耗经验评估。

"（Ⅰ）所需评估。

"（Ⅰ）通则。依据（A）的合约应包括对公司所涵盖的有机作物与在相同县相同农作物年使用非有机方法生产的作物相比较在保险业、风险和免失记录方面的评估。

"（Ⅱ）需求。评估应：

"（aa）以最大可行的程度允许公司确定有机和非有机生产之间是否在损失历史上存在重大的、连续的或系统的变化；

"（bb）包括部长和其他外部信息源收集的最广泛的适用数据；以及

"（cc）依据现有作物保险政策不局限于损失历史。

"（ⅱ）对保险费附加费的影响。除非依本小项所做评估或全体或以个别作物为基础证明有机和非有机作物之间在损失历史上存在重大的、连续的和系统的变化，否则公司应消除或减少公司对有机作物收取的依据结果确定的保险费附加费。

"（ⅲ）年度材料更新。自 2009 农作物年开始，依据本条所做评估应随着部长和其他源头积累的数据每年进行更新，以便公司及时地以实践和数据趋势允许的速度就追加罚款调整做出决策。

"（C）补充价格选择。

"（ⅰ）通则。依据（A）签订的合约应包括程序的制定，其中包括任何执行程序所要求的政策条款或材料的有关变化，从而向有机作物生产商提供额外的价格选择，其应反应出部长搜集的数据或其他信息确定的有机作物生产商实地收到的实际价格（其中包括适当的零售和批发价格）。

"（ⅱ）时间安排。应及时完成程序制定以允许公司在掌握 2010 农作物年充分数据的情况下开始提出额外的价格选择。

"（ⅲ）扩展。程序应随着部长搜集的有机作物价格补充数据和其他信息资源的适用而尽快扩展，其目的在于在《2008 年粮食、保育和能源法》颁布之日起第 5 个整农作物年之前将此程序应用于所有有机作物上。

"（D）报告要求。

"（ⅰ）通则。公司应向众议院农业委员会和参议院农业、营养和林业委员会提交年度报告，说明在开发和改善联邦有机作物保险方面取得的进展，其中包括：

"（Ⅰ）投保的有机作物的数量和种类；

"（Ⅱ）开发新的保险路径；以及

"（Ⅲ）落实依据本项所要求的方案的进展，其中包括有机作物采用的附加价格选择的比率。

"（ⅱ）建议。报告应包括公司认为对改善有机作物联邦作物保险覆盖范围适当的建议。

"（11）能源作物保险政策。

"（A）专用能源作物的定义。在本款中，'专用能源作物'系指一年生或多年生作物，其：

"（ⅰ）种植明确用于生产可再生生物燃料、可再生电力或生物基产品的原料；以及

"（ⅱ）非典型地用于食品、饲料或纤维物质。

"（B）授权。公司应与有资格的实体签订一项或多项合约以落实有关为专用能源作物投保的政策的研究与开发工作。

"（C）研究与开发。（B）中所述研究与开发应评估生产专用能源作物的风险管理工具的有效性，其中包括保险政策和计划，其：

"（ⅰ）基于市场价格和产量；

"（ⅱ）达到一种程度，即存在的数据不足以开发基于市场价格和产量的政策，以及对基于天气或降雨指数的保险政策和计划进行评估以保护作物生产商的利益；以及

"（ⅲ）为生产或税收损失，或二者兼具提供保护。

"（12）水产业保险政策。

"（A）水产业的定义。在本款中：

"（ⅰ）通则。'水产业'系指在可控或选定环境中繁殖和饲养的水生物种，其中包括在授权或租借的底部和海洋牧场养殖的贝类动物。

"（ⅱ）例外。'水产业'不包括任意法律（其中包括规章）禁止的太平洋鲑鱼私人海洋牧场所在州用于盈利目的的太平洋鲑鱼私人海洋牧场。

"（B）授权。

"（ⅰ）通则。一旦自《2008年粮食、保育和能源法》颁布之日起切实可行，公司应与具备资格的实体达成3项或多项合约以落实有关确保水产业经营领域水产物种生产政策的研究与开发。

"（ⅱ）双壳类物种。（ⅰ）中所述合约至少有一项应涵盖双壳类物种的保险，其中包括：

"（Ⅰ）美洲牡蛎（牡蛎）；

"（Ⅱ）硬壳蛤（硬壳蛤）；

"（Ⅲ）太平洋牡蛎（长牡蛎）；

"（Ⅳ）马尼拉蛤（菲律宾蛤）；或者

"（Ⅴ）蓝口贝（贝壳类）。

"（ⅲ）淡水物种。（Ⅰ）中所述合约至少有一项应涵盖淡水物种的保险，其中包括：

"（Ⅰ）鲶鱼（北美鲶）；

"（Ⅱ）虹鳟鱼（虹鳟）；

"（Ⅲ）大口黑鲈鱼（加州鲈）；

"（Ⅳ）斑纹鲈鱼（条纹石鮨）；

"（Ⅴ）鳊鱼（欧鳊）；

"（Ⅵ）虾（对虾）；或者

"（Ⅶ）罗非鱼（尼罗口孵非鲫）。

"（ⅳ）海产物种。（ⅰ）中所述合约至少有一项应涵盖海产物种的保险，其中包括：

"（Ⅰ）大西洋鲑鱼（安大略鲑）；或者

"（Ⅱ）虾（对虾）。

"（C）研究与开发。（B）所述研究与开发应评估水产养殖物种生产的保险政策和计划的有效性，其中包括以下内容的保险政策和计划：

"（ⅰ）基于市场价格和产量；

"（ⅱ）制定基于市场的价格和收益数据不足程度，评估如何最好地将水产业生产投保融入涵盖调整后的收入总额的现有政策；以及

"（ⅲ）为生产或税收，或二者兼具提供保护。

"（13）家禽保险政策。

"（A）家禽的定义。在本项中，'家禽'系指《1921 年包装商与牲畜围场法》第 2 条（a）（《美国法典》第 7 篇 182（a））给出的定义。

"（B）授权。公司应与有资格的实体达成一项或多项合约以落实有关政策的研究与开发，从而确保商业化家禽生产。

"（C）研究与开发。（B）中所述研究与开发应评估家禽生产的风险管理工具的有效性，其中包括家禽生产期间为生产或收益损失，或二者兼具提供保护的保险政策和计划。

"（14）蜂房政策。公司应与有资格的实体达成合约以落实有关涵盖蜜蜂损失的保险政策的研究与开发。

"（15）初级生产商调整后的总收入政策。公司应与有资格的实体达成协议以依据保险精算充足度原则对研发工作调整后的总收益保险政策进行必要的修订，从而允许涵盖之前没有生产历史的初级生产商，其中包括允许那些生产商在类似耕作经营信息的基础上实施生产并享受保险费率。

"（16）跳行收割实践。

"（A）通则。公司应与有资格的实体达成合约以落实为通过跳行收割实践在中部大平原（由农业研究局确定）生产谷物和高粱投保的政策进行必要调整后的研究工作。

"（B）研究。（A）中所述研究应：

"（ⅰ）评估跳行收割实践和使用跳行收割实践的生产商实际生产历史的现有研究；以及

"（ⅱ）评估使用跳行收割实践的生产商的风险管理工具的有效性，其中包括：

"（Ⅰ）截至本项颁布之日，与确定以跳行种植模式面积有关的现有规则的适当性；以及

"（Ⅱ）通过跳行收割实践生产的作物政策是否反映实际生产能力。"

第 12024 条　保险基金的出资。

《联邦农作物保险法》第 522 条（e）（《美国法典》第 7 篇 1522（e））修订如下：

（1）在（1）中，删除"10 000 000 美元"以及之后直到本项结尾处的所有内容并插入"2008 财政年度及随后每一财政年度 7 500 000 美元"；

（2）在（2）（A）中，删除"20 000 000 美元用于"以及之后直到"2004 年"的所有内容并插入"2008 财政年度 12 500 000 美元"；以及

（3）在（3）中，删除"公司可以使用"以及之后直到本项结尾处的所有内容并插入"公司可以使用：

"（A）每财政年度不超过 5 000 000 美元以改善计划的完整性，其中包括：

"（ⅰ）提高与遵循有关的培训；

"（ⅱ）改进分析工具和有关遵循的技术；

"（ⅲ）使用经由公司确定的信息技术；以及

"（ⅳ）确认并使用创新遵循策略；以及

"（B）任意落实其他依据本条规定授权活动的额外数额。"

第 12025 条　试点计划。

（a）通则。《联邦农作物保险法》第 523 条（《美国法典》第 7 篇 1523）修改为在结尾处添加以下内容：

"（f）亚麻荠试点计划。

"（1）通则。公司应建立试点计划，依据该计划亚麻荠生产商或加工商可以依据第 508 条（h）提请亚麻荠保险政策或计划委员会批准。

"（2）由委员会确定。如果保险政策或计划经由委员会确定具备以下资格，委员会应批准依据（1）中拟定的保险政策或计划：

"（A）保护生产商的利益；

"（B）在保险精算方面合理；以及

"（C）符合本篇要求。

"（3）时间框架。公司应自本款颁布之日起一旦可行尽快开始亚麻荠保险试点计划。

"（g）芝麻保险试点计划。

"（1）通则。除了公司任何其他授权，公司应建立并落实试点计划，据此计划非裂果芝麻的合同生产商可以选择取得经由公司确定的多重风险作物保险。

"（2）条款和条件。依据芝麻保险试点计划提供的多重风险作物保险应：

"（A）通过与私人保险公司的再保险协定提供；

"（B）在保险精算方面合理；以及

"（C）要求取得保险的生产商支付保险费和管理费。

"（3）地点。芝麻保险试点计划应只能在得克萨斯州开展。

"（4）期限。公司应自本款颁布之日起一旦可行尽快开始芝麻保险试点计划。

"（h）草籽保险试点计划。

"（1）通则。除了公司任何其他授权，公司应建立并落实草籽试点计划，据此计划肯塔基蓝草或多年生黑麦草合同生产商可以选择取得经由公司确定的多重风险作物保险。

"（2）条款和条件。依据草籽保险试点计划提供的多重风险作物保险应：

"（A）通过与私人保险公司的再保险协定提供；

"（B）在保险精算方面合理；以及

"（C）要求取得保险的生产商支付保险费和管理费。

"（3）地点。草籽保险试点计划应只能在明尼苏达州和北达科他州的任一州开展。

"（4）期限。公司应自本款颁布之日起一旦可行尽快开始草籽保险试点计划。"

（b）相应的修订。《1996 年联邦农业改良和改革法》第 196 条（a）（2）（B）（《美国法典》第 7 篇 7333（a）（2）（B））修改为在"海燕麦，"之后添加"亚麻荠"。

第 12026 条　初级农场主或牧场主风险管理教育。

《联邦农作物保险法》第 524 条（a）（《美国法典》第 7 篇 1524（a））修订如下：

（1）在（1）中，删除"（4）"并插入"（5）"；

（2）将（4）重新编号为（5）；以及

（3）在（3）之后插入以下内容：

"（4）需求。在落实依据（2）和（3）建立的计划时，部长应尤其重视面向以下群体的风险管理策略、教育和延伸：

"（A）初级农场主或牧场主；

"（B）试图成为美国确定生产商的合法移民农场主或牧场主；

"（C）处于社会弱势地位的农场主或牧场主；

"（D）农场主或牧场主其：

"（ⅰ）准备退休；以及

"（ⅱ）利用过渡策略帮助新的农场主或牧场主起步；以及

"（E）将生产和营销系统转化成寻求新市场的新的或业已存在的农场主或牧场主。"

第 12027 条　非保险作物援助计划的水产业范围。

《1996 年联邦农业促进与改革法》第 196 条（c）（2）（《美国法典》第 7 篇 7333（c）（2））修订如下：

（1）删除"在做"并插入以下内容：

"（A）通则。在做"；以及

（2）在结尾处添加以下内容：

"（B）水产业生产商。在为水产业生产商做（a）（3）所述决定时，部长应依据本条向水产业生产商提供援助，从所有有关损失到干旱。"

第 12028 条　提高非保险作物援助计划的服务费。

《1996 年联邦农业促进与改革法》第 196 条（k）（1）（《美国法典》第 7 篇 7333（k）（1））修订如下：

（1）在（A）中，删除"100 美元"并插入"250 美元"；以及

（2）在（B）中：

（A）删除"300 美元"并插入"750 美元"；以及

（B）删除"900 美元"并插入"1 875 美元"。

第 12029 条　某些甘薯生产的计算。

《2007 年美国军备状态、退伍军人的健康、卡特里娜飓风灾后恢复和伊拉克责任拨款法》第 9001 条（d）（《公法》110 - 28；《美国法令全书》第 121 篇 211）的修改方式如下：

（1）将（8）重新编号为（9）；以及

（2）在（7）之后插入以下内容：

"（8）甘薯。

"（A）数据。对于甘薯的情况，任何依据由风险管理机构开展的试点计划获取的数据不得用于依据本条确立的作物救灾援助计划确定生产数量。

"（B）最后期限的延长。如果本项未在依据本条建立的作物救灾援助计划签订的最后期限之前落实，部长应延长甘薯生产商的最后期限以允许依据本项签订计划。"

第 12030 条　产量下降的报告。

自本法案颁布之日起 180 天内，部长应向众议院农业委员会和参议院农业、营养和林业委员会提交报告，说明联邦作物保险公司和风险管理机构在解决以下有关问题过程中所开展活动及行政选择的详细情况：

（1）生产商实际生产历史上的产量下降；以及

（2）多年生作物的产量下降及变化，其中包括美洲山核桃。

第 12031 条　基础单位的定义。

部长不得依据"共同作物保险规章"（与共同作物保险规章有关的《联邦纪事》第 72 篇 28895）或

任何替代规章的规定修订"基础单位"的定义。

第 12032 条　作物保险调解。

《1994 年农业部重组法》第 275 条（《美国法典》第 7 篇 6995）修订如下：

（1）删除"如果某一官员"并插入以下内容：

"（a）通则。如果某一官员"；

（2）删除"关于"并插入以下内容：

"（b）农场服务局。关于"；

（3）删除"如果调解"并插入以下内容：

"（c）调解。如果调解"；以及

（4）在（c）中（如指定的）：

（A）删除"应向参与者提供"并插入"应向参与者：

（1）提供"；以及

（B）删除结尾处的句号并插入以下内容：

"（2）在最大可行程度上允许其使用正式的机构评估和调解解决该篇下的争议。"

第 12033 条　追加农业救灾援助

（a）通则。《联邦农作物保险法》（《美国法典》第 7 篇 1501 及以下）修改为在结尾处添加以下内容：

"子篇 B　追加农业救灾援助

"第 531 条　追加农业救灾援助。

"（a）定义。在本条当中：

"（1）实际生产历史收益。'实际生产历史收益'系指分别依据子篇 A 或未保险的作物救灾援助计划计算出的每种适合保险的商品或不适合保险的商品实际生产历史的加权平均值。

"（2）调整后的实际生产历史收益。'调整后的实际生产历史收益'系指：

"（A）对于除了按照第 508 条（g）（4）（B）确立的适合保险的商品至少有 4 年实际生产历史收益的具备资格的农场生产商的情况，不考虑任何依据该条确定产量的具备资格的生产商的实际生产历史；

"（B）对于一种或多种按照第 508 条（g）（4）（B）确立的适合保险的商品实际生产历史收益不足 4 年的具备资格的农场生产商的情况，不包括按照第 508 条（g）（4）（B）确立的最低产量计算出来的具备资格的生产商的实际生产历史；以及

"（C）对于所有其他情况，具备资格的农场生产商的实际生产历史。

"（3）调整后的未保险的作物救灾援助计划收益。'调整后的未保险的作物救灾援助计划收益'系指：

"（A）对于依据非替代收益的未保险的作物救灾援助计划至少有 4 年生产历史的具备资格的农场生产商的情况，不考虑任何替代收益的未保险的作物救灾援助计划收益；

"（B）对于依据非替代收益的未保险的作物救灾援助计划生产历史不足 4 年的具备资格的农场生产商的情况，不包括最低替代收益计算出来的未保险的作物救灾援助计划收益；以及

"（C）对于所有其他情况，依据未保险的作物救灾援助计划的具备资格的农场生产商的生产历史。

"（4）反周期计划补贴单产。'反周期的计划补贴收益'系指依据《2002 年农场安全和农村投资法》第 1102 条（《美国法典》第 7 篇 7912）《2008 年粮食、保育和能源法》第 1102 条或其替代规定确定的加权平均值补贴单产。

"（5）受灾县。

"（A）通则。'受灾县'系指具备自然灾害资格的宣布所涵盖的地理区域内的县。

"（B）包含。'受灾县'包括：

"（ⅰ）邻近（A）所述县的县；以及

"（ⅱ）在某一历年期间，经由部长确定的任何与天气有关的全部农场生产损失大于农场常规生产 50%的农场。

"（6）具备资格的农场生产商。

"（A）通则。'具备资格的农场生产商'系指（B）所述经由部长确定的承担与作物或牲畜的农业生产有关的生产和市场风险的个人或实体。

"（B）类型。（A）中提到的个人或实体为：

"（ⅰ）美国居民；

"（ⅱ）外国居民；

"（ⅲ）美国居民的配偶；或者

"（ⅳ）公司、有限责任公司或按照州法律成立的其他农场组织团体。

"（7）农场。

"（A）通则。'农场'系指与具备资格的农场生产商有关的，种植或有意种植的由具备资格的生产商收割的所有县所有作物面积量。

"（B）水产业。对于水产业的情况，'农场'系指与具备资格的农场生产商有关的，有意由具备资格的生产商捕猎销售的所有县生产的所有鱼类。

"（C）蜂蜜。对于蜂蜜的情况，'农场'系指与具备资格的农场生产商有关的，有意由具备资格的生产商收获用于蜂蜜作物的所有县的所有蜜蜂和蜂箱。

"（8）人工养殖的鱼类。'人工养殖的鱼类'系指在某一受约束的环境中繁殖和饲养的任何水生物种。

"（9）适合保险的商品。'适合保险的商品'系指农场生产商具备依据子篇 A 取得保险政策或计划资格的农业商品（不包括牲畜）。

"（10）牲畜。'牲畜'一词包括：

"（A）牛（包括奶牛）；

"（B）野牛；

"（C）家禽；

"（D）羊；

"（E）猪；

"（F）马；以及

"（G）经由部长确定的其他牲畜。

"（11）不适合保险的商品。'不适合保险的商品'系指具备资格的农场生产商具备依据未保险的作物援助计划取得援助资格的作物。

"（12）未保险的作物援助计划。'未保险的作物援助计划'系指依据《1996 年联邦农业促进与改革法》第 196 条（《美国法典》第 7 篇 7333）开展的计划。

"（13）具有自然灾害宣布资格。'具有自然灾害宣布资格'系指部长依据《巩固农业和农村发展法》第 321 条（a）（《美国法典》第 7 篇 1961（a））造成生产损失而宣布的自然灾害。

"（14）部长。'部长'系指农业部长。

"（15）社会弱势的农场主或牧场主。'社会弱势的农场主或牧场主'系指《1990 年食品、农业、保育和贸易法》第 2501 条（e）（《美国法典》第 7 篇 2279（e））所定义的涵义。

"（16）州。'州'系指：

"（A）某个州；

"（B）哥伦比亚特区；

"（C）波多黎各自由邦；以及

"（D）美国任何其他的领地或占有地。

"（17）信托基金。'信托基金'系指依据《1974年贸易法》第902条确定的农业救灾援助信托基金。

"（18）美国。'美国'系指在地理标识使用上的所有各个州的联合体。

"（b）追加税收援助补贴。

"（1）通则。部长应使用信托基金必要的数额向受灾地区在该农作物年内遭受作物生产损失或作物质量损失，或二者兼有的情况的具备资格的农场生产商进行作物救灾援助补贴。

"（2）总额。

"（A）通则。依据（B），部长应依据本条向具备资格的农场生产商提供作物救灾援助补贴，其额度等于以下两者差数的60％：

"（ⅰ）如（3）所述救灾援助计划担保；以及

"（ⅱ）如（4）所述农场总税收。

"（B）限制性规定。用于依据（A）（ⅰ）计划农场补贴的救灾援助计划作物担保金不得大于经由部长确定的（5）所述每种农场作物预期收益额的90％。

"（3）追加收益援助计划担保金。

"（A）通则。除本项另有规定外，追加援助计划担保金应为下列相加所得数额：

"（Ⅰ）对于每种适合保险的农场商品，下列相乘所得乘积的115％：

"（Ⅰ）与具备资格的生产商选择的商品价格选择相等的商品补贴率；

"（Ⅱ）每件商品与种植或未播种地面积等量的商品补贴面积；

"（Ⅲ）与以下较高者的生产商选定的作物保险收益百分比相等的商品补贴收益：

"（aa）经调整后的实际生产历史收益；或者

"（bb）对于每种作物的反周期计划补贴收益；以及

"（ⅱ）对于每种不适合保险的农场商品，与以下各项相乘所得结果的120％：

"（Ⅰ）与商品未保险的作物援助计划确定价格100％相等的商品补贴率；

"（Ⅱ）每件商品与种植或未播种地面积等量的商品补贴面积；以及

"（Ⅲ）与下列两项较高者相等的商品补贴收益：

"（aa）经调整后的未保险的作物援助计划收益担保金；或者

"（bb）每种作物反周期的计划补贴收益。

"（B）调整保险担保金。尽管有（A）规定，对于保险计划规定了担保金调整后的适合保险的商品，如对于未播种地的情况，适合保险的商品确定救灾援助计划担保金应以经调整后的保险担保金为依据。

"（C）调整过的援助水平。尽管有（A）规定，对于未保险的作物援助计划规定了调整援助水平的不适合保险的商品，如对于未收成的作物，不适合保险的商品确定救灾援助计划担保金应以经调整后的援助水平为依据。

"（D）非收益性政策的公平待遇。部长应为非收益性保险政策和计划建立公平待遇，例如调整总收益保险计划。

"（4）农场收益。

"（A）通则。依据本款规定，农场总收益应等于下列各项相加所得总额：

"（ⅰ）对于每种通过下列各项相乘所得结果生产的作物估计实际价值：

"（Ⅰ）具备资格的农场生产商收成的实际作物土地面积；

"（Ⅱ）作物生产的估计实际收益；以及

"（Ⅲ）依据（B）和（C），在可行的程度上，该农产品销售年度收到的经由部长确定的国家平均市场价格；

"（ⅱ）依据《2008 年粮食、保育和能源法》第 1103 和 1303 条或替代条款向生产商所做的任意直接补贴额的 15％；

"（ⅲ）依据《2008 年粮食、保育和能源法》第 1104 和 1304 条或替代条款向生产商所做的任意反周期补贴总额或依据该法案第 1105 条向生产商所做任意平均作物收益选择计划补贴的总额；

"（ⅳ）依据《2008 年粮食、保育和能源法》子篇 B 和 C 或替代子篇向生产商所做的任意贷款不足额补贴、营销贷款收益和营销证明收益的总额；

"（ⅴ）农场未播种地的补贴额；

"（ⅵ）具备资格的农场生产商对每种农场作物收到的作物保险赔偿额；

"（ⅶ）具备资格的农场生产商依据未保险的作物援助计划对于每种农场作物收到的补贴额；以及

"（ⅷ）联邦政府向具备资格的农场生产商对于每种具备资格的生产商寻求援助的相同损失的农场作物提供任何其他的自然灾害援助补贴的价值。

"（B）调整。部长应调整农场上具备资格的生产商收到的平均市场价格：

"（ⅰ）以反应因不利天气导致生产内在特点减少使适用于地方或地区作物市场价格或机械收割饲料的平均质量贴现，该计划由农场服务局的州办公室每年确定；以及

"（ⅱ）以说明因受灾导致水分过多而减少的作物价值。

"（C）某些作物的最大数额。对于具备资格的农场生产商依据未保险的作物援助计划接受援助的作物，该农产品销售年度收到的国家平均市场价格应不超过依据未保险的作物援助计划建立的作物价格的 100％。

"（5）预期收益。每种农场作物的预期收益应等于下列各项相加所得的数额：

"（A）下列各项相乘所得结果：

"（ⅰ）下列各项中的最大值：

"（Ⅰ）具备资格的农场生产商经调整后的实际生产历史收益；以及

"（Ⅱ）反周期的计划补贴收益；

"（ⅱ）对于每种作物种植或未播种的土地面积；以及

"（ⅲ）100％的保险价格担保金；以及

"（B）下列各项相乘所得结果：

"（ⅰ）100％的经调整后的未保险的作物援助计划收益；以及

"（ⅱ）对于每种农场作物 100％未保险的作物援助计划价格。

"（c）牲畜赔偿补贴。

"（1）补贴。部长应使用信托基金必要的数额用于向当年日历年内，因经由部长确定的不利天气造成的超过正常死亡率的牲畜死亡损失的具备资格的农场生产商支付牲畜赔偿补贴，其中包括因飓风、洪水、暴风雪、疾病、野火、极热和极寒造成的损失。

"（2）补贴率。依据（1）向具备资格的农场生产商支付的赔偿补贴应相当于经由部长确定的牲畜死亡日之前适当牲畜市场价值的 75％。

"（d）牲畜饲料灾害计划。

"（1）定义。在本款中：

"（A）所涵盖的牲畜。

"（ⅰ）通则。除了（ⅱ）规定外，'所涵盖的牲畜'系指具备资格的牲畜生产商的牲畜，其在经由部长确定的具备资格的干旱或火灾发生之前 60 天内具备资格的牲畜生产商：

"（Ⅰ）拥有的；

"（Ⅱ）租借的；

"（Ⅲ）采购的；

"（Ⅳ）达成采购合同的；

"（Ⅴ）属于合同种植者；或者

"（Ⅵ）销售的或在以下期限内因具备资格的干旱而处理掉的：

"（aa）当前的生产年度；或者

"（bb）依据（3）（B）（ⅱ），紧接着当前生产年度之前的 1 或 2 个生产年度。

"（ⅱ）例外。'所涵盖的牲畜'一词不包括经由部长确定的自具备资格的干旱或火灾开始之日起作为具备资格的牲畜生产商常规业务一部分的曾在或本来应该在饲育场的牲畜。

"（B）干旱监测。'干旱监测'系指依据经由部长确定的从非正常干旱到异常干旱为干旱严重程度分类的系统。

"（C）具备资格的牲畜生产商。

"（ⅰ）通则。'具备资格的牲畜生产商'系指具备以下资格的农场生产商，其：

"（Ⅰ）为牲畜提供牧场或草地，其中包括租赁牧场或草地的所涵盖牲畜的所有人、租赁承租人或合同种植者；

"（Ⅱ）为所涵盖的牲畜提供牧场或草地，其中包括位于受干旱影响所在县的租赁的牧场或草地；

"（Ⅲ）证明牧场损失；以及

"（Ⅳ）具备所有其他依据本款确立的资格要求。

"（ⅱ）例外。'具备资格的牲畜生产商'一词不包括在增重率的基础上租赁由另一个人拥有的牧场或草地的牲畜所有人、租赁承租人或合同种植者。

"（D）正常承载能力。有关某县每种牧场或草地类型的'正常承载能力'系指依据（3）（D）（ⅰ）确定的在正常放牧期内，不存在损害牧场或草地生产的干旱或火灾的情况下，牲畜牧场或草地预期的正常承载能力。

"（E）正常放牧期。有关某县的'正常放牧期'系指该县当历年内依据（3）（D）（Ⅰ）确定的正常放牧期。

"（2）计划。部长应使用信托基金必要的数额为具备资格的牲畜生产商因所涵盖的牲畜所在牧场由以下原因导致的损失提供补偿：

"（A）如（3）所述的干旱情况；或者

"（B）如（4）所述的火灾情况。

"（3）因干旱情况导致损失的援助。

"（A）具备资格的损失。

"（ⅰ）通则。具备资格的牲畜生产商只有在所涵盖牲畜所在牧场出现下列情况时才可以依据本款接受援助：

"（Ⅰ）拥有永久植被的天然或改良的牧场；或者

"（Ⅱ）所种植作物专门用于为所涵盖牲畜提供草场。

"（ⅱ）例外。对于依据《1985 年粮食安全法》（《美国法典》第 16 篇 3831）第 XII 篇子篇 D 第 1 章第 B 节建立的保护储备计划用于割干草或放牧造成放牧损失的情况，具备资格的牲畜生产商不得依据本款接受援助。

"（B）月补贴率。

"（ⅰ）通则。除了（ⅱ）规定外，对于干旱的情况，依据本项一个月的援助补贴率应等于下列选项中较少的一项的 60%：

"（Ⅰ）按照（C）确定的具备资格的牲畜生产商拥有或租赁的所有所涵盖牲畜的每月饲料成本；或者

"（Ⅱ）按照具备资格的牲畜生产商具备资格的牧场正常承载能力计算的每月饲料成本。

"（ⅱ）部分赔偿。对于经由部长确定的紧接着当前生产年度之前的 1 或 2 个生产年度销售或因干旱处理掉所涵盖牲畜的具备资格的牲畜生产商的情况，补贴率应为依据（ⅰ）计算的补贴率的 80％。

"（C）每月的饲料成本。

"（ⅰ）通则。每月的饲料成本应等于下列各项相乘所得的结果：

"（Ⅰ）30 天；

"（Ⅱ）如（ⅱ）确定的等于饲料谷物当量的补贴量；以及

"（Ⅲ）如（ⅲ）确定的等于每磅谷物价格的补贴率。

"（ⅱ）饲料谷物当量。依据（ⅰ）（Ⅰ）规定，饲料谷物当量应等于：

"（Ⅰ）对于一头成年牛每天 15.7 磅谷物；或者

"（Ⅱ）对于任何其他重量类型的牲畜，经由部长确定的代表饲养牲畜日均所需的谷物磅数的量。

"（ⅲ）每磅谷物价格。出于（ⅰ）（Ⅱ）目的，每磅谷物价格应等于以下各项相除所得的商数：

"（Ⅰ）除数：

"（aa）在救灾援助计算的当年 3 月 1 日之前的 12 个月每蒲式耳国家平均谷物价格；或者

"（bb）在上述 3 月 1 日之前的 24 个月每蒲式耳国家平均谷物价格；

"（Ⅱ）被除数 56。

"（D）正常放牧期和干旱监测强度。

"（ⅰ）农场服务局县委员会决定。

"（Ⅰ）通则。部长应确定适当的委员会所服务县的每种牧场或草地的正常承载能力和正常放牧期。

"（Ⅱ）调整。除非适当的州和县农场服务局委员会要求进行调整，否则不得对县依据（Ⅰ）确定的正常承载能力或正常放牧期进行调整。

"（ⅱ）干旱强度。

"（Ⅰ）2 级干旱。经由部长确定，在某县正常放牧期内该县任意区域至少连续 8 周出现美国干旱监测评为 2 级干旱（严重干旱）强度时，具备资格的拥有或租借位于上述县牧场或草地的牲畜生产商应具备依据本项接受援助的资格，数额为按照（B）确定的月度补贴率执行的一笔月度补贴。

"（Ⅱ）3 级干旱。经由部长确定，在某县正常放牧期内该县任意区域至少达到美国干旱监测评为 3 级干旱（极度干旱）强度时，具备资格的拥有或租借位于上述县牧场或草地的牲畜生产商应具备依据本条接受援助的资格：

"（aa）数额为按照（B）确定的月度补贴率执行的两笔月度补贴；或者

"（bb）如果该县任意区域在正常放牧期内至少 4 周出现美国干旱监测评为 3 级干旱（极度干旱）强度或在正常放牧期内该县任意区域任意时间出现美国干旱监测评为 4 级干旱（异常干旱）强度，那么援助数额为按照（B）确定的月度补贴率执行的 3 笔月度补贴。

"（4）公用管理的土地因火灾造成损失的援助。

"（A）通则。只有满足下列条件，具备资格的牲畜生产商才可以依据本条接受援助：

"（ⅰ）牧场损失出现在联邦机构管理的牧场上；以及

"（ⅱ）联邦机构禁止具备资格的牲畜生产商在因火灾而管理的牧场上放牧正常允许的牲畜。

"（B）补贴率。依据本项的援助补贴率应等于按照（3）（C）确定的具备资格的牲畜生产商联邦租约所涵盖的牲畜总量月度饲料成本的 50％。

"（C）补贴期限。

"（ⅰ）通则。依据（ⅱ）规定，具备资格的牲畜生产商应具备依据本项接受援助资格的期限：

"（Ⅰ）自联邦机构禁止具备资格的牲畜生产商使用所管理的牧场放牧之日开始；以及

"（Ⅱ）具备资格的牲畜生产商联邦租约最后一天截止。

"（ⅱ）限制。具备资格的牲畜生产商只可以依据本项接受每年 180 天之内出现损失的援助。

"（5）最低风险管理购买条件。

"（A）通则。除了本项另有规定外，牲畜生产商只有在满足以下条件时才具备依据本款规定的援助资格：

"（ⅰ）依据子篇A请求为蒙受损失提供援助的牧场取得保险政策或计划；或者

"（ⅱ）对于请求为蒙受损失提供援助的牧场未保险的作物援助计划在适当的州提交最后期限内提交了所要求的文件，并支付了管理费。

"（B）社会弱势群体、资源有限的或初级农场主或牧场主的免除。对于经由部长确定的具备资格的牲畜生产商且为社会弱势群体、资源有限的或初级农场主或牧场主的情况，部长可以：

"（ⅰ）免除（A）；以及

"（ⅱ）依据本条提供部长确定公平、适当级别的救灾援助。

"（C）2008日历年免除。对于具备资格的牲畜生产商且在2008日历年期间牧场遭受了损失但不满足（A）要求的情况，如果具备资格的牲畜生产商自本子篇颁布之日起90天内向部长支付了与（A）所要求的适当的未保险的作物援助计划费或灾难风险保护计划费数额相当的费用，那么部长应免除（A）规定。

"（D）公平的救援。

"（ⅰ）通则。部长可以视情况而定向经由部长确定的遭受牧场损失的具备资格的或非故意未能满足第（A）款要求的牲畜生产商提供公平的救援。

"（ⅱ）2008日历年。对于2008日历年期间遭受牧场损失的具备资格的牲畜生产商，部长应在下述情况中对提供公平救援予以特殊考虑：具备资格的牲畜生产商因本子篇的颁布未能在依据子篇A和未保险的作物援助计划作物保险销售期限结束日之后满足（A）要求的情况。

"（6）避免重复补贴。

"（A）通则。具备资格的牲畜生产商可以经由部长确定依据（3）的干旱条件或（4）的火灾条件选择接受牧场或草地饲料损失援助，但同一损失不得接受两份援助。

"（B）与追加收益援助的关系。依据本款规定接受援助的具备资格的牲畜生产商不得同时接受在依据（b）相同用途的同一块地上作物损失的援助。

"（e）面向牲畜、蜜蜂和人工养殖鱼类的紧急援助。

"（1）通则。部长应每年使用信托基金的50 000 000美元向具备资格的牲畜、蜜蜂和农场饲养鱼类的生产商提供紧急援助，以减少因不属于（b）、（c）或（d）所规定的疾病、不利天气或其他经由部长确定的条件，如暴风雪和野火造成的损失。

"（2）资金用途。依据本款适用的资金应用于减少由饲料或水短缺、疾病或其他经由部长确定的因素造成的损失。

"（3）资金的适用范围。依据本款适用的任意资金应在用完之前保持其适用。

"（f）树木援助计划。

"（1）定义。在本款中：

"（A）具备资格的果农。'具备资格的果农'系指从树木生产年度作物且用于商业目的的个人。

"（B）自然灾害。'自然灾害'系指植物病害、遭受虫害、干旱、火灾、冰冻、洪水、地震、雷电或其他经由部长确定的事件。

"（C）苗圃树木种植者。'苗圃树木种植者'系指生产经由部长确定的且用于商业销售的苗圃、观赏植物、水果、坚果或圣诞树的个人。

"（D）树木。'树木'包括树、灌木和藤本植物。

"（2）资格。

"（A）损失。依据（B），部长应向下列个人提供援助：

"（ⅰ）依据（3），经由部长确定，向为商业目的种植树木但因自然灾害造成树木损失的具备资格的果农和苗圃树木种植者；以及

"（ii）依据（3）（B），经由部长确定，向拥有为商业目的种植树木或现有树木生产历史但因自然灾害造成树木损失的具备资格的果农和苗圃树木种植者。

"（B）限制。具备资格的果农或苗圃树木种植者只有在具备资格的果农或苗圃树木种植者的树木因破坏性的天气或有关条件其死亡率超过15％时（随正常死亡率调整后的），才有资格依据第（A）款接受援助。

"（3）援助。依据（4），部长向具备资格的果农和苗圃树木种植者因（2）所述损失而提供的援助应由以下内容组成：

"（A）（i）经由部长确定的，因自然灾害造成超过15％的死亡率（随正常死亡率调整后的）的损失树木改种成本的70％偿还；或者

"（ii）按照部长的选择，重新建立苗圃足够的幼苗；以及

"（B）经由部长确定，具备资格的果农或苗圃树木种植者有关剪枝、移苗成本以及为抢救现有树木或因自然灾害造成超过15％的损害或死亡率（随正常树木损害和死亡率调整后的）的树木损害或死亡而准备土地重新栽树等其他成本的50％偿还。

"（4）援助限定条件。

"（A）法人实体和个人的定义。在本项中，'法人实体'和'个人'是指《1985 年粮食安全法》第1001 条（a）（《美国法典》第 7 篇 1308（a））（由《2008 年粮食、保育和能源法》第 1603 条修订）所述含义。

"（B）总额。个人或法人实体（不包括合资企业或普通合伙公司）依据本款直接或间接收到的补贴总额任一农作物年均不得超过 100 000 美元，或树苗的等效值。

"（C）土地面积。个人或法人实体有资格依据本款规定接受补贴的已种树木或树苗的土地总量不得超过 500 英亩。

"（g）风险管理购买条件。

"（1）通则。除了本条另有规定外，如果具备资格的农场生产商有下列行为，则其不具备依据本条（除了（c））接受援助的资格：

"（A）对于农场中具备资格的生产商每一件适合保险的商品，没有取得依据子篇 A 的保险政策或计划（不包括依据该子篇的作物保险试点计划）；或者

"（B）对于农场中具备资格的生产商每一件不适合保险的商品，没有为不适合保险的作物援助计划提交所要求的文书工作，以及在适当的州提交申请截止日期之前支付管理费用。

"（2）最低限度。若要取得依据（1）（A）的保险，农场上具备资格的生产商应已经取得保险政策或计划，其中每一种放牧、种植或计划在整个农场收获而种植的作物 55％可保险价格应有不低于 50％的收益规模。

"（3）社会弱势、资源有限或初级农场主或牧场主的免除。对于经由部长确定的处于社会弱势地位的农场主或牧场主或资源有限或初级农场主或牧场主这样的具备资格的生产商，部长可以：

"（A）免除（1）规定；以及

"（B）依据本条提供部长认为公正、适当水平的救灾援助。

"（4）2008 作物年度免除。对于在 2008 作物年度期间适合保险的商品或不适合保险的商品遭受损失的具备资格的生产商但不满足（1）要求的情况，如果具备资格的生产商自本子篇颁布之日起 90 天内向部长支付了依据（1）所要求的与适当的未保险的作物援助计划费或灾难风险保护计划费数额相当的费用，部长应免除（1）规定。

"（5）公正的救援物资。

"（A）通则。部长可以向经由部长确定的一种或多种农场作物具备资格的或非故意未能符合（1）中要求的具备资格的农场生产商视具体情况提供公平的救援。

"（B）2008 作物年度。对于在 2008 作物年度期间适合保险的商品或不适合保险的商品遭受损失的

具备资格的农场生产商的情况，部长应予以特别考虑，从而对依据子篇 A 作物保险销售期限结束之日后本子篇的颁布和不适合保险的作物援助计划而未能满足（1）要求的具备资格的生产商提供公平援助。

"（h）补贴限定条件。

"（1）法人实体和个人的定义。在本款中，'法人实体'和'个人'是指《1985 年粮食安全法》第1001 条（a）（《美国法典》第 7 篇 1308（a））（由《2008 年粮食、保育和能源法》第 1603 条修订）所述含义。

"（2）总额。个人或法人实体（不包括合资企业或普通合伙公司）依据本条（不包括依据（f）收到的补贴）直接或间接收到的救灾援助补贴总额任一作物年度均不得超过 100 000 美元。

"（3）调整后总收入限制性规定。《1985 年粮食安全法》第 1001D 条（《美国法典》第 7 篇 1308 - 3a））或任何替代条款应适用于依据本条提供的有关援助。

"（4）直接归属。《1985 年粮食安全法》第 1001 条（《美国法典》第 7 篇 1308）（e）和（f）或任何与直接归属有关的替代条款应适用于依据本条提供的有关援助。

"（i）有效期。本条应只对 2011 年 9 月 30 日之前（含）出现的经由部长确定的灾难、不利天气或其他环境条件引起的损失有效。

"（j）避免重复补贴。在落实任何其他救灾援助补贴计划时（除了依据《1996 年联邦农业改良和改革法》第 196 条和子篇 A 所做赔偿），部长应防止个人在依据（b）、（c）、（d）、（e）或（f）接受补贴时在同一损失计划上接受重复补贴。

"（k）适用。

"（1）通则。依据（2）且尽管子篇 A 任意条款规定，子篇 A 不得适用于本子篇。

"（2）反向参考。在（1）中不得将本子篇具体的参考适用于子篇 A 的条款。"

"（b）过渡。对于 2008 作物年度，部长应依据《1985 年粮食安全法》（《美国法典》第 16 篇 1308及以下）第 1001 至 1001D 条各条款落实 2007 年 9 月 30 日生效的《联邦农作物保险法》第 531 条（f）（4）和（h）（由（a）所添加）。

"（c）相应的修订。

"（1）《联邦农作物保险法》第 501 条（《美国法典》第 7 篇 1501）修改为删除条标题和枚举数并插入以下内容：

"子篇 A 《联邦农作物保险法》

"第 501 条 短标题和其他条款的申请。"

（2）《联邦农作物保险法》子篇 A（由依据（1）指定的）的修改方式如下：

（A）删除每个地方出现的"本子篇（大写）"并插入"本子篇（大写）"；以及

（B）删除每个地方出现的"本子篇（小写）"并插入"本子篇（小写）"。

第 12034 条 渔业救灾援助。

对于商品信贷公司提供的资金，农业部长应按照有关条的规定于 2008 财政年度向商务部长调拨170 000 000 美元给国家海洋渔业局以分配给渔业团体的商业和娱乐成员，这些渔业团体 2008 年 5 月 1日受到依据《马格努森—史蒂芬斯渔业保护和管理法》第 312 条（a）（《美国法典》第 16 篇 1861a（a））指定的加利福尼亚、俄勒冈和华盛顿等州鲑鱼渔业失败的影响。

子篇 B 小企业灾害贷款计划

第 12051 条 短标题。

本子篇可以引用为"《2008 年小企业救灾应急和贷款改良法》"。

第 12052 条　定义。

在本子篇中：

（1）"局"和"局长"分别系指由此而来的小企业管理局和局长；

（2）"受灾地区"系指依据《小企业法》第 7 条（b）（《美国法典》第 15 篇 636（b））（1）或（2）条在此类宣布期间确定的受到自然灾害或其他灾害影响的地区；

（3）"管理局救灾贷款计划"系指依据按本法案修订的《小企业法》第 7 条（b）（《美国法典》第 15 篇 636（b））的援助；

（4）"救灾更新周期"系指总统宣布重大灾难（其中包括与局长依据如本法案所添加的《小企业法》第 7 条（b）（《美国法典》第 15 篇 636（b））（9）宣布具备追加救灾援助资格有关的任何重大灾难）之日始到此类宣布结束之日止的期限；

（5）"重大灾难"系指《斯塔福德减灾和紧急援助法》第 102 条（《美国法典》第 42 篇 5122）有关该术语的定义；

（6）"小企业"系指依据《小企业法》第 3 条（《美国法典》第 15 篇 632）有关该术语的定义；以及

（7）"州"系指美国的任一州，哥伦比亚特区，波多黎各自由邦，北马里亚纳群岛，维尔京群岛，关岛，美属萨摩亚群岛以及美国任何领土或领地。

第 Ⅰ 部分　救灾规划与反应

第 12061 条　面向非盈利机构的经济损失救灾贷款。

（a）通则。《小企业法》第 7 条（b）（2）（《美国法典》第 15 篇 636（b）（2））修订如下：

（1）在（A）之前：

（A）在"小企业"之后插入以下内容："，私有非盈利组织，"；以及

（B）在"该企业"之后插入以下内容："，该组织，"；以及

（2）在（D）中，在"小企业"之后插入以下内容："，私有非盈利组织，"。

（b）相应的修订。《小企业法》第 7 条（c）（5）（C）（《美国法典》第 15 篇 636（c）（5）（C））修改为在"企业"之后插入以下内容："，私有非盈利组织，"。

第 12062 条　与联邦应急管理局的灾害救援协调计划。

《小企业法》（《美国法典》第 15 卷 631 及以下）修订如下：

（1）将第 37 条重新编号为第 44 条；以及

（2）在第 36 章之后插入以下内容：

"第 37 条　与联邦应急管理局的灾害救援协调计划。

"（a）所需协调。局长应确保管理局的救灾援助计划在最大可行的程度上与联邦应急管理局的灾害救援计划进行协调。

"（b）所需规章。局长在与联邦应急管理局局长商议下应建立规章以确保每项救灾援助申请尽可能快地提交给政府或视情况而定转给适当的机构。

"（c）完成修订。规章初稿应自《2008 年小企业救灾应急和贷款改良法》颁布之日起 270 天内完成。此后，规章应每年修订一次。

"（d）报告。不论管理局何时提交第 43 条所要求的报告，局长应包括一份有关规章的报告。"

第 12063 条 救灾公告和申请期限的公众意识。

（a）通则。《小企业法》第 7 条（b）（《美国法典》第 15 篇 636（b））修改为在紧接着（3）后插入以下内容：

"（4）与联邦应急管理局协调。

"（A）通则。尽管法律有任何其他条款规定，对于依据本款规定宣布的任何灾难或重大灾难（其中包括任何与局长依据（9）宣布具备追加救灾援助资格有关的重大灾难），局长在与联邦应急管理局局长商议下应确保在最大可行的程度上所有依据本法案的救灾申请期限符合依据《斯塔福德减灾和紧急援助法》（《美国法典》第 42 篇 5121 及以下）规定的或由总统延期的申请最后期限。

"（B）最后期限。不管其他任何法律条文作何规定，在重大灾难（其中包括任何与局长依据（9）宣布具备追加救灾援助资格有关的重大灾难）申请期限结束之日前 10 天内，局长在与联邦应急管理局局长商议下应向参议院小企业和企业家委员会和众议院小企业委员会提交报告，并包括以下内容：

"（i）依据本法案提交与该重大灾难有关的援助申请的最后期限；

"（ii）从重大灾难宣布之日开始到报告之日结束期间每天有关贷款申请数量的信息以及由局长审核的与该重大灾难有关的补贴信息；以及

"（iii）尚未提交与该重大灾难有关申请的潜在申请人的数量估计。

"（5）公众的灾难意识。如果灾难依据本款规定被宣布或局长依据（9）宣布具备追加救灾援助资格，局长应多方设法通过广播、电视、登载和网络媒介传达救灾贷款申请人需要的所有有关信息，其中包括：

"（A）此类宣布的日期；

"（B）此类宣布地区范围内的城镇；

"（C）与此类灾难有关的贷款申请最后期限；

"（D）通过管理局可享有的所有有关受害者联系信息服务（其中包括与小企业开发中心网站的链接）；

"（E）与有关联邦和州救灾援助网站的链接，其中包括与提供联邦应急管理局援助信息的网站的链接；

"（F）管理局贷款计划的资格标准信息，其中包括在哪里可以找到此类申请；以及

"（G）明确表明管理局作为私房屋主和租客联邦救灾贷款来源的职能的申请材料。"

（b）营销和外延。自本法案颁布之日起 90 天内，局长应建立营销和外延计划，其：

（1）鼓励管理局灾难救援工作积极的路径；

（2）明确管理局提供的服务，其中包括联系信息、申请信息、提交申请的时间表、申请的评估和资金支付；

（3）描述不同的管理局救灾贷款计划，其中包括这些计划如何适用以及每个贷款计划的资格要求；

（4）规定地区营销，集中关注本法案颁布之日前各地区出现的灾难以及各个此类地区可能出现的灾难情境；以及

（5）确保营销计划可以用于小企业开发中心并放在管理局网站上。

（c）技术性和相应的修订。

（1）通则。《小企业法》第 3 条（《美国法典》第 15 篇 632）修改为在结尾处添加以下内容：

"（s）重大灾难。在本法案中'重大灾难'系指《斯塔福德减灾和紧急援助法》第 102 条（《美国法典》第 42 篇 5122）有关该术语的定义。"

（2）技术性修订。《小企业法》第 7 条（b）（2）（《美国法典》第 15 篇 636（b）（2））修改为删除"减灾和紧急援助法"并插入"《斯塔福德减灾和紧急援助法》（《美国法典》第 42 篇 5121 及以下）"。

第 12064 条　管理局规章和标准从业程序之间的一致性。

（a）通则。局长应自本法案颁布之日后立即就依据《小企业法》第 7 条（b）（《美国法典》第 15 篇 636（b））提供的管理局贷款标准操作程序是否符合管理救灾贷款计划的管理局规章开展研究。

（b）报告。自本法案颁布之日起 180 天内，局长应向国会提交包含依据（a）开展研究的所有研究成果和建议的报告。

第 12065 条　增加并行要求。

《小企业法》第 7 条（c）（6）（《美国法典》第 15 篇 636（c）（6））修改为删除"10 000 美元或更少"并插入"14 000 美元或更少（或万一出现重大灾难经由局长认为适当的此类较高数额）"。

第 12066 条　审核救灾贷款。

（a）为有资格的私人承包商审核救灾贷款的授权。《小企业法》第 7 条（b）（《美国法典》第 15 篇 636（b））修改为在紧接着本法案添加的（5）之后插入以下内容：

"（6）为有资格的私人承包商的授权。

"（A）救灾贷款审核。局长可以与经由局长确定的有资格的私人承包商达成协议，以依据本款规定在重大灾难（其中包括与局长依据（9）宣布具备追加救灾援助资格有关的重大灾难）出现时审核贷款，在这种情况下，局长应就每笔经审核的贷款向承包商支付一定费用。

"（B）贷款损失核实服务。局长可以与经由局长确定的有资格的出借人或损失核实专业人士达成协议，以依据本款规定在重大灾难（其中包括与局长依据（9）宣布具备追加救灾援助资格有关的重大灾难）出现时核实贷款损失，在这种情况下，局长应就每笔出借人或核实专业人士核实损失的贷款向此类出借人或核实专业人士支付一定费用。"

（b）局长和国税局之间为加快贷款审核的工作协调。局长和国税局专员应在最大可行的程度上确保所有与贷款审批有关的和正当的税务记录在局长的请求下加快提交给贷款审核人。

第 12067 条　信息跟踪和后续系统。

《小企业法》修改为在本法案添加的第 37 条之后插入以下内容：

"第 38 条　救灾援助的信息跟踪和后续系统。

"（a）所需系统。局长应开发、落实或维护集中的信息系统以跟踪管理局员工和救灾援助申请人之间的通信。该系统应确保任何时间救灾援助申请人在与此类员工就与申请有关的问题通信时，以下信息应予以记录：

"（1）通信手段。

"（2）通信日期。

"（3）人员身份。

"（4）通信主题摘要。

"（b）所需后续情况。局长应确保救灾援助申请人在申请审核过程中所有关键阶段通过电话、邮件或电子邮件从管理局接收后续通信，其中包括以下内容：

"（1）管理局何时确定审核申请需要补充信息或证明文件。

"（2）管理局何时确定是否批准或拒批贷款。

"（3）处理贷款申请的主要联系人何时变更。"

第 12068 条　增加延期期限。

（a）通则。《小企业法》第 7 条（《美国法典》第 15 篇 636）修订如下：

（1）将（c）和（d）分别重新编号为（d）和（e）；以及

（2）在重新编号后的（e）之后插入以下内容：

"（f）7（b）贷款的补充要求。

"（1）增加授权延期。

"（A）通则。在依据（b）处理贷款时，局长可以向接受贷款的个人提供延期偿还贷款的选择。

"（B）期限。依据（A）的延期期限不得超过4年。"

（b）技术性和相应的修订。《小企业法》（《美国法典》第15卷631及以下）的修改方式如下：

（1）在第4条（c）中：

（A）在（1）中，删除"7（c）（2）"并插入"7（d）（2）"；以及

（B）在（2）中：

（ⅰ）删除"7（c）（2）"并插入"7（d）（2）"；以及

（ⅱ）删除"7（e），"；以及

（2）在第7条（b）中，在（3）后面的未标明问题上：

（A）删除"其（c）（1）条款"并插入"其（d）（1）条款"；以及

（B）删除"尽管有任何其他法律条款规定，除了（c）规定的以外，依据（b）所做管理局任何贷款份额的利率"并插入"尽管有任何其他法律条款规定，除了（d）规定的以外，依据（b）所做管理局任何贷款份额的利率"。

第12069条　救灾审核冗余度。

《小企业法》（《美国法典》第15篇631及以下）修改为在本法案添加的第38条之后插入以下内容：

"第39条　救灾审核冗余度。

"（a）通则。局长应确保管理局有现成的备用救灾贷款审核设备，一旦管理局的主要救灾贷款审核设备不能使用，备用设备可以在2天之内从主要设备接管所有的救灾贷款审核。

"（b）拨款授权。为落实本条可以授权一定数额的必要拨款。"

第12070条　禁止的净收益条款。

《小企业法》第7条（《美国法典》第15篇636）修改为在本法案添加的（f）之后插入以下内容：

"（g）7（b）贷款禁止的净收益条款。

"在依据（b）处理贷款时，局长不得要求借款人在还款开始后头5年内支付任何非分期的数额。"

第12071条　冰暴和暴风雪情况下的经济损失救灾贷款。

《小企业法》第3条（k）（2）（《美国法典》第15篇632（k）（2））修订如下：

（1）在（A）中，删除"以及"；

（2）在（B）中，删除结尾处的句号并插入"；以及"；以及

（3）在结尾处添加以下内容：

"（C）冰暴和暴风雪。"

第12072条　重大灾难应急计划的制定与落实。

（a）通则。自本法案颁布之日起3个月之内，局长应：

（1）按照规定，修订管理局的《2006年大西洋飓风季灾难应急计划》（在本条当中，指"灾难应急计划"）以适用于重大灾难；以及

（2）向参议院小企业和企业家委员会及众议院小企业委员会提交报告，详细说明灾难应急计划的修

订情况。

（b）内容。依据（a）（2）要求的报告应包括：

（1）自有关灾难应急计划的报告于 2006 年 7 月 14 日提交给国会后对灾难应急计划所做的任意更新或修改；

（2）对局长如何在重大灾难应急反应中计划使用及整合管理局区办公室员工的描述，其中包括有关贷款审核和贷款支付的员工使用信息；

（3）对管理局的灾难可量测性模式和计划所量测的基础或功能的描述；

（4）对机构范围内救灾监督委员会的构成情况，会员由哪些办公室组成，以及管理局企业家发展副局长是否属于会员等情况的描述；

（5）对局长如何计划与州和地方政府官员协调管理局救灾工作的描述，其中包括对如何更好地将州方案或计划，如州管理的桥梁贷款计划融入管理局救灾应急反应工作提出建议；

（6）如果适用的话，对管理局如何更好地与其他联邦、州和地方实体协调其救灾应急反应工作提出建议；

（7）任何 2005 年 8 月 29 日当天或之后生效的管理局救灾贷款计划激增计划（其中包括损失确认、贷款审核、邮件收发室、客户服务或呼叫中心工作以及运营计划持续性的激增计划）；

（8）全职雇员的数量和管理局规划与灾难应急反应员工的职位描述；

（9）管理局灾难应急反应员工的在岗和岗前培训步骤；

（10）有关管理局物流支持计划的信息（其中包括设备和人员配备需求）以及有关此类计划依重大灾难规模和范围如何可分级的详细信息；

（11）对局长基于管理局就 2005 年卡特里娜飓风、2005 年丽塔飓风和 2005 年威尔玛飓风应急反应的评估所做的调查结果和建议的描述；以及

（12）有关局长在与联邦应急管理机构的局长商议的情况下如何为救灾援助员工协调提供便利和必要资源以在重大灾难之后有效履行其职责的计划。

（c）两年一次的救灾模拟演练。

（1）所需要的演练。局长应至少每两个财政年度一次开展救灾模拟演练。演练应包括至少 50％的救灾储备单位的个人参与，并应以最大生产能力测试管理局所有信息技术和电信系统，这些技术和系统对救灾期间管理局的活动至关重要。

（2）报告。局长应在每次管理局提交依据本法案添加的《小企业法》第 43 条所需要的报告时包括一份依据（1）开展的救灾模拟演练报告。

第 12073 条　防灾规划的责任。

（a）小企业管理局防灾规划责任的工作。管理局的防灾规划职能应指定给由局长任命的个人，其：

（1）不得由管理局救灾援助办公室雇员担任；

（2）已经证明管理能力；

（3）在灾难的应对和应急反应领域具有丰富的知识；以及

（4）已经显示出在防灾规划领域拥有重要的经验。

（b）责任。被委派管理局防灾规划职能的个人应直接并仅仅向局长报告，并应负责：

（1）创立、维护并落实第 12072 条所述全面的管理局救灾应急计划；

（2）确保管理局救灾反应员工的在岗和岗前培训程序；

（3）协调并指导与救灾有关的管理局培训演练工作，其中包括救灾模拟演练和与其他政府部门和机构协调的救灾演练；以及

（4）其他与救灾规划和准备有关的经由局长确定的职责。

（c）协调。在落实（b）所述职责时，分派管理局救灾规划职能的个人应与下列单位或个人协调：

（1）管理局救灾援助办公室；

（2）联邦应急管理局局长；以及

（3）其他必要的联邦、州和地方救灾规划办公室。

（d）资源。局长应确保被委派管理局防灾规划职能的个人拥有足够的资源以落实本条职责。

（e）报告。自本法案颁布之日起 30 天之内，局长应向参议院小企业和企业家委员会和众议院小企业委员会提交包含以下内容的报告：

（1）局长向个人委派管理局防灾规划职能的行动描述；

（2）详细描述受委派个人背景和专业技能的信息；以及

（3）有关（b）所述职责落实情况的信息。

第 12074 条　救灾援助和救灾干部办公室雇员的分配。

（a）通则。《小企业法》第 7 条（b）（《美国法典》第 15 篇 636（b））修改为在紧接着（6）之后插入本法案所添加的以下内容：

"（7）救灾援助雇员。

"（A）通则。在落实本条时，局长可以在切实可行的地方确保相当于全职雇员的数量：

"（ⅰ）在救灾援助办公室中不少于 800 人；以及

"（ⅱ）在管理局防灾干部队伍中不少于 1 000 人。

"（B）报告。在落实本款规定过程中，如果救灾援助办公室或管理局防灾干部队伍的全职雇员数量低于（A）所述该办公室的水平，那么在人员配备水平减少到低于（A）所述水平之日起 21 天之内，局长应向参议院拨款委员会和小企业和企业家委员会及众议院拨款委员会和小企业委员会提交报告，并：

"（ⅰ）详细说明该日的人员配备水平；

"（ⅱ）如果切实可行且经局长适当地确定，请求为补充雇员追加资金；以及

"（ⅲ）包含局长确定适当的补充信息。"

第 12075 条　综合救灾反应计划。

《小企业法》（《美国法典》第 15 篇 631 及以下）修改为在本法案添加的第 39 条之后插入以下内容：

"第 40 条　综合救灾反应计划。

"（a）所需要的计划。局长应制定、落实或维护全面的书面救灾应急计划。计划应包括以下内容：

"（1）对于管理局各区，对该区最有可能出现的灾难的描述。

"（2）对于依据（1）所述各种灾难的：

"（A）灾难评估；

"（B）对灾难做出反应最有可能出现的管理局援助需求评估；

"（C）对于为满足（B）所指需求有关信息技术、电信、人力资源和办公空间等资源的管理局需求评估；以及

"（D）管理局与其他联邦机构和州和地方政府协调以最佳应对（B）所指需求以及最好地利用该款所指资源所遵循的指导方针。

"（b）修订完成。（a）中所要求的第一份计划应自本条颁布之日起 180 天内完成。因此，局长应每年更新一次计划并在任何局长依据第 7 条（b）（9）宣布具备追加救灾援助资格的重大灾难之后进行更新。

"（c）所需知识。局长应通过切实掌握灾难应对和应急反应领域知识的个人落实（a）和（b）。

"（d）报告。局长应在每次管理局提交第 43 章所需要的报告时包括有关计划的报告。"

第 12076 条　确保充足办公空间的计划。

《小企业法》修改为在如本法案所添加的第 40 条之后插入以下内容：

"第 41 条　确保充足办公空间的计划。

　　"（a）所需计划。局长应制定长期计划以确保充足的办公空间为灾难时期扩充的员工规模提供住处。

　　"（b）报告。局长应在每次管理局提交第 43 条所需要的报告时包括有关依据（a）中制定的计划的报告。"

第 12077 条　因经济环境变化而成为主要就业来源的申请人。

《小企业法》第 7 条（b）（3）（E）（《美国法典》第 15 篇 636（b）（3）（E））修改为在"构成"之后插入以下内容："，或因经济环境变化而成为，"。

第 12078 条　救灾贷款数额。

　　(a) 增加的贷款额度上限。《小企业法》第 7 条（b）（《美国法典》第 15 篇 636（b））修改为在紧接着本法案添加的（7）之后插入以下内容：

　　"（8）增加的贷款额度上限。

　　"（A）合计贷款总额。除（B）另有规定外，及尽管法律有任何其他规定，合计贷款未偿付余额以及依据本款向借款人承诺的贷款总额不得超过 2 000 000 美元。

　　"（B）授权免除。局长可以自行确定依据（A）增加与救灾有关贷款的合计贷款额度至局长依据灾难出现地区的适当经济指标确定的水平。"

　　(b) 减灾。

　　(1) 通则。《小企业法》第 7 条（b）（1）（A）（《美国法典》第 15 篇 636（b）（1）（A））修改为在"20％"之后插入"此类损毁或损害（不论是否经过保险或其他方式赔偿）合计成本的"。

　　(2) 生效日期。(1) 中所做修订应适用于自本法案颁布之日起所进行的贷款或担保金。

　　(c) 技术性补充条款。《小企业法》第 7 条（b）（《美国法典》第 15 篇 636（b））的修改方式如下：

　　(1) 在（1）之前，删除"，管理局"并插入"管理局"；以及

　　(2) 在结尾未指定处：

　　(A) 删除"，（2），和（4）"并插入"和（2）"；以及

　　(B) 删除"，（2），或（4）"并插入"（2）"。

第 12079 条　小企业担保门槛。

　　(a) 通则。除（b）另有规定外，及尽管法律有任何其他规定，对于任何与重大灾难有关的采购，局长可以按照其规定的条款和条件担保或承诺担保任何因当事人在保证书实施过程中任何全部工作定单或合约总额不超过 5 000 000 美元时违反以下保证书导致损失的担保计划，其中包括投标保证书、补贴保证书、履约保证书或由此产生的补充保证书。

　　(b) 总额的增加。应任何联邦机构负责人的请求，但除了涉及应对重大灾难重建工作的管理局，局长可以依据（a）担保或承诺担保在保证书实施过程中任何全部工作定单或合约总额不超过 10 000 000 美元的损失担保计划。

　　(c) 使用其他资金的限定条件。局长只可以使用提前明确为落实本条规定的拨款数额落实本条规定。

第Ⅱ部分　救灾贷款

第 12081 条　追加救灾援助的资格。

《小企业法》第 7 条（b）（《美国法典》第 15 篇 636（b））修改为在紧接着本法案所添加的（8）之后插入以下内容：

"（9）追加救灾援助资格的宣布。

"（A）通则。如果总统宣布了重大灾难，局长可以宣布依据本条追加救灾援助的资格。

"（B）门槛。局长依据本条宣布有资格接受追加救灾援助的重大灾难应：

"（i）导致特大人员伤亡或财产损毁并严重影响该地区的人口（其中包括群众疏散）、基础设施、环境、经济、国民士气或政府职能；

"（ii）堪比管理局的《国家应急反应计划》或任何继任计划中所述的灾难事件类型，除非不存在此类计划的继任计划，在这种情况下本条无效；以及

"（iii）达到以下规模和范围：

"（Ⅰ）依据本款规定其他条目的救灾援助计划无法向受灾地区内的个人或企业提供足够和及时的援助；或

"（Ⅱ）受灾地区以外的大量企业因灾难事件遭受到与灾难有关的重大经济损失。"

第 12082 条　追加经济损失救灾贷款援助。

《小企业法》（《美国法典》第 15 篇 636（b））由第 12081 条所添加的第 7 条（b）（9）修改为在结尾处添加以下内容：

"（C）追加经济损失救灾贷款援助。

"（i）通则。如果局长依据本条宣布接受追加救灾援助的资格，局长可以依据本款向其认为合适的位于美国任意地方的具备资格的小企业提供此类贷款（立即或延期直接参与或与银行或其他贷款机构通过协议合作）。

"（ii）审核时间。

"（Ⅰ）通则。如果局长确定依据本小项审核与某一具体重大灾难有关的救灾贷款申请的平均时间超过 15 天，局长应优先审核受灾地区内具备资格的小企业提交的此类申请，直到局长确定此类申请的平均审核时间不超过 15 天为止。

"（Ⅱ）延缓受灾地区以外的申请。如果局长确定依据本小项审核与某一具体重大灾难有关的救灾贷款申请的平均时间超过 30 天，局长应延缓受灾地区以外具备资格的小企业提交的此类申请，直到局长确定此类申请的平均审核时间不超过 15 天为止。

"（iii）贷款期限。依据本小项所提供的贷款期限应与（2）规定的贷款期限相同。

"（D）定义。在本项中：

"（i）'受灾地区'系指宣布为重大灾难所适用的地区；

"（ii）'与灾难有关的重大经济损失'系指导致有关企业无法实现以下目标的企业经济损害：

"（Ⅰ）随着其成熟完成其职责；

"（Ⅱ）支付其常规和必要的运营开销；或者

"（Ⅲ）营销、生产或提供一般由有关企业营销、生产或提供的产品或服务，因为有关企业依赖来自受灾地区的原材料或在受灾地区进行销售或营销；以及

"（iii）'具备资格的小企业'系指符合以下条件的小企业：

"（Ⅰ）因为某次重大灾难而遭受与灾难有关的重大经济损失；以及

"（Ⅱ）（aa）该小企业至少 25% 的市场份额来自在受灾地区交易的商业买卖；

"（bb）该小企业至少 25％的生产流程投入来自受灾地区；或者

"（cc）依赖位于受灾地区的服务商提供服务而在其他地方没有类似便捷服务。"

第 12083 条　私有灾害贷款。

（a）通则。《小企业法》第 7 条（《美国法典》第 15 篇 636）修改为在（b）之后插入以下内容：

"（c）私有灾害贷款。

"（1）定义。在本款中：

"（A）'受灾地区'系指在重大灾难宣布期内，总统宣布的与局长宣布依据（b）（9）适用追加救灾援助有关的重大灾难的任何区域；

"（B）'具备资格的个人'系指具备依据（b）（1）救灾援助资格的与局长宣布依据（b）（9）适用追加救灾援助的重大灾难有关的个人；

"（C）'具备资格的小企业'系指以下情况的企业：

"（ⅰ）如依据本法案所定义的小企业；或者

"（ⅱ）如《1958 年小企业投资法》第 103 条所定义的小企业；

"（D）'首选出借人'系指参与首选出借人计划的出借人；

"（E）'首选出借人计划'系指（a）（2）（C）（ⅱ）所述含义；以及

"（F）'合格的私人出借人'系指任何私有银行或其他信用机构，其：

"（ⅰ）非首选出借人；以及

"（ⅱ）局长确定符合依据（10）中所设定的标准。

"（2）所需要的计划。局长应实施私有灾害援助计划，依据该计划管理局可以按照计划及时为受灾地区具备资格的小企业和具备资格的个人所做贷款的本利补贴提供担保。

"（3）贷款用途。局长依据本款担保的贷款可以用于依据（b）授权的任何用途。

"（4）在线申请。

"（A）设立。局长可以直接或通过与另外一个实体协议设立依据本款担保的在线贷款申请程序。

"（B）其他联邦援助。局长可以与任何其他适当的联邦机构负责人协调，以便通过依据本项建立的在线申请程序提交的任何申请可以纳入任何其他联邦援助减灾计划。

"（C）商议。在依据本项建立在线申请程序时，局长应与公、私部门的适当个人商议，其中包括私人出借人。

"（5）最大额。

"（A）担保比例。局长可以担保不超过依据本款规定贷款的 85％。

"（B）贷款总额。依据本款规定担保的贷款最大数额应为 2 000 000 美元。

"（6）条款和条件。依据本款规定担保的贷款应与依据（b）贷款的条款和条件相同。

"（7）出借人。

"（A）通则。依据本款向以下单位或个人担保的贷款：

"（ⅰ）有资格的个人可以通过首选出借人做出；以及

"（ⅱ）有资格的小企业可以通过有资格的私人出借人或也向有资格的个人贷款的首选出借人做出。

"（B）合规。如果局长确定首选出借人故意未遵循依据本款规定担保的贷款包销标准或违反了首选出借人和管理局之间的标准操作程序协议条款，那么局长应做到以下一项或多项工作：

"（ⅰ）排除首选出借人，避免其参与本款规定的计划。

"（ⅱ）排除首选出借人，避免其在 5 年之内参与首选出借人计划。

"（8）费用。

"（A）通则。局长不得依据本款规定收取担保费。

"（B）起点费用。局长可以向有资格的私人出借人或首选出借人支付依据本款规定担保贷款的起点费用，数额为有资格的私人出借人或首选出借人与局长事先商定的数额。

"（9）证明。有资格的私人出借人或首选出借人可以将其自己的贷款证明用于为局长依据本款规定担保的贷款提供证明，适用程度由局长授权确定。出借人使用自己的贷款证明用于依据本款规定担保贷款的资格不得被视为依据（10）颁布的规章成为有资格的私人出借人的部分标准。

"（10）落实规章。

"（A）通则。自《2008 年小企业救灾应急和贷款改良法》颁布之日起 1 年之内，局长应出台为有资格的私人出借人建立长期标准的最终规章。

"（B）向国会报告。自《2008 年小企业救灾应急和贷款改良法》颁布之日起 6 个月之内，局长应向参议院小企业和企业家委员会和众议院小企业委员会提交有关（A）中所要求规定的进度报告。

"（11）拨款授权。

"（A）通则。落实本款所必要的数额应从为落实（b）而向管理局拨款的数额中获取。

"（B）降低利率和其他条款条件的授权。拨给管理局落实本款规定的资金可以由局长用以满足第（6）条明确的贷款条款和条件。

"（12）贷款采购。局长可以与有资格的私人出借人或首选出借人达成协议以采购任何依据本款规定担保的贷款。"

（b）生效日期。本条所做修订应适用于自本法案颁布之日当天或之后宣布的任何重大灾难。

第 12084 条　直接救灾援助计划。

《小企业法》修改为在本法案所添加的第 41 条之后插入以下内容：

"第 42 条　直接救灾援助计划。

"（a）所需要的计划。局长应落实直接救灾援助计划，依据该计划如果受灾企业的账户余额少于或等于 25 000 美元，那么在支付贷款时管理局将在延期（担保）的基础上参与 85％的余额融资。

"（b）资格要求。若要取得依据（a）担保的贷款，申请人还应申请并满足第 7 条（b）或（c）的基本资格标准。

"（c）收入的使用。依据第 7 条（b）或（c）取得贷款的个人应在将贷款收入用于任何其他用途之前使用贷款收入偿还所有依据（a）担保的贷款。

"（d）贷款期限。

"（1）无预付罚金。依据（a）担保的贷款无预付罚金。

"（2）偿还。依据（a）取得担保贷款且依据第 7 条（b）或（c）未批准贷款的个人视情况而定应在局长确定的日期之前偿还依据（a）担保的贷款，该日期不得早于依据本款担保的贷款发放之日起 10 年。

"（e）批准或不批准。局长应确保该计划下的各项贷款申请人在管理局收到申请后的 36 个小时之内收到有关申请获得批准或未获批准的结果。"

第 12085 条　加快办理的救灾援助贷款计划。

（a）定义。在本条当中，"计划"系指依据（b）建立的加快办理的救灾援助企业贷款计划。

（b）计划的制定。局长应采取此类必要的行政措施制定并落实加快办理的救灾援助企业贷款计划，按照该计划管理局可以加快办理并及时担保本金和利息的补贴，该内容已列入依据本法案所添加的《小企业法》（《美国法典》第 15 篇 636（b））第 7 条（b）（9）为具备资格的小企业所做的任意贷款的计划。

（c）所要求的商议。在制定计划过程中，局长应与以下人员商议：

（1）适当的管理局人员（其中包括管理局地区办公室人员）；

（2）适当的技术援助服务商（其中包括小企业开发中心）；

（3）适当的出借人和信贷同盟；

（4）参议院小企业和企业家委员会；以及

（5）众议院小企业委员会。

（d）规定。

（1）通则。自本法案颁布之日起 1 年之内，局长应出台依据本条制定和落实计划的最终规则。此类规则应自最终出台 90 天后按本章规定适用。

（2）内容。依据（1）颁布的规则应：

（A）明确适当的计划资金使用是否可以包括：

（ⅰ）支付雇员；

（ⅱ）支付账单和其他金融债务；

（ⅲ）修补；

（ⅳ）采购存货清单；

（ⅴ）重新启动或运行社区小企业，在该社区中该小企业曾在有关重大灾难之前或向邻近地区、县或受灾地区的地方行政区开展过业务工作；或者

（ⅵ）涵盖追加成本，直到小企业有能力通过保险索赔、联邦援助计划或其他途径取得资金为止；以及

（B）依据（3）设定计划贷款的各项条款和条件。

（3）条款和条件。管理局依据本条担保的贷款

（A）不得超过 150 000 美元；

（B）应为短期贷款，不超过 180 天，除了局长可以视情必要或适当地延长此类期限；

（C）利率不得超过联邦储备系统州长委员会确定的利率，即一家银行在贷款当日因隔夜借出储备而向另一家银行收取的费用 300 基点以上；

（D）应没有提前预付罚金；

（E）只得向依据本法案所修订的《小企业法》第 7 条（b）（《美国法典》第 15 篇 636（b））具备贷款资格的借款人提供；

（F）可以作为依据本法案所修订的《小企业法》第 7 条（b）（《美国法典》第 15 篇 636（b））提供任何后续救灾援助的一部分进行再次融资；

（G）如果申请人属于以下性质，可以接受加快办理损失核实和贷款审核：

（ⅰ）属于受灾地区主要就业来源（其应由依据《小企业法》第 7 条（b）（3）（B）（《美国法典》第 15 篇 636（b）（3）（B））相同的方式确定）；或者

（ⅱ）对该地区的复原重建工作至关重要（其中包括提供残骸清理服务、建造房屋或建筑材料）；以及

（H）应视局长确定必要或适当的情况遵循此类补充条款。

（e）向国会报告。自本法案颁布之日起 5 个月之内，局长应向参议院小企业和企业家委员会和众议院小企业委员会提交报告，说明局长在制定计划方面的进展情况。

（f）授权。局长可以为落实本条授权一定必要数额的拨款。

第 12086 条　海湾沿岸救灾贷款重新募集资金计划。

（a）通则。局长可以落实为海湾沿岸救灾贷款重新募集资金的计划（在本条当中，称作"计划"）。

（b）期限。依据本计划重新募集资金的海湾沿岸救灾贷款应等同于原始贷款的期限，但局长可以提供延期贷款偿还的选择除外。依据本计划的延期应在依据原始贷款所做的原始支付之日后 4 年之内完成。

（c）总额。依据本计划重新募集资金的海湾沿岸救灾贷款额不得超过原始贷款额。

（d）应计利息披露。如果局长依据本计划提供延期偿还的选择，局长应披露依据该选择必须支付的应计利息。

（e）定义。在本条当中，"海湾沿岸救灾贷款"系指符合下列条件的贷款：

（1）依据《小企业法》第7条（b）（《美国法典》第15篇636（b））所做；

（2）对2005年卡特里娜飓风、2005年丽塔飓风和2005年威尔玛飓风做出的应急反应；以及

（3）位于被局长指定为因（2）中所述飓风而受灾且属于10176、10177、10178、10179、10180、10181、10203、10204、10205、10206、10222或10223等编号灾难公告地区的某县或行政区的小企业。

（f）拨款授权。局长可以为落实本条授权一定必要数额的拨款。

第Ⅲ部分　杂项条款

第12091条　救灾援助报告。

（a）每月一次向国会报告会计账目。

（1）报告要求。在重大灾难适当的期限内每月第5个营业日之前，局长应向参议院小企业和企业家委员会和拨款委员会及众议院小企业委员会和拨款委员会提交报告，说明该重大灾难依据《小企业法》第7条（《美国法典》第15篇636）授权的救灾贷款计划前一个月的运作情况。

（2）内容。依据（1）提交的每份报告应包括：

（A）以借款和美元计的日平均贷款数量，以及每一类依据（1）自上一份报告以来增加或减少的百分比；

（B）以借款和美元计的周平均贷款数量，以及每一类依据（1）自上一份报告以来增加或减少的百分比；

（C）拨款和计划级当月贷款资金数量，以及每一类依据（1）自上一份报告以来增加或减少的百分比；

（D）拨款和计划级贷款适用资金数量，以及每一类依据（1）自上一份报告以来增加或减少的百分比，并注明任何追加资金的来源；

（E）以开销速度为基础，对此类贷款适用资金将持续多久进行估计；

（F）当月用于员工开销的资金数量和员工数量，以及每一类依据（1）自上一份报告以来增加或减少的百分比；

（G）当月用于管理费开销的资金数量，以及此类开销依据（1）自上一份报告以来增加或减少的百分比；

（H）用于工资和报销费用综合的资金数量，以及此类资金依据（1）自上一份报告以来增加或减少的百分比，并注明任何追加资金的来源；以及

（ⅰ）以开支率为基础，对工资和报销费用适用资金将持续多久进行估计。

（b）每周一次向国会提供以总统名义公告灾难的救灾最新情况。

（1）通则。灾难情况更新期间每周，管理局应向参议院小企业和企业家委员会和众议院小企业委员会提交报告，说明对于总统宣布为重大灾难地区的管理局救灾贷款计划执行情况。

（2）内容。依据（1）提交的各项报告应包括：

（A）履行贷款审核、实地检验及所宣布灾害的其他职责的管理局职员数量以及这些职员在灾害实地办公室、灾害复原中心、研讨会和其他全国范围内的管理局办公室的分配情况；

（B）从有关地区申请人收到的每日申请数量，以及州对此类数目的分类；

（C）有关地区申请人的未决申请登记的每日申请数量，以及州对此类数目的分类；

（D）有关地区申请人撤回的每日申请数量，以及州对此类数目的分类；

（E）有关地区申请人每日申请即刻被管理局拒绝的数量，以及州对此类数目的分类；

（F）有关地区申请人被管理局拒绝的每日申请数量，以及州对此类数目的分类；

（G）有关地区申请人审核中的每日申请数量，以及州对此类数目的分类；

（H）有关地区申请人被管理局批准的每日申请数量，以及州对此类数目的分类；

（Ⅰ）有关地区申请人被管理局批准的申请的每日美元总额，以及州对此类数目的分类；

（J）有关地区申请人被管理局部分及整体支付的贷款每日总额，以及州对此类数目的分类；

（K）有关地区部分及整体支付的贷款每日美元额，以及州对此类数目的分类；

（L）自依据（1）上次报告以来，被批准的申请数量，其中包括被批准的美元额，以及部分和整体支付的申请，其中包括美元额；以及

（M）重大灾难宣布所包括的宣布日期、有形损失截止日期、经济损失截止日期和县的数量。

（c）追加救灾援助适用的时间段。

（1）通则。在局长依据《小企业法》（《美国法典》第 15 篇 632（b））第 7 条（b）（9）（如本法案所修订）宣布具备追加救灾援助资格的任何时间段内，局长应按月向参议院小企业和企业家委员会和众议院小企业委员会提供报告，说明管理局有关所适用的重大灾难救灾援助开展情况。

（2）内容。依据（1）提交的每份报告应详细说明：

（A）分配救灾援助的申请数量；

（B）接纳救灾援助的申请数量；

（C）管理局批准或否决救灾援助申请的平均时间；

（D）批准救灾贷款的额度；

（E）救灾贷款收益初步支付的平均时间；以及

（F）救灾贷款收益支付的额度。

（d）追加资金需求的通知。在局长通知参议院或众议院任何委员会在任一财政年度有必要对管理局救灾贷款计划追加出资的同一天，局长应书面通知参议院小企业和企业家委员会和众议院小企业委员会有关该贷款计划追加资金的需求。

（e）签约报告。

（1）通则。总统宣布重大灾难之日后 6 个月之内及之后每 6 个月直到重大灾难宣布之日后 18 个月为止，局长应就因该重大灾难签订的联邦合约向参议院小企业和企业家委员会和众议院小企业委员会提交报告。

（2）内容。依据（1）提交的每份报告应包括：

（A）因该重大灾难签订的合约总数；

（B）因该重大灾难与小企业签订的合约总数；

（C）因该重大灾难与女性和少数民族所属企业签订的合约总数；以及

（D）因该重大灾难与地方企业签订的合约总数。

（f）有关贷款审批率的报告。

（1）通则。自本法案颁布之日起 6 个月内，局长应向参议院小企业和企业家委员会和众议院小企业委员会提交报告，详细说明管理局如何可以依据管理局救灾贷款计划改进申请的审核。

（2）内容。依据（1）提交的报告应包括：

（A）有关以下内容的建议，如果有的话：

（ⅰ）重大灾难期间人员配备水平；

（ⅱ）如何依据管理局救灾贷款计划改进审核、批准和支付程序以确保及时向受害者提供最大的援助；

（ⅲ）使用备选方法评估申请人偿还贷款能力的可行性，其中包括申请人寻求援助的灾难被宣布之日以前申请人的信用分数；

（ⅳ）如果有的话，在重大灾难期间，管理局为受影响的企业及位于总统宣布重大灾难地区内的企业，且这些企业是该地区主要就业源或对该地区复原工作至关重要的企业（其中包括提供残骸搬运服务、预制住房或建筑材料）加速损失核实和救灾贷款审核的方法；

（ⅴ）如果有的话，落实管理局加速救灾反应研究结果所需要的立法调整；以及

（ⅵ）对管理局如何计划通过管理局技术援助计划整合及协调重大灾难反应的描述；以及

（B）局长落实依据（A）所做任何建议的计划。

（g）援助报告。《小企业法》修改为在由本法案所添加的第 42 条之后插入以下内容：

"第 43 条　年度救灾援助报告。

"某财政年度结束之后 45 天之内，局长应向参议院小企业和企业家委员会和众议院小企业委员会提交报告，说明管理局在该财政年度救灾援助的运行情况。报告应：

"（1）详细说明参与此类运行的管理局员工数量；

"（2）描述这些运行的任何重要变化，如所使用的技术变化或员工职责调整；

"（3）描述并评估管理局在该财政年度内救灾反应的有效性，其中包括对损毁和经济损失所做贷款数量和额度的描述；以及

"（4）描述管理局下一财政年度准备应对灾难的计划。"

第 XIII 篇　商品期货

第 13001 条　短标题。

本篇可以引用为《2008 年商品期货交易委员会再授权法》。

子篇 A　一般条款

第 13101 条　外汇协议、合约或交易的委员会授权。

（a）通则。《商品交易法》第 2 条（c）（2）（《美国法典》第 7 篇 2（c）（2））修改为删除（B）和（C）并插入以下内容：

"（B）零售外汇中的协议、合约和交易。

"（ⅰ）本法案适用于且委员会应对具备以下资格的外汇协议、合约或交易拥有管辖权：

"（Ⅰ）期货交割商品销售合约（或此类合约的选项）或选项（在按照《1934 年证券交易法》第 6 条（a）（《美国法典》第 15 篇 78f（a））注册的国家证券交易所实施或交易的选项除外）；以及

"（Ⅱ）表示愿意与不具备合同参与者资格的个人达成或已经达成，除非订约方或愿意成为订约方的个人属于：

"（aa）金融机构；

"（bb）（AA）依据《1934 年证券交易法》第 15 条（b）（除了（11））或第 15C 条（《美国法典》第 15 篇 78o（b），78o-5）注册的经纪人或经销商；或者

"（BB）依据《1934 年证券交易法》第 15 条（b）（除了（11））或第 15C 条（《美国法典》第 15 篇 78o（b），78o-5）注册的经纪人或经销商的合伙人，涉及有关经纪人或经销商依据《1934 年证券交易法》第 15C 条（b）或第 17 条（h）（《美国法典》第 15 篇 78o-5（b），78q（h））保持记录的财务或证券活动；

"（cc）（AA）依据本法案登记，且不属于本子条款（bb）所述个人，保持调整资本净值等于或大于适用于本小项（ⅱ）的美元额的主要或切实参与本法案第 1a 条（20）所述商业活动的期货委员会商人；或者

"（BB）依据本法案登记，且不属于本子条款（bb）所述个人，保持调整资本净值等于或大于适用于本条款（ii）的美元额的且不属于（bb）所述个人，期货委员会商人依据本法案第 4f 条（c）（2）（B）保持或进行与合伙人期货和其他财务活动有关记录的，主要或切实参与本法案第 1a 条（20）所述商业活动的期货委员会商人的合伙人；

"（dd）本法案第 1a 条（12）（A）（ii）所述的保险公司，或接受此类保险公司管理的子公司或附属单位；

"（ee）金融控股公司（如《1956 年银行控股公司法》第 2 条所定义）；

"（ff）投资银行控股公司（如《1934 年证券交易法》第 17 条（i）（《美国法典》第 15 篇 78q（i））所定义）；或

"（gg）依据委员会规定的条款和条件，调整的资本净值保持等于或大于适用于本小项（ii）的美元额，并在委员会注册的，且为依据第 17 条注册的期货协会成员的外汇零售经销商。

"（ii）用于本条款的美元额为：

"（Ⅰ）10 000 000 美元，自本项颁布之日后 120 日开始；

"（Ⅱ）15 000 000 美元，自本项颁布之日后 240 日开始；以及

"（Ⅲ）20 000 000 美元，自本项颁布之日后 360 日开始。

"（iii）尽管本小项（i）（Ⅱ）中（cc）和（gg）有规定，如果协议、合约或交易的达成人属于下列情况，即注册为期货委员会商人或外汇零售经销商，或依据本法案注册的期货委员会商人合伙人且不属于本小项（i）（Ⅱ）中（aa）、（bb）、（dd）、（ee）或（ff）所述个人，本小项（Ⅰ）所述协议、合约或交易应依据本条（a）（1）（B）和第 4（b）、4b、4c（b）、4o、6（c）和 6（d）（除了第 6 条（c）和第 6 条（d）禁止任何州际贸易中的商品市场价格操纵，或依据任何市场规则的期货交割）、6c、6d、8（a）、13（a）和 13（b）条规定。

"（iv）（Ⅰ）尽管（i）（Ⅱ）中（cc）和（gg）有规定，除非经委员会按照规则、规章或命令注册外，否则个人应确定以及依据第 17 条注册的期货协会成员不得：

"（aa）提起或接受任何不具备下列资格的个人的定单，其中包括与（i）中所述，与不属于（i）（Ⅱ）中（aa）、（bb）、（dd）、（ee）或（ff）所述个人达成或将达成协议、合约或交易有关的合同参与者；

"（bb）酌情运用交易授权或取得书面授权以对任何不具备与（i）所述，与不属于（i）（Ⅱ）中（aa）、（bb）、（dd）、（ee）或（ff）所述个人达成或将达成协议、合约或交易有关的合同参与者资格的个人的账户酌情运用交易授权；或者

"（cc）对任何不具备与（Ⅰ）所述，与不属于（Ⅰ）（Ⅱ）（aa）、（bb）、（dd）、（ee）或（ff）所述个人达成或将达成协议、合约或交易有关的合同参与者资格的任何集合基金投资工具运用或提起资金、证券或资产。

"（Ⅱ）本条款的（Ⅰ）不适用于：

"（aa）任何（i）（Ⅱ）中（aa）、（bb）、（dd）、（ee）或（ff）所述任何个人；

"（bb）任何此类个人的合伙人；或者

"（cc）如果参与了与按照或遵循合同市场或衍生交易执行设备规则开展的交易有关的相同活动而免除登记的任何个人。

"（Ⅲ）尽管（i）（Ⅱ）中（cc）和（gg）有规定，委员会可以在其判定合理且必要的情况下制定、颁布及施行此类规则和规章，从而施行任何条款或实现依据（Ⅰ）与个人活动有关的本法案任何目的。

"（Ⅳ）本条款的（iii）不适用于：

"（aa）（i）（Ⅱ）中（aa）至（ff）所述任何个人；

"（bb）任何此类个人的合伙人；或者

"（cc）如果参与了与按照或遵循合同市场或衍生交易执行设备规则开展的交易有关的相同活动而免

除登记的任何个人。

"（Ⅴ）尽管（ⅰ）（Ⅱ）中（cc）和（gg）有规定，委员会可以在其判定合理且必要的情况下制定、颁布及施行此类规则和规章，从而施行任何条款或实现与依据（ⅰ）所述由（ⅰ）（Ⅱ）中（cc）和（gg）所述个人达成的协议、合约或交易有关的本法案任何目的。

"（C）（ⅰ）（Ⅰ）本小项应适用于具备下列资格的任何外汇协议、合约或交易：

"（aa）向不具备资格的合同参与者提供或与之达成的（除了如果订约方或愿意成为订约方且不具备合同参与者资格的个人属于（B）（ⅰ）（Ⅱ）中（aa）、（bb）、（dd）、（ee）或（ff）所述个人，本小项不适用）；以及

"（bb）在杠杆作用或保证金的基础上，表示愿意达成或已经达成，或由要约人、订约方或与要约人或订约方在类似基础上协调一致行动的个人提供资金的。

"（Ⅱ）本条款的（Ⅰ）不适用于：

"（aa）非证券期货产品的有价证券；或者

"（bb）具备以下资格的销售合同：

"（AA）在2天之内产生实际交付；或者

"（BB）建立可实施的责任以在买卖双方之间实施交付，此处的买卖双方须为有能力分别在各自经营范围内实施交付或接受交付的有关方。

"（ⅱ）（Ⅰ）本小项（ⅰ）所述协议、合约或交易应遵循本条（a）（1）（B）和4（b）、4b、4c（b）、4o、6（c）和6（d）（除了第6条（c）和第6条（d）禁止任何州际贸易商品的市场价格操纵，或依据任何市场规则的期货交割）、6c、6d、8（a）、13（a）和13（b）条规定。

"（Ⅱ）本条款（Ⅰ）不得适用于：

"（aa）任何（B）（ⅰ）（Ⅱ）中（aa）、（bb）、（dd）、（ee）或（ff）所述任何个人；或者

"（bb）任何此类个人的合伙人。

"（Ⅲ）委员会可以在其判定合理且必要的情况下制定、颁布及施行此类规则和规章，从而施行任何条款或实现本法案的任何目的，而且如果协议、合约或交易是由非（B）（ⅰ）（Ⅱ）中（aa）至（ff）所述个人提供或达成的，那么上述规章和规则的施行还应涉及本小项（Ⅰ）所述的协议、合约或交易。

"（ⅲ）（Ⅰ）除了由委员会依据规则、规章或命令注册具备此类职能的个人以及依据第17条注册的期货协会成员，否则个人不得：

"（aa）从不具备与本小项（Ⅰ）所述，与非（B）（ⅰ）（Ⅱ）中（aa）、（bb）、（dd）、（ee）或（ff）所述个人已签或将签协议、合约或交易有关资格的合同参与者处接受命令；

"（bb）酌情行使交易授权或取得书面授权以为或代表任何不具备与本小项（ⅰ）所述，与非（B）（ⅰ）（Ⅱ）（aa）、（bb）、（dd）、（ee）或（ff）中所述个人已签或将签协议、合约或交易有关资格的合同参与者行使账目授权；或者

"（cc）为不具备与本小项（ⅰ）所述，与非（B）（ⅰ）（Ⅱ）中（aa）、（bb）、（dd）、（ee）或（ff）所述个人已签或将签协议、合约或交易有关资格的任何合伙投资工具经营或征得资金、担保或财产。

"（Ⅱ）本条款（Ⅰ）不得适用于：

"（aa）（B）（ⅰ）（Ⅱ）中（aa）、（bb）、（dd）、（ee）或（ff）所述任何个人；

"（bb）任何此类个人的合伙人；或者

"（cc）如果参与了与按照或遵循合同市场或衍生交易执行设备规则开展的交易有关的相同活动而免除登记的任何个人。

"（Ⅲ）委员会可以在其判定合理且必要的情况下制定、颁布及施行此类规则和规章，从而施行本法案任何条款或实现与（Ⅰ）中个人活动有关的目的。

"（Ⅳ）本条款（Ⅲ）不得适用于：

"（aa）任何（B）（ⅰ）（Ⅱ）中（aa）至（ff）所述个人；

"（bb）任何此类个人的合伙人；或者

"（cc）如果参与了与按照或遵循合同市场或衍生交易执行设备规则开展的交易有关的相同活动而免除登记的任何个人。

"（ⅳ）如果协议、合约或交易属于期货交割商品销售合同，那么第 4 条（b）和第 4b 条应适用于本小项（Ⅰ）所述任何协议、合约或交易。

"（Ⅴ）本小项不得限定委员会依据本法案任何其他条款规定对期货交割商品销售合同的协议、合约或交易的权限。

"（ⅵ）本小项不得限定委员会或证券交易委员会依据本法案任何其他条款规定的有关证券期货产品和影响证券期货产品交易个人的任何权限。"

（b）生效日期。依据本条（a）修订的《商品交易法》下列条款应于本法案颁布之日起 120 天后或在商品期货交易委员会确定的其他时间内生效：

（1）第 2 条（c）（2）（B）（ⅰ）（Ⅱ）（gg）、（B）（ⅳ）和（C）（ⅲ）。

（2）规定调整资本净值要求的第 2 条（c）（2）（B）（ⅰ）（Ⅱ）（cc），和要求期货委员会商人主要或切实参与某些商业活动的该条条款。

第 13102 条　买卖双方直接交易的反欺诈授权。

《商品交易法》第 4b 条（《美国法典》第 7 篇 6b）的修改方式如下：

（1）将（b）和（c）分别重新编号为（c）和（d）；以及

（2）删除一直到（a）结尾处的所有内容并插入以下内容：

"第 4b 条　为欺诈或误导而设计的合约。

"（a）非法行为。以下行为属于非法行为：

"（1）对于涉及任何已签或将签定单或与之有关联的，任何已签或将签州际贸易或期货交割商品销售合同的，有关或依据合同市场指定规则的，为了或代表任何其他个人的任何个人；或者

"（2）对于涉及任何已签或将签定单或与之有关联的，任何已签或将签州际贸易或期货交割商品销售合同或依据第 5a 条（g）（1）和（2）的其他协议、合约或交易的，为了或代表或与其一道任何其他个人的，但除了有关或依据合同市场指定规则的任何个人：

"（A）误导或欺诈或试图误导或欺诈他人；

"（B）蓄意向他人做出或导致他人接到虚假报告或声明，或故意为他人提供或导致他人接到虚假记录；

"（C）有关任何定单或合约或有意或执行任何定单或合约，或任何涉及（2）中所述定单或合约的机构代理行为，第蓄意欺诈或企图欺诈他人；或者

"（D）（ⅰ）如果定单属于有关或依据指定合同市场规则由某人代理待履行或按照要求待履行的情况，对该定单采取欺骗手段；或者

"（ⅱ）如果定单属于有关或依据指定合同市场规则由某人代理待履行或按照要求待履行的情况，除非定单按照合同市场指定的规则得到履行，对任何其他个人的一项或多项定单通过补偿方式供应定单，或故意及明知故犯地或在未征得他人同意的情况下成为与他人销售定单有关的买家，或成为与他人购买定单有关的卖家。

"（b）澄清。本条（a）（2）不针对任何期货交割商品销售合同的交易或与之有关联的交易的或依据第 5a 条（g）中（1）和（2）与其他个人的其他协议、合约或交易的个人，其目的在于向其他个人披露可能对市场价格、费率、或商品或交易水平起决定作用的非公开信息，依据需要向其他不会误导交易或与之有关联交易的个人做出声明的情况除外。"

第 13103 条　刑事和民事惩罚。

（a）委员会的执行力。《商品交易法》第 6 条（c）（《美国法典》第 7 篇 9，15）修改为在第 10 句的第（3）条款中：

（1）在"评定这样的人"之后插入"（A）"；以及

（2）在"每次此类违反"之后插入以下内容：

"，或（B）违反本款规定、本条（d）或第 9 条（a）（2）任何操纵或企图操纵的情况，处以不超过 1 000 000 美元的民事罚款或每项此类违规行为个人货币收益的三倍，"。

（b）不落实政府规则或其他违规行为。该法案第 6b 条（《美国法典》第 7 篇 13a）修订如下：

（1）在第一句中，在结尾处的句号之前插入以下内容："，或，对于违反第 6（c）、6（d）或 9（a）（2）条的操纵或企图操纵的任何情况，每项此类违反行为处以不超过 1 000 000 美元的民事罚款"；以及

（2）在第二句中，在结尾处句号之前插入以下内容："，除了如果未能或拒绝遵守或遵循涵盖任何依据第 9 条（a）（2）违规的命令，注册的实体、主管、官员、代理人或雇员将涉嫌犯罪，且在定罪之后应接受第 9 条（a）（2）所规定的惩罚"。

（c）命令或限制违规的行为。该法案第 6c 条（d）（《美国法典》第 7 篇 13a - 1（d））修改为删除（2）之前的所有内容并插入以下内容：

"（d）民事罚款。

"（1）通则。对于依据本款展开的委员会可以寻求和设法取得的任何行动应有权通过适当的表现对任何涉嫌违规行为的个人强加以下惩罚：

"（A）数额不超过 100 000 美元的民事罚款或每种违规行为个人货币收益的三倍；或者

"（B）对于违反第 6（c）、6（d）或 9（a）（2）条的操纵或企图操纵的任何情况，每项此类违反行为处以不超过 1 000 000 美元的民事罚款或个人货币收益的三倍。"

（d）一般违规。该法案第 9 条（a）（《美国法典》第 7 篇 13（a））修改为在（1）之前的问题上：

（1）删除"（或对于属于个人的情况 500 000 美元）"；以及

（2）删除"5 年"并插入"10 年"。

第 13104 条　拨款授权。

《商品交易法》第 12 条（d）（《美国法典》第 7 篇 16（d））修改为如下所示：

"（d）对于 2008 至 2013 每财政年度可以为落实本法案授权必要数额的拨款。"

第 13105 条　技术性和相应的修订。

（a）《商品交易法》第 4a 条（e）（《美国法典》第 7 篇 6a（e））修订如下：

（1）在"由委员会批准"之后插入"或由注册的实体按照第 5c 条（c）（1）认证"；以及

（2）删除"第 9 条（c）"并插入"第 9 条（a）（5）"。

（b）该法案第 4f 条（c）（4）（B）（Ⅰ）（《美国法典》第 7 篇 6f（c）（4）（B）（Ⅰ））修改为删除"汇编"并插入"遵循"。

（c）该法案第 4k 条（《美国法典》第 7 篇 6k）修改为将（5）重新编号为（6）。

（d）《商品交易法》修订如下：

（1）《2000 年商品期货现代化法》第 121 条添加的第一个第 4p 条（《美国法典》第 7 篇 6o - 1）重新编号为第 4q 条；以及

（2）该条移至《公法》93 - 446 第 206 条添加的第二个第 4p 条之后。

（e）该法案第 5c 条（a）（1）和（d）（1）（《美国法典》第 7 篇 7a - 2（a）（1），（d）（1））分别修改为删除"5b（d）（2）"并插入"5b（c）（2）"。

（f）该法案第 5c（f）和 17（r）条（《美国法典》第 7 篇 7a‐2（f），21（r））每条修改为删除"4d（3）"并插入"4d（c）"。

（g）该法案第 8 条（a）（1）（《美国法典》第 7 篇 12（a）（1））修改为在（B）之后：

（1）在其第 2 次出现的地方删除"开始"；以及

（2）在"司法程序中"之后插入"开始"。

（h）该法案第 9 条（《美国法典》第 7 篇 13）修订如下：

（1）在（f）（1）中，删除句号并插入"；或"；以及

（2）将（f）重新编号为（e）。

（ｉ）该法案第 22 条（a）（2）（《美国法典》第 7 篇 25（a）（2））修改为删除"5b（b）（1）（E）"并插入"5b（c）（2）（H）"。

（j）该法案第 1a 条（33）（A）（《美国法典》第 7 篇 1a（33）（A））修改为删除"交易"及其之后的所有内容并插入"交易：

"（ｉ）通过接受向设备或系统中多重参与者开放的其他参与者所做的投标或出价的；或者

"（ⅱ）通过系统中多重投标或多重出价与预先确定的不可任意支配的自动化贸易匹配和执行法则相互协作的。"

（k）该法案第 14 条（d）（《美国法典》第 7 篇 18（d））修订如下：

（1）在"如果"之前插入"（1）"；以及

（2）在结尾处之后的下面添加以下内容：

"（2）赔偿款应可以在联邦地方法院中直接实施，就像其为依据《美国法典》第 28 篇第 1963 条所做判决一样。本项应自其生效之日起开始执行并应适用于（1）所述诉讼在委员会命令下达之日起 3 年内开始的所有赔偿款。"

第 13106 条　组合保证金和证券指数问题。

（a）财政部长、联邦储备系统州长委员会主席、证券交易委员会主席和商品期货交易委员会主席应努力确保证券交易委员会（SEC）、商品期货交易委员会（CFTC），或二者酌情采取（b）所要求的行动。

（b）证券交易委员会（SEC）、商品期货交易委员会（CFTC），或二者应酌情依据现有权力采取行动以允许：

（1）在 2009 年 9 月 30 日之前，证券期权和证券期货产品（由《商品交易法》第 1a 条（32）所定义）的风险基础组合保证金；以及

（2）在 2009 年 6 月 30 日之前，通过解决与外汇证券指数有关的问题在某些证券指数上的期货交易。

子篇 B　免税商品市场的重大价格发现合约

第 13201 条　重大价格发现合约。

（a）定义。《商品交易法》（《美国法典》第 7 篇 1a）第 1a 条修订如下：

（1）将（33）重新编号为（34）；以及

（2）在（32）之后插入以下内容：

"（33）重大价格发现合约。'重大价格发现合约'系指依据第 2 条（h）（7）的协议、合约或交易。"。

（b）适用于重大价格发现合约的标准。该法案第 2 条（h）（《美国法典》第 7 篇 2（h））修改为在结尾处添加以下内容：

"（7）重大价格发现合约。

"（A）通则。依据（3）免税实施的协议、合约或交易应依据（B）至（D），按照此类规则与规章，委员会应在自行确定的情况下公布有关协议、合约或交易履行（B）所述重大价格发现功能。

"（B）重大价格发现测算。在测定某一协议、合约或交易是否履行重大价格发现功能时，委员会应适当地考虑：

"（i）价格关联。协议、合约或交易使用或依靠合同或合同所列交易的日常或最终结算价或其他主要价格参数，或依据指定合同市场或衍生交易执行设备的规则，或通过电子交易设备达成的重大价格发现合约评估头寸、转换或转变头寸、现金或金融结算头寸或平仓的程度。

"（ii）套利。协议、合约或交易的价格与合约或上市交易合约，或依据指定合约市场或衍生交易实施设备或重大价格发现合约或合约交易的规则，或依据电子交易设备的规则的价格足够的相关性程度，以便允许市场参与者通过同时频繁且反复地维持地位或实施合同交易而有效地在市场间套利。

"（iii）重要的价格参考。投标、出价或商品交易频繁且反复地直接基于或由参考确定的程度，协议、合约或实体交易或电子交易设备实施的交易所产生的价格。

"（iv）重要的流动性。协议、合约或通过电子交易设备实施的商品交易的量足以对其他协议、合约或上市交易，或依据在免除（3）的情况下指定的合约市场、衍生交易实施设备或电子交易设备产生重要影响的程度。

"（v）其他重要因素。其他的委员会通过规则指明的重要因素也决定着某一协议、合约或交易是否具有重大价格发现功能。

"（C）适用于重大价格发现合约的核心原则。

"（i）通则。重大价格发现合约交易或实施所使用的电子交易设备应遵照本小项所指明的与那些合约有关的核心原则。

"（ii）核心原则。电子交易设备应在建立其遵照以下核心原则的方式上具有合理的判断力（其中包括能够说明清算与非清算重大价格发现合约区别的判断力）：

"（Ⅰ）非轻易受到操纵的合约。电子交易设备应只列出非轻易受到操纵的重大价格发现合约。

"（Ⅱ）交易的监督。电子交易设备应监督重大价格发现合约的交易，从而可以预防市场操纵、价格扭曲和交付的混乱，或通过市场监督、遵守和纪律实践及程序的现金结算流程，其中包括开展实时交易监督和全面精确的交易复原的方法。

"（Ⅲ）获取信息的能力。电子交易设备应：

"（aa）建立并落实允许电子交易设备获取任何必要信息以履行本项所述职责的规则；

"（bb）按要求向委员会提供；以及

"（cc）有能力落实类似委员会可能会要求的国际信息分享协议。

"（Ⅳ）头寸限定条件或责任性。电子交易设备应视必要和适当情况而定为重大价格发现合约中的投机商人实施头寸限定条件或头寸责任性，同时考虑其他注册或未注册衍生品结算组织视为此类重大价格发现合约替代物的协议、合约和交易的头寸以降低市场操纵或挤迫的潜在威胁，尤其是在交付月交易期间。

"（Ⅴ）应急授权。电子交易设备应与委员会磋商或合作视必要且适当的情况而定采纳规则以提供应急授权的运用，其中包括下列方面的授权：

"（aa）清算重大价格发现合约中的未结头寸；以及

"（bb）延缓或缩减重大价格发现合约中的交易。

"（Ⅵ）每日公布交易信息。电子交易设备应在适合重大价格发现合约的程度上每日公布有关价格、交易量和其他交易数据的信息。

"（vii）遵守规定。电子交易设备应监测并落实适用于重大价格发现合约的电子交易设备的任何规则的遵守情况，其中包括合约条款和有关合约使用电子交易设备的任何限定条件。

"（viii）利益冲突。有关重大价格发现合约的电子交易设备应：

"（aa）建立并落实规则以最大程度地降低其决策过程中的利益冲突；以及

"（bb）建立解决利益冲突的程序。

"（ix）反垄断考虑因素。除非为实现本法案目的而必要或适当的情况，否则有关重大价格发现合约的电子交易设备应尽力避免：

"（aa）采纳或采取任何易于导致任何不合理贸易管制的任何规则或行动；或者

"（bb）向在电子交易设备上的交易强加任何重要的反竞争负担。

"（D）落实。

"（i）结算。委员会在评估电子交易单位落实核心原则时应考虑已结算的和未结算的重大价格发现合约之间的差异因素。

"（ii）评估。作为委员会持续监测和监督活动的一部分，委员会应依据（3）规定至少每年视情况而定免除评估所有的在电子交易设备上开展的协议、合约或交易，以确定它们是否具备本项（B）所述重大价格发现功能。"

第 13202 条 大宗交易商报告。

（a）报告和记录保持。《商品交易法》第 4g 条（a）（《美国法典》第 7 篇 6g（a））修改为在"另有"之后插入"及任何在电子交易设备上交易或执行的重大价格发现合约或任何衍生品结算组织处理的相当于重大价格发现合约的协议、合约或交易，不论注册或未注册"。

（b）等于或大于交易限制条件的情况报告。此法案第 4i 条（《美国法典》第 7 篇 6i）的修改方式如下：

（1）在"依据任何合同市场或衍生交易执行设备的规则"之后插入"或任何在电子交易设备上交易或执行的重大价格发现合约或任何衍生品结算组织处理的相当于重大价格发现合约的协议、合约或交易，不论注册或未注册。"；以及

（2）在（2）之后，在"依据任何其他贸易委员会的规则"之后插入"或电子交易设备"。

第 13203 条 相应的修订。

（a）《商品交易法》第 1a 条（12）（A）（x）（《美国法典》第 7 篇 1a（12）（A）（x））修改为在"注册实体"之后插入"（除了关于重大价格发现合约的电子交易设备）"。

（b）本法案第 1a 条（29）（《美国法典》第 7 篇 1a（29））修订如下：

（1）在（C）中，删除结尾处的"以及"；

（2）在（D）中，删除句号并插入"；以及"；以及

（3）在结尾处添加以下内容：

"（E）关于委员会确定认为属于重大价格发现合约的合约，任何该合约执行或交易所借助的电子交易设备。"

（c）该法案第 2 条（a）（1）（A）（《美国法典》第 7 篇 2（a）（1）（A））修改为在"期货交割"之后插入以下内容："（其中包括重大价格发现合约）"。

（d）该法案第 2 条（h）（3）（《美国法典》第 7 篇 2（h）（3））修改为删除"（4）"并插入"（4）和（7）"。

（e）该法案第 2 条（h）（4）（《美国法典》第 7 篇 2（h）（4））的修改方式如下：

（1）在（B）中，在"禁止欺诈"之后插入"及对于重大价格发现合约，要求大宗交易商报告"；

（2）删除（C）结尾处的"以及"；以及

（3）删除（D）并插入以下内容：

"（D）此类委员会可能会出台的规则、规章和命令，以确保及时遵循适用于在任何电子交易设备上

交易或实施的重大价格发现合约的本法案任何条款；以及

（E）按照各自条款适用于重大价格发现合约或与重大价格发现合约有关的注册实体或电子交易设备的本法案此类其他条款。"

（f）该法案第 2 条（h）（5）（B）（ⅲ）（Ⅰ）（《美国法典》第 7 篇 2（h）（5）（B）（ⅲ）（Ⅰ））修改为在"（4）"之后插入"或做出（7）（B）所述决策"。

（g）该法案第 4a 条（《美国法典》第 7 篇 6a）修订如下：

（1）在（a）中：

（A）在第一句中，在"衍生交易执行设备"之后插入"或有关重大价格发现合约的电子交易设备"；以及

（B）在第二句中，在"衍生交易执行设备"之后插入"或有关重大价格发现合约的电子交易设备"；以及

（2）在（b）中：

（A）在（1）中，在"设备或设施"之后插入"或有关重大价格发现合约的电子交易设备"；以及

（B）在（2）中，在"衍生交易执行设备"之后插入"或有关重大价格发现合约的电子交易设备"；以及

（3）在（e）中：

（A）在第一句中：

（ⅰ）在"经委员会注册"之后插入"或通过任何电子交易设备"；

（ⅱ）在第二次出现"衍生交易执行设备"的地方之后插入"或电子交易设备"；以及

（ⅲ）在每次出现"或此类贸易委员会"的地方之前插入"或电子交易设备"；以及

（B）在第二句中，在"经委员会注册"之后插入"或有关重大价格发现合约的电子交易设备"。

（h）该法案第 5a 条（d）（《美国法典》第 7 篇 7a（d）（1））修订如下：

（1）将（4）至（9）重新编号为（5）至（10）；以及

（2）在（3）之后插入以下内容：

"（4）头寸限定条件或责任状态。为了降低市场操纵或挤迫的潜在威胁，尤其是在交付月交易期间，衍生交易执行设备应视可交付供应的基础商品的合约、协议或交易情况而定对投机者采取必要和适当的头寸限定或头寸责任要求。"

（ⅰ）该法案第 5c 条（a）（《美国法典》第 7 篇 7a‑2（a））修改为在（1）中，在"，以及 5b（d）（2）"之后插入"，以及有关重大价格发现合约的第 2 条（h）（7）"。

（j）该法案第 5c 条（b）（《美国法典》第 7 篇 7a‑2（b））修订如下：

（1）删除（1）并插入以下内容：

"（1）通则。与重大价格发现合约有关的合同市场、衍生交易执行设备或电子交易设备可以遵照任何可适用的核心原则，不论是任何有关功能的代表还是注册的期货协会或注册的非电子交易设备实体。"

（2）在（2）中，删除"合同市场或衍生交易执行设备"并插入"合同市场、衍生交易执行设备或电子交易设备"；以及

（3）在（3）中，删除每次出现"合同市场衍生交易执行设备"的地方并插入"合同市场、衍生交易执行设备或电子交易设备"。

（k）该法案第 5c 条（d）（1）（《美国法典》第 7 篇 7a‑2（d）（1））修改为在"5b（d）（2）"之后插入"或关于在电子交易设备上交易或实施的重大价格发现合约的第 2 条（h）（7）（C），"。

（l）该法案第 5e 条（《美国法典》第 7 篇 7b）修改为在"指定为注册实体的废止"之后插入"或对于重大价格发现合约废止电子交易设备的权利而依赖第 2 条（h）（3）所阐释的免除，"。

（m）《商品交易法》第 6 条（b）（《美国法典》第 7 篇 8（b））修改为删除第一句和之后直到"公开听证：假如"并插入以下内容：

"对于合同市场或衍生交易执行设备不在执行或尚未执行政府规则，将其指定或注册作为第 5 至条 5b 条或第 5f 条规定条件，或合同市场或衍生交易执行设备或电子交易设备，或任何负责人、高级职员、代理或其他雇员正在违反或已经违反本法案的任何条款或委员会的任何规则、规章或命令的情况，委员会有权延缓不超过 6 个月的时间或撤销任意合同市场或衍生交易执行设备的指定或注册，或撤销电子交易设备依赖有关重大价格发现合约第 2 条（h）（3）所设定的免除权利。做出此类延缓或撤销之前应通知受影响的合同市场或衍生交易执行设备或电子交易设备官员并经过公开听证；假如，"。

（n）该法案第 22 条（b）（1）（《美国法典》第 7 篇 25（b）（1））修改为在"第 5 条"之前插入"第 2 条（h）（7）或"。

第 13204 条　生效日期。

（a）通则。除了本条规定以外，本子篇应自本法案颁布之日起生效。

（b）重大价格发现标准规则制定。

（1）商品期货交易委员会应：

（A）自本法案颁布之日起 180 天内，出台有关落实《商品交易法》第 2 条（h）（7）的拟议规则；以及

（B）自本法案颁布之日起 270 天内，出台有关落实的最终规则。

（2）在其按照本款（1）进行规则制定时，委员会应包括一定的标准、术语和条件，通过这些标准、术语和条件电子交易设备有责任通知委员会依靠《商品交易法》第 2 条（h）（3）规定免除而开展的协议、合约或交易可以行使价格发现功能。

（c）重大价格发现决定。有关在按照（b）（1）出台的最终规则生效日期运转的任何电子交易设备，委员会应自确定任何协议、合约或交易是否行使重大价格发现功能生效之日起 180 天之内完成对该设备此类协议、合约和交易的评估。

第 XIV 篇　杂项条款

子篇 A　社会弱势生产商和有限资源生产商

第 14001 条　农业部对印第安人保留地改良的方案执行。

《1990 年粮食、农业、保育和贸易法》第 2501 条（g）（1）（《美国法典》第 7 篇 2279（g）（1））修订如下：

（1）在第一句中：

（A）删除"农业稳定和保护服务，土壤保护服务和农民家庭管理办公室"并插入"农田服务机构和自然资源保护服务"；以及

（B）在"包括"之后插入"在经过论证有需求的情况下"；以及

（2）删除第二句。

第 14002 条　取消抵押品赎回权。

（a）通则。《巩固农业和农村发展法》第 331A 条（《美国法典》第 7 篇 1981a）修订如下：

（1）在第 331A 条之后插入"（a）"；以及

（2）在结尾处添加以下内容：

（b）延缓偿付期。

（1）通则。依据本款其他条款，自本款颁布之日起生效，应在实践当中预留有关依据子篇 A、B 或 C 所做的农场主计划贷款延缓偿付期，涵盖所有农业部针对任何农场主或牧场主制定的加速和取消抵押

品赎回权行动，这里的农场主或牧场主指：

"（A）对农业部视为有效接受的计划歧视未决的索赔要求；或者

"（B）对农业部视为有效接受的计划歧视提出索赔要求。

"（2）免除利息和补偿。在延缓偿付期内，部长应免除所有依据子篇 A、B 或 C 的农场主计划贷款的利息和补偿，对于这样贷款的加速或丧失抵押品赎回权进程已经依据（1）暂停。

"（3）延缓偿付期的终止。对于农场主或牧场主有关歧视的索赔要求，延缓偿付期应早于以下日期结束：

"（A）部长确定索赔要求的日期；或者

"（B）如果农场主或牧场主把部长有关索赔要求的确定上诉至有确定权限的法院，法院就索赔要求做出最后裁决的日期。

"（4）未能生效。如果一位农场主或牧场主依据（1）描述提出的歧视性主张未能成立，那么这位农场主或牧场主须支付依据（1）规定实施延迟贷款提前到期的法律程序或取消赎回抵押品权利的法律程序时产生的利息或赔偿金。"

（b）取消抵押品赎回权报告。

（1）通则。本法实施之日起一年内（含），美国农业部监察长（在本款中被简称为"监察长"）须裁定，在本法颁布之日前 5 年期间，农业部针对依据《巩固农业和农村发展法》（《美国法典》第 7 篇 1922 及以下）子篇 A、B 或 C 规定内容向社会地位低下的农场主或者牧场主发放的农民项目贷款执行取消赎回抵押品权利的法律程序的决定是否与涉及取消抵押品赎回权相关的法律（以及法规）一致或不相抵触。

（2）报告。本法实施之日起一年内（含），美国农业部监察长（在本款中被简称为"监察长"）将向美国众议院农业委员会和美国参议院农业、营养和林业委员会提交一份报告，介绍其依据以上（1）规定做出裁定的情况。

第 14003 条　接受或拒绝某些农业部机构提供的服务。

在《1990 年粮食、农业、保育和贸易法》第 2501A 条（《美国法典》第 7 篇 2279 - 1）结尾处添加以下新款：

"（e）接受或拒绝服务。在任何情况下，现有或潜在生产商或土地所有者，当面或以书面形式向美国农业部农场服务局、自然资源保护服务局或农村发展任务区的任何下属部门提出申请，要求获得农业部提供的任何利益或服务，而且在提出申请之际还要求获得回执，那么美国农业部须在其提出申请之日向该生产商或土地所有者发放一份回执，回执中应包含以下内容：

"（1）相关申请提交的日期、地点和主题；以及

"（2）有关部门对相关生产商或土地所有者采取了何种行动、未采取何种行动或建议其开展了何种行动。"

第 14004 条　为社会地位低下的农场主或者牧场主举办的外联活动和提供的技术支持。

（a）外联活动和技术支持计划。

（1）计划要求。《1990 年粮食、农业、保育和贸易法》第 2501 条（a）（2）（《美国法典》第 7 篇 2279（a））修订如下：

"（2）计划要求。大力推广（1）提到的外联活动和技术支持项目旨在：

"（A）加强经农业项目授权的外联活动、技术支持和教育举措的协调；以及

"（B）协助农业部长：

"（ⅰ）以适当的语言表达方式，联系到社会地位低下的农场主或牧场主；以及

"（ⅱ）改善这些农场主和牧场主参与美国农业部计划的状况，如第 2501A 条所述。"

（2）计划补助和合同。《1990 年粮食、农业、保育和贸易法》第 2501 条（a）（3）（《美国法典》第 7 篇 2279（a）（3））修订如下：

（A）在（A）中，删除"提供信息的实体"，加入"展示具备按照（2）描述的要求开展外联活动能力的实体；"以及

（B）在结尾处添加以下内容：

"（D）报告。农业部长须美国众议院农业委员会和美国参议院农业、营养和林业委员会提交一份包含以下内容的年度报告，并将报告公开发布：

"（ⅰ）当前计划提供的资金的接受者。

"（ⅱ）当前业已开展的活动和提供的服务。

"（ⅲ）当前获得服务和即将获得服务的社会地位低下的农场主或牧场主数量，以及服务产生的效果。

"（ⅳ）相关实体在敦促当前和潜在社会地位低下的农场主或牧场主参与计划期间发现的问题和遇到的障碍。"

（3）提供资金和资金使用限制。《1990 年粮食、农业、保育和贸易法》第 2501 条（a）（4）（《美国法典》第 7 篇 2279（a）（4））修订如下：

（A）删除（A），插入以下新内容：

"（A）通则。对于社区信贷公司的资金，农业部长须提供以下金额以落实本条规定的内容：

"（ⅰ）在 2009 财政年度，提供 15 000 000 美元；以及

"（ⅱ）在 2010 至 2012 财政年度，每年提供 20 000 000 美元。"

（B）在结尾处添加以下内容：

"（C）限制用于行政管理费用的资金。对于（A）中提到的金额，每个财政年度只能动用不超过 5% 的份额作为落实本条提到的计划的行政管理费用。"

（b）合格实体定义。《1990 年粮食、农业、保育和贸易法》第 2501 条（e）（4）（A）（ⅱ）（《美国法典》第 7 篇 2279（e）（4）（A）（ⅱ））修订如下：

删除"与社会地位低下的农场主或牧场主进行为期两年的合作"，插入"与社会地位低下的农场主或牧场主进行为期 3 年的合作，并作为他们的代表。"

第 14005 条　农业普查和某些研究的准确记录。

在《1990 年粮食、农业、保育和贸易法》第 2501 条（《美国法典》第 7 篇 2279）结尾处添加以下内容：

"（h）准确记录。农业部长须确保在切实可行的范围内，确保农业部经济研究局开展的农业普查和相关研究准确记录社会地位低下的农场主或牧场主的数量、居住地和经济贡献。"

第 14006 条　为社会地位低下的农场主或牧场主服务的透明度和问责机制。

《1990 年粮食、农业、保育和贸易法》第 2501A 条（《美国法典》第 7 篇 2279 - 1）修改为删除（c），插入以下新款：

"（c）编辑计划参与情况数据。

"（1）年度要求。对于美利坚合众国的每一个县和每一个州，农业部长（在本条后文中简称为'部长'）每年均须制备与社会地位低下的农场主或牧场主相关的计划的申请率和参与率数据，制备方法是汇总美国农业部为农业生产商和土地所有者提供的每一个计划的统计数据，这些数据包括：

"（A）申请者和参与者的原始数据，按照种族、民族和性别进行分类汇总，而且必须采取妥善的隐私保护措施，具体保护措施由部长确定；以及

"（B）申请者和参与者占所有农业生产商和土地所有者的比率，也须按照种族、民族和性别进行分

类汇总。

"（2）采集数据的职权。农业部各机构的负责人在采集相关数据后，须将其发送给部长，这些数据的具体类别将由部长依据（1）规定决定，包括种族、性别和民族。

"（3）报告。部长须按照（1）规定要求，运用国家农业统计局的技术和体系针对（1）中提到的每个计划对以下区域的原始数据和参与率数据进行编辑：

"（A）整个美利坚合众国；

"（B）每个州；以及

"（C）每个州内的每个县。

"（4）公开发布报告。部长须通过官方网站或其他平台，以电子或纸质形式，向公众提供（3）提到的报告。

"（d）数据使用限制。

"（1）隐私保护。在执行本条规定之际，部长不得对外透露任何计划参与者的姓名或其他个人信息。

"（2）授权使用。本条提到的各项数据，均只能用于（a）描述的各项用途。

"（3）限制。除非另行说明，本款提到的各项数据不得用于评估个人救助申请。"

第 14007 条　监督与合规。

农业部长可以责成农业部负责民事问题的助理部长使用《1990 年粮食、农业、保育和贸易法》（《美国法典》第 7 篇 2279 - 1）第 2501A 条（c）（由第 14006 条修订）描述的报告监督和评估民事合规的落实情况。

第 14008 条　少数族裔农民咨询委员会。

（a）设立。本法案通过之日起不晚于 18 个月内，农业部长须设立一个咨询委员会，名为"少数族裔农民咨询委员会"（在本条中后文简称为"委员会"）。

（b）职责。该委员会应针对以下内容向农业部长提出相应建议：

（1）《1990 年粮食、农业、保育和贸易法》第 2501 条（《美国法典》第 7 篇 2279 - 1）的落实情况；

（2）最大限度地吸引少数族裔农场主和牧场主参与美国农业部计划的方法；以及

（3）农业部内部开展的与此类计划的参与者有关的民事活动。

（1）通则。该委员会应由至多 15 名成员组成，这些成员须由农业部长指定，他们将包括：

（A）不少于 4 位社会地位低下的农场主或者牧场主（其定义如《1990 年粮食、农业、保育和贸易法》第 2501 条（e）（2）（《美国法典》第 7 篇 2279（e）（2））所述）；

（B）不少于 2 位非营利性组织的代表，而且他们必须具备与少数族裔农场主和牧场主一起工作的经历；

（C）不少于 2 位民事领域的专业人士；

（D）不少于 2 位高等教育机构的代表，而且他们必须具备与少数族裔农场主和牧场主一起工作的较为丰富的经历；以及

（E）农业部长认为适合的其他人选。

（2）当然委员。农业部长可以指定他认为适合的美国农业部雇员担任该委员会的当然委员。

第 14009 条　国家上诉处。

《1994 年农业部重组法》第 280 条（《美国法典》第 7 篇 7000）修订如下：

（1）删除"在返回时"，插入以下内容：

"（a）通则。在返回时"；以及

（2）在以下内容结尾处添加：

"（b）报告。

"（1）通则。本款通过之日起不晚于 180 日内，以及此后每隔 180 日，农业部各机构的负责人应向美国众议院农业委员会和美国参议院农业、营养和林业委员会提交一份报告，并将报告内容发布在农业部官方网站上，报告的内容包括：

"（A）依据该部门的最终裁定，对所有在报告覆盖期间被退回的所有案例进行的描述；

"（B）每次最终裁定的执行情况；以及

"（C）如果最终裁定还没有被执行：

"（ⅰ）相关最终裁定未被执行的原因；以及

"（ⅱ）预计最终裁定得以执行的日期。

"（2）最新进展情况。每个月，每个机构的负责人须在农业部官方网站上发布以上（1）提到的报告的任何最新进展情况。"

第 14010 条　民事投诉、投诉解决和民事诉讼。

每年，农业部长应：

（1）为农业部的每一个机构撰写一份报告，其内容包括：

（A）与该机构相关的民事投诉的数量，其中要区分针对计划的投诉和劳资投诉；

（B）该部门用以处理每一例民事投诉所用的时间；

（C）针对该机构提起的诉讼数量，其中包括以上（1）提到的投诉中得以解决的被认定为歧视性投诉的投诉数量；以及

（D）民事投诉得以解决后，该机构提起的针对个人的诉讼的数量和类型。

（2）向众议院农业委员会和参议院农业、营养与林业委员会提供一份报告副本；以及

（3）在农业部网站上公布报告以便公众获取。

第 14011 条　国会对社会地位低下的农场主或者牧场主提出的索赔主张的看法。

美国国会认为，应当迅捷和公正地处理所有社会地位低下的农场主或者牧场主针对农业部提出的索赔主张和集体诉讼（由《巩固农业和农村发展法》第 355 条（e）（《美国法典》第 7 篇 2003（e））所定义），这些农场主或者牧场主包括印第安人、拉美裔美国人和女性公民，而且相关诉讼是基于农场项目参与过程中存在的种族、民族或性别歧视提出的。

第 14012 条　"皮格弗德式"索赔主张的法律裁定。

（a）定义。在本条中：

（1）和解协议。"和解协议"这个词指的是"皮格弗德诉格里克曼"一案的和解协议，该协议由美国哥伦比亚特区地方法院于 1999 年 4 月 14 日批准。

（2）农业部。"农业部"指的就是美国农业部。

（3）"皮格弗德式"索赔主张。"皮格弗德式"索赔主张指的是和解协议第 1 条（h）所界定的，记录在第 5 条（b）中的一种歧视性投诉。

（4）"皮格弗德式"投诉人。"皮格弗德式"投诉人指的是一位此前提交过和解协议第 5 条（g）中提到的延迟提交申请的人。

（b）是非评判。任何"皮格弗德式"投诉人，只要此前尚未就一例"皮格弗德式"投诉获得是非评判，即可前往美国哥伦比亚特区地方法院寻求裁定。

（c）限制。

（1）通则。在（2）规定的范围内，所有补贴或债务减免（包括（h）中提到的取消赎回抵押品权利的限制），都只能出自（Ⅰ）中的可用资金。

（2）最高限额。依据（b）开展的行动产生的补贴和债务减免总金额均不得超过 100 000 000 美元。

（d）国会在本条展示出的补偿性意图。美国国会的意图是，可以对本条内容进行较为自由的解读，旨在落实其中蕴含的补偿性目的，从而使每一位此前未能获得是非评判的"皮格弗德式"投诉人都能够获得全面的裁定。

（e）贷款数据。

（1）提供给投诉人的报告。

（A）通则。农业部长接到投诉人依据（b）规定提交投诉的通知后不晚于 120 日，应向投诉人提供一份由农业部制作的有关农场信贷和非信贷补贴情况的报告，报告须在投诉人所在县生成（如果未发现相关文件，那么可以在投诉人指定的就近县生成），报告时限以诉讼涉及期限前的第一个 1 月 1 日开始，以诉讼涉及期限后的第一个 12 月 31 日结束。

（B）要求。依据以上（A）规定制作的报告中，应包括所有提交贷款申请或补贴申请并获得批准的人的相关信息，视情况而定，其中有：

（ⅰ）贷款或补贴申请人的种族；

（ⅱ）贷款或补贴申请的提交日期；

（ⅲ）贷款或补贴申请获得批准的日期，视情况而定；

（ⅳ）批准贷款或补贴发放的办事机构的地址，视情况而定；

（ⅴ）所有与批准贷款或补贴发放的决策过程相关的数据，视情况而定；以及

（ⅵ）所有与提供贷款或发放补贴相关的数据，视情况而定。

（2）不能带有可以表明个人身份的信息。依据（1）提交的报告不得带有任何可以表明向农业部申请贷款的人的身份的信息。

（3）报告最后期限。

（A）通则。农业部长应：

（ⅰ）在接到有投诉人依据以上（b）规定向农业部提交投诉的通知后，在切实可行的范围内快地向投诉人提供（1）要求提供的报告；以及

（ⅱ）运用必要的农业部资源，确保迅速提供相关报告成为农业部待处理的高优先级事项。

（B）延期。法院可以针对具体案例推迟（1）提到的农业部须提供的报告的最后期限，前提是农业部长认为不大可能在最后期限内提供报告，而且已经展示出会持续致力于尽快提供所需报告的行动。

（f）授权加快和解进程。

（1）通则。任何依据本条内容针对农场贷款申请、批准和发放过程中存在的歧视性行为提交投诉的人，均可按照个人意愿寻求获取违约罚金 50 000 美元，免除其投诉针对的一种或多种歧视性索赔主张涉及的一个或多个项目债务，并缴纳相当于违约罚金和免除的贷款本金总额 25% 的税款。在这种情况下：

（A）仅在投诉人寻求以上违约罚金、免除贷款和缴纳税款之际，投诉人才能够通过实质性证据（其定义如和解协议第 1 条（1）所述）来证明自己投诉的正当性；以及

（B）法院将在审查投诉人和被告人提交的与债务和赔偿问题相关的各种文件的基础上，裁定相关投诉的正当性。

（2）不涉及贷款的索赔主张。

（A）标准。在任何情况下，投诉人针对农业部提供的某一补贴项目提出不涉及贷款的索赔主张时，法院须依据和解协议第 9 条（b）（ⅰ）内容来裁定索赔主张的正当性。

（B）补助。如果法院认定投诉人针对农业部提供的某一补贴项目提出不涉及贷款的索赔主张是正当的，那么投诉人将有权获得农业部支付的总计 3 000 美元的款项，此金额与投诉人索赔主张本身涉及的金额没有关系。

（g）实际赔偿金。投诉人针对本条（b）中提到的歧视性行为提交了投诉，并非针对本条（f）中提

到的歧视行为提交的投诉，而且法院认为其投诉是正当的，那么投诉人将有权依据其实际损失情况获得赔偿金。

（h）取消赎回抵押品权利的限制。尽管有其他任何法律规定，在"皮格弗德式"索赔主张悬而未决之际，农业部长不得开启加快贷款或取消赎回抵押品权利的程序，但前提是：

（1）借款人是"皮格弗德式"投诉人；以及

（2）相关案件具有表面证据，可以说明加快贷款或取消赎回抵押品权利是适当的行政程序。

（ⅰ）提供资金。

（1）通则。对于社区信贷公司的资金，农业部长应在 2008 财政年度提供 100 000 000 美元以落实补贴和债务减免，满足依据以上（b）内容针对美利坚合众国提起的索赔主张，以及任何依据以上（g）提起的诉讼的需求。上述资金一直有效，直至用完。

（2）拨款授权。除了以上（1）中提供的可用资金外，兹授权拨款必要金额，以落实本条规定内容。

（j）报告要求。

（1）通则。本法案通过之日起不晚于 180 日内，在以上（ⅰ）提到的资金用完之前，每隔 180 日，农业部长应向美国众议院司法委员会和美国参议院司法委员会提交一份报告，介绍依据以上（ⅰ）划拨的资金使用情况，以及以上（f）提到的悬而未决的索赔主张的数量。

（2）资金用完报告。除了以上（1）要求提交的报告，农业部长还须向美国众议院司法委员会和美国参议院司法委员会提交一份报告，通知上述委员会以上（ⅰ）（1）提到的划拨资金的 75％ 份额已经用完。

（k）终止授权。本法案通过之日起两年后，依据本条内容提交投诉的授权终止。

第 14013 条　推广和外联办公室。

（a）通则。《1994 年农业部重组法》的修改方式为，在第 226A 条（《美国法典》第 7 篇 6933）之后添加以下内容：

"第 226B 条　推广和外联办公室。

"（a）定义。在本条中：

"（1）创业之初的农场主和牧场主。'创业之初的农场主和牧场主'一词的定义可以参见《巩固农业和农村发展法》第 343 条（a）（《美国法典》第 7 篇 1991（a））。

"（2）办公室。'办公室'指的是本条提到的推广和外联办公室。

"（3）社会地位低下的农场主或者牧场主。'社会地位低下的农场主或者牧场主'的定义参见《1990 年粮食、农业、保育和贸易法》第 2501 条（e）（《美国法典》第 7 篇 2279（e））。

"（b）设立和宗旨。

"（1）通则。农业部长应在农业部行政分支设立一个办公室，名为'推广和外联办公室'：

"（A）降低农业部项目的准入难度；以及

"（B）改善以下实体的生存能力和盈利能力：

"（ⅰ）小型农场和小型牧场；

"（ⅱ）创业之初的农场主和牧场主；以及

"（ⅲ）社会地位低下的农场主或者牧场主。

"（2）主任。该办公室设主任一名，由农业部长从竞争性部门中挑选。

"（c）职责。该办公室的职责为确保小型农场和小型牧场、创业之初的农场主和牧场主和社会地位低下的农场主或者牧场主可以获取和公平参与美国工业部提供的各种项目和服务，其实现方法为：

"（1）确立和监督农业部改善小规模、创业之初和社会地位低下的农场或者牧场参与农业部项目的程度的目标；

"（2）评估农业部外联项目的成效；

"（3）拟定和落实一项计划，以协调农业部提供的外联活动和服务；

"（4）向相关部门和办公室提供纲领性和政策性的决策依据；

"（5）评估农业部为小型农场和小型牧场、创业之初的农场主和牧场主和社会地位低下的农场主或者牧场主提供的项目和活动的成果；

"（6）向农业部长推荐新的倡议和项目；以及

"（7）落实农业部长认为适合的其他任何相关责任。

"（d）社会地位低下的农场主团体。

"（1）设立。农业部长应在推广和外联办公室内设立社会地位低下的农场主团体。

"（2）外联和协助。社会地位低下的农场主团体：

"（A）应落实《1990 年粮食、农业、保育和贸易法》第 2501 条（《美国法典》第 7 篇 2279）规定；

"（B）对于以上法第 2501 条（a）描述的活动，可以通过农业部的其他机构和办公室来完成。

"（3）社会地位低下的农场主或雇工。社会地位低下的农场主团体须监督以下机构：

"（A）依据《2008 年粮食、保育和能源法》设立的少数族裔农民咨询委员会；以及

"（B）依据（f）设立的农场雇工协调员岗位。

"（4）其他职责。

"（A）通则。社会地位低下的农场主团体可以履行其他职责以改善社会地位低下的农场主或者牧场主在农业部项目上的准入度和参与度，具体方式由农业部长决定。

"（B）外联和多样化办公室。推介和外联办公室须履行负责民事事务的助理部长下属的外联和多样化办公室在本节通过之前履行的职责和功能。

"（e）小型农场和创业之初的农场主和牧场主团体。

"（1）设立。农业部长应在推广和外联办公室内设立一个小型农场和创业之初的农场主和牧场主团体。

"（2）职责。

"（A）监督相关办公室。小型农场和创业之初的农场主和牧场主团体应负责监督小型农场协调办公室的运行情况，该办公室是依据《农业部条例》第 9100-1 条要求设立的（2006 年 8 月 3 日）。

"（B）创业之初的农场主和牧场主发展计划。小型农场和创业之初的农场主和牧场主团体须咨询国家粮食和农业协会如何管理创业之初的农场主和牧场主发展计划，该计划是依据《2002 年农场安全和农村投资法》第 7405 条（《美国法典》第 7 篇 3319f）要求设立的。

"（C）创业之初的农场主和牧场主顾问委员会。小型农场和创业之初的农场主和牧场主团体应针对团体活动与创业之初的农场主和牧场主顾问委员会协调，该咨询委员会是依据《1992 年农业信贷改善法》第 5 条（b）（《美国法典》第 7 篇 1621 注释；《公法》102-554）要求设立的。

"（D）其他职责。小型农场和创业之初的农场主和牧场主团体可以履行其他职责，以改善小型农场和牧场、创业之初的农场主和牧场主在农业部项目上的准入度和参与度，其方式由农业部长决定。

"（f）农场雇工协调员。

"（1）设立。部长应在推广和外联办公室内设立一个农场雇工协调员职位（在本款中后文简称为"协调员"）。

"（2）职责。农业部长应赋予协调员以下责任：

"（A）协助落实依据《1990 年粮食、农业、保育和贸易法》第 2281 条（《美国法典》第 7 篇 5177a）设立的计划。

"（B）发挥社区非营利性组织联络员的作用，这些组织应具备向低收入移民和季节性农场雇工提供服务的经验。

"（C）与农业部、其他联邦机构、州政府和地方政府协调合作，确保在宣布灾害和其他紧急情况

下，农场雇工的需求能够获得评估，并得以满足。

"（D）咨询推广和外联办公室和其他实体，以更好综合考察农场雇工在农业部现行计划上的观点、关切和利益。

"（E）咨询适当的机构，了解有助于低收入和季节性迁徙农场雇工的研究、项目改进或农业教育机会。

"（F）协助农场雇工成为农业生产商或土地所有者。

"（3）拨款授权。2009 至 2012 财政年度，每年将授权划拨必要金额的款项以落实本款所述内容。"

（b）相应的修订。《1994 年农业部重组法》第 296 条（b）（《美国法典》第 7 篇 7014（b））（由第 7511 条（b）修改）进一步修订如下：

（1）在（5）中，删去"；或"，插入"；"；

（2）在（6）中，删去句号，插入"；或"；以及

（3）在结尾处添加以下新条：

"（7）农业部长依据第 226B 条内容，在农业部内建立推广和外联办公室的权利。"

子篇 B　农业安全

第 14101 条　短标题。

本副标题可以被援引为《2008 年农业安全改善法》。

第 14102 条　定义。

在本子篇中：

（1）介质。"介质"系指美国农业部在任何法律法规中规定的可能导致农业疾病或出现次品的核、生物、化学或放射性物质。

（2）农业生物安全。"农业生物安全"系指防止某种介质威胁到：

（A）动物或植物的健康；

（B）公共卫生，因为接触该介质后，可能会使美国农业部在任何法律法规中规定的产品出现次品；或

（C）周边环境，因为农业疾病及其爆发可能会影响农业设施、农业用地、附近的空气和水。

（3）农业反制措施。"农业反制措施"系指：

（A）一种产品、作法或技术，旨在增加或维持美利坚合众国的农业生物安全；以及

（B）不包括那些仅用于应对人类医疗事故或公共卫生突发事件的与农业毫无关系的产品、作法或技术。

（4）农业疾病。"农业疾病"的定义参见农业部长给出的解释。

（5）突发性农业疾病。在"突发性农业疾病"出现之际，需要采取断然措施以预防人类或动植物受到损害。

（6）农业恐怖主义行为。"农业恐怖主义行为"系指：

（A）导致或企图导致以下后果的行为：

（ⅰ）使农业生产受到影响；或者

（ⅱ）使与农业相关的人员受到伤害；以及

（B）致力于或表现出致力于引发以下情况的行为：

（ⅰ）威胁或恐吓平民；或者

（ⅲ）通过威胁或恐吓来破坏农业生产，进而影响政府政策。

（7）动物。"动物"的含义参见《2002 年动物健康保护法》第 10403 条（《美国法典》第 7 篇 8302）给出的定义。

（8）开发。"开发"系指：

（A）旨在研发产品或技术以采取农业反制措施，从而保护动物健康的研究行为；

（B）规划、生产和后续修改上述产品或技术；

（C）体外或体内实验研究行为；

（D）实地、功效和安全性实验研究行为；

（E）准备向相关机构提交市场化批准申请的行为；或者

（F）在发放许可证或其他形式的联邦政府批准书之前，采取或使用农业反制措施的情况下，相关机构采取的其他行为。

（10）植物。"植物"的含义参见《2000年植物保护法》第411条（《美国法典》第7篇7702）给出的定义。

（11）合格的农业反制措施。"合格的农业反制措施"系是农业部长在咨询过美国国土安全部长后，认定可以优先采用以应对某种农业生物安全威胁的农业反制措施。

第Ⅰ部分 农业安全

第14111条 农业部国土安全办公室。

（a）设立。农业部内部须设立一个国土安全办公室（在本条中后文简称为"办公室"）。

（b）主任。该办公室负责人为国土安全事务主任，由农业部长任命。

（C）职责。国土安全事务主任将：

（1）协调农业部所有国土安全活动，包括统筹和协调机构间突发事件应对方案，这些突发事件包括：

（A）农业疾病突发事件；

（B）农业恐怖主义行为；以及

（C）其他农业生物安全威胁；

（2）代表农业部发挥主要联络员的作用，与其他联邦机构和部门协调与农业生物安全相关的行动和机构间活动；以及

（3）向农业部长提供涉及国土安全事务的政策、规定、程序、预算和行动方面的建议。

第14112条 农业生物安全传播中心。

（a）设立。农业部长应在农业部内设立一个农业安全传播中心，旨在：

（1）搜集和传播信息，为应对突发农业疾病、农业恐怖主义行为或其他农业生物安全威胁做准备。

（2）在农业部内部不同机构和部门之间协调（1）描述的活动。

（b）与现有国土安全部各项机制之间的关系。

（1）一致和协调。依据以上（a）设立的传播中心须在最大的可能限度内，分享和协调国土安全部和其他适当的联邦政府部门和机构的传播机制及时发布的信息，并予以传播。

（2）避免重复劳动。（1）中规定并不意味着农业生物安全传播中心开展的活动将妨碍国土安全部长依据任何法律规定开展的传播活动，或与其构成冲突，或是重复行动。

（C）拨款授权。在2008至2012每一财政年度，兹授权拨款必要金额以落实本条所述内容。

第14113条 协助建设地方农业生物安全规划能力和反应能力。

（a）先进培训计划。

（1）补贴援助。农业部长应设立一种竞争性补贴计划，以支持农业生化安全规划和反应领域的先进培训计划，这些计划是为农业科学专业人士和兽医定制的。

（2）拨款授权。在 2008 至 2012 每一财政年度，兹授权局农业部长拨款必要金额以落实本条所述内容。

（b）评估反应能力。

（1）补贴和贷款援助。农业部长应设立一种竞争性补贴和低息贷款援助计划，以帮助各州评估自身的农业疾病反应能力。

（2）拨款授权。在 2008 至 2012 每一财政年度，兹授权拨款 25 000 000 美元以落实本条所述内容。

第 II 部分　其他规定

第 14121 条　研发农业反制措施。

（a）补贴计划。

（1）竞争性补贴计划。农业部长应设立一种竞争性补贴计划，以鼓励具有资格的农业反制措施的基础和应用研发。

（2）遇紧急情况时的中止权。农业部长可以中止（1）中提到的要求，即在竞争性条件下提供补助，前提条件是：

（A）农业部长此前已经宣布发生了《植物保护法》（《美国法典》第 7 篇 7701 及以下）或《动物保护法》（《美国法典》第 7 篇 8301 及以下）中提到的某种突发植物或动物疾病；以及

（B）农业部长认为，中止上述要求后，可能会加速一种合格的农业反制措施的开发过程。

（b）拨款授权。在 2008 至 2012 每一财政年度，兹授权拨款 50 000 000 美元以落实本条所述内容。

第 14122 条　农业生物安全补贴计划。

（a）竞争性补贴计划。农业部长应设立一种竞争性补贴计划，以推进农业、兽药和与粮食以及农业系统有密切联系的学科的发展，增加技术熟练、掌握农业生物安全专业知识的人的数量。

（b）资格。农业部长可以依据本条内容，向某一实体发放补贴，但前提是该实体：

（1）是经过鉴定后合格的兽药学校；或者

（2）一家高等教育机构的一个部门，其主要关注点为：

（A）比较医学研究；

（B）兽医科学研究；或者

（C）农业生物安全研究。

（c）倾向。农业部长在发放补贴的时候，应根据申请人的以下能力优先发放：

（1）能够让更多的兽医或具备高等粮食和农业学位的人参加农业生物安全应用领域的培训；

（2）能够加强农业生物安全领域的研究；或者

（3）能够改善联邦政府以外缺乏重要农业生物安全知识的局面的计划。

（d）资金的使用。

（1）通则。依据本条内容接收的补贴款项，应用于支付以下开销或费用：

（A）与设备采购相关的开销和其他与粮食、农业、农业生物安全领域的兽药教学计划相关的资本开销；

（B）与拓展能够提供研兽医究生学位培训计划的学术计划和兽医学校学生在特定领域参加的不脱产培训相关的资本开销；或者

（C）农业部长认为有必要开展的其他能力建设和基础设施培训开销。

（2）限制。依据本条规定获得的资金不得被用于不动产建设、建筑或设施的修缮和翻新。

（e）拨款授权。在 2008 至 2012 每一财政年度，兹授权拨款必要金额以落实本条内容，在金额用完前一直有效。

子篇 C　其他杂项规定

第 14201 条　棉花分类服务。

《1927 年 3 月 3 日法》第 3a 条（《美国法典》第 7 篇 473a）修订如下：

"第 3a 条　棉花分类服务。

"（a）通则。农业部长（在本条中简称为'部长'）应：

"（1）为棉花生产商提供棉花分类服务；以及

"（2）提供收取分类费的服务，其对象为参与项目的、同意代表生产商收取和汇出费用的生产商或代理商。

"（b）费用。

"（1）费用的使用。依据（a）（2）规定收取的分类费用，以及销售依据本条提交的样品所得的收入，须在实际情况允许的前提下，最大限度地被用于支付依据本条规定产生的服务成本，这些成本包括行政管理费用和监管开销。

"（2）费用的宣布。农业部长应在收费当年不晚于 6 月 1 日宣布统一的分类收费标准，以及任何适用的附加费。

"（c）磋商。

"（1）通则。在依据本条规定确立费用数额之际，农业部长应征询美国棉花行业代表的意见。

"（2）例外。《联邦咨询委员会法》（《美国法典》第 5 篇附录）不适用于依据本条规定与美国棉花行业代表磋商的情形。

"（d）费用贷记。任何依据本条和第 3d 条规定收取的费用、延迟支付罚金、样品销售收入和这些资金产生的投资收益：

"（1）应被记入当前拨款账户，该账户记录依据本章和第 3d 章规定提供服务收取的费用；

"（2）可不受财政年度的限制支付部长在提供这些服务时产生的开销。

"（e）资金投资。（d）中提到的资金可以以如下方式投资：

"（1）由部长投入保险或全部抵押的计息账户；或者

"（2）由部长自行决定是否由财政部长投入政府债券。

"（f）租赁协议。尽管有其他任何法律规定，部长可以签署 5 年以上的长期租赁协议，也可以获得不动产的所有权（包括通过收购协议获取）以获取办公室，用来依据本法规定开展棉花分类工作，但前提是部长认为相关行为对落实本法规定最为有效。

"（g）拨款授权。在收费和样品销售所得未能筹集足够资金的情况下，兹授权拨款必要金额落实本条内容。"

第 14202 条　指定某些州开展棉花研究和推广活动。

《棉花研究和推广法》第 17 条（f）（《美国法典》第 7 篇 2116（f））修订如下：

（1）删除"（f）本则"，插入以下内容：

"（f）棉花生产州。

（1）通则。本则"

（2）删除"更多，而且本则"以及此后一直到本款结尾处的全部内容，插入以下内容："更多。

"（2）涵盖内容。'棉花生产州'包括：

"（A）（1）中描述的任何州的组合；以及

"（B）2008 年开始有效种植棉花作物的堪萨斯州、弗吉尼亚州和佛罗里达州。"

第 14203 条　针对减少无水氨生成甲基苯丙胺的补贴。

（a）定义。在本条中：

（1）具备资格的实体。"具备资格的实体"这个词指的是：

（A）一位农产品生产商；

（B）一个合作生产协会，其中大多数成员都生产和加工农产品；或者

（C）一个从事以下贸易或经营活动的人：

（ⅰ）以零售的方式销售某种农业产品（包括某种农用化学制剂），其主要销售对象是农场主和牧场主；或者

（ⅱ）空中播撒或地面施用某种农业化学制剂。

（2）培养舱。"培养舱"应视为一种货仓（其定义可参见《联邦法规汇编》第 49 篇第 173.315（m）条，在本法通过之日即具有法律效力的）。

（b）补贴权限。农业部长可以向具备资格的实体发放补贴，旨在帮助具备资格的实体为其无水氨肥料培养舱获取和增加一款物理锁，或者一种能够抑制甲基苯丙胺生成的物质，因为无水氨一旦从培养舱中泄露出去，就可能生成甲基苯丙胺。

（c）补贴金额。依据本条内容向具备资格的实体发放的补贴，其金额应为以下两项的乘积：

（1）不少于 40 美元，不多于 60 美元，具体金额由农业部长决定；以及

（2）具备资格的实体拥有的化学肥料培养舱的数量。

（d）拨款授权。在 2008 至 2012 每一财政年度，兹授权局农业部长拨款 15 000 000 美元以落实本条所述内容。

第 14204 条　向改善农业劳动力的供应、稳定、安全和培训的实体颁发的补助。

（a）具备资格的实体。在本条中，"具备资格的实体"指的是一个《巩固农业和农村发展法》第 379C 条（a）（《美国法典》第 7 篇 2008q（a））描述的实体。

（b）补贴。

（1）通则。为了帮助农业雇工和农场雇工，为了改善农业劳动力的供应、稳定、安全和培训，农业部长可以向具备资格的实体提供补贴，供其向作为美国公民或合法居住在美利坚合众国的农场雇工提供服务，确保其能够获取和保有农业工作，能够从事层次更高的农业工作，以及能够从农业工作转移到其他领域工作。

（2）具备资格的服务。以上（1）中提到的服务包括：

（A）农业劳动技巧开发；

（B）农业劳动力市场信息提供；

（C）运输物流；

（D）转移到另一个农业工作场所所需的短期住房；

（E）工作场所文化学习和英语二语习得协助；

（F）健康和安全知识讲解，其中包括保障美国粮食供应安全的方法；以及

（G）农业部长认为合适的其他服务。

（c）行政管理费用的限制。用于落实本条内容的资金中，每个财政年度仅能使用不超过 15％来支付行政管理费用。

（d）拨款授权。在 2008 至每一 2012 财政年度，兹授权拨款必要金额以落实本条所述内容。

第 14205 条　《1978 年金融隐私权法》相关权利的修订。

《1978 年金融隐私权法》第 113 条（k）（《美国法典》第 12 篇 3414（k)）修订如下：

（1）删除该款标题，插入以下内容：

"（k）妥善管理某些政府当局计划所需的必要信息公开。"；以及

（2）删除（2），插入以下内容：

"（2）本篇中的任何内容均不适用于金融机构公开信息的行为，不得依据本篇内容要求金融机构向任何负责认证、支付或收取款项的政府机构透露任何客户的财务记录信息，即使知晓这些信息仅仅是为了满足以下目的：

"（A）核实与联邦政府机构支付或收取费用行为有关联的任何人的身份，或者资金的妥善流动情况和交付情况；或者

"（B）调查和追索不合适的联邦政府机构支付或收取费用行为，以及协商过程有问题的国库支票。

"（3）尽管存在任何其他法律规定，以上（1）和（2）授权的要求（以及其中包含的信息）可以被金融机构或其代理人使用，但仅可以向提出要求的政府部门提供其要求掌握的客户的财务记录信息，而且金融机构及其代理人不得再次将相关信息提供给他人。任何获得以上（1）和（2）提到的相关信息的政府部门，不得对外透露这些信息，也不得使用这些信息，仅能按照相关条目中说明的目的加以利用。"

第 14206 条　库存丙烷数量报告。

（a）报告。

（1）通则。本法案颁布之日起不晚于 240 日内，美国国土安全部长（在本条中后文简称为"部长"）应向美国众议院农业委员会和美国参议院农业、营养和林业委员会提交一份报告，介绍部长依据《2007年国土安全部拨款法》第 550 条（a）（《美国法典》第 6 篇 121 注释；《公法》109 - 295）规定发布的临时裁定或最终裁定的效力，提供达到或超过筛查门槛数量的丙烷的数量情况，而筛查门槛数值在该条最后一条规定中有所定义。

（2）涵盖内容。以上（1）规定中提到的报告应包含以下内容：

（A）完成顶级筛查评估的存储设施的数量，这些设施存储的丙烷数量已经达到或超过了规定中列出的筛查门槛数值；

（B）完成顶级筛查评估的农业存储设施的数量，这些设施存储的丙烷数量已经达到或超过了规定中列出的筛查门槛数值；

（C）部长最初认定具有高风险的丙烷存储设施的数量；

（D）符合以下情况的丙烷存储设施的数量：

（i）按照要求应当完成安全薄弱环节评估或者现场安全方案的设施；或者

（ii）向部长提交过一份备选安全计划的设施。

（E）针对以上（1）规定描述的最终裁定提交申诉的丙烷存储设施数量；以及

（F）在可能的情况下，以下项目的平均开销：

（i）完成顶级筛查评估产生的开销；

（ii）完成安全薄弱环节评估产生的开销；以及

（iii）完成和落实现场安全方案产生的开销。

（3）提交形式。以上（1）规定中提到的报告须以非保密形式提供，但是可以包括一份保密附件。

（b）教育外联活动。本法案颁布之日起不晚于 30 日内，部长应为因持有丙烷数量已经达到或者超过规定的筛查门槛数量需要完成顶级筛查评估的农业存储设施开展教育外联活动。

第 14207 条　严禁企业斗狗行为。

（a）通则。《动物福利法》第 26 条（《美国法典》第 7 篇 2156）修订如下：

（1）在（a）中：

（A）在（1）中，删除"，如果相关企业的任何动物被用于从事州际或跨国贸易活动"；和

（B）在（2）的标题中，删除"州"，插入"州（大写）"；

（2）在（b）中：

（A）删除"（b）它应"，插入以下内容：

"采购、销售、交付、持有、训练或运输动物，使其进入动物搏斗企业。它应"；以及

（B）删除"运输、交付"以及"参与"之后的所有内容，插入"持有、培训、运输、交付或接受任何动物，旨在安排这些动物参与"；

（3）在（c）：

（A）删除"（c）它应"，插入以下内容：

"（c）使用邮政服务或其他州际运送工具，以推广或延续动物搏斗企业。它应"以及

（B）在"旨在"之后插入"宣传动物或（e）描述的工具，并在动物搏斗企业中使用，"；

（4）在（d），删除"（d）尽管"，插入以下内容：

"（d）触犯所在州法律。尽管"；

（5）在（e），删除"（e）它应"，插入以下内容：

"（e）采购、销售、交付或运输尖利的工具，旨在用于动物搏斗企业。它应"；

（6）在（f）中：

（A）删除"（f）部长"，插入以下内容：

"（f）部长针对触犯法律行为开展的调查；其他联邦政府机构给予的支持；没收财产或民事行为时可以收回的成本。部长"；以及

（B）在最后一句中：

（ⅰ）删除"由美利坚合众国"；

（ⅱ）在"动物的所有者"之后插入"（1）"；和

（ⅲ）删除"之前或在进行的"，插入"之前或（2）在进行的"；

（7）在（g）中：

（A）删除"（g）为了解释"，插入以下内容：

"（g）定义。在"；

（B）在（1）中，删除"任何事件"以及所有在"娱乐活动"之后的内容，插入"任何影响到州际贸易活动或跨国贸易活动，至少有两只动物参加的，旨在开展体育运动、赌博下注或娱乐活动的事件，"；

（C）删除（2）；

（D）在（5）中：

（ⅰ）删除"狗或者其他动物"；以及

（ⅱ）删除"；以及"，插入一个句号；以及

（E）将（3）至（5）分别重新编号为（2）至（4）。

（8）将（h）至（j）分别重新编号为（i）至（j）。

（9）在（i）中（经重新编号后），删除"（i）（1）这些规定"，插入以下内容：

"（i）与所在州法律发生抵触。

（1）通则。这些规定"；

（10）在（j）中（经重新编号后），删除"（6）这些行为"，插入以下内容：

"（j）刑事处罚。罪犯"；以及

（11）在（g）（6）中，删除"（6）这种行为"并插入以下内容：

"（h）与其他条款之间的关系。这些行为"。

（b）执行动物搏斗禁令。《美国法典》第 18 篇第 49 条修订为：删除"3 年"，插入"5 年"。

第 14208 条　农业部会议的透明性。

（a）报告。

（1）要求。每年不晚于 9 月 30 日（含），美国农业部长将向美国众议院农业委员会和美国参议院农业、营养和林业委员会提交一份报告，介绍农业部支持的或举行的会议，或者有农业部雇员参加的会议的情况。

（2）报告内容。依据以上（1）提交的每一份报告均应包含：

（A）农业部支持的或举行的每一次会议，或者有农业部雇员参加的每一次会议的以下信息：

（i）会议的名称；

（ii）会议的举办地点；

（iii）参加会议的农业部雇员的人数；以及

（iv）与会议相关的各项开销情况（包括农业部雇员参会产生的差旅费）；以及

（B）对于农业部支持的或举行的每一次会议，如果会议期间农业部签订了一项采购合同，那么必须提供相关会议期间与合同相关的签约程序。

（3）例外。以上（1）中的要求不适用于以下会议：

（A）联邦政府支付的相关开销不超过 10 000 美元的会议；或者

（B）在美国以外地点召开的会议，而且参加者是农业部长本人或其指定作为美国政府官方代表的人员。

（b）报告的可用性。每一份依据（a）规定提交的报告均应以可以用搜索引擎搜索的格式发布在农业部官方网站上，以便公众随时调阅。

（c）会议的定义。在本条中，"会议"系指：

（1）以下各种会晤：

（A）旨在磋商、教育、领会或讨论的会晤；

（B）至少有一位农业部下属机构人员参加的会晤；

（C）整体或部分在农业部下属机构外部召开的会晤；以及

（D）需要为部分参与者报销差旅费和住宿费的会晤。

（2）不包括任何培训计划，如再教育计划或者基于课程的教育计划，前提是此类培训计划是在非政府组织举办的会议之外独立进行的。

第 14209 条　《联邦杀虫剂、杀真菌剂和灭鼠剂法》的修订。

（a）开销的支付。《联邦邦杀虫剂、杀真菌剂和灭鼠剂法》（《美国法典》第 7 篇 1360（d））第 17 条（d）

（1）删除"局长"，插入以下内容：

"（1）通则。局长"；以及

（2）在结尾处添加以下新条：

"（2）由美国国务院负担的开销。美国环境保护署的雇员在参加任何国际技术、国际经济或国际政策评估委员会或其他官方机构针对某一国际公约召开的会议产生的任何开销，均须由美国国务院负责支付。"

（b）杀虫剂容器的回收和循环利用。《联邦邦杀虫剂、杀真菌剂和灭鼠剂法》第 19 条（a）（《美国法典》第 7 篇 136q（a））进行修订，在结尾处添加以下新内容：

"（4）杀虫剂容器的回收和循环利用。农业部长可以颁布一项旨在回收和循环利用用于在州际贸易中批发或零售经过注册的杀虫剂产品的一次性容器的规定。此类要求回收利用一次性杀虫剂容器的规定不适用于盛放抗菌杀虫剂（此类杀虫剂的定义可参见第 2 章）或盛放其他非农业用杀虫产品的容器。"

第 14210 条 活犬的进口。

（a）通则。《动物福利法》第 17 条（《美国法典》第 7 篇 2147）修订如下：

"第 18 条 活犬的进口。

"（a）定义。在本条中：

"（1）进口商。'进口商'系指任何从其他国家向美国转售和运输幼犬的人。

"（2）转售。'转售'系指任何向他人转让犬龄在 6 个月以下的进口犬的所有权或控制权，而且犬的转让数量超过了法定的最低限度。

"（b）要求。

"（1）通则。除非如（2）所述，任何人均不得以转售为目的向美国进口犬类，除非农业部长认为这些犬符合以下情况：

"（A）健康状况良好；

"（B）已经接受过所有必要的疫苗接种；以及

"（C）在为转售而进口之际，犬龄在 6 个月或以上。

"（2）例外。

"（A）通则。农业部长依据相关法规，应为任何以上（1）规定中的要求提供例外情形，例外情形适用于以下情况：

"（ⅰ）进口犬类用于开展研究；或者

"（ⅱ）进口犬类用于兽医治疗。

"（B）合法进口至夏威夷州。以上（1）（C）不适用于从英属岛屿、澳大利亚、关岛或新西兰进口至夏威夷州的情况，但相关进口行为应符合夏威夷州的相关规定和本条的其他要求，而且这些犬类被运至夏威夷州并不是为了在犬龄小于 6 个月的时候进行转售。

"（c）落实和规定。农业部长、卫生和公众事务部长、商务部长和国土安全部长须颁布相关规定，以落实和执行本条的规定内容。

"（d）执行。未能遵守本条规定的进口商应：

"（1）依据第 19 条规定接受惩罚；以及

"（2）提供护理费（其中包括适当的兽医护理费用）、罚款和符合收养条件的犬的收养费。"

（b）生效日期。以上（a）中规定的修订将在本法案颁布之日开始生效。

第 14211 条 永久性禁止有欺诈行为者参与农业部计划。

（a）通则。依据以上（b）规定，农业部长须永久性禁犯有故意在涉及美国农业部提供的任何计划上欺诈美国政府的重罪的个人、机构、公司或其他实体参与相关农业部计划。

（b）例外。

（1）农业部长的裁定。农业部长可以在认为合适的情况下，减少以上（a）提到的禁令的实施期限，使其不超过 10 年。

（2）粮食援助计划。以上（a）提到的禁令不适用于国内粮食援助计划（具体情形由农业部长决定）。

第 14212 条 禁止关闭或搬迁农业部农场服务局在各县设置的办公室。

（a）临时禁令。

（1）通则。依据（2）规定内容，本法案颁布之日过后两年内，农业部长不得关闭或搬迁农场服务局设在各县的办公室和地方办事处。

（2）例外。以上（1）规定不适用于：

（A）距离农场服务局的其他办公室不超过 20 英里的办公室；或者

（B）在常规租赁活动期间，在同一个县内搬迁的办公室。

（b）关闭办公室的限制；通知。

（1）限制。在以上（a）（1）提到的期限过后，农业部长须在关闭距离农场服务局的其他办公室超过 20 英里的办公室之前，在切实可行的范围内先关闭农场服务局的以下办公室：

（A）距离农场服务局的其他办公室不超过 20 英里的办公室；以及

（B）只拥有两名或更少永久性全职雇员的办公室。

（2）通知。在以上（a）（1）提到的期限过后，农业部长不得关闭农场服务局设在各县的办公室和地方办事处，除非：

（A）在农业部长提出关闭相关办公室后不超过 30 天内，农业部长针对建议关闭行为在办公室所在的县举行了一次公开会议；以及

（B）以上（A）提到的公开会议结束后，但农业部长批准关闭相关办公室后的 90 日内（含），农业部长须将关闭相关办公室的提议通知美国众议院农业委员会和拨款委员会、美国参议院农业、营养和林业委员会和拨款委员会、每位代表建议关闭的相关办公室所在州的参议员以及代表建议关闭的相关办公室所在的国会选区的联邦众议员。

第 14213 条　美国农业部研究生院。

（a）通则。《1996 年联邦农业促进与改革法》第 921 条（《美国法典》第 7 篇 2279b）修订如下：

（1）该条标题修改为：

"第 921 条　农业部的教育、培训和职业发展活动。"；以及

（2）删除（b），插入以下新内容：

"（b）作为一家不占用拨款的基金机构运行。

"（1）停止运行。2009 年 10 月 1 日前（含），农业部长须停止维持或运行不占用拨款的美国基金机构，并不再利用其开发、管理或提供教育培训和职业发展活动，其中包括针对联邦机构、联邦雇员、非政府组织、其他实体以及普通民众的任何教育活动。

"（2）过渡。

"（A）通则。农业部长有权使用农业部支配的资金和农业部长认为适合的农业部资源（包括委任农业部长认为适合的农业部雇员）为农业部研究生院的总体行政委员会提供帮助，将其转变为一个非政府实体，而不是一家不占用拨款的美国基金机构，此期间可以协助其开展不触犯法律或法规的私有化活动。

"（B）授权终止。以上（1）提到的授权将在以下两个时间中较早的一个终止：

"（ⅰ）研究生院彻底转变转变为一个非政府实体，而不是一家不占用拨款的美国基金机构之时，具体时间由农业部长决定；或者

"（ⅱ）2009 年 9 月 30 日。"

（b）采购程序。尽管以上（a）提到的修改方案将在本法案颁布之日生效，农业部研究生院依然将向以前一样受到联邦政府采购法律和法规的管辖，还应符合其他向联邦政府提供服务的私营实体必须符合的要求。

第 14214 条　触犯《动物福利法》时应承担的罚款。

《动物福利法》第 19 条（b）（《美国法典》第 7 篇 2149（b））修订为，在第一句话中删除"对于每次违规行为，需支付不超过 2 500 美元的罚款"，插入"对于每次违规行为，需支付不超过 10 000 美元的罚款。"

第 14215 条　集中归档系统。

《1985 年粮食安全法》第 1324 条（c）（2）（《美国法典》第 7 篇 1631（c）（2））修订如下：

（1）在（C）（ii）（II）中，在"此类债务人"后插入"，除非包含社会保障卡号或纳税人识别码的数值表可以进行加密，而且国务卿提供了一种可以有效搜索加密号码的方法，足以判定相关农产品是否具有一次或多次留置权"；以及

（2）在（E）中：

（A）删除"（C）"，插入"（C）"；以及

（B）在分号之前，结尾处插入以下内容："除非：

"（i）总清单部分内容的分发可以以电子、手写或印刷形式进行；以及

"（ii）如果总清单中的社会保障卡号或纳税人识别码被加密后，国务卿仅能以以下方式来分发总清单：

"（I）含有以下内容的光盘或者其他电子媒介：

"（aa）债务人的归档姓名清单；以及

"（bb）可以安排采购商、代销商和销售商通过录入社会保障卡号码与加密归档清单中的社会保障卡号或纳税人识别码进行比对的加密程序；以及

"（II）应采购商的书面要求，代销商或销售商可以向提交要求者提供纸质版本的清单。"

第 14216 条　对在联邦研究中使用猫和狗的建议的考察。

（a）通则。农业部长应

（1）评估。

（A）任何经过国家认可的专家小组对于在联邦资助的研究中使用使用 B 类狗和猫的独立评估，以确定国家卫生研究所在开展研究时使用这些狗和猫的频繁程度；以及

（B）上述专家小组提出的任何与上述使用情况的范围界定相关的建议。

（2）向美国众议院农业委员会和美国参议院农业、营养和林业委员会提交一份报告，介绍以上（1）（B）中提到的建议将如何在农业部内部实施，并确保这些狗和猫能够获得农业部法规中规定的待遇。

（b）B 类狗和猫的定义。在本条中，"B 类狗和猫"条指从"B"类授权对象处获取的狗和猫，"B"的定义参见《联邦法规汇编》第 9 篇第 1.1 条。

第 14217 条　区域经济和基础设施开发。

（a）通则。《美国法典》第 40 篇修订如下：

（1）将子篇 V 重新编号为子篇 VI；以及

（2）在子篇 IV 后插入以下内容：

"子篇 V　区域经济和基础设施开发

"第 151 章　通则。——15101
"第 153 章　区域委员会。——15301
"第 155 章　财务支持。——15501
"第 157 章　行政规定。——15701

"第 1 章　通　　则

"第 15101 条　定义。

"在本子篇中，以下定义适用：

"（1）职权。'职权'指的是第 15301 条中界定的含义。

"（2）地方开发区。'地方开发区'指的是以下实体：

"（A）（i）具有以下特点的经济开发区：

"（Ⅰ）在本篇内容颁布之日时就存在的开发区；以及

"（Ⅱ）位于相关地区；或者

"（ii）如果（i）中提到的一个实体并不存在：

"（Ⅰ）该实体成立和运行的方式可以确保广泛社区参与，并为地方官员、社区领袖和公众参与开发和落实该地区的项目提供有效机会；

"（Ⅱ）该实体受到一个政策委员会的管辖，而且在该委员会中以下成员至少占据简单多数：

"（aa）民选官员；或者

"（bb）被指定代表该地方政府的地方政府通用部门指定人员或雇员；以及

"（Ⅲ）经过州或适当的所在州的官员认证，确实具有对相关县、相关县的部分地区或其他政治分区实施经济开发的执照或权限；以及

"（B）联邦共同主席并未发现以下情况：

"（i）不当使用来自任何联邦机构的联邦补助资金的状况；或者

"（ii）曾经委任一名官员在其他实体任职，但后者存在不当使用来自任何联邦机构的联邦补贴资金的状况。

"（3）联邦补贴计划。'联邦补贴计划'指的是为开展经济和社区发展活动提供资金的联邦补贴计划。

"（4）印第安部落。'印第安部落'的定义参见《印第安自治和教育援助法》第4条（《美国法典》第25篇450b）内容。

"（5）非营利性实体。'非营利性实体'指的是《1986年国内税收法典》第501条（c）提到的任何组织，而且依据该法典第501条（a）内容，如果这些实体是以经济开发为目的的，就可以不用缴纳税款。

"（6）区域。'区域'指的是第157章第Ⅱ节中提到的委员会负责管理的地区。

"第2章　区域委员会

"第15301条　委员会的设立、成员和雇员。

"第15302条　委员会决议。

"第15303条　委员会职能。

"第15304条　委员会行政权力和开销。

"第15305条　委员会会议。

"第15306条　个人金融利益。

"第15307条　部落参与。

"第15308条　年度报告。

"第15301条　委员会的设立、成员和雇员。

"（a）委员会的设立。现有区域委员会有以下几个：

"（1）东南部新月区域委员会。

"（2）西南部边境区域委员会。

"（3）北部边境区域委员会。

"（b）委员会成员。

"（1）联邦和州成员。每个委员会须由以下成员组成：

"（A）联邦联合主席一名，将由总统在参议院的建议下委任，还须获得参议院的批准。

"（B）委员会所在区域的参加委员会的州的州长。

"（2）候补成员。

"（A）候补联邦共同主席。总统还须为每个委员会委任一名候补联邦共同主席。候补联邦共同主席在不担任联邦共同主席的替补之际，须履行联邦共同主席交予的职责。

"（B）州候补成员。参加委员会的州的州成员也可以选择一名替补，州候补成员须由所在州的州长委任，但必须是州长的内阁成员或其办公室人员。

"（C）投票。在联邦成员或州成员不在位、死亡、残疾、被罢免或辞职之际，相关候补成员即可代替其进行投票。

"（3）联合主席。委员会的负责人为：

"（A）联邦联合主席，发挥联邦政府和委员会的联络员作用；以及

"（B）州联合主席，须为该区域参加委员会的州的一名州长，而且须经过所有州成员选举产生，其任职期间不得少于 1 年（含）。

"（4）连续任职期限。州成员不得连任州联合主席达 2 年以上（含）。

"（C）工资。

"（1）联邦联合主席。每位联合主席应由联邦政府按照高级官员工资标准第 III 级发放工资，相关规定参见第 5 篇第 5314 条。

"（2）候补联邦共同主席。每位联邦共同主席的替补应由联邦政府按照高级官员工资标准第 V 级发放工资，相关规定参见第 5 篇第 5316 条。

"（3）州成员及州候补成员。每位州成员及州候补成员须由所在州政府按照该州法律规定的额度发放工资。

"（d）执行主任和工作人员。

"（1）通则。委员会须委任一名执行主任以及必要的人员来确保委员会能够履行职责，并确定他们的工资标准。本项中提到的工资不得超过高级主管基本工资的最大限额，参见第 5 篇第 5382 条内容；也不得超过任何使用的当地具有可比性的工资额度，参见该篇第 5304 条（h）（2）（c）。

"（2）执行主任。执行主任应负责行使委员会的行政职责，领导委员会工作人员，并行使委员会赋予的其他职责。

"（e）不具备联邦雇员身份。任何委员会成员、候补成员、官员、或雇员（联邦共同主席、候补联邦共同主席、联邦共同主席的工作人员和委员会的任何联邦雇员除外）在任何情况下都不得被视为联邦雇员。

"第 15302 条　委员会决议。

"（a）批准要求。除非出现了第 15304 条（c）（3）的情况，委员会做出决议时，应获得联邦共同主席的赞同票，以及大多数州成员的赞同票（依据第 15304 条（c）（3）（C）规定，代表不具备投票权的州的成员除外）。

"（b）磋商。委员会遇到需要解决的问题时，联邦共同主席应在切实可行的范围内征询相关联邦机构和部门的意见。

"（c）法定人数。委员会将决定委员会会议的法定人数；但是：

"（1）任何法定人数均应包含联邦共同主席或候补联邦共同主席；以及

"（2）候补州成员不得被记入法定人数。

"（d）项目和补贴建议。每个委员会均应负责依据第 15503 条规定审批项目和补贴建议。

"第 15303 条　委员会职能。

"委员会应：

"（1）基于现有联邦机构、州机构、地方机构、高等院校、地方开发区和其他非政府组织的研究成

果、示范项目、调查结果和评估结果，评估所在区域的需求和资产情况；

"（2）持续制定全面和协调的经济和基础设施发展战略，确立优先解决的问题，批准所在区域的经济开发补贴，并仔细考察联邦、州、和地方政府在该区域开展的其他规划和发展活动。

"（3）在本条内容颁布之日起1年内（含），考虑到所在州依据第15502条规定拟定的计划，确定所在区域经济和基础设施发展计划中需要优先解决的问题，包括所在区域拟在未来5年实现的成果目标；

"（4）（A）加强地方开发区在该区域的活动能力，并为地方开发区提供支持；或者

"（B）如果所在区域的参与州境内的某一地区并没有地方开发，那么可以酝酿在那里建立一个地方开发区；

"（5）鼓励私人投资所在区域的工商业，以及其他经济开发项目；

"（6）与州政府合作，帮助其拟定经济和基础设施开发计划，以及参与州的项目；

"（7）谋划州际合作形式和国际合作模式，并向参与委员会的各州的州长和立法机构推荐这些合作模式；以及

"（8）与州机构和地方机构合作拟定适当的范例法，推动地方和区域经济发展。

"第15304条　委员会行政权力和开销。

"（a）权力。在履行本子篇提到的职权之际，委员会可以：

"（1）举行听证会，在听证会召开期间听取和接受证据，并以复印或其他手段复制和分发听证程序记录和委员会行动报告，前提是委员会认为合适；

"（2）通过联邦共同主席、州共同主席或其他委员会指定的委员会成员授权，安排其主持宣誓程序，前提是委员会认为相关证词或证据应当在宣誓后采用或接受；

"（3）从任何联邦机构、州机构或地方机构申请获取这些机构持有或可以掌握的信息，前提是这些信息可能对委员会履行职责有所帮助；

"（4）批准、修订和废止规范商业行为和委员会履行职责的规章制度；

"（5）要求联邦机构、州机构或地方政府负责人向委员会提供履行职责所需的工作人员，前提是这些人的资历、工资或其他雇员地位不会受到损失；

"（6）为委员会员工提供适宜的退休和员工福利机制，安排他们与参加委员会的州政府或其他可以提供退休和其他员工福利的机构签订协议。

"（7）接受、使用和处理真实的、个人的、有形的或者无形的赠品、捐献或服务；

"（8）签订和落实履行委员会协议所必须的合同、合作协议或其他交易，其中包括与美国政府部门、机构或实体，州（包括政治分区、机构或州下属实体），法人，公司，协会或企业签订的任何合同或合作协议；以及

"（9）在哥伦比亚特区设立一个政府关系办公室，并在相关区域内委员会自行决定的场所建立和维护一个委员会中央办公室。

"（b）联邦机构合作。联邦机构应：

"（1）与委员会开展合作；以及

"（2）在切实可行的范围内，应联邦共同主席要求，依据适当的联邦法律（包括各项法规）向其提供适当的援助以落实本子篇中提到的内容。

"（c）行政管理费用。

"（1）通则。依据（2）规定内容，委员会的行政管理费用须按照以下方式支付：

"（A）联邦政府须支付委员会行政管理费用的50%；以及

"（B）参加委员会的各州须支付委员会行政管理费用的其余50%。

"（2）联邦共同主席的开销。联邦共同主席的全部开销，包括候补联邦共同主席及其工作人员的开

销，均应由联邦政府支付。

"（3）各州支付的份额。

"（A）通则。依据（B）规定内容，每个州支付委员会行政管理费用的份额，应经委员会的各个州成员通过投票一致通过。

"（B）禁止联邦人员参与。联邦共同主席不得参加以上（A）提到的决策过程，也不得参与投票。

"（C）逾期不缴纳费用的州。任何时候某一州超过一年未缴纳本款提到的委员会行政管理费用的相应份额时：

"（i）依据本子篇规定向该州的任何在拖欠行为开始之日尚未获得批准的项目提供的援助（其中包括向政治分区或该州居民提供的援助）应停止提供；以及

"（ii）该州在委员会的任何成员将不得参加委员会的任何决策过程，也不得参与任何投票活动。

"（4）对援助的影响。在依据本子篇规定决定向各州提供援助的数额的时候，不得考虑各州依据本款规定须缴纳的委员会行政管理费用份额。

"第 15305 条 委员会会议。

"（a）先期会议。每个委员会应在本条颁布之日起 180 日内（含）召开一次先期会议。

"（b）年度会议。每个委员会应每年至少召开一次会议，而且每次会议必须有联邦联合主席参加，每次会议的参会人员中州成员应占据多数。

"（c）附加会议。每个委员会应在认为适合的情况下召开附加会议，而且可以通过电子方式召开这样的会议。

"第 15306 条 个人金融利益。

"（a）利益冲突的情况。

"（1）不允许扮演任何相关角色。除非出现了（2）提到的情况，一位州成员或候补成员、委员会管理人员或雇员均不得亲自或者大体上以委员会成员、候补成员、管理人员或雇员的身份参与委员会对于某项裁决的决策、批准、驳回、推荐和申请，也不得参与其他决定、合同、诉讼、争议等此人知道涉及以下人员金融利益的事务：

"（A）此人本人。

"（B）此人的配偶、未成年子女或者长期共同生活的伴侣。

"（C）此人作为管理人员、经理、董事、合伙人或雇员的机构（州或者州下属的政治分区除外）。

"（D）正在与此人就潜在的雇佣关系进行洽谈的任何法人或组织，或正在与其就潜在的雇佣关系达成共识的任何法人或组织。

"（2）例外。以上（1）不适用于此人在某项裁决或其他决定、合同、诉讼、争议或其他涉及潜在的利益冲突的事宜的进行、落实和申请之前采取了以下措施时：

"（A）通知委员会相关事宜可能造成的利益冲突的性质和情形；

"（B）彻底斩断了相关的金融利益；以及

"（C）接到了委员会的书面裁决，说明相关利益并未达到相当程度，所以委员会不认为这些利益可能会影响到此人向委员会提供服务的完整性。

"（3）违规行为的处理。违反本款规定的人应依据第 18 篇中的相关规定缴纳罚款或服一年以内的有期徒刑，或者两者兼有。

"（b）州成员或候补州成员。州成员或候补州成员不得为在委员会供职而接受其所在州以外的任何法人或实体提供的任何工资或任何形式的补贴。

"（c）被选派的雇员。

"（1）通则。任何被选派在委员会任职的人员均不得因为委员会提供服务而接受其原供职的州、地方或政府间部门或机构以外的任何法人或实体提供的任何工资或任何形式的补贴。

"（2）违规行为。任何触犯上款规定的人，应依据第18篇中的相关规定缴纳罚款或服一年以内的有期徒刑，或者两者兼有。

"（d）联邦共同主席、候补联邦共同主席、联邦官员和联邦雇员。联邦共同主席、候补联邦共同主席、以及任何被选派到委员会任职的联邦官员或联邦雇员均不受本条规定的约束，但是依然要接受第18篇第202条至209条规定的约束。

"（e）废止。委员会可以宣布任何合同、贷款或补贴无效，前提是委员会认为，依据以上（a）（1）、（b）或（c）规定或第18篇第202条至209条规定，在合同、贷款或补贴的操作过程存在违规行为。

"第15307条　部落参与。

"西南边境区域委员会的印第安部落政府应被允许参与委员会活动，其待遇应与该区域内各州的下属机构相同。

"第15308条　年度报告。

"（a）通则。在每个财政年度的最后一日过后90日内（含），每个委员须向总统和国会提交一份报告，介绍委员会依据本子篇规定在这一财政年度开展活动的情况。

"（b）报告内容。这份报告应包括：

"（1）委员会依据第15702条规定将各县归类时使用的标准描述，以及归类完毕的各县名称列表；

"（2）对委员会实现其依据第15303条规定拟定的经济和基础设施发展计划中的目标，和其依据第15302条规定拟定的州经济和基础设施发展计划中的目标的落实情况的评估；以及

"（3）经委员会批准的任何政策建议。

"第3章　金融援助

"第15501条　经济和基础设施发展补贴。
"第15502条　全面经济和基础设施发展计划。
"第15503条　援助申请的批准。
"第15504条　计划开发标准。
"第15505条　地方开发区和组织。
"第15506条　联邦补贴计划的补充。

"第15501条　经济和基础设施发展补贴。

"（a）通则。委员会可以向各州和地方政府、印第安部落、社会团体和非政府组织提供补贴，帮助其开展以下项目，但审批补助时须依据第15503条进行：

"（1）开发区域内的交通运输基础设施；

"（2）开发区域内的基本公共基础设施；

"（3）开发区域内的基本电信基础设施；

"（4）协助区域开展就业技能和技术培训，使其获得与就业相关的教育、创业精神、技术和商业开发能力；

"（5）向区域内经济上特别困难的地区和欠发达地区提供改善基本医疗和其他公共服务所需的财政资源作为援助；

"（6）在确保经济发展目标不变的情况下，推进资源保护、旅游业、娱乐业和保留空地；

"（7）推进可再生能源和替代能源发展；以及

"（8）采取其他有助于落实本副标题中规定的措施。

"（b）资金分配。在每个财政年度，委员会须将委员会提供的补贴的至少 40％分配给（a）中（1）至（3）提到的项目。

"（c）补贴来源。补贴金额可以完全从落实本子篇所需的拨款分配，也可以辅以其他联邦补贴计划或其他来源的经费。

"（d）委员会出资的最高限额。

"（1）通则。依据以上（2）和（3），委员会可以为在本条中有资格接受援助的项目或活动提供不超过 50％的项目资金或活动开销，这些资金来自用于执行本子篇的资金。

"（2）贫困县。对于在某一贫困县开展的某个项目或活动，委员会出资的最高限额，依据第 15702 条规定，可以提升至 80％。

"（3）针对区域内项目的特殊细则。委员会可以依据以上（1）中规定将最高出资份额提升至 60％，还可以依据以上（2）规定将最高出资份额提升至 90％，但前提是：

"（A）这些项目或活动涉及 3 个或 3 个以上县，或者涉及不止一个州；以及

"（B）委员会依据第 15302 条（a）规定认为，这些项目或活动会给该区域内的多个州或多个县带来可观的利益。

"（e）维护努力。项目或活动资金可以由所在州参加的委员会依据本条规定提供，但前提是该委员会认为，依据本子篇以外的法规向本区域的同一个州的同类项目或工程提供的联邦财务援助或州财务援助金额不会因为依据本子篇法规提供资金的行为而有所减少。

"（f）不提供搬迁援助。依据本条规定提供的财务援助不得被用于帮助个人或实体从一个地区搬迁至另一个地区。

"第 15502 条　全面经济和基础设施开发计划。

"（a）州计划。依据委员会拟定的相关政策，委员会的每个州成员应针对其代表的该区域内的相关地区提交一份全面经济和基础设施开发计划。

"（b）计划内容。州经济和基础设施开发计划应体现出委员会依据第 15303 条拟定的任何相关经济和基础设施开发计划中的目标、宗旨和优先事项。

"（c）向当地的利益攸关方咨询。在落实发展计划的过程中（包括援助项目和工程的选取过程），每个州应：

"（1）向地方开发区、地方政府部门和地方高等院校咨询；以及

"（2）将以上（1）提到的实体的目标、宗旨、优先处理事项和建议考虑在内。

"（d）公众参与。

"（1）通则。委员会和相关的州以及地方开发区须鼓励和协助，在切实可行的范围内公众参与本子篇中提到的所有计划和项目的开发、修订和落实过程。

"（2）指导方针。委员会须拟定提供公众参与的指导方针，包括开展公开听证会的指导方针。

"第 15503 条　援助申请的批准。

"（a）州成员的评估。依据本子篇规定，向委员会提交的补助申请或其他项目申请，须由代表申请者的委员会州成员拟定，而且州成员须对这些申请进行评估。

"（b）认证。依据本子篇规定，向委员会提交的补助申请或其他项目申请，仅在经过代表相关项目的申请者的委员会州成员认证后，才可以具备领取援助的资格，这项认证具有以下特点：

"（1）介绍了相关项目符合任何相关州经济和基础设施发展计划的情况；

"（2）表明相关项目已经达到第 15504 条规定的标准；

"（3）可以充分保证项目可以妥善地实施、运行和维持下去；以及

"（4）可以满足本副标题提到的其他援助要求。

"（c）裁决投票。在委员会州成员对依据本子篇规定向委员会提交的补助申请或其他具体项目申请进行认证后，委员会须依据第 15302 条规定进行投票，赞成票占多数时申请即得以通过。

"第 15504 条　计划开发标准。

"在考察委员会依据本本子篇规定拟提供援助的项目和计划时，以及在确立委员会对援助申请的优先处理次序时，委员会须遵循以下程序，以确保在切实可行的范围内考虑到以下因素：

"（1）相关项目或项目类别与区域整体发展的关系；

"（2）相关地区的人均收入、贫困率、失业率和迁入人口率；

"（3）可以向申请者提供援助以落实相关项目所需的财政资源情况，重点保障相关项目能够得到足够的资金，以在切实可行的范围内成功实现经济发展；

"（4）相关项目或项目类别与其他竞争性同类资金的项目或项目类别之间的轻重关系；

"（5）寻求援助的项目的发展前景是否乐观，是否能够持续而不是暂时增加项目所在地区的就业机会，提升平均收入水平，或加速经济发展势头；以及

"（6）项目设计是否能够很好地提供详尽的收效评估机制，是否能够展示出补助开销和补助产生的收效之间的比率。

"第 15505 条　地方开发区和组织。

"（a）向地方开发区提供的补贴。依据本条要求，委员会可以向地方开发区提供补贴，以帮助其支付开发规划开销和行政管理费用。

"（b）补贴发放条件。

"（1）补贴的最大限额。依据本条规定发放的补贴金额最高不得超过接受补贴的地方开发区行政管理费用和规划开销的 80％。

"（2）州直属机构接受补贴的最长期限。对于州直属机构被认证为一个地方开发区时，依据本条规定为其提供的补贴期限不得超过 3 个财政年度。

"（3）地方出资形式。地方开发区负担行政管理费用的形式可以是现金，也可以是空间、设备和服务等实物，而实物须经过合理估价。

"（c）地方开发区的责任。地方开发区须：

"（1）在地方层面，作为为该区域内的多个县服务的主导机构；

"（2）协助委员会开展针对地方政府、社区发展组织、业界人士和广大公众的外联活动；

"（3）在州、地方政府、非政府组织（包括基于社区的组织和教育机构）、业界人士和广大公民之间发挥联络员作用；以及

"（4）协助以上（3）提到的个人和实体识别、评估和提供各种项目和计划，以推进相关区域的经济发展。

"第 15506 条　联邦补贴计划的补充。

"（a）调查结果。美国国会发现，某些州和相关区域的地方社区，包括地方开发区，可能未能最大限度地发挥提供给州和社区的联邦补贴计划的效力，原因如下：

"（1）它们缺乏足够的经济资源以按照要求提供相应的资金份额；或者

"（2）依据相关联邦法规理应提供的资金并不足以在相关区域开展项目。

"（b）联邦补贴计划的出资情况。委员会经过联邦共同主席的批准后，可以使用依据本子篇规定的划拨资金：

"（1）为经联邦法规授权的联邦补贴计划框架下的项目或活动提供基本的联邦资金；以及

"（2）为经联邦法规授权的联邦补贴计划框架下的项目或活动追加联邦资金，但这些超过固定限额

的标题须被用于其他法律授权开展的项目或活动产生的开销。

"（c）认证要求。对于依据以上（b）规定，应提供相关基本联邦资金的项目、计划或活动，仅在具备资格的负责落实相关联邦法规的联邦官员提供认证，表明这些项目、计划或活动符合相关联邦法规的要求，而且为此类项目、计划或活动划拨的联邦资金数额充裕的情况下，才能为其提供联邦资金。

"（d）其他适用法律的限制。依据本子篇规定提供的金额，与其他适用法律规定的地区援助或拨款授权限额没有关联。

"（e）联邦出资份额。对于依据本条规定接受援助的项目或活动，联邦政府出资份额不得超过80％。

"（f）委员会最高出资限额。第15501条（d）有关委员会出资限额的规定适用于依据本条规定接受援助的项目、计划或活动。

"第 4 章 行政管理规定

"第 I 节 通 则

"第 15701 条 各州的认可。
"第 15702 条 贫困县和贫困地区。
"第 15703 条 有资格在多个区域获得援助的县。
"第 15704 条 监察长；记录。
"第 15705 条 一年两次的委员会全体代表大会。

"第 II 节 区域的指定

"第 15731 条 东南新月区域委员会。
"第 15732 条 西南边境区域委员会。
"第 15733 条 北部边境区域委员会。

"第 III 节 授权拨款

"第 15751 条 拨款授权。

"第 I 节 通 则

"第 15701 条 各州的认可。

"本子篇不要求州在未认可本子篇规定中提到的计划的情况下参与或接受相关计划。

"第 15702 条 贫困县和贫困地区。

"（a）指定。本条规定颁布之日起90日内（含），以及此后每年，每个委员会应完成以下认定工作：

"（1）贫困县。委员会应将所辖区域内经济状况最不乐观、贫困持续时间最长、发展情况最糟糕以及贫困率、失业率和外迁率最高的县指定为贫困县。

"（2）过渡县。委员会应将所辖区域内经济状况不乐观、发展情况不佳或近期出现高贫困率、失业率和外迁率的县指定为过渡县。

"（3）达标县。委员会应将所辖区域内的既没有依据本款规定被指定为贫困县，也没有被指定为过渡县的县指定为达标县。

"（4）孤立的贫困地区。委员会应将所辖区域内依据以上（3）指定的达标县境内的具有高贫困率、就业率和外迁率的地区指定为孤立的贫困地区。

"（b）分配方案。委员会应将落实本子篇规定的拨款的至少50％分配给该区域内的贫困县和孤立的贫困地区，以满足其需求。

"（c）达标县。

"（1）通则。除非出现了以上（2）中规定的情形，不得依据本子篇规定为依据以上（a）被指定为达标县的县提供资金。

"（2）例外。

"（A）地方开发区的行政管理费用。以上（1）规定的禁止出资不适用于依据第15505条规定，旨在为地方开发区的行政管理费用出资的补贴。

"（B）多个县的项目和其他项目。委员会可以废止以上（1）中规定的禁止出资规定，如果：

"（ⅰ）相关出资涉及多个县的项目，而其中一个县是达标县；以及

"（ⅱ）相关出资涉及其他任何类型的项目，但前提是委员会认为该项目可以为该区域内达标县以外的地区带来可观的利益。

"（3）孤立的贫困地区。指定孤立的贫困地区时，须具备以下基础：

"（A）可以获取最新的联邦政府数据；或者

"（B）如果无法获取最新的联邦政府数据，那么需要通过孤立的贫困地区所属的州政府获取最新的数据。

"第15703条　有资格在多个区域获得援助的县。

"（a）限制。一个州的政治分区不得依据本子篇规定在一个财政年度内从多个委员会获取援助。

"（b）委员会的选择。同时在多个委员会区域内的政治分区，应从中选择一个委员会加入，并向这个委员会的联邦联合主席以及该委员会适当的州成员提交书面通知。

"（c）委员会选择的变更。一个政治分区对于一个委员会的选择不但适用于做出选择时所在的财政年度，还适用于以后每个财政年度，除非这个政治分区在下一个财政年度的第一日前至少90日（含）以书面形式通知另一个委员会的所有联合主席，表明参加该委员会的意愿，同时还要将通知复本提交给其当前加入的委员会的所有联合主席。

"（d）阿巴拉契亚区域委员会的纳入。在本条中，'委员会'也包括依据第143章规定成立的阿巴拉契亚区域委员会。

"第15704条　监察长；记录。

"（a）总监察长的任命。各委员会必须依据《1978年总监察长法》（《美国法典》第5篇附录）第3条（a）规定任命一名总监察长。所有委员会均须接受这名总监察长的监督。

"（b）委员会的记录。

"（1）通则。委员会应为所有的交易和活动制作精确和完整的记录。

"（2）记录的可及性。总监察长（及总监察长的授权代表）可以随时审计和检查委员会的所有记录。

"（c）委员会援助接收对象的记录。

"（1）通则。依据本子篇规定接受委员会资金援助者，应为使用相关资金的所有的交易和活动制作精确和完整的记录，并向委员会提供交易和活动情况的报告。

"（2）可及性。委员会和总监察长（包括委员会的授权代表和总监察长的授权代表）可以随时审计以上（1）提到的所有记录。

"（d）年度审计。总监察长应每年对每个委员会的活动、交易和记录进行审计。

"第15705条　一年两次的委员会全体代表大会。

"（a）通则。每个委员会的代表连同阿巴拉契亚区域委员会和德纳里区域委员会的代表，应每半年举行一次会议，探讨各个区域面临的长期和持续的贫困问题，以及推动区域发展的成功策略。

"（b）会议主席。每次会议的主席须由各个委员会轮流产生，但第一次会议须由阿巴拉契亚区域委员会负责主持。

"第Ⅱ节 区域的指定

"第 15731 条 东南新月区域委员会。

"东南新月区域委员会所在区域，包括弗吉尼亚州、北卡罗来纳州、南卡罗来纳州、佐治亚州、阿拉巴马州和密西西比州的所有县，以及佛罗里达州的所有未被阿巴拉契亚区域委员会和德纳里区域委员会覆盖的所有县。

"第 15732 条 西南边境区域委员会。

"西南边境区域委员会所在区域，包括以下政治分区：

"（1）亚利桑那州。亚利桑那州的科奇斯县、希拉县、格雷厄姆县、格林利县、拉巴斯县、马里科帕县、皮马县、皮纳尔县、圣克鲁斯县和尤马县。

"（2）加利福尼亚州。加利福尼亚州的帝国县、洛杉矶县、橙县、河畔县、圣贝纳迪诺县、圣地亚哥县和文图拉县。

"（3）新墨西哥州。新墨西哥州的凯乔县、查维斯县、多纳阿尼亚县、艾迪县、格兰特、伊达尔戈县、林肯县、卢娜县、奥特罗塞拉县和索科罗县。

"（4）得克萨斯州。得克萨斯州的亚他斯科沙县、班德拉县、比县、贝克萨尔县、布鲁斯特县、布鲁克斯县、卡梅伦县、科克县、康乔县、克伦县、克罗克特县、科波逊县、迪米特县、杜瓦尔县、厄克托县、爱德华兹县、埃尔帕索县、弗里奥县、吉莱斯皮县、格拉斯卡克县、伊达尔戈州县、哈得斯佩斯县县、伊里昂县、杰夫·戴维斯县、吉姆·霍格县、吉姆·韦尔斯县、卡恩斯县、肯德尔县、凯尼迪县、克尔县、金布尔、金尼县、克雷伯县、喇沙县、来弗欧克县县、洛文县县、梅森县、马弗里克县、麦克马伦县、麦地那县、梅纳尔县、密德兰县、纽埃塞斯县、佩科斯县、普雷西迪奥县、里根县、雷亚尔县、里夫斯县、圣帕特里西奥县、舍勒舍尔县、萨顿县、斯塔尔县、尤瓦尔迪县、斯特灵县、特雷尔县、汤姆·格林厄普顿县、尤瓦尔迪县、巴尔韦德县、沃德县、韦伯县、瓦尔拉西县、威尔逊县、温克勒县、萨帕塔县和萨瓦拉县。

"第 15733 条 北部边境区域委员会。

"北部边境区域委员会所在区域，包括以下政治分区：

"（1）缅因州。缅因州的安德罗斯科金县、阿鲁斯托克县、富兰克林县、汉考克县、肯纳贝克河县、诺克斯县、牛津县、佩诺布斯科特县、皮斯卡特奎斯县、萨默塞特沃尔多县和华盛顿县。

"（2）新罕布什尔州。新罕布什尔州的卡罗尔县、库斯县、格拉夫顿县和苏利文县。

"（3）纽约州。纽约州的卡尤加县、克林顿县、埃塞克斯县、富兰克林县、富尔顿县、汉密尔顿县、何其莫县、杰斐逊县、刘易斯县、麦迪逊县、奥奈达县、奥斯维戈县、塞内加县和圣劳伦斯县。

"（4）佛蒙特州。佛蒙特州的加勒多尼亚县、埃塞克斯县、富兰克林县、格兰德岛县、拉莫伊尔县和奥尔良县。

"第Ⅲ节 拨款授权

"第 15751 条 拨款授权。

"（a）通则。从 2008 财政年度到 2012 财政年度，每个委员会均可依法获得落实本子篇所需的 30 000 000 美元的拨款。

"（b）行政管理费用。委员会依据本条规定在一个财政年度获得的资金中，用作行政管理费用的份额不得超过 10%。"

（b）对于子篇目录文字的修改。《美国法典》第 40 篇的子篇目录将做如下修改：删除与子篇 V 相关的项目，插入以下内容：

"Ⅴ．区域经济和基础设施开发……15101。

"Ⅵ．杂项……17101。"

（c）与《总监察长法》相应的修订。《1978年总监察长法》（《美国法典》第5篇附录）修订如下：

（1）在（1）中，删除"或者美国进出口银行总裁；"，插入"美国进出口银行总裁；或依据《美国法典》第40篇第15301条规定建立的各委员会的联邦联合主席；"；以及

（2）在（2）中，删除"或者美国进出口银行总裁；"，插入"美国进出口银行总裁；或依据《美国法典》第40篇第15301条规定建立的各委员会的联邦联合主席；"。

（d）生效日期。本条内容以及本条做出的修改，将在本法案颁布之日后第一个财政年度的第一日生效。

第14218条 长期没有获得足够服务的农村地区协调员。

（a）设立。农业部长须为长期没有获得足够服务的农村地区设立一个协调员职位（在本条中后文简称为"协调员"），该协调员在农村开发任务区域任职。

（b）任务。协调员的任务是将农业部的资源分配至有迫切需求的、贫困程度高的农村地区。

（3）职责。协调员在分配技术援助、战略区域规划须向州和地方层面的其他办公室咨询开发农业经济的方式，以优化配置州政府、地方政府、非政府组织和社区开发组织的资源。

（d）拨款授权。2008至2012财政年度，农业部长每年将依据授权获得必要金额的款项以落实本节所述内容。

第14219条 消除针对通过行政抵消来完成追缴债务限制性规定。

（a）消除。《美国法典》第31篇第3716条（e）修订如下：

"（e）（1）尽管有其他任何法律法规或行政限制，依据本条规定启动的行政抵消将不受时间限制。

（2）本条不适用于一部法规明确禁止使用行政抵消或扣除来追缴相关款项或相关款项类型的情况。"。

（b）修订的适用情况。以上（a）规定做出的修改适用于任何在本法案颁布之日及以后仍未偿还的债务。

第14220条 农村地区获取富余或过剩的电脑。

在不考虑其他授权的情况下，农业部长可以向某一机构提供农业部富余或过剩的电脑或其他技术设备，由该机构分发给位于农村地区的城市、城镇或地方政府实体（其定义可参见《巩固农业和农村发展法》第343条（a）（13）（A））。

第14221条 废止《2007年水资源开发法》第3068条内容。

自本法案颁布之日起，《2007年水资源开发法》（《公法》110-114；《美国法令全书》第121篇1123）第3068条内容，以及与第3068条相关的法目录中的内容即被撤销。

第14222条 国内粮食援助计划。

（a）第32条的定义。在本条中，"第32条"指的是《1935年8月24日法》第32条（《美国法典》第7篇612c）的内容。

（b）转交给粮食和营养局的款项。

（1）通则。落实第32条规定每财政年度划拨的经费中，超过以下（2）规定的最高限额的部分须转交给粮食和营养局，用于落实《理查德·B·拉塞尔国家校园午餐法》（《美国法典》第42篇1751及以下）的规定。

（2）最高限额。每个财政年度的最高限额以下所示：

（A）（ⅰ）财政年度 2009，1 173 000 000 美元；

（ⅱ）财政年度 2010，1 199 000 000 美元；

（ⅲ）财政年度 2011，1 215 000 000 美元；

（ⅳ）财政年度 2012，1 231 000 000 美元；

（ⅴ）财政年度 2013，1 248 000 000 美元；

（ⅵ）2014 财政年度，1 266 000 000 美元；

（ⅶ）2015 财政年度，1 284 000 000 美元；

（ⅷ）2016 财政年度，1 303 000 000 美元；

（ⅸ）2017 财政年度，1 322 000 000 美元；以及

（ⅹ）2018 财政年度以及此后每个财政年度的最高限额，为此前一个财政年度的最高限额经过调整以显示出前一个 11 月 30 日以来的 12 个月期间由美国劳工部劳动力统计局公布的所有城市消费者的消费者价格指数的变化后的数值；以及

（B）该财政年度，依据第 32 条规定以及《1956 年鱼类和野生动物法》（《美国法典》第 16 篇 742a 及以下）向美国商务部提供的转账金额。

（c）新鲜水果和蔬菜计划。在第 32 条（b）（2）（A）规定划拨的经费中，农业部长须依据《理查德·B·拉塞尔国家校园午餐法》第 19 条规定，按照该条（1）规定划拨相应数额，开展新鲜水果和蔬菜计划。

（d）全麦产品。在落实第 32 条（b）（2）（A）规定划拨的经费中，农业部长应为 2009 财政年度划拨 4 000 000 美元经费以落实第 4305 条规定。

（e）出资维系。依据以上（c）和（d）规定提供的资金须为其他联邦资金（包括第 32 条提到的资金）提供补充（但不能替代其他联邦资金），后者是为落实以下规定开展的项目服务的：

（1）《理查德·B·拉塞尔国家校园午餐法》（《美国法典》第 42 篇 1751 及以下），但该法第 19 条除外；

（2）《1983 年紧急粮食援助法》（《美国法典》第 7 篇 7501 及以下）；以及

（3）《1977 年食品券法》第 27 条（《美国法典》第 7 篇 2036）。

第 14223 条 技术修正。

《1996 年联邦农业促进与改革法》第 923 条（1）（B）（《美国法典》第 7 篇 2206a（1）（B））将做如下修改：删除"如《1965 年高等教育法》第 316 条（b）（《美国法典》第 20 篇 1059c（b））中的定义所述"，插入"如《1965 年高等教育法》第 502 条（a）（5）（《美国法典》第 20 篇 1101a（a）（5））中的定义所述"。

第 XV 篇　贸易和税务规定

第 15001 条　简称；等等。

（a）短标题。本篇可以被援引为"《2008 年中心地区、产地、收割和园艺法》"。

（b）1986 年法典的修改。除非领有明确说明，本篇中提到的对规定的修正或对规定的撤销，指的是对《1986 年国内税收法典》中规定的修正和撤销。

子篇 A　农业减灾信托基金提供的追加农业灾害援助

第 15101 条　追加农业灾害援助。

（a）通则。《1974 年贸易法》（《美国法典》第 19 篇 2101 及以下）修改为，在结尾处添加以下内容：

"第 Ⅸ 篇　追加农业灾害援助

"第 901 条　追加农业灾害援助。

"（a）定义。在本条中：

"（1）实际生产历史产量。'实际生产历史产量'系指分别依据《联邦农作物保险法》（《美国法典》第 7 篇 1501 及以下）或未保险农作物灾害援助计划，每一种可以投保的产品或者不可投保的产品的实际生产历史产量的加权平均数。

"（2）经过调整的实际生产历史产量。'经过调整的实际生产历史产量'系指：

"（A）对于拥有一座至少有 4 年某种可以投保的产品的实际生产历史产量的农场的具备资格的生产商，而且该产品是否可以投保是依据《联邦农作物保险法》（《美国法典》第 7 篇 1508（g）（4）（B））第 508 条（g）（4）（B）以外的规定确立的，经过调整的实际生产历史产量指的是这位合格生产商的实际生产历史产量，而且无需考虑该条规定确立的任何产量；

"（B）对于拥有一座有不到 4 年某种可以投保的产品的实际生产历史产量的农场的具备资格的生产商，而且其中 1 年或多年的情况是依据《联邦农作物保险法》第 508 条（g）（4）（B）（《美国法典》第 7 篇 1508（g）（4）（B））规定确立的，经过调整的实际生产历史产量指的是这位合格生产商的实际生产历史产量，计算时不包括依据该法第 508 条（g）（4）（B）规定确立的最低的产量；以及

"（C）对于其他所有情况，经过调整的实际生产历史产量指的是某一农场的具备资格的生产商的实际生产历史产量。

"（3）经过调整的未保险农作物灾害援助计划产量。"经过调整的未保险农作物灾害援助计划产量"指的是：

"（A）对于拥有一座至少有 4 年未保险农作物灾害援助计划生产历史的农场的具备资格的生产商，经过调整的未保险农作物灾害援助计划产量指的是未保险农作物灾害援助计划产量，无需考虑任何替换产量；

"（B）对于拥有一座有不到 4 年未保险农作物灾害援助计划生产历史的农场的具备资格的生产商，而且这些产量并非替换产量，经过调整的未保险农作物灾害援助计划产量指的是未保险农作物灾害援助计划产量，不包括替换产量中的最低值；以及

"（C）对于其他所有情况，经过调整的未保险农作物灾害援助项目产量指的是所在农场参加农作物灾害援助项目的具备资格的生产商的生产历史产量。

"（4）反周期计划补贴单产。"反周期计划补贴单产"指的是依据《2002 年农业安全与农村投资法》第 1102 条（《美国法典》第 7 篇 7912）和《2008 年粮食、保育和能源法》第 1102 条以及替代此章的规定确立的支付产量加权平均数。

"（5）受灾县。

"（A）通则。'受灾县'指的是在一份合格的自然灾害声明覆盖的地理区域内的县。

"（B）涵盖内容。'受灾县'的内涵包括：

"（ⅰ）与以上（A）提到的县接壤的县；以及

"（ⅱ）在某一自然年度，任何天气造成的农作物产量损失超过正常产量 50% 的农场，具体情形由农业部长决定。

"（6）具备资格的农场生产商。

"（A）通则。'具备资格的农场生产商'指的是以上（B）中提到的承担了与农作物或家畜相关的农业生产个人或实体，具体情形由农业部长决定。

"（B）描述。以上（A）提到的个人或实体指的是：

"（ⅰ）美国公民；

"（ⅱ）外籍居留者；

"（ⅲ）美国公民开设的合伙企业；或者

"（ⅳ）公司、有限责任公司或其他依据所在州法律设立的农场组织结构。

"（7）农场。

"（A）通则。'农场'与具备资格的农场生产商一起使用时，指的是这位生产商在所有县农作物种植面积的总和，这些土地或者已经种植了农作物，或者计划种植农作物。

"（B）水产养殖。对于水产养殖，'农场'与具备资格的农场生产商一起使用时，指的是这位生产商在所有县养殖的旨在进行销售的鱼类。

"（C）蜂蜜。对于蜂蜜，'农场'与具备资格的农场生产商一起使用时，指的是这位生产商在所有县的旨在收获蜂蜜的蜜蜂或蜂巢。

"（8）人工饲养鱼。'人工饲养鱼'指的是在人工环境下繁殖和养殖的任何水生物种。

"（9）可投保产品。'可投保产品'指的是一种农场生产商有资格依据《联邦农作物保险法》（《美国法典》第 7 篇 1501 及以下）为其获取一份保险单或保险计划的农业产品（家畜除外）。

"（10）家畜。'家畜'包括：

"（A）牛（包括奶牛）；

"（B）野牛；

"（C）家禽；

"（D）羊；

"（E）猪；

"（F）马；以及

"（G）其他家畜，具体种类由农业部长确定。

"（11）不可以投保的产品。'不可以投保的产品'指的是一种农场生产商有资格依据未保险农作物援助计划为其获取援助的农作物。

"（12）未保险农作物援助项目。'未保险农作物援助计划'指的是的依据《1996 年联邦农业促进与改革法》第 196 条（《美国法典》第 7 篇 7333）执行的计划。

"（13）合格的自然灾害声明。'合格的自然灾害声明'指的是农业部长依据《巩固农业和农村发展法》第 321 条（a）（《美国法典》第 7 篇 1961（a））规定宣布的造成农作物减产的自然灾害。

"（14）部长。'部长'指的是美国农业部长。

"（15）社会地位低下的农场主或牧场主。'社会地位低下的农场主或牧场主'的定义参见《1990 年粮食、农业、保育和贸易法》第 2501 条（e）（《美国法典》第 7 篇 2279（e））规定。

"（16）州。'州'指的是：

"（A）州；

"（B）哥伦比亚特区；

"（C）波多黎各自由邦；以及

"（D）其他任何属于美国领土或被美国拥有的领土。

"（17）信托基金。'信托基金'指的是依据《1974 年贸易法》第 902 条建立的农业减灾信托基金。

"（18）美国。'美国'一词在使用时指的是地理范围，也就是所有州的集合。

"（b）补充产量援助款。

"（1）通则。农业部长须调用信托基金中的必要的款项向位于在相关作物年度内蒙受农作物产量损失、质量损失或同时蒙受产量和质量损失的县内的具备资格的农场发放农作物减灾款。

"（2）数额。

"（A）通则。依据以上（B），农业部长应依据本条规定向具备资格的农场生产商提供农作物减灾款，其数额应为以下两项金额之和的 60%：

"（ⅰ）灾害专注计划保证金，如（3）所述；以及

"（ⅱ）农场总收入，如（4）所述。

"（B）限制。用于计算依据以上（A）（ⅰ）应向农场支付某种农作物的灾害援助计划保证金，不得超过农场中所有农作物预计收入总和的90％，如（5）所述，具体情形由农业部长决定。

"（3）补充产量援助计划保证金：

"（A）通则。除非本项中有另行说明，补充产量援助计划保证金指的是以下金额之和：

"（ⅰ）对于农场中的每一种可以投保的产品，为以下项目的乘积再乘以115％：

"（Ⅰ）针对这种产品的支付率，相当于具备资格的生产商给这种产品确定的价格；

"（Ⅱ）针对这种产品的支付英亩数，相当于已经种植或因自然灾害未能种植的产品的英亩数；

"（Ⅲ）针对这种产品的支付产量，相当于生产商从以下两者中选出的数额较高的农作物保险产量比率：

"（aa）经过调整的实际生产历史产量；或者

"（bb）针对每种农作物的反周期项目支付产量；以及

"（ⅱ）对于农场中的每一种不可以投保的产品，为以下项目的乘积再乘以120％：

"（Ⅰ）针对这种产品的支付率，相当于未保险农作物援助计划为这种农产品确定的价格的100％；

"（Ⅱ）针对这种产品的支付英亩数，相当于已经种植或因自然灾害未能种植的产品的英亩数；

"（Ⅲ）针对这种产品的支付产量，相当于生产商从以下两者中选出的数额较高的农作物保险产量比率：

"（aa）经过调整的实际生产历史产量；或者

"（bb）针对每种农作物的反周期计划补贴单产。

"（B）调整保险保证金。尽管有以上（A）规定，对于保险计划可以进行担保金调整的可以投保产品，在出现诸如未播种地的情况下，调整后的保险担保金就是确定这种可投保产品灾害援助计划保险金的基础。

"（C）调整后的援助水平。尽管有以上（A）规定，对于非保险农作物援助计划可以进行援助水平调整的不可以投保的产品，在出现未收获的农作物时，调整后的援助水平就是确定这种不可以保产品的灾害援助计划的担保金的基础。

"（D）平等对待不以产量为基础的保险单。农业部长应为不以产量为基础的保险单确定平等待遇，如提供调整后的总收入快捷保险项目。

"（4）农场收入。

"（A）通则。在本款中，农场总收入为以下项目之和：

"（ⅰ）农场中每种农作物预计实际价格，也即以下三项数值的乘积：

"（Ⅰ）具备资格的农场生产商的实际收割的作物种植面积；

"（Ⅱ）这种农作物的预计实际产量；以及

"（Ⅲ）依据以上（B）和（C）规定，在切实可行的范围内，农产品销售年度的国家平均市场价的具体数值由农业部长确定；

"（ⅱ）依据《2008年粮食、保育和能源法》第1103条和第1303条规定或其后继规定，向生产商直接支付的任何补贴金额的15％。

"（ⅲ）依据《2008年粮食、保育和能源法》第1104条和第1304条规定或其后继规定，向生产商支付的反周期补贴总额，或者依据该法第1105条规定向生产商支付的任何平均农作物收入选择补贴的总额。

"（ⅳ）依据《2008年粮食、保育和能源法》子篇B和子篇C规定或其后继规定，向生产商支付的任何贷款差额补贴、市场营销贷款补贴和市场营销证书补贴；

"（ⅴ）农场未播种地补贴；

"（ⅵ）具备资格的农场生产商为农场内每一种农作物获得的农作物保险赔偿金；

"（ⅶ）具备资格的农场生产商依据未保险农作物援助计划为农场内每一种农作物获得的补贴；以及

"（ⅷ）联邦政府向具备资格的农场生产商为每一种农作物提供的其他任何自然灾害援助补贴，而该补贴旨在覆盖该生产商寻求获得援助的损失。

"（B）调整。农业部长须调整具备资格的农场生产商认可的平均市场价：

"（ⅰ）以使其反映出适用于地方或区域农作物或机械收割牧草的平均数量折扣，产生这种折扣的原因是恶劣天气导致作物生产内在特质的削弱，具体情形须每年由农业服务局设在各州的办公室判定；以及

"（ⅱ）使其反映出农作物价格下降是灾害催生的过度潮湿条件导致的。

"（C）某些农作物的价格上限。对于具备资格的农场生产商依据非保险农作物援助计划接受援助的农作物，相关销售年度的国家平均市场价不得超过非保险农作物援助计划确定价格的 100％。

"（5）预计收入。农场每种农作物的预计收入等于以下项目的总和：

"（A）以下项目的乘积之和：

"（ⅰ）以下项目中最大的一个：

"（Ⅰ）具备资格的农场生产商的调整后的实际生产历史产量；以及

"（Ⅱ）反周期计划补贴单产

"（ⅱ）每种播种地或未播种地面积；以及

"（ⅲ）保险价格保证金的 100％；以及

"（B）以下项目的乘积：

"（ⅰ）调整后未保险农作物援助计划产量的 100％；以及

"（ⅱ）农场中的每种农作物的未保险农作物援助计划价格的 100％。

"（c）家畜赔偿金。

"（1）赔偿金。农业部长应从信托基金中拨出必要款项，向具备资格的农场生产商支付家畜赔偿金，因为在他们的农场在相关自然年度内发生了由恶劣天气导致的死亡率超过正常范围的家畜损失状况，恶劣天气的具体类型由农业部长确定，主要包括飓风、洪水、暴风雪、传染病、火灾、极端干旱和极端寒冷。

"（2）补贴率。依据以上（1）规定向具备资格的农场生产商支付家畜赔偿金，应为适用家畜死亡之前的市场价的 75％，具体情形由农业部长决定。

"（d）家畜饲料灾害项目。

"（1）定义。在本款中：

"（A）覆盖范围内的家畜。

"（ⅰ）通则。'覆盖范围内的家畜'指的是在被宣布为旱灾或火灾的灾害发生之日前 60 日内，具备资格的家畜生产商：

"（Ⅰ）拥有的家畜；

"（Ⅱ）租借的家畜；

"（Ⅲ）收购的家畜；

"（Ⅳ）已经签署的收购协议覆盖的家畜；

"（Ⅴ）依据合同进行养殖的家畜；或者

"（Ⅵ）在以下时期内，被出售或由于发生旱灾而被以其他方式处理：

"（aa）当前生产年度；或者

"（bb）依据以上（3）（B）（ⅱ）规定，当前生产年度之前的 1 或 2 个生产年度。

"（ⅱ）例外。'覆盖范围内的家畜'不包括在旱灾或火灾发生之日时，按照合格家畜生产商的正常商业活动已经或本来应当进入待宰场的家畜，具体情形由农业部长决定。

"（B）干旱监控。'干旱监控'指的是依据一系列干旱严重程度来为旱灾分类的体系，其分类从'非正常干燥'到'极端干旱'，具体情形由农业部长决定。

"（C）具备资格的家畜生产商。

"（ⅰ）通则。'具备资格的家畜生产商'指的是具备以下特征的农场生产商：

"（Ⅰ）是保险覆盖范围内的家畜的所有者、现金承租人或股权承租人或合同饲养者，可以为家畜提供牧场或放牧的场地，而这些牧场或场地可以是租赁的；

"（Ⅱ）是为保险覆盖范围内的家畜提供牧场或放牧的场地的人，这些场地可以是用现金租赁而来的，并且位于受到干旱影响的县内；

"（Ⅲ）是可以为放牧损失提供证明的人；以及

"（Ⅳ）符合本款确立的其他所有资格要求。

"（ⅱ）例外。'具备资格的家畜生产商'不包括那些以收益分成形式租赁或出租为他人所有的牧场或放牧场地的家畜所有者、现金承租人或股权承租人或合同饲养者。

"（D）正常承载能力。'正常承载能力'用在一个县的每一种牧场或放牧场地的类型上时，指的是（3）（D）（ⅰ）确立的牧场或放牧场地在正常的放牧期内，在不受干旱或火灾影响的情况下，正常承载家畜放牧的能力。

"（E）正常放牧期。'正常放牧期'用在一个县上时，指的是该县在一个自然年度内的正常放牧时期，如（3）（D）（ⅰ）规定所述。

"（2）计划。农业部长应从信托基金中拨出必要款项，向具备资格的农场生产商支付赔偿金，因为他们经过投保的家畜受到了放牧损失的影响，而且损失的原因为：

"（A）干旱，如（3）所述；或者

"（B）火灾，如（4）所述。

"（3）干旱损失援助。

"（A）符合条件的损失。

"（ⅰ）通则。符合条件的家畜生产商可以依据本款规定接受为保险覆盖范围内的家畜蒙受的放牧损失获得援助，但这些损失必须发生在以下土地类型上：

"（Ⅰ）覆盖着永久性植被的原生牧场或人工改良牧场；或者

"（Ⅱ）种植着专门为保险覆盖范围内的家畜放牧时食用的农作物的土地。

"（ⅱ）例外。具备资格的家畜生产商不得依据本款规定为发生在依据《1985 年粮食安全法》（《美国法典》第 16 篇 3831 及以下）第Ⅻ篇子篇 D 第 1 章第 B 节规定，用于养草或放牧的土地上的放牧损失获得援助。

"（B）每月赔付率。

"（ⅰ）通则。除非出现了（ⅱ）描述的情形，依据本项规定确立的旱灾每月赔付率为以下两项中较小的一项的 60%：

"（Ⅰ）具备资格的家畜生产商用于所有保险覆盖范围内的家畜每月的饲料开销，具体金额依据（C）规定确定；或者

"（Ⅱ）根据具备资格的家畜生产商的牧场的正常承载能力计算出来的月度饲料开销。

"（ⅱ）部分赔偿。对于因为当前生产年度之前 1 年或 2 年内出现的干旱天气影响，出售或以其他方式处理保险覆盖范围内的家畜的具备资格的家畜生产商，赔付率须为依据以上（ⅰ）规定计算得出的赔付率的 80%，具体情形由农业部长决定。

"（C）每月饲料开销。

"（ⅰ）通则。'每月的饲料开销'指的是以下各项的乘积：

"（Ⅰ）30 天；

"（Ⅱ）与饲料谷物价格持平的款项，依据（ⅱ）规定计算；以及

"（Ⅲ）与每磅玉米价格持平的赔付率，依据（ⅲ）规定计算。

"（ⅱ）饲料农作物等价。对于（ⅰ）（Ⅰ），饲料农作物等价等于：

"（Ⅰ）对于成年肉牛，每天 15.7 磅玉米；或者

"（Ⅱ）对于其他任何重量的家畜，农业部长须确定一个代表饲养家畜每天所需玉米的平均磅数的数量。

"（ⅲ）每磅玉米的价格。对于（ⅰ）（Ⅱ），每磅玉米的价格应等于以下数值做相除所得的结果：

"（Ⅰ）以下数值中较高的一个：

"（aa）灾害援助起算年份的 3 月 1 日前 12 个月期限内，全国平均每蒲式耳玉米的价格；或者

"（bb）灾害援助起算年份的 3 月 1 日前 24 个月期限内，全国平均每蒲式耳玉米的价格；

"（Ⅱ）56。

"（D）正常放牧期限和干旱监控强度。

"（ⅰ）农业部农场服务局县委员会的确立。

"（Ⅰ）通则。农业部长应确定相关委员会服务的县的内每种牧场或放牧场地的正常承载能力和正常放牧期限。

"（Ⅱ）变更。依据以上（Ⅰ）规定确定的正常承载能力或正常放牧期限不得做出任何变更，除非这些变更是相关州和县的农业服务局委员会要求做出的。

"（ⅱ）干旱强度。

"（Ⅰ）二级干旱（D2）。拥有或租赁位于被美国干旱监控机构在正常的放牧期限内至少连续 8 周列为二级干旱（严重干旱）县的牧场或放牧场地的具备资质的家畜生产商，有资格依据本项规定接受援助，援助数额等于依据（B）规定确定的每月赔付率计算的 1 个月的赔付金额，具体情形由农业部长决定。

"（Ⅱ）三级干旱（D3）。拥有或租赁位于被美国干旱监控机构在正常的放牧期限内列为至少三级干旱（极端干旱）县的牧场或放牧场地的具备资质的家畜生产商，有资格依据本项规定接受以下金额的援助，具体情形由农业部长决定：

"（aa）援助数额等于依据（B）规定确定的每月赔付率计算的 2 个月的赔付金额；或者

"（bb）如果该县在正常的放牧期限内至少连续 4 周被列为三级干旱（极端干旱）县，或在正常的放牧期限内该县境内的任何区域被列为四级干旱（罕见干旱），援助数额等于依据（B）规定确定的每月赔付率计算的 3 个月的赔付金额。

"（4）由公共管理土地发生火灾引发的损失援助。

"（A）通则。具备资格的家畜生产商可以依据本项规定接受援助，前提是：

"（ⅰ）放牧损失发生在联邦机构管理的牧场上；以及

"（ⅱ）由于发生了火灾，该联邦机构的禁止具备资格的家畜生产商在其管理的牧场上放牧通常情况下可以放牧的家畜。

"（B）赔付率。依据本项规定确定的赔付率，为具备资格的家畜生产商持有的联邦租约覆盖的全部家畜的每月饲料开销的 50%，如（3）（C）所述。

"（C）赔付期限。

"（ⅰ）通则。依据（ⅱ）规定，具备资格的家畜生产商有资格依据本项规定针对以下期限接受援助：

"（Ⅰ）开始于联邦机构禁止具备资格的家畜生产商使用该机构管理的牧场进行放牧之日；以及

"（Ⅱ）结束于具备资质的家畜生产商持有的联邦租约的到期之日。

"（ⅱ）限制。具备资格的家畜生产商依据本项规定接受援助时，仅适用于每年不超过 180 日内蒙受的损失。

"（5）最低风险管理采购要求。

"（A）通则。除非本项规定中有另行说明，家畜生产商依据本小项规定获得援助时，须满足以下条件：

"（i）家畜生产商依据《联邦农作物保险法》（《美国法典》第 7 篇 1501 及以下）为酿成损失需要赔偿的牧场获取了保险单或保险计划；或者

"（ii）家畜生产商在相关州要求的提交期限内，为酿成损失需要赔偿的牧场提交了未保险农作物援助计划所需的文件材料，并支付了行政管理费用。

"（B）社会地位低下的农场主和牧场主、占有资源有限的农场主和牧场主或创业之初的农场主和牧场主的弃权书。对于作为社会地位低下的农场主和牧场主、占有资源有限的农场主和牧场主或创业之初的农场主和牧场主的具备资格的家畜生产商，具体情形由农业部长决定，农业部长可以：

"（i）放弃以上（A）赋予的权利；以及

"（ii）依据农业部长认为公平和适当的水平依据本条规定提供灾害援助。

"（C）2008 日历年度的豁免。对于在 2008 日历年度放牧场地受到灾害影响的，但未能达到（A）的要求的具备资格的家畜生产商，农业部长可以放弃以上（A）赋予的权利，前提是具备资格的家畜生产商在本子篇颁布之日起 90 日内（含）向农业部长支付了相当于相关未保险农作物援助计划费用的金额，或者以上（A）灾害风险保护计划费用的金额。

"（D）平等救济金。

"（i）通则。农业部长可以逐一向具备资格的家畜生产商提供适用的救济金，前提是这些生产商无法获得或在无意识的情况下未能满足以上（A）对发生损失的放牧场地的要求，具体情形由农业部长决定。

"（ii）2008 日历年度。对于在 2008 日历年度放牧场地受到灾害影响的具备资格的家畜生产商，农业部长可以采取特殊考虑以提供平等救济金，前提是具备资格的家畜生产商由于本篇规定在《联邦农作物保险法》（《美国法典》第 7 篇 1501 及以下）和未保险农作物援助计划中提到的农作物保险的销售期限内颁布，未能满足（A）规定要求。

"（6）不得重复赔付。

"（A）通则。具备资格的家畜生产商可以选择为（3）的干旱或（4）的火灾造成放牧场地或牧场饲料损失接受援助，但是不能为同一项损失接受两项援助，具体情形由农业部长决定。

"（B）补充性收入援助关系。依据本款接受援助的具备资格的家畜生产商，不得同时接受依据（b）规定的同一块土地的农作物蒙受的损失提供的援助。

"（e）为家畜、蜜蜂和农场养殖鱼提供的紧急援助。

"（1）通则。农业部长每年应从信托基金中拨出 50 000 000 美元，向具备资格的家畜、蜜蜂和农场养殖鱼生产商，以弥补疾病、不利天气或（b）、（c）或（d）不覆盖的其他情境，如暴风雪和森林火灾造成的损失，具体情形由农业部长决定。

"（2）资金的使用。依据本款规定提供的资金将用于减少饲料、缺水、疾病或农业部长决定的其他因素造成的损失。

"（3）资金可用性。依据本款规定提供的资金在用尽之前须一直可用。

"（f）树木援助计划。

"（1）定义。在本款中：

"（A）具备资格的果树栽培者。'具备资质的果树栽培者'指的是一个每年提供用于商业销售的果实的树木栽培者。

"（B）自然灾害。'自然灾害'指的是植物病害、虫害、干旱、火灾、寒潮、水灾、地震、雷击或其他由农业部长认定的事件。

"（C）苗圃种植者。'苗圃种植者'指的是提供用于商业销售的苗圃树、装饰树、果树、坚果树或圣诞树的种植者，具体树种由农业部长决定。

"（D）树木。'树木'包括木本植物、灌木植物和藤本植物。

"（2）资格。

"（A）损失。依据（B）规定，农业部长须向以下人员提供援助：

"（ⅰ）依据（3）规定，向具备资格的果树栽培者和苗圃树木种植者提供援助，这些人种植的用于商业用途的树木在自然灾害中受损，具体情形由农业部长决定；以及

"（ⅱ）依据（3）（B）规定，向具备资格的果树栽培者和苗圃树木种植者提供援助，他们曾经利用种植树木和现有树木从事商业生产，但在自然灾害中丧失了这些树木，具体情形由农业部长决定。

"（B）限制。具备资格的果树栽培者和苗圃树木种植者可以依据（A）规定获得援助，前提是具备资格的果树栽培者和苗圃树木种植者由于破坏性的天气或相关气候状况蒙受的树木死亡损失超过了15％（已扣除正常死亡部分）。

"（3）援助。依据（4），农业部长依据（2）向具备资格的果树栽培者和苗圃树木种植者提供的援助应由以下部分组成：

"（A）（ⅰ）重新栽种自然灾害受损树木的开销中的70％，前提是这些树木的死亡率超过了15％（扣除了正常死亡部分），具体情形由农业部长决定；或者

"（ⅱ）农业部长可以选择提供足够数量的树苗，以重新造林；以及

"（B）向具备资格的果树栽培者和苗圃树木种植者支付50％的修建、移除和其他费用，这些费用是他们用于拯救现有在自然灾害中受损的树木，或在自然灾害导致树木死亡的情况翻整土地以重新种植树木的开销，但树木的受损率和死亡率应超过15％（扣除了正常受损和死亡部分），具体情形由农业部长决定。

"（4）援助的限制。

"（A）法人实体和法人的定义。在本项中"法人实体"和"法人"的定义参见《1985 年粮食安全法》（《美国法典》第 7 篇 1308（a））第 1001 条（a）（相关内容由《2008 年粮食、保育和能源法》第 1603 条加以修改）。

"（B）金额。法人或法人实体（不包括合资企业或一般合伙企业）依据本款规定直接或间接收到的总金额在任何种植年度均不得超过 100 000 美元，获得的树苗价值也不得超过这一数字。

"（C）种植面积。法人或法人实体依据本款规定利用有权获得的金额种植树苗或树木的总英亩数不得超过 500。

"（g）风险管理采购要求。

"（1）通则。除非本条有另行说明，具备资格的农场生产商没有资格依据本条规定（第（c）款除外）获得援助，前提是具备资格的农场生产商：

"（A）拥有的可以投保的产品均未能依据《联邦农作物保险法》（《美国法典》第 7 篇 1501 及以下）获得保险单或保险计划（该法确立的农作物保险试验项目除外）；或者

"（B）拥有的不可以投保的产品均未能提供未保险援助项目所需的文件材料，也未能在所在州规定的提交期限内支付行政管理费用。

"（2）最低限额。被视为已经依据（1）（A）规定获得保险时，具备资格的农场生产商应取得一份覆盖每种种植作物或拟种植作物不少于 50％的产量的 55％的保险价格的保险单或保险计划。

"（3）社会地位低下的农场主和牧场主、占有资源有限的农场主和牧场主或创业之初的农场主和牧场主的豁免。对于作为社会地位低下的农场主和牧场主、占有资源有限的农场主和牧场主或创业之初的农场主和牧场主的具备资格的生产商，具体情形由农业部长决定，农业部长可以：

"（A）放弃以上（1）赋予的权利；以及

"（B）依据农业部长认为公平和适当的水平依据本章规定提供灾害援助。

"（4）2008 作物年度的豁免。对于在 2008 作物年度可投保产品或不可投保产品蒙受损失的，但未能达到（1）的要求的具备资格的农场生产商，农业部长可以放弃以上（1）赋予的权利，前提是具备资

格的家畜生产商在本子篇颁布之日起 90 日内（含）向农业部长支付了相当于相关未保险农作物援助计划费用的金额，或者以上（1）灾害风险保护计划费用的金额。

"（5）平等救济金。

"（A）通则。农业部长可以逐一向具备资格的农场生产商提供适用的救济金，前提是这些生产商无法获得或在无意识的情况下未能满足以上（1）对于农场的一种或多种农作物提出的要求，具体情形由农业部长决定。

"（B）2008 作物年度。对于在 2008 作物年度可投保的产品或不可投保的产品受到灾害影响的具备资格的农场生产商，农业部长可以采取特殊考虑以提供平等救济金，前提是具备资格的生产商由于本篇规定在《联邦农作物保险法》（《美国法典》第 7 篇 1501 及以下）和未保险农作物援助计划中提到的农作物保险的销售期限过后颁布，未能满足（1）规定要求。

"（h）支付限额。

"（1）法人实体和法人的定义。在本项中'法人实体'和'法人'的定义参见《1985 年粮食安全法》第 1001 条（a）（《美国法典》第 7 篇 1308（a））（相关内容由《2008 年粮食、保育和能源法》第 1603 条加以修改）。

"（2）金额。法人或法人实体（不包括合资企业或一般合伙企业）依据本款规定（不包括依据（f）获得的支付款项）直接或间接收到的灾害援助金额在任何作物年度均不得超过 100 000 美元。

"（3）调整后的净收入限额。《1985 年粮食安全法》第 1001D 条（《美国法典》第 7 篇 1308‑3a）以及任何替代规定适用于依据本条提供的援助。

"（4）直接归属。《1985 年粮食安全法》第 1001 条（《美国法典》第 7 篇 1308）第（e）和第（f）款以及任何与直接归属相关的替代规定适用于依据本条提供的援助。

"（i）有效期。本条规定仅适用于 2011 年 9 月 20 日前发生的灾害、恶劣天气或其他环境状况造成的损失，具体情形由农业部长决定。

"（j）不得重复支付。在落实其他任何提供灾害援助补贴的项目时（依据《联邦农作物保险法》（《美国法典》第 7 篇 1501 及以下）和《1996 年联邦农业促进与改革法》第 196 条支付的赔偿除外），农业部长须避免针对同一项损失重复支付补贴，这些损失指的是（b）（c）（d）（e）或（f）提到的情形。

"第 902 条　农业减灾信托基金。

"（a）信托基金的建立。美国财政部设有一个信托基金，被称为'农业减灾信托基金'，其资金依据本条规定划拨或入账。

"（b）向信托基金转账。

"（1）通则。在 2008 至 2011 财政年度，农业减灾信托基金拨款为美国财政部整体资金的 3.08%，其来源为对进出库物品征收的税款，这笔拨款应依据美国协调关税计划规定加以利用。

"（2）估算金额。依据本条规定划拨的资金，应至少每月由美国财政部向由农业减灾信托基金转账，每次转账金额由财政部长估算。后续转账时，应对此前的根据估算得出的转账金额进行调整，多退少补以满足所需数额。

"（3）农业减灾信托基金转账限制。利用农业减灾信托基金开展本条禁止开展的活动之日起，不得再获得转账。判定某笔开支是本条认可的还是禁止的时，无需参考以下内容：

"（A）本篇或税收法中不包含，也未提及的任何法规，和

"（B）此类法规是否是后续颁布的，或者是直接或间接寻求以放弃本条规定的。

"（c）管理。

"（1）报告。财政部长应为农业减灾信托基金的委托管理人，每年应向国会提交一份报告，陈述信托基金在此前 1 个财政年度财务状况和运营成效，以及预计未来 4 个财政年度的状况。这项报告应印制

为相关国会会议的国会文件。

"（2）投资。

"（A）通则。财政部长应利用农业减灾信托基金中他认为足以满足当前提款需求之外的资金进行投资。此类资金仅能投资在可以生息的美国联邦政府债券上。为此，此类债券可以以以下方式获取：

"（ⅰ）按照原始发行价收购，或者

"（ⅱ）以市场价收购未兑现债券。

"（B）债券的销售。对于利用农业减灾信托基金采购的任何债券，财政部长都可以按照市场价进行销售。

"（C）某些收益的利息。销售或赎回农业减灾信托基金持有的任何债券时获得的利息和利润将被记入信托基金，并成为信托基金的一部分。

"（d）信托基金的开销。农业减灾信托基金应为满足《联邦农作物保险法》第 901 条或第 531 条（在《2008 年粮食、保育和能源法》颁布时已经生效）规定的美国债券提供所需的开销。

"（e）借款授权。

"（1）通则。作为可偿还的预付款，可以向农业减灾信托基金划拨落实信托基金宗旨所需的必要数额的款项。

"（2）预付款的支付。

"（A）通则。向农业减灾信托基金提供的预付款和预付款的利息，在农业部长认为该信托基金中有可以用于此目的金额时，须支付给美国财政部整体资金。

"（B）利息率。依据本款规定提供的预付款应：

"（ⅰ）按照财政部长认为相当于当前未兑现的可流通美国联邦政府债券的平均市场收益比例支付（在预付款支付当月前的第一个自然月结束之日起算），而且这些债券距离到期之日的时间应与距离预付款的预计到期之日的时间不相上下，以及

"（ⅱ）按照年复合利率支付。

"第 903 条　管辖权限。

"美国参议院对第 901 条和第 902 条的修正案应提交至参议院财政委员会。"

（b）过渡。对于 2008 作物年度，农业部长应依据 2007 年 9 月 30 日生效的《1985 年粮食安全法》（《美国法典》第 16 篇 1308 及以下）第 1001 条至第 1001D 条规定，落实《1974 年贸易法》第 901 条，（f）（4）和（h）内容（由（a）添加）。

（c）文书修订。《1974 年贸易法》（《美国法典》第 19 篇 2101 及以下）的目录修订为，在结尾处添加以下内容：

"第Ⅸ篇　追加农业灾害援助

"第 901 条　追加农业灾害援助。
"第 902 条　农业减灾信托基金。
"第 903 条　管辖权限。"

子篇 B　农业项目税收规定。

第 15201 条　海关使用费。

（a）通则。《1985 年统一综合预算调解法》第 13031 条（j）（3）（A）（《美国法典》第 19 篇 58c（j）（3）（A））修订为，删除"2014 年 12 月 27 日"和插入"2017 年 11 月 14 日"。

（b）其他费用。《1985 年统一综合预算调解法》第 13031 条（j）（3）（B）（ⅰ）《美国法典》第 19 篇 58c（j）（3）（B）（ⅰ）修订为，删除"2014 年 12 月 27 日"和插入"2017 年 9 月 30 日"。

（c）某些统一综合预算调解法费用的免除时间。尽管存在其他任何法律规定，任何依据《1985 年统一综合预算调解法》第 13031 条（a）（1）至（8）（《美国法典》第 19 篇 58c（a）（1）至（8））规定，涉及 2017 年 7 月 1 日及之后，2017 年 9 月 20 日之前提供的海关服务的任何费用，应在不晚于 2017 年 9 月 25 日时支付。

（d）某些商品处理费用的免除时间。

（1）通则。尽管存在其他任何法律规定，任何依据《1985 年统一综合预算调解法》第 13031 条（a）（9）至（10）（《美国法典》第 19 篇 58c（a）（9）至（10））规定，涉及 2017 年 10 月 1 日及之后，2017 年 9 月 25 日之前处理入境商品的任何费用，应在不晚于 2017 年 9 月 25 日时支付，其金额应等于负责缴纳这种费用的人为在 2016 年 10 月 1 日及之后，2016 年 11 月 15 日之前入境的商品支付的费用，具体情形由农业部长决定。

（2）商品处理费用的账目核对。2017 年 12 月 15 日之前（含），财政部长应核对依据（1）规定为在 2017 年 10 月 1 日及之后，2017 年 11 月 15 日之前实际提供的服务收取的费用，并连本带息退回超额支付的费用，并针对未足额支付的部分做出适当调整。对于基于 2016 年 10 月 1 日及之后，2016 年 11 月 15 日之前的入境商品计算的未足额支付的部分，无需计算利息。

第 15202 条　公司预估税的支付时间。

在本法生效之日时有效的《2005 年税收增长预防和账目核对法》第 401 条（1）（B）中提到的比率将提升 7.75 个百分点。

<h2 style="text-align:center">子篇 C　税收规定</h2>

<h3 style="text-align:center">第Ⅰ部分　保　　育</h3>

<h3 style="text-align:center">第 A 分部　土地和物种保护规定</h3>

第 15301 条　某些人士不得享受来自自我创业捐税法税款的保育休耕计划补贴。

（a）《国内税收法典》。第 1402 条（a）（1）（为自我创业所得净收入提供定义）修订如下：在"农作物份额"后插入"，和依据《1985 年粮食安全法》（《美国法典》第 16 篇 3833（2））第 1233 条（2）规定向依据《社会保险法》第 202 条或 203 条规定接受补助的人提供补贴"。

（b）《社会保险法》。《社会保险法》第 211 条（a）（1）修订为，在"农作物份额"后插入"，和依据《1985 年粮食安全法》（《美国法典》第 16 篇 3833（2））第 1233 条（2）规定向依据《社会保险法》第 202 条或 203 条规定接受补助的人提供补贴"。

（c）生效日期。本条做出的修改适用于 2007 年 12 月 31 日以后支付的补贴。

第 15302 条　鼓励用于保育的资本增益不动产出资的两年延期的特殊细则。

（a）通则。

（1）个人。第 170 条（b）（2）（E）（ⅳ）（与终止相关的规定）修改为，删除"2007 年 12 月 31 日"，插入"2009 年 12 月 31 日"。

（2）公司。第 170 条（b）（2）（B）（ⅲ）（与终止相关的规定）修改为，删除"2007 年 12 月 31 日"，插入"2009 年 12 月 31 日"。

（b）生效日期。本条做出的修改适用于 2007 年 12 月 31 日后开始的纳税年度做出的出资。

第 15303 条　濒危物种恢复开销的折扣。

（a）濒危物种恢复开销的折扣。

（1）通则。第 175 条（c）（1）（与定义相关的规定）修改为，在第一句后插入以下新内容："本条应包括依据《1973 年濒危物种法》规定制定的恢复计划中建议具体场地采取的管理措施产生的开销。"

（2）相应的修订。

（A）第 175 条修改为，在（a）和（c）中出现的每处"预防农业土地遭侵蚀"之后插入"，或对于濒危物种恢复"。

（B）第 175 条标题修改为，在句号之前插入"濒危物种恢复开销"。

（C）第 1 章第 B 节第 Ⅵ 部分的章节目录中与第 175 条相关的项目修改为，在句号前插入"濒危物种恢复开销"。

（b）限制。第 175 条（c）（3）（与额外限制相关的规定）修订如下：

（1）在（A）的标题中，在"保育计划"之后插入"或濒危物种恢复计划"；以及

（2）在（A）（ⅰ）中，在"农业部"之后插入"或依据《1973 年濒危物种法》规定拟定的恢复计划"。

（c）生效日期。本条中提到的修改适用于 2008 年 12 月 31 日后产生的开销。

第 B 分部　木材规定

第 15311 条　临时降低向公司合格木材收入征税的税率。

（a）通则。第 1201 条（与公司选择税相关）修订为，将（b）重新编号为（c），并在（a）后添加以下新内容：

"（b）合格木材收入的特殊税率。

"（1）通则。对于《2008 年粮食、保育和能源法》颁布之日后结束的，在颁布之日 1 年后开始或之前开始的任何税务年度，如果一家公司同时具有净资本收入和合格木材收入：

"（A）（a）在税务年度内适用于这家公司，无论适用税率是否超过 35％，以及

"（B）依据（a）（2）计算的税额，应等于：

"（ⅰ）以下数额中最小一个的 15％：

"（Ⅰ）合格木材收入，

"（Ⅱ）净资本收入，或者

"（Ⅲ）可征税收入，加

"（ⅱ）可征税收入剩余部分（如果存在）的 35％，除以依据（a）（1）和（ⅰ）确定的税额所得的商。

"（2）合格木材收入。在本条中，'合格木材收入'与任何税务年度的纳税人连用时，指的是以下剩余部分（如果存在）：

"（A）当年第 631 条（a）和（b）纳税人收入，除以

"（B）当年该条规定中提到的纳税人的损失金额。

"以上（A）和（B）只适用于持有时间在 15 年以上的木材。

"（3）税率起算或止算税务年度的计算。对于任何包括以上（1）拟定的任何一个日期的税务年度，当年的合格木材收入均不得超过将以下项目妥善考虑在内的合格木材收入：

"（A）对于包含《2008 年粮食、保育和能源法》颁布之日的税务年度，当年该日之后的时期，以及

"（B）对于包含《2008 年粮食、保育和能源法》颁布之日 1 年后的日期，当年该日之前的时期。"

（b）最高税额。第 55 条（b）修改为，在结尾处添加下条：

"（4）适用于公司合格木材收入的最高税率。对于任何第 1201 条（b）规定适用的税务年度，依据（B）（i）确定的数额不得超过以下数额之和：

"（A）以下可征税超额部分（如果存在）的 20％，超额部分指的是超过合格木材收入的部分（或者，低于合格木材收入时指的是净资本收入），加

"（B）以下可征税超额部分（如果存在）的 15％，超额部分指的是超过依据（A）规定确定的税款的金额的部分。

"本条中出现的在第 1201 条出现的任何词语，其含义即为所在条给出的定义，除非相关词语须依据本篇规定进行修改。"

（c）相应的修订。第 857 条（b）（3）（A）（ii）修改为，删除"率（rate）"，插入"率（rates）"。

（d）生效日期。本条做出的修订适用于本法案颁布之日之后的所有税务年度。

第 15312 条　木材不动产投资信托公司的现代化。

（a）通则。第 856 条（c）（5）修订为，在（G）后添加以下新内容：

"（H）木材收入的处理。

"（i）通则。（2）（D）和（3）（C）中描述的不动产销售收入应包括以下收入：

"（Ⅰ）经过第 631 条（a）提到的选择确认的不动产投资信托基金拥有的木材获得的收入，砍伐这些树木须由不动产投资信托基金的可征税的不动产投资信托公司分支机构完成；

"（Ⅱ）经第 631 条（b）规定确认的收入；或者

"（Ⅲ）本来可以成为以上（Ⅰ）或（Ⅱ）中提到的收入，可是未能满足 1 年的置存期要求。

"（ii）特别细则。

"（Ⅰ）在本子篇中，（i）（Ⅰ）或（i）（Ⅲ）描述的砍伐木材，其收入应经过一家不动产投资信托基金依据第 631 条（a）提到的选择进行确认，须被视为在税务年度第一天时销售给了不动产投资信托基金的可以征税的不动产投资信托公司分支机构。

"（Ⅱ）在本子篇中，本小项中提到的收入不得被视为第 1221 条（a）（1）提到的不动产销售的收入。

"（iii）终止。在终止之日过后，本小项不适用于转让。"

（b）终止日期。第 856 条（c）修订为，在结尾处添加以下新内容：

"（8）终止日期。在本款中，'终止之日'对于任何纳税人指的是该纳税人在本项规定颁布之日后开始的，在颁布之日 1 年之前的第一个税务年度的最后一天。"

（c）生效日期。以上（a）做出的修改适用于本法案颁布之日之后的所有税务年度完成的转让。

第 15313 条　可以作为木材不动产投资信托公司收入的矿权特许费收入。

（a）通则。第 856 条（c）（2）修订为，在（G）结尾处删除"以及"，在（H）结尾处插入"以及"，并在（H）后添加以下新内容：

"（Ⅰ）从本小项规定生效之日开始第一个税务年度利用木材不动产投资信托基金拥有的不动产获得的矿权特许费收入，这些收入被这家不动产投资信托基金开展的木材生产贸易或生意所持有或曾经持有；"。

（b）木材不动产投资信托基金。第 856 条（c）（5）将依据本法案的修改方式做如下修改：在（H）结尾处添加以下新内容：

"（Ⅰ）木材不动产投资信托基金。'木材不动产投资信托基金'指的是 50％以上的总资产为木材生产贸易或生意相关的不动产的不动产投资信托基金。"

（c）生效日期。本条做出的修改适用于本法案颁布之日之后的所有税务年度。

第 15314 条 不动产投资信托公司分支机构对木材不动产投资信托公司开展的资产测试的修改。

（a）通则。第 856 条（c）（4）（B）（ii）修订为，在"不动产投资信托公司分支机构"后插入"（在终止之日或之前结束的季度，对于木材不动产投资信托公司，为 25％）"。

（b）生效日期。本条做出的修改适用于本法案颁布之日之后的所有税务年度。

第 15315 条 木材不动产免责规定。

（a）通则。第 857 条（b）（6）（与违禁交易相关的收入）修订为，在结尾处添加以下新内容：

"（G）针对面向合格机构销售的特殊细则。

"（i）通则。对于以水土保持（其定义参见第 170 条（h）（1）（C）规定）为唯一目的的面向合格机构（其定义参见第 170 条（h）（3）规定）出售不动产资产（其定义参见第 856 条（c）（4）（B）规定）的情况，（D）规定适用：

"（Ⅰ）将（i）中的'4 年'替换为'2 年'，以及

"（Ⅱ）将（ii）和（iii）中的'4 年期限'替换为'2 年期限'。

"（ii）终止。本小项规定不适用于终止之日之后的销售活动。"

（b）违禁交易。第 857 条（b）（6）（D）（v）修订为，在"任何收入"之后插入"，或，对于在终止之日或之前完成的销售活动，可征税的不动产投资信托公司分支机构"。

（c）不属于违禁交易的销售活动。第 857 条（b）（6）将依据（a）修订为，在结尾处添加以下新内容：

"（H）不属于违禁交易的不动产销售。对于在终止之日或之前完成的销售活动，依据（D）规定不属于违禁交易的不动产销售活动在本子篇中须被视为拟做投资之用的不动产或拟用于贸易或经营的不动产，而不是第 1221 条（a）（1）提到的不动产。"

（d）终止日期。第 857 条（b）（6）将依据（a）和（c）修订为，在结尾处添加以下新内容：

"（Ⅰ）终止日期。在本项规定中，'终止之日'的定义参见第 857 条（c）（8）规定。"

（e）生效日期。本条做出的修改适用于本法案颁布之日之后的所有税务年度完成的转让。

第 15316 条 合格的林业保育券。

（a）通则。第 1 章第 A 节第Ⅳ部分（与税收冲抵相关的规定）修订为，在结尾处添加以下新分部：

"第Ⅰ分部 具备资格的税收抵免券

"第 54A 条 具备资格的税收抵免券持有者的税收抵免。

"第 54B 条 具备资格的林业保育券。

"第 54A 条 具备资格的税收抵免券持有者的税收抵免。

"（a）提供贷款。如果纳税人在任何一个税务年度的一个或多个信用额度日期间持有税收抵免券，就可以抵免该税务年度依据本章规定缴纳的税款，抵免数额等于（b）规定确定的与上述日期相关的数额。

"（b）抵免数额。

"（1）通则。依据本款规定针对任何具备资格的税收抵免券的信用额度日抵免的数额，等于该抵免券每年确定的抵免数额的 25％。

"（2）年度抵免数额。任何具备资格的税收抵免券确定的年度抵免数额为以下各项的乘积：

"（A）适用的信贷利率；乘以

"（B）未偿付的债券票面金额。

"（3）适用的信贷利率。对于（2）规定，适用的信贷利率为据农业部长预测可以允许在不提供折扣、不给具备资格的发行者带来利息成本的前提下，发行有具体到期日或赎回日的具备资格的税收抵免券的信贷利率。与任何具备资格的税收抵免券相关的适用信贷利率须在签署具有法律约束力的书面债券销售或兑换合同之日当天确定。

"（4）发行和赎回特殊规定。在一个信用额度日为截止日期的 3 个月期限内，依据本款规定确定的这个信用额度日的利率须为基于债券未偿付时间占这 3 个月期限的比例计算的利率。类似的规定也适用于被赎回或到期的债券。

"（c）基于税款金额的限制。

"（1）通则。任何税务年度依据（a）确定的抵免数额，均不得超过以下各项的差值：

"（A）常规纳税义务（定义参见第 26 条（b）规定）涵盖金额加上依据第 55 条缴纳的税款，减去

"（B）依据本部分（第 C 分部和本分部规定除外）规定拟定的税收抵免总额。

"（2）移后扣减未使用的抵免数额。如果依据（a）规定提供的抵免数额超过了该税务年度（1）规定给出的限额，超出部分须被带入后续税务年度，并添加到依据（a）规定为该税务年度提供的抵免数额中（在（1）规定适用于后续税务年度之前决定）。

"（d）具备资格的税收抵免券。在本条中：

"（1）具备资格的税收抵免券。"具备资格的税收抵免券"指的是具备资格的林业保育券，可以满足（2）、（3）、（4）、（5）和（6）要求的一次发行活动的一部分。

"（2）与开销相关的特殊细则。

"（A）通则。如果从发行之日起，发行人有合理理由预计会出现以下情况，那么相关发行活动即被视为满足本项规定要求：

"（ⅰ）在发布之日起 3 年期限内，现有项目收入中 100％或更多被用于一项或多项合格目的，和

"（ⅱ）与第三方签署了具有法律约束力的决定，在发布之日起 6 个月内，至少使用现有项目收入的10％。

"（B）未能在 3 年内使用所需的债券收入金额。

"（ⅰ）通则。在为一种或多种合格目的完成开销的期限内，现有项目的发行收入并未 100％被使用时，发行人须在上述期限结束后 90 日内（含）赎回所有不合格债券。在本条中，需要赎回的不合格债券的数量须依据第 142 条以同样的方式进行确定。

"（ⅱ）开销期限。对于本分部，'开销期限'指的是，对于任何发行活动，发行之日起的 3 年期限。这一期限应包括任何依据（ⅲ）规定进行续展的期限。

"（ⅲ）期限续展。在开销期限到期（确定此期限时无需考虑依据本条款规定进行的任何续展）之前提交申请后，农业部长可以对这一期限进行续展，但前提是发行人可以证明，未能在原始开销期限内用尽收入是有合理原因的，而且为合格目标使用开支的行为将继续以尽职尽责的方式进行。

"（C）具备资格的目的。对于本项规定，"具备资格的目的"指的是第 54B 条（e）中给出的目的。

"（D）报销。在本子篇中，如果现有项目收入被用于报销发行人在农业部长对相关发行活动分配债权限额后支付的金额，发行活动的现有项目收入须被视为已经为具备资格的目的进行使用，前提是：

"（ⅰ）在支付原始开销之前，发行人宣布其有意使用合格税收抵免券的收入来报销此类开销，

"（ⅱ）在支付原始开销后 60 日内（含），发行人表示采纳官方意图，使用具备资格的税收抵免券的收入来支付此类开销，和

"（ⅲ）报销在支付原始开销之日后 18 个月内（含）支付的。

"（3）报告。发行活动应被视为达到了本项规定的要求，前提是具备资格的税务抵免券的发行人提交的报告与第 149 条（e）要求提供的报告类似。

"（4）与套利相关的特殊细则。

"（A）通则。发行活动应被视为达到了本项规定的要求，前提是发行人满足了第 148 条中关于发行

活动收入的要求。

"（B）与开销期限内投资相关的特殊细则。发行活动不得由于在开销期限内投资任何现有项目收入而被视为未满足（A）规定要求。

"（C）与储备资金相关的特殊细则。发行活动不得由于存在任何预计将用于偿还该发行活动的资金而被视为未满足（A）规定要求，但前提是：

"（ⅰ）此类资金的资金增长不足以支付等值分期付款的每年付款，

"（ⅱ）此类资金的资金增长在合理情况下预计无法超过偿还发行活动的资金的数额，和

"（ⅲ）此类资金的收益率小于或等于（5）（B）关于发行活动的规定确定的贴现率。

"（5）到期期限限制。

"（A）通则。发行活动须被视为达到本款规定要求，前提是任何发行涉及到的债券的到期期限不超过农业部长依据（B）规定确定的最长期限。

"（B）最长期限。在每个日历月，农业部长须确定本项规定为当月发行的债券确定最长期限。这种最长期限须为农业部长预计可以使当前债券的价值增值后足以偿还相当于票面价格 50％ 的本金的债券价值的期限。当前价值应以当月发行的 10 年期或更长期限的免税债券的平均年度利息率来计算，并将其作为折现率。如果按照以上标准确定的期限不是一年的整数倍，那么可以将下一个整年也记入该期限。

"（6）禁止财务利益冲突。发行活动应被视为满足了本项规定要求，前提是发行人可以证明：

"（A）适用的与当前发行活动相关的州和地方旨在管辖利益冲突的法律要求业已得到满足，和

"（B）如果农业部长规定了管辖相关国会成员、联邦政府、州和地方官员及其配偶的其他利益冲突规定，此类与当前发行活动相关的规定业已得到满足。

"（e）其他定义。在本节中：

"（1）税收抵免补贴日期。'税收抵免补贴日期'指的是每年的：

"（A）3 月 15 日，

"（B）6 月 15 日，

"（C）9 月 15 日，以及

"（D）12 月 15 日。

"这个期限包括债券未偿付的最后一日。

"（2）债券。'债券'指的是任何形式的债务凭证。

"（3）州。'州'包括哥伦比亚特区和美利坚合众国的任何州。

"（4）现有项目收入。'现有项目收入'指的是：

"（A）以下两项的差值：

"（ⅰ）债券发行活动所得的收入，减去

"（ⅱ）发行的成本（此类成本不得超过收入的 2％），和

"（B）利用以上（A）提到的任何差值进行投资所得的收入。

"（f）被作为利息的税收抵免。在本子篇中，依据（a）确立的税收抵免被视为利息，并且可以计入总收入中。

"（g）小型公司和合伙企业。对于小型公司和合伙企业持有的税收抵免券，依据本条向公司股东或合伙企业的合伙人分配的抵免金额，须被视为股利派发。

"（h）监管投资公司和不动产投资信托公司持有的债券。如果监管投资公司或不动产投资信托公司持有合格的税收抵免券，那么可以依据农业部长规定的程序向公司股东或信托基金公司的受益人提供依据（a）确定的抵免金（其他任何依据（f）确定的与税收抵免相关的总收入应被视为已经分配给了这些股东或受益人）。

"（i）可以分割的税收抵免。依据农业部长规定的规定：

"（1）通则。可以对合格税收抵免券的所有权以及依据本条与这种债券相关的规定享有的资格进行分离（包括在计息日发行的平价债券）。在出现任何分离行为之际，依据本条规定提供的税收抵免，须提供给在税收抵免补贴日期持有可以证明其享有获得税收抵免权利，但并非债券持有者的人。

"（2）某些适用规定。对于以上（1）规定的分离行为出现时，第 1286 条规定应适用于合格税收抵免券，就好像债券是分割公债一样；该规定还适用于依据本条提供的税收抵免，就好像债券是分割息票一样。

"第 54B 条　具有资格的林业保育券。

"（a）具有资格的林业保育券。在本节中，"具有资格的林业保育券"指的是任何作为发行活动一部分的任何债券，但前提是：

"（1）发行活动的现有项目收入的 100％将被用于一种或多种具有资格的林业保育目的，

"（2）债券是由具备资格的发行人发行的，和

"（3）发行人指定该债券用于落实本条内容。

"（b）指定债券的金额限制。依据（a）规定由任何发行人指定的债券，其最高总面额不得超过依据第（d）节分配给该发行人的限额。

"（c）指定债券金额的国家限制。林业保育券的国家限额为 500 000 000 美元。

"（d）分配金额。

"（1）通则。农业部长应配置（c）提到的用于具有资格的林业保育目的的国家合格林业保育券限额，配置方式由农业部长决定，以确保所有限额在本条规定颁布之日起 24 个月内配置完毕。

"（2）征集申请。农业部长应在本条规定颁布之日后 90 日内（含）对外征集（c）提到国家合格林业保育券限额申请。

"（e）具备资格的林业保育目的。在本条中，"具备资格的林业保育目的"指的是本条中提到的州、政治分区或机构，或第 501 条（c）（3）提到的来自不相关的森林法人或林地法人的组织（其定义参见第 150 条（a）（4）规定），而且这些森林或林地须具备以下资格：

"（1）收购土地的某些部分必须与美国林务局土地接壤。

"（2）收购土地的至少一半面积必须被转让给美国林务局，但不得给美国政府造成净损失；收购土地的至多一半面积可以继续由州管理，也可以交由其他州管理。

"（3）所有土地必须接受由美国渔业与野生动物局批准的原生鱼栖息地保护计划的管理。

"（4）收购土地面积必须至少为 40 000 英亩。

"（f）合格发行人。在本条中，"合格发行人"指的是州、政治分区或机构，或第 501 条（c）（3）提到的组织（其定义参见第 150 条（a）（4）规定）。

"（g）套利的特殊细则。对于任何作为发行活动一部分的具备资格的林业保育券，第 54A 条（d）（4）（C）均适用，无需考虑（ⅰ）。

"（h）选择将 50％的债券分配作为缴纳税款。

"（1）通则。如果：

"（A）合格发行人接到以上（c）提到的任何国家合格林业保育券限额的任何部分的金额，以及

"（B）合格发行人选择与分配相关的本款规定提到的申请，

"那么合格发行人（无论发行人是否依据本章规定缴纳税款）应被视为已经在接到分配资金的税务年度之前的税务年度，依据本章提到的税款以分配资金的 50％为标准支付了相关款项。

"（2）视同缴费待遇。

"（A）通则。尽管有本篇的其他规定，农业部长不得使用以上（1）中描述的交付税款来冲抵合格发行人的任何税务责任，但是可以向这位发行人退还支付的税款。

"（B）不计利息。除非如（3）（A）所述，在依据本篇规定确定任何利息金额时，不得考虑以上

（1）描述的款项。

"（3）选择的要求和效果。

"（A）要求。依据本款规定做出的任何选择生效的前提是，合格的发行人向农业部长证明，任何依据本款规定退还给发行人的税款全都被用于一个或多个林业保育目的。如果合格发行人未能使用这笔款项中的任何部分完成上述目的，那么相当于发行人向美国欠下了同等数额的债务外加利息，而且利息率的计算须依据第 6621 条规定，计息期限为退款之日起至还款之日之间的时间。上述数额需进行评估，并按照本条规定收取税款的方式进行收取，但第 63 章第 B 节规定（与缺陷程序相关的规定）不适用于上述评估或收取。

"（B）选择分配的效果。如果合格发行人依据本款规定做出了与任何分配相关的选择：

"（ⅰ）发行人不得依据分配方案发行债券，以及

"（ⅱ）农业部长不得出于任何目的地对其进行重新指定。"

（b）报告。第 6049 条（d）（与利息支付收入相关的规定）修订为，在结尾处添加以下新内容：

"（9）报告合格税收抵免券的抵免情况。

"（A）通则。在（a）中，'利息'一词指的是包括依据第 54A 条提到的总收入中的可包括在内的金额，以及在税收抵免补贴日期（其定义如第 54A 条（e）（1）所述）被视为已经支付的金额。

"（B）向公司等相关机构报告。除非在规定中有另行说明，对于本项（A）中提到的任何利息，本条（b）（4）规定适用时，无需考虑（A）、（H）、（Ⅰ）、（J）、（K）和（L）（ⅰ）规定。

"（C）监管权限。农业部长可以制定必要或适当规定，旨在落实本项规定，其中包括那些要求提交频繁报告或更详细报告的规定。"

（c）相应的修订。

（1）第 54 条（c）（2）和第 1400N 条（1）（3）（B）规定修订为，删除"第 C 分部"，插入"第 C 分部和第 I 分部"。

（2）第 1397E 条（c）（2）修订为，删除"第 H 分部"，插入"第 H 分部和第 I 分部"。

（3）第 6401 条（b）（1）修订为，删除"和第 H 分部"，插入"第 H 分部和第 I 分部"。

（4）第 1 章第 A 节第 Ⅳ 部分第 H 分部的标题修订为，删除"某些债券"，插入"可持续清洁能源债券"。

（5）第 1 章第 A 节第 Ⅳ 部分的分部目录修订为，删除与第 H 分部相关的项目，插入以下新项目：

"第 H 分部　持有可持续清洁能源债券的不能以新债券调换的抵免金额。

"第 I 章　具备资格的税收抵免券。"

（6）《美国法典》第 31 篇第 1324 条（b）（2）规定修订为，删除"或 6428 或 53（e）"，插入"，53（e），54B（h）或 6428"。

（d）生效日期。本条做出的修改，适用于本法案颁布之日过后发行的债券。

第 Ⅱ 部分　能源规定

第 A 分部　纤维素生物燃料

第 15321 条　为纤维素生物燃料生产提供的税收抵免。

（a）通则。第 40 条（a）（与将酒精用作燃料相关的规定）修订为，在（1）结尾处删除"加"，在（2）结尾处删除"加"，在（3）结尾处删除句号后插入"，加"，并在结尾处添加以下新内容：

"（4）纤维素生物燃料生产商税收抵免。"

（b）纤维素生物燃料生产商税收抵免。

（1）通则。第 40 条（b）规定修订为，在结尾处添加以下新内容：

"（6）纤维素生物燃料生产商税收抵免。

"（A）通则。对于任何纳税人，纤维素生物燃料生产商税收抵免相当于每加仑*具备资格的纤维素生物燃料产品的实际课税额。

"（B）实际课税额。对于（A），实际课税额指的是 1.01 美元，但对于纤维素生物燃料是酒精的情况，这一金额须减去以下项目之和：

"（ⅰ）这种酒精依据（b）（1）规定（不考虑（b）（3）规定）在具备资格的纤维素生物燃料生产过程中获得的实际税收抵免，加

"（ⅱ）对于乙醇，依据（b）（4）规定在生产过程中获得的实际税收抵免。

"（C）具备资格的纤维素生物燃料生产。在本条中，'具备资格的纤维素生物燃料生产'指的是纳税人生产的任何纤维素生物燃料，以及在税务年度内：

"（ⅰ）被纳税人销售给他人：

"（Ⅰ）由此人用于生产用于其行业或企业（随意的非农生产除外）的具备资格的纤维素生物燃料混合物，

"（Ⅱ）由此人在某一行业或企业中用作燃料，或

"（Ⅲ）以零售方式销售这种纤维素生物燃料，并将燃料置于他人的燃料罐中，或

"（ⅱ）被纳税人用于或出售后用于其他（ⅰ）中提到的目的。

"任何纳税人在任何税务年度生产的具备资格的纤维素生物燃料，均不得包括纳税人购买的任何酒精，前提是纳税人以附加浓缩的方式提高了这些酒精的浓度。

"（D）具备资格的纤维素生物燃料混合物。在本项中，'具备资格的纤维素生物燃料混合物'指的是一种纤维素生物燃料和汽油的混合物，或者一种具备资格的纤维素生物燃料和一种具备以下特点的特殊的燃料的混合物：

"（ⅰ）由混合物的生产商销售给他人用作燃料，或

"（ⅱ）被混合物的生产商用作燃料的。

"（E）纤维素生物燃料。在本项中：

"（ⅰ）通则。'纤维素生物燃料'指的是任何液体燃料：

"（Ⅰ）由具备可再生能力或循环利用能力的木素纤维和半纤维素物质制成，以及

"（Ⅱ）满足美国环保署依据《清洁空气法》第 211 条（《美国法典》第 42 篇 7545）对于燃料和燃料添加剂注册要求。

"（ⅱ）排除低烈度酒精。以上条件不适用于烈度低于 150 的酒精。测定酒精烈度时，无需考虑任何添加的变性剂。

"（F）向合作赞助人分配纤维素生物燃料生产商税收抵免。与（g）（6）类似的规定适用于本项。

"（G）注册要求。如果纳税人没有在农业部长那里依据第 4101 条规定注册为纤维素生物燃料生产商，那么该纳税人就不得依据本项规定获得税收抵免。

"（H）本项规定的使用。本项规定适用于具备资格的纤维素生物燃料生产，适用期限始于 2008 年 12 月 31 日，止于 2013 年 1 月 1 日。"

（2）终止日期不适用。第 40 条（e）（与终止相关的规定）修订如下：

（A）在（2）中，在"由于存在（1）的规定"之后插入"或（b）（6）（H）"，以及

（B）在结尾处添加以下新内容：

"（3）纤维素生物燃料生产商税收抵免的特例。（1）不适用于本条（a）（4）规定的税收抵免部分。"

（3）相应的修订。

（A）第 4101 条（a）（1）修订如下：

（ⅰ）删除"和每人"，插入"，每人"，以及

---

* 加仑为非许用计量单位，1 加仑＝3.785 升

（ⅱ）在第 6426 条（b）（4）（A）后插入"，和每位生产纤维素生物燃料的人（其定义参见第 40 条（b）（6）（E））。"

（B）第 40 条标题，以及第 1 章第 A 节第 IV 部分第 D 分部的条目录中与第 40 条相关的项目将做如下修改：在每一项出现的"酒精"一词之后插入"，等等"。

（c）未用做燃料的生物燃料，等等。

（1）通则。第 40 条（d）（3）修订为，将（D）重新编号为（E），在（C）之后插入以下新内容：

"（D）纤维素生物燃料生产商税收抵免。如果出现以下情况：

"（ⅰ）存在任何（a）（4）提到的税收抵免"，以及

"（ⅱ）存在任何不将这些燃料用于（b）（6）（C）提到的目的的人，

"那么上述人士须缴纳与每加仑此类纤维素生物燃料实际课税额相等数额的税款（其定义如（b）（6）（B）所述）。

（2）相应的修订。

（A）第 40 条（d）（3）（C）修订为，在标题中删除"生产商"，插入"小乙醇生产商"。

（B）第 40 条（d）（3）（E）（由（1）重新编号后）修订为，删除"或（C）"，插入"（C），或（D）。"

（d）在美国生产的生物燃料。第 40 条（d）修订为，在结尾处添加以下新内容：

"（6）适用于纤维素生物燃料生产商税收抵免的特殊规定。如果纤维素生物燃料不是在美国生产的，而且是在美国作为燃料使用的，那么其生产商将无法依据（a）规定获得任何税收抵免。对于本款，'美国'指的是美利坚合众国的全部属地。"

（e）针对生产纤维素生物燃料的小乙酯生产商免除税收抵免的限制。第 40 条（d）（3）修订为，在"15 000 000 加仑"一词后插入"（在确定时无需考虑任何具备资格的纤维素生物燃料生产情况）"。

（f）禁止双重受益。

（1）生物柴油第 40 条（A）（d）（1）修订为，在结尾处添加以下新句子：

"以上条款不适用于任何依据第 40 条规定须确定税收抵免金额的液体。"

（2）可再生柴油。第 40 条（A）（f）（3）修订为，在结尾处添加以下新句子：

"以上条款不适用于任何依据第 40 条规定须确定税收抵免金额的液体。"

（g）生效日期。本条内的修订适用于 2008 年 12 月 31 日以后生产的燃料。

第 15322 条　生物燃料的全面研究。

（a）研究。财政部长在咨询农业部长、能源部长和美国环保署署长后，应与美国国家科学院签订一项协议，以对现有科学研究成果进行分析，确定：

（1）现有生物燃料的生产情况，以及对未来生物燃料生产情况的展望，

（2）用于生物燃料生产的美国林地和农业用地的最大生产限度，现有生物燃料原料的数量和特点，以及现有商业地区林业调查提供的信息，

（3）生物燃料生产水平上升后产生的本地效应，包括对于以下数据水平的影响：

（A）燃料价格，

（B）农村土地和市郊社区土地的价格，

（C）农作物种植面积、森林覆盖面积和其他土地使用面积，

（D）农作物种植面积、化肥使用、径流量、水资源利用、使用生物燃料的汽车的尾气排放，以及其他因素对于环境的影响，

（E）饲料价格，

（F）粮食作物和林业产品的销售价格，

（G）粮食和林业产品的进出口额，

（H）社区农作物补贴的结余和成本对于纳税人的影响，以及

（I）精炼能力的提升。

（4）将玉米乙醇生产厂转变成为生产其他产品的设施，例如生产纤维素乙醇或生物柴油的能力。

（5）对玉米乙醇和其他生物燃料以及可再生能源资源情况的全面分析，同时要考虑到成本、能源输出和实施的便利性。

（6）本分部确定的税收抵免对于市场上可以买到的区域农业和森林学林业调查能力的影响，以及

（7）附加科学调查以及未来研究的具体关注区域的需求。

（b）报告。本法案颁布之日起 6 个月内（对于（a）（6）规定提交的信息，为本法案颁布之日起 36 个月内）（含），财政部长须向国会提交一份以上（1）提到的研究成果的先期报告，并在该日期起 12 个月内（对于（a）（6）规定提交的信息，为本法案颁布之日起 42 个月内）（含）提交一份总结报告。

第 B 分部　收入规定

第 15331 条　酒精税收抵免的修改。

（a）所得税抵免。

（1）通则。第 40 条（h）（2）中的表格修订为：

（A）在第一列删除"到 2010 年"，插入"，2006 年，2007 年或 2008 年"，

（B）在第三行删除结尾处的句号，以及

（C）在结尾处添加以下新内容：

"2009 至 2010 年　　　　45 美分…………33.33 美分。"

（2）特例。第 40 条（h）修订为，在结尾处添加新条：

"（3）在年度产量完成或进口量达到 7 500 000 000 加仑之前不予减产。

"（A）通则。在 2008 年以后的任何日历年度，如果农业部长做出了（B）提到的涉及 2007 年以后开始所有日历年度的判断，那么（2）中的表格中的最后一行里的'51 美分'须替换为'45 美分'。

"（B）判断。本小项提到的关于任何日历年度的判断是经与美国环保署署长咨询后做出的，即美国当年生产或进口的乙醇（包括纤维素乙醇）不超过 7 500 000 000 加仑。

（b）减去税收抵免。

（1）通则。第 6426 条（b）（2）（A）（涉及酒精燃料混合物税收抵免的规定）修订为，删除"实际课税额为 51 美分"，插入"实际课税额为：

"（i）对于始于 2009 年前的日历年度，为 51 美分，以及

"（ii）对于始于 2008 年后的日历年度，为 45 美分。"

（2）例外。第 6426 条（b）（2）修订为，在结尾处添加以下新内容：

"（C）在年度产量完成或进口量达到 7 500 000 000 加仑之前不予减产。对于 2008 年以后开始的任何日历年度，如果农业部长做出了第 40 条（h）（3）（B）提到的涉及 2007 年以后开始的所有日历年度的判断，那么（A）（ii）里的'51 美分'须替换为'45 美分'。"

（3）相应的修订。第 6426 条（b）（2）（A）修订为，删除"（B）"，插入"（B）和（C）。"

（c）生效日期。本条做出的修改自本法案颁布之日开始生效。

第 15332 条　用于燃料税收抵免的酒精体积的计算。

（a）通则。第 40 条（d）（4）（涉及酒精体积的规定）修订为，删除"5％"，插入"2％"。

（b）减去税收抵免的相应的修订。第 6426 条（b）（涉及酒精燃料混合物税收抵免的规定）修订为，将（5）重新编号为（6），并在（4）后插入以下新内容：

"（5）酒精体积。为了依据（a）规定判定可以获得税收抵免的酒精的加仑数量，酒精体积须包括任

何变性剂（包括汽油）体积，而且这些变性剂会被添加在任何由农业部长批准的配方内，前提是变性剂的体积不超过酒精体积的 2％（包括变性剂的体积）。"

（c）生效日期。依据本条规定做出的修改适用于 2008 年 12 月 31 日之后销售或使用的燃料。

第 15333 条　乙醇关税延期。

《美国协调关税明细表》9901.00.50 和 9901.00.52 标题修订为，删除其有"生效日期"一列中的"1/1/2009"，插入"1/1/2011"。

第 15334 条　某些进口乙醇的关税退税限制。

（a）通则。《1930 年关税法》第 313 条（p）（《美国法典》第 19 篇 1313（p））修订为，在结尾处添加以下新内容：

"（5）对于乙醇的特殊规定。在本款中，在进口乙醇或乙醇混合物时依据《美国协调关税明细表》9901.00.50 缴纳的任何关税均不得退还，前提是退税申请基于的出口项目并不包含乙醇或乙醇混合物。"

（b）生效日期。本条做出的修改适用于：

（1）2008 年 10 月 1 日及之后用于消费的乙醇或乙醇混合物的进口行为，或从库房中取出用于消费的乙醇或乙醇混合物的进口行为；以及

（2）2008 年 10 月 1 日之前用于消费的乙醇或乙醇混合物的进口行为，或从库房中取出用于消费的乙醇或乙醇混合物的进口行为，前提是相关关税退税申请是在 2010 年 10 月 1 日及以后提交的。

第Ⅲ部分　农业规定

第 15341 条　增加农业债券的贷款限制。

（a）通则。第 147 条（c）（2）（A）（与首次创业的农场主相关的条款）修订为，删除"250 000 美元"，插入"450 000 美元"。

（b）通货膨胀调整。第 147 条（c）（2）修订为，在结尾处添加以下新内容：

"（H）通货膨胀调整。对于 2008 年以后的任何自然年度，（A）中的美元金额应提升至以下各项的乘积：

"（ⅰ）美元金额，乘以

"（ⅱ）依据第 1 条（f）（3）确定的该自然年度的生活成本调整，即通过在（B）中将'2007 日历年度'替换为'1992 日历年度'。

"如果任何金额经过上述调整后，所得的结果不是 100 美元的倍数，那么这个金额应根据最近的 100 美元的倍数进行取整。"

（c）实质性农业用地的定义。第 147 条（c）（2）（E）（为实质性农业用地下定义）修订为，删除"除非"之后直到句号的所有内容，插入"除非这些地块小于地块所在县的农场的中值面积的 30％。"

（d）相应的修订。第 147 条（c）（2）（C）（ⅰ）（Ⅱ）修订为，删除"250 000 美元"，插入"（A）中的有效数额"。

（e）生效日期。本条做出的修订适用于本法案颁布之日起发行的债券。

第 15342 条　允许某些第 1031 条提到的沟渠、水库或灌溉互助公司股票交易的待遇。

（a）通则。第 1031 条（与生产性或投资性应用相关的不动产交易）修订为，在结尾处添加以下新内容：

"（ⅰ）沟渠、水库或灌溉互助公司股票的特殊细则。对于（a）（2）（B），'股票'并不指沟渠、水

库或灌溉互助公司的股票，前提是在交易进行之时：

"（1）沟渠、水库或灌溉互助公司是一家第501条（c）（12）（A）提到的组织（在确定的时候无需考虑向其成员收取的用于负担损失和开销的金额占公司收入的比率），以及

"（2）公司成立所在州的高等法院或相关州法令认为这些股票相当于或代表不动产或不动产权益。"

（b）生效日期。本条做出的修订适用于本法案颁布之日后完成的交易。

第15343条　农用化学品安全税收抵免。

（a）通则。第1章第A节第Ⅳ部分第D分部（涉及与企业相关的税收抵免的规定）修订为，在结尾处添加以下新内容：

"第45O条　农用化学品安全税收抵免。

"（a）通则。在第38条中，对于具备资格的农业企业，当前税务年度依据本条规定确定的农用化学品安全税收抵免金额，为该年度具备资格的安全保障费用的30％。

"（b）设施限额。依据（a）确定的涉及任何设施的在任何税务年度享受的税收抵免金额均不得超过：

"（1）100 000美元，减去

"（2）依据（a）规定确立的涉及任何设施的在前5个税务年度享受的税收抵免总金额。

"（c）年度限额。依据（a）确定的涉及任何纳税人在任何税务年度享受的税收抵免金额均不得超过2 000 000美元。

"（d）具备资格的化学品安全开销。在本条中，'具备资格的化学品安全开销'指的是，任何具备资格的农业企业在任何税务年度内支付或花费的用于以下目的的款项：

"（1）雇员安保培训和背景情况调查，

"（2）限制和避免无关人员管控存储在设施内的特定农用化学品，

"（3）在化学品容器上添加标签、为化学品容器的阀门安装锁具并使用化学添加剂以预防特定农用化学品的失窃，或者使这些化学品无法被非法使用，

"（4）保护特定存储农用化学品设施的周边地区，

"（5）安装安保灯具、监控摄像头、监控录像设备和入侵探测传感器，

"（6）落实措施以加强电脑安全或电脑网络安全，

"（7）采取安全薄弱环节评估，

"（8）执行现场安全计划，以及

"（9）为保护农业部长在规定中指出的各种特定农用化学品采取的其他措施。

"以上提到的金额仅在用于支付或花费特定农用化学品的安保用途时才会被考虑。

"（e）具备资格的农业企业。在本条中，'具备资格的农业企业'指的是任何从事以下贸易或生意的法人：

"（1）以零售的方式主要面向农场主和牧场主销售农业产品，这些产品也包括特定农用化学品，或者

"（2）生产、制造、分销或空中播撒特定农用化学品。

"（f）特定农用化学品。在本条中，'特定农用化学品'指的是：

"（1）在农业经营活动中通常使用的任何化肥，而且出现在以下内容中：

"（A）《1986年应急计划和社区知情权法》第302条（a）（2），

"（B）《联邦法规汇编》第49篇第172.101条，或

"（C）《联邦法规汇编》第33篇第126，127或154部分，以及

"（2）任何在粮食作物、饲料作物或纤维作物种植时惯常使用的杀虫剂（其定义参见《联邦邦杀虫

剂、杀真菌剂和灭鼠剂法》第 2 条（u））其中包括杀虫剂的所有活性成分和惰性成分。

"（g）控制组。类似于第 41 条（f）（1）和（2）规定的规定将适用于本条。

"（h）规定。农业部长可以制定必要规定或适当规定以落实本条内容，其中包括以下规定：

"（1）为用于保护任何具体的农用化学品以及其他用途所支付的金额或产生的开销提供适当的待遇，或者

"（2）为将相关财产列为（b）规定的设施提供处置方式。

"（i）终止。本条规定不适用于 2012 年 12 月 31 日之后支付的费用或产生的开销。"

（b）作为普通商业信用信贷一部分的税收抵免。第 31 条（b）修订为，在（30）结尾处删除"加"，删除（31）结尾处的句号，插入"，加"，并在结尾处添加以下新内容：

"（32）对于具备资格的农业企业（其定义如第 450 条（e）所述），应为依据第 450 条（e）规定确定的农用化学品安全税收抵免金额。"

（c）禁止双重受益。第 280C 条修订为，在结尾处添加以下新内容：

"（f）农用化学品安全税收抵免。在依据第 450 条或第 450 条（a）规定为当前税务年度确定税收抵免金额时，不得将可以记为扣除的开销部分计算在内。

（d）文书修改。第 1 章第 D 节第 IV 部分第 D 分部的条目录将做如下修改：在结尾处添加以下新条目：

"第 450 条　农用化学品安全税收抵免。"

（e）生效日期。本条做出的修订适用于本法案生效之日后支付的款项或产生的开销。

第 15344 条　年龄在 2 年或以下的赛马价值的 3 年折旧。

（a）通则。第 168 条（e）（3）（A）（i）（与 3 年期财产相关的规定）修订为，

"（i）符合以下条件的任何赛马：

"（I）在 2014 年 1 月 1 日之前服役的，以及

"（II）在 2013 年 12 月 31 日之后服役的，而且开始服役的时候年龄已经大于两岁，"。

（b）生效日期。本条做出的修订将适用于 2008 年 12 月 31 日投入使用的不动产。

第 15345 条　针对堪萨斯州吉奥瓦县以及周边地区的临时税额减免。

（a）通则。依据本条做出的修改，《1986 年国内税收法典》的以下规定，或者与该法相关的规定适用于堪萨斯灾区，这些规定原本适用的地区依然有效：

（1）《1986 年国内税收法典》第 1400N 条（d）（与针对某些财产的特殊津贴有关的规定）。

（2）《1986 年国内税收法典》第 1400N 条（e）（与依据第 179 条规定加强费用化有关的规定）。

（3）《1986 年国内税收法典》第 1400N 条（f）（与某些爆破或清理开销的费用化有关的规定）。

（4）《1986 年国内税收法典》第 1400N 条（k）（与暴风雨导致的净营业损失有关的规定）。

（5）《1986 年国内税收法典》第 1400N 条（n）（与具有资格的租赁项目要求所需的收入资格的表现处置方式有关的规定）。

（6）《1986 年国内税收法典》第 1400N 条（o）（与公共设施财产灾害损失有关的规定）。

（7）《1986 年国内税收法典》第 1400Q 条（与退休基金使用特殊规定有关的规定）。

（8）《1986 年国内税收法典》第 1400R 条（a）（与雇主享受的员工留任税收抵免有关的规定）。

（9）《1986 年国内税收法典》第 1400S 条（b）（与推迟个人损失限制有关的规定）。

（10）《2005 年卡特里娜飓风紧急减税法》第 405 条（与收入不予承认的更新周期延期相关的规定）。

（b）堪萨斯灾区。在本条中，"堪萨斯灾区"一词指的是总统依据《罗伯特·T·斯塔福德灾难救

援和紧急协助法》（FEMA—1699—DR，在本法案颁布之日有效）第 401 条规定宣布的有重大灾害发生的地区，这里的灾害是由 2007 年 5 月 4 日发生的严重的暴风雨和龙卷风导致的，总统做出上述判断旨在保障依据该法案针对暴风雨和龙卷风造成的损失的来自个人的援助和联邦政府的公共援助能够到位。

（c）地区或损失的指称。

（1）地区。这些规定中提到的卡特里娜灾区或墨西哥湾机会区指的都是堪萨斯灾区。

（2）损失。这些规定中提到的卡特里娜飓风造成的任何损失指的都是 2007 年 5 月 4 日发生的暴风雨和龙卷风造成的损失。

（d）日期等内容的指称。

（1）针对 2007 年 5 月 5 日及以后收购的某些财产的特殊补助。《1986 年国内税收法典》第 1400N 条（d）：

（A）用"具备资格的灾后重建援助财产"代替其中出现的所有"具备资格的墨西哥湾机会区财产"，

（B）用"2007 年 5 月 5 日"代替其中出现的所有"2005 年 8 月 28 日"，

（C）用"2008 年 12 月 31 日"代替（2）（A）（v）出现的所有"2007 年 12 月 31 日"，

（D）用"2009 年 12 月 31 日"代替（2）（A）（v）出现的所有"2008 年 12 月 31 日"，

（E）用"2009 年 1 月 1 日"代替（3）（B）出现的所有"2008 年 1 月 1 日"，以及

（G）确定补贴金额时无需考虑（6）规定内容。

（2）依据第 179 条规定提高费用化。在《1986 年国内税收法典》第 1400N 条（e）中，用"具备资格的第 179 条灾后重建援助财产"代替其中出现的所有"具备资格的第 179 条墨西哥湾机会区财产"，

（3）某些爆破和清理开销的费用化。在《1986 年国内税收法典》第 1400N 条（f）中：

（1）用"具备资格的灾后重建清理开销"代替其中出现的所有"具备资格的墨西哥湾机会区清理开销"，以及

（2）在（2）中，用"始于 2007 年 5 月 4 日，止于 2009 年 12 月 31 日"代替"始于 2005 年 5 月 4 日，止于 2007 年 12 月 31 日"。

（4）暴风雨导致的净营业损失的处置。在《1986 年国内税收法典》第 1400N 条（k）中：

（A）用"具备资格的灾后重建援助损失"代替其中出现的所有"具备资格的墨西哥湾机会区损失"，

（B）用"始于 2007 年 5 月 3 日，止于 2010 年 1 月 1 日"代替其中出现的所有"始于 2005 年 8 月 27 日，止于 2008 年 1 月 1 日"，

（C）在（2）（B）（ii）（Ⅰ）中，用"2007 年 5 月 4 日"代替"2005 年 8 月 28 日"，

（D）在（2）（B）（iv）中，用"具备资格的灾后重建援助财产"代替"具备资格的墨西哥湾机会区财产"，以及

（E）用"具备资格的灾后重建援助意外损失"代替其中出现的所有"具备资格的墨西哥湾机会区意外损失"。

（5）针对退休基金使用的特殊细则。《1986 年国内税收法典》第 1400Q 条：

（A）用"具备资格的灾后重建援助分配"代替其中出现的所有"具备资格的飓风灾害分配"，

（B）在（a）（4）（A）（i）中，用"2007 年 5 月 4 日及以后，2009 年 1 月 1 日以前"代替"2005 年 8 月 25 日及以后，2007 年 1 月 1 日以前"，

（C）在（a）（4）（A）（i）和（c）（3）（B）中，用"2007 年 5 月 4 日"代替"2005 年 8 月 25 日"，

（D）不考虑（a）（4）（A）（ii）和（iii）内容，

（E）用"具备资格的飓风灾害分配"代替其中出现的所有"具备资格的卡特里娜飓风灾害分配"，

（F）在（b）（2）（B）（ii）中，用"2006 年 11 月 4 日以后，2007 年 5 月 5 日以前"代替"2005

年 2 月 28 日以后，2005 年 8 月 29 日以前"，

（G）在（b）（2）（B）（ⅲ）中，用"卡特里娜飓风区（其定义如《2008 年粮食、保育和能源法》第 15345 条（b）所述），但是并不是因为 2007 年 5 月 4 日发生暴风雨和龙卷风后进行的采购或建设"代替"卡特里娜灾区，但是并不是因为卡特里娜飓风发生后进行的采购或建设"，

（H）在（b）（3）（A）中，用"始于 2007 年 5 月 4 日，止于《2008 年中心地区、产地、收割和园艺法》颁布之日 5 个月后"代替"始于 2005 年 8 月 25 日，止于 2006 年 2 月 28 日"，

（Ⅰ）用"具备资格的暴风雨受灾个人"代替其中出现的所有"具备资格的卡特琳飓风受灾个人"，

（J）用"2008 年 12 月 31 日"代替（c）（2）（A）中的"2006 年 12 月 31 日"，

（K）在（c）（4）（A）（ⅰ）中，用"始于《2008 年粮食、保育和能源法》颁布之日，止于 2008 年 12 月 31 日"代替"始于 2005 年 9 月 24 日，止于 2006 年 12 月 31 日"，

（L）用"2007 年 5 月 4 日"代替（c）（4）（A）（ⅱ）中的"2005 年 8 月 25 日"，以及

（M）用"2009 年 1 月 1 日"代替（d）（2）（A）（ⅱ）中的"2007 年 1 月 1 日"。

（6）受到 5 月 4 日暴风雨和龙卷风影响的雇主享受的员工留任税收抵免。在《1986 年国内税收法典》第 1400R 条（a）中：

（A）用"2007 年 5 月 4 日"代替其中出现的所有"2005 年 8 月 28 日"，

（B）用"2008 年 1 月 1 日"代替其中出现的两处"2006 年 1 月 1 日"，以及

（C）仅适用于具备资格的雇主，即在 2007 年 5 月 4 日前的税务年度的工作日平均雇佣了不超过 200 名员工的雇主。

（7）延缓人身伤亡损失的某些限制，在《1986 年国内税收法典》第 1400S 条（b）（1）中，用"2007 年 5 月 4 日"代替"2005 年 8 月 25 日"。

（8）延长未获承认的收入的更替期。在《2005 年卡特里娜飓风紧急减税法》第 405 条中，用"2007 年 5 月 4 日及以后"代替"2005 年 8 月 25 日及以后"。

第 15346 条　竞争性认证奖项的修改职权。

（a）通则。第 48A 条（与具备资格的先进煤项目税收抵免相关的规定）修订为，在结尾处添加以下新内容：

"（h）竞争性认证奖项的修改职权。在落实本条规定或第 48B 条规定，农业部长受命修改任何竞争性认证奖项和任何相关最终协议，而且相关修改：

"（1）与相关条的规定目标一致，

"（2）是应竞争性认证奖项接受者的要求完成的，以及

"（3）涉及移动项目场地，以提升捕获和封存二氧化碳排放的潜力，减少运输原料的成本，并为更为广泛的客户服务。

"除非农业部长认为，经过上述修改，依据相关条规定向纳税人提供的税收抵免金额将有所增加，或者说上述修改将导致相关项目无法通过初试认证。在考虑做出任何修改之际，农业部长应咨询其他相关联邦政府机构的意见，其中也包括能源部。"

（b）生效日期。本条做出的修订将在本法案颁布之日生效，而且适用于所有依据《1986 年国内税收法典》第 48A 或 48B 条确定的竞争性认证奖项，无需考虑此类奖项是在颁布之日之前，之时或之后颁发的。

第Ⅳ部分　其他税收规定

第 15351 条　某些纳税人的过剩农业损失的限制。

（a）通则。第 461 条（与减税年度一般规定相关的规定）修订为，在结尾处添加以下新内容：

"（j）某些纳税人的过剩农业损失的限制。

"（1）限制。如果非 C 类注册公司的纳税人在任何税务年度获得任何适用补贴，纳税人在该财务年度的任何农业损失不得过剩。

"（2）带入下一税务年度的无效损失。依据以上（1）中被定为无效的损失应被视为纳税人在下一税务年度由农业引起的减免税款。

"（3）适用补贴。在本款中，'适用补贴'指的是：

"（A）任何《2008 年粮食、保育和能源法》第 I 篇提到的直接补贴或反周期补贴，或者任何被选择替代这些补贴的补贴，或者

"（B）任何商品信贷公司贷款。

"（4）过剩农业损失。在本款中：

"（A）通则。'过剩农业损失'指的是：

"（i）纳税人在相关税务年度由于从事农业经营活动而获得的减免税款总额（确定总额时无需考虑这些减免税款是否会依据（1）规定被列为无效），减去

"（ii）以下各项的和：

"（I）纳税人在该税务年度由于从事农业经营活动所得的总收入，加

"（II）该税务年度的门槛金额。

"（B）门槛金额。

"（i）通则。'门槛金额'指的是在任何税务年度，以下各项中较高的一项：

"（I）300 000 美元（已婚人士分开申报时，为 150 000 美元），或者

"（II）在该税务年度前 5 个连续税务年度内，（A）（ii）（I）提到的总额减去该期限内（A）（i）提到的总额所得的差值。

"（ii）确定总金额的特殊细则。在（i）（II）中：

"（I）尽管（A）（i）提到确定总额时无需考虑相关减免税款是否会依据（1）规定被列为无效，对于任何税务年度依据（2）规定出现的任何损失，这些损失（或损失的任何部分）应在依据本款规定减免税款不会被视为无效的第一个税务年度时被考虑在内，以及

"（II）农业部长应制定规定以计算纳税人在该税务年度的申报状态与该项提到的税务年度不相同时的总额。

"（C）农业经营活动。

"（i）通则。'农业经营活动'的定义参见第 263A 条（e）（4）

"（ii）包含在内的某些行为。如果不考虑本条款规定时，一位纳税人从事了与任何农业商品或园艺商品相关的农业经营活动，那么：

"（I）'农业经营活动'包括纳税人从事的处理相关商品的任何行业（无需考虑处理过程是否是伴随该商品的种植、养殖或收割），以及

"（II）如果纳税人是第 T 节提到的合作生产协会的成员，（I）中提到的该合作生产协会的任何生产经营活动均应被视为纳税人生产经营活动。

"（D）某些无效损失。在（A）（i）中，火灾、暴风雨、其他意外事故、疾病或干旱给任何农业经营活动造成的任何损失产生的税收减免均不得被考虑在内。

"（5）本款规定对于合伙企业和 S 类注册公司的适用情况。对于合伙企业和 S 类注册公司：

"（A）本款在合伙人或股东层面适用，以及

"（B）在任何税务年度，每位合伙人或股东持有的从事农业经营活动的合伙企业和 S 类注册公司的收入或税收减免的比例股份，以及相关合伙企业和 S 类注册公司获得的任何适用补贴的比例股份，合伙人或股东在该税务年度内或结束之时适用本款规定时须将以上所提及的事项考虑在内。

"农业部长可以为本项规定制定适用规定，旨在必要时针对其他任何直通实体落实本款规定。

"（6）附加报告。农业部长可以在认为适当的情况下，规定附加报告要求以落实本款规定。

"（7）与第 469 条内容协调。本款规定在第 469 条规定应用前适用。"

"（b）生效日期。本条做出的修改适用于 2009 年 12 月 31 日后开始的税务年度。

第 15352 条 计算自我创业净收入可选择方法的修改。

（a）对《1986 年国内税收法典》做出的修改。

（1）通则。第 1402 条（a）（17）之后的内容修订如下：

（A）删除其中出现的所有 "2 400 美元"，插入 "上限"，以及

（B）删除其中出现的所有 "1 600 美元"，插入 "下限"。

（2）定义。第 1402 条修订为，在结尾处添加以下新内容：

"（l）上限和下限。在（a）中：

"（1）下限。对于任何税务年度中的实际覆盖的自然季度，下限均为《社会保障法》第 213 条（d）要求的数额。

"（2）上限。对于任何税务年度，上限均为该税务年度的下限值的 150％。"

（b）对《社会保障法》做出的修改。

（1）通则。《社会保障法》第 211 条（a）（16）规定修订如下：

（A）删除其中出现的所有 "2 400 美元"，插入 "上限"，以及

（B）删除其中出现的所有 "1 600 美元"，插入 "下限"。

（2）定义。该法第 211 条修订为，在结尾处添加以下新内容：

"（k）上限和下限。在（a）中：

"（1）下限。对于任何税务年度中的实际覆盖的自然季度，下限均为《社会保障法》第 213 条（d）要求的数额。

"（2）上限。对于任何税务年度，上限均为该税务年度的下限值的 150％。"

（3）相应的修订。该法第 212 条修订如下：

（A）在（b）中，删除 "对于"，插入 "除非（c）有另行说明，对于"；以及

（B）在结尾处添加以下新内容：

"（c）为确定任何针对第 211 条（a）（16）中提到的事务，在任何不以特定日历年度开始或在特定日历年度开始或终结的税务年度，选择了（ii）或（iv）规定中描述选项的月度平均指标收入，月度平均工资和覆盖季度，此人在该税务年度的自我创业收入须被分配入两个日历年度，而这两个日历年度的部分被纳入该税务年度，其占据被视为自我创业收入的总额的比例与依据第 213 条（d）适用的金额所在比例相同，相关期限为第 211 条（k）（1）中提到的日历年度中下限所在的日历季度。"

（c）生效日期。本条做出的修订适用于 2007 年 12 月 31 日后开始的税务年度。

第 15353 条 商品信贷公司交易的信息报告。

（a）通则。第 61 章第 A 节第 III 部分第 A 分部（与涉及受到特殊规定管辖的人员的信息相关的规定）修订为，在第 6039I 条后添加以下新内容：

"第 6039J 条 涉及商品信贷公司交易的信息报告。

"（a）报告要求。商品信贷公司应依据财政部长确立的形式和规则，通过农业部长拟定一份报告，介绍纳税人在与偿还社区信贷公司发放的贷款相关的税务年度获得的任何市场收益，但无需考虑贷款偿还的方式。

"（b）应向按要求提供信息者提供的声明。农业部长应向每一位按要求姓名应出现在（a）要求提供的报告中的人提供一份书面声明，说明报告中写明的市场收益数额。"

（b）文书修改。第 61 章第 A 节第 III 部分第 A 分部的目录修订为，在与第 6039I 条相关的项目后插入以下新项目：

"第 6039J 条　涉及商品信贷公司交易的信息报告。"

（c）生效日期。本条做出的修订适用于 2007 年 1 月 1 日及以后偿还的贷款。

第 V 部分　保护社会保障

第 15361 条　保护社会保障。

为确保信托依据《社会保障法》第 201 条（《美国法典》第 42 篇 401）基金资产不因本法案的颁布而有所减少，财政部长须每年从联邦政府一般收入中向信托基金划拨以下金额：

（1）2009 财政年度：5 000 000 美元。
（2）2010 财政年度：9 000 000 美元。
（3）2011 财政年度：8 000 000 美元。
（4）2012 财政年度：7 000 000 美元。
（5）2013 财政年度：8 000 000 美元。
（6）2014 财政年度：8 000 000 美元。
（7）2015 财政年度：8 000 000 美元。
（8）2016 财政年度：6 000 000 美元。
（9）2017 财政年度：7 000 000 美元。

子篇 D　贸易规定

第 I 部分　某些贸易补贴的拓展

第 15401 条　简称。

本部分可以被援引为"《2008 年海地机会伙伴促进法》"或"HOPE II 法"。

第 15402 条　服装品和其他纺织品补贴。

（a）增值细则。《加勒比盆地经济复苏法》（《美国法典》第 19 篇 2703a（b））修订如下：

（1）本款标题将修改为："服装品和其他纺织品"。

（2）（1）修改为：

"（1）纺织品的增值细则。

"（A）通则。（B）中描述的属于某一生产商或者控制生产的实体的直接从海地或多米尼加共和国进口至美国的纺织品，在符合条件的 1 年以内无需缴纳关税，但须受到（B）和（C）中的限制的约束，还应受到（D）的约束。

（3）（2）修订如下：

（A）在（A）中：

（ i ）向右移动两个位置；

（ ii ）在（ i ）中，删除"（C）"，插入"（iii）"；

（iii）在（ ii ）中，删除"（C）"，插入"（iii）"；

（iv）在（ ii ）后，删除"（E）（I）"插入"（V）（I）"；

（ v ）将（ i ）和（ ii ）分别重新编号为（I）和（II）；以及

（ⅳ）将（A）重新编号为（ⅰ）；

（B）在（B）中：

（ⅰ）向右移动两个位置；

（ⅱ）删除其中出现的所有"（A）（ⅰ）"，插入"（ⅰ）（Ⅰ）"；

（ⅲ）将（ⅰ）和（ⅱ）重新编号为（Ⅰ）和（Ⅱ）；以及

（ⅳ）将（B）重新编号为（ⅱ）；

（C）在（C）中：

（ⅰ）向右移动两个位置；

（ⅱ）在（ⅰ）之前的内容中，删除"（A）"，插入"（ⅰ）"；

（ⅲ）在（ⅱ）中，删除"生效的"以及之后所有的"等等。）"，插入"此后生效的"；

（ⅳ）将（ⅰ）至（ⅴ）分别重新编号为（Ⅰ）至（Ⅴ）；以及

（ⅴ）将（C）重新编号为（ⅲ）；

（D）在（D）中：

（ⅰ）向右移动两个位置；

（ⅱ）在（ⅰ）中：

（Ⅰ）在（Ⅰ）之前的内容中，删除"（A）"，插入"（ⅰ）"；

（Ⅱ）在（Ⅰ）中，删除"（A）中的（ⅰ）"，插入"（ⅰ）中的（Ⅰ）"；

（Ⅲ）在（Ⅱ）中，删除"（A）中的（ⅱ）"，插入"（ⅰ）中的（Ⅱ）"；

（Ⅳ）将（Ⅰ）和（Ⅱ）分别重新编号为（aa）和（bb）；以及

（Ⅴ）将（ⅰ）重新编号为（Ⅰ）；

（ⅲ）在（ⅱ）中：

（Ⅰ）在（Ⅰ）之前的内容中，删除"（A）"，插入"（ⅰ）"；

（Ⅱ）在（Ⅰ）中，删除"（A）中的（ⅰ）"，插入"（ⅰ）中的（Ⅰ）"；

（Ⅲ）在（Ⅱ）中，删除"（A）中的（ⅱ）"，插入"（ⅰ）中的（Ⅱ）"；

（Ⅳ）将（Ⅰ）和（Ⅱ）分别重新编号为（aa）和（bb）；以及

（Ⅴ）将（ⅱ）重新编号为（Ⅱ）；

（ⅳ）在（ⅲ）中：

（Ⅰ）删除其中出现的所有"（ⅰ）（Ⅰ）或（ⅱ）（Ⅰ）"，插入"（Ⅰ）（aa）或（Ⅱ）（aa）"；

（Ⅱ）将（Ⅰ）和（Ⅱ）分别重新编号为（aa）和（bb）；以及

（Ⅲ）将（ⅲ）重新编号为（Ⅲ）；

（Ⅴ）将（ⅳ）修改为：

"（Ⅳ）在计算其他获得优惠待遇的物品时加入。依据本小项以外的其他任何法律规定，或者依据'一般'项目下第1列的协调关税表编码，获得优惠待遇的纺织品条目，如果生产商或控制生产的实体并未选择在年度集合计算时将这些条目归入集合中，那么这些条目就不会被包含在（Ⅰ）或（Ⅱ）的年度集合中。"以及

（ⅳ）将（D）重新编号为（ⅳ）；

（E）在（E）中：

（ⅰ）向右移动两个位置；

（ⅱ）在（ⅰ）中：

（Ⅰ）将（Ⅰ）至（Ⅲ）分别重新编号为（aa）到（cc）；以及

（Ⅱ）将（ⅰ）重新编号为（Ⅰ）；

（ⅲ）在（ⅱ）中：

（Ⅰ）删除"（C）"，插入"（ⅲ）"；以及

（Ⅱ）将（ⅱ）重新编号为（Ⅱ）；以及

（ⅳ）将（E）重新编号为（Ⅴ）；

（F）在（F）中：

（ⅰ）向右移动两个位置；

（ⅱ）在（ⅰ）中：

（Ⅰ）删除"海关与边境保护局"，插入"美国海关和边境保护局"；

（Ⅱ）删除"（A）和（D）小项"，插入"第（ⅰ）和（ⅳ）条款"；以及

（Ⅲ）将（ⅰ）重新编号为（Ⅰ）；

（ⅲ）在（ⅱ）中：

（Ⅰ）在（Ⅰ）之前的内容中：

（aa）删除"海关与边境保护局"，插入"美国海关和边境保护局"；

（bb）删除其中出现的所有"第（A）小项"，插入"第（ⅰ）条款"；以及

（cc）删除"第（D）小项"，插入"第（ⅳ）条款"；

（Ⅱ）在（Ⅰ）中，删除"第（A）小项中的第（ⅰ）条款"，插入"第（ⅰ）条款中的第（Ⅰ）子条款"；

（Ⅲ）在（Ⅱ）中，删除"第（A）小项中的第（ⅱ）条款"，插入"第（ⅰ）条款中的第（Ⅱ）子条款"；

（Ⅳ）在（Ⅱ）之后的内容中，删除"（E）（ⅰ）"，插入"（Ⅴ）（Ⅰ）"；

（Ⅴ）将（Ⅰ）和（Ⅱ）分别重新编号为（aa）和（bb）；以及

（Ⅵ）将（ⅱ）重新指定为第（Ⅱ）小项

（ⅳ）在（ⅲ）中：

（Ⅰ）在（Ⅰ）中：

（aa）删除"（1）"，插入"（A）"；以及

（bb）删除"（A）或（D）"，插入"（ⅰ）或（ⅳ）"；

（Ⅱ）在（Ⅱ）中，删除"本小项中的第（ⅱ）条款"，插入"本条款中的第（Ⅱ）子条款"；

（Ⅲ）在（Ⅱ）之后的内容中

（aa）删除其中出现的所有"海关与边境保护局"，插入"美国海关和边境保护局"；以及

（bb）删除"（Ⅱ）"，插入"（bb）"；以及

（Ⅳ）在（bb）中：

（aa）删除"（1）"，插入"（A）"；以及

（bb）删除"（A）或（D）"，插入"（ⅰ）或（ⅳ）"；

（Ⅴ）在（bb）之后的内容中，删除"（1）"，插入"（A）"；

（Ⅵ）将（aa）和（bb）分别重新编号为（AA）和（BB）；

（Ⅶ）将（Ⅰ）和（Ⅱ）分别重新编号为（aa）和（bb）；以及

（Ⅷ）将（Ⅲ）分别重新编号为（Ⅲ）；以及

（Ⅴ）将（F）重新编号为（ⅳ）；

（G）在（G）中：

（ⅰ）向右移动两个位置；

（ⅱ）在（ⅰ）中：

（Ⅰ）在（Ⅰ）之前的内容中，删除"（A）或（D）"插入"（ⅰ）或（ⅳ）"；

（Ⅱ）将（Ⅱ）中：

（aa）在（dd）中，删除"依据2002年《两党贸易促进授权法》"，插入"对于美国"；

（bb）将（aa）至（dd）分别重新编号为（AA）至（DD）；

（Ⅲ）将（Ⅰ）和（Ⅱ）分别重新编号为（aa）和（bb）；以及

（Ⅳ）将（i）重新编号为（Ⅰ）；

（ⅲ）在（ⅱ）中：

（Ⅰ）在（Ⅰ）中，删除"（i）（Ⅰ）"，插入"（Ⅰ）（aa）"；

（Ⅱ）在（Ⅰ）中，删除"（i）（Ⅱ）"，插入"（Ⅰ）（bb）"；

（Ⅲ）将（Ⅰ）和（Ⅱ）分别重新编号为（aa）和（bb）；以及

（Ⅳ）将（ⅱ）重新编号为（Ⅱ）；以及

（ⅳ）将（G）重新编号为（vii）；以及

（H）删除"（2）服装品描述。"，插入以下内容：

"（B）服装品描述。"

（4）（3）修订如下：

（A）将本项重新编号为（C），并向右移动两个位置；

（B）删除其中出现的所有"（1）"，插入"（A）"；以及

（C）在表中：

（i）删除"1.5％"，插入"1.25％"；

（ⅱ）删除"1.75％"，插入"1.25％"；以及

（ⅲ）删除"2％"，插入"1.25％"。

（5）将以下内容添加在（C）后，并将本款重新骗号为（4）（A）：

"（D）其他不受到定量限制的特惠待遇。任何可以依据（2）、（3）、（4）或（5）规定或者其他任何本篇内的规定，享受优惠待遇的服装品产品，将不受（C）提到的量化限制的约束，在计算这样的限制的时候也无需被考虑在内。"

（b）对于编织品和某些针织品的特殊细则。《加勒比盆地经济复苏法》第 213A 条（b）修订为，删除（4），插入以下内容：

"（2）对于编织品和某些针织品的特殊规定。

"（A）对于协调关税表编码第 62 章内物品的特殊细则。

"（i）通则。在（ⅱ）和（ⅲ）规定的约束下，任何可以按照第 62 章进行归类的，在海地经过面料、面料组件、针织成型组件或纱线整体组装或针织成型后，直接从海地或多米尼加共和国进口至美国的服装品，均可免交关税，而且无需考虑面料、面料组件、针织成型组件或纱线的来源。

"（ⅱ）限制。2008 年 10 月 1 日后的第 1 年期间，以及此后连续 9 个 1 年期间，以上（i）提到的特惠待遇将适用于等效面积不超过 70 000 000 平方米相当于该条款中提到的的服装品。"

"（ⅲ）其他不受数量限制的特惠待遇。任何依据以上（1）、（3）、（4）或（5），或本项（B）规定或其他任何本篇内规定可以享受特惠待遇的服装品，将不受（ⅱ）提到的量化限制的约束，在计算这样的限制的时候也无需被考虑在内。

"（B）对于协调关税表编码第 61 章内某些物品的特殊细则。

"（i）通则。在（ⅱ）、（ⅲ）和（ⅳ）规定的约束下，任何可以按照第 61 章进行归类的，在海地经过面料、面料组件、针织成型组件或纱线整体组装或针织成型后，直接从海地或多米尼加共和国进口至美国的服装品，均可免交关税，而且无需考虑面料、面料组件、针织成型组件或纱线的来源。

"（ⅱ）例外。以上（i）提到的特惠待遇不适用于以下情形：

"（Ⅰ）可以归入协调关税表编码 6109.10.00 的男性成人或儿童款纯棉服装品：

"（aa）所有带有以下特征的白色体恤衫：短袖折边、下摆折边、船员领口、圆领口、V 字领口、带有斜接缝的 V 子领口、无口袋、无裁剪角和无刺绣。

"（bb）所有白色汗衫，无口袋、无裁剪角和无刺绣。

"（cc）其他衬衫，但不包括保暖内衣。

"（Ⅱ）可以归入协调关税表编码6109.90.10的男性成人或儿童款体恤衫。

"（Ⅲ）可以归入协调关税表编码6110.20.20的男性成人或儿童款纯棉服装品：

"（aa）长袖运动衫。

"（bb）套头衫，但不是长袖运动衫、背心或者作为运动装的一部分进口的服装品。

"（Ⅳ）可以归入协调关税表编码6110.30.30的人造纤维材质男性成人或童款长袖运动衫，其中人造纤维的质量小于衣物质量的65％。

"（ⅲ）限制。2008年10月1日后的第1年期间，以及此后连续9个1年期间，以上（ⅰ）提到的特惠待遇将适用于等效面积不超过70 000 000平方米相当于该条款中提到的的服装品。"

"（ⅳ）其他不受数量限制的特惠待遇。任何依据以上（1）、（3）、（4）或（5），或本项（A）规定或其他任何本篇内规定可以享受特惠待遇的服装品，将不受（ⅲ）提到的量化限制的约束，在计算这样的限制的时候也无需被考虑在内。"

（c）不受量化限制的单一转型规定。《加勒比盆地经济复苏法》第213A条（b）修订为，删除（5），插入以下内容：

"（3）服装品和其他受到某些组装细则限制的物品。

"（A）胸罩。任何可以归入协调关税表编码6212.10的服装品，在海地经过面料、面料组件、针织成型组件或纱线整体组装或针织成型后，直接从海地或多米尼加共和国进口至美国时均可免交关税，而且无需考虑面料、面料组件、针织成型组件或纱线的来源。

"（B）其他服装品。以下任何在海地经过面料、面料组件、针织成型组件或纱线整体组装或针织成型后，直接从海地或多米尼加共和国进口至美国的服装品，均可免交关税，而且无需考虑面料、面料组件、针织成型组件或纱线的来源：

"（ⅰ）任何被协调关税表第61章第3、4或5项排除在外的服装品（这些条目在2007年12月20日颁布的第8213号总统公告的附录中第A条内），而且这些章节条目用于确定某项服装品是否为一种原产商品，如协调关税表第29（n）项一般注释所述，除非在本项中，对于'6104.12.00'的指称应被视为是对'6104.19.60'的指称。

"（ⅱ）（Ⅰ）依据（Ⅱ）规定，任何属于协调关税表第62章第3（a）、4（a）或5（a）条目中列出的类型的服装品，如2007年12月20日颁布的第8213号总统公告的附录中第A条第9项所述。

"（Ⅱ）（Ⅰ）不得包含任何本项（A）适用的任何服装品。

"（C）皮箱和类似物品。任何可以归入协调关税表编码4202.12、4202.22、4202.32或4202.92的物品，在海地经过面料、面料组件、针织成型组件或纱线整体组装或针织成型后，直接从海地或多米尼加共和国进口至美国时均可免交关税，而且无需考虑面料、面料组件、针织成型组件或纱线的来源。

"（D）帽子。任何可以归入协调关税表编码6501、6502或6504的物品，或者可以归入6505.90的物品，在海地经过面料、面料组件、针织成型组件或纱线整体组装或针织成型后，直接从海地或多米尼加共和国进口至美国时均可免交关税，而且无需考虑面料、面料组件、针织成型组件或纱线的来源。

"（E）某些家居服。以下任何在海地经过面料、面料组件、针织成型组件或纱线整体组装或针织成型后，直接从海地或多米尼加共和国进口至美国的服装品均可免交关税，而且无需考虑面料、面料组件、针织成型组件或纱线的来源：

"（ⅰ）睡裤和其他可以归入6208.91.30的妇女、女孩款纯棉家居服，或可以归入6208.92.00的人造纤维家居服。

"（ⅱ）睡裤和其他可以归入6208.99.20的女孩款其他纺织材料制成的家居服。"

（d）实得进口补贴细则。《加勒比盆地经济复苏法》第231A条（b）修订为，在结尾处添加以下新内容：

"（4）实得进口补贴细则。

"（A）通则。任何在海地经过面料、面料组件、针织成型组件或纱线整体组装或针织成型后，直接从海地或多米尼加共和国进口至美国的服装品均可免交关税，而且无需考虑面料、面料组件、针织成型组件或纱线的来源，但前提是这些服装品获得了实得进口补贴证明书，该证书可以说明服装品等效面积的依据（B）规定确立的项目获得的补贴金额。未确定依据本小项规定确定等效面积，美国商务部的'关联：2008 年版《美国协调关税明细表》美国纺织品和服装品行业类型系统'或其更新出版物中列出的换算因数在此适用。

"（B）实得进口补贴项目。

"（ⅰ）建立。为落实（A）规定，商务部长须建立一个项目，以基于（ⅱ）描述的要点，向任何生产商或者控制生产的实体提供实得进口补贴证明书。

"（ⅱ）要点。（ⅰ）提到的要点为以下所述：

"（Ⅰ）生产商或者控制生产的实体的每 3 平方米等效面积的具备资格的织物或具备资格的针织品可以获得 1 分，前提是生产商或者控制生产的实体可以证明其采购上述类似可以有资格获得（A）提到的特惠待遇的物品旨在在海地开展生产。商务部长须应生产商或者控制生产的实体要求，为其建立和维持一个账户，并向账户中存入分值。

"（Ⅱ）此类生产商或者控制生产的实体可以要求兑换依据（Ⅰ）发放的分值，前提是实得进口补贴证明书可以证明其获得的分值总数，而且有能力兑换分值。

"（Ⅲ）商务部长可以要求任何位于美国境内，而且向海地出口合格的针织品或合格的织物的纺织厂或其他实体，在出口行为完成后或随时向其提供托运人出口申报单等证明材料：

"（aa）以核实具备资格的针织品或具备资格的织物的确被出口给海地的生产商或者控制生产的实体；以及

"（bb）以找出生产商或者控制生产的实体，并明确出口给其的具备资格的针织品或具备资格的织物的数量和规格。

"（Ⅳ）商务部长可以要求生产商或者控制生产的实体提交证明材料以核实具备资格的针织品或具备资格的织物的购买情况。

"（Ⅴ）商务部长可以向依据（Ⅲ）或（Ⅳ）规定提交的证明材料中确定的生产商或者控制生产的实体提供这些材料中包含的信息，前提是这些信息涉及这些生产商或者控制生产的实体对于具备资格的针织品或具备资格的织物的购买情况。

"（Ⅵ）依据本小项确立的项目，在确立时须确保在切实可行的前提下以电子方式提交、存储、提取和透露涉及（A）（ⅰ）要求提供的实得进口补贴证明书的信息。

"（Ⅶ）商务部长可以调节依据（Ⅲ）或（Ⅳ）提供的信息中出现的差异，并核实这些信息的准确性。

"（Ⅷ）商务部长须确立程序以落实依据本小项确立的项目，并拟定额外要求以落实本小项规定。这些额外要求可以包括：

"（aa）在美国的纺织厂或其他实体提交的记录完全在美国生产的纱线出口至（1）（B）（ⅲ）提到的国家以生产具备资格的织物的材料；以及

"（bb）对生产商或者控制生产的实体须遵循的程序，以便商务部长获取和核实与具备资格的织物的生产相关的信息。

"（ⅲ）定义具备资格的针织品。在本款中，'具备资格的针织品'指的是完全使用美国境内生产的纱线在美国境内编织的面料，除非：

"（Ⅰ）以其他方式具备资格的面料，如包含尼龙丝的织物也须被视为具备资格的针织品，此时第 213 条（b）（2）（A）（ⅶ）（Ⅳ）规定适用。

"（Ⅱ）以其他方式不具备资格的面料，如包含不完全在美国生产的纱线的织物也可以被视为具备资格的针织品，但前提是这些纱线的总重量不超过织物总重量的 10％；以及

"（Ⅲ）以其他方式具备资格的面料，如包含第 5 条（A）规定中的（ⅰ）或（ⅱ）覆盖的纱线的织

物也须被视为具备资格的针织品。

"（ⅳ）定义具备资格的织物。在本小项中，'具备资格的织物'指的是完全在任何国家，或（1）（B）（ⅲ）提到的任意多个国家用完全在美国生产的纱线生产的面料或针织成型组件，例外是：

"（Ⅰ）以其他方式具备资格的面料或针织成型组件，如包含尼龙丝的织物也须被视为具备资格的织物，此时第213条（b）（2）（A）（ⅶ）（Ⅳ）规定适用。

"（Ⅱ）以其他方式不具备资格的面料或针织成型组件，如包含完全在美国生产的纱线的面料或针织成型组件也可以被视为具备资格的织物，但前提是这些纱线的总重量不超过织物总重量的10％；以及

"（Ⅲ）以其他方式具备资格的面料或针织成型组件，如包含第5条（A）规定中的（ⅰ）或（ⅱ）覆盖的纱线的面料或针织成型组件也须被视为具备资格的织物。

"（C）美国政府问责办公室的审查。美国政府问责办公室须对（B）确立的项目进行年度审查，旨在评估项目执行效果，并提出改善建议。

"（D）规定落实。

"（ⅰ）虚假特惠要求。任何依据（B）确立的项目提出虚假的特惠申请的人，须受到《美国海关法》或《美国法典》第18篇规定的相关民事惩罚或刑事惩罚。

"（ⅱ）其他虚假信息的惩罚。商务部长可以确定和执行惩罚措施，以惩罚依据（B）确立的项目向其提交虚假信息的人，但（ⅰ）提到的虚假特惠要求除外。"

（e）供不应求细则。《加勒比盆地经济复苏法》第213A条（b）修订为，在结尾处添加以下内容：

"（A）通则。在海地经过面料、面料组件、针织成型组件或纱线整体组装或针织成型后，直接从海地或多米尼加共和国进口至美国的服装品，均可免交关税，而且无需考虑面料、面料组件、针织成型组件或纱线的来源，但前提是这些可以决定服装品关税类别的面料、面料组件、针织成型组件或纱线为：

"（ⅰ）面料或纱线，依据《北美自由贸易协定》附录401规定，使用其制作的服装品有资格获得优惠待遇，而且无需考虑其来源。

"（ⅱ）面料或纱线，依据以下规定，被认为无法获取足以产生商业价值的数量：

"（Ⅰ）本法案第213条（b）（2）（A）（Ⅴ）；

"（Ⅱ）《非洲发展和机会法》第112条（b）（5）；

"（Ⅲ）《安地斯贸易优惠法》第204条（b）（3）（B）（ⅰ）（Ⅲ）或（ⅱ）；或者

"（Ⅳ）其他任何隶属于落实在提出特惠待遇申请之时有效的美国签署的自由贸易协定，涉及判定一种纺织品或服装品牌是否是可以获得特惠待遇的原产商品规定。

"（B）取消对于无法获取足以产生商业价值的数量的面料或纱线的认定。如果总统认为：

"（ⅰ）（A）（ⅰ）中的任何织物或纱线被认定为具有获得优惠待遇的资格，或者

"（ⅱ）（A）（ⅱ）中的任何织物或纱线被认定为无法获取足以产生商业价值的数量，

是在受到欺诈的情况下完成的，那么总统有权取消对于由织物或纱线制成的物品获取特惠待遇的资格或认定（视情况而定）。"

（f）杂项规定。

（1）本计划与其他特惠计划之间的关系。《加勒比盆地经济复苏法》第213A条（b）修订为，在结尾处添加以下内容：

"（6）其他不受影响的特惠待遇。本款规定提供的免征关税待遇不受其他任何本篇规定提供的特惠待遇影响。"

（2）定义。《加勒比盆地经济复苏法》第213A条（a）（《美国法典》第19篇2703a（a））修订为，在结尾处添加以下内容：

"（3）直接从海地或多米尼加共和国进口。'直接从海地或多米尼加共和国进口'的物品为

"（A）直接从海地或多米尼加共和国运进美国境内，且没有途经其他任何中转国家的物品；或者

"（B）直接从海地或多米尼加共和国运进美国境内，但途经其他中转国家的物品，和：

"（i） 货物中的物品未计入任何中转国家的商务流动，而且在所有发票、提单和其他货运单据中，美国都是货物的最终目的地；或者

"（ii） 尽管发票和其他文件未将美国列为最终货物目的地，但是货物中的物品：

"（I） 依然在中转国家的海关当局的管控之下；

"（II） 仅在销售方式不是零售时，货物进入中转国家的商务流通；以及

"（III） 在中转国家不进行任何活动，但装货、卸货或其他必须采取以保证物品处于良好状态的活动除外。

"（4） 针织成型组件。如果一件商品表面积的 50％ 或更大比例部分是以针织或钩针编织的方式直接成型的，那么这件商品可以称为'针织成型组件'，无需考虑贴袋或贴花之类项目所占的面积。对主要部件的较小的剪切、修边或缝纫等行为不会影响对'针织成型组件'的判定。

"（5） 整体组装。如果一件商品的所有至少两个组件在海地进行组装之前的状态和组装之后在成品中的状态大致相同，那么这件商品是海地'整体组装'商品。并未明显影响商品特性的小型附件和装饰品（例如贴花、珠子、亮片、刺绣和扣子）、小型组件（例如领子、袖子、女裙口袋和衣袋）将不影响对海地'整体组装'商品的判定。"

（g） 待遇终止。《加勒比盆地经济复苏法》第 213A 条（《美国法典》第 19 篇 2703a）修订为，在结尾处添加以下新内容：

"（g） 待遇终止。除非如（b）（1）所述，依据本条规定享受的免缴关税待遇将在 2018 年 9 月 30 日以及之前有效。"

（h） 相应的修订。《加勒比盆地经济复苏法》第 213A 条（e）（1）（《美国法典》第 19 篇 2703a（e）（1））修订为，删除其中所有出现的"海关与边境保护局"，并插入"美国海关和边境保护局"。

第 15403 条　劳工事务巡查员和针对技术援助改善及合规需要的评估和优化计划。

《加勒比盆地经济复苏法》第 213A 条（《美国法典》第 19 篇 2703a）将依据本法第 15402 条规定修订如下：

（1） 在（a）中：

（A） 将（5）重新编号为（8）；

（B） 将（2）至（4）分别重新编号为（4）至（6）；

（C） 在（1）后插入以下新内容：

"（2） 适当的国会委员会。'适当的国会委员会'指的是美国参议院财政委员会和众议院筹款委员会。

"（3） 核心劳工标准。'核心劳工标准'指的是：

"（A） 结社自由；

"（B） 有效承认集体谈判权利；

"（C） 消除所有形式的强制劳动或强迫劳动；

"（D） 有效废除童工使用，并禁止最恶劣形式的童工劳动；以及

"（E） 消除就业歧视和职业歧视。"；以及

（D） 在（6）（经过重新编号的）后插入以下新内容：

"（7） TAICNAR 计划。——'TAICNAR 计划'指的是依据（e）建立的技术援助改善及合规需要的评估和优化计划。"；

（2） 将（e）、（f）和（g）分别重新编号为（f）、（g）和（h）；以及

（3） 在（d）后插入以下新内容：

"（e） 技术援助改善及合规需要的评估和优化计划。

"（1） 持续获取优惠待遇的资格。

"（A）总统按照要求对海地提供的合规认证。在《2008年海地机会伙伴促进法》颁布之日起16个月期满后，海地将继续具有依据（b）规定获得特惠待遇的资格，但前提是总统认为并向国会证明：

"（ⅰ）海地已经落实了（2）和（3）提出的要求；

"（ⅱ）海地已经同意要求依据（b）规定申请获得免缴关税待遇的物品生产商参与（b）提到的技术援助改善及合规需要的评估和优化计划，并已经开发了一套系统以确保这些生产商参与此类计划，其方法可以包括建立和维护（2）（B）（ⅰ）中提到的注册处。

"（B）延期。总统可以依据（A）规定延长海地合规的期限，前提是总统：

"（ⅰ）认为海地已经颇有诚意地为合规做出了努力，并已经同意采取额外措施以使总统满意的方式全面落实合规要求；以及

"（ⅱ）在（A）中提到的16个月期限结束之前6个月内（含），以及此后每个6个月，向适当的国会委员会提交一份报告，介绍海地同意采取的旨在落实合规要求的措施情况，以及在此前6个月期限内落实这些措施的情况。

"（C）持续合规。

"（ⅰ）特惠待遇的终止。如果总统依据（A）做出认证后，认为海地不再符合（A）提出的要求，那么总统须终止依据（b）规定提供的特惠待遇，除非总统经过咨询适当的国会委员会后认为，符合上述要求已经不再切合实际，因为在总统做出决定的时候海地存在非同寻常的情形。

"（ⅱ）后续合规。如果总统在依据（ⅰ）规定终止特惠待遇后，认为海地再次符合（A）提出的要求，那么总统须重新恢复依据（b）规定提供的特惠待遇。

"（2）劳工事务巡查员。

"（A）通则。本项规定提出的要求为，海地须在国家政府内建立一个具有以下特点的独立的劳工事务巡查员办公室：

"（ⅰ）直接向海地总统汇报工作的；

"（ⅱ）由一名经海地总统咨询海地工会和行业协会后任命的劳工事务巡查员担任办公室主任；以及

"（ⅲ）获得授权以行使（B）提到的功能。

"（B）功能。劳工事务巡查员办公室的功能包括：

"（ⅰ）建立和维护一个可以依据（b）规定申请免缴关税的商品的生产商的注册处，并与海地政府的其他任何适当的官员进行咨询和协调后建立一套系统，旨在确保这些生产商参与（3）提到的技术援助改善及合规需要的评估和优化计划；

"（ⅱ）监督（3）提到的技术援助改善及合规需要的评估和优化计划的实施；

"（ⅲ）接受和调查任何利益攸关方对于（3）（B）提到的在（ⅰ）提到的注册处注册的生产商设施的条件，并在适当的时候将这些评论或调查的结果提供给适当的海地当局机构，或者提供给负责运行（3）提到的技术援助改善及合规需要的评估和优化计划的实体；

"（ⅳ）经与其他任何适当的海地当局机构咨询或协调后，帮助在（ⅰ）中提到的注册处注册的生产商满足（3）（B）规定的条件；以及

"（ⅴ）在负责运行（3）（B）提到的技术援助改善及合规需要的评估和优化计划的实体的帮助下，协调一个由适当的政府机构代表、雇主和员工组成的三方委员会，以及其他利益攸关方，旨在评估该计划落实的进展情况，并听取海地纺织品行业和服装品行业对于改善核心劳工标准和工作条件的意见，咨询其他与上述核心劳工标准和工作条件相关的共同关注的问题。

"（3）技术援助改善及合规需要的评估和优化计划。

"（A）通则。本项提出的要求是，海地须与国际劳工组织开展合作，建立一个技术援助改善及合规需要的评估和优化计划以满足（C）中提出的以下要求：

"（ⅰ）参考（B）拟定的条件，评估在（2）（B）（ⅰ）中提到的注册处进行注册的生产商的合规情况，并帮助其满足这些条件；以及

"（ⅱ）提供援助以改善海地政府的以下能力：

"（Ⅰ）检查在（2）（B）（ⅰ）中提到的注册处进行注册的生产商的设施；以及

"（Ⅱ）落实国家劳工法，解决劳务纠纷，也可以通过（E）描述的措施来实现。

"（B）描述的条件。（A）提到的条件为：

"（ⅰ）与核心劳工标准相符合；以及

"（ⅱ）与直接涉及核心劳工标准的海地劳工法规定相符合，并确保在最低限度的工资、工作时间和职业健康和就业安全上达到可应接受的工作条件。

"（C）要求。技术援助改善及合规需要的评估和优化计划的要求是：

"（ⅰ）该计划须由国际劳工组织（或其任何分支机构或委托机构）运行，该组织负责提供第（D）款提到的一年两次的报告；

"（ⅱ）该计划须在（2）中提到的劳工事务巡查员和适当政府机构、雇主和员工代表的参与下建立；

"（ⅲ）根据（B）提到的条件，评估每一位在（2）（B）（ⅰ）提到的注册处进行注册的生产商，并找出这些生产商在满足这些条件时有哪些不足之处，可以采取以下措施：

"（Ⅰ）到生产商的生产设施开展未事先通知的现场走访；

"（Ⅱ）单独对生产商的生产设施内的员工和管理人员开展保密访谈；

"（Ⅲ）向生产商的生产设施内的管理人员和员工秘密提供以下内容，在适当的时候也可以向工人组织提供：

"（aa）依据本条款规定开展的评估的结果；以及

"（bb）改正这些不足之处的具体建议；

"（ⅳ）帮助生产商改正依据（ⅲ）规定找出的任何不足之处；

"（Ⅴ）到生产商的生产设施开展后续现场走访，以评估依据（ⅲ）规定找出的任何不足之处的改正情况；以及

"（ⅳ）为生产商的生产设施内的管理人员和员工提供培训，以满足（B）的要求，在适当的条件下还可以给其他人员或实体提供培训。

"（D）半年度报告。（C）（ⅰ）中提到的半年度报告指的是运行技术援助改善及合规需要的评估和优化计划的实体每半年发布（公众可以随时获取）一次的报告，第一份报告在海地开始依据本项规定实施技术援助改善及合规需要的评估和优化项目后 6 个月发布，涵盖此前 6 个月内的情况，这些情况包括以下内容：

"（ⅰ）每一位（2）（B）（ⅰ）提到的在注册处进行注册的，被视为已经满足了（B）提到的条件的生产商的姓名。

"（ⅱ）每一位（2）（B）（ⅰ）提到的在注册处进行注册的，被视为在尝试达到（B）提到的条件的过程中列出现了不足之处，但未能予以纠正的生产商的姓名。

"（ⅲ）对于（ⅱ）中列出的每一位生产商：

"（Ⅰ）运行技术援助改善及合规需要的评估和优化计划的实体须对其不足之处加以描述，附以具体的纠正建议；

"（Ⅱ）须对生产商为纠正不足之处做出的努力进行描述，其中包括任何实体为纠正过程提供帮助情况的描述；以及

"（Ⅲ）对于没有被纠正的不足之处，须描述出自从该不足之处在依据本小项规定发布的报告中被首次发现后至持续到现在的时间。

"（ⅳ）对于每一位曾经在依据本小项规定发布的报告中被找出在达到（B）中所述相关条件过程中存在不足之处的生产商，还须描述自从上述报告提交以来纠正相关不足之处的进展情况，以及对于不足之处是否还依然存在的评估。

"（E）能力建设。依据（A）（ⅱ）向海地政府提供的帮助应包括以下计划：

"（ⅰ）旨在审查海地劳工法律法规，开发和落实战略以使这些法律法规符合核心劳工标准的要求；

"（ⅱ）制定附加战略以强化核心劳工标准保护，推动在最低限度的工资、工作时间和职业健康和就业安全等层面上达到可接受的工作条件，其中包括采取司法、监管和机制改革等措施；

"（ⅲ）提升工人权利意识，包括在核心劳工标准和国家劳动法层面的意识；

"（ⅳ）推进政府代表、雇主、员工和美国进口商就核心劳工标准和国家劳动法开展协调和合作；

"（ⅴ）协助依据（2）中指定的劳工事务巡查员建立和协调（2）（B）（ⅴ）中指定的委员会的运行；

"（ⅳ）帮助工人代表更为全面和有效地代表其成员开展游说活动；以及

"（ⅶ）为劳工监察员、司法人员和其他相关人员提供在职培训和技术援助，使他们有能力执行国家劳工法和解决劳资纠纷。

"（4）资格标准的合规。

"（A）国家达到工人权利资格标准。在判定海地是否达到（d）（1）（A）（ⅳ）提出的涉及国际认可的工人权利的要求，总统须考虑到依据（3）（D）规定撰写的报告。

"（B）生产商资格。

"（ⅰ）生产商的识别。总统出具（1）（A）提到的认证后第 2 个自然年后，总统每两年须找出未能达到核心劳工标准和与核心劳工标准直接相关和一致的海地劳工法的要求的，在（2）（B）（ⅰ）描述的注册处进行注册的生产商。

"（ⅱ）向生产商提供援助；停止提供特惠待遇及其他，等等。对于每一位总统依据（ⅰ）规定找出的不合规生产商，总统须尝试帮助其达到核心劳动标准和与核心劳工标准直接相关和一致的海地劳工法的要求。如果上述努力未能奏效，总统须停止、暂缓或限制（b）中提到的向生产商的物品提供的特惠待遇。

"（ⅲ）重新恢复特惠待遇。如果总统在停止、暂缓或限制（ⅱ）提到的向生产商的物品提供的特惠待遇后，认为这位生产商业已达到核心劳动标准和与核心劳工标准直接相关和一致的海地劳工法的要求，那么总统须重新恢复（b）中提到的向生产商的物品提供的特惠待遇。

"（ⅳ）对报告的考察。在做出（ⅰ）中提到的识别，以及（ⅲ）中提到的判断后，总统须考虑依据（3）（D）撰写的报告内容。

"（5）总统提交报告。

"（A）通则。在《2008 年海地机会伙伴促进法》颁布之日后 1 年内，以及此后每年，总统须向适当的国会委员会提交一份报告，介绍本款规定在这一年期间的落实情况。

"（B）报告内容。每份依据（A）中要求撰写的报告须包括以下内容：

"（ⅰ）阐述海地政府、总统和国际劳工组织为落实本款规定做出的努力。

"（ⅱ）总结在这一年期间内每份依据（3）（D）撰写的报告的摘要，以及这些报告得出的结论。

"（ⅲ）依据（4）（B）（ⅰ）规定做出的识别，以及依据（4）（B）（ⅲ）规定做出的判断。

"（6）拨款授权。为落实本款规定，须为 2008 年 10 月 1 日至 2013 年 9 月 30 日阶段划拨 10 000 000 美元。"

第 15404 条　申诉程序。

《加勒比盆地经济复苏法》第 213 条（d）（《美国法典》第 19 篇 2703a（d））修订为，在结尾处添加以下新内容：

"（4）申诉程序。任何利益攸关方均可提交申请，要求对海地是否达到（1）中提到的要求进行审查，总统为此须提供与审查合格的受益发展中国家资格相同的程序，也就是依据《1974 年贸易法》第 502 条（b）和（c）（《美国法典》第 19 篇 2642（b）和（c））列出的认定标准。"

第 15405 条　规避执行的条件。

《加勒比盆地经济复苏法》第 213A 条（f），经本法案第 15403 条（2）重新修订后，将做如下修改，在结尾处添加以下新内容：

"（3）限制从多米尼加共和国运进的商品。

"（A）限制。尽管有（a）（5）与'直接从海地或多米尼加共和国进口'定义相关的规定，（b）中提到的直接从多米尼加共和国运出的物品，并直接或途经中转国运进美国的物品，无论这些物品是否在多米尼加共和国进行过加工处理，均不得被视为'直接从海地或多米尼加共和国进口'的物品，除非总统向国会证明海地和多米尼加共和国已经制定了程序以避免非法转运行为和使用伪造进口文件以进入美国的行为。

"（B）技术援助和其他援助。负责美国海关和边境保护局事务的局长须向海地和多米尼加共和国提供技术援助和其他援助，以帮助其迅速制定（A）提到的程序。"

第 15406 条　总统公告权限。

总统可以行使《1974 年贸易法》第 604 条的权限，宣布对《美国协调关税明细表》实施的为落实本部分规定以及本部分做出的修订的必要修改方案。

第 15407 条　规定和程序。

总统可以发布必要的规定以落实第 15402 条、第 15403 条和第 15404 条做出的修改。为落实第 15402 条做出的修改制定的规定须在 2008 年 9 月 30 日（含）前发布。商务部长须在不晚于 2008 年 9 月 30 日时发布必要程序以落实第 15402 条（d）做出的修改。

第 15408 条　《加勒比盆地经济复苏法》的延期。

《加勒比盆地经济复苏法》（《美国法典》第 19 篇 2703（b））第 213 条（b）修订如下：

（1）在（2）（A）中：

（A）在（ⅲ）中：

（ⅰ）在（Ⅱ）（cc）中，删除"2008"，插入"2010"；以及

（ⅱ）在（Ⅳ）（dd）中，删除"2008"，插入"2010"；以及

（B）在（ⅳ）（Ⅱ）中，删除"6"，插入"8"；以及

（2）在（5）（D）中：

（A）在（ⅰ）中，删除"2008"，插入"2010"；以及

（B）在（ⅱ）中，删除"108（b）（5）"，插入"第 108 条（b）（5）"。

第 15409 条　国会对于海地纺织品和服装品规定的解读理念。

国会认为，行政分支机构，特别是美国纺织品协议执行委员会（CITA）、美国国土安全部海关和边境保护局以及美国商务部应当解读、落实和执行经过本法案第 15402 条修改过的《加勒比盆地经济复苏法》第 213A 条（b）的涉及纺织品和服装品特惠待遇的规定，旨在通过最大化依据第 213A 条（b）规定有资格获得特惠待遇的物品享有的进口机会来拓展贸易。

第 15410 条　国会对于海地贸易代表团的看法。

国会认为，商务部长应与美国贸易代表、美国国务卿以及负责美国国土安全部海关和边境保护局事务的局长进行协调后，在本法案颁布之日起 6 个月内率领一个贸易代表团访问海地，以推动由本法案第 15402 条创造的新经济机会，并帮助美国和海地商业团体了解这些机会。

第 15411 条　国会对于签证系统的看法。

国会认为，海地和其他依据要求具备有效的签证系统来避免转运的美国贸易特惠计划获得特惠的国

家，应当确保获取签证时支付的货币赔偿不超过签证处理费用，还要确保货币赔偿不触犯适用的打击腐败和行贿的系统。

第 15412 条　生效日期。

（a）通则。除非出现了（b）中提到的情形，本部分以及本部分做出的修订将在本法案颁布之日开始生效。

（b）例外。第 15402 条做出的修订将在 2008 年 10 月 1 日生效，并将适用于该日期及以后进出库房并进入消费环节的物品。

第 Ⅱ 部分　杂项贸易规定

第 15421 条　闲置商品退税。

（a）通则。《1930 年关税法》第 313 条（j）（2）（《美国法典》第 19 篇 1313（j）（2））修订为，在结尾处添加以下内容：

"在本项（A）中，进口和出口价格差异不超过 50％的具有相同颜色的葡萄酒将被视为在商业上可以通用。"

（b）生效日期。（a）中做出的修订将适用于依据《1930 年关税法》第 313 条（j）（2）规定在本法案生效之日及以后提交退税申请的情形。

第 15422 条　与决定进口商品成交价格相关的要求。

（a）对进口商的要求。

（1）通则。依据《1930 年关税法》第 484 条和第 485 条（《美国法典》第 19 篇 1484 和 1485），负责美国海关与边境事务局事务的局长须要求每一位进口商在商品入境时向美国海关与边境保护局提供（2）提到的信息。

（2）要求提供的信息。（1）中提到的信息指的是一则声明，介绍进口商品的成交价格是否是基于买家在第一次或将该商品引入美国前完成的采购行为发生时支付的价格决定的。

（3）生效日期。依据本款规定提供信息的要求须在本法案颁布之日后 90 日开始的 1 年内有效。

（b）向美国国际贸易委员会报告。

（1）通则。负责美国海关与边境事务局事务的局长须在（a）（3）中提到的 1 年期限内每月向美国国际贸易委员会提交一份报告，介绍进口商依据（a）（2）规定在上一个月提交的信息。这份本项要求提交的报告须以美国海关与边境事务局和美国国际贸易委员会商定的形式提交。

（2）报告内容。（1）中提到的报告须包括以下内容：

（A）声明进口产品的成交价格的进口商的数量是以（a）（2）中描述的方法为基础确定的；

（B）依据《美国协调关税明细表》所做的此类进口产品的关税分类；

（C）此类进口产品的成交价格。

（c）向国会报告

（1）通则。（b）中提到的总结报告提交后不晚于 90 天内，美国国际贸易委员会应向适当的国会委员会提交一份有关依据（b）中提交的所有报告中包含的信息的报告。

（2）报告内容。（1）中提到的报告须包括以下内容：

（A）声明进口产品的成交价格是以（a）（2）中描述的方法为基础确定的的进口商的数量，包括此类方法使用频率的描述；

（B）依据《美国协调关税明细表》按照累计值对进口商品进行的关税分类，包括按照行业类别对进口商品进行的关税分类；

（C）进口商品的总成交价格，包括对于按照行业类别对进口商品的成交价格进行的分析；以及

（D）在（a）（3）中提到的 1 年期限内美国进口的所有商品的总成交价格。

（d）国会对于禁止"旨在向美国进口而销售"一词进行建议的解读的看法。

（1）通则。国会认为，负责美国海关与边境事务局事务的局长不应当执行一项对于海关与边境事务局解读"旨在向美国进口而销售"一词的修改（因为这项解读在本法案颁布之日有效），这个词出现在《1930 年关税法》第 402 条（b）（《美国法典》第 19 篇 1401a（b））中，拟在 2011 年 1 月 1 日前适用于一系列进口商品的成交价格。

（2）例外。国会认为，2011 年 1 月 1 日之后，负责美国海关与边境事务局事务的局长可以提出更改或更改美国海关与边境事务局对于"旨在向美国出口而销售"一词的解读，如（1）中规定所述，但前提是美国海关与边境事务局：

（A）在以下时间咨询或通知过适当的国会委员会：

（ⅰ）提出更改之前不少于 180 日；以及

（ⅱ）在发布更改之前不少于 180 日；

（B）在以下时间咨询或通知过商业活动咨询委员会，并考虑过该委员会的观点：

（ⅰ）提出更改之前不少于 120 日；以及

（ⅱ）在发布更改之前不少于 60 日；

（C）在发布更改之前，获得了财政部长的明确认可。

（3）对于国际贸易委员会报告的考虑。国会认为，在发布对美国海关与边境事务局对于"旨在向美国出口而销售"一词的解读（因为这项解读在本法案颁布之日有效）进行的更改时，负责美国海关与边境事务局事务的局长应该考虑美国国际贸易委员会依据（c）撰写的报告中提到的问题。该词如《1930 年关税法》第 402 条（b）（《美国法典》第 19 篇 1401a（b））所述，拟在 2011 年 1 月 1 日前适用于一系列进口商品的成交价格。

（e）定义。在本条中：

（1）适当的国会委员会。"适当的国会委员会"指的是美国众议院筹款委员会和美国参议院财政委员会。

（2）商业活动顾问委员会。"商业活动顾问委员会"指的是依据《1987 年统括预算调整法》第 9503 条（c）（《美国法典》第 19 篇 2071 注释）规定建立的商业活动顾问委员会或其继任委员会。

（3）进口商。"进口商"指的是依据《1930 年关税法》第 484 条（a）（2）（B）（《美国法典》第 19 篇 1484（a）（2）（B））具备"记录在案的进口商"资格的法人或实体。

（4）进口商品的成交价格。"进口商品的成交价格"的定义参见《1930 年关税法》第 402 条（b）（《美国法典》第 19 篇 1401a（b））。

众议院已于 2008 年 5 月 22 日通过。

书记员

南希·佩洛西

美国众议院议长

乔恩·泰斯特

美国参议院代理临时议长

于美利坚合众国众议院

2008 年 5 月 21 日

美利坚合众国众议院重新审查了名为"旨在规范各项农业计划至 2012 财政年度以及其他目的的法案"（众议院第 2419 号法案）的法案，而美利坚合众国总统此前对该法案提出异议并将其退回提出议案的众议院。

结论：上述法案现已获得众议院三分之二多数众议员的支持，并予以通过。

洛兰·C·米勒

书记员

我特此证明，本法案源自众议院。

洛兰·C·米勒

书记员

于美利坚合众国参议院

2008 年 5 月 22 日

美利坚合众国参议院重新审查了名为"旨在规范各项农业计划至 2012 财政年度以及其他目的的法案"（众议院第 2419 号法案）的法案，而美利坚合众国总统此前对该法案提出异议并将其退回提出议案的众议院，众议院此后对法案进行了重新审查并通过。

结论：上述法案现已获得参议院三分之二多数到场参议员的支持。

南希·埃里克森

秘书

立法程序记录——众议院第 2419 号法案（参议院第 2302 号法案）

众议院报告编号：No. 110 - 256，第 1 部分（农业委员会）和 110 - 627（会议委员会）。

参议院报告编号：No. 110 - 220 附带 S. 2302（农业、营养和林业委员会）。

国会记录：

第 153 卷（2007）：7 月 26 日和 27 日，众议院审议并通过。

11 月 5、6、8、13—16 日，12 月 5、7、10—14 日，参议院审议并在进行修改的基础上获得通过。

第 154 卷（2008）：5 月 14 日，众议院就会议报告达成一致。参议院审查会议报告。5 月 15 日，参议院就会议报告达成一致。

总统文件每周汇编，第 44 卷（2008 年）：

5 月 21 日，总统否决通知。

国会记录，第 154 卷（2008 年）：

5 月 21 日，众议院推翻总统否决。

5 月 22 日，参议院推翻总统否决。

2002 年农业安全与农村投资法

美国第 107 届国会第二次会议

2002 年 1 月 23 日，周三在华盛顿召开

本法案旨在确立 2002—2007 财政年度的农业政策，及实现其他目的。

由美国国会参议院和众议院颁布，

第 1 条　简称；目录

（a）简称。本法案可以称作《2002 年农业安全与农村投资法》。

（b）目录。本法案的目录如下：

第 1 条；简称；目录。

第 I 篇　农产品计划

子篇 C 花　　生

子篇 D 糖

子篇 E 乳 制 品

子篇 F 管 理

第 II 篇　自然保护

子篇 A　保护保障

子篇 B　保护保存

子篇 C　湿地保存计划

子篇 D　环境质量激励计划

子篇 E　草地保存计划

子篇 F　其他保护计划

子篇 C　其　　他

第 Ⅳ 篇　营养计划

子篇 A　食品券计划

子篇 B　经营贷款

第 5101 条　直接贷款。
第 5102 条　暂停对有资格获得担保援助的借款人的期限限制。

子篇 C　紧急贷款

第 5201 条　对接受检疫紧急情况下的紧急贷款。

子篇 D　行政条款

第 5301 条　直接贷款和担保贷款项目的评估。
第 5302 条　提供农场所有权贷款、农场经营贷款和紧急贷款的信托公司和有限责任公司的资格。
第 5303 条　债务处理。
第 5304 条　对签约的临时性授权；私人讨债公司。
第 5305 条　还贷利息。
第 5306 条　废除要求部长责令县委员会书面证明已完成贷款审查的规定。
第 5307 条　较大额贷款的简化担保贷款申请。
第 5308 条　不动产产权。
第 5309 条　对合格的出借方和首选合格的出借方项目的管理。
第 5310 条　定义。
第 5311 条　贷款授权水平。
第 5312 条　提供给新农场主和牧场主直接经营贷款的储备基金。
第 5313 条　减息项目。
第 5314 条　追收款项的分期偿还。
第 5315 条　对在社会上不具优势的农场主和牧场主的基金分配。
第 5316 条　放弃参加借款人资格培训的人。
第 5317 条　贷款评估的时间。
第 5318 条　年度借款人审核。
第 5319 条　之前得到债务豁免的借款人的贷款资格。
第 5320 条　州、县或地区委员会人员提供贷款。
第 5321 条　州、县或地区委员会雇员获得贷款及担保贷款的资格。

子篇 E　农场信贷

第 5401 条　废除繁复的批准程序。
第 5402 条　以合作社为经营对象的银行。
第 5403 条　保险费。

子篇 F　杂　　项

第 5501 条　技术性修订。

第Ⅵ篇　农村发展

子篇 A　《巩固农业和农村发展法》

第 6001 条　农村培力区和农村企业社区必要社区设施直接贷款与担保贷款资格。

第 6002 条　水或废物处理补助。

第 6003 条　农村商业机会资助。

第 6004 条　儿童日托设施。

第 6005 条　农村水和废水巡回指导员项目。

第 6006 条　跨司法区区域规划组织。

第 6007 条　农村发展贷款的贷款担保。

第 6008 条　部落学院和大学必要社区设施。

第 6009 条　紧急和迫切的社区水援助补助计划。

第 6010 条　美国土著部落的水和废物设施补助。

第 6011 条　阿拉斯加州农村和土著村落水系统补助。

第 6012 条　给非盈利组织的补助以为农村地区收入中等或偏下人士建造、翻修和维修个人所有的家用水井系统。

第 6013 条　可再生能源系统贷款和贷款担保。

第 6014 条　农村企业补助。

第 6015 条　农村合作社发展补助。

第 6016 条　广播系统补助。

第 6017 条　工商业贷款条件修改。

第 6018 条　农村发展贷款和补助用作其他用途。

第 6019 条　贷款担保简化申请表。

第 6020 条　农村和农村地区的定义。

第 6021 条　国家农村发展伙伴计划。

第 6022 条　农村远程办公。

第 6023 条　历史谷仓的保护。

第 6024 条　国家海洋与大气管理局天气无线电广播发射机补助。

第 6025 条　农场工人种植更高价值作物所需的新技术和专业技能培训补助。

第 6026 条　农村社区进步计划。

第 6027 条　三角洲地区管委会。

第 6028 条　北部大平原地区管委会。

第 6029 条　农村商业投资计划。

第 6030 条　农村战略投资项目。

第 6031 条　待批农村发展贷款与补助申请的经费。

子篇 B　《1936 年农村电气化法》

第 6101 条　电气化或电话事业债券和票据担保。

第 6102 条　911 ACCESS 紧急电话服务的扩展。

第 6103 条　改善农村地区宽带服务接入。

子篇 C 《1990 年粮食、农业、保育和贸易法》

子篇 D 小型社区 SEARCH 补助

子篇 E 其他事项

第 Ⅶ 篇 研究和相关事宜

子篇 A 推　　广

子篇 B　修　　订

第Ⅷ篇 林 业

子篇 A 《1978 年合作林业援助法》

子篇 B 对其他法律的修订

子篇 C 其他规定

第Ⅸ篇 能 源

第Ⅹ篇 杂 项

子篇 A 农业保险

子篇 B　灾害援助

子篇 C　树木援助计划

子篇 D　动物福利

子篇 E　动物健康保护

子篇 J　杂项研究与报告

第 I 篇　农产品计划

第 1001 条　定义。

在本篇中（除了子篇 C）：

（1）1949 年农业法。"1949 年农业法"一词是指 1949 年制定的农业法（《美国法典》第 7 篇第 1421 条及以下部分）。该法根据 1996 年《联邦农业进步与改革法》第 171 条（《美国法典》第 7 篇 7301）被废除，此前一直生效。

（2）基础面积。农场所涵盖的农产品的"基础面积"一词是指农场主按照本项第（a）款的选择方式、并根据第 1101 条的规定所确定的所涵盖农产品的种植面积。

（3）反周期补贴。"反周期补贴"一词是指根据第 1104 条规定，向农场生产者发放的补贴。

（4）所涵盖的农产品。"所涵盖的农产品"一词是指小麦、玉米、高粱、大麦、燕麦、陆地棉、大米、大豆及其他油料作物。

（5）直接补贴。"直接补贴"一词是指根据第 1103 条规定，向农场生产者发放的补贴。

（6）有效价格。所涵盖的农产品在某一作物年度的"有效价格"是指部长根据第 1104 条规定计算出的，用以确定是否需要在该作物年度发放反周期补贴的价格。

（7）超长绒棉。"超长绒棉"一词是指这样一类棉花：

（A）产自海岛棉品种或在此基础上杂交而成的其他品种，或部长确定的其他同类长绒棉品种，具有独特的特点，能够满足美国陆地棉无法满足的各种最终需求，通常种植在部长确定的美国灌溉产棉地区以及部长确定的利于出产多品种棉的地区。

（B）在辊式轧花机上轧花，或者如果得到部长的授权，以试验为目的，在其他类型的轧花机上轧花。

（8）可贷款农产品。"可贷款农产品"一词是指小麦、玉米、高粱、大麦、燕麦、陆地棉、超长绒棉、大米、大豆、其他油料作物、羊毛、马海毛、蜂蜜、干豆、扁豆和小鹰嘴豆。

（9）其他油料作物。"其他油料作物"一词是指向日葵籽、油菜籽、加拿大油菜、红花、亚麻籽、芥菜籽等作物，或者是部长指定的其他油料作物。

（10）补贴面积。"补贴面积"一词是指根据第1101条确定的用以发放直接补贴和反周期补贴的所涵盖农产品基础面积的85%。

（11）补贴单产。

（A）一般原则。"补贴单产"一词是指根据第1102条确定的农场所涵盖的农产品的单产量。

（B）更新的补贴单产。"更新的补贴单产"一词是指农场主根据第1102（e）条规定选择的用于计算农场反周期补贴额的补贴单产量。

（12）生产者。"生产者"一词是指担负种植风险、有资格获得农作物销售收益、或者本应获得收益分成的拥有者、经营者、土地所有者、佃户或佃农。在确定一类杂交制种作物的种植者是否是生产者时，部长不得将杂交制种合同存在与否作为考虑因素，而是应确保计划中的规定不影响种植者获得本篇所述的补贴的可能性。

（13）部长。"部长"一词是指农业部部长。

（14）州。"州"一词是指美国各州、哥伦比亚特区、波多黎各自由邦，以及美国其他领地。

（15）目标价格。"目标价格"一词是指用以确定反周期补贴补贴率的所涵盖农产品的每蒲式耳（或陆地棉、大米或其他油料作物的适用单位）价格。

（16）美国。"美国"一词在地理意义上是指美国各州。

子篇 A　直接补贴和反周期补贴

第1101条　农场基础面积和补贴面积的确定。

（a）农场主对基础面积计算方法的选择：

（1）可选的计算方法。在对农场发放直接补贴和反周期补贴时，部长应让农场主有机会选择以下一种作为确定农场所涵盖的农产品基础面积的方法。

（A）除第（3）和第（4）条规定外，以下种植面积的4年平均值：

（i）1998—2001年作物年度为收割、放牧、堆干、青贮或其他类似目的而种植的所涵盖农产品的种植面积。

（ii）1998—2001年作物年度由于旱涝等部长确认生产者无法控制的自然灾害而使生产者无法种植的所涵盖农产品的种植面积。

（B）除第（3）项规定外，以下二者之和：

（i）部长根据《1996年联邦农业进步与改革法》第114条（《美国法典》第7篇7214）授权，用于计算2002财年农场所涵盖的农产品补贴额的合同面积（根据1996年《联邦农业进步与改革法》第102条（《美国法典》第7篇7202）的定义）。

（ii）部长根据第（2）条规定确定的农场油料作物在1998—2001年度4年的平均合法种植面积。

（2）油料作物的合法面积：

（A）计算。第（1）（B）（ii）条所述的1998—2001各作物年度农场各油料作物的合法种植面积应根据第（1）（A）条提供的方法来确定，但是1个作物年度农场所有油料作物的总面积不得超出以下二者之差：

（ⅰ）根据第（1）（A）条确定的某作物年度所有所涵盖的农产品的总面积；以及

（ⅱ）根据第（1）（B）（ⅰ）条确定的合同面积总和。

（B）负数影响。如果第（A）条所得的差额结果为负数，那么在确定 4 年平均值时，该作物年度农场油料作物的合法种植面积应为零。

（C）合同面积的抵销。农场主可以减少 1 种或 1 种以上所涵盖的农产品根据第（1）（B）（ⅰ）条确定的合同面积，从而增加该农场油料作物的合法种植面积，但农场各油料作物的总基础面积不得超过第（1）（B）（ⅱ）条确定的 4 年平均种植面积。

（3）将整个 4 年包括在内。部长在根据本款规定确定农场的 4 年平均种植面积时不得将任一未种植所涵盖农产品作物的年度排除在外。

（4）丛植或被阻止种植情况的处理。在根据第（1）（A）条的规定确定农场主在 1998—2001 作物年度种植或被阻止种植的所涵盖农产品作物的面积时，如果种植或被阻止种植的作物农田被用于种植同一作物年度的另一种所涵盖农产品（而不是依照传统复种方式生产出的所涵盖的农产品）的作物，那么农场主在确定 4 年平均种植面积时则可以选择在该作物年度按该农产品的面积来计算，但是不得再将原有农产品以及之后的农产品面积计算在内。

（b）单选；选择时间：

（1）选择机会通知。本法案一经颁布实施，部长就应向农场主告知他们有机会做出第（a）条所述的选择。通知应包括下列内容：

（A）告知农场主选择机会只有 1 次；

（B）必需的选择方式、选择期限以及向部长提交选择报告的方式；

（2）选择期限。农场主应在第（1）条所述的期限内，并按照第（1）条所述的方式，向部长提交根据第（a）条做出的选择报告。

（c）未选择的后果。如果农场主未按照第（a）条的规定做出选择，或未按照第（b）条的要求适时向部长汇报做出的选择，农场主则将被视为已对农田所有所涵盖的农产品做出了第（a）（1）（B）条中所述的基础面积的选择。

（d）对所有所涵盖农产品的选择的适用性。根据第（a）（1）条第（A）或（B）条做出的选择，或根据第（C）条被视为已做出的选择，适用于农田所有所涵盖的农产品。

（e）土地休耕合同面积的处理：

（1）一般原则。部长应在以下任何一种情况下，为农场适当调整所涵盖的农产品的基础面积：

（A）根据《1985 年粮食安全法》第 1231 条（《美国法典》第 16 篇 3831）规定所签订的土地休耕合同到期或被自动终止。

（B）已解除（与部长签订的）土地休耕合同的土地。

（2）特别补贴原则。在根据第（1）条规定首次调整基础面积的作物年度，农场主应选择是根据本款的规定，农田增加的面积获得直接补贴和反周期补贴，还是根据土地休耕合同获得按比例支付的补贴，但是二者不能同时兼得。

（f）补贴面积。农场所涵盖的农产品的补贴面积应是所涵盖的农产品基础面积的 85％。

（g）超额基础面积的预防：

（1）（面积）削减要求。如果农场的基础面积，与第（2）条所述的面积总数超出农场农田的实际面积，部长则应削减 1 种或 1 种以上农场所涵盖的农产品的基础面积，或者削减子篇 C 所述的花生的基础面积，从而使基础面积和第（2）条所述的土地面积之和不超过农场农田的实际面积。

（2）其他面积。就第（1）条而言，部长应将以下面积包括在内：

（A）子篇 C 所述的花生田的基础面积；

（B）加入《1985 年粮食安全法》第ⅩⅡ篇子篇 D 第 1 章（《美国法典》第 16 篇 3830 及以下）所述的保护和湿地计划的农场面积；

（C）其他加入保护计划，因未种植农作物而获得补贴的农场面积；

（3）面积的选择。部长应让农场主有机会选择基础面积，或根据第（1）条削减子篇 C 所述的花生的基础种植面积；

（4）双作作物面积的例外。部长在执行第（1）条规定时应考虑将双作作物视为例外。部长对此持有决定权。

（5）对要求的协调落实。部长在落实本款的要求时应将第 1302（f）条内容考虑在内。

（h）基础面积的永久性削减。农场主随时可以削减农场任何所涵盖的农产品的基础面积。这种削减应是永久性的，且应以部长规定的方式来进行。

第 1102 条　补贴单产的确定。

（a）确定及目的。为根据本子篇的规定发放直接补贴和反周期补贴，部长应依照本条规定确定各农场所涵盖的农产品的补贴单产量。

（b）农场计划补贴单产的使用。部长根据《1949 年农业法》第 505（b）（2）条的规定对该法做出调整，对农作物增加的补贴单产量做出了说明。据此，除非本条另有规定，某农场所涵盖的农产品在 2002—2007 年的补贴单产应是根据《1949 年农业法》（《美国法典》第 7 篇 1465）确定的农场计划补贴单产量。

（c）没有农场计划补贴单产的农田。如果一片农场所涵盖的农产品（大豆或其他油料作物除外）的农田计划补贴单产量无法确定，部长应根据同类农场依照第（b）条的规定适用的所涵盖农产品的农场计划补贴单产量，为该农场所涵盖的农产品确定一个适当的补贴单产量，但是应在第（e）条所述的同类农场的单产量更新之前完成。

（d）油料作物的补贴单产：

（1）平均单产的确定。就大豆及其他各类油料作物而言，部长应排除 1998—2001 作物年度中农作物种植面积为零的年份后，确定 1998—2001 作物年度农场油料作物平均每英亩的产量。

（2）补贴单产的调整。油料作物的补贴单产量应为以下几项之乘积：

（A）根据第（1）条确定的油料作物的平均单产；

（B）1981—1985 年全国油料作物的平均单产与 1998—2001 年全国油料作物的平均单产相除后的比值；

（3）部分县平均单产的使用。如果 1998—2001 作物年度中某年某农场的某种油料作物平均每英亩的产量低于该县该油料作物单产量的 75%，那么在根据第（1）条的规定确定平均单产量时，部长应为该作物年确定一个等于该县单产 75% 的单产量；

（e）部分更新用以确定反周期补贴的单产量的机会：

（1）更新的选择。如果农场主选择使用第 1101（a）（1）（A）条所述的基础面积的计算方法，该农场主则将拥有 1 次机会选择使用第（3）条中所述的方法来部分更新补贴单产，用于计算农场所涵盖农产品的反周期补贴额。

（2）选择时间。根据第（1）条的规定做出的选择的时间与方式应与部长根据第 1101 条要求规定的选择时间和选择方式相同。

（3）更新单产的方法。如果农场主选择根据本款的规定更新单产，那么仅出于计算反周期补贴额的目的，农场所涵盖的农产品的补贴单产量应等于以以下任一方式确定的单产量：

（A）以下二者之和：

（ⅰ）农场所涵盖农产品直接补贴可用的补贴单产。

（ⅱ）以下二者之差的 70%：

（Ⅰ）排除 1998—2001 作物年度中任何作物种植面积为零的年度后，部长确定的 1998—2001 年度所涵盖的农产品作物平均每英亩的产量；

（Ⅱ）农场所涵盖农产品直接补贴可用的补贴单产。

（B）排除 1998—2001 作物年度中任何作物种植面积为零的年度后，部长确定的 1998—2001 年度农场所涵盖的农产品作物平均每英亩产量的 93.5％。

（4）部分县平均单产的使用。如果 1998—2001 年作物年度农场所涵盖农作物的每英亩产量低于该县该作物单产量的 75％，那么部长在确定第（3）条的平均单产量时，应为该作物年度确定一个等于该县单产 75％的单产量。

（5）全部所涵盖农产品的选择与选择方法的适用性。农场的一种所涵盖农产品可以不必选择使用第（3）（A）条所述的方法，农场上的其他所涵盖的农产品也不必使用第（3）（B）条所述的方法。

第 1103 条　直接补贴的发放。

（a）补贴要求。对于 2002—2007 任一作物年度的任一种所涵盖的农产品，部长应根据确定的补贴单产和基础面积向农场生产者发放直接补贴。

（b）补贴率。所涵盖农产品在 1 个作物年度的直接补贴率为：

（1）小麦，每蒲式耳 0.52 美元；

（2）玉米，每蒲式耳 0.28 美元；

（3）高粱，每蒲式耳 0.35 美元；

（4）大麦，每蒲式耳 0.24 美元；

（5）燕麦，每蒲式耳 0.024 美元；

（6）陆地棉，每磅 0.0667 美元；

（7）大米，每英担 2.35 美元；

（8）大豆，每蒲式耳 0.44 美元；

（9）其他油料作物，每磅 0.0080 美元。

（c）补贴额。农场生产者 1 个作物年度获得的所涵盖农产品的直接补贴额为以下各项之乘积：

（1）第（b）条所述的补贴率；

（2）农场所涵盖的农产品的补贴面积；

（3）农场所涵盖的农产品的补贴单产。

（d）补贴支付时间：

（1）一般原则。部长应在以下时间发放直接补贴：

（A）在 2002 作物年度，自本法案颁布之日起；

（B）在 2003—2007 的任 1 作物年度，不早于所涵盖农产品作物收获年度的 10 月 1 日。

（2）预付补贴。对于所涵盖的农产品，农场生产者可在 2003—2007 的任一作物年度预先获得高达 50％的直接补贴。生产者可选择该作物年度中的某一月获得预付补贴。所选的月份应在农作物收获年前一日历年度的 12 月 1 日至可能获得直接补贴的月份之间。生产者可以在事先通知部长的情况下，为随后的预付补贴支付更改所选的月份。

（3）预付补贴的偿还。如果获得预付直接补贴的农场生产者在剩余直接补贴发放之日前，不再是该农场的生产者，或者该生产者担负的种植农作物的风险程度改变，该生产者则有责任向部长偿还部长认为的适量的预付补贴。

第 1104 条　反周期补贴的发放。

（a）补贴要求。对于 2002—2007 的任一作物年度的任一种所涵盖农产品作物，如果部长确认所涵盖的农产品的有效价格低于其目标价格，部长应根据确定的补贴单产和基础面积向农田的生产者发放反周期补贴。

（b）有效价格。第（a）条所称的所涵盖农产品的有效价格等于以下两者之和：

（1）以下二者中的较高者：

（A）由部长确定的，为期 12 个月的销售年度内的全国平均市场价格；

（B）根据子篇 B 规定的营销援助贷款生效期内所涵盖的农产品的全国平均贷款率；

（2）根据第 1103 条的规定，所涵盖的农产品的直接补贴率。

（c）目标价格。

（1）2002—2003 作物年度。就 2002 和 2003 作物年度而言，所涵盖的农产品的目标价格是：

（A）小麦，每蒲式耳 3.86 美元；

（B）玉米，每蒲式耳 2.60 美元；

（C）高粱，每蒲式耳 2.54 美元；

（D）大麦，每蒲式耳 2.21 美元；

（E）燕麦，每蒲式耳 1.40 美元；

（F）高地棉，每磅 0.7240 美元；

（G）大米，每磅 10.50 美元；

（H）大豆，每蒲式耳 5.80 美元；

（I）其他油料作物，美磅 0.0980 美元。

（2）随后的作物年度。就 2004—2007 作物年度而言，所涵盖的农产品的目标价格是：

（A）小麦，每蒲式耳 3.92 美元；

（B）玉米，每蒲式耳 2.63 美元；

（C）高粱，每蒲式耳 2.57 美元；

（D）大麦，每蒲式耳 2.24 美元；

（E）燕麦，每蒲式耳 1.44 美元；

（F）陆地棉，每磅 0.7240 美元；

（G）大米，每磅 10.50 美元；

（H）大豆，每蒲式耳 5.80 美元；

（I）其他油料作物，每磅 0.1010 美元

（d）补贴率。所涵盖的农产品在 1 个作物年度的反周期补贴率等于以下二者之差：

（1）所涵盖的农产品的目标价格；

（2）根据第（b）条确定的所涵盖的农产品的有效价格。

（e）补贴额。如果需要在 2002—2007 中任一作物年度对某一所涵盖的农产品发放反周期补贴，生产者所获得的补贴额则应等于以下 3 者之乘积：

（1）第（d）条中所述的补贴率；

（2）农场所涵盖的农产品的补贴面积；

（3）根据农场主按第 1102 条的规定做出的选择，农场的补贴单产或更新的补贴单产。

（f）补贴时间：

（1）一般原则。如果部长根据第（a）条的规定确定要对某所涵盖的农产品作物发放反周期补贴，部长应在该农作物为期 12 个月的销售年度结束后立即发放补贴。

（2）补贴的分批发放。如果部长在某所涵盖的农产品为期 12 个月的销售年度结束前预算到应对该所涵盖的农产品作物发放反周期补贴，那么他应让农场生产者有机会选择分批获得对该所涵盖的农产品作物的反周期补贴。

（3）补贴的分批发放时间：

（A）2002—2006 作物年度。在 2002—2006 中任一作物年度，当部长根据第（2）条规定为某一所涵盖的农产品分批发放补贴时：

（i）该作物年度补贴首次发放的时间不得早于农作物收获日历年度的 10 月 1 日，且最晚不得晚于

10 月 31 日；

（ⅱ）第二批补贴的发放时间不得早于下一个日历年度的 2 月 1 日；

（ⅲ）最后一批补贴的发放应在该农作物为期 12 个月的销售年度结束后立即进行。

（B）2007 作物年度。在 2007 作物年度，部长为某一所涵盖的农产品分批发放补贴时：

（ⅰ）首批补贴的发放应在该农作物销售年度的前 6 个月结束之后进行；

（ⅱ）最后一批补贴的发放应在该农作物为期 12 个月的销售年度结束后立即进行。

（4）分批发放的补贴的额度：

（A）2002—2006 作物年度。

（ⅰ）首批发放的补贴。对于 2002 至 2006 各作物年度，根据第（3）条对农场生产者首批发放的补贴额不得超过该作物年度预计对所涵盖的农产品发放的反周期补贴额的 35％，部长对此持有决定权。

（ⅱ）第二批发放的补贴。某一作物年度对某种所涵盖的农产品第二批发放的补贴额不得超出以下二者之差：

（Ⅰ）预计对该农作物发放的反周期补贴额（包括修改后的反周期补贴额）的 70％；

（Ⅱ）第（ⅰ）条款的补贴额。

（ⅲ）最后一批补贴。某一作物年度对某种所涵盖的农产品发放的最后一批补贴额等于以下二者之差：

（Ⅰ）该作物年度向生产者发放的对该农作物的实际反周期补贴额；

（Ⅱ）该作物年度根据条（ⅰ）和第（ⅱ）条款向生产者分批发放的补贴额。

（B）2007 作物年度：

（ⅰ）首批补贴。对于 2007 作物年度，根据第（3）条规定向农场生产者发放的首批补贴额不得超过该作物年度预计对所涵盖的农产品发放的反周期补贴额的 40％，部长对此持有决定权。

（ⅱ）最后一批补贴。2007 作物年度的最后一批补贴额等于以下二者之差：

（Ⅰ）该作物年度向生产者发放的对该农作物的实际反周期补贴额；

（Ⅱ）根据第（ⅰ）条向生产者发放的分批支付补贴额。

（5）偿还。如果农场生产者根据本款的规定获得的对某所涵盖的农产品作物分批发放的补贴总额超过该农作物在该作物年度的实际反周期补贴额，农场生产者则应向部长偿还超出的部分。

第 1105 条　发放直接补贴和反周期补贴所需的生产协议。

（a）应遵守以下要求：

（1）要求。在农场生产者获得直接补贴或反周期补贴前，生产者应同意在补贴发放的作物年度遵守以下条款，以获得补贴的发放：

（A）遵守《1985 年粮食安全法》第Ⅻ篇子篇 B（《美国法典》第 16 篇 3811 及以下）规定的生态保护要求；

（B）遵守该法案第Ⅻ篇子篇 C（《美国法典》第 16 篇 3821 及以下）规定的湿地保护要求；

（C）遵守第 1106 条的种植灵活性要求；

（D）农场上的农田数量等于农场的基础面积和子篇 C 所规定的农场花生的基础面积，且这些农田应为部长确认的农业或保护性用地，而不是非农业性商业或工业性用地；

（E）有效控制毒草生长，或者如果农业或保护性用地中包含有部分第（D）条中所述的不耕作农田时，按照部长所确认的合理的农业规范来保护田地。

（2）遵守。部长有权颁布其认为必要的规则，以确保生产者遵守第（1）条提出的要求。

（3）修订。应承让方或拥有者的要求，部长有权修订本条的要求，修订后的内容应与本条的目标一致，部长对此持有决定权。

（b）农场利益的转让或变更：

（1）终止。除了第（2）条所述的情况之外，农场生产者若将获得直接补贴或反周期补贴的基础面积所得利益加以转让或变更，则就基础面积发放的补贴将被终止，除非农田的承让方或拥有者同意继续履行第（a）条规定的所有义务。终止将于部长确定之日生效。

（2）例外。如果一个有资格获得直接补贴或反周期补贴的生产者死亡、不能胜任，或具有其他无能力获得补贴的原因，部长应根据其颁布的规则发放补贴。

（c）面积报告。作为获得本子篇或子篇 B 补贴的条件，部长应要求农场生产者每年提交有关农场所有耕地面积的报告。

（d）佃户和佃农。部长在实施本子篇内容时应提供适当的保护措施，保护佃户和佃农的利益。

（e）补贴的分配。部长应在公平公正的基础上向农场生产者分配直接补贴和反周期补贴。

第 1106 条　种植灵活性。

（a）获得许可的作物。除第（b）条受限制的农产品外，其他任何农产品或作物都可种植在农场的基础面积上。

（b）某种农产品的限制：

（1）一般限制。第（3）条中所述的农产品应被禁止种植在基础面积上，除非种植的农产品在收获前被毁坏。

（2）树木及其他多年生植物的处理。产自树上或多年生植物上的第（3）条所述的农产品应被禁止种植在基础面积上。

（3）所涵盖的农产品。第（1）和第（2）项规定适用于以下农产品：

（A）水果；

（B）蔬菜（小扁豆、绿豆和干豌豆除外）；

（C）野生稻。

（c）例外。在以下情况下，第（b）条第（1）和第（2）条不得限制种植该款第（3）条所述的农产品：

（1）在部长确认的有将所涵盖的农产品与第（b）（3）条中所述的农产品复种在一起的历史的地区，农作物得到复种许可；

（2）在部长确认具有在基础面积上种植第（b）（3）条所述的农产品的历史的农场，但是这类农产品每种植 1 英亩应减少 1 英亩的直接补贴和反周期补贴额；

（3）为由经部长确认已具有种植第（b）（3）条所述农产品历史的农场生产者所有，但是：

（A）种植量不得超过部长确认的 1991—1995 或 1998—2001 作物年度（排除未种植的作物年度）此类农产品的平均年度种植量；

（B）这类农产品每种植 1 英亩应减少 1 英亩的直接补贴和反周期补贴额。

（d）2002 作物年度的特别原则。仅就 2002 作物年度而言，如果根据第 1101（a）条计算出的基础面积结果是农场的总基础面积超出用来计算按照本法案第 114 条（《美国法典》第 7 篇 7214）的规定发放的 2002 财年农场补贴额的合同面积（根据《1996 年联邦农业进步与改革法》第 102 条（《美国法典》第 7 篇 7202）定义），那么第（b）条的第（1）和（2）条则不得限制在超出的基础面积上收获第（3）条所述的农产品，但是这类农产品在 2002 作物年度每超出 1 英亩基础面积应减少 1 英亩的直接补贴和反周期补贴额。

第 1107 条　关于根据生产灵活性合同保留补贴权。

（a）补贴权的终止。尽管《1996 年联邦农业进步与改革法》第 113（a）（7）条（《美国法典》第 7 篇 7213（a）（7））或其他法律已有规定，但根据该法案第 111 条（《美国法典》第 7 篇 7211）签订的生产灵活性合同的规定，部长在本法案颁布之日后不得发放 2002 财年补贴，除非作为合同签约方的生产者提出要求。

（b）颁布之日前发放的合同补贴。如果生产者根据生产灵活性合同获得了 2002 财年授权发放的全部或部分补贴，根据第 1103 条规定，部长应将生产者已得的这部分补贴额从其 2002 作物年度应得的直接补贴额中扣除。

第 1108 条　生效期。

本子篇生效期为 2002—2007 作物年度。

子篇 B　营销援助贷款和贷款差额补贴

第 1201 条　贷款农产品的无追索权营销援助贷款的发放。

（a）无追索权贷款的发放：

（1）发放。部长应在 2002—2007 各作物年度向农场生产者生产的各贷款农产品提供无追索权营销援助贷款。

（2）条款和条件。营销援助贷款应根据部长规定的条款和条件，以第 1202 条确定的贷款农产品的贷款率进行发放。

（b）合法生产。根据第（a）款的规定，农场生产者合法享有农场上生产的贷款农产品获得营销援助贷款的资格。

（c）对混合农产品的处理。在实施本款的规定时，如果农场生产者拥有的贷款农产品与其他生产者拥有的农产品混合在一起，而其他生产者拥有的农产品又贮藏在未获得部长或国家认证机构发放的农产品贮藏执照的设施内，那么如果农场生产者同意遵照 1996 年《联邦农业进步与改革法》第 166 条（《美国法典》第 7 篇 7286）的规定，立即赎回贷款抵押，部长则应向这些本应有资格获得营销援助贷款的农场生产者发放贷款。

（d）遵守保护与湿地条款。作为获得第（a）款的营销援助贷款的条件，生产者在贷款期间应遵守《1985 年粮食安全法》第 Ⅻ 篇子篇 B（《美国法典》第 16 篇 3811 及以下）的保护条款，以及该法案第 Ⅻ 篇子篇 C（《美国法典》第 16 篇 3821 及以下）的湿地保护条款。

（e）贷款权的终止。尽管《1996 年联邦农业进步与改革法》第 131 条（《美国法典》第 7 篇 7231）已有规定，但根据该法案第 Ⅰ 篇子篇 C 的规定，2002 作物年度贷款农产品不得获得无追索权营销援助贷款。

第 1202 条　无追索权营销援助贷款的贷款率。

（a）2002—2003 作物年度。就 2002—2003 作物年度而言，根据第 1201 条规定发放的贷款农产品的营销援助贷款的贷款率为：

（1）小麦，每蒲式耳 2.80 美元；

（2）玉米，每蒲式耳 1.98 美元；

（3）高粱，每蒲式耳 1.98 美元；

（4）大麦，每蒲式耳 1.88 美元；

（5）燕麦，每蒲式耳 1.35 美元；

（6）陆地棉，每磅 0.52 美元；

（7）超长绒棉，每磅 0.7977 美元；

（8）大米，每英担 6.50 美元；

（9）大豆，每蒲式耳 5.00 美元；

（10）其他油料作物，每磅 0.0960 美元；

（11）等级羊毛，每 1.00 美元；

（12）无等级羊毛，每磅 0.40 美元；

（13）马海毛，每磅 4.20 美元；

（14）蜂蜜，每磅 0.60 美元；

（15）干豌豆，每英担 6.33 美元；

（16）小扁豆，每英担 11.94 美元；

（17）小鹰嘴豆，每英担 7.56 美元。

（b）2004—2007 作物年度。就 2004 和 2007 作物年度而言，根据第 1201 条发放的贷款农产品的营销援助贷款的贷款率为：

（1）小麦，每蒲式耳 2.75 美元；

（2）玉米，每蒲式耳 1.95 美元；

（3）高粱，每蒲式耳 1.95 美元；

（4）大麦，每蒲式耳 1.85 美元；

（5）燕麦，每蒲式耳 1.33 美元；

（6）陆地棉，每磅 0.52 美元；

（7）超长绒棉，每磅 0.7977 美元；

（8）大米，每英担 6.50 美元；

（9）大豆，每蒲式耳 5.00 美元；

（10）其他油料作物，每磅 0.0930 美元；

（11）等级羊毛，每 1.00 美元；

（12）无等级羊毛，每磅 0.40 美元；

（13）马海毛，每磅 4.20 美元；

（14）蜂蜜，每磅 0.60 美元；

（15）干豌豆，每英担 6.22 美元；

（16）小扁豆，每英担 11.72 美元；

（17）小鹰嘴豆，每英担 7.43 美元。

第 1203 条　贷款期限。

（a）贷款期限。对于每种贷款农产品，根据第 1201 条发放的营销援助贷款的贷款期限为 9 个月，自贷款当月后的第一个月的第一天起算。

（b）延期禁令。部长不得延长任何一种贷款农产品的营销援助贷款期限。

第 1204 条　贷款偿还。

（a）一般原则。部长应允许农场生产者以以下两项中的较低值偿还贷款农产品（陆地棉、大米和超长绒棉除外）根据第 1201 条规定获得的营销援助贷款：

（1）根据第 1202 条确定的农产品贷款率与利息（根据《1996 年联邦农业进步与改革法》第 163 条（《美国法典》第 7 篇 7283）所确定）之和；或

（2）部长认为可以实现以下目标的利率：

（A）使潜在的贷款损失降为最低；

（B）使联邦政府农产品的库存积累降为最低；

（C）使联邦政府对农产品的贮藏成本降为最低；

（D）使美国生产的农产品能自由而具竞争力地销往国内外；以及

（E）使全美各州和各县间的营销贷款利益差降为最低。

（b）陆地棉和大米的偿还率。部长应允许生产者以以下两项中的较低值偿还陆地棉和大米依照 1201 条的规定获得的营销援助贷款：

（1）根据第 1202 条确定的农产品贷款率与利息（根据《1996 年联邦农业进步与改革法》第 163 条（《美国法典》第 7 篇 7283）所确定）之和；或

（2）由部长确认的（结合美国本地品质和地理位置加以调整的）农产品的世界市场价格。

（c）超长绒棉的偿还率。超长绒棉营销援助贷款的偿还率为根据第 1202 条确定的农产品贷款率与利息（根据《1996 年联邦农业进步与改革法》第 163 条（《美国法典》第 7 篇 7283）所确定）之和。

（d）世界市场价格。就本条与第 1207 条而言，部长应立法制定：

（1）结合美国本地品质和地理位置加以调整的，陆地棉和大米的世界市场价格的确定公式；

（2）部长定期公布陆地棉和大米世界市场价格的机制。

（e）为陆地棉进行的世界市场价格调整：

（1）一般原则。自本法案颁布之日起，至 2008 年 7 月 31 日止，根据第（d）款确定的（结合美国本地品质和地理位置加以调整的）陆地棉的世界市场价格在下列情况下，应进一步加以调整：

（A）部长确定调整后的世界市场价格低于根据第 1202 条确定的高地棉贷款率的 115％；

（B）本周五至下周四北欧到岸价（以中等 13/32 英寸棉为基准）中最低的美棉周平均价高于本周五至下周四北欧到岸价（在本条中被称为"北欧价"）中 5 个最低的同等级美国陆地棉周平均价。

（2）进一步调整。除了第（3）项的规定外，调整后的高地棉世界市场价格应根据以下某些或全部数据做出进一步调整：

（A）美国的世界出口份额；

（B）现有棉花出口销售水平和出口运输水平；

（C）其他部长确认的与确定陆地棉（结合美国本地品质和地理位置加以调整的）精确世界市场价格相关的数据。

（3）对进一步调整的限制。根据第（2）项做出的调整不得超过以下二者之差：

（A）本周五至下周四北欧到岸价（以中等 13/32 英寸棉为基准）中最低的美国棉花周平均价；

（B）北欧价。

（f）受益权的善意信赖例外原则。仅就 2001 作物年度而言，如果农场生产者在偿还贷款前出售或丧失了根据《1996 年联邦农业进步与改革法》第 131 条（《美国法典》第 7 篇 7231）获得的农产品营销援助贷款的受益权，如果部长认为生产者值得善意信赖，则应在生产者丧失受益权之日起，允许其按照该法案第 134 条（《美国法典》第 7 篇 7234）规定的适当的贷款偿还率，偿还贷款。

第 1205 条　贷款差额补贴。

（a）贷款差额补贴的发放。

（1）一般原则。除第（d）款的规定外，如果尽管农场生产者有资格获得第 1201 条所述的农产品营销援助贷款，但他们同意放弃贷款，以换取本条的贷款差额补贴，部长则应向其发放贷款差额补贴。

（2）未修剪毛皮、干草和青贮饲料。未修剪的无等级羊毛、干草和青贮饲料没有资格获得第 1201 条规定的营销援助贷款。但是，在 2002—2007 作物年度，部长应向生产无等级羊毛、干草和青贮饲料的农场生产者发放本条规定的贷款差额补贴。

（b）计算。贷款农产品或第（a）（2）款中所指的农产品的贷款差额补贴的计算方法为将以下两项相乘：

（1）第（c）款确定的农产品的补贴率；

（2）扣除根据第 1201 条获得的营销援助贷款的农产品数量之后，符合条件的生产者生产的农产品的数量。

（c）补贴率。

（1）一般原则。对于贷款农产品，其补贴率应为以下二者之差：

（A）根据第 1201 条确定的贷款农产品的贷款率；

（B）第 1204 条规定的贷款农产品的营销援助贷款偿还率。

（2）未修剪毛皮。未修剪毛皮的补贴率为以下二者之差：

（A）第 1202 条确定的无等级羊毛的贷款率；

（B）第 1204 条规定的无等级羊毛的营销援助贷款偿还率。

（3）干草和青贮饲料。产自贷款农产品的干草和青贮饲料的补贴率为以下二者之差：

（A）第 1202 条确定的加工为干草和青贮饲料的贷款农产品的贷款率；

（B）第 1204 条规定的贷款农产品的营销援助贷款偿还率。

（d）超长绒棉的例外。本条规定不适用于超长绒棉。

（e）确定补贴率生效日期。部长应自生产者要求获得补贴之日起，按照第（c）款规定的补贴率，根据贷款农产品或第（a）（2）款所指的农产品的数量，确定向农场生产者发放的本条规定的贷款差额补贴数额。

（f）特别贷款差额补贴原则：

（1）首次贷款农产品。对于 2002 作物年度羊毛、马海毛、蜂蜜、干豌豆、小扁豆和小鹰嘴豆的生产者而言，如果他们本有资格根据本条规定获得贷款差额补贴，但在执行本条内容的法规颁布之日前丧失了农作物的受益权，这些生产者将在出售或丧失农作物受益权之日起有资格获得贷款差额补贴，部长对此持有决定权。

（2）2001 作物年度。1996 年《联邦农业进步与改革法》第 135 条（《美国法典》第 7 篇 7235）修订如下：

（A）在第（a）（2）款中，删除"2000 作物年度"，并加上"2000 和 2001 作物年度"；

（B）在结尾之处加上以下内容：

"（g）确定补贴率生效日期。就 2001 作物年度而言，部长应自以下两个日期中的较早之日起，按照第（c）款规定的补贴率，确定向农场生产者发放本条所述的贷款农产品的贷款差额补贴数额：

（1）经部长确认的生产者出售或丧失贷款农作物受益权之日。

（2）生产者要求获得补贴之日。"

第 1206 条 代替贷款差额补贴的牧场面积补贴。

（a）符合条件的生产者：

（1）一般原则。在 2002—2007 作物年度，如果生产者根据第 1205 条规定有资格获得小麦、大麦或燕麦的贷款差额补贴，但却选择将种植小麦、大麦或燕麦的耕地用于家畜放牧，那么如果这些生产者与部长签订协议，同意放弃在该耕地上收获小麦、大麦或燕麦，部长则应根据本条规定，向其发放补贴。

（2）黑小麦的种植。在 2002—2007 作物年度，如果生产者将种植黑小麦的耕地用于家畜放牧，那么如果该生产者与部长签订协议，同意放弃在该耕地上收获黑小麦，部长则应根据本条规定，向其发放补贴。

（b）补贴额：

（1）一般原则。第（a）（1）款所述的农场生产者根据本条规定获得的补贴额等于以下二者的乘积：

（A）自协议签订之日起生效的第 1205（c）条确定的农场所在县的贷款差额补贴率；

（B）将以下二者相乘后所得的补贴数量：

（ⅰ）生产者选择放弃收割小麦、大麦或燕麦，而用于放牧的牧场面积；

（ⅱ）用于计算子篇 A 农场贷款农产品直接补贴的补贴单产。对于贷款农产品没有补贴单产的农场，则为部长按照第 1102（c）条的方式确定的适当的单产量。

（2）黑小麦田的放牧。根据本条规定，向第（a）（2）款所述的农场生产者发放的补贴额等于以下二者的乘积：

（A）自协议签订之日起生效的第 1205（c）条确定的农场所在县小麦的贷款差额补贴率；

（B）将以下二者相乘后所得的补贴量：

（ⅰ）生产者选择放弃收割黑小麦，而用于放牧的牧场面积；

（ⅱ）用于计算子篇 A 农场小麦直接补贴的补贴单产。对于小麦没有补贴单产的农场，则为部长按照第 1102（c）条的方式确定的适当的单产量。

（c）补贴的时间、方式和发放：

（1）时间和方式。本条补贴的发放时间与发放方式与第 1205 条贷款差额补贴的发放时间与方式相同。

（2）发放。部长应根据本条授权，确定补贴的发放期。小麦、大麦和燕麦的发放期应与部长根据本子篇授权确定的营销援助贷款的发放期相一致。

（d）农作物保险赔偿或非保险农作物灾害援助禁令。在 2002—2007 作物年度，如果生产者签订了第（a）款要求的协议，选择将农田种植的小麦、燕麦或黑小麦用于家畜放牧，而非收获上述农作物，那么该生产者将没有资格获得《联邦农作物保险法》（《美国法典》第 7 篇 1501 及以下）规定的赔偿，并且也没有资格获得《1996 年联邦农业进步与改革法》第 196 条（《美国法典》第 7 篇 7333）规定的非保险农作物灾害援助。

第 1207 条　高地棉的特别营销贷款条款。

（a）棉花使用者的市场证书：

（1）颁发。自本法案颁布之日起至 2008 年 7 月 31 日止，如果国内使用者和出口销售商连续 4 周在已备案的购买或出口销售上遇到下列情况时，部长应根据他们的选择，向其颁发市场证书或现金补贴：

（A）本周五至下周四北欧到岸价（以中等 13/32 英寸棉为基准）中最低的美国棉花周平均价超过北欧价每磅 1.25 美分；

（B）（按照美国的品质和地理位置加以调整的）陆地棉的世界市场价格不超过根据第 1202 条确认的陆地棉贷款率的 134％。

（2）证书的价值或补贴额。市场证书的价值或现金补贴额为连续 4 周中的第 4 周（美国价格与北欧价）的差价（每磅减去 1.25 美分）乘以备案销售的陆地棉的数量。

（3）市场证书的管理：

（A）赎回、出售或交换。出于提高美国棉花的竞争力和市场销路等目的，部长规定棉花使用者可以以一定的方式和价格水平将农产品抵押在商品信贷公司以获得贷款。部长应制订市场证书的赎回、出售或交换程序。棉花使用者可以据此赎回市场证书，以换取现金，或出售或交换证书，以换取商品信贷公司所有的农产品，或赎回以一定方式和价格水平抵押在商品信贷公司的农产品。适用于商品信贷公司农产品的价格限制规定不适用于本款的证书的赎回。

（B）农产品和产品的指定。部长应依实际情况，最大程度地允许证书的持有者根据自愿指定用何种农产品和产品（包括库存地在内）换取证书。

（C）转让。向国内陆地棉使用者和出口商发放的市场证书可以依据部长颁布的法规转让他人。

（4）下限的延期。部长根据第（1）项（A）和第（2）项计算棉花使用者市场证书及其价值的下限延期至 2006 年 7 月 21 日，计算时不必考虑上述各条规定的 1.25 美分下限。

（b）特别进口配额：

（1）确立。

（A）一般原则。根据本款规定，总统应在本法案颁布之日起至 2008 年 7 月 31 日实施进口配额计划。

（B）计划要求。除第（C）小项的规定外，部长一旦确认并宣布任意连续 4 周根据第（a）款调整的美棉北欧到岸价的周最低报价高于北欧价每磅 1.25 美分，特别进口配额立即生效。

（C）紧张的国内库存。若部长根据第（D）小项预测某月美国陆地棉的季末库存对用量比例低于 16%，部长在根据第（B）小项做出决定时则不得为第（a）款发放的证书的价值调整一周美国北欧到岸的最低报价。

（D）美国季末库存对用量比例。为根据第（C）小项做出预测，部长应每月估算并通报美国陆地棉的季末库存对用量比例，其中应扣除预期的生棉进口量，但包括该营销年度进口美国的生棉数量。

（E）下限延期。部长根据第（B）小项做出的计算延期至 2006 年 7 月 31 日，其中不必考虑上述各款所述的 1.25 美分下限。

（2）配额数量。配额数量应等于国内纺织厂一周高地棉的消费数量，计算依据是可获得的最近 3 个月的季节性调整平均用量。

（3）适用性。本配额适用于在部长根据第（1）项做出的宣布之日起后 90 天内购买的陆地棉，以及在宣布之日后 180 天内进入美国的陆地棉。

（4）重合。如果要根据第（1）项要求设定特别配额期，那么设定的期限可能与现有的配额期相重合，但如果已根据第（c）款的规定设定配额期，则不必根据本款的规定设定特别配额期。

（5）关税优惠待遇。特别进口配额的数量在以下条款中被视为配额内数量：

（A）《加勒比地区经济复苏法》第 213 条（d）（《美国法典》第 19 篇 2703（d））；

（B）《安地斯山国家贸易优惠法》第 204 条（《美国法典》第 19 篇 3203）；

（C）《1974 贸易法》第 503 条（d）（《美国法典》第 19 篇 2463（d））；以及

（D）《统一分类税则表》一般原则 3（a）（ⅳ）。

（6）定义。"特别进口配额"在本款中是指不受关税配额体制中超配额关税税率限制的进口数量。

（7）限制。在任一销售年度以本款确定的特别进口配额进入美国的棉花数量不得超过以该销售年度首次特别进口配额确定前 3 个月的季节性调整平均用量为依据计算出的国内纺织厂五周消费的棉花数量。

（c）陆地棉的限制性全球进口配额：

（1）一般原则。总统应实施进口配额计划，根据这一计划，无论部长何时确定或者宣布在指定现货市场基础质量的陆地棉平均价格在 1 个月内超过前 36 个月平均价格的 130%，不管其他法律如何规定，全球限制性进口配额立即生效，但配额应达到以下条件：

（A）数量。配额数量应等于依据最近 3 个月的季节性调整平均用量计算出的国内纺织厂 21 天的棉花消费数量。

（B）在已有配额条件下的配额数量。如果在过去 12 个月内已根据本款的规定确定配额，那么根据本款规定，下一次配额的数量应为以下二者中的较小值：根据第（A）小项计算出的国内纺织厂 21 天的消费总量和为使供货量增加到需求量 130% 的数量。

（C）优惠关税待遇。限制性全球进口配额的数量在以下条款中被视为配额内数量：

（ⅰ）《加勒比地区经济复苏法》第 213 条（d）（《美国法典》第 19 篇 2703（d））；

（ⅱ）《安地斯山国家贸易优惠法案》第 204 条（《美国法典》第 19 篇 3203）；

（ⅲ）《1974 贸易法》第 503 条（d）（《美国法典》第 19 篇 2463（d））；

（ⅳ）《统一分类税则表》一般原则 3（a）（ⅳ）。

（D）定义。在本款中：

（ⅰ）供货量。"供货量"一词指，利用人口普查局、农业部和财政部的最新官方数据；

（ⅰ）在确定配额的销售年度（按一包重 480 磅算加以调整的）陆地棉的滞销量；

（ⅱ）现有农作物的产量；

（ⅲ）本销售年度截至当天的进口量。

（ⅱ）需求量。"需求量"一词是指：

（Ⅰ）最近 3 个月可获得的国内纺织厂年度季节性调整平均用量；

（Ⅱ）以下二者的较大值：

（aa）前 6 个销售年度的陆地棉平均出口量；

（bb）追加出口的陆地棉数量加上已确定配额但未完成的销售年度当年的出口销售量。

（ⅲ）限制性全球进口配额。"限制性全球进口配额"一词是指不受关税配额体制中超配额关税税率限制的进口数量。

（E）配额准入期。若部长根据本款确定好配额，在部长确定配额之日起 90 天内，棉花即进入配额管理。

（2）无重合。尽管第（1）项已有规定，但设定的配额期不得与现有配额期或根据第（b）款设定的特别配额期相重合。

第 1208 条　对超长绒棉的特别竞争条款。

（a）竞争计划。尽管另有法律规定，但自本法案颁布之日起至 2008 年 7 月 31 日，部长应实施以下计划，以实现：

（1）保持并扩大美国生产的超长绒棉在国内市场的用量；

（2）增加美国生产的超长绒棉的出口量；并且

（3）确保美国生产的超长绒棉在世界市场的竞争力。

（b）根据计划发放补贴/补贴发放的动因。依据本计划，部长应在以下情况下发放本条规定的补贴：

（1）当部长确认的超长绒棉的（根据美国的品质及地理位置，以及因其他可能影响此类棉花竞争力的原因而加以调整的）世界市场最低竞争价格连续 4 周低于美国价格；且

（2）部长确认的超长绒棉的（根据美国的品质及地理位置，以及因其他可能影响此类棉花竞争力的原因而加以调整的）最低竞争价格低于超长绒棉贷款率的 134％时。

（c）符合条件的获得者。部长应向美国生产的超长绒棉的国内使用者和出口商发放本条所涉及的补贴，前提是该使用者或出口商应与商品信贷公司达成协议，加入本条的计划之中。

（d）补贴额。本条所涉及的补贴额应为第（b）（1）款所指的连续 4 周的差价乘以接下来 1 周备案的国内生产者的出口商购买和出口的总额。

（e）补贴形式。本条所涉及的补贴应以现金保险或市场证书的形式，按照符合条件的补贴获得者的选择加以发放。

第 1209 条　高水份饲料用谷物和籽棉的追索权贷款的发放。

（a）高水份饲料用谷物。

（1）追索权贷款的发放。对于 2002—2007 作物年度的玉米和高粱，部长应向符合以下条件的农场生产者发放追索权贷款：

（A）通常要收割的玉米或高粱部分或全部为高水份状态。

（B）提交：

（ⅰ）一个经过检验的且有资格的商业等级认证机构发放的等级资格证，这些机构包括得到许可的仓库、饲养场、饲料加工厂、蒸馏厂或其他由部长根据自己颁布的法规批准的同类实体；

（ⅱ）在部长确认没有有资格的商业等级认证机构的地区，生产者无法获得与农场收成相匹配的等级资格证的情况下，提供对当地现存或库存作物的实地检验或其他物理检验方式检验的结果。

（C）在交货时证明他们是饲料的所有者，并且他们要求获得本款所述贷款的饲料数量确实是由农场收获的，且与他们向下列机构交付的数量相同，这些机构是饲养场、饲料加工厂或商业性或农场内高水份贮藏厂，或者高水份玉米或高粱的使用者所拥有的工厂。

（D）遵守部长设定的玉米和高粱收获期限，并在部长设定的期限内递交本款所述的贷款申请。

（2）饲料谷物的合法性。本款的贷款应根据生产者获得的用作饲料的玉米或高粱的数量来发放，该数量为以下二者的乘积：

（A）生产者所拥有的农场上收割的高水份玉米或高粱的面积；

（B）子篇 A 所述的反周期补贴的农场补贴单产和部长确定的与种植玉米和高粱农田相似的农田的实际单产，这二者中的较低值。

（3）高水份状态的定义。在本款中，"高水份状态"一词是指玉米或高粱所含水份已超出第 1201 条中所述的由部长发放的商品信贷公司营销援助贷款标准。

（b）籽棉的追索权贷款的发放。在 2002—2007 各作物年度，部长应向高地棉和超长绒棉的籽棉发放追索权贷款。

（c）偿还率。本条所述的追索权贷款的偿还率为部长确定的农产品贷款率与利息（由 1996 年《联邦农业进步与改革法》第 163 条（《美国法典》第 7 篇 7283）所确定）之和。

（d）贷款权的终止。尽管 1996 年《联邦农业进步与改革法》第 137 条（《美国法典》第 7 篇 7237）已有规定，但 2002 作物年度的玉米、高粱和籽棉不能获得追索权贷款。

子篇 C 花 生

第 1301 条 定义。

在本子篇中：

（1）花生的基础面积。"花生的基础面积"一词是指依照第 1302（b）条规定为有花生种植历史的生产者分配的种植面积。

（2）反周期补贴。"反周期补贴"一词是指第 1304 条所述的补贴。

（3）有效价格。"有效价格"一词是指部长根据第 1304 条规定，计算出的用于确定是否要在该作物年度向花生发放反周期补贴的价格。

（4）直接补贴。"直接补贴"一词是指第 1303 条所述的补贴。

（5）有花生种植历史的生产者。"有花生种植历史的生产者"一词是指 1998—2001 作物年度中任一年度或所有年度种植或被阻止种植花生的美国农场的生产者。

（6）补贴面积。"补贴面积"一词是指：

（A）对于 2002 作物年度，根据第 1302（a）（2）条确定的有花生生产历史的农场生产者的农田平均种植面积的 85％；

（B）对于 2003—2007 作物年度，根据第 1302（b）条分配给农场的花生基础种植面积的 85％；

（7）补贴单产。"补贴单产"一词是指依据第 1302（b）条分配给有花生种植历史的生产者的农场单产量。

（8）生产者。"生产者"一词是指担负种植风险、有资格获得农作物销售收益、或者本应获得收益分成的拥有者、经营者、土地所有者、佃户或佃农。在确定一类杂交制种作物的种植者是否是生产者时，部长不得考虑杂交制种合同存在与否，而是应确保计划中的规定不影响种植者获得本篇所述的补贴的可能性。

（9）部长。"部长"一词是指农业部部长。

（10）州。"州"一词是指美国各州、哥伦比亚特区、波多黎各自由邦，以及美国其他领地。

（11）目标价格。"目标价格"一词是指用以确定反周期补贴补贴率的每蒲式耳花生的价格。

（12）美国。"美国"一词在地理意义上是指全美国。

第 1302 条 农场花生补贴单产和基础面积的确定。

（a）有花生种植历史的生产者的平均单产和平均面积。

（1）平均单产的确定：

（A）一般原则。对 1998—2001 作物年度，排除生产者未种植或阻止种植花生的年度，部长应确定上述年度各农场花生的支付单产为农场的平均单产。

（B）确定的单产。为确定本项所述的有花生种植历史的生产者的 4 年平均单产，对 1998—2001 作物年度这 4 年中不超过 3 年，有花生种植历史的生产者可选择 1990—1997 作物年度的县平均单产。

（2）平均面积的确定：

（A）一般原则。部长应为每一个有花生种植历史的生产者确定以下二者的 4 年平均面积：

（ⅰ）1998—2001 作物年度，花生的种植面积；

（ⅱ）1998—2001 作物年度，由于干旱、洪涝或其他自然灾难，或者部长确认有花生种植历史的生产者无法控制的情况而导致无法种植花生的农田面积。

（B）将整个 4 年包括在内。部长在根据本款规定确定农场的 4 年平均种植面积时不得将任一未种植花生的作物年度排除在外。

（C）按比例分配。如果有一个以上的有花生种植历史的生产者分担生产农作物的风险，那么这些生产者应按比例分配各自种植的（或被阻止种植的）花生的种植面积。

（3）确定时间。部长应在本法案颁布之日起立即根据本款的要求做出决定。

（4）特别考虑。部长在根据本款的要求做出决定时，应考虑自 1998 作物年度以来担负花生种植风险的生产者的人数、身份或喜好的变化，并在下列情况下提供一个分配农场平均面积和平均单产的方法：

（A）有花生种植历史的生产者去世；

（B）有花生种植历史的生产者所在的实体解散；

（C）在部长确认的其他适当情况下。

（b）农场平均单产和农田平均面积的分配。

（1）有花生种植历史的生产者的分配。部长应让每一位有花生种植历史的生产者有机会为每一块农场或在同一州或相邻州的农场上的农田分配一个根据第（a）款确定的花生平均单产和平均面积。

（2）面积分配的限制。尽管第（1）项已有规定，但根据第（a）（2）款确定的农场农田平均面积不得分配给相邻州的农场，除非出现以下情况：

（A）1998—2001 作物年度中，至少有 1 年有种植花生历史的生产者为该州生产的花生做出了分配；

（B）自 2003 年 3 月 31 日起，有花生种植历史的生产者也是该州农场的生产者。

（3）分配机会的通知。部长应向有花生种植历史的生产者告知他们有机会分配第（1）项所述的花生田平均单产和平均面积。通知应包括下列内容：

（A）告知生产者分配机会只有 1 次；

（B）第（2）项所述的分配条件限制；

（C）有关分配方式、分配期限以及向部长提交的分配报告的方式。

（4）分配期限。有花生种植历史的生产者应 2003 年 3 月 31 日前，向部长提交根据本款规定做出的分配报告。如果有花生种植历史的生产者未在这一日期前提交报告，那么应以部长规定的其他方式告知部长。

（c）补贴单产。有花生种植历史的生产者根据第（b）款为农场分配的所有单产量的平均值应视为该农场获得本子篇所述的直接补贴和反周期补贴的补贴单产。

（d）花生的基础面积。除第（e）款的规定外，有花生种植历史的生产者根据第（b）款分配的总面积数应被视为该农场获得本子篇所述的直接补贴和反周期补贴的花生的基础面积。

（e）签订土地休耕合同的农田面积的处理：

（1）一般原则。部长应在以下任何一种情况下，适当调整花生的基础面积：

（A）根据《1985 年粮食安全法》第 1231 条（《美国法典》第 16 篇 3831）所签订的土地休耕合同到期或被自动终止；

（B）已解除（与部长签订的）土地休耕合同的土地。

（2）特别补贴原则。在根据第（1）项规定首次调整基础面积的作物年度，农场主应选择是根据本款的规定，农田增加的面积获得直接补贴和反周期补贴，还是根据土地休耕合同获得按比例支付的补贴，但是二者不能同时兼得。

（f）花生超额基础面积的预防：

（1）（面积）削减要求。如果花生田的总基础面积，与第（2）项所述的面积总数超出农场农田的实际面积，部长则应削减花生的基础面积，或削减 1 种或 1 种以上子篇 A 所述的农场所涵盖农产品的基础面积，从而使花生的基础面积和第（2）项所述的土地面积之和不超过农场农田的实际面积。

（2）其他面积。就第（1）项而言，部长应将以下面积包括在内：

（A）子篇 A 所述的农场基础面积；

（B）加入《1985 年粮食安全法》第Ⅻ篇子篇 D 第 1 章（《美国法典》第 16 篇 3830 及以下部分）所述的保护和湿地计划的农田面积；

（C）其他加入土地休耕计划，因未种植农作物而获得补贴的农田面积。

（3）面积的选择。部长应让农场主有机会选择花生的基础面积，或第（1）项削减所依据的子篇 A 的基础种植面积。

（4）双作作物面积的例外。部长在实施第（1）项时应考虑将双作作物视为例外。部长对此持有决定权。

（5）对要求的协调落实。部长在落实本款的要求时应将第 1101（g）条考虑在内。

（g）花生基础面积的永久性缩减。农场主随时可以削减花生田的基础面积。这种削减应是长期的，且应以部长规定的方式来进行。

第 1303 条　花生直接补贴的发放。

（a）补贴要求：

（1）2002 作物年度。对于 2002 作物年度，部长应根据本款的规定向有花生种植历史的生产者发放直接补贴。

（2）随后的作物年度。对于 2003—2007 各作物年度，部长应根据第 1302 款分配的花生的补贴单产和基础面积向农场生产者发放直接补贴。

（b）补贴率。一个作物年度花生的直接补贴率为每吨 36 美元。

（c）2002 作物年度的补贴额。2002 作物年度有花生种植历史的生产者所获得的花生直接补贴额为以下各项之乘积：

（1）第（b）款所述的补贴率；

（2）有花生种植历史的生产者的补贴面积；

（3）根据第 1302（a）（1）条确定的花生的平均单产量。

（d）随后作物年度的补贴额。2003—2007 作物年度有花生种植历史的生产者所获得的花生直接补贴额为以下各项之乘积：

（1）第（b）款所述的补贴率；

（2）农场的补贴面积；

（3）农场的补贴单产。

（e）补贴支付时间：

（1）一般原则。部长应在以下日期发放直接补贴：

（A）在 2002 作物年度，自本法案颁布之日起；

（B）在 2003—2007 任一作物年度，不迟于花生收获日历年度的 9 月 30 日。

（2）预付补贴。农场生产者可在 2003—2007 任一作物年度预先获得高达 50％的直接补贴。生产者选择任一作物年度中的某一月作为获得预付补贴的月份。所选的月份应在农作物收获前一年日历年度的 12 月 1 日至可能获得直接补贴的月份之间。生产者可以在事先通知部长的情况下，为随后的预付补贴支付更改所选的月份。

（3）预付补贴的偿还。如果获得预付直接补贴的农场生产者在剩余直接补贴发放之日前，不再是该农场的生产者，或者该生产者担负的种植农作物的风险程度改变，该生产者则有责任向部长偿还部长认为的适量的预付补贴。

第 1304 条　花生反周期补贴的发放。

（a）补贴要求：

（1）对于 2002—2007 任一作物年度，如果部长确认花生的有效价格低于其目标价格，部长应根据本条的规定发放反周期补贴。

（2）2002 作物年度。如果需要在 2002 作物年度发放反周期补贴，部长则应向有花生种植历史的生产者发放该补贴。

（3）随后的作物年度。如果需要在 2003—2007 任一作物年度发放花生反周期补贴，部长则应根据第 1302 条确定的花生的补贴单产和基础面积向农场生产者发放该补贴。

（b）有效价格。第（a）款所称的花生的有效价格等于以下二者之和：

（1）以下二者中的较高者：

（A）由部长确定的，生产者在为期 12 个月的花生销售年度得到的全国平均市场价格；

（B）根据本子篇规定的营销援助贷款生效期内花生的全国平均贷款率。

（2）根据第 1303 条的规定生效的直接补贴率。

（c）目标价格。第（a）款所指的花生目标价格为每吨 495 美元。

（d）补贴率。某作物年度的反周期补贴率等于以下二者之差：

（1）目标价格；和

（2）根据第（b）款确定的有效价格。

（e）2002 作物年度补贴额。如果需要在 2002 作物年度对花生发放反周期补贴，有花生种植历史的生产者当年所获得的补贴额则应等于以下三者之乘积：

（1）第（d）款中所述的补贴率；

（2）有花生种植历史的生产者的补贴面积；

（3）按第 1302（a）（1）条的规定为有花生种植历史的生产者确定的花生的平均单产。

（f）随后作物年度的补贴率。如果需要在 2003—2007 作物年度中任一年度对花生发放反周期补贴，则农场生产者在该作物年度获得的反周期补贴额为以下三者之乘积：

（1）第（d）款所述的补贴率；

（2）农场的补贴面积；

（3）农场的补贴单产。

（g）补贴时间。

（1）一般原则。如果部长根据第（a）款的规定确定要发放本条所述的反周期补贴，部长则应在该农作物为期 12 个月的销售时间结束后立即发放补贴。

（2）补贴的分批发放。如果部长在为期 12 个月的销售年度结束前预算到应对该农作物发放反周期补贴，部长则应使农场生产者（或者就 2002 作物年度而言，有花生种植历史的生产者）有机会选择分批获得该农作物的反周期补贴。

（3）补贴的分批发放时间：

（A）2002—2006 作物年度。在 2002—2006 中任一作物年度，当部长根据第（2）项规定分批发放补贴时：

（ⅰ）该作物年度补贴首次发放的时间不得早于农作物收获日历年度的 10 月 1 日，且最晚不得晚于 10 月 31 日；

（ⅱ）第二批补贴的发放时间不得早于下一个日历年度的 2 月 1 日；并且

（ⅲ）最后一批补贴的发放应在该农作物为期 12 个月的销售年度结束后立即进行。

（B）2007 作物年度。在 2007 作物年度，部长分批发放补贴时：

（ⅰ）首批补贴的发放应在该农作物销售年度的前 6 个月结束之后进行；

（ⅱ）最后一批补贴的发放应在该农作物为期 12 个月的销售年度结束后立即进行。

（4）分批发放的补贴的额度：

（A）2002 作物年度：

（ⅰ）首批发放的补贴。对于 2002 作物年度，根据第（3）项对有花生种植历史的生产者首批发放的补贴额不得超过该作物年度预计发放的反周期补贴额的 35％，部长对此持有决定权。

（ⅱ）第二批发放的补贴。第二批发放的补贴额不得超出以下二者之差：

（Ⅰ）预计在 2002 作物年度发放的反周期补贴额的 70％；

（Ⅱ）第（ⅰ）条款的补贴额。

（ⅲ）最后一批补贴。最后一批补贴额等于以下二者之差：

（Ⅰ）向有花生种植历史的生产者发放的实际反周期补贴额；

（Ⅱ）根据第（ⅰ）和第（ⅱ）条款向有花生种植历史的生产者分批发放的补贴额。

（B）2003 至 2006 作物年度：

（ⅰ）首批补贴。对于 2003—2006 各作物年度，根据第（3）项规定向农场生产者发放的首批补贴额不得超过该作物年度预计发放的反周期补贴额的 35％，部长对此持有决定权。

（ⅱ）第二批发放的补贴。某作物年度第二批发放的补贴额不得超出以下二者之差：

（Ⅰ）预计在该作物年度发放的反周期补贴额（包括相应的修改）的 70％；

（Ⅱ）第（ⅰ）条款的补贴额。

（ⅲ）最后一批补贴。该作物年度的最后一批补贴额应等于以下二者之差：

（Ⅰ）该作物年度向生产者发放的实际反周期补贴额；

（Ⅱ）该作物年度根据第（ⅰ）条款和第（ⅱ）条款向生产者发放的分批支付补贴额。

（C）2007 作物年度：

（ⅰ）首批补贴。对于 2007 作物年度，根据第（3）项规定向农场生产者发放的首批补贴额不得超过该作物年度预计发放的反周期补贴额的 40％，部长对此持有决定权。

（ⅱ）最后一批补贴。该作物年度的最后一批补贴额应等于以下二者之差：

（Ⅰ）该作物年度向生产者发放的实际反周期补贴额；

（Ⅱ）该作物年度根据第（ⅰ）条款向生产者发放的分批支付补贴额。

（5）偿还。如果农场生产者（或者就 2002 作物年度而言，有花生种植历史的生产者）根据本款的规定获得的分批发放的补贴总额超过该作物年度的实际反周期补贴额，农场生产者则应向部长偿还超出的部分。

第 1305 条　发放直接补贴和反周期补贴所需的生产协议。

（a）应遵守以下要求：

（1）要求。在农场生产者获得本子篇规定的直接补贴或反周期补贴前，生产者应同意在补贴发放的作物年度遵守以下条款，以获得补贴的发放：

（A）遵守《1985 年粮食安全法》第 XII 篇子篇 B（《美国法典》第 16 篇 3811 及以下）规定的生态保护要求；

（B）遵守该法案第 XII 篇子篇 C（《美国法典》第 16 篇 3821 及以下）规定的湿地保护要求；

（C）遵守第 1306 条的种植灵活性要求；

（D）农场上的农田数量等于花生的基础面积和子篇 A 所规定的任何农场的基础面积，且这些农场应为部长确认的农业或保护性用地，而不是非农业性商业或工业性用地；以及

（E）有效控制毒草生长，或者如果农业或保护性用地中包含第（D）小项中所述的不耕作农田时，按照部长所确认的合理的农业规范来保护田地。

（2）遵守。部长有权颁布其认为必要的规则，以确保生产者遵守第（1）项提出的要求。

（3）修订。应承让方或拥有者的要求，部长有权修订本款的要求，修订后的内容应与本款的目标一致，部长对此持有决定权。

（b）农场利益的转让或变更：

（1）终止。除了第（2）项所述的情况之外，农场生产者若将获得直接补贴或反周期补贴的花生基础面积所得利益加以转让或变更，则就基础面积发放的补贴将被终止，除非农田的承让方或拥有者同意继续履行第（a）款规定的义务。终止将于部长确定之日生效。

（2）例外。如果一个有资格获得直接补贴或反周期补贴的生产者死亡、不能胜任，或具有其他无能力获得补贴的原因，部长应根据其颁布的规则发放补贴。

（c）面积报告。作为获得本子篇规定的直接补贴、反周期补贴、营销援助贷款或贷款差额补贴的条件，部长应要求根据第 1302 条分配到花生补贴单产和基础面积的农场生产者每年提交有关农场所有耕地面积的报告。

（d）佃户和佃农。部长在实施本子篇内容时应提供适当的保护措施，保护佃户和佃农的利益。

（e）补贴的分配。部长应在公平公正的基础上向农场生产者分配直接补贴和反周期补贴。

第 1306 条　种植灵活性。

（a）获得许可的作物。除第（b）款受限制的农产品外，其他任何农产品或作物都可种植在农场花生的基础面积上。

（b）某种农产品的限制：

（1）一般限制。第（2）项中所述的农产品应被禁止种植在花生的基础面积上，除非种植的农产品在收获前被毁坏。

（2）树木及其他多年生植物的处理。产自树上或多年生植物上的第（3）项所述的农产品应被禁止种植在花生基础面积上。

（3）所涵盖的农产品。第（1）和第（2）项规定适用于以下农产品：

（A）水果；

（B）蔬菜（小扁豆、绿豆和干豌豆除外）；

（C）野生稻。

（c）例外。在以下情况下，第（b）款第（1）和第（2）项不得限制种植该款第（3）项所述的农产品：

（1）在部长确认的有将第（b）（3）款中所述的农产品与花生复种在一起的历史的地区，复种得到许可；

（2）在部长确认具有在基础面积上种植第（b）（3）款所述的农产品的历史的农场，但是这类农产品每种植 1 英亩应减少 1 英亩的直接补贴和反周期补贴额；或者

（3）为由经部长确认已具有种植第（b）（3）款所述农产品历史的农场生产者所有，但是：

（A）种植量不得超过部长确认的 1991—1995 或 1998—2001 作物年度（排除未种植的作物年度）此类农产品的平均年度种植量；

（B）这类农产品每种植 1 英亩应减少 1 英亩的直接补贴和反周期补贴额。

第 1307 条　花生的营销援助贷款和贷款差额补贴。

（a）无追索权贷款的发放：

（1）发放。对于 2002—2007 各作物年度而言，部长应向农场生产者提供对农场生产的花生的无追索权营销援助贷款。贷款应根据部长规定的条款和条件，以第（b）款确定的贷款率进行发放。

（2）合法生产。根据本款的规定，农场生产者合法享有农场上生产的花生获得营销援助贷款的资格。

（3）对混合农产品的处理。在实施本款的规定时，如果农场生产者拥有的花生与其他花生混合在一起，而这些花生又贮藏在未获得部长或国家认证机构发放的贮藏执照的设施内，那么如果农场生产者同意遵照《1996 年联邦农业进步与改革法》第 166 条（《美国法典》第 7 篇 7286）的规定，立即赎回贷款抵押，部长则应向有资格获得营销援助贷款的农场生产者发放贷款。

（4）获得贷款的途径。农场生产者可以通过以下机构获得本款的营销援助贷款，以及第（e）款的贷款差额补贴：

（A）经部长批准的营销协会或生产者营销合作社；或

（B）农场服务机构。

（5）贷款花生的贮藏。个人或实体要想获得部长批准贮藏花生，从而享受本条的营销援助贷款，应同意以下条件：

（A）以一视同仁的原则贮藏花生；且

（B）遵守部长认为有利于达到本条的目的，并为确保更为公正地管理好本条补贴的发放而提出的补充要求。

（6）花生贮藏成本的补贴。对于 2002—2006 作物年度，为确保更好地贮藏获得本条贷款的花生，部长应启动商品信贷公司的基金来支付贮藏、处理及其他相关费用。本政策在 2007 作物年度起废止。

（7）营销。营销协会或合作社可以以消费者需求的任何方式，销售获得本条贷款的花生，这些方式包括根据品种和数量将花生进行分类。

（b）贷款率。根据第（a）款对花生发放的营销援助贷款的贷款率为每吨 355 美元。

（c）贷款期限：

（1）通则。根据第（a）款对花生发放的营销援助贷款的贷款期限为 9 个月，自贷款当月后的第一个月的第一天起算。

（2）延期禁令。部长不得延长第（a）款所述花生的营销援助贷款的期限。

（d）偿还率：

（1）通则。部长应允许农场生产者以下两种贷款率中的较低值偿还第（a）款所述的花生的营销援助贷款：

（A）根据第（b）款确定的花生贷款率与利息（根据《1996 年联邦农业进步与改革法》第 163 条（《美国法典》第 7 篇 7283）所确定）之和；或

（B）部长认为可以实现以下目标的利率：

（ⅰ）使潜在的贷款损失降为最低；

（ⅱ）使联邦政府花生的库存积累降为最低；

（ⅲ）使花生的贮藏成本降为最低；

（ⅳ）使美国生产的花生能自由而具竞争力地销往国内外。

（2）受益权的善意信赖例外原则。仅就 2002 作物年度而言，如果农场生产者在偿还贷款前出售或丧失了根据本条获得的花生营销援助贷款的受益权，如果部长认为生产者值得善意信赖，则应在生产者丧失受益权之日起，允许其按照该本款规定的适当的贷款偿还率，偿还贷款。

（e）贷款差额补贴：

（1）贷款差额补贴的发放。如果尽管农场生产者有资格获得第（a）款所述的花生的营销援助贷款，但他们同意放弃贷款，以换取本条的贷款差额补贴，部长则应向其发放贷款差额补贴。

（2）计算。本款所述的贷款差额补贴的计算方法为将以下两项相乘：

（A）第（3）项确定的花生的补贴率；

（B）扣除获得第（a）款营销援助贷款的花生数量之后，符合条件的生产者生产的花生的数量。

（3）补贴率。就本款而言，补贴率应为以下二者之差：

（A）第（b）款确定的贷款率；

（B）第（d）款规定的偿还率。

（4）确定补贴率生效日期：

（A）通则。部长应自生产者要求获得补贴之日起，按照第（3）项规定的补贴率，根据花生的数量，确定向农场生产者发放本款所述的花生的贷款差额补贴数额。

（B）2002 作物年度特别原则。仅就 2002 作物年度而言，部长应自以下日期中的较早之日起，按照第（3）项规定的补贴率，确定向农场生产者发放本条所述的花生的贷款差额补贴数额：

（ⅰ）部长确认的生产者出售或丧失贷款农作物受益权之日；

（ⅱ）生产者要求获得补贴之日。

（f）遵守保护与湿地条款。作为获得第（a）款的营销援助贷款的条件，生产者在借贷期间应遵守《1985 年粮食安全法》第ⅩⅡ篇子篇 B（《美国法典》第 16 篇 3811 及以下）规定的保护条款，以及该法案第ⅩⅡ篇子篇 C（《美国法典》第 16 篇 3821 及以下）的湿地保护条款。

（g）补偿协议和管理性开支补贴。部长可根据农产品的具体情况，执行相应的补偿协议或发放本子篇的管理性开支补贴。

第 1308 条　杂项条款。

（a）强制检验。在美国市场上销售的所有花生都应接受联邦或联邦共和国检验人员的正式检验和分级。

（b）花生管理委员会的撤销。撤销根据第 146 号《上市协定》成立的花生管理委员会。该协定是依照在《1937 年农业营销协议法》的基础上重新修订和生效的《农业调整法》（《美国法典》第 7 篇 601 及以下）颁布的。

（c）花生标准委员会：

（1）成立及目的。部长应成立花生标准委员会，以就确立国内生产并进口的花生的质量和处理标准向部长提出建议。

（2）委员资格与任命：

（A）总人数。委员会共有 18 人，分别由相同人数的花生生产者和花生业界代表组成。

（B）生产者委员的任命程序。部长应任命：

（ⅰ）来自东南部（亚拉巴马、佐治亚和佛罗里达）花生产区的生产者 3 名；

（ⅱ）来自西南部（德克萨斯、俄克拉荷马和新墨西哥）花生产区的生产者 3 名；

（ⅲ）来自弗吉尼亚/卡罗莱纳（弗吉尼亚和北卡罗莱纳）花生产区的生产者 3 名。

（C）业界代表的任命程序。部长应从美国 3 个花生产区各任命 3 名花生业界代表。

（3）任期：

（A）通则。委员会成员任期 3 年。

（B）最初任命。部长在最初任命时，应错开各委员的任期，因而：

（ⅰ）每个花生产区的生产者委员和花生业界委员各有 1 名任期 1 年；

（ⅱ）每个花生产区的生产者委员和花生业界委员各有 1 名任期 2 年；且

（ⅲ）每个花生产区的生产者委员和花生业界委员各有 1 名任期 3 年。

（4）协商机制。部长在确立或变更，或考虑确立或变更花生的品质或处理标准时，都应提前与委员会协商。

（5）联邦咨询委员会法。《联邦咨询委员会法》（《美国法典》第5篇附件）不适用于本委员会。

（d）优先考虑事项。部长在确立花生品种和处理标准时，以及在检验国内生产和进口的花生时，应将确认和防止出现与花生有关的一切品质问题当作优先考虑的事项。部长应与联邦和州相关机构协商，以提供适当的防范措施，防止出现一切与花生有关的品质问题。

（e）一致性标准。进口花生的品质与处理标准与国内生产的花生的品质与处理标准相同。

（f）拨款授权：

（1）通则。经授权，除了其他资金外，还可拨出适当必要的金额来实施本条的规定。

（2）委员会开支的处理。花生标准委员会的开支不受农业部顾问委员会、小组、委员会或特别小组的开支限制规定约束，不管这些规定是在本法案颁布之前，之时或之后生效的，除非这些限制规定特别提到了本项，并将花生标准委员会特别纳入其中。

（g）过渡原则：

（1）花生管理委员会成员成员的临时指定。尽管第（c）款对花生标准委员会的任命程序有特别规定，但在过渡期，部长有权指定本法案颁布之日前的花生管理委员会成员来担任花生标准委员会委员，履行本条所述的委员会职责。

（2）资金。部长有权将现用于花生管理委员会运作的全部资金转交给花生标准委员会，以用于履行本条所述的委员会职责。

（3）过渡期。在第（1）项中，"过渡期"一词指本法案颁布之日起至以下日期中的较早之日止：

（A）部长根据第（c）款的规定，任命花生标准委员会成员之日；或

（B）本法案颁布后的180天。

（h）生效期。本条的生效期为2002作物年度，实施对象是花生。

第1309条 花生销售配额计划的终止与对花生配额所有者配额资产价值的补偿。

（a）销售配额的终止。

（1）终止。有关花生的《1938年农业调整法》第Ⅲ篇子篇B第Ⅵ部分（《美国法典》第7篇1357～1359a）废止。

（2）2001作物年度的处理。尽管第（1）项作出修订，但在本法案颁布之前生效的1938年《农业调整法》第Ⅲ篇子篇B第Ⅵ部分（《美国法典》第7篇1357～1359a）将继续适用于2001作物年度的花生。第1308（g）（2）条也同样适用于2001作物年度的花生。

（b）所需的补偿性合同：

（1）通则。部长应建议每一位他认为是第（f）款所述的合格的花生配额持有者签订合同，以向其补偿因第（a）款所述的花生销售配额计划的终止而损失的配额资产价值。

（2）支付期。部长应在2002—2006财政年度根据合同加以支付。

（c）支付时间：

（1）分期支付。根据合同规定，补偿以5年等量分期付款的方式发放，发放时间为不迟于2002—2006财政年度内每一年度的9月30日。

（2）一次性支付。如签订合同有资格获得补偿的花生配额持有者提出要求，部长应在其要求的财政年度内向持有者一次性支付根据第（d）款确定的5个财政年度的补偿金总额。

（d）补贴额。一个财政年度向签订合同的符合条件的花生配额持有者发放的补贴额为以下二者的乘积：

（1）每磅0.11美元；

（2）第（f）款所述的符合条件的花生配额持有者所有的总配额磅数。

（e）补贴的分配。涉及补贴分配的《土壤保护和国内农作物种植分配法》第 8（g）条（《美国法典》第 16 篇 590h（g））规定适用于签订合同后的补贴支付。分配补贴的生产者，或补贴的接受者应按照部长要求的方式，向部长通报根据本条规定做出的一切分配。

（f）符合条件的花生配额持有者：

（1）通则。除了本款另有规定外，如果 1 个人在本法案颁布之日前拥有 1 个农场，且该农场有资格获得《1938 年农业调整法》第 358-1 条（b）（《美国法典》第 7 篇 1358-1（b））所述的花生永久配额，那么部长应视其为本条所称的符合条件的花生配额持有者，不管其是否临时租赁或转让种用或试验用配额。

（2）购买合同的影响。如果截止本法案颁布之日时，签有部分或全部购买第（1）项所述农场的书面合同，而销售各方无法就获得本款补贴的资格问题达成一致，部长则应视未完成的永久配额转让情况，重新决定谁是有资格的花生配额持有者，之后在各方中根据各方持有的具体的配额磅数进行公平的补贴分配。

（3）配额永久性转让的影响。如果部长认为在本法案颁布之日前签订有配额永久性转让协议，但是转让在该日前并未完成，部长则应将花生配额持有者视为协议的签约方，并且在本法案颁布之日前是接受转让配额的农场主。

（4）保护性面积。如果某人拥有的农场受到根据《1985 年粮食安全法》第 1231 条（《美国法典》第 16 篇 3831）所签订的土地休耕合同的保护，而该农场又持有一定磅数的花生配额，那么该农场主应被视为符合条件的配额持有者，持有一定磅数受保护的花生。

（5）特别自行裁定权。尽管上述各条已有规定，但部长有权自行宣布某人是或不是本条所称的持有一定磅数配额的花生配额持有者，只要部长认为这一宣布有利于确保本条的补贴管理工作公平而公正，但前提是部长在行使这一权利时不能使配额总数超过 2001 作物年度向所有农作物生产者发放的除种用或实验用途以外的配额总数。

（6）配额数的限制。某人只有在其拥有的花生永久磅数达到上述某条的花生配额持有者所有的磅数条件才能被视为本条所称的符合条件的花生配额持有者。这一磅数条件是由 2001 作物年度配额水平、本法案颁布之日前农场的销售量，以及该日前转让的永久配额量所决定的。部长不得将种用配额、实验用配额，或者因临时租赁或转让而得到的配额考虑在内，也不得视这些配额为符合条件的配额。

（g）补贴资格的继承和个人资格的合法性：

（1）个人资格的合法性。一旦某人根据第（f）款的规定，合法享有本条的补贴，那么此人的补贴资格不会因其拥有的农场变化而发生改变。只要此人符合本条的规定，将继续有资格获得补贴，不管其是否出售或继续拥有曾获得配额的农场的股权（正是农场拥有配额，而使其有资格成为第（f）款所谓的符合条件的花生配额持有者），也不管其是否继续拥有花生生产的产权。

（2）继承。如果一个享有本条补贴资格的个体死亡，或者一个享有本条补贴资格的群体不再存在，个人的补贴资格则将转给此人的个人或组织继承人，部长有权对此拥有决定权。

（h）一致性修订：

（1）管理性条款。《1938 年农业调整法》第 361 条（《美国法典》第 7 篇 1361）将"花生，"删除。

（2）配额的调整。《1938 年农业调整法》第 371 条（《美国法典》第 7 篇 1371）修订如下：

（A）第（a）款的第一句删除"花生，"；

（B）第（b）款的第一句删除"花生，"。

（3）报告和记录。《1938 年农业调整法》第 373 条（《美国法典》第 7 篇 1373）修订如下：

（A）在第（a）款的第一句：

（i）删除每处出现的"花生，"；

（ii）在"从生产者"后加上"和"；并且

（iii）删除"对于生产者来说，所有"以及句尾句号结束前的所有内容，并加上"对于生产者而言"。

（B）在第（b）款，删除"花生，"。

（4）支配权。《1938 年农业调整法》第 378 条（c）（《美国法典》第 7 编 1378（c））第一句修订如下：

（A）删除"棉花"，加上"棉花及"；并且

（B）删除"及花生，"。

第 1310 条　替代性价格支持权的废除以及废除造成的影响。

（a）价格支持权的废除：

（1）一般原则。《1996 年联邦农业进步与改革法》第 155 条（《美国法典》第 7 篇 7271）废除。

（2）一致性调整。《1949 年农业法》（《美国法典》第 7 篇 1441 及以下部分）修订如下：

（A）第 101 条（b）（《美国法典》第 7 篇 1441（b），删除"和花生"；

（B）在第 408 条（c）（《美国法典》第 7 篇 1428（c），删除"花生，"。

（3）技术性修订。《1996 年联邦农业进步与改革法》子篇 D 第 2 章（《美国法典》第 7 篇 7271）的标题删除"花生和"。

（b）处理。尽管另有法律规定，或部长曾另做说明，但部长应确保采取适当方式，对全部花生做好处理，避免国内外花生市场价格发生崩盘，其中本法案颁布之日前的 2001 作物年度花生依照《1996 年联邦农业进步与改革法》第 155 条（《美国法典》第 7 篇 7271）的规定获得贷款。

（c）2002 作物年度农作物保险政策：

（1）适用性。不管其他法规或农作物保险政策如何规定，本款内容仅适用于 2002 作物年度。

（2）价格选择。第 Ⅰ、Ⅱ 和 Ⅲ 级花生的非配额价格为每磅 17.75 美分，该价格适用于对所有关于费用、负债额和赔偿金的计算。

（3）品质调整。仅就品质调整而言，花生每磅的平均支持价格为每磅 17.75 美分。农作物保险政策规定的花生的品质应根据联邦农作物保险公司发布的程序加以调整。

子篇 D　糖

第 1401 条　糖计划。

（a）现行糖计划的延伸与修订。《1996 年联邦农业进步与改革法》第 156 条（《美国法典》第 7 篇 7272）修订如下：

"第 156 条　糖计划。

"（a）蔗糖。部长应向国产蔗糖加工厂提供贷款，贷款率为每磅原糖 18 美分。

"（b）甜菜糖。部长应向国产甜菜糖加工厂提供贷款，贷款率为每磅精炼糖 22.9 美分。

"（c）贷款利率的调整：

"（1）一般原则。如果部长认为国外主要糖种植、生产和出口国的出口补贴标准和国内销售补贴标准超过该国与美国政府签定的《农业协议》中的标准，部长可下调第（a）款规定的国产蔗糖贷款利率和第（b）款规定的国产甜菜糖贷款利率。

"（2）调整下限。部长下调后的第（a）或（b）款的贷款利率不得低于根据《农业协议》相关规定，国外主要糖种植、生产和出口国的国内销售和出口补贴标准。

"（3）调整声明。部长应尽可能提前宣布根据本款做出的贷款利率下调措施。

"（4）定义。在本款中：

"（A）农业协议。"农业协议"一词是指《乌拉圭回合协议法案》第 101 条（d）（2）（《美国法典》第 19 篇 3511（d）（2））所指的农业协议及其修订或替代协议。

"（B）主要糖国。'主要糖种植、生产和出口国'一词是指：

"（ⅰ）欧盟成员国；以及

"（ⅱ）第（A）小项未涵盖的部长确认的 10 个产糖大国。

"（d）贷款期限：

（1）一般原则。本条所涉及的各财年贷款的贷期为自该财年初始时起，至以下两个时段中较早者时止：

"（A）自贷款发生当月后的第一个月的第一天起，之后的 9 个月月末；或

"（B）贷款发生财年的年末。

"（2）补充性贷款。就某财年最后 3 个月发生的本条所涉及的贷款而言，糖加工厂可以要求将糖作为再抵押品，以获得随后财年的第二次贷款，但是在第二次贷款时：

"（A）贷款利率为第二次贷款时生效的利率；并且

"（B）减去第一次贷款的贷期后的 9 个月到期。

"（e）贷款种类；糖加工厂的保证：

"（1）无追索权贷款。部长应使用无追索权贷款来执行本条计划。

"（2）糖加工厂的保证：

"（A）一般原则。每个获得本条贷款的糖加工厂应向部长保证其将会用本条所涉及的贷款按一定比例向为其供货的甜菜和甘蔗生产者支付原料款。

"（B）最低支付额：

"（ⅰ）一般原则。除第（ⅱ）条款的限制规定外，部长可为本项所谓的最低支付额确定适当的下限。

"（ⅱ）限制。就甜菜糖而言，根据第（ⅰ）条款确定的最低支付额不得超过甜菜糖生产者和甜菜糖加工厂签订的合同中规定的偿还率。

"（ⅲ）灾害的影响。如果糖加工厂在以下情况下未支付本款规定的适当的最低偿还额，那么部长不得禁止向有资格获得补贴的甜菜糖加工厂发放本条所涉及的贷款：

"（Ⅰ）未支付最低偿还的时间发生在《2002 年农业安全与农村投资法》颁布之日前的作物年度；

"（Ⅱ）未支付最低偿还的原因，或至少部分原因在于冰冻等自然灾害。

"（3）管理。部长在《2002 年农业安全与农村投资法》颁布之日起不得再强行做出类似预先通知等管理性要求，这些要求将导致加工厂无法在贷款到期时选择退回（可接受的级别和数量的）抵押贷款。

"（f）对加工过程中白糖的贷款：

"（1）加工过程中的白糖和糖浆的定义。在本款中，'加工过程中的白糖和糖浆'不包括原糖、液态糖、转化糖浆及其他原本没有资格获得第（a）或第（b）款贷款的成品。

"（2）发放。部长应对国内甜菜糖和蔗糖加工厂生产的加工过程中的白糖和糖浆发放无追索权贷款。

"（3）贷款率。部长根据加工过程中的白糖和糖浆的原材料确定的贷款率为原蔗糖或精炼甜菜糖价值的 80%。

"（4）对罚没的进一步处理：

"（A）一般原则。罚没作为第（2）条贷款抵押品的加工过程中的白糖和糖浆的一个条件是，加工厂应在部长规定的期限内，在不损失商品信贷公司成本的情况下，将加工过程中的白糖和糖浆转化成适量或适当品质的有资格获得第（a）或（b）款贷款的原蔗糖或精炼甜菜糖。

"（B）向公司移交。一旦加工过程中的白糖和糖浆被加工成原蔗糖或精炼甜菜糖，加工厂就应将糖产权移交给商品信贷公司。

"（C）给加工厂的补贴。加工厂在将糖产权移交之后，部长应向加工厂支付补贴，补贴量为以下二者相乘：

"（ⅰ）以下二者之差：

"（Ⅰ）原蔗糖或精炼甜菜糖的贷款率；

"（Ⅱ）加工厂根据第（3）项规定获得的贷款率。

"（ⅱ）移交给部长的糖的总量。

"（5）贷款转换。如果加工厂作为抵押品的糖未如第（4）项所述被罚没，而是进一步将加工过程中的白糖和糖浆加工成原蔗糖和精炼甜菜糖，并偿还了加工过程中的白糖和糖浆的贷款，那么加工厂将获得第（a）或（b）款的适当贷款。

"（6）贷款期限。本款的加工过程中的白糖和糖浆的贷款期限加上由白糖和糖浆加工而成的原蔗糖或精炼糖的贷款期限不得超过9个月，这与第（d）款的规定相一致。

"（g）避免罚没；公司库存的处理：

"（1）一般原则。除第（e）（3）款的规定外，部长实施本条计划时，应尽实际最大可能，避免罚没交给商品信代公司的白糖，从而不损害联邦政府的利益。

"（2）库存的处理：

"（A）一般原则。为落实第（1）项规定，商品信贷公司可以接受要求，向糖加工厂（与甘蔗或甜菜的生产者共同协作）交出商品信贷公司库存的原蔗糖或精炼甜菜糖（或者根据适当条款和条件交出此类农产品），以适当削减原蔗糖或精炼甜菜糖的产量。

"（B）额外权利。本项赋予的权利是对商品信贷公司根据其他法律所得权利的补充。

"（h）信息通报：

"（1）加工厂和精炼厂向政府报告的义务。各甘蔗加工厂、蔗糖精炼厂以及甜菜糖加工厂应每月向部长报告购买部长管理糖计划所需的甘蔗、甜菜原料的数量，成品糖生产数量，进口，批发，销售和库存等情况。

"（2）生产者向政府报告的义务：

"（A）按比例分配的州。作为获得贷款的条件，美国（除波多黎各共和国外的）250余个甘蔗生产者应根据部长的要求，按照部长规定的方式向部长报告甘蔗的单产量及种植面积。

"（B）其他州。第（A）小项未涵盖的甘蔗或甜菜生产者应分别根据部长的要求，按照部长规定的方式向部长分别报告甘蔗或甜菜的单产量及种植面积。

"（3）白糖进口商向政府报告的职责：

"（A）一般原则。除第（B）小项规定外，用于人类消费或为用于人类消费而提炼的白糖、糖浆或糖蜜进口商应根据部长的要求，按照部长规定的方式向部长报告所进口的糖类产品的总吨数、含糖量或同等成份的含量。

"（B）关税配额。第（A）小项不适用于进口白糖配额范围内的白糖、糖浆或糖蜜。这些进口白糖或糖浆所交的进口关税将低于无进口配额的白糖。

"（4）处罚。故意不报或拒绝报告者，以及故意谎报者将每次处以1万美元以下的罚款。

"（5）每月报告。部长应根据按本款规定所获得的信息，每月公布成品糖生产数量，进口，销售和库存等综合信息。

"（i）精炼糖的替代性。就美国《协调关税表》第17章注释6及部长负责的再出口计划和多氢醇计划而言，蔗糖和甜菜糖加工厂生产的所有精炼糖（不论产自甜菜还是甘蔗）的替代品均可作为糖或含糖产品出口。

"（j）生效期。本条的生效期为1996—2007作物年度，实施对象是甜菜和甘蔗。"

（b）终止日。在《2002年农业安全与农村投资法》颁布前生效的《1996年联邦农业进步与改革法》第156条第（f）款（《美国法典》第7篇7272（f））在2001年10月1日被废止。

（c）利率。《1996年联邦农业进步与改革法》第163条（《美国法典》第7篇7283）修订如下：

（1）在"尽管"一词前加入"（a）一般原则。"；

（2）在结尾之处加上以下内容：

"（b）糖。就本条而言，有资格获得第156条所述贷款的原蔗糖、精炼甜菜糖和加工过程中的白糖不得被视为农产品。"

第 1402 条　贮藏设施贷款。

（a）一般原则。尽管其他法律条款另有规定，本法案一经颁布，商品信贷公司就应修订《美国法典》第 7 篇第 1436 条的规定，制定糖贮藏设施贷款计划，从而为国产甘蔗和甜菜加工厂融资，建立或升级原蔗糖或精炼甜菜糖贮藏与处理条件。

（b）符合条件的加工厂。第（a）款所述的贮藏设施贷款应向（经部长确认）符合下列条件的国产甘蔗或甜菜糖加工厂发放：

（1）拥有令人满意的信用记录；

（2）为促进营销，有扩大贮藏设施规模的需求；以及

（3）有能力偿还贷款。

（c）贷款条件。第（a）款所述的贮藏设施贷款条件如下：

（1）贷款最低期限为 7 年；

（2）贷款额及贷款条件（包括定金、抵押品及符合条件的设施）与借贷者的规模和商业用途相匹配。

第 1403 条　白糖销售额的灵活分配制度。

《1938 年农业调整法》第Ⅲ篇子篇 B 第Ⅶ章（《美国法典》第 7 篇 359aa 及以下）修订如下：

"第Ⅶ章　白糖销售额的灵活分配制度

"**第 359a 条　定义。**

"在本章中：

"（1）美国本土。'美国本土'是指除海外州之外的各州。

"（2）海外州。'海外州'是指美国本土外的产甘蔗州。

"（3）州。尽管第 301 条另有规定，但'州'一词是指：

"（A）一个州；

"（B）哥伦比亚特区；

"（C）波多黎各共和国。

"（4）美国。'美国'一词在地理意义上是指美国各州。

"**第 359b 条　白糖销售额的灵活分配制度。**

"（a）对白糖的预测：

"（1）一般原则。在 2002—2007 各作物年度开始之前，部长应在 8 月 1 日前做出如下预测：

"（A）本作物年度美国要消费的白糖总量；

"（B）去年库存剩下的待售白糖数量；

"（C）美国在本年度转入库存留待消费的白糖数量；

"（D）美国在本收获年度加工生产的甘蔗和甜菜糖量；

"（E）美国在本年度计划进口的各种人类消费用或用于提拣人类消费用糖类的白糖、糖浆和糖蜜或者的总量，不管这类产品是在关税配额之内，是否超出进口关税配额量，还是在关税配额之外。

"（2）除外。本款的预测不适用于进口制造多氢醇的糖，也不适用于一切精炼糖或以精炼形式或以含糖产品形式再出口的糖。

"（3）再次预测。必要时部长应在各作物年度的第二个至四个季度前对白糖消费量，库存量，产量

和进口量再次做出预测。

"（b）糖的分配：

"（1）一般原则。部长应在每个作物年度之初，为国内甜菜糖和蔗糖加工厂做好第359c款所涉及的适当的销售配额的分配。分配水平应达到部长预测不会根据《1996年联邦农业进步与改革法》第156条（《美国法典》第7篇7272）确定的糖贷款计划使白糖不会被商品信贷公司罚没。

"（2）产品。部长应在其认为适当的时候，将用于人类消费的由甘蔗、甜菜、糖蜜或白糖加工而成的，主要成分为蔗糖的糖产品纳入第（1）项的可分配配额的糖的范畴。

"（c）限制：

"（1）一般原则。在任何一个已确定分配销售配额的作物年度，甜菜或甘蔗加工厂销售的糖的数量不得超过为该厂分配的销售配额，除非通过销售，可以帮助另一家加工厂完成为其分配的配额，或促进糖类的出口。

"（2）民事罚款。任何故意违反第（1）项规定的加工厂将受到商品信贷公司做出的民事罚款，罚款总额为这批糖在当时美国市场的价值的3倍。

"（3）销售的定义。就本部而言，'销售'一词是指在美国出售或以商业途径加以处理（其中包括根据《1996年联邦农业进步与改革法》第1156条（《美国法典》第7篇7272）对贷款糖给予的罚没，以及任何一体化糖加工提炼厂将原糖加工提炼的行为）。

"第359c条　灵活销售配额制度的确定。

"（a）一般原则。部长应依照本条内容，根据第359b条（b）的要求，确定各作物年度白糖的灵活销售配额。

"（b）总配额量：

"（1）一般原则。部长应通过以下方式确定本作物年度白糖销售配额总量（在本部中指的是'总配额量'），总量的计算方式是从根据第359b条（a）预测的本作物年度糖的消费量，以及（年底）库存剩下的糖量中扣除：

"（A）153.2万短吨原材料价值；

"（B）转入包括商品信贷公司库存在内的库存糖量。

"（2）调整。部长应调整配额总量，以避免成品糖被商品信贷公司罚没。

"（c）对甜菜糖和蔗糖的销售配额。某作物年度的总配额量在以下二者中的分配如下：

"（1）甜菜糖在某作物年度的销售配额为该作物年度总配额量的54.35％；

"（2）蔗糖在某作物年度的销售配额为该作物年度总配额量的45.65％。

"（d）获得配额的蔗糖和甜菜糖的条件：

"（1）蔗糖。本条确定的对蔗糖的销售配额仅限于从国内种植的甘蔗上加工的蔗糖。

"（2）甜菜糖。本条确定的甜菜糖的销售配额仅限于国内从甜菜上加工的甜菜糖。

"（e）州产蔗糖的分配：

"（1）一般原则。在召开听证会（如果相关蔗糖加工厂和甘蔗种植者提出要求），并根据部长的规定发出通知后，将以本款和第359d条（b）（1）（D）规定的公平、公正的原则在美国各甘蔗产地进一步分配蔗糖的配额。

"（2）海外州的分配：

"（A）总的分配。在分配给其他州前，海外州总计获得32.5万短吨原糖价值的销售配额。

"（B）个别分配。在根据第（A）小项对海外州分配了配额总量后，还要在召开听证会（如果相关蔗糖加工厂和甘蔗种植者提出要求），并根据部长的规定发出通知后，以公平、公正的方式将总量进一步分配给产甘蔗的海外各州，分配依据为：

"（ⅰ）各糖加工厂在1996—2000作物年度期间的两年最高原蔗糖销量的平均值；

"（ii）各糖加工厂对销售额度内白糖的销售能力；以及

"（iii）各糖加工厂在 1998—2000 作物年度期间的 3 年平均蔗糖加工量。

"（3）本土的分配。在召开听证会（如果相关蔗糖加工厂和甘蔗种植者提出要求），并根据部长的规定发出通知后，应以公平、公正的原则在美国本土各州分配蔗糖的销售配额，配额额度将低于第（2）项的配额量，分配依据如下：

"（A）各糖加工厂在 1996—2000 作物年度期间的两年最高糖销量的平均值；

"（B）各糖加工厂对销售额度内白糖的销售能力；和

"（C）各糖加工厂在 1991—2000 作物年度期间 3 年中（美国本土所有州的）最高蔗糖加工数量。

"（f）蔗糖的分配。除第 359e 的规定外，根据第（e）款确定的一个州在某一作物年度的蔗糖配额只适用于由在配额指标范围内的州种植的甘蔗加工而成的糖。

"（g）销售配额的调整：

"（1）一般原则。部长应根据第 359b（a）（3）条再预测的结果，在其认为适当的时候，以公平、公正的原则上调或下调销售配额，以体现预测的成品糖的消费、库存、生产或进口量的变化。

"（2）给加工厂的配额。就配额的增减而言，第 359d 条所述的对加工厂配额额度的每一次增减的幅度，以及第 359f（c）条所述的对配额量的每一次按比例分配的幅度，都应与该配额的上调或下调百分比幅度相一致。

"（3）削减量的结转。在需要根据本款的规定减少某作物年度的销售配额时，只要当时糖的市场销量超过加工厂减少后的配额量，则在接下来为加工厂确定配额量时应扣除超出的市场销量。

"（h）分配中止。只要部长根据第 359b（a）条预测或再次预测，或部长有理由相信用于人类消费或被提炼成用于人类消费的成品糖的白糖、糖浆或糖蜜的进口量（不论在关税配额内，还是超出关税配额或在关税配额外）超过 152.32 万短吨（原料价值）（除根据第 359e 条（b）（1）（D）或（2）（C）的再分配而造成的进口外），而且进口将导致配额总量的减少，那么部长应中止本条确定的销售配额，直到此类进口得到限制、禁止、或减少，或进口量低于 153.2 万短吨（原料价值）。

"第 359d 条　销售配额的分配。

"（a）对加工厂的分配。只要根据第 359c 确定好某作物年度的市场销售配额，为了给所有利益攸关者提供公平的销售机会，部长应向配额涵盖范围内的各加工厂分配销售配额。

"（b）听证会和通知。

"（1）蔗糖。

"（A）一般原则。只要相关甘蔗加工厂或种植者提出要求，并且根据部长规定的条款发出通知，部长就应以公平、有效和公正的原则，按照适当的数量，做出本项所述的销售配额分配。每次分配额度都应根据第 359c（g）条的规定做出调整。

"（B）拥有多个加工厂的州。除了第（C）和第（D）小项的规定外，部长应根据以下几项内容对一个州内的多个蔗糖加工厂分配蔗糖配额：

"（i）各糖加工厂在 1996—2000 作物年度期间的两年最高糖销量的平均值；

"（ii）各糖加工厂对销售额度内白糖的销售能力；及

"（iii）各糖加工厂在 1991—2000 作物年度期间 3 年中的蔗糖最高加工数量。

"（C）塔利斯曼加工设施。就在本款颁布生效之日前由于塔利斯曼加工设施的经营而做出的第（B）小项所述的销售配额而言，部长应依据相关加工厂和美国内政部长在 1999 年 3 月 25～26 日达成的协议，在该州的加工厂中做出第（A）小项的配额分配。

"（D）按一定比例分配的州。就符合 359f（c）条件的州而言，部长应根据以下几项内容对一个州内的多个蔗糖加工厂分配蔗糖配额：

"（i）各糖加工厂在 1997—2001 作物年度期间的两年最高糖销量的平均值；

"（ⅱ）各糖加工厂对销售额度内白糖的销售能力；

"（ⅲ）各糖加工厂在 1997—2001 作物年度期间 3 年中的蔗糖最高加工数量。

"（E）新加入者。

"（ⅰ）一般原则。尽管第（B）和第（D）小项另有规定，但是部长在经过召开听证会（如果相关甘蔗加工厂或种植者提出要求），并且根据部长规定的条款发出通知等程序后，应以公平、有效和公正的原则，向提出配额申请的本项颁布之日或之后新建的蔗糖加工厂分配销售配额。

"（ⅱ）按比例分配的州。对于按一定比例分配配额的州而言，部长应为各州分配适量的销售额，以保证蔗糖产销量平衡。

"（ⅲ）限制。本款对新建加工厂的分配额度不得超过：

"（Ⅰ）在新建加工厂开展经营的第一个作物年度，5 万短吨（原料价值）；

"（Ⅱ）在新建加工厂开展经营的随后作物年度，部长根据本款规定和第（B）和（D）小项的标准确定的适当数量。

"（ⅳ）新加入的州：

"（Ⅰ）一般原则。尽管第 359c（e）（3）条第（A）和第（C）小项另有规定，但为了根据第（ⅰ）条款的规定向位于新加入的本土州的新建工厂分配销售量，部长应向新加入的州分配销售量。

"（Ⅱ）其他分配的后果。应在根据第 359c（e）（3）条规定向各本土州分配的销售量中按比例扣除对新加入的本土州的分配量。

"（ⅴ）不利影响。部长在根据本条款规定，初次向一个本款所述的新建加工厂或新加入州分配销量时，应考虑这一分配对美国本土各州现有加工厂或生产者造成的不利影响。

"（ⅵ）销售能力。与第 359c 条和本条相一致，只有在提出申请或有资格申请的新建工厂在该作物年度具备加工、生产和销售（包括向提炼厂运送和供应原料糖，以进一步加工或销售）能力后，才能获得本款对新建加工厂或其新加入的州的销售配额。

"（ⅶ）限制。任何一个白糖加工厂可以获得的本款所述的工厂销售配额不得超过 1 个以上。

"（F）产权易手。除第 359f（c）（8）条另行规定外，如果一个甘蔗加工厂出售或将产权转让他人，或者作为一个加工厂联盟的下属公司关闭歇业，那么部长应将该厂的销售配额转给新的买家、新的拥有者、新股东或该加工厂的任何一个剩余的下属实体。

"（2）甜菜糖。

"（A）一般原则。除本项和第 359c（g）、359e（b）及 359f（b）条另行规定外，部长应向甜菜糖加工厂分配各作物年度的销售量，销售量的分配基准为本项确定的加工厂在 1998—2000 各作物年度调整后的甜菜糖年平均加权产量。

"（B）配额量。根据第（A）小项规定向一家甜菜糖加工厂分配的年度配额量与该作物年度对所有甜菜糖加工厂的配额量之间的比值应等于调整后的一家加工厂的平均甜菜糖加权平均产量（根据第（C）和第（D）所确定）与调整后的所有甜菜糖加工厂的甜菜糖加权平均产量之比。

"（C）加权平均产量。除第（D）小项的规定外，甜菜糖加工厂在 1998—2000 各作物年度的甜菜糖加权平均产量应为（部长对此持有决定权）：

"（ⅰ）就 1998 作物年度而言，甜菜糖加工厂该年度甜菜糖产量的 25%；

"（ⅱ）就 1999 作物年度而言，甜菜糖加工厂该年度甜菜糖产量的 35%；

"（ⅲ）就 2000 作物年度而言，甜菜糖加工厂该年度甜菜糖产量（包括从商品信贷公司获得的糖量）的 40%。

"（D）调整。

"（ⅰ）一般原则。如果部长认为某加工厂出现以下情况，部长将对该厂 1998—2000 作物年度的甜菜糖加权平均产量做出调整：

"（Ⅰ）在 1996—2000 作物年度，新开 1 家甜菜糖加工厂；

"（Ⅱ）在 1998—2000 作物年度，关闭 1 家甜菜糖加工厂；

"（Ⅲ）在 1998—2000 作物年度，建造 1 个脱糖加工厂；

"（Ⅳ）在 1998—2000 作物年度，损失一定量的甜菜库存。

"（ⅱ）调整量。

"（Ⅰ）对于新开甜菜糖加工厂的加工厂，每个新开的工厂增加 1998—2000 作物年度所有加工厂总的加权平均产量（不考虑根据本款做出的调整）的 1.25％；

"（Ⅱ）对于关闭甜菜糖加工厂的加工厂，每个工厂减少 1998—2000 作物年度所有加工厂总的加权平均产量（不考虑根据本款做出的调整）的 1.25％；

"（ⅲ）对于新建脱糖加工厂的加工厂，每个工厂增加 1998—2000 作物年度所有加工厂总的加权平均产量（不考虑根据本款做出的调整）的 0.25％；

"（ⅳ）对于损失一定量甜菜库存的加工厂，每个工厂增加 1998—2000 作物年度所有加工厂总的加权平均产量（不考虑根据本款做出的调整）的 1.25％。

"（E）加工厂业务的永久终止。如果一家甜菜糖加工厂解散、因破产而停业清盘，或永久性终止业务（除了出售等其他对加工厂或工厂资产的处理方式外），部长应：

"（ⅰ）终止本条所述的对该加工厂的销售配额；

"（ⅱ）将配额按一定比例分配给其他的甜菜糖加工厂。

"（F）加工厂资产全部转卖给另一家加工厂。如果一家甜菜糖加工厂（或其所有资产）转卖给另一个甜菜糖加工厂，那么部长应将对卖家的销售配额转给买家，除非已根据第（E）小项规定将配额分配给其他甜菜糖加工厂。

"（G）工厂转卖给另一家加工厂。

"（ⅰ）一般原则。除第（E）和第（F）小项的规定外，如果一个甜菜糖加工企业在该作物年度将一家以上工厂（而非该企业全部资产）转卖给另一家加工企业，那么部长应根据被转让工厂的以往产量将卖方的配额按一定比例分配给买方。

"（ⅱ）分配的适用性。第（ⅰ）条款对配额的分配适用于：

"（Ⅰ）在第（ⅰ）条款所述的转卖发生的作物年度的余下时期（在本条款中被称为'首个作物年度'）；

"（Ⅱ）除第（ⅲ）条款的规定外，随后各作物年度（在本条款中被称为'随后的作物年度'）。

"（ⅲ）随后的作物年度：

"（Ⅰ）一般原则。根据第（ⅰ）条款做出的配额分配应在随后各作物年度进行，除非购得的工厂运营时间不超过首个作物年度或首个随后的作物年度。

"（Ⅱ）再次分配。如果购得的工厂在首个业务年度或首个随后的作物年度未全年运转，部长则应将临时配额按一定比例分配给其他甜菜糖加工企业。

"（ⅳ）将配额分给其他加工厂。如果买家在首个作物年度或随后作物年度的产量达不到转让给买家的配额量，那么可将剩余转让配额分配给买家所拥有的其他工厂生产的甜菜糖。

"（H）新建加工厂或重新开办的工厂。

"（ⅰ）一般原则。除了第（ⅱ）条款的规定外，如果一个未根据本部规定获得甜菜糖配额的个人或实体（在本项中被称为"新加入者"）在本款颁布之日后，开始加工甜菜糖，或购得或重新开办一家在过去的作物年度曾生产甜菜糖，但（在购买时）未根据本部规定获得配额的工厂，那么部长应：

"（Ⅰ）按公平、公正的原则向该新加入者分配甜菜糖销售配额；

"（Ⅱ）按一定比例减少对其他甜菜糖加工企业的配额，以体现新的配额。

"（ⅱ）例外。如果一个新加入者购买或重新开办一家过去曾从甜菜和甜菜糖蜜中生产甜菜糖的工厂，但是该工厂上次加工甜菜糖是在 1997 作物年度，而且新加入者在本条款颁布之日后开始加工甜菜糖，那么部长应：

"（Ⅰ）给该新加入者分配的配额量应不低于以下二者中的较大值：第（b）（2）（C）确定的经调整的 1998—2000 作物年度所有加工厂总的加权平均产量的 1.67％，或 150 万英担。

"（Ⅱ）按一定比例减少对其他加工企业的配额，以体现新的配额。

"（Ⅰ）购买有生产历史且持续生产甜菜的工厂的新加入者。如果一个新加入者购得一个工厂，该工厂在 1998—2000 作物年度有生产历史，且在分配甜菜糖销售配额时仍在生产甜菜糖，那么部长应根据被转让工厂的以往产量将卖方的部分配额分配给新加入者。

"第 359e 条　赤字的重新分配。

"（a）赤字估算。在本部规定的配额生效之时，部长随时应（根据当时的白糖库存量、预测的糖产量及预计销售量等其他相关因素）确定蔗糖加工厂是否有能力在分配给所在州的销售量的额度内完成白糖销售量，以及甜菜糖加工厂是否有能力在分配给该厂的销售量的额度内完成糖销售量。

"（b）供不应求后的再次分配。

"（1）蔗糖。如果部长确定某蔗糖加工厂在该作物年度无足够的糖可售给政府分配给它负责销售的州：

"（A）部长应首先根据各糖加工厂完成配额的能力，并从服务于加工厂的生产者的利益出发，将此糖加工厂的销售配额再次分配给该糖加工厂所在州的其他糖加工厂；

"（B）如果重新分配后，一个州的所有糖加工厂的销售仍不能满足因其一糖加工厂短产造成的市场短缺，部长可根据外州糖加工厂的销售能力，将估算的销售配额按比例分给外州的糖加工厂；

"（C）如果在重新分配后，白糖仍供不应求，部长应将短缺量的指标重新分配给商品信贷公司去完成，并出售商品信贷公司的库存糖去满足市场需求，除非部长出售商品信贷公司的库存糖将对糖价造成重要影响；

"（D）如果重新分配和出售库存糖后白糖仍供不应求，部长应将剩余的白糖进口配额分配给进口商。

"（2）甜菜糖。如果部长确定某甜菜糖加工厂无足够的糖可售给政府分配给它负责销售的州：

"（A）部长应首先根据各甜菜糖加工厂完成配额的能力，并从服务于加工厂的生产者的利益出发，将此甜菜糖加工厂的销售配额再次分配给其他糖加工厂；

"（B）如果在重新分配后，白糖仍供不应求，部长应将短缺量的指标重新分配给商品信贷公司去完成，并出售商品信贷公司的库存糖去满足市场需求，除非部长出售商品信贷公司的库存糖将对糖价造成重要影响；

"（C）如果重新分配和出售库存糖后白糖仍供不应求，部长应将剩余的白糖进口配额分配给进口商。

"（3）相应增加。每个加工厂根据本款内容获得的本年度再次分配的销售量应相应增加，以体现再分配的进行。

"第 359f 条　生产者要遵守的条款。

"（a）加工厂的保证书。

"（1）一般原则。在部长依照第 359d 条规定在某作物年度将销售配额分配给加工厂后，各加工厂应向部长做出适当的保证，保证其将以公平、公正的原则让所有生产者可根据以往生产数量分享到销售指标。

"（2）仲裁。

"（A）一般原则。假如任何加工厂、生产者或生产者群体在销售配额分配上发生大的争议，如有一方要求仲裁，部长就应做出仲裁。

"（B）仲裁期。仲裁期在最大程度上为：

"（ⅰ）从提出请求后的 45 天内开始；并且

"（ⅱ）在提出之日起的 60 天内完成。

"（b）甜菜糖加工厂的关闭。

"（1）一般原则。如果一家甜菜糖加工厂关闭，并且过去向该厂供货的甜菜种植者选择将甜菜供应给另一家加工厂，那么这些种植者可以向部长提出要求，要求其修正本部的配额分配，从而允许种植者供货。

"（2）对加工厂增加配额。如果种植者选择将甜菜供应给别的加工厂，那么为了实现这一供货的改变，如加工厂同意，部长有权向该工厂增加销售配额，但配额量不得超出该加工厂的加工能力。

"（3）对关闭的糖加工厂减少配额。如果对一糖加工企业增加配额，增加的部分需来自因关闭而减产的工厂，剩余配额量则不受影响。

"（4）时间。部长在接到上诉后，应在提起上诉的 60 天内做出裁决。

"（c）对于销售量的按比例分配。

"（1）一般原则。

"（A）相关州。在根据第 359c（f）条向各州确定配额时，如果各州（波多黎各除外）有超过 50 家的甘蔗生产者，部长应根据第（B）项做出决定。

"（B）决定。部长应在为第（A）小项所述的各州分配配额时，判断如果在未按比例分配的情况下，该州的甘蔗产量是否超出了糖加工厂的销售配额总量和正常的隔年糖库存总量。

"（2）按比例分配的确定。如果部长根据第（1）项规定认为该作物年度某地区甘蔗产量超过了糖加工厂的销售配额总量和正常的隔年糖库存总量，部长应减少本款规定的配额分配年度内该州蔗农为产糖和育苗而种植的甘蔗总面积，并对各甘蔗农场按比例均衡分配。每次分配可按照第（7）项和第 359c（g）的规定做出调整。

"（3）确定方法。任一作物年度按比例分配甘蔗销量的方法是：

"（A）部长应确定本作物年度甘蔗每英亩的产量目标（不低于部长确定的 1999 年，2000 年和 2001 3 个作物年度中该每英亩最高单位产量的平均值）。该产量应足以确保该州的生产者每磅获得足够的纯收益。部长应将任何可以获得的其认为相关的产量研究数据考虑在内。

"（B）部长应根据该州甘蔗生产者的平均得糖率调整每亩单产量目标。

"（C）部长应将各州种植面积分配数除以该州每英亩产量，将本作物年度分配给该州的销售量折算成该作物年度分配给该州种植面积的数量。每英亩产量由第（A）小项确定，并根据第（B）小项做出进一步调整。

"（D）部长应根据第（C）小项得出的分配给各州种植面积的数量除以确定的该州调整后的种植总面积，确定统一的种植面积减少百分比。

"（E）根据第（D）小项确定的种植面积减少百分比应用于各州的甘蔗生产农场，各农场据此按比例减少为产糖和育苗而种植的甘蔗总面积。

"（4）基础种植面积。本款所称的各甘蔗生产农场的基础种植面积应由部长根据以下规定进行确定：

"（A）农场的基础种植面积应是 1999 年，2000 年和 2001 年 3 个作物年度中两个最高的为产糖和育苗而种植或考虑种植的甘蔗总面积的平均值。

"（B）受干旱、洪涝等自然灾害或生产者无法控制的条件影响而无收的为产糖和育苗而种植的甘蔗面积也将视为本项所谓的有效的为产糖和育苗而种植的甘蔗面积。

"（5）违规。

"（A）一般原则。一旦某农场生产者按比例分配到在一个州的甘蔗配额，那么该生产者不得故意收割，或允许收割超种的甘蔗面积，否则就违反了部长按照第 359h（a）条颁布的按比例分配规定。

"（B）违规的裁定。若一蔗糖加工厂的某作物年度产糖总量未超过部长分配的总产糖量指标，该甘蔗农场不得被视为违反了第（A）小项的规定。

"（C）民事惩罚。凡故意超种的生产者，或故意收割超种面积从而违反第（A）小项规定的生产者，均将被商品信贷公司处以相当于当时市场糖价 1～1.5 倍的民事罚款。部长应根据糖加工厂从各超种生产者实际收购的甘蔗数量情况在全体生产者中分配按本条款规定做出的罚款。

"（6）豁免。尽管上款已有规定，但如果某些州或县在实行销售配额上出现延迟或未达到要求，但并未影响配额制度的推行，那么部长可授权根据《水土保持和国内分配法案》第 8 条（b）（《美国法典》第 16 篇 590h（b））成立的该县或该州委员会作特别处理，如豁免、推迟或修改该州实行种植面积销售配额的最后期限等要求。

"（7）调整。只要部长认为，由于自然灾害等生产者不可控因素造成某一州甘蔗生产者的甘蔗产量下降，无法完成其已分配到手的配额指标，并无法保证来年正常库存糖量时，部长有权批准该州甘蔗农场主们统一采取必要的增加收割面积或全面取消种植面积配额管理的做法，以保证加工厂实现销售和正常的库存糖的指标。

"（8）加工厂关闭。

"（A）一般原则。如果符合本款规定的一个蔗糖加工厂关闭，或者在该厂关闭前向其供货的甘蔗种植者选择将甘蔗供给另一个加工企业，那么根据本部规定，该种植者可以向部长请求调整分配，以保证供货的正常进行。

"（B）对加工企业增加配额。假如糖加工企业同意，部长有权向种植者选择供货的加工企业增加配额，以便供货对象改变后供货的正常进行，但配额量不得超出该加工企业的加工能力。

"（C）对关闭的糖加工企业减少配额。如果对一糖加工企业增加配额，增加的部分需来自因关闭而减产的工厂，剩余配额量则不受影响。

"（D）时间。部长在接到上诉后，应在提起上诉的 60 天内做出裁决。

"第 359g 条　特别规定。

"（a）甘蔗历史种植面积的转让。为了根据第 359f（c）的规定对甘蔗农场的种植面积进行按比例分配，部长有权根据生产者的申请，在农场的全体股东书面签字同意的情况下，把某农场的历史种植面积转让给另一农场主。

"（b）对历史种植面积记录的保存。假如因甘蔗生产者人力不可控制的原因，造成其不能按照第 359f（c）的规定，依照种植配额收获为产糖或育苗而种植的所有甘蔗时，如全体农场股东书面同意，部长有权批准该农场在今后连续的 5 年内享受被视为已完成政府所分配种植面积的特别待遇。部长有权将这些种植指标分配给别的农场使用，但这些农场主不得将新获得的配额归积为自己的历史种植记录。

"（c）对分配和均衡配额的修改。部长在依法发出通知后，有权根据首次分配种植和均衡配额的原则修改第 359d 条的销售配额，或第 359（f）条的均衡配额规定。

"（d）甘蔗原料送交加工地点的转让程序。

"（1）转让的授权。如全体农场股东（或农场股东的代表）书面同意，并且对农场拥有部分股份的甲糖加工企业也书面同意，而乙糖加工企业的加工能力未达到饱和，那么农场可把甘蔗原料交给乙糖加工企业加工和销售。

"（2）分配调整。尽管第 359d 条另有规定，但当转让情况出现后，部长应根据以下两项的乘积对第（1）项中接受转让的乙糖加工企业的生产和销售配额做出调整，以显示供货对象的变化：

"（A）乙糖加工厂的甘蔗种植面积配额；

"（B）根据第 359f（c）（3）条确定的该州的平均单位产量。

"第 359h 条　规则；违规；部长决定的出版；法院司法权；美国联邦检察院。

"（a）规则。部长或商品信贷公司将适时颁布必要的规则，以执行部长管理本部规定的权利。

"（b）违规。凡故意违反部长根据第（a）款颁布的规定者，每次处以民事罚款 5 000 美元以上。

"（c）联邦文件汇编出版物。部长每次根据本部的规定，做出的确定、调整或终止分配决定，都需立即刊登在联邦文件汇编出版物上，同时还要刊登做出这一决定的理由。

"（d）法院司法权；美国联邦检察院。

"（1）法院司法权。联邦政府已委托几家联邦地区法院专门贯彻执行、并防止有人违反本部规定，以及违反据此颁布的其他条款。

"（2）美国联邦检察院。只要部长提出要求，美国几家联邦检察院就应在各自辖区，提起诉讼程序，强制赔偿，并追收本部规定的罚款。如果部长认为只要通过向违法者发书面通知或警告就可以执法，那么部长有权选择不指定美国联邦检察院处理违法事件。

"（e）无排外性赔偿。因违反本部规定而产生的赔偿和罚款将不排除，不抵消因别的法律引起的对违法者的罚款总额。

"第 359I 条　上诉。

"（a）一般原则。凡因第 359d 条的销售配额规定或第 359f 条规定而受到不良影响者，均可向部长提出上诉。

"（b）上诉程序。

"（1）上诉通知书。上诉者应在行政处分决定后的 20 天内向部长递交上诉通知书和上诉理由说明书。除非部长决定推迟日期，否则行政处分决定应在公布之日生效。部长应将两份上诉材料的影印件送交所有因被上诉人可能上诉成功而受到不良影响的第三者人手中，并允许这些人检查和复印上诉人的上诉理由说明书并根据这些人的申请允许他们参与和介入上诉案件的审理中。

"（2）公听。根据《美国法典》第 5 篇第 554 条和第 556 条的规定，部长应允许每位上诉人有机会在行政法官面前做 1 次公听。公听的开支由商品信贷公司承担。

"（c）甜菜糖配额的特别上诉程序。

"（1）上诉权利。自 2006 作物年度起，根据本部规定获得甜菜糖销售配额的加工厂（在本款中被称为"上诉人"）可以就甜菜糖的配额向部长递交上诉通知书。除了第（2）项的规定外，如果通知书称有加工厂生产的糖或从商品信贷公司获得的糖在递交上诉的作物年度前的 3 个作物年度中有 2 年未完成至少 82.5％ 的销售配额，那么部长应考虑上诉请求，并允许该加工厂完全加入上诉案件的审理中。

"（2）例外。加工厂因遭遇部长确认的干旱、洪涝等天气灾害而未完成至少 82.5％ 的配额指标时无需提出上诉。无需正式的灾害声明，部长就可做出决定。

"（3）应诉。在上诉人向部长提出上诉后，并且部长在对加工厂完成配额指标的情况进行审查后，部长有权：

"（A）在考虑以下几项内容后以公平、公正的原则，增加对别的加工厂的配额量，再向提起上诉的甜菜糖加工厂重新分配指标。

"（ⅰ）1996 年 4 月 4 日起至《2002 年农业安全与农村投资法》颁布之日止的生产历史；

"（ⅱ）上述期间的资本投资；

"（ⅲ）美国糖消费量的增长；以及

"（ⅳ）加工厂完成根据本部规定获得的配额指标的能力。

"（B）相应减少第（1）项所述的未完成至少 82.5％ 配额指标的甜菜糖加工厂的配额量。

"（4）递交上诉书的期限。就第（b）（1）款所述的上诉书递交期限而言，应从以下两个日期的较早之日算起 20 天内递交上诉书，这两个日期为部长宣布下一年配额指标的日期，及 10 月 1 日。

"第 359j 条　管理。

"（a）某些机构的利用。部长可选择当地的蔗糖或甜菜糖业委员会、根据《土壤保护和国内农作物种植分配法》第8条（b）（《美国法典》第16篇590h（b））成立的州县委员会，以及美国联邦有关部门和机构执行本部的规定。

"（b）商口信贷公司的利用。部长也可利用商品信贷公司的服务、设施、资金和权威来贯彻本部内容。

"第359k条　糖进口配额制度。

"（a）一般原则。尽管另有法律规定，但在2002—2007日历年每年的6月1日，或6月1日之后，美国贸易代表在与部长协商后应计算当年每个蔗糖供货国使用与未使用的配额，并将未使用的配额重新分配给有资格的供货国。

"（b）有资格供货的国家。在本条中，"有资格供货的国家"指与美国签有协议，允许向美国出口蔗糖的以下各国，或者其他与美国签订有蔗糖进口协议的国家：

阿根廷、澳大利亚、巴巴多斯、伯利兹、玻利维亚、巴西、哥伦比亚、刚果（布）、哥斯达黎加、多米尼加、厄瓜多尔、萨尔瓦多、斐济、加蓬、危地马拉、圭亚那、海地、洪都拉斯、印度、科特迪瓦、牙买加、马达加斯加、毛里求斯、墨西哥、莫桑比克、尼加拉瓜、巴拿马、巴布亚新几内亚、巴拉圭、秘鲁、菲律宾、圣基茨和尼维斯、南非、斯威士兰、台湾、泰国、特立尼达岛和多巴哥岛、乌拉圭、津巴布韦。"

子篇E　乳制品

第1501条　牛奶价格支持计划。

（a）支持行动。在2002年6月1日至2007年12月31日，农业部部长应通过采购由牛奶加工的奶酪、黄油和脱脂奶粉，对48个相邻州生产的牛奶提供价格支持。

（b）支持价格。在第（a）款所述的期间内，含3.67％脂肪的奶的最低支持价格为每英担9.90美元。

（c）购买价格。

（1）统一价格。对所有把乳制品（奶酪、黄油和脱脂奶粉）出售给部长的生产者提供的本条的支持购买价格都是相同的。

（2）足够价格。购买价格应足以确保平均生产效率的乳制品厂向生产者支付的平均价格不低于第（b）款的牛奶的支持价格。

（d）对黄油和脱脂奶粉购买价格的特别规定。

（1）购买价格的分配。部长可以以适当方式在脱脂奶粉与黄油间分配支持价格，目的是使商品信贷公司的开支降到最低水平，或达到部长认为其他适当的目的。部长应在做出分配或修改分配的10天内，告知众议院农业委员会和参议院农业、营养和林业委员会。《美国法典》第5篇第553条不适用于本条规定的执行。

（2）购买价格调整的时间。部长在每个日历年度对脱脂奶粉和黄油的调价不得超过两次。

（e）商品信贷公司。部长应通过商品信贷公司来执行本条授权的乳制品计划。

第1502条　全国乳制品市场损失补贴。

（a）定义。在本条中：

（1）1级奶。"1级奶"一词是指根据联邦奶营销定单被定为1级的牛奶（包括含有牛奶成分的产品）。

（2）符合条件的产品。"符合条件的产品"是指参与州的生产者生产的牛奶。

（3）联邦奶营销定单。"联邦奶营销定单"是指根据在《1937年农业营销协议法》基础上修订并颁布实施的《农业调整法》第8c条（《美国法典》第7篇608c）建立的定单。

（4）参与州。"参与州"指各州。

（5）生产者。"生产者"是指直接或间接具备以下特点的个人或实体（部长对此持有决定权）：

（A）担负生产牛奶的风险；

（B）对个体或实体乳业有一定投入（包括土地、劳力、管理、设备或资本），与个体或实体分享与投入相当的红利。

（b）补贴。部长应要求与参与州的牛奶场生产者签订协议，生产者据此协议获得对符合条件的产品的补贴。

（c）补贴数。依照本条规定对生产者发放的补贴数等于以下 3 者的乘积（部长对此持有决定权）。

（1）第（d）款确定的申请当月生产者的补贴数量。

（2）以下二者之差：

（A）每英担 16.94 美元；

（B）根据联邦奶营销定单，波士顿每英担一级牛奶的价格；

（3）45%。

（d）补贴数量。

（1）一般原则。根据第（2）项规定，根据本条规定申请补贴的生产者当月的补贴数量等于该生产者当月销售的符合条件的产品的数量。

（2）限制。根据第（b）款规定获得补贴的单个牛奶场的全体生产者在申请补贴的财政年度内的补贴数量不得超过 240 万磅。部长应采用与《2001 年农业农村发展、食品药品管理局和相关机构拨款法》（根据《公法》106 - 387；《美国法令全书》第 114 篇 1549A - 50 颁布实施）第 805 条的奶制品计划相同的标准，确定生产者是在不同牛奶场还是在单个牛奶场开展生产。

（3）重组。部长应颁布法律确保生产者不必仅为得到本条的额外补贴而重组牛奶场的经营。

（e）补贴。根据本条签订的合同规定，补贴应在每月发放，时间在补贴当月的最后一天之后的 60 天内。

（f）合同签订。部长应要求根据本条规定签订合同，合同签订时间为自本法颁布之日的 60 天后起至 2005 年 9 月 30 日止。

（g）合同期。

（1）一般原则。除了第（2）项和第（h）款的规定外，牛奶场生产者根据本条规定签订的合同应涵盖生产者自合同签订当月的第一天起至 2005 年 9 月 30 日销售的符合条件的产品。

（2）违约。如果生产者违反合同规定，部长可以：

（A）终止合同，并允许生产者再次签订合同获得补贴；或者

（B）允许合同继续生效，并要求生产者根据违约程度，交回部分补贴。

（h）过渡规定。生产者除了根据本条获得的其他补贴外，如果一个牛奶场的生产者根据本条规定签订合同，部长则应依据第（c）款所述的计算公式，对生产者在 2001 年 12 月 1 日至签约前一个月的最后一天期间出售的符合条件的产品发放补贴。

第 1503 条 乳制品出口激励与乳制品补偿计划。

（a）乳制品出口激励计划。1985 年《粮食安全法》第 153（a）条（《美国法典》第 15 篇 713a - 14（a））删除"2002"，并加上"2007"。

（b）乳制品补偿计划。《公法》90 - 484 第 3 条（《美国法典》第 7 篇 4501）删除"1995"，并加上"2007"。

第 1504 条 乳制品强制性通报。

《1946 年农业营销法案》第 272 条（1）（《美国法典》第 7 篇 1637a（1））修订如下：

（1）删除"是指生产的乳制品"，并加上"是指：

"（A）生产的乳制品；"

（2）删除结尾之处的句号，并加上"；和"；并且

（3）在结尾之处加上以下内容：

"（B）实质上相当于部长指定的产品。"

第 1505 条　对乳制品推广与研究计划的资助。

（a）定义。《1983 年乳业生产稳定法》第 111 条（《美国法典》第 7 篇 4502）修订如下：

（1）在第（k）款，删除结尾之处的"和"；

（2）在第（1）款，删除结尾之处的句号，并加上分号；并且

（3）在结尾之处加上以下内容：

"（m）'进口乳制品'一词是指进口美国的任何第（1）款定义的乳制品，其中包括以下形式进口的乳品：

"（1）牛奶、奶油和新鲜的、干的乳制品；

"（2）黄油和乳脂混合物；

"（3）奶酪；

"（4）酪蛋白和混合物；

"（n）'进口商'一词是指将乳制品进口到美国的人；及

"（o）'海关'一词是指美国海关总署。"

（b）委员会内进口商代表的名额。《1983 年乳业生产稳定法》第 113 条（b）（《美国法典》第 7 篇 4502）修订如下：

（1）在"（b）"后加上"乳业推广研究委员会"。

（2）将第一至第九句话分别编号为第（1）至第（5）项，以及第（7）至第（10）项，同时将各项首行适当缩进。

（3）在第（2）项（重新编号后）删除"成员"，并加上"除了第（6）项的规定外，成员"。

（4）在第（5）项（重新编号后）后加上以下内容：

"（6）进口商。

"（A）初次任命。部长应任命 2 名乳业进口商作为进口商代表担任委员会的初始成员，这 2 名成员要根据订单做出税额核定。

"（B）随后的任命。部长在根据第（A）小项对进口商代表做出初次任命后至少每 3 年应将过去 3 年国内乳制品的平均产量与进口美国的乳制品的平均量加以对比，并根据对比得出的结论重新分配委员会的进口商名额，以体现美国国内乳制品产量与进口量在美国市场所占的份额。

"（C）额外成员。提名，根据本项任命的成员：

"（ⅰ）应被算入根据第（2）项任命的成员总人数内；且

"（ⅱ）应按照部长认为的适当的程序，从进口商提名的人员中选出。

（5）在第（8）项（重新编号后）中，删除"生产"，并加上"生产以及乳制品进口商"。

（c）预算。《1983 年乳业生产稳定法》第 113 条（e）（《美国法典》第 7 篇 4504（e））修订如下：

（1）删除"（e）"，并加上：

"（e）预算。

"（1）准备与提交。；"

（2）删除最后一句话；

（3）在结尾之处加上以下内容：

"（2）外国市场的拓展。订单将授权委员会维护并拓展外国市场，但在外国市场的销量不得超过该财年国内乳产量。委员会将在 2002—2007 各财年利用这些资金，支付委员会的税款开支，从而促进美

国生产的乳制品在国际市场的销量。"

（d）进口税额核定。《1983 年乳业生产稳定法》第 113 条（g）（《美国法典》第 7 篇 4504（g））修订如下：

（1）在"（g）"后加上"税额核定。"；

（2）将第一至第五句话分别编号为第（1）至第（5）项，同时将各项首行适当缩进；

（3）在第（3）项（重新编号后）：

（A）在"税率"后加上"对于美国生产的牛奶以及进口乳制品"；

（B）在最后句号前加上"部长对此持有决定权"；

（4）在结尾之处加上：

"（6）进口商。

"（A）一般原则。订单应规定每个乳制品进口商应根据订单要求向委员会做出税额核定。

"（B）支付时间。进口商应在向海关递交准入文件时向海关一并支付进口乳制品的税额。海关应将征收的税款交给委员会。就本款而言，'进口商'一词包括获得海关放行后拥有外国生产的乳制品的人，以及以代表、中间人或承销人身份代表他人获得海关对乳制品放行的人。

"（C）进口乳制品税款的使用。对进口乳制品征收的税款不得用于外国市场的推广。"

（e）记录。《1983 年乳业生产稳定法》第 113 条（k）（《美国法典》第 7 篇 4504（k））第一句删除"个人接受"并加上"乳制口进口商，每人接受"。

（f）有资格公投的进口商。《1983 年乳业生产稳定法》第 116 条（b）（《美国法典》第 7 篇 4507（b））修订如下：

（1）在第一句话：

（A）在"生产者的"后面加上："和进口商"；

（B）在"生产者"后面加上"和进口商"；并且

（2）在第二句话的"商用"后加上："在公决中投票（且在部长确认的同一任期内从事乳制品进口业务）的进口商。"

（g）订单的完成与国际贸易规定。《1983 年乳业生产稳定法》第 112 条（《美国法典》第 7 篇 4503）在结尾之处加上以下内容：

"（d）订单的实行与国际贸易规定。部长在与美国贸易代表协商下，应确保订单按照联邦政府国际贸易规定加以实行。"

（h）由于将进口商补充在内而做出的一致性修订。1983 年《乳业生产稳定法》修订如下：

（1）在第 110 条（b）（《美国法典》第 7 篇 4501（b））：

（A）第一句：

（ⅰ）在"商用"后加入："及有关进口乳制品"；

（ⅱ）删除"在美国生产的产品。"，并加上"产品。"。

（B）在第二句，在"生产牛奶"后加上："或者任何人进口乳制品的权利"；并且

（2）在第 111 条（d）（《美国法典》第 7 篇 4502（d））删除"美国生产的"。

第 1506 条　液态奶的推广。

（a）液态奶产品的定义。《1990 年液态奶推广法》第 1999C 条（《美国法典》第 7 篇 6402）删除第（3）项，并加上以下内容：

"（3）液态奶产品。'液态奶产品'在以下条款中给出定义：

"（A）《联邦法典》第 7 篇第 1000.15 条，部长做出的修订除外；或

"（B）一切后续规定。"

（b）液态奶加工厂的定义。《1990 年液态奶推广法》第 1999C 条（《美国法典》第 7 篇 6402）删除

"每月 50 万吨根据消费者不同需求而包装的液态奶产品"并加上"每月 300 万吨根据消费者不同需求而包装的液态奶产品（除了直接送货上门的产品）"。

（c）订单终止日期。《1990 年液态奶推广法》第 1999 条（《美国法典》第 7 篇 6414）修订如下：

（1）删除第（a）款；

（2）将第（b）和第（c）款分别重新编号为第（a）和第（b）款。

第 1507 条　国家乳制品政策的调研。

（a）必需的调研。农业部部长应从经济的角度对国家奶制品政策的各个方面可能产生的直接或间接影响进行全面评估，其中包括对以下几个方面的国家奶制品政策所造成的影响做出评估：

（1）农场价格的稳定性、农场的收益与生存能力，以及美国当地的农村经济；

（2）儿童、老人及低收入人群营养计划，包括对参加该计划的学校和有关机构，以及对计划受益者等造成的影响；

（3）液态奶的批发与零售价格、牛奶场与牛奶利用。

（b）报告。部长应在本法案颁布之日后的 1 年内，向众议院农业委员会和参议院农业、营养和林业委员会提交本条要求的调研结果报告。

（c）国际奶制品政策的定义。在本条中，"国际奶制品政策"是指美国制定的有关奶制品的政策，例如以下政策和计划均属于国际奶制品政策范畴：

（1）根据《农业调整法》第 8c 条（《美国法典》第 7 篇 608c）颁布的联邦牛奶营销订单，《农业调整法》是在《1937 年农业营销协议法》的基础上修订并颁布实施的。

（2）州与州间的奶制品协议（包括第 107 届国会提交的众议院第 1827 号令及参议院第 1157 号令中所述协议）。

（3）过剩订货加价与州价格计划。

（4）对奶产品的直接补贴。

（5）根据第 1401 条制定的联邦牛奶价格支持计划。

（6）有关牛奶与奶产品的出口计划，如根据《1985 年粮食安全法》第 1153 条（《美国法典》第 15 篇 3831）制定的奶制品出口激励计划。

第 1508 条　国家乳制品政策与液态奶成分标准变更影响调研。

（a）联邦乳制品政策的变更。农业部长应对以下几个方面造成的影响进行调研：

（1）终止联邦牛奶价格支持与供货管理计划；

（2）国会同意各州合作管理牛奶价格与供应。

（b）液态奶成分标准。部长应调研在液态奶成分标准中增加与国产牛奶非脂乳固体平均含量相当的最低蛋白质含量要求可能造成的影响。

（c）报告。部长应在本法案颁布之日后的一年内，向众议院农业委员会和参议院农业、营养和林业委员会提交本条要求的调研结果报告。

子篇 F　管　　理

第 1601 条　一般性管理。

（a）商品信贷公司的利用。部长应通过商品信贷公司的资金、设施和权威来执行本篇的规定。

（b）部长的决定。部长根据本篇做出的决定应是最终的，且具有决定性的决策。

（c）条款。

（1）一般原则。部长和商品信贷公司应在本法案颁布之后的 90 天内颁布必要条款来执行本篇的规定。

（2）程序。在颁布条款与执行本篇规定时，不必考虑：

（A）《美国法典》第 44 篇第 35 章（通常称为《文书削减法》）；

（B）1971 年 7 月 24 日生效的《农业部长的政策声明》（《联邦公告》第 36 卷 13804），该声明涉及应如何制定政策及公众如何参与政策制定等内容；

（C）《美国法典》第 5 篇第 553 条的通知及评论性条款。

（3）国会对机构政策制定的审查。部长应利用《美国法典》第 5 编第 808 条授予的权利执行本款规定。

（d）选择提前支付的处理。《公法》106-170 第 525 条（《美国法令全书》第 113 篇 1928；《美国法典》第 7 篇 7212 注释）规定，依照《1996 年联邦农业进步与改革法》签订生产灵活性合同的生产者有权选择快速获得补贴支付，对生产者的这一保护措施同样适用于生产者做出的以下选择：

（1）提前获得子篇 A 和 C 的直接补贴和反周期补贴；

（2）获得第 1310 条所述的对符合条件的花生配额持有者的一次性支付补偿金。

（e）对遵守乌拉圭回合的调整权：

（1）必需的决定；调整。在本法案颁布之日生效的《乌拉圭回合协议》第二条对国内支持计划设置了最高允许水平（《乌拉圭回合协议》（《美国法典》第 19 篇 3501）第 2 条定义），如果部长认为第 A 至第 E 子篇的支出超过了这一支持水平的最高限度，他将在此期间在最大可行范围内调整支出，以避免上述支出超过允许水平。

（2）向国会汇报。在根据第（1）项做出任何调整之前，部长应向参议院农业、营养和林业委员会及众议院农业委员会递交报告，说明根据该项将做出的调整及调整的幅度。

第 1602 条 永久价格支持权的暂停。

（a）《1938 年农业调整法》。《1938 年农业调整法》的以下条款适用于 2002—2007 作物年度所涵盖的农产品、花生和糖，但不适用于本法颁布之日起至 2007 年 12 月 31 日期间的牛奶：

（1）第 3 篇子篇 B 第 2 部分至第 5 部分（《美国法典》第 7 篇 1326~1351）。

（2）就陆地棉而言，第 377 条（《美国法典》第 7 篇 1377）。

（3）第 Ⅲ 篇子篇 D（《美国法典》第 7 篇 1379a~1379j）。

（4）第 Ⅳ 篇（《美国法典》第 7 篇 1401~1407）。

（b）《1949 年农业法》。《1949 年农业法》以下条款适用于 2002—2007 作物年度所涵盖的农产品、花生和糖，但不适用于本法颁布之日起至 2007 年 12 月 31 日期间的牛奶：

（1）第 101 条（《美国法典》第 7 篇 1441）。

（2）第 103 条（a）（《美国法典》第 7 篇 1444（a））。

（3）第 105 条（《美国法典》第 7 篇 1444b）。

（4）第 107 条（《美国法典》第 7 篇 1445a）。

（5）第 110 条（《美国法典》第 7 篇 1445e）。

（6）第 112 条（《美国法典》第 7 篇 1445g）。

（7）第 115 条（《美国法典》第 7 篇 1445k）。

（8）第 201 条（《美国法典》第 7 篇 1446）。

（9）第 Ⅲ 篇（《美国法典》第 7 篇 1447~144）。

（10）第 Ⅳ 篇（《美国法典》第 7 篇 1421~1433d），除了第 404、412 和 416 条（《美国法典》第 7 篇 1424、1429 和 1431）。

（11）第 Ⅴ 篇（《美国法典》第 7 篇 1461~1469）。

（12）第 Ⅵ 篇（《美国法典》第 7 篇 1471~1471j）。

（c）某些配额条款的暂停。"修订后的《1983 年农业调整法》有关棉花和小麦销售配额的联合决议"不适用于 2002—2007 日历年种植的小麦。

（d）一致性修订。《1996 年联邦农业进步与改革法》第 171 条（a）(1)（《美国法典》第 7 篇 7301(a)（1））删除第一次出现的"2002"，并加上"2001"。

第 1603 条　补贴限额。

（a）补贴限额。《1985 年粮食安全法》第 1001 条（《美国法典》第 7 篇 1308）删除条首"第 1001 条"至第（4）项末之间的所有内容，并加上以下内容：

"第 1001 条　补贴限额。

"（a）定义。在本条中：

"（1）所涵盖的农产品。"所涵盖的农产品"与《2002 年农业安全与农村投资法》第 1001 条的定义相同。

"（2）贷款农产品。"贷款农产品"与《2002 年农业安全与农村投资法》第 1001 条的定义相同，但不包括羊毛、马海毛或蜂蜜。

"（3）部长。'部长'是指农业部部长。

"（b）直接补贴限额。

"（1）所涵盖的农产品。个人根据《2002 年农业安全与农村投资法》第 I 篇子篇 A 规定在一作物年度得到的对一种或一种以上所涵盖农产品的直接补贴总额不得超过 4 万美元。

"（2）花生。个人根据《2002 年农业安全与农村投资法》第 I 篇子篇 A 规定在一作物年度得到的花生的直接补贴额不得超过 4 万美元。

"（c）反周期补贴限额。

"（1）所涵盖的农产品。个人根据《2002 年农业安全与农村投资法》第 I 篇子篇 A 规定在一作物年度得到的对一种或一种以上所涵盖农产品的反周期补贴总额不得超过 65 000 美元。

"（2）花生。个人根据《2002 年农业安全与农村投资法》第 I 篇子篇 C 规定在一作物年度得到的花生的反周期补贴额不得超过 65 000 美元。

"（d）营销贷款收益和贷款差额补贴限额。

"（1）贷款农产品。每人在各作物年度获得的以下收益和补贴额度不得超过 75 000 美元：

"（A）生产者以低于根据《2002 年农业安全与农村投资法》第 I 篇子篇 B 确定的最初贷款额的价格偿还根据该子篇对一种或一种以上贷款农产品的营销援助贷款，从而获得的收益。

"（B）根据上述子篇所获得的对一种或一种以上贷款农产品的贷款差额补贴。

"（2）其他农产品。个人在各作物年度获得的以下收益和补贴额不得超过 75 000 美元：

"（A）生产者以低于根据《2002 年农业安全与农村投资法》第 I 篇子篇 B 和 C 确定的最初贷款额的价格偿还根据上述各子篇对花生、羊毛、马海毛或蜂蜜营销援助贷款，从而获得的收益。

"（B）根据上述各子篇所获得的对花生、羊毛、马海毛或蜂蜜的贷款差额补贴。"

（b）对第 1001 条的一致性修订。《1985 年粮食安全法》第 1001 条（《美国法典》第 7 篇 1308）修订如下：

（1）第（5）项：

（A）删除"（5）"，并加上"（e）个人的定义——"。

（B）将第（A）至第（E）小项分别重新编号为第（1）至第（5）项。

（C）在第（1）项（重新编号后）：

（ⅰ）将第（ⅰ）条款和第（ⅱ）条款分别重新编号为第（A）和第（B）条款。

（ⅱ）删除第二句；

（D）在（2）中（重新编号后）：

（ⅰ）将第（ⅰ）小项重新编号为第（A）小项，然后在该款（重新编号后）：

（Ⅰ）删除"除第（ⅱ）条款规定外，第（A）小项"并加上"除第（B）小项规定外，第（1）项"。

（Ⅱ）将第（ⅰ）、（ⅱ）和（ⅲ）条款分别重新编号为第（ⅰ）、（ⅱ）和（ⅲ）条款。

（ⅱ）将第（ⅱ）条款重新编号为第（B）小项，然后在该款（重新编号后），将第（ⅰ）、（ⅱ）和（ⅲ）子条款分别重新编号为第（ⅰ）、（ⅱ）和（ⅲ）条款。

（ⅲ）将第（ⅲ）条款重新编号为第（C）小项，然后在该款（重新编号后）：

（Ⅰ）删除"第（1）和第（2）项所述的"，并加上"第（b）、（c）和（d）款所述的"。

（Ⅱ）将第（ⅰ）和（ⅱ）子条款分别重新编号为第（ⅰ）和第（ⅱ）条款。

（2）在第（6）项，删除"（6）"并加上"（f）公立学校——"；

（3）在第（7）项，删除"（7）"，并加上"（g）时间限制；依赖——"。

（c）对其他法律的一致性修订：

（1）《1985 年粮食安全法》第 1001A 条（《美国法典》第 7 篇 1308—1）修订如下：

（A）在第（a）（1）和（b）（2）（B）款，删除"第 1001 条（5）（B）（ⅰ）（ⅱ）"，并加上"第 1001 条（e）（2）（A）（ⅱ）"；

（B）在第（a）（1）款和第（b）（1）款，删除"第 1001 条（5）（B）（ⅰ）"，并加上"第 1001 条（e）（2）（A）"。

（2）《1985 年粮食安全法》第 1001B 条（《美国法典》第 7 篇 1308-2）删除"第（1）和第（2）项所述的"，并加上"第（b）、（c）和（d）款所述的"。

（3）《1985 年粮食安全法》第 1001C 条（a）（《美国法典》第 7 篇 1308-3（a））在"根据……而获得的"后加上"《2002 年农业安全与农村投资法》第Ⅰ篇"。

（d）过渡。在本法案颁布之前生效的《1985 年粮食安全法》第 1001 条（《美国法典》第 7 篇 1308）继续适用于 2001 作物年度所涵盖的农产品。

第 1604 条　调整后的总收益限额。

《1985 年粮食安全法》修订如下：

（1）将第 1001D 条（《美国法典》第 7 篇 1308-4）和第 1001E 条（《美国法典》第 7 篇 1308-5）分别重新编号为第 1001E 和第 1001F 条；

（2）在第 1001C 条（《美国法典》第 7 篇 1308-3）后加上以下内容：

"第 1001D 条　调整后的总收入限额：

"（a）平均调整后总收入的定义：

"（1）一般原则。在本条中，（就本条而言，且如第 1001 条（e）（2）（A）（ⅱ）中的定义）个人或实体的'平均调整后总收入'是指个人或实体在前 3 个税务年度经调整的 3 年平均总收入或类似可衡量数据，部长对此持有决定权。

"（2）对某些个人和实体的特别规定。对于无需申报联邦个人所得税的实体，或在 1 年或 1 年以上税务年度收入未达到可征税标准，无法根据第（1）项确定平均收入的个人和实体，部长可以制定政策，提供一个对本条所述的个人或实体确定平均调整后总收入的办法。

"（b）限额。

"（1）一般原则。尽管另有法律规定，但如果个人或实体的平均调整后总收入超过 250 万美元，则在该作物年度无资格获得第（2）项所述的收益，除非其中不低于 75%的平均调整后总收入来自耕作、牧场经营或造林业。部长对此持有决定权。

"（2）所涵盖的收益。第（1）项规定对以下各项适用：

"（A）根据《2002 年农业安全与农村投资法》第Ⅰ篇子篇 A 和 C 发放的直接补贴或反周期补贴。

"（B）本法第 1001（d）条所述的营销贷款收益或补贴。

"（C）《2002 年农业安全与农村投资法》第Ⅶ篇或第Ⅱ篇计划中的补贴。

"（c）证明。为了履行第（b）款的限额规定，个人或实体应向部长提交：

"（1）由注册会计师或部长可接受的第三方发放的证明书，证明平均调整后总收入未超过本条限额；或

"（2）个人或实体通过部长确认的其他程序获得的有关调整后总收入的信息及证明材料。

"（d）等量缩减。如果某人在前 3 个作物年度的平均调整后总收入超过第（b）款所述的限额，那么其所在的实体、普通合伙公司或合资企业在一作物年度获得的第（b）（2）款所述的收益可能有所缩减，缩减量等于这些实体、普通合伙公司或合资企业的直接与间接所有者权益。

"（e）生效日期。本条规定仅适用于 2003—2007 作物年度。"

第 1605 条　补贴限额申报委员会。

（a）委员会的成立。成立"农业补贴限额申报委员会"（在本条中被称为"委员会"）。

（b）职责。委员会应对若进一步缩减以下几项的直接补贴、反周期补贴，及营销贷款收益和贷款差额补贴额上限可能产生的影响做出调研：

（1）农场收入；

（2）土地价格；

（3）农村社区；

（4）农业综合企业基础设施；

（5）相关生产者的种植决定；和

（6）所涵盖农产品、贷款农产品、特产作物（包括水果和蔬菜）等农产品的供应与价格。

（c）成员。

（1）成员结构。委员会由 10 人组成，组成结构如下：

（A）3 人由部长任命；

（B）3 人由参议院农业、营养与林业委员会任命；

（C）3 人由众议院农业委员会任命；

（D）农业部首席经济师。

（2）联邦政府聘用。委员会成员还应包括 1 名或 1 名以上农业部或其他联邦机构的雇员。

（3）任命日期。委员会成员应在本法案颁布后的 60 天内任命。

（4）任期；空缺。

（A）任期。委员会成员任期为终身。

（B）空缺。委员会成员的空缺：

（i）不得影响委员会的实力；

（ii）应按初次任命的方式加以填补。

（5）第一次会议。委员会成员应在任命后的 30 天内召开第一次会议。

（d）法定人数。委员会成员中绝大多数即构成业务开展的法定人数，但其中只有较少数可以召开听证会。

（e）主席。部长应从委员会成员中选出 1 人担任委员会主席。

（f）报告。委员会应在本法案颁布后的 1 年内向总统、众议院农业委员会及参议院农业、营养和林业委员会提交第（b）款要求的调研结果报告，报告中还应包括委员会认为的适当的建议。

（g）听证会。委员会可以在其认为有利于执行本条规定的时间和场合召开听证会、举行会议、采取行动、做出证词并提取证据。

（h）联邦机构的信息。委员会可以从联邦机构那里直接获得其认为必要的信息。联邦机构应在委

员会主席的要求下向委员会提供上述信息。

（i）邮政服务。委员会可以与其他联邦政府一样，以同样的方式且在同样的条件下使用美国的邮件服务。

（j）部长的帮助。部长应在委员会的要求下向委员会提供适当的办公场地，及适当的行政与支持服务。

（k）成员的补贴金：

（1）非联邦雇员。委员会的非联邦政府官员或雇员在任职期间每天可以得到相当于《美国法典》第5篇第5315条规定的行政部长最高雇员四级薪金标准的日薪补贴。

（2）联邦雇员。委员会的联邦雇员除了担任联邦政府官员或雇员的薪金外，没有其他补贴金。

（3）差旅费。委员会成员在为履行委员会职责出差期间可以拿到包括每日生活补贴在内的差旅费，差旅费标准为《美国法典》第5篇第57章第1节规定的机构雇员的补贴标准。

（l）联邦顾问委员会法。《联邦顾问委员会法》（《美国法典》第5篇附件）不适用于本委员会或其他之前成立的委员会。

第 1606 条　贷款调整。

《1996 年联邦农业进步与改革法》第 162 条（b）（《美国法典》第 7 篇 7282（b））删除"本篇"，并加上"本篇和《2002 年农业安全与农村投资法》第Ⅰ篇"。

第 1607 条　生产者在差额方面的个人职责。

《1996 年联邦农业进步与改革法》第 164 条（《美国法典》第 7 篇 7284）删除每处出现的"本篇"，并加上"本篇和《2002 年农业安全与农村投资法》第Ⅰ篇"。

第 1608 条　扩大现有贷款管理权。

《1996 年联邦农业进步与改革法》第 166 条（《美国法典》第 7 篇 7286）修订如下：

（1）在第（a）款删除"第 C 子篇"，并加上"本篇第 C 子篇和《2002 年农业安全与农村投资法》第 1 篇和子篇 B 和 C"；

（2）在第（c）（1）款删除"子篇 C"，并加上"本篇子篇 C 和《2002 年农业安全与农村投资法》第 1 篇和子篇 B 和 C"。

第 1609 条　商品信贷公司库存。

《商品信贷公司特许法》第 5 条（《美国法典》第 15 篇 714c）最后一句在结尾之处句号前加上："（包括根据公司的选择，利用私营部门实体）"。

第 1610 条　库存水平。

《1938 年农业调整法》第 301 条（b）（14）（C）（《美国法典》第 7 篇 1301（b）（14）（C））修订如下：

（1）在第（ⅰ）条款，删除"1 亿"并加上"6 千万"；

（2）在第（ⅱ）条款，删除"15％"并加上"10％"。

第 1611 条　农场重组。

（a）一般原则。《1938 年农业调整法》第 316 条（a）（1）（A）（ⅱ）（《美国法典》第 7 篇 1314b（a）（1）（A）（ⅱ））在结尾之处加上以下内容："尽管另有法律规定，但仅就 2002 作物年度而言，根据本条规定，部长应允许农场依照部长确定的条件进行特别重组，以取代分配及配额的出租与转让。"

（b）调研。

（1）一般原则。部长应对限制下列行为所产生的后果做出调研，那就是生产者将一个农场的配额指标转给另一个并非根据《1938 年农业调整法》第Ⅲ篇第 B 子篇第 1 部（《美国法典》第 7 篇 1311 及以后内容）初次获得指标的那个农场。

（2）报告。部长应在本法案颁布之日后的 90 天内，向众议院农业委员会和参议院农业、营养和林业委员会提交调研结果报告。

第 1612 条　补贴的分配。

根据本法案规定，涉及补贴分配的《土壤保护和国内农作物种植分配法》第 8 条（g）（《美国法典》第 16 篇 590h（g）适用于补贴的发放。分配补贴的生产者，或补贴的接受者应按照部长要求的方式，向部长通报根据本条规定做出的一切分配。

第 1613 条　获得贷款、补贴等福利资格的衡平救济法。

（a）定义。在本条中：

（1）农产品。"农产品"一词是指所涵盖计划中涵盖的一切农产品、食品、饲料、纤维或家畜。

（2）所涵盖计划。"所涵盖计划"是指：

（ⅰ）由部长负责的，向农产品生产者提供的价格或收入支持计划，或者生产或营销损失援助计划。

（ⅱ）部长负责的保护计划。

（B）例外。"所涵盖计划"不包括：

（ⅰ）根据《巩固农业和农村发展法》（《美国法典》第 7 篇 1921 及以下）实施的农业信贷计划；

（ⅱ）根据《联邦农作物保险法》（《美国法典》第 7 篇 1501 及以下）实施的农作物保险计划。

（3）参加者。"参加者"一词是者所涵盖计划的参与方。

（4）州生态环境保护者。"州生态环境保护者"一词是指自然资源保护局负责的计划中的州生态环境保护者。

（5）州主任。"州主任"一词是指农场服务局负责的计划中的州执行主任。

（b）衡平救济。部长应向那些不符合所涵盖计划规定，因此没有资格获得贷款、补贴等福利的参加者提供救济，但前提是这些参加者符合下列条件：

（1）诚心诚意依照部长（包括部长授权的代表）的行动或建议行事，但这些行动或建议有损参加者利益；

（2）未完全符合所涵盖计划的要求，但有诚意遵守规定。

（c）救济方式。部长可以授权所涵盖计划的参加者：

（1）根据所涵盖计划获得贷款、补贴等福利；

（2）根据所涵盖计划，继续获得贷款、补贴等福利；

（3）根据此前按所涵盖计划签订的合同，继续全部或部分参与；

（4）将全部或部分土地重新登记加入生态保护计划；

（5）获得部长认为的其他适当的衡平救济。

（d）弥补措施。作为获得本条救济的条件，部长应要求参加者采取行动，弥补未履行所涵盖计划的行为。

（e）州主任和州生态环境保护者的衡平救济。

（1）一般原则。负责计划实施的州州主任及州生态环境保护者在下列情况下，可以根据第（b）至第（d）款的规定提供救济：

（A）根据本款规定向参加者发放的贷款、补贴等福利总额低于 2 万美元；

（B）根据本款规定过去向参加者发放的贷款、补贴等福利总额不超过 5 000 美元；

（C）根据本款规定向同一地区的参加者发放的贷款、补贴等福利总额不超过 100 万美元，部长对此持有决定权。

（2）协商、批准和撤销。州主任或州生态环境保护者根据本款规定做出的发放救济金的决定：

（A）不需要事先获得农场服务局、自然资源保护局等其他机构或服务局官员或雇员的批准；

（B）必须在与农业部总法律顾问办公室协商后才能做出；

（C）只有部长才有权撤销（部长不得委托他人执行该权利）。

（3）不适用性。本款赋予州主任或州生态环境保护者的权利不适用于对以下各方面的管理：

（A）根据以下条款发放的补贴限额：

（ⅰ）《1985 年粮食安全法》第 1001～1001F 条（《美国法典》第 7 篇 1308 及以下）；

（ⅱ）部长负责的保护计划。

（B）《1985 年粮食安全法》第Ⅶ篇子篇 B 或 C（《美国法典》第 16 篇 3811 及以下）规定的高度易蚀地和湿地保护要求。

（4）其他权利。本款赋予州主任和州生态环境保护者的权利是对其他适用权利的补充，不会影响法律或部长赋予他们的其他权利。

（f）司法审查。部长、州主任及州生态环境保护者根据本款自行做出的决定应是最终决定，根据《美国法典》第 5 篇第 7 章规定，不必接受司法审查。

（g）报告。部长应在每年的 2 月 1 日前向众议院农业委员会和参议院农业、营养和林业委员会提交过去日历年度报告，报告内容包括：

（1）提出要求获得第（b）和第（e）款中规定的衡平救济的次数，以及对这些要求的处理；和

（2）提出要求获得《1994 年农业部重组法》第 278 条（d）（《美国法典》第 7 篇 6998（d））规定的衡平救济的要求，以及对这些要求的处理。

（h）与其他法律的关系。本条赋予的权利是对本法及其他法律赋予的其他权利的补充。

（i）终结性规则。《1994 年农业部重组法》第 281 条（a）修订如下：

（1）删除每处出现的"统一后的农场服务局"，并加上"农场服务局"；

（2）在第（1）项中：

（A）删除"本款"，并加上以下内容：

"（A）一般原则。除了第（B）小项的规定外，本款"；并

（B）在结尾之处加上：

（B）不适用性。本款不适用于：

（ⅰ）《巩固农业和农村发展法》第 376 条规定的职责；

（ⅱ）根据自然资源保护局负责的保护计划所规定的职责。"

（3）在第（2）项中，在"除非这一决定"后加上"，在 90 天期限结束之前，"。

（j）一致性修订：

（1）《1962 年食品和农业法》第 326 条（《美国法典》第 7 篇 1339a）被废止。

（2）《1994 年农业部重组法》第 278 条（d）（《美国法典》第 7 篇 6998（d））第一句删除"《1962 年食品和农业法》第 326 条（《美国法典》第 7 篇 1339a）"，并加上"《2002 年农业安全与农村投资法》第 1613 条。"

（3）《1985 年粮食安全法》第 1230A 条（《美国法典》第 16 篇 3830a）被废止。

第 1614 条　补贴使用情况的跟踪。

自本法案颁布实施之日起，部长应制订相关程序，直接或间接跟踪根据第 1、第 2 篇及这两篇的修订内容发放给个人和实体的补贴的使用情况。

第 1615 条　农场净收入的评估。

部长对农场净收入做出的各次评估（部长对此持有决定权）应包括：

（1）美国农产品生产者农场净收入预测；

（2）以下单项的收入预测：

（A）家畜；

（B）贷款农产品；

（C）贷款农产品以外的其他农产品。

第 1616 条　对某些生产者的激励性补贴的发放。

（a）必需的激励性补贴。部长应根据第（b）款的规定，在 2003—2005 作物年度启动商品信贷公司 2 000 万资金，用于激励生产者种植硬质白小麦。

（b）实施条件。部长必须在生产者符合下列条件时，才能实施第（a）款的规定：

（1）必须满足最低质量标准；

（2）不超过 200 万英亩①，或生产等值。

（c）对小麦的要求。生产为了获得第（a）款规定的激励性补贴，应向部长证明所生产的硬质白小麦拥有买方和最终消费者市场。

第 1617 条　对未获得原有权利机构提供的援助的个人继续提供营销损失援助及某些紧急援助。

（a）提供援助的权利。农业部部长应在必要时启动商品信贷公司的资金，根据第（c）款的规定，向符合以下条件的个人提供营销损失援助及其他紧急援助（部长对此持有决定权）：

（1）根据法律规定，有资格获得的援助；

（2）2001 年 10 月 1 日前未获得援助。

（b）限额。根据第（c）款和本款规定发放的援助补贴额不得超过生产者在依据条款规定提出的主张得到适时解决后有资格获得的援助金额。

（c）所涵盖的营销损失援助权。本条涵盖以下法律条款：

（1）《公法》107—25 第 1、2、3、4 和 5 条（《美国法令全书》第 115 篇 201）。

（2）2001 年《农业、农村发展、食品药品管理局和相关机构拨款法》（根据《公法》106-387；《美国法令全书》第 114 篇 1549A-50 颁布实施）第 805、806 和 814 条。

（3）《2000 年农业风险保护法》第 201、202、204（a）、257 和 259 条（《公法》106-224；《美国法典》第 7 篇 1421 注释）。

（4）《2000 年农业、农村发展、食品药品管理局和相关机构拨款法》第 802、803（a）、804 和 805 条（《公法》106-78；《美国法令全书》第 113 篇 1135）。

（5）《1999 年紧急补充拨款法》第Ⅰ篇第 1 章（《公法》106-31；《美国法令全书》第 113 篇 59）标题"商品信贷公司资金"下的家畜赔偿计划。

（6）《1999 年农业、农村发展、食品药品管理局和相关机构拨款法》第 111（a）条（《公法》105—277 子篇 A 第 101（a）条；《美国法令全书》第 112 篇 2681-44）。

第 1618 条　生产者对错误发放的贷款差额补贴和营销贷款补贴的保存权。

尽管其他法律条款另有规定，但根据《1996 年联邦农业进步与改革法》第Ⅰ篇子篇 C 的规定（《美国法典》第 7 篇 7231 及以下），部长和商品信贷公司不得要求宾夕法尼亚伊利县的生产者归还对 1998—1999 作物年度的某些农产品错误发放或商品信贷公司认为已获得的贷款差额补贴和营销贷款补贴。对于已在本法案颁布之日或之前归还补贴的生产者，商品信贷公司应将交回的全款归还生产者。

第 Ⅱ 篇　自然保护

子篇 A　保护保障

第 2001 条　保护保障计划。

（a）一般原则。《1985 年粮食安全法》第Ⅶ篇子篇 D（即《美国法典》第 16 篇 3830 及以下）修订如下：

在第 1 章后面插入下述内容：

"**第 2 章　保护保障和农田保护**

"**第 A 节　保护保障计划。**

"**第 1238 条　定义。**

"在本节中：

"（1）基本补贴。'基本补贴'是指：

"（A）依照第 1238C（b）（1）（A）条规定的比例确定的补贴；并且

"（B）依照第 1238C（b）（1）条（C）小项的（ⅰ）条款、（D）小项或（E）小项规定，根据保护保障合同规定视情况向生产者支付的补贴。

"（2）初始农场主或牧场主。'初始农场主或牧场主'是指《巩固农业和农村发展》第 343（a）条（即《美国法典》第 7 篇 1991（a））所定义的农场主或牧场主。

"（3）保护措施。'保护措施'是指第 1238A（d）（4）条所述保护农业措施，该措施：

"（A）需要规划、执行、管理和维护；

"（B）促进实现第 1238A（a）条所述的一个或多个目标。

"（4）保护保障合同。'保护保障合同'是指第 1238A（e）条所述合同。

"（5）保护保障计划。'保护保障计划'是指第 1238A（c）条所述计划。

"（6）保护保障计划。'保护保障计划'是指根据第 1238A（a）条规定制定的计划。

"（7）增加补贴。'增加补贴'是指根据保护保障合同规定向生产者支付的补贴数额等于第 1238C（b）（1）（C）（ⅲ）条所述数额。

"（8）不退化标准。'不退化标准'是指为适当保护一种或多种自然资源并预防其退化而需采取的措施标准，具体内容由部长根据自然资源保护局手册中的质量标准确定。

"（9）生产者。

"（A）一般原则。'生产者'是指符合下述条件的所有者、经营者、土地主人、佃户或佃农：

"（ⅰ）分担农作物生产或家畜饲养过程中的风险；并且

"（ⅱ）有权力分享农场销售农作物或家畜后获得的收益（或者分享潜在产出的农作物或家畜）。

"（B）杂交种子种植者。在确定杂交种子种植者是否为生产者时，部长不应将是否存在杂交种子合同作为考虑因素。

"（10）资源节约型农作物轮作。'资源节约型农作物轮作'是指农作物轮作：

"（A）包括至少 1 种资源节约型农作物（具体由部长认定）；

"（B）降低土壤侵蚀；

"（C）提高土壤肥力和可耕作性；

"（D）阻断病虫害周期；以及

"（E）在适用地区降低土壤水分的消耗（或降低灌溉需求）。

"（11）资源管理系统。'资源管理系统'是指与土地或水资源利用相关的保护措施和管理系统，该系统旨在预防资源退化并允许土地、水和其他自然资源的可持续利用，自然资源保护局的技术指南对此有明确定义。

"（12）部长。'部长'是指农业部部长，通过自然资源保护局局长行使职责。

"（13）一级保护保障合同。'一级保护保障合同'是指第 1238A（d）（5）（A）条所述合同。

"（14）二级保护保障合同。'二级保护保障合同'是指第 1238A（d）（5）（B）条所述合同。

"（15）三级保护保障合同。'三级保护保障合同'是指第 1238A（d）（5）（C）条所述合同。

"**第 1238A 条　保护保障计划。**

"（a）一般原则。在 2003—2007 财政年度，部长每年应制定并实施一个保护保障计划，对于将纳入该计划的土地，在提高土壤、水和空气质量、促进能源和动植物保护以及实现其他保护目标方面，向从事农业经营活动的生产者提供协助，具体由部长决定。

"（b）资格。

"（1）符合资格的生产者。若想获得参加保护保障计划（除接受第 1238 C（g）条所述技术援助外）的资格，生产者应：

"（A）制订并向部长提交一个符合第（c）（1）款要求的保护保障计划，并获得部长批准；并且

"（B）与部长就执行该保护保障计划签订一个保护保障合同。

"（2）符合条件的土地。除下述第（3）项规定的土地外，私有农用土地（包括农作物用地、草地、放牧地、改良牧场和草原）、印第安部落所属的土地（具体由部长定义）以及农用地周围附带的林地都符合纳入保护保障计划的条件。

"（3）例外条款。

"（A）保护保存计划。纳入第 1 章子篇 B 所述保护保存计划的土地不能纳入保护保障计划。

"（B）湿地保存计划。纳入第 1 章子篇 C 所述湿地保存计划的土地不能纳入保护保障计划。

"（C）草地保存计划。纳入第 2 章子篇 C 所述草地保存计划的土地不能纳入保护保障计划。

"（D）转变为农田的土地。本子篇生效日期之后用于农作物生产的土地、预计将要种植但尚未种植农作物的土地，在上述日期前 6 年内至少有 4 年用于农作物生产的土地（根据第 1 章子篇 B 规定纳入保护保存计划的土地除外），长期保持农作物轮作的土地，具体由部长确定，不应享受保护保障计划中规定的补贴。

"（4）经济方面的应用。对于所有符合纳入保护保障计划条件的土地，部长应允许生产者用于下述经济活动：

"（A）保持土地的农业性质。

"（B）与保护保障计划的自然资源保护目标相一致。

"（C）保护保障计划。

"（1）一般原则。保护保障计划应当：

"（A）指明根据保护保障计划规定将保护的特定土地和资源；

"（B）说明保护保障合同的级别，并说明针对纳入保护保障合同的土地，依照下述第（d）款规定，在特定期限内将执行、维持或改进的具体保护措施；

"（C）包含一个在保护保障合同期限内执行、维护或改进保护保障计划中的保护措施的时间表。

"（2）资源规划。部长应协助与其签订保护保障合同的生产者制定一个长期综合战略，以改善和维护生产者农业经营活动中涉及的所有自然资源。

"（d）保护合同和和保护措施。

"（1）一般原则。

"（A）制定不同级别的合同。部长应制定并向有资格的生产者提供 3 种不同级别的保护合同，生产

者可以根据合同规定获得本子章规定的补贴。

"（B）符合条件的保护措施：

"（ⅰ）一般原则。对于生产者的土地管理、植物种植和结构实践等措施，部长应根据保护保障合同规定向其发放补贴。

"（ⅱ）条件认定。在确定上述第（ⅰ）条款所述措施是否符合条件时，部长应要求在可行范围内尽最大可能选择使用成本最低的措施来实现保护保障计划的目标，具体由部长确定。

"（2）实地考察和示范或先导实验。对于纳入保护保障计划的土地，部长可以批准包括下述内容的保护保障计划：

"（A）实地保护考察和示范活动；

"（B）新技术或创新保护措施的先导实验。

"（3）手册和指南的使用；州和当地方受关注的保护计划。

"（A）手册和指南的使用。在确定保护保障计划中的保护措施以及保护措施的执行和维护标准是否符合条件时，部长应参考自然资源保护局的《国家保护措施手册》。

"（B）州和地区的优先保护计划。一个州或地区的优先保护计划应由该州环保人士通过与下述组织或人员磋商确定：

"（ⅰ）根据子篇 G 规定建立的州技术委员会；

"（ⅱ）当地的农业生产者和环保工作组织。

"（4）保护措施。农业生产者根据保护保障合同规定执行的保护措施（应用于生产者的农业经营活动）包括：

"（A）养分管理；

"（B）综合害虫管理；

"（C）水资源保护（包括通过灌溉）和水质管理；

"（D）放牧、牧场和草原管理；

"（E）土壤保持、质量和残留管理；

"（F）入侵物种管理；

"（G）鱼类和野生生物栖息地的保护、恢复和管理；

"（H）空气质量管理；

"（I）能源保护措施；

"（J）生物资源保护与再生；

"（K）等高耕种；

"（L）带状种植；

"（M）植被种植；

"（N）有控制的轮牧；

"（O）资源节约型农作物轮作；

"（P）将部分农田从土壤消耗型使用转变为土壤保持型使用，其中包括种植植被作物；

"（Q）局部田地保护措施；

"（R）天然草地和牧场的保护与恢复；

"（S）部长认为与本项其他款规定的保护措施相似的其他保护措施。

"（5）合同的分级。在遵守下述第（6）项规定的同时，为执行本款规定，部长应建立下述三级保护合同。

"（A）一级保护保障合同。为纳入一级保护保障合同的土地制订的保护保障计划应当：

"（ⅰ）期限 5 年；并且

"（ⅱ）包括适合于农业经营活动的保护措施，至少（具体由部长确定）：

"（Ⅰ）为农业经营活动纳入合同的部分解决至少一个受关注的重要资源保护问题，问题的解决应符合相应的不退化标准；

"（Ⅱ）包括对根据保护保障合同规定执行或保持的保护措施进行积极管理的内容。

"（B）二级保护保障合同。为纳入二级保护保障合同的土地制订的保护保障计划应当：

"（ⅰ）期限不少于5年，不超过10年，具体期限由生产者决定；

"（ⅱ）包括适合于农业经营活动的保护措施，至少：

"（Ⅰ）为所有农业经营活动解决至少一个受关注的重要资源保护问题，具体由部长确定，问题的解决应符合相应的不退化标准；

"（Ⅱ）包括对根据保护保障合同规定执行或保持的保护措施进行积极管理的内容。

"（C）三级保护保障合同。为纳入三级保护保障合同的土地制订的保护保障计划应当：

"（ⅰ）期限不少于5年，不超过10年，具体期限由生产者决定；并且

"（ⅱ）包括适合于农业经营活动的保护措施，至少：

"（Ⅰ）为整体农业经营活动中所有受关注的资源应用一个符合适当的不退化标准的资源管理系统，具体由部长决定；并且

"（Ⅱ）包括对根据保护保障合同规定执行或保持的保护措施进行积极管理的内容。

"（6）最低要求。执行上述第（5）项所述各级保护保障合同的最低要求应由部长决定和批准。

"（e）保护保障合同：

"（1）一般原则。在批准生产者的保护保障方案时，部长应与生产者签订一个保护保障合同，将保护保障合同包括的土地纳入保护保障计划。

"（2）合同修改。

"（A）选择性修改。生产者可以向部长申请对保护保障合同内容进行选择性修改，修改内容应与保护保障计划的目标相一致。

"（B）其他修改。

"（ⅰ）一般原则。如果部长认为生产者农业经营活动的类型、规模、管理方式或其他方面发生了变化，如不对合同进行修改，将会严重地妨碍保护保障计划目标的实现，部长可以在保护保障合同期满之前以书面形式要求生产者对合同进行修改。

"（ⅱ）参加其他计划。如果对生产者的保护保障合同进行的修改涉及补贴数额减少和其他调整（具体由部长确定），生产者可以：

"（Ⅰ）同时参加：

"（aa）保护保障计划；

"（bb）第1章子篇B下的保护保存计划；

"（cc）第1章子篇C下的湿地保存计划；

"（Ⅱ）将纳入保护保障计划的土地转向纳入上述第（Ⅰ）中（bb）和（cc）中。

"（3）合同终止。

"（A）自愿终止。如果出现下述情况，生产者可以选择终止保护保障合同并保留根据该合同规定获得的补贴：

"（ⅰ）生产者在保护保障合同终止日期来临之前完全遵守该合同的条款和条件（包括所有保持要求）；

"（ⅱ）部长认为终止合同不会妨碍生产者保护保障计划目标的实现。

"（B）其他原因终止。被要求修改第（2）（B）（ⅰ）项所述保护保障合同的生产者，可通过下述措施代替修改合同：

"（ⅰ）终止保护保障合同；并且

"（ⅱ）在合同终止日期前完全遵守合同条款和条件情况下，可保留根据保护保障合同规定获得的补

贴，具体由部长决定。

"（4）合同续签。

"（A）一般原则。除下述（B）小项规定外，生产者可以自愿将保护保障合同续签不少于 5 年不超过 10 年。

"（B）一级保护保障合同的续签。对于签订一级保护保障合同的生产者，若想续签合同必须同意：

"（ⅰ）在已经纳入保护保障计划的土地上采取符合不退化标准的其他保护措施；或

"（ⅱ）针对农业经营活动的其他部分采取新的保护措施，解决一项受关注的资源问题并满足一级保护保障合同中规定的不退化标准。

"（f）生产者因无法控制的环境问题而未能遵守合同的条款和条件。部长应在保护保障合同中列出一个条款，允许对上述第（e）（1）款所述保护保障合同进行修改，以确保生产者在因自己无法控制的环境问题（包括自然灾害或相关情况）而未能遵守合同规定时不会被认为违反了合同，具体由部长决定。

"第 1238B 条　生产者的义务。

"根据保护保障合同规定，生产者应在合同有效期内同意：

"（1）执行获得部长批准的相应保护保障计划；

"（2）保持做记录，在部长提出要求时能随时向部长提供显示正在有效、及时地执行保护保障计划规定的相关记录文件；

"（3）不从事任何可能妨碍保护保障计划目标实现的任何活动；并且

"（4）违反保护保障合同的条款或条件时：

"（A）如果部长认为有必要终止合同：

"（ⅰ）丧失所有根据合同规定获得补贴的权利；且

"（ⅱ）向部长返还全部或部分根据合同规定获得的补贴，包括所有预支补贴及其利息，具体由部长决定；或

"（B）如果部长认为没有必要终止合同，向部长返还获得的补贴或接受对补贴数额进行调整，具体由部长视情况决定。

"第 1238C 条　部长的义务。

"（a）补贴支付时间。部长应根据保护保障合同规定在每个财政年度的 10 月 1 日之后尽快向生产者支付补贴。

"（b）年度补贴数额。

"（1）确定补贴数额的标准。

"（A）基本补贴。本项规定的基本补贴数额应为（具体由部长决定）：

"（ⅰ）2001 农业年度特定土地开发利用的每英亩全国平均租金价格；或

"（ⅱ）2001 农业年度为确保区域平衡而制定的适当租金价格；

"（B）补贴数额。本项下的保护措施补贴数额应根据下述第（C）至（E）小项规定确定。

"（C）一级保护保障合同。一级保护保障合同的补贴数额由下述数额的总数组成：

"（ⅰ）纳入合同土地适用基本补贴 5％的数额；

"（ⅱ）不超过合同中包括的 2001 作物年度县相关保护措施平均成本 75％（如果是初始农民或初始农场主，则为 90％）的数额，具体由部长决定，上述成本主要包括：

"（Ⅰ）采用的新管理措施、植物种植和土地表层结构性管理措施；

"（Ⅱ）保持现有土地管理措施和植物种植活动；

"（Ⅲ）保持已获部长批准但联邦或州政府养护要求中尚未包括的现有土地结构性管理措施。

"（ⅲ）如果生产者采取下述行动，为确保美国所有地区公平，部长可以决定向其增加补贴支付数额：

"（Ⅰ）执行或保持超出其签订合同级别最低要求的多种保护措施（包括涉及变更土地用途的措施，如资源保护型轮作、管制性循环放牧或保护缓冲区等措施）；

"（Ⅱ）除农业经营活动中受关注的资源外，解决当地优先保护资源方面的问题；

"（Ⅲ）参加一项实地保护考察、示范或先导实验活动；

"（Ⅳ）参加目标区一项至少包含 75% 的生产者的流域或地区资源保护计划；或者

"（Ⅴ）实施与保护保障计划中包括的措施相关的评估和评价活动。

"（D）二级保护保障合同。二级保护保障合同的补贴数额应由下述数额的总数组成：

"（ⅰ）保护保障合同所含土地适用基本补贴 10% 的数额；

"（ⅱ）不超过合同中包括的 2001 作物年度县相关保护措施平均成本 75%（如果是初始农民或初始农场主，则为 90%）的数额，具体参照上述第（C）（ⅱ）小项规定；

"（ⅲ）依照上述第（C）（ⅲ）小项规定，部长可以决定增加向其支付的补贴数额。

"（E）三级保护保障合同。三级保护保障合同的补贴数额应由下述数额的总数组成：

"（ⅰ）保护保障合同所含土地基本补贴 15% 的数额；

"（ⅱ）不超过合同中包括的 2001 作物年度县相关保护措施平均成本 75%（如果是初始农民或初始农场主，则为 90%）的数额，具体参照上述第（C）（ⅱ）小项规定。

"（ⅲ）依照上述第（C）（ⅲ）小项规定，部长可以决定向其增加支付的补贴数额。

"（2）补贴限额。

"（A）一般原则。除遵守上述第（1）项和下述第（3）项规定，部长每年应向签订保护保障合同的个体或实体以直接或间接形式支付补贴，补贴数额不超过：

"（ⅰ）签订一级保护保障合同的，20 000 美元；

"（ⅱ）签订二级保护保障合同的，35 000 美元；或者

"（ⅲ）签订三级保护保障合同的，45 000 美元。

"（B）基本补贴限额。在根据前述第（A）小项的（ⅰ）、（ⅱ）、（ⅲ）条款规定申请补贴额度时，个体或实体以直接或间接形式接受第（1）（C）项、第（1）（D）项或第（1）（E）项的第（ⅰ）小项所述基本补贴数额不超过：

"（ⅰ）签订一级保护保障合同的，适用补贴额度的 25%；或

"（ⅱ）签订二级和三级保护保障合同的，适用补贴额度的 30%。

"（C）美国农业部其他补贴。生产者不能就相同土地上的相同保护措施，重复参与部长主管的保护保障计划或其他保护计划并领取补贴。

"（D）相应贡献。要想获得领取本子章所述补贴的资格，个体或实体应为农业经营活动做出贡献（如土地、劳力、管理、装备或资金贡献等），贡献的大小应与其从农业经营活动中的收益分成多少相适应。

"（3）装备或设施。向生产者提供的本子篇所述补贴不能用于：

"（A）为动物喂养活动建造或维修动物废弃物的储存或处理设施，或者动物废弃物的运输或转移设施；或者

"（B）购买或维护并非是以土地为基础的实践活动所不可缺少组成部分的设备，或者修建或维护并非是以土地为基础的实践活动所不可缺少组成部分的建筑物。

"（c）最低实践要求。部长根据生产者遵守子篇 B 或子篇 C（与开发利用高侵蚀性土地或湿地相关的）规定情况向生产者发放补贴。对于从部长主管的其他计划获得补贴的生产者，在决定根据上述（b）款规定向其支付补贴时，应考虑这些补贴是否用于对土地采取保护措施以及是否遵照子篇 B 或子篇 C 的要求，采取的土地经营措施的标准必须超过子篇 B 或子篇 C 规定的最低要求，具体标准由部长决定。

"（d）规则。部长应制订包含下述内容的规则：

"（1）为保护佃户或佃农的利益提供适当的保障，包括在公平和平等基础上分担成本的条款；并且

"（2）为确保公平合理地运用上述第（b）款中设定的补贴限额，制定部长认为必要的其他规则。

"（e）保护保障合同中土地生产者的转让或变更：

"（1）一般原则。除下述第（2）项规定的情况外，保护保障合同中土地的生产者发生转让或变更情况后，保护保障合同应当终止。

"（2）权利和义务的转让。如果出现下述情况，则上述第（1）项规定不适用。土地生产者在发生转让或变更情况后 60 天内，土地受让人以书面形式通知部长保护保障合同中的所有权利和义务已经转让给受让人且受让人同意接受这些权利和义务，则保护保障合同继续生效。

"（f）签订保护保障合同的程序。在依照本子章规定与生产者签订保护保障合同时，部长不应使用竞争性招标或其他类似程序。

"（g）技术援助。在 2003—2007 财政年度，部长每年应就制订和执行保护保障合同向生产者提供技术援助，在这方面支出的费用额度不应超过本财政年度总支出费用额度的 15％。"

（b）规则。在本法案生效后 270 天内，农业部长应为实施上述第（a）款的修订内容制订规则。

第 2002 条 保护保障计划的遵守。

（a）极易受侵蚀土地。《1985 年粮食安全法》第 1211 条（《美国法典》第 16 篇 3830）修订如下：

（1）删除从本条标题到"除……规定外"的内容并插入下述内容：

"第 1211 条 参加保护保障计划资格的取消。

（a）一般原则。除……规定外"。

（2）在末尾添加下述内容：

（b）极易受侵蚀土地。部长应亲自行使判断某人是否遵守本子篇规定的职权，不应将该职权由任何个人或实体代替行使。

（b）湿地。《1985 年粮食安全法》第 1221 条（《美国法典》第 16 篇 3821）修订如下，

在末尾添加下述内容：

（e）湿地。部长应亲自行使判断某人是否遵守本子篇规定的职权，不应将该职权由任何个人或实体代替行使。"

第 2003 条 伙伴关系与合作。

《1985 年粮食安全法》第 1243 条（《美国法典》第 16 篇 3843）修订如下，

在末尾添加下述内容：

"（f）伙伴关系与合作。

"（1）一般原则。在执行子篇 D 下的计划时，部长可利用子篇 D 规定的资源与州和地方机构、印第安部落以及非政府组织签订管理协议，并在与州技术委员会协商之后，按照州环保人士的建议制订一些特别计划，以便为解决与农业生产有关的自然资源问题时加大对所有者、经营者和生产者的技术和资金援助。

"（2）特别计划的标准。

"本款下的特别计划旨在鼓励：

"（A）生产者在对多重农业经营活动有利的设施的安装和维护方面相互合作；

"（B）生产者共享信息、技术和金融资源；

"（C）在地理区域累积环保效益；

"（D）制订并示范具有创新精神的保护办法。

"（3）激励措施。为实现上述第（1）项所述特别计划的目的，部长可向参与这些计划的所有者、经营者和生产者采取特殊的激励措施，以鼓励其形成伙伴关系并参与具有最佳环保效益的计划。

"（4）灵活性。

"（A）一般原则。部长可与具有与农业生产者合作历史的州（包括州政府机构和地方政府部门）、印第安部落和非政府组织签订管理协议，允许有更大的灵活性来调整资格标准的应用、获批的保护措施、创新保护措施以及本篇保护保障计划的其他要素，从而以符合促进下述目标实现的方式更好地反映独特的当地环境和目标：

"（i）环保措施的提升以及自然资源基地的长期生产能力；以及

"（ii）本篇的目标和要求。

"（B）计划。签订上述第（A）小项下管理协议的各方，应就其将执行的计划向部长提交一份特别项目地区计划，计划内容包括：

"（i）实施保护保障计划所需要的资源和调整措施方面的说明（包括这些调整措施如何提升环保效益方面的描述）；

"（ii）调整措施在实现特别项目目标方面对保护保障计划的效果所发挥作用方面的分析；

"（iii）对建议的调整措施的必要性和效果进行重新评估的时间表；

"（iv）有关将对实现特别项目目标方面发挥作用的非联邦政府项目和资源方面的说明；

"（v）一个对完成特别项目目标的进展情况进行评估的计划。

"（5）资金。

"（A）一般原则。除子篇D所述计划中的资源外，依照下述第（B）小项规定，部长在实施子篇D下保护保障计划规定的保护措施时，可用资金不超过第1241（a）条规定的每个财政年度可用资金的5%。

"（B）未使用资金。上述第（A）小项所述每个财政年度的可用资金在该财政年度4月1日之前未使用的部分，可在该财政年剩余时间用于子篇D所述保护保障计划中的其他保护措施。"

第2004条　保护保障计划的管理要求。

（a）一般原则。《1985年粮食安全法》第VII篇的子篇E（即《美国法典》第16篇3841及以下）修订如下：

在末尾添加下述内容：

"第1244条　保护保障计划的管理要求。

"（a）初始农场主、牧场主和印第安部落。部长在实施其主管的保护保障计划期间，应向初始农场主、牧场主、印第安部落（参照第1238条的相关定义）以及资源有限的农业生产者提供激励措施，鼓励他们通过参加保护保障计划开展下述活动：

"（1）培养新的农业和畜牧业机会；以及

"（2）在较长时期内提升环境管理。

"（b）与自然资源保护计划相关的个人信息的保密要求。

"（1）技术和资金援助方面的信息。

"（A）一般原则。根据《美国法典》第5篇552（b）（3）规定，除下述第（C）小项和第（2）项规定外，（B）小项所述信息：

"（i）不应被视为公开信息；

"（ii）不应泄露给农业部之外的任何个人或联邦、州、地方机构或印第安部落（具体由部长定义）。

"（B）信息。上述第（A）小项所述信息是指：

"（i）为向所有者、经营者或生产者提供与自然资源保护局或农场服务局主管的自然资源保护计划有关的技术或资金援助，向部长或部长的承包商提供的信息（包括根据子篇D规定提供的信息）。

"（ii）作为所有者、经营者或生产者农业经营活动一部分的专有信息（参照《美国法典》第5篇

552（b）（4）的定义）。

"（C）例外条款。本条所有内容不得违背《美国法典》第5篇552有关补贴支付信息（包括补贴数额以及补贴接受者的姓名和住址）适用性的规定。

"（2）例外条款。

"（A）向执法部门发布或披露信息。部长可向司法部长发布或披露上述（1）项中的技术和资金援助方面的必要信息，以实施上述第（1）项第（B）小项第（i）条款所述的自然资源保护计划。

"（B）向有合作关系的人员或机构披露信息。

"（i）一般原则。部长可将上述第（1）项第（B）小项第（i）条款所述的技术和资金援助方面的信息或从数据收集站点收集到的信息，向与其有合作关系的个人或联邦、州、地方或部落机构发布或披露。

"（ii）信息的使用。个人或联邦、州、地方或部落机构获得上述第（i）条款所述信息后，只能出于协助部长从事下述活动的目的才能披露该信息：

"（Ⅰ）在提供要求的技术和资金援助时；或

"（Ⅱ）在从数据收集站点收集信息时。

"（C）统计和汇总信息。如果第（1）项所述信息已经被转变成统计或汇总信息，则向公众披露该信息时须遵守下述规定：

"（i）不能披露个体所有者、经营者或生产者的姓名；

"（ii）不能披露数据收集站点的具体名称。

"（D）所有者、经营者或生产者同意披露信息。

"（i）一般原则。所有者、经营者或生产者可以同意披露（1）项所述信息。

"（ii）其他计划的信息披露。对于本篇所述计划或部长主管的其他项目，对于所有者、经营者或生产者参与计划和获取利益方面的信息，发布时不受本项需经他们同意这一规定的限制。

"（3）违规发布信息的惩罚措施。对于本款禁止发布的信息，不管是以任何方式或出于任何目收集得来，凡发布者应根据第1770（c）条相关规定受到惩罚。

"（4）数据的收集、披露和评估。

"本款所有规定：

"（A）不得影响通过国家资源清单计划收集和披露数据的程序；或

"（B）不得限制国会或审计总署对依照本款规定收集或披露的信息进行评估的权力。"

（b）国家资源清单计划。《1985年粮食安全法》第1770条（《美国法典》第7篇2276）修订如下：

（1）在（a）款中：

（A）在第（1）项中，删去末尾处的"或"；

（B）在第（2）项中，删去时期并插入"；或"；并且

（C）在末尾处添加下述内容：

"（3）对于根据第（d）款第（12）项规定收集到的信息，只有在该信息已转化为一种不需要指明提供特定信息人员身份的统计或综合信息情况下，才能向农业部之外的个人，或者联邦、州、地方或部落机构披露。"并且

（2）在（d）款中：

（A）在第（9）项中，删去末尾处的"或"；

（B）在第（11）项中，删去时期并插入"；或"；并且

（C）在末尾处添加下述内容：

"（12）有关为国家资源清单计划收集数据权力的《1972年农村发展法》第302条（《美国法典》第7篇1010a）。"

第 2005 条　保护保障计划的改革和评估。

（a）一般原则。农业部部长应制订一个计划来协调其主管的土地休耕和农用土地保护项目，以实现下述目标：

（1）消除重复项目；

（2）简化项目的实施；以及

（3）提高向农业生产者提供服务的水平（包括重新评估技术援助条款）。

（b）报告。农业部长应在 2005 年 12 月 31 日之前向众议院农业委员会和参议院农业、食品和林业委员会提交一份报告，报告应说明：

（1）根据上述第（a）款规定制订的计划；以及

（2）为实现上述第（a）款所述计划的目标，部长计划采取的措施。

第 2006 条　一致性修订。

（a）《1985 年粮食安全法》第 7 篇子篇 D 第 1 章（《美国法典》第 16 篇 3830 及以下内容）修订如下：

删去本章标题并插入下述内容：

"第 1 章 综合保护改善计划"

（b）《1985 年粮食安全法》第 1230 条（《美国法典》第 16 篇 3830）修订如下：

（1）在该条标题中，删去"环境保护面积保存计划"并插入"综合保护改善计划"；

（2）在第（a）款第（1）项中，删去"一个环境保护面积保存计划"并插入"一个综合保护改善计划"；

（3）删去（c）款；以及

（4）删去各处的"ECARP"，在相应位置插入"CCEP"。

（c）撤销《1985 年粮食安全法》第 1230A 条（《美国法典》第 16 篇 3830a）。

（d）《1985 年粮食安全法》第 1243 条（《美国法典》第 16 篇 3843）修订如下：

删去该条标题并插入下述内容：

"第 1243 条　CCEP 的管理。"

<h2 style="text-align:center">子篇 B　保护保存</h2>

第 2101 条　保护保存计划。

（a）一般原则。《1985 年粮食安全法》第Ⅶ篇子篇 D 第 1 篇子篇 B（《美国法典》第 16 篇 3831 及以下）修订如下：

"子篇 B 保护保存。

"第 1231 条　保护保存。

"（a）一般原则。部长应在 2007 日历年度制定并实施一个保护保存计划，通过签订合同将土地纳入该计划，协助下述第（b）款所指土地的所有者和经营者保护并改善土壤、水和野生动植物资源。

"（b）符合条件的土地。部长可以将下述土地纳入根据本子篇规定制定的保护保存计划：

"（1）极易受侵蚀的农田。极易受侵蚀的农田是指：

"（A）（ⅰ）如果仍不进行治理，会造成未来农业生产能力大幅下降；或

"（ⅱ）不能依照符合子篇 B 要求的计划进行耕种。并且

"（B）部长确认该土地具有农作物种植历史或在《2002 年农业安全与农村投资法》生效日期前的 6

个作物年度中已经耕种了 4 年（在上述日期前纳入保护保存计划的土地除外）。

"（2）在 1990 年 11 月 28 日之前被转变为湿地或者被确立为野生生物栖息地的边际牧场；

"（3）滨水地区或滨水地区附近用于植被绿化（包括种植树木）或类似水质保护措施的边际牧场（包括转化为湿地或确立为野生生物栖息地的边际牧场）；

"（4）部长认为有下述情况的原本不符合条件的农田。

"（A）如果允许继续用于农业生产，该土地将：

"（ⅰ）导致土壤、水或空气质量退化；或

"（ⅱ）对土壤、水或空气质量构成直接或间接的环境威胁。

"（B）该土地是：

"（ⅰ）新建立的永久草皮泄水道；或

"（ⅱ）作为被批准的保护计划一部分建立和保持的轮廓草皮带。

"（C）该土地将被用于新设立的防雪栅、永久野生生物栖息地、防风林、防风带，或者被用于林木或灌木过滤带；或

"（D）该土地构成一种非农业环境威胁，或者如果继续用于农业生产，会构成因土壤盐碱化而造成生产力持续降低的威胁；以及

"（E）将土地纳入保护保存计划有利于生产者农业经营活动中的地下水或地表水资源的净储蓄；

"（5）在一块土地 50％ 的面积作为缓冲区纳入了保护保存计划情况下，如果有下述情况，那么剩余部分也应纳入保护保存计划：

"（A）该土地作为缓冲区的组成部分被纳入保护保存计划；并且

"（B）该土地的剩余部分：

"（ⅰ）不适于农业种植；以及

"（ⅱ）被纳入作为统计定期租金率的土地。

"（c）特定土地的种植状态。为确定土地是否符合纳入根据本子篇规定建立的保护保存计划的条件，在下述情形，该土地应被视为在一个作物年度种植了农产品：

"（1）在该作物年度，土地被用以保护性开发利用；或

"（2）（A）在该作物年度或该作物年度之前两年中的任何一年，该土地被纳入水银行计划；并且

"（B）农田所有者或经营者的合同已经到期，或者将在 2000、2001 或 2002 日历年度到期。

"（d）纳入保护保存计划的最大土地数量。部长在 2002—2007 日历年度每年可纳入保护保存计划的土地数量为 39 200 000 英亩（其中包括部长依照《1990 年粮食、农业、保护与贸易法》第 1437（c）条规定延长的合同里的土地数量）。

"（e）合同的期限。

"（1）一般原则。为了实施本子章规定的保护保存计划，部长应签订期限不少于 10 年、不超过 15 年的合同。

"（2）特定土地。

"（A）一般原则。对于在 1990 年 10 月 1 日之后根据本子章规定签订合同用作建立硬木树林、防风带、防风林或野生生物走廊的土地，或根据第 1235 条（A）规定修改合同用于上述用途的土地，土地所有者或经营者可以在本条规定的期限范围内确定合同的期限。

"（B）硬木树林。对于在 1990 年 10 月 1 日前签订合同种植硬木树林的土地，部长在与土地所有者或经营者达成一致意见情况下，可将合同期限延长不超过 5 年的时间。

"（3）一年延长期。在第（1）项所述合同的期限在 2002 日历年度到期情况下，纳入合同的土地的所有者或经营者可以将合同额外期限延长一年。

"（f）优先保护区域。

"（1）指定区域。在相关州的有关部门提出申请的情况下，部长应将切萨皮克湾地区（宾夕法尼亚

州、马里兰州和弗吉尼亚州）、五大湖区、长岛海湾地区以及其他特殊易受环境影响区域指定为优先保护地区；

"（2）符合条件的流域。符合被指定为优先保护区域条件的流域是指农业生产活动会对水质和栖息地产生实质和重大不良影响的区域。

"（3）合同到期。根据本款规定指定的优先保护区域的有效期一般应为 5 年，到期后需重新指定，但部长根据下述情况撤消指定为优先保护区域的流域除外。

"（A）根据相关州的有关部门申请；或

"（B）如果部长认为该区域的农业生产活动不再对水质或栖息地环境产生实质和重大不良影响。

"（4）部长的义务。在执行本款规定时，部长应尝试通过推动将第（1）项所述流域一定数量的土地纳入本子章所述计划，最大限度地改善各流域的水质和栖息地环境，部长决定采取的任何措施都应与本子章确立的目标相一致。

"（g）多年生草本和豆类植物。为实现本子章确定的目标，根据部长批准，应考虑轮种苜蓿及其他多年生草本和豆类等农产品。

"（h）为纳入保护保存计划的湿地和缓冲区面积实施的试点计划。

"（1）计划。

"（A）一般原则。在 2002—2007 日历年度，部长应在有关各州都实施一个计划，根据该计划，将下述第（2）项所述符合条件的土地纳入根据本子章规定建立的保护保存计划中。

"（B）各州平等参与。部长应在可行范围内最大限度地确保参与保护保存计划的各州的土地所有者和经营者都有平等机会参与根据本款规定制订的试点计划。

"（2）符合条件的土地。

"（A）一般原则。依照下述第（B）小项和第（D）小项规定，土地的所有者或经营者可以根据本款规定将其下述土地纳入保护保存计划：

"（ⅰ）在此前 10 个农业年度中至少有 3 年种植农作物历史的湿地（包括第 1222 条（b）（1）（A）条所述被转变成的湿地）；

"（ⅱ）下述作为缓冲区的土地：

"（Ⅰ）与第（ⅰ）条款所述湿地相邻的土地；

"（Ⅱ）用于保护湿地的土地；以及

"（Ⅲ）考虑到农业活动（包括为适应机械操作而留出的校直边界）对湿地保护的影响，部长认为湿地周围农田中保护湿地所需宽度的土地。

"（B）例外条款。土地所有者或经营者不能将其下述土地纳入本款所述的保护保存计划：

"（ⅰ）内政部最新国家湿地库存地图中标注的常流河滩地或与其毗连的湿地或土地；

"（ⅱ）在最新的国家湿地库存地图中未标注情况下，美国地质调查局最新的 1∶24000 比例尺地图中标注的常流河邻近河滩地上的湿地或土地。

"（C）纳入保护保存计划的土地数量限制。

"（ⅰ）一般原则。部长可纳入本款所述保护保存计划的土地面积：

"（Ⅰ）在第（1）项所述各州每个州不超过 100 000 英亩；并且

"（Ⅱ）总量不应超过 1 000 000 英亩。

"（ⅱ）与保护保存计划最大土地数量限制的关系。依照下述第（ⅲ）条款规定，为了实现第（d）款确立的目标，根据本款规定纳入保护保存计划的所有土地都应视为保护保存计划中保持的土地数量。

"（ⅲ）与其他被纳入土地数量的关系。在任何财政年度，根据本款规定纳入的土地数量不应影响：

"（Ⅰ）作为 1998 年 3 月 24 日宣布的计划的一部分，被纳入计划用来建立保护缓冲区的土地数量（《联邦公报》第 63 篇 14109）；或

"（Ⅱ）纳入 1998 年 5 月 27 日宣布的保护保存改善计划的土地数量（《联邦公报》第 63 篇 28965）。

"（ⅳ）审查；纳入土地数量的潜在增长。在本条款规定生效之日起 3 年内，部长应：

"（Ⅰ）对参加本款规定计划的各州的进展情况进行评估；

"（Ⅱ）将各州根据上述第（ⅰ）（Ⅰ）条款规定纳入计划的土地数量提高到不超过 150 000 万英亩。

"（D）土地所有者或经营者纳入计划的土地数量限制。

"（ⅰ）湿地。

"（Ⅰ）一般原则。对于符合第（A）（ⅰ）小项规定的湿地，其所有者或经营者可以纳入本款下保护保存计划的最大面积为毗连的 10 英亩，其中符合补贴条件的不超过 5 英亩。

"（Ⅱ）覆盖范围。第（Ⅰ）子条款所述的所有土地（包括不能获得补贴部分）都应纳入保护保存合同。

"（ⅱ）缓冲区土地面积。对于符合第（A）（ⅱ）小项规定的缓冲区土地，所有者或经营者可纳入本款所述保护保存计划的最大面积应为下述较大者：

"（Ⅰ）该缓冲区毗连的、第（A）（ⅰ）小项所述的湿地面积的 3 倍；或

"（Ⅱ）湿地各个边缘 150 英尺宽。

"（ⅲ）大片土地。对于土地所有者或经营者的大片土地（具体标准由部长决定），可纳入本款下保护保存计划的最大面积为 40 英亩。

"（3）土地所有者和经营者的义务。根据本款规定签定的保护保存合同，在合同期限内，农场或牧场的所有者或经营者应同意：

"（A）根据部长决定，在可行范围内尽最大努力恢复符合纳入保护保存计划条件的湿地的水文；

"（B）根据部长决定，在符合纳入保存保存计划条件的湿地上建立植被（包括水中植被）；并且

"（C）履行第 1232 条规定的其他义务。

"（4）部长的义务。

"（A）一般原则。除下述第（B）小项和第（C）小项规定外，作为对土地所有者或经营者根据本款规定签订合同的回报，部长应依照第 1233 条和第 1234 条规定向所有者或经营者支付补贴并提供援助。

"（B）连续签约。部长应利用第 1234（c）（2）（B）条规定的连续签约条款来决定是否同意本款所述合同的条款及租金数额。

"（C）激励措施。根据本款规定签订的合同中以租金形式向土地所有者和经营者支付的补贴数额，应反映为对土地所有者和经营者将滤土草带纳入第 1234 条下的保护保存计划的激励措施。

"（ⅰ）资格考虑。根据本子章规定签订的合同到期时，纳入合同的土地应符合被考虑再次纳入保护保存计划的条件。

"（ⅰ）自然资源保护目标的平衡。在决定是否接受本子章下的合同条款时，部长应在可行范围内尽最大努力确保土壤侵蚀、水质和野生生物栖息地等自然资源保护目标的平衡。

"第 1232 条　土地所有者和经营者的义务。

"（a）一般原则。根据依照本子章规定签订的合同条款，农场或牧场的所有者或经营者应在合同期限内同意：

"（1）执行一项被当地保护区批准的计划（或在保护区以外地区执行一项被部长批准的计划），并依照计划中的安排，将通常用于农产品生产的农场或牧场土地转变为不那么密集使用的土地（具体由部长确定），如种植牧草、多年生草、豆类植物、非禾本草本植物、灌木或树等；

"（2）将合同中的极易受侵蚀农田纳入到根据本子章规定建立的保护保存计划中；

"（3）除部长批准外，不将土地用于农业目的；

"（4）为提升野生生物栖息地环境建立陆地植被和水生植被，或保持土地上现有的植被，下述除外：

"（A）水生植被不应包括出于商业目的供牲畜饮水、灌溉庄稼或养鱼的池塘；并且

"（B）如果出现下述情况，部长不应因未栽种陆地或水生植被而终止合同：

"（ⅰ）因雨水或洪水过多而未能栽种植被；

"（ⅱ）合同中可以栽种植被的土地栽种了植被；以及

"（ⅲ）原本所有者或经营者不能栽种植被的土地在潮湿条件出现变化后栽种了植被。

"（5）所有者或经营者任何时候在其控制的土地上违反合同条款。

"（A）如果部长在参考土地保护区和自然资源保护局的建议后认为违反程度已足以终止合同，则丧失根据合同规定获得租金和成本分摊补贴的所有权利，并向部长返还已获得的所有资金及其利息；或

"（B）如果部长认为违反程度尚不足以终止合同，向部长返还适当比例的租金和成本分担补贴，或接受对租金和成本分担补贴的额度进行适当调整。

"（6）所有者或经营者转让纳入合同土地的权益时：

"（A）丧失获得合同规定的租金和成本分担补贴的所有权利；并且

"（B）向美国政府返还已获取的所有租金和成本分担补贴，或接受对上述费用额度进行调整，或将上述返还款用于部长认为与本子章目标相一致的适当项目。只有在土地受让人向部长表示同意承担合同规定的一切义务时，或土地是由（或者是为）美国鱼类及野生生物管理局购买时，或土地受让人与部长就修改合同（修改内容应与保护保存计划的目标相一致）达成一致时，才可以不返还土地租金和成本分担补贴，具体由部长决定。

"（7）在纳入合同的土地上不从事任何采收或放牧活动，不从事商业用途的饲料种植活动，或不从事部长在合同中指明会破坏合同目标的任何类似活动，但部长准许的与土壤、水质和野生生物栖息地（包括该地区鸟类筑巢季节的栖息地）保护目标相一致的活动除外。

"（A）对于有管理的采收和放牧活动（包括有管理的生物量采收），除同意进行有管理的采收和放牧活动外，部长：

"（ⅰ）应通过与国家技术委员会协调。

"（Ⅰ）制定适当的植被管理要求；并且

"（Ⅱ）指定根据本项规定可以进行采收和放牧活动的时期。

"（ⅱ）为应对干旱或其他紧急情况，可以允许在纳入合同的土地上进行采收和放牧活动或其他商业用途饲料种植活动。以及

"（ⅲ）在为应对干旱或其他紧急情况而进行的有管理的常规采收或放牧活动情况下，应减少合同规定的应付租金数额，减少额度应与上述活动的经济价值相一致。以及

"（B）对于风力涡轮机的安装，部长除同意安装外，还应确定可以安装的数量及位置，同时还要考虑下述因素：

"（ⅰ）土地的位置、面积以及其他物理属性；

"（ⅱ）土地所包含的野生动物及野生生物栖息地；以及

"（ⅲ）本子章下的保护保存计划的目的。

"（8）除非合同具体指明禁止对圣诞树之类的树木进行采伐和商业销售，否则不能在纳入合同的土地上从事任何树木移植活动；除非合同明确表示允许，否则不能将土地上的树木用于商业用途；不从事部长在合同中指明的会对合同目的有破坏作用的任何相似活动；合同中没有禁止的符合常规的森林养护实践活动除外，如在转化为林业用地的土地上从事修剪、疏伐或改善树木群体等活动。

"（9）不从事部长在合同中指明的任何会妨碍本子章目标实现的活动。

"（10）遵守部长为实施本子章所述计划或便于对本子章所述计划进行管理而认为有必要的并且包含在合同内的附加条款。

"（b）保护计划。上述第（a）（1）款中所指计划。

"（1）应陈述：

"（A）土地所有者或经营者在合同期限内实施的保护措施和实践活动；以及

"（B）在合同期限内可允许对土地进行的商业开发利用。

"（2）可规定用于农业生产的土地永久退耕。

"（c）丧失土地赎回权。

"（1）一般原则。不论其他法律条款有何规定，如果作为根据本子章规定签订合同一方的所有者或经营者丧失了对纳入合同土地的赎回权，并且部长认定为体现公平和公正待遇原则应当豁免还款，则土地所有者或经营者无需向部长返还根据合同规定获得的补贴款。

"（2）重新获得土地控制权。

"（A）一般原则。如果土地所有者或经营者在合同指定期限内重新获得纳入合同土地的控制权，本款不应免除所有者或经营者合同规定的义务。

"（B）合同。在土地所有者或经营者重获土地控制权情况下，可适用在丧失土地赎回权当天有效的合同条款。

"第 1233 条　部长的义务。

"作为对根据第 1232 条规定签订合同的土地所有者或经营者的回报，部长应当：

"（1）分担实施合同规定的保护措施和实践活动的成本，部长确定的成本分担比例要适当并符合公众利益；并且

"（2）在不超过合同期限的几年时间内，每年支付必要数额的租金，以补偿：

"（A）将农场或牧场通常情况下用于农产品生产的极易受侵蚀农田转变为较不密集使用的土地；以及

"（B）土地所有者或经营者同意用于农业生产的土地永久退耕。

"第 1234 条　支付补贴。

"（a）支付时间。为履行根据本子章规定签订的合同中确定的义务，部长应提供补贴：

"（1）对于支付成本分担补贴方面的义务，部长应在该义务产生后在可行范围内尽快支付；

"（2）对于支付年度租金方面的义务，部长应：

"（A）在每个日历年度 10 月 1 日以后在可行范围内尽快支付；或

"（B）根据部长意愿，在义务产生当年的上述日期之前任何时间支付。

"（b）联邦政府分担的成本费用比例。

"（1）一般原则。在根据本子章所述合同规定向土地所有者或经营者支付成本分担费用时，部长应支付合同要求的改善水质及其他保护措施和实践活动 50％的成本费用，部长确定的支付比例要适当且符合公众利益。

"（2）限额。部长根据本子章规定向土地所有者或经营者支付的成本分担费用比例，加上土地所有者或经营者从其他各个渠道获得的成本分担费用比例，总数不应超过上述第（1）项中所述采取保护措施和实践活动实际支出成本的 100％。

"（3）硬木树林、防风林、防风林带和野生生物走廊。

"（A）适用性。本项适用于：

"（ⅰ）根据合同规定，在 1990 年 11 月 28 日之后用于建立硬木树林、防风林、防风林带和野生动物走廊的土地；

"（ⅱ）根据第 1235A 条规定转变为上述用途的土地。

"（B）补贴。从第（A）小项所述土地所有者和经营者种植树木或灌木之日起不少于 2 年、不超过 4 年期间内，对于维护树木或灌木所需的合理和必要成本，包括重植成本（如果树木或灌木因土地所有者或经营者不能控制的原因死亡），部长应支付 50％的合理和必要成本费用，具体由部长确定。

"（4）种植硬木树林。部长可批准土地所有者或经营者在 3 年期间至少将 10 英亩的土地用于种植本子章规定的硬木树林，前 2 年每年至少种植 1/3 的数量。

"（5）联邦政府其他方面的成本分担援助。如果土地所有者或经营者根据其他法律条款规定已经获取联邦政府有关土地的成本分担援助，则不再具有获得或保留本款所述成本分担援助的资格。

"（c）年度租金。

"（1）一般原则。对于将通常情况下用于农产品生产的极易受侵蚀农田转变为不那么密集使用的土地的所有者或经营者，在决定向其支付年度租金补贴时，部长可考虑，除其他因素外，补贴数额要足以鼓励所有者或经营者参加根据本子章规定制定的保护保存计划这一因素。

"（2）确定补贴数额的方法。以根据本子章规定签订的合同中的租金形式向土地所有者或经营者支付的补贴数额可通过下述方法确定：

"（A）土地所有者和经营者依照部长规定的方式为上述合同提交标书；

"（B）部长认为合适的其他方式。

"（3）接受合同。在决定是否接受合同时，部长可以：

"（A）考虑纳入合同的土地能在多大程度上改善土壤资源、水质、野生生物栖息地或带来其他环境效益；

"（B）根据水质或野生生物栖息地可以改善或水土流失可以减少的程度，在美国不同的州和地区制订不同的标准。

"（4）硬木树林土地。对于纳入根据本子章规定制订的保护保存计划用来种植硬木树林的土地，部长可考虑为本款下的合同连续招投标。

"（d）现金或实物补贴。

"（1）一般原则。除本条另有规定外，本子章下的补贴：

"（A）应按照合同规定的数额和时间表以现金或实物形式支付；

"（B）可以在效果评定之前支付。

"（2）提供实物补贴的方法。如果向土地所有者或经营者支付的补贴是以实物形式支付，则补贴应由商品信贷公司通过下述方式支付：

"（A）在极易受侵蚀农田所在县的仓库或其他类似设施，或在部长与土地所有者或经营者一致同意的其他地点，向土地所有者或经营者交付相关商品；

"（B）通过转让可转让仓单的方式；

"（C）通过其他方法，包括在商业市场上销售等部长认为能让土地所有者或经营者有效迅速地获得实物补贴的适当方法。

"（3）现金补贴。

"（A）商品信贷公司库存。如果商品信贷公司的商品库存不足以满足土地所有者或经营者的全部需要，部长可用全部或部分现金补贴来代替实物补贴。

"（B）特殊保护保存改善计划。对于第（f）（4）款所述的特殊保护保存改善计划，只能以现金形式向土地所有者或经营者支付补贴。

"（e）死亡、无行为能力或继承情况下的补贴。根据本子章中的合同规定可领取补贴的土地所有者或经营者，如果因死亡或无行为能力而无法领取补贴，或权利和义务被其他能按要求履约的人继承，部长应依照其规视具体情况以公平合理的方式支付补贴。

"（f）租金额度限制。

"（1）一般原则。每个财政年度向本子章规定的个人支付的租金，包括以实物商品形式支付的租金，总额不能超过 50 000 美元。

"（2）规则。

"（A）一般原则。部长应制定规则：

"（ⅰ）解释本款中"个人"的含义；

"（ⅱ）为确保公平合理地应用本款规定的额度限度，制订一些必要的条款和条件。

"（B）公司和股东。应运用部长 1970 年 12 月 18 日制订的规则，即《1970 年农业法》第 101 条（《美国法典》第 7 篇 1307），来判定公司及其股东是否应被视为本款中的个人。

"（3）其他补贴。土地所有者或经营者获取的租金应是附加的，不应影响其根据《2002 年农业安全与农村投资法》规定有资格领取的补贴的总额。

"（4）特殊保护保存改善计划。

"（A）一般原则。此款有关对个人补贴额度限制的条款以及《1987 年农业调解法》第 1305 条（d）（《美国法典》第 7 篇 1308 注释；《公法》100－203），不适用于执行部长批准的保护保存计划以及根据该计划签订协议的州、行政区及其派出机构接受的补贴额度。

"（B）协议。部长可以签订上述协议向其认为将推动实现本子章目标的州（包括州的行政区和派出机构）支付补贴。

"（g）其他州或地方政府补贴。除本子章规定的补贴外，土地所有者或经营者还可以就参加保护保存计划从州或州下属的行政区那里获取成本分担援助、租金或税收优惠。

"第 1235 条　合同。

"（a）土地所有权或经营活动要求。

"（1）一般原则。除下述第（2）项规定外，对于在合同有效期第一年之前的那一年土地所有权发生变化的土地，不能根据本子章规定签订合同，下述情况除外：

"（A）新的所有权是在前所有权人死亡后通过遗嘱或继承方式获得；

"（B）新的所有权是在 1985 年 1 月 1 日之前获得；

"（C）部长确定获取土地的目的不是为了将该土地纳入根据本子章规定建立的保护保存计划；或

"（D）土地所有权的变更是因为原土地所有者丧失了土地赎回权，且原土地所有者在丧失土地赎回权之前根据州法律规定可以从抵押权人那里行使赎回权。

"（2）例外条款。上述第（1）项：

"（A）不应禁止新的土地所有者根据本子章规定签订协议之后延长该协议；或

"（B）不应在下述情况下要求个人将拥有土地作为签订合同的条件：

"（ⅰ）个人在本条所述合同签订之日前已经开始经营纳入合同的土地至少 1 年时间或自 1985 年 1 月 1 日起已经开始经营该土地，以较迟者为准；并且

"（ⅱ）个人在合同期限内拥有对土地的控制权。

"（b）出售或转让土地。在根据本子章规定签订的合同的有效期内，如果纳入合同的土地的所有者或经营者出售或转让土地的所有权或经营权，新的土地所有者或经营者可以：

"（1）按照相同的条款和条件继续履行合同；

"（2）按照本子章规定签订一份新合同；或

"（3）选择不参与本子章规定的保护保存计划。

"（c）合同的修改。

"（1）一般原则。如果出现下述情况，部长可以对根据本子章规定与土地所有者或经营者签订的合同进行修改：

"（A）土地所有者或经营者同意进行修改；

"（B）部长认为修改有利于：

"（ⅰ）实施本子章的条款；

"（ⅱ）有利对本子章所述计划进行有效管理；或

"（ⅲ）实现部长认为适当的、与本子章目标相一致的其他目标。

"（2）农业商品的生产。在适当条件下，部长可以修改或取消根据本子章规定签订的合同的某个条款或条件，以便允许纳入合同的全部或部分土地可在某个作物年度用于生产农业商品。

"（d）合同的终止。

"（1）一般原则。如果出现下述情况，部长可以终止根据本子章规定与土地所有者或经营者签订的合同：

"（A）土地所有者或经营者同意终止合同；以及

"（B）部长认为终止合同符合公众利益。

"（2）通知国会的相关委员会。在根据上述第（1）项规定采取行动终止根据本子章规定签订的所有保护保存合同时，部长应至少提前90天以书面形式通知众议院农业委员会和参议院农业、营养与林业委员会。

"（e）土地所有者或经营者提前终止合同。

"（1）提前终止合同。

"（A）一般原则。如果根据本子章规定签订的合同已经生效至少5年，部长应允许在1995年1月1日前签订合同的土地所有者或经营者随时终止合同。

"（B）违反合同的责任。合同终止不能免除签订合同者在合同终止日期前产生的违约责任。

"（C）向部长发出通知。签订合同者应就其终止合同意愿向部长发出合理通知。

"（2）不能提前终止合同的特定土地。下述土地不适用于根据本款规定提前终止合同：

"（A）过滤带、水道、与河岸区域毗连的带状地带、防风林、防护林带。

"（B）可蚀性指数超过15的土地。

"（C）具有较高环保价值的其他土地（包括湿地），具体由部长决定。

"（3）生效日期。土地所有者或经营者按照上述第（1）（C）项要求发出通知60天后，合同的终止开始生效。

"（4）分摊的租金。如果根据本子章规定签订的合同在该财政年度结束前终止且当年租金尚未支付，部长应按照合同生效时间占该财政年度的比例支付相应租金。

"（5）重新登记。终止根据本子章规定签订的合同，不应影响曾要求终止合同的所有者或经营者提交申请将曾经纳入合同的土地纳入到保护保存计划的能力。

"（6）保护规定。如果纳入合同的土地重新用于农业商品的生产，对该土地的开发利用应适用子篇B和子篇C所述的保护规定，这些保护规定在该土地上的执行标准应与对该地区其他相似土地的执行标准相似，不能比对其他相似土地执行的标准更为严格。

"第1235A条　纳入合同的土地转变为其他保护用途。

"（a）转变为其他级别的合同。

"（1）一般原则。对于根据本子章规定签订合同且合同于1990年11月28日生效的土地所有者或经营者，部长应允许其将纳入合同的极易受侵蚀农田，由种植植被转变为种植硬木树林、防风林、防风林带或建立野生生物走廊。

"（2）合同期限。

"（A）延长合同期限。对于根据本条规定经过修改、转变为种植硬木树林、防风林、防风林带或建立野生生物走廊的合同，如果合同的最初期限少于15年，土地所有者或经营者可以将合同期限延长到不超过15年。

"（B）成本分担援助。对于土地所有者或经营者根据本款规定采取保护措施和实践活动所付出的成本，部长在认为适当且符合公众利益情况下，应向其支付50%的成本费用。

"（b）转变为湿地。一般原则。对于签订本子章所述合同且合同于1990年11月28日生效的土地所有者或经营者，如果存在下述情况，部长应允许其将根据合同规定种植植被的极易受侵蚀农田区域复原为湿地。

"（1）该区域以前是由湿地转变而来；

"（2）该区域的所有者或经营者签订协议向部长出让有关该区域土地的永久使用权；

"（3）有很大可能性将之前转变的区域成功地复原为湿地状态；并且

"（4）恢复该区域符合 C 子章的要求。

"（c）限制。部长不应向本条所述转变用途的土地支付任何额外费用，包括涉及最初建立植被方面的费用。

"（d）签订合同的条件。作为签订（a）款所述合同的条件，土地所有者或经营者应参与根据《1978 年林业合作援助法案》第 5 条（《美国法典》第 16 篇 2103a）设立的林业管理项目。"

（b）经济效益研究。

（1）一般原则。本法生效之日起 18 个月内，农业部长应向众议院农业委员会和参议院农业、营养与林业委员会提供一份报告，对根据 1985 年《粮食安全法》第Ⅶ篇子篇 D 第 1 章第 B 节（《美国法典》第 16 篇 3831 及以下）设立的保护保存计划为农村社区带来的经济和社会效应进行说明。

（2）研究的要素。对于第（1）项所述报告进行的研究应包括有关下述要素的分析：

（A）在农村社区，尤其是在大部分农田都纳入保护保存计划的农村社区，参加保护保存计划对农村商业、公民组织和社区服务（如学校、公共安全和基础设施）的影响。

（B）将土地纳入保护保存计划对农村人口和初始农场主的影响（包括有关纳入计划土地所占的比例与没有参加计划的土地所有者所占比例之间联系的说明）；

（C）（ⅰ）每英亩土地补贴的差别费率影响纳入计划土地类别（通过生产率划分）的方式；

（ⅱ）每英亩土地补贴费率的变化对上述影响有何作用；以及

（ⅲ）每英亩土地补贴的差别费率可以促使保留生产性农业用地的农业用途的方式；以及

（D）将土地纳入保护保存计划对娱乐活动（包括打猎和钓鱼等）机会的影响。

子篇 C　湿地保存计划

第 2201 条　重新授权。

《1985 年粮食安全法》第 1237 条（c）（《美国法典》第 16 篇 3837（c））修订如下：

删去"2002"并插入"2007"。

第 2202 条　土地纳入湿地保存计划。

《1985 年粮食安全法》第 1237 条（《美国法典》第 16 篇 3837）修订如下：

（1）删去（b）款内容并插入下述内容：

"（b）将土地纳入计划的条件。

"（1）纳入计划的最大土地数量。纳入湿地保存计划的土地总量不应超过 2 275 000 英亩，部长应在可行范围内最大限度地将土地纳入计划，每个日历年度可纳入土地 250 000 英亩。

"（2）将土地纳入计划的办法。部长应通过获取土地永久使用权、30 年使用权、签订恢复成本分担协议或通过使用上述不同选项的组合等办法将土地纳入计划。"

（2）删去第（g）款内容。

第 2203 条　土地使用权和协议。

《1985 年粮食安全法》第 1237A 条（《美国法典》第 16 篇 3837a）修订如下：

删去（h）款内容。

第 2204 条　土地所有者的变更；协议修改；合同终止。

《1985 年粮食安全法》第 1237E 条（a）（《美国法典》第 16 篇 3837a）修订如下：

删去第（2）项并插入下述内容：

"（2）（A）因丧失土地赎回权而导致土地所有权人变更；以及

（B）在丧失土地赎回权之前，原土地所有者依照州法律规定向抵押权人行使赎回权；或"。

子篇 D　环境质量激励计划

第 2301 条　环境质量激励计划。

《1985 年粮食安全法》第Ⅶ篇子篇 D 第 4 章（《美国法典》第 16 篇 3839aa 及以下）修订如下：

"第 1240 条　目的。

"根据此章节规定设立环境质量激励计划的目的是促进提高农业生产和改善环境质量作为兼容目标共同发展，优化环境效益。具体措施包括：

"（1）协助生产者遵守当地、州和国家有关下述资源的法规要求：

"（A）土壤、水和空气质量；

"（B）野生生物栖息地；以及

"（C）地表和地下水保护。

"（2）通过协助生产者保护土壤、水、空气以及其他相关自然资源并遵守联邦、州、部落以及当地相关机构制订的环境质量标准，在可行范围内最大程度避免对资源和管理计划方面的需求。

"（3）向生产者提供灵活援助，以便在在保持食品和纤维素生产的同时，建立和维护改善土壤、水、相关自然资源（包括牧场和湿地）和野生生物栖息地质的保护措施。

"（4）协助生产者在农业用地里对耕作制度、放牧管理、与牲畜和害虫有关的养分管理、灌溉管理或其他实践措施进行有益的符合成本效益的变革。以及

"（5）巩固并简化保护规划和遵守法规的程序，降低生产者的管理负担和实现环保目标的成本。

"第 1240A 条　定义。

"在本章中：

"（1）初始农场主或牧场主。'初始农场主或牧场主'的含义参照《巩固农业和农村发展》第 343（a）条（即《美国法典》第 7 篇 1999（a））规定。

"（2）符合条件的土地。

"（A）一般原则。'符合条件的土地'是指从事农业商品生产或牲畜养殖的土地。

"（B）包括内容。'符合条件的土地'包括：

"（ⅰ）农田；

"（ⅱ）草地；

"（ⅲ）草原；

"（ⅳ）放牧地；

"（ⅴ）私有、非工业林地；以及

"（ⅵ）其他部长认为对土壤、空气、水或相关资源构成严重威胁的农业用地。

"（3）土地管理措施。'土地管理措施'提指为防止水、土壤或相关资源退化，部长认为有必要以最符合成本效益的方式在符合条件的土地上实施具体地点养分或肥料管理、病虫害综合治理管理、灌溉管理、耕作或残留物管理、放牧管理、空气质量管理或其他土地管理措施。

"（4）牲畜。'牲畜'是指奶牛、肉牛、蛋鸡、肉鸡、火鸡、猪、羊和其他部长指定的动物。

"（5）措施。'措施'是指一种或多种结构性措施、土地管理措施和综合养分管理规划措施等。

"（6）结构性措施。'结构性措施'是指：

"（A）在符合条件土地上的具体地点建立动物废物管理设施、梯田、草皮泄水道、轮廓草地带、滤

土草带、废水坑、永久野生生物栖息地、人工湿地或其他部长认为以最富有成本效益方式预防水、土壤或有关资源退化的结构性措施。

"（B）在符合条件土地上覆盖废井。

"第 1240B 条　环境质量激励计划的建立和管理。

"（a）建立。

"（1）一般原则。在 2002—2007 财政年度，部长每年应向根据该计划规定与其签订合同的生产者支付成本分担补贴和激励补贴。

"（2）符合条件的措施。在实施本章规定的措施时：

"（A）依照本章规定实施结构性措施的生产者应有获得成本分担补贴的资格；

"（B）依照本章规定实施土地管理措施或制订综合养分管理计划的生产者应有获得激励补贴的资格。

"（b）措施和合同期限。

"（1）措施。根据本章规定签订的合同可应用一项或多项结构性措施、土地管理措施和综合养分管理措施。

"（2）合同期限。根据本章规定签订的合同的期限应当：

"（A）从合同生效日开始到合同终止日至少为 1 年时间，期间合同规定的所有措施应实施完毕；

"（B）不超过 10 年。

"（c）向下竞价。如果部长认为有关成本分担补贴或激励补贴的申请，涉及 2 种或多种可比环境价值，部长不能仅仅因为计划成本更低就选择这个申请者而不选择另一个。

"（d）成本分担补贴。

"（1）一般原则。除下述第（2）项规定外，向申请实施一项或多项措施的生产者提供的成本分担补贴不应超过该措施总成本的 75％，具体由部长决定。

"（2）例外条款。

"（A）资源不足和初始农场主。如果生产者资源不足或者是初始农场主或牧场主，部长可提高上述第（1）项规定的成本分担补贴比例，但不得超过总成本的 90％，具体由部长确定。

"（B）其他来源的成本分担援助。除下述第（3）项规定外，生产者从州或民间组织或个人那里获得的用于在符合条件土地上实施一项或多项措施的成本分担补贴，应作为根据上述第（1）项规定向生产者提供的成本分担补贴的附加部分。

"（3）其他补贴。如果生产者因在相同土地上的相同活动曾获得第一章和该计划规定的成本分担补贴或其他利益，则生产者不再具有领取成本分担补贴的资格。

"（e）激励补贴。

"（1）一般原则。部长应向生产者提供激励补贴，补贴数额以足以鼓励他们采取一项或多项土地管理措施为准，具体由部长确定。

"（2）特殊规则。部长在确定支付激励补贴的数额及所占成本的比例时，应优先考虑为那些促进残留物、养分、虫害、入侵物种或空气质量管理的措施提供补贴。

"（f）合同的修改或终止。

"（1）自愿修改或终止。如果出现下述情况，部长可修改或终止根据本章规定与生产者签订的合同：

"（A）生产者同意修改或终止；

"（B）部长认为修改或终止合同符合公众利益。

"（2）非自愿终止。如果部长认为生产者违反了合同，则可以终止根据本章规定与生产者签订的合同。

"（g）补贴资金的分配。在 2002—2007 财政年度，部长每年应将成本分担补贴和激励补贴资金中的 60％用于与牲畜养殖相关的措施。

"第 1240C 条　申请和补贴的评估。

"部长在评估针对成本分担补贴和激励补贴的申请时，应优先考虑将援助和补贴用于：

"（1）鼓励生产者采取富有成本效益的保护措施；

"（2）解决国家的优先保护计划问题。

"第 1240D 条　生产者的义务。

"要获得环境质量激励计划下的技术援助、成本分担补贴或激励补贴，生产者应同意：

"（1）实施一个环境质量激励项目计划（如果适用，包括一个综合养分管理计划），计划中说明将通过获部长批准的一项或多项措施实现的保护和环境目标；

"（2）不在农场或牧场上从事任何会妨碍该计划目标实现的活动；

"（3）在违反合同条款或条件情况下：

"（A）如果部长认为违反程度已足以终止合同：

"（ⅰ）丧失获取合同规定的补贴的一切权利；

"（ⅱ）向部长返还已获取的全部或部分补贴，包括补贴产生的利息，具体由部长决定。或

"（B）如果部长认为违反程度尚不足以终止合同，向部长返还已接收的补贴或同意对补贴额度进行调整，具体由部长酌情决定；

"（4）在转让生产者纳入合同土地的权利和利益情况下，除非承让人向部长表示同意承担合同的所有义务，否则返还已获取的所有成本分担补贴和激励补贴，具体由部长决定。

"（5）根据部长要求提供是否遵守项目计划和要求的信息；以及

"（6）遵守部长认为实施项目计划所必要的附属条款。

"第 1240E 条　环境质量激励项目计划。

"（a）一般原则。要获得领取该项目下的成本分担补贴或激励补贴的资格，生产者应向部长提交一份有待部长批准的经营计划，计划应：

"（1）说明根据该项目规定包含的措施；

"（2）包括部长认为实施该项目必要的条款和条件，包含一份有关通过执行该计划要实现的目标的说明；以及

"（3）对于舍饲牲畜喂养活动，如果适用，规定制定和实施一份综合养分管理计划。

"（b）避免重复。部长应在可行范围内尽最大努力避免重复为环境质量激励计划及相似保护项目的措施制订计划。

"第 1240F 条　部长的义务。

"部长应通过下述方式适当地协助生产者实现某一项目计划的资源和环境保护目标：

"（1）为制订和实施一种或多种实践措施酌情提供成本分担补贴和激励补贴；

"（2）向生产者提供信息和培训服务以协助他们实施制定的计划。

"第 1240G 条　补贴限制。

"在 2002—2007 财政年度，一个个体或实体，不管其根据本章规定签订多少合同，以直接或间接方式获得本章下的成本分担补贴或激励补贴的总额不超过 450 000 美元。

"第 1240H 条　环保创新资助。

"（a）一般原则。为加大联邦政府在改善和保护环境方面投资的杠杆作用，部长可通过该项目并结

合农业生产，提供旨在鼓励创新方法的竞争力资助成本。

"（b）用途。部长可在竞争的基础上向政府组织、非政府组织和个人提供资助，以便：

"（1）实施有资格接受该项目规定的补贴或技术援助的生产者参与的项目；

"（2）实施诸如下述一些项目：

"（A）降低污染的市场系统；

"（B）创新环保措施，包括土壤中的碳储存等；并且

"（3）加大实施环境质量激励计划的可用资金以及州、地方政府和民间组织提供的配套资金的杠杆作用，以便结合农业生产，促进环境质量的提升和保护。

"（c）成本分担。本条下实施某个计划的资助资金额度应不超过该计划成本的 50%。

"第 1240I 条　地下水和地表水的保护。

"（a）保护措施的制定。在实施本章所述计划时，除依照下述第（b）款规定外，部长应通过向生产者提供成本分担补贴、激励补贴和贷款促进地下水和地表水的保护，鼓励生产者在农业经营中采取符合规定的水资源保护措施，以达到下述目的：

"（1）改善灌溉系统；

"（2）提升灌溉效率；

"（3）转变为：

"（A）需水量较少的农业商品的生产；或

"（B）旱地农业；

"（4）通过水银行和地下水补给等措施改善水的储备；

"（5）减轻干旱影响；或

"（6）在农业经营活动中制定其他改善地下水和地表水资源的保护措施，具体由部长决定。

"（b）水资源的净储蓄。部长只有在认为援助将在生产者的农业经营活动中促进提高地下水和地表水资源的净储蓄情况下，才可以向生产者提供本条规定的援助。

"（c）资金。对于商品信贷公司的资金，除第 1241（a）（6）条规定的实施环境质量激励计划的可用资金额度外，部长：

"（1）实施本条计划。

"（A）在 2002 财政年度可用 25 000 000 美元；

"（B）在 2003 财政年度可用 45 000 000 美元；以及

"（C）在 2004—2007 财政年度可用 60 000 000 美元；并且

"（2）在本条条款生效后，在可行范围内尽快用 50 000 000 美元实施克拉马斯盆地、加利福尼亚和俄勒冈州的水资源保护计划。"

子篇 E　草地保存计划

第 2401 条　草地保存计划。

《1985 年粮食安全法》第 2 章（根据第 2001 条修订）修订如下：

在结尾处添加下述内容：

"第 C 节　草地保存计划。

"第 1238N 条　草地保存计划。

"（a）建立。部长应建立一个草地保存计划（在本子章中称为"计划"），以协助土地所有者恢复和保护下述第（c）款描述的符合条件土地。

"（b）土地纳入计划的条件。

"（1）纳入计划土地的最大面积。对于恢复或改良的草地、草原和放牧地，纳入计划的土地总量应不超过 2 000 000 英亩。

"（2）土地纳入计划的方式。

"（A）一般原则。除下述第（B）小项规定外，部长可通过下述方式将愿意参加计划的土地所有者的不少于 40 英亩的相连土地纳入计划：

"（ⅰ）签订 10 年、15 年或 20 年期限的租用协议；

"（ⅱ）"（Ⅰ）签订 30 年的租用协议、永久地役权协议或 30 年地役权协议；

"（Ⅱ）在对地役权有最长期限限制的州，签订该州法律允许的最长期限的地役权协议。

"（B）例外。部长在认为对实现计划目标有利情况下，也可将面积少于 40 英亩的成片土地纳入计划。

"（3）地役权和租用协议的使用限制。在本计划用于签订上述第（2）（A）项所述地役权和租用协议的资金总额中：

"（A）用于第（2）（A）（ⅰ）项所述租用协议的资金应不超过 40%；

"（B）用于第（2）（A）（ⅱ）项所述地役权和租用协议的资金应不超过 60%。

"（c）符合条件的土地。如果部长认为土地是下述类型的私有土地，则该土地应符合纳入计划的条件：

"（1）草地、有牧草的土地或灌木地（包括经过改良的草原和放牧地）；或

"（2）下述土地：

"（A）位于历史上一直是以草地、有牧草的土地或灌木地为主的区域；以及

"（B）在下述情况下，可能成为动物或具有重要生态价值的植物群体的栖息地的作用：

"（ⅰ）被保留当前用途；或

"（ⅱ）被恢复到一种自然状态；或

"（3）上述第（1）项或第（2）项所述土地的附带土地，前提是部长认为为了有效地管理协议或地役权需要将附带土地纳入计划。

"第 1238O 条　有关地役权和协议的要求。

"（a）对土地所有者的要求。

"（1）一般原则。为了通过出让地役权获得将土地纳入计划的资格，土地所有者应与部长签订协议：

"（A）向部长出让纳入计划土地的地役权；

"（B）依照州相关法律规定，建立并记录反映出让地役权内容的契约限制文书；

"（C）提供一份有关出让地役权的书面同意声明，声明上应有享有土地担保权益或既定利益的人的签名；

"（D）对于地役权的主体土地权益，提供一份不受限制的所有权证明；

"（E）遵守地役权和恢复协议的条款。

"（2）协议。若想根据协议规定获得将土地纳入计划的资格，土地所有者或经营者应同意；

"（A）遵守该协议（包括相关恢复协议）的条款；以及

"（B）根据部长主管的计划要求，暂停在该土地上的一切经营活动。

"（b）地役权或租用协议的条款。（a）款中的地役权或租用协议应当：

"（1）允许：

"（A）以保持当地常见草地、野草和灌木种类生机的方式在土地上进行常规放牧、维护和必要的种植活动。

"（B）制干草、割草、或收获种子产品。但在当地濒危鸟类筑巢产卵期应遵守适当的限制规定。濒危鸟类是指依照联邦或州法律，由自然资源保护局的国家保育专家确定的数量急剧下降的受保护鸟类。

以及

"（C）恢复发生火灾的地方，设立防火隔离带和建造防火栅栏（包括安放栅栏所需的木桩等）。

"（2）禁止：

"（A）种植农作物（干草除外）、果树、葡萄园或其他一切会破坏表层土壤的活动；

"（B）在纳入地役权或租用协议的土地上从事任何其他破坏表层土壤的活动，根据本款或第（d）款规定允许的活动外。以及

"（3）包括部长认为有利于执行本子章规定或对本子章下计划进行管理的附加条款。

"（c）地役权和土地使用协议申请的评估和优选。

"（1）一般原则。部长应制定标准，对申请签订本章节规定的地役权和租用协议的申请人进行评估和优选。

"（2）考虑对象。在制定标准时，部长应重点扶持：

"（A）放牧活动；

"（B）动植物生物多样性；以及

"（C）面临严重退化威胁的草地、长有牧草的土地和灌木地。

"（d）恢复协议。

"（1）一般原则。部长应为恢复协议制定条款，根据该条款，纳入计划中的地役权或租用协议中的草地、包含草本植物的土地或灌木地应得以恢复。

"（2）要求。恢复协议应分别说明土地所有者和部长的义务（包括联邦政府应承担的恢复成本比例和应提供的技术援助）。

"（e）违反协议。在违反根据本条规定签订的地役权、租用协议或恢复协议的条款或条件情况下：

"（1）地役权或土地租用协议应继续有效；并且

"（2）部长可要求土地所有者返还其根据本章节规定获得的全部或部分补贴及补贴利息，具体由部长酌情决定。

"第 1238P 条　部长义务。

"（a）一般原则。作为对土地所有者出让地役权或执行租用协议的回报，部长应依照本条规定：

"（1）依照下述第（b）款规定向所有者支付地役权或租用协议补贴；并且

"（2）依照下述第（c）款规定向所有者支付联邦政府的恢复成本分担补贴。

"（b）补贴。

"（1）地役权补贴。

"（A）补贴额度。作为对土地所有者出让地役权的回报，部长应向所有者支付下述额度的补贴：

"（ⅰ）在永久出让地役权情况下，补贴数额为土地的合理市场价值与放牧价值之差；

"（ⅱ）在出让 30 年地役权或根据州相关法律规定出让最长期限的地役权情况下，补贴数额为土地的合理市场价值与在此期间放牧价值之差的 30%。

"（B）支付计划。地役权补贴按不少于 1 个年度不超过 10 个年度的方式发放，每个年度发放的数额可以相同，也可以不相同，具体由部长和土地所有者协商决定。

"（2）租用协议补贴。作为对所有者签订本章所述租用协议的回报，部长应在租用协议生效期间每个年度向所有者支付补贴，补贴数额不高于纳入合同中土地的放牧价值的 75%。

"（c）联邦政府分担恢复成本的比例。部长应向本条所述土地所有者支付不超过下述数额的补贴：

"（1）对于从未耕作过的草地、包含牧草的土地或灌木地，恢复该土地的功能和价值所需采取措施的成本的 90%；

"（2）对于已恢复的草地、包含牧草的土地或灌木地，恢复该土地的功能和价值所需采取措施的成本的 75%。

"（d）支付给其他人员。如果根据本章节规定有资格获取补贴的所有者死亡、失去行为能力或因其他原因不能领取补贴，或所有者被另一个符合能力要求的人接替，部长应依照其制定的相关规定，不考虑任何其他法律条款，以一种综合各种情况认为公平合理的方式支付补贴。

"第1238Q条　代表部长的民间组织。

"（a）一般原则。在下述情况下，部长可允许民间保护组织或土地信托组织（本条中称为'民间组织'）或者州机构持有或实施本子章所述地役权，依照部长的职权范围，代替部长进行定期检查并实施地役权：

"（1）部长认为允许该民间组织或州机构代理其行使职权将促进草地、包含牧草的土地或灌木地的保护；

"（2）土地所有者授权该民间组织或州机构持有并执行地役权；

"（3）该民间组织或州机构同意承担因管理和执行地役权而产生的成本，其中包括所有者、民间组织或州机构指定的恢复或复原土地所产生的费用。

"（b）申请。寻求持有并执行本子章所述地役权的民间组织或州机构应向部长提交请部长批准的申请。

"（c）部长批准。如果民间组织符合下述条件（具体由部长确定），部长应批准该民间组织持有和执行本子章所述的地役权：

"（1）（A）是1986年《国内税收法》第501（c）（3）条所述组织并根据该法第501（a）条规定获豁免征税；或

"（B）是1986年《国内税收法》第509（a）（3）条所述组织并受该法第502（a）（2）条所述组织的控制。

"（2）有管理草地和灌木地地役权所需的相关经验。

"（3）有注明该民间组织对保护牧场、农田或放牧草地的承诺以及保护目标的特许状。

"（4）拥有实现上述特许状中注明的保目标的必要资源。

"（d）地役权的再次转让。

"（1）一般原则。如果拥有本子章所述土地地役权的民间组织解散，土地所有者应在该组织解散30天内将地役权再次转让给：

"（A）一个获部长批准的新的民间组织；或

"（B）部长。

"（2）通知部长。

"（A）一般原则。如果地役权被再次转让给一个新的民间组织，土地所有者和该新民间组织应在转让日期之后60天内以书面形式将地役权已完成再次转让的消息通知部长。

"（B）未通知部长。如果土地所有者和该新民间组织未能依照上述第（A）小项规定将地役权已完成再次转让的消息通知部长，则该土地的地役权应转由部长控制。"

子篇F　其他保护计划

第2501条　农业管理援助。

《联邦农作物保险法》第524条（《美国法典》第7篇1524）修订如下：

删去（b）款并插入下述内容：

"（b）农业管理援助。

（4）授权。部长应向下述各州的生产者提供资金援助：康涅狄格州、特拉华州、马里兰州、马萨诸塞州、缅因州、内华达州、新罕布什尔州、新泽西州、纽约州、宾夕法尼亚州，罗德岛州，犹他州，佛蒙特州、西弗吉尼亚州和怀俄明州。

（5）用途。生产者可以将根据本款规定获得的援助资金用于：

（A）建设或改善。

（ⅰ）流域管理设施；或

（ⅱ）灌溉设施。

（B）栽种树木以形成防风林或改善水质。

（C）通过生产、多元化营销或资源保护措施降低财务风险，具体包括：

（ⅰ）土壤侵蚀防治；

（ⅱ）综合害虫防治管理；

（ⅲ）有机农业；或

（ⅳ）制订并执行一个为生产者创造营销机会的计划，包括通过增值加工等。

（D）参与一些期货、套期保值或期权合约交易活动，以降低生产、价格或收入风险。

（E）参与一些作为套期保值交易的农业贸易项目，以降低生产、价格或收入风险。

（F）通过参与第（E）小项所述项目，从事与第（A）小项所述活动相关的其他活动，具体由部长决定。

（6）补贴限制。每年向本款所述个体（如《粮食安全法》第 1001 条（5）（《美国法典》第 7 篇 1308（5））所定义）支付的补贴总额不能超过 50 000 美元。

（7）商品信贷公司。

（A）一般原则。部长应通过商品信贷公司执行本款规定。

（B）资金支持。

（ⅰ）一般原则。除下述第（ⅱ）条款规定外，商品信贷公司每个财政年度用于执行本款规定的可用资金应不少于 10 000 000 美元。

（ⅱ）例外条款。在 2003—2007 财政年度，商品信贷公司每年应筹备 20 000 000 美元可用资金执行本款规定。"

第 2502 条　放牧、野生生物栖息地激励、水源保护和大湖流域计划。

（a）一般原则。《1985 年粮食安全法》第Ⅶ篇子篇 D 第 5 章（《美国法典》第 16 篇 3839bb 及以下）修订如下：

"第 5 章　其他保护计划

"第 1240M 条　私有牧场保护。

"（a）目标。本条目标是授权部长通过下述措施，制订一个经过协调的技术、教育及相关援助计划，以便保护和改善私有牧场资源，并为美国所有公民提供相关利益：

"（1）为私有牧场的管理制订一个联邦、州和地方相互协调与合作的牧场保护计划；

"（2）加强为私有牧场所有者和管理者提供帮助服务的技术、教育及相关援助计划；

"（3）保护和改善私有牧场里的野生生物栖息地；

"（4）通过对私有牧场进行综合治理，保护和改善鱼类栖息地和水域生态系统；

"（5）保护和改善水质；

"（6）提高水供应的可靠性和连续性；

"（7）对私有牧场上的草类、有害草类和灌木丛侵占问题进行识别和管理；以及

"（8）对私有牧场所有者和经营者自愿制定的保护计划和管理决策进行整合。

"（b）定义。在本条中：

"（1）部。'部'是指农业部。

"（2）私有牧场。'私有牧场'是指个人拥有的、州拥有的、部落拥有的以及任何其他非联邦拥有的草原、牧场、放牧林地和干草原料土地。

"（3）部长。'部长'是指农业部长。

"（c）私有牧场保护援助。

"（1）向牧场所有者及其他人提供的援助。部长应根据用于本条计划的拨款资金情况，通过当地保护区，设立一个向私有牧场的所有者和管理者以及公共机构提供技术、教育及相关援助的自愿参加计划，让私有牧场的所有者和管理者以及公共机构自愿采取符合本条计划目标的下述活动：

"（A）维护和改善私有牧场及其多元价值和用途；

"（B）实施私有牧场管理技术；

"（C）管理私有牧场上的资源，具体包括：

"（ⅰ）规划、管理和处理私有牧场资源；

"（ⅱ）确保私有牧场资源的长期可持续性；

"（ⅲ）采集、加工和销售私有牧场资源；以及

"（ⅳ）对杂草、有害杂草和灌木丛侵占等问题进行识别和管理；

"（D）保护和改善私有牧场的出水量及水的质量；

"（E）维护和改善私有牧场上的野生生物和鱼类栖息地；

"（F）增加私有牧场上的娱乐活动；

"（G）维护和改进私有牧场的审美学特性；

"（H）为私有牧场企业寻找机会，鼓励其多元化经营；

"（I）鼓励应用可持续放牧系统，如终年放牧、循环放牧或有管理的放牧等。

"（2）计划要素。

"（A）资金。实施本条计划的资金应通过拨付给自然资源保护局年度资金中的一个特定单项来提供。

"（B）技术援助和教育。接受过牧场和牧草管理培训的农业部员工，应根据该计划规定，依照私有牧场所有者和管理者的要求，向牧场所有者和管理者提供教育并协调技术援助。

"（d）牧场技术援助自助。

"（1）调查结果。国会调查发现：

"（A）向放牧牲畜的农场主和牧场主提供的技术援助严重缺乏；

"（B）鉴于联邦预算方面的限制，不可能大幅度增加技术援助资金，当前技术支持级别并且有可被迫降低。

"（C）在产品推广和通过排水区对低洼地区进行排水方面，农场主和牧场主有携手合作解决共同问题的历史。

"（2）设立牧地示范区。依照下述第（3）项规定，部长可依照牧场保护倡议指导委员会的建议设立两个放牧管理示范区。

"（3）设立牧地示范区的程序。

"（A）提议。在从事放牧活动的农场主或牧场主组织提交申请后合理的时间内，部长应提议建立一个牧场管理区。

"（B）资金。牧场管理区资金和运营的条款和条件应根据生产者提出的建议制订。

"（C）批准。如果部长认为该计划符合下述条件，则应对其予以批准：

"（ⅰ）是合理的；

"（ⅱ）将促使采取优良的放牧措施；

"（ⅲ）包含与1996年4月4日生效的《牛肉研究与信息法》第4条（《美国法典》第7篇2903）中

的牛肉推广与研究命令中条款相似的条款。

"（D）包括区域。建议纳入牧地管理区的区域应由部长根据农场主或牧场主的申请确定。

"（E）授权。部长应根据《农业调整法》（《美国法典》第 7 篇 601 及以下）的授权，重新制定 1937 年的《农业营销协议法》修正案，在牧地示范管理区实施。

"（F）活动。牧地管理区的实践活动应科学合理，具体由部长与由牧场主、农场主和技术专家组成的咨询委员会协商之后确定。

"（e）拨款授权。在 2002—2007 财政年度，本法案授权部长每年拨用 60 000 000 美元用于实施本条所述计划。

"第 1240N 条　野生生物栖息地激励计划。

"（a）一般原则。部长应通过咨询第 1261 条所述技术委员会，在自然资源保护局内部建立一个名为野生生物栖息地激励计划的项目（在本条称为"计划"）。

"（b）成本分担补贴。

"（1）一般原则。根据该项目要求，部长应向土地所有者支付成本分担补贴，以建立：

"（A）山地野生生物栖息地；

"（B）湿地野生生物栖息地；

"（C）受威胁或濒危物种栖息地；

"（D）鱼类栖息地；以及

"（E）部长批准的其他类型的野生生物栖息地。

"（2）增加长期协议成本费用分担比例。

"（A）一般原则。如果部长为保护和恢复动植物栖息地签订了期限至少为 15 年的协议或合同，部长除支付上述第（1）项规定的补贴外，还应支付额外的成本分担补贴。

"（B）资金额度限制。部长每个财政年度可用于实施上述第（A）小项所述协议或合同的资金，不能超过第 1241（a）（7）条规定的可用资金的 15%。

"（c）地区平衡。在实施本条计划时，部长应在可行范围内尽最大可能确保以适当方式解决该地区受关注的与野生生物栖息地相关的问题。

"第 1240O 条　乡村地区水源保护计划。

"（a）一般原则。部长应在本条条款生效之后，制定一个全国乡村地区水资源保护计划，以更有效地利用各州乡村水资源协会的现场技术服务功能，在各州实施井口或地下水保护项目。

"（b）拨款授权。在 2002—2007 财政年度，本法案授权部长每年拨用 50 000 000 美元用于实施本条所述项目。

"第 1240P 条　大湖流域土壤侵蚀和泥沙控制计划。

"（a）一般原则。部长通过与根据《大湖流域契约》（《法律汇总》第 82 篇 415）第 4 项规定成立的大湖委员会磋商并与国家环境保护局局长和陆军部部长合作，可以实施大湖流域土壤侵蚀和泥沙控制计划（在本条中称为'计划'）。

"（b）援助。在实施本计划时，部长可以：

"（1）提供项目示范资助和技术援助并实施信息和教育项目，以便通过减少土壤侵蚀和改善泥沙控制来提升大湖流域的水质；以及

"（2）优先扶持可以直接减少土壤侵蚀和改善泥沙控制的项目和措施。

"（c）拨款授权。在 2002—2007 财政年度，本法案授权部长每年拨用 50 000 000 美元用于实施本条所述计划。"

（b）一致性修订。《1996 年联邦农业进步与改革法》第 386 条和第 387 条（《美国法典》第 16 篇 2005b 和 3836a）废止。

第 2503 条　农田保护计划。

（a）一般原则。《1985 年粮食安全法》第 5 章（如第 2001 条所修订）修订如下：

在末尾处添加下述内容：

"第 B 节　农田保护计划。

"第 1238H 条　定义。

"在本节中：

"（1）符合资格的实体。'符合资格的实体'是指：

"（A）任何州政府、地方政府或印第安部落的机构（包括根据所在州法律建立的农田保护董事会或土地资源委员会）；

"（B）下述任何组织：

"（ⅰ）成立该组织的目的以及自该组织成立以来主要活动是为了实现《国内税收法》第 170（h）（4）（A）条的（ⅰ）条款、（ⅱ）条款、（ⅲ）条款或（ⅳ）所述的一种或多种保护目的；

"（ⅱ）《国内税收法典》第 501 条（c）（3）所述的组织并根据该法第 501 条（a）规定获豁免征税；

"（ⅲ）《国内税收法典》第 509 条（a）（2）所述的组织；

"（ⅳ）《国内税收法典》第 509 条（a）（3）所述的组织并受该法第 502 条（a）（2）所述组织的控制。

"（2）符合条件的土地。

"（A）一般原则。'符合条件的土地'是指土地或农场：

"（ⅰ）"（Ⅰ）具有优质的、独特的或其他类型的肥沃土壤；或

"（Ⅱ）包含历史或考古价值的资源；

"（ⅱ）有待符合条件实体报价购买。

"（B）包含土地种类。'符合条件的土地'包括农场或牧场上的下述土地：

"（ⅰ）农田；

"（ⅱ）草原；

"（ⅲ）草地；

"（ⅳ）牧地；以及

"（Ⅴ）作为农业活动附带部分的林地，具体由部长决定。

"（3）印第安部落。'印第安部落'的含义参照《印地安自决与教育扶助法》第 4 条（《美国法典》第 25 篇 450b）的解释。

"（4）项目。'项目'是指根据第 1238Ⅰ（a）条规定设立的农田保护项目。

"第 1238I 条　农田保护。

"（a）一般原则。部长应通过自然资源保护局制定并实施农田保护计划，根据该计划，部长依照有资格实体的报价购买符合条件土地的保护地役权或其他权益，以通过限制该土地的非农业开发利用实现保护土壤表层的目标。

"（b）保护计划。本子章所述已被购买保护地役权或其他权益的极易受侵蚀农田，应依照保护计划的要求和部长意见，转变为不过于密集使用的土地。

"（c）成本分担。

"（1）农田保护。

"（A）成本分担比例。根据第 1241（d）条规定，上述第（a）款所述符合条件土地的保护地役权或

其他权益的购买成本分担比例，应不超过该土地被评估的公平市场价值的 50％。

"（B）购买成本的剩余部分。在第（a）款中符合条件土地保护地役权或其他权益的购买成本中，对于根据第 1241（d）条规定由政府提供补贴之外的剩余部分，由符合条件实体提供或通过接受土地所有者的公益捐赠等方式筹集，捐赠所占比例不超过该土地被评估的公平市场价值的 25％。

"（2）向下竞价。如果部长认为有关购买第（a）款所述符合条件土地保护地役权或其他权益的 2 项或多项申请具有可比性，部长不能仅仅根据某项申请中的农田保护计划成本更低就赋予其优先权。

"第 1238J 条　农场发展能力计划。

"（a）一般原则。部长应向其认为符合条件的实体提供资金，用于实施由该实体制定并经部长批准的农田发展能力计划。

"（b）拨款授权。在 2002—2007 财政年度，本法案授权部长每年拨用执行实施本条所述计划的所需经费。"

（b）一致性修订。

（1）总体来说：

（A）《1996 年联邦农业进步与改革法》第 388 条（《美国法典》第 16 篇 3830 注释；《公法》104 - 127）废止。

（B）《农业风险保护法》第 211 条（《美国法典》第 16 篇 3830 注释；《公法》106 - 224）修订如下：

（ⅰ）删去款（a）；

（ⅱ）在款（b）中：

（Ⅰ）删去该款的标号和标题；

（Ⅱ）重新将第（1）项、第（2）项和第（3）项分别标为第（a）款、第（b）款和第（c）款，并适当地缩进。

（Ⅲ）在第（a）款中（重新编号后），将第（A）小项、第（B）小项和第（C）小项分别再标为第（1）项、第（2）项和第（3）项，并适当地缩进；

（Ⅳ）在第（b）款中（重新编号后），删去"援助（ASS I STANCE）"并在相应位置插入"援助（ASS I STANCE）"；

（Ⅴ）删去各处出现的"款"并在相应位置插入"条"。

（2）合同效力。1996 年《联邦农业进步与改革法》生效后，根据该法第 388 条规定签订的合同效力，不受上述第（1）（A）项修订的影响。

第 2504 条　资源保护和发展计划。

《1981 年农业和食品法》第 XV 篇子篇 H（《美国法典》第 16 篇 3451 及以下）修订如下：

"子篇 H　资源保护和发展计划。

"第 1528 条　定义。

"在本子篇中：

"（1）区域计划。'区域计划'是指负责 1 个或多个州特定区域（或者某个印第安部落所辖土地）的委员会通过规划制定的资源保护和利用计划。该计划包括下述要素：

"（A）土地保护要素，目标是控制土壤侵蚀和沉淀。

"（B）能产生明显环境效益或保护效益的水资源管理要素，目标是：

"（ⅰ）促进水的保护、提高水的利用效率并改善水质，其中包括改善灌溉和农村用水的供给；

"（ⅱ）减缓洪水或降低高水位；

"（ⅲ）修复和改良水库；

"（ⅳ）改善农业用水；以及

"（ⅴ）提高水质。

"（C）社区发展要素，目标是：

"（ⅰ）促进资源型产业的发展；

"（ⅱ）保护农村企业不受自然资源的危害；

"（ⅲ）促进适当的农村供水或废物处理系统的发展；

"（ⅳ）改善娱乐设施；

"（ⅴ）改善农村住房条件；

"（ⅵ）提供适当的保健和教育设施；

"（ⅶ）提高对必要的交通和通讯需求的满意度；

"（ⅷ）促进食品安全、经济发展和教育水平的提高。

"（D）土地管理要素，目标是：

"（ⅰ）能源保护，其中包括能源作物的生产；

"（ⅱ）转变为其他用途的农业用地的保护；

"（ⅲ）农田保护；

"（ⅳ）鱼类和野生生物栖息地的保护。

"（2）董事会。'董事会'提指根据第 1533（a）条规定成立的资源保护和发展政策咨询董事会。

"（3）委员会。'委员会'是指在某个州运营的非赢利性实体（包括该实体的附属机构），该实体：

"（A）由志愿者或州、当地政府单位、印第安部落的代表或当地非赢利性组织等建立，目的是在某指定区域实施一项区域计划；

"（B）由某个州的首席行政长官或立法机构指定，以接受本子篇规定的技术和资金援助。

"（4）指定区域。'指定区域'是指由部长指定接受本子篇规定的技术和资金援助的某一地理区域。

"（5）资金援助。'资金援助'是指为了在某指定区域实施一项区域计划，部长（或部长和其他联邦机构）提供的资金或贷款，或者部长（或部长和其他联邦机构）与某个委员会或委员会协会签订的合作协议，其中包括为规划、分析、可行性研究、培训、教育以及其他实施该区域计划所需要的活动等提供的援助。

"（6）印第安部落。'印第安部落'的定义参照《印第安自治和教育援助法》第 4 条（《美国法典》第 25 篇 450b）的解释。

"（7）当地政府单位。'当地政府单位'是指：

"（A）州的任何县、市、镇、镇区、教区、村或其他通用行政区域；

"（B）州的地方或地区的特别区或其他有限行政区域，包括任何土壤保护区、学区、公园管理区以及水或卫生区。

"（8）非赢利性组织。'非赢利性组织'是指下述组织：

"（A）《1986 年国内税收法典》第 501（c）条所述的组织；并且

"（B）根据《1986 年国内税收法典》第 501（a）条规定豁免征税。

"（9）规划过程。'规划过程'是指委员会为在某指定区域制订和实施一项有效的区域计划而采取的行动，具体包括制定区域计划、目标、宗旨和政策，执行制订的措施，进行评估和审查以及提供公众参与行动的机会等。

"（10）方案。'方案'是指委员会为实现区域计划的各个要素而实施的方案。

"（11）部长。'部长'是指农业部部长。

"（12）州。'州'是指：

"（A）任何州；

"（B）哥伦比亚特区；

"（C）美国的任何领土或属地。

"（13）技术援助。'技术援助'是指部长或部长的代理人提供的任何服务，包括：

"（A）清查、评估、规划、设计、监理、安排和检查项目等；

"（B）提供地图、报告以及其他与提供的服务相关的文件；

"（C）为长期实施区域计划提供协助；以及

"（D）提供农业部下属机构的服务以协助各个委员会制订和实施区域计划。

"第 1529 条 资源保护与开发计划。

"部长应制订一个资源保护与开发计划，并根据该计划为委员会在指定区域制订和实施区域计划提供技术和资金援助，其目标是：

"（1）在美国主要农村地区保护土地，促进对土地的利用，开发各种自然资源，提高居民生活标准和经济活动的整体水平，改善生存环境；并且

"（2）鼓励州、政府单位、印第安部落、非赢利性组织和各个委员会实现上述第（1）项的目标并提高其实现上述目标的能力。

"第 1530 条 指定区域的选择。

"部长应根据区域计划的要素，选择提供本子篇所述援助的指定区域。

"第 1531 条 部长的权力。

"在执行本子篇规定时，部长可以：

"（1）向所有委员会提供技术援助，以协助其为指定区域制订和实施一项区域计划；

"（2）在进行调查和清查、传播信息以及制订区域计划时与联邦政府其他部门或机构、各州、当地政府单位、当地印第安部落和地方非赢利性组织进行合作；

"（3）通过向委员会提供技术和资金援助，协助委员会实施获其批准的为指定区域制订的区域计划；

"（4）依照下述第 1532 条规定与各个委员会签订协议。

"第 1532 条 资格；条款和条件。

"（a）资格。只有在下述情况下，部长才可以根据本子篇规定向委员会提供技术和资金援助，以协助其实施部长批准的区域计划中所述的项目。

"（1）委员会以书面形式同意：

"（A）实施该项目；并且

"（B）为实施项目所需成本中部长根据本子篇规定不提供资金援助的部分出资或筹集资金。

"（2）该项目包含在区域计划之内并且已获委员会的批准。

"（3）部长认为有必要协助实施该区域计划。

"（4）区域计划中的项目符合该地区的整体规划。

"（5）任何州、地方政府单位、印第安部落或地方非营利性组织为指定区域的土地已支出或将支出的成本，或者从该土地已获得或将获得的收益，分别由其自身承担或受益。

"（6）参与该区域计划的州、地方政府单位、印第安部落或地方非营利性组织同意维护和执行该方案。

"（b）贷款。

"（1）一般原则。本子篇所述贷款应按照部长指定的条款和条件发放并遵守下述第（2）项和第（3）项的规定。

"（2）期限。本子篇中针对某计划的贷款期限，应自该计划完成之日起不超过 30 年。

"（3）利率。本子篇所述的贷款利率，应为美国政府为同等期限贷款支付的利率的平均水平，具体由财政部长确定。

"（c）由部长批准。在将区域计划提交部长并获部长批准之后，委员会才能利用本子篇规定的技术和资金援助来实施区域计划。

"（d）取消。如果部长认为已经没有必要，或者在制定或实施某项区域计划的要素方面没有取得足够进展，则可以取消针对该项区域计划的技术和资金援助。

"第 1533 条　资源保护与发展政策咨询董事会。

"（a）建立。部长应在农业部内部建立一个资源保护与发展政策咨询董事会。

"（b）构成：

"（1）一般原则。董事会应由至少 7 名由部长挑选的农业部雇员组成。

"（2）主席。部长应指定董事会 1 名成员担任董事会主席。

"（c）职责。董事会应就本子篇所述项目的管理，包括为实施本子篇所述项目制定政策等方面，向部长提供咨询意见。

"第 1534 条　计划评估。

"（a）一般原则。在与委员会磋商后，部长应对根据本子篇规定制订的计划进行评估，以确定该计划能否有效满足参与该计划（或该计划所服务）的各个州、政府单位、印第安部落、非赢利性组织和委员会的需求及其设定的目标。

"（b）报告。部长应在 2005 年 6 月 30 日之前向众议院农业委员会和参议院农业、营养和林业委员会提交一份报告，对评估结果进行说明，并就是继续、终止还是修改该计划提出建议。

"第 1535 条　援助区域数量限制。

"在实施本子篇所述计划时，部长提供技术和资金援助的指定区域数量应不超过 450 个。

"第 1536 条　部长的补充权力。

"部长根据本子篇规定协助委员会制定和执行区域计划的权力是部长根据其他法律规定所拥有权力的补充而非替代。

"第 1537 条　拨款授权。

"（a）一般原则。部长具有拨付执行本子篇规定所需款项的权力。

"（b）贷款。部长每个财政年度用于发放本子篇规定的贷款的资金数额应不超过 15 000 000 美元。

"（c）可用性。为执行本子篇规定拨付的资金应保持可用，直到用尽为止。"

第 2505 条　小流域复原项目。

《流域保护和洪水防治法》第 14 条（《美国法典》第 16 篇 1012）修订如下：

删去第（h）款并插入下述内容：

"（h）资助。

"（1）商品信贷公司的资金。在执行本条规定时，部长应确保商品信贷公司有下述资金可用，直至用尽为止：

"（A）2003 财政年度 45 000 000 美元；

"（B）2004 财政年度 50 000 000 美元；

"（C）2005 财政年度 55 000 000 美元；

"（D）2006 财政年度 60 000 000 美元；

"（E）2007 财政年度 65 000 000 美元；

"（F）2008 财政年度 0 美元。

"（2）拨款授权。除上述第（1）项规定的数额外，本法案授权部长为执行本条项目可拨用下述资金，直至用尽为止：

"（A）2003 财政年度 45 000 000 美元；

"（B）2004 财政年度 55 000 000 美元；

"（C）2005 财政年度 65 000 000 美元；

"（D）2006 财政年度 75 000 000 美元；以及

"（E）2007 财政年度 85 000 000 美元；"

第 2506 条　符号、标语和标识。

《1996 年联邦农业进步与改革法》第 356 条（《美国法典》第 16 篇 5801 及以下）修订如下：

（1）在第（c）款中：

（A）将第（4）项～第（7）项相应地重新标为第（5）项～第（8）项；

（B）在第（3）项后面插入下述内容：

"（4）根据部长的书面批准，使用、许可或转让基金会的符号、标语和标志（不包括政府机关的符号或标识）；"并且

（2）在（d）款中，在结尾处添加下述内容：

"（3）基金会的符号、标语和标志的使用：

"（A）一般原则。部长可以授权基金会使用、许可或转让该基金会的符号、标语和标志。

"（B）收入。

"（ⅰ）一般原则。基金会应将从使用、许可或转让该基金会的符号、标语和标志中获取的全部收益上交给部长。

"（ⅱ）保护行动。部长应将根据第（ⅰ）条款规定收到的全部收益转入自然资源保护局用来实施保护行动的帐户中。"

第 2507 条　沙漠边缘湖泊。

（a）一般原则。除依照下述第（b）款规定外，农业部长应在本法生效后尽快将商品信贷公司资金中的 200 000 000 美元转到垦务局水及相关资源帐户中。该资金应：

（1）由内务部部长通过垦务局局长进行支配，用来向处于危险中的天然沙漠边缘湖泊供水；

（2）保持可用，直至用尽为止。

（b）限止。第（a）款所述资金不能用于购买或租赁水权。

子篇 G　保护走廊示范计划

第 2601 条　定义。

在本子篇中：

（1）德尔马瓦半岛。"德尔马瓦半岛"是指切萨皮克湾东部的特拉华、马里兰和弗吉尼亚 3 个州的土地。

（2）示范计划。"示范计划"是指依照本子篇规定建立的"保护走廊示范计划"。

（3）保护走廊计划；计划。"保护走廊计划"和"计划"是指作为参加示范计划的条件，需提交并获得批准的保护走廊计划。

（4）部长。"部长"是指农业部部长。

第 2602 条　保护走廊示范计划。

（a）建立。部长应实施一个被称为"保护走廊示范计划"的示范项目，特拉华、马里兰和弗吉尼亚3 个州中的任何一个州，这 3 个州在德尔马瓦半岛有管辖土地的任何一个地方政府，或者上述州作为一个联合体，可以提交一个保护走廊计划，将农业部的农业和林业保护计划与州和地方政府解决农场保护问题的努力结合起来。

（b）保护走廊计划的提交。

（1）提交和建议。要想获得参加示范计划的资格，第（a）款中所述州、地方政府或州的联合体应：

（A）向部长提交一个保护走廊计划。

（ⅰ）为计划中指定地理区域里的资源提出具体标准建议并做出承诺；

（ⅱ）说明联邦、州和地方资源的结合会如何提高：

（Ⅰ）农业的经济活力；

（Ⅱ）德尔马瓦半岛流域的整体环保效益。以及

（B）向部长证明在制订计划过程中，州、地方政府或州的联合体征求并采纳了当地居民的意见。

（2）协议备忘录初稿。如果保护走廊计划是由 1 个以上的州共同提出，该计划应提供各州不同实体之间的协议备忘录初稿。

（c）审批计划。在收到保护走廊计划 90 天内，部长：

（1）应对该计划进行审查；以及

（2）如果部长认为该计划符合第（d）款中列出的要求，可以批准根据本子篇规定执行该计划。

（d）审批标准。若要得到部长批准，保护走廊计划必须提供下述内容（具体由部长决定）：

（1）自愿行动。

计划中采取的行动。

（A）是自愿的。

（B）需要有意愿的土地所有者的同意。以及

（C）提供一种机制，土地所有者可以据此退出该计划，退出后除需退还补贴外不会对其再将土地纳入项目产生不良影响。

（2）高环保价值土地。计划中列出的标准应确保通过该计划纳入各个保护项目的土地具有特别高的环保价值，具体由部长确定。

（3）不影响未纳入保护项目的土地。通过该计划纳入保护项目的土地将：

（A）不会对邻近未纳入项目的土地产生不利影响；

（B）不会在上述未纳入项目的土地上面创建任何缓冲区。

（4）更大收益。与通过个人申请纳入保护项目获取的收益相比，通过该计划纳入保护项目能获取更大的收益。

（5）其他内容。考虑到联邦和非联邦资源，确保该计划成功的其他的内容。

第 2603 条　保护走廊计划的执行。

（a）协议备忘录。在批准保护走廊计划之后，部长应与提交该计划的州、地方政府或州的联合体签订一个协议备忘录，备忘录要：

（1）确保有执行该计划的具体项目资源；

（2）在协议签订双方认为公平的范围内制订各种补偿比例；

（3）提供简化和综合的文书要求。

（b）遵循计划批准标准。如果部长认为已获批准的保护走廊计划在实施过程中出现下述情况，应

终止第（a）款中所述协议备忘录并停止为实施该计划提供资源。

（1）提交计划的州、地方政府或州的联合体已经偏离了：

（A）该计划；

（B）第 2602 条（d）中规定的作为批准计划条件的标准；

（C）第 2604 条（a）中规定的成本分担要求或计划的其他条件。

（2）计划中指定地理区域的农业活力受到了妨碍。

（c）进度报告。从首次向根据示范计划制订的保护走廊计划提供资金当天起达到 3 年期限时，向部长提交计划的州、地方政府或州的联合体应向部长提交：

（1）一份有关计划中措施的实施效果的报告；

（2）一份有关计划中指定地理区域农业活力的评估报告。

（d）期限。从根据示范计划规定首次提供资金当天算起，示范计划应实施不少于 3 年不超过 5 年的时间。

第 2604 条　资金要求。

（a）成本分担。

（1）资金要求。除遵守下述第（2）项规定外，作为批准保护走廊计划的一个条件，部长应要求州和当地参与者为该计划的实施措施总成本提供不少于 50% 的资金。

（2）例外条款。在示范计划中的某个具体项目或活动是可能实现特殊自然资源效益的公益事业或能起到示范作用情况下，部长可降低成本分担要求。

（b）资金储备。部长可考虑将资金优先拨付给示范项目和计划指定区域里的项目。

（c）拨款授权。在 2002—2007 财政年度，本法案授权部长每年拨付必要资金用于实施本子篇所述项目。

子篇 H　资金和管理

第 2701 条　资金和管理。

《1985 年粮食安全法》子篇 E 修订如下：

删去第 1241 条和第 1242 条（即《美国法典》第 16 篇 3841 和 3842）并插入下述内容：

"第 1241 条　商品信贷公司。

"（a）一般原则。在 2002—2007 财政年度，部长每年应利用资金、设施和商品信贷公司的职权实施子篇 D（包括技术援助条款）中的下述计划：

"（1）第 1 章第 B 节规定的保护保存计划；

"（2）第 1 章第 C 节规定的湿地保存计划；

"（3）第 2 章第 A 节规定的保护保障计划。

"（4）第 2 章第 B 节规定的农田保护计划，在实施该项计划时，每个财政年度最多可用：

"（A）在 2002 财政年度，50 000 000 美元；

"（B）在 2003 财政年度，100 000 000 美元；

"（C）在 2004—2005 财政年度，125 000 000 美元；

"（D）在 2006 财政年度，100 000 000 美元；

"（E）在 2007 财政年度，97 000 000 美元。

"（5）第 2 章子章 C 中的草地保存计划，在 2003—2007 财政年度，每年最多可用 254 000 000 美元。

"（6）第 4 章中的环境质量激励计划，每个财政年度最多可用：

"（A）在 2002 财政年度，400 000 000 美元；

"（B）在 2003 财政年度，700 000 000 美元；

"（C）在 2004 财政年度，1 000 000 000 美元。

"（D）在 2005 和 2006 财政年度，1 200 000 000 美元；

"（E）在 2007 财政年度，1 300 000 000 美元。

"（7）第 1240N 条规定的野生生物栖息地激励计划，每个财政年度最多可使用：

"（A）在 2002 财政年度，15 000 000 美元；

"（B）在 2003 财政年度，30 000 000 美元；

"（C）在 2004 财政年度，60 000 000 美元；

"（D）在 2005—2007 财政年度，85 000 000 美元。

"（b）第 11 条。本条任何条款不影响《商品信用公司特许法》第 11 条（《美国法典》第 15 篇714i）有关技术援助的支出额度限制规定。

"（c）地区平衡。在每个财政年度的 4 月 1 日之前，部长在为子篇 D 所述保护计划（不包括第 1 章子章 B 所述的保护保存计划、第 1 章子章 C 所述的湿地保存计划和第 2 章子章 A 所述的保护保障计划）拨付资金时，应优先考虑各州在该财政年度尚未收到资金的获批申请人，并且为上述保护计划拨付的资金总额至少应为 12 000 000 美元。

"第 1242 条　提供技术援助的方式。

"（a）一般原则。部长应通过下述方式向符合资格的生产者提供本篇规定的技术援助：

"（1）直接提供；

"（2）根据生产者意愿，通过被核准的第三方向生产者提供，具体由部长决定。

"（b）第三方提供者的认证。

"（1）一般原则。部长应在《2002 年农业安全与农村投资法》生效 180 天内根据规则建立下述系统：

"（A）批准个体或实体为实施本篇所述计划（包括提供者或潜在提供者的评估标准）提供技术援助；

"（B）制定援助的额度和付款方法。

"（2）专业知识。在为实施本条所述计划制定规则时，部长应确保具有保护规划、流域规划和环境工程知识方面的专业技术人员（包括商业实体、非赢利实体、州或当地政府或机构以及其他联邦机构）有资格成为获批的技术援助提供者。

"（3）临时援助。

"（A）一般原则。在 2002 年《农业安全和农村投资法》生效日期之前，依照与部长签订的协议提供技术援助的人员，在部长建立第（1）项所述系统之前，可继续提供本条规定的技术援助。

"（B）评估。如果第（A）小项所述提供技术人员希望在第（A）小项所述日期之后继续提供技术援助，部长应根据第（1）项中的评估标准对其进行评估。

"（4）非联邦援助。部长可以要求不隶属联邦的实体提供服务并与其签订合作协议或合同，以协助部长为制定或实施本篇所述保护计划提供技术援助。"

第 2702 条　规则。

（a）一般原则。除本篇或本篇修正案另有规定外，农业部部长应在本法案生效之日起不超过 90 天内，经与商品信贷公司磋商，颁布实施本篇项目所需的规则。

（b）适用权力。（a）款所述规则的发布以及本篇的管理。

（1）应当：

（A）在实施时不受《美国法典》第 44 篇第 35 章（通常称为《文书削减法》）规定的限制；

（B）在实施时不受 1971 年 7 月 24 日生效的、有关公告建议制订规则和公众参与制订规则的《农业部长的政策声明》（《联邦公报》第 36 篇 13804）；

（2）可以：

（A）在制定过程中提供通知和评论的机会；

（B）在农业部部长或商品信贷公司认为适当情况下，作为一个有通知和评论机会的临时生效规则向社会公布。

（c）国会对行政机关制订的规则进行审查。在执行本条规定时，农业部部长可以使用《美国法典》第 5 篇 808（2）赋予的权力。

第Ⅲ篇 贸　易

子篇 A　《1954 年农业贸易发展和援助法》及相关法规

第 3001 条　美国政策。

《1954 年农业贸易发展和援助法》（《美国法典》第 7 篇 1691）第 2 条修订如下：

（1）删除第四项末尾的"和"；

（2）删除第五项末尾的句号，插入"；和"；

（3）在末尾加入"（6）避免争议"。

第 3002 条　农产品条款。

《1954 年农业贸易发展和援助法》（《美国法典》第 7 篇 1722）第 202 条修订如下：

（1）在（b）款结尾处加入以下内容：

"（3）计划多样性。管理者须：

"（A）鼓励符合条件的机构提出并实施方案计划，以解决第 201 条中的计划一个或多个方面的问题；

"（B）所考虑的提议，要包含多种方案目标和战略计划，这些目标与计划要以符合条件机构认定为适当的活动为基础，并与第 201 条相一致，以协助国外的发展。"

（2）删除第（e）款第（1）项"不少于 10 000 000 美元和不多于 28 000 000 美元"，插入"不少于资金的 5％和不多于资金的 10％"。

（3）在末尾增加以下内容：

（4）"（h）简化计划管理。

"（1）改进。不迟于本款颁布之日起 1 年，管理者须：

"（A）在与符合条件的机构根据本条就一个或多个国家的计划签定协议时，要简化协议计划流程和指南；

"（B）2004 财年开始生效，在最大程度上可行，把变化纳入到计划的程序和指南以及资源请求的指南中。

"（2）精简的程序和指南。在执行第（1）项时，管理者须改进粮食促和平办公室管理系统，包括：

"（A）根据本篇进行的方案审查和审批过程要快速、更一致；

"（B）通过识别由符合条件的机构监测和报告的关键信息，简化信息收集和报告系统；

"（C）对已审批的方案，符合条件的机构为实现计划目标对计划进行调整，要给予其更大的灵活性，精简此类调整的汇报程序。

"（3）咨询。

"（A）一般原则。第（1）和第（2）项在实施时应依据第（205）条和第207条的（b）（c）款；

"（B）与国会委员会协商。不迟于本款颁布之日起180天，管理员应就本款执行所取得的进展与众议院的农业委员会和国际关系委员会以及参议院的农业、营养和林业委员会进行咨询。

"（4）报告。不迟于本款颁布之日起270天，管理员应向众议院的农业委员会和国际关系委员会以及参议院的农业、营养和林业委员会提交报告，汇报在信息管理、采购和财务管理系统取得的进展和按计划进行升级的情况，以管理本篇。"

第3003条　私人志愿组织和合作社现金的产生和使用。

《1954年农业贸易发展和援助法》第203条（《美国法典》第7篇1723）修订如下：

（1）删除本条标题中"外国"；

（2）在第（a）款中，删除"受援国，或在一个国家"，插入"一个或多个受援国，或在一个或多个国家"；

（3）在第（b）款中：

（A）删除"在受援国，或一些国家"，插入"在一个或多个受援国，或在一个或多个国家"；

（B）删除"外国货币"。

（4）在第（c）款中：

（A）删除"外国货币"；

（B）删除"在受援国，或一些国家"，插入插入"一个或多个受援国，或在一个或多个国家"。

（5）在第（d）款中：

（A）删除"外国货币"，插入"所得款项"；

（B）在第（2）项中：

（ⅰ）删除"创收"，插入"创收"；

（ⅱ）删除"受援国或一个国家内"，插入"一个或多个受援国，或一个国家或多个国家内"。

（C）在第（3）款中：

（ⅰ）在"已投资"一词后插入逗号；

（ⅱ）在"已使用"一词后插入逗号。

第3004条　援助级别。

《1954年农业贸易发展和援助法》第204条（a）款（《美国法典》第7篇1724（a））修订如下：

（1）删除每处出现的"1996—2002年"，相应插入"2002—2007年"；

（2）在第（1）项中，删除"2 025 000"，插入"2 500 000"；

（3）在第（2）项中，删除"1 550 000公吨"，插入"1 875 000公吨"。

第3005条　食品与协商小组。

《1954年农业贸易发展和援助法》第205条（f）款（美国法典》第7篇1725（f））予以修订：删除"2002"，插入"2007"。

第3006条　最大限度支出。

《1954年农业贸易发展和援助法》第206条（《美国法典》第7篇1726）废止。

第3007条　行政管理。

《1954年农业贸易发展和援助法》第207条（《美国法典》第7篇1726a）修订如下：

（1）在第（a）款：

（A）把第（2）项重新指定为第 3 项；

（B）删除第（1）项，插入以下内容：

"（1）受援国。根据本篇进入非紧急粮食援助协议的提案应确定受援国或国家是协议的主体。

"（2）时机。根据本篇，管理者在收到符合条件机构提交的提议之日起不迟于 120 天，应确定是否接受该提议。"

（2）删除第（b）款中所有的"指南"，相应位置插入"指南或年度政策指导"；

（3）在末尾增加以下内容：

"（e）及时审批。

"（1）一般原则。根据本条，鼓励管理员在每个财政年度开始前敲定计划协议和计划的资源需求。

"（2）报告。每年不迟于 12 月 1 日，管理者应向众议院的农业委员会和国际关系委员会以及参议院的农业、营养和林业委员会提交报告，包括以下内容：

"（A）根据本条批准的援助方案的计划、国家和商品的清单；

"（B）根据本条批准的所有用于交通和管理支出的资金总额的陈述。"

第 3008 条　对耐存贮预包装食品的储存、快速运输、配送和分布的援助。

《1954 年农业贸易发展和援助法》第 208 条（f）款（《美国法典》第 7 篇 1726b（f））的修订：删除"和 2002"，插入"到 2007"。

第 3009 条　销售程序。

（a）一般原则。《1954 年农业贸易发展和援助法》第 403 条（《美国法典》第 7 篇 1733）修订如下：

（1）在（e）款中：

（A）删除"在运送时"，插入以下内容：

"（1）一般原则。在运送时"；

（B）在末尾加入以下内容：

"（2）销售价格。在第（1）项中描述的农产口销售：（1）在农产品销售地，应该以合理的市场价格出售。如适用，由部长或管理员定价"；

（2）在末尾加入以下内容：

"（l）销售程序。

"（1）一般原则。第（b）款和第（h）款应适用于在受援国销售农产品以开展计划产生收益。

"（A）第 I 和第 II 篇；

"（B）《1949 年农业法》（《美国法典》第 7 篇 1431（b））第 416 条（b）款；

"（C）《1985 年粮食促进步法》（《美国法典》第 7 篇 1736o）。

"（2）货币。第（1）项所述的销售可使用美国美元或其他货币"。

（b）一致性修订。

（1）《1949 年农业法》第 416 条（b）款（《美国法典》第 7 篇 1431（b））的修订，在末尾添加以下内容：

"（10）销售程序。根据本款批准的商品进行销售时，部长应遵循在《1954 年农业贸易发展和援助法》第 403（l）款所述的销售程序进行。"

（2）《1985 年粮食进步法》第（f）款（《美国法典》第 7 篇 1736o（f））予以修订，在末尾加入以下内容：

"（5）销售程序。根据本条销售符合条件的农产品时，部长应遵照《1954 年农业贸易发展和援助法》第 403 条（l）款规定的销售程序进行。"

第 3010　预置。

《1954 年农业贸易发展和援助法》第 407 条（c）款（4）项（《美国法典》第 7 篇 1736a（c）（4））的修订，删除"和 2002"，插入"到 2007 年"。

第 3011 条　运输及相应费用。

《1954 年农业贸易发展和援助法》（《美国法典》第 7 篇 1736a（c）（1））第 407 条（c）款（1）项予以修订：

（1）删除"管理者"，插入以下内容：

"（A）一般原则。管理者"；

（2）在末尾加入以下内容：

"（B）用于非紧急援助的某些农产品。根据第 Ⅱ 篇，某些农产品用于对最不发达国家进行非紧急援助。这些国家如果满足国际发展协会下的国际复兴和开发银行制定的资助贫困和其他资格标准，管理者可支付农产品从指定入境口岸或国外的入境口岸到储存和配送点所产生的运输费用，以及相关的储存和配送成本。"

第 3012 条　失效日期。

《1954 年农业贸易发展和援助法》（《美国法典》第 7 篇 1736b）第 408 条予以修订：删除"2002"，插入"2007"。

第 3013 条　微量营养素强化计划。

《1954 年农业贸易发展和援助法》第 415 条修订如下：

（1）本条标题的修订：删除"试点计划"，插入"计划"。

（2）在第（a）款中。

（A）分别按照第（A）、（B）项，重新设计第（1）、（2）小项，适当调整页边距；

（B）删除第一句，插入以下内容：

"（1）计划。不迟于 2003 年 9 月 30 日，管理者在与部长协调后，要建立微量营养素强化计划；

（C）在第 2 句中，删除"该计划目的"，插入"（2）目的。计划的目的"；

（D）在第（2）项中（如（C）小项所指明的）：

（ⅰ）在（A）小项中，删除末尾的"和"；

（ⅱ）在（B）小项中：

（Ⅰ）删除"整体"；

（Ⅱ）删除末尾句号，插入"；和"。

（ⅲ）在末尾加入以下内容：

"（C）评估和应用技术和系统，用以改进并确保向发展中国家提供产品质量、保质期、生物利用度，强化粮食援助商品的安全性，通过使用相同的机制来评估微量营养素强化计划，这一计划出现在题为《公共法 480 强化商品的微量营养素合规审查》的报告中，于 2001 年 10 月公布，其资金由美国国际开发署的人道主义应急局提供。

（3）在第（b）款中，删除"试点计划"，插入"根照本条的项目"；

（4）在第（c）款的第一句：

（A）删除"试点计划，总体"，插入"计划，"；

（B）删除"试点计划可"，插入"计划可"；

（C）删除"包括"，插入"例如"；

（D）删除"和碘"，插入"碘和叶酸"。

（5）在（d）款中：

（A）删除"试点计划"，插入"计划"；

（B）删除"2002"，插入"2007"。

第 3014 条　约翰·奥庚劳斯克农场主间计划 。

《1954 年农业贸易发展和援助法》第 501 条（《美国法典》第 7 篇 1737）修订如下：

"第 501 条　约翰·奥庚劳斯克农场主间计划。

"（a）定义。在本条：

"（1）加勒比海盆地国家。术语"加勒比海盆地国家"是指一个国家根据《加勒比盆地经济复苏法》第 212 条（《美国法典》第 7 篇 1737）有资格成为受益国。

"（2）新兴市场。术语是指部长确定的一个国家：

"（A）这个国家正在采取措施，通过粮食、农业或农村经济等业务部门，发展为以市场为导向的经济；

"（B）这个国家有潜力为美国农业商品或产品，提供一个可行的和相当规模的市场。

"（3）中等收入国家术语。术语"中等收入国家"是指一个国家经济发展到一定程度，其发展并没有收到来自美国的双边发展援助。

"（4）撒哈拉以南非洲国家。术语"撒哈拉以南非洲国家"一词由《2000 年贸易与发展法》第 107 条（《美国法典》第 19 篇 3706）所赋予。

"（b）条款。尽管存任何其他的法律条款，为进一步帮助发展中国家、中等收入国家、新兴市场、撒哈拉以南的非洲国家及加勒比海盆地国家提高农业生产和农民收入，总统可：

"（1）建立并管理计划，该计划即"约翰·奥庚劳斯克农场主间计划"，美国与受援助的国家在以下方面进行农民主间援助：

"（A）增加粮食生产和分配；

"（B）提高在这些国家的农业生产者的种植和市场运作的有效性；

"（2）利用美国农业生产者，农学家，学院和大学（包括历史上黑人学院和大学，接受赠地院校或大学，由高校维护的基金会）、民营农业企业，私人组织（包括已有的和展示出来开展双边交流计划的基层组织），私人公司和非营利农业组织与这些国家的农业生产者和农场组织，在自愿的基础上进行合作。

"（A）以提高在这些国家的农业、农业综合经营和农业系统，包括：

"（ⅰ）动物保健和健康；

"（ⅱ）农作物的种植；

"（ⅲ）水果和蔬菜种植；

"（ⅳ）畜牧业；

"（ⅴ）食品加工和包装；

"（ⅵ）农业信贷；

"（ⅶ）市场营销；

"（ⅷ）输入；

"（ⅸ）农业技术推广。

"（B）以加强这些国家的合作社及其他农业团体的力量。

"（3）通过以现金和实物服务来支持要求支持技术援助的私人和公共农业相关组织，以个人为基础，向这些国家转让美国农业生产者和企业的知识和专长，并推进这些国家的民主进程。

"（4）按最大程度上可行原则，与民间志愿组织、合作社、接受赠地的大学、私营农业综合企业或非盈利性农场组织，补助或签订合同或合作协议来开展本条（除了任何该等合约或其他协议可规定美国的支出，这种支出预算的权力只限于可根据第（d）款或根据《拨款法案》以其他方式提前提供）；

"（5）把本条设立的计划与其他由美国开展的对外援助计划和活动进行协调；

"（6）到一定程度上，实施该计划时，可以使用当地货币。在项目实施过程中，可根据实施情况，补充美国用于该计划的资金，通过使用：

"（A）根据此法案，从农业商品和产品销售中产生的外国货币；

"（B）从其他形式的外国援助活动中产生的当地货币。

"（c）特别强调撒哈拉以南非洲国家和加勒比海盆地国家。

"（1）调查结果。国会发现：

"（A）在撒哈拉以南的非洲和加勒比盆地国家的农业生产者，需要进行农业技术培训。这些技术适合于绝大多数的合格的农业生产者。这些培训包括：

"（i）标准的种植方法；

"（ii）杀虫剂和卫生程序；

"（iii）其他可增加营养、健康作物产量的农业生产方法；

"（B）在美国的农业生产者（包括非裔美国人的农业生产者），银行和保险业专业人士，等拥有农业商业专业知识的人士对于撒哈拉以南非洲国家和加勒比盆地国家的农业生产者非常重要；

"（C）美国所作的承诺适于支持致力于以下方面的农业生产者进行农业综合技能培训计划：

"（i）提高杀虫剂和卫生设施步骤，以防止破坏作物的知识。

"（ii）教授现代农业技术，将有利于对作物生产进行持续分析：

"（I）确定和发展标准的种植方法；

"（II）建立记录保存系统；

"（iii）农业设备的使用和维护，这适用于撒哈拉以南非洲或加勒比盆地国家大多数的农业生产者；

"（iv）通过增加农业生产者获得信贷的机会，扩大小农机作业，形成农业企业：

"（I）开发和利用村庄的银行系统；

"（II）使用农业风险保险试点产品；

"（v）推销农作物，为本地需求和出口寻找潜在购买者（包括企业和个人）。

"（D）推进美国农业生产者和国外农业生产者之间农业知识和专业知识交流的项目，确保有效促进农业技术和食品的安全性交流，并确保投入资源确保农场主间的交流。

"（2）在撒哈拉以南非洲国家和加勒比国家的目标。本条中的撒哈拉以南非洲和加勒比海盆地国家计划，目标应为：

"（A）通过以下手段为这些国家农业生产者增加信贷机会，把小农业经营扩大至农业企业：

"（i）开发和利用村庄的银行系统，

"（ii）使用农业风险保险试点产品。

"（B）为这些国家的农业生产者提供培训，将：

"（i）提高当地的粮食安全，

"（ii）有利于减缓饥饿。

"（C）对这些国家的农业生产者分组培训，鼓励参与者把培训获得的信息和技能分享并传递给本社会的其他农业生产者在当地社区的参与者，而不是仅仅为提高个人的致富的信息能力和技能；

"（D）将撒哈拉以南非洲和加勒比海盆地国家中该计划的受益人数最大化。

"（d）最低资助。尽管有其他法律规定，除了可能专门拨款来执行本款，从2002—2007财年，不低于执行该法案总数0.5％的金额用于执行本条：

"（1）用于发展中国家的计划不少于0.2％的金额；

"（2）用于撒哈拉以南非洲和加勒比地区国家不小于 0.1％的金额。

"（e）拨款授权。

"（1）一般原则。根据本条，2002—2007 每一财年授权拨款给撒哈拉以南非洲和加勒比海盆地国家执行本计划的资金是 1 千万美元。

"（2）行政费用——在根据第（1）项，在撒哈拉以南非洲和加勒比地区国家开展此计划，所产生的行政费用不能超过每一财年经费的 5％。"

子篇 B 《1978 年农业贸易法》

第 3101 条 出口商援助倡议。

《1978 年农业贸易法》第 I 篇（《美国法典》第 7 篇 5601 及以下）予以修订，在末尾加入以下内容：

"第 107 条 出口商援助倡议。

"为了提供一个全面的信息来源，以方便美国农产品的出口，部长应维护一个提供互联网信息的网站，以协助美国农产品出口商和潜在的出口商。

第 3102 条 出口信贷担保计划。

（a）供应商信用计划条款。《1978 年农业贸易法》第 202 条（a）款（《美国法典》第 7 篇 5622（a））予以修订，在末尾加入以下内容：

（3）扩展供应商信用。

"（A）一般原则。在执行此计划时，根据第（B）项下的资金拨款，商品信贷公司可能会发出提供超过 180 天，但不超过 360 天的偿还信贷期，由美国出口商提供给外国买家。

"（B）拨款授权。予拨有关款项，并授权为必要资金，用以支付本条发布的担保，在信贷偿还时超出了最初的 180 天所产生的额外费用"。

（b）加工和高附加值产品。《1978 年农业贸易法》第 202 条（k）款（1）项（《美国法典》第 7 篇 5622（k）（1））予以修订，删除"，2001，和 2002"，插入"到 2007"。

（c）报告。《1978 年农业贸易法》第 202 条（《美国法典》第 7 篇 5622）予以修订，在末尾加入以下内容：

"（l）农业出口信用咨询计划。部长及美国贸易代表应定期就农产品出口信贷计划咨询众议院的农业委员会、国际关系委员会和参议院的农业、营养和林业委员会。

（d）重新授权。《1978 年农业贸易法》第 211 条（b）款（1）项（《美国法典》第 7 篇 5641（b）（1））予以修订，删除'2002'，插入'2007'。"

第 3103 条 市场准入程序。

《1978 年农业贸易法》第 211 条（c）款（《美国法典》第 7 篇 5641（c））予以修订：

（1）将第（1）和（2）项重新编号为第（A）和（B）小项，适当缩进；

（2）删除"商品"，插入以下内容：

"（1）一般原则。商品"；

（3）删除第（A）小项，（重新编号），插入以下内容：

"（A）除了可能专门拨款用于市场准入计划的资金，2001 财年不超过 90 000 000 美元，2002 财年不超过 100 000 000 美元，2003 财年不超过 110 000 000 美元，2004 财年不超过 125 000 000 美元，2005 财年不超过 1.4 亿美元，2006 年和 2007 年每个财年不超过 200 000 000 美元，或同等价值的商品。这些资金或商品由商品信贷公司拥有；和”；

（4）在末尾添加以下内容：

"（2）计划优先。根据第（1）项（A）小项，在为任何财年提供任何资金，其总量如果超过根据同项审批的 2001 财年的资金量，部长均应在最大程度上把握可行性原则。

"（A）给予同等考虑。

"（i）在前一财政年度参与机构呈交的提议；

"（ii）没有参与过本篇计划的符合条件的贸易组织所呈交的提议。"

"（B）给予同等考虑。

"（i）呈交的有关新兴市场活动的提议；

"（ii）呈交的非新兴市场的活动提议。"

第 3104 条　出口加强计划。

（a）一般原则。《1978 年农业贸易法》第 301（e）（1）（G）条（《美国法典》第 7 篇 5651（e）（1）（G））予以修订，删除"2002 财年"，插入"从 2002—2007 年的每个财政年度"。

（b）不公平贸易行为。《1978 年农业贸易法》（《美国法典》第 7 篇 5602（5）（A））第 102（5）（A）条予以修订：

（1）在第（i）条款，末尾删除"或"；

（2）删除第（ii）条款，插入以下内容：

"（ii）垄断的国营贸易企业从事农产品出口销售时，实行定价的做法，这与健全的商业惯例不符；

（iii）提供补贴：

（I）降低美国出口的市场机会；

（II）不公平地扭曲了农产品市场，从而损害美国的出口；

（iv）施加不公平的贸易技术壁垒，包括：

（I）贸易限制或商业要求（如标签规定）对新技术产生不利影响（包括生物技术）；

（II）不合理的卫生和植物检疫限制（包括任何违反《乌拉圭回合协议》、不基于科学原理的限制）；

（V）实施的规定在关税配额管理方面不公平地限制了美国农产品的进口；

（VI）不遵守或规避与美国签定的贸易协议条款中规定的义务。"

第 3105 条　国外市场开发合作计划。

（a）产品附加值。

（1）一般原则。《1978 年农业贸易法》第 702 条（a）款（《美国法典》第 7 篇 5722（a））予以修订，在"产品"后插入"持续重点关注具有附加值的美国农产品出口到新兴市场"。

（2）向国会提交报告。《1978 年农业贸易法》第 702 条（《美国法典》第 7 篇 5722）予以修订，在末尾加入以下内容：

"（c）向国会提交报告。部长须每年向众议院的农业委员会、国际关系委员会和参议院的农业、营养、林业委员会提交相关活动报告，包括描述提供的资助金额，资助计划类型、目标增值产品和已开发产品的国外市场情况。"

（b）资助。《1978 年农业贸易法》第 703 条（《美国法典》第 7 篇 5723）修订如下：

"第 703 条　资助。

"（a）一般原则。要执行本篇，部长须使用商品信贷公司的资金或可比价值的商品，从 2002—2007 年每个财年为 34 500 000 美元。

"（b）计划优先。根据第（a）款，在为任何财年提供的任何资金或商品总量，如果超过根据本条审批的 2001 财年的资金量，部长均应在最大程度上把握可行性原则。

"（1）给予同等考虑：

"（A）在前一财政年参与机构呈交的提议；

"（B）没有参与过本篇计划的符合条件的贸易组织所呈交的提议。

"（2）给予同等考虑：

"（A）呈交的有关新兴市场活动的提议；

"（B）呈交的非新兴市场活动的提议。"

第 3106 条　粮食促进步。

（a）一般原则。《1985 年粮食促进步法》（《美国法典》第 7 篇 1736o）第（f）（3）（k）款，和第（l）（1）款予以修订，分别删除"2002"，插入"2007"。

（b）计划定义。

（1）一般原则。《1985 年粮食促进步法》（《美国法典》第 7 篇 1736o）予以修订，删除第（b）（c）款，插入以下内容：

"（b）定义。在本条中：

"（1）合作社。术语'合作社'的意义在《1954 年农业贸易发展和援助法案》（《美国法典》第 7 篇 1732）第 402 条已作阐释。

"（2）公司。术语'公司'指商品信贷公司。

"（3）发展中国家。术语'发展中国家'在《1954 年农业贸易发展和援助法》（《美国法典》第 7 篇 1732）第 402 条已作阐释。

"（4）符合条件的商品。术语'符合条件的商品'是指农产品，一种农业商品的产品，公司的存货或通过商业购买由总统或公司根据本条授权的程序进行收购存放。

"（5）符合条件的实体。术语'符合条件的实体'是指：

"（A）新兴的农业国家的政府；

"（B）一个政府间组织；

"（C）私人自愿组织；

"（D）一个非盈利性的农业组织或合作社；

"（E）非政府组织；

"（F）任何其他私人实体。

"（6）粮食安全。术语'粮食安全'是指所有的人在任何时候都获得足够的食物和营养，生活得健康而富有成效。

"（7）非政府组织。术语'非政府组织'在《1954 年农业贸易发展和援助法案》第 402 条（《美国法典》第 7 篇 1732）中已作阐释。

"（8）私人自愿组织。术语'私人自愿组织'在《1954 年农业贸易发展和援助法案》第 402 条（《美国法典》第 7 篇 1732）中已作阐释。

"（9）计划。术语'计划'是指由符合条件的实体提出并由总统根据本条批准的粮食协助或发展的提议。

"（c）计划。为了使美国更有效地支持发展中国家和新兴民主国家，这些国家已承诺通过改变大宗商品的定价权、市场营销、生产资料的供应、配送和私营部门的参与方面，引进或扩大农业经济中的自由企业元素，总统可根据第（e）（f）款，与这些国家符合条件的实体签订协议，提供符合条件的商品。"

（2）符合修订。《1985 年粮食促进步法》（《美国法典》第 7 篇 17360）的修订如下：

（A）删除第（d）款中第一句中的"粮食"；

（B）在第（1）（2）款中，删除"农业的"；

（C）在第（m）（1）款，删除"这些"；

（D）在第（d），（e），（f），（h），（i），（l），及（m）款中，分别删除"商品"，相应位置插入"符合条件的商品"；

（E）在第（e），（f）和（l）款中，分别删除"商品信贷公司"，相应位置插入"公司"；

（F）删除第（o）款。

（c）考虑协议。《1985年粮食促进步法》第（d）款（《美国法典》第7篇1736o（d））予以修订；删除"（d）在确定时"，插入"（d）考虑协议。在确定时"。

（d）资助符合条件的商品。《1985年粮食促进步法》第（e）款（《美国法典》第7篇1736o（e））的修订如下：

（1）删除"（e）"，插入"（e）资助符合条件的商品"；

（2）在第（2）项中，插入"，第（g）款的规定并不适用于根据本篇以赠款或信贷条款所提供的符合条件商品；

（3）在末尾添加以下内容：

"（5）对国内计划不产生影响。总统在根据本条处理符合条件商品的数量，不能使之减少传统上通过捐款提供给国内供餐方案或机构的数量，这是由总统决定的。

（e）向发展中国家提供符合条件的商品。《1985年粮食促进步法》（《美国法典》第7篇1736o）（f）款修订如下：

（1）删除"（f）"，插入"（f）向发展中国家提供符合条件的商品。"；

（2）在第（3）项中，删除"30 000 000美元（或在1999年财年的35 000 000美元）"，插入"40 000 000美元"。

（f）最低吨位。《1985年粮食促进步法》（《美国法典》第7篇1736o（g））予以修订，删除第（g）款，插入以下内容：

"（g）最低吨位。根据本条第（f）（3）款，从2002—2007年每个财年为本计划提供不少于40万吨符合条件的商品"。

（g）禁止转售或转运符合条件商品。《1985年粮食促进步法》第（h）款（《美国法典》第7篇1736o（h））予以修订，删除"（h）协议"，插入"（h）禁止转售或转运符合每件的商品。协议"。

（h）美国商业销售的移位。《1985年粮食促进步法》第（i）款（《美国法典》第7篇1736o（i））予以修订，删除"（i）在进入"，插入"（i）美国商业销售的移位。在进入"。

（i）多国或多年基准。《1985年粮食促进步法》第（j）款（《美国法典》第7篇1736o（j））修订如下：

（1）删除"（j）在执行本条时，总统可，"，插入以下内容："（j）多国或多年基准：

"（1）一般原则。在执行本条时，总统，"；

（2）删除"批准"，插入"被鼓励批准"；

（3）删除"多年"，插入"多国或多年"；

（4）在末尾添加以下内容：

"（2）计划宣告期限。任何财政年度开始前，总统应最大程度可行地：

"（A）对有关计划的协议和程序的资源请求，根据本条作出所有决定；

"（B）宣布这些决定。

"（3）报告。不迟于每个财政年度的12月1日，总统应提交众议院的农业委员会、参议院的农业、营养和林业委员提交一个清单，包括根据本条批准的本财年的计划、国家、符合条件的商品、资金，运输及行政费用的总金额。"

（j）生效及终止日期。《1985年粮食促进步法》第（k）款（《美国法典》第7篇1736o（k））予以修订，删除"（k）本条"，插入"（k）生效及终止日期。本条。"

（k）行政费用。《1985 年粮食促进步法》第（l）款（《美国法典》第 7 篇 1736o（l））修订如下：

（1）删除"（l）"，插入"（l）行政费用。"；

（2）第（1）项中，删除"10 000 000 美元"，插入"15 000 000 美元"；

（3）在第（3）项中，去掉"当地货币"，插入"所得款项"；

（4）在末尾添加以下内容：

"（4）人道主义或发展目的。部长可授权使用所得款项来支付本条中由符合条件的实体操作所产生的费用：

"（A）（ⅰ）计划针对饥饿和营养不良；或

"（ⅱ）涉及食品安全的发展计划；

"（B）根据本条所提供的符合条件商品的交通运输、仓储及配发；

"（C）管理、销售、监测和技术援助。"

（l）总统批准。《1985 年粮食促进步法》第（m）款（《美国法典》第 7 篇 1736o（m））予以修订，删除"（m）在执行时"，插入"（m）总统批准。在执行时"。

（m）计划管理。《1985 年粮食促进步法》第（n）款（《美国法典》第 7 篇 1736o（n）），插入以下内容：

"（n）计划管理。

"（1）一般原则。总统应确保最大的可行范围内，使每个符合条件的实体参与到本条的一个或多个计划。

"（A）根据本条提供使用符合条件的商品：

"（ⅰ）以有效的方式；

"（ⅱ）在最需要的地方；

"（ⅲ）以促进本条目的方式。

"（B）在使用符合条件的商品，评估和考虑受援国和受援国的目标人群的需求。

"（C）与受援国和受援国的本地机构或团体合作，设计和开展双方都能接受的根据本条授权的方案。

"（D）使用总统决定的方法，监测和报告符合条件商品的经销或销售，以方便准确和及时的报告。

"（2）要求。

"（A）一般原则。不迟于本项分布日期后的 270 天，总统应审查，必要时，进行修改法规和内部程序以精简、改进、澄清本条中协议的申批和实施流程。

"（B）考虑事项。在进行审查时，总统应考虑：

"（ⅰ）修订提交提案的程序；

"（ⅱ）制定独立解决方案目标的计划审批标准；

"（ⅲ）预筛选组织和建议，以确保符合最低资格；

"（ⅳ）实施电子政务的举措和其他提高建议提交及审批程序的效率；

"（ⅴ）升级信息管理系统；

"（ⅵ）提高商品和运输采购流程；

"（ⅶ）确保足够的评价和监测方法。

"（C）咨询。不迟于本项颁布之日起 1 年，总统应就规章和程序所做的更改咨询众议院的农业、国际关系委员会和参议院的农业、营养和林业委员会。

"（3）报告。每个符合条件的实体根据本条签订协议时，应当向总统提交（有时总统会可要求）一份报告，呈报根据本条向符合条件的实体提供的有关符合条件的商品和资金的使用情况。"

第 3107 条　麦戈文与多尔教育与儿童营养国际粮食计划。

（a）农产品定义。在本条中，术语"农产品"是指在美国生产的农业商品，或产品。

（b）计划。根据第（1）款，总统可设立一个计划，即"麦戈文与多尔教育与儿童营养国际粮食计划"，要求采购农产品和提供金融和技术援助，来开展：

（1）国外幼儿园和学校的食品计划，以提高食品的安全性，减少饥饿的发生，并提高识字率和小学教育，尤其针对女孩；

（2）针对孕妇的母婴和儿童营养计划，哺乳期妇女，婴幼儿和 5 岁或以下的儿童。

（c）符合条件的商品成本计划。尽管有任何其他法律条文：

（1）根据本条提供任何符合条件的农产品。

（2）要实现本条的目标，根据本条划拨的资金可能被用于支付

（A）（ⅰ）收购该农产品的成本；

（ⅱ）农产品的包装、改进、保存和强化产生的成本；

（ⅲ）直到在农产品在美国港口免费装船前所产生的加工、运输、装卸，及其他附带成本；

（ⅳ）货运从美国港口或指定的加拿大中转港（由部长决定）到指定的国外入境口岸产生的费用；

（ⅴ）农产品从美国港口运输到国外指定的入境点在以下情况下产生的费用：

（Ⅰ）内陆国家；

（Ⅱ）因为天然的或其他的干扰，口岸不能被有效使用；

（Ⅲ）某一特定国家无法找到运营商；

（Ⅳ）通过使用入境点而不是口岸，可大幅节省成本或时间；

（ⅵ）由农产品的海洋运输转运引起的共同海损分摊的费用；

（B）全部或部分由移动符合条件商品，如内部运输、储存和处理所产生的成本，如果总统认为：

（ⅰ）支付的费用是适当的；

（ⅱ）受援国是低收入，粮食净进口国：

（Ⅰ）符合国际重建与发展银行提供民生项目优惠所确定的贫困标准；

（Ⅱ）国家政府，通过国家行动计划，正致力于实现 1990 年在泰国宗滴恩召开的世界全民教育宣言的目标和在 2000 年召开的世界教育论坛后续达喀尔行动框架。

（C）在受援国由一个非营利性志愿、合作社或政府间机构或组织开展的活动所产生的成本，这些活动会增加根据本条这些实体所开展的活动的有效性。

（D）用于私人志愿组织、合作社或政府间组织在实施本条的活动使用所允许支出的行政费用的开支。

（d）一般当局。总统应指定一个或多个联邦机构来：

（1）实施本条中的计划；

（2）确保本条中的计划与美国的外交政策和发展援助的目标一致；

（3）在确定一个国家是否应根据本条获得援助时，要考虑该国政府是否正在采取具体步骤，以改善全国幼儿园和学校系统。

（e）符合条件的实体。根据本条，可向私人志愿组织、合作社、政府间组织、发展中国家的政府及其机构和其他组织提供援助。

（f）程序。

（1）一般原则。在实施第（b）款时，总统应确保确立程序：

（A）为符合条件的实体所提交的提案，提供商品和其他援助，这些提案中的每一个都可能包括一个或多个受援国；

（B）提供以多年为基础的符合条件的商品和援助；

（C）确保符合条件的实体在实施本条中的计划时展现出组织和开发、实施、监控、报告以及提供

问责的能力；

（D）根据本条提交的提案，加快开发、审查和审批；

（E）根据本条提供的商品和其他援助在使用时，确保由符合条件的实体实施监测和报告；

（F）容许符合条件的实体进行商品买卖或以货易货，获取资金以开展活动，改善妇女和儿童的粮食安全或以其他方式加强根据本条授权的计划和活动的有效性。

（2）计划资助优先。在开展第（1）项，为本条授权的方案和活动提供商品和其他援助确定使用标准时，执行机构可考虑符合条件的实体以下方面的能力：

（A）识别和评估受益人的需求，特别是营养不良或营养不足的母亲和他们 5 岁或以下的孩子，学龄期儿童营养不良、营养不足，或经常不上学；

（B）（ⅰ）针对在学龄前和学龄期儿童，目标低收入地区的儿童，其入学和学校出勤率低，或女童的入学率和学校出勤率低，把提高识字率和初级教育，特别是女童的教育，纳入发展目标；

（ⅱ）在为母亲和 5 岁或以下的儿童谋福利的计划时，根据现有的或新成立的孕产妇、婴幼儿计划，协调补充喂养和营养方案，提供健康需求干预，包括产前，产中，产后及新生儿护理；

（C）在开展、实施计划和活动时，让本地机构以及当地社区和政府参与其中，以培养当地的建设和领导力；

（D）开展多年方案，促进当地自给自足，确保在受援国计划的长期性。

（g）食物及营养服务的使用。农业部食品和营养服务可根据第（b）款（1）项就方案的创立、在受援国的实施方面提供技术咨询。

（h）多边参与。

（1）一般原则。敦促总统参与现有的国际粮食援助协调机制，以确保多边承诺并参与到与本条类似的方案中。

（2）报告。总统应每年向众议院的国际关系委员会和和农业委员会，参议院的农业、营养和林业委员会提交报告，汇报有关政府，包括美国政府，在全球努力减少儿童饥饿和提高入学率方面的承诺和活动。

（i）私营部门参与。敦促总统鼓励私营部门、基金会、其他个人和组织支持、积极参与到本条所协助的计划中。

（j）结束。与符合条件的组织根据本条签订的协议应包括的条款：

（1）用以：

（A）维持目标社区教育、招生、及孩子入学率等利益，当本条中的计划在受援国提供商品和协助终止时；

（B）预估需要的援助期，直到受援国或符合条件的机构能够提供足够的援助而无需额外援助。

（2）为受援国的目标人群提供其他长期利益。

（k）为保障当地生产和正常市场活动的要求。《1954 年农业贸易发展和援助法》（《美国法典》第 7 篇 1733（a））第 403 条（a）款要求适用于本条中的商品可用性。

（l）资助。

（1）一般原则。总统在 2003 财年应使用商品信贷公司资金中的 100 000 000 美元以开展本条中的计划。

（2）拨款授权。授权从 2004—2007 年每个财年予拨必要款项用以开展本条。

（3）行政支出。开展本条的资金，可用于支付任何联邦机构在实施或协助实施本条时所产生的行政开支。

子篇 C　其　　他

第 3201 条　发展中国家或友好国家的商品盈余。

（a）货币的使用。《1949 年农业法》第 416 条（b）（7）（D）（《美国法典》第 7 篇 1431（b）（7）

(D)）的修订如下：

（a）在第（ⅰ）及第（ⅲ）条款中，删除每一处"外国货币"；

（b）在第（ⅱ）条款：

（1）删除"外国货币"。插入"所得款项"；

（2）删除"外国货币"。

（c）在第（ⅳ）条款：

（1）删除"外币收益"，插入"所得款项"；

（B）删除第二处"原产国"及随后的内容直到"必要加快"，插入"原产国必要加快"；

（C）删除"，或"，插入一个句号；

（D）删除第（Ⅱ）子条款。

（b）协议实施。《1949年农业法》第416条（b）（《美国法典》第7篇1431（b））（如第3009（b）的修订）：

（1）在第（8）项，删除"（8）（A）"以及随后内容，直到"（B）部长"，并插入以下内容：

"（8）行政条款。

"（A）加急程序。为了在最大程度上可行，应采用快速程序执行本款。

"（B）商品估计。部长应在最迟不超过每一财年的10月31日，在联邦纪事上发布根据本条为本财年提供的商品和产品的种类和数量的估计。

"（C）协议商定。鼓励部长根据本条最迟不超过每个财年的12月31日敲定方案协议。

"（D）规定。部长；"以及

（2）在末尾增加以下内容：

"（11）要求。

"（A）一般原则。不迟于本小项颁布日起270天，部长应审查，必要时，修改法规和内部程序以精简、改进、明确申请、批准、实施与本条协议有关的流程。

"（B）考虑事项。在审查时，部长应考虑：

"（ⅰ）提交提案的修改程序；

"（ⅱ）制定程序审批标准，以独立解决方案的目标；

"（ⅲ）预筛选组织和提议，以确保满足最低资格；

"（ⅳ）实施电子政务举措和其他提高提交和审批提议流程效率的措施；

"（ⅴ）升级信息管理系统；

"（ⅵ）提高商品和运输采购流程；

"（ⅶ）确保有足够的评估和监测方法。

"（C）咨询。不迟于颁布本小项之日起1年，部长须就本项的规定和程序方面的变化咨询众议院的农业委员会、国际关系委员会和参议院的农业、营养和林业委员会。"

第3202条　比尔·爱默生人道主义信托法。

《比尔·爱默生人道主义信托法》第302条（《美国法典》第7篇1736f-1）予以修订：删除（b）（2）（B）（ⅰ）款和（h）款的（1）、（2）项中出现的每处"2002"，相应位置插入"2007"。

第3203条　新兴市场。

《1990年粮食、农业、保护和贸易法》第1542条（《美国法典》第7篇5622注释）予以修订：删除（a）款和（d）（1）（A）（ⅰ）款中出现的每处"2002"，插入"2007"。

第3204条　生物技术和农业贸易方案。

《1990年粮食、农业、保护和贸易法》（《美国法典》第7篇3293）予以修订，在第1543条之后插入以下内容：

"第 1543 条　A 生物技术和农业贸易方案。

"（a）设立。在该部建立了生物技术和农业贸易方案。

"（b）目的。该计划的目的应是去除、解决或缓解公共和和私营部门通过赠款资助的计划，把美国农产品出口到国外市场时遭遇的重大监管非关税壁垒（《1978 年农业贸易法》第 102 条（《美国法典》第 7 篇 5602 已界定），解决：

"（1）快速响应干预美国出口遭遇的非关税壁垒障碍：

"（A）美国通过生物技术生产的农产品；

"（B）食品安全；

"（C）疾病；

"（D）其他卫生或植物检疫问题。

"（2）开发协议，是与其他国家就动物健康、粮食质量以及转基因商品等问题进行双边谈判的一部分。

"（c）符合条件的计划。由部长决定，根据需要，本条授权的活动可开展，通过：

"（1）本条；

"（2）根据第 1542 条新兴市场计划；或

"（3）根据第 1543 条科克伦奖学金计划。

"（d）资助。从 2002 至 2007 年每一财年授权拨款 6 000 000 美元。"

第 3205 条　特种作物的技术援助。

（a）设立。农业部部长应当建立出口援助计划（本条中简称"计划"），以解决禁止或威胁美国特产作物出口遇到的特有的障碍。

（b）目的。方案应提供直接援助，通过公共和私营部门的计划和技术援助，以消除、解决或缓解卫生和植物检疫及相关贸易壁垒。

（c）优先。方案应解决时间敏感和战略性的市场准入计划，依据：

（1）市场自留额、市场准入和市场拓展的贸易效应；

（2）贸易影响。

（d）资助。从 2002—2007 每一财年，部长须获得商品信贷公司的 2 000 000 美元的资金，或同等价值的商品。

第 3206 条　全球市场战略。

（a）一般原则。不迟于该法案颁布之日起 180 天，此后每两年，农业部部长应就全球市场战略的制定和实施咨询众议院的农业委员会、国际关系委员会和参议院的农业、营养和林业委员会，在最大程度上可行：

（1）确定农产品出口到海外市场增长的机会；

（2）确保与其他机构协调农业部的资源、方案和政策；

（3）消除农产品在海外市场的贸易壁垒。

（b）审查。根据第（a）款进行的磋商，审查应包括：

（1）农业部的战略目标；

（2）农业部在实现全球市场战略目标方面的进展。

第 3207 条　易腐商品和活体动物的使用报告。

不迟于该法案颁布之日起 120 天，农业部部长应向众议院的农业委员会和参议院的农业、营养和林业委员会提交有关美国国际粮食援助计划的报告，评估：

（1）储存、运输能力和资金对易腐和半易腐农产品使用的影响；

（2）根据本方案，运输羔羊和其他活体动物运输的可行性。

第 3208 条　服务费研究。

（a）一般原则。不迟于该法案颁布起 1 年，农业部部长应向众议院的农业委员会、国际关系委员会和参议院的农业、营养和林业委员会提交关于设立计划可行性的报告。根据此计划，部长将收取并保留费用，用以支付农业部通过对外农业服务或任何继任机构，向在美国以外地域的人提供商业服务。

（b）计划目的。计划第（1）款中描述的目的是补充，而不是取代目前对外农业服务在海外提供的服务。

（c）市场发展策略。根据第（b）款实施的计划将是针对某一特定国家或地区的整体市场发展战略的一部分。

（d）试点计划。在试点基础上建立第（a）款中的程序，以确保计划不使中小型公司处于劣势，包括曾未从事过出口业的公司。

第 3209 条　美国国会关于对外援助计划的认知。

（a）调查结果。国会发现：

（1）国际社会面临着持续盛行的种族，教派和暴力犯罪；

（2）贫困、饥饿、政治上的不确定性和社会不稳定性是世界各地的暴力和冲突的主要原因；

（3）基础广泛、公平的经济增长和农业发展，有利于政治稳定、粮食安全、民主和法治；

（4）民主政府更有可能倡导和遵守国际法律，保护公民权利和人权，追求自由市场经济，并避免外部的冲突；

（5）在过去 20 年里，美国国际开发署为大多数国家成功过渡到民主政府提供了重要的民主和管理援助；

（6）美国农产品前 50 大消费国中的 43 个曾经在美国对外援助中受益；

（7）在过去的 50 年中，发展中国家的婴儿死亡率已降低了 50％，比起历史上其他任何时期，世界各地的卫生条件在此期间得到较大改善；

（8）在仅仅过去的 8 年中，美国国际开发署儿童生存计划对世界范围内婴儿死亡率降低 10％这一业绩做出了重大贡献；

（9）在过去的 20 年中，由美国和其他捐助者援助了更好的种子、传授更高效的农业技巧，已经帮助使其能够额外养活世界上 1 000 000 000 的人口；

（10）尽管取得了这些进展，仍有 1/4 的世界人口约 12 亿人，生活在每天 1 美元以下，约 30 亿人每天费用 2 美元；

（11）新生儿 95％出现在发展中国家，其中包括世界上最贫穷的国家；

（12）只有 0.5％的联邦预算专门用于国际经济和人道主义援助。

（b）国会的认知。就国会的认知而言：

（1）美国对外援助计划应当在全球打击恐怖主义的斗争中发挥更大的作用，以实现美国的国家安全目标；

（2）美国应该领导协调国际努力，以向贫困国家和弱势群体提供更多的财政援助，因为贫困国家和弱势群体是恐怖主义滋生的温床；

（3）美国国际开发署和农业部应大幅增加人道主义、经济发展和农业援助，促进国际和平与稳定，促进人权。

第 3210 条　参议院关于农业贸易的认知。

（a）农产贸易谈判目标。参议院意识到，美国就农业贸易进行的所有多边、区域和双边谈判的主要目标是使美国农产品出口到国外市场时获得竞争机会，大致等于给予国外进口到美国市场的竞争机会，为批量农产品交易和附加值商品创造更公平、更开放的环境，通过：

（1）在确定的日期减少或消除关税或其他费用。这些因素降低了美国农产品的出口市场机会，要优先考虑美国农产品受制于更高的关税或补贴制度的主要生产国家。

（2）立即消除全球农业商品所有的出口补贴，同时保持善意的粮食援助，保护美国农产品市场开发和出口信贷方案，使美国能与其他国外出口的促销相竞争。

（3）通过管理国外扶持措施，为美国农业生产者提供公平的竞争环境，这样按农业生产总值的百分比计算，任何其他国家所提供的支持都少于美国，同时保留现有的绿盒类以支持环保活动、家庭农场和农村社区。

（4）发展、加强和澄清规则和有效的争端解决机制，消除不公平地降低美国农产品的市场准入机会行为，或扭曲农业市场和损害美国利益的行为，包括：

（A）国营贸易企业不公平的或扭曲贸易活动和其他行政机制，重点行为有：

（i）国营贸易企业的运作及其他机制中，要求价格透明；

（ii）结束农产品的歧视性定价行为，这实际相当于出口补贴。这样，企业或其他机制不能在国外市场上以低于国内市场的价格出售农产品（善意粮食援助的情况除外）或低于收购、提供农产品至国外市场全部费用的价格出售；

（B）影响农业新技术，如生物技术的不合理的贸易限制或商业行为；

（C）不合理的卫生或植物检疫限制，这些限制并非基于科学原理，并违反了卫生和植物检疫措施应用协议（如在《乌拉圭回合协议》（《美国法典》第 19 篇 511（d）（3））中第 101（d）（3）的描述）；

（D）其他不合理的农业贸易的技术壁垒；

（E）限制性和非透明的关税配额管理的规则；

（5）提高进口救济机制，认识到易腐农产品的独特性。

（6）考虑谈判一方在农产品交易方面是否：

（A）未能遵守现有的与美国的双边贸易协定条款；

（B）规避多边贸易协议规定的义务，美国是该协议的签定者；

（C）操纵其货币价值，损害了美国农业生产商或出口商的利益。

（7）以其他方式确保加入世界贸易组织的各国：

（A）作出了有意义的农业市场开放承诺；

（B）在履行这些承诺时日益取得进展。

（b）农业贸易优先。就参议院的认知而言：

（1）成功达成农业协议应该是美国在世界贸易组织谈判中的重中之重；

（2）如果美国的主要出口竞争对手没有按照本条的谈判目标减少扭曲的国内贸易支持、取消出口补贴，美国应根据现有世界贸易组织的承诺，采取措施增加美国谈判的杠杆作用，为美国生产者创造公平的竞争环境。

（c）咨询国会委员会。就参议院的认知上而言：

（1）在就减少农产品关税或需要美国农业法作出修改的协议谈判之前，美国贸易代表应咨询众议院的农业委员会、筹款委员会和参议院的农业、营养和林业委员会和财政委员会。

（2）由世界贸易组织主持的农业贸易协议谈判，美国贸易代表应在不迟于草签有关协议 48 小时前，与第（1）项提及的委员会就以下事宜密切协商：

（A）协议的细节；

（B）协议对美国农业生产者的潜在影响；

（C）落实协议需要美国法律作出的修改；

（3）在实施贸易协议的立法被引入国会参议院或众议院之前，没有向国会披露的任何涉及农业贸易的协议或其他谅解（无论是口头或书面），都不能被视为国会批准的协议的一部分，根据美国法律或任何争端解决机构，都被认定为没有法律效力。

第Ⅳ篇　营养计划

第 4001 条　短标题。

本篇可引称为《2002 年食品券重新授权法》。

子篇 A　食品券计划

第 4101 条　儿童抚养支出鼓励。

（a）免责条款。《1997 年食品券法》第 5 条（d）（6）（《美国法典》第 7 篇 2014（d）（6））现予修订，在结尾增加以下内容："以及在负有法律义务情况下，家庭成员向非家庭成员支付的儿童抚养费。"

（b）简化程序。《1997 食品券法》第 5 条（《美国法典》第 7 篇 2014（d）（6））修订如下：

（1）在第（e）款中，删去第（4）项，并增加以下内容：

"（4）扣除支付儿童抚养费。

"（A）一般原则。依据第（d）款（6）负有法律义务支付子女抚养费的家庭成员，如不能免责，州政府机构可以选择减免支付金额。

"（B）确定扣除顺序。应先依据本项规定进行扣除，再计算第（6）项所规定的超额庇护费；"

（2）在末尾处增加以下内容：

"（n）简化确定儿童抚养费用的州政府方案。无论州政府机构是否选择依照第（e）款（4）进行扣除，部长应制定简化程序允许州政府机构，根据州政府机构的选择，确定任何具有法律强制性的儿童抚养费的数额，包括允许州政府机构向负责实施《社会保障法》第Ⅳ篇第 D 部分（42《美国法典》补编 651 及以下部分）所规定的计划的机构获取有关该家庭先前数月的信息，而非从该家庭获取当前信息"。

第 4102 条　收入的简化定义。

《1977 年食品券法》第 5 条（《美国法典》第 7 篇 2014（d））修订如下：

（1）删去"和（15）"改为"（15）"；

（2）在末尾的句号前增加以下内容："，（16）经州政府机构决定，任何延期支付的教育贷款、拨款、奖学金、研究金、退伍军人补贴、教育福利，及类似支出项目（非依据第（3）项规定免除的贷款、拨款、奖学金、研究金、退伍军人补贴、教育福利及类似支出项目），如根据《社会保障法》第ⅪⅩ 篇（《美国法典》第 42 篇 1396 及以下）规定已达到可以免除者，（17）经州政府机构决定，依照《社会保障法》第 1931 条（《美国法典》第 42 篇 1396u - 1）规定，因医疗救助资格遴选原因而免除的所有州补偿援助计划支付款项，和（18）经州机关决定，州政府机构在进行下列计划的参与资格遴选时不予考虑的任何收入类型，（A）参与依据《社会保障法》（《美国法典》第 42 篇）第Ⅳ篇 A 部分规定获得基金支持的项目而接受的现金资助或此类资助的数额，或（B）参与依据《社会保障法》第 1931 条（《美国法典》第 42 篇 1396u - 1）所规定的医疗救助项目，除非本项条文未授权州政府机构依照《社会保障法》（《美国法典》第 42 篇 301 及以下）第Ⅰ、Ⅱ、Ⅳ、Ⅴ、Ⅹ、ⅪⅤ篇或第ⅪⅥ篇规定，将工资、薪资及福利，以及政府来源获得的定期拨款（如失业救济和一般补助）、工作补偿、负有法律义务的个人向家庭成员支付的儿童抚养费、或者部长根据规定认为对于申领福利资格遴选和福利水平而言必不可少的其他收入排除在外。"

第 4103 条 标准扣除额。

《1977 年食品券法》第 5 条（e）（《美国法典》第 7 篇 2014（e））进行修订，删去第（1）项并加入以下内容：

"（1）标准扣除额。

"（A）一般原则。

"（i）扣除。部长应向美国本土 48 个州及哥伦比亚特区、阿拉斯加、夏威夷，以及维京群岛所有家庭提供一定数量的标准扣除额，即：

"（I）等于依照第（c）款（1）设定的符合遴选条件的收入标准的 8.31%；但

"（II）家庭成员有 6 人的家庭不得超过依照第（c）款第（1）项所设定的符合遴选条件的收入标准的 8.31%。

"（ii）最低数额。尽管上述第（i）款有所规定，美国本土 48 个州及哥伦比亚特区、阿拉斯加、夏威夷，以及维京群岛各地每个家庭标准扣除额，至少应分别为 134 美元、229 美元、189 美元和 118 美元。

"（B）关岛。

"（i）一般原则。部长应向关岛每个家庭提供一定量的标准扣除额，即：

"（I）两倍于依照第（c）款（1）为美国本土 48 州及哥伦比亚特区所设定的符合遴选条件的收入标准的 8.31%；

"（II）不超过两倍于依照第（c）款（1）为美国本土 48 州及哥伦比亚特区家庭成员达 6 人的家庭所设定的符合遴选条件的收入标准的 8.31%；

"（ii）最低数额。尽管有上述第（i）款规定，关岛每个家庭标准扣除额不得低于 269 美元。

第 4104 条 简化公用事业津贴。

《1977 年食品券法》第 5 条（e）（7）（C）（iii）（《美国法典》第 7 篇 2014（e）（7）（C）（iii））修订如下：

（1）在第（I）（bb）子条款中，在"部长发现"之后加入"（无须考虑第（III）子条款规定）"；

（2）在末尾处增加以下内容：

"（III）某些规定的不适用性。州政府机构如已采用第（I）子条款规定的强制性标准公用事业津贴，第（II）（ii）条款和（ii）（iii）条款不再适用。"

第 4105 条 住房支出的简化判定。

（a）一般原则。《1977 年食品券法》第 5 条（e）（7）（《美国法典》第 7 篇 2014（e）（7））进行修订，在末尾增加以下内容：

"（D）无房家庭。

"（i）替代扣除。州级机构可以选择不依据第（A）小项所提供扣除额，而是允许家庭成员皆无住所，且当月自始至终未接受免费蔽所的家庭，获得每月 143 美元的扣除额。

"（ii）不符条件。州政府机构有权认定居住消费极低的家庭不符合申请第（i）条款所规定的替代性扣除的条件。"

（b）一致性修订。《1977 年食品券法》第 5 条（《美国法典》第 7 篇 2014）修订如下：

（1）在第（e）款中：

（A）删去第（5）项；

（B）将第（6）和（7）项分别重新编号为第（5）项和第（6）项；

（2）第（k）（4）（B）款中，删去"第（e）（7）款"加入"第（e）（6）款"。

第 4106 条　扣除数额的简化判定。

《1977 年食品券法》第 5 条（《美国法典》第 7 篇 2014（f）（1））进行修订，在末尾处增加以下内容：

"（C）扣除数额的简化判定。

"（ⅰ）一般原则。除第（ⅱ）条款另有规定，为实施第（e）款规定，当家庭环境发生一种或一种以上变化，影响该家庭依照第（e）款规定可能申领的扣除数额时，州级机构可以选择不予考虑，直至下次依据第 11 条第（e）（4）款规定重新发放遴选资格证明。

"（ⅱ）必须关注的变化。依照第（ⅰ）条款，州政府机构不得忽视：

"（Ⅰ）上报的所有住所变更情况；或

"（Ⅱ）依照部长规定的标准，劳动收入的任何变化。"

第 4107 条　收入来源的简化定义。

《1977 年食品券法》第 5 条（g）（《美国法典》第 7 篇 2014（g））修订如下：

（1）第（1）项中，删去"60 或 60 岁以上家庭成员"并加入"年老或无行为能力家庭成员"；

（2）在末尾处增加以下内容：

"（6）依据某些其他联邦计划不予考虑的资金来源的免责情形

"（A）一般原则。根据第（B）小项，在经州机构决定，州机构可将州机构在确定下列补助项目申请资格时不予考虑的资金来源排除在本款所述资金来源之外：

"（ⅰ）根据《社会保障法》（《美国法典》第 42 篇 601 及以下）第Ⅳ篇 A 部分的基金项目所获得的现金补助；

"（ⅱ）《社会保障法》第 1931 条（《美国法典》第 42 篇 1396u-1）所规定的医疗救助。

"（B）限制。除非依据本款另一项条文规定，第（ⅰ）～（ⅳ）条款所指定的任何资金来源皆被排除在外，第（A）小项不会授权州政府机构将下列事项排除在外：

"（ⅰ）现金；

"（ⅱ）有照车辆；

"（ⅲ）该家庭在金融机构中任何帐户上的可用金额；或

"（ⅳ）部长根据《食品券计划》规定认为对于公平判定参与资格而言必不可少的其他任何类似资金来源。"

第 4108 条　灾害时期的备择配给制度。

（a）一般原则。《1977 年食品券法》第 5（h）（3）（B）条（《美国法典》第 3 篇 2014（h）（3）（B））现修订如下：

（1）第一句在"应调整"之后加入"配给方法和"；

（2）第二句在"人员"之后加入"无法使用第 7 条中所述的电子福利转移系统的任何情形"。

（b）生效日期。本条所做订将于本法令生效之日起施行。

第 4109 条　州减少报告要求的选择。

《1977 年食品券法》第 6 条（c）（1）（《美国法典》第 7 篇 2015（c）（1））修订如下：

（1）在第（B）小项中删去"每月一次"；并

（2）在末尾处增加以下内容：

"（D）报告频率。

"（ⅰ）一般原则。除非第（A）和（C）小项另有规定，州政府机构有权要求须进行报告的家庭按期提交报告，频率：

"（Ⅰ）不得少于每 6 个月 1 次；

"（Ⅱ）不得超过每月 1 次。

"（ⅱ）有额外收入的家庭的报告。按要求至少每 3 个月报告 1 次的家庭，尽管第（B）小项有所规定，如果该家庭任何一个月收入超过第 5（c）（2）条所制定的收入标准条件，须按照部长所规定的方式进行报告。"

第 4110 条　电子福利转移系统不增加成本。

《1977 年食品券法》第 7（i）（2）条（《美国法典》第 7 篇 2016（i）（2））修订如下：

（1）删去第（A）小项；

（2）将第（B）～（Ⅰ）小项分别重新编号为第（A）～（H）小项。

第 4111 条　有关电子福利转移系统的报告。

（a）电子福利转移系统的定义。本条当中，电子福利转移系指依据《1977 年食品券法》（《美国法典》第 7 篇 2011 及以下）中的食品券计划发放福利时所用的电子福利转移系统。

（b）报告。部长须在 2003 年 10 月 1 日前向众议院农业委员会和参议院农业、营养和林业委员会提交报告：

（1）汇报各州政府机构使用电子福利转移系统的状况；

（2）明确说明与州政府机构签订电子福利转移系统合同的供应商的数目；

（3）（A）明确说明与多个电子福利转移系统供应商签订电子福利转移系统合同的州政府机构数目；

（B）向第（A）小项所述各州政府机构阐明各类供应商之间责任如何分担。

（4）截止 2002 年 10 月 1 日尚未在全州范围内运行电子福利转移系统的州应当：

（A）说明电子福利转移系统未能全州范围运行的理由；

（B）阐述该原因当前解决状况；并

（C）明确设定电子福利转移系统在全州范围运行的预计日期。

（5）提供以下解释：

（A）自报告注明日期之前 2 年内决定续签第 2 期电子福利转移系统合同的州政府机构已经面临的任何问题；

（B）该州政府机构为解决相关问题所采取的措施。

（6）提供以下解释：

（A）自报告注明日期起 2 年内决定续签第 2 期电子福利转移系统合同的州政府机构将面临的任何问题；

（B）该州政府机构为解决相关问题拟采取的策略。

（7）阐述农业部、食物零售商、电子福利转移系统供应商，及客户倡议或采取的旨在解决电子福利转移系统存在的突出问题的积极措施。

（8）对报告发行之日起 5～10 年内具有电子福利发放潜在发展优势的地区进行调查：

（A）农贸市场访问电子福利转移系统的途径；

（B）电子福利转移系统的交易数据用于欺诈行为识别和起诉情况的增加；

（C）鼓励电子福利转移系统供应商之间展开竞争，确保成本可控、服务最佳。

第 4112 条　特定群组机构居民的可选程序。

（a）一般原则。《1977 年食品券法》第 8 条（《美国法典》第 7 篇 2017）进行修订，在末尾处增加以下内容：

"（f）特定群组机构居民的可选程序。

"（1）一般原则。

"（A）适用性。

"（i）一般原则。依据第（ii）条款，经州机关决定，第3条（i）（5）条款下第（B）、（C）、（D）或（E）小项所述任何机构居民的分配额（在本款中指"非公开机构"）可根据本项确定并发放，而非依据第（a）款进行。

"（ii）限制。除非部长根据第（3）项规定，下令在所有各州执行本项规定，第（i）条款仅适用于依据第（2）项参与试验计划的非公开机构居民。

"（B）分配数额。依据第（A）小项规定符合条件的各居民所得分配数额的计算，应根据部长所制定的标准程序，将非公开机构居民所享受的特殊分配额考虑在内。

"（C）分配额发放。

"（i）一般原则。州政府机构应向作为非公开机构居民授权代表的非公开机构发放本项规定所确定的分配额。

"（ii）调整。部长应制定程序，确保非公开机构所收到的居民按月分配数额比例不得超过当月内该非公开机构内居民的比例。

"（D）非公开机构居民的离开。

"（i）通告。根据本项规定接收拨款的任何非公开机构应当：

"（I）及时通知该州级机构当地居民离开情况；并

"（II）在该居民离开前，通知该居民本人：

"（aa）有权根据食品券计划享受延续福利；且

"（bb）应与州政府机构就福利延续事宜进行联系。

"（ii）向离开居民发放。收到依据第（i）（I）条款有关居民离开的通告后，州政府机构：

"（I）只要该离开居民尚未重新申请参与食品券计划，应迅速向其发放离开当月所余天数的拨款（根据部长规定方式计算）。且

"（II）只要该离开居民尚未重新申请参与食品券计划，可根据本项规定发放离开次月的拨款（但非任一后续月份）。

"（iii）州选择。如州政府机构缺乏提供拨款所需的离开居民所在地的足够信息，州政府机构可以选择不依据条款（ii）（I）发放拨款。

"（iv）重新申请影响。如果离开居民重新参与食品券计划，该离开居民的分配额的确定无须考虑本项规定。

"（2）试点项目。

"（A）一般原则。部长授权各州执行第（1）项的规定前，部长应在一个或一个以上州政府机构以及一个或一个以上的美国地区实行试点项目，以验证根据第（1）项而非第（a）款，确定并向非公开机构居民发放拨款的可行性，试点项目的数量由部长确定认为充足为宜。

"（B）项目计划。州政府机构如拟获得依据小项（A）规定参与试点项目的资格，应向部长提请批准项目计划，该计划应包括：

"（i）拟参与该试点项目的各州中非公开机构的详细说明；

"（ii）须向部长提交的有关该试点项目的报告的明细表；

"（iii）将非公开机构居民所获拨款考虑在内的拨款数额的标准化程序；

"（iv）依据本款而非第（1）（b）项要求执行该试点项目的承诺书。

"（3）授权所有各州执行。

"（A）一般原则。部长应：

"（ⅰ）确定是否决定批准在所有各州中执行第（1）项条文规定；且

"（ⅱ）将有关决定呈报众议院农业委员会及参议院农业、营养及林业委员会。

"（B）决定不在所有各州予以执行。

"（ⅰ）一般原则。如果部长发现第（ⅱ）条款所述情况，部长：

"（Ⅰ）不应批准在所有各州中执行第（1）项条文规定；且

"（Ⅱ）应依据第（2）项条文规定，在合理期限内（由部长确定）终止所有试点项目。

"（ⅱ）发现情况。第（ⅰ）条款中所指的发现指：

"（Ⅰ）依据第（2）（B）项规定，州级机构提请部长批准的项目计划数目不足；或

"（Ⅱ）（aa）已经依据第（2）（A）项开展足够数量的试点项目；但

"（bb）授权所有各州执行第（1）项规定并不符合食品券计划的最大利益。"

（b）一致性修正。

（1）《1977 年食品券法》第 3（ⅰ）条（《美国法典》第 7 篇 2012（ⅰ））修订如下：

（A）删去"（ⅰ）'家庭'意为（1）一个"并增补以下内容：

"（ⅰ）（1）'家庭'意为

"（A）一个"；

（B）第一个句子中删去"其他人，或（2）一个小组"并加入以下内容："别人；或"（B）一个小组"；

（C）第二个句子中删去"配偶"并加入以下内容："（2）配偶"；

（D）第三个句子中，删去"尽管"并加入以下内容："（3）尽管"；

（E）第（3）项中（第（D）小项指定），删去"之前几句"并加入"第（1）和第（2）项。"

（F）第四个句子中，删去"无论何种情况"并加入以下内容："（4）无论何种情况"；

（G）第五个句子中，删去"就本款而言，居民"并增补以下内容："（5）就本款而言，下列人员不应视为机构的居民而应视为个体住户："（A）居民"；且

（H）第（5）项中（第（G）小项指定）：（ⅰ）删去"法案，或个人"并加入以下内容："法令。"（B）个人"；

（ⅱ）删去"此条，暂时"并加入以下内容："那条。"（C）临时的"；

（ⅲ）删去"儿童、居民"并加入以下内容："儿童。"（D）居民"；

（ⅳ）删去"配给票，以及麻醉剂配给票"并加入以下内容："息票。"（E）麻醉药"；并

（v）删去"不应"及其后续内容并加入句号。

（2）《1977 年食品券法》第 5（a）条（《美国法典》第 7 篇 2014（a））修订如下，删去每处出现的"第 3 条第（ⅰ）款中第三个句子"并加入第 3（ⅰ）（4）条"。

（3）《1977 年食品券法》第 8（e）（1）条（《美国法典》第 7 篇 2017（e）（1））修订如下，删去每处出现的"第 3 条第（ⅰ）款的最后一句"并加入"第 3（ⅰ）（5）条"。

（4）《1977 年食品券法》第 17 条（b）（1）（B）（ⅳ）（ⅲ）（aa）（《美国法典》第 7 篇第 2026 条（b）（1）（B）（ⅳ）（ⅲ）（aa））修订如下，删去"第 3 条第（ⅰ）款最后两句"并加入"第 3 条第（ⅰ）款第（4）项和第（5）项。"

第 4113 条 通过集体生活安排赎回福利。

（a）一般原则。《1977 年食品券法》第 10 条（《美国法典》第 7 篇 2019）进行修订，在第一句后增补以下内容："如中心、组织、机构、蔽所、集体生活安排、或设施具备一个或一个以上 POS（销售终端）设备，并且营业区域内已经运行第 7 条所述电子福利转移系统，尽管有先前规定，该句之中所述中心、组织、机构、蔽所、集体生活安排，或设施可经审批获准通过金融机构赎回先前该句中所述票证。"

（b）生效日期。本条所做修订将于本法令生效之日起施行。

第 4114 条　通过互联网申请参与《食品券计划》的有效性。

（a）一般原则。《1977 年食品券法》第 11 条（e）（2）（B）（ⅱ）（《美国法典》第 7 篇 2020（e）（2）（B）（ⅱ））修订如下：

（1）"在（ⅱ）之后"增加（Ⅰ）"；

（2）在第（ⅰ）子条款（由第（1）项指定）中，在结尾处增加"并且"；和

（3）在末尾处增加以下内容：

"（Ⅱ）如州政府机构负责为维护该州政府机构网站，州政府机构应确保其所提供的纸质申请可在网站以各种语言进行申请；"。

（b）生效日期。本条所做修订将于本法令生效之日起 18 个月后施行。

第 4115 条　福利转移家庭的过渡性食品券。

（a）一般原则。《1977 年食品券法》第 11 条（《美国法典》第 7 篇 2020）进行修订，末尾增补以下内容：

"（s）过渡性福利选择。

"（1）一般原则。州政府机构可向停止依据《社会保障法》（《美国法典》第 42 篇 601 及以下）第Ⅳ篇 A 部分规定的国家基金项目接受现金资助的家庭发放过渡性食品券福利。

"（2）福利过渡期。根据第（1）项，一个家庭接受过渡食品券福利的期限，自现金资助终止之日起不得超过 5 个月。

"（3）福利数额。依据第（2）项所规定的过渡期限，家庭所得的食品券福利数额与该家庭在现金资助停发前 1 月所获拨款相当，可依据下列情况根据家庭收入进行调整：

"（A）现金资助终止；

"（B）经州政府机构决定，来自该家庭所参与的另一计划的信息。

"（4）未来资格的确认。第（2）项所规定的福利过渡期的最后 1 个月期间，该州政府机构可以。

"（A）要求该家庭配合再次进行资格审核；并

"（B）为该家庭起草新的证明期限，无须考虑先前证明是否已经到期。

"（5）限制。如有下列情况，一个家庭将无资格依据本款规定获得过渡性福利：

"（A）根据第 6 条规定失去资格；

"（B）因为未能依据联邦、州或本地法律要求有关履行有关第（1）项中所述现金资助计划的规定而受到制裁；

"（C）属于州政府机构认定不符合享受过渡性福利资格的其他类型家庭。

"（6）申请换发新证。

"（A）一般原则。依据本款享受过渡性福利的家庭可在第（3）项规定的过渡福利期内任意时间申请换发新证。

"（B）拨款确定。如果一个家庭根据第（A）小项的规定申请换发新证，确定该家庭随后数月享受的拨款数额时无须考虑本款规定。

"（b）一致性修正。

"（1）《1977 年食品券法》第 3 条（c）（《美国法典》第 7 篇 2012（c））进行修订，末尾增加以下内容：本款所规定的期限可以延长直至依据第 11 条所建立的过渡福利期限到期。

"（2）《1977 年食品券法》第 6 条（c）（《美国法典》第 7 篇 2015（c））进行修订，删去'任何家庭不得'，增加'除一个家庭根据第 11 条（s）规定享受过渡福利期间接收过渡福利的情形外，任何家庭不得'。"

第 4116 条 用于简化申请、资格认定体系及提高福利可及性的拨款。

（a）一般原则。《1977 年食品券法》第 11 条《美国法典》第 7 篇 2020）（已由第 4115 条（a）修订）现予以修订，在末尾增补以下内容：

"（t）用于简化申请、资格认定体系及提高福利可及性的拨款。

"（1）一般原则。2003—2007 年，每一财年，部长应从根据第 18 条（1）所获基金中划拨不超过 5 000 000 美元的资金，用于支付经部长授权执行项目并实施下列事项的符合条件的机构的全部支出：

"（A）单纯的食品券申请和资格认定体系；或

"（B）符合条件家庭所采取的提高食品券可及性的措施。

"（2）项目种类。第（1）项所规定的项目可包括：

"（A）根据食品券计划及其他联邦、州和地方资助计划规定，协调申请和资格认定过程，包括核实过程。

"（B）制定符合以下特点的福利申请及资格认定方法：

"（ⅰ）更广泛地使用：

"（Ⅰ）电话沟通；和

"（Ⅱ）或其他电子设备如互联网；或

"（ⅱ）或者改善用于处理资格申请与认定的行政基础设施。

"（C）开发旨在减少参与障碍并惠及符合条件家庭的程序、培训资料及其他资源。

"（D）改进符合条件家庭的通知及注册方法。

"（E）执行部长认为适宜的其他活动。

"（3）限制。本条所规定的拨款不得用于执行任何项目的持续成本。

"（4）符合条件的机构。拟依据本款规定接受拨款的机构，应：

"（A）为管理食品券计划的州政府机构管理；

"（B）为州或者地方政府；

"（C）提供健康或福利服务的机构；

"（D）公共卫生或教育实体；或

"（E）私人非赢利实体，如基于社区的组织、粮库或其他应急供膳组织。

"（5）符合条件机构的遴选。部长：

"（A）部长应制定依据本款规定具备享受拨款条件的机构的遴选标准。和

"（B）可以优先考虑任何包含政府机构与非政府机构合作关系的符合条件的机构。"

（b）一致性修订。《1977 年食品券法》第 17 条（《美国法典》第 7 篇 2026）修订如下：

（1）删去第（ⅰ）款；

（2）将第（j）款和第（k）款分别重新编号为第（i）款和第（j）款。

第 4117 条 向零售商发送不利行动通知。

（a）一般原则。《1977 年食品券法》第 14 条（a）（《美国法典》第 7 篇 2023（a））进行修订，删去第（2）项并增加以下内容：

"（2）通知发布。根据第（1）项规定的通知应以部长确定可以提供交付证据的任何发布形式进行。

（b）生效日期。本条所做修订将于本法令生效之日起施行。"

第 4118 条 质量控制系统改革。

（a）一般原则。《1977 年食品券法》第 16 条（c）（《美国法典》第 7 篇 2025（c））修订如下：

（1）删去"（c）（1）该程序"及其后内容直至第（1）项结尾，增补以下内容：

"（c）质量控制系统。

"（1）一般原则。

"（A）系统。为执行食品券计划，部长应执行质量控制系统，以提高支付精确性，并通过制定财政激励措施改善管理。该系统要求支付差错率较高的州政府机构分担支付错误所付出的代价。

"（B）2003 财年之前的财政年度行政支出中联邦份额的调整。

"（ⅰ）一般原则。根据第（ⅱ）条款，就 2003 财年之前的任何财政年度而言，部长应根据第（a）款规定，调整府州政府机构行政支出中联邦资金所占份额，不包括根据第（a）款中第一句中附加条件或根据第（g）款规定已经分担的超过 50％ 的部分。部长应将所有此类行政支出该份额比例提高 1％分点，最高不超过所有此类行政支出的 60％，每个百分点的满 1/10，支出误差率小于 6％。

"（ⅱ）限制。只有那些经部长认定在资格遴选过程中的无效否决率低于全国性百分比且属于合理情况的州，可获授权依据第（ⅰ）条款进行调整。

"（C）确立 2003 财年及其后财年中偿付额度。就 2004 财年以及其后任意财政年而言，部长决定，次年或随后连续财年，存在 95％ 的概率，州政府机构的支付误差率会超过第（6）项中所公布的国家针对支付误差率进行的性能测量标准的 105％，部长应确定州政府机构可以偿付的数额（在本项中指偿付额度），该数额等于以下数值相乘的积：

"（ⅰ）该州级机构该财年所有已拨款项数额；

"（ⅱ）以下两项的差：

"（Ⅰ）该州级机构的支付误差率；

"（Ⅱ）6％；

"（ⅲ）10％。

"（D）有关偿付额度的部长授权。根据第（C）小项为州级机构制定的任何财政年度的偿付额度，部长应：

"（ⅰ）（Ⅰ）免除州级机构支付该财年所设立的偿付额度的全部或部分（本项中被称为"免责额度"）责任；

"（Ⅱ）要求该财年所制定的偿付额度的一部分，但不超过 50％，经部长批准，用于新的投资项目（本项中被称为"新投资数额"），以便州政府机改善构食品券计划的管理，该新投资数额与联邦资金并无对应关系；

"（Ⅲ）根据第（E）小项所确立的该周年的支付额度向部长指定一部分，但不超过 50％（本项中被称为"风险额度"）；

"（Ⅳ）采取第（Ⅰ）～（Ⅲ）子条款中所述各项行动；或

"（ⅱ）在根据第（C）小项确定偿付额度的财年年终之前，进行条款（ⅰ）中所述的确认，进入州政府机构的结算程序，仅须考虑免责额度和新投资数额。

"（E）某些州的风险额度支付。

"（ⅰ）一般原则。如果在紧随其后的财年，州政府机构已根据第（c）小项确定偿付额度，州政府机构应按照第（ⅱ）条款向部长支付根据第（D）小项（ⅰ）（ⅲ）所指定的任意财年的风险数额。

"（ⅱ）某些州的风险额度支付方法。

"（Ⅰ）向部长交付。在州政府机构被要求第（ⅰ）条款所指定的风险额度的情形下，关于支付要求的行政及司法审查一经完成，该州首席执行官员应将向农业部长交付按规定应予以支付的风险金额。

"（Ⅱ）可选筹集方法。

"（aa）一般原则。如果该州首席执行官员未能在部长规定的合理期限内根据第（ⅰ）子条款完成支付，部长可根据本条中其他规定减少州政府机构应支付的数额，减少数额可根据第（ⅰ）条款规定所须支付数额确定。

"（bb）利息增加。根据第 13 条第（a）款第（2）项规定，部长根据项目（aa）规定所确定的任意期间内，依据第（Ⅰ）子条款规定所须支付的款项的利益不得增加。

"（F）新投资项目偿付额度比例的使用。

"（ⅰ）州政府机构应予支付的其他款项的消减。州政府机构未能遵守第（D）（ⅰ）（Ⅱ）小项或者第（ⅲ）（Ⅰ）条款中有关新投资项目的规定，部长可根据本条中其他规定减少州政府机构应支付的数额，减少偿付额度的比例为该规定尚未使用的部分。

"（ⅱ）州政府机构的全覆盖申请的效果。如果州政府机构根据第（D）（ⅰ）（Ⅱ）小项规定开展新投资项目，州政府机构申请州政府机构的偿付额度，且部长依据行政及司法审查决定将偿付额度减少为0美元，部长应向该州政府机构支付根据该申请包括在偿付额度内的新投资项目数额 50％的金额。

"（ⅲ）部长对于申请的说服效果。如果州政府机构未能根据第（D）（ⅰ）（Ⅱ）小项规定开新投资项目，州政府机构申请该州政府机构的的偿付额度，且行政及司法审查全部支持部长决定：

"（Ⅰ）要求州政府机构所使用的新投资款项全部或部分用于新投资项目，经部长批准，用于改善州政府机构对食品券计划的管理，该数额与联邦资金无关。

"（Ⅱ）要求根据第（E）（ⅱ）小项支付新投资项目金额的其余部分。

"（ⅳ）双方均未说明的申请效果。在州政府机构提出偿付额度申请，且部长与州政府机构尚未获得广泛同意时，部长应公布有关部长及州政府机构各自义务的有关条例。

"（G）校正行动计划。部长应责令各州政府机构逐步州改善管理，不包括那些支付误差率低于 6％的州政府机构，以便开展并实施校正行动计划，减少支付误差。"

（2）在第（4）项中删去"（4）"及其后所有内容直至第一句结尾，并增加以下内容：

"（4）报告要求。部长可要求州政府机构就部长认为对根据第（1）项确定州政府机构支付误差率、偿付额度或者新投资项目金额所必须的任何事项，或者依据第（d）款所规定的实施方法进行实施的情况进行报告"；

（3）在第（5）项：

（A）删去"（5）"及其后所有内容直第二句末，并增加以下内容："（5）程序。为便于此款施行，各州政府机构应迅速向部长提交足够部长根据第（1）项规定，借以确定该州支付误差率、偿付额度、或新投资项目金额的有关州政府机构各财年运行情况的数据。

（B）在最后一句中，删去"第（1）项（C）"并增加"第（1）项"；

（4）在第（6）项中：

（A）删去"（6）在"及其后所有内容至第二句末，并增加以下内容：

"（6）全国性支付误差率检测措施。

"（A）通告。在"；

（B）在第（A）小项（由第（A）小项指定）中，删去"及实物支付或声明根据第（1）项第（A）小项和第（1）项第（C）小项"；

（C）第一句和第三句中、删去每一处"第（5）项"并增加"第（8）项"；

（D）删去"在某州中"并增加以下内容：

"（B）州级备选误差检测措施应用。在某州"

（E）删去"已公布的"并增加以下内容：

"（c）全国性检测措施。已公布的"；

（F）在第（C）小项（如第（E）小项所指明）中删去"根据第（1）项（c）规定付款误差成本中州所占份额"并加入"根据第（1）项（c）规定州的偿付额度"；

（G）在末尾处增加以下内容：

"（D）无行政或司法审查。根据此项规定中公布的全国性误差测检措施不在行政或司法审查之内"；

（5）在第（7）项中。

（A）删去"（7）如果部长提出一项债权声明"并增补以下内容：

"（7）行政和司法审查。

"（A）一般原则。除非如第（B）小项和第（C）小项有所规定，如果在下列情形下，部长提出债权主张或设立偿付额度；

"（B）在第（A）小项（如第（A）小项所指明）中，删去"第（A）小项（C）"增加"第（1）项"；

"（C）由末尾增加以下内容：

"（B）支付误差率的确定。对任何财年而言，只有部长依据第（1）项（C）制定该财年的偿付额度的情况下，州政府机构的支付误差率或者支付误差率是否超过了全国性支付误率性测试标准的105％的确定过程应提交行政或司法审查。

"（C）部长在偿付额度方面的权威。部长依据第（1）项第（D）小项或第（F）小项（ⅲ）规定所采取的行动可不接受行政或司法审查；"

（6）在第（8）项中：

（A）在第（A）小项中，删去"第（1）项（C）"并增加"第（1）项"；

（B）在第（C）小项中：

（ⅰ）在第（ⅰ）条款中，删去"向州政府机构提出的应付款额"并增加"向州政府机构提出的应付款额或者州政府机构的相关偿付额度；"；

（ⅱ）在第（ⅱ）条款中、删去"应付款项"并增加"应付款项或偿付额度"；并

（ⅲ）在末尾处增加以下内容：

"（ⅲ）依据第（ⅱ）条款规定向州首席执行官员及立法机关提交发放通告文件的复本；

（C）在第（D）和（H）小项中，每次出现"主张"时在其后加入"偿付额度"。

（b）理风险额度申请的权限。《1977年食品券法》第13条第（a）款（《美国法典》第7篇2022（a））修订如下：

（1）删去"（a）（1）该"并增加以下内容：

"（a）部长的一般权力。

"（1）主张确认。除非有根据第16条第（c）款（1）（ⅰ）（Ⅲ）条文所规定的风险额度，该"；

（2）删去第四句；

（3）删去"达到如此程度"并增加以下内容：

"（2）根据质量控制系统设定的支付申请。到如此程度"；

（4）在第（2）小项（如第（3）项所指明）中，删去"第16条第（c）款（1）（C）"并增加"第16条第（c）款第（1）项"；

（5）删去"任何利息"并增加以下内容："（3）利息计算。任何利息"；

（6）删去"（2）每一成人"并增加以下内容：

"（4）家庭成员连带责任。每个成人"。

（c）接受食品券计划拨款帐户的信用。《1977年食品券法》第18条第（e）款（《美国法典》第7篇2027（e））第一句修订如下：

（1）删去"11（g）和（h），和"并加入"第11条第（g）款和第（h）款，"；

（2）在"第13条"后增加"和第16条（c）（1）。"

（d）一致性修订。《1977年食品券法》第22条第（h）款（《美国法典》第7篇2031（h））修订如下：

（1）第二句中，删去"第16条（c）（1）（C）"并加入"第16条（c）（1）"；

（2）删去第三句。

（e）适用范围。本条所做修订不得用于任何制裁、申诉、新投资协议，或者农业部长或州政府机构基于2003财年以前任何财年计算所得的支付误差率所采取的措施。

第 4119 条　州级性能检测计算方式的改进。

（a）一般原则。《1977 年食品券法》第 16 条（c）（8）（《美国法典》第 7 篇 2025（c）（8））修订如下：

（1）第（B）小项中，删去"自财政年度结束起 180 日后"并增加"第（A）小项所指财年结束后的第一个 5 月 31 日"；

（2）第（C）小项中，删去"其后 30 天"并增加"第（A）小项所指财年结束后的第一个 6 月 30 日。

（b）生效日期。本条所做修订将于本法令生效之日起施行。

第 4120 条　性能检测结果较高或者进步最大的州的奖金。

（a）一般原则。《1977 年食品券法》第 16 条（《美国法典》第 7 篇 2025）进行修订，删去第（d）款，并增补以下内容：

（d）执行效果检查表现最好或者进步最大的州的奖金。

（1）2003 和 2004 财年。

"（A）导言。就 2003 和 2004 财年而言，部长应于 2002 年 10 月 1 日前在颁布各州政府机构的导言中制定以下标准。

"（i）有关下列事项的执行标准：

"（I）旨在纠正错误，降低误差率和完善资格遴选过程度的措施；

"（II）部长确定作为有效管理的其他指标。

"（ii）第（B）小项（ii）确定的用于判定拟向表现最好和进步最大的州进行发放奖金的标准。

"（B）表现奖金资发放。就 2003 和 2004 每一财年而言，部长应：

"（i）根据第（A）小项（i）中所定标准衡量各州政府机构执行情况；

"（ii）根据第（3）项规定，表现奖励的发放应在随后财年向满足部长依据第（A）（ii）小项规定制定的表现最好或者进步最大的标准的州政府机构发放，总额为每财年 48 000 000 美元。

"（2）2005 年及其后财年。

"（A）规定。就 2005 财年及其后财年而言，部长应当：

"（i）根据规定制定有关下列事项执行标准：

"（I）旨在纠正错误，降低误差率和完善资格遴选过程度的措施；

"（II）部长确定作为有效管理的其他指标。

"（ii）根据规定，制定第（B）小项（ii）确定的用于判定拟向表现最好和进步最大的州进行发放奖金的标准；

"（iii）发布执行第（i）条款和第（ii）条款的试行条例前，向各州利益的州政府机构和组织征求关于执行表现标准和表现最好和进步最大的标准的意见。

"（B）表现奖金资发放。就 2005 财年及其后财年而言，部长应：

"（i）根据第（A）小项（i）中所定标准衡量各州政府机构执行情况；

"（ii）根据第（3）项规定，表现奖励的发放应在随后财年向满足部长依据第（A）（ii）规定制定的表现最好或者进步最大的标准的州政府机构发放，总额为每财年 48 000 000 美元。

"（3）执行表现奖金获得者的禁令。如果州政府机构根据第（c）款（1）（C）规定在任何财年有未偿付金额，该州政府机构将无条件获得执行表现奖金。

"（4）不受司法审查约束的付款方式。部长所做的关于是否发放奖金以及奖金数额的决定不受行政或司法审查约束。"

（b）生效日期。本条所做修订将于本法令生效之日起施行。

第 4121 条　就业与培训计划。

（a）资金水平。《1977 年食品券法》第 16 条第（h）款（1）（《美国法典》第 7 篇 2025（h）（1））修订如下：

（1）在第（A）小项中，删去条款（vii）并加入以下内容：

"（vii）2002--2007，每一财年为 90 000 000 美元；

（2）删去第（B）小项并加入以下内容：

"（B）分配。依据第（A）小项所筹资金应基金使可用于并在各州政府机构之间根据以下合理方式再次分配：

"（i）由部长决定并进行调整；

"（ii）并将那些根据第 6 条第（o）款规定不能免除必要工作量的个人数目计算在内；

（3）删去第（E）～（G）小项并增补以下内容：

"（E）向确保提供有效工作机会的州额外增拨资金。

"（i）一般原则。除对依据第（A）小项从根据第 18 条（a）（1）的可用资金进行分配外，2002—2007 财年，部长应向根据第（ii）条款向符合条件的州政府机构分配总额不超过 20 000 000 美元的拨款，用于补偿州政府机构向食品券受领人提供服务时发生的成本，受领人须符合以下条件：

"（Ⅰ）依据第 6 条（o）（3）规定不符合例外情况；并

"（Ⅱ）参与第 6 条（o）（2）中第（B）或（C）小项所述计划并符合该计划规定。

"（ii）资格。州政府机构如拟根据第（i）条款规定申请增拨资格认定，须做出并遵守承诺，执行第 6 条第（o）款第（2）项第（B）或（C）小项所述计划，向每位申请人或受领人提供一个位置，申请人或受领人符合下列条件：

"（Ⅰ）处于第 6 条第（o）款（2）所述 3 个月期限的最后 1 个月；

"（Ⅱ）依据第 6 条第（o）款（3）规定不符合例外情况；

"（Ⅲ）依据第 6 条第（o）款（4）规定不符合弃权条件；并

"（Ⅳ）根据第 6 条第（o）款（6）规定不符免除条件。"

（b）结转资金。尽管其他法律条文另有规定，依据《1977 年食品券法》第 16 条第（h）款（1）（A）（《美国法典》第 7 篇 2025（h）（1）（A））2002 财年之前任何财年所提供资金，应在本法令生效之日起宣告无效，除非在该日期截止之前州政府机构负有义务。

（c）参与费用。的《1977 年食品券法》第 6 条第（d）款（4）（Ⅰ）（i）（Ⅰ）（《美国法典》第 7 篇 2015（d）（4）（Ⅰ）（i）（Ⅰ））修订如下，删去"，不过州政府机构可以将向每位参与者所发放的此类偿付限制在每月 25 美元"。

（d）联邦补偿。《1977 年食品券法》第 16 条（h）（3）（《美国法典》第 7 篇 2025（h）（3））进行修订，删去"由于运输费用及其他实际成本（无独立生活能力者的护理成本除外），此类总额不应超过每个参与者每月 25 美元的代表性数额。并增加"无独立生活能力者的护理费用的补偿金额不应超过"。

（e）生效日期。本条所作修正将于本法令生效之日起施行。

第 4122 条　食品券计划重新授权与印第安人居留地食品分配计划。

（a）行政支出费用消减。《1977 年食品券法》第 16 条（k）（3）（《美国法典》第 7 篇 2025（k）（3））修订如下：

（1）第（A）小项第一句中，删去"2002 年"并加入"2007 年"；

（2）第（B）（ii）小项中，"2002 年"并加入"2007 年"；

（b）现金付款试点项目。《1977 年食品券法》第 17 条（b）（1）（B）（vi）（《美国法典》第 7 篇 2026（b）（1）（B）（vi））进行修订，删去"2002"并加入"2007"。

（c）拨款授权。《1977 年食品券法》第 18 条（a）（1）（《美国法典》第 7 篇 2027（a）（1））第一句进行修订，删去"1996—2002 年"并加入"2003—2007 年"。

第 4123 条 扩大授权。

（a）一般原则。《1977 年食品券法》第 17 条（a）（1）（《美国法典》第 7 篇 2026（a）（1））修订如下：

（1）删去"，与公共或私人组织或机构进行联系或向授权，"并加入"依据本条规定与公共或私人组织或机构订立合同或向其授准予"；

（2）在末尾处增加以下内容："部长依据第（b）款享有的弃权权利应扩展到本条规定的所有合同与拨款"。

（b）生效日期。本条所做修订将于本法令生效之日起施行。

第 4124 条 波多黎各和东萨摩亚的联合固定拨款。

（a）联合资金。《1977 年食品券法》第 19 条（《美国法典》第 7 篇 2028））修订如下：

"（1）删去此条的标题和"（a）（1）（A）从"及其后内容直至"（2）该"并增补以下内容：

"第 19 条 波多黎各和东萨摩亚的联合分类财政补贴。

"（A）向政府部门拨款。

"（1）政府部门的定义。在本款中，"政府部门"系指：

"（A）波多黎各自由邦"；

"（B）东萨摩亚。

"（2）分类财政补贴。

"（A）财政补贴数额。部长将从根据此法案所拨款额中，依据本条规定，向政府部门划拨用于支付对第（B）和（c）小项中所述贫困人士的营养援助计划支出：

"（ⅰ）2003 财年，拨款 1 401 000 000 美元；

"（ⅱ）2004—2007 年各财政年度，拨付第（ⅰ）条款所指定数"，根据已经第 3 条（o）（4）在 2002 年 6 月 30 日与上一财政年度的 6 月 30 日之间进行调剂的节俭食物计划所依据的百分比进行调剂。

"（B）向波多黎各自由邦拨款。

"（ⅰ）一般原则。2003 年及其后各财政年度，部长应将依据第（A）小项所获资金的 99.6％拨付波多黎各自由邦用于支付：

"（Ⅰ）波多黎各自由邦该财政年度包含在该自由邦依据第（b）款计划中有关营养援助供应方面的全部 100％的支出。

"（Ⅱ）相关管理费用的 50％。

"（ⅱ）某些体系开支的例外情况。尽管第（ⅰ）条款有所规定，2002 或 2003 财年中，波多黎各自由邦仍可从 2002 年依据本项规定拨付该自由邦的款项中得到不超过 6 000 000 美元的数额（本条款生效前一日依然有效），用于支付以下费用的 100％：

"（Ⅰ）用于执行贫困人士营养援助计划电子数据处理系统的升级与现代化；

"（Ⅱ）用于简化接受营养援助人士的资格遴选过程的执行系统；

"（Ⅲ）通过电子福利转移系统发放营养补助的操作系统。

"（C）向美属萨摩亚拨。2003 财年及其后各财政年度，部长应将依据第（A）小项所获资金的 0.4％划拨美属萨摩亚，用于支付美属萨摩亚依据《公法》96～597 第 601 条（c）（《美国法典》第 48 篇 1469d（c））延长的营养补助计划的全部财政支出。

"（D）资金结转。2002 财年及其后各财政年度，各政府部门依据本项规定该财政年度可获得的资金中，可以结转至下一财政年度的经费不得超过 2%。

"（3）向波多黎各自由邦拨款的时间与方式。该"；

（2）第（b）款中，删去每处"第（a）款（1）（A）"并增加"第（a）款（2）（B）"。

（3）第（c）款中，删去每处"第（a）款（1）（A）"并增加"第（a）款（2）（A）"。

（b）一致性修订。《1977 年食品券法》第 24 条（《美国法典》第 7 篇 2033）废止。

（c）适用性。

（1）一般原则。除非第（2）项另有规定，本条所做修订将申请 2002 年 10 月 1 日开始进行。

（2）例外。《1977 年食品券法》第 19 条第（a）款（2）条小项（B）（ⅱ）和（D）（已由第（a）款（1）所修订）申请于本法令生效之日起开始实施。

（d）生效日期。本条所做修订将于本法令生效之日起施行。

第 4125 条　社区食品计划补助。

（a）一般原则。《1977 年食品券法》第 25 条（《美国法典》第 7 篇 2034）修订如下：

（1）在第（a）款中：

（A）删去"（1）"并加入"（1）（a）"；

（B）将第（2）项和第（3）项分别重新编号为第（1）项中的（B）小项和（C）小项；

（C）在第（1）项（C）（已重新编号为（B）），删去末尾的句号并加入"；或"；

（D）由末尾增补以下内容：

（2）满足特定州、地方或者附近区域的食品和农业需要求，包括以下需要：

（A）基础设施改善与发展；

（B）策划长期解决方案；或

（C）开创农业生产商与低收入消费者均能受益的新型销售活动"。

（2）在第（b）款（2）（B）中：

（A）删去"2 500 000 美元"并加入"5 000 000 美元"；

（B）删去"2002"并加入"2007"。

（3）在第（d）款中，删去第（4）项并增补以下内容：

"（4）鼓励长期策划活动、多系统、机构间的多方利益相关者合作，此类活动可以提高社区解决食品与农业问题的长期能力，如食品政策理事会和食品计划委员会。"

（4）删去第（h）款并加入以下内容：

"（h）解决公共社区问题的创新程序。

"（1）一般原则。部长应主动与一个满足第（2）项要求的非政府组织签订合同，或者授权准予该非政府组织与联邦机构、各州或下属政治部门以及非政府组织（本款中被共同指称为"目标机构"）协同收集情报，并向目标机构介绍解决公共社区问题的创新程序，包括：

"（A）农场和牧场损失；

"（B）农村贫困问题；

"（C）福利依赖；

"（D）饥饿；

"（E）职业培训需要；

"（F）个体和社区的自给自足需要。

"（2）非政府组织。第（1）项中所指的非政府组织应具备下列条件：

"（A）应由部长在竞争基础上进行选择；

"（B）应有与其他目标机构共同工作，以及组织研讨会向其他目标机构展示程序的经验；

"（C）曾经鉴别能够有效解决第（1）项中所述社区问题，并可由其他目标机构实施的程序；

"（D）有经验且能够胜任通过与遍及美国的其他目标机构的沟通中获取信息的能力；

"（E）可以解决一个或多项第（1）项中所述的社区问题的情报交换所的管理经验；

"（F）在签订第（1）项所述合同或者接受授权的情况下，须同意：

"（i）为履行合同或执行授权提供实物资源；

"（ii）就第（1）项中所述创新程序向其他目标机构提供信息与指导；

"（iii）为解决第（1）项中所述社区问题，在全国性情报交换管理中运用创新方法：

"（I）该方法便于下列机构使用：

"（aa）联邦、州以及地方政府机构；

"（bb）当地社区负责人；

"（cc）非政府组织；

"（II）包括有关获批的社区食品项目的信息。

"（3）审计；资金的有效使用。部长应制定审计程序及其他措施确保本款规定执行，所获资金得以有效运用。

"（4）资金。本项规定生效之日起 90 日内，且在 2003—2007 年每一财政年度的 10 月 1 日，部长应执行本款规定，将依据第（b）款所获资金中的 200 000 美元进行划拨，直至用尽为止。"

（b）生效日期。本条所做修订将于本法令生效之日起施行。

第 4126 条　应急食品援助计划中商品的可用性。

（a）一般原则。《1977 年食品券法》第 27 条（a）（《美国法典》第 7 篇 2036）修订如下：

（1）删去"1997—2002 年"并加入"2002—2007 年"；

（2）删去"100 000 000 美元"并加入"140 000 000 美元"。

（b）生效日期。本款所做修订 2001 月 10 月 1 日生效。

子篇 B　商品分销

第 4201 条　《食用商品补充计划》。

（a）商品分销计划。

《1973 年农业和消费者保护法》第 4 条第（a）款（《美国法典》第 7 篇 612c 注释；《公法》93 - 86）在第一句中删除"2002"，插入"2007"。

（b）《食用商品补充计划》。

《1973 年农业和消费者保护法》（《美国法典》第 7 篇 612c 注释；《公共》93 - 86）的第 5 条修订如下：

（1）删除第（a）款，插入：

"（a）已审定计划的补助。

"（1）一般原则。在执行第 4 条的项目时，（本条中指《食用商品补充计划》），2003—2007 每财年，部长应当从执行本条的资金中（包括上一财年剩余的任何可用资金）给各州已审定的计划提供补助，用于该州州政府机构及地方机构执行《食用商品补充计划》。

"（2）补助额。

"（A）2003 财年。在 2003 财年，各个已审定计划所需的补助金额应与 2001 年补助金额相等，并在以下两个百分比数值之间做出调整：

"（i）商务部经济分析局所发布的截止 2001 年 6 月 30 日的 12 个月的州及地方政府物价指数；

"（ii）截至 2002 年 6 月 30 日，12 个月的上述指数。

"（B）2004—2007 财年：

"2004—2007 每财年，已审定计划补助金额应与上一财年的补助金额相等，并在以下两个百分比数值之间做出调整：

"（ⅰ）商务部经济分析局所发布的截止到上上财年 6 月 30 日的 12 个月的州及地方政府物价指数；

"（ⅱ）截止到上财年 6 月 30 日的 12 个月的以上指数"。

（2）第（d）款第（2）项中删除所有"2002"字样，插入"2007"；

（3）删除第（l）款并增补以下内容：

"（l）使用批准的食品安全技术。

"（1）一般原则。在通过第（2）项所规定的项目收购分配所用商品时，部长应允许使用以下提高食品安全的技术：

"（A）经部长批准；

"（B）得到美国卫生与公共服务部部长的许可或批准。

"（2）项目。指的是在第（1）项中经以下法律批准的项目：

"（A）本法案；

"（B）《1977 年食品券法》（《美国法典》第 7 篇 2011 及以下）；

"（C）《1983 年紧急食品援助法》（《美国法典》第 7 篇 7501 及以下）；

"（D）《理查德·B·罗素学校午餐法》（《美国法典》第 42 篇 1751 及以下）；或

"（E）《1966 年儿童营养法》（《美国法典》第 42 篇 1771 及以下）。"

（c）某些州的附加资金。

（1）一般原则。本法案颁布实施 30 日之内，农业部部长应从商品信贷公司的资金中向各州划拨 2000—2002 年计划周期内用于实施《1973 年农业和消费者保护法》（《美国法典》第 7 篇 612c 注释；《公法》93‑86）中《食用商品补充计划》所需的资金。完成计划量不得低于州政府最初规定的水平。

（2）关于各州的规定。部长应向第（1）项中所述各州提供资金，以实现该项所述目的。

（d）生效日期。第（b）款第（3）项所作修订于本法案实施之日起生效。

第 4202 条　商品捐赠。

（a）一般原则。商品分配改革法案和 1987 年《妇婴幼儿特殊营养补充计划修正案》（《美国法典》第 7 篇 612c 注释；《公法》100‑237）修订如下：

（1）将第 17 和 18 条分别重新编号为第 18 和 19 条；

（2）在第 16 条后插入以下内容：

"第 17 条　商品捐赠。

"（a）一般原则。尽管关于商品捐赠存有相关规定，当商品信贷公司运转所须的商品和依据 1935 年 8 月 24 日法案第 32 条所要求的商品（《美国法典》第 7 篇 612c）超出商品信贷公司和部长（包括为特定目的所专门储备的任何数量）开展其授权行为所需数量时，超出部分可用于部长授权的其他项目，包含国内供给项目使用商品的收购，和部长所实施的为经济困难个人所提供商品的任何项目。

"（b）项目。第（a）款所述项目包括以下法案授权的项目：

"（1）《1983 年紧急食品援助法》（《美国法典》第 7 篇 7501 及以下）；

"（2）《理查德·B·罗素学校午餐法》（《美国法典》第 42 篇 1751 及以下）；

"（3）《1966 年儿童营养法》（《美国法典》第 42 篇 1771 及以下）；

"（4）《1965 年美国老年人法》（《美国法典》第 42 篇 3001 及以下）；或

"（5）部长认为合适的其他法律。"

（b）生效日期。本条所作修订于本法案颁布实施之日起生效。

第 4203 条　特殊营养项目中剩余商品的分配。

《1981 年农业和食品法》第 1114 条第（a）款第（2）项第（A）小项（《美国法典》第 7 篇 1431e（2）（A））在第一句中删除"2002"，插入"2007"。

第 4204 条　紧急食品援助。

《1983 年紧急食品援助法》（《美国法典》第 7 篇 7501 及以下）第 204 条第（a）款第（1）项第一句修订如下：

（1）删除"50 000 000 美元"插入"60 000 000 美元"；

（2）删除"1991—2002"插入"2003—2007"；

（3）删除"行政管理的"；

（4）在"加工，"后插入"存储，"；并且

（5）在"来源"后，插入"，包括拾遗所得商品（定义请见《1988 年饥饿预防法案》第 111 条第（a）款（《美国法典》第 7 篇 612c 注释；《公法》100 - 435））"

子篇 C　儿童营养及相关项目

第 4301 条　学校午餐计划的商品。

（a）一般原则。《理查德·B·罗素学校午餐法》第 6 条第（e）款第（1）项第（B）小项（《美国法典》第 42 篇 1755（e）（1）（B））删除"2001"插入"2003"。

（b）生效日期。本条所作修订于本法案颁布实施之日起生效。

第 4302 条　获得免费餐和降价餐的资格。

（a）一般原则。《理查德·B·罗素学校午餐法》第 9 条第（b）款（《美国法典》第 42 篇 1758（b））在结尾处修订如下：

"（7）某些军方住房津贴除外。2002 和 2003 每财年，对于《美国法典》第 10 篇第 169 章第 4 节或法律的任何相关规定所要求或规定的统一住房服务成员，《美国法典》第 37 篇第 403 条所规定的基本津贴数量，不应被认为是确定本法案所规定的享受免费或降价午餐统一服务家庭儿童的资格的收入。

（b）生效日期。本条所作修订于本法案颁布实施之日起生效。

第 4303 条　购买当地生产食品。

《理查德·B·罗素学校午餐法》第 9 条（《美国法典》第 42 篇 1758）在结尾处修订如下：

"（j）购买当地生产食品。

"（1）一般原则。部长应当：

"（A）鼓励公共机构尽最大可能并以最合适的方式参与本法案中的学校午餐项目和 1966 年《儿童营养法案》（《美国法典》第 42 篇 1773）第 4 条中所确立的学校早餐项目，为学校就餐项目和其他项目采购当地生产食品。

"（B）建议公共机构参与第（A）小项所述项目，发布部长负责的网站上的相关政策信息；

"（C）按照部长规定的要求，为不超过 200 个公共机构提供启动资金，以支付实施第（A）小项所需设备，材料，贮藏设备，和类似花费的最初成本。

"（2）拨款授权。

"（A）一般原则。经授权，从 2003—2007 财年，每年可拨款 400 000 美元，用于实施本款，直至用尽为止。

"（B）限制条件。只有拨款法案明确规定，方可执行本款，使用其资金。"

第 4304 条　要求波多黎各只购买美国产品的适用性。

《理查德·B·罗素学校午餐法》第 12 条（n）（《美国法典》第 42 篇 1760（n））在末尾增补以下内容：

"（4）对波多黎各的适用性。关于波多黎各自由邦内可生产足够量的商品或产品，能够满足本法案中的学校午餐计划和《1966 年儿童营养法案》第 4 条（《美国法典》第 42 篇 1773）中的学校早餐计划所规定的食物要求的，第（2）项第（A）小项应适用于波多黎各自由邦的学校的食品管理部门。"

第 4305 条　水果蔬菜试点项目。

（a）一般原则。《理查德·B·罗素学校午餐法》（《美国法典》第 42 篇 1769）第 18 条在末尾增加以下内容：

"（g）水果蔬菜试点项目。

"（1）一般原则。在 2002 年 7 月开始的学年，部长应当执行试点项目，为每 4 个州中的 1 个州的 25 所小学或中学，一个印第安人保留地的小学或中学，于教学日时全天，在学校指定的一个或多个地点，提供免费新鲜水果蔬菜和果脯。

"（2）宣传。参加试点项目的学校应在校内广泛宣传本试点项目提供的免费蔬菜和水果。

"（3）报告。部长应当在 2003 年 5 月 1 日前，通过经济研究服务管理员，向众议院的教育与劳动力委员会和参议院的农业、营养和林业委员会报告试点项目的结果。

"（4）经费。根据 1935 年 8 月 24 日法案第 32 条之规定（《美国法典》第 7 篇 612c），在执行本款（第（3）项除外）时，部长应当使用的资金不超过 6 000 000 美元。"

（b）生效日期。本条所作修订于本法案颁布实施之日起生效。

第 4306 条　根据《妇婴幼儿特殊营养补充计划》的受助资格。

（a）一般原则。《1966 年儿童营养法》第 17 条第（d）款第（2）项第（B）小项第（i）条款（《美国法典》第 42 篇 1786（d）（2）（B）（i））修订如下：

（1）删除"住房基本津贴"插入以下内容："基本津贴。（Ⅰ）住房"；

（2）在末尾删除"和"，插入"或"；

（3）在结尾增加以下内容：

"（Ⅱ）根据《美国法典》第 37 篇第 403 条，对于根据《美国法典》第 10 篇第 169 章第 4 节，或其他相关法律规定购置或建造的住房；和"。

（b）生效日期。本条所作修订于本法案颁布实施之日起生效。

第 4307 条　妇婴幼儿农民市场营养计划。

（a）一般原则。《1966 年儿童营养法》第 17 条第（m）款第（9）项（《美国法典》第 42 篇 1786（m）（9））修订如下：

（1）删除"（9）（A）有"插入以下内容：

"（9）资金。

"（A）一般原则。"（i）拨款授权—有"；

（2）在第（A）小项末尾增补以下内容："（ii）强制性资金。在 2002 年《食品券重新授权法案》生效之日起 30 天内，部长应当批拨 15 000 000 美元商品信贷公司的资金，用于实施本款，直至用尽为止。"

（b）生效日期。本条所作修订于本法案颁布实施之日起生效。

子篇 D　其他补充条款

第 4401 条　合法移民利益的部分恢复。

（a）残疾外国人的福利保障。

《1996 年个人责任与工作机会协调法案》第 402 条第（a）款第（2）项第（F）小项（《美国法典》第 8 篇 1612（a）（2）（F））修订如下：删除"（ⅰ）是"和在"（ⅱ）在此情况下"以前的内容，并插入以下内容：

"（ⅰ）对于第（3）项第（A）小项所述的特定的联邦项目。

"（Ⅰ）在 1996 年 8 月 22 日，是合法居留在美国境内的；

"（Ⅱ）是盲人或残疾人（定义请见《社会保障法》第 1614 条第（a）款第（2）或（3）项（《美国法典》第 42 篇 1382c（a））；

"（ⅱ）在这种情况下"。

（b）对所有符合条件的外国儿童的福利。

（1）一般原则。《1996 年个人责任与工作机会协调法案》第 402 条第（a）款第（2）项第（J）小项（《美国法典》第 8 篇 1612（a）（2）（J））修订如下：将"根据"之前的所有"的人"删除，并插入"根据……的人"。

（2）一致性修订。

（A）《1996 年个人责任与工作机会协调法案》第 403 条第（c）款第（2）项（《美国法典》第 8 篇 1613（c）（2））在末尾增加以下内容：

"（L）依据《1977 年食品券法》（《美国法典》第 7 篇 2011 及以下）为 18 岁以下的公民所提供的援助和福利"。

（B）《1996 年个人责任与工作机会协调法案》第 421 条第（d）款（《美国法典》第 8 篇 1631（d））在末尾增加以下内容："（3）如有资格的外国人符合第 402 条第（a）款第（2）项第（J）小项的规定，则本款不应用于《1977 年食品券法》（《美国法典》第 7 篇 2011 及之后内容）所规定的援助或津贴"。

（C）《1977 年食品券法》第 5 条第（ⅰ）款第（2）项第（E）小项（《美国法典》第 7 篇 2014（ⅰ）（2）（E））末尾句号前插入："，或任何未满 18 周岁的外国人"。

（3）生效日期。本款所作修订于 2003 年 10 月 1 日生效。

（c）某些符合资格外国人的食品券补充条例。

（1）一般原则。《1996 年个人责任与工作机会协调法案》第 402 条第（a）款第（2）项（《美国法典》第 8 篇 1612（a）（2））在末尾增加以下内容：

"（L）某些符合资格外国人的食品券补充条例。针对第（3）项第（B）小项所述的特定的联邦项目津贴的资格，第（1）项不适用于任何自进入美国境内之日起在美国居住 5 年或多于 5 年，并符合'符合资格外国'条件的外国人。"

（2）生效日期。本项所作修订于 2003 年 4 月 1 日起生效。

第 4402 条　老年人农贸市场营养计划。

（a）资金的设立。农业部部长应当在 2002 财年使用 5 000 000 美元，2003—2007 年每年 15 000 000 美元，给商品信贷公司以开展并扩大老年人农贸市场营养计划。

（b）项目目的。老年人农贸市场营养计划的目的为：

（1）为低收入老年人提供从农贸市场，路边店，社区支持的农业项目采购来的新鲜，有营养，未加工过的本地产水果，蔬菜和草药；

（2）通过扩大或帮助农贸市场、路边店、社区支持的农业项目来增加农产品的国内消费；

（3）发展或帮助新的和额外的农贸市场、路边店、社区支持的农业项目的发展。

（c）法规。部长可以在任务有必要实施老年人农贸市场营养计划时发布相关法规。

第 4403 条　营养信息及试点项目。

（a）试点项目的设立。农业部部长可以在最多 5 个州，最长 4 年的时间内设立试点项目以提高新鲜水果，蔬菜的国内消费。

（b）目的。

（1）一般原则。根据第（2）项，项目目的应当仅是为符合资格的公立或私营实体提供成本分担帮助以实施该工程：

（A）增加水果，蔬菜的消费；

（B）传达相关的保健信息。

（2）限制。提供给实施本项目的州的资金不应被用于贬低任何农产品。

（c）州的选择。

（1）一般原则。在选择参加本项目的州时，部长应考虑在此项目下实施的工程和活动：

（A）实施类似工程或活动的经验；

（B）实施活动时有创新的方式；

（C）各州具有促销水果蔬菜和跟踪水果蔬菜消费水平增长的能力。

（2）现有州项目的提高。部长可利用试点项目来提高和第（b）款所规定的试点项目相一致的现有州项目。

（d）符合资格的公立或私营实体。

（1）一般原则。参加项目的州应确立资格标准以便于州政府选择实施本项目中展示工程的公立或私营实体。

（2）限制条件。各州依据本项目所获得的资金不得提供给任何外国盈利性团体。

（e）联邦份额。在依据本条所实施的任何工程或活动的资金中的联邦份额应为 50%。

（f）拨款授权。经授权，从 2002—2007 每财年实施本条的资金为 10 000 000 美元。

第 4404 条　反饥饿基金项目。

（a）短标题；发现。

（1）短标题。本条可引称为“《2002 年国会反饥饿法案》”。

（2）发现。国会发现如下情况：

（A）迫切需要有同情心的个人致力于帮助饥饿者，并且需要个人发起并执行饥饿问题解决方案。

（B）密苏里州第八区上次的优秀代表比尔·艾默生以两党连立的方式解决饥饿问题，并致力于公共服务，以及他对社会公共机构的极大热情和美国国会的理想。

（C）德克萨斯州第 18 区上次的优秀代表乔治·T·（米奇）利兰，对需要帮助的人充满极大的热情，也表现出他对公共服务高度关注和突出的政治才能。

（D）艾默生先生和利兰先生毕生对饥饿者和贫穷者的特殊关注激励了那些致力于社会公平正义事业的人们。

（E）两位杰出的领导人建立了一种超越政治立场的友谊，共同致力于使未来领导人认识到服务的重要性并向有需要的人提供服务。因此很有必要纪念艾默生先生和利兰先生通过创建基金项目使美国未来领导人继续发展人道主义服务。

（b）独立机构的设立。作为美国政府《国会反饥饿计划》的立法机构的一个独立机构而设立（以后在本款中称之为“计划”）。

（c）董事会。

（1）一般原则。本项目应置于董事会的监管指导之下。

（2）董事会成员。

（A）任命。董事会由 6 名根据第（ⅰ）条款任命的有表决权的成员和 1 名根据以下第（ⅱ）条款指定的不投票的当然成员组成：

（ⅰ）有表决权的成员。（Ⅰ）众议院议长应任命 2 名成员。

（Ⅱ）众议院少数党领袖应任命 1 名成员。

（Ⅲ）参议院多数党领袖应任命 2 名成员。

（Ⅳ）参议院少数党领袖应任命 1 名成员。

（ⅱ）不投票的成员。本项目的执行董事应为董事会不投票的当然成员。

（B）任期。董事会成员任期为 4 年。

（C）空缺。

（ⅰ）董事会职权。董事会成员中的一人空缺不影响其他成员执行本条的职权。

（ⅱ）继任者的任命。继任者应按照原始任命的方式产生。

（ⅲ）未完成的任期。如果有董事会成员未完成任期，为填补此空缺而任命的成员应完成其前任的剩余任期。

（D）主席。董事会第一次会议的第一项任务是选举主席。

（E）补偿金。

（ⅰ）一般原则。根据第（ⅱ）条款，董事会成员将不会因董事会的工作而得到补偿金。

（ⅱ）旅行。董事会成员将得到旅行、基本生活及其他在执行本项目职责期间的花销补偿。

（3）职责。

（A）规章制度。

（ⅰ）规章制度的确立。董事会应确立用以实施本条及本项所述职责的规章制度和其他规则。

（ⅱ）内容。规章制度和其他规则应包含以下条款：

（Ⅰ）适当的财政控制，资金责任，执行原则；

（Ⅱ）由董事会或其官员，雇员在采购或就业行动中，避免利益冲突或利益冲突的出现；

（Ⅲ）董事会成员选票相等时的解决办法；

（Ⅳ）董事会成员旅行的授权。

（ⅲ）上报国会。在董事会第一次会议的 90 天内，董事会主席应向相关国会委员会提交规章制度的复印件。

（B）预算。在实施本项目的每财年，董事会应规定当年该项目的预算。除非董事会批准的变动，否则该项目的一切花销应在预算之内。

（C）资金的选择和人员安排程序。董事会应当复审并通过执行董事制定的根据本项目所设资金用于选择和人员安排的程序。

（D）资金的配置。董事会理事应当规定根据本条实施项目的优先权和分配给艾默生和利兰基金的金额。

（d）目的；项目授权。

（1）目的。本项目的目的为：

（A）激励未来的美国领导人致力于人道主义事业，了解饥饿者和贫困者的需求，并为需要帮助的人提供帮助和慰藉；

（B）提高对公共服务重要性的认识；

（C）通过相关机构或实体开展的项目为领导人提供培训和发展机会。

（2）授权。本项目的授权旨在开发资金实施本条的目的，包括第（3）项所述的资金。

（3）基金。

（A）一般原则。本项目应建立并实施比尔·艾默生和米奇·利兰反饥饿基金。

（B）培训内容。

（ⅰ）一般原则。根据第（A）小项所设资金应当为改进人道主义援助条件和饥饿者的生活提供经验和培训，包括：

（Ⅰ）通过实习项目与社区机构协力为饥饿者提供直接服务的培训；

（Ⅱ）通过在政府部门或非营利性机构中的安排得到的策略发展方面的经验。

（ⅱ）比尔·艾默生反饥饿基金的重点。比尔·艾默生反饥饿基金应解决美国国内的饥饿问题和其他人道主义需求。

（ⅲ）米奇·利兰反饥饿基金的重点。米奇·利兰反饥饿基金应解决国际的饥饿问题和其他人道主义需求。

（ⅳ）工作规划。为实施第（ⅰ）条款并辅助第（4）中工作人员的评价，本项目应当为每个工作人员批准一个工作规划，明晰在个人此项目中的目标，包括具体职责和相关目标。

（C）资金周期。

（ⅰ）艾默生基金周期。根据本项所授予的比尔·艾默生反饥饿基金不应超过1年。

（ⅱ）利兰基金周期。根据本项所授予的米奇·利兰反饥饿基金不应超过2年。不少于1年的资金应完成第（B）小项第（ⅰ）条款第（Ⅰ）子条款的要求。

（D）工作人员的选择。

（ⅰ）一般原则。工作人员应根据本项目设立的全国性遴选而进行。

（ⅱ）资格。成功的申请者应具备以下资格：

（Ⅰ）致力于人道主义服务事业的意愿和从事此方面工作的杰出潜能；

（Ⅱ）领导者潜质或实际领导经验；

（Ⅲ）丰富的生活经验；

（Ⅳ）娴熟的写作和演讲技巧；

（Ⅴ）在贫穷或多元文化社区生活的能力；

（Ⅵ）董事会认为必要的其他特质。

（ⅲ）资金数量。

（Ⅰ）一般原则。根据本项，每个个人应得到根据第（Ⅱ）子条款的生活补贴，本项目所规定的终止服务奖金。

（Ⅱ）顺利完成基金的要求。根据本项被授予资金的每个个人应有资格因其达到执行董事所规定的满意服务的要求，而每月得到适当比例的终止服务奖金。

（ⅳ）基金受助者。

（Ⅰ）艾默生基金受助者。被授予比尔·艾默生反饥饿基金的个人应被称为"艾默生基金受助者"。

（Ⅱ）利兰基金受助者。被授予米奇·利兰反饥饿基金的个人应被称为"利兰基金受助者"。

（4）评估。本项目应实施对比尔·艾默生和米奇·利兰反饥饿基金的阶段性评估。评估内容应包括以下内容：

（A）对其成员工作计划完成情况的评估。

（B）基金对受助人的影响评估。

（C）本项目目的完成情况评估过。

（D）受助人对社区的影响评估。

（e）信托基金。

（1）基金的建立。在美国财政部中建立国会反饥饿信托基金（本条以后称为"基金"）由以下3个部分组成：第（ⅰ）款拨付给该基金的数额，根据第（3）项存入的数额，接受自第（g）款第（3）项第（A）小项的数额。

（2）资金投入。财政部长应投入所有资金。每笔投入都应作为美国的付息债务或由美国政府责任担保的本金和利息，由部长和董事会磋商决定适合该基金的付款日期。

（3）投入回报。除第（f）款第（2）项规定外，财政部长应将利息，出售和赎回的收益，承付款项继续存入该基金。

（f）支出；审计。

（1）一般原则。根据董事会决定的该项目实施本条之规定所需数额，财政部长应根据第（e）款第（3）项和第（g）款第（3）项第（A）小项向该项目转入所述金额。

（2）限制条件。部长不应向该项目转入第（i）款所规定的资金。

（3）基金的使用。根据第（1）项转入该项目的资金应用于以下目的：

（A）受助人的津贴。为受助人提供生活津贴。

（B）工作人员的差旅费。支付工作人员去往基金实施地的交通费用。

（C）保险。支付工作人员，项目和董事会的适当的保险费用。

（D）工作人员培训。支付服务前期和服务中的工作人员教育，培训的费用。

（E）后勤人员。第（g）款所述人员。

（F）奖金。第（d）款第（3）项第（D）小项第（iii）条款第（Ⅱ）子条款中的终止服务奖金。

（G）其他被核准的用途。董事会认为利于实施本项目的其他目的。

（4）由美国总审计局审计。

（A）一般原则。美国总审计长应实施对本项目账目年度审计。

（B）账簿。该项目应向总审计长提供所有账簿，账目和财务报告（包括执行理事和其他人员的工资记录），报告，文件，和其他一切文件，物品或属于本项目或本项目正在使用的财产，以促进审计工作的完成。

（C）上报国会。总审计长应向国会相关部分上报审计结果的复印件。

（g）工作人员；项目职权。

（1）执行董事。

（A）一般原则。董事会应任命 1 名项目的执行董事，来管理该项目。执行董事应执行董事会规定的和本条规定相一致的其他职能。

（B）限制条件。执行董事不能成为董事会主席。

（C）薪酬。执行董事的薪酬不应高于《美国法典》第 5 篇第 5316 条所规定的执行委员明细表中第 5 级的基本工资。

（2）职员。

（A）一般原则。经董事会大多数成员同意，执行董事可指定并确定执行董事认为有利于实施本条规定的额外人员的酬金。

（B）薪酬。根据第（A）小项任命的人员所得薪酬不应高于总明细表第 GS‐15 级的基本工资水平。

（3）职权。为执行本条之规定，该项目应履行以下功能：

（A）赠与。本项目可申请、接受、使用、处置赠与、遗产；遗赠设施或动产，不动产以辅助本项目的实施。赠与、遗产、遗赠、及其售出后所得收益应存入基金中，并可用于董事会规定的支出。

（B）专家和顾问。根据《美国法典》第 5 篇第 3109 条，本项目可获得临时或间断的服务，但专家和顾问个人所得不应超过总明细表第 GS‐15 级的基本工资的最高年均数额。

（C）合同授权。只要经得董事会大多数成员同意，本项目可以不考虑《成文法修订版》第 3709 条，（《美国法典》第 41 篇），与政府，私人机构或个人订立合同并给予补偿。

（D）其他必要支出。项目可为实施本条之规定支出除工程发展外的其他款项。

（h）报告。在每年 12 月 31 日前，董事会应向国会相关委员会上交上一财年该项目的活动报告，报告应包括以下内容：

（1）在本财年根据第（d）款第（4）项所做评估的分析（关于艾默生和利兰基金的评估和项目目的完成情况）。

（2）对在本财年本项目获赠予的资金总额（经第（g）款第（3）项第（A）小项授权），和在本财年实施本项目的资金总额作出陈述。

（i）拨款授权。经授权 18 000 000 美元用于实施本条之规定。

（j）定义。在本条中，"相关的国会委员会"指：

（1）众议院农业委员会和国际关系委员会；

（2）农业，营养，林业委员会和参议院外交关系委员会。

第 4405 条　总体生效日期。

除本篇另有规定外，本篇所作修订于 2002 年 10 月 1 日生效。

第 V 篇　信　贷

子篇 A　农场所有权贷款

第 5001 条　直接贷款。

《巩固农业和农村发展法》第 302（b）（1）条（《美国法典》第 7 篇 1922（b）（1））删除"运营的"，并加上"参与……的商业运营"。

第 5002 条　过桥贷款融资。

《巩固农业和农村发展法》第 303（a）（1）条（《美国法典》第 7 篇 1923（a）（1））修订如下：

（1）在第（C）款末删除"或"；

（2）在第（D）款末删除句号，并加上"；或"；并

（3）在结尾之处加上以下内容：

"（E）在以下条件下，商业或合作贷款机构向农场主或牧场主给予临时性的过桥贷款再融资，以帮助他们获得申请用地。

"（i）部长批准农场主或牧场主提出的直接农场所有权贷款申请，以帮助他们获得申请用地；

"（ii）在申请获得批准时为根据第 346（b）条发放的直接所有权贷款提供资金。"

第 5003 条　对在部族土地上经营的农场的担保贷款金额。

《巩固农业和农村发展法》第 309（h）条（《美国法典》第 7 篇 1929（h））修订如下：

（1）在第（4）项，删除"第（5）和第（6）项"，并加上"第（5）、第（6）和第（7）项"；并

（2）在结尾之处加上以下内容：

"（7）对在部族土地上经营的农场的担保贷款金额。如果一个农场主或牧场主拥有的农场或牧场属于印第安保护区之内，而且他们的贷款是以该印第安保护区内一种或一种以上的担保契据所担保，那么部长应向他们提供 95％的担保经营贷款。"

第 5004 条　根据州新农场主或牧场主项目提供的担保贷款。

《巩固农业和农村发展法》第 309 条（《美国法典》第 7 篇 1929）在结尾之处加上以下内容：

"（j）根据州新农场主或牧场主项目提供的担保贷款。部长应根据州新农场主或牧场主项目提供本篇所述的担保贷款，其中包括对 1986 年《国内税收法》第 144 条（a）（12）（B）（ii）所述的用于小额农业债券的土地或产权贷款项目提供担保贷款。

第 5005 条　预付定金贷款项目。

《巩固农业和农村发展法》第 310E 条（《美国法典》第 7 篇 1935）修订如下：

（1）在第（b）款。

（A）在第（1）项删除"30％"，并加上"40％"；且

（B）在第（3）项删除"10 年"，并加上"15 年"；且

（C）在第（c）（3）（B）款删除"10 年"，并加上"15 年"。

第 5006 条　新农场主和牧场主合同土地出售项目。

《巩固农业和农村发展法》子篇 A（《美国法典》第 7 篇 1922 及以下部分）在结尾之处加上以下内容：

"第 310F 条　新农场主和牧场主合同土地出售项目。

"（a）一般原则。如果部长确认第（b）款所述的风险相类似，那么他应在他确认的不少于 5 个州内推行示范项目，该项目担保私人出售农场或牧场的个人在 2003—2007 财年每年向各州购买农场或者牧场的合格的新农场主或牧场主通过土地出售合同担保 5 个贷款，条件是这些贷款符合承保标准，且有商业贷款机构同意担任托管代理人。

"（b）项目开始日期。部长应在 2002 年 10 月 1 日前确认合同土地出售担保风险与对商业贷款人的担保风险相类似。"

子篇 B　经营贷款

第 5101 条　直接贷款。

《巩固农业和农村发展法》第 311（c）条（《美国法典》第 7 篇 1941（c））修订如下：

（1）在第（1）项：

（A）在第（A）款前删除"第（3）项"并加上"第（3）和第（4）项"；

（B）在第（A）款删除"未……的人"以及其后至"5 年"之间的所有内容。

（2）在结尾之处加上以下内容：

"（4）豁免。

"（A）在部族土地上经营的农场和牧场。如果一个农场主或牧场主拥有的农场或牧场属于印第安保护区之内，而且他们的贷款是以该印第安保护区内一种或一种以上的担保契据所担保，那么如果部长确认这样的农场或牧场通常无法获得商业信贷，那么他们可以免受第（1）（C）项或第（3）项规定的本子篇直接经营贷款期限的限制。

"（B）其他农场及牧场经营。如果借款人的如下表现令部长满意，部长可以根据具体情况允许该借贷方在 2 年内有一次免受第（1）（C）项或第（3）项直接经营贷款期限限制的权利，这一决定不会给予行政诉讼：

"（ⅰ）借款人切实经营 1 个农场或牧场；

"（ⅱ）借款人至少向 2 个商业贷款机构申请过商业贷款；

"（ⅲ）借款人无法获得商业贷款（包括部长担保的贷款）；

"（ⅳ）借款人已在 1 年内顺利完成，或将完成第 359 条（该条规定部长不得允许借款人免受第 359（f）条的限制）规定的借款人培训。"

第 5102 条　暂停对有资格获得担保援助的借款人的期限限制。

从 2002 年 1 月 1 日开始，至 2006 年 12 月 31 日止，《巩固农业和农村发展法》第 391（b）条（《美国法典》第 7 篇 1949（b））不再生效。

子篇 C 紧急贷款

第 5201 条 对接受检疫紧急情况下的紧急贷款。

（a）贷款授权。《巩固农业和农村发展法》第 311（a）条（《美国法典》第 7 篇 1961（a））修订如下：

（1）删除第一和第三句中的"美国自然灾害或由于"，并加上"部长根据《植物保护法》或动物检疫法（《1990 年粮食、农业、保育和贸易法》第 2509 条有明确界定）规定实施的检疫、美国的自然灾害或由于"；并

（2）在第四句：

（A）删除"自然灾害"并加上"此类检疫或自然灾难"；

（B）删除"由于此类自然灾害"并加上"由于此类检疫或自然灾害"。

（b）一致性修订。该法第 323 条（《美国法典》第 7 篇 1963）在"自然灾害"前加上"检疫"。

子篇 D 行政条款

第 5301 条 直接贷款和担保贷款项目的评估。

（a）调研。农业部部长应《巩固农业和农村发展法》第 302 和第 311 条规定，对直接和担保贷款项目进行两次调研，每次调研应包括对此间贷款或担保贷款的次数、平均本金金额及贷款中的违规违约率做出的调查。

（b）调研期。

（1）首次调研。根据第（a）款做出的调研应在本条规定颁布之日后的 1 年后进行，为期 1 年。

（2）第二次调研。根据第（a）款做出的调研应在本款规定颁布之日后的 3 年后进行，为期 1 年。

（c）给国会的报告。农业部部长应在根据本条规定做出的每次调研结束后，向国会提交调研结果报告，内容包括对第（a）款所指述的贷款项目是否有效而及时地满足了农业生产者的借贷需求做出的分析。

第 5302 条 提供农场所有权贷款、农场经营贷款和紧急贷款的信托公司和有限责任公司的资格。

（a）一般原则。《巩固农业和农村发展法》第 302（a），311（a）和 321（a）条（《美国法典》第 7 篇 1922（a），1941（a），和 1961（a））删除每处出现的"及联合经营企业"并加上"联合经营企业、信托公司及有限责任公司。"

（b）一致性修订。《巩固农业和农村发展法》第 321（a）条（《美国法典》第 7 篇 1961（a））删除每处出现的"或联合经营企业"并加上"联合经营企业、信托公司或有限责任公司。"

第 5303 条 债务处理。

《巩固农业和农村发展法》第 331（b）条（《美国法典》第 7 篇 1981（b）（4））修订如下：

（1）删除"部长可释放"并加上"部长在与当地或地区县委员会协商后可释放"；

（2）删除"实施。"及之后至"（B）后"之前的所有内容，并加上"在……后实施"。

第 5304 条 对签约的临时性授权；私人讨债公司。

（a）一般原则。《巩固农业和农村发展法》第 331 条（《美国法典》第 7 篇 1981）删除第（d）和第（e）款。

（b）申请。第（a）款做出的修订适用于在本法生效日前签订的合同。

第 5305 条 还贷利息。

《巩固农业和农村发展法》第 331B 条（《美国法典》第 7 篇 1981b）修订如下：

（1）删除"（1）中的较小值"并加上以下内容："最小值——""（1）该"；及

（2）删除"原始贷款或（2）"并加上以下内容："原始贷款；

"（2）借款人在申请延期、合并、重新安排或分期偿付贷款时部长收取的贷款利率，而不是同类担保贷款的利率；

"（3）该"。

第 5306 条　废除要求部长责令县委员会书面证明已完成贷款审查的规定。

《巩固农业和农村发展法》第 331B 条（《美国法典》第 7 篇 1981b）修订后内容如下：

"（2）除了第 306、310B 或 314 条的贷款。

"（A）对借款人年度信用记录及经营状况的审查；及

"（B）对借款人持续合格性的年度审查；"。

第 5307 条　较大额贷款的简化担保贷款申请。

《巩固农业和农村发展法》第 331A（g）（1）条（《美国法典》第 7 篇 1983（g）（1））删除"5 万美元"，并加上"12.5 万美元"。

第 5308 条　不动产产权。

《巩固农业和农村发展法》第 335（c）条（《美国法典》第 7 篇 1985（c）修订如下：

（1）在第（1）项。

（A）在第（B）款。

（ⅰ）第（ⅰ）条款删除"75 天"，并加上"135 天"；

（ⅱ）在结尾之处加上以下内容：

"（ⅳ）产权的加总与分割。部长应最大程度地为新农场主和牧场主提供购买由部长通过以其确认的适当的产权加总与分割方式而来的不动产的机会；"。且

（B）在第（C）款。

（ⅰ）删除"75 天"，并加上"135 天"；

（ⅱ）删除"75 天期限"，并加上"135 天期限"。并

（2）删除第（2）项并加上以下内容：

"（2）过去的出租。如果不动产是在 1996 年 4 月 4 日获得的，也就是部长在 1996 年 4 月 4 日之后出租该不动产，那么部长应在出租到期后的 60 天内，根据第（1）项规定出售该不动产。"

第 5309 条　对合格的出借方和首选合格的出借方项目的管理。

《巩固农业和农村发展法》第 339 条（《美国法典》第 7 篇 1989）在结尾之处加上以下内容：

"（e）对合格的出借方和首选合格的出借方项目的管理。部长可以通过在各州或多个州设立的中央办公室来执行第（c）和第（d）款的贷款担保项目。"。

第 5310 条　定义。

（a）符合条件的新农场主或牧场主。《巩固农业和农村发展法》第 343（a）（11）（F）条（《美国法典》第 7 篇 1991（a）（11）（F））删除"25％"，并加上"30％"。

（b）债务豁免。《巩固农业和农村发展法》第 343（a）（12）（B）条（《美国法典》第 7 篇 1991（a）（12）（B））修订如下：

"（B）例外。'债务豁免'一词不包括：

"（ⅰ）贷款的合并、重新安排、分期偿付以及延期；

"（ⅱ）任何为解决对部长的歧视性投诉而减免债务的行为。"

第5311条 贷款授权水平。

《巩固农业和农村发展法》第346（b）（1）条（《美国法典》第7篇1994（b）（1））修订后内容如下：

"（1）一般原则。在2003—2007年各财政年度，部长可以从第309条规定的农业信贷保证基金中获得子篇A或子篇B所述的37.96亿美元的直接贷款或担保贷款，其中每个财政年度：

"（A）直接贷款为7.7亿美元，其中：

"（ⅰ）2.05亿美元为子篇A所述的农场所有权贷款；

"（ⅱ）5.65亿美元为子篇B所述的经营贷款。

"（B）担保贷款30.26亿美元，其中：

"（ⅰ）10亿美元为子篇A所述的农场所有权担保贷款；

"（ⅱ）20.26亿美元为子篇B所述的经营担保贷款。"。

第5312条 提供给新农场主和牧场主直接经营贷款的储备基金。

《巩固农业和农村发展法》第346（b）（2）（A）（ⅱ）（Ⅲ）条（《美国法典》第7篇1994（b）（2）（A）（ⅱ）（Ⅲ））删除"2000—2002"，并加上"2003—2007"。

第5313条 减息项目。

《巩固农业和农村发展法》第351条（《美国法典》第7篇1999）修订如下：

（1）在第（a）款。

（A）删除"项目。"，及之后至"部长"之前的所有内容，并加上"项目。部长"；

（B）删除第（2）项；

（2）在第（e）款，删除第（2）项，并加上以下内容：

"（2）最大基金额度。

"（A）一般原则。部长在一个财政年度执行本条内容的基金总额不得超过75亿美元。

"（B）新农场主和牧场主。

"（ⅰ）一般原则。部长在其第（A）款所述的可使用的基金中，只有15％的基金可以储备用于向新农场主或牧场主提供担保贷款。

"（ⅱ）一个财政年度根据第（ⅰ）条款规定用于向新农场主或牧场主发放贷款的储备基金只能储备到该财年的3月1日。"

第5314条 追收款项的分期偿还。

《巩固农业和农村发展法》第353（e）（7）条（《美国法典》第7篇2001（e）（7））修订后内容如下：

"（D）分期偿还。

"（ⅰ）一般原则。如果借款人拖欠还款，但在以下情况下，部长可以利用第343（b）（3）的贷款服务机制，修改本项第（A）款中所指的贷款分期偿还规定：

"（Ⅰ）拖欠的原因在于借款人无法控制的状况发生；

"（Ⅱ）借款人在试图偿还追收款项时表现出善意诚信（部长对此持有决定权）。

"（ⅱ）限制。

"（Ⅰ）分期偿还期限。本款中的分期偿还期限不得超过自最初分期偿还协议签订之日起25年。

"（Ⅱ）不得减少应当缴纳的金额、本金或未付利息。本款的分期偿还规定不得要求在分期偿还时减少应当缴纳的未偿还本金或未付利息。"

第 5315 条　对在社会上不具优势的农场主和牧场主的基金分配。

《巩固农业和农村发展法》第 355（c）（2）条（《美国法典》第 7 篇 2003（c）（2））最后一句修订后内容如下："对于根据本项规定已储备且分配但未在一个州内使用的基金，为了尽可能满足本篇的未决申请，应将这笔基金用于部长确认的其他州在社会上不具优势的农场主和牧场主，剩余的基金则应在该州内重新分配使用。"。

第 5316 条　放弃参加借款人资格培训的人。

《巩固农业和农村发展法》第 359 条（《美国法典》第 7 篇 2006a）删除第（f）款，并加上以下内容：

"（f）放弃者。

"（1）一般原则。如果部长确认一个借款人对于本条所述领域已有足够的了解，那么部长可以不再要求该借款人完成本条的规定。

"（2）标准。部长应对第（1）项内容的申请确定一个在全国范围通用的标准。"

第 5317 条　贷款评估的时间。

《巩固农业和农村发展法》第 360（a）条（《美国法典》第 7 篇 2006b（a））删除"一旦根据第 332 条成立的县委员会确认申请人符合获得本篇援助的条件，加上"该"。

第 5318 条　年度借款人审核。

《巩固农业和农村发展法》第 360（d）条（《美国法典》第 7 篇 2006b（d）（1））删除"一年两次"，并加上"一年一次"。

第 5319 条　之前得到债务豁免的借款人的贷款资格。

《巩固农业和农村发展法》第 373（b）（2）（A）条（《美国法典》第 7 篇 2008h（b）（2））修订如下：

（1）在第（ⅰ）条款，删除"或"；

（2）在第（ⅱ）条款，删除句号，并加上"；或"；并

（3）在结尾之处加上以下内容：

"（ⅲ）根据《罗伯特·T·斯塔夫德灾害救援和应急协助法》（《美国法典》第 42 篇 5121 及以下）规定，在 1996 年 4 月 4 日之后直接或主要由于遭遇部长认定的大型自然灾害或紧急情况而获得 1 次以上债务豁免。"

第 5320 条　州、县或地区委员会人员提供贷款。

《巩固农业和农村发展法》子篇 D（《美国法典》第 7 篇 1981～2008j）在结尾之处加上以下内容：

"第 376 条　州、县或地区委员会员工发放贷款。

"部长应根据由《土壤保护和国内农作物种植分配法》第 8 条（b）（5）（《美国法典》第 16 篇 590h（b）（5））规定成立的州、县或地区委员会员工的培训情况，让他们发放本篇的贷款。"

第 5321 条　州、县或地区委员会雇员获得贷款及担保贷款的资格。

《巩固农业和农村发展法》子篇 D（《美国法典》第 7 篇 1981～2008j）在结尾之处加上以下内容，从而做出进一步修订：

"**第 377 条　州、县或地区委员会雇员获得贷款及担保贷款的资格。**

"（a）一般原则。部长不得禁止由《土壤保护和国内农作物种植分配法》第 8（b）（5）（《美国法典》第 16 篇 590h（b）（5））规定成立的州、县或地区委员会的雇员或农业部雇员获得本篇第 A、B 或 C 子篇的贷款或担保贷款。

"（b）批准。

"（1）县或地区办公室。对于县或地区办公室员工提出的贷款申请，农场服务局州办公室应有责任审批该申请。

"（2）州办公室。对于州办公室雇员提出的贷款申请，农场服务局国家办公室应有责任审批该申请。"

子篇 E　农场信贷

第 5401 条　废除繁复的批准程序。

（a）以合作社为经营对象的银行。《1971 年农场信贷法》第 3.1（11）（B）条（《美国法典》第 12 篇 2122（11）（B））修订如下：

（1）删除第（ⅲ）条款；

（2）将第（ⅳ）条款重新编号为第（ⅲ）条款。

（b）其他系统银行；统一体。1971 年《农场信贷法》第 4.8A 条（《美国法典》第 12 篇 2206a）修订如下：

（1）在第（a）（1）款，删除"3.1（11）（B）（ⅳ）"并加上"3.1（11）（B）（ⅲ）"；并

（2）删除第（c）款。

第 5402 条　以合作社为经营对象的银行。

《1971 年农场信贷法》第 3.7（b）条（《美国法典》第 12 篇 2128（b））修订如下：

（1）在第（1）和第（2）（A）（i）项，删除每处出现的"农场生产资料"，并加上"农业生产资料"；

（2）在结尾之处加上以下内容：

"（4）农业生产资料的定义。在本条中，'农业生产资料'包括：

"（A）农场生产资料；

"（B）（i）与农业有关的加工设备；

"（ⅱ）与农业有关的机器设备；

"（ⅲ）其他与农产品贮存与处理有关的资本货物。"。

第 5403 条　保险费。

（a）政府特许机构担保贷款费用的削减。

（1）一般原则。《1971 年农场信贷法》第 5.55 条（《美国法典》第 12 篇 2277a - 4）修订如下：

（A）在第（a）款中。

（i）在第（1）项。

（Ⅰ）在第（A）款，删除"第（C）款规定的政府担保贷款"，并加上"第（D）和第（D）款规定的贷款"；

（Ⅱ）在第（B）款，删除结尾之处的"及"；

（Ⅲ）在第（C）款，删除结尾之处的句号，并加上"；并"；

（Ⅳ）在结尾之处加上以下内容：

"（D）由银行发放的政府特许机构担保的年平均计息贷款本金乘以不超过 0.0015 的费率，由保险

公司自行确定。"

（ⅱ）在结尾之处加下以下内容：

"（4）政府赞助企业担保贷款的定义。在本条、第 1.12（b）条及第 5.56（a）条中，'政府赞助企业担保贷款'一词是指由国会特许，服务于公共目的且其负债义务未得到美国明确担保的实体担保的部分或全部贷款，这些实体包括联邦全国抵押协会、联邦住宅贷款抵押公司、联邦房贷银行系统和联邦农业抵押贷款公司，但是不包括其他非农场信贷体系的机构。"；并

（B）在第（e）（4）（B）条，删除"第（a）（1）（C）条所述的政府担保贷款"并加上"第（a）（1）款第（C）或（D）款所述的贷款"。

（2）一致性修订。

（A）《1971 年农场信贷法》第 1.12（b）条（《美国法典》第 12 篇 2020（b））修订如下：

（ⅰ）在第（1）项，在"第（3）项规定的政府担保的贷款（如第 5.55（a）（3）条的定义）"后加上"及第（4）项规定的由政府赞助企业担保的贷款（如第 5.55（a）（4）条的定义）"；

（ⅱ）在第（2）项，删除结尾之处的"且"；

（ⅲ）在第（3）项，删除结尾之处的句号，并加上"；且"；

（ⅳ）在结尾之处加上以下内容：

"（4）由统一体或其他融资机构发放，且由农场信贷银行提供资金或贴现的政府特许机构担保的年平均计息贷款本金乘以不超过 0.0015 的费率，费率由保险公司决定，目的是为第 5.55（a）（1）（D）条的此类担保贷款确定保费。"

（B）《1971 年农场信贷法》第 5.56（a）条（《美国法典》第 12 篇 2277a-5（a））修订如下：

（ⅰ）在第（1）项，在"政府担保贷款"后加上"及政府赞助企业担保贷款（如第 5.55（a）（4）的定义）"；

（ⅱ）将第（4）和第（5）项重新分别编号为第（5）和第（6）项；

（ⅲ）在第（3）项后加上以下内容：

"（4）政府特许机构担保的年平均计息贷款（如第 5.55（a）（4）的定义）本金；"。

（b）适用性。本条的修订适用于 2002 及此后日历年的保险费的计算，也适用于经认证的此类保费报表的制作。

子篇 F 杂 项

第 5501 条 技术性修订。

（a）《巩固农业和农村发展法》第 321（a）条（《美国法典》第 7 篇 1961（a））删除每处出现的"《灾害救援和应急协助法》"，并加上"《罗伯特·T·斯塔夫德灾害救援和应急协助法》（《美国法典》第 42 篇 5121 及以下部分）"。

（b）《巩固农业和农村发展法》第 336（b）条（《美国法典》第 7 篇 1986（b））第二句删除"本篇第 332 条规定"。

（c）《巩固农业和农村发展法》第 359（c）（1）条（《美国法典》第 7 篇 2006a（c）（1））删除"根据第 332 条确定，"。

第Ⅵ篇 农村发展

子篇 A 《巩固农业和农村发展法》

第 6001 条 农村培力区和农村企业社区必要社区设施直接贷款与担保贷款资格。

在《巩固农业和农村发展法》第 306 条第（a）款第（1）项（《美国法典》第 7 篇 1926 第（a）

（1））的第一句之后插入以下修正内容："部长也可以向依据《1986 年国内税收法典》第 1 章第 U 节第 I 部分被定为农村培力区或农村企业社区或者依据《1999 年农业、农村发展、食品与药品管理及相关机构拨款法》第 766 条（《公法》105 - 277；《美国法令全书》第 112 篇 2681，2681 - 37）被定为农村企业社区的社区提供贷款或贷款担保，以为必要社区设施包括必要的相关设备提供安装或改善经费，并为有关项目规划提供财政资助或其他援助。"

第 6002 条　水或废物处理补助。

对《巩固农业和农村发展法》第 306 条第（a）款第（2）项（《美国法典》第 7 篇 1926（a）款第（2））作如下修正：

（1）删除"（2）部长"，插入以下内容：

"（2）水、废物处理和废水设施补助。

"（A）政府当局。

"（ⅰ）一般原则。部长"；

（2）删除"每财年总额不超过 5.9 亿美元"；

（3）删除"金额"，插入以下内容：

"（ⅱ）金额。金额"；

（4）删除"项"，插入"小项"；

（5）删除"部长应当"，插入以下内容：

"（ⅲ）补助比率。部长应当"；和

（6）在末尾增加以下内容：

"（B）水和废水项目融资周转基金。

"（ⅰ）一般原则。部长可以向合格的私人非盈利实体提供补助，作为周转基金，以为符合条件的实体提供下列融资：

"（Ⅰ）与拟议中的水和废水项目或与现有水和废水系统有关的预开发成本；和

"（Ⅱ）因更换设备、小规模扩建服务或不属于现有水和废水系统正常运营和维护活动一部分的其他小型资本项目而产生的短期成本。

"（ⅱ）合格实体。要想有资格从第（ⅰ）条款所述周转基金中获得融资，合格实体必须有资格获得第（1）项或本项所述的贷款、贷款担保或补助。

"（ⅲ）最高融资金额。依据本小项向合格实体提供的融资金额不得超过：

"（Ⅰ）对于条款（ⅰ）（Ⅰ）所述成本，不得超过 10 万美元；和

"（Ⅱ）对于条款（ⅰ）（Ⅱ）所述成本，不得超过 10 万美元。

"（ⅳ）期限。依据本小项向合格实体提供融资的期限最长不得超过 10 年。

"（ⅴ）管理。部长应当限制补助接受者用于支付本小项所产生的管理费用的补助金额。

"（ⅵ）年度报告。依据本小项接受补助的非盈利实体应当向部长提交年度报告，汇报其所服务的社区数量和规模以及所提供的融资类型。

"（ⅶ）拨款授权。经授权，从 2002—2007 财年，每年可拨款 3000 万美元用于执行本小项。"

第 6003 条　农村商业机会资助。

对《巩固农业和农村发展法》第 306 条第（a）款第（11）项第（D）小项（《美国法典》第 7 篇 1926（a）（11）（D））作如下修正：

（1）删除"750 万美元"，插入"1 500 万美元"；

（2）删除"2002 年"，插入"2007 年"。

第 6004 条　儿童日托设施。

在《巩固农业和农村发展法》第 306 条第（a）款第（19）项（《美国法典》第 7 篇 1926（a）（19））末尾增加以下内容：

"（C）儿童日托设施准备金。

"（ⅰ）一般原则。每个财年用于落实本段所述资助的经费需至少预留 10％用于支付联邦在农村地区开发和建设儿童日托设施的成本份额。

"（ⅱ）发放。每财年依据条款（ⅰ）预留的经费必须在该财年 4 月 1 日后方可发放。"

第 6005 条　农村水和废水巡回指导员项目。

在《巩固农业和农村发展法》第 306 条第（a）款（《美国法典》第 7 篇 1926（a））末尾增加以下内容：

"（22）农村水和废水巡回指导员计划。

"（A）一般原则。部长应根据国家农村水协会的农村水巡回指导员计划制定国家农村水和废水巡回指导员计划，截至本段法规颁布之日，国家农村水协会由农业部部长资助，并通过农村公用事业局进行运作。

"（B）与现有计划的关系。对于经费根据《2002 年农业、农村发展、食品与药品管理及相关机构拨款法》第Ⅲ篇（《美国法令全书》第 115 篇 719）标题为《农村社区促进计划》一节进行拨备的巡回指导员计划，依据上述第（A）小项制定的计划不得影响农业部部长行使对该指导员计划的职权。

"（C）拨款授权。经授权，从 2003 财年起及之后每个财年可拨款 1 500 万美元用于执行本段。"

第 6006 条　跨司法区区域规划组织。

在《巩固农业和农村发展法》第 306 条第（a）款（《美国法典》第 7 篇第 1926（a））（经第 6005 条修正后）末尾增加以下内容：

"（23）跨司法区区域规划组织。

"（A）补助。部长应当向跨司法区区域规划与发展组织提供补助，用以支付联邦为地方政府提供援助、改善地方政府和当地经济发展组织的基础设施、服务和商业开发能力而所承担的成本份额。

"（B）优先权。在确定哪些组织可以依据本项获得补助时，部长应当给予下列组织以优先权：

"（ⅰ）服务于农村地区的组织，且在最近 15 年期限内：

"（Ⅰ）该农村地区居民的净迁出数量或其他人口损失数量等于或大于该农村地区总人口的 5％；或

"（Ⅱ）该农村地区家庭收入中位数低于所在州非都市区家庭收入中位数。

"（ⅱ）向地方政府和经济发展组织提供过大量援助的组织。

"（C）联邦份额。依据本项提供的补助应不超过第（A）小项所述援助提供成本的 75％。

"（D）最高补助金额。依据本段规定向组织提供的补助金额不得超过 10 万美元。

"（E）拨款授权。经授权，从 2003—2007 财年，每个财年可拨款 3 000 万美元用于执行本段。"

第 6007 条　农村发展贷款的贷款担保。

（a）水、废水和必要社区设施贷款的贷款担保。在《巩固农业和农村发展法》第 306 条第（a）款（《美国法典》第 7 篇 1925（a））（经第 6006 条修正后）末尾增加以下内容：

"（24）水和必要社区设施贷款的贷款担保。

"（A）一般原则。部长可以为农村地区的社区设施或者水或废物处理设施项目的融资贷款提供担保，包括使用《1986 年国内税收法典》第 142 条第（a）款所述的债券净收益融资的贷款。

"（B）要求。要依据第（A）小项获得贷款担保，申请贷款的个人或实体应向部长证明贷款人：

"（ⅰ）具备偿还贷款所需的必要能力和资源，能够按照部长规定的方式持续地偿还贷款；且

"（ⅱ）有能力生成资本为该贷款的借款人提供正确偿还贷款所必需的额外信贷。"

（b）某些贷款的贷款担保。在《巩固农业和农村发展法》第310B条（《美国法典》第7篇1932）末尾增加以下内容：

"（h）某些贷款的贷款担保。部长可以为依据第（a）款进行的贷款提供担保，以为第306条（a）款第（24）项所述项目的债券发行提供融资。"

第6008条　部落学院和大学必要社区设施。

在《巩固农业和农村发展法》第306条第（a）款（《美国法典》第7篇1926（a））（经第6007条第（a）款修正后）末尾增加以下内容：

"（25）部落学院和大学必要社区设施。

"（A）一般原则。部长可以向部落学院和大学（定义请见《1965年高等教育法》第316条（《美国法典》第20篇1059c））提供补助，用以支付联邦在农村地区部落学院或大学必要社区设施建设中所应承担的成本份额。

"（B）联邦份额。

"（ⅰ）一般原则。除第（ⅱ）和（ⅲ）条款另有规定外，部长应通过法规确立可使用本项所述补助对设施成本进行补助的最高百分比。

"（ⅱ）最高金额。依据本项为设施提供的补助金额不得超过该设施建设成本的75%。

"（ⅲ）分级补助比例。部长应当规定可使用本项所述补助对设施成本进行补助的分级补助百分比例，对社区人少、收入水平低的社区提高设施补助比例，具体由部长决定。

"（C）拨款授权。经授权，从2003—2007财年，每个财年可拨款1000万美元用于执行本项。"

第6009条　紧急和迫切的社区水援助补助计划。

对《巩固农业和农村发展法》第306A条（《美国法典》第7篇1926a）做如下修正：

（1）在本条标题中"紧急"之后插入"和迫切的"；

（2）对第（a）款：

（A）在第（1）项末尾分号前插入"，或这种下降即将出现"；

（B）在第（2）项：

（ⅰ）在第（A）小项中，删除"急需的"，插入"急需的或迫切的"；和

（ⅱ）在第（B）小项中，删除"下降"，插入"下降或即将出现下降"；

（3）在第（c）款第（2）项，删除"已发生"，插入"已发生或将发生，"；

（4）在第（d）款，删除第（1）项，插入下列内容：

"（1）一般原则。依据本条提供的补助可以用于：

"（A）延长现有系统的给排水管线，铺设新的供水管线，维修、重大维护、挖掘新井、设备更换及勾管和水龙头费用；

"（B）与水处理、储存或配送资源建设有关的其他合适用途；

"（C）协助社区遵守《联邦水污染控制法》（《美国法典》第33篇第1251条及以下）或《安全饮水法》（《美国法典》第42篇第300f条及以下）的要求；

"（D）通过其途径为社区提供饮用水。"；

（5）在第（f）款第（2）项中删除"7.5万美元"，插入"15万美元"；

（6）在第（h）款中。

（A）在第（1）项第二句中，删除"下降"，插入"下降或即将出现下降"；

（B）删除第（2）项，插入以下内容：

"（2）申请审评时间点。

"（A）简化申请。部长在第（1）项制定的申请流程应当包含简化申请表，以便加快考虑依据本条提出的补助申请。

"（B）优先权审评。在处理本篇授权的水或废物处理补助或贷款申请时，部长应对本条项下的补助申请给予优先处理，以便在优先权处理结束之时可以向该申请授予可用资金。

"（C）时间点。部长应当在可行范围内尽最大可能于申请提交部长之日后 60 天内完成对本条项下之申请的审评并展开实际行动。"

（7）删除条款（ｉ），插入以下内容：

"（ｉ）经费。

"（1）预留金。

"（A）一般原则。每个财年需从用于执行第 306 条第（a）款第（2）项的总金额中预留不低于 3％不高于 5％的经费用作本条所述补助。

"（B）发放。依据第（A）小项为某财年预留的经费必须在该财年 7 月 1 日后方可发放使用。

"（2）拨款授权。除按照第（1）项预留的经费外，经授权，从 2003—2007 财年，每年可拨款 3 500 万美元用于执行本条。"

第 6010 条　美国土著部落的水和废物设施补助。

删除《巩固农业和农村发展法》第 306C 条（《美国法典》第 7 篇 1926c）的第（e）款，插入以下内容：

"（e）拨款授权。

"（1）一般原则。除第（2）项另有规定外，经授权：

"（A）对于本条所述的补助，每个财年可拨款 3 000 万美元。

"（B）对于本条所述的贷款，每个财年可拨款 3 000 万美元。和

"（C）除依据第（A）小项提供的补助外，对于印第安部落（请见《印地安人自决与教育援助法》第 4 条（《美国法典》第 25 篇第 450b 条）的定义），每个财年还可拨款 2 000 万美元用作本条所述补助。

"（2）例外情况。有资格通过第 306D 条所述补助获取融资的实体应无资格从依据第（1）项第（C）小项提供使用的经费中申领补助。"

第 6011 条　阿拉斯加州农村和土著村落水系统补助。

删除《巩固农业和农村发展法》第 306D 条第（d）款第（1）项（《美国法典》第 7 篇 1926d（d）（1））中的"和 2002 年"，插入"至 2007 年。"

第 6012 条　给非盈利组织的补助以为农村地区收入中等或偏下人士建造、翻修和维修个人所有的家用水井系统。

（a）一般原则。在《巩固农业和农村发展法》第 306D 条（《美国法典》第 7 篇 1926d）之后插入以下内容：

"### 第 306E 条　给非盈利组织的补助以为农村地区收入中等或偏下人士建造、翻修和维修个人所有的家用水井系统。

"（a）合格人士的定义。在本条中，术语"合格人士"是指属于某一家庭的成员且根据美国最近一次的人口普查，且家庭总收入（指可查询到收入信息的最近 12 个月内总收入）不超过该人士居住所在州或领地的非都市家庭收入中位数的人士。

"（b）补助。

"（1）一般原则。对于为合格人士提供贷款、用于在农村地区建造、翻修和维修为合格人士所有或将为其所有的个人家用水井系统的民营非盈利组织，部长可向该等组织提供补助。

"（2）贷款条件。依据本条随补助发放的贷款：

"（A）其利率应为1％；

"（B）期限不得超过20年；

"（C）对第（1）项所述的每套水井系统的贷款不超过8 000美元。

"（3）管理费用。本条所述补助的接受者可以使用补助金支付与提供第（1）项所述援助有关的管理费用，具体由部长决定。

"（c）授予补助的优先顺序。在授予本条所述补助金时，部长应优先向在促进安全和高效使用个人所有的家用水井系统和地下水方面具备丰富经验和先进技术的申请人给予补助。

"（d）拨款授权。经授权，从2003—2007财年，每个财年可拨款1 000万美元用于执行本条。"

（b）生效日期。第（a）款所作修正于2002年10月1日起生效。

第6013条 可再生能源系统贷款和贷款担保。

在《巩固农业和农村发展法》第306B条第（a）款第（3）项（《美国法典》第7篇1932（a）（3））的"太阳能系统"之后插入"和其他可再生能源系统（包括用于生产能源的风能系统和厌氧消化槽）"。

第6014条 农村企业补助。

对《巩固农业和农村发展法》第310B条第（c）款第（1）项（《美国法典》第7篇1932（c）（1））作如下修正：

（1）删除"（1）一般原则。部长"，插入以下内容：

"（1）补助。

"（A）一般原则。部长"；

（2）在末尾增加以下内容：

"（B）小型和新兴私营企业。

"（i）一般原则。就第（A）小项而言，小型和新兴私营企业应包括（不论企业的雇员或经营资本有多少）总部位于下列地区的合格非盈利实体或其他免税组织：

"（Ⅰ）现或前美国土著居留地所属土地；

"（Ⅱ）人口不超过5 000人的城镇或直辖区（无建制地区）。

"（ii）补助金的使用。第（i）条款所述的合格非盈利实体或其他免税组织可以使用依据本项提供的援助在第（i）条款所述地区新建、扩建或运营与农业生产有关的增值加工设施。

"（iii）优先权。在依据本项发放补助金时，部长应优先发放那些将被用于援助第（i）条款所述合格非盈利实体和其他免税组织的补助金。"。

第6015条 农村合作社发展补助。

对《巩固农业和农村发展法》第310B条第（e）款（《美国法典》第7篇1932（e））作如下修正：

（1）在第（5）项第（F）小项，在末尾的句号前插入以下内容："，除非部长要求的对1994年赠地学院（定义请见《1994年教育赠地身份平等法案》第532条（《美国法典》第7篇301注释；《公法》103-382））的非联邦财政资助金额比例不超过5％"；

（2）在第（9）项，删除"2002年"，插入"2007年"。

第6016条 广播系统补助。

在《巩固农业和农村发展法》第310B条第（f）款（《美国法典》第7篇1932（f））的末尾增加以

下内容：

"（3）拨款授权。经授权，从 2002—2007 财年，每年可拨款 500 万美元执行本款。"

第 6017 条 工商业贷款条件修改。

删除《巩固农业和农村发展法》第 310B 条（《美国法典》第 7 篇 1932）的第（g）款，插入以下内容：

"（g）工商业直接与担保贷款。

"（1）工商业贷款的定义。在本款中，"工商业贷款"是指由部长根据第（a）款第（1）项提供或作保的工商业直接或担保贷款。

"（2）购买合作社股份的贷款担保。

"（A）一般原则。部长可以为个体农场主或牧场主为购买农场主或牧场主合作社（用于农产品加工）股本而申请的工商业贷款作担保。

"（B）初期加工合约。如第（A）小项所述，农场主或牧场主依据第（A）小项获得股份购买担保的合作社在合作社最初（从合作社启动日期起算）的 5 年期限内，可以签约购买农产品加工服务或其他农产品增值加工服务，以便为合作社加工设施的规划和建设提供足够的时间。

"（C）财务信息。部长作为本项所述工商业贷款担保的条件，要求农场主或牧场主提供的财务信息，应当按照该地区商业农业贷款机构普遍要求的方式进行提供。

"（3）合作社贷款。

"（A）一般原则。部长可以为总部位于都市区的合作社组织提供工商业贷款或作保，但贷款需用于第（a）款所述的位于农村地区的或者贷款担保符合第（6）项要求的项目或企业。

"（B）再融资。有资格获取工商业贷款的合作社组织应有资格就现有工商业贷款向贷款人进行再融资，若：

"（ⅰ）该合作社组织：

"（Ⅰ）依然存续并正在履行现有贷款义务；且

"（Ⅱ）过去和现在对现有贷款均无付款违约之情形或者贷款抵押品未被转换。和

"（ⅱ）拥有足够或足额的再融资贷款抵押或担保。

"（4）贷款评估。部长可以要求由专业的评估机构按照私营部门用于类似用途的标准对工商业贷款进行贷款评估，具体标准由部长决定。

"（5）费用。部长可以核定其所担保的工商业贷款的一次性费用，费用金额不得超过所担保的贷款本金金额的 2%。

"（6）非农村地区贷款担保。

"（A）一般原则。部长可以就不在农村地区的设施为合作社组织担保工商业贷款，倘若：

"（ⅰ）担保贷款的主要目的是用于该设施以向位于该设施 80 英里范围内的农产品生产商提供增值加工服务；

"（ⅱ）贷款申请人向部长证明贷款担保的主要受益是为农村地区的居民提供就业；

"（ⅲ）每个财年依据本项作保的工商业贷款总额不超过每个财年依据第（a）款第（1）项作保的工商业贷款总额的 10%。

"（B）本金金额。依据本项作保的工商业贷款本金金额不得超过 2 500 万美元。

"（7）无形资产。在确定合作社组织是否有资格获得工商业贷款担保时，部长可以考虑该合作社品牌、专利或商标的市场评估价值。

"（8）合作社组织贷款担保限制条件。

"（A）本金金额。

"（ⅰ）一般原则。除非第（ⅱ）条款另有规定，否则依据本款为合作社组织提供或担保的工商业贷

款本金金额不得超过 4000 万美元。

"（ii）用途。要想有资格依据本款获得向合作社组织提供的工商业贷款的担保，任何超出 2 500 万美元的贷款其本金应当用于开展：

"（Ⅰ）农村地区的项目；

"（Ⅱ）为农产品提供增值加工的项目。

"（B）申请。合作社组织依据本款提交本金金额超过 2 500 万美元的工商业贷款担保申请时，部长：

"（i）应审查并在适当时批准申请；

"（ii）不可以将审批权委托他人。

"（C）最高金额。每个财年依据本款为合作社组织提供或作保的本金金额超过 2 500 万美元的工商业贷款总额不得超过每个财年依据第（a）款第（1）项担保的工商业贷款的 10％。"

第 6018 条　农村发展贷款和补助用作其他用途。

在《巩固农业和农村发展法》子篇 A（《美国法典》第 7 篇 1921 及以下）（经第 5006 条修正后）的末尾增加以下内容：

"第 310G 条　农村发展贷款和补助用作其他用途。

"若在提供第 381E 条（d）款所述的贷款或补助之后，部长确定当时提供贷款或补助所处的情况已发生足够变化使得贷款或补助所资助的项目或活动不再合适，部长可允许贷款借入人或者补助接受者将其利用这笔贷款或补助购置或改善的财产（房地产和个人财产）或出售其利用这笔经费购置的财产（房地产和个人财产）所得收益用于（具体由部长决定）：

"（1）开展与原项目或活动位于同一地区的另一个项目或活动；

"（2）符合第 381E 条第（d）款所述的贷款或补助标准的另一个项目或活动；

"（3）满足部长制定的其他额外要求的另一个项目或活动。"

第 6019 条　贷款担保简化申请表。

删除《巩固农业和农村发展法》第 333A 条（《美国法典》第 7 篇 1983a）（经第 5307 条修正后）的第（g）款，插入以下内容：

"（g）贷款担保简化申请表。

"（1）一般原则。部长应依据本篇向贷款人提供下列贷款的担保简化申请表：

"（A）本金金额等于或低于 12.5 万美元的农场主计划贷款。

"（B）依据第 310B 条第（a）款第（1）项提供的工商业担保贷款。

"（i）对于在 2002—2003 财年期间提供的贷款担保，贷款本金金额等于或低于 40 万美元。

"（ii）对于在后续财年期间提供的贷款担保，贷款本金金额：

"（Ⅰ）等于或低于 40 万美元；

"（Ⅱ）若部长确定贷款违约风险不会明显增加的话，等于或低于 60 万美元。

"（2）水和废物处理补助与贷款。

部长应当制定申请流程，在实际可行的情况下尽最大可能加快第 306 条第（a）款第（1）或（2）项所述补助金额或贷款本金金额等于或低于 30 万美元的水和废物处理补助或者直接或担保贷款申请的处理过程。

"（3）管理。在依据本款制定申请流程时，部长应当：

"（A）咨询商业和合作社贷款人。

"（B）确保：

"（i）贷款人可以选择手动或以电子方式填写申请表；

"（ⅱ）尽最大限度减少申请表所需随附的文件单据数量；

"（ⅲ）尽最大可能降低申请表填写和处理费用；

"（ⅳ）可以快速地填写和处理申请表。"

第 6020 条　农村和农村地区的定义。

（a）一般原则。在《巩固农业和农村发展法》第 343 条第（a）款（《美国法典》第 7 篇 1991（a））的末尾增加以下内容：

"（13）农村和农村地区。

"（A）一般原则。除非本项另有规定，否则术语"农村"和"农村地区"是指：

"（ⅰ）除居住人口超过 5 万的城镇以外的任何地区；

"（ⅱ）除与该城镇相毗邻或邻近的城市化地区以外的任何地区。

"（B）水和废物处理补助及直接和担保贷款。就依据第 306 条第（a）款第（1）、（2）和（24）项提供的水和废物补助及直接和担保贷款而言，术语"农村"和"农村地区"是指居住人口不超过 1 万的城镇或直辖区。

"（C）社区设施贷款和补助。就依据第 306 条第（a）款第（1）、（19）、（20）、（21）和（24）项提供的社区设施直接和担保贷款而言，术语"农村"和"农村地区"是指居住人口不超过 2 万的城镇或直辖区。

"（D）跨司法区区域规划组织；国家农村发展伙伴计划。就第 306 条第（a）款第（23）项和第 378 条而言，术语"农村地区"是指：

"（ⅰ）某个州的不属于任何标准大都市统计区范围内的所有领地；

"（ⅱ）在某个人口普查域内属于任何标准大都市统计区的人口密度低于 20 人每平方英里的所有领土，具体由部长根据截至当日的美国最新一次人口普查决定。

"（E）农村商业投资计划。就子篇 H 而言，术语"农村地区"是指位于：

"（ⅰ）标准大都市统计区以外的任何地区；或

"（ⅱ）居住人口等于或低于 5 万的社区内的任何地区。"

（b）符合性修正。

（1）删除《巩固农业和农村发展法》第 306 条第（a）款（《美国法典》第 7 篇 1926（a））的第（7）项。

（2）对《巩固农业和农村发展法》第 381A 条（《美国法典》第 7 篇 2009）作如下修正：

（A）删除第（1）项；

（B）将第（2）和（3）项分别重新编号为第（1）和（2）项。

（3）废除 1999 年《农业、农村发展、食品与药品管理及相关机构拨款法案》（112Stat. 2681 - 29）第 735 条。

第 6021 条　国家农村发展伙伴计划。

在《巩固农业和农村发展法》子篇 D（《美国法典》第 7 篇 1981 及以下）（经第 5321 条修正后）的末尾增加以下内容：

"第 378 条　国家农村发展伙伴计划。

"（a）定义。在本条中：

"（1）负有农村责任的机构。术语"负有农村责任的机构"是指负责实施或管理针对农村地区或对农村地区具有重大影响力的联邦法律或计划的行政机构（请见《美国法典》第 5 篇第 105 条的定义）。

"（2）协调委员会。术语"协调委员会"是指根据第（c）款所设立的国家农村发展协调委员会。

"（3）伙伴计划。术语"伙伴计划"是指第（b）款所维持的国家农村发展伙伴计划。

"（4）州农村发展理事会。术语"州农村发展理事会"是指符合第（d）款要求的州农村发展理事会。

"（b）伙伴计划。

"（1）一般原则。部长应当维持下列两家机构组成的国家农村发展伙伴计划：

"（A）协调委员会；

"（B）州农村发展理事会。

"（2）目的。建立伙伴计划的目的是授权各州和农村社区针对各自特殊的农村发展需求，设计灵活、创新的响应措施且由当地确定项目和活动的进展和选择，并帮助各州和社区建立这样的能力。

"（3）治理专家小组。

"（A）一般原则。应建立由协调委员会和州农村发展理事会代表组成的专家小组，负责领导和协调伙伴计划的战略运作、政策和做法。

"（B）年度报告。在协调委员会和州农村发展理事会的协同下，专家小组应当就伙伴计划的活动情况向国会编制提交年度报告。

"（4）联邦政府的作用。联邦政府在这种伙伴计划中的作用可能相当于合作伙伴和协助者，授权联邦机构：

"（A）与各州合作，落实这种伙伴计划；

"（B）向各州提供必要的技术和管理支持，计划和落实有针对性的农村发展战略，满足当地需求；

"（C）确保负有农村责任的机构负责人指定了高级机构官员代表该机构参加协调委员会，并指派合适的外勤人员全面参与外勤人员所在司法区内的州农村发展理事会；

"（D）与协调委员会和州农村发展理事会签订合作协议，并向其提供补助和其他援助。

"（c）国家农村发展协调委员会。

"（1）委员会的设立。部长应在农业部下设立国家农村发展协调委员会。

"（2）委员会的组成。协调委员会应由以下人员组成：

"（A）负有农村责任的机构各派1名代表；

"（B）经部长批准后，以下各类机构的代表：

"（ⅰ）州、区域、地方和部落政府的国家协会以及跨政府和跨司法区机构和组织；

"（ⅱ）国家公益团体；

"（ⅲ）选择参与协调委员会活动的其他国家非盈利组织；

"（ⅳ）私营部门。

"（3）职责。协调委员会应：

"（A）支持州农村发展理事会的工作；

"（B）帮助协调联邦各机构间的农村发展政策、计划和活动，并与州、地方和部落政府、私营部门和非盈利组织协调农村发展政策、计划和活动；

"（C）审评影响或将会影响农村地区的政策、法规和立法议案，并收集和提供有关信息；

"（D）制定并推进减少或消除行政管理和监管障碍的战略；

"（E）要求依据本条获取经费的各州农村发展理事会提交经费使用年度报告，包括该州州农村发展理事会的战略计划、目标、绩效指标及结果的有关说明。

"（4）联邦对协调委员会的参与。

"（A）一般原则。联邦雇员应按照本条规定全面参与协调委员会的管理和运作，包括补助金相关活动、合同和其他协议。

"（B）冲突。联邦雇员按照本项规定参与协调委员会并不构成对《美国法典》第19篇第205或208条的违反。

"（5）行政管理支持。部长可以向协调委员会提供部长认为必要的行政管理支持以履行协调委员会的职责。

"（6）程序。部长可以就协调委员会的运作制定必要的规章制度、章程或其他程序。

"（d）州农村发展理事会。

"（1）设立。尽管《美国法典》第 31 篇第 63 章另有规定，各州仍可通过与部长签订协议，设立州农村发展理事会，选择参与这种伙伴计划。

"（2）组成。州农村发展理事会：

"（A）应由联邦、州、地方和部落政府、非盈利组织、区域组织、私营部门和致力于农村进步的其他实体的代表组成；

"（B）其成员应超乎党派、非歧视性：

"（ⅰ）能广泛代表该州经济、社会和政治等各个方面；

"（ⅱ）能对州农村发展理事会的管理和运作负责。

"（3）职责。州农村发展理事会应：

"（A）促进联邦、州、地方和部落政府及私营部门和非盈利组织之间的协作，更好地规划和实施对该州农村地区具有影响力的计划和政策；

"（B）监控、报告和评论那些满足或未能满足该州农村地区需求的政策和计划；

"（C）作为伙伴计划的一部分，在协调委员会的协作下，协助制定战略，减少或消除联邦、州、地方和部落政府的冲突性或重复性行政管理或监管要求；

"（D）（ⅰ）向协调委员会提供年度计划，确立目标和绩效指标；

"（ⅱ）向协调委员会提交州农村发展理事会达成目标和指标的年度进展报告。

"（4）联邦对州农村发展理事会的参与。

"（A）一般原则。农业部州农村发展局局长、农业部其他雇员和其他负有农业职责的联邦机构雇员，作为有投票权的成员，应与州农村发展理事会其他成员平等地、全方位地参与州农村发展理事会的治理和运作（包括符合本条规定的补助金相关活动、合同和其他协议）。

"（B）冲突。联邦雇员按照本项对州农村发展理事会的参与并不构成对《美国法典》第 18 篇第 205 条或 208 条的违反。

"（e）对伙伴计划的行政管理支持。

"（1）雇员的派遣。

"（A）一般原则。为提供跨政府协作经验，选择参与该伙伴计划的负有农村责任的机构负责人可以并被鼓励向部长派遣对负有农村责任的机构的 1 名或多名雇员无偿支持伙伴计划，期限最长可长达1 年。

"（B）公务员身份。公务员身份或特权不得因这种派遣而被中断或丧失。

"（2）额外支援。部长可以为伙伴计划提供部长认为必要的额外支援人员以履行该伙伴计划的职责。

"（3）中介机构。部长可以与合格的中介机构签订合同，由该中介机构依据合同负责向州农村发展理事会提供行政管理和技术援助，包括管理州农村发展理事会可以使用的财政援助。

"（f）州农村发展理事会的匹配要求。

"（1）一般原则。除第（2）项另有规定外，州农村发展理事会应提供匹配经费或实物商品或服务，支持州农村发展理事会的活动，但金额不得低于依据第（g）款第（2）项从联邦机构获得的联邦经费金额的 33％。

"（2）某些联邦经费匹配要求的例外情况。第（1）项不适用于州农村发展理事会从联邦机构获得的用于下列用途的经费、补助金、依据合同或合作协议提供的经费、礼物、赠款或技术援助：

"（A）用于支持一个或多个特定计划或项目活动；或

"（B）用于补偿州农村发展理事会为提供经费、补助金、依据合同或合作协议提供的经费、礼物、赠款或技术援助的联邦机构提供的服务。

"（3）农业部分担份额。部长应制定计划，以逐步降低农业部所担负的州农村发展理事会核心运作成本份额。

"（g）经费。

"（1）拨款授权。经授权，从 2003—2007 财年每个财年可拨款 1 000 万美元执行本条。

"（2）联邦机构。

"（A）一般原则。尽管某机构（及其他机构）向协调委员会或州农村发展理事会提供经费以执行本条的能力受到其他法律条文的限制，但联邦机构可以向协调委员会或州农村发展理事会给予补助金、礼物或赠款，提供技术援助或者与其签订合同或合作协议。

"（B）援助。如第（A）小项所述，联邦机构被鼓励使用那些对农村地区有影响力的项目的经费为协调委员会或州农村发展理事会提供援助并与之签订合同。

"（3）赠款。协调委员会和州农村发展理事会可以接受私人赠款。

"（h）终止。本条条文所规定的职权将于本条条文颁布满 5 年之日终止。"

第 6022 条　农村远程办公。

在《巩固农业和农村发展法》子篇 D（《美国法典》第 7 篇 1981 及以下）（经第 6021 条修正后）的末尾增加以下内容：

"第 379 条　农村远程办公。

"（a）定义。在本条中：

"（1）合格组织。术语"合格组织"是指符合本条要求和部长确立的其他要求的位于农村地区（远程办公协会除外）的非盈利实体、教育机构、印第安部落（请见《印第安人自决与教育援助法案》（《美国法典》第 25 篇 450b）的定义）或任何其他组织。

"（2）协会。术语"协会"是指使用第（b）款所述补助金建立的农村远程办公协会。

"（3）远程办公。术语"远程办公"是指使用电信手段在位于雇主营业场所之外的农村工作中心实现工作职能。

"（b）农村远程办公协会。

"（1）一般原则。部长应当向合格组织提供一笔或多笔补助金，用以支付联邦在建立和运作国家农村远程办公协会、执行第（2）项所述项目过程中的成本分担份额。

"（2）项目。协会应当使用依据本款获得的补助金，开展一个为期 5 年的项目：

"（A）作为远程办公研究开发的交流中心；

"（B）拓展到农村社区和农村员工；

"（C）形成农村远程办公的最佳实践并在全国分享；

"（D）开发创新的、市场驱动型远程办公项目并和私营部门创立合资企业，聘用农村地区员工，从事推进经济自足的工作；

"（E）分享远程办公安排设计和实施方面的信息；

"（F）支持向远程办公转型的私营部门企业；

"（G）支持和援助州和地方层面的远程办公项目和人士；

"（H）执行部长认为合适的其他职能。

"（3）非联邦份额。

"（A）一般原则。作为依据本款获取补助的一项条件，合格组织应同意在合格组织申请获得批准、补助授予通知发布后，从非联邦来源获得相当于下列比例的赠款：

"（ⅰ）在项目的第一年、第二年和第三年间，补助金额的 30%；

"（ii）在项目的第四年和第五年，补助金额的 50%。

"（B）印第安部落。尽管存在第（A）小项规定，印第安部落仍可以使用联邦政府向印第安部落提供的自治经费冲抵第（A）小项所要求的非联邦赠款。

"（C）形式。第（A）小项所要求的非联邦赠款可以是实物形式的赠款，包括办公设备、办公场所、计算机软件、咨询服务、计算机网络设备及相关服务等。

"（c）远程办公补助。

"（1）一般原则。除非第（2）项至第（5）项另有规定，否则部长应向合格组织提供补助，用以支付联邦政府对下列成本的分担份额：

"（A）购置设备设施在农村地区建立或扩建远程办公场所；

"（B）在农村地区运营远程办公场所。

"（2）申请。要想有资格依据本款获得补助，合格组织应向部长提交补助申请并获得部长的批准，申请书应证明该合格组织拥有足够的资源和能力在农村地区建立或扩建远程办公场所。

"（3）非联邦份额。

"（A）一般原则。作为依据本款获取补助的一项条件，合格组织应同意在合格组织申请获得批准、补助授予通知发布后，从非联邦来源获得相当于补助金额 50% 的赠款。

"（B）印第安部落。尽管存在第（A）小项规定，印第安部落仍可以使用联邦政府向印第安部落提供的自治经费冲抵第（A）小项所要求的非联邦赠款。

"（C）来源。第（A）小项所要求的非联邦赠款：

"（i）可以是实物形式的赠款，包括办公设备、办公场所、计算机软件、咨询服务、计算机网络设备及相关服务等；

"（ii）不能从依据 1974 年《住房和社区发展法案》第 I 篇（《美国法典》第 42 篇第 5301 条及之后条文）提供的社区发展整笔补助金中支取。

"（4）持续时间。在农村地区的远程办公场所建立满 3 年之后，部长可以不再提供本款所述补助用以扩建或运营该远程办公场所。

"（5）金额。依据本款向合格组织提供的补助金额不得低于 100 万美元，也不得高于 200 万美元。

"（d）适用某些联邦法律。依据本条获得经费的所有合格组织应遵守由劳工部部长或平等就业机会委员会管理的约束雇主对雇员责任的某些联邦法律（包括法规）的条款。

"（e）细则。在本条颁布实施后，部长应在 180 天内公布本条条文的实施细则。

"（f）拨款授权。经授权，从 2002—2007 财年，每个财年可拨款 3000 万美元用于执行本条条文，其中 500 万美元应用于建立和资助第（b）所述的协会。"

第 6023 条 历史谷仓的保护。

在《巩固农业和农村发展法》子篇 D（《美国法典》第 7 篇 1981 及以下）（经第 6022 条修正后）的末尾增加以下内容：

"第 379A 条 历史谷仓的保护。

"（a）定义。在本条中：

"（1）谷仓。术语"谷仓"是指农场、牧场或其他农业经营地上用作下列用途的建筑物（住所除外）：

"（A）关养动物；

"（B）储存或加工谷物；

"（C）保存和维修农业设备；或

"（D）其他与在邻近土地上进行的农业活动有关的必要或有用用途。

"（2）合格申请人。术语"合格申请人"是指：

"（A）州农业部（或指定人）；

"（B）下列国家或州非盈利组织：

"（i）《1986年国内税收法典》第501条第（c）款第（3）项所述的依据该法第501条第（a）款获得免税资格的国家或州非盈利组织；

"（ii）在历史谷仓鉴别、评估、修复、保存或保护方面拥有经验或专业技术的国家或州非盈利组织，具体由部长决定；

"（C）州历史文物保护办公室。

"（3）历史谷仓。术语'历史谷仓'是指符合下列标准的谷仓：

"（A）至少有50年历史；

"（B）具有充分的设计、材料和建筑完整性、具有明确的农业建筑物特征；

"（C）达到列入国家、州或地方历史建筑登记册或清单标准。

"（4）部长。术语'部长'是指农业部部长，通过负责农村发展的副部长行事。

"（b）计划。部长应设立历史谷仓保护计划：

"（1）协助各州建立历史谷仓名单；

"（2）收集和传播历史古城资料；

"（3）设立历史谷仓的历史、建筑技巧、修复和社会贡献方面的教育课程与项目；

"（4）赞助和开展下列研究工作：

"（A）谷仓历史研究；

"（B）历史谷仓防腐、防火、防纵火和防自然灾害及修复方面的最佳实践研究。

"（c）补助。

"（1）一般原则。部长可以向合格申请人提供标准或与其签订合同或合作协议，开展第（2）项所规定的合格项目。

"（2）合格项目。可以依据本款向合格申请人提供补助，用于下列项目：

"（A）修复或维修历史谷仓；

"（B）通过下列途径保护历史谷仓：

"（i）安装防火系统，包括防火或火灾探测系统和灭火装置；

"（ii）安装防蓄意破坏文物系统；

"（C）对历史谷仓进行鉴定、记录和研究，形成和评估合适的历史谷仓保护技巧或最佳实践。

"（3）要求。依据本款获得项目补助的合格申请人应遵守内政部长制定的历史文物保护项目标准。

"（4）拨款授权。经授权，从2002—2007财年，每个财年可拨款必要数量的经费用于执行本条。"

第6024条 国家海洋与大气管理局天气无线电广播发射机补助。

在《巩固农业和农村发展法》子篇D（《美国法典》第7篇1981及以下）（经第6023条修正后）的末尾增加以下内容：

"第379B条 国家海洋与大气管理局天气无线电广播发射机补助。

"（a）一般原则。部长（通过农村公用事业服务局局长执行），可以向公共非盈利实体、农村公用事业服务局贷款借贷者提供补助，用于支付在购置无线电发射机、扩大国家海洋与大气管理局恶劣天气无线电广播系统农村覆盖地区时联邦政府所分担的成本份额。

"（b）资格条件。要想有资格依据本条获得补助，申请人应向部长提供：

"（1）用于放置无线电发射机的塔台所有人的具约束力承诺书；

"（2）关于在塔台放置发射机如何能扩大国家海洋与大气管理局恶劣天气无线电广播系统农村覆盖

地区的说明。

"（c）联邦份额。依据本条提高的补助金不得超过第（a）款所述的无线电发射机购置总成本的 75％。

"（d）拨款授权。经授权，从 2002—2007 财年，每个财年可拨款必要数量的经费用于执行本条。"

第 6025 条　农场工人种植更高价值作物所需的新技术和专业技能培训补助。

在《巩固农业和农村发展法》子篇 D（《美国法典》第 7 篇 1981 及以下）（经第 6024 条修正后）的末尾增加以下内容：

"第 379C 条　农场工人种植更高价值作物所需的新技术和专业技能培训补助。

"（a）一般原则。部长应向有能力培训农场工人的非盈利组织或非盈利组织联营企业、农业企业、州与地方政府、农业劳动组织、农场主或牧场主合作社及社区组织提供补助。

"（b）经费的使用。依据本条接受补助的实体应使用该补助为农场工人提供培训，学习使用农业发展新技术，开发专业技能。

"（c）拨款授权。经授权，从 2002—2007 财年，每个财年可拨款 1 000 万美元用于执行本条。"

第 6026 条　农村社区进步计划。

（a）国家保护区计划。对《巩固农业和农村发展法》第 381E 条（《美国法典》第 7 篇 2009d）作如下修正：

（1）在第（b）款中：

（A）删除第（4）项；

（B）将第（5）项重新编号为第（4）项；

（2）删除第（e）款；

（3）将第（f）款～第（h）款重新编号为第（e）款～第（g）款；

（4）在重新编号后的第（g）款中，删除"本条第（g）款"，插入"第（f）款"。

（b）农村风险投资示范计划。废止《巩固农业和农村发展法》第 381O 条（《美国法典》第 7 篇 2009n）。

（c）符合性修正。对《巩固农业和农村发展法》第 381G 条（《美国法典》第 7 篇 2009f（a））作如下修正：

（1）在第（a）款中，删除每一处所出现的"第 381E 条第（g）款"，并分别插入"第 381E 条第（f）款"；

（2）在第（b）款第（1）项中，删除"第 381E 条第（h）款"，插入"第 381E 条第（g）款"条。

第 6027 条　三角洲地区管委会。

（a）投票。删除《巩固农业和农村发展法》第 381B 条第（c）款（《美国法典》第 7 篇 2009aa‑1（c））的第（1）项，插入以下内容：

"（1）一般原则。

"（A）临时方法。从本小项条文颁布实施之日起到 2004 年 12 月 31 日止期间，管委会的决定需要联邦联席主席和多数州成员（不包括根据第（g）款第（2）项第（C）小项有失其职责的州代表成员）的赞成票方可有效。

"（B）永久方法。从 2005 年 1 月 1 日起，管委会的决定只需管委会的多数投票（不包括根据第（g）款第（2）项第（C）小项有失其职责的州代表成员）即可生效。"

（b）颁布规定的职权。删除《巩固农业和农村发展法》第 382B 条第（e）款第（4）项（《美国法典》第 7 篇 2009aa - 1 （e）（4））中的"和法规"，插入"法规，和规定"。

（c）经济和社区发展补助。删除《巩固农业和农村发展法》第 382C 条第（b）款（《美国法典》第 7 篇 2009aa - 2（b））的第（3）项。

（d）联邦补助计划补充。将《巩固农业和农村发展法》第 382D 条（《美国法典》第 7 篇 2009 aa - 3）修正为如下所示：

"第 382D 条　联邦补助计划补充。

"（a）发现。国会发现，某些州和地方社区包括地方开发区，可能难以充分利用这些州和社区有资格使用的联邦补助计划，因为：

"（1）这些州或社区缺乏经济资源，难以提供所需的匹配经费；或

"（2）依据可适用的授权批准联邦补助计划的联邦法律提供的经费不足以满足该地区的迫切需求。

"（b）联邦补助计划经费。尽管依据联邦补助计划，联邦份额、符合援助资格的地区或者拨款授权会受到法律条文的限制，按照第（c）款，管委会，在经联邦联席主席批准后，针对该地区将开展的项目：

"（1）可以提高联邦政府在该项目中的成本分担份额，但最高不超过 90％（第 382F 条第（b）款另有规定的除外）；

"（2）应使用用于执行本子篇的经费金额支付所增加的联邦份额。

"（c）证明。

"（1）一般原则。就某个项目而言，在联邦对该项目成本的基本分担份额被提议部分或全部依据本条规定支付时，在负责管理（授权联邦补助计划的）联邦法律的联邦官员做出下述证明前，不得提供任何联邦赠款：

"（A）该项目符合对应联邦补助计划的可适用要求（除非第（b）款另有规定）；

"（B）若依据法律向该项目拨付经费后，该项目可获准根据联邦补助计划获得联邦赠款。

"（2）管委会的证明。

"（A）一般原则。按照第 382I 条在批准本法案项下项目时要求管委会做出的证明和决定：

"（ⅰ）应具有支配权；

"（ⅱ）联邦机构应当接受。

"（B）联邦联席主席的接受。就第（1）项所述的项目而言，对于负责管理该项目所对应的联邦补助计划的联邦政府部门、机构或职能机关负责人，按要求向他们提交的有关该项目的任何发现、报告、证明或文件，联邦联席主席应当接受。"

（e）地方发展机构补助。删除《巩固农业和农村发展法》第 382E 条第（b）款第（1）项（《美国法典》第 7 篇 2009aa - 4（b）（1））中的"可以"，插入"应当"。

（f）发展计划和项目的批准。对《巩固农业和农村发展法》第 382I 条（《美国法典》第 7 篇 2009aa - 8）作如下修正：

（1）在第（a）款，在"审评"后插入"和批准"；

（2）在第（d）款，删除"投票决定。"插入"补助申请的批准。"

（g）拨款授权。删除《巩固农业和农村发展法》第 382M 条第（a）款（《美国法典》第 7 篇 2009aa - 12（a））中的"2002"，插入"2007"。

（h）职权的终止。删除《巩固农业和农村发展法》第 382N 条（《美国法典》第 7 篇 2009aa - 13）中的"2002"，插入"2007"。

（ⅰ）三角洲地区农业经济发展。在《巩固农业和农村发展法》子篇 D 末尾增加以下内容：

"第 379D 条　三角洲地区农业经济发展。

"（a）一般原则。部长可以提供补助，协助开发国际一流的动物营养技术（包括技术研究与开发）

和增值制造业，创立三角洲地区（请见第 382A 条定义）的经济平台，缓解当地严峻的经济状况。

"（b）拨款授权。经授权，从 2002—2007 财年，每个财年可拨款 700 万美元用于执行本条。"

（j）密西西比河下游地区的定义。在《三角洲发展法案》第 4 条第（2）款第（Ⅰ）项（《美国法典》第 42 篇 3121 注释；《公法》100‐460）的"罗素县，"后插入"巴特勒县，康内库县，埃斯坎比亚县，门罗县，"。

第 6028 条　北部大平原地区管委会。

在《巩固农业和农村发展法》（《美国法典》第 7 篇 192 及以下）的末尾增加以下内容：

"子篇 G　北部大平原地区管委会

"第 383A 条　定义。

"在本子篇中：

"（1）管委会。术语'管委会'是指依据第 383B 条设立的北部大平原地区管委会。

"（2）联邦补助计划。术语'联邦补助计划'为下列事宜提供援助的联邦补助计划：

"（A）落实依据《北部大平原农村发展法》（《美国法典》第 7 篇 2661 注释；《公法》103‐318）设立的北部大平原农村发展委员会的建议；

"（B）购置或开发土地；

"（C）建造高速公路、道路、桥梁或设施或者配备相关装备；

"（D）开展其他经济发展活动；

"（E）开展与第（A）至（D）小项所述活动相关的研究活动。

"（3）印第安部落。术语'印第安部落'其含义请见《印第安人自决与教育援助法案》第 4 条（《美国法典》第 25 篇 450b）关于该术语的定义。

"（4）地区。术语'地区'是指爱荷华州、明尼苏达州、内布拉斯加州、北达科他州和南达科他州。

"第 383B 条　北部大平原地区管委会。

"（a）管委会的设立。

"（1）一般原则。特此设立北部大平原地区管委会。

"（2）组成。管委会由以下成员组成：

"（A）1 名联邦成员，经参议院提议并同意后由总统任命；

"（B）该地区选择参加管委会的各州州长（或州长指定人）；

"（C）一名印第安部落成员，该成员应是该地区印第安部落的主席或主席指定人，并经参议院提议和同意后由总统任命。

"（3）联席主席。管委会应由以下人员担任主席：

"（A）联邦成员，其应担任：

"（ⅰ）联邦联席主席；

"（ⅱ）联邦政府与管委会之间的联络人；

"（B）州联席主席，其：

"（ⅰ）应为该地区管委会参与州的州长；

"（ⅱ）应由州成员选举产生，任期不少于 1 年；

"（C）印第安部落成员，其应担任：

"（ⅰ）部落联席主席；

"（ⅱ）该地区印第安部落与管委会之间的联络人。

"（b）候补成员。

"（1）候补联邦联席主席。总统应任命候补联邦联席主席。

"（2）州候补成员。

"（A）一般原则。每个参与州的州成员均可设立1名候补成员，其应当：

"（ⅰ）是该州的居民；

"（ⅱ）由该州州长任命。

"（B）法定人数。在确定法定管委会成员人数时，州候补成员不应计算在内，但无论如何，法定州成员人数必须出席。

"（3）候补部落联席主席。在经参议院提议并同意后，总统应任命1名候补部落联席主席。

"（4）权力的委托。第（c）款第（2）和（3）项所规定的管委会权力和职责以及管委会任何成员的投票权不得委托给下列任何人员：

"（A）非管委会成员；

"（B）无权在管委会会议上投票的人员。

"（c）投票。

"（1）一般原则。管委会的决定需经管委会多数成员投票（不包括依据第（g）款第（2）项第（D）小项有失其职责的州代表成员）赞成后方可有效。

"（2）法定人数。法定州成员人数必须在场，管委会方可做出任何政策决定，包括：

"（A）修改或修订管委会政策决定；

"（B）批准州地区发展计划；

"（C）在各州间分配经费时。

"（3）项目和补助金提案。项目和补助金提案应：

"（A）由管委会负责批准；

"（B）按照第381Ⅰ条规定进行批准。

"（4）候补成员的投票。在联邦、州或印第安部落成员缺席、死亡、无行为能力、被免职或辞职的情况下，对应的候补成员可以代替投票。

"（d）职责。管委会应：

"（1）负责在适当考虑该地区其他联邦、州、部落和地方规划与发展活动的情况下，持续制定全面、协调一致的规划和计划，确定该地区经济发展的优先事项并批准补助金；

"（2）在本子篇颁布实施后，于220天内确定该地区发展计划的优先事项（包括5年地区结果目标）；

"（3）根据由联邦、州、部落和地方机构、大学、地方开发区和其他非盈利团体编制的对该地区经济发展的研究、论证、调查、评估和评价资料，评估该地区的需求和资产；

"（4）构想并向管委会参与州州长和立法机构建议州际合作形式；

"（5）与州、部落和地方机构合作，形成适当的示范立法；

"（6）（A）增强该地区地方开发区的能力并为其提供支持；

"（B）若该地区参与州不存在地方开发区，则帮助创建这样的地方开发区；

"（7）鼓励私营部门投资该地区的工业、商业和其他经济发展项目；

"（8）就参与州的经济发展计划与州政府合作，协助州政府。

"（e）行政管理。在执行第（d）款时，管委会可以：

"（1）在合适的时间和地点举行听证会，出面作证，接纳证据，印制或以其他方式复制和分发管委会程序说明和工作报告，只要管委会认为合适；

"（2）通过联邦、州或部落联席主席或管委会指定的管委会任何其他成员，授权监督，若管委会认为应当在宣誓作证或接纳证据；

"（3）要求联邦、州、部落或地方机构提供该机构可以提供或可以获得的可用于管委会履行其职责的任何信息；

"（4）采纳、修正和废止用以约束管委会业务行为或职责履行的法规和条例；

"（5）要求联邦机构负责人向管委会派遣管委会为履行其职责而需要的人员，这种派遣不会导致该人员资历、待遇或其他雇员身份的丧失；

"（6）要求州机构、部落政府或地方政府负责人向管委会派遣管委会为履行其职责而需要的人员，这种派遣不会导致该人员资历、待遇或其他雇员身份的丧失；

"（7）通过下列方式为管委会雇员提供适当的退休和雇员福利保障：

"（A）与参与州政府或部落政府达成安排或签订合同；或

"（B）以其他方式提供退休和其他雇员福利保障；

"（8）接受、使用和处置任何礼物或者捐赠的服务或房地产、个人财产、无形财产或有形财产；

"（9）签订并履行为履行管委会职责而所必需的合同、租约、合作协议或其他交易，包括与下列部门订立的合同、租约或合作协议：

"（A）美国任何部门、机构或职能机关；

"（B）任何州（包括该州政治分区、机构或职能机关）；

"（C）该地区任何印第安部落；或

"（D）任何人、公司、协会或企业；

"（10）在管委会选择的的场所设立并维持中央办公室和现场办事处。

"（f）联邦机构合作。联邦机构应：

"（1）与管委会密切合作；

"（2）经联邦联席主席提出请求，按照可适用的联邦法律（包括法规）提供适当的援助以落实本子篇。

"（g）行政管理费。

"（1）联邦份额。联邦政府对管委会行政管理费的分担份额：

"（A）2002 财年，应为 100%；

"（B）2003 财年，应为 75%；

"（C）从 2004 财年起，每年为 50%。

"（2）非联邦份额。

"（A）一般原则。管委会行政管理费的非联邦份额应从参与管委会各州的非联邦来源中支取。

"（B）各州支付的份额。由各州非联邦来源支付的管委会行政管理费份额应由管委会决定。

"（C）无联邦参与。联邦联席主席不得参与讨论或投票表决依据第（B）小项做出的任何决定。

"（D）拖欠管理费。若某个州拖欠依据本款该州应分担的那部分管委会行政管理费：

"（i）则不得向该州提供本子篇所述的援助（包括对该州政治分区或居民的援助）；

"（ii）来自该州的管委会成员不得参加或投票表决管委会的任何行动。

"（h）薪酬。

"（1）联邦和部落联席主席。联邦联席主席和部落联席主席应由联邦政府按照《美国法典》第 5 篇第 53 章第 II 节行政首长薪级表第三级规定的基本年薪给发薪酬。

"（2）候补联邦和部落联席主席。候补联邦联席主席和候补部落联席主席：

"（A）应由联邦政府按照第（1）项所述行政首长薪级表第五级规定的基本年薪给发薪酬；

"（B）当非主动担任候补成员时，应履行联邦联席主席或部落联席主席分别所委派的职能和义务。

"（3）州成员和候补成员。

"（A）一般原则。州应按照该州法律规定的薪资水平给代表该州参加管委会的成员和候补成员发放薪酬。

"（B）无额外报酬。对于州成员或候补成员向管委会提供的服务，除州发放的薪酬外，州成员或候补成员不得收取任何其他薪资或补充薪资。

"（4）派遣雇员。

"（A）一般原则。依据第（e）款第（6）项被派遣到管委会服务的雇员不得就为管委会提供的服务从下列来源收取任何薪资或补充薪资：

"（ⅰ）除派遣雇员所在州、部落、地方或政府间机构以外的任何来源；或

"（ⅱ）管委会。

"（B）违规。违反本项规定的任何人将被处以5000美元以下罚金或1年以下监禁，或者两者并罚。

"（C）适用法律。联邦联席主席、候补联邦联席主席和依据第（e）款第（5）项派遣至管委会履职的任何联邦官员或雇员不受第（A）小项规定约束，但仍受《美国法典》第18篇第202~209条规定之约束。

"（5）其他人员。

"（A）薪酬。

"（ⅰ）一般原则。管委会可以任命管委会执行主任及为履行管委会职责而所必需的其他人员，并确定各自的薪酬。

"（ⅱ）例外情况。依据第（ⅰ）条款发放的薪酬不得超过《美国法典》第5篇第5382条所规定的高级行政职位最高薪酬，包括依据该篇第5304条第（h）款第（2）项第（C）小项授权的任何可适用的局部地区可比薪酬。

"（B）执行主任。执行主任应负责：

"（ⅰ）履行管委会的行政管理职责；

"（ⅱ）指导管理管委会的工作人员；

"（ⅲ）履行管委会可能委派的其他职责。

"（C）无联邦雇员身份。管委会的成员、候补成员、官员或雇员（管委会联邦联席主席、候补联邦联席主席、联邦联席主席参谋人员和依据第（e）款第（5）项派遣至管委会的任何联邦雇员除外）均不得出于任何目的而被认为联邦雇员。

"（i）利益冲突。

"（1）一般原则。除非第（2）项另有规定，否则管委会的州成员、印第安部落成员、州候补成员、官员或雇员均不得亲自且实质上作为管委会成员、候补成员、官员或雇员，通过决议、赞成、反对、建议、提供咨询、调查或其他方式，参与（据该成员、候补成员、官员或雇员所知）下述人员或组织在其中拥有财务权益的任何法律程序、申请、裁决或其他裁定请求、合同、索赔、争议或其他事宜：

"（A）该成员、候补成员、官员或雇员；

"（B）该成员、候补成员、官员或雇员的配偶、未成年子女、合作伙伴或组织（某州或者该州或印第安部落的政治分区除外），其中，该成员、候补成员、官员或雇员是该组织的官员、董事、受托人、合作伙伴或雇员；或

"（C）与该成员、候补成员、官员或雇员正在就预期聘用进行协商或已有安排的任何人或组织。

"（2）披露。若该州成员、印第安部落成员、候补成员、官员或雇员有下列情况的，则第（1）项不适用：

"（A）立即将可能出现利益冲突的法律程序、申请、裁决或其他裁定请求、合同、索赔、争议或其他特定事宜的性质和具体情况告知管委会；

"（B）充分披露其中的财务权益；

"（C）在存在利益冲突事宜的相关法律程序开始之前，收到管委会的书面决定，认定相关财务权益不够重大，不可能影响管委会期望该州成员、印第安部落成员、候补成员、官员或雇员提供的服务的

诚信。

"（3）违规。违反本款规定的任何人员将被处以 1 万美元以下的罚款，2 年以下的监禁，或者两者并罚。

"（j）合同、贷款和补助金的有效性。管委会判定管委会的某份合同、某笔贷款或补助金违反本子篇第（h）款第（4）项或第（i）款或者《美国法典》第 18 篇第 202～209 条项下任何条文的，管委会可以宣布该份合同、该笔贷款或补助金无效。

"第 383C 条　经济和社区发展补助。

"（a）一般原则。对于按照第 383I 条核准的项目，管委会可以批准向州、印第安部落、地方政府和公共及非盈利组织给予补助，用以：

"（1）发展该地区的交通和电信基础设施，促进该地区经济发展（但用作此用途的补助金只能发放给州、印第安部落、地方政府和非盈利组织）；

"（2）协助该地区获得为建立和维持强大的地方经济而需要的工作培训、就业教育和商业发展（重在创业精神）；

"（3）为严重贫困和欠发展的缺乏改善基本公共服务所需财政资源的地区提供援助；

"（4）为严重贫困和欠发展的缺乏工业园配套和相关设施所需财政资源的地区提供援助；

"（5）用以通过其他方式实现本子篇的目的。

"（b）经费。

"（1）一般原则。第（a）款所述补助资金可以：

"（A）全部从用于执行本条的拨款中支取；

"（B）结合其他联邦补助计划的经费共同发放；或

"（C）可以取自其他来源。

"（2）经费使用的优先次序。为打下该地区长期经济发展的良好基础，补充其他联邦、州和部落资源，依据本子篇提供的联邦经费应按下列顺序或优先次序发放使用：

"（A）贫困的县郡和孤立区域的基本公共基础设施。

"（B）用于促进该地区经济发展的交通和通信基础设施。

"（C）商业发展，重在创业精神。

"（D）工作培训或就业教育，重点在于使用该地区现有公共教育机构。

"第 383D 条　联邦补助计划补充。

"（a）发现。国会发现，某些州和地方社区包括地方开发区，可能难以充分利用这些州和社区有资格使用的联邦补助计划，因为：

"（1）这些州或社区缺乏经济资源，难以提供所需的匹配经费；或

"（2）依据可适用的授权批准联邦补助计划的联邦法律提供的经费不足以满足该地区的迫切需求。

"（b）联邦补助计划经费。尽管依据联邦补助计划，联邦份额、符合援助资格的地区或者拨款授权会受到法律条文的限制，按照第（c）款，管委会，在经联邦联席主席批准后，针对该地区将开展的项目：

"（1）可以提高联邦政府在联邦补助计划项下项目中的成本分担份额，但最高不超过 90%（第 382F 条第（b）款另有规定的除外）；

"（2）应使用用于执行本子篇的经费款支付所增加的联邦份额。

"（c）证明。

"（1）一般原则。就某个项目而言，在联邦对该项目成本的基本分担份额被提议部分或全部依据本条规定支付时，在负责管理（授权联邦补助计划的）联邦法律的联邦官员做出下述证明前，不得提供任

何联邦赠款：

"（A）该项目符合对应联邦补助计划的可适用要求（除非第（b）款另有规定）；

"（B）若依据法律为该项目拨付经费后，该项目可获准根据联邦补助计划获得联邦赠款。

"（2）管委会的证明。

"（A）一般原则。按照第383I条在批准本法案项下项目时要求管委会做出的证明和决定：

"（ⅰ）应具有支配权；

"（ⅱ）联邦机构应当接受。

"（B）联邦联席主席的接受。就第（1）项所述的项目而言，对于负责管理该项目所对应的联邦补助计划的联邦政府部门、机构或职能机关负责人，按要求向他们提交的有关该项目的任何发现、报告、证明或文件，联邦联席主席应当接受。"

"第383E条　地方开发区和组织及北部大平原公司。

"（a）地方开发区的定义。在本条中，术语"地方开发区"是指符合下述要求的实体：

"（1）即：

"（A）在本条颁布实施之日就已存在并受到商务部经济发展局认可的规划区；或

"（B）其：

"（ⅰ）组织和运营方式能确保广泛的社区参与并为其他非盈利团体提供有效机会，以促进该地区的经济发展和补助计划的实施；

"（ⅱ）由政策委员会管理，且该委员会至少拥有由下列人员组成的简单多数成员：

"（Ⅰ）地方政府主管部门的被指定代表政府的民选官员或雇员；或

"（Ⅱ）被地方主管部门指定的代表该政府的人士；

"（ⅲ）被下列人员向管委会证实具有特许权或职权，包括该地区内的县郡或县郡一部分或其他政治分区的经济发展：

"（Ⅰ）该实体所在各州州长；或

"（Ⅱ）根据相应的州法律被指派作此证明的州官员；

"（ⅳ）（Ⅰ）为依据该实体所在州的法律组建或经过该州法律许可的非盈利法人团体；

"（Ⅱ）为州或地方政府的非盈利机构或职能机关；

"（Ⅲ）为本子篇颁布实施前依据与跨司法区区域规划组织创立相关的州法律建立的公共组织；或

"（Ⅳ）为非盈利协会或者第（Ⅰ）至（Ⅲ）子条款所述团体、机构和职能机关的联合体；

"（2）经联邦联席主席证实，从未：

"（A）不当使用取自联邦来源的联邦补助资金；或

"（B）任命在另一实体不当使用取自联邦来源的联邦补助资金期间担任该另一实体之官员的人为该实体的官员。

"（b）地方开发区补助。

"（1）一般原则。管委会可以依据本条对地方开发区的行政管理费给予补助。

"（2）补助条件。

"（A）最高金额。依据第（1）项授予的任何补助其金额不得超过接受该项补助的地方开发区的行政管理费的80％。

"（B）最长期限。向被确证为地方开发区的州机构授予第（1）项所述补助金其期限最长不得超过3年。

"（C）地方份额。地方开发区可以现金或经公平估价的实物方式包括场所、设备和服务，分担行政管理费。

"（c）地方开发区职责。地方开发区应当：

"（1）作为该地区地方层面上服务于跨县郡区域的牵头组织进行运营；

"（2）作为州、部落和地方政府、非盈利组织（包括社区团体和教育机构）、商界与下述公民之间的联络人：

"（A）参与跨司法区规划的公民；

"（B）向当地司法区和潜在受助人提供技术援助的公民；

"（C）提供领导力和公民发展援助的公民。

"（d）北部大平原公司。北部大平原公司，一家在明尼苏达州注册成立的旨在落实依据《北部大平原农村发展法案》（《美国法典》第 7 篇 2661 注释；《公法》103-318）设立的北部大平原农村发展委员会之建议的非盈利公司：

"（1）应作为管委会就该地区关切问题的独立、主要资源；

"（2）应就国际贸易发展问题向管委会提供建议；

"（3）可以向管委会提供研究、教育、培训及其他支持；

"（4）可以代表其自身或其他实体开展其他活动。

"第 383F 条　贫困县和区与非贫困县。

"（a）贫困与非贫困县的划定。在本子篇颁布实施满 90 天之前，并在之后的每一年，管委会应按照管委会设立的标准：

"（1）将该地区严重并长期贫困和欠发展，贫穷率、失业率或迁出率较高的县郡划定为贫困县；

"（2）将该地区根据第（1）项未被划定为贫困县的县郡划定为非贫困县；

"（3）将位于非贫困县（根据第（2）项划定）的贫穷率、失业率或迁出率较高的地区划定为孤立贫困区。

"（b）贫困县。

"（1）一般原则。管委会应至少将依据第 383M 条提供的拨款的 75％分配给用于满足该地区贫困县和孤立贫困区需求的计划和项目。

"（2）经费限制。第 383D 条第（b）款所述经费限制不适用于为该地区一个或多个贫困县或孤立贫困区居民提供交通或电信或基本公共服务的项目。

"（c）非贫困县。

"（1）一般原则。除非第（2）款另有规定，否则不得依据本子篇向根据第（a）款第（2）项被划定为非贫困县的县郡内的项目提供任何经费。

"（2）例外情况。

"（A）一般原则。第（1）项所述经费禁令不适用于依据第 383E 条第（b）款用于资助地方开发区管理费的补助金。

"（B）跨县郡项目。对于下列项目，管委会可以放弃适用第（1）项所规定的经费禁令：

"（ⅰ）有非贫困县参与的跨县郡项目；或

"（ⅱ）任何其他类型项目；

若管委会裁定该项目能给该地区非贫困县以外的区域带来重大利益。

"（C）孤立贫困区。孤立贫困区的划定应获得下列数据支撑，否则无效：

"（ⅰ）最新的可供使用的联邦数据的支撑；或

"（ⅱ）若无最新的联邦数据可供使用，则该孤立贫困区所在州的州政府可供使用的最新数据的支撑。

"（d）交通、电信和基本公共基础设施。管委会应至少将依据第 383 条提供的经费的 50％分配给依据第 383C 条第（a）款第（1）项和第（3）项授权的交通、电信和基本公共基础设施项目。

"第 383G 条　发展规划过程。

"（a）州发展规划。按照管委会制定的政策，各州成员应按照管委会制定的政策提交该州成员所代表的地区发展规划。

"（b）规划内容。依据第（a）提交的州发展规划应当体现依据第 383B（d）（2）制定的地区发展规划所确立的宗旨、目标和优先任务。

"（c）与地方利益相关方协商。在制定发展规划时（包括援助计划和项目的选择），州可以：

"（1）与：

"（A）地方开发区协商；

"（B）政府的地方部门协商；

"（2）考虑第（1）项所述实体的宗旨、目标、优先任务和建议。

"（d）公众参与。

"（1）一般原则。管委会及相应州和地方开发区应当尽最大限度鼓励并协助公众参与制定、修改和实施本子篇所述规划和计划。

"（2）规则。管委会应制定第（1）项所述公众参与的指导方针，包括公众听证会。

"第 383H 条　计划制定标准。

"（a）一般原则。在考虑依据本子篇为其提供援助的计划和项目并在确定向管委会提供的援助申请优先次序时，管委会应当按照有关程序，在实际可行的情况下尽最大限度确保考虑到：

"（1）该项目或项目群与地区总体发展的关系；

"（2）地区的人均收入和贫穷率、失业率及迁出率；

"（3）可供寻求援助的申请人用于开展该项目的财政资源，重点在于确保项目能够得到足够融资，以尽可能提高经济发展的成功概率；

"（4）该项目或项目群相对于可能竞争同一笔经费的其他项目或项目群的重要性；

"（5）寻求援助的项目在持续而非临时增加项目服务地区的就业机会、提高地区平均收入水平或加快地区经济发展方面的前景；

"（6）项目在评估补助支出和支出成果所依据的具体结果指标方面的设计标准。

"（b）无搬迁援助。不得使用本子篇所授权的财政援助用于协助个人或实体从一个地区搬迁到另一个地区，但可以使用本子篇所授权的财政援助吸引地区外的企业迁入本地区。

"（c）维持努力。就某州的计划或项目而言，只有在管委会确定依据除本子篇以外的其他法律为该州同一地区同一类型计划或项目提供的联邦或州财政援助不会因根据本子篇提供的经费而减少的情况下，方可依据本子篇向该计划或项目提供经费。

"第 383I 条　发展规划和项目的批准。

"（a）一般原则。依据本子篇提出的州或地区发展规划或跨州分区发展计划应由管委会进行审评。

"（b）州成员的评估。本子篇项下的项目补助或其他援助申请应当通过管委会的州成员代表申请人提出并经州成员评估以待批准。

"（c）证明。在批准项目补助或其他援助申请之前，州成员必须证实该项目申请：

"（1）描述了该项目遵守可适用的州发展规划的方式；

"（2）达到第 383H 条项下的可适用标准；

"（3）对所提议的项目将得到妥善管理、运作和维持作出了充分的保证；

"（4）符合本子篇其他要求。

"（d）投票表决。经管委会州成员依据本条对某个具体项目的补助或其他援助申请给予证明后，需管委会依据第 383B 条第（c）款投赞成票方可批准补助或援助申请。

"第 383J 条　州的同意。

"本子篇并未要求任何州在未经该州同意的情况下参与或接受本子篇项下的任何机会。

"第 383K 条　记录。

"（a）管委会记录。

"（1）一般原则。管委会应当准确、全面地记录下管委会的所有事务处理和活动，并妥善保存好记录。

"（2）可用性。管委会的所有记录需提供给美国总审计长和农业部督察长（包括总审计长和农业部督察长的授权代表）进行审计检查。

"（b）联邦资助接受者记录。

"（1）一般原则。根据本子篇接受联邦经费的接受者应按照管委会的要求，准确、全面地记录好使用联邦经费进行的事务和活动，并向管委会汇报有关事务和活动。

"（2）可用性。第（1）项所要求的记录需提供给美国总审计长、农业部督察长和管委会（包括总审计长、农业部督察长和管委会的授权代表）进行审计。

"（c）年度审计。农业部督察长每年应对管委会的活动、事务处理和记录展开审计。

"第 383L 条　年度报告。

"在每个财年结束后，管委会应于 180 天内向总统和国会提交报告，汇报依据本子篇所开展的活动。

"第 383M 条　拨款授权。

"（a）一般原则。经授权，从 2002—2007 财年，每个财年向管委会拨款 3 000 万美元用于执行本子篇，且到期后拨款可保留使用，直至用尽为止。

"（b）管理费。每个财年依据第（a）款拨付的款项中用作管委会行政管理费的金额不得超过 5%。

"（c）州最低补助金分担份额。尽管本子篇存有任何其他条文，就任何财年而言，某州及该州所有人或实体依据本子篇得到的补助总额不得低于按下列方式得到的乘积的 13：

"（1）该财年依据本子篇发放的补助总额乘以；

"（2）（A）该州人口数量（由商务部长根据可供使用的最新一次人口普查数据确定）与（B）该地区人口数量（按上述方式确定）之比例。

"第 383N 条　职权的终止。

"本子篇所赋予的职权将于 2007 年 10 月 1 日终止。"

第 6029 条　农村商业投资计划。

在《巩固农业和农村发展法》（经第 6028 条修正后）的末尾增加以下内容：

"子篇 H　农村商业投资计划

"第 384A 条　定义。

"在本子篇中：

"（1）章程。术语"章程"是指法人团体的组织章程或部长为其他商业机构指定的功能等效文件或其他类似文件。

"（2）发展性风险资本。术语"发展性风险资本"是指以股权资本形式投资农村商业投资公司、旨在促进农村地区经济发展的资本。

"（3）雇员福利计划；养老金计划。

"（A）一般原则。术语"雇员福利计划"和"养老金计划"其含义与《1974 年雇员退休收入保障法案》第 3 条（《美国法典》第 29 篇 1002）中的对应术语含义相同。

"（B）包括内容。术语"雇员福利计划"和"养老金计划"包括：

"（i）受本子篇约束的公共和私人养老金或退休金计划；

"（ii）本子篇不涵盖的由联邦政府或任何州（包括联邦政府或州任何政治分区、机构或职能机关）为雇员福利建立并维持的类似计划。

"（4）股权资本。术语'股权资本'是指普通股或优先股或者类似工具，包括具有股权特征的次级债。

"（5）杠杆。术语'杠杆'包括：

"（A）由部长购买或担保的信用债券；

"（B）由部长购买或担保的参与式证券；

"（C）截至本子篇颁布实施之日已发行的优先证券。

"（6）许可证。术语'许可证'是指部长依据第 384D 条第（e）款规定颁发的许可证。

"（7）有限责任公司。术语'有限责任公司'是指按照部长批准的州有限责任公司法律组建和运营的商业机构。

"（8）成员。术语'成员'是指就一家属于有限责任公司的农村商业投资公司而言，持有该有限责任公司所有权权益或以其他方式被认为该有限责任公司成员的人。

"（9）业务援助。术语'业务援助'是指用于协助农村商业公司发展商业的管理、市场营销或其他技术援助。

"（10）参与协议。术语'参与协议'是指部长与依据第 384D 条第（e）款获得最终认可的农村商业投资公司之间达成的要求农村商业投资公司投资农村地区小企业的协议。

"（11）私人资本。

"（A）一般原则。术语'私人资本'是指下列的总和：

"（i）（Ⅰ）股份制农村商业投资公司实收资本和缴入公积；

"（Ⅱ）合伙制农村商业投资公司的合伙人投入资本；或

"（Ⅲ）有限责任公司制农村商业投资公司的股权投资；

"（ii）达到部长所定标准的投资者向农村商业投资公司出资但无经费支持的具约束力承诺，以下情况除外：

"（Ⅰ）为获得部长对杠杆工具申请的批准，无经费支持的承诺可以被视为私人资本；但

"（Ⅱ）不能基于承诺给杠杆工具筹集经费。

"（B）排他性。术语'私人资本'不包括：

"（i）农村商业投资公司从任何来源借入的资金；

"（ii）通过发行杠杆工具获得的资金；或

"（iii）直接或间接从联邦政府或州（包括联邦政府或州的政治分区、机构或职能机关）获得的资金，以下情况除外：

"（Ⅰ）从本子篇颁布实施之日前建立的联邦特许或政府赞助企业的营业收入中获得的资金；

"（Ⅱ）由雇员福利计划或养老金计划投资的资金；

"（Ⅲ）任何合格的非私人资金（若合格非私人资金的投资者没有直接或间接地控制农村商业投资公司管理层、董事会、普通合伙人或成员）。

"（12）合格非私人资金。术语'合格非私人资金'是指：

"（A）联邦机构（农业部除外）依据法律条文在本子篇颁布实施之日或之前直接或间接投资于任何申请人或农村商业投资公司的资金，其中相关法律条文明确授权将这些资金纳入术语"私人资本"的定义中；

"（B）任何州的一个或多个实体（包括该州的政治分区、机构或职能机关并包括这些实体的被保证人）投资于任何申请人或农村商业投资公司的总额不超过该申请人或农村商业投资公司私人资本之33％的资金。

"（13）农村商业公司。术语'农村商业公司'是指：

"（A）公共、私人或合作的盈利或非盈利组织；

"（B）由联邦或州保护区内的印第安部落或得到联邦认可的其他印第安部落团体控制的盈利或非盈利公司；

"（C）主要在农村地区经营的任何其他人或实体，具体由部长决定。

"（14）农村商业投资公司。术语"农村商业投资公司"是指下列公司：

"（A）依据第 384D 条第（e）款获得部长最终认可的公司；

"（B）与部长签订参与协议的公司。

"（15）小企业。术语"小企业"是指下文所述的农村商业公司：

"（A）连同其附属公司：

"（ⅰ）截至依据本子篇向该农村商业公司提供援助之日，其财务净值不超过 600 万美元；

"（ⅱ）截至依据本子篇向该农村商业公司提供援助之日过去两年在扣除联邦所得税后的平均净收入（不含任何结转亏损）不超过 200 万美元，就本条款而言，若该农村商业公司根据法律不需要缴纳企业层面的联邦所得税但需要将收入转给该商业公司的股东、合伙人、受益人或其他权益所有人的，则在计算该商业公司的净收入时应当扣除掉相当于下列乘积的金额：

"（Ⅰ）（不考虑本条款计算出的）净收入乘以若该农村商业公司是一家法人公司时应适用的州边际所得税率（或州与地方合并所得税率，若可适用）之积，假设依据法律该农村商业公司不需要缴纳企业层面的州（及地方）所得税；

"（Ⅱ）（不考虑本条款计算出的）净收入减去根据第（ⅰ）子条款计算的州（及地方）所得税扣除额后乘以若该农村商业公司是一家法人公司时应适用的联邦边际所得税率之积；或

"（B）连同其附属公司，符合小企业管理局为该农村商业公司主要从事的行业制定的标准行业分类规模标准。

"第 384B 条　目的。

"依据本子篇制定农村商业投资计划的目的是：

"（1）通过鼓励发展性风险资本投资主要位于农村地区的小企业，促进农村地区经济发展，为农村地区和生活在这些地区的人们创造财富和就业机会；

"（2）制定发展性风险资本计划，旨在通过下列方式满足农村地区小企业未得到满足的股权投资需求：

"（A）授权部长与农村商业投资公司签订参与协议；

"（B）授权部长为农村商业投资公司的债券担保，使每一家农村商业投资公司能够对农村地区的小企业展开发展性风险资本投资；

"（C）授权部长向农村商业投资公司及其他实体提供补助，用于为农村商业投资公司资助或预计资助的小企业提供业务援助。

"第 384C 条　制定。

"部长应按照本子篇制定农村商业投资计划，并可依据该计划：

"（1）与依据第 384D 条第（e）款获得最终认可的公司签订参与协议，进而实现第 384B 条所述目的；

"（2）为农村商业投资公司发行的如第 384E 条所述的债券提供担保；

"（3）向农村商业投资公司及其他实体提供第 384H 条所述的补助。

"第 384D 条　农村商业投资公司的选择。

"（a）资格条件。符合下列条件的公司均有资格以农村商业投资公司身份参与依据本子篇制定的计划：

"（1）该公司是一家新成立的盈利实体或该实体的一家新成立的盈利子公司；

"（2）该公司的管理团队具备社区发展融资或相关风险资本融资的经验；

"（3）该公司将投资于为农村地区创造财富和就业机会的企业，尤其是小企业。

"（b）申请。要以农村商业投资公司身份参与依据本子篇制定的计划，符合第（a）款所述资格要求的公司应向部长提交申请书，申请书内容包括：

"（1）商业计划书，说明公司计划如何对指定的农村地区进行成功的发展性风险资本投资；

"（2）社区发展融资或相关风险资本资质和公司管理层总体声誉等方面的信息；

"（3）公司计划如何与社区组织和地方实体（包括地方经济开发公司、地方贷款机构和地方投资者）合作和如何满足其所服务之社区未得到满足的股权资本需求等有关说明；

"（4）建议书，说明公司计划如何使用依据本子篇提供的补助资金为该公司所资助的小企业提供业务援助，包括公司是否计划在必要时使用持牌专业人士以及公司或来自外部实体的职员信息；

"（5）对于待由公司依据本子篇作出的具约束力承诺，现金与实物出资比例预估；

"（6）有关公司是否及在多大程度上达成本子篇所定项目计划之目的的评估标准说明；

"（7）为成功实施该公司商业计划而所必需的母公司、附属公司或其他公司的管理层和财务实力方面的信息；

"（8）部长可能要求提供的其他信息。

"（c）申请状态。在部长初次收到本条所述申请书后，部长应在 90 天之内向申请人提供书面报告，说明申请的进展状况以及为完成申请而需要达到的其他要求。

"（d）考虑事项。在审查和处理本条所述申请书时，部长：

"（1）应确定：

"（A）申请人是否达到第（e）款所述要求；

"（B）申请人的管理层是否符合资格条件，是否具备为遵照本子篇执行而所必需的知识、经验和能力；

"（2）应考虑到：

"（A）申请人计划开展业务所在地理区域的农村商业公司的融资需求和可用性；

"（B）申请人所有权人和管理层的总体商业信誉；

"（C）申请人业务经营取得成功的概率，包括合适的利润率和财务稳健性；及

"（3）不得考虑任何预期的补助资金或杠杆短缺或不可用性。

"（e）批准；许可证。

"（1）一般原则。在下列情况下，除非第（2）项另有规定，否则部长应批准申请人按照本子篇以农村商业投资公司形式进行业务经营，并给申请人颁发农村商业投资公司经营许可证：

"（A）部长确定有关申请符合第（b）款要求的；

"（B）农村商业投资公司计划的业务经营所在地区和分公司或分支机构的设立（若经章程授权）得到部长批准的；

"（C）申请人与部长签订参与协议。

"（2）资本金要求。

"（A）一般原则。尽管本子篇存有任何其他规定，部长可以批准申请人以本子篇所述农村商业投资公司形式经营业务，并将该申请人指定为农村商业投资公司，若部长确定该申请人：

"（i）拥有私人资本 250 万美元以上；

"（ii）将依据本子篇以其他方式获得批准，除非该申请人不符合第 384I 条第（c）款的要求；

"（iii）制定了切实可行的商业计划，且：

"（I）该计划合理预测了可盈利的业务；

"（II）该计划明确了合理的达到符合第 384II 条第（c）款要求的私人资本水平的时间表。

"（B）杠杆工具。依据第（A）小项获批的申请人没有资格获得本子篇所述杠杆工具，除非该申请人符合第 384I 条第（c）款的要求。

"（C）补助。依据第（A）小项获批的申请人有资格根据申请人的私人资本比例获得第 384H 条所述部长，具体由部长决定。

"第 384E 条　债券。

"（a）一般原则。部长可以为农村商业投资公司发行的债券提供担保，保证按期支付本金和利息。

"（b）条款与条件。部长可以依据本条对部长认为合适的条款与条件作出担保，但部长依据本条作保的债券其期限不得超过 15 年。

"（c）美国政府的完全诚信条款。第 381H 条第（i）款应适用于依据本条作出的任何担保。

"（d）最大担保额。依据本条，部长可以：

"（1）为农村商业投资公司发行的债券提供担保，但该农村商业投资公司的已发行担保债券其面值总额不得超过（以较少者为准）：

"（A）农村商业投资公司私人资本的 300％；或

"（B）10 500 万美元；

"（2）规定贴现债券的使用。

"第 384F 条　信托证书的发行与担保。

"（a）发行。部长可以发行信托证书，用以代表农村商业投资公司发行的部长依据本子篇作保的全部或部分债券，假设该证书完全基于经部长批准的只由担保债券组成的信托或资金池，并受到该信托或资金池的支持。

"（b）担保。

"（1）一般原则。部长可以根据部长认为合适的条款与条件，为部长或部长代理人出于本条所述目的发行的信托证书提供担保，保证按时支付本金和利息。

"（2）限制条件。依据本款作出的担保只限于构成信托或资金池的担保债券的本金和利息。

"（3）提前偿还或拖欠。

"（A）一般原则。信托或资金池中的债券提前偿还，或者该债券拖欠偿还的，按时支付信托证书本息担保额应根据被提前偿还的债券在信托或资金池中所代表的本息金额按比例减少。

"（B）利息。提前偿还或拖欠支付债券利息应当累计并由部长作保，但只累计至受保人的付款之日。

"（C）赎回。在债券全部提前偿还或拖欠偿还后，信托证书可于有效期内的任何时候赎回。

"（c）美国政府的完全诚信条款。第 381H 条第（i）款应适用于对部长依据本条发行的信托证书作出的任何担保。

"（d）代位权和所有权。

"（1）代位权。若由部长支付依据本条出具的担保项下的索赔，则付款所取得的权利将取代所有求偿权。

"（2）所有权。部长若依据本条针对某个信托或资金池发行了一份或多份信托证书的，则部长在行使对该信托或资金池内债券的所有权时应不受任何联邦、州或地方法律的限制或阻止。

"（e）管理与行政管理。

"（1）登记。部长应集中登记依据本条发行的所有信托证书。

"（2）创建资金池。部长可以：

"（A）持有必要的商业银行账户或对美国债务进行必要的投资，以协助创建由本子篇所担保的债券提供支持的信托或资金池；

"（B）发行信托证书，以协助创建这样的信托或资金池。

"（3）忠诚保证或保险要求。代表部长履行本项项下职能的代理人应按照部长认为必要的金额提供忠诚保证或保险，以全面保障美国的利益。

"（4）经纪商和自营商的监管。部长应负责监管依据本条发行的信托证书的经纪商和自营商。

"（5）电子登记。本款没有禁止使用记账形式或其他电子登记形式登记依据本条发行的信托证书。

"第 384G 条　费用。

"（a）一般原则。部长可以就依据本子篇提供的担保或补助收取其认为适当的费用。

"（b）信托证书。尽管第（a）另有规定，部长不得就第 384F 条项下信托证书的担保收取任何费用，但部长代理人在经部长批准后可以就履行第 384F 条第（e）款第（2）项所述功能收取一定的费用。

"（c）许可证。

"（1）一般原则。申请人在依据本子篇申请农村商业投资公司经营许可证时需按部长规定支付费用。

"（2）费用的使用。依据本款收取的费用：

"（A）应当存入部长的薪金与费用账户；

"（B）经授权可以拨付使用但只能用于支付许可审核费用。

"第 384H 条　业务援助补助。

"（a）一般原则。部长可以按照本条规定向农村商业投资公司和本子篇授权的其他实体给予补助，为这些实体所资助或将资助的小企业提供业务援助。

"（b）期限。依据本条给予的补助可以分多年发放（不超过 10 年），具体按照补助要求的条款执行。

"（c）经费的使用。对于依据本条给予的补助资金，接受补助的农村商业投资公司只能将其用于提供与农村地区公司股权投资或潜在股权投资有关的业务援助。

"（d）计划的提交。只有在农村商业投资公司按照部长可能要求的格式和形式向部长提交补助资金使用计划后，农村商业投资公司方有资格获得本条项下的补助。

"（e）补助金额。

"（1）农村商业投资公司。依据本条向农村商业投资公司提供的补助金额应等于（以较少者为准）：

"（A）农村商业投资公司所筹集的私人资本的 10%；或

"（B）100 万美元。

"（2）其他实体。依据本条向除农村商业投资公司以外的实体提供的补助金额应等于该实体按照本子篇项下农村商业投资公司的可适用要求所筹集到的（现金或实物）价值。

"第 384I 条　农村商业投资公司。

"（a）组织形式。就本子篇而言，农村商业投资公司应当：

"（1）是一家依据州法律组建和特许或以其他方式存在的旨在执行本子篇所授权的功能、开展本子篇所授权的活动的法人团体，有限责任公司或有限合伙企业；

"（2）（A）若是法人团体，其存续期应不少于 30 年，但由农村商业投资公司股东提前解散的除外；和

"（B）若是有限合伙企业或有限责任公司，其存续期应不少于 10 年；和

"（3）具备合理必要的权力以履行相应职能，开展相关活动。

"（b）章程。农村商业投资公司的组织章程：

"（1）应总体上明确：

"（A）农村商业投资公司建立的目的；

"（B）农村商业投资公司的名称；

"（C）农村商业投资公司未来开展业务所在的地区；

"（D）农村商业投资公司未来总部的所在地；

"（E）农村商业投资公司的股本份额和股份类别。

"（2）可以包含与本子篇一致的农村商业投资公司认为合适的其他条文，用以规管农村商业投资公司的业务和农村商业投资公司的事务。

"（3）应经过部长的批准。

"（c）资本金要求。

"（1）一般原则。除非第（2）项另有规定，否则各农村商业投资公司的私人资本应不少于：

"（A）500 万美元；或

"（B）1 000 万美元，对获得授权或正在寻求获得授权发行待由部长依据本子篇购买或担保的参与证券的农村商业投资公司而言。

"（2）例外。部长基于特殊原因和正当理由，可自行决定，允许第（1）项第（B）小项所述农村商业投资公司的私人资本少于 1 000 万美元，但不低于 500 万美元，若部长确定此举不会给联邦政府带来或增大不合理的违约或损失风险。

"（3）充足性。除第（1）项要求外，部长应当：

"（A）确定各农村商业投资公司的私人资本是否足以确保这样的合理预期，即该农村商业投资公司将按照农村商业投资公司组织章程得到稳健、可获利的经营、主动和审慎的管理；

"（B）确定该农村商业投资公司将能够遵守本子篇的要求；

"（C）要求各农村商业投资公司至少 75％的资本投资于农村商业公司，对内含 15 万人口（根据最新一次人口普查）以上城市之地区或人口普查局定义的、内含或临近该城市之城市化地区的投资不得超过 10％；

"（D）确保该农村商业投资公司主要旨在满足该农村商业投资公司所投资之公司的股权资本需求，而非与商业贷款机构的传统小公司融资进行竞争；

"（E）要求农村商业投资公司只在为保持现有投资而有必要时进行期限不超过 5 年的短期非股权投资。

"（d）所有权多元化。部长应确保在本子篇颁布实施之日后获得许可的各农村商业投资公司的管理层充分多元化，与农村商业投资公司的所有权无任何关联，以此确保该农村商业投资公司的财务管理和投资与经营监督的独立性和客观性。

"第 384J 条　金融机构投资。

"（a）一般原则。除非本条另有规定且尽管有其他法律规定，下列银行、协会和机构均有资格建立和投资任何农村商业投资公司或任何只投资农村商业投资公司的实体：

"（1）存款根据《联邦存款保险法》（《美国法典》第 12 篇 1811 及以下）获得保险的银行或储蓄协会。

"（2）1971 年《农业信贷法》第 1.2 条第（a）款（《美国法典》第 12 篇 2002（a））所述的任何农业信贷系统机构。

"（b）限制。第（a）款所述银行、协会或协会对农村商业投资公司的投资不得超过该银行、协会或机构资本和盈余的 5％。

"（c）对农业信贷系统机构控制的农村商业投资公司的限制。1971年《农业信贷法》第1.2条第（a）款（《美国法典》第12篇2002（a））所述的农业信贷系统机构持有农村商业投资公司15％以上的股份的，不论是单独持有还是与系统其他机构（或附属公司）联合持有，农村商业投资公司均不得对没有资格依据该法案（《美国法典》第12篇2001及以下）获得农业信贷系统融资的实体进行股权投资或提供其他财务资助。

"第384K条　报告要求。

"（a）农村商业投资公司。参加根据本子篇建立之项目计划的农村商业投资公司应向部长提供部长可能要求的信息资料，包括：

"（1）农村商业投资公司在其项目申请书中提出的评价标准方面的信息；

"（2）在农村商业投资公司投资非位于农村地区的公司或向该公司提供贷款或资助的情况下，居住在农村地区的公司员工数量和百分比报告。

"（b）公开报告。

"（1）一般原则。部长应就根据本子篇建立的项目计划编制年度报告并向公众公开，内容应包括以下详细信息：

"（A）在上一财年经部长许可的农村商业投资公司数量；

"（B）农村商业投资公司在上一财年从联邦政府获得的杠杆总额；

"（C）农村商业投资公司在上一财年所使用的各种类型杠杆化工具的总数以及与之前财年的对比数据；

"（D）上一财年农村商业投资公司退还的许可证数量和被清算的农村商业投资公司数量，并标明各农村商业投资公司从联邦政府获得的杠杆金额和各农村商业投资公司使用的杠杆工具类型；

"（E）上一财年联邦政府因本子篇项下业务经营而蒙受的损失金额以及当前财年联邦政府合理预估的因该业务经营而可能招致的损失总额；

"（F）上一财年部长为尽最大限度回收用于落实和管理本子篇项下农村商业投资计划的联邦政府经费以及为确保符合本子篇要求（包括法规）而采取的行动措施；

"（G）上一财年各持证人获得的联邦政府杠杆金额和各持证人使用的杠杆工具类型；

"（H）就每种类型的融资工具而言，上一财年使用工具的小型商业投资公司的规模、地理位置类型和其他特征，包括投资公司在多大程度上使用各类杠杆工具向农村地区提供贷款或进行股权投资；

"（I）部长为执行本子篇而采取的行动措施。

"（2）禁止行为。在编制第（1）项所要求的报告时，部长：

"（A）不得在报告中标明某一农村商业投资公司或农村商业投资公司所投资的小型商业公司进行的特殊投资类型；

"（B）不得泄露《美国法典》第18篇第1905条禁止披露的任何信息。

"第384L条　审查。

"（a）一般原则。参与根据本子篇制定之计划的农村商业投资公司应按照本条规定接受奉部长命令进行的审查。

"（b）私营部门实体的援助。本条项下的审查可以在私营部门实体的援助之下进行，但该私营部门实体应具备展开该等审查所必需的资质和经验。

"（c）费用。

"（1）一般原则。部长可以对照受审查的农村商业投资公司核计本条项下审查的费用，包括审查人的薪酬。

"（2）支付。部长根据本项核计的费用应由对应的农村商业投资公司支付。

"（d）经费的存放。根据本条收取的经费应当：

"（1）存入承担费用的账户用于执行本条；

"（2）提供给部长用于执行本条，无需进一步拨款；

"（3）可保留使用，直至用尽为止。

"第 384M 条　禁令及其他命令。

"（a）一般原则。

"（1）部长的申请。根据部长的判断，只要农村商业投资公司或其他人出现或即将出现任何违反或将违反本子篇条文（包括本子篇项下的任何规则、规定、命令或参与协议）的行为或做法，不论何时，部长均可以向相应的美国地方法院申请命令禁止相关行为或做法，或申请命令，强制执行有关条文、规则、规定、命令或参与协议。

"（2）司法管辖权；救济。该地方法院对该诉讼拥有司法管辖权，只要部长证明该农村商业投资公司或其他人已经出现或即将出现第（1）项所述的行为或做法，即应给予永久或临时的无保证金的禁止令、限制性命令或其他命令。

"（b）司法管辖权。

"（1）一般原则。在第（a）款项下的任何法律程序中，作为衡平法院，法院可在其认为必要的情况下，对农村商业投资公司及农村商业投资公司的资产，不论公司所在地，采取专属管辖。

"（2）受托人或接管人。在第（1）项所述的任何法律程序中，法院应有权任命受托人或接管人，以持有或管理有关资产。

"（c）部长担任受托人或接管人。

"（1）职权。部长可以担任农村商业投资公司的受托人或接管人。

"（2）任命。经部长提出要求后，法院应任命部长担任农村商业投资公司的受托人或接管人，除非法院认为此等任命因涉及任何特殊情况而不公平或者不合适。

"第 384N 条　对不合规行为的加重处罚。

"（a）一般原则。就违反或未能遵守本子篇要求（包括本子篇项下的任何规则、规定、命令或参与协议）的农村商业投资公司，部长可依据本条：

"（1）宣布部长与农村商业投资公司之间的参与协议无效；

"（2）使农村商业投资公司丧失农村商业投资公司依据本子篇获得的所有权利和特权。

"（b）不合规行为的裁定。

"（1）一般原则。在部长使农村商业投资公司丧失依据第（a）款获得的权利或特权之前，美国具备有效管辖权的法院必须在为此目的于该地区、领地或受美国管辖、农村商业投资公司总部所在的其他地方提起的起诉理由当中发现农村商业投资公司发生违规行为或未能遵守有关要求。

"（2）授权提起诉因的相关方。依据本款在美国提起诉讼时应由部长或总检察长提出诉因。

"第 384O 条　非法作为或不作为；违反受托责任。

"（a）被视为违规的相关方。因农村商业投资公司未能遵守本子篇要求或者参与违反或将违反本子篇的任何行为或做法而导致其有违本子篇要求（包括本子篇项下任何规则、规定、命令或参与协议）的，不论何时，此等违规行为均将被视为由直接或间接授权、命令、参与、造成、引起、建议、协助或怂恿犯下此等行为、做法或事务处理之人员所犯下的违规和非法行为。

"（b）受托责任。农村商业投资公司的官员、董事、雇员、代理人或其他参与公司事务管理或处理的参与者因参与任何行为或做法或者未参与任何行为或做法而导致违反该官员、董事、雇员、代理人或参与者受托责任并因此导致农村商业投资公司蒙受或极有可能蒙受经济损失或其他损害的，那么该等作为或不作为将被视为非法。

"(c)非法作为。除非征得部长的书面同意,否则:

"(1)由下列人员担任农村商业投资公司的雇员、董事、雇员或者让其成为该农村商业投资公司的代理人或者参与该农村商业投资公司的事务管理或处理的行为均为非法作为:

"(A)已被宣判犯有任何涉及不诚实或背信的刑事重罪或其他刑事罪的人员;或

"(B)因任何涉及欺诈或背信的行为或做法而在有关损害赔偿的民事诉讼中被判定负有责任或者被具备有效管辖权的法院之命令、判决或裁定永久或临时禁止的人员;

"(2)由下列人员继续担任第(1)项所述职务的行为均为非法作为:

"(A)已被宣判犯有任何涉及不诚实或背信的刑事重罪或其他刑事罪的人员;或

"(B)因任何涉及欺诈或背信的行为或做法而在有关损害赔偿的民事诉讼中被判定负有责任或者被具备有效管辖权的法院之命令、判决或裁定永久或临时禁止的人员。

"第384P条 董事或官员的撤职或停职。

"部长可以依据部长制定的农村商业投资公司董事或官员撤职或停职程序,将任何农村商业投资公司的董事或官员撤职或停职。

"第384Q条 与职能部门签约。

"(a)一般原则。尽管存在其他法律条文,为便于对本子篇所授权的代表部长的项目展开日常管理和运营,部长应依据《美国法典》第31篇第1535条,与另一个具备项目运营相关专业技术的联邦机构签订部门间协议,并依据此协议对私营部门公司进行股权投资。

"(b)经费。联邦机构订立第(a)款项下协议时所承担的费用应按照《美国法典》第31篇第1535条从依据第384S条第(a)款第(2)项拨备的款项中支出。

"第384R条 法规。

"部长可以颁布为执行本子篇而所必需的法规。

"第384S条 经费。

"(a)一般原则。尽管存在其他法律条文,部长应从商品信贷公司的资金中划拨:

"(1)必要的经费金额用于支付担保本子篇项下2.80亿美元债券的成本;

"(2)4 400万美元经费用作本子篇项下的补助。

"(b)经费的可用性。依据第(a)款划拨的经费可保留使用,直至用尽为止。"

第6030条 农村战略投资项目

在《巩固农业和农村发展法》(经第6029条修正后)的末尾增加以下内容:

"子篇 I 农村战略投资项目

"第385A条 目的。

"本子篇旨在建立农村战略投资项目:

"(1)为农村社区提供灵活的资源,用以开发全面、协作和基于本地的战略规划流程;

"(2)用于实施创新社区和经济发展战略,充分利用地区竞争优势。

"第385B条 定义。

"在本子篇中:

"（1）基准。术语'基准'是指地区委员会为衡量绩效、确定是否实现地区委员会的地区规划而制定的一整套年度战略和目标。

"（2）大会。术语'大会'是指根据第 385H 条规定举行的美国农村全国大会。

"（3）合格区。

"（A）一般原则。术语'合格区'是指人口不超过 5 万人的非大都市县郡（如部长所定义的）。

"（B）包括：

"（ⅰ）一般原则。术语'合格区'包括居住人口超过 5 万人的但临近第（A）小项所述农村合格区的县直辖区或其他地区，具体视第（ⅱ）条款而定。

"（ⅱ）参与。第（ⅰ）条款所述地区可派代表出席地区委员会。

"（C）排外。术语'合格区'不包括被部长指定为农村培力区或农村企业社区的地区。

"（4）创新补助。术语'创新补助'是指国家委员会依据第 385G 条向地区委员会提供的创新补助。

"（5）国家委员会。术语'国家委员会'是指第 385D 条第（a）款所规定的美国农村国家委员会。

"（6）国家规划。术语'国家规划'是指国家委员会依据第 385D 条第（d）款第（3）项制定的国家战略投资规划。

"（7）规划补助金。术语'规划补助金'是指国家委员会依据第 385F 条向地区委员会提供的地区战略投资规划补助金。

"（8）项目。术语'项目'是指依据本子篇建立的农村战略投资项目。

"（9）地区。术语'地区'是指符合下列条件的合格区：

"（A）处于地区委员会的管辖之下；

"（B）在本子篇颁布实施后于 1 年内达到国家委员会所制定的标准。

"（10）地区委员会。术语'地区委员会'是指经第 385C 条第（a）款认证的地区投资委员会。

"（11）地区规划。术语'地区规划'是指地区委员会依据第 385C 条第（b）款第（3）项第（B）小项制定的地区战略投资规划。

"第 385C 条　地区投资委员会。

"（a）一般原则。国家委员会可以将代表第（b）款第（2）项第（A）小项所述权益的团体认证为地区投资委员会，用以制定和实施地区战略投资规划，并依据本子篇提供补助金，促进合格区的投资。

"（b）认证要求。

"（1）一般原则。地区委员会应达到本款所述要求方可通过认证。

"（2）组成。

"（A）一般原则。地区委员会应由能广泛代表该地区各种公共、非盈利和私营部门投资利益的本地居民组成，包括（在最大的可行范围内）下列代表：

"（ⅰ）地方政府部门（包括地方政府跨司法区部门）代表；

"（ⅱ）对于住有印第安人的地区，印第安部落代表（请见《印第安人自决和教育援助法》第 4 条（《美国法典》第 25 篇 450b）的定义）；

"（ⅲ）私营非盈利社区发展组织；

"（ⅳ）地区发展组织；

"（ⅴ）私营企业组织；

"（ⅵ）地区委员会决定的其他实体和组织；

"（ⅶ）第（ⅰ）～（ⅶ）条款所述实体和组织的联合体。

"（B）本地公私代表。就地区委员会的成员而言，在最大的可行范围内：

"（ⅰ）有 1/2 的成员应为第（A）项所述地方政府部门和印第安部落的代表；

"（ⅱ）有 1/2 的成员应为第（A）项所述非盈利、地区性、私营和其他实体与组织的代表。

"（C）当然成员。

"（ⅰ）一般原则。联邦或州政府机构的官员或雇员可作为地区委员会的无投票权的当然成员，代表该机构。

"（ⅱ）冲突。联邦官员或雇员参与地区委员会的活动不能违反《美国法典》第205条或第208条。

"（D）认证。要通过国家委员会的认证，地区委员会应向国家委员会证明，地区委员会能广泛代表第（A）项所述各界利益。

"（E）上诉。

"（ⅰ）一般原则。在国家委员会认证地区委员会之前，第（A）项所述的参与组建地区委员会的各界利益代表可以基于下列理由就地区委员会的组成向国家委员会提起申诉：

"（Ⅰ）地区委员会的组成不能恰当地反映项目的目的；或

"（Ⅱ）地区委员会的挑选流程不公平地使这些利益团体处于不利地位。

"（ⅱ）国家委员会的行动。在采取措施认证地区委员会之前，国家委员会必须对地区委员会的组成上诉采取行动。

"（3）责任与目的。拟组建的地区委员会的组织文件应证明，一经认证，地区委员会将：

"（A）创建协作型、包容性的公私规划流程；

"（B）制定符合第385F条要求的地区战略投资规划并连同基准一起提交给国家委员会审批，以通过利用本子篇项下提供的补助金促进合格区的投资；

"（C）实施经过审批的地区规划；

"（D）向部长和国家委员会提交报告，汇报在达成地区规划基准方面所取得的进展，包括年度财务报表；

"（E）在地区委员会所服务的当地地区选择拥有联邦经费管理经验的非联邦组织（诸如地区发展组织等）担任地区委员会的财政经费管理人。

"第385D条　美国农村国家委员会。

"（a）组建。

"（1）一般原则。部长应建立美国农村国家委员会，实施依据本子篇所建立的农村战略投资项目。

"（2）监督与指导。除非本子篇另有规定，否则国家委员会应接受部长的监督与指导。

"（b）组成。

"（1）一般原则。

"（A）任命。除部长或部长指定人员外，国家委员会应由部长从下列人员中任命的14名成员组成：

"（ⅰ）国家承认的创业组织代表；

"（ⅱ）地区规划与发展组织代表；

"（ⅲ）社区组织代表；

"（ⅳ）县政府的选任成员；

"（ⅴ）州议会的选任成员；

"（ⅵ）农村慈善团体的代表；

"（ⅶ）印第安部落（请见《印第安人自决和教育援助法》第4条（《美国法典》第25篇450b）的定义）的代表。

"（B）建议。在依据第（A）小项任命国家委员会成员时，部长应适当考虑下列人员提出的建议：

"（ⅰ）众议院农业委员会主席和副主席及参议院农业营养和林业委员会主席和副主席；

"（ⅱ）参议院多数党领袖；

"（ⅲ）众议院议长。

"（3）任期。

"（A）一般原则。在遵守第（B）小项的前提下，依据第（1）项第（A）小项任命的国家委员会成员任期应为 4 年。

"（B）交错的初始任期。在依据第（1）项第（A）小项被任命为国家委员会委员的 14 名初始成员中：

"（ⅰ）5 名成员的任期应为 4 年；

"（ⅱ）5 名成员的任期应为 3 年；

"（ⅲ）4 名成员的任期应为 2 年。

"（4）初次任命。在本子篇颁布实施后，部长应于 90 天内依据第（1）项第（A）小项任命国家委员会的初始成员。

"（5）当然成员。

"（A）总统农村政策特别助理。经总统依据《2002 年农业安全与农村投资法》第 6406 条第（1）款任命后，总统农村政策特别助理应担任国家委员会的无投票权的当然成员。

"（B）其他成员。经咨询众议院农业委员会和参议院农营养林业委员会各主席和副主席后，部长可以任命 3 名或 3 名以下行政部门其他官员或雇员担任国家委员会的无投票权的当然成员。

"（6）空缺。国家委员会的职位出现空缺时应采用与原始任命相同的方式进行填补。

"（7）薪酬。国家委员会不得就在国家委员会任职而收取任何薪酬，但可以按照《美国法典》第 5 篇第 5702 条和 5703 条报销因履行国家委员会成员职责而所发生的差旅费。

"（8）主席。国家委员会应从国家委员会成员中选举一位主席。

"（9）会议。

"（A）时间和地点。国家委员会应按照主席的召集召开会议。

"（B）法定人数。国家委员会多数成员出席会议即构成法定人数。

"（C）多数票决。国家委员会的决定应通过多数票决作出。

"（10）联邦身份。就联邦法律而言，国家委员会的成员应被视为政府特殊雇员（见《美国法典》第 18 篇第 202 条第（a）款定义）。

"（11）利益冲突。

"（A）一般原则。对于提交国家委员会表决的任何补助金申请事宜或其他特定事宜，若国家委员会的某位成员及其配偶或子女、合作伙伴或者该成员在其中担任官员、董事、受托人、合作伙伴或雇员的组织，或者与该成员正在就预期雇佣进行商谈或已做出相关安排的任何人或组织在该等事宜中拥有经济利益（尽其所知），则该成员不得对该等事宜进行投票表决，但第（C）小项另有规定的除外。

"（B）违规。国家委员会成员违反第（A）小项规定的，将导致该成员被撤职，但不应损害或以其他方式影响该成员所参与的国家委员会的任何其他合法决议的效力。

"（C）例外情况。在下列情况下，只要国家委员会成员将该成员拟参与的特定事宜的性质告知国家委员会，第（A）小项即不适用：

"（ⅰ）该成员完全披露了相关经济利益；

"（ⅱ）在该成员参与投票之前，经国家委员会其他成员的多数表决，国家委员会判定相关经济利益十分微小或无足轻重，不足以影响该成员参与有关事宜的诚信。

"（c）行政管理支持。部长可以有偿服务形式向国家委员会提供部长认为必要的行政管理支持，以履行国家委员会的职责。

"（d）职责。国家委员会应当：

"（1）按照第 385C 条认证地区委员会，地区委员会的初次认证不得迟于本子篇颁布实施满 540 天之日；

"（2）依据第 385C 条批准、商议或否决地区委员会向国家委员会提交的各个地区规划；

"（3）制定国家战略投资规划并提交部长审批；

"（4）将依据第 385E 条从部长那里获得的款项用于为地区委员会提供规划补助和创新补助并以其他方式实施该项目；

"（5）就农村发展相关问题、最佳实践和新趋势等向地区委员会提供指导和建议；

"（6）利用依据第 385C 条第（b）款第（3）项第（D）小项提交的年度报告和其他可用信息，评估地区委员会在达成地区规划基准方面所取得的进展；

"（7）向下列机构或人员提交有关地区委员会绩效和项目的年度报告：

"（A）众议院农业委员会；

"（B）参议院农业营养和林业委员会；

"（C）部长。

"第 385E 条　农村战略投资项目。

"（a）一般原则。在部长批准国家委员会提交的国家战略投资规划并核准商品信贷公司的资金后，部长应向国家委员会调拨 1 亿美元经费，供国家委员会用于向地区委员会发放规划补助和创新补助并以其他方式执行本子篇，经费可保留运用，直至用尽为止。

"（b）国家委员会对经费的使用。在部长依据第（a）款向国家委员会调拨的 1 亿美元经费中，国家委员会应：

"（1）至少将 800 万美元用于给地区委员会发放第 385F 条所说的规划补助；

"（2）至少将 8700 万美元用于给地区委员会发放第 385G 条所说的创新补助；

"（3）将其余经费用于落实第 385H 条和执行本子篇（除第 385H 条外）。

"第 385F 条　地区战略投资规划补助。

"（a）一般原则。国家委员会应当在竞争的基础上使用依据第 385E 条第（b）款第（1）项调拨的款项为申请经费的地区委员会发放至少 80 笔规划补助，用以按照第 385C 条和本条规定制定、维持和评估地区战略投资规划并报告该规划的进展情况。

"（b）地区规划。地区委员会所辖地区的地区规划，应在最大的可行范围内，涵盖：

"（1）该地区的基本基础设施需求；

"（2）该地区的基本服务；

"（3）该地区的经济多元化和创新机会，特别是创业扶持和创新；

"（4）该地区当前和未来人力资源能力；

"（5）该地区市场化融资和风险投资及股权投资的可用性；

"（6）该地区创新的公私协作投资的发展；

"（7）国家委员会和部长决定的其他合适的事宜。

"（c）优先。在发放规划补助时，国家委员会应优先发放将被用于解决社区能力建设和社区可持续性的规划补助。

"（d）金额。向某一地区委员会发放的规划补助总额不得超过 10 万美元。

"（e）成本分担。

"（1）一般原则。在遵守第（2）和（3）项的前提下，本条所述规划补助在地区规划制定、更新、评估和报告总成本中所占比例不得超过 50%。

"（2）支付形式。

"（A）一般原则。除非第（B）小项另有规定，否则地区委员会可以现金、服务、材料或其他实物捐献形式支付第（1）项所述的受助人成本分担额。

"（B）限制条件。受助人以服务、材料或其他实物捐献形式支付的费用成本不得超过其应分担份额的 50%。

"（3）增加分担份额。因地区委员会支付能力有限而导致其无法全面参与项目的，国家委员会可以增加依据本条向地区委员会提供的规划补助所分担的费用成本份额。

"第 385G 条 创新补助。

"（a）一般原则。国家委员会应在竞争的基础上，使用依据第 385E 条第（b）款第（2）项调拨的补助款，给地区委员会发放创新补助，用于实施地区委员会的地区规划所确定的项目。

"（b）资格条件。

"（1）一般原则。对于有资格申领创新补助的地区委员会，国家委员会应确定：

"（A）地区委员会的地区规划符合本子篇的要求；

"（B）地区委员会的管理和组织结构足以监督补助项目；

"（C）地区委员会将能够提供本条所要求的受助人（成本分担）份额；

"（D）地区委员会同意在可行范围内尽最大限度实现地区规划的绩效型基准。

"（2）与规划补助的关系。符合第（1）项要求的地区委员会均有资格申领创新补助，不管该地区委员会是否申领了规划补助。

"（c）挑选。在遵守第（d）款的前提下，在地区委员会提交的创新补助申请中，国家委员会应在最大的可行范围内挑选不低于 30 个地区委员会领取创新补助。

"（d）优先。在发放创新补助时，国家委员会应优先向具备下列特点的地区委员会（按照优先级顺序）发放：

"（1）展现出协同创新和创业精神的，特别是在公私合伙企业领域；

"（2）广泛代表第 385C 条第（b）款第（2）项第（A）小项所述各界利益的；

"（3）计划杠杆化利用公共（联邦和非联邦）和私人资金和现有资产的，包括自然资产和公共基础设施；

"（4）能解决该地区现有基本服务差距的；

"（5）致力于在地区框架下实现经济多元化的，包括农业型和非农业型经济；

"（6）计划实现跨司法区的地区规划与发展并具备在多元化的利益攸关者框架下成功取得经济发展的特殊证据的；

"（7）满足地区委员会提出的其他社区发展需求的。

"（e）使用。

"（1）杠杆。地区委员会应部分根据地区委员会能够杠杆化利用额外资金用于实施项目的程度，确定项目的优先次序。

"（2）目的。地区委员会可以使用给某个地区提供的创新补助：

"（A）支持该地区发展必要的关键基础设施，促进地区经济发展；

"（B）为该地区内提供公共服务的实体提供援助；

"（C）协助与维持当地或地区经济强劲发展有关的工作培训、劳动力发展或其他需求；

"（D）协助发展独特的新型协作模式，以综合运用公共、私人和慈善资源，实现协同式的地区进步；

"（E）为商业投资提供支持。

"（3）农业部其他项目。地区委员会不得将为某地区提供的创新补助用于可从农业部其他农村发展计划获得经费的目的，除非：

"（A）该地区委员会：

"（ⅰ）已根据其他农村发展计划提交了经费申请；

"（ⅱ）撤回了申请；

"（B）国家委员会批准将创新补助用于该目的。

"（4）营运费用。地区委员会可将下列金额较高的款项用作实施与补助金有关的项目和活动的管理费用：

"（A）10 万美元；或

"（B）所提供的创新补助金额的 5％。

"（f）金额。

"（1）一般原则。向某一地区委员会发放的创新补助总额不得超过 300 万美元。

"（2）可用性。向地区委员会发放的创新补助款可保留使用，直至用尽为止。

"（g）成本分担。

"（1）一般原则。在遵守第（2）和（3）项的前提下，依据本条向地区委员会发放的创新补助在项目总成本中所占比例不得超过 75％，具体由国家委员会决定。

"（2）形式。地区委员会可以现金或服务、材料或其他实物捐献形式支付创新补助所资助项目的受助人成本分担额。

"（3）免除受助人分担额。对于依据本条给地区委员会发放的创新补助所资助的项目，在国家委员会认为合适的时候，国家委员会可以免除项目的受助人成本分担额。

"（4）其他联邦计划。就确定其他联邦计划的受助人成本分担要求而言，为创新补助提供的经费应被视为非联邦经费。

"（h）协商。国家委员会可以：

"（1）就地区规划的内容、规模和范围与地区委员会进行协商；

"（2）批准金额低于地区委员会申请金额的创新补助。

"（i）不合规行为。地区委员会未能符合本条要求的，国家委员会可以采取必要的行动收回未使用的补助资金。

"（j）其他用途。国家委员会可以将所提供的 5％或 5％以下的创新补助款：

"（1）用于为第 385C 条第（b）款第（2）项第（A）小项所述各界利益提供资助，以获得地区委员会的认证；

"（2）为新出现的但现有地区规划为涵盖的创新机会提供资助；

"（3）提供技术援助、研究、组织支持和其他能力建设基础设施，支持现有的地区委员会；

"（4）为其他创业机会提供资助，推动实现该计划的目标；或

"（5）推动形成更加一体化的美国农村政策框架。

"（k）转换。为确保最大限度地利用依据本子篇提供的资金，国家委员会可以将规划补助和创新补助相互转换，但转换金额最大不能超过所拨资金总额的 10％。

"第 385H 条　美国农村全国大会。

"（a）一般原则。总统可以召集和举行美国农村全国大会，全国大会召开时间应不早于 2002 年 11 月 1 日，不迟于 2004 年 10 月 30 日。

"（b）目的。大会的目的是汇聚所有政府机构和私营及非盈利部门的资源，制定：

"（1）政策建议和一体化战略，以解决美国农村地区所面临的独特挑战；

"（2）实施计划及基于成果的衡量指标。

"（c）参与人员。

"（1）一般原则。大会由下列人员参加：

"（A）致力于农村发展的组织的代表；

"（B）国会成员，包括众议院农业委员会和参议院农业营养与林业委员会的主席和副主席；

"（C）农业部和其他联邦机构的代表；

"（D）州、地方和部落的民选官员和代表；

"（E）大学和学院、州及部落扩展服务部和州农村发展理事会的代表；

"（F）在农村与社区发展、农村合作经营、农业信贷、风险投资、卫生保健和农村人口学方面拥有专业知识和专业技术的个人。

"（2）挑选。在第（1）项所述大会的参与者中：

"（A）1/3 的成员应由总统挑选；

"（B）1/3 的成员应由众议院农业委员会主席和副主席挑选；

"（C）1/3 的成员应由参议院农业营养林业委员会主席和副主席挑选。

"（3）代表性。在挑选大会的参与者时，第（2）所提及的总统和各委员会主席应在可行的范围内尽最大限度确保参与者能代表美国农村地区的种族、民族和语种多样性。

"（d）报告。

"（1）提交总统的报告。在大会闭幕后，大会应于 120 日内向总统提交报告，报告需载明大会的结论与建议，包括满足下列相关需求的结论与建议：

"（A）电信；

"（B）农村卫生问题；

"（C）交通运输；

"（D）美国农村经济多元化和创新机会，特别是创业扶持与创新；

"（E）美国农村当前及未来的人力资源能力；

"（F）美国农村市场化融资与风险投资及股权投资的可用性；

"（G）美国农村创新的公私协作投资的发展。

"（2）公开的报告和提交国会的报告。总统在收到报告后应于 90 日之内：

"（A）公开这份报告；

"（B）将报告副本转发给众议院农业委员会和参议院农业营养与林业委员会，并附上总统有关实施报告的建议声明。

"（3）出版与分发。

"（A）一般原则。大会应当发行并分发第（1）项所述报告。

"（B）强制分发。大会应向下列单位和人员免费提供一份根据第（A）小项发行的报告：

"（i）各联邦寄存图书馆；

"（ii）经提出申请后，美国农村地区各州、部落和地方民选官员。

"（e）经费。在国家委员会成立之后，国家委员会应于 180 日内向总统办事机构调拨 2 000 万美元经费用于执行本条，经费可保留使用，直至用尽为止。"

第 6031 条　待批农村发展贷款与补助申请的经费。

（a）申请的定义。在本条中，术语"申请"不包括截至本法案颁布实施之日，根据本法案颁布实施之日的有效规定尚处于预申请阶段、农业部部长正在考虑的贷款或补助申请。

（b）经费的使用。在遵守第（c）款的前提下，农业部部长应使用依据第（d）款划拨的经费为截至本法案颁布实施之日的下列待批申请提供资助：

（1）依据《巩固农业和农村发展法》第 306 条第（a）款第（1）或（2）项（《美国法典》第 7 篇 1926（a））提出的水或废物处理补助或直接贷款申请；

（2）依据《巩固农业和农村发展法》第 306A 条（《美国法典》第 7 篇 1926a）提出的社区用水紧急援助补助申请。

（c）限制条件。

（1）拨款金额。部长可以使用依据本条划拨的经费为第（b）款所述的截至本法案颁布实施之日的待批贷款和补助申请提供经费，但前提条件是 2002 财年年度拨款法案所拨贷款和补助资金已被用完。

（2）项目要求。部长可以使用依据本条划拨的经费为第（b）款所述待批贷款或补助申请提供资助，但前提条件是部长需按照本法案颁布实施之日的有效规定处理、审核和批准相关申请。

（3）优先权。在依据本条为第（b）款所述的待批贷款或补助申请提供经费时，部长可以按照下列优先顺序提供（直至依据本条划拨的经费被用尽为止）：

（A）水系统的待批申请。

（B）废物处理系统的待批申请。

（d）经费。尽管存在任何其他法律条文，部长可从商品信贷公司的资金中调拨 3.6 亿美元用于执行本条，并可保留使用直至用尽为止。

子篇 B　《1936 年农村电气化法》

第 6101 条　电气化或电话事业债券和票据担保。

（a）一般原则。在《1936 年农村电气化法》第 313 条（《美国法典》第 7 篇 940c）插入以下内容：

"第 313A 条　电气化或电话事业债券和票据担保。

"（a）一般原则。在遵守第（b）款的前提下，部长应为根据非盈利原则组建的合作社或其他贷款机构发行的债券或票据提供偿付担保，只要债券或票据收益用于为符合本法案包括第 4 条或第 201 条所规定的援助条件的电气化或电话事业提供贷款，或者为该等事业发行的债券或票据进行融资。

"（b）限制条件。

"（1）未偿贷款。若在提供担保时，贷款机构未偿付的担保债券或票据本金总额超过贷款机构用于电气化或电话事业的与依据本法案为该等事业核准之贷款同步提供的未偿贷款本金总额的，贷款机构将得不到本条所述的债券或票据担保。

"（2）发电。贷款机构发行债券或票据的收益用于发电的，部长不应为该债券或票据提供偿付担保。

"（3）资格条件。在下列情况下（具体由部长决定），部长可以拒绝贷款机构依据本条提出的债券或票据担保申请：

"（A）贷款机构无相关专业技术或经验，或者没有资格获得电气化或电话事业贷款；

"（B）贷款机构发行的债券或票据并非是无担保的投资级债券或票据；或

"（C）贷款机构没有向部长提供贷款机构所核准的经贷款机构证明确实用于第（a）款所述事业的贷款金额清单。

"（4）利率下调。

"（A）一般原则。贷款机构不得利用从本条所述债券或票据担保中获得的融资成本减免款额，下调新贷款或未偿贷款的利率，但第（B）小款另有规定的除外。

"（B）同步带宽。贷款机构可以使用第（A）小项所述款额降低贷款的利率，如果贷款：

"（ⅰ）由贷款机构进行并用于符合本法案援助资格的电气化或电话项目的贷款；

"（ⅱ）与部长依据本法案为该项目核准之贷款同步发放，正如第 307 条所规定的。

"（c）费用。

"（1）一般原则。获得本条所述债券或票据担保的贷款机构应向部长支付费用。

"（2）收费金额。为本条所述债券或票据担保支付的年费金额按本条项下所担保之未偿付债券或票据本金的 3‰ 计算。

"（3）支付。本款所要求的费用，贷款机构每半年支付 1 次。

"（4）农村经济发展子账户。在遵守第（e）款第（2）项的前提下，依据本款收取的费用应：

"（A）存入依据第 313 条（b）款第（2）项第（A）小项开立的农村经济发展子账户中，并可保留使用，直至用尽为止；

"（B）用于第 313 条第（b）款第（2）项第（B）小项所述目的。

"（d）担保。

"（1）一般原则。依据本条出具的担保应：

"（A）针对债券或票据的全部金额，包括本金、利息和赎回溢价；

"（B）完全可转让和让与；

"（C）代表着美国的充分信誉保证。

"（2）限制条件。为确保部长拥有必要资源，以正确审查拟出具的担保，部长可以限制依据本条出具的担保数量，每年 5 件。

"（3）部门意见。经贷款机构提出请求，农业部法律总顾问应就依据本条向贷款机构出具的担保的有效性和权限向部长提供意见。

"（e）拨款授权。

"（1）一般原则。经授权，部长可以划拨必要金额的经费用于执行本条。

"（2）费用。每个财年依据第（1）项划拨的经费不足以执行本条的，部长可以使用依据第（c）款作为本条项下债券和票据担保提供成本收取的费用，用于执行本条，最多可使用所收费用的 1/3，然后将剩下费用存入根据第 313 条第（b）款第（2）项第（A）小项开立的农村经济发展子账户中。

"（f）终止。本条所规定的职权将于 2007 年 9 月 30 日终止。"

（b）行政管理。

（1）细则。在本法案颁布实施之后，农业部长应于 180 日内颁布本条所作修正的实施细则。

（2）实施。在本法案颁布实施之后，部长应于 240 日内实施本条所作的修正。

第 6102 条　911 ACCESS 紧急电话服务的扩展。

在《1936 年农村电气化法》第Ⅲ篇（《美国法典》第 7 篇 931 及以下）的末尾增加以下内容：

"第 315 条　911 ACCESS 紧急电话服务的扩展。

"（a）一般原则。在遵守部长可能规定的条款与条件的前提下，部长可以向接受农村公共事业服务机构、州或地方政府、印第安部落（请见《印第安人自决和教育援助法》（《美国法典》第 25 篇第 450b 条）的定义）或其他公共实体贷款的借款机构发放本子篇所述的电话项目贷款，用于购买设施设备，扩大或改善农村地区 911 ACCESS 紧急电话服务和综合应急通信系统。

"（b）拨款授权。经授权，从 2002 至 2007 财年，部长每年可以划拨必要金额的经费用于执行本条。"

第 6103 条　改善农村地区宽带服务接入。

（a）一般原则。在《1936 年农村电气化法》（《美国法典》第 7 篇 901 及以下）的末尾增加以下内容：

"第Ⅵ篇　农村宽带接入

"第 601 条　接入农村地区宽带电信服务。

"（a）目的。本条旨在为合格农村社区提供贷款和贷款担保，用以建设、改善和购置宽带服务服务设施和设备。

"（b）定义。在本条中：

"（1）宽带服务。术语"宽带服务"是指由部长确定的有能力转发数据、让订购该服务的用户能够收发高质量语音、数据、图形和视频的技术。

"（2）合格农村社区。术语"合格农村社区"是指符合下列要求的设有建制或未设有建制的居民点：

"（A）根据人口普查局的最新一次人口普查数据，居住人口不超过2万；

"（B）非位于标准大都市统计区。

"（c）贷款和贷款担保。

"（1）一般原则。部长应向第（d）款所述合格实体提供贷款或贷款担保，从而为建设、完善或购置合格农村社区宽带服务供应设施和设备提供资金。

"（2）优先权。在依据第（1）项提供贷款或贷款担保时，部长应优先向居民用户还无法使用宽带服务的合格农村社区提供贷款或贷款担保。

"（d）合格实体。

"（1）一般原则。要有资格依据本条获得贷款或贷款担保，实体必须：

"（A）有能力向合格农村社区提供、改善或拓展宽带服务；

"（B）向部长提交符合本条要求的项目建议书。

"（2）州和地方政府。若在行政部门颁布本条的实施细则后90日内无其他合格实体向或承诺向合格农村社区提供宽带服务的，州或地方政府（及其任何机构、分部或职能机关（包括它们的联合体））方有资格获得本条项下贷款或贷款担保，进而为合格农村社区提供宽带服务。

"（3）用户线路。某一实体所服务的电话用户线路数量超过美国已安装电话线路总量的2%的，该实体将没有资格获得本条所述的贷款或贷款担保。

"（e）宽带服务。只要技术进步允许，部长可以不定期地检视并建议修改用于判证第（b）款第（1）项所述宽带服务技术的数据传输速率标准。

"（f）技术中立。在决定是否依据本条向某个项目提供贷款或贷款担保时，部长应使用技术上中立的标准。

"（g）贷款和贷款担保的条款与条件。尽管存在其他法律条文，第（c）款所述贷款或贷款担保：

"（1）应按照下述年利率生息，具体由部长决定。

"（A）对于直接贷款：

"（ⅰ）贷给财政部的可比期限债务的借贷成本；或

"（ⅱ）4%。

"（B）对于担保贷款，按可比期限贷款的最新市场适用利率计算。且

"（2）其期限不得超过使用所获贷款或信贷延展建设、完善或购置之财产的使用寿命。

"（h）使用贷款资金清偿其他宽带服务部署贷款。尽管本法案存在其他条文，部长依据本法案提供或作保的贷款资金可由贷款的接受者用于为接受者依据本法案申请的另一笔电信贷款偿还未清偿债务，倘若使用贷款资金清偿债务能促进合格农村社区宽带服务供应设施和设备的建设、完善或购置。

"（ⅰ）报告。在本条颁布实施后，行政管理部门应于1年之内（之后每2年1次）向国会提交报告：

"（1）说明行政管理部门如何依据第（a）款第（1）项确定某项服务能让用户收发高质量的语音、数据、图形和视频；并

"（2）提供依据本条获得资助的详细服务清单。

"（j）经费。

"（1）一般原则。尽管存在其他法律条文，部长可从商品信贷公司的资金中划拨下列金额的款项用于执行本条：

"（A）2002—2005财年，每年2 000万美元，可保留使用，直至用尽为止；

"（B）2006—2007财年，每年1 000万美元，可保留使用，直至用尽为止。

"（2）电视经费。

"（A）一般原则。部长应有权接收、接受和使用依据2000年《社区接入地方电视法案》第1011条

第（a）款第（2）项第（B）小项（《美国法典》第 47 篇 1109（a）（2）（B））提供的经费，用于执行本条，无需进一步拨款。

"（B）电视经费的使用。部长在收到第（A）小项所述的电视经费后，可等额使用于之后的每个财年（包括收到资金当年），直至 2007 财年。

"（3）拨款授权。除依据本款提供使用的经费外，经授权，从 2003—2007 财年，每年可划拨必要金额的经费用于执行本条。

"（4）经费的分配。

"（A）一般原则。部长应从依据本款为每个财年划拨的经费中：

"（ⅰ）建立国家储备，以为本条所述的各州合格实体提供贷款和贷款担保；

"（ⅱ）每个财年向各州分配储备资金，以为各州合格实体提供贷款和贷款担保。

"（B）金额。每个财年根据第（A）小项向每个州分配的经费金额占该财年给所有州分配的经费总额之比例应与该州居住人口等于或低于 2 500 人的社区数量占所有州居住人口等于或低于 2 500 人的社区总数量之比例相同，以最新一次人口普查为准。

"（C）未指定用途的经费。某一财年根据第（B）小项为某个州设立的任何金额的储备金在该财年 4 月 1 日前仍未指定用途的，部长可以将这笔储备金用于为任何州的合格实体提供本条所述的贷款和贷款担保，具体由部长决定。

"（k）职权的终止。在 2007 年 9 月 30 日后，不得依据本条提供任何贷款或贷款担保。"

（b）细则。

（1）一般原则。在本法案颁布实施后，农业部长应于 180 日内颁布实施第（a）款所作修正的细则。

（2）程序。颁布细则时不应考虑：

（A）《美国法典》第 5 篇第 553 条通知和评论规定；

（B）农业部部长关于规则制定建议通知和公众参与规则制定的于 1971 年 7 月 24 日生效的政策声明（《联邦公报》第 36 卷 13804）；

（C）《美国法典》第 44 篇第 35 章（俗称《缩减文书工作法案》）。

（3）国会对政府机构规则制定的审查。在执行本款时，部长应运用《美国法典》第 5 篇第 808 条所赋予的职权。

子篇 C　《1990 年粮食、农业、保育和贸易法》

第 6201 条　替代农业研究和商业化公司。

（a）废止公司授权。废止《1990 年粮食、农业、保育和贸易法》第 16 篇子篇 G（《美国法典》第 7 篇 5901 及以下）。

（b）资产处置。在本法案颁布实施之日：

（1）替代农业研究和商业化公司（在本条中简称为"公司"）的资产，包括有形资产和无形资产，包括截至本法案颁布实施之日替代农业研究和商业化循环基金的资金，被转让给农业部部长；

（2）尽管存在《1949 年联邦财产和行政服务法》（《美国法典》第 40 篇 471 及以下）和其他对联邦机构财产购买、使用和处置程序作出规定的法律，部长应有权管理和处置依据第（1）项转让的资产，在可行的范围内尽最大限度为联邦政府带来最佳价值。

（c）资产的使用。

（1）一般原则。依据第（b）款转让的资金和依据第（b）款转让的资产收入或资产出售所得收益，应当存入财政部账户，并可供部长保留使用，直至用尽为止。在没有其他拨款的情况下，部长可将之用于支付：

（A）对公司提起的任何索赔或公司的任何债务；

（B）部长在执行本条的过程中所产生的费用。

（2）最终处置。关于依据第（b）转让的全部资产的最终处置，第（1）项所述账户的剩余资金应当转入财政部的预算外收入。

（d）符合性修正。

（1）删除《美国法典》第5篇第5315条中的"替代农业研究和商业化公司执行董事"。

（2）废止《1996年联邦农业改善与改革法案》第730条（《美国法典》第7篇5902注释；《公法》104-127）。

（3）删除《1994年农业部重组法》第211条第（b）款（《美国法典》第7篇6911（b））的第（5）项。

（4）对《1998年农业研究推广和教育改革法》第404条第（d）款（《美国法典》第7篇7624（d））作如下修正：

（A）删除第（2）项；

（B）将第（3）和（4）项重新编号为第（2）和（3）项。

（5）删除《海格-费恩斯坦·昆西图书馆集团森林恢复法》（《美国法典》第16篇2104；《公法》105-277；《美国法令全书》第112篇2681-305）的第（m）款。

（6）删除《美国法典》第31篇第9101条（3）款中的第（Q）小项。

第6202条 农村电子商务推广项目。

在《1990年粮食、农业、保育和贸易法》第16篇子篇H第1669条（《美国法典》第7篇5922）之后插入以下内容：

"第1670条 农村电子商务推广项目。

"（a）定义。在本条中：

"（1）发展中心。术语'发展中心'是指：

"（A）北部中心地区农村发展中心；

"（B）东北地区农村发展中心或其指定机构；

"（C）南部地区农村发展中心；

"（D）西部地区农村发展中心或其指定机构。

"（2）推广项目。术语'推广项目'是指根据第（b）款建立的农村电子商务推广项目。

"（3）微型企业。术语'微型企业'是指雇员人员不超过5人，并由其中1人或多人所有的商业企业。

"（4）部长。术语'部长'是指农业部部长，通过州际研究、教育和推广合作局局长行事。

"（5）小企业。术语'小企业'其含义与《小企业法》第3条第（a）款（《美国法典》第15篇632（a））的术语'小企业'的含义相同。

"（b）设立。部长应设立农村电子商务推广项目，推广和增强电子商务做法和技术，以供农村地区小企业和微型企业使用。

"（c）补助。

"（1）一般原则。部长应通过下列途径实施第（b）款所设立的项目：

"（A）为每个发展中心提供补助；

"（B）向赠地学院和大学（或赠地学院和大学联合体）以及承担农业或农村发展项目的学院和大学（包括社区大学）提供竞争性补助：

"（ⅰ）以制定和推进创新的农村电子商务战略；

"（ⅱ）帮助小企业和微型企业发现、适应、执行和使用电子商务做法和技术。

"（2）资格条件。依据第（1）项第（B）款发放补助时其选择标准应包括：

"（A）申请人为小企业和微型企业提供农村社区电子商务最佳实践、技术转让、采用和使用培训与教育的能力；

"（B）根据推广项目提出的项目或活动其所服务之地区的范围广度和地理多样性；

"（C）对于赠地学院或大学，赠地学院或大学对推广项目的参与程度（包括参与项目所产生的经济效益）；

"（D）根据推广项目提出的项目或活动所需要和可使用的来自非联邦来源的经费和实物捐赠的比例；

"（E）低收入和少数族裔企业或微型企业对根据推广项目提出的项目或活动的参与程度。

"（3）非联邦份额。

"（A）一般原则。作为依据本条领取经费的条件之一，发展中心或补助申请人应同意从非联邦来源（包括州、地方、非盈利或私营部门来源）获取捐赠，且捐赠金额不得低于补助总额的 50%。

"（B）形式。第（A）项所要求的非联邦份额可以实物捐赠形式提供。

"（C）例外情况。补助领受人服务于低收入或由少数族裔所有的企业或微型企业的，第（A）项所要求的非联邦份额可降低至 25%，具体由部长决定。

"（d）报告。在本条颁布实施之后，部长应于 2 年内向众议院农业委员会和参议院农业营养和林业委员会提交报告，说明：

"（1）用于协助农村社区采用和使用电子商务技术的政策、程序和做法；

"（e）拨款授权。经授权，从 2002—2007 财年，每年可拨款 6 000 万美元用于执行本条，其中每个财年不低于 1/3 的经费将被用于实施第（c）款第（1）项第（A）小项所述的活动。"

第 6203 条　农村地区远程医疗和远程教育服务。

（a）一般原则。删除《1990 年粮食、农业、保育和贸易法》第 2335A 条（《美国法典》第 7 篇 950aaa - 5）中的"2002"，插入"2007"。

（b）符合性修正。删除《公法》102 - 551 第 1 条第（b）款（《美国法典》第 7 编 950aaa 注释）中的"1997"，插入"2007"。

子篇 D　小型社区 SEARCH 补助

第 6301 条　定义。

在本子篇中：

（1）委员会。术语"委员会"是指由州农村发展局局长依据第 6302 条第（c）款成立的独立的公民委员会。

（2）环保项目。

（A）一般原则。术语"环保项目"是指能：

（ⅰ）改善环境质量；

（ⅱ）符合可适用环境法律（包括法规）的项目。

（B）包含内容。术语"环保项目"包括项目的初步可行性研究。

（3）地区。术语"地区"是指一州的地理区域，具体由州农村发展部主任经与州环境保护局局长协调后决定。

（4）SEARCH 补助。术语"SEARCH 补助"是指根据第 6302 条第（f）款发放的补助。

（5）部长。术语"部长"是指农业部部长。

（6）小型社区。术语"小型社区"是指居住人口等于或少于 2 500 人的设有建制或未设建制的农村社区。

（7）州。术语"州"的定义，请见《巩固农业和农村发展法》第 381A 条（《美国法典》第 7 篇 2009）对该术语的定义。

第 6302 条 SEARCH 补助计划。

（a）一般原则。部长经与环境保护署署长协调后，可以制定 SEARCH（农村社区和家庭特别评定援助）补助计划。

（b）对州农村发展局局长的经费分配：

（1）一般原则。在遵守本款第（2）项和第 6304 条第（a）款第（2）项的前提下，在行政管理和预算局局长分配依据本子篇为 2002—2007 财年划拨的经费后，在州农村发展局局长（经与州环保局局长协调后）提出申请后，部长应于 60 日内向州农村发展局局长分配金额不超过 100 万美元的经费，由州农村发展局局长用于发放第（d）款所述的 SEARCH 补助。

（2）对州的补助。每个财年根据本款向除阿拉斯加和夏威夷以外的所有州或者 48 个邻接州的农村发展局局长分配的经费总额不得超过 100 万美元。

（c）独立公民委员会。

（1）成立。州农村发展局局长应成立独立公民委员会，以履行本条所述的职责。

（2）组成。

（A）一般原则。委员会应由州农村发展局局长经与州环保局局长协调后任命的 9 名成员组成。

（B）代表性；居住地。委员会的每一位成员应：

（ⅰ）代表该州的某一个地区，具体由州农村发展局局长确定；

（ⅱ）居住于该州的小型社区中。

（d）资格条件。本条所述的 SEARCH 补助只能向符合下列要求的小型社区发放，并可用于一个或多个环保项目：

（1）该小型社区在向传统经费来源申请资金前需要筹集资金以便按照联邦或所在州法律的要求对项目展开初步可行性研究或环境研究；并

（2）证明该小型社区已无法从传统经费来源获得足够的经费资金。

（e）申请。要有资格获得 SEARCH 补助，某一州的小型社区应向该州农村发展局局长提交申请，内容包括：

（1）对拟议环保项目的描述（包括该项目如何协助小型社区遵守联邦或州环境法律（包括法规）的有关说明）；

（2）该项目为何对该小型社区具有重要意义的说明；

（3）截至申请之日针对该项目所采取的各种行动措施说明，包括经费保障等；

（4）项目经费需求验证说明。

（f）发放。

（1）一般原则。州农村发展局局长经与州环保局局长和委员会协调后，应于每个财年 5 月 1 日前：

（A）审查州农村发展局局长根据第（e）款收到的所有申请；

（B）基于以下向小型社区发放 SEARCH 补助：

（ⅰ）对拟议项目是否符合第（d）所述资格条件的评定；

（ⅱ）申请书的内容。

（2）行政管理。在发放 SEARCH 补助时，州农村发展局局长：

（A）应及时迅速地为所推荐的环保项目发放补助资金；

（B）不得向违反联邦或州法律（包括法规）的受助人或项目发放 SEARCH 补助。

（3）匹配要求。依据本条接受 SEARCH 补助的小型社区需要提供匹配经费。

（g）未支用经费。

（1）一般原则。就某一财年而言，在州农村发展局局长依据第（f）款发放 SEARCH 补助后，若当年仍有未支用经费的，州农村发展局局长经与州环保局局长协调后，可以重复申请和审核流程，以便剩余资金可以被建议用于发放补助，并于当年 7 月 30 日下发。

（2）经费的保留。

（A）一般原则。未依据第（f）款或本款第（1）项发放的未支用经费可由州农村发展局局长保留至下一财年发放。

（B）限制条件。第（A）小项所述未支用经费累计余额超过 200 万美元的州 SEARCH 账户将没有资格收入额外的 SEARCH 补助资金，直到州农村发展局局长将超额部分资金用于发放补助之时。

第 6303 条　报告。

在发放 SEARCH 补助的第一个财年结束后 30 日内及之后的每个财年，部长应向众议院能源和商业委员会及农业委员会以及参议院农业营养林业委员会提交报告：

（1）说明该财年所发放的 SEARCH 补助笔数；

（2）指出该财年接受 SEARCH 补助的每一个小型社区；

（3）说明每笔 SEARCH 补助发放的目的或所针对的项目，包括接受补助资金的环保项目对公众卫生或环境的益处声明；

（4）说明接受 SEARCH 补助的每个项目或项目一部分的进展状况，包括前一财年接受 SEARCH 补助的项目或项目一部分。

第 6304 条　经费。

（a）对州农村发展局局长的经费分配。

（1）拨款授权。经授权，从 2002—2007 财年，每年可拨款 5100 万美元用于执行第 6302 条第（b）款，其中用于发放第 6302 条第（b）款第（2）项所述补助的资金不得超过 100 万美元。

（2）实际拨款。若每个财年用于执行第 6302 条第（b）款的到位资金金额低于第（1）项所授权的该财年经费金额，则部长可以在 50 个州之间平均分配该财年所拨付的经费。

（b）其他支出。经授权，每年可拨付必要金额的经费用于执行本子篇（依据第 6302 条第（b）款拨付的经费除外）。

子篇 E　其他事项

第 6401 条　增值农产品市场开发补助。

（a）一般原则。对《2000 年农业风险保护法》第 231 条（《美国法典》第 7 篇 1621 注释；《公法》106-224）作如下修正：

（1）将第（b）至（d）款分别重新编号为第（c）至（e）款；

（2）删除第（a）款，插入以下内容：

“（a）增值农产品的定义。

“（1）一般原则。术语“增值农产品”是指符合下列要求的农业商品或产品：

“（A）（ⅰ）物理形态发生过变化的；

“（ⅱ）采用可提高农业商品或产品价值的方式生产的经过商业计划证明并体现出增加值的，具体由部长决定；

“（ⅲ）采用能提高农业商品或产品价值的方式进行过物理分离的；

“（B）由于物理形态的变化或者农业商品或产品生产或分离的方式：

"（ⅰ）该农业商品或产品的客户群得到扩大的；

"（ⅱ）从该农业商品或产品的市场营销、加工或物理分离中所获取的很大一部分收入归于该商品或产品的生产者。

"（2）包括。术语"增值农产品"包括基于农场或牧场的可再生能源。

"（b）补助计划。

"（1）一般原则。部长可以利用第（4）项所提供使用的资金向下列实体发放竞争性补助：

"（A）增值农产品的合格独立生产商（由部长决定），以协助该生产商：

"（ⅰ）制定切实可行的商业计划，充分利用增值农产品的市场营销机会；或

"（ⅱ）制定合适的战略，为生产商创造市场营销机会；

"（B）合格的农产品生产商、集团、农场主或牧场主合作社或者由多数股权控制的生产者型创业企业（具体由部长决定），以协助该实体：

"（ⅰ）制定切实可行的商业计划，充分利用增值农产品在新兴市场的市场营销机会；或

"（ⅱ）制定合适的战略，为增值农产品在新兴市场创造市场营销机会。

"（2）补助金额。

"（A）一般原则。依据本款向补助接受者提供的补助总额不得超过50万美元。

"（B）多数股权控制的生产者型创业企业。每个财年根据第（1）项第（B）小项向多数股权控制的生产者型创业企业提供的补助金额不得超过该财年根据本款用于发放补助的资金金额的10%。

"（3）受助人战略。第（1）项所述受助人应使用补助金：

"（A）制定商业计划或展开可行性研究，为增值农产品创造市场营销机会；或

"（B）提供资本建立联盟或创业企业，让增值农产品的生产商能够更好地在国内或国际市场进行竞争。

"（4）经费。在2002年10月1日本项条文颁布实施后30日内及之后每年的10月1日直至2006年10月1日，部长应从商品信贷公司的资金中划拨4000万美元用于执行本条，所拨经费可保留使用，直至用尽为止。"

（3）在第（c）款第（1）项（经第（1）项重新编号后）中：

（A）删除"第（a）款第（2）项"，插入"第（b）款第（2）项"；

（B）删除"500万美元"，插入"5%"；

（C）删除"第（a）款"，插入"第（b）款"；

（4）在第（d）款（经第（1）项重新编号后）中，删除"第（a）和（b）项"，插入"第（b）和（c）项。"

（b）适用性。

（1）一般原则。除非第（2）项另有规定，否则第（a）款所作修正从2002年10月1日开始施行。

（2）经费。《2000年农业风险保护法》第231条第（b）款第（4）项第（A）小项条款（ⅰ）（经第（a）款第（2）项修正后）所规定的资金应于本法案颁布实施后30日内拨付到位。

第6402条　农业创新中心示范项目。

（a）目的。本条的目的是指导农业部部长建立一个示范项目，在该示范项目指导下向农业生产者提供：

（1）技术援助，包括工程服务、应用研究、规模生产以及相似的服务，促使农业生产者创建产业生产增值农业商品或产品。

（2）市场销售、市场开发和商业计划方面的援助。

（3）组织、拓展和开发援助，以增加生产增值农业商品和产品企业的生存、成长和可持续发展能力。

（b）定义。在本节：

（1）项目。"项目"一词指的是依据第（c）款建立的农业创新中心示范项目。

（2）部长。"部长"一词指的是农业部部长。

（c）项目的创立。部长应建立一个名为"农业创新中心示范项目"的示范项目，并须在项目中：

（1）为符合条件的实体提供资金支持创建农业创新中心，使农业生产者获得第（a）款中所述的协助。

（2）为符合条件的实体提供帮助，通过农业部的研究和技术服务建立农业创新中心。

（d）资质要求。

（1）一般原则。根据第（c）条款所述任何符合获得资金支持和帮助建立农业创新中心的实体须满足如下条件：

（A）该实体。

（ⅰ）该实体已经提供过和（a）条所述服务相似的服务；或

（ⅱ）具备提供上述服务的能力；

（B）实体提出拟获得资金支持和帮助的申请书中应包括一个计划书，根据农业部部长颁布的规章，计划书的大纲包含以下要点：

（ⅰ）农业社区对实体的支持；

（ⅱ）实体中的技术和其他专家；

（ⅲ）实体提高和改善当地农业生产者发展市场能力的目标，以及生产增值农业商品或产品的进展；

（C）实体证明有或者做出保证可以有足够的资源（现金或实物），以提高和改善当地农业生产者发展市场能力，以及生产增值的农业商品或产品；

（D）农业创新中心实体根据第（2）项原则建立董事会。

（2）董事会。任何一个农业创新中心合法实体董事会须由如下组织成员代表构成的：

（A）合法实体所在州的两个一般农业组织的绝大部分成员。

（B）合法实体所在州的农业部或与州农业部或农业局相似的部门。

（C）实体所代理的该州生产的 4 种总收入最高的商品，由每年的现金销售总额决定。

（e）资金支持和帮助。

（1）一般原则。根据第（ⅰ）款，在该项目中，部长须依据竞争的基本原则每年向符合条件的实体提供资金支持。

（2）资金支持的最大额度。根据第（1）项资金额度不能超过：

（A）1 000 000 美元；

（B）合法实体证明拥有或者根据第（d）款（1）项（C）小项做出保证可以拥有的资源美元价值的两倍（现金或实物）。

（3）资金支持的最大数量：

（A）该项目实施的第一财年。在该实施项目的第一财年，农业部部长应向至多 5 家符合条件的实体提供资金支持。

（B）该项目实施的第二财年。在该实施项目的第二财年，农业部部长可以提供资金支持给：

（ⅰ）依据第（A）小项予以资金支持符合条件的实体；

（ⅱ）10 家以内额外的符合条件的实体。

（4）州的限制。

（A）一般原则。依据第（B）小项，在该项目实施的接下来的 3 个财政年度中，农业部部长不得为该项目在 1 个州中向超过 1 家实体拨款。

（B）合作。第（A）小项中并不排除在该项目下和其他机构合作使用该资金的资金受让人。

（f）资金的使用。任何获得该项目资金资助的企业实体，只可以将资金用于以下方面（但只限于

《2000 年农业风险保护法》第 231 条（d）款中所没有提到的用途部分（《美国法典》第 7 篇 1621 注释；《公法》106 - 224）。

（1）应用研究。

（2）咨询服务。

（3）根据农业创新中心董事会的决定，雇用职员。

（4）按比例资金援助的构成中，每个款项额度不得超过 5 000 美元，除非合法实体所获按比例资金的总金额至多为 50 000 美元。

（5）法律服务。

（6）其他相关的花费，由农业部长决定。

（g）对农业领域中产生效果的研究。

（1）一般原则。第（i）款中提到的每个财政年度可获得的资金数额，农业部长须用 300 000 美元支持大学开展关于农业生产者和商品制造者生产增值农业商品或产品项目相关的农业研究。

（2）研究基础。依据第（1）段所述内容，利用农业领域关联的全球长期规划开展系统研究，对第（A）小项所描述的下列可能产生效果的领域进行研究：

（A）农业产品的需求；

（B）市场价格；

（C）农场收入；

（D）联邦用于商品项目的专款。

（h）对国会的报告。

（1）一般原则。在前 10 笔拨款中的最后一笔发放之日起的 3 年内，农业部部长须向众议院农业委员会和参议院农业、营养和林业委员会递交一份报告，陈述：

（A）项目在提高和扩展生产增值农业商品或产品方面起到的效果；

（B）项目对于增加农业生产者的经济活力起到的效果。

（2）所需的要素。根据第（1）项做出的报告须：

（A）包含农业创新中心开展该项目的最佳做法和创新方法的描述。

（B）明确在该项目下开展援助活动的数量和种类，以及提供援助的种类。

（i）资金。根据《2000 年农业风险保护法》第 231 条第（a）款第（1）项所提到的数额（《美国法典》第 7 篇 1621 注释；《公法》106 - 224），农业部部长在每个财政年度须使用如下资金额度落实该条款：

（1）2002 年财政年度不少于 3 000 000 美元；

（2）2003 年和 2004 年每个财政年度不少于 6 000 000 美元。

第 6403 条　美国农村基金。

（a）一般原则。《1996 年联邦农业改善与改革法案》第 793 条（《美国法典》第 7 篇 2204f）已经废止。

（b）适应性修正案。《竞争性、专门和设备研究拨款法》（《美国法典》第 7 篇 450i（b）（8））的第 2 条第（b）款第（8）项已经修改，在第二句话中删除了"较小的学院（如《1996 年联邦农业完善与改革法案》第 793 条第（c）款第（2）项第（ii）小项（《美国法典》第 7 篇 2204f（c）（2）（ii））所描述），插入了"学院、大学、或者是在同类院校中排名靠后 1/3 的某所学院或大学保有的研究基金会，还有联邦研究基金资助的研究基金会。"

第 6404 条　农村地区电视广播信号借款担保。

（a）一般原则。《社区接入地方电视法》中第 1011 条第（a）款（《美国法典》第 47 篇 1109（a））

已经修正：

（1）删除了"为了"并且插入了以下内容：

"（1）拨款授权。为了"；

（2）在末尾增添了下列内容：

"（2）商品信用公司基金。

"（A）一般原则。虽然有其他法律规定，按照第（B）小项的规定，除了第（1）项中可用的数额，高品信用公司基金，农业部部长应从该段法律生效开始截至 2006 年 12 月 31 日的期间内，提供贷款担保实施 80 000 000 美元的科目，该拨款随时可用。

"（B）宽带贷款和贷款担保。

"（ⅰ）一般原则。根据第（A）小项申请获得贷款无须承担义务，农业部部长可从第（ⅱ）条款生效之日起，根据《1936 年农村电气化法》第 601 条提供贷款和贷款担保。

（ⅱ）发布日期。为了满足第（ⅰ）条款的目的，发布时间要早于：

"（Ⅰ）农业部部长决定至少 75％的预定市场区域（如《美国法典》第 17 篇 122（j）所述）不在《2000 年启动我们社区访问当地电视台法》（《美国法典》第 17 篇 122（j）（a））的第 1004 条第（e）款第（1）项第（C）小项第（ⅰ）条款所述的排名前 40 位预定市场区域名单中，所有用户可以接入当地电视广播信号（由农业部长决定）；"

"（Ⅱ）2006 年 12 月 31 日。"

"（C）预先拨款。第 1004 条的第（c）款和第（h）款第（1）项第（B）小项和第 1005 条第（n）款第（3）项第（B）小项应不适用于该段所述款额。"

（b）技术性及一致性修正。

（1）贷款担保的审批。《社区接入地方电视法》（《美国法典》第 47 篇 1103）的第 1004 条已经修正：

（A）在第（b）款第（1）项中：

（ⅰ）删减了"第 5 条"，增加了"第 1005 条"；

（ⅱ）删减了"第 11 条"，增加了"第 1011 条"；

（B）在第（d）款第（1）项中，删减了"第 3 条"，增加了"第 1003 条"；

（C）在第（h）款第（2）项第（D）小项的第一句话中，删减了"第 5 条"，增加了"第 1005 条"。

（2）管理贷款担保。《社区接入地方电视法》（《美国法典》第 47 篇 1103）的第 1005 条已经修正：

（A）在第（a）款中，删减了"第 3 条和第 4 条"，增加了"第 1003 条和 1004 条"；

（B）在第（b）款中：

（ⅰ）在第（1）项第（D）小项中，删减了"第 6 条第（a）款第（2）项"，增加了"第 1006 条第（a）款第（2）条"；

（ⅱ）在第（3）段中，删减了"第 4 条第（d）款第（3）项第（B）小项第（ⅲ）条款"，增加了"第 1004（d）款第（3）项（B）小项第（ⅲ）条款"；

（C）在第（e）款（3）项中，删减了"第 4 条第（g）款"，增加了"第 1004 条（g）款"。

第 6405 条 乡村消防队员和应急人员批准项目。

（a）一般原则。农业部部长向一般地方政府单位和印第安部落（如《印第安部落的自我决定和教育援助法案》（《美国法典》第 25 篇 450b）第 4 条所述）拨款资助，支付农村地区用于灭火、紧急医疗处置和处置有害物质和生化武器中培训消防员和应急医务人员的花费。

（b）资金的使用。

（1）奖学金。

（A）一般原则。根据该条，资金总数的至少 60％应用于有竞争力的拨款，为农业部部长批准的培训中心培训人员提供部分奖学金资助。

（B）优先级。在根据本节规定授予拨款的时候，农业部部长须优先为地区（或者地方）内提供培训的申请者提供拨款。

（2）为培训中心提供拨款。

（A）一般原则。根据第（a）款发放的拨款将被用来为州和地方培训中心提供财政支持，用以为消防员和应急医疗人员提高技能，改善培训设施、设备、课程和提高培训人员水平。

（B）限制。根据本节规定，每个财政年度中单个培训中心至多可获得 750 000 美元资金。

（C）筹款。农业部部长应使用商品信用公司资金落实该条款规定的 2003—2007 年每个财政年度拨款 10 000 000 美元，该拨款随时可用。

第 6406 条　国会在农村合作政策上的立场。

这是国会的观点：总统应：

（1）指派总统特别助理贯彻农村政策额实施；

（2）在每个联邦机构中依据司法程序指派 1～2 名高级官员或者职员负责农村项目或者相关事物，为机构行使农村政策领导权；

（3）成立一个政府间的农村政策工作组织，由以下人员组成：

（A）负责农村政策的总统特别助理担任主席；

（B）高级官员和职员的任命应符合第（2）项的规定。

第Ⅶ篇　研究和相关事宜

子篇 A　推　　广

第 7101 条　国家农村信息中心资料交换中心。

《1990 年粮食、农业、保育和贸易法》（《美国法典》第 47 篇 3125b（e））的第 2381 条第（e）款做以下修改，删除"2002"，加入"2007"。

第 7102 条　拨款和后续的食品和农业科学教育。

《1977 年国家农业研究、推广和教育政策法》（《美国法典》第 47 篇 3125）的第 1417 条修改以下：

（1）在第（a）款中：

（A）在"经济"后删除"和"；

（B）在句号前加入了"，和农村经济的、社区和商业发展"；

（2）在第（b）款中：

（A）在第（1）项中，在分号前加入了"，或者在农村经济、社区和商业发展；"；

（B）在第（2）项中，在分号前加入了"，或者在农村经济、社区和商业发展；"；

（C）在第（3）项中，在分号前加入了"，或者是加强农村经济、社区和商业发展的教育项目"；

（D）在第（4）项中，在"项目"后加入了"，或者能加强农村经济、社区和商业发展的项目；"；

（E）在第（5）项中，在分号前加入了"，或者促进农村经济、社区和商业发展的专业人员；"；

（3）在第（d）款中：

（A）在第（1）项中，在"科学"之后加入了"，或者在农村经济、社区和商业发展；"；

（B）在第（2）项中，在"劳动力"之后加入了"，或者农村经济、社区和商业发展劳动力"；

（4）在第（1）款中，删除了"2002"，加入了"2007"。

第 7103 条　政策研究中心。

《1977 年国家农业研究、推广和教育政策法》（《美国法典》第 7 篇 3155（d））的第 1419（A）条做以下修改，删除"2002"，加入"2007"。

第 7104 条　人类营养干预和健康促进研究项目。

《1977 年国家农业研究、推广和教育政策法》（《美国法典》第 7 篇 3174（d））的第 1424 条做如下修改，删除"2002"，加入"2007"。

第 7105 条　医疗和农业结合试点研究项目。

《1977 年国家农业研究、推广和教育政策法》（《美国法典》第 7 篇 3174a（d））的第 1424 条做如下修改，删除"2002"，加入"2007"。

第 7106 条　营养教育项目。

《1977 年国家农业研究、推广和教育政策法》（《美国法典》第 7 篇 3175（c）（3））的第 1425 条第（c）款第（3）项已经修改，删除"2002"，加入"2007"。

第 7107 条　动物健康和疾病持续研究项目。

《1977 年国家农业研究、推广和教育政策法》（《美国法典》第 7 篇 3195（a））的第 1433 条第（a）款已经修改，删除"2002"，加入"2007"。

第 7108 条　国家或地区问题研究拨款。

《1977 年国家农业研究、推广和教育政策法》（《美国法典》第 7 篇 3196（a））的第 1434 条第（a）款已经修改，删除"2002"，加入"2007"。

第 7109 条　向包括塔斯基吉大学在内的 1890 年赠地大学升级农业和食品科学设施拨款。

《1977 年国家农业研究、推广和教育政策法》（《美国法典》第 7 篇 3222b（b））的第 1447 条第（b）项已经修改，删除"1996—2002 年每个财政年度 15 000 000 美元"，加入"2002—2007 年每个财政年度 25 000 000 美元"。

第 7110 条　国家研究和培训虚拟中心。

（A）授权。《1977 年国家农业研究、推广和教育政策法》（《美国法典》第 7 篇 3222c）的第 1448 条已经修改，删除第（a）款第（1）项中所有出现的"2002"，加入"2007"。
（B）重新指定。《1977 年国家农业研究、推广和教育政策法》（《美国法典》第 7 篇 3222c）的第 1448 条已经修改：
（1）在该节开头，删除"百年的"加入"虚拟"；
（2）在删除所有出现"百年的"同时加入"虚拟"。

第 7111 条　西班牙服务机构。

《1977 年国家农业研究、推广和教育政策法》（《美国法典》第 7 篇 3241（c））的第 1455 条第（c）款已经修改，删除"2002"，加入"2007"。

第 7112 条　对国际农业科学和教育项目竞争性拨款。

《1977 年国家农业研究、推广和教育政策法》（《美国法典》第 7 篇 3292b（c））的第 1459A 条第

（c）款已经修改，删除"2002"，加入"2007"。

第7113条　高校研究。

《1977年国家农业研究、推广和教育政策法》（《美国法典》第7篇3311）的第1463条已经修改：

（1）在第（a）款，删除"1991—2002年每个财政年度85 000 000美元"，加入"1991—2007年每个财政年度所必须资金数额"；

（2）在第（a）款，删除"1991—2002年每个财政年度310 000 000美元"，加入"1991—2007年每个财政年度所必须资金数额"。

第7114条　推广服务。

《1977年国家农业研究、推广和教育政策法》（《美国法典》第7篇3312）的第1464条已经修改，删除"1991财政年度420 000 000美元，1992财政年度430 000 000美元，1993财政年度440 000 000美元，1994财政年度450 000 000美元，1995—2002年每个财政年度460 000 000美元"，加入"1991—2007年每个财政年度所必须资金数额"。

第7115条　补充和替代作物。

《1977年国家农业研究、推广和教育政策法》（《美国法典》第7篇3319d（a））的第1473D条第（a）款已经修改，删除"2002"，加入"2007"。

第7116条　水产养殖研究设施。

《1977年国家农业研究、推广和教育政策法》（《美国法典》第7篇3324）的第1477条已经修改，删除"2002"，加入"2007"。

第7117条　草地的研究。

《1977年国家农业研究、推广和教育政策法》（《美国法典》第7篇3336（a））的第1483条第（a）款已经修改，删除"2002"，加入"2007"。

第7118条　国家遗传资源项目。

《1990年粮食、农业、资源保育和贸易法》（《美国法典》第7篇5844（b））的第1635条第（b）款）已经修改，删除"2002"，加入"2007"。

第7119条　高优先级研究和推广倡议。

《1990年粮食、农业、资源保育和贸易法》（《美国法典》第7篇5925（h））的第1672条第（h）款已经修改，删除"2002"，加入"2007"。

第7120条　养分管理研究和推广倡议。

《1990年粮食、农业、资源保育和贸易法》（《美国法典》第7篇5925a（g））的第1672A条第（g）款已经修改，删除"2002"，加入"2007"。

第7121条　农业电信计划。

《1990年粮食、农业、资源保育和贸易法》（《美国法典》第7篇第5926（h））的第1673条第（h）款已经修改，删除"2002"，加入"2007"。

第 7122 条　残疾农民辅助技术计划。

《1990 年粮食、农业、资源保育和贸易法》(《美国法典》第 7 篇 5933 (c)(1)) 的第 1680 条第 (c) 款第 (1) 项已经修改,删除"2002",加入"2007"。

第 7123 条　附加值农产品质量研究合作。

《1998 年农业研究、推广与教育改革法》(《美国法典》第 7 篇 7622 (g)) 的第 402 条第 (g) 款已经修改,删除"2002",加入"2007"。

第 7124 条　以生物为基本原材料产品。

(a) 试验计划。《1998 年农业研究、推广与教育改革法》(《美国法典》第 7 篇 7624 (e)(2)) 的第 404 条第 (e) 款第 (2) 项已经修改,删除"2001",加入"2007"。

(b) 拨款授权。《1998 年农业研究、推广与教育改革法案》(《美国法典》第 7 篇 7624 (h)) 的第 404 条第 (h) 款已经修改,删除"2002",加入"2007"。

第 7125 条　综合研究、教育和推广竞争性拨款项目。

《1998 年农业研究、推广与教育改革法》(《美国法典》第 7 篇 7626) 的第 406 条已经修改:
(1) 重新指定第 (e) 款为 (f) 款;
(2) 在 (d) 款后加入了如下内容:"(e) 资助期限。根据本节实施的资助期限至多为 5 年。"
(3) 在 (f) 款 (即重新指定的),删除"2002",加入"2007"。

第 7126 条　《1994 年教育赠地身份公平法》。

(f) 机构能力建设补助。《1994 年教育赠地身份公平法》(《美国法典》第 7 篇 301 注释;《公法》103‐382) 的第 535 条已经修改:
(1) 第 (b) 款第 (1) 项中,删除"2002",加入"2007";
(2) 第 (c) 款中,删除了"1996—2002 年每个财政年度 1 700 000 美元",同时加入了"2002—2007 年每个财政年度所必须资金数额"。

第 7127 条　1994 年机构研究拨款。

《1994 年教育赠地身份公平法》(《美国法典》第 7 篇 301 注释) 的第 536 条第 (c) 款已经修改,删除"2002",加入"2007"。

第 7128 条　1994 年机构研究捐赠基金。

《1994 年教育赠地身份公平法》(《美国法典》第 7 篇 301 注释) 的第 533 条第 (b) 款已经修改,删除"4 600 000 美元"修改,加入"1996—2007 年每个财政年度所必须资金数额"。

第 7129 条　精准农业。

《1998 年农业研究、推广与教育改革法》(《美国法典》第 7 篇 7623 (i)) 的第 403 条第 (i) 款已经修改,删除"2002",加入"2007"。

第 7130 条　托马斯杰佛逊多种作物制倡议。

《1998 年农业研究、推广与教育改革法》(《美国法典》第 7 篇 7625 (h)) 的第 405 条第 (h) 款已经修改,删除"2002",加入"2007"。

第7131条 关于因禾谷镰刀菌或印度腥黑粉菌所致小麦、黑麦和大麦病害的支持研究。

《1998年农业研究、推广与教育改革法》（《美国法典》第7篇7628（e））的第408条第（e）款已经修改：

（1）删除"5 200 000美元"，加入"所需资金"。

（2）删除"2002"，加入"2007"。

第7132条 害虫管理政策办公室。

《1998年农业研究、推广与教育改革法》（《美国法典》第7篇7653（f））的第614条第（f）款已经修改，删除"2002"，加入"2007"。

第7133条 国家农业研究、推广、教育和经济咨询委员会。

《1997年农业研究、推广与教育改革法》（《美国法典》第7篇3123（h））的第1408条第（h）款已经修改，删除"2002"，加入"2007"。

第7134条 对农业产品和林产品提取乙醇和工业碳氢化合物的生产和销售的研究。

《1997年农业研究、推广与教育改革法》（《美国法典》第7篇3154（d））的第1419条第（d）款已经修改，删除"2002"，加入"2007"。

第7135条 农业试验站和研究设施。

《研究设施法》（《美国法典》第7篇390d（a））的第6条第（a）款已经修改，删除"2002"，加入"2007"。

第7136条 竞争性、特殊、设施研究拨款国家研究计划。

《竞争性、特殊、设施研究拨款法》（《美国法典》第7篇450i（b）(10)）的第2条第（b）款第（10）项已经修改，删除"2002"，加入"2007"。

第7137条 联邦农业研究设施拨款授权。

《国家农业研究、推广与教育政策法案1985年修订法》（《公法》99-198；《美国法令全书》第99篇1556）的第1431条已经修改，删除"2002"，加入"2007"。

第7138条 关键农业材料的研究。

《关键农业材料法》（《美国法典》第7篇178n（a））的第16条第（a）款已经修改，删除"2002"，加入"2007"。

第7139条 水产养殖。

《1980年全国水产养殖法》（《美国法典》第16篇2809）的第10条已经修改，删除"2002"，加入"2007"。

子篇B 修   订

第7201条 《1994年教育赠地身份公平法》的公正性。

（a）授权拨款。《1994年教育赠地身份公平法》（《美国法典》第7篇301注释）的第534条第（a）

款第（1）项第（A）小项已经修改，删除了"50 000 美元"，加入了"100 000 美元"。

（b）印第安学生的计数公式的变化。《1994 年教育赠地身份公平法》（《美国法典》第 7 篇 301 注释；《公法》103 - 382）的第 533 条第（c）款第（4）项第（A）小项已经修改，删除了"（如《the Carl D. Perkin 职业和应用技术教育法》的第 390 条第（3）项所述，该节自《the Carl D. Perkin 职业和应用技术教育 1998 年修正案》（1998 年 10 月 31 日））颁布之前生效。（1998 年 10 月 31 日），在该财政年度对 1994 研究机构生效"，加入了"（如《1978 年部落管辖院校援助法》（《美国法典》第 25 篇 1801（a））的第 2（a）条）所述。

（c）研究拨款的认证要求。《1994 年教育赠地身份公平法》（《美国法典》第 7 篇 301 注释；《公法》103 - 382）的第 533 条第（a）款第（3）项已经修改，删除了"第 534 节和第 535 节"，同时加入了"第 534 条，第 535 条和第 536 条"。

（d）对反映名称更改的技术性修改。《1994 年教育赠地身份公平法》（《美国法典》第 7 篇 301 注释；《公法》103 - 382）的第 532 条已经修改，删除了第（1）至第（30）条，同时加入了如下内容：

"（1）贝米尔社区学院。

"（2）黑脚族社区学院。

"（3）坎克德斯卡西卡纳社区学院。

"（4）麦洛米尼民族学院。

"（5）克朗波因特理工学院。

"（6）D - Q 大学。

"（7）达安学院。

"（8）沉闷刀纪念学院。

"（9）丰德杜拉克部落与社区学院。

"（10）堡拜尔科耐普学院。

"（11）博索尔德堡社区学院。

"（12）派克堡社区学院。

"（13）哈斯克尔印第安国民大学。

"（14）美国印第安与阿拉斯加原住民文化艺术发展学院（圣达菲）（现名：美国印第安艺术学院（圣达菲））。

"（15）奥吉布瓦社区学院（海沃德）。

"（16）利奇湖部落学院。

"（17）小大角学院。

"（18）利特尔普利斯特部落学院。

"（19）内布拉斯加印第安社区学院。

"（20）西北印第安学院。

"（21）奥格拉拉科塔学院。

"（22）萨利希库特耐学院。

"（23）新特格莱斯卡大学。

"（24）西塞顿瓦佩顿学院。

"（25）南达科他州大学。

"（26）希亭布尔学院。

"（27）西南印第安理工学院。

"（28）斯通蔡尔德学院。

"（29）龟山社区学院设。

"（30）联合部落技术学院。

"（31）白地部落和社区学院。"

（e）关于额外符合资格的实体的建议标准报告。在该法案颁布实施的不晚于 1 年内，农业部部长须提交一份报告，内容包括为众议院农业委员会和参议院农业、营养和林业委员会额外分配 1994 赠地学院的分配标准建议。

第 7202 条 实验站的转账款。

《1887 年孵化法》（《美国法典》第 7 篇 361g）的第 7 条已经修改，删除了（c）款，加入了如下内容：

"（c）转账款。

"（1）一般原则。根据该条款，对一个州的农业实验站每一年的基金结算，一个财政年度的末尾若是没有用完，可以将账目转到接下来的一个财政年度中。

"（2）未动用余额。

"（A）一般原则。如果一个州在第二个财政年度仍有余额未动用，那么在接下来的州年度分配中将扣除这部分余额。

"（B）再分配。对于某财年中从第（A）小项中扣除的联邦资金，部长应根据第 3（c）条制定的计算方法向该财年未根据第（A）小项扣除资金的州重新分配资金。"

第 7203 条 研究和推广用按一定公式计算的财政补贴的授权百分比。

（a）推广。《1977 年国家农业研究、推广和教育政策法》（《美国法典》第 7 篇 3221（a））的第 1444 条第（a）款已经修改：

（1）删除了"（a）（There）"加入了如下内容：

"（a）拨款授权。

"（1）一般原则。此处（There）"；

（2）删除了第二句；

（3）在第三句中，删除了"开始"到"6％"之间的内容，加入了如下内容："（2）最低数额。从 2003 年财政年度开始，根据此节条款每个财政年度数额的至少 15％须有一个划拨。"

（3）删除了"不再"加入了如下内容：

"（4）转账款。不再"。

（b）研究。《1977 年国家农业研究、推广和教育政策法》（《美国法典》第 7 篇 3222（a））的第 1445 条第（a）款已经修改：

（1）删除了"（a）此处"加入了如下内容：

"（a）拨款授权。"。

（2）删除了第二句；加入了下列内容：

"（2）最低数额。从 2003 年财政年度开始，根据《1887 年孵化法》（《美国法典》第 7 篇 361c）的第 3 条，每个财政年度总拨款数额的至少 25％须有一个划拨。"

（3）删除了"获批资金"，加入了如下内容：

"用途。获批资金"；

（4）删除了"符合条件的"，加入了如下内容：

"协调。符合条件的"；

（5）删除了"不再"加入了如下内容：

"（5）转账款。不再"。

第 7204 条 对符合条件机构的转账款。

《1977 年国家农业研究、推广和教育政策法》（《美国法典》第 7 篇第 3222（a））（如根据本法案第

7204 条）的第 1445 条第（a）款已经进行了进一步修改，删除了第（5）条，加入了如下内容：

"（5）转账款。

"（A）一般原则。根据该条款，对一个州的农业实验站每一年的基金结算，一个财政年度的末尾若是没有用完，可以转账目达到接下来的一个财政年度中。

"（B）未动用余额。

"（ⅰ）一般原则。如果一个符合条件的机构到第二个财政年度末仍有没有用完的余额，那么和没有用完余额同样的资金将从接下来一个年度对该符合条件机构的拨款分配中扣除。

"（ⅱ）重新分配。根据第（ⅰ）条款，每个财政年度被扣除的联邦基金将由农业部部长根据第（b）款第（2）项第（B）小项所制定规则在该财政年度划拨给没有被扣除划拨资金的符合条件的机构。"

第 7205 条　未来农业和食品系统倡议。

（a）基金。《1998 年农业研究、推广与教育改革法》（《美国法典》第 7 篇 7621（b））的第 401 条第（b）款已经修改：

（1）在第（1）条中，删除了"2002"，加入了"2001"；

（2）在结尾处添加了如下内容：

"（3）其他基金。从商品信用公司所获基金，农业部部长将转入账户：

"（A）2003 年 10 月 1 日，120 000 000 美元；

"（B）2004 年 10 月 1 日，140 000 000 美元；

"（C）2005 年 10 月 1 日，160 000 000 美元；

"（D）2006 年 10 月 1 日，以及此后的每个 10 月 1 日，200 000 000 美元；"

（2）第（c）款第（1）项修改如下：

"（1）重大突发农业和农村问题。农业部部长将利用账户的基金进行研究、推广和教育拨款（在本章中简称"拨款"），重点解决如下方面的重大突发农业和农村问题：

"（A）未来农业生产；

"（B）环境质量和自然资源管理；

"（C）农场收入；或者

"（D）农村经济、贸易和商业发展政策。"

（3）在第（e）款第（1）项节中，删除了"小型和中型"，加入了"小型、中型和少数服务"。

第 7206 条　综合拨款计划的资质。

《1998 年农业研究、推广与教育改革法》（《美国法典》第 7 篇 7626（b））的第 406 条第（b）款已经修改，在"以竞争的前提下"之前加入了"以及 1994 机构"。

第 7207 条　《1998 年农业研究、推广与教育改革法》。

（a）精准农业。《1998 年农业研究、推广与教育改革法》（《美国法典》第 7 篇 7626（b））的第 406 条第（b）款已经修改：

（1）在第（a）款：

（A）在第（3）项中：

（ⅰ）在第（A）小项中，在第二个"农艺学的"的后面加入了"，园艺的，"。

（ⅱ）在第（C）小项中，在最后删除了"或者"。

（ⅲ）在第（D）小项中，在最后删除了句号，加入了"；或者"。

（ⅳ）在最后加入了如下内容：

"（E）利用相关信息确保园艺农作物能够使用智能机械化收割和分拣系统。"

（B）在第（4）条中：

（ⅰ）在第（C）小项中，在最后删除了"或者"。

（ⅱ）在第（D）小项中，在最后删除了句号，并且加入了"；或者"。

（ⅲ）在最后加入了如下内容：

"（E）机器人或其他智能机器园艺农作物系统。"

（C）在第（5）项第（F）小项，在"农业生产效率"之后加入了"（包括改进利用能量输入）"。

（2）在第（c）款第（2）项：

（A）在"农艺学的"后面加入了"或者园艺学的"；

（B）删除了"和气象变量"，加入了"生产变量和气象变量"。

（3）在第（d）款：

（A）重新制定了第（4）项和第（5）项替代第（5）项和第（6）项；

（B）在第（3）项之后加入了如下内容："（4）提高农业能源利用效率。"

（b）《托马斯·杰斐逊农作物多样化倡议》。《1998年农业研究、推广与教育改革法》（《美国法典》第7篇第7626条（b））的第406条第（b）款已经修改，删除了"和市场交易"，加入了"，市场交易和高效利用"。

（c）提升小型和中型牛奶场、牲畜和家禽经营生存能力的研究、推广和教育协作计划。《1998年农业研究、推广与教育改革法》（《美国法典》第7篇7626（b））的第407条第（b）款第（3）项已经修改，在"提高效率的家禽系统"之后加入了"（包括改进利用能量输入）"。

（d）支持对关于感染禾谷镰刀菌或者印度腥黑粉菌的小麦、黑小麦、大麦研究。

（1）科研补助金授权。《1998年农业研究、推广与教育改革法》（《美国法典》第7篇7628（a））的第408条第（a）款已经修改，修改内容如下所述：

"（a）科研补助金授权。农业部部长将向增地学院的公会拨款，以增加公会推进跨州研究计划的能力，该计划指的是旨在掌握和抗击小麦、黑小麦和大麦感染禾谷镰刀菌及相关的真菌类（在本条指"小麦节"）病害或者感染印度腥黑粉菌及相关的真菌类（在本条指"印度腥黑穗病"）病害的研究。"

（2）研究部分。本法（《美国法典》第7篇7628（b））的第408条第（b）款已经修改：

（A）在第（1）项中，在"小麦节流行病"之后加入了"或者是印度腥黑穗病的"；

（B）在第（1）项中，在"在小麦中发生的"之后加入了"、黑小麦、"；

（C）在第（2）项中，在"小麦节"之后加入了"或者是印度腥黑穗病的"；

（D）在第（3）项第（A）小项中，删除了"和大麦出现的"加入了"、黑小麦和大麦出现的印度腥黑穗病或者"；

（E）在第（3）项第第（B）小项中，删除了"和感染了小麦节的大麦"，加入了"、黑小麦和大麦感染了小麦节或者印度腥黑穗病"；

（F）在第（3）项第（C）小项中，在"转变成"之后加入了"小麦节"；

（G）在第（4）项中，删除了"和大麦感染大麦节"，加入了"、黑小麦和大麦出现的小麦节或者印度腥黑穗病"；

（H）在第（5）项中：

（ⅰ）在"小麦节"之后加入了"和印度腥黑穗病的"；

（ⅱ）在"有抵抗力的小麦"之后加入了"、黑小麦，"。

（3）联系网络。本法案的第408条第（c）款前面一节已经修改，在"小麦节"加入了"或者是印度腥黑穗病"。

（4）技术修正。

（A）本法案的第408条前面一节已经修改，删除了"感染了禾谷镰刀菌的大麦"，加入了"，感染了禾谷镰刀菌或者印度腥黑粉菌的黑小麦和大麦"。

（B）本法案的第 408 条相关条款中的节次表已经修改，删除了"以及感染了禾谷镰刀菌的大麦"，加入了"，黑小麦和大麦出现的禾谷镰刀菌或者印度腥黑粉菌"。

（e）控制牛约尼氏病的计划。《1998 年农业研究、推广与教育改革法》（《美国法典》第 7 篇 7621 及下以）的第 IV 章已经修改，在结尾处新增加了如下一条：

"第 409 条　牛约尼氏病控制计划。

"（a）计划制定。农业部部长在与州兽医以及州其他动物卫生专家协调后可以制定计划，为牛约尼氏病的防控与管理开展研究、检测与评估。

"（b）拨款授权。经授权，部长在 2003—2007 财年拥有适当拨款，完成本条规定。"

第 7208 条　《1990 年粮食、农业、保育和贸易法》。

（a）农业基因组倡议。对《1990 年粮食、农业、保育和贸易法》第 1671（b）条（《美国法典》第 7 篇 5924（b））作如下修订：

（1）在第（3）项中"造成经济困境的疾病"前插入"病原体及"；

（2）删除第（6）项末尾处的"且"；

（3）将第（7）项重新指定为第（8）项；且

在第（6）项后插入以下项内容：

"（7）减少植物病原体对具有商业意义的农作物植物所产生的经济作用；且"。

（b）高优先权研究和推广倡议。《1990 年粮食、农业、保育和贸易法》第 1671（e）条（《美国法典》第 7 篇 5925）的修改方式为在末尾处加入以下项内容：

"（25）改良基因农产品研究。对于给公众、特殊改良基因动植物产品带来的风险和收益进行公正、科学评估时可依据本条规定提供资金奖励。可利用该奖励组建跨学科团队，以便对科学、社会、经济和道德问题进行审查和研究、对发布新改良基因农产品时所存在的问题进行解答、对改良基因农产品的健康和环境安全状况进行全面研究（包括定风险定量评估、特殊改良基因农产品对人类健康产生的影响及基因流研究）、通过推广和教育项目展示改良基因农产品所存在的风险、鼓励公众和业界参与相关问题。

"（26）风力侵蚀研究及推广。可依据本条规定对有效的风力侵蚀模型进行研究并提供推广资金。

"（27）产量损失研究及推广。可依据本条规定对有效的产量损失模型进行研究并提供推广资金。

"（28）土地利用管理研究及推广。可依据本条规定对土地利用管理方法（如农田保护项目）的经济效益评估进行研究并提供推广资金。

"（29）水和空气质量研究及推广。为更好地了解对空气和水质产生的农业影响并找出解决办法，可依据本条规定进行研究并提供推广资金。

"（30）收入和保险工具研究及推广。为更好地了解收入和保险工具对农业收入产生的影响，可依据本条规定进行研究并提供推广资金。

"（31）农业旅游研究及推广。为更好地了解农业旅游在经济、环境和食品系统所产生的影响，可依据本条规定进行研究并提供推广资金。

"（32）水果和蔬菜收获产量。为提高水果和蔬菜（包括柑橘类）收获产量，包括开发机械收割技术和经济有效而又安全的脱皮麦场，可依据本条规定进行研究并提供推广资金。

"（33）植物氮固定。为提高氮固定能力和豆类蔬菜效能、对更有效固定氮的新品种豆类进行开发、对存在氮固定能力且具有其他商业用途的新品种农作物进行开发，可依据本条规定进行研究并提供推广资金。

"（34）农业营销。如需为农业生产商、合作社和任何农业商品其他营销人员提供与商品和家畜营销策略相关的教育材料、信息和推广项目，可依据本条规定提供推广资金。

"（35）环境和私属土地研究及推广。如需研究计算机模型在评估集水区最佳管理方法中发挥的作用，与政府、业界和私属土地所有者共同研究确定和解决环境问题的办法，研究和监测水、空气或土壤环境质量以帮助研究解决当地环境问题的新方法，与当地、州和联邦官员合作帮其制定尊重私人财产所有权和农业生产现状且行之有效的环保方案，可依据本条规定进行研究并提供推广资金。

"（36）家畜疾病研究及推广。如要查明可能存在的家畜疾病，对家畜疾病风险进行公众教育，就风险应对办法进行人员培训，开展相关研究，可依据本条规定进行研究并提供推广资金。

"（37）植物基因表达。如需更快将基础植物基因组学科应用于增强型食品农作物、可再生能源所利用农作物及其他用途农作物新品种的开发和检验及相关基因表达研究，可依据本条规定进行研究并提供推广资金。

"（38）动物传染病研究。如需对防止和控制动物传染疾病的方法进行开发（包括对爆发动物疾病的国家进行实地评估），如对快速发现被传染动物和疾病症状、防治策略（包括接种项目），及对存在农业生物恐怖活动爆发风险的动物疾病代理人实施快速诊断的技术，可依据本条规定进行研究并提供推广资金。

"（39）预防儿童肥胖项目。如有高等教育机构在基础和临床肥胖研究、营养研究、社区健康教育研究、开发和评估旨在促进家庭和卫生、教育、娱乐、大众媒体及其他社区资源合作关系等社区策略方面拥有一定能力，可依据本条规定进行研究并向其提供推广资金，以减少儿童肥胖症的发生。

"（40）一体化害虫管理。如需对农田一体化害虫管理进行协调，改善其研究、教育、推广和实施状况，可依据本条规定进行研究并提供推广资金。

"（41）牛肉遗传学。如有高等教育机构公会拥有牛肉基因评估研究专业知识和技术，且其积极从事种畜生产商属类协会出版和使用亲代 区别的评估和预测工作已超过 20 年，可依据本条规定进行研究并向牛肉遗传评估研究提供推广资金。

"（42）乳品运输清洁剂。如要预防和消除乳品运输清洁剂的风险，包括更安全包装和运输机制的开发、概括事故原因和潜在预防措施及其他避免摄入乳品运输清洁剂的方法，可依据本条规定进行研究并提供推广资金。

"（43）公众持有植物和动物品种的开发。如需开发公众持有植物和动物品种（包括身份保持市场种质）、开展基因资源保护活动，可依据本条规定进行研究并提供推广资金。

"（44）如需在生产投入减少时保持一定产量、实施标记辅助繁殖策略及其他植物改良抗病、抗杂草、抗昆虫筛选方面基本植物遗传技术、尽可能减少农药用量、提高食品、纤维和能源产量、在通常情况下开发新品种以实现绩效最大化，包括水土保持改良管理，可依据本条规定提供研究资金。"。

"（c）伤残农民辅助技术项目。《1990 年粮食、农业、保育和贸易法》第 1680 条（a）（《美国法典》第 7 篇 5933（a））的修改方式为在末尾处加入以下项内容：

"（6）新项目拨款考虑。对于本款规定各财年所提供资金数额，农业部部长应确保拨款时充分考虑那些曾申请本款规定资金、但未获得领取资格的合格实体。"

第 7209 条　《1977 年国家农业研究、推广和教育政策法》。

（a）国家农业研究、推广、教育和经济咨询委员会。《1977 年国家农业研究、推广和教育政策法》第 1408 条（《美国法典》第 7 篇 3123）的修改方式如下所示：

（1）删除第（b）（1）款中的"30 名成员"，插入"31 名成员"；

（2）在第（b）（3）款中：

（1）将第（R）至第（DD）小项各自重新指定为第（S）至（EE）小项；且

（2）在第（Q）小项后插入以下小项：

"（R）1 名成员代表非土地补贴学院或拥有食品和农业科学研究历史的大学。"；

（3）在第（c）（1）款中删除"土地补贴学院和大学"，插入"，土地补贴学院和大学，众议院农业委员会和参议院农业、营养和林业委员会，农业、乡村发展、食品和药品管理下属委员会，众议院拨款委员会相关机构，农业、乡村发展下属委员会，参议院拨款委员会相关机构"；

（4）在第（d）（1）款"咨询委员会应"后插入（"咨询农业部任何适当机构"。农业商品和林业产品中酒精和工业碳氢化合物的生产和销售研究资金。《1977 年国家农业研究、推广和教育政策法》第 1419 条（《美国法典》第 7 篇 3154）的修改方式如下所示：

（1）在第（a）（2）款中"工业油籽农作物"后插入"及动物脂肪和油脂"；且

（2）在第（a）（4）款中"其他工业碳氢化合物"后插入"或甘油三酯"。

（c）海外农业局海外实习项目。《1977 年国家农业研究、推广和教育政策法》第 1458 条第（a）款（《美国法典》第 7 篇第 3291（a））的修改方式如下所示：

a）删除第（8）项末尾处的"且"；

b）删除第（9）项末尾处的句号，插入"；且"；且

c）在末尾处加入下列项内容：

"（10）由州际研究、教育和推广局和海外农业局，合作创建项目，向海外农业局海外办事处美国学院和大学提供实习机会。"。

（d）牧场研究拨款。《1977 年国家农业研究、推广和教育政策法》第 1480 条（《美国法典》第 7 篇 3333）的修改方式如下所示：

"第 1480 条　牧场研究拨款。

"（a）一般原则。农业部部长可向下列机构拨款：

"（1）在牧场研究方面拥有显著能力的土地拨款学院和大学、州农业实验站、学院、大学、联邦实验室，由农业部长确定其开展牧场研究；且

"（2）Joe Skeen 牧场恢复研究所，旨在辅助和推广当前州和联邦牧场管理、动物饲养、农业研究、教育和推广项目，满足美国西部牧场和相关自然资源的潜在性、当前和未来需求。

"（b）配套要求。

"（1）一般原则。除第（2）项中规定，本拨款项目资金组成原则为 50％联邦资金、50％非联邦资金。

"（2）例外情况。第（1）项不适用于联邦实验室拨款或第（a）（2）款规定拨款。"

第 7210 条　生物技术风险援助研究。

《1990 年粮食、农业、保育和贸易法》第 1668 条（《美国法典》第 7 篇 5921）的修改方式如下所示：

"第 1668 条　生物技术风险援助研究。

"（a）目的。本条规定目的如下：

"（1）授权并支持环保评估研究，辅助生物技术环保效果的确认和分析；且

"（2）授权开展研究，帮助管理者开发此类技术长期引进政策。

"（b）拨款项目。农业部部长应在州际研究、教育和推广局和农业研究局内创建拨款项目，为与基因工程动物、植物和微生物引入环境相关的环保评估研究提供必要资金。

"（c）研究优先权。应为下列研究类型优先提供资金：

"（1）旨在确认和开发适当管理规范、尽可能减少与基因工程动物、植物和微生物相关物理和生物风险的研究。

"（2）旨在对基因工程动物、植物和微生物分布检测方法进行开发的研究。

"（3）旨在对基因工程动物、植物和微生物及相关野生和农业生物之间基因转移的特点、几率和方法等相关知识进一步推广的研究。

"（4）旨在提供通过基因工程动物、植物和微生物转移至其他类型生产系统相对效果比较分析进行的环保评估研究。

"（5）进一步完成本条规定目的的其他研究领域。

"（d）资格要求。本条规定拨款应：

"（1）根据所提议研究工程发放；且

"（2）可供所有公共或私营研究或教育组织或机构使用。

"（e）磋商。农业部部长考虑本条规定具体研究领域资金使用时应与动植物检疫局局长和国家农业研究、推广、教育和经济咨询委员会进行磋商。

"（f）项目协调。农业部部长应就本条规定所资助研究与环保局研究和发展办公室进行磋商，避免重复研究内容。

"（g）拨款授权。

"（1）一般原则。授权适当拨款，完成本条规定。

"（2）生物技术费用扣除。农业部部长应从农业部费用中合理扣除一部分用于生物技术研究，至少将本条规定拨款的 2% 用于生物技术风险评估研究。

"（3）资金使用。应最大限度利用本款规定资金开展第（c）款规定各种风险评估研究。"

第 7211 条　竞争性特殊设施研究拨款。

《竞争性特殊设施研究拨款法》第 2 条第（b）款第（2）项（《美国法典》第 7 篇 450i（b）（2））的修改方式为删除"在—"，插入下列内容："在第（A）至（F）款规定区域。由农业部部长与国家农业研究、推广、教育和经济咨询委员会磋商后决定，不得晚于各财年 7 月 1 日，为下一财年做准备。"

第 7212 条　1890 机构研究和推广活动相应资金要求。

《1977 年国家农业研究、推广和教育政策法》第 1449 条（《美国法典》第 7 篇 3222d）的修改方式如下所示。

（1）对第（c）款作如下修改：

"（c）计算公式。尽管本子篇存在其他规定，州应在 2003—2007 各财年中提供非联邦来源的配套资金。配套资金数额应不少于：

"（1）2003 财年分配至合格机构公式资金的 60%；

"（2）2004 财年分配至合格机构公式资金的 70%；

"（3）2005 财年分配至合格机构公式资金的 80%；

"（4）2006 财年分配至合格机构公式资金的 90%；且

"（5）2007 及此后各财年分配至合格机构公式资金的 100%。"且

（2）对第（d）款作如下修改：

"（d）豁免权。尽管第（f）款存在相关规定，如农业部部长认为某州不可能满足配套资金要求，则其可按第（c）款规定将任何财年向州合格机构分配的配套资金豁免至 50% 以上。"

第 7213 条　岛区土地拨款机构研究和推广公式资金配套要求。

（a）实验站。《1887 年哈奇法》第 3 条第（d）款（《美国法典》第 7 篇 361c（d））的修改方式为删除第（4）项，插入下列内容：

"（4）岛区例外情况。

"（A）一般原则。波多黎各联邦、关岛和美国维京群岛各岛区应按本条规定提供非联邦来源的配套

资金，资金数额不得少于农业部部长向各岛区分配公式资金的 50％，本规定自 2003 财年开始代替第（1）项配套资金要求生效。

"（B）豁免权。如农业部部长认为某岛区政府不可能满足该财年配套资金要求，则其可按第（A）小项规定豁免该财年配套资金要求。"

（b）合作农业推广。《史密斯－雷佛法案》第 3 条第（e）款（《美国法典》第 7 篇 343（e））的修改方式为删除第（4）项，插入下列内容：

"（4）岛区例外情况。

"（A）一般原则。波多黎各联邦、关岛和美国维京群岛各岛区应按本条规定提供非联邦来源的配套资金，资金数额不得少于农业部长向各岛区分配公式资金的 50％，本规定自 2003 财年开始代替第（1）项配套资金要求生效。

"（B）豁免权。如农业部部长认为某岛区政府不可能满足该财年配套资金要求，则其可按第（A）小项规定豁免该财年配套资金要求。"。

第 7214 条　食品和农业科学定义。

《研究设备法》第 2 条第（3）款（《美国法典》第 7 篇 390（2）（3））的修改方式如下所示：

"（3）食品和农业科学。'食品和农业科学'一词的定义可参见 1977 年《国家农业研究、推广和教育政策法》第 1404 条第（8）款（《美国法典》第 7 篇 3103（8））。"

第 7215 条　联邦农业技术推广局。

《史密斯－雷佛法案》第 3 条第（b）款第（3）项（《美国法典》第 7 篇 343（b）（3））的修改方式如下所示：

（1）删除 "5 000 000 美元"，插入 "必要数额"；且

（2）在首句后加入下列句内容："任何财年结束时按照上一句规定提供资金的结余部分仍可用，不受财年限制。"

第 7216 条　政策研究中心。

《1977 年国家农业研究、推广和教育政策法》第 1419 条第 A 款第（d）项第（3）小项（《美国法典》第 7 篇 3155（c）（3））的修改方式为删除 "收集和分析"，插入 "收集、分析和传播"。

第 7217 条　竞争性拨款资金的使用。

《1977 年国家农业研究、推广和教育政策法》的修改方式为在第 1469 条（《美国法典》第 7 篇 3315）后插入下列内容：

"第 1469A 条　竞争性拨款资金的使用。

"如法律未作其他规定，农业部部长按照本法案或任何其他法案规定开展竞争性农业研究、教育或推广拨款项目的资金有效期为 2 年，自该财年 10 月 1 日起生效。"

第 7218 条　有机农业研究和推广倡议。

《1990 年粮食、农业、保育和贸易法》第 1672B（《美国法典》第 7 篇 5925b）的修改方式如下所示：

（1）在第（a）款中：

（A）在第（1）项中 "生产" 后插入 "，饲养，"；

（2）在第（2）项末尾处删除 "且"；

（C）删除第（3）项末尾处的句号，插入分号；且

（3）在末尾处加入下列内容：

"（4）确定有机商品的必要特性；

"（5）确定有机农业推广时在营销和政策方面的局限性；且

"（6）开展先进农场研发，强调对作业有机农场进行观察、实验和创新，包括与生产、营销和社会经济条件相关的研究。"；且

（2）对第（e）款作如下修改：

"（e）资金。对于财政部未作其他用途的拨款，财政部部长应在2003年10月1日～2007年10月1日期间各10月1日按照本条规定转交3 000 000美元至农业部部长。"

第7219条　高级科学研究服务机构。

《1998年农业研究、推广和教育改革法》第Ⅵ篇子篇B（《美国法典》第7篇7651及以下）的修改方式为在末尾处加入下列内容：

"第620条　高级科学研究服务署。

"（a）一般原则。农业部建立高级科学研究服务署（本条统称为"服务署"）。

"（b）成员。

"（1）一般原则。根据第（2）～（4）项，农业部部长应对服务署成员进行任命。

"（2）资格。如需获得服务署任命资格，个人应满足下列条件：

"（A）在农业或林业研究领域具有出色表现；

"（B）拥有高等教育机构（参见《1965年高等教育法》第101条（《美国法典》第20篇1001）规定的博士学位；

"（C）满足人事管理处处长根据《总表》任命GS—15等级人员的资格标准。

"（3）人数。服务署一次任命人数不得超过100人。

"（4）其他要求。

"（A）一般原则。根据第（B）小项和第（d）（2）款要求，农业部部长可超越下列规定任命和雇佣服务署成员：

"（ⅰ）《美国法典》第5篇有关竞争性服务任命的规定；

"（ⅱ）《美国法典》第5篇第35章第Ⅰ分章有关优先保留工作的规定；

"（ⅲ）《美国法典》第5篇第43章有关绩效评定和绩效行为的规定；

"（ⅳ）《美国法典》第5篇第53章第Ⅲ节及第51章有关分类和《总表》薪酬的规定；且

"（ⅴ）《美国法典》第5篇第75章有关不利行为的规定。

"（B）例外情况。农业部部长按照第（A）小项规定任命和雇佣的服务署成员拥有与《总表》第GS—15级别雇员同样的功绩制保护委员会申诉权和特别委员会办公室上诉权。

"（c）绩效评定系统。农业部部长应为服务署成员建立绩效评定系统，目的如下：

"（1）对成员的工作绩效提供系统性评定；且

"（2）对工作绩效优秀的成员进行鼓励。

"（d）薪酬。

"（1）一般原则。根据第（2）项规定，农业部部长应确定服务署成员的薪酬数额。

"（2）限额。服务署成员薪酬标准应：

"（A）不得低于《总表》GS—15级别最低可支付工资；且

"（B）如未根据《美国法典》第5篇第5377条第（d）款第（2）项规定经总统审批，则不得超过《行政总表》第Ⅰ级别可支付工资。

"（e）退休捐款。

"（1）一般原则。如服务署某成员之前曾供职于高等教育机构（参见《1965 年高等教育法》第 101 条（《美国法典》第 20 篇 1001））且保留继续向该机构退休系统捐款的权利，则农业部部长可代表该成员将不超过此人基本工资的 10% 捐赠给该机构退休系统。

"（2）联邦退休系统。

"（A）一般原则。根据第（B）小项规定，向第（1）项规定中提供捐款的成员不得因供职于服务署支付或获得《美国法典》第 5 篇第 83 或 84 章规定服务型信贷。

"（B）年假。根据《美国法典》第 5 篇第 6303（a）条规定确定服务署成员供职于第（A）小项规定服务署的服务年限。

"（f）被迫离开。

"（1）一般原则。尽管《美国法典》第 5 篇存在竞争性服务署任命的相关规定，但根据本法案第（2）项规定，如有人员无端被迫离开服务署，则：

"（A）农业部部长可任命其在竞争性行政机关《总表》第 GS-15 级别中任职；且

"（B）该任命为职业任命。

"（2）行政机关例外情况。如第（1）项中个人供职于服务署前不属于行政机关或高级行政机关职业雇员则第（1）项规定的个人任命：

"（A）属于行政机关例外情况；且

"（B）不得超过 2 年。"

第 7220 条　《表 A》某些任命终止。

（a）终止。农业部部长应在 2003 年 1 月 31 日前终止《总表表 A》（由农业部部长为在联邦行政机关中担任双重政府职务、在学院或大学开展农业推广项目工作、有资格领取下列规定资金的人员）所列例外职务的任命：

（1）《史密斯—雷佛法案》（《美国法典》第 7 篇 341 及以下）；

（2）《国家农业研究、推广和教育政策法》第 1444 条（《美国法典》第 7 篇第 3221）；

（3）《哥伦比亚高等教育重组法》第 208（e）条（《美国法令全书》第 88 篇 1428）。

（b）特定联邦收益的续展。

（1）一般原则。尽管《美国法典》第 5 篇存在相关规定，但根据本《法案》第（2）项规定，第（a）款规定涉及人员参与该款规定农业推广项目期限如未暂停服务，应继续：

（A）与本法案颁布日前一样有资格参与下列项目：

（i）联邦雇员健康收益项目；

（ii）联邦雇员小组生活保险项目；

（iii）行政机关退休体系；

（iv）联邦雇员退休体系；

（v）节俭储蓄计划；且

（vi）联邦长期护理保险项目。

（B）与本法案颁布日前一样领取同样数额的联邦行政机关雇员信贷。

（2）限制。如个人发生下列情况，则其仍有资格继续获得第（1）项规定各项收益。

（A）如本法案颁布时此人仍参与第（a）款规定农业退管项目，则雇佣学院或大学继续根据农业部部长要求履行与收益提供相关的行政和财务职责（包括提供机构捐款）；且

（B）如此人将工作更换为第（a）款规定的第二所学院或大学：

（i）此人根据农业部部长要求继续参与第（a）款规定农业推广项目；

（ii）第二所学院或大学：

（Ⅰ）根据农业部部长要求履行与收益提供相关的行政和财务职责（包括提供机构捐款）；且

（Ⅱ）雇佣此人 1 年前曾雇佣第（a）款规定履行相同工作职责的其他人；且

（ⅲ）此人在本法案颁布日前有资格获得此类收益。

第 7221 条　生物安全计划和应对项目。

（a）生物安全。《1977 年国家农业研究、推广和教育政策法》（《美国法典》第 7 篇 3101 及以下）的修改方式为在末尾处加入下列内容：

"子篇 N　生物安全。

"第 1484 条　生物安全计划和应对特殊权限。

"（a）拨款授权。除本法案规定农业研究、推广和教育拨款外，2002—2007 各财年授权向生物安全计划和应对方面的农业研究、推广和教育活动适当拨款。

"（b）资金使用。农业部部长可使用任何权限利用本条规定资金开展农业研究、教育和推广活动（包括通过竞争性拨款），目的如下：

"（1）增强美国食品和农业系统对抗化学或生物攻击的能力。

"（2）继续与高等教育机构和其他机构合作，帮助建立维护美国生物安全的长期性稳定项目，包括处理国家农业经济和食品供应威胁时进行多种能力的协调、开发和提升，着重强调弱点分析、事故反应、发现和预防技术相关的规划、培训、推广和研究活动。

"（3）向大学和合格的研究机构开展生物恐怖主义研究提供竞争性拨款。

"（4）对抗化学或生物攻击或以其他方式应对。

第 1485 条 农业研究设施扩建和安全升级。

"（a）一般原则。为提高美国应对生物恐怖主义威胁的农业安全程度，农业部部长应在竞争的基础上向学院和大学（参见第 1404（4）条）提供扩建或安全升级拨款。

"（b）拨款限额。本条规定任何财年拨款不得超过 10 000 000 美元。

"（c）拨款要求。农业部部长提供本条规定的唯一条件是拨款申请人向其提供了满意担保，内容如下：

"（1）拥有足够资金支付所提议扩建或安全升级成本的非联邦份额；且

"（2）所提议扩建或安全升级可满足农业部长有关生物安全要求、保护设施操作人员、公共成员和食品供应方面的合理标准。

"（d）设施扩建拨款其他要求。如农业部部长认为拨款申请人所提供担保可确保下列内容，则其可按本条规定对设施的扩建、修缮、改建或重建（本条规定统称为"扩建"）提供拨款：

"（1）如拨款申请所述，授予拨款 20 年后，该设施仍可用于设施扩建研究。

"（2）设施扩建完成时仍有足够资金可用于设施扩建研究。

"（3）所提议扩建：

"（A）可帮助申请人提高设施扩建研究能力；或

"（B）有助于提高申请人研究质量。

"（e）拨款数额。农业部部长应确定本条规定拨款数额。

"（f）联邦份额。使用本条规定拨款数额支付任何扩建或安全成本的联邦份额不得超过 50%。

"（g）拨款授权。授权各财年适当拨款，完成本条规定。"

（b）国会对提高生物安全和动植物健康疾病研究能力的看法。国会认为，为提高农业研究局、动植物检疫局和农业部其他生物安全主管机构研究、分析和应对生物恐怖主义和动植物疾病的能力，应为增加必要拨款。

第 7222 条 小型企业创新和研究拨款间接成本。

《1977 年国家农业研究、推广和教育政策法》第 1462 条（《美国法典》第 7 篇 3310）的修改方式如下所示：

（1）在"除"前插入"（a）总体原则："；且

（2）在末尾处加入下列内容：

"（b）例外情况。第（a）款不适用于《小型企业法》第 9 条（《美国法典》第 15 篇第 638 条）所规定的竞争性拨款。"

第 7223 条 碳循环研究。

《2000 年农业风险保护法》第 221 条（《公法》106‑224；《美国法令全书》第 114 篇 407）参照本《法案》第 9009 条作如下修改：

（1）删除第（a）款中的"数额"及"提供"后的所有内容，插入"为提供此项拨款，农业部部长应提供"；

（2）删除第（f）款中额"根据第（a）款规定"，插入"根据本条规定"；且

（3）在末尾处加入下列款规定：

"（g）授权拨款。授权 2002—2007 财年适当拨款，完成本条规定。"

子篇 C 撤销特定活动和权限

第 7301 条 食品安全研究信息办公室和国家会议。

（a）撤销。撤销《1998 年农业研究、推广和教育改革法》第 615 条第（b）和（c）款（《美国法典》第 7 篇 7654（b）（c））。

（b）遵守修订内容。

（1）总体原则。本法案第 615 条的修改方式如下所示：

（A）删除条标题中的"和国家会议"；

（B）删除"（a）食品安全研究信息办公室——"；

（C）将第（1）、（2）和（3）项分别重新指定为第（a）、（b）和（c）款，边距向左移 2 全身宽 r；

（D）将第（b）款（已重新指定）的第（A）和（B）小项分别重新指定为第（1）和（2）项，边距向左移 2 全身宽；且

（E）删除第（c）款（已重新指定）中的"本款"，插入"本条"。

（2）条目录。本法案条目录的修改方式为删除第 615 条相关项中的"和国家会议"。

第 7302 条 1994 年《羊推广、研究和信息法》费用补偿。

撤销《1998 年农业研究、推广和教育改革法》第 617 条（《公法》105‑185；《美国法令全书》第 112 篇 607）。

第 7303 条 市场推广研究。

撤销《1985 年粮食安全法》第 1436 条（《美国法典》第 7 篇 1632）。

第 7304 条 农业气候国家咨询委员会。

（a）撤销。撤销《1990 年粮食、农业、保育和贸易法》第 1639 条（《美国法典》第 7 篇 5853）。

（b）遵守修订内容。《1990 年粮食、农业、保育和贸易法》第 1640（b）条（《美国法典》第 7 篇

5854（b））的修改方式为删除"采用"及"气候和"之后所有内容。

第 7305 条　与爱尔兰交流农业信息。

撤销《1985 年国家农业研究、推广和教育政策法修订版》第 617 条（《公法》99 - 198；《美国法令全书》第 99 篇 1551）。

第 7306 条　抗农药研究。

撤销《1985 年国家农业研究、推广和教育政策法修订版》第 1437 条（《公法》99 - 198；《美国法令全书》第 99 篇 1558）。

第 7307 条　教育研究推广。

撤销《1985 年国家农业研究、推广和教育政策法修订版》第 1438 条（《公法》99 - 198；《美国法令全书》第 99 篇 1559）。

第 7308 条　农业研究设施 10 年战略计划特别小组。

（a）撤销。撤销《研究设施法》第 4 条（《美国法典》第 7 篇 390b）。

（b）遵守修订内容。本法案第 2 条（《美国法典》第 7 篇 390）的修改方式为删除第（5）项。

子篇 D　新　权　限

第 7401 条　子篇定义。

在本子篇中：

（1）部门。"部门"一词的定义为农业部。

（2）部长。"部长"一词的定义为农业部部长。

第 7402 条　研究设备拨款。

《1977 年国家农业研究、推广和教育政策法》的修改方式为在第 1462 条（《美国法典》第 7 篇 3310）后插入下列内容：

"**第 1462A 条　研究设备拨款。**

"（a）一般原则。农业部部长可为特殊科学研究设备建立竞争性拨款并将其用于合格机构的食品和农业科学项目中，参见第（b）款规定。

"（b）合格机构。农业部部长可按本条规定向下列机构提供拨款：

"（1）学院或大学；

"（2）州合作机构。

"（c）最高数额。本条规定向合格机构所提供拨款数额不得超过 500 000 美元。

"（d）禁止收取设备间接成本。使用本条规定拨款购买设备的购买成本和折旧成本不应当：

"（1）不得利用其他联邦拨款收取间接成本；

"（2）作为合格机构计算间接成本收取间接成本费的一部分。

"（e）拨款授权。授权 2002—2007 财年适当拨款，完成本条规定。"

第 7403 条　提案共同要求。

（a）目的。本条规定目的如下所示：

（1）避免联邦机构开展相同种类的研究、教育和推广项目、在拨款和行政管理功能方面出现重复现象；

（2）开展研究、教育和推广项目时最大限度地利用同行审查资源；且

（3）对于可能在重复主题领域不同联邦项目中可能在竞争性拨款接收方面提供类似提案的领取人，减轻其负担。

（b）授权。1977 年《国家农业研究、推广和教育政策法》的修改方式为在第 1473A 条（《美国法典》第 7 篇 3319a）后插入下列内容：

"第 1473B 条　提案共同要求。

"（a）一般原则。完成本法案或任何其他法案授权竞争性农业研究、教育或推广拨款项目过程中，农业部部长可就提案共同要求、拨款分配、拨款管理与一个或多个其他联邦机构（包括国家科学基金会）进行合作，开展类似或相关研究、教育或推广项目或活动。

"（b）管理。

"（1）农业部部长。农业部部长可将提案要求发布权、拨款授予权或管理权全部或部分授予合作联邦机构。

"（2）合作联邦机构。合作联邦机构可将提案要求发布权、拨款授予权或管理权全部或部分授予农业部部长。

"（c）规定。农业部部长和合作联邦机构可批准拨款领取人遵守下列规定：

"（1）农业部部长针对拨款领取人所制定的拨款后管理规定；或

"（2）合作联邦机构针对拨款领取人所制定的拨款后管理规定。

"（d）联合同行审查小组。根据第 1413B 条规定，农业部部长和合作联邦机构可建立联合同行审查小组对拨款提案进行评估。"。

第 7404 条　农业研究服务审查。

（a）一般原则。农业部部长应在本法案颁布后 90 提案内建立任务小组，目的如下：

（1）对农业研究服务进行审查；且

（2）对建立一个或多个致力于食品和农业科学发展重要学科研究的国家研究所进行功绩评定。

（b）会员。

（1）一般原则。任务小组由 8 名成员组成，经农业部部长任命，应具备下列条件：

（A）在动植物和农业科学研究、食品、营养、生物技术、农作物生产方法、环境科学或相关学科拥有广泛的背景知识；

（B）熟悉联邦和私营研究任务和基础设施，包括：

（ⅰ）农业研究局；

（ⅱ）国家健康研究所；

（ⅲ）国家科学基金会；

（ⅳ）国家航空航天局；

（ⅴ）能源部实验系统；

（ⅵ）州际研究、教育和推广局。

（2）私营部门。农业部部长按照第（1）项规定任命成员时应至少任命 6 名私营部门或高等教育机构人员。

（3）植物和农业科学研究。农业部部长按照第（1）项规定任命成员时应至少任命 3 名在动植物和农业科学研究领域拥有广泛背景、成绩显著的人员。

（4）主席。农业部部长按照第（1）项规定任命成员时应确定主席人选，此人应在美国企业研究领

域拥有广博的知识，在教育和研究机构拥有重要的领导经验。

（5）磋商。农业部部长按照本款规定对任务小组成员进行任命前应与国家科学学院及科学和技术政策办公室进行磋商。

（c）职责。任务小组应：

（1）对农业研究局的目的、效率、有效性及对农业研究的影响进行审查；

（2）对建立一个或多个国家级研究所（如植物和农业科学研究所）从事食品和农业科学发展学科的价值进行审查评估，如建议建立一个或多个国家级研究所，则向农业部部长进一步推荐具体信息，包括各个研究所的结构组成、各研究所在各州的具体位置和建立各研究所所需资金；

（3）按照第（d）款要求提交报告。

（d）汇报。任务小组应在本法案颁布12个月内向众议院农业委员会、参议院农业、营养和林业委员会及农业部部长提交：

（1）按照第（c）（1）款规定提交审查和评估报告；且

（2）按照第（c）（2）款规定提交审查和评估报告。

（e）资金。农业部部长完成本条规定所有资金不得超过2003财年农业研究局拨款数额的0.1％。

第7405条　创业农牧民发展项目。

（a）创业农牧民。本条规定中"创业农牧民"一词指的是下列人员：

（1）（A）未经营农场或牧场的人员；或

（B）经营农场或牧场不超过10年的人员；且

（2）满足农业部长可能设定的其他此类标准。

（b）项目。农业部部长应为创业农牧民建立创业农牧民发展项目，向其提供培训、教育、推广和技术援助倡议。

（c）拨款。

（1）一般原则。农业部部长完成本条规定时应向创业农牧民提供竞争性拨款，为现有和新型当地和地区培训、教育、推广和技术援助倡议提供支持，包括下列方面的项目和服务（酌情处理）：

（A）指导、训练和实习；

（B）资源和参考；

（C）帮助创业农牧民向退休农牧民购买土地；

（D）创新型农场和牧场转化策略；

（E）企业和商业培训；

（F）样品土地租赁合同；

（G）财务管理培训；

（H）农田整体规划；

（I）保持援助；

（J）风险管理教育；

（K）多样化和营销策略；

（L）课程开发；

（M）理解集约化和全球化效果；

（N）牲畜和农作物基本护理规范；

（O）农业信贷购买和管理；

（P）环保一致性；

（Q）信息处理；且

（R）对创业农牧民具有类似用途的主题领域。

（2）资格。如要获得领取本款规定拨款的资格，领取者应为合作州、部落、当地或地区性网络或公共或私营实体合作伙伴，可包括：

（A）州合作推广服务机构；

（B）联邦、州或部落机构；

（C）社区性和非政府性机构；

（D）学院或大学（包括可授予准学士学位的研究所）或其名下的基金会；或

（E）农业部部长所指定的任何其他适当合作伙伴。

（3）拨款期限。本款规定拨款期限不得超过 3 年。

（4）配套要求。如要获得领取本款规定拨款的资格，领取者应提供现金或实物形式的捐赠，数额相当于超过拨款资金的 25％。

（5）其他用途。对于各财年完成本款规定的资金，应用 25％以上辅助满足下列需求的项目和服务：

（A）资源受限的创业农牧民（由农业部部长限定）；

（B）处于社会劣势的创业农牧民（参见《巩固农业和农村发展》第 355 条（e）（《美国法典》第 7 篇 2003（e）））；且

（C）意图成为农民或牧民的农场工人。

（6）禁令。本款规定拨款不得用于建筑物或设施的计划、维修、修复、购买或施工。

（7）管理成本。农业部部长完成本条规定所用管理成本不得超过本款规定资金的 4％。

（d）教育团队。

（1）一般原则。农业部部长完成本条规定时应为美国多样化地理区域的创业农牧民建立创业农牧民教育团队，开发课程、开展教育项目和讲习班。

（2）课程。农业部部长在促进课程开发过程中应根据农作物或区域多样性最大限度地涵盖专门针对创业农牧民受众的课程。

（3）组成。农业部部长在为具体项目或讲习班创建教育团队时应最大限度地：

（A）争取具有服务创业农牧民相关知识和专业技术的短期专家为其服务；

（B）争取农业部内直接参与过农业部项目的官员和雇员并将其经验纳入项目或讲习班课程。

（4）合作。

（A）一般原则。农业部部长完成本款规定时应尽可能与下列机构合作：

（ⅰ）州合作推广服务机构；

（ⅱ）联邦和各州机构；

（ⅲ）社区和非政府性机构；

（ⅴ）学院和大学（包括有资格授予准学士学位的研究所）或其下属基金会；且

（B）农业部长确定的其他适当合作伙伴。合作协议。尽管《美国法典》第 31 篇第 63 章存在相关规定，但农业部部长仍可就第（A）小项合作条款签署合作协议。

（e）课程和培训结算中心。农业部部长应为创业农牧民教育课程和培训材料、项目建立网上结算中心，可包括创业农牧民直接使用的在线课程。

（f）股东入股。完成本条规定时，农业部部长应从下列人员或机构中寻求股东入股：

（1）创业农牧民；

（2）在创业农牧民项目管理方面拥有专业知识的国家级、州、部落和地方性机构和个人；且

（3）根据《1992 年农业信贷改进法》（《美国法典》第 7 篇 1929 注释；《公法》102－554）所建立的创业农牧民咨询委员会。

（g）其他农牧民参与。本条规定未禁止农业部部长不允许非创业型农牧民参与本条规定授权项目，农业部部长可酌情审批，但不得与教育创业农牧民的意图相违背。

（h）拨款授权。授权 2002—2007 各财年适当拨款，完成本条规定。

第 7406 条　　国会对农业研究资金翻倍的看法。

国会认为：

（1）20 年来已持续为食品和农业研究提供联邦资金，对食品和农业发展的科学基础造成威胁；

（2）私营部门、工业投资在食品和农业研究中的比例相对增长，导致联邦和大学研究部门很难独立客观地开展研究和推广活动；且

（3）未来 5 个财年内的食品和农业研究资金至少应翻倍，目的如下：

（A）恢复食品和农业研究资金中公共和私营部门的平衡比例；且

（B）保持食品和农业发展所依靠的科学基础。

第 7407 条　　有机生产和市场数据倡议。

农业部部长应确保农业生产和营销数据收集现行标准应包括有机农产品生产和营销单列数据。

第 7408 条　　国际有机研究协作。

农业部部长应通过农业研究局（包括国家农业图书馆）和经济研究服务署帮助研究和推广专家、农民及美国其他相关利益人参与并使用国外有机研究。

第 7409 条　　有机农产品程序和处理报告。

农业部部长应在本条资金到位 1 年内向国会提交一份包含下列内容的报告：

（1）列出：

（A）有机农产品生产商和加工商为农业部研究和推广项目捐款具体情况；

（B）有机农产品生产商和加工商就研究和推广看法接受调查的具体情况；

（C）项目如何反映有机农产品生产商和加工商捐款、直接使生产商和加工商获益的方式；且

（D）对直接使有机农产品生产商和加工商获益的倡议实施的情况；且

（2）对联邦营销订单中已认证有机农产品的业界提案和其他提案进行评估，包括旨在为有机产品研究和推广获得其他资源、区分已认证新型或当前销售局限或存在其他营销顺序要求的有机食品和其他食品的提案。

第 7410 条　　转基因抗虫害植物报告。

国会认为农业部部长应在本法案颁布 1 年内：

（1）对委员会就国家研究理事会农业和自然资源委员会转基因抗虫害植物委员会 2000 年所提建议、转基因植物商业化相关环境影响委员会 2002 年就食品安全、抗虫害转基因农作物的需求监控、转基因植物的环境效果所提建议进行审查；且

（2）向众议院农业委员会和参议院农业、营养和林业委员会提交一份报告，列出农业部相关机构执行建议的举措，包括开发或实施与营销、法规、教育或经济学有关的项目或目标。

第 7411 条　　养分贮存研究。

（a）一般原则。农业部部长应对养分贮存开展评估研究，目的在于提高动物生产部门大型聚集地集水区的健康和生存能力。

（b）构成。农业部部长按照第（a）款规定开展研究时应对垃圾收集和分散在适当集水区之外的成本、需求和方式进行评估，减少可能造成的点源磷污染和非点源磷污染。

（c）汇报。农业部部长应向众议院农业委员会和参议院农业、营养和林业委员会提交一份报告，对按照第（a）款规定开展研究的结果进行说明。

第 7412 条　青年机构拨款。

《1998 年农业研究、推广和教育改革法》第 IV 章（《美国法典》第 7 篇 7621 及以下）（已经第 7206（e）条修改）的修改方式为在末尾处加入下列内容：

"第 410 条　青年机构拨款。

"（a）一般原则。农业部部长应通过州际研究、教育和推广局局长向美国女童子军、美国男童子军、国家 4－H 理事会、美国未来农民组织拨款创建实验工程，辅助其在乡村和小型城镇开展推广项目（包括《公法》107－19《美国法令全书》第 115 篇 153 所提供国家 4—H 理事会相关活动）。

"（b）资金。对于商品信贷公司所提供资金，农业部部长应为 2002 财年提供 8 000 000 美元，花尽前一直可用。

"（c）拨款授权。授权 2003—2007 财年适当拨款，完成本条规定。"

子篇 E　杂　　项

第 7501 条　美国岛区高等教育机构居住指南和远程教育。

（a）目的。本子篇目的在于推广和加强高等教育机构（参见《1965 年高等教育法》第 101（a）条（《美国法典》第 20 篇 1001（a）款）食品和农业科学高等教育，高等教育机构应在波多黎各联邦、美国维京群岛、关岛、美国萨摩亚群岛、北马里亚纳联邦、密克罗尼西亚联邦、马绍尔群岛共和国、帕劳共和国岛区食品和农业科学的教育和推广项目方面做出显著贡献，建立并管理旨在改进农业、自然资源、林业、兽医、家庭经济学和与农业生产及多样化系统密切相关的学科教育项目。

第 7502 条　定义。

（a）一般原则。《1977 年国家农业研究、推广和教育政策法》第 1404 条（《美国法典》第 7 篇 3103）的修改方式如下所示：

（1）将第（10）至（17）项分别重新指定为第（11）至（18）项；

（2）在第（9）项后插入下列内容：

"（10）岛区。'岛区'指的是：

"（A）波多黎各联邦；

"（B）关岛；

"（C）美国萨摩亚；

"（D）北马里亚纳联邦；

"（E）密克罗尼西亚联邦；

"（F）马绍尔群岛共和国；

"（G）帕劳共和国；且

"（H）美国维京群岛。"且

（3）删除第（13）项（已重新指定），插入下列内容：

"（A）州；

"（B）哥伦比亚特区；

"（C）所有岛区。"

（b）修改效果。对第（a）款规定所作修改不影响向下列地区分配公式资金（本《法案》颁布日生效）：

（1）密克罗尼西亚联邦；

（2）马绍尔群岛共和国；或

（3）帕劳共和国。

第 7503 条　岛区高等教育机构居住指南和远程教育拨款项目。

《1977 年国家农业研究、推广和教育政策法》（《美国法典》第 7 篇 3101 及以下）的修改方式为在末尾处加入下列内容：

"子篇 O　岛区高等教育机构。

"第 1489 条　定义。

"本子篇中的'合格机构'指的是岛区在食品和农业科学教育和推广项目开展过程中做出显著贡献的高等教育机构（参见第 101（a）条规定），参见《1965 年高等教育法》（《美国法典》第 20 篇 1001（a））。

"第 1490 条　岛区远程教育拨款。

"（a）一般原则。农业部部长可为岛区合格机构设立竞争性或非竞争性拨款，利用数码网络技术开展远程食品和农业教育项目。

"（b）使用。本条规定拨款用途如下所示：

"（1）在教室中向师生传授与设备、仪器使用、网络能力、软件硬件、数码网络技术和基础设施相关的技术；

"（2）开发、提供教育服务（包括教员发展），为希望获得教育部长认可州或地区主管机构授予学位或证书的师生做准备工作；

"（3）为希望获得教室中所用技术技能或指导程序的个人提供教师教育、图书馆和媒体专家培训、学前和教师辅助认证；

"（4）实施联合工程，向当地教育机构、社区机构、国家非营利性机构或企业提供教室内技术有关的教育；或

"（5）向承担技术教育机构职责的合格机构提供管理人、董事会成员和教员提供领导力发展培训。

"（c）拨款资金使用限制。本条规定所提供资金不得用于建筑物或设施规划、采购、建设、维护或维修。

"（d）项目管理。农业部部长实施本条规定时可对大西洋和太平洋合格机构的不同需求进行认可。

"（e）配套要求。

"（1）一般原则。农业部部长可提出以下要求——按本条规定领取拨款的合格机构提供配套资金的非联邦来源数额不得低于拨款的 50%。

"（2）豁免权。如农业部部长认为某机构不可能满足配套资金要求，且已按照第（1）项规定提出配套要求，则其可豁免任何财年向合格机构分配的配套资金。

"（f）拨款授权。授权 2002—2007 财年适当拨款，完成本条规定。

"第 1491 条　岛区居住指南拨款。

"（a）一般原则。农业部部长应向合格机构提供竞争性拨款，目的如下：

"（1）提高机构教育能力，包括图书馆、课程、教员、科学仪器使用教学传播系统、学生招收和保留，以应对各州、地区、国家或国际食品和农业科学教育需求；

"（2）吸引并支持本科和研究生，为其在国家需要的食品和农业科学领域提供受教育机会；

"（3）促进两个或多个岛区合格机构之间、州政府机构和单位或私营部门机构之间的合作倡议，努

力促进教员、设施、设备等资源的开发和使用，改进食品和农业科学教育项目；且

"（4）开展本科奖学金项目，力争满足培训食品和农业科学家的国家级要求。

"（b）拨款要求。

"（1）农业部部长应确保所有合格机构领取第（a）款规定拨款前曾致力于食品和农业科学领域的高等教育项目和本条规定拨款所用具体主体领域。

"（2）农业部部长可要求本条规定所授予任何拨款均应包含满足第 1402 条规定需求资金的相关条款。

"（e）拨款授权。授权 2002—2007 财年适当拨款，完成本条规定。"

第 7504 条　特别紧急情况和相应权限声明。

（a）赔偿款支付审查。《植物保护法》第 415 条（e）（《美国法典》第 7 篇 7715（e））的修改方式为在末尾处句号前插入下列内容："或由除农业部部长或其指定人员外的政府官员或雇员进行超过 60 天的审查"。

（b）特别决定审查。《植物法》第 442 条（《美国法典》第 7 篇 7772）的修改方式为在末尾处加入以下款内容：

"（c）部长决定。农业部任何官员、雇员或农业部部长代表在完成本法案过程中无需除农业部部长或其指定人员外的政府官员或雇员进行超过 60 天的审查。"

（c）甲基溴。《植物保护法》（《美国法典》第 7 篇 7701 及以下）的修改方式为在第 418 条后插入以下条内容：

"第 419 条　甲基溴。

"（a）一般原则。应州、地方或部落当局要求，农业部部长应确定是否授权州、地方或部落当局将所需甲基溴处理或应用作为官方控制或官方要求，以避免植物害虫（包括疾病）或有害杂草的引入或蔓延。如农业部长存在其他已登记的、在经济上可行的有效替换方案，则其不应对此类处理或应用进行授权。

"（b）甲基溴备选。农业部部长应与州、地方和部落当局磋商建立处理和控制植物害虫和杂草的甲基溴备选项目。如当前不存在其他已登记的、在经济上可行的有效替换方案，则农业部长应创建研究项目，开发备选控制和处理方法。

"（c）登记。农业部部长应在本条规定颁布 180 天内公布并保持其按本条规定授权的登记内容，即州、地方和部落要求记录。

"（d）管理。

"（1）决定时间表。农业部部长应在颁布本条实施规定后按照第（a）款要求作决定，决定时间不得超过收到要求后 90 天后。

"（2）解释。不应将本条规定解释为按照《清洁空气法》或该法律相关规定更改或修改环保局局长权限或向农业部部长提供权限。"

第 7505 条　发展中国家农业生物技术研究和开发。

《1998 年农业研究、推广和教育改革法》第 Ⅳ 篇（《美国法典》第 7 篇 7621 及以下）的修改方式为在末尾处加入下列内容：

"第 411 条　发展中国家农业生物技术研究和开发。

"（a）资格。本条中'合格实体'一词的含义如下所示：

"（A）提供农业或生物科学相关课程的高等教育机构；

"（B）非营利性机构；

"（C）营利性机构和农业研究机构联合。

"（b）拨款项目。

"（1）一般原则。农业部部长（可通过外国农业局）应为致力于发展中国家农业生物技术开发的合格实体建立竞争性拨款项目并进行管理。

"（2）资金使用。合格实体可按照本条规定使用资金利用生物技术实现下列目标：

"（A）提高可在发展中国家种植农产品的营养含量；

"（B）提高可在发展中国家种植农产品的产量和安全程度；

"（C）提高抗干旱和抗压力农产品、可在发展中国家种植农产品的产量；

"（D）扩大发展中国家可种植农作物的种植范围；

"（E）提高在发展中国家所种植蔬菜和水果的保存期限；

"（F）对可在发展中国家种植的环保型持续性农产品进行开发；且

"（G）对免除生命威胁性疾病疫苗和其他通过基因工程农产品消费所管理的药物疫苗进行开发。

"（c）拨款授权。授权2002—2007各财年适当拨款，完成本条规定。"

第7506条　土地购买权限、国家花生研究实验室，佐治亚州道森县。

对于农业研究局使用《2002年农业、乡村投资、食品和药品管理局、相关机构拨款法》（《公法》107-76；《美国法令全书》第115篇708）中《农业研究局——工资和花销》标题下规定拨款购买土地权限的限制不适用于佐治亚州道森国家花生研究实验室购买土地作为研究农田，本法案颁布日前已签署可购买性租赁协议。

第Ⅷ篇　林　　业

子篇A　《1978年合作林业援助法》

第8001条　废除林业激励计划和林务管理激励计划。

（a）废除。《1978年合作林业援助法》修订为删除第4条（《美国法典》第16篇2103）和第6条（《美国法典》第16篇2103（b））。

（b）剩余资金使用。尽管第（a）款做了修订，但是农业部部长可以使用2002财年拨给林业激励计划或林务管理激励计划，但是在本法案颁布之日前没有支出的资金，以执行《1978年合作林业援助法案》第4条和第6条，因为这两条在本法案颁布之日前仍然有效。

第8002条　拟定林地增强计划。

（a）目的。本条的目的是：

（1）使农业部部长加强致力于可持续林务管理，提高木材生产能力，增强鱼和野生动物栖息地，提高土壤质量和水质量，加强湿地和休闲资源，提高林地美学价值；

（2）拟定有关在非工业用私有林地建立、管理、维护、加强和恢复森林的协调一致的联邦、州与地方合作性可持续林业计划。

（b）林地加强计划。《1978年合作林业援助法》修订为在第3条（《美国法典》第16篇2102）后插入以下内容：

"第4条　林地加强计划。

"（a）计划拟定。

"（1）一般原则。农业部部长应该拟定一份林地加强计划：

"（A）向州林业工作者提供财政援助；并且

"（B）通过州林业工作者帮助非工业用私有林地业主利用州、联邦和私营部门资源管理专长、财政援助和教育计划，更加积极地管理这些所有者的非工业用私有林地和相关资源，从而鼓励美国境内的非工业用私有林地实现长期可持续发展。

"（2）协调与磋商。部长应通过州林业工作者执行计划：

"（A）与州林务管理协调委员会协调；并且

"（B）与其他联邦、州和地方自然资源管理机构、高等教育机构和广泛的私营部门利益相关者磋商。

"（b）计划目标。通过执行该计划，部长应利用资源实现如下目标：

"（1）投资用于建立、恢复、保护、管理、维护与加强美国境内非工业用私有林地的健康以及木材生产能力、植物群和动物群生活环境、土壤、水和空气质量、湿地和滨岸缓冲带。

"（2）确保根据需要开展植树造林、再造林、林木稀少林段改造、林分改造、改善苗木生长与生存的必要做法以及促进生长的做法，以增强和维持木材和非木材森林资源的生产能力，帮助满足将来对所有森林资源的公共需要并带来环境效益。

"（3）降低风险并帮助还原、恢复和减轻火灾、病虫害、入侵物种、疾病和破坏性天气造成的森林破坏。

"（4）增加和加强碳固定机会。

"（5）加强落实农业林学实践。

"（6）维护和加强森林基础，鼓励向林业业主提供州和地方金融与技术援助，提升保护价值与环境价值。

"（7）保护非工业用私有林地的观赏价值，为户外游玩提供机会。

"（c）州优先计划。

"（1）拟定。州林业局长与州林务管理协调委员会应该联合拟定旨在加强该州林务管理目标的州优先计划并提交部长。

"（2）报告。执行州优先计划的每个州应不晚于 2006 年 9 月 30 日向部长提交一份报告，陈述该计划资助的所有活动与实践的情况。

"（d）有资格获得帮助的业主。

"（1）合格标准。要满足该计划下分摊费用援助的条件，非工业用私有林地业主应同意：

"（A）与州林业局长、另一名州级官员或是专业资源管理人员合作，拟定并执行管理计划，该计划：

"（i）除第（2）或（3）项规定之外，涵盖不超过 1 000 英亩非工业用私有林地；

"（ii）由州林业局批准；并且

"（iii）涉及特定场所的活动与实践；并

"（B）在不少于 10 年的时期内以符合管理计划的方式落实规定的活动与实践，除非州林业局长同意对计划进行修改。

"（2）公共利益例外。如果部长通过与州林业局长磋商后认为根据计划提供分摊费用援助覆盖额外的面积将产生巨大的公共利益，部长可以为非工业用私有林地业主提高上述第（1）（A）（i）小项规定的面积限制，最高不超过 5000 英亩。

"（3）计划制定例外。非工业用私有林地业主可以获得计划下的分摊费用援助以制定第（e）款下涵盖超过了第（1）（A）（i）小项和第（2）项所规定面积限制的管理计划，只是该业主获得管理计划下分摊费用援助以落实规定活动和实践的资格仍然以第（1）（A）（i）小项规定的面积限制为准，或者如果部长作出了第（2）项所述的决定，则以该项所规定的面积限制为准。

"（e）管理计划。

"（1）提交与内容。寻求参加计划的非工业用私有林地业主应向林地所在州的州林业局长提交管理计划，该管理计划：

"（A）确定并叙述业主拟开展的项目与活动，以符合业主目的的方式保护和加强土壤、水、空气、草原品质和观赏价值、游玩、木材、水、湿地，鱼类与野生动物资源；

"（B）达到州和相关委员会制定的任何标准；并且

"（C）满足本条的其他要求。

"（2）所覆盖的土地。管理计划最少应该适用于业主的非工业用私有林地中在计划资助下将开展项目或活动的土地部分。如果一个项目或活动可能影响到所开展项目或活动土地以外的面积，则管理计划应适用于业主有森林覆盖且可能受到项目或活动影响的所有土地。

"（f）规定的活动。

"（1）州的活动清单。部长应为各州拟定可以获得满足计划目的的费用分摊援助的规定森林活动与实践清单。部长应在与州林业局长和委员会磋商后拟定该清单。

"（2）活动类型。第（1）项上规定的活动与实践可以包括满足如下目的的活动与实践：

"（A）为了防护林、防风林、观赏价值和其他保护目的的建立、管理、维护和恢复森林。

"（B）森林可持续的生长与管理以进行木材生产。

"（C）恢复、利用和加强森林湿地与水滨地带。

"（D）通过以下方式保护水质和水域：

"（ⅰ）在水滨地带植树；和

"（ⅱ）加强管理和维护对水质至关重要的土地上的原生植被。

"（E）管理、维护、恢复或发展植物、鱼类和野生动物的生长环境。

"（F）控制、观测、监督和防止入侵物种和害虫在非工业用私有林地的扩散。

"（G）恢复受入侵物种或害虫影响的非工业用私有林地。

"（H）进行其他管理活动，例如减少危险燃料，以减轻火或部长认定的其他任何灾难性事件对森林造成的风险，修复、恢复和减轻火或部长认定的其他任何灾难性事件对森林造成的破坏。

"（I）制定管理计划。

"（J）开展节能和碳固定活动。

"（K）与州林业局长和相关委员会磋商，开展部长批准的其他活动。

"（g）对符合条件活动的补偿。

"（1）一般原则。如果一名符合条件的业主制定了一份经批准的管理计划，部长应分担部长认为合理的规定活动与实践的费用。

"（2）比例。部长应决定第（1）项下费用分摊的合理补偿比例及支付的时间安排。

"（3）最高分摊比例。部长向业主支付本款下的分摊费用不应超过业主执行管理计划下规定活动与实践总费用的75%，或州林业局长确定的更高比例。

"（4）累计支付限额。部长应确定根据本计划一名业主可以获得的分摊费用的最高累计限额。

"（5）磋商。部长应在与州林业局长磋商后做出本款下的决定。

"（h）收回。

"（1）一般原则。部长应制定并执行相关机制，一旦业主在接受了费用分摊的付款之后未能执行管理计划中规定的活动与实践，则收回付给该业主的费用。

"（2）额外补救。第（1）项规定的补救措施是部长可以利用的其他补救措施的补充。

"（i）分配费用分摊资金。部长应在充分考虑如下因素之后通过州林业局长分配费用分摊资金：

"（1）分配将带来的公共利益。

"（2）各州的非工业用私有林地总面积。

"（3）部长确定的这些土地的潜在生产能力。

"（4）各州有资格获得费用分摊的业主人数。

"（5）在这些土地上提高非木材资源的机会，包括：

"（A）保护水滨缓冲带和森林湿地；

"（B）保护鱼类和野生动物生长环境；

"（C）提高土壤、空气和水的质量；

"（D）保持观赏价值和户外游玩的机会。

"（6）各州对木材和非木材资源的预期需求。

"（7）改善森林健康以减少灾难性大火、病虫害、疾病或天气的破坏性影响的需要。

"（8）各州对农业林学实践的需要与要求。

"（9）维护和加强森林土地基础的需要。

"（10）植树造林、再造林和林分改造的需要。

"（j）资金可用性。部长应使用商品信用公司 100 000 000 美元资金，用于在《2002 年农业安全与农村投资法》生效之日起到 2007 年 9 月 30 日止这一期间内执行该计划。

"（k）定义。在本条中：

"（1）非工业用私有林地。'非工业用私有林地'指的是部长确定的具有如下特征的农村土地：

"（A）有树木覆盖或适宜种植树木；并且

"（B）为任何非工业用私有个人、团体、联盟、合作社、印地安部落或其他私人法律实体所有，只要该个人、团体、联盟、合作社、部落或实体对土地有绝对的决策权。

"（2）委员会。'州林务管理协调委员会'和'委员会'指根据第 19 条（b）款建立的州林务管理协调委员会。

"（3）印地安部落。'印地安部落'与《印地安人自决与教育援助法》第 4 条（《美国法典》第 25 篇 450b）中的术语意思相同。

"（4）业主。'业主'指非工业用私有林地的所有者。

"（5）计划。'计划'指本条所规定的林地增强计划。

"（6）部长。'部长'指农业部部长。

"（7）州林业局长。'州林业局长'指州林业局局长或其他对等的州级官员。"。

（c）一致性修正。《1994 年农业部重组法》第 246 条（b）款（2）项（《美国法典》第 7 篇 6962（b）（2））修订为删除"林业激励计划"并插入"林地增强计划"。

第 8003 条 加强社区防火。

（a）发现。国会发现：

（1）过去几十年，由于以前的防火和土地管理政策，林野火灾严重性和强度巨增。

（2）2000 个火灾季节的记录就是不采取措施可能结果的最好例证。

（3）森林大火不仅威胁着美国的森林资源，同时也威胁着城乡结合地带混居在林野之间的千千万万个社区。

（4）如果适当落实，《国家消防计划》将是最合适、最协调也最有效的森林大火问题解决方式。

（5）虽然有适当的主管部门在景观级别负责联邦土地的森林大火问题，但是对大多数私有土地采取行动的权力有限，而对生命和财产的最大威胁就存在于私有土地上。

（6）加强社区森林大火防护对联邦意义重大。

（b）加强保护。《1978 年合作林业援助法》修订为在第 10 条（《美国法典》第 16 篇 2106）后插入：

"第 10A 条 加强社区防火。

"（a）与森林大火相关的合作管理。部长可以与州林业局长和相应的州级官员合作，管理美国的土地，其目的是：

"（1）为森林大火防护与控制提供帮助。

"（2）保护社区免受森林大火威胁。

"（3）增强树木和森林的生长与维护，促进森林总体健康。

"（4）通过保护水域、防护林和防风林带，确保所有森林资源的持续生产，包括木材、户外游玩机会、野生动物栖息地和清洁水。

"（b）社区与私有林地火灾援助计划。

"（1）计划拟定；目的。部长应制定社区与私有林地火灾援助计划（本款称为'计划'）：

"（A）将联邦的作用重点放在推动联邦、州和地方级别最理想的消防效率上；

"（B）增加建立景观级别森林大火防护的项目；

"（C）加强对房主和社区的防火宣传与教育；以及

"（D）在房屋和私有土地所有者财产周围建立防火带。

"（2）管理与执行。计划应由联邦林业局管理，通过州林业局长或相应的州级官员执行。

"（3）内容。经与本法案所涉及的现有主管部门协调，与州林业局长或相应的州级官员磋商，部长可以在非联邦所有的土地上进行：

"（A）燃料危险减轻与预防；

"（B）入侵物种管理；

"（C）多资源火灾规划；

"（D）社区保护规划；

"（E）社区与土地所有者教育，包括火灾逃生计划；

"（F）市场开发与扩展；

"（G）改进木材利用；和

"（H）特别恢复项目。

"（4）需要征得同意。部长在非联邦所有土地上开展的计划活动应征得土地所有者的同意。

"（5）注意事项。部长应尽可能使用当地社区的人员开展计划下的项目。

"（c）磋商。在执行本条时，部长应根据需要与美国消防局局长、国家标准与技术研究院及其他联邦机构领导进行磋商。

"（d）拨款授权。授权拨款给部长以执行本条：

"（1）2002—2007 财年每年 35 000 000 美元；及

"（2）之后每财年根据需要确定的金额。"

子篇 B 对其他法律的修订

第 8101 条 可持续林业宣传倡议；可再生资源推广活动。

（a）可持续林业宣传倡议。《1978 年可再生资源推广法》修订为在第 5A 条（《美国法典》第 16 篇 1674a）后插入：

"第 5B 条 可持续林业宣传倡议。

"部长应制定名为"可持续林业宣传倡议"的计划，对土地所有者进行如下教育：

"（1）可持续林业的价值与利益。

"（2）专业林业建议对于实现可持续林业目标的重要性。

"（3）可用于帮助土地所有者规划与实施可持续林业的各种公私资源。"

（b）可再生资源推广活动。

（1）拨款授权。《1978 年可再生资源推广法》（《美国法典》第 16 篇 1675）第 6 条修订为删除第一句并插入：

"授权为 2002—2007 财年每年拨款 30 000 000 美元以执行本法案。"

（2）终止日期。《1978 年可再生资源推广法》修订为在第 8 条（《美国法典》第 16 篇 1671 注释；《公法》95－306）修改为删除"2000"并插入"2007"。

第 8102 条　国际林业办公室。

《1990 年全球气候变化防止法》第 2405 条（d）款（《美国法典》第 7 篇 6704（d））修改为删除"2002"并插入"2007"。

子篇 C　其他规定

第 8201 条　麦金太尔—斯坦尼斯合作林业研究计划。

重申《公法》87-788（《美国法典》第 16 篇 582a 及以下），即《麦金太尔－斯坦尼斯合作林业法》的重要性符合国会立法精神。

第 IX 篇　能　　源

第 9001 条　定义。

（1）在本篇中："局长"指的是环境保护局局长。

（2）生物基产品。"生物基产品"指的是经部长认定的一种商业或工业产品（而非食品或饲料），该产品全部或大部分是由生物产品或可再生国内农业材料（包括植物、动物或海洋材料）或林业材料构成。

（3）生物质。

（1）一般原则。"生物质"指在可再生或循环的基础上可以利用的任何有机材料。

（2）包括物。"生物质"包括：

（ⅰ）农作物；

（ⅱ）用于能源生产的树木；

（ⅲ）木材废料和木头残渣；

（ⅳ）植物（包括水生植物与草生植物）；

（ⅴ）残渣；

（ⅵ）纤维；

（ⅶ）动物粪便和其他废料；和

（ⅷ）脂肪、油和油脂（包括可回收脂肪、油和油脂）。

（2）除外。"生物质"不包括：

（ⅰ）一般可回收的纸张；或

（ⅱ）未分离的固体废物。

（4）可再生能源。"可再生能源"指源于以下来源的能源：

（3）风、太阳、生物基或地热；或

（4）利用第（A）项所述能源来源，源于生物基或水的氢。

（5）农村小型企业。"农村小型企业"由部长通过法规进行规定。

（6）部长。"部长"指农业部部长。

第 9002 条　生物基产品的联邦采购。

（a）本条适用范围。除第（c）款规定之外，任何联邦机构在购买采购项目进货价格超过 10 000 美元的采购项目或一财年内购买的项目或功能对等项目数量达到或超过 10 000 美元时，都应该遵守本条及本条下所有规定的要求。

（b）适用于其他法律的采购。根据《固体废物处置法》第 6002 条（《美国法典》第 42 篇 6962），适用于局长规定的任何联邦机构的任何采购，当本条的要求与局长的规定不一致时，则本条的要求不适用。

（c）采购优先权。（1）除第（2）项规定之外，在根据本条第（e）款拟定的适用指导方针规定的日期之后，任何联邦机构在采购该指导方针中所规定的任何项目时，在做出采购决定的过程中都应优先考虑由最高比例可用生物基产品构成的项目。

（2）机构的灵活性。尽管第（1）项如此规定，但是机构可以决定不采购此项目，如果该机构认为该项目：

（A）在合理的时间段内无法合理地获得；

（B）不能达到适用规格所规定的性能标准或不能达到采购机构的合理性能标准；或

（C）价格不合理。

（3）根据本条第（e）款拟定的适用指导方针规定的日期之后，对于生物基产品，签订采购合同的机构应要求供应商保证用于履行合同的生物基产品达到适用规格或其他合同要求。

（d）规格。负责起草或审议联邦机构采购项目规格的所有联邦机构应该在根据第（e）款拟定的适用指导方针公布之日起 1 年内，或该指导方针规定的时间内，保证要求使用生物基产品的这些规格符合本条的要求。

（e）指导方针。

（1）一般原则。在与局长、总务署署长、商务部部长（由国家标准与技术研究院主任代表）磋商之后，部长应制定并时时修订供采购机构使用以满足本条要求的指导方针。该指导方针应：

（A）说明哪些商品是由或可以由生物基产品制造，并且采购机构购买后将实现本条的目标。

（B）提出与采购生物基产品和包含此材料的商品相关的推荐作法以及与供应商证明所使用生物基产品所占比例有关的推荐作法。

（C）提供与此材料和商品可用性、相对价格、性能以及环境和公共健康利益有关的信息，在适当的情况下应建议所采购产品中将包含生物基材料的百分比。

（2）注意事项。在进行第（1）（A）项的说明时，部长最少应考虑：

（A）这些项目的可获得性；以及

（B）使用这些项目的经济与技术可行性，包括寿命周期成本。

（3）最终指导方针。在本法案颁布之日起 180 天内，部长应制定本条下的最终指导方针。

（f）联邦政府采购政策办公室。联邦政府采购政策办公室应与部长合作，执行本条的要求。联邦政府采购政策办公室有责任将此政策与其他联邦政府政策进行协调，以执行本条的要求。另外，从 2003 年起每两年应向国会报告联邦机构所采取的行动以及在执行本条方面所取得的进展，包括机构遵守第（d）款的情况。

（g）采购计划。（1）在根据第（e）款公布适用指导方针之日起 1 年内，各联邦机构应制定采购计划，保证将在可操作的最大限度范围内，根据联邦政府采购法适用的规定，采购由生物基产品构成的项目。

（2）根据本款所要求的每一份采购计划都应该至少包括：

（A）生物基产品优先采购计划；

（B）机构促进计划，促进根据第（A）小项通过的优先采购计划；和

（C）对机构采购计划有效执行情况的年度审议和监督。

（3）在拟定优先采购计划的过程中，应考虑采用以下选项：

（A）具体问题具体分析的政策。由于第（c）款第（2）项第（A）小项到第（C）小项的限制，应执行将合同授予所提供商品由最高比例生物基产品构成的供应商的政策。由于这些限制，各机构可以将合同授予所提供商品并没有包含最高生物基产品含量的供应商。

（B）最低含量标准。确定最低生物基产品含量规格以确保所要求的生物基产品含量与本条的要求相符，不违反第（2）项第（A）小项到第（C）项的限制。联邦政府机构应在采购计划中包括第（A）小项和第（B）小项中的选项之一，或是本质上一样的方案。

（h）标签。

（1）一般原则。部长应通过与局长磋商制定一份自愿计划，部长根据该计划授权生物基产品生产商使用"美国农业部验证生物基产品"标签。

（2）合格标准。在本法案颁布之日起1年内，部长应与局长磋商，发布标准以确定哪些产品有资格根据第（1）项获得标签。该标准应该鼓励购买生物基含量最高的产品，应在最大可能的程度上与第（e）款发布的指导方针相一致。

（3）标签的使用。部长应确保第（1）项所指的标签仅用于满足根据第（2）项所发布标准的产品。

（4）认可。部长应拟定一份自愿计划，对使用大量生物基产品的联邦政府机构和私人实体进行认可。

（i）限制。本条所有内容均不适用于采购汽车燃料或电力。

（j）资金来源。

（1）拨款授权。授权拨付执行本条所需要的资金。

（2）测试生物基产品的资金。

（A）一般原则。自2002—2007财年，部长每年应使用商品信用公司1 000 000美元资金，用于支持测试生物基产品以执行本条。

（B）资金的使用。可以使用根据第（A）小项划拨的资金支持与有开展此项测试经验和专业技术的实体签署合同或合作协议。

（C）优先选择权。部长有权决定优先选择对私营企业可以分摊测试费用的产品进行测试。

第 9003 条　生物炼制发展补助。

（a）目的。本条旨在是帮助发展使用生物质（包括木质纤维素类生物质）的新兴技术，以便：

（1）发展运输燃料和其他燃料、化学制品和可再生来源能源；

（2）增强美国的能源独立性；

（3）为资源保护、公众健康和环境带来有利的影响；

（4）使农林产品原料市场多样化；

（5）创造就业及促进农村经济发展。

（b）定义。在本条中：

（1）咨询委员会。"咨询委员会"指根据《2000年生物质研究与发展法》第306条（《美国法典》第7篇7624注释；《公法》106-224）所成立的生物质研究与发展技术咨询委员会。

（2）生物炼制。"生物炼制"指具有以下功能的设备和进程：

（A）将生物质转化成燃料或化学制品；

（B）可生产电力。

（3）委员会。"委员会"指根据《2000年生物质研究与发展法》第306条（《美国法典》第7篇7624注释；《公法》106-224）所成立的生物质研究与发展委员会。

（4）印地安部落。"印地安部落"与《印地安自决与教育援助法》第4条（《美国法典》第25篇

450b）的术语意思一样。

（c）补助。部长应向符合资格的实体提供补助，帮助支付发展和修建生物炼制厂开展项目以证明转化生物质为燃料或化学制品的一个或多个流程商业可行性所需的费用。

（d）符合资格的实体。个人、企业、农场合作社、农民协会、国家实验室、高等教育机构（如《1965 年高等教育法》第 101 条（《美国法典》第 20 篇 1001）所定义的）、州或地方能源局或办公室、印地安部落或由上述任何实体组成的联合体都有资格根据第（c）款获得资助。

（e）获得资助的竞争基础。

（1）一般原则。部长应在与委员会和咨询委员会磋商之后，在竞争的基础上授予补助。

（2）遴选标准。

（A）一般原则。在遴选可根据第（c）款获得补助的项目时，部长：

（ⅰ）应以项目将证明转化生物质为燃料、化学制品或能源的新兴流程商业可行性的可能性为基础选择项目；

（ⅱ）可以考虑该项目生产电力的可能性。

（B）因素。根据第（A）小项应予以考虑的因素包括：

（ⅰ）产品的潜在市场；

（ⅱ）申请者的资金参与水平；

（ⅲ）其他合理资金来源的可用性；

（ⅳ）对资源保护、公众健康和环境的有利影响；

（ⅴ）生产商协会和合作社的参与；

（ⅵ）项目具有可操作性的时间框架；

（ⅶ）对农村经济发展的潜力；

（ⅷ）多个合格实体的参与；

（ⅸ）发展工业用先进生物技术的潜力。

（f）费用分担。

（1）一般原则。根据第（c）款授予一个项目的补助不应超过该项目总费用的 30％。

（2）补助获得者分担费用的形式。

（A）一般原则。补助获得者分担项目费用的形式可以是现金也可以是提供服务、原料或其他非现金贡献；

（B）限制。补助获得者以提供服务、原料或其他非现金贡献的方式分担项目费用的总额不应超过根据第（1）项确定的补助获得者应分担费用总额的 25％。

（g）磋商。在执行本条时，部长应与能源部长磋商。

（h）拨款授权。授权为 2002—2007 财年每年拨款执行本条所需要的金额。

第 9004 条 生物燃料教育计划。

（a）一般原则。部长应根据合理的条件和条款，向合格的实体进行竞争性补助以经营车队的政府与私营实体、其他利益实体（由部长确定）及公众进行有关使用生物燃料利益的教育。

（b）合格的实体。要根据第（a）款获得补助，相关实体：

（1）应该是非营利机构或高等教育机构（如《1965 年高等教育法》第 101 条（《美国法典》第 20 篇 1001）所定义的）；

（2）应该具备生物柴油燃料生产、使用或销售的知识；

（3）应该具备开展教育和技术支持项目的实力。

（c）磋商。在执行本条时，部长应与能源部长磋商。

（d）资金。自 2002—2007 财年，部长每年应使用商品信用公司 1 000 000 美元资金，用于执行本条。

第 9005 条　能源审计与可再生能源发展计划。

（a）一般原则。部长应向合格的实体进行竞争性补助以开展一项计划，帮助农民、农场主和农村小型企业提高能源效率，使用可再生能源技术和资源。

（b）合格的实体。根据第（a）款开展计划的实体为：

（1）州能源或农业机构；

（2）地区或州的能源组织或印地安部落（如《印地安自决与教育援助法》第 4 条（《美国法典》第 25 篇 450b 所定义）的能源组织；

（3）赠地学院或大学（如 1977 年《国家农业研究、推广与教学政策法》第 1404 条（《美国法典》第 7 篇 3103 所定义）或其他高考教育机构（如 1965 年《高等教育法》第 101 条（《美国法典》第 20 篇 1001 所定义）；

（4）农村电力合作社或公用企业公司；

（5）非营利组织；

（6）部长确定的任何其他实体。

（c）价值评议。

（1）价值评议过程。部长应制定价值评议过程，利用其他联邦政府机构、业界和非政府组织的专业知识审议第（a）款下的补助申请。

（2）遴选标准。在对合格实体根据第（a）款申请补助进行审议时，部长应考虑：

（A）合格实体提供专业能源审计和可再生能源评估的能力与专业能力；

（B）合格实体建议计划的地理范围；

（C）计划将资助的农民、农场主、农村小型企业的数量；

（D）计划带来节能和环境与公共健康利益的潜力；

（E）合格实体对农民、农场主、农村小型企业就能源效率与可再生能源发展利益进行教育的计划。

（d）资助资金的用途。

（1）要求的用途。第（a）款下补助接受者应使用补助资金开展和推动农民、农场主、农村小型企业的能源审计，为农民、农场主、农村小型企业提供关于如何提高能源效率和使用可再生能源技术与资源的建议。

（2）允许的用途。除了第（1）项所述的用途之外，补助接受者可以使用补助资金让农民、农场主、农村小型企业了解并确保他们能获得：

（A）第 9006 条下的财政援助；

（B）农民、农场主、农村小型企业有资格获得的其他联邦、州和地方财政援助计划。

（e）费用分担。第（a）款下的补助接受者在根据第（d）款第（1）项为农民、农场主或农村小型企业开展能源审计时，应要求，作为能源审计的一个条件，农民、农场主或农村小型企业至少支付能源审计 25％的费用。

（f）费用分担资金的使用。补助接受者根据第（e）款因为使用补助资金开展活动而收到的资金应该用于开展根据本条由部长授权的活动。

（g）磋商。在执行本条时，部长应与能源部长磋商。

（h）报告。自本法案颁布之日起，在不晚于 4 年内，部长应向国会提交一份关于执行本条的报告。

（i）拨款授权。授权为 2002—2007 财年每年拨款执行本条所需要的金额。

第 9006 条　可再生能源系统与能源效率提高。

（a）一般原则。除了行使权力根据其他法律提供贷款和贷款担保之外，部长还应该向农民、农场主和农村小型企业提供贷款、贷款保证和补助以：

（1）购买可再生能源系统；

（2）进行能源效率提高。

（b）资格。要符合获得第（a）款下补助的资格，农民、农场主或农村小型企业应说明部长所确定的资金需求。

（c）费用分担。

（1）一般原则。

（A）补助。补助总额不应超过根据第（a）款资助活动费用的25%。

（B）合并补助与贷款最大限额。合并补助与贷款或担保的总额不应超过根据第（a）款资助活动费用的50%。

（2）因素。在确定补助或贷款的金额时，部长应根据情况考虑：

（A）拟购买的可再生能源系统类型；

（B）可再生能源系统预计将产生的能量；

（C）可再生能源系统的预期环境利益；

（D）可再生能源系统可复制的程度；

（E）由相当于第9005条下能源审计的能源审计所确定的活动将带来的预期节能量；

（F）活动所产生的节能抵消活动成本预计需要的时间；

（G）其他适当的因素。

（d）利率。

（1）一般原则。部长根据第（a）款所提供贷款的利率应相当于贷款批准当日可比到期国债利率。

（2）期限。每笔贷款的利率在贷款期内一直有效。

（e）磋商。在执行本条时，部长应与能源部长磋商。

（f）资金。自2003—2007财年，部长每年应使用商品信用公司23 000 000美元资金，用于执行本条。

第9007条 氢和燃料电池技术。

（a）一般原则。部长和能源部长应签署一份谅解备忘录，根据谅解备忘录，部长和能源部长应合作推动农村社区和农业生产者应用氢和燃料电池技术计划。

（b）信息发布。根据谅解备忘录，部长应与能源部长合作，向农村社区和农业生产者发布关于氢和燃料电池潜在应用的信息。

第9008条 生物质能研究与发展。

（a）资金来源。《2000年生物质能研究与发展法》（《美国法典》第7篇7624注释；《公法》106-224）修订为：

（1）在第307条，删除第（f）款；

（2）将第310条重新设为第311条；

（3）在第309条后插入：

"第310条 资金来源。

"（a）资金来源。部长从商品信用公司的资金中按以下标准划拨资金用于执行本篇。

"（1）2002财年5 000 000美元；

"（2）2003—2007财年，每年14 000 000美元。

"（b）拨款授权。除根据第（a）款转移的金额之外，授权2002—2007财年每年拨款49 000 000美元用于执行本篇。"

（b）授权终止。《2000 年生物质能研究与发展法》第 311 条（《美国法典》第 7 篇 7624 注释；《公法》106 - 224）（如第（a）款所重设）修订为删除"2005 年 12 月 31 日"并插入"2007 年 9 月 30 日"。

第 9009 条 合作研究与推广项目。

《2000 年农业风险保护法》第 221 条（《美国法令全书》第 114 篇 407）修订为：

（1）将第（a）款重新设为第（f）款；

（2）在第（c）款后插入：

"（d）合作研究。

"（1）一般原则。根据拨款情况，通过与参与美国全球变化研究计划的部门与机构（可以使用他们的任何法定权限）和合格的实体合作，部长可以执行研究以促进对以下问题的理解：

"（A）碳流入土壤和植物（包括树木）的情况；

"（B）来自农业的其他温室气体的交换情况。

"（2）合格的实体。可以通过向高等院校（如《1977 年国家农业研究、推广与教学法》第 1404 条（《美国法典》第 7 篇 1303）所定义）以竞争的方式授予补助和合作协议来开展本款下的研究。

"（3）合作研究的目的。根据本款进行的研究应该鼓励土壤科学、农艺学、农业经济学、林业和其他农业科学领域的科学家与专家进行合作，研究重点是：

"（A）形成关于土壤和植物（包括树木）中碳损益情况和来自农业的一氧化碳和一氧化二氮交换情况的数据；

"（B）搞清楚农业和林业实践如何影响碳固定于土壤和植物（包括树木）中，如何影响其他温室气体交换，包括生物技术和纳米技术等新技术的影响；

"（C）寻找有成本效益的办法，测量和监督土壤和植物（包括树木）中碳池变化情况，包括电脑模式；

"（D）评估联邦资源保护计划与碳固定之间的联系；

"（E）寻找办法，包括遥感技术，测量碳与其他被固定的温室气体的交换情况，评估泄漏、性能和持久性的问题；

"（F）评估根据本款所进行研究对于寻找办法理解农业（包括林业）活动对温室气体交换影响的适用性。

"（4）拨款授权。授权为 2002—2007 财年每年拨款执行本条所需要的金额。

"（e）推广项目。

"（1）一般原则。通过与参与美国全球变化研究计划的部门与机构（可以使用他们的任何法定权限）、地方推广机构、来自开设了农业与生物科学课程的高等院校的专家，其他地方农业与资源保护组织合作，部长可以执行推广项目（包括有农业生产者直接参与的田间项目），将测量工具和模型技术与综合包相结合，监测资源保护实践的碳固定利益以及农业温室气体交换情况，证明监测办法的可行性：

"（A）监测土壤和植物（包括树木）中碳含量和其他碳池变化情况；

"（B）监测其他温室气体交换情况。

"（2）推广项目结果。部长可以向农民、农场主、私有林地所有者和各州合适的州级机构发布关于如下情况的信息：

"（A）本款下项目的结果；

"（B）项目中所使用的可能适用于农民、农场主、私有林地所有者经营的方式方法。

"（3）拨款授权。授权为 2002—2007 财年每年拨款执行本条所需要的金额。"。

第 9010 条　继续生物能源计划。

（a）定义。在本条中：

（1）生物能源。"生物能源"指：

（A）生物柴油；

（B）燃料级乙醇。

（2）生物柴油。"生物柴油"指满足美国检测与材料协会适当标准的单羟基化合物。

（3）合格商品。"合格商品"指：

（A）小麦、玉米、高粱、大麦、燕麦、稻谷、大豆、葵花籽、油菜籽、红花、亚麻籽、芥菜、海甘蓝、芝麻籽和棉籽；

（B）纤维质商品（如小黑杨和柳枝稷）；

（C）农业产业生产的脂肪、油脂和植物油（包括回收使用的脂肪、油脂和植物油）；

（D）部长确定可用于生产生物能源的脂肪、植物油和油脂（包括再生脂肪、植物油和油脂）。

（4）合作生产者。"合格生产者"指使用合格商品生产生物能源的生产者。

（b）生物能源计划。

（1）继续。部长应继续《联邦法规》第7篇第1424条（或任何后续法规）下的计划，根据该条规定，部长向合格的产生者提供报酬，鼓励增加购买合格商品用于扩大此种生物能源的生产并支持此种生物能源的新生产能力。

（2）合同。要有资格获得报酬，合格的生产者应：

（A）与部长签署合同，在一个或多年财政年度内增加生物能源生产；并

（B）向部长提交部长所要求的记录，以作为增加购买和使用合格商品进行生物能源生产的证据。

（3）报酬。

（A）一般原则。根据计划，部长应以合格生产者在一个财政年度里所生产的超过前一个财政年度该合格生产者所生产生物能源数量的生物能源数量为基础，向合格的生产者提供报酬。

（B）报酬比例。

（ⅰ）低于 65 000 000 加仑的生产者：

对于生产生物能源低于 65 000 000 加仑的合格生产者，其用于增加生产用的每 2.5 个合格商品给料补偿 1 个给料。

（ⅱ）低于 65 000 000 加仑的生产者：

对于生产生物能源等于或高于 65 000 000 加仑的合格生产者，用于增加生产用的每 3.5 个合格商品给料补偿 1 个给料。

（C）按季支付。部长应在财政年度内按季向合格生产者支付补助款。

（4）按比例分配。如果根据第（c）款在一个财政年度里给定的金额不足以支付（申请报酬的）合格生产者根据本款应获得的报酬，则部长应在所有这些合格生产者之间按比例分配资金。

（5）多付的款项。如果一个合格的生产者根据本条在一个财政年度里获得的报酬金额超过了该合格生产者根据本款应该获得金额，则该合格的生产者应将多付的款项返还给部长，同时付息（由部长确定）。

（6）限制。任何一个合格的生产者都不应获得根据第（c）款在一个财政年度里给定总金额的百分之五。

（7）其他要求。要符合资格根据本款获得报酬，合格的生产者应该满足生产生物能源适用的其他联邦法律（包括法规）要求。

（c）资金来源。部长应按如下标准使用商品信用公司资金以执行本条；

（1）2002—2006 财年，每财年不超过 150 000 000 美元。

（2）2007 财年 0 美元。

第 X 篇 杂 项

子篇 A 农业保险

第 10001 条 土豆和甘薯同等农作物保险待遇。

《联邦农作物保险法》第 508 条（a）款（2）项（《美国法典》第 7 篇 1508（a）（2））修订为在第一句删除"和土豆"并插入"土豆和甘薯"。

第 10002 条 连续覆盖。

《联邦农作物保险法》第 508 条（e）款（4）项（《美国法典》第 7 篇 1508（e）（4））修订为：

（1）在段首，删除"暂时禁止"并插入"禁止"；

（2）删除"到 2005 年"并插入"及之后"。

第 10003 条 质量损失调整程序。

《联邦农作物保险法》第 508 条（m）款（《美国法典》第 7 篇 1508（m））修订为：

（1）在第（3）项：

（A）删除"企业"并插入：

"（A）"审查。企业"；

（B）删除"基于"并插入：

"（B）程序。不晚于 2004 再保险年有效开如，基于"；

（2）在末尾增加。

"（4）向仓库经营者提供的农业商品的质量。在实施本条的过程中，部长应以一致的方式、根据相同的条件和条款，接受提供给下列机构的农业商品质量证明：

"（A）根据《美国仓库法案》（《美国法典》第 7 篇 241 及以下）批准的仓库经营者；

"（B）以下仓库经营者：

"（ⅰ）根据州法律获得批准；

"（ⅱ）与商品信用公司签署了仓储合作协议；

"（C）以下仓库经营者：

"（ⅰ）没有根据州法律获得批准但是符合关于仓库的州法律；

"（ⅱ）与商品信用公司签署了商品仓储合作协议。"。

第 10004 条 总收入保险调整试点计划。

《联邦农作物保险法》第 523 条款（《美国法典》第 7 篇 1523）修订为在句末增加：

"（e）总收入保险调整试点计划。

"（1）一般原则。至少到 2004 保险年底，公司应执行 2002 保险年度生效的总收入保险调整试点计划。

"（2）额外的县。

"（A）一般原则。除了试点计划中所包括的县之外，公司应在 2003 保险年度的试点计划中包括加利福利亚至少 8 个县和宾夕法利亚州至少 8 个县。

"（B）遴选标准。在执行第（A）小项的过程中，公司应与对应州的农业厅合作，制定确定哪些县包括在试点计划中的标准。"

第 10005 条　扩大农植物保险覆盖的国会立法精神。

国会立法精神是，联邦农作物保险企业应通过扩大试点计划和《联邦农作物保险法》（《美国法典》第 7 篇 1501 及以下）覆盖范围，解决生产者的需要，包括：

（1）乔治亚州美国山核桃种植者的作物收入保险；和

（2）覆盖堪萨斯州的连续小麦作物。

第 10006 条　特别农作物保险报告。

本法案生效之日起不晚于 180 天内，农业部部长应向众议院农业委员会和参议院农业、营养与林业委员会提交报告，陈述：

（1）联邦农作物保险公司在研究和制定创新性风险管理产品以包括为覆盖特种作物，特别是苹果、芦笋、蓝莓（野生和种植）、卷心菜、油菜、胡萝卜、樱桃、圣诞树、柑橘、黄瓜、大豆、茄子、花卉、葡萄、温室和苗圃农业商品、青豆、青椒、干草、生菜、枫树、蘑菇、梨、土豆、南瓜、四季豆、菠菜、窝瓜、草莓、甜菜和西红柿等提供生产成本保险方面的进展情况；

（2）公司在增加特种作物种植者、中小型农场和部长确定的服务力度不够的地区使用公司提供的风险管理产品方面的进展情况。

子篇 B　灾害援助

第 10101 条　将海草和海滨燕麦草纳入非保险作物灾害援助计划的覆盖范围。

《1996 年联邦农业改良与改革法》第 196 条（a）款（2）项（B）小项（《美国法典》第 7 篇 7333（a）（2）（B））修订为在"鱼类),"后插入"海草和海滨燕麦草"。

第 10102 条　帮助低收入移民工和季节性农业工人的突发事件补助。

《1990 年粮食、农业、保育与贸易法》第 2281 条（a）款（《美国法典》第 42 篇 5177a（a））修订为删除"，每年不超过 20 000 000 美元，"。

第 10103 条　种子生产者突发事件贷款。

《2000 年农业风险保护法》第 253 条（b）款（5）项（B）小项（《公法》106 - 224；《美国法令全书》第 114 篇 423）修订为删除"18 个月"并插入"36 个月"。

第 10104 条　对禽畜养殖者的援助。

（a）援助范围。从拨款法案预拨金额中，农业部部长可以向奶牛或其他禽畜养殖者提供援助以弥补这些养殖者遭受的与禽畜养殖有关的经济损失。

（b）援助形式。可以下列形式向禽畜养殖者提供援助：

（1）向遭受禽畜死亡损失的禽畜养殖者提供补偿款。

（2）向受饲料短缺影响的禽畜养殖者提供禽畜饲料援助。

（3）意外养殖成本增加补偿。

（4）部长认为合适的其他援助，对其他经济损失的补偿。

（c）限制。部长不能使用商品信用公司的资金提供本条下的援助。

（d）拨款授权。授权向部长拨款执行本条所需要的金额。

第 10105 条　苹果种植者市场损失援助。

（a）一般原则。一旦本法案颁布之后可以操作，在 2002 财政年度，部长应使用商品信用公司

94 000 000美元资金向苹果种植者支付 2000 种植年度中的市场损失款项。

（b）支付金额。向根据本条有资格获得补偿的农场生产者支付的金额应该少于：

（1）该农场生产者在 2000 年种植苹果总量的金额；或

（2）该农场所种植的 50 000 000 磅苹果的金额。

（c）限额。根据第（b）第（2）项，关于本条下补偿金额，部长不应设定支付限额，或符合资格的收入限额。

（d）规定。

（1）一般原则。部长应根据执行本条的需要颁布相关规定。

（2）程序。颁布本条的规定和执行办法可以不考虑：

（A）《美国法典》第 5 篇第 553 条的通告和评论条款；

（B）1971 年 7 月 24 日生效的《农业部长政策声明》中与拟议的条例制定和公众参与条例制定通知有关的内容；

（C）《美国法典》第 44 篇第 35 章（即《文书削减法》）。

（3）国会对机构条例的审议。在执行本款时，部长应使用《美国法典》第 5 篇第 808 条授予的权力。

第 10106 条　洋葱种植者的市场损失援助。

农业部部长应使用商品信用公司 10 000 000 美元资金，向纽约州拨款，用于支持纽约州奥兰治县 1996—2000 农作物种植年度间 1 次或多次遭受洋葱作物损失的洋葱种植者。

第 10107 条　商业性渔业失败。

（a）一般原则。农业部部长经与商业部部长磋商，应根据 1986 年《跨行政区渔业法》第 308 条（b）款（1）项（《美国法典》第 16 篇 4107（b）（1））为东北地区多种类渔业的商业性渔业失败提供紧急灾害援助。

（b）计划要求。应使用执行本条的资金支持东北地区多种类渔业的自愿渔业产能削减计划，该计划：

（1）经商业部部长证明符合《马格努森渔业养护和管理法》第 312 条（b）款（《美国法典》第 16 篇 1861a（b））；

（2）永久性撤销多种鱼类限制捕捞许可证，从而以最低成本和捕捞能力在最短的时间内实现最大可持续减少捕捞能力，防止替代该计划所消除的捕捞能力。

（c）适用规定。应根据编入《联邦法典》第 50 篇第 648 部分的规定，以及根据该规定颁布的任何相关条例执行该计划。

（d）拨款授权。授权拨款执行本条所需要的金额。

（e）授权终止。本条下的授权自本法案颁布之日起 1 年后终止。

第 10108 条　就政府所致灾害对生产者赔偿的可行性研究。

（a）发现。国会发现实施联邦灾难援助计划未能充分考虑主要由于联邦行动造成的灾害条件情况。

（b）授权。农业部部长应进行一次可行性研究，研究为经历了主要由于联邦机构行动限制获得灌溉用水，包括由于内政部部长未能履行根据《中央河谷改进法》（《美国法令全书》第 106 篇 4706）的合同造成不能获得充足水供应的农业生产者，扩大根据《联邦农作物保险法》（《美国法典》第 7 篇 1501 及以下）提供了保险的作物资格，以及根据《1996 年联邦农业改良和改革法》第 196 条（《美国法典》第 7 篇 7333）未提供保险的作物提供援助。

（c）报告。自本法案生效之日起不晚于 150 天内，农业部部长应向众议院农业委员会和参议院农业、营养与林业委员会提交报告，陈述研究结果，包括建议。

子篇 C　树木援助计划

第 10201 条　定义。

在本子篇中：

（1）合格的果树栽培者。"合格的果树栽培者"指出于商业目的自树木上生产 1 年生作物的个人。

（2）自然灾害。"自然灾害"指植物病害、病虫害、干旱、火灾、冷冻、洪水、地震、雷击，以及由部长确定的其他情况。

（3）部长。"部长"指农业部部长。

第 10202 条　合格条件。

（a）损失。根据第（b）款的规定，部长应根据第 10203 条向出于商业目的种植果树但是由于自然灾害损失了果树的果树栽培者提供援助。

（b）限制条件。只有由于破坏性天气或相关条件造成了符合条件的果树栽培者的果树树木死亡率超过 15％（经过正常死亡率校正），符合条件的果树栽培者才有资格获得第（a）款的援助。

第 10203 条　援助。

根据第 10204 条，部长向符合条件的果树栽培者提供援助弥补第 10202 条所述损失应包括：

（1）补偿由于自然灾害造成超过 15％果树死亡（经过正常死亡率校正）而补植树木费用的 75％。

（2）根据部长的选择，提供足够的树苗以恢复果林。

第 10204 条　援助限额。

（a）金额。个人根据本节有资格获得的款项总额不得超过 75 000 美元或同等价值的树苗。

（b）面积。个人根据本节有资格获得补偿款项的种植果树或果树苗总面积不得超过 500 亩。

（c）规定。部长应颁布规定：

（1）定义本节中的"个人"，定义应在最大可实行的范围内符合《1985 年粮食安全法》第 1001 条（《美国法典》第 7 篇 1308）所规定"个人"的定义。

（2）公布部长认为有必要的规定，确保本条上所制定的限制条件应用的公平合理性。

第 10205 条　拨款授权。

授权拨款执行本子篇所需要的金额。

子篇 D　动物福利

第 10301 条　《动物福利法》下动物的定义。

《动物福利法》第 2 条（g）款（《美国法典》第 7 篇 2132（g））修订为删除第一句中的"不包括不用于研究目的的马"并插入："不包括（1）饲养用于研究的鸟、大鼠属老鼠和小鼠属老鼠，（2）不用于研究目的的马，和（3）"。

第 10302 条　禁斗动物跨州移动。

（a）一般原则。《动物福利法》第 26 条（《美国法典》第 7 篇 2156）修订为：

（1）删除第（a）款并插入：

"（a）在斗动物场赞助或展出动物。

"（1）一般原则。除第（2）项规定以外，任何人故意在斗场赞助或展出动物都应该是非法的，如果该斗场里的任何动物都是通过跨州移动国际贸易而来的。

"对指定州的特殊规定。关于在斗动物不属于违法的州涉及活鸟的斗场，根据本款，如果个人在知道斗场里的鸟都是出于参与斗动物的目的跨州或通过外贸故意购买、出售、交付、运输或获得的的情况下还在斗场赞助或展出该鸟，则属于违法。"

（2）在第（b）款，删除"或交付他人或自他人那里获得"并插入"交付或获得"；

（3）在第（d）款，删除"第（a）、（b）款，或本条"并插入"第（c）款"。

（b）有效日期。本条所进行的修订自本法案生效之日起 1 年内有效。

第 10303 条　《动物福利法》关于处罚和国际贸易的规定。

（a）一般原则。《动物福利法》第 26 条（《美国法典》第 7 篇 2156）修订为：

（1）在第（e）款：

（A）在"（e）"后插入"处罚。"；

（B）删除"5 000 美元"并插入"15 000 美元"；

（2）在第（g）款（2）项（B）小项，在句末分号前插入："或自任何州进入他国"。

（b）有效日期。本条所进行的修订自本法案生效之日起 1 年内有效。

第 10304 条　关于大老鼠、小老鼠和鸟的报告。

（a）一般原则。自本法案生效之日起不晚于 1 年内，国家研究理事会应向众议院农业委员会和参议院农业、营养与林业委员会提交一份关于在《动物福利法》（《美国法典》第 7 篇 2131 及以下）里关于动物的定义中包括大老鼠、小老鼠和鸟的影响的报告。

（b）要求。第（a）款下的报告应：

（1）经过与如下人员磋商并由其提出建议：

（A）农业部部长；

（B）卫生部部长；

（C）国家科学院下属实验动物研究所。

（2）包含对如下情况的评估：

（A）出于研究目的使用大老鼠、小老鼠和鸟的实体的数量与性质；

（B）这些实体中哪些实体：

（ⅰ）适用于农业部的规定；

（ⅱ）适用于卫生部的规定或指南；或

（ⅲ）自愿遵守国际实验动物评估和认可委员会的认证要求；

（3）包含对研究设施所使用大老鼠、小老鼠和鸟的数量的评估，指出在这些设施里哪些设施：

（A）适用于农业部的规定；

（B）适用于卫生部的规定或指南；或

（C）自愿遵守国际实验动物评估和认可委员会的认证要求；

（4）包含关于饲养者和研究设施由于为大老鼠、小老鼠和鸟提供与农业部监管物种相同级别保护所需要的额外规定要求而可能产生的额外费用的评估，详细说明与每一条规定要求有关的费用；

（5）包含减少这些费用的建议，包括：

（A）关于为大老鼠、小老鼠和鸟提供与农业部监管物种不同级别保护将带来的节省费用的评估；

（B）关于如果新的规定要求与国家卫生研究院的指南基本一致将带来的节省费用的评估；

（6）包含关于如果要使有关将动物的法规定义扩大到大老鼠、小老鼠和鸟的规定生效，动植物检验检疫局要求为确保不因为需要检验的设施数量增加而降低与其他监管动物有关的合规程度所需额外资金的评估；

（7）包含以下相关建议：

（A）减少适用于下述法规的设施的管理负担：

（ⅰ）农业部的规定；

（ⅱ）卫生部的规定或指南；或

（ⅲ）国际实验动物评估和认可委员会的认证要求；

（B）防止任何法规要求重复。

第 10305 条　执行《1958 年人道屠宰法》。

（a）国会立法精神。本着国会立法精神，部长应：

（1）继续跟踪违反《公法》85－765（《美国法典》第 7 篇 1901 及以下；即《1958 年人道屠宰法》）的数量并每年向国会报告一次结果和相关趋势；

（2）全面执行《公法》85－765，确保人道屠宰禽畜：

（A）避免不必要的痛苦；

（B）为屠宰作员人员带来更安全、更舒适的工作条件；

（C）为屠宰作业带来产品与经济提高；并

（D）为倾向于在州际贸易和国际贸易中加速禽畜与禽畜产品有序流动的生产者、加工者和消费者带来其他利益。

（b）美国的政策。美国的政策是，屠宰禽畜和与屠宰有关处理禽畜应以人道的方式进行，如《公法》85－765 所规定。

子篇 E　动物健康保护

第 10401 条　短标题。

本子篇可以引用为《动物健康保护法》。

第 10402 条　发现。

国会发现：

（1）预防、检测、控制和消除动物疾病与病虫害非常有助于保护：

（A）动物健康；

（B）美国民众的健康与福利；

（C）畜牧养殖业和美国相关产业的经济利益；

（D）美国的环境；

（E）动物和其他物品的州际贸易和国际贸易；

（2）动物疾病与病虫害主要是通过根据本子篇管理的动物和物品传播的；

（3）动物健康受州际贸易和国际贸易中动物与物品运输方式的影响；

（4）部长必须继续进行有关对美国禽畜构成威胁的动物疾病与病虫害的研究；

（5）（A）根据本子篇管理的所有动物和物品都涉及或影响州际贸易和国际贸易；

（B）需要部长的管理以及其他国家或其他行政辖区或个人的合作以：

（ⅰ）防止和消除州际贸易和国际贸易的负担；

（ⅱ）有效管理州际贸易和国际贸易；

（ⅲ）保护农业、环境、经济和美国人民的健康与福利。

第 10403 条　定义。

在本子篇中：

（1）动物。"动物"指动物界的任何成员（人除外）。

（2）物品。"物品"指任何病虫害或疾病或可能寄生病虫害或疾病的任何材料或有形物。

（3）疾病。"疾病"包含部长所给予的含义。

（4）进入。"进入"指进入美国的贸易。

（5）出口。"出口"指从美国领土范围内的一个地方移动到美国领土范围以外的一个地方。

（6）设施。"设施"指任何结构。

（7）进口。"进口"指从美国领土范围以外的一个地方移动到美国领土范围内的一个地方。

（8）印地安部落。"印地安部落"与《印地安自决与教育援助法案》第4条（《美国法典》第25篇第450b条）的术语意思一样。

（9）州际贸易。"州际贸易"指符合以下情况的贸易、运输或其他商业活动：

（A）在一州某地与另一州某地，或是同一州不同的地方但是经过该州以外的任何地方；或

（B）在哥伦比亚特区或美国任何领地或属地以内。

（10）禽畜。"禽畜"指所有农场养殖动物。

（11）运输工具。"运输工具"指用于或打算用于移动任何其他个人物品的任何个人物品。

（12）移动。"移动"指：

（A）搬运、进入、进口、邮寄、船运或运输；

（B）帮助、支持、导致或引起搬运、进入、进口、邮寄、船运或运输；

（C）提供搬运、进入、进口、邮寄、船运或运输；

（D）接受搬运、进入、进口、邮寄、船运或运输；

（E）释放进入环境；或

（F）允许本项所述各项活动。

（13）病虫害。"病虫害"指直接或间接伤害禽畜、导致禽畜伤害，或造成疾病的以下任何一项：

（A）原生动物。

（B）植物。

（C）细菌。

（D）真菌。

（E）病毒或类病毒。

（F）致病原或其他病原体。

（G）节肢动物。

（H）寄生虫。

（I）朊病毒。

（J）带菌者。

（K）类似于或本项所述任何微生物有关的任何微生物。

（14）部长。"部长"指农业部部长。

（15）州。"州"指任何一个州、哥伦比亚特区、波多黎各自由联邦、关岛、北马里亚纳群岛自由联邦、美属维京群岛，或美国任何领地或属地。

（16）本子篇。除了本条之外，"本子篇"包括了部长根据本子篇授权发布的任何规定或条例。

（17）美国。"美国"指美利坚合众国。

第 10404 条　关于进口或入境的限制。

（a）一般原则。经通报财政部部长并发布公告，部长可以禁止或限制：

（1）任何动物、物品，或运输工具进口或入境，或使用任何运输工具或设施，如果部长认为有必要禁止或限制以防止任何禽畜病虫害和疾病进入或在美国传播；

（2）误入美国的任何动物的进一步移动，如果部长认为有必要禁止或限制以防止任何禽畜病虫害和疾病进入或在美国传播；及

（3）使用与禽畜进口或入境有关的任何运输工具，如果部长认为有必要禁止或限制，因为运输工具没有在干净清洁的条件下进行维护或者不符合禽畜安全合理移动要求。

（b）规定。

（1）限制进口和入境。部长可以根据需要发布指示或颁布规定以执行第（a）款。

（2）进口后检疫。部长可以颁布规定，要求在部长的监督下在进口后检疫条件下饲养或处理进口或进入的任何动物，以确定动物是否或可能受任何禽畜病虫害或疾病的影响。

（c）销毁或处理。

（1）一般原则。部长可以命令在美国销毁或处理：

（A）任何已进口但没有进入美国的动物、物品，或运输工具，如果部长认为有必要销毁或处理以防止任何禽畜病虫害和疾病进入或在美国传播；

（B）违反本节进口或进入的任何动物或动物后代、物品，或运输工具；或

（C）误入美国的任何动物，如果部长认为有必要销毁或处理以防止任何禽畜病虫害和疾病进入或在美国传播。

（2）对所有者的要求：

（A）消毒命令。部长可以要求对以下物品进行消毒：

（ⅰ）用于进口动物的运输工具；

（ⅱ）参与进口动物的个人及其个人物品；

（ⅲ）用于进口动物的任何物品。

（B）不遵守命令。如果所有者不遵守部长根据本节发布的命令，部长可以：

（ⅰ）采取补救性行动，在美国销毁或处理任何动物或动物后代、物品，或运输工具，如第（1）项所授权；并

（ⅱ）向所有者收取与部长补救性行动、销毁或处理有关而采取的照顾、处理、处置或其他行动的费用。

第 10405 条　出口。

（a）一般原则。部长可以禁止或限制：

（1）任何动物、物品，或运输工具出口，如果部长认为有必要禁止或限制以防止任何禽畜病虫害和疾病在美国传播或自美国传播出去；

（2）出口任何禽畜，如果部长认定该禽畜不适合移动；

（3）使用与禽畜出口有关的任何运输工具或设施，如果部长认为有必要禁止或限制以防止任何禽畜病虫害和疾病在美国传播或自美国传播出去；

（4）使用与禽畜出口有关的任何运输工具或设施，如果部长认为有必要禁止或限制，因为运输工具没有在干净清洁的条件下进行维护或者不符合禽畜安全合理移动要求。

（b）对所有者的要求：

（1）消毒命令。部长可以要求对以下物品进行消毒：

（A）用于出口动物的运输工具；

（B）参与出口动物的个人及其个人物品；

（C）用于出口动物的任何物品。

（2）不遵守命令。如果所有者不遵守部长根据本节发布的命令，部长可以：

（A）采取第（1）项所提及的与动物、物品，或运输工具有关的补救性行动；并

（B）向所有者收取与部长补救性行动有关而采取的照顾、处理、处置或其他行动的费用。

（c）证明。部长可以提供关于任何用于出口的动物或物品的分级、质量、数量、条件、加工、处理或储存证明。

第 10406 条　州际移动。

部长可以禁止或限制：

（1）任何动物、物品，或运输工具在州际贸易中移动，如果部长认为有必要禁止或限制以防止任何禽畜病虫害和疾病进入或传播；及

（2）使用与任何禽畜或物品州际贸易中移动有关的任何运输工具，如果部长认为有必要禁止或限制，以防止任何禽畜病虫害和疾病进入或传播。

第 10407 条　扣留、隔离与处置。

（a）一般原则。部长可以扣留、没收、处理、销毁、处置或采取其他补救性措施，针对：

（1）任何动物或其后代、物品或运输工具：

（A）在州际贸易中正在移动或已移动或已进口和进入；且

（B）部长有理由相信其可能携带、可能携带过或可能在移动中感染或暴露于任何禽畜病虫害虫或疾病或违反了本节规定；

（2）违反本节规定，正在不同州之间移动或已经移动、正在处理或已经处理的任何动物或其后代、物品或运输工具；

（3）违反本节规定，已经进口，正在移动或已经移动、正在处理或已经处理的任何动物或其后代、物品或运输工具；

（4）部长发现没有根据本节的任何进口后检疫、进口后条件、移动后检疫，或移动后条件进行管理的任何动物或其后代、物品或运输工具。

（b）非常紧急情况。

（1）一般原则。根据第（2）项，如果部长认为由于在美国出现禽畜病虫害虫或疾病威胁到美国的禽畜而出现非常紧急情况，部长可以：

（A）扣留、没收、处理、采取其他补救性措施以销毁（包括预防性屠宰）或处置任何动物、物品、设施或运输工具，如果部长认为有必要采取这些行动以防止病虫害或疾病传播；并

（B）禁止或限制在某一州内，或某一州任何地段移动或使用任何动物或物品、运输工具或设施，如果部长认为有必要禁止或限制以防止病虫害或疾病传播。

（2）州级行动。

（A）一般原则。只有当部长审查并与下列人员磋商后发现一州所采取的措施不足以控制或消除病虫害或疾病，他才可以在该州根据本款采取行动：

（ⅰ）州长或该州适当的动物健康官员；或

（ⅱ）如果任何动物、物品、设施或运输工具在印地安部落的管辖以内，则与该部落首领。

（B）通告。根据第（C）小项，在一州根据第（A）小项采取任何行动之前，部长应：

（ⅰ）通知州长，该州适当的动物健康官员，或印地安部落首领拟采取的行动；

（ⅱ）发布关于拟采取行动的公告；并

（ⅲ）在联邦公报中发布：

（Ⅰ）部长的发现；

（Ⅱ）对拟采取行动的描述；和

（Ⅲ）拟采取行动的原因陈述。

（C）行动后的通告。如果不能在根据（A）小项采取行动前在联邦公报中公布第（B）（ⅲ）小项下需公布的信息，部长应在可能的情况下尽快公布信息，但是不能晚于行动开始后 10 个工作日。

（c）检疫，处置或其他补救性行动。

（1）一般原则。部长应以书面的形式命令第（a）或（b）款所提及的任何动物、物品、设施或运输工具的所有者以部长认定的方式对此动物、物品、设施或运输工具进行检疫、处置或采取补救性措施。

（2）不遵守命令。如果所有者不遵守部长的命令，部长可以：

（A）对第（a）或（b）款所提及的动物、物品、设施或运输工具没收、检疫、处置或采取其他补救性措施；

（B）向所有者收取与部长没收、检疫、处置或其他补救性行动有关而采取的任何照顾、处理、处置或其他补救性行动的费用。

（d）补偿。

（1）一般原则。除第（3）项规定之外，部长应向部长要求根据本条销毁的任何动物、物品、设施或运输工具的所有者进行补偿。

（2）金额。

（A）一般原则。根据第（B）和（C）小项，补偿应以部长确定的被销毁动物、物品、设施或运输工具的公平市场价值为基础。

（B）限额。根据本款给予所有者的补偿不应该超过如下两项之间的差额：

（ⅰ）被销毁动物、物品、设施或运输工具的公平市场价值；

（ⅱ）所有者自州或其他渠道收到的被销毁动物、物品、设施或运输工具的任何补偿款。

（C）可复审性。部长确定的根据本款拟支付的金额应该为最终决定，不受司法复核或部长或部长指定人员以外的任何联邦政府官员或雇员超过 60 天的复审。

（3）例外。部长不应支付本款下的任何款项给：

（A）所有者违反控制与消除疾病或病虫害协议或违反本节移动或处理的任何动物、物品、设施或运输工具；

（B）所有者违反本节移动或处理了任何动物或物品，则不补偿该动物或物品的任何后代；

（C）根据本款被拒绝进入的任何动物、物品或运输工具；或

（D）由于所有者违反控制与消除疾病或病虫害协议或违反本节造成感染或暴露于任何禽畜病虫害或疾病影响的任何动物、物品、设施或运输工具。

第 10408 条　检查、没收与搜查令。

（a）指导方针。执行本条所授权的活动时应遵守司法部长批准的指导方针。

（b）无搜查令的检查。部长可以在没有搜查令的情况下拦截并检查：

（1）进入美国的任何个人或运输工具，以确定此人或该运输工具是否携带本节管制的任何动物或物品；

（2）进入州际贸易的任何个人或运输工具，只要有合理的根据认为此人或该运输工具携带了本节管制的任何动物或物品；

（3）进入任何一州或该州根据第 10407 条（b）款进行检疫的任何地方进行州内贸易的任何个人或运输工具，只要有合理的根据认为此人或该运输工具携带了第 10407 条（b）款管制的任何动物或物品。

（c）有搜查令的检查。

（1）一般原则。有搜查令，部长可以进入美国的任何场所进行本节下的检查或没收。

（2）搜查令的申请与签发。

（A）一般原则。基于适当的誓言或证词表明，有合理的根据认为在某场所在本节管制的任何动物、物品、设施或运输工具，则美国联邦法官、美国案件纪录所在地的法院法官，或美国地方法官可以签发针对该法官或地方法官管辖内场所的搜查令，根据本节进行检查或没收。

（B）执行。搜查令可用于部长或任何美国的执法人员进行搜查。

第 10409 条　检测、控制和消除疾病或病虫害。

（a）一般原则。部长可以采取行动或措施，检测、控制或消除任何禽畜病虫害或疾病（包括血液抽样和病虫害测试），包括针对屠宰场所、库房或其他集中堆放场所的动物。

（b）补偿。

（1）一般原则。部长可以对出于本节的目的而销毁的任何动物、物品或运输工具进行赔偿。

（2）可复审性。部长执行第（1）项所采取的行动不受部长或部长指定人员以外的任何联邦政府官员或雇员超过 60 天的复审。

第 10410 条　兽医资格认证计划。

（a）一般原则。部长可以制定与本节相一致的兽医资格认证计划，包括制定合格兽医行为准则。

（b）磋商。部长应就制定兽医资格认证计划与州动物卫生官员和兽医专家进行磋商。

（c）暂停或吊销资格证。

（1）一般原则。在提供通告和记录在案听证机会之后，部长对违反了本节的任何兽医可以吊销或撤消其根据本篇获得的资格证。

（2）最终裁定。部长吊销或撤消资格证的裁定应被视为最终裁定，根据《美国法典》第 28 篇第 158 条可以复审。

（3）立刻吊销。

（A）一般原则。对于部长有理由认为故意违反本节的兽医，部长可以立即吊销其资格证。

（B）听证。部长应向该兽医提供后续通告和立即吊销记录在案听证机会。

（d）处罚规定的适用性。第 10414 条所述刑事和民事处罚不适用于违反本条而没有违反本节其他任何规定的情况。

第 10411 条　合作。

（a）一般原则。为执行本节，部长可与其他联邦政府机构、州或州政府分支机构、其他国家中央政府、其他国家地方政府、国内或国际组织、国内或国际协会、印地安部落和其他个人合作。

（b）职责。与部长合作的个人或其他实体应：

（1）对其他国家或某州，或印地安部落管辖范围内的所有土地和财产，而不是美国拥有或控制的土地和财产采取行动或措施负有主管责任；

（2）对使用部长认定的其他设施和手段采取行动或措施负有主管责任。

（c）螺旋蝇蛆。

（1）一般原则。部长可以单独或与其他国家的中央政府或国际机构或协会合作，生产和向其他国家的中央政府或国际机构或协会销售不育螺旋蝇蛆，如果部长认为美国的畜牧业和相关产业不会因为生产和销售而受到不利影响。

（2）收益。

（A）独立生产与销售。如果部长独立生产和销售第（1）项下的不育螺旋蝇蛆，销售收益应：

（ⅰ）存入美国财政部；

（ⅱ）划归用于支付生产不育螺旋蝇蛆设施运行费用的账户。

（B）合作生产与销售。

（ⅰ）一般原则。如果部长合作生产和销售第（1）项下的不育螺旋蝇蛆，销售收益应以部长确定的方式在美国与合作国家中央政府或国际组织或协会之间进行分割。

（ⅱ）账户。美国应得的收益应：

（Ⅰ）存入美国财政部；

（Ⅱ）划归用于支付运行生产不育螺旋蝇蛆设施费用的账户。

（d）计划管理合作。部长可以与州主管部门、印地安部落主管部门或行政监管部门其他人员合作，改善禽畜和禽畜产品。

（e）与其他联邦政府机构的磋商与协调。

（1）一般原则。部长应就某联邦政府机构管辖范围内的任何活动与该联邦政府机构领导进行磋商与协调。

（2）领导机构。关于第（1）项的磋商与协调要求，在与禽畜病虫害和疾病有关的问题上，农业应该为领导机构。

第 10412 条　可补偿协议。

（a）签署协议的权限。部长可以与在美国以外地点进行动物或物品境外入境审查以进入美国的个人签署可补偿费用协议。

（b）为境外入境审查筹集的资金。为境外入境审查活动筹集的资金应：

（1）划归部长可能开设以执行本条的账户；并

（2）在支付境外入境审查活动费用之前一直有效，没有财政年度限制。

（c）员工报酬。

（1）一般原则。不受其他任何法律制约，部长可以根据本节以部长确定的报酬率为农业部进行与美国进出口有关服务的官员或员工提供其加班、晚上或节假日工作的报酬。

（2）偿付。

（A）一般原则。部长可以要求为他为之提供服务的个人偿付部长为本款下服务所支付的任何费用。

（B）资金的使用。根据本款征集的所有资金应：

（ⅰ）划归产生了费用的账户；并

（ⅱ）在支出之前一直有效，没有财政年度限制。

（d）逾期付款处罚。

（1）征收。如果某人没有根据本条付款给部长，部长可以对此人征收逾期付款处罚费用，包括逾期未付资金的利息，如《美国法典》第 31 篇第 3717 条所要求的。

（2）资金使用。任何逾期付款处罚和任何累积的利息应：

（ⅰ）划归产生了费用的账户；并

（ⅱ）在支出之前一直有效，没有财政年度限制。

第 10413 条　管理与赔偿。

（a）管理，为执行本节，部长可以：

（1）获得并维持不动产和动产；

（2）雇佣工作人员；

（3）提供补助；并

（4）不受《美国法典》第 31 篇第 63 章的约束，签署合同、合作协议、谅解备忘录或其他协议。

（b）侵权赔偿。

（1）一般原则。除第（2）项规定之外，部长可以以《美国法典》第 28 篇第 2672 条第一段授权的方式进行侵权赔偿，如果索赔来自美国以外且与本节所授权活动有关的话。

（2）要求。除非是在索赔发生之日起 2 年内以书面形式向部长提交了索赔，否则根据本款不予赔付。

第 10414 条　处罚。

（a）刑事处罚。

（1）犯罪。

（A）一般原则。个人故意违反本节，或故意伪造、假冒，或在没有得到农业部长授权的情况下使用、修改、损坏、销毁证书、许可或本节规定的其他文件，将根据《美国法典》第 18 篇被处以罚款，或/和 1 年以下徒刑。

（B）批发或销售。个人违反本节故意进口、出口或移动任何动物或物品，用于批发或销售，将根据《美国法典》第 18 篇被处以罚款，或/和判处 5 年以下徒刑。

（2）多重违法。个人再次或多次违反本节前述第（1）项，将根据《美国法典》第 18 篇被处以罚款，或/和 10 年以下徒刑。

（b）民事处罚。

（1）一般原则。除第 10410 条（d）款规定之外，任何个人违反本节，或伪造、假冒，或在没有得到农业部部长授权的情况下使用、修改、损坏、销毁证书、许可或本节规定的其他文件，在提供通告和记录在案听证机会之后，可被部长处以民事处罚：

（A）（ⅰ）对于个人而言，罚款不超过 50 000 美元，如果个人是初次违反本节且不是为了金钱而移动管制物品，则民事处罚不得超过 1 000 美元；

（ⅱ）对于每次违法的任何其他人员，罚款不超过 250 000 美元；

（ⅲ）一次诉讼裁定的所有违法行为合计民事处罚不超过 500 000 美元；

（B）对于个人违反本节，或伪造、假冒，或在未经授权使用、修改、损坏、销毁证书、许可或本节规定的其他文件，造成此人获得应罚款收益或造成他人应罚款损失的，罚款总额不超过总收益或总损失的两倍。

（2）决定民事处罚的因素。在决定民事处罚的金额时，部长应考虑违法的性质、背景、程度和严重性，部长可以考虑违法者的：

（A）偿付能力；

（B）对于继续经营能力的影响；

（C）以前违法的历史；

（D）可责罚程度；和

（E）部长认为合理的其他因素。

（3）民事处罚的处理。部长可以带或不带条件地让步、修改或免除根据本款判处的任何民事处罚款项。

（4）裁定的最终性。

（A）最终裁定。部长判处民事处罚的裁定应被视为最终裁定，根据《美国法典》第 28 篇第 158 章可以复审。

（B）评议。不得在征收民事处罚款的行动中评议部长裁定的有效性。

（C）利息。对于民事处罚裁定下的民事处罚款，如没有按期全额支付则应以美国法院民事判决的适用利率产生利息，直到付款为止。

（c）代理人行为的责任。在制定和执行本节中，官员、代理人，代表或受雇于该官员、代理人或个人雇用和办事范围内任何其他人的个人的行为、疏忽或失职也应被认为是此人的行为、疏忽或失职。

（d）民事处罚指南。经检察长同意，部长应制定指南，确定在什么情况下部长可以发布民事处罚或适当的警告通告，以代替司法部长对违反本节行为的起诉。

第 10415 条　执行。

（a）信息收集。

（1）一般原则。部长可以收集并编辑信息，进行部长认为管理或执行本节所需要的任何检查或调查。

（2）传票。

（A）一般原则。部长应有权签发传票，强迫证人出席和作证，强迫出具与管理或执行本节有关的书面证据或是与本节有关正在调查事项的书面证据。

（B）证人的地点。可以要求美国境内任何地方任何证人出席或出具与调查有关的书面证据。

（C）执行。

（ⅰ）一般原则。如果任何个人不服从传票要求，部长可以请求司法部长让美国境内任何法院提供帮助，只要是在该法院辖区进行调查，或此人在其辖区内居住、被发现、经营业务、注册经营业务，或是组成法人组织，要求证人出席与作证和出具书面证据。

（ⅱ）不服从。如果个人拒绝服从向其发出的传票，法院可以命令此人出现，提供关于调查事项的证据或出具书面证据。

（ⅲ）蔑视法庭。不服从法庭命令可被法院以蔑视法庭罪加以处罚。

（D）补偿。

（ⅰ）证人。被部长根据本节传唤的证人应获得与被法院传唤作证相同的费用与差旅费。

（ⅱ）证词。证词被采信的证人，应有权获得与在美国法院提供类似服务应得费用相同的费用。

（E）程序。部长应公布签发本条下传票的程序。

（ⅰ）公示。部长应公布签发本条下传票的程序。

（ⅱ）审查。程序应包括对传票进行法律充分性审查的要求，还要求须经部长签署之后传票才有效。

（ⅲ）委托。如果签署传票的授权被委托给一个机构而不是行政法官办公室，则接受委托的机构应审查传票在该机构以外的法律充分性。

（b）司法部长的权力。司法部长可以：

（1）以美国的外义起诉违反本节，被部长提交给司法部长或被他人向司法部长检举的所有罪犯；

（2）起诉以禁止违反或强迫遵守本节，或禁止任何人干扰部长执行本节，只要部长有理由相信此人违反了，或要违反本节，或干扰了，或要干扰部长行动；或

（3）起诉要求偿付未支付的民事罚款、补偿协议下的资金、逾期付款罚金或根据本节计算出来的利息。

（c）法院管辖权。

（1）一般原则。美国联邦地区法院、关岛地区法院、北马里亚纳群岛地区法院、维京群岛地区法院、美属萨摩亚最高法院、其他美国领地、属地的地区法院都对根据本节产生的所有案件拥有管辖权。

（2）审判地点。本节下引起的任何起诉都可以在违法或干扰发生或将发生所在地，或违法、干扰、即将违法、即将干扰人员，或未付款人员居住，被发现，经营业务，经营业务，注册经营业务，或是组成法人组织的地方的司法管辖区内进行和处理。

（3）例外。第（1）和（2）项不适用于第 10410 条（c）款和第 10414 条（b）款。

第 10416 条　规定和命令。

部长可以发布部长认为对于执行本子篇有必要的规定和命令。

第 10417 条　拨款授权。

（a）拨款授权。授权拨款执行本条所需要的金额。

（b）资金划拨。

（1）一般原则。如遇紧急情况，禽畜病虫害或疾病威胁到美国农业产生的任何区段，部长可以从其他可用的拨款或资金中划拨部长认为阻止、控制、消除或预防禽畜病虫害或疾病扩散及相关花费所需要的资金给农业部下属机构或公司。

（2）资金可用性。根据本款划拨的资金应在支出前一直有效，没有财政年度限制。

（3）可复审性。部长下属任何官员、员工或代理在执行本条时采取的行动（包括确定根据本节授权支付的资金金额和进行付款）不受部长或部长指定人员以外的任何联邦政府官员或雇员超过 60 天的复审。

（c）资金的使用。在执行本节时，部长可以使用可用的资金以：

（1）在他国雇用工作人员；和

（2）修建和运行研究实验室、检疫站和其他特殊用途建筑与设施。

第 10418 条　废除与一致性修订。

（a）废除。废除如下法律规定：

（1）《公法》97 - 46（《美国法典》第 7 篇 147b）。

（2）《1944 年 9 月 21 日法案》第 101 条（b）款（《美国法典》第 7 篇 429）。

（3）《1950 年 8 月 28 日法案》（《美国法典》第 7 篇 2260）。

（4）《1996 年联邦农业促进与改革法》第 919 条（《美国法典》第 7 篇 2260a）。

（5）《1930 年关税法》第 306 条（《美国法典》第 19 篇 1306（b）（2））。

（6）《1890 年 8 月 30 日法案》第 6~8 条以及第 10 条（《美国法典》第 21 篇 102~105）。

（7）《1903 年 2 月 2 日法案》（《美国法典》第 21 篇 111，120~122）。

（8）《1884 年 5 月 29 日法案》第 2 到第 9 条、第 11 条以及第 13 条（《美国法典》第 21 篇 112、113、114、114a、114a - 1、115~120、130）。

（9）《1947 年 2 月 28 日法案》第 1 条、第 2 条、第 3 条和第 5 条（《美国法典》第 21 篇 114b、114c、114d、114d - 1）。

（10）《1948 年 6 月 16 日法案》（《美国法典》第 21 篇 114e、114f）。

（11）《公法》87 - 209（《美国法典》第 21 篇 114g、114h）。

（12）《1920 年 5 月 31 日法案》"畜牧业局"标题下第四段限制性条款 3 和限制性条款 4（《美国法典》第 21 篇 116）。

（13）《1905 年 3 月 3 日法案》第 1 条、第 2 条、第 3 条、第 4 条和第 6 条（《美国法典》第 21 篇 123~127）。

（14）《1914 年 6 月 30 日法案》"畜牧业局"标题下"一般开支：畜牧业局"标题下限制性条款 1（《美国法典》第 21 篇 128）。

（15）《2001 年农业、农村发展、食品药品管理与相关机构拨款法案》第一篇"动物植物卫生检验检疫局"标题下"薪酬与支出"标题下限制性条款 4（《美国法典》第 21 篇 129）

（16）《1910 年 5 月 26 日法案》"杂项规定"标题下第三段（《美国法典》第 21 篇 131）。

（17）《公法》87 - 518 第 1 条、第 2 条到第 6 条、第 11 条到第 13 条（《美国法典》第 21 篇134~134h）。

（18）《公法》91 - 239（《美国法典》第 21 篇 135~135b）。

（19）《联邦肉类检验法》第 12 条到第 14 条（《美国法典》第 21 篇 612~614）。

（20）《美国法典》第 46 篇第 39 章。

（b）一致性修订。

（1）《植物保护法》第 414 条（b）款（《美国法典》第 7 篇 7714（b））修订为：

（1）在第（1）项，插入"，或所有者的代理，"；

（2）在第（2）项，删除所出现的"或所有者的代理"。

（2）《植物保护法》第 423 条（《美国法典》第 7 篇 7733）修订为：

（3）删除第（b）款并插入：

"（b）出具书面证明的地点。可以要求美国任何地方的证人出席和出具与调查有关的书面证明"；

（2）在第（e）款第三点，在"被委托给"后面插入"一个机构而不是行政法官办公室"；

（3）删除第（f）款。

（3）《1973年濒危物种法》第11条（h）款（《美国法典》第16篇1540（h））修订为删除第一点中的"动物检疫法（《美国法典》第21篇101～105、111～135b和612～614）"并插入"动物检疫法（如《1990年粮食、农业、保育与贸易法》第2509条（f）款（《美国法典》第21篇136a（f））所定义）"。

（4）《联邦肉类检验法》第18条（《美国法典》第21篇618）修订为删除"牛"及到"于此所述"的所有内容。并插入"尸体和牛、绵羊、猪、山羊、马、骡和其他类似马的动物"。

（5）《1990年粮食、农业、保育与贸易法》第2509条（《美国法典》第7篇136a）修订为：

（A）在第（c）款，在第（1）项后插入：

"（2）兽医诊断。部长可以规定并收取费用以补偿执行《动物健康保护法》与兽医诊断有关的费用。"

（B）在第（f）款（1）项，删除第（B）到（O）小项并插入：

"（B）《1890年8月30日法》第9条（《美国法典》第21篇101）。

"（C）《动物健康保护法》；或

"（D）部长管理的与植物或动物医病或病虫害有关的其他任何法案。"

（c）法规的有效性。根据第（a）款所废除法律的某项规定发布的法规应在部长根据第10404条（b）款或第10416条发布法规替代前述法规之前保持有效。

子篇F　禽　畜

第10501条　家禽与其他动物运输。

《美国法典》第39篇第5402条（d）款（2）项修订为：

（1）在第（A）小项，在"家禽"后而插入"，蜜蜂，"；

（2）删除第（C）小项。

第10502条　生猪承包商。

（a）定义。1921年《包装和储藏法》第2条（a）款（《美国法典》第7篇182（a））修订为在句末增加：

"（12）生猪承包商。'生猪承包商'指根据生猪生产合同参与获得生猪业务用于屠宰或卖给屠宰场的任何个人，如果：

"（A）此生猪由此人通过交易获得；或

"（B）此人所获得的生猪（包括生猪产品）被出售或运去交易。

"（13）生猪生产合同。"生猪生产合同"指任何饲养合同或其他安排，生猪饲养合同养殖者根据此合同或安排按照他人的指导饲养和照顾生猪。

"（14）生猪饲养合同养殖者。'生猪饲养合同养殖者'指根据他人指导参与饲养和照顾生猪业务的任何个人。"

（b）生猪承包产商。

（1）一般原则。《1921年包装和储藏法》修订为删除第202条、第203条、第204条和第205条中出现的"包装工"（《美国法典》第7篇192、193、194、195）（第202条（c）款除外）并插入"包装工或生猪承包商"。

（2）一致性修订。

（A）《1921年包装和储藏法》修订为删除第202条（c）款（《美国法典》第7篇192（c））修订为在每次出现"其他包装工"后面插入"生猪承包商"。

（B）《1921年包装和储藏法》修订为删除第308条（a）款（《美国法典》第7篇209（a））修订为

在"家禽养殖安排"后插入"或生猪生产合同"。

（C）《1921 年包装和储藏法》修订为删除第 401 条和第 403 条（《美国法典》第 7 篇 221、223）修订为在每次出现"包装工"后面插入"任何生猪承包商"。

第 10503 条　讨论合同条款的权利。

（a）定义。在本条中：

（1）养殖者。"养殖者"指从事宰杀用家畜或家禽饲养和照顾的任何个人。

（2）加工者。"加工者"指出于宰杀目的从事获取家畜或家禽业务的任何个人。

（b）不禁止讨论。尽管在养殖者和加工者之间签署的为期 1 年或多年的家畜或家禽养殖合同，或养殖者与加工者之间签署的家畜或家禽销售市场营销协议中规定，合同中所包括的信息为秘密，但是合同任何一方都不应被禁止与下列各方讨论合同的任何条款或详细规定：

（1）联邦或州机构；

（2）一方的法律顾问；

（3）该方的债权人；

（4）该方雇用的会计；

（5）该方的主管或经理；

（6）该方的房东；

（7）该方的直系亲属。

（c）对州法律的效力。第（b）款不：

（1）预先制止涉及销售或养殖家畜或家禽合同保密规定的任何州级法律，认可合同规定禁止或限制一方进行第（b）款要求允许的讨论的州级法律规定除外；或

（2）剥夺州级法院该项州级法律下的任何司法权。

（d）适用性。本条适用于第（b）款所述，自本法案颁布后签署、修订、更新或延长合同。

第 10504 条　兽医培训。

农业部部长应制定一项计划，在美国所有地区维持足够数量经过良好培训，能够识别和诊断外来和地方性动物医病的联邦或州级兽医。

第 10505 条　假狂犬病根除计划。

《1990 年粮食、农业、保育与贸易法》第 2506 条（d）款（《美国法典》第 21 篇 114（i）（d））修订为删除"2002"并插入"2007"。

子篇 G　特种作物

第 10601 条　蔓越莓行销法案。

（a）一般原则。经《1937 年农业营销协议法》修正案重新制定后的《农业调整法》第 8c 条（《美国法典》第 7 篇 608c），修订为：

（1）在第（2）款（A）项，在"除梨、橄榄、葡萄柚、樱桃之外，"后插入"蔓越莓（包括红草莓、黑莓和罗甘莓），"；

（2）在第（6）款（I）项，删除"西红柿，"并插入"西红柿、蔓越莓（包括红草莓、黑莓和罗甘莓），"。

（b）一致性修订。经 1937 年《农业营销协议法》修正案重新制定后的《农业调整法》第 8e 条（a）款（《美国法典》第 7 篇第 608e-1 条（a）），修订为在第一句删除"或苹果"并插入"苹果，或蔓越橘

（包括红草莓、黑莓和罗甘莓）"。

第 10602 条　第 32 条下资金的可用性。

《1935 年 8 月 24 日法案》第 32 条（《美国法典》第 7 篇 612（c））未指定的第二段修订为删除"300 000 000 美元"并插入"500 000 000 美元"。

第 10603 条　采购特种作物。

（a）总体采购授权。在根据《1935 年 8 月 24 日法案》第 32 条（《美国法典》第 7 篇 612（c））为 2002 财年及此后每财年拨付的资金中，农业部部长每财年应使用不少于 200 000 000 美元用于采购水果、蔬菜和其他特种粮食作物。

（b）采购授权。

（1）采购。在第（a）款指定的金额中，农业部部长应使用不少于 50 000 000 美元用于采购新鲜水果和蔬菜，根据《理查德·B·罗素国家学校午餐法》第 6 条（a）款（《美国法典》42 篇 1755（a））分配给学校和服务机构。

（2）服务机构。农业部部长应将国防部作为服务机构，根据条款，以 1995 年农业市场局、粮食与消费局与国防人员支持中心签署的协议备忘录（或任何后续协议备忘录）所规定的相同条件和条款为其采购新鲜水果和蔬菜。

（c）定义。在本节中，"水果"、"蔬菜"和"其他特种粮食作物"的含义由农业部部长确定。

第 10604 条　农产品购买者保护。

（a）有效财务报表。《1985 年粮食安全法》第 1324 条（c）款（4）项（《美国法典》第 7 篇 1631（c）（4））修订为：

（1）在第（B）小项，删除"签署"并插入"由债务人签署、授权或验证，"；

（2）删除第（C）小项；

（3）在第（D）小项：

（A）在第（ⅲ）条款，在句末分号后增加"和"；

（B）在第（ⅳ）条款，删除"适用；"及后面的内容并插入"适用，出产农产品的各县或教区的名称；"；

（4）在第（E）小项，删除"签署"并插入"由债务人签署、授权或验证"；

（5）在第（G）小项，删除"通知签署"并插入"通知由债务人签署、授权或验证"；

（6）分别将第（D）小项到第（I）小项重新设定为第（C）小项到第（H）小项。

（b）需担保权益的采购。《1985 年粮食安全法》第 1324 条（e）款（《美国法典》第 7 篇 1631（e））修订为：

（1）在第（1）项（A）小项（ⅱ）点：

（A）在第（Ⅲ）子条款，在句末分号后增加"和"；

（B）在第（Ⅳ）子条款，删除"作物年度，"及后面的内容并插入"作物年度，及出产农产品的各县或教区的名称；"；

（2）在第（1）项（A）小项（ⅲ）条款，删除"同样签署"并插入并插入"同样签署、授权或验证"；

（3）在第（1）项（A）小项（ⅳ）条款，删除"通知签署"并插入"通知签署、授权或验证"；

（4）在第（1）项（A）小项（ⅴ）条款，在"任何款项"前插入"包含"；

（5）在第（3）项：

（A）在第（A）小项，删除"小项"并插入"款"；

（B）在第（B）小项，删除"和"并插入句号。

（c）需担保权益的特定采购。《1985 年粮食安全法》第 1324 条（g）款（2）项（A）小项（《美国法典》第 7 篇 1631（g）（2）（A））修订为：

（1）在第（ⅱ）条款：

（A）在第（Ⅲ）子条款，在句末分号后增加"和"；和

（B）在第（Ⅳ）子条款，删除"作物年度，"及后面的内容并插入"作物年度，及出产农产品的各县或教区的名称；"；

（2）在第（ⅲ）条款，删除"同样签署"并插入并插入"同样签署、授权或验证"；

（3）在第（ⅳ）条款，删除"通知签署"并插入"通知签署、授权或验证"；和

（4）在第（ⅴ）条款，在"任何款项"前插入"包含"。

第 10605 条　农民市场推广计划。

（a）一般原则。《1976 年农民-消费者直销法》修订为在第 5 条（《美国法典》第 7 篇 3004）后插入：

"第 6 条　农民市场推广计划。

"（a）计划拟定。部长应落实一项计划，计划名为"农民市场推广计划"（本条称为"计划"），为合格实体提供补助开展旨在为农民建立、扩展和促进市场的项目。

"（b）计划目的。

"（1）一般原则。计划的目的是：

"（A）通过为农民促进和扩展，或是帮助促进和扩展国内市场，路边店铺，社区支持的农业计划和其他生产商－消费者直接市场机会，增加国内的农业商品消费；

"（B）为农民发展，或帮助发展新市场，路边店铺，社区支持的农业计划和其他生产商－消费者直销基础设施。

"（2）限定条件。合格实体不可使用补助或根据计划提供的其他援助购买、修建或修复建筑或结构。

"（c）合格的实体。只有当一个实体是如下机构时，才有资格获得计划下的补助：

"（1）农业合作社；

"（2）地方政府；

"（3）非营利性公司；

"（4）公益公司；

"（5）经济发展公司；

"（6）地区农民市场主管部门；或

"（7）部长认定的其他实体。

"（d）标准与指导方针。部长应制定有关计划下拟议项目提交、评估和资助的标准与指导方针。

"（e）拨款授权。授权为 2002—2007 财年每年拨款执行本条所需的金额。"

（b）技术性和一致性修订。

（1）调查。《1976 年农民-消费者直销法》第 4 条（《美国法典》第 7 编 3003）修订为：

（A）在第一句，删除"持续的"并插入"动物"；

（B）删除第二句。

（2）直接营销援助。《1976 年农民-消费者直销法》第 5 条（《美国法典》第 7 篇 3004）修订为：

（A）在第（a）款：

（ⅰ）在第一句，删除"美国农业部的推广服务"并插入"部长"；

（ⅱ）在第二句：

（Ⅰ）删除"推广服务"并插入"部长";

（Ⅱ）删除"并在这两个机构分别或共同可以开展其活动的基础上"并插入"，根据部长的决定";

（B）将第（b）款重新设定为第（c）款;

（C）在第（a）款后插入:

"（b）为农民发展市场。部长应:

"（1）与州长、部长指定的州机构合作，制定计划培训农民市场管理人员;

"（2）制造机会让农民市场管理人员交流信息;

"（3）制定计划，培训合作社推广服务员员发展直接行销技;

"（4）与生产者合作，发展农民市场。"

第 10606 条　国家有机认证费用分担计划。

（a）一般原则。从商业信用公司的资金中，农业部部长（通过农产品销售局执行）应为 2002 财政年度划拨 5 000 000 美元，该资金在支出前一直可用，用于建立国家有机认证费用分担计划，帮助农产品生产者和处理者获得根据《1990 年有机农产品法》（《美国法典》第 7 篇 6501 及以下）建立的国家有机产品计划下的认证资格。

（b）联邦份额。

（1）一般原则。根据第（2）项，部长应根据本条支付不超过农产品生产者和处理者获得国家有机产品计划下认证资格所产生费用的 75%。

（2）最大金额。根据本条向生产者或处理者支付款项的最大金额应为 500 美元。

第 10607 条　对经认证的有机产品免于评价。

（a）一般原则。《1996 年联邦农业促进与改革法》第 501 条（《美国法典》第 7 篇 7401）修订为在句末增加:

"（e）对经认证的有机产品免于评估。

"（1）一般原则。不受商品推广法任何规定的限制，生产和销售百分之百有机产品的个人，如果不生产任何传统或非有机产品，应该免于支付根据商品推广法对产自经认证的有机农场的任何农产品（如《1990 年有机农产品法》第 210 条（《美国法典》第 7 篇 6502）进行评估的评估费用）。

"（2）法规。本款生效之日起 1 年内，部长应颁布关于第（1）项下豁免资格与合规的法规。"

（b）技术性修订。《1996 年联邦农业改良与改革法》第 501 条（a）款（《美国法典》第 7 篇 7401（a））修订为:

（1）在第（17）项，删除"或";

（2）在第（18）项，删除句号并插入";或";

（3）在句末增加:

"（19）1996 年 4 月 14 日颁布的法律的任何其他规定，允许建立和运行第一点所述推广计划。"

第 10608 条　蔓越莓种植面积保护计划。

（a）定义。在本条中:

（1）合格地区。"合格地区"指湿地或临近湿地的缓冲带，经部长认定:

（A）（ⅰ）被用于种植蔓越莓，且有被用于种植蔓越莓的历史;或

（ⅱ）是蔓越莓种植活动的有机部分;

（B）位于环境敏感的地区。

（2）部长。"部长"指农业部部长。

（b）计划。部长应制定一份计划，从有意愿的出售者手中采购合格地区的永久地役权。

（c）购买价格。部长应在可操作的最大程度上确保，根据本条购买的地役权的金额合理地反映了地役权所在合格地区农业和非农业用地的价格范围（包括该土地是否位于一个或多个环境敏感地区，经部长认定）。

（d）拨款授权。拨款 10 000 000 美元用于执行本条。

子篇 H　行政管理

第 10701 条　县委员会雇员初始基本工资。

《美国法典》第 5 篇第 5334 条修订为删除第（e）款并插入：

"（e）根据《土壤保护和国内农作物种植分配法》第 8 条（b）款（《美国法典》第 16 篇 590h（b））设立的县委员会的雇员一旦被任命为本节下的职务，可以获得根据以下条件确定的初始基本工资：

"（1）如果本节下的联邦公务员职位等级比雇员在县委员会担任的原职位等级高，则此名县委员会雇员的初始基本工按至少比此雇员晋升前工资等级高两个档位的更高等级最低档位基本工资执行；

"（2）如果本节下的联邦公务员职位与雇员在县委员会担任的原职务同级，则此名雇员的初始基本工资档位与他在县委员会担任的原职务档位相同；或

"（3）如果本节下的联邦公务员职位等级比雇员在县委员会担任的原职位等级低，则此名县委员会雇员的初始基本工按等于或高于此雇员原最高工资的联邦工资等级最低档位执行。"

第 10702 条　商品期货交易委员会工资可比性。

（a）商品期货交易委员会雇员的报酬。《商品交易法》第 2 条（a）款（《美国法典》第 7 篇 2（a））修订为：

（1）将第（7）～（11）项分别重新设为第（8）～（12）项；

（2）在第（6）项后插入：

"（7）雇员报酬。

"（A）一般原则。委员会可以根据发行本法案下委员会职能的需要任命官员、律师、经济学人、审查官或其他雇员并确定其报酬。

"（B）工资。委员会所有雇员的基本工资标准可以由委员会确定和调整，不须参照《美国法典》第 5 篇第 51 章或第 53 章第 III 子章。

"（C）可比性。

"（i）一般原则。委员会可以为委员会雇员提供额外的薪资与福利，如果任何机构参考《1989 年金融机构改革、复兴与实施法》第 1206 条（a）款（《美国法典》第 12 篇 1833b（a））提供了或是该机构可以根据适用法律规定（包括条例和规定）提供同类型的薪资或福利。

"（ii）磋商。在确定和调整雇员薪资和福利总额时，委员会应努力与《1989 年金融机构改革、复兴与实施法》第 1206 条（a）款（《美国法典》第 12 篇 1833b（a））所提及的机构进行磋商并与之保持可比较性。"。

（b）委员会信息报告。《1989 年金融机构改革、复兴与实施法》第 1206 条（《美国法典》第 12 篇 1833b）修订为：

（1）删除"联邦"并插入：

"（a）一般原则。联邦"；以及

（2）在句末增加：

"（b）商品期货交易委员会。在根据适用的法律规定确定和调整贸易期货交易委员会雇员薪资与福利安排时，委员会应：

"（1）向第（a）款所涉及机构领导和国会通报此薪资与福利；并

"（2）努力就薪资与福利与这些机构保持可比较性。"

（c）一致性修订。

（1）《美国法典》第5篇第3132条（a）款（1）项修订为：

（A）在第（C）小项，删除末尾的"或"；

（B）在第（C）小项，在末尾增加"或"；

（C）在末尾增加：

"（E）商品期货交易委员会；"。

（2）《美国法典》第5篇第5316条修订为：

（A）删除"总顾问，商品期货交易委员会。"

（B）删除"执行董事，商品期货交易委员会。"

（3）《美国法典》第5篇第5373条（a）款修订为：

（A）在第（2）项，删除末尾的"或"；

（B）在第（3）项，删除末尾的句号并插入"；或"；

（C）在末尾增加：

"（4）《商品交易法》第2条第（a）款（7）项（《美国法典》第7篇2（a）（7））。"

第 10703 条　加班与假日工资。

（a）一般原则。农业部部长可以：

（1）根据《联邦肉类检验法》（《美国法典》第21篇601及以下）或《禽肉检验法》（《美国法典》第21篇451及以下）向农业部下属公司的员工在公司加班或假日工作支付报酬，报酬额度由部长根据与最低工资和最长工时有关的适用法律确定；

（2）接受公司偿还部长为加班和假日工作支付的金额，额度根据第（1）项确定。

（b）可用性。部长根据本条收到的资金在支出前一直可用，不受进一步拨款和财政年度限制，以执行第（a）款。

（c）一致性修订。

（1）《禽肉检验法》第25条（《美国法典》第21篇468）修订为删除"费用除外"及前面的所有内容并插入"根据《2002年农业安全与农村投资法》第10703条支付的加班和假日工资费用除外。"

（2）《1948年6月5日法案》（《美国法典》第21篇695）修订为删除"加班"及其前后的所有相关内容并插入"根据《2002年农业安全与农村投资法》第10703条支付的加班和假日工资。"

（3）《1919年7月24日法案》"畜产局"标题下的事项修订为删除倒数第二段（《美国法典》第7篇第394条）。

（4）《美国法典》第5篇第5549条修订为删除第（1）项并插入：

"（1）《2002年农业安全与农村投资法》第10703条；"。

第 10704 条　负责民事权利的农业部部长助理。

（a）一般原则。《1994年农业部机构改革法》第218条（《美国法典》第7篇6918）修订为：

（1）在第（a）款：

（A）第（1）项，删除末尾的"和"；

（B）第（2）项，删除末尾的句号并插入"；和"；

（C）在末尾增加：

"（3）负责民事权利的助理农业部长。"；

（2）删除第（d）和第（e）款并插入：

"（d）负责民事权利的助理农业部长的职责。部长可以委任部长助理民事权利职责，以：

"(1) 确保所有机构和农业部的所的计划符合所有民事权利和相关法律；

"(2) 在部内协调管理关于雇员的民事权利法规；

"(3) 确保在农业部和下属机构的所有战略计划倡议合理地结合必要的适当民事权利要素。"。

(c) 补偿。《美国法典》第 5 篇第 5315 条修订为删除"农业部部长助理（2）"并插入"农业部部长助理（3）"。

(d) 一致性修订。《1994 年农业部机构改革法》第 296 条（b）款（《美国法典》第 7 篇 7104（b））修订为：

(1) 在第（3）项，删除末尾的"或"；

(2) 在第（4）项，删除末尾的句号并插入"；或"；

(3) 在末尾增加：

"(5) 部长有利在农业部设立负责民事权利的农业部部长助理职位并委任部长助理第 218 条下的职责。"。

第 10705 条　农业部研究院运行。

(a) 记录审计。《1996 年联邦农业促进与改革法》第 921 条（《美国法典》第 7 篇 2279）修订为在末尾增加：

"(k) 记录审计。研究院的财务记录（包括与根据第（c）款签署的合同或协议有关的记录）应提供给总审计长以进行审计。"。

(b) 一致性废除。废除《1990 年粮食、农业、保育与贸易法》第 1669 条（《美国法典》第 7 篇 5922）。

(c) 生效日期。本条所做的修订于 2002 年 10 月 1 日生效。

第 10706 条　执行资金与信息管理。

(a) 用于行政管理费用的额外资金。

(1) 一般原则。农业部部长，通过农场服务局，可以使用商品信用公司不超过 55 000 000 美元以支付与执行第 I 篇及该篇修订相关的行政管理费用。

(2) 可用性。第（1）项所指的资金应在部长支出前一直可用。

(3) 专项拨出。在第（1）项所规定的金额中，部长应使用不低于 5 000 000 美元，但不高于 8 000 000 美元用于执行第（b）款。

(b) 信息管理。

(1) 建立系统。农业部部长应利用适当的技术建立综合信息管理系统，用于执行联邦农作物保险公司和农场服务局管理的计划。

(2) 要素。根据本款建立的信息管理系统应旨在：

(A) 方便农业生产者查阅第（1）项所述计划；

(B) 加强并保护所收集信息的完整性；

(C) 满足在管理其计划中需要资料的机构的要求；

(D) 加强信息及时收集；

(E) 为消除信息收集重复作出贡献；

(F) 降低农业部信息收集的总费用；

(G) 实现部长认为合理的其他目标。

(3) 调和当前的信息管理。部长应确保综合、调和、重新定义和重新组合联邦农作物保险公司和农场服务局目前的所有信息，以便这些机构可以利用根据本款建立的通用信息管理系统。

(4) 建立系统的援助。部长应与非联邦实体签署协议或合作，帮助部长建立信息管理系统。部长应优先考虑与如下实体签署协议或合同：

（A）拥有联邦农作物保险公司信息与管理系统经验；且

（B）曾与该公司合作制定《联邦农作物保险法》第515条（f）款（《美国法典》第7篇1515（f））所要求的识别承序。

（5）使用。利用根据本款建立的信息管理系统收集的信息可以开放给：

（A）需要信息以完成机构职能的任何联邦机构；

（B）如《联邦农作物保险法》第502条（b）款（《美国法典》第7篇1502（b））所定义，已获得批准的保险提供者，涉及获得批准的保险提供者承保的生产者的信息。

（6）与其他活动的关系。本款不应干扰，或耽误联邦农作物保险公司或农场服务局有关信息管理活动提议的协议与请求，即数据挖掘或数据仓储。

（c）拨款授权。除第（a）款（3）项下可用的金额之外，授权为2003—2008财年每年拨款执行本条所需要的金额。

第 10707 条 对社会条件不利的农场主与牧场主扩大服务与援助。

（a）定义。《1990年粮食、农业、保育与贸易法》第2501条（e）款（《美国法典》第42篇2279（e））修订为在末尾增加：

"（4）部。'部'指的是农业部。

"（5）合格实体。'合格实体'指以下任何一个实体：

"（A）满足如下条件的任何基于社区的组织、网络或基于社区的组织联盟：

"（i）展现了向社会条件不利的农场主和牧场主提供农业教育或其他农业相关服务；

"（ii）向部长提供过证明文件证明在提交第（a）款下援助申请前两年的时间里曾与社会条件不利的农场主和牧场主合作；以及

"（iii）没有参加过《1986年国内税收法典》第501条（c）款（3）项禁止的任何活动。

"（B）1890年机构或1994年机构（如《1998年农业研究、推广与教育改革法》（《美国法典》第7篇7601所定义），包括西弗吉尼亚州立大学。

"（C）印地安部落社区大学或阿拉斯加本地人合作大学。

"（D）西班牙裔服务机构（如《1977年国家农业研究、推广与教学政策法案》第1404（《美国法典》第7篇3103所定义）。

"（E）证明有向某地区社会条件不利的农场主和牧场主提供农业教育或其他农业相关服务经验的其他任何高等教育机构（如《1965年高等教育法案》第101条（《美国法典》第20篇1001）所定义）。

"（F）证明有向某地区社会条件不利的农场主和牧场主提供农业教育或其他农业相关服务经验的印地安部落（如《印地安自决与教育援助法》第4条（《美国法典》第25篇450b）所定义的）或国家部落组织。

"（G）在1996年1月1日前根据第（a）款获得资金，但是只涉及到部长认为与其以前根据该款所开展项目相似的项目的组织或机构。

"（6）部长。'部长'指农业部长。

（b）扩大服务与援助。《1990年粮食、农业、保育与贸易法》第2501条（《美国法典》第42篇2279）修订为删除第（a）并插入：

"（a）扩大服务与援助。

"（1）计划。农业部部长应执行扩大服务与援助计划，鼓励并帮助社会条件不利的农场主和牧场主：

"（A）拥有和经营农业和牧场；

"（B）平等参与部提供的各种农业计划；

"（2）要求。第（1）项下的扩大服务与技术援助计划应：

"（A）加强根据各农业计划授权的扩大服务、技术援助和教育努力之间的协调；并且

"（B）包括下列信息并提供下列援助：

"（ⅰ）商品、资源保护、信用、农业和商业发展计划；

"（ⅱ）申请与竞标程序；

"（ⅲ）农场与风险管理；

"（ⅳ）市场营销；

"（ⅴ）对于参与部的农业和其他计划至关重要的其他活动。

"（3）补贴与合作。

"（A）一般原则。部长可以向合格实体提供补贴并与之签署合同和其他协议，根据本款提供信息和技术援助。

"（B）与其他法律的关系。执行本条的权力与本法案或其他任何法案的权力不冲突。

"（C）其他项目。尽管有第（1）项的规定，但是部长可以提供补贴给满足下列条件组织或机构，并与之签署合同和其他协议，即在 1996 年 1 月 1 日前根据第（a）款获得过资金以执行与该组织或机构获得此项资金旨在开展的项目相似的项目。

"（4）资金。

"（A）拨款授权。授权为 2002—2007 财年每年拨款 25 000 000 美元以执行本款。

"（B）机构间资金。除了根据第（A）小项授权进行拨款的资金外，部的任何机构可以通过贡献资金来参加根据本款签署的任何补贴、合同或协议，如果该机构认为补贴、合同或协议的目的将推动出资机构的计划。"

（c）一致性修订。《1990 年粮食、农业、保育与贸易法》第 2501 条（《美国法典》第 42 篇 2279）修订为：

（1）在第（d）款（1）项，删除"部"前面的"农业"；

（2）在第（g）款（1）项，删除"部"前面的"农业"。

第 10708 条　对社会条件不利的农场主和牧场主的透明与负责；县委员会选举的公开。

（a）对社会条件不利的农场主和牧场主的透明与负责。《1990 年粮食、农业、保育与贸易法》修订为在第 2501 条（《美国法典》第 7 篇 2279）后插入：

"第 2501A 条　对社会条件不利的农场主和牧场主的透明与负责。

"（a）目的。本条的目的是确保编制和公开数据，评估社会条件不利的农场主和牧场主不受歧视地参与农业部的计划情况并让农业部对此负责。

"（b）社会条件不利的农场主和牧场主的定义。在本条中，"社会条件不利的农场主和牧场主"与《巩固农业和农村发展法》第 355 条（e）款（《美国法典》第 7 篇 2003（e））的含义一样。

"（c）编制计划参与数据。

"（1）年度要求。对于美国的每县每州，部长应每年统计社会条件不利的农场主和牧场主参与农业部为农场主和牧场主拟定的每项计划占所有农场主和牧场主参与计划的百分比。

"（2）报告参与率。在报告第（1）项下的参与率时，部长应根据种族、民族和性别报告社会条件不利的农场主和牧场主的参与率。"

（b）县委员会选举公开要求。《土壤保护和国内农作物种植分配法》第 8 条（b）款（5）项（《美国法典》第 16 篇 590h（b）（5））修订为删除第（B）小项并插入：

"（B）县、地区或地方委员会的建立与选举。

"（ⅰ）建立。

"（Ⅰ）一般原则。在根据本条开展活动的县或地区，部长应建立县或地区委员会。

"（Ⅱ）地方行政区。部长可以指定一个县或更大地区作为根据第（Ⅰ）子条款建立的委员会管辖内的地方行政区。

"（ⅱ）县、地区或地方委员会的组成。根据第（ⅰ）条款建立的委员会应由不少于3名不超过5名成员组成，成员应该是：

"（Ⅰ）县、地区或地方委员会覆盖范围内农业生产者的公平代表；

"（Ⅱ）由参与县、地区或地方委员会管辖区内管理的计划或与之合作的农业生产者选出。

"（ⅲ）选举。

"（Ⅰ）一般原则。根据第（Ⅱ）子条款到第（Ⅴ）子条款，部长应确定县、地区或地方委员会的提名与选举程序。

"（Ⅱ）非歧视原则声明。县、地区或地方委员会的提名征求和选举公告应包括部长使用的非直视原则声明。

"（Ⅲ）提名。

"（aa）资格。农业生产者需要居住于县、地区或地方委员会管辖区内，参与该区管理下的计划或与之合作，才有资格提名或参选部长指定的相应县、地区或地方委员会。

"（bb）扩大范围。除了部长可以规定的提名程序之外，部长还可以征求或接受代表了社会条件不利群体（如《巩固农业和农村发展法》第355条（e）款（1）项（《美国法典》第7篇2003（e）（1））所定义的）的组织的提名。

"（Ⅳ）选票公开。

"（aa）公示。在选票公开和计票之日前至少10天，县、地区或地方委员会应宣布选票公开和计票的日期、时间和地点。

"（bb）选票公开。选票应在根据（aa）宣布的日期和时间里公开。

"（cc）观察。任何个人都可以对公开选票和计票进行观察。

"（Ⅴ）选举报告。在举行选举后20天内，县、地区或地方委员会应向部长和农场服务局州办事处提供选举报告，报告应包括：

"（aa）县、地区或地方委员会覆盖区内有投票资格的人数；

"（bb）合格投票人员参与选举投票数量（包括合格投票人员参与投票的百分比）；

"（cc）不合格选票数量；

"（dd）不合格选票占回收选票总数的百分比；

"（ee）每个选举席位提名人数量；

"（ff）每名被提名人员的种族、民族和性别，如每名被提名人员自我签定所述；

"（gg）最终选举结果（包括每名被提名人获得选票数量）。

"（Ⅵ）国家报告。在《2002年农业安全与农村投资法》颁布之日后首次举行县、地区或地方委员会选举后90天内，部长应完成一份报告，综合根据第（Ⅴ）子条款向部长报告的所有选举数据。

"（Ⅶ）选举改良。

"（aa）分析。如果部长在分析第（Ⅵ）子条款下报告所包括的数据之后认为有必要，部长应在完成报告之日后1年内在联邦公报中公布有关进行县、地区或地方委员会成员和替代成员选举的统一指南建议。

"（bb）包容性。部长根据（aa）公布的程序应保证县、地区或地方委员会覆盖区内第（Ⅲ）子条款（bb）所述社会条件不利群体得到公平的代表，如果这些群体在该覆盖内的县、地区或地方委员会代表不足的话。

"（cc）包容性办法。不管第（ⅱ）条款如何规定，部长可以通过规定允许再向县、地区或地方委员会指定1名额外的投票成员或其他办法来保证对社会条件不利农场主和牧场主的包容性。

"（ⅳ）任期。县、地区或地方委员会的成员任期不超过3年。

"（V）信息公开与向国会报告。

"（I）信息公开。部长应通过网站或其他电子和书面形式，向公众公开自最近一次农业普查后每年收集的根据《1990 年粮食、农业、保育与贸易法案》第 2501A 条（c）款需要收集和计算的数据。

"（II）向国会报告。在每次农业普查之后，部长应向国会报告自上一次普查以来按种族、民族和性别划分，每个社会条件不利群体参与的增减情况。"

子篇 I 一般规定

第 10801 条　棉花分级服务。

（a）扩大权力以提供服务。《1927 年 3 月 3 日法》第 3a 条第一句（通称《棉花统计与估算法》；《美国法典》第 7 篇 473a）修订为删除 "2002" 并插入 "2007"。

（b）废除过时的有效日期规定。

（1）1984 年修订案。《公法》98 - 403（《美国法令全书》第 98 篇 1479）第 1 条修订为删除 "，自 1984 年 10 月 1 日起，至 1988 年 9 月 30 日止期间内有效，"。

（2）1987 年修订案。1987 年《棉花统一分级费用法案》第 2 条（《公法》100—108；《美国法令全书》第 101 篇 728）修订为删除 "，自颁布本法案之日起，至 1992 年 9 月 30 日止期间内有效，"。

（3）1991 年修订案。1991 年《〈粮食、农业、保育与贸易法〉修订案》第 120 条（《公法》102 - 237；《美国法令全书》第 105 篇 1842）修订为删除（e）。

第 10802 条　关于使用生物技术生产人类消费食品的公众教育计划。

（a）公共信息运动。自本法案颁布之日起 1 年内，农业部部长应制定就执行有关使用生物技术生产人类消费食品与公众进行沟通的计划。根据该计划提供的信息应包括：

（1）关于用生物技术生产的食品安全性的有科学基础的证据。

（2）关于使用生物技术生产人类消费食品人类结果的科学数据。

（b）拨款授权。授权为 2002—2007 财年每年拨款执行本条所需要的金额。

第 10803 条　奇诺乳业保护项目。

不管其他法律有何规定，农业部部长，通过国家资源保护服务局执行，可以为加利福尼亚州圣伯纳迪诺县的奇诺乳业保护项目提供财政和技术援助。

第 10804 条　格拉辛土地研究实验室。

俄克拉何马州埃里诺的联邦土地与设施，现作为格拉辛土地研究实验室由农业部部长管理，不管其他法律有何规定，如果没有国会的特别授权，在 2007 年 12 月 31 日前，则不应该：

（1）根据《1949 年联邦财产与管理服务法》（《美国法典》第 7 篇 471 及以下）被宣布为过量或过剩；或

（2）全部或部分让与或转让。

第 10805 条　食品与农业政策研究院。

（a）授权。农业部部长应拨款给食品与农业政策研究院，用于资助关于农业部门国内、国际贸易可选政策的预期独立研究，包括关于这些政策对以下方面影响的研究：

（1）以下产品的商品价格：

（A）饲养；

（B）粮食、油茶籽、棉花、禽畜及禽畜产品。

（2）类似产品的供需状况；

（3）联邦政府的花费；

（4）农场收入；

（5）食品费用；

（6）农业商品贸易量及贸易价值。

（7）出口商与进口商供应、需求与贸易。

（b）拨款授权。授权为2003—2007财年每年拨款6 000 000美元以执行本条。

第10806条 鲶鱼和人参的市场名称。

（a）鲶鱼。

（1）一般原则。不管其他法律有何规定，出于《联邦食品、药品与化妆品法》（《美国法典》第21篇301及以下）的目的：

（A）"鲶鱼"只能被视为北美鲶科内鱼（或其中部分）的共同或常用名称；并且

（B）只有归属该科内的鱼，才能在商标或广告包括"鲶鱼"一词。

（2）修订。《联邦食品、药品与化装品法》第403条（《美国法典》第21篇343）修订为在末尾增加：

"（t）如果声称是或表现为鲶鱼，除非确实是归属北美鲶科。"。

（b）人参商标。

（1）一般原则。不管其他法律有何规定，出于《联邦食品、药品与化装品法》（《美国法典》第21篇第301条及以下）的目的：

（A）"人参"只能被视为是源自于人参属内植物的任何草药或草药原料（或其中部分）的共同或常用名称；并且

（B）只有归属该属内的草药或草药原料，才能在商标或广告包括"人参"一词。

（2）修订。《联邦食品、药品与化装品法》第403条（《美国法典》第21篇343）（如第（a）款（2）项所修订）修订为在末尾增加：

"（u）如果声称是或表现为人参，除非确实是源自于归属人参属内植物的草药或草药原料。"。

第10807条 食品安全委员会。

（a）成立。

（1）一般原则。成立一个委员会，名称为"食品安全委员会"（本条称为"委员会"）。

（2）成员资格。

（A）组成。委员会应由15名成员组成（包括由总统任命的一名主席）。

（B）资格。

（ⅰ）一般原则。委员会成员：

（Ⅰ）具备委员会权限下事项的专业培训或重要经验；

（Ⅱ）应至少代表：

（aa）消费者；

（bb）食品科学家；

（cc）食品企业；

（dd）卫生专家。

（ⅱ）联邦雇员。委员会成员中联邦雇员不得超过3人。

（C）任命日期。委员会成员应在根据第（e）款（1）项授权拨款的资金可用之日后尽快任命。

（D）空缺。委员会职位空缺：

（ⅰ）不应影响委员会的权力；并

（ⅱ）应按下列要求补充：

（Ⅰ）空缺发生之日后 60 天内；

（Ⅱ）以最初任命的同样方式任命。

（3）会议。

（A）启动会议。委员会的启动会议应在任命委员会最终成员之日起 30 天内举行。

（B）其他会议。委员会应根据主席的召集举行会议。

（4）法定人数；管理规章。

（A）法定人数。委员会多数成员应构成开展活动的最低法定人数。

（B）管理规章。在委员会会议上，委员会应通过委员会的管理规章，指导委员会的活动开展和决策。

（b）职责。

（1）建议。委员会应拟定具体的建议，加强美国的食品安全系统，包括叙述每一项建议将如何加强食品安全。

（2）要素。委员会根据第（1）项拟定的建议应涉及美国所有商业可获得食品。

（3）报告。委员会首次会议之日起 1 年内，委员会应向总统和国会提交：

（A）委员会的发现、结论和建议，包括叙述每一项建议将如何加强食品安全；

（B）概述委员会准备本项下报告所使用的其他材料；

（C）委员会少数人意见声明，如果 1 名或更多委员会成员要求的话。

（c）委员会的权力。

（1）听证会。委员会出于执行本条的目的，可以举行委员会认为适当的听证会，在委员会认为适当的时间和地点举行会议，采纳委员会认为适当的证词和接受委员会认为适当的证据。

（2）来自联邦机构的信息。

（A）一般原则。委员会可以直接从联邦机构获得委员会认为必要的信息以执行本条。

（B）信息提供。

（ⅰ）一般原则。根据第（C）小项，应委员会的要求，第（A）项所述联邦机构领导应向委员会提供委员会要求的信息。

（ⅱ）管理。联邦机构向委员会提供信息不应被认为是放弃该机构在《美国法典》第 5 篇第 552 条下可以获得的任何豁免。

（C）保密信息。

（ⅰ）总体而言。出于《美国法典》第 18 篇第 1905 条的目的：

（Ⅰ）委员会应被视联邦政府机构；

（Ⅱ）由作为与委员会合同一方的个人、实体或组织雇用的任何个人应被视为委员会的雇员。

（ⅱ）禁止泄露。委员会获得的信息，除非是公开的信息，不应出于接受、审议或加工信息的目的以任何方式向任何个人泄露，第（ⅰ）条款所述的委员会雇员除外。

（d）委员会的人事事项。

（1）成员。

（A）报酬。委员会成员应不计报酬开展委员会下该成员的工作。

（B）差旅费。委员会成员在离开家或离开经常办公地点履行委员会职责时，应被允许报销差旅费，包括每天生活补贴，标准按根据《美国法典》第 5 篇第 57 章第Ⅰ子章授权联邦雇员的标准执行。

（2）工作人员。

（A）一般原则。委员会主席可以不考虑公务员法（包括法规），任命或终止任命执行理事和使委员会能够履行委员会职责所需要的其他额外人员。

（B）执行理事的批准。聘任执行理事应经委员会批准。

（C）报酬。

（ⅰ）一般原则。除第（ⅱ）条款规定外，委员会主席应确定执行理事和其他人员的报酬，不用考虑《美国法典》第5篇第51章和第53章第Ⅲ子章有关职务等级和普通等级报酬标准的规定。

（ⅱ）最高报酬标准。执行理事和其他人员的报酬标准不应超过《美国法典》第5篇第5316条下最高雇员等级第Ⅱ级的报酬标准。

（2）联邦政府雇员借调。

（A）一般原则。联邦政府雇员可以借调到委员会，在法律规定的服务期间没有报酬。

（B）公务员地位。雇员借调不应中断或损失其公务员地位或权利。

（3）获得临时和非连续性服务。委员会主席可以根据《美国法典》第5篇第3109条（b）款获得临时和非连续性服务，向个人支付的费用标准不超过该编第5316条下最高雇员等级第Ⅱ级基本年度报酬标准。

（e）拨款授权。

（1）一般原则。授权拨款执行本条所需要的金额。

（2）限定条件。除非拨款法案中预先规定，否则不能支付第（d）款下的报酬。

（f）终止。委员会自委员会提交第（b）款（3）项下建议和报告之日起60天后终止。

第10808条　巴氏消毒法。

（a）肉禽巴氏消毒。

（1）一般原则。自本法案颁布之日起30天内，农业部部长应就有关消灭或根本性降低肉类、肉类食物产品、禽肉和禽肉产品上病原体的加工和处理办法的可用性和安全性开展教育计划。

（2）拨款授权。授权拨款执行本条所需要的金额。

（b）认证为经巴氏法消毒食品的巴氏消毒。《联邦食品、药品与化装品法》第403条（h）款（《美国法典》第21篇343（h））修订为：

（1）删除第（1）项末尾的"或"；

（2）删除第（2）项末尾的句号并插入"；或"；

（3）在末尾增加：

"（3）经巴氏消毒的食品，除非：

"（A）此食品经过了根据本法案制定的法规认定为对此食品进行巴氏消毒的安全流程或处理方法；或

"（B）（ⅰ）此食品经过了安全流程或处理方法：

"（Ⅰ）相当肯定地破坏或消灭了对食品中大部分可能出现在食品中，对公共卫生具有重要影响的顽固微生物；

"（Ⅱ）至少与第（A）小项所述流程或处理方法具有相同的公众卫生保护性；

"（Ⅲ）至少与正常和适度滥用条件下储存食品的保质期一样长；且

"（Ⅳ）已在提交部长的通知中提及此流程或处理方法，包括关于此流程或处理的有效性数据；

"（ⅱ）在部长收到通知之日至少120天后，部长没有确定所涉及的流程或处理方法满足和第（ⅰ）条款第（Ⅰ）子条款到第（Ⅲ）子条款的要求。

"出于第（3）项的目的，如果部长确定一个流程或处理方法没有满足和第B（ⅰ）小项第（Ⅰ）子条款到第（Ⅲ）子条款的要求，则应构成这些子条款下的最终机构行动。"

第10809条　关于辐照食品标签的法规制定；特殊申请。

卫生部部长（本条称为"部长"）应发布拟议的条例并在经过适当的公众评议之后发布最终条例，适当修订管理经过使用放射性同位素、电子束或X—光进行辐照处理以减少害虫感染或病原体的食品标签的现有规定。在发布本款所要求的最终条例之前，个人可以向部长申请同意为经过使用放射性同位素、电子束或 X—光进行辐照处理的食品帖上标签，该标签从任何原料的角度来说都不具有欺诈和和误导性。部长应在收到申请后 180 天内批准或拒绝此申请，或者除非额外机构的审议得到了部长和申请人的相互同意，否则申请应被视为被拒绝。根据本节对申请的拒绝应构成最终机构行动，由美国哥伦比亚特区联邦巡回上诉法院进行司法审查。自此最终条例生效之日起，经前述申请程序同意的任何标签都应受前面第一句所述最终条例规定的限制。

第 10810 条 违法植物保护法案的处罚。

《植物保护法》第 424 条（《美国法典》第 7 篇 7734）修订为删除第（a）款并插入：

"（a）刑事处罚。

"（1）犯罪。

"（A）一般原则。个人故意违反本篇，或故意伪造、假冒，或在没有得到农业部长授权的情况下使用、修改、损坏、销毁证书、许可或本篇规定的其他文件，将根据《美国法典》第 18 篇被处以罚款，或/和 1 年以下徒刑。

"（B）移动。个人违反本篇，故意进口、出口或移动任何植物、植物产品、生物控制有机体、植物害虫、毒草，或物品，用于批发或销售，将根据《美国法典》第 18 篇被处以罚款，或/和 5 年以下徒刑。

"（2）多重违法。个人再次或多次违反本篇前述第（1）项，将根据《美国法典》第 18 篇被处以罚款，或/和 10 年以下徒刑。"

第 10811 条 预结关检疫检查。

（a）预结关检查要求。农业部部长，经动植物卫生检验检疫局局长执行，应对准备从夏威夷州前往如下各地的人员、行李和其他物品进行预结关检疫检查：

（1）美国大陆；

（2）关岛；

（3）波多黎各；

（4）美属维京群岛。

（b）检查地点。第（a）款所要求的预结关检疫检查应在夏威夷州的直航机场和中转机场进行。

（c）限定条件。除非 2003 财政年度拨款法案为动植物卫生检验检疫局检验检疫和监管活动所需支出拨款至少增加 3 000 000 美元，否则部长不应执行本条。

第 10812 条 康涅狄克河大西洋三文鱼委员会。

《公法》98 - 138（《公法》98 - 138；《美国法令全书》第 97 篇 870）第 3 条（2）款修订为删除"二十"并插入"40"。

第 10813 条 松树点学校（PINE POINT SCHOOL）。

《2001 年有教无类法》第 802 条（b）款（2）项（《公法》107 - 110）修订为删除所出现的"2002"并插入"2000"。

第 10814 条 《美国法典》第 11 篇第 12 章延长 7 个月。

（a）修订。《公法》105 - 277 第 C 部分第 I 篇第 149 条修订为：

（1）删除所出现的"2002 年 6 月 1 日"并插入"2003 年 1 月 1 日"；

（2）在第（a）款：

（A）删除"2001 年 9 月 30 日"并插入"2002 年 5 月 31 日"；

（B）删除"2001 年 10 月 1 日"并插入"2002 年 6 月 1 日"。

（b）生效日期。本款所进行的修订于 2002 年 6 月 1 日起生效。

第 10815 条　有关病畜的做法。

（a）报告。农业部部长应就下列情况进行调查并向国会提交报告：

（1）病畜涉及的范围；

（2）导致家畜致病的原因；

（3）病畜的人道待遇；

（4）病畜可能对牲畜饲养场、市场机构和经销商带来处理和处置问题的程度。

（b）授权。基于报告的发现，如果部长认为有必要，部长应颁布规定，允许牲畜饲养场、市场机构和经销商对病畜实施人道待遇、处理和处置。

（c）管理与执行。出于管理和执行根据第（b）款所颁布规定的目的第 10414 条和第 10415 条规定的权力应以这两条适用于《动物卫生保护法》相近的方式适用于这些规定。任何个人违反根据第（b）款所颁布的规定都将受到第 10414 条所规定的处罚。

第 10816 条　原产国标签。

《1946 年农产品市场购销法》（《美国法典》第 7 篇 1621 及以下）修订为在末尾增加：

子篇 D　原产国标签。

"第 281 条　定义。

"在本子篇中：

"（1）牛肉。'牛肉'指产自牛（包括 3 个月至 1 年的小牛）的肉。

"（2）所适用商品。

"（A）一般而言。'所适用商品'指：

"（ⅰ）牛肉、羊肉和猪内中的瘦肉；

"（ⅱ）碎牛肉、碎羊肉、碎猪肉；

"（ⅲ）养殖鱼；

"（ⅳ）野生鱼；

"（ⅴ）易腐农业商品；

"（ⅵ）花生。

"（B）除外。如果第（A）小项所述类目是加工食品的一种成分，则"所适用商品"不包括此类目。

"（3）农场养殖鱼。'农场养殖鱼'包括：

"（A）农场养殖的贝类；

"（B）来自养殖鱼或贝类的肉片、肉排、肉块和其他任何形式的肉。

"（4）食品服务场所。'食品服务场所'指餐馆、咖啡厅、食堂、小吃摊、沙龙、酒馆、酒吧、酒廊或以企业形式经营从事向公众销售食品业务的其他类似设施。

"（5）羊肉。'羊肉'指产自绵羊的肉。

"（6）易腐农业商品；零售商。'易腐农业商品'和'零售商'的含义与 1930 年《易腐农业商品法案》第 1 条（b）款（《美国法典》第 7 篇 499（b））相应术语的含义相同。

"（7）猪肉。'猪肉'指产自猪的肉。

"（8）部长。'部长'指农业部部长，通过农产品销售局执行。

"（9）野生鱼。

"（A）一般原则。'野生鱼'指自然出生或在孵化场育种，在野外捕捞的鱼和贝类。

"（B）包括。'野生鱼'包括来自野生鱼或贝类的肉片、肉排、肉块和其他任何形式的肉。

"（C）除外。'野生鱼'不包括网箱水产鱼或其他农场养殖鱼。

"第 282 条　原产国告知。

"（a）一般原则。

"（1）要求。除第（b）款规定外，适用商品的经销商应在适用商品出售给消费者的最终环节告知消费者适用商品的原产国。

"（2）美国原产国。只有当适用商品满足如下条件时，适用商品的经销商才可以指明适用商品原产国为美国：

"（A）如果是牛肉，则应完全来自仅在美国出生、饲养和宰杀的动物（包括完全来仅在阿拉斯加或夏威夷出生和饲养并经加拿大在不超过 60 天的时间内运到美国并在美国宰杀的动物）；

"（B）如果是羊肉和猪肉，则应完全来自仅在美国出生、饲养和宰杀的动物；

"（C）如果是农场养殖鱼，则应是在美国孵化、养殖、捕捞和加工；

"（D）如果是野生鱼，则：

"（ⅰ）在美国水域里、美国的领地或州内捕捞；并且

"（ⅱ）在美国、美国的领地或州内加工，包括其中的水域；以及

"（E）如果是易腐农业商品或花生，则完全在美国生产。

"（3）野生鱼和农场养殖鱼。野生鱼和农场养殖鱼的原产国标注应区分野生鱼和农场养殖鱼。

"（b）食品服务场所例外。如果适用商品满足以下条件，则第（a）款不适用于适用商品：

"（1）在食品服务场所准备或供应的；并且

"（2）（A）以正常零售量在食品服务场所供出售或售卖；或

"（B）在食品服务场所提供给消费者。

"（c）告知方式。

"（1）一般原则。第（a）款所要求的信息可以通过标签、印戳、标志、海报，或适用商品上明显的可以看得见的指示牌，或含有商品的包装、陈列品、支持设施或容器上的明显的可以看得见的指示牌，在销售给消费者的最终环节告知消费者。

"（2）标记商品。如果适用商品已单独帖上了原产国标签供出售，则不应要求经销商提供任何额外信息以满足本条要求。

"（d）审计核实系统。部长可以要求准备、贮存、处理或批发适用商品的个人保留可以证实的记录审计材料，使部长可以核实满足本节要求的情况（包括根据第 284 条（b）款颁布的规定）。

"（e）信息，从事向经销商供应适用商品业务的个人应向经销商提供信息，指明适用商品的原产地。

"（f）原产地认证。

"（1）强制认证。部长不采取强制手段证实适用产品的原产国。

"（2）现有认证计划。为验证适用商品的原产国，农业部部长可以利用本法案颁布之日已有的典型认证计划认证产品的原产国，包括：

"（A）根据本法案制定的生肉分级和认证体系；

"（B）根据本法案制定的自愿性牛肉生产国商标体系；

"（C）用于认证某些溢价切块牛肉的自愿计划；

"（D）根据《理查德·B·罗素国家学校午餐法》第 17 条（《美国法典》42 篇 1766）制定的用于执行儿童和成人关怀食品计划的原产地认证体系；

"（E）根据《1978 年农产品贸易法》第 203 条（《美国法典》7 篇 5623）制定的用于执行市场准入

计划的原产地认证系统。

"第 283 条　执行。

"（a）一般原则。除第（b）和（c）款规定外，第 253 条应适用于违反本子篇的情况。

"（b）警告。如果部长认为经销商违反第 282 条，部长应：

"（1）向经销商通报部长的决定；并

"（2）自经销商收到第（1）项下部长的通知之日起，为经销商提供 30 天的时间，在这期间经销商可以采取必要措施满足第 282 条的要求。

"（c）处罚。第（b）款（2）项所述 30 天期限结束后，如果部长认为经销商故意违反了第 282 条，在提供有关违反的通知和面向部长的听证机会之后，部长可以就每次违反对经销商处以 1 万美元以下罚款。

"第 284 条　规定。

"（a）指南。部长应在 2002 年 9 月 30 日前，在第 282 条要求的基础上发布适用商品自愿性原产国商标指南。

"（b）规定。部长应在 2004 年 9 月 30 日前，颁布必要的规定以执行本子篇。

"（c）与各州的伙伴关系。在颁布规定的过程中，部长应在最大可能程度上，在执行基础设施方面与各州建立伙伴关系，帮助管理好本子篇。

"第 285 条　适用性。

"本节应自 2004 年 9 月 30 日起适用于销售适用商品。"。

子篇 J　杂项研究与报告

第 10901 条　关于特种农作物采购的报告。

自颁布本法案之日起 1 年内，农业部部长应向众议院农业委员会和参议院农业、营养与林业委员会提交报告，陈述：

（1）根据第 10603 条采购的水果、蔬菜和其他特种农作物的数量；

（2）根据《1935 年 8 月 24 日法案》第 32 条（《美国法典》第 7 篇 612c）采购的其他商品的数量。

第 10902 条　关于袋装和罐装三文鱼的报告。

（a）一般原则。在颁布本法案之日起 180 天内，农业部部长应国会提交关于根据部长管理下的食品与营养计划加强推广、推销和采购美国生产和加工的袋装和罐装三文鱼的报告。

（b）要素。第（a）款下的报告应包括：

（1）到提交报告之日，分析美国可供购买的袋装和罐装三文鱼存货；

（2）分析下述机构或人员对袋装和罐装三文鱼和增值产品（例如三文鱼块）的需求：

（A）农业部的伙伴（包括其他适当的联邦机构）；

（B）消费者；

（3）分析阻碍更多地购买袋装和罐装三文鱼的因素，包括：

（A）任何市场营销问题；

（B）关于解决这些阻碍因素的方法建议。

第 10903 条　研究与更新产量。

（a）一般原则。总审计长应就进行研究并提出关于更新产量基础将如何影响生产者收入的结论与建议，包括：

（1）计划作物和油菜籽在过去 20 个作物年度里的作物产量是否增加了；

（2）如果产量基础进一步更新，根据第一篇下计划支付的费用是否会所有不同；

（3）如果指标价格产量基础进一步更新，第一篇下的指标价格将对生产者收入产生什么影响；

（4）与第一篇下指标价格相比，在更新后的产量基础上降低指标价格将对生产者收入生产什么影响。

（b）报告。在颁布本法案之日起 180 天内，总审计长应国会提交关于第（a）款所要求的研究、结论和建议的报告。

第 10904 条　关于农场计划款项效果的报告。

（a）一般原则。农业部部长应就生产灵活性合同下的款项和市场损失援助款项已对生产者经济活力和农场基础设施产生的效果，就直接款项和反周期款项可能产生的效果进行审查，尤其是在气候、土壤类型和其他农业经济条件严重限制生产者可以成功选择并有回报地生产的适用农作物的地区。

（b）与水稻生产有关的个案研究。审查应包括第（a）款所述款项的效果以及增加这些或其他固定款项对水稻种植者（包括租种水稻者）、碾米产业、得克萨斯州水稻种植地区（该地区水稻收获面积从 1995 年的 320 000 英亩减少到了 2001 年 211 000 英亩）经济预期影响的个案研究。

（c）报告与建议。

（1）报告。在颁布本法案之日起 90 天内，部长应向众议院农业委员会和参议院农业、营养与林业委员会提交报告，陈述为审查所收集的信息、个案研究和在这些信息基础上的任何发现。

（2）建议。报告应包括减少对生产者不利影响的建议，特别关注的重点是：

（A）租种的种植者；

（B）一般耕种地区的农业经济；

（C）第（a）款所述的特殊地区；

（D）根据第（b）款所进行个案研究的地区。

第 10905 条　奇洛昆大坝鱼类通道可行性研究。

（a）一般原则。内政部部长应与所有利益方（包括莫多克点灌溉区、克拉马斯部落和俄勒冈渔业与野生动物厅）合作，进行一次关于在俄勒冈州斯普拉格河奇洛昆大坝为鱼类提供上下游通道的可行性研究。

（b）研究对象。研究应包括：

（1）审议提供第（a）款所述通道的所有可选方案，包括拆除大坝；

（2）确定最合理的可选方案；

（3）提出实施此可选方案的建议；

（4）考察由于执行方案所造成的上下游用水者，克拉马斯部落非消耗性用水的风险减轻需要。

（c）报告。在颁布本法案之日起 1 年内，内政部部长应向国会提交报告，陈述研究发现、结论和建议。

第 10906 条　地理上处于劣势的农民和牧民报告。

（a）对于"地理上处于劣势的农民或牧民"的定义。在该条款中，"地理上处于劣势的农民或牧民"的定义为：任何满足如下条件的农民或牧民：

（1）海岛地区（如《1977 年美国国家农业研究、推广和教育政策法》第 1404 条中（《美国法典》第 7 篇 3103）（在第 7502 条第（a）款中修正过）定义。或者：

（2）不在 48 个本土州中的任何一个州。

（b）报告。该法案颁布之日起的 1 年之内，农业部部长须提交众议院农业委员会和参议院农业、营养和林业委员会一份报告，陈述：

（1）地理上处于劣势的农民或牧民们在有效运输供给物资和产品所遇到的困难；

（2）鼓励和帮助地理上处于劣势的农民或牧民们的方法：

（A）拥有并经营农场和林场；

（B）公平地参与到农业部发起的各种农业项目中。

第 10907 条 农业调查和技术研究。

（a）科学研究。

（1）一般原则。农业部部长会针对如下领域进行科学研究：

（A）鹿、麋鹿和驼鹿中海绵状脑病的传染情况；

（B）慢性萎缩病（包括家畜患慢性萎缩病的风险）。

（2）报告。农业部部长须向众议院农业委员会和参议院农业、营养和林业委员会提交一份关于第一项中提到的任何科学报告结果。

（b）疫苗。

（1）疫苗存储研究。农业部部长可以：

（A）对家畜防病疫苗的剂量开展研究，该剂量应可以有效预防可能进入美国的家畜疾病；以及

（B）对比上述剂量和当时有效的家畜防病疫苗剂量。

（2）储蓄疫苗。如果进行了第（1）项所述研究和对比之后，农业部部长确定上一项中所述某一特殊的疫苗数量不足，可以采取必要的措施获得所需的额外疫苗剂量。

第 10908 条 烟草和解协议报告。

2002 年 12 月 31 日前，以及 2003—2006 年的每年，总审计长须向国会提交报告，陈述美国各州使用依据《1997 年大和解协议》所收基金从事所有项目和活动的情况。

第 10909 条 农业用杀虫剂的销售和使用报告。

自本法案颁布之日起的 180 天内，美国环境保护局长须向议院农业委员会和参议院农业、营养和林业委员会提交一份报告，阐述环境保护局如何依据相关规章在电子商务交易中管理农业用杀虫剂的销售和使用的。

第 10910 条 评审农业和自然资源项目在部落托管地的实施情况。

（a）评审。农业部部长（本条指的是"部长"）应对在部落和托管地生产经营的农牧民所实施的农业和自然资源项目进行评审，内容包括：

（1）农业日用品、价格补贴和农场收入补贴计划（本条泛指"农业日用品计划"）；

（2）保护计划（包括财政和技术支持）；

（3）农业信用计划；

（4）农村发展计划；以及

（5）林产计划。

（b）评审的标准。农业部部长在依据第（a）款评审时应考虑：

（1）农业日用品计划、保护计划的范围，以及在持续使用农业土地中部落的目标和优先事项。

（2）促进部落参与到农业日用品计划和农村发展计划中的策略。

（3）印第安部落和印第安部落成员在农业和土地管理中应用、技术和职业方面接受教育和培训机会。